SEITE 40

REISEZIELE IM BALTIKUM

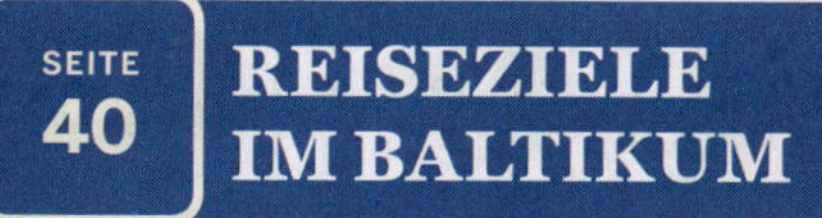

Helsinki
(FINNLAND)
S. 180
Estland
S. 42
Lettland
S. 193
Litauen
S. 290
Kaliningrad
(RUSSLAND)
S. 405

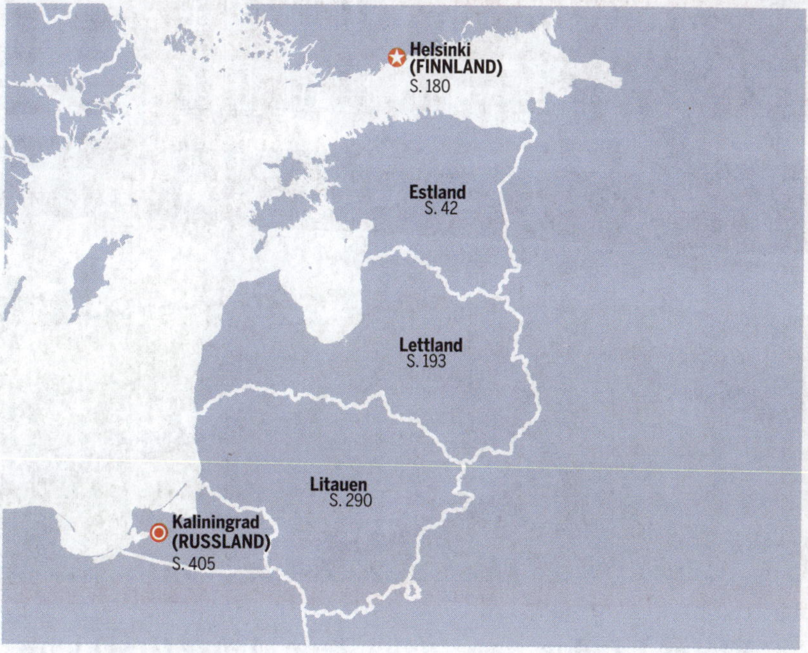

Brandon Presser,
Mark Baker, Peter Dragicevich, Simon Richmond,
Andy Symington

Willkommen in Estland, Lettland & Litauen

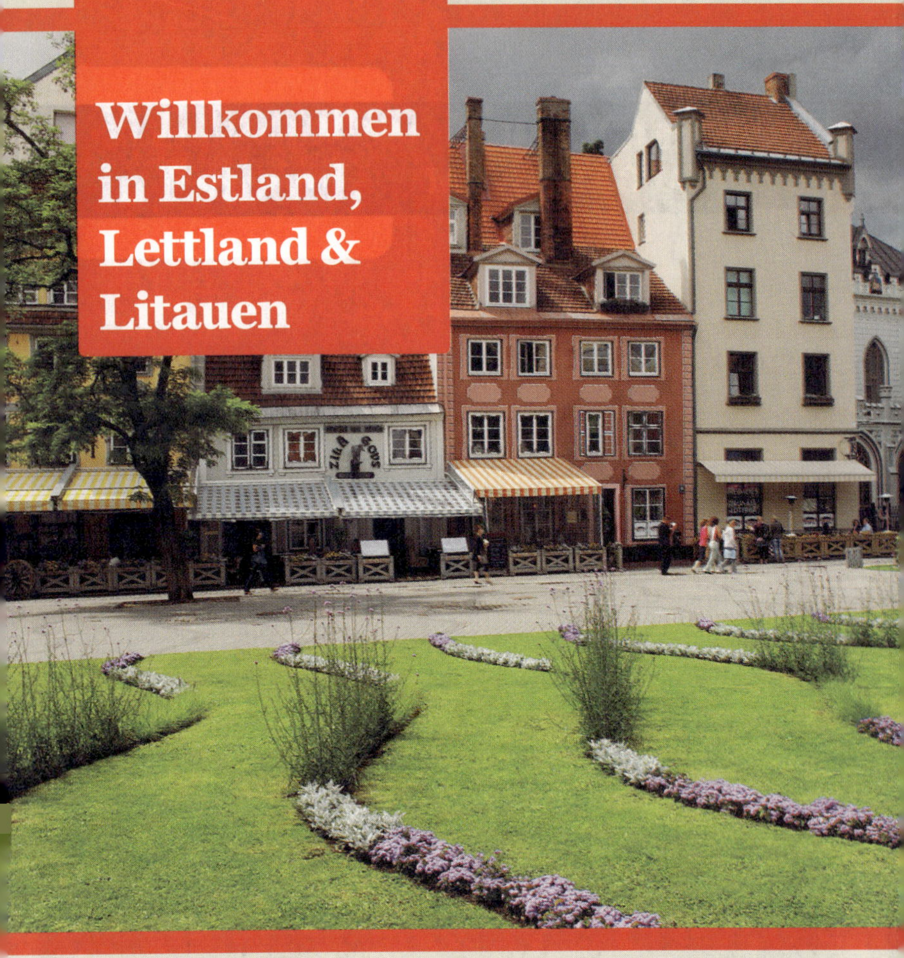

Kleine Länder, große Unterschiede

Aus der Ferne betrachtet ist es ganz einfach, Estland, Lettland und Litauen zu einem baltischen Ganzen zusammenzufassen – handelt es sich doch um drei kleine Länder in einer abgeschiedenen Ecke an der Schnittstelle zwischen Nord- und Osteuropa. Wer genauer hinsieht, merkt jedoch schnell, dass sich die drei Länder kaum ähneln: Überschreitet man die Grenzen, hört man nicht nur unterschiedliche Sprachen, sondern erlebt ganz eigene Welten. Von der Religion bis zu modernen Strömungen etwa im Design und der Popmusik weist jedes der drei Länder Besonderheiten auf, die es einzigartig machen.

Jede Menge Geschichte

Die baltischen Länder sollten jedoch nicht isoliert von ihrer Umgebung betrachtet werden: Denn im Baltikum trafen in der Vergangenheit extrem aggressive Mächte aufeinander. Schon vor mehr als tausend Jahren bekämpften sich hier rivalisierende heidnische Stämme. Mit der Ankunft der Hanse und des Deutschritterordens folgte bald die Christianisierung. Schweden, Polen und Russland wechselten sich dann dabei ab, die baltischen Territorien in ihre expandierenden Reiche zu integrieren, in jüngster Vergangenheit gefolgt von Nazi-Deutschland und der Sowjetunion.

Jede dieser Mächte hat im Baltikum unauslöschliche Spuren hinterlassen, von

Verfallene Burgen, hohe Dünen, heidnische Rituale, endlose Kiefernwälder, eine zauberhafte Seenlandschaft und die wogende Ostsee – eine Reise ins Baltikum beweist, dass Märchen wahr werden können …

(links) Altstadt von Rīga, Lettland (S. 195)
(unten) Teegeschäft, Vilnius, Litauen (S. 294)

den geheimnisvollen Stammeshügeln der alten Heiden, den stolzen Burgen und Kirchtürmen des Mittelalters und den opulenten Adelssitzen des 18. und 19. Jhs. bis zu den ehemaligen Konzentrationslagern der Nazis und den Militärstützpunkten und Wohnblocks der Sowjetzeit.

Willkommen auf der Weltbühne

Auf Reisen stellt sich meist Aufregung und Entdeckerlust ein – und mit der gleichen gespannten Neugier (nicht zuletzt auf die Gründe, die einen in ihre Heimat verschlagen haben) heißen die Balten Gäste willkommen. Diese herzliche Offenheit hebt sich krass ab von der strengen Abschottung zu Zeiten der russischen Herrschaft – und erst recht vom grauen Winterwetter. Die Balten freuen sich über Besucher und bemühen sich ehrlich darum, den Reisenden einen angenehmen und unvergesslichen Aufenthalt zu bereiten.

In allen drei baltischen Staaten schwirrt eine umtriebige Energie durch die Luft. Estland, Lettland und Litauen setzen alles daran, die Beschränkungen der sowjetischen Vergangenheit über Bord zu werfen. Sie sind in puncto Weltoffenheit, Glamour und Style auf der Überholspur und laden Gäste zur quirligen Party ein, auf der sich aus erster Hand miterleben lässt, wie sich diese drei einzigartigen Länder in Windeseile auf der Weltbühne etablieren.

Estland, Lettland & Litauen

0
50 km
Tallinn
Magische, märchenhafte Altstadt (S. 46)
Pärnu
Estlands beliebtestes Strandbad (S. 128)
Saaremaa
Waldreiche Küste und lässige Lebensart (S. 139)
Die Küste von Kurzeme
Dörfer, Steilküsten und stille Strände (S. 235)
Jūrmala
Im russischen Zarenreich der ultimative Badeort (S. 230)
Riga
Phantasievoll verzierte Jugendstilfassaden (S. 195)
Nationalpark Lahemaa
Alle Ökosysteme Estlands auf einen Schlag (S. 81)
Tartu
Studenten sorgen für ein lebhaftes Nachtleben (S. 98)
Herrenhäuser von Gauja
Bröckelnde Burgruinen inmitten von Kiefernwäldern (S. 266)
Sigulda
Tor zum Gauja-Nationalpark (S. 257)
Ostsee
Rīgaer Bucht
Peipus-See
Võrtsjärv-See
ESTLAND
LETTLAND
KURZEME
VIDZEME
ZEMGALE
TALLINN
Narva
Pskov
Tartu
Pärnu
Ventspils
Hiiumaa
Saaremaa
Muhu
Kassari
Ruhnu
Halbinsel Kõpu
Tahkuna
Hullo

Kurische Nehrung
Die Kraft der Elemente erleben (S. 367)
Berg der Kreuze
Myriaden von Kruzifixen aller Formen und Größen (S. 351)
Vilnius
Unkonventionelle Hauptstadt voll Kopfsteinpflaster (S. 294)
Höhenstufen
250 m
200 m
150 m
100 m
50 m
0
OSTSEE
LITAUEN
LATGALE
WEISSRUSSLAND
RUSSLAND
POLEN
Daugava (Zapadnaya Dvina)
Nemunas
Neringa
Kurische Nehrung
Juozapine
Aizpute
Kuldiga
Dzukste
Kalnciems
Salaspils
Baldone
Ogre
Ozoli
Mengele
Ērgli
Madona
Lubāna
Ruskalava
Kārsava
Liepāja
Skrunda
Saldus
Dobele
Jelgava
Liebarde
Laudona
Stālidzāni
Stiglava
Kiburi
Priekule
Ezere
Auce
Lecava
Jaunjelgava
Koknese
Gostiņi
Varakļāni
Ludza
Klampji
Krumini
Kalnamuiza
Pirunsdāle
Vecmuiza
Dzisji
Aizkraukle
Atašiene
Vilani
Rēzekne
Mažeikiai
Eleja
Bauska
Jēkabpils
Zilupe
Skuodas
Naujoji Akmenė
Alsiai
Zabare
Zeimelis
Skaistkaine
Viesite
Līvāni
Preiļi
Malta
Kaunata
Medininkai
Seda
Papile
Joniškis
Biržai
Nereta
Akniste
Andrupene
Rukmuiza
Darbėnai
Salantai
Tryskiai
Gruzdziai
Linkuva
Salociai
Suvainiškis
Aglona
Dagda
Palanga
Telšiai
Kuršenai
Pasvalys
Vabalninkas
Pandelys
Subate
Auleja
Kretinga
Plungė
Šiauliai
Pampenai
Rokiškis
Ilūkste
Zarenai
Klaipėda
Gargzdai
Rietavas
Radviliškis
Krāslava
Varniai
Smilgiai
Kupiškis
Daugavpils
Šeduva
Panevėžys
Juodkrantė
Priekule
Laukuva
Kelme
Dusetos
Svedasai
Zarasai
Sveksna
Kvėdarna
Uzpaliai
Visaginas
Šilalė
Grinkiskis
Raguva
Daugailiai
Novopolatsk
Nida
Zemaiciu Naumiestis
Šilutė
Skautvile
Raseinai
Anykščiai
Utena
Ignalina
Tauragė
Erzvilkas
Kėdainiai
Seta
Palūšė
Simkaiciai
Ukmergė
Molėtai
Švenčionys
Viesvile
Jurbakas
Hlybokoye
Zelenogradsk
Sovetsk
Jonava
Sirvintos
Giedraiciai
Pabrade
Sakiai
Kaliningrad
Kaunas
Kaisiadorys
Maisaigala
Nemencine
Kutuzovo
Darsuniskis
Vievis
VILNIUS
Vilkaviskis
Zariskiai
Marijampolė
Birštonas
Jeznas
Trakai
Nevskoye
Rudiskes
Kalvarija
Šeštokai
Alytus
Maladzechna
Šalčininkai
Merkine
Varena
Suwałki
Sejny
Lazdijai
Dieveniskes
Druskininkai
Marcinkonys
Zaslavl
Mrągowo
Ełk
Augustów
Lida
MINSK

17 TOP ERLEBNISSE

Die märchenhafte Altstadt von Tallinn

1 Es gab einmal eine Zeit, da waren die meisten europäischen Städte von dicken Mauern mit hohen Türmen umgeben – jedoch wurden die meisten Befestigungsanlagen in Kriegen zerstört oder mussten städtebaulicher Modernisierung weichen. In Estland erlaubt die Altstadt von Tallinn (S. 47) einen wunderbaren Einblick in vergangene Zeiten, dank der Vorliebe der Tallinner für historische Kostümierungen komplett mit Rittern und Rabauken, Damen und Mägden. Von mittelalterlichen Häusern gesäumte Gassen schlängeln sich zu Plätzen mit netten Cafés, auf denen beschauliche Kunsthandwerksmärkte stattfinden.

Mittsommernacht

2 Zwar ist das Baltikum heute überwiegend christlich, jedoch überdauern in allen drei Ländern auch heidnische Rituale. So werden etwa Störche verehrt und Blumensträuße mit einer geraden Zahl von Blüten aus Aberglauben zurückgewiesen. Und natürlich ist die Sommersonnenwende (S. 32) das wichtigste Fest des Jahres. Das religiöse Element der Mittsommernacht (Johannisnacht) ist größtenteils in den Hintergrund getreten; im Mittelpunkt steht bei den Feiern heute das Gefühl der Zusammengehörigkeit: Freunde und Verwandte treffen sich bei ihren Wochenendhäuschen im Wald zu einer hell erleuchteten Nacht bei Bier und Freudenfeuern, in der es fast nicht dunkel wird. Jūrmala, Lettland

1

JONATHAN SMITH/LONELY PLANET IMAGES ©

2

PETER SCHICKERT/IMAGEBROKER ©

Lettische Burgen & Herrenhäuser

3 Ein kurzer Blick auf die Karte verdeutlicht Lettlands strategisch günstige Lage an den alten Handelsrouten zwischen Westeuropa und Russland. In den Kiefernwäldern finden sich zahllose bröckelnde Burgruinen, eine jede ein Zeugnis eines vergessenen Königreiches. Lange war das Land ein feudaler Flickenteppich; übrig geblieben sind aus dieser Zeit Dutzende von Adelssitzen. Eine Übernachtung in einem der elegant restaurierten Herrenhäuser (*muižas*; S. 266) ist ein unvergessliches Erlebnis. Schloss Rundāle (S. 251)

Kurische Nehrung

4 Der schönste Küstenabschnitt Litauens, ein langer schmaler Streifen majestätischer Sanddünen an der Südostküste der Ostsee, hat etwas Elementares und leicht Altmodisches an sich. Vielleicht liegt's am Kieferndurft oder an der Meeresbrise oder an der relativen Abgeschiedenheit, die auch der deutsche Schriftsteller Thomas Mann zu schätzen wusste, der hier in den frühen 1930er-Jahren zu Gast war. Die Kurische Nehrung (S. 367) lädt dazu ein, die Akkus wieder aufzuladen und den Glauben an die regenerierenden Kräfte von Wind und Wasser zu erneuern.

3

BRENT WINEBRENNER/LONELY PLANET IMAGES ©

4

BRENT WINEBRENNER/LONELY PLANET IMAGES ©

SEPP PUCHINGER/IMAGEBROKER ©

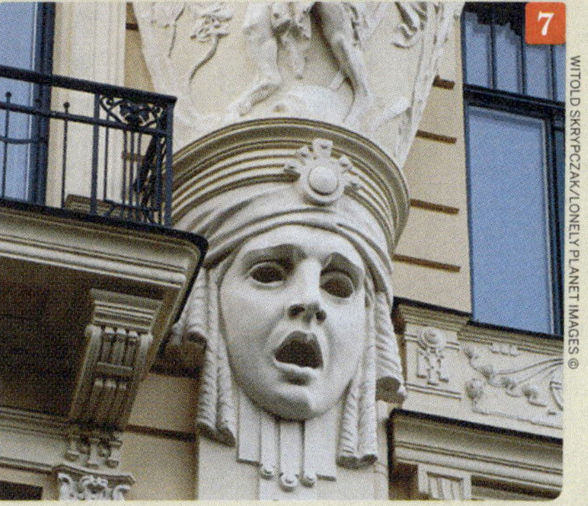

WITOLD SKRYPCZAK/LONELY PLANET IMAGES ©

Die barocke Altstadt von Vilnius

5 Versteckte Winkel, einladende Höfe, große Barockkirchen und winzige Bierkeller: Die Altstadt von Vilnius (Litauen; S. 294) zählt zu den schönsten Irrgärten des gesamten Baltikums. Alt und Neu liegen hier dicht beieinander und wer nach einer Secondhand-Boutique, einem Biobäcker, einem gemütlichen kleinen Buchladen oder einfach nur nach einem ruhigen Café sucht, findet sie wahrscheinlich allesamt nebeneinander in einer kopfsteingepflasterten Gasse, die man noch nicht erkundet hat. Vilnius wartet darauf, entdeckt zu werden!

Saarmaa

6 Eine Reise auf diese estnische Insel ist sicherlich eine nicht alltägliche Erfahrung. Zwar ist Saaremaa kein tropisches Paradies, jedoch verströmt der gemächliche Rhythmus der bewaldeten Insel eine ganz eigene Magie. Das Highlight ist die Bischofsburg von Kuressaare (S. 141), die besterhaltene mittelalterliche Festung des Baltikums, die sich stolz hinter dem Burggraben am Hafen erhebt. Die Windmühlen der Insel, besonders die fünf fotogenen Windmühlen von Angla, finden sich als Wahrzeichen auf Bier-, Wodka- und Wasserflaschen in ganz Estland wieder (S. 147).

Jugendstilarchitektur in Rīga

7 Wer einen Einwohner von Rīga fragt, wo man denn die weltberühmte Jugendstilarchitektur (S. 212) der Stadt finden könne, erhält unweigerlich als Antwort: „Schauen Sie nach oben!" Über 750 Gebäude – mehr als in jeder anderen Stadt Europas – weisen den üppigen Jugendstilschmuck auf. Leicht kann man einen Nachmittag damit verbringen, mit der Kamera durch die Rīgaer Neustadt zu streifen und Details der fantasievollen Fassaden voller schreiender Dämonen, entrückter Gottheiten, üppigster Flora und bizarrer geometrischer Muster einzufangen.

8
STEPHANE VICTOR/LONELY PLANET IMAGES © KISSING STUDENTS, MATI KARMIN & TIIT TRUMMAL

9
BIRUTE VIJEIKIENE/DREAMSTIME ©

10
STUWAMDORP/ALAMY ©

Tartu

8 Tartu (S. 98) ist für Estland, was Oxford und Cambridge für England sind. Auch Tartu erhält seine besondere Atmosphäre durch eine altehrwürdige Universität und deren Studenten (und die damit verbundenen Eskapaden und Trinkgelage). An fast jeder Ecke findet sich in den eleganten Straßen der Stadt ein Museum und in jedem zweiten Keller anscheinend eine schmuddelige Kellerkneipe. Bei Sonnenschein lassen sich auf den Rasenflächen des zentralen Domhügels die ewigen Klischees studentischen Lebens beobachten: ernsthafte Diskussionen, hoffnungslose Flirts und passioniertes Trinken.

Saunen & Spas

9 Vielleicht sind Türken und Russen für ihre Bäder berühmter, aber auch die Balten genießen ein schönes Bad und einen Saunagang im Adamskostüm. Im gesamten Baltikum gibt's jede Menge Wellnesszentren, besonders in Estland und Lettland, wo man sich von Experten kräftig durchkneten lassen kann. Die meisten geben sich jedoch dem traditionellen Saunaerlebnis hin und lassen sich bei Temperaturen von über 60 °C mit trockenen Birkenzweigen bearbeiten. Hört sich echt entspannend an ...

Pilze!

10 Alle Vorurteile über eine von Kartoffeln und Schweinezunge geprägte Küche sollten über Bord geworfen werden – baltisches Essen erinnert heute nicht mehr an eine sowjetische Kantine. Der Trend zur regionalen Küche ist in vollem Schwange und ihr Maskottchen ist der Pilz. Das feuchte Klima macht das Baltikum zu einem der besten Gebiete weltweit für alle möglichen wunderbaren Pilze. Sie selbst in den Wäldern zu sammeln macht noch mehr Spaß als sie zu essen. Die Pilzsuche ist hier nicht nur ein Freizeitvergnügen: Sie ist eine echte Obsession!

Sigulda & Nationalpark Gauja

11 Angesichts eines Namens, der nach einem mythischen Ungeheuer klingt, ist es kein Wunder, dass Sigulda – das Tor zum Nationalpark Gauja in Lettland – Besucher in seinen Bann zieht. Majestätisch erhebt sich der Turm der Burg Turaida (S. 257) über den dichten Kiefernwald – ein wunderbares Zeugnis all der Königreiche, die es einst im Land gab. Und nach der Geschichtsstunde ist es Zeit für ein bisschen Nervenkitzel wie einen Bungysprung von einer fahrenden Seilbahn oder eine rasende Bobbahnsause (S. 259).

Berg der Kreuze

12 Der erste Gedanke, wenn man in der flachen litauischen Landschaft nach diesem Wahrzeichen sucht, ist sicher: „Wo gibt's denn hier einen Berg?" Und dann erblickt man ihn in der Ferne, mehr Minihügel als Berg, bedeckt mit Zehntausenden von Kreuzen. Der Berg (S. 351) gewinnt etwas an Statur, wenn man mitbedenkt, dass sich mit diesem Meer an Kreuzen nicht nur der religiöse Glaube Ausdruck verschafft, sondern die ureigene Identität des Landes.

11

TRISH PUNCH/LONELY PLANET IMAGES ©

12

CRAIG PERSHOUSE/LONELY PLANET IMAGES ©

Jūrmala

13 Obwohl es auf den ersten Blick vielleicht nicht so aussieht: Jūrmala (Lettland; S. 230) war *das* Heilbad des gesamten russischen Imperiums. Zwar ist die große Zeit der Sanatorien vorüber, jedoch ist der Ort noch immer äußerst beliebt, um sich mit allen möglichen bizarren Anwendungen – wie wär's mit einer Schokoladenmassage? – verwöhnen zu lassen. Selbst wenn einen das Bad in der kühlen Ostsee nicht so verlockt, lohnt sich ein Tagesausflug von Rīga hierher schon allein, um das Gebahren der Promis und Neureichen mit ihren schönen Vorzeigefrauen zu studieren.

Küste von Kurzeme

14 Während sich die Litauer an den Dünen der Kurischen Nehrung erfreuen und die Esten das Inselleben auf Saaremaa und Hiiumaa genießen, ist die Küste des lettischen Kurzeme dazwischen ein recht verlassenes Gebiet mit nur wenigen Orten zwischen faszinierenden Felstürmen und verfallenden sowjetischen Wachtürmen. Im Süden liegt das punkige Liepāja, weiter oben die cremefarbenen Strände des wohlhabenden Ventspils, und im Norden treffen bei Kolka (S. 237) auf höchst dramatische Weise die Ostsee und die Rīgaer Bucht zusammen.

13

PETER SCHICKERT/IMAGEBROKER ©

14

AINARS AUNINS/ALAMY ©

15

16

17

Pärnu

15 Wahrscheinlich erwartet man im Baltikum keine goldenen Sandstrände, aber genau die hat Pärnu (S. 128) zu bieten. Als kurz vor Ende des 19. Jhs. die merkwürdige Idee des Badens im Meer populär wurde, entwickelte sich Pärnu zum beliebtesten Meerbad Estlands – und das ist es auch heute noch. Architekturjuwele aus jener Zeit ermöglichen zusammen mit Relikten aus der Hansezeit schöne Erkundungsspaziergänge und mittendrin warten interessante Restaurants und Kneipen auf Kundschaft.

Sowjet-Relikte

16 Es ist gerade einmal gut 20 Jahre her, dass die Balten den Eisernen Vorhang in Stücke rissen. Zwar sind die jungen Staaten heute mit Riesenschritten auf dem Weg in die globalisierte Welt, jedoch erinnern nach wie vor zahlreiche triste Wohnblocks und zerfallende Wachtürme an der Küste an härtere Zeiten. Viele der anderen sowjetischen Relikte entführen Besucher in eine Vergangenheit à la James Bond: Kürzlich freigelegte Bunker und restaurierte KGB-Hauptquartiere bieten auch nur leidlich Geschichtsinteressierten Stoff zum Staunen. Vilnius

Nationalpark Lahemaa

17 Lahemaa (S. 81) vereint alle wichtigen Ökosysteme Estlands (Küste, Wälder, Ebenen, Sümpfe, Seen und Flüsse) in sich, und das nur 80 km von der Hauptstadt entfernt – ideal also für Besucher auf Kurzurlaub. Neben den Naturschönheiten gibt es hier außerdem anmutige Barockpaläste, urige Dörfer sowie Landgasthöfe als Zuflucht bei schlechtem Wetter oder leerem Magen.

Gut zu wissen

Währung

» Estland: Euro (€)

» Lettland: Lats (Ls)

» Litauen: Litas (Lt)

Sprache

» Estland: Estnisch

» Lettland: Lettisch (auch Russisch wird viel gesprochen)

» Litauen: Litauisch

Reisezeit

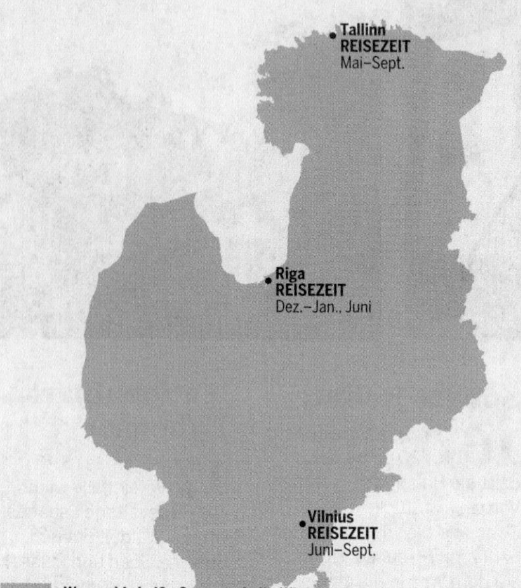

Hauptsaison

(Juni–Aug.)

» In den Hauptstädten sind die Hotels gewöhnlich ausgebucht – vorausplanen!

» Lange Tage und warmes Wetter laden zum Essen unter freiem Himmel ein.

» Mittsommerfeste nicht verpassen!

Zwischensaison

(Mai & Sept.)

» Günstigere Flugpreise als im Sommer und das Wetter ist angenehm mild.

» Viele Sehenswürdigkeiten haben kürzere Öffnungszeiten.

Nachsaison

(Okt.–April)

» Kühle Temperaturen und kurze Tage.

» In den Küstenorten ist fast alles geschlossen.

» In den Ferien zieht es die Leute in die Hauptstädte und auf die wenigen Skipisten.

Tagesbudget

bis

60 €

» Hostel oder Pension: 10–35 €

» Zwei Mahlzeiten: 15 €

» Stadtbummel: kostenlos

» Museumseintritt: 3 €

» Getränke im Biergarten: 7 €

60–120 €

» Hotelzimmer: 50 €

» Zwei Mahlzeiten: 28 €

» Öffentliche Verkehrsmittel: 2 €

» Eintritt in zwei oder drei Top-Museen: 5 €

» Getränke in nobler Lounge: 15 €

über

120 €

» Luxus-Hotelzimmer: 75 €

» Zwei Mahlzeiten: 55 €

» Taxis: 8 €

» Ein Museumstag: 7 €

» Kneipenbummel: 20 €

Geld
» Es gibt überall Geldautomaten. Die meisten Restaurants und Hotels akzeptieren Kreditkarten.

Visa
» Besucher aus der EU und aus der Schweiz benötigen für die Einreise nach Estland, Lettland und Litauen kein Visum.

Handy
» Prepaid-SIM-Karten sind überall erhältlich und funktionieren mit den meisten ausländischen Handys.

Verkehrsmittel
» Zwischen den Städten fahren Busse und Züge, einfacher ist es jedoch mit einem eigenen Fahrzeug.

Websites

» **Baltic Times** (www.baltictimes.com) Englischsprachige Zeitung für alle drei baltischen Länder

» **Visit Estonia** (www.visitestonia.com) Offizielles Tourismusportal Estlands

» **Lettland** (www.latvia.travel) Offizielle Tourismus-Website

» **Reiseinformationen Litauen** (www.travel.lt) Führendes Tourismusportal Litauens

» **Baltic Country Holidays** (www.traveller.lv) Umfassendes Buchungsnetz für Unterkünfte auf dem Land in allen drei Ländern

» **Lonely Planet** (www.lonelyplanet.com)

Wechselkurse

		Estland	Litauen	Lettland
Eurozone	1 €	1 €	3,45 Lt	0,71 Ls
Schweiz	1 SFr	0,83 €	2,86 Lt	0,58 Ls
US	US$1	0,74 €	2.53 Lt	0.53 Ls

Aktuelle Wechselkurse siehe www.xe.com.

Wichtige Telefonnummern

Ländervorwahl Estland	372
Ländervorwahl Lettland	371
Ländervorwahl Litauen	370
Internationale Gespräche	00

Ankunft im Baltikum

» **Flughafen Rīga**

Limonengrüne Taxis – (die verlässlichste Alternative) pauschal 10 Ls in die Stadt (7 km)

Bus 22 – 0,70 Ls in die Stadt

Limonengrüne Sammelvans – 3 Ls

» **Flughafen Tallinn**

Stadtbus – 1,60 € in die Stadt (4 km)

Hansabuss – blau, 2 €

Hotelshuttles – 5 €

Taxi – zumeist unter 10 € in die Stadt

» **Flughafen Vilnius**

Bus – 2,50 Lt ins Zentrum (5 km)

Zug – Zug oder Bus 1 zum Bahnhof

Minibus – 3 Lt (schneller)

Taxi – vorgebucht 30 Lt; sonst 50–60 Lt

Anreise & Unterwegs vor Ort

Die drei Hauptstädte verfügen über internationale Flughäfen, außerdem fährt von Helsinki eine Fähre nach Tallinn. Zwischen Tallinn, Rīga und Vilnius verkehren Schnellbusse, wer jedoch auch ländliche Gebiete erkunden möchte, ist mit einem eigenen Fahrzeug besser dran. Mietwagenverträge gelten für alle drei baltischen Staaten, nicht jedoch für die anderen Nachbarländer. Am teuersten sind Mietwagen im Sommer. Gewöhnlich stehen Wagen mit Schaltung und Automatik zur Wahl. Unebene Straßen können zu Reifenpannen führen – am schlechtesten sind die Straßen in Lettland.

In Estland werden ab Tallinn Tartu und Kuressaare angeflogen. In Lettland und Litauen gibt's keine Linienflüge.

Was gibt's Neues?

Für diese neue Ausgabe von Estland, Lettland & Litauen waren unsere Autoren auf der Jagd nach den neusten Trends: Was hat sich verändert, was ist gerade angesagt, was boomt? Was sind die heißesten Tipps? Hier einige unserer Favoriten. Last-Minute-Empfehlungen gibt's auf lonelyplanet.com.

Radeln im Baltikum

1 Dank zahlreicher neuer Karten und Broschüren ist es jetzt einfacher denn je, das Baltikum mit dem Fahrrad zu erkunden. In den größeren Städten Litauens gibt's Dutzende neuer Radwege. In Lettland und Estland sind im Rahmen des neuen Projektes „Tour de LatEst" inzwischen mehr als 1200 km Radwege ausgeschildert worden (S. 29).

Museum des Kalten Krieges

2 Das mit Spannung erwartete Museum des Kalten Krieges befindet sich auf einem ehemaligen sowjetischen Stützpunkt für Atomraketen, die ganz Europa hätten zerstören können. Der im Herzen des Nationalparks Žemaitija gelegene Stützpunkt wurde jahrzehntelang vor der Bevölkerung geheim gehalten. (S. 384)

Rotermann-Viertel

3 Dieser ehemalige Fabrikkomplex beherbergt heute Geschäfte, Büros, Wohnungen und einige der besten Restaurants Tallinns. Im Sommer lohnt der Wochenmarkt einen Besuch. (S. 56)

Piens

4 Für Locals *der* Hotspot in Rīga: das Piens („Milch") im angesagten Miera-Viertel gleich außerhalb des Zentrums. Auf dem Gelände hat auch eine neue Filiale von Delisnack eröffnet, sodass man jetzt nicht mehr bis nach Liepāja fahren muss, um diese Burger-Institution zu testen. (S. 223)

Herrenhaus Rumene (Ruhmen)

5 Das Herrenhaus Rumene ist mithilfe der Eigentümer des Hotel Bergs, dem bekannten lettischen Architekten Zaiga Gaile und einer kleinen EU-Finanzspritze vor dem Verfall gerettet worden und in alter Pracht als opulentes Hotel wieder auferstanden – mit Sicherheit eine der nobelsten Unterkünfte im gesamten Baltikum. (S. 239)

Kastani 38

6 Das 1910 als Brotfabrik eröffnete riesige Backsteingebäude ist heute ein Schmelztiegel kreativer Aktivitäten, mit Ateliers von Nachwuchs-Modedesignern und Fotografen aus Tartu sowie mehreren neuen Museen und einem vielversprechenden Hostel. (S. 104)

Lettisches Modedesign

7 Nachdem sie in der letzten Weltwirtschaftskrise ihren Job verloren hatten, versuchten sich viele Letten mit ihren Hobbys über Wasser zu halten. So gab es plötzlich eine ganze Brigade neuer Designer, die ihre einzigartigen Kreationen nun dank niedriger Mieten gut präsentieren können. (S. 226)

KGB-Museum des Hotel Viru

8 Als das Hotel Viru 1972 errichtet wurde, war es nicht nur der erste Wolkenkratzer Estlands, sondern auch der einzige Ort in Tallinn, wo Touristen übernachten konnten. Ganz oben war ein Spionagestützpunkt des KGB untergebracht – heute bietet das inzwischen privatisierte Hotel Führungen in mehreren Sprachen an. (S. 57)

Wie wär's mit …

Schlösser

Als Knotenpunkt von Handelsrouten zwischen Westeuropa und Russland war das Baltikum einst ein wahrer Flickenteppich feudaler Territorien – die zahlreichen Burg- und Schlossruinen zeugen von der historischen Bedeutung der Region.

Trakai Die märchenhafte Burg aus Backstein auf einer winzigen Insel bildet eine wunderbare Kulisse für Paddeltouren auf den hübschen Seen des Historischen Nationalparks Trakai (S. 323)

Schloss Rundāle Dieses Juwel unter den lettischen Schlössern ist ein vollendeter Tribut an die Opulenz. Der Architekt Rastrelli entwarf auch den prachtvollen Winterpalast in St. Petersburg (S. 251).

Bischofsburg von Kuressaare Die besterhaltene mittelalterliche Burg des Baltikums, mit Burggraben und allem Drum und Dran (S. 141)

Muižas des Gauja-Tals Noch schöner als eine Schlossbesichtigung ist die Übernachtung in einem der feudalen lettischen *muižas* (Herrenhäuser) inmitten von Kiefernwäldern (S. 266)

Strände

Wer hätte gedacht, dass das Baltikum so viele herrliche Sandstrände zu bieten hat? Zwar sind die Sommer kurz, aber in den wärmeren Monaten werden Freunde des Strandlebens mit wunderbarem goldenem Sand verwöhnt.

Nida Ein ganz und gar ungewöhnlicher Badeort: Nida besticht mit der einzigartigen Schönheit seiner Natur und der friedvollen Stille inmitten der Sanddünen und Kiefernwälder (S. 371)

Jūrmala Der alte Nobelkurort wird auch heute noch seinem Ruf gerecht und lockt russische Ölmagnaten und deren schicke Vorzeigefrauen an (S. 230)

Pärnu Dieses Seebad ist das Mekka für Sonnenanbeter und erfreut mit goldenen Sandstränden und jeder Menge gebräunten Körpern (S. 128)

Tahkuna Die sandige Küste von Tahkuna auf der Insel Saaremaa ist über einen Waldweg zu erreichen und vergleichsweise friedvoll und ruhig (S. 147)

Museen

Im Baltikum gibt's jede Menge Geschichte zu dokumentieren. Neben all den Museen, die sich mit der stürmischen Vergangenheit der Region befassen, widmen sich einige auch besonderen Interessen der Balten.

Besatzungsmuseum Anhand der Schicksale von Opfern und Überlebenden werden fünf Jahrzehnte Besatzungsgeschichte während des Zweiten Weltkriegs und des Kalten Kriegs erzählt (S. 50)

Freilicht-Kunstmuseum Pedvāle Tief im Herzen des lettischen Abava-Tals findet man auf einem ungewöhnlichen Landgut über 100 großformatige Skulpturen – wer möchte, kann hier sogar zelten (S. 240)

Teufelsmuseum Eine kuriose Ausstellung auf drei Etagen in der Neustadt von Kaunas: Luzifer in all seinen (oder ihren) Manifestationen (S. 345)

Stadtmuseum Tallinn Die Geschichte Tallinns wird gleich an zehn Stätten erzählt, besonders fesselnd ist das Hauptmuseum in einem Kaufmannshaus aus dem 14. Jh. (S. 49)

KRZYSZTOF DYDYNSKI/LONELY PLANET IMAGES ©

» Jugendstilfassade in Rīga (S. 195)

Architektur

Die Architektur ist in allen drei Hauptstädten eine wahre Augenweide, ob barocke Verzierungen, mittelalterliche Giebel oder verschwenderischer Jugendstil – vom vielen Nach-oben-Schauen bekommt man nach einigen Tagen Nackenschmerzen!

Jugendstil in Rīga Mit einem architektonischen Augenschmaus wartet die muntere lettische Hauptstadt auf: Reich verzierte Fassaden schmücken Hunderte imposanter Bauten auch außerhalb des Zentrums (S. 212)

Altstadt von Vilnius Ein Meer aus Türmen, Kuppeln und Pfeilern – die wunderbar erhaltene Altstadt von Vilnius sieht wie das Werk eines großen Barockliebhabers aus (S. 297)

Altstadt von Tallinn Ein Juwel voller mittelalterlicher Verteidigungsanlagen, Behausungen und öffentlicher Gebäude (S. 47)

Kumu Sieben Stockwerke Kalkstein, Glas und Kupfer: Tallinns spektakuläres Kunstmuseum ist ein estnischer Meilenstein des neuen Jahrtausends (S. 57)

Urige Dörfer

Wem der Sinn nach reizenden Bauernhöfen und stillen Dörfern steht: Das Baltikum hat sie im Überfluss, besonders in Anbetracht der Tatsache, dass die Einheimischen ihr idyllisches Landleben für ein Dasein in den Großstädten eintauschen.

Koguva Das malerische historische Fischerdorf in einer abgeschiedenen Ecke der Insel Muhu bietet neben Unterkünften und Restaurants auch ein Fenster in die Vergangenheit (S. 136)

Labanoras Das zauberhaft hübsche Holzdorf inmitten eines Schutzgebietes mit Wäldern und Teichen birgt einen der einladendsten altmodischen Landgasthöfe Litauens (S. 331)

Kuldīga Das verwitterte Kuldīga, auch bekannt als „Ort, wo die Lachse fliegen", ist ein angenehmes Ziel für abenteuerlustigere Reisende. Oft dient der Ort als Kulisse für historische Filme (S. 241)

Rõuge Das inmitten eines Tals mit sieben kleinen Seen gelegene und von Bergen umgebene Rõuge ist reinste estnische ländliche Idylle (S. 115)

Zeugnisse des Krieges

Ob Sowjets oder Nazis, alte Stammesfehden oder marodierende Armeen des Mittelalters – das Baltikum musste viel Krieg und Unterdrückung erdulden.

Bunker von Līgatne Der jahrzehntelang unter einem Rehazentrum versteckte Hochsicherheitsbunker ist heute ein wunderbares Zeugnis sowjetischer Spionagearbeit. Alles ist bestens in Schuss – da staunt selbst James Bond! (S. 265)

Paneriai In den hiesigen Wäldern ermordeten die Nazis 100 000 Menschen, darunter 70 000 Juden. Ein Mahnmal und ein Museum erinnern an die tragischen Ereignisse (S. 323)

Gefängnis Karosta Als Krankenhaus errichtet, diente Karosta später als Gefängnis für aufsässige russische Soldaten und bietet Besuchern die einzigartige Möglichkeit, das Leben eines Gefangenen zu erleben – inklusive mitternächtlicher Bettenkontrollen (S. 248)

Nationalpark Žemaitija Der idyllische Nationalpark birgt eines der größten sowjetischen Geheimnisse des Kalten Krieges: eine unterirdische Atomraketenbasis. In einem der alten Bunker befindet sich das Museum des Kalten Krieges (S. 383)

Monat für Monat

Top-Events

1 **Mittsommernacht**, Juni

2 **Sänger- & Tanzfeste**, Juli (alle fünf Jahre)

3 **Positivus-Festival**, Juli

4 **Filmfestival der Schwarzen Nächte**, November

5 **Weihnachten**, Dezember

Januar

Die Neujahrsfeierlichkeiten wärmen die Herzen, damit die Balten den scheinbar endlosen Winter mit seinem Mangel an Tageslicht überstehen.

Neujahr

Die Feste zum Jahreswechsel gehen an diesem Feiertag weiter; bei den Familientreffen kommen auch heidnische Praktiken zum Einsatz, um ein glückliches und gesundes Jahr heraufzubeschwören.

Februar

Der kalte und schneereiche Winter hält an; die Einheimischen machen das Beste draus und begeben sich auf die eher flachen Skipisten.

Skimarathon

Der in der Umgebung der zweitgrößten Stadt Estlands stattfindende Tartu-Marathon ist ein 63 km langes Langlaufrennen mit rund 4000 Teilnehmern. Die Besten absolvieren das Ganze in weniger als drei Stunden. Los geht's im sportverrückten Otepää.

Fisch & Meer

Das dreitägige Palangos Ruoniai (Robbenfestival von Palanga) findet Mitte Februar im litauischen Badeort Palanga statt und lockt jede Menge hungrige Fischfreunde an, die die begehrten Stinte probieren möchten. Außerdem gibt's jedes Jahr das Eisbärfest, bei dem abgehärtete Naturen im eiskalten Wasser der Ostsee baden.

März

Man zieht die Vorhänge beiseite, um nach dem Wetter zu schauen – ja, immer noch Winter …

Litauische Volkskunst

Jedes Jahr findet Anfang März in Vilnius und Kaunas der Kasimir-Markt (Kaziuko *mugė)* statt, ein Festival der Volkskunst und des Kunsthandwerks (www.kaziuko-muge.lt, auf Litauisch).

Horror-Show

Beim Horror- und Fantasy-Filmfestival, das gewöhnlich Ende März stattfindet, bevölkern Zombies die Straßen und Leinwände von Haapsalu an der Westküste Estlands. Das Festival wird so gelegt, dass es zum Vollmond stattfindet.

April

Offiziell gibt es nun keine frostigen Nächte mehr und die Durchschnittstemperatur pendelt sich deutlich oberhalb des Gefrierpunkts ein. Der Frühling steht vor der Tür und alle verlassen ihre verrammelten Häuser, um ein wenig Frühlingsluft zu schnuppern.

Jazz in Tallinn

Jazzgrößen aus der ganzen Welt treffen sich Mitte April beim zweiwöchigen Jazzkaar-Festival in Tallinn. Gespielt wird nicht nur in Konzertsälen, sondern auch auf der Straße, auf Plätzen und in Parks und sogar am Flughafen.

Studententage in Tartu

Bei diesem wilden heidnischen Fest zum Ende des Semesters und zur Begrüßung des Frühlings lassen die Studenten von Tartu die Sau raus. Eine kleinere Version des Fests gibt's Mitte Oktober.

Jazz in Kaunas

Das jährliche internationale Jazzfestival Kaunas Jazz (www.kaunasjazz.lt) Ende April ist wohl die renommierteste und beliebteste Jazzveranstaltung Litauens.

Mai

Die Tage werden merklich länger und das Wetter bessert sich gewaltig. Die touristischen Einrichtungen erwachen aus dem Winterschlaf und aufgeregte Vorfreude auf den Sommer breitet sich aus.

Tallinn spielt Mittelalter

Die Tallinner Altstadttage in den malerischen Gassen des 14. Jhs. bringen eine Woche lang Tanz, Konzerte, kostümierte Schausteller, Sport und jede Menge mittelalterliche Vergnügungen.

Moderner Tanz

Das jährliche Festival New Baltic Dance (www.dance.lt), das Anfang Mai eine Woche lang in Vilnius stattfindet, lockt moderne Tanzensembles aus Litauen und der ganzen Welt an.

Baltisches Ballett

Das International Baltic Ballet Festival (www.balletfestival.lv) bietet in Rīga drei Wochen lang tolle Darbietungen lettischer und ausländischer Tanztruppen.

Juni

Nach der scheuen Frühjahrssonne im April und Mai herrscht jetzt beständig warmes Wetter. Mit den überall in der Region stattfindenden Mittsommerfestivitäten wird offiziell der Sommer eingeläutet.

Mittsommernacht

Das größte Fest der Region ist die Mittsommernacht (Johannisnacht), die man am besten auf dem Land feiert: Hier wird beim Schein riesiger Freudenfeuer bis zum nächsten Morgen gefeiert.

Volksmusik

Das jährliche Internationale Folklorefestival (www.visitneringa.com) in Nida auf der Kurischen Nehrung lockt Volksmusiker und Volkstanzgruppen aus den verschiedenen Regionen Litauens und dem restlichen Europa an. Es findet an einem Wochenende Ende Juni statt.

Oper in Rīga

Das Vorzeigeevent der Lettischen Nationaloper (www.opera.lv), das Rīga Opera Festival, dauert zehn Tage und bietet Auftritte namhafter Künstler.

Juli

Der Sommer ist in vollem Gange und unter der Woche trifft man sich auf den Terrassen und Veranden auf ein Bier; am Wochenende zieht es alle aus den Städten in ihre Wochenendhäuschen.

Bier & Bands

Die alte Tradition des privaten Bierbrauens wird auf der estnischen Insel Saaremaa beim Õlletoober-Bierfestival gefeiert, begleitet von viel Rockmusik. Das Ganze findet im Dorf Lilbi statt, 5 km nordöstlich von Kuressaare.

Vier Tage Folk

Während dieses äußerst beliebten viertägigen Festivals wird die estnische Stadt Viljandi von Folkmusikfreunden gestürmt. Bei den mehr als 100 Konzerten treten vor insgesamt über 20 000 Zuschauern estnische und internationale Musiker auf.

Filmkunst für Kenner

Beim vom Museum für Neue Kunst von Pärnu organisierten Internationalen Filmfestival werden Dokumentarfilme und anthropologische Filme aus der ganzen Welt gezeigt. Das Festival findet Anfang des Monats im Museum und an anderen Spielstätten im wichtigsten Badeort Estlands statt.

Rock 'n' Bier

Das extrem populäre Bier- und Rockmusikfest Õllesummer (Biersommer) wird Anfang Juli drei Tage lang auf dem historischen Sängerfestgelände der estnischen Hauptstadt Tallinn gefeiert.

Festival des Meeres

Das jährliche fünftägige Festival des Meeres (www.jurossvente.lt) findet am dritten Wochenende im Juli in Klaipėda statt und zelebriert das reichhaltige nautische Erbe der litauischen Hafenstadt.

Devilstone

Dieses erst ein paar Jahre alte Rock- und Metal-Festival (Velnio Akmuo; www.devilstone.net) findet Mitte Juli in der zentrallitauischen Stadt Anykščiai statt. Auf die Ohren gibt's Hardrock, Heavy Metal, Gothic, Electronica und Speed Metal – ein Mekka für Headbanger.

Jazz am Meer
Beim jährlichen Jazz-Marathon in Nida (www.nidajazz.lt) kommt Ende Juli und Anfang August der Jazz für mehrere Tage auf die Kurische Nehrung. Nach den Konzerten gibt's oft Jamsessions.

Volksmusik in Võru
Mitte Juli wird Võru beherrscht von Tänzern, Sängern und Musikern in den bunten Trachten Estlands und anderer Länder.

Mittelaltertage
Bei den Hansetagen wird Mitte Juli drei Tage lang die hanseatische Vergangenheit von Tartu, der spirituellen und intellektuellen Hauptstadt Estlands, gefeiert, mit kostümierten Bauern, Damen, Hofnarren und Rittern sowie Handwerksvorführungen, Märkten, Darbietungen für Kinder und vielem mehr.

Rīgas Ritmi
„Rīgas Rhythmen" (www.rigasritmi.lv) ist das internationale Musikfestival der lettischen Hauptstadt.

Neue Barden
Das New Wave Song Festival (www.newwavestars.com, auf Russisch), ein Wettbewerb für Solosänger in Jūrmala in Lettland, zieht Teilnehmer aus der ganzen Welt an und erfreut sich in letzter Zeit phänomenalen Zuspruchs aus der russischsprachigen Welt.

Weinfest
Das lettische Dorf Sabile ist berühmt für seinen Weinberg – der weltweit nördlichste Weinanbau unter freiem Himmel. Die einzige Chance, den hier produzierten Wein zu probieren, bietet sich bei diesem Fest (www.sabile.lv).

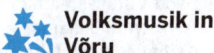

Open-Air-Opernfestival
In den Burgruinen der lettischen Stadt Sigulda findet jedes Jahr dieses Freiluft-Opernfestival (www.sigulda.lv) statt.

Sang & Tanz
Die großen Sänger- und Tanzfeste finden in allen drei baltischen Ländern mehrere Tage lang statt. Sie locken aus der ganzen Welt Menschen mit baltischen Wurzeln an, die dann in Massenchören mitsingen und bei großen Tanzchoreografien mitmachen, die selbst Nordkorea in den Schatten stellen.

Positive Klänge
Das Positivus-Festival (www.positivusfestival.lv), das inmitten der stillen Kiefern des nördlichen Vidzeme stattfindet, ist inzwischen ein jährliches Pilgerziel für viele Letten, die sich hier mehrere Tage lang Musik zu Gemüte führen.

Sommer-Sound
Liepāja ist das lettische Mekka für Punk-Garagenbands – sämtliche Musikfestivals des Ortes lohnen also einen Abstecher, insbesondere das Summer Sound (www.summersound.lv), das jedes Jahr bis zu 40 000 Besucher anlockt.

August

An herrlich langen wolkenlosen Strandnachmittagen und in den langen Ferien genießen die Balten jeden Sonnenstrahl – bevor wieder einer der gelegentlichen Regengüsse einsetzt.

Freiluftkino
Beim einwöchigen Open-Air-Filmfest tARTuFF werden auf dem stimmungsvollen Raekoja plats (Rathausplatz) im Herzen von Tartu in Estland kostenlos Arthouse- und Dokumentarfilme gezeigt. Dichterlesungen und Konzerte runden das Programm ab.

Gespenstergeschichten
Das Fest der Weißen Dame auf dem Gelände der Burg von Haapsalu in Westestland kulminiert in der Geistererscheinung im Kirchenfenster, die durch die Spiegelung des Vollmonds im Glas erzeugt wird.

Klassische Konzerte
Das Christopher-Sommerfestival bietet in der litauischen Hauptstadt Vilnius zwei Monate lang klassische Musik (www.kristupofestivaliai.lt).

Heidnische Musik
Das beliebte MJR-Festival für alternative Musik (mėnuo Juodaragis; www.mjr.lt) zelebriert offiziell die heidnischen Wurzeln Litauens; eigentlich ist es aber einfach eine Gelegenheit, Musik zu genießen, die man sonst selten zu hören bekommt. Das Festival findet am letzten August-

wochenende auf einer Insel in der Nähe der ostlitauischen Stadt Zarasai statt.

Meeresfreuden

Anfang des Monats feiert Kuressaare auf der estnischen Insel Saaremaa sein maritimes Erbe mit dem Meeresfest, einem Wochenende voller Aktivitäten, die etwas mit dem Meer zu tun haben: Es gibt Regatten, Märkte, Show-Zubereitung von Heringen, Musik und eine starke Marinepräsenz.

Klassische Sangeskunst

Die stimmungsvollen Ruinen des Birgittenklosters in Pirita, dem beliebtesten Strandvorort Tallinns, bilden eine tolle Kulisse, um beim Birgitta-Festival die lebendige estnische Sangestradition zu erleben, mit Chor-, Opern- und klassischen Konzerten.

Kulturnacht

Baltā Nakts (Weiße Nacht; www.baltanakts.lv), gesponsert vom Forum für Zeitgenössische Kunst, präsentiert die ganze Nacht hindurch im lettischen Rīga Künstler und Kultur.

Piens Fest

Das Piens Fest, ein wunderbares Festival für Hipster, wirkt beinahe wie eine zufällige Versammlung einheimischer Künstler (Musiker und anderer) im Rīgaer Industriegebiet Miera iela. Man kann gebratene Köstlichkeiten verspeisen, nach Vintage-Kleidung stöbern oder einfach nur auf dem Gras sitzen und den Indie-Beats lauschen.

September

Die letzten Tage des Sommers werden schnell vom milden Herbstanfang abgelöst. Am Ende des Monats regnet es schon häufiger und die Blätter wechseln ihre Farbe.

Welttheater

Das internationale Theaterfestival Sirenos (Sirenen; www.okt.lt) ist eine beliebte jährliche Veranstaltung von Mitte September bis Mitte Oktober im litauischen Vilnius. Es gastieren Theaterensembles aus der ganzen Welt.

Filmforum

Arsenāls (www.arsenals.lv) ist ein internationales Filmfestival mit über 100 experimentellen und interaktiven Filmen im lettischen Rīga.

Oktober

Die Tage werden merklich kürzer und die Nachmittage am Strand gleichen einer fernen Erinnerung; die touristischen Läden und Einrichtungen beginnen damit, die Schotten dichtzumachen, um sich in den Winterschlaf zu begeben.

Musikfestival Gaida

Einer der Höhepunkte des Musikkalenders der litauischen Hauptstadt Vilnius ist jedes Jahr im Oktober diese Feier klassischer und neuer Musik aus Mittel- und Osteuropa.

November

Der Herbst geht in den Winter über: Aus Regentagen werden Schneetage. Dies ist wohl einer der ruhigsten Monate des Jahres – der Sommer ist schon lange vorbei und die Feierlichkeiten der Winterferien lassen noch auf sich warten.

Mama Jazz

Das größte Jazzevent von Vilnius, Mama Jazz (www.vilniusmamajazz.lt), findet jedes Jahr im November statt und lockt gewöhnlich illustre Musiker aus Europa und der ganzen Welt an.

Filmfestival der Schwarzen Nächte

Das größte Filmfestival Estlands, die Schwarzen Nächte in Tallinn (http://2011.poff.ee), präsentiert ab Mitte November zwei Wochen lang Filme aus der ganzen Welt. Festivalsparten widmen sich Zeichentrickfilmen, dem Kinderkino und Streifen von Filmstudenten.

Future Shorts

Das Kino Rīga in der lettischen Hauptstadt veranstaltet mehrere Filmfestivals, so auch das internationale Kurzfilmfestival Future Shorts (www.futureshorts.lv).

Neue Musik

Das Musikfestival für zeitgenössische Musik Arēna New Music Festival (www.arenafest.lv) präsentiert an Spielstätten in ganz Rīga unterschiedlichste Musikrichtungen.

Dezember

Die Weihnachtsfeierlichkeiten bieten eine perfekte Ablenkung von den frostigen Temperaturen. Die Straßen sind festlich geschmückt und die Familien kommen von überallher zum Feiern zusammen.

Weihnachtsmärkte

Weihnachtsschmuck, Kunst und Kunsthandwerk, traditionelle Speisen und Vergnügungen erhellen in den Altstädten der drei Hauptstädte (sowie in vielen anderen Städten der Region) die dunklen Tage bis zum Weihnachtsfest.

Silvester

Auf den Hauptplätzen von Tallinn, Rīga und Vilnius wird das neue Jahr mit Feuerwerken eingeläutet und kräftig gefeiert.

Reiserouten

Ob drei oder 30 Tage – diese Routenvorschläge dienen als Anregungen für eine wunderbare Reise. Wer weitere Tipps haben möchte, kann sich im Forum auf www.lonelyplanet.de mit anderen Reisenden austauschen.

Zwei Wochen

Highlights des Baltikums

Los geht's in der Altstadt der estnischen Hauptstadt **Tallinn** mit ihren schönen mittelalterlichen Gebäuden. Auch das tolle gastronomische Angebot der Stadt sollte man sich nicht entgehen lassen. Anschließend folgt ein Besuch im **Nationalpark Lahemaa**. Letzte Station in Estland ist die vielseitige Unistadt **Tartu**. In Lettland folgen dann die beiden Burgen **Sigulda** und **Cēsis**. Zum Übernachten bietet sich eins der noblen **Gutshäuser** *(muižas)* in der Umgebung an, anschließend geht's durch den **Nationalpark Gauja** weiter nach **Rīga** mit seinen wunderbaren Fassaden. Südlich der lettischen Hauptstadt lockt das opulente Schloss von **Rundāle**, das Versailles des Baltikums, entworfen von demselben Architekten, der auch den St. Petersburger Winterpalast erbaute. Von Rundāle geht's über die Grenze nach Litauen bis zum **Berg der Kreuze** in Šiauliai. Danach führt die Route nach Westen zur **Kurischen Nehrung**, wo man zwischen alten Holzhäuschen, Sanddünen und Wildschweinen schön ein paar Tage abhängen kann. Endpunkt der Reise ist **Vilnius** mit seiner üppigen Barockarchitektur.

Drei Wochen

Die große Baltikum-Rundreise

Startpunkt der Rundreise ist die schöne litauische Barockstadt **Vilnius**. Es lohnt sich, ein paar Tage lang die reizenden Straßen aus Kopfsteinpflaster zu erkunden und den **Gediminas-Berg** zu erklimmen. Nach einem Zwischenstopp bei der **Wasserburg von Trakai** geht's nach Westen Richtung Meer. Im **Nationalpark Žemaitija** kann man sich kurz über sowjetische Atomraketen informieren und sich dann in der Dünenlandschaft der **Kurischen Nehrung** ein paar entspannende Tage gönnen. Anschließend führt die Route an der Ostsee entlang über den litauischen Hafen **Klaipėda** und das familienfreundliche **Palanga** zur lettischen Grenze. Erster Stopp in Lettland ist das für seine vergoldeten Kirchen berühmte und seine hässlichen sowjetischen Wohnblocks berüchtigte **Liepāja**. Nicht versäumen sollte man einen Rundgang durch das Gefängnis Karosta. Von Liepāja kann man entweder der einsamen Küste folgen – vorbei an stillen Dörfern und faszinierenden Felstürmen – oder die direktere Route zur lettischen Hauptstadt wählen. Wer die Küstenstrecke wählt, kommt durch den Badeort **Pāvilosta**, durch das dank Ölvorkommen wohlhabende **Ventspils**, am stillen **Kap Kolka** vorbei und zum Heilbad **Jūrmala** – einem Mekka für russische Tycoone. An der Inlandroute liegen das malerische Dorf **Kuldīga** und das spannende Freilicht-Kunstmuseum von **Pedvāle** im Abava-Tal. In **Rīga** sollte man einen Tag für die Erkundung der Altstadt einplanen. Einen zweiten Tag braucht es, über die prächtigen Boulevards im Stadtzentrum zu bummeln, dabei all die wunderschönen **Jugendstilfassaden** zu bewundern und den trubeligen **Zentralmarkt** zu besuchen. Nach ein paar Tagen in Rīga geht's in den **Nationalpark Gauja** mit Stopps in **Sigulda**, vielleicht zum Bobfahren und Bungyspringen, und in **Cēsis** zur Besichtigung der Burgruinen. Auf der anderen Seite der estnischen Grenze lädt **Pärnu** zu ein paar faulen Strandtagen ein. Weiter Richtung Westen bieten sich die bewaldeten Inseln **Muhu**, **Saaremaa** und **Hiiumaa** zum Inselhüpfen an, danach geht's zurück aufs Festland und nach **Tallinn** mit seinen vielfältigen Schätzen wie dem **Stadtmuseum**, dem **Museum für Estnische Geschichte** und den angesagten Vierteln der Stadt wie dem **Rotermann-Viertel**. Nicht weit von Tallinn lohnt der **Nationalpark Lahemaa** einen Ausflug, und wer Zeit hat, kann per Fähre auch noch **Helsinki** ansteuern.

Eine Woche
Lettland pur

Eine ganze Woche Lettland lässt genügend Zeit, um auch die Schätze des Landes außerhalb der atemberaubenden Hauptstadt zu erkunden. Nach ein paar Tagen in **Rīga** kann man den zweiten Teil der Reise in den burgenreichen Wäldern im Osten oder an der einsamen Küste im Westen verbringen. Wen es in die Wälder zieht, sollte die kleine Tour bei der Burg Turaida in **Sigulda** beginnen, gefolgt vom geheimen sowjetischen Bunker von **Līgatne** und der Steinfestung von **Cēsis**. Durch die ruhige Seenlandschaft von **Latgale** geht's weiter zur berühmten Basilika von **Aglona** und wieder zurück Richtung Westen nach **Rundāle** mit seinem opulenten Schloss. Wer sich für die Küste entscheidet, kann dieser durch einsame Dörfer am Meer folgen. Von Rīga führt der Weg zunächst zum alten baltischen Kurort **Jūrmala**. Nächste Station ist **Kolka**, wo Ostsee und Rīgaer Bucht aufeinandertreffen, dann geht's die Küste hinunter über das wohlhabende **Ventspils**, **Pāvilosta** – ein Windsurfer-Paradies – und **Liepāja**, dem lettischen Garagenbandmekka mit dem unfassbar trostlosen Stadtteil **Karosta**. Der Weg zurück zur Hauptstadt führt durch **Kuldīga**, einem der urigsten Orte des Landes.

10 Tage
Hauptstadt-Hopping

Zehn Tage sind gerade genug, um sich einen Eindruck von den drei Hauptstädten zu verschaffen. Los geht's in **Vilnius** (Litauen) mit seiner prachtvollen Barockarchitektur. Bei zwei Tagen Aufenthalt gibt's auch genügend Zeit für einen Besuch auf dem **Gediminas-Berg** und die Erkundung der bewegten **jüdischen Geschichte** der Stadt. Nach einem Abstecher zur Burg von **Trakai** führt die Tour weiter zur lettischen Hauptstadt **Rīga**, der größten Stadt des Baltikums. Auf dem **Zentralmarkt** kann, wer möchte, um den Preis der Heidelbeeren feilschen, ansonsten ist der Blick zumeist nach oben zu den grandiosen **Jugendstilfassaden** gerichtet. Wer noch einen Tagesausflug einbauen möchte, hat die Qual der Wahl: Im Seebad **Jūrmala** kann man sich inmitten der russischen Elite tummeln, in **Sigulda** mit Abenteuersport sein Adrenalin in Wallung bringen. Als nächstes steht die estnische Hauptstadt **Tallinn** auf dem Programm, das Besucher mit einer mittelalterlichen Märchenkulisse erwartet. Das **kulinarische Angebot** in der Stadt ist Weltklasse. Einen Abstecher lohnt auch der stille **Nationalpark Lahemaa**. Wer noch etwas Zeit hat, kann noch das nahe **Helsinki** dranhängen.

Eine Woche
Litauisches Solo

Das kompakte Litauen eignet sich bestens für einen Kurztrip. Die einwöchige Reise beginnt man am besten in **Vilnius**, gefolgt von ein paar Tagen an der tollen Küste oder in den Kiefernwäldern im Landesinneren. Nach der Besichtigung der Kathedrale und einem Besuch in den Museen von Vilnius kann man sich zur Burg von **Trakai** aufmachen oder, um der Naziverbrechen an den litauischen Juden zu gedenken, zum furchtbaren Wald von **Paneriai**. Strandhasen sollten dann die Ostsee ansteuern und einen Tag in **Klaipėda** und den Rest auf der **Kurischen Nehrung** verbringen, vor allem im reizenden Ort Nida. Unterwegs bietet sich ein Abstecher zum **Nationalpark Žemaitija** mit dem Museum des Kalten Krieges auf einer ehemaligen Raketenbasis an. Wen es in die Wälder lockt, der kann sich nach Osten zum **Nationalpark Aukštaitija** mit seinen Seen und Wanderwegen aufmachen. Für eine Übernachtung bietet sich **Labanoras** an. Sowjetatmosphäre lässt sich in **Visaginas** schnuppern, das in den 1970er-Jahren für die Angestellten des mittlerweile stillgelegten **Kernkraftwerks Ignalina** erbaut wurde.

Eine Woche
Estnische Highlights

Mindestens die Hälfte der Woche sollte **Tallinn** gewidmet werden, um möglichst viele Ecken der reizvollen mittelalterlichen Altstadt erkunden und möglichst viel von der neuen Küche des Landes probieren zu können. Einen schönen Tag im Grünen verspricht ein Ausflug zum **Nationalpark Lahemaa**, während die Universitätsstadt **Tartu** mit ihrem ganz eigenen Stadtflair aufwartet. Nach einem Besuch der „Winterhauptstadt" des Landes, **Otepää**, lockt **Pärnu** Sonnenanbeter in Scharen an die Strände. Abgerundet werden kann der einwöchige Trip durch ein paar Tage auf einer (oder mehreren) der estnischen Ostseeinseln. **Muhu** lockt mit dem historischen Dorf Koguva, die bewaldete Insel **Saaremaa** mit ihren Windmühlen, stillen Burgruinen, einsamen Kirchen und hohen Meeresklippen.

Outdoor-Aktivitäten

Ultimative Radroute

An der Ostsee entlang von der Kurischen Nehrung bis zur Küste von Kurzeme und auf die ruhigen Ostseeinseln.

Authentisches Saunaerlebnis

Ein **pirts** ist ein traditionelles lettisches Reinigungsritual bei extremen Temperaturen inklusive Birkenzweig-„Peitschung" und Sprung in einen Teich.

Waldwanderungen

Estland **Nationalpark Lahemaa**
Lettland **Nationalpark Gauja**
Litauen **Nationalpark Žemaitija**

Erstklassige Kanureviere

Estland **Nationalpark Soomaa**
Lettland **Seenland von Latgale**
Litauen **Nationalpark Aukštaitija**

Tolle Tiere

Blaue Kühe in der lettischen Region Kurzeme
Wildschweine auf der Kurischen Nehrung
Bären im estnischen Nordosten

Beste Infoquelle für Outdoor-Enthusiasten

Country Holidays (www.traveller.lv) Website mit Infos über Rad- und Wanderwege sowie Sehenswertem im gesamten Baltikum

In den baltischen Ländern begegnet man Mutter Natur auf eine ganz persönliche, sehr sanfte Weise: z. B. auf Paddeltouren über glitzernde Seen oder auf Wanderungen und Radtouren durch hübsche Birken- und Kiefernwälder. Statt sich den Hals nach himmelhohen Gipfeln zu verrenken, können sich Reisende hier bequem an den idyllischen Landschaften erfreuen. Aber auch wenn es der Region an dramatischen Bergen und Steilküsten mangelt, gibt es doch einige Orte, an denen die Natur ganz klar das Sagen hat und sich auch mal von ihrer stürmischen Seite zeigt – etwa auf der imposanten Kurischen Nehrung mit ihren Wanderdünen oder am windgepeitschten, gottverlassenen Kap Kolka.

Es gibt viel Bewegungsfreiheit in Estland, Lettland und Litauen. Wer sich die Bevölkerungszahlen anschaut, kann sich schon denken, dass Platzmangel hier kein Thema ist. Da auch die Touristenzahlen (im Vergleich zu südeuropäischen Urlaubszielen) relativ niedrig sind, bieten diese Länder auf dem europäischen Kontinent mit die besten Möglichkeiten, die Menschenmassen hinter sich zu lassen und unbehelligt durch die Wildnis zu streifen.

Ein reich gedeckter Tisch voll verlockender Unternehmungen wartet hier auf Besucher mit Appetit auf Outdooraktivitäten. Wie wäre es mit Beerenpflücken als *amuse gueule*, bevor das Festmahl aus frischer, salziger Luft, traumhaften weißen Sandstränden und eisblauen Ostseepanoramen unter freiem Himmel aufgefahren wird?

Nachschlag gefällig? Zur Auswahl stehen Radtouren durch dichte, nach Harz duftende Kiefernwälder, Kanufahrten auf gemächlich dahinströmenden Flüssen oder Exkursionen durch die Tier- und Pflanzenwelt friedlicher Naturschutzgebiete. Auch für Adrenalinjunkies finden sich ein paar aufregende Angebote vom Bobsport bis zum Bungeespringen. Wer noch ein Dessert verdrücken kann, probiert es vielleicht mal mit leichtem Abfahrtski, Skilanglauf oder fröhlichem Schwitzen in der Sauna. Eigentlich haben die baltischen Länder fast alles auf Lager, wonach Travellern der Sinn stehen könnte.

Radfahren

Das flache Gelände des Baltikums ist ein ideales Revier für Radfahrer jeder Kondition. Gelegenheitsradler können sich an bequeme, asphaltierte Wege halten, während sich gut trainierte Fahrer auf anspruchsvolleren mehrtägigen Radwanderungen austoben. Es gibt nur wenige schmale Steilpfade zu bewältigen, dafür umso mehr ungeteerte Wege durch Wälder und über (Mini-)Hügel, entlang an abwechslungsreichen, stets friedlichen Landschaften, von denen man gar nicht genug bekommen kann.

Die baltischen Hauptstädte geben sich jede Menge Mühe, das Radfahren in der Stadt und der Umgebung zu erleichtern. Jedes Jahr werden neue Radwege angelegt und neue Radleihsysteme eröffnet.

Zu den beliebtesten Gebieten für Radtouren gehören die spektakuläre Kurische Nehrung in Litauen, die estnischen Inseln Muhu, Saaremaa und Hiiumaa sowie die Küste von Kurzeme und die „baltische Riviera" bei Jūrmala in Lettland. Auch die waldreichen baltischen Nationalparks locken mit herrlichen Radstrecken – zu den schönsten Zielen gehören der litauische Nationalpark Dzūkija mit seinen Seen, der estnische Nationalpark Lahemaa mit seinen Meeresbuchten und der lettische Nationalpark Gauja mit seinen Burgen und Schlössern.

Reiseplanung

Eine wachsende Zahl von Radreiseveranstaltern bietet alles von der Routenplanung bis hin zu geführten Radwanderungen mit allem Drum und Dran. Einige Tourveranstalter (S. 432) haben ebenfalls geführte Radwanderungen im Programm. Wer lieber auf eigene Faust plant, findet auf den Websites www.bicycle.ee, www.bicycle.lv (auf Lettisch; mit Google Translator nutzbar) und www.bicycle.lt Infos in Hülle und Fülle.

BalticBike (www.balticbike.lv; Lettland)

BalticCycle (www.bicycle.lt; Litauen)

Bikerent.lv (www.bikerent.lv; Lettland)

City Bike (www.citybike.ee; Estland)

Wellness & Sauna

Weitere Informationen über Wellness und Sauna siehe S. 30.

Lettland

Der lettische Badeort Jūrmala (S. 230) ist zweifelsohne die Wellnesshauptstadt des Baltikums. Zu seinen Glanzzeiten war dies das Urlaubsmekka des gesamten russischen Reiches – tausende Adlige strömten in Scharen hierher, um sich im Heilschlamm zu wälzen, ihn mit Schwefelwasser abzuspülen und die prachtvolle Aussicht auf die Bucht zu genießen. Auch heute ist Jūrmala durchaus reizvoll und erfreut sich besonders bei Angehörigen der russischen Wirtschaftselite großer Beliebtheit, die sich hier gern ein Ferienhäuschen bauen und sich Massageanwendungen gönnen. Wem es nach einem authentischen Reinigungsritual gelüstet, der muss jedoch die Massen in Rīga oder Jūrmala weit hinter sich lassen und aufs Land fahren, wo sich die Einheimischen ihre eigenen *pirts* ans Wasser gebaut haben – ob an den Teich, Fluss oder See oder ans Meer. Einige private *pirts* können von Reisenden gebucht werden, wie etwa dasjenige, das sich mehrere Hotels in Sigulda (Kasten S. 262) teilen; ansonsten muss man sich mit Einheimischen anfreunden, um Zugang zu einer solchen Sauna zu erhalten.

Estland

Auch bei den Esten erfreuen sich Wellness und Sauna großer Beliebtheit: Sie haben sich ihre Saunatradition von den benachbarten Finnen abgeschaut. Traditionelle Rauchsaunen gibt's z. B. auf dem Setomaa Turismotalu (S. 112) im südöstlichen Teil des Landes sowie beim Bauernhofmuseum Mihkli (S. 148) auf der Insel Hiiumaa. Bei den Esten heißt die Insel Saaremaa wegen der vielen Heilbäder, besonders in Kuressaare, auch „Spa-remaa". Auch Tallinn wartet mit zahlreichen Wellnesseinrichtungen auf.

Litauen

Die Wellness- und Saunaszene ist in Litauen etwas weniger entwickelt als in den beiden anderen baltischen Ländern, aber auch hier gibt's einige schöne Möglichkeiten. Die beiden beliebtesten Wellnessziele sind der im

SCHWEISSTREIBENDES VERGNÜGEN

Da das Baltikum viele Monate im Jahr in Kälte, Dunkelheit und Schnee versinkt, wundert es kaum, dass Saunen ein ungeheuer wichtiger Teil der Landeskultur ist. Die meisten Hotels haben eine Sauna und in manchen Städten gibt es auch öffentliche Bäder mit Sauna. Die authentischsten Saunaerfahrungen versprechen aber die Schwitzhütten, die still und leise neben Seen und Flüssen, am Meer oder tief im Wald vor sich hinglühen.

Es gibt im Baltikum drei Haupttypen von Sauna:

» Die elektrisch beheizte finnische Sauna mit hoher Lufttemperatur (zwischen 70 und 95 °C) und niedriger Luftfeuchtigkeit. Diese Sorte ist sehr verbreitet in Privathäusern, den meisten Hotels, sämtlichen Wellnesszentren, Erlebnisbädern usw. Manche Hotelsuiten haben eine eigene Sauna neben dem Bad. Bei öffentlichen oder Hotelsaunen fällt eine stündliche Nutzungsgebühr an. Außerdem gibt es jede Menge kleiner Privatsaunen, die stundenweise zu mieten sind.

» Die Rauchsauna: Bei diesem Urtyp der Sauna wird ein Feuer unter Steinen direkt in der abzugslosen Sauna (meist eine einfache Holzhütte) entzündet, um die Sauna bis zu fünf Stunden aufzuheizen. Dann wird das Feuer gelöscht; die Hitze kommt jetzt von den aufgeheizten Steinen. Bevor die Saunagänger hereinkommen, wird kurz gelüftet, um den Rauch abziehen zu lassen. Die rußgeschwärzten Wände gehören zum besonderen Erlebnis. Rauchsaunen sind selten, erfreuen sich aber in letzter Zeit zunehmender Beliebtheit.

» Die russische Sauna oder Banja (Dampfsauna bzw. Dampfbad) ist im Baltikum nicht so beliebt wie die finnische, doch in Wellnesszentren und Erlebnisbädern gelegentlich anzutreffen. Hier herrschen mittlere Temperaturen (um 50 °C) und hohe Luftfeuchtigkeit.

Unabhängig vom Saunatyp „peitschen" die Einheimischen ihre Körper gern sanft mit einem Büschel Birkenzweigen, um die Durchblutung anzuregen. Ein ebenso wichtiger Bestandteil des Saunagangs ist die Abkühlung hinterher: Zu den meisten finnischen Saunen gehören Duschen oder Tauchbecken dazu; die urigeren Rauchsaunen stehen normalerweise gleich neben einem Fluss oder See. Im tiefen Winter wälzen sich die Saunagänger auch schon mal im Schnee oder schlagen ein Loch in die Eisdecke eines Sees, um kurz unterzutauchen.

19. Jh. zu Berühmtheit gelangte Kurort Druskininkai am Fluss Nemunas und Birštonas – für echte Wellnessfreaks ist Druskininkai erste Wahl. Die Stadt, die schon seit 200 Jahren Kurort ist, bietet Heilbäder mit Wasser, das von Magen- bis zu Herzproblemen so ziemlich alles kurieren soll, Schlammbäder, ein recht mildes Klima und drum herum jede Menge Wald, der für frische und saubere Luft sorgt. Dazu gibt's noch einige moderne Vergnügungsstätten wie einen riesigen Wasserpark, sodass die Stadt ein tolles Urlaubsdomizil sowohl für Gesunde wie für Kränkelnde ist. Die besten Spas in Druskininkai sind auf S. 337 aufgeführt.

Wandern

Auch wenn die baltischen Länder nicht mit so schroffen Bergen oder weitläufiger Wildnis aufwarten können wie manche ihrer Nachbarländer, lohnt es sich, ein oder zwei Wandertage in einem der waldreichen Nationalparks einzuplanen. All dieser Wald (der 51 % von Estland, 45 % von Lettland und 33 % von Litauen bedeckt) will schließlich erkundet werden, vor allem da, wo es Biber zu erspähen, Beeren zu pflücken oder Volksmärchen über ortsansässige Hexen und Feen zu hören gibt.

Also nichts wie rein in die Wanderstiefel, um draufloszutippeln und frischen Kiefernduft zu schnuppern, z. B. im litauischen Nationalpark Žemaitija, im lettischen Nationalpark Gauja oder im estnischen Nationalpark Lahemaa. Als Ausgangsstation für Wanderungen eignen sich hübsche Dörfer wie Otepää und Rõuge in Estland, Valmiera und Cēsis in Lettland und Nida in Litauen. Wer das nicht aufregend genug findet, kann im estnischen Nationalpark Soomaa eine geführte Wanderung durch die Feuchtgebiete des Parks mit speziellen Moorschuhen (kein Witz) unternehmen und sonst kaum zugängliche Bereiche erwandern.

Wassersport

Nachdem sich die Balten den größten Teil des Winters zu Hause eingemummelt haben, erwacht die Region im Sommer richtig zum Leben. Während der herrlich langen Sommertage nutzen Einheimische und Besucher jede Gelegenheit, etwas Sonne zu tanken und den Vitamin-D-Spiegel zu heben. Das Meer oder der nächste See mit Möglichkeiten zum Angeln, Segeln, Windsurfen und Schwimmen sind nie weit. Und sollte das Wetter mal zu ungemütlich für Freiluftvergnügen sein, herrscht in den Großstädten und Touristenorten kein Mangel an Spaß- und Erlebnisbädern mit Hallenbad, Wasserrutschen, Saunen usw. (Die Balten wissen, dass ein baltischer Sommer noch keine Garantie für Strandwetter ist.)

Besonders schöne Strände bieten Pärnu, Narva-Jõesuu, Pirita (Tallinn) und Saaremaa in Estland, Jūrmala, Ventspils, Pāvilosta und Liepāja in Lettland sowie Palanga, Klaipėda und Nida in Litauen. Am Westzipfel der estnischen Insel Hiiumaa und im lettischen Pāvilosta können Aktive anstrengendere Wassersportarten wie z. B. Kitesurfen ausprobieren.

Kanufahren & Rafting

Auf einem ruhigen Fluss gemächlich durch die Landschaft zu gleiten, ist eine wunderbare Art, die Natur mal aus einer anderen Perspektive zu erleben. Da die Flüsse der Region nicht gerade für ihre wilden Stromschnellen bekannt sind, ist dies die ideale Gegend für Kanuanfänger und Familien. Die landschaftliche Schönheit und Ruhe der Region verspricht selbst Wasserratten, die es sonst etwas wilder mögen, ein großartiges Erlebnis.

In Lettland bieten sich die Flüsse Gauja und Abava für mehrtägige Kanutouren an. Kanutouristen können sich einer organisierten Tour anschließen oder die Ausrüstung mieten und die Routen auf eigene Faust befahren – die besten Ausgangspunkte sind Sigulda (S. 261) für die Gauja und Kandava (S. 239) für die Abava. In Litauen sind der Regionalpark Labanoros, der Nationalpark Dzūkija, Trakai und der Regionalpark Nemunas-Schleife (S. 350) großartige Kanureviere. Kanus oder traditionelle *haabjas* (eine Art finno-ugrische Einbäume) sind die Vehikel der Wahl, um den Nationalpark Soomaa im südwestlichen Estland zu erkunden – hier lernt man sogar, wie man einen eigenen *haabja*-Einbaum schnitzt. Otepää (S. 119) ist noch ein guter Ort in Estland für organisierte oder individuelle Kanutouren, die sich auch mit Wander- und Radetappen kombinieren lassen.

Angeln

Die zahlreichen Seen und ewig langen Flüsse und Bäche in allen drei Ländern bieten reichlich Gelegenheit zum Angeln. Regionale Touristeninformationen geben Insidertipps zu den besten Angelplätzen und Infos zu Angelscheinen.

Im langen, düsteren baltischen Winter gibt es wohl keine schönere Erfahrung, als sich mit Wodka und einheimischen Fischern am Eisfischen zu versuchen – ob auf dem zugefrorenen Kurischen Haff (S. 367) vor Litauens Westküste oder bei Trakai. Der Regionalpark Nemunas-Delta ist ein weiteres gutes Angelrevier im Westen Litauens. In Lettland ist die Seenlandschaft von Latgale (S. 275) mit ihren Hunderten tiefblauer Seen ideal zum Angeln. Ein weiteres Ziel ist der Engure-See (S. 238) im nördlichen Kurzeme. Bei den Anglern in Estland ist der riesige Peipus-See besonders beliebt.

Beeren & Pilze sammeln

Die tiefe Verbundenheit der Balten mit der Natur äußert sich auch in ihrer Begeisterung für das Beeren- und Pilzesammeln – in allen drei Ländern eine Art Volkssport. Wer Einheimische zur sommerlichen Beerenernte oder herbstlichen Pilzsuche in den Wald begleiten kann, wird diesen traditionellen ländlichen Zeitvertreib schätzen lernen.

Besucher, die auf Beeren- oder Pilzjagd gehen möchten, aber keinen Experten vor Ort kennen, können sich einer organisierten Tour anschließen (die Einheimischen hüten das Geheimnis ihrer Sammelstellen wie ihren Augapfel; bloß so herumzufragen, bringt wahrscheinlich nichts). Infos über Beeren- und Pilzsammeltouren gibt es unter www.countryside.lt (Litauen), www.maaturism.ee (Estland) und www.traveller.lv (Lettland) und bei den örtlichen Touristeninformationen. Vielversprechend sind auf jeden Fall die litauischen Nationalparks Dzūkija (S. 337) und Aukštaitija (S. 328). Ersatzweise

MITTSOMMERMANIE

In heidnischen Zeiten war die Mittsommernacht eine Nacht der Magie und Hexenkunst, in der wilde Hexen nackt herumtobten und Blumen, Farne, Menschen und Tiere verzauberten. Im bäuerlichen Kalender bedeutete der Termin das Ende der Frühlingsaussaat und den Beginn der sommerlichen Ernte. In der Sowjetära wurde Mittsommer zur politischen Festivität: In jeder Hauptstadt wurde eine Fackel der Unabhängigkeit entzündet, deren Flamme weitergetragen wurde, um Freudenfeuer im ganzen Land zu entfachen.

Heute ist der Mittsommertag am 24. Juni, auch als Sommersonnenwende oder Johannistag gefeiert, im Baltikum die größte Party des Jahres. In dieser Nacht wird es kaum dunkel – das allein wäre schon Grund genug zum Feiern in einer Region mit so kurzen Sommern und so langen, dunklen Wintern. In Estland heißt der Mittsommertag Jaanipäev, in Lettland Jāņi, Jānu Diena oder Līgo und in Litauen Joninės oder Rasos (der alte heidnische Name).

Die Feiern gehen schon am 23. Juni los, besonders in Lettland, das den Mitsommer generell mit der größten Begeisterung begeht. Traditionell zieht es die Menschen aufs Land, um diese besondere Nacht zwischen Seen und Kiefernwäldern zu feiern. Sie brauen besondere Biersorten, bereiten Käseplatten zu und backen Kuchen, flechten Kränze aus Gräsern und hängen daheim Kräuter auf, die Glück bringen und die Familie vor bösen Geistern beschützen sollen. Männer schmücken sich mit Kronen aus Eichenblättern, Frauen mit Blumenkränzen.

Am Vorabend des Mittsommertags werden Freudenfeuer entzündet und dann geht es hoch her, mit viel Musik und reichlich Alkohol. Niemand darf schlafen, bevor die Sonne unter- und wieder aufgegangen ist – sonst droht Unheil für das kommende Jahr. Man singt Volkslieder, tanzt und labt sich am besagten Bier, Käse und Kuchen! Es soll Glück bringen, über das Feuer zu springen. In Litauen gilt es als noch glückverheißender, über ein Feuerrad zu hüpfen, das den Hügel hinabgerollt wird. In Estland schaukeln die Feiernden auf speziellen, doppelseitigen Jaanipäev-Schaukeln, die an Bäumen auf einer Waldlichtung oder auf dem Dorfplatz aufgehängt werden.

Die Mittsommernacht ist die Nacht der Liebenden. In Estland trifft sich das mythische Paar Koit (Morgendämmerung) und Hämarik (Abenddämmerung) ein einziges Mal im Jahr zu einer Umarmung, die nur so lang wie die kürzeste Nacht des Jahres dauert. Überall im Baltikum suchen Liebende nach der mythischen Farnblume, die nur in dieser Nacht blüht. Der Tau, der Blumen und Farne in der Mittsommernacht bedeckt, soll reinigende Wirkung und magische Heilkräfte haben und ist ein begehrtes Antifaltenmittel. Wer sein Gesicht darin badet, wird augenblicklich schöner und jugendlicher. Man hüte sich aber vor den Hexen des Jaanipäev/Jāni/Joninės, die ihn zu weniger bezaubernden Zwecken verwenden.

kann man frisch gepflückte Beeren und Pilze auch auf dem Markt kaufen. Zu den besten Pilzsorten zählen der Pfifferling und der Steinpilz. Von den mehr als 1000 Pilzarten, die es in der Region gibt, sind rund 400 essbar und etwa 100 giftig – also Vorsicht! Man kann auch die Speisekarten der Restaurants auf saisonale Leckerbissen aus den nahen Wäldern durchsuchen und sich dann selbst auf die Schulter klopfen, weil eine solche Mahlzeit dank kurzer Transportwege besonders klimafreundlich ist.

Für echte Pilzfreaks findet alljährlich am 24. September in Varėna ein Pilzfest (www.varena.lt) statt.

Vogelbeobachtung

Dank ihrer günstigen Lage an den Nord-Süd-Routen der Zugvögel sind die baltischen Länder ein Paradies für Vogelfreunde. Alljährlich machen hier Hunderte von Vogelarten Station, angelockt von den Feuchtgebieten, die von Fischen wimmeln, und der weiten, offenen und relativ menschenleeren Landschaft. Im Frühjahr treffen Tausende von Weißstörchen ein, die überall in der Region auf Hausdächern und Telegrafenmasten nisten. Auch Wiesenrallen, Rohrdommeln, Kraniche, Höckerschwäne, Schwarzstörche und alle möglichen Gänsearten sind regelmäßig zu Gast.

Estland

Eines der besten baltischen Ziele für Vogelfans ist der Nationalpark Matsalu in Estland, wo sich 280 Vogelarten (darunter viele Zugvögel) beobachten lassen und regelmäßig Touren angeboten werden. Höhepunkt der Frühlingszugsaison sind die Monate April/Mai, aber einige Arten kommen auch schon im März. Der Herbstzug beginnt im Juli und kann bis November andauern. Auch der Nationalpark Vilsandi (Kasten S. 148) vor der Küste der Insel Saaremaa ist ein bevorzugter Tummelplatz von Vögeln. Die Parkverwaltung vermittelt Beobachtungstouren.

Litauen

Rund 270 der 330 Vogelarten, die in Litauen vorkommen, sind im Regionalpark Nemunas-Delta (S. 376) anzutreffen, der somit im Reiseprogramm ernsthafter Vogelbeobachter nicht fehlen darf. Die Parkverwaltung organisiert in den Hauptzugzeiten Beobachtungsexkursionen. Im nahen Nationalpark Kurische Nehrung gibt es bis zu 200 Vogelarten inmitten einer dramatischen Küstenlandschaft zu sichten.

Lettland

In Lettland können Besucher im herrlichen Nationalpark Gauja nach einigen der seltensten Vögeln Europas Ausschau halten. Der Nationalpark Ķemeri (S. 234) im Norden von Kurzeme ist mit seinen dichten Wäldern und zahlreichen Feuchtgebieten ebenfalls ein gutes Revier. Das sumpfige Naturschutzgebiet Teiči (S. 271) im Vidzeme-Hochland dient als wichtiges Futter- und Nistgebiet für viele Vogelarten. 186 Vogelarten (44 davon bedroht) nisten im bedeutenden Vogelschutzgebiet rund um den Engure-See und seine sieben Inselchen.

Reiten

Das geruhsame Tempo einer Entdeckungsreise hoch zu Ross passt ausgezeichnet zur altertümlichen Atmosphäre mancher Regionen des Baltikums. Zu den schönsten ländlichen Idyllen, um sich den Hintern im Sattel wund zu scheuern, gehören der Nationalpark Lahemaa (S. 81) und die Inseln Hiiumaa (S. 154) und Saaremaa (S. 139) in Estland. Die dortigen Veranstalter bieten meist kombinierte Ausritte durch ländliche Gebiete und an der Küste an und können auch mehrtägige Wanderritte organisieren. Die besten lettischen Ziele für Pferdefreunde sind Plosti (S. 239) zwischen Kandava und Sabile im malerischen Abava-Tal, die Ranch Untumi (S. 275) 7 km nordwestlich von Rēzekne oder die Klajumi-Stallungen (S. 277) bei Krāslava im Seengebiet von Latgale. Litauenurlauber auf der Suche nach Reitspaß kommen in Trakai oder beim Pferdemuseum (S. 357) im Dorf Niūronys bei Anykščiai auf ihre Kosten.

Skifahren & Snowboarden

Bloß weil sie keine Berge haben, lassen sich die Esten und Letten noch lange nicht davon abhalten, Wintersportorte mit allem Pipapo zu bauen. Sie arbeiten einfach mit dem, was sie zur Hand haben – d. h. sie legen Skilifte und Pisten selbst auf den winzigsten Hügeln an und nutzen Hausdächer und Erdhaufen als Sprungschanzen. Wenigstens das Klima ist auf ihrer Seite: Durch die kalten Wintertemperaturen ist die Schneedecke mindestens vier Monate im Jahr gesichert. Natürlich darf man hier kein technisch anspruchsvolles Terrain oder lange Pulverschneepisten erwarten – aber von seinen Ski- oder Snowboarderfahrungen im Baltikum erzählen zu können, ist schon eine ziemlich coole Sache.

Das beste baltische Wintersportzentrum ist wohl Otepää im Südosten von Estland. Hier gibt es verschiedene Abfahrtpisten und Snowboardgebiete, jede Menge Loipen für Skilangläufer, eine Skisprungschanze und zahlreiche Ausrüstungsverleiher. Auch das rege Nachtleben und die Atmosphäre sprechen viele Skiläufer und Snowboarder an. Im Nationalpark Soomaa werden Tretschlittentouren, Skilanglaufloipen und Schneeschuhexkursionen angeboten.

Zentrum der lettischen Wintersportszene ist das Gauja-Tal. Sigulda, Cēsis und Valmiera haben kurze, aber nette Abfahrten und eine Fülle von Langlaufloipen zu bieten. Adrenalinsüchtige, denen Siguldas Pisten zu sanft sind, können sich den ultimativen Kick auf der 1200 m langen Bobbahn des Orts holen – die Gefährte für fünf Personen werden bis zu 80 km/h schnell. Topziel für Skiläufer und Snowboarder ist das Vidzeme-Hochland mit dem Gaiziņkalns (S. 271), der immerhin gigantische 312 m erreicht.

Litauen hat sich noch nicht auf Abfahrtski verlegt, dafür können Skilangläufer hier im schönen Nationalpark Aukštaitija zwischen zugefrorenen blauen Seen durch tiefe, rauschende Wälder gleiten.

Reisen mit Kindern

Welche Region?

Nationalpark Gauja, Lettland

Geheimnisvolle Kiefernwälder, märchenhafte Burgen, versteckte Ungeheuer, geheime sowjetische Bunker und zahllose Abenteuerangebote wie Hochseilgärten, Tarzanschaukeln und Kanufahrten.

Kurische Nehrung, Litauen

Wanderdünen und kilometerlange Sandstrände machen die Kurische Nehrung zum besten Sandburgbaurevier des Baltikums und herumstreunende Wildschweine sorgen für zusätzliche Abwechslung. Palanga, weiter die Küste hinauf, begrüßt Familien mit Freizeitparks.

Tallinn, Estland

Die schöne estnische Hauptstadt sieht so aus, als entstamme sie den Seiten eines Märchenbuchs. Hoch aufragende Turmspitzen und urige Knusperhausverzierungen locken sicher jede Menge Staunen hervor.

Estland, Lettland & Litauen mit Kindern

Mit Kindern durchs Baltikum zu reisen ist bei Weitem nicht mehr so anstrengend wie früher. Die Hotels tun ihr Bestes, um Kinder willkommen zu heißen. Viele verfügen über Familienzimmer speziell für Reisende mit Kindern; falls nicht, so stellen sie sicher gegen einen kleinen Aufpreis ein zusätzliches Bett ins Zimmer. Einige Restaurants bieten Kindergerichte an. Windeln und Babynahrung bekannter Marken – teils auch Bio-Nahrung – ist in den großen Supermärkten der Hauptstädte erhältlich. Kinderstühle findet man dagegen noch selten und Wickelräume in Restaurants gibt's noch gar nicht.

Lebendige Geschichte

Die baltischen Länder warten mit einer faszinierenden Vergangenheit auf. Die ist aber vor allem für die Erwachsenen interessant und ein Besuch in einem Besatzungsmuseum geht an Kindern natürlich vorbei. Aber glücklicherweise gibt's auch für Kinder jede Menge interessanter Sachen zur vergnüglichen Erforschung der Geschichte.

Estland

» Ordensburg von Rakvere

» Hermannsburg in Narva, im Sommer steht dort auch der Nachbau einer Stadt des 17. Jhs.

» Ilons Wunderland in Haapsalu

» Spielzeugmuseum in Tartu

Lettland

- » Heimatmuseum von Ludza in Latgale
- » Freilichtmuseum für Fischerei in Ventspils, Kurzeme-Küste
- » Museumsreservat Turaida in Sigulda

Litauen

- » Schmalspurbahnmuseum in Anykščiai
- » Pferdemuseum (in Niūronys, bei Anykščiai)

Aktivitäten für jedes Alter

Im ganzen Baltikum werden Touren organisiert, vor allem Ausflüge von den größeren Städten zu den wichtigsten Sehenswürdigkeiten. Im Allgemeinen richten sich diese Touren jedoch an Erwachsene und sind für Kinder wenig geeignet. Wer mit Kindern unterwegs ist, reist am besten unabhängig.

Die kinderfreundlichste Stadt Estlands ist sicher der Badeort Pärnu im Südwesten des Landes. Mit seinen schattigen Parks, dem Wasserpark und dem schönen Sandstrand ist der Ort ein Magnet für Familien. Die selbsternannte „Winterhauptstadt" des Landes, Otepää, wartet das ganze Jahr über mit zahlreichen Aktivitäten in der freien Natur auf.

In Lettland hat sich Sigulda schon seit Langem als wichtigste Abenteuerspielwiese etabliert. Hauptattraktionen sind Bungysprünge und Bobfahrten, es gibt aber auch etwas ruhigere Möglichkeiten. Im nahen Dorf Līgatne gibt es einen versteckten sowjetischen Bunker mit dem harmlosen Namen „Die Pension". Dieser unterirdische Stützpunkt wartet mit faszinierenden Relikten aus der Sowjetzeit auf – interessant für alle Besucher, besonders jedoch für Jungen. Die Westküste Lettlands bietet jede Menge Wasserparks und Sandstrände. Besonders familienfreundlich ist Jūrmala.

Die gesamte litauische Küste ist eine wahre Spielwiese für Kinder, mit Freizeitparks und Kinderunterhaltung in Restaurants in Palanga und Šventoji, den Tiershows im Meeresmuseum von Klaipėda oder Rad- und Bootstouren auf der Kurischen Nehrung. Im Landesinneren können jede Menge Waldlandschaften zu Fuß oder im Kanu erkundet werden. Vilnius beeindruckt vor allem durch seine Architektur und ist für Kinder daher nicht so fesselnd, jedoch gibt's auch hier etwas für die Kleinen: einen Aufstieg auf den Fernsehturm, eine Fahrt mit der Standseilbahn auf den Gediminas-Berg oder ein Bad im Wasserpark der Stadt.

Reiseplanung

Die langen Tage und das milde Wetter machen den Sommer zur besten Reisezeit mit Kindern. Es gibt ein umfassendes Angebot an Aktivitäten an der frischen Luft, die Badeorte stehen in voller Blüte und im Landesinneren kann man Ferienhäuschen mieten. Jedoch ist der Sommer natürlich die Hauptreisezeit, sodass man Unterkünfte (und eventuell Mietwagen) im Voraus buchen sollte.

ICH PACKE MEINEN KOFFER ...

Alle

Das Übliche:

- » Sonnen- und Insektenschutz für die wärmeren Monate
- » Im Winter entsprechende Kleidung
- » Ganzjährig ist ein leichter Regenschutz praktisch
- » Badekleidung – z. B. für den Hotelpool

Babys & Kleinkinder

- » Klappbarer Kinderwagen – überall praktisch und nützlich in Restaurants
- » Kleine Matte oder Handtuch zum Windeln Wechseln – Wickeleinrichtungen sind selten

Vier bis zwölf Jahre

- » Fernglas – zur Tierbeobachtung und für interessante architektonische Details
- » Kamera – damit werden Touren für Erwachsene auch für Kinder interessanter

Mit dem Auto

Zwei Wochen mit dem eigenen Fahrzeug

Die Karte aus dem Fenster werfen und einfach die tolle Ostseeküste entlang dem Geruch von Salz und Räucherfisch folgen!

Beste Tagestour ab Tallinn mit dem Auto

Die natürliche Schönheit Estlands offenbart sich bei einer frühmorgendlichen Fahrt Richtung Osten zum Nationalpark Lahemaa. Wenn noch genug Zeit ist, kann man sich die muntere Universitätsstadt Tartu anschauen.

Beste Tagestour ab Rīga mit dem Auto

Organisierte Touren führen zumeist zu den Burgen des Nationalparks Gauja oder zum Schloss von Rundāle; das westliche Lettland ist von Besuchermassen noch weitgehend verschont. Hier bieten sich als Ziele Pedvāle mit seinen großen Skulpturen im Freilicht-Kunstmuseum und das urige Kuldīga an. In diesem reizenden Dorf scheint die Zeit stehen geblieben zu sein.

Beste Tagestour ab Vilnius mit dem Auto

Die meisten Besucher zieht es Richtung Westen zur Burg von Trakai – also macht man sich am besten Richtung Nordosten zu den stillen Seen und Wanderwegen des Nationalparks Aukštaitija auf den Weg und legt unterwegs einen Stopp in Labanoros ein.

Reiseplanung

Reisezeit

Die beste Reisezeit mit einem eigenen Fahrzeug ist natürlich der Sommer (Juni bis August), da einem dann das Wetter keinen Strich durch die Rechnung macht, abgesehen von ein wenig Regen. Die Tage sind lang, sodass man auch spätabends noch sicher unterwegs ist.

Warum mit dem Auto?

Die Ausschilderung ist gut, die Straßen sind in annehmbarem Zustand und außerhalb der größten Städte gibt es nur wenig Verkehr – selbst zu fahren ist daher nicht nur eine einfache Art und Weise, das Baltikum zu erkunden, es macht auch Spaß! Obwohl sich Busse und Bahnen natürlich gerne als „grüne" Verkehrsmittel präsentieren, sieht, wer sie benutzt, leider nur allzu oft „rot": Häufige Fahrplanänderungen und eingeschränkte Verbindungen sorgen für Frust. Mit einem eigenen Fahrzeug bieten sich viel mehr Möglichkeiten, das ruhige Hinterland der baltischen Länder zu erkunden, von den Dünen der Kurischen Nehrung in Litauen über die windgepeitschten estnischen Ostseeinseln bis zu den Kiefernwäldern im Landesinneren Lettlands. Abseits der Hauptstraßen stolpert man über winzige Dörfer, die heute noch genauso aussehen wie schon vor Jahrzehnten, oder merkwürdige Hinterlassenschaften aus der Sowjetzeit, als die Russen mit Weltraumtechnologie den Westen ausspionierten.

Start und Ziel

Alle Autovermietungen erlauben es, dass ihre Mietwagen in allen drei baltischen Ländern gefahren werden dürfen. Es ist jedoch kaum möglich, eine Ausleihstation zu finden, die ihren Kunden ermöglicht, mit dem Mietwagen auch in eines der übrigen Nachbarländer zu fahren. Wer einen Wagen bei einer kleinen örtlichen Firma leiht, muss ihn gewöhnlich auch dort wieder abgeben. Größere Anbieter ermöglichen die Abgabe des Wagens in einem anderen Ort, in der Regel für einen Aufpreis. Wer eine Baltikumsreise mit identischem Start- und Zielort plant, kann z. B. in Rīga starten und zwei Schleifen durch Estland und Litauen fahren. Wer nicht unbedingt am selben Ort ankommen und wieder abfahren möchte, findet im Kapitel „Reiserouten" Vorschläge für Touren, mit denen man im eigenen Fahrzeug ganz flexibel die Gegend erkunden kann.

Unterwegs

Verkehrsregeln

Es herrscht Rechtsverkehr. In älteren Orten und Dörfern gibt's jede Menge Einbahnstraßen und Kreisverkehre.

Zwar genießt das Baltikum hinsichtlich des Verkehrsverhaltens und der Unfallzahlen keinen allzu guten Ruf, das ist jedoch größtenteils unbegründet. In den großen Städten tolerieren die meisten Fahrer großzügig falsches Abbiegen und häufiges Spurenwechseln. Unter der Woche zu den Stoßzeiten durch die großen Städte zu fahren, sollte man allerdings am besten vermeiden – besonders voll wird es in den wärmeren Monaten freitagnachmittags: Dann sind alle unterwegs zu ihren Wochenendhäuschen. In den dünn besiedelten ländlichen Gebieten stellt das Fahren keine sonderliche Herausforderung dar. Vorsicht jedoch vor überholenden Fahrzeugen: Überholt wird oft schnell und ohne Vorwarnung sowie zu unpassender Gelegenheit.

Benzin & Pannenhilfe

Das ländliche Baltikum wirkt zwar oft einsam und verlassen, es gibt in allen drei Ländern jedoch überall genügend Tankstellen – man muss sich schon anstrengen, wenn man ohne Sprit dastehen will. Wer seinen Mietwagen abholt, sollte sich mit Servicenummern für alle drei Länder bewaffnen für den Fall, dass es unterwegs Probleme mit dem Fahrzeug gibt. Besonders in Lettland, wo die Straßenbedingungen nicht so gut sind wie in Estland und Litauen, sind Reifenpannen keine Seltenheit.

Mit Auto oder mit öffentlichen Verkehrsmitteln

Ein eigenes Fahrzeug ist natürlich erheblich praktischer als öffentliche Verkehrsmittel. In den vergangenen Jahren ist in allen drei Ländern das öffentliche Bus- und Eisenbahnnetz geschrumpft, da es die Bevölkerung der Arbeitsplätze wegen in die Großstädte zieht. Wer nur von Hauptstadt zu Hauptstadt reist, tut dies am besten mit dem Bus; das Busnetz ist auf Berufspendler ausgerichtet und daher sehr komfortabel. Wer als Kleingruppe oder Familie mit eigenem Fahrzeug das Hinterland erkundet und dort von Highlight zu Highlight juckelt, wird trotz niedriger Benzinpreise die vielen Kilometer im Portemonnaie spüren.

Das Baltikum im Überblick

Ein kurzer Blick auf die Karte offenbart die günstige Lage Westeuropas am Atlantik – von hier stehen einem alle Wege offen. Am anderen Ende des Kontinents liegt Russland, das sich wie ein gewaltiges Band bis weit nach Osten zieht. Und das flache, leicht zu durchquerende Grenzland dazwischen? Das ist Estland, Lettland und Litauen. Zwar ist das Baltikum vergleichsweise klein, diente jedoch für Jahrhunderte als wichtige Pufferregion zwischen den Großmächten, wovon die vielen Burgen und Ruinen ein beredtes Zeugnis ablegen.

Obwohl die drei baltischen Staaten durch ihre Geschichte und ihre Lage miteinander in enger Beziehung stehen, könnten sie in jeder anderen Hinsicht nicht unterschiedlicher sein.

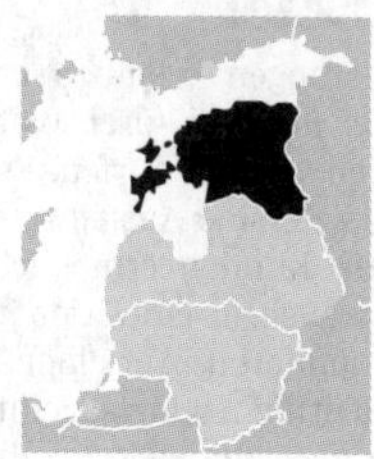

Estland

Historische Orte ✓✓✓
Burgen ✓✓✓
Natur ✓

Historische Orte

Von der tollen mittelalterlichen Altstadt Tallinns über die eleganten Straßen und Parks von Pärnu bis zum Univiertel von Tartu: Estland verzaubert mit Orten, an denen die Zeit stillzustehen scheint.

Burgen

Die Lage am Rande der Zivilisation sowie die Jahrhunderte voller Kriege hinterließen zumindest ein wunderbares Erbe, die faszinierenden Burgen im ganzen Land.

Natur

Estland ist zwar flach und erscheint daher vielleicht wenig interessant, aber mit seiner geringen Bevölkerungsdichte und seinen vielen Wäldern, Sümpfen und Feuchtgebieten ist das Land ein wichtiger Lebensraum für große und kleine Säugetiere sowie zweimal im Jahr für Zugvögel.

S. 42

Lettland

Architektur ✓✓✓
Schlösser ✓✓✓
Natur ✓

Architektur

Keiner beherrschte den Jugendstil so gut wie die Rīgaer Architekten des ausgehenden 19. und frühen 20. Jhs.: Sie überzogen die Fassaden mit schreienden Ungeheuern, betenden Göttinnen, rankenden Weinreben und geometrischen Mustern.

Schlösser

Lettland, einst Spielwiese deutscher Adliger, ist übersät mit den verwitterten Zeugnissen einer vergangenen Zeit. Viele dieser Schlösser und Gutshäuser sind liebevoll restauriert und in hübsche Landgasthöfe verwandelt worden – perfekte Orte, um vom Märchenprinzen zu träumen.

Natur

Abseits der Turmspitzen und großen Wohnblocks Rīgas findet man endlose stille Wälder, schöne Seenlandschaften und die weite Ostseeküste.

S. 193

Litauen

Natur ✓✓✓
Architektur ✓✓
Nachtleben ✓✓

Natur

Die Ostseeküste, die Dünen der Kurischen Nehrung und mit Wiesen und Seen gespickte weite Wälder: Litauen ist herrlich unberührt. Die guten touristischen Einrichtungen ermöglichen schöne Wanderungen sowie Rad- und Bootstouren auf eigene Faust.

Architektur

Eine schönere Altstadt als in Vilnius ist kaum vorstellbar, mit ihrer wundervollen Renaissance-, Barock- und klassizistischen Architektur. Außerhalb der Stadt entzücken einfache Holzbauten mit bunten Farben und reichem Schnitzschmuck.

Nachtleben

In Vilnius und Kaunas tummeln sich Tausende von Studenten und daher gibt's dort jede Menge Cafés, Kneipen, angesagte Restaurants und Clubs. In Vilnius ist die Altstadt das Zentrum des Geschehens, besonders das Univiertel, jedoch gibt's auch in anderen Stadtteilen jede Menge Action.

S. 290

❯ **Alle Einträge sind von unseren Autoren empfohlen, und ihre Lieblingsunterkünfte, -Restaurants usw. sind zuerst aufgeführt**

❯ **Empfehlungen von Lonely Planet:**

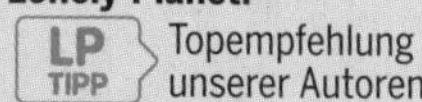

Topempfehlung unserer Autoren

Nachhaltig und umweltverträglich

GRATIS Hier bezahlt man nichts

ESTLAND 42

TALLINN 46

DER NORDOSTEN 81

Nationalpark Lahemaa 81

Rakvere 88

Landschaftsschutzgebiet Ontika 90

Sillamäe 90

Narva 91

Narva-Jõesuu 93

DER SÜDOSTEN 94

Peipus-See 94

Tartu 98

Setomaa 110

Võru 113

Naturpark Haanja 115

Valga 116

Otepää 117

DER SÜDWESTEN 121

Viljandi 121

Nationalpark Soomaa 126

Pärnu 128

Kihnu 134

Ruhnu 135

DER WESTEN & DIE INSELN 136

Muhu 136

Saaremaa 139

Nationalpark Matsalu 150

Haapsalu 150

Hiiumaa 154

Vormsi 162

ESTLAND VERSTEHEN ... 163

Estland aktuell 163

Geschichte 164

Bevölkerung 169

Kunst & Kultur 170

Essen & Trinken 174

ALLGEMEINE INFORMATIONEN 177

Praktische Informationen . 177

An- & Weiterreise 179

Unterwegs vor Ort 179

AUSFLUG NACH HELSINKI 180

HELSINKI VERSTEHEN ... 190

Helsinki aktuell 190

Geschichte 190

ALLGEMEINE INFORMATIONEN 191

An- & Weiterreise 191

Unterwegs vor Ort 191

LETTLAND 193

RĪGA 195

RUND UM RĪGA 230

Jūrmala 230

Nationalpark Ķemeri 234

DER WESTEN (KURZEME) 235

Tukums 237

Talsi 237

Kap Kolka (Kolkasrags) .. 237

Abava-Tal 239

Kuldīga 241

Ventspils 243

Pāvilosta 247

Liepāja 247

DER SÜDEN (ZEMGALE) .. 251

Bauska 251

Schloss Rundāle 251

Jelgava 254

Dobele & Umgebung 254

DER NORDOSTEN (VIDZEME) 255

Die Küste 255

Nationalpark Gauja 257

Alūksne & Gulbene 271

Das Hochland von Vidzeme 271

DER SÜDOSTEN (LATGALE) 272

Daugava-Tal 272

Daugavpils 273

Seenlandschaft Latgale .. 275

LETTLAND VERSTEHEN .. 278

Lettland aktuell 278

Geschichte 278

Bevölkerung 281

Kunst & Kultur 282

Essen & Trinken 282

ALLGEMEINE INFORMATIONEN 285

Praktische Informationen 285

An- & Weiterreise 287

Unterwegs vor Ort 288

LITAUEN 290

VILNIUS 294

RUND UM VILNIUS 323

Paneriai 323

Trakai 323

Der Mittelpunkt Europas 326

Kernavė 326

Alle in diesem Reiseführer vorgestellten Reiseziele listet das Register auf.

Reiseziele im Baltikum

DER OSTEN & DER SÜDEN 327
Nationalpark Aukštaitija 328
Visaginas & Atomkraftwerk Ignalina 330
Regionalpark Labanoras 331
Molėtai 331
Utena 332
Rund um Utena 333
Druskininkai 333
Nationalpark Dzūkija 338
ZENTRALLITAUEN 339
Kaunas 339
Birštonas 349
Šiauliai 350
Radviliškis & Umgebung 355
Panevėžys 355
Anykščiai 357
DER WESTEN 358
Klaipėda 358
Nationalpark Kurische Nehrung 367
Nemunas-Delta 376
Palanga 378
Rund um Palanga 383
Nationalpark Žemaitija ..383
LITAUEN VERSTEHEN 386
Litauen aktuell 386
Geschichte 387
Bevölkerung 392
Kunst & Kultur 392
Essen & Trinken 396
ALLGEMEINE INFORMATIONEN 399
Praktische Informationen 399
An- & Weiterreise 403
Unterwegs vor Ort 403

AUSFLUG NACH KALININGRAD 405

KALININGRAD VERSTEHEN 413
Kaliningrad aktuell 413
Geschichte 413
ALLGEMEINE INFORMATIONEN 413
An- & Weiterreise 413
Unterwegs vor Ort 414

Estland

Inhalt »

Tallinn 46
Nationalpark Lahemaa 81
Peipus-See 94
Tartu 98
Setomaa 110
Otepää 117
Viljandi 121
Pärnu 128
Muhu 136
Saaremaa 139
Haapsalu 150
Hiiumaa 154
Vormsi 162

Schön übernachten

- » Pädaste Manor (S. 138)
- » Old House Apartments (S. 65)
- » Antonius (S. 105)
- » Viru Inn (S. 65)
- » Hostel Ingeri (S. 125)

Gut essen

- » Alexander (S. 138)
- » Tchaikovsky (S. 69)
- » Sfäär (S. 72)
- » Ö (S. 72)
- » NOP (S. 73)

Auf nach Estland

Estland muss sich nicht sonderlich anstrengen, um sich als etwas Besonderes zu präsentieren: Es ist absolut einzigartig. Zwar teilt es mit Lettland und Litauen eine ähnliche Geographie und Geschichte, in kultureller Hinsicht aber ist es komplett anders. Der nächste ethnische und linguistische Verwandte ist Finnland, aber abgesehen von der gemeinsamen Liebe zum Saunieren sind sich die beiden Länder fremd geworden, nicht zuletzt aufgrund der 50-jährigen sowjetischen Herrschaft über Estland. Die letzten 300 Jahre war Estland immer irgendwie mit Russland verbunden, doch diese beiden Länder haben ungefähr so viel gemeinsam wie eine Rauchschwalbe und ein Bär, die Wappentiere der beiden Länder.

Mit neuentdecktem Selbstbewusstsein ist Estland unter der sowjetischen Decke hervorgekrochen und hat sich mit Schwung in die Arme Europas geworfen. Und die Liebe ist gegenseitig. Europa hat sich Hals über Kopf in das reizvolle Tallinn und seine von der Unesco geschützte Altstadt verliebt. Tallinn ist inzwischen eine der spannendsten Städte des Kontinents. Und im dicht besiedelten Europa ist das vergleichsweise menschenleere Estland mit seinen weiten Wäldern ein echtes Paradies für Naturfreunde.

Reisezeit

Das günstigste Reisewetter herrscht von Mai bis September und obwohl es besonders im Juli und August in Tallinn und Pärnu ein bisschen voll werden kann, ist dieser Teil des Jahres die beste Reisezeit. Fast alle Feste und Festivals finden im Sommer statt; das größte Event ist die Mittsommernacht.

Freunde des Skilanglaufs sollten im Winter nach Otepää fahren, der inoffiziellen Winterhauptstadt des Landes. Unvergesslich ist die Weihnachtszeit in der wirklichen Hauptstadt, mit Weihnachtsmärkten und einem Weihnachtsbaum auf dem Hauptplatz der Stadt – Letzteres eine 570 Jahre alte Tradition.

Ankunft in Estland

Die meisten Estlandurlauber kommen in Tallinn an, entweder am Flughafen oder, mit der Fähre aus Helsinki, am Hafen. Sowohl Flughafen als auch Hafen liegen nah beim Stadtzentrum – der Fähranleger ist zu Fuß zu erreichen. Ein Taxi ins Zentrum sollte weniger als 10 € kosten, ein Bus etwa 2 €. Die Einreise mit dem Auto, Motorrad oder Bus von Lettland aus ist unkompliziert, da beide Länder dem Schengen-Gebiet angehören und es daher keine Grenzkontrollen gibt. Der wichtigste Grenzübergang von Russland ist in Narva. Sowohl von Lettland als auch von Russland fahren Busse nach Estland. Züge aus St. Petersburg halten in Narva und Tallinn, Züge aus Rīga in Valga; die Bahnhöfe sind jeweils zentrumsnah.

SPRACHE

Hallo	*Tere*
Auf Wiedersehen	*Head aega*
Ja	*Jah*
Nein	*Ei*
Danke	*Tänan*
Bitte	*Palun*
Entschuldigung	*Vabandage*
Prost!	*Terviseks!*

Typische Speisen & Getränke

» **Rukkileib** Roggenbrot ist ein estnisches Grundnahrungsmittel und wird zu jeder Mahlzeit gereicht, in Restaurants gewöhnlich kostenlos.

» **Kama** Leichtes Getränk oder Gericht aus Buttermilch mit einer Mischung aus geröstetem Erbsen-, Roggen-, Gersten- und Weizenmehl.

» **Suitsukala** Geräucherter Fisch, normalerweise Forelle oder Lachs.

» **Sealiha ja kartul** Schweinefleisch und Kartoffeln, auf vielerlei verschiedene Arten zubereitet.

» **Kana ja kartul** Huhn und Kartoffeln – falls man mal kein Schwein mehr sehen kann.

» **Kasukas** Russischer Schichtsalat mit Roter Bete, Kartoffeln, Möhren, Salzhering, gekochtem Ei und Joghurt.

» **Vana Tallinn** Sirupartiger süßer Likör unklarer Herkunft, am besten über Eis, im Kaffee oder zur Verschleierung schlechten russischen Sekts. Auch in einer cremigen Variante erhältlich.

INFOS IM INTERNET

VisitEstonia.com (www.visitestonia.com)

Tallinn Tourism (www.tourism.tallinn.ee)

Estonia Public Broadcasting News (http://news.err.ee)

Estonica (www.estonica.org)

Kurzinfos

» **Fläche** 45 227 km^2

» **Hauptstadt** Tallinn

» **Einwohner** 1,3 Mio.

» **Ländervorwahl** ☎372

» **Notruf** ☎112

Wechselkurse

Lettland	1 Ls	1,43 €
Litauen	1 Lt	0,29 €
Russland	100 R	2,58 €
Schweiz	1 SFr	0,83 €

Aktuelle Wechselkurse siehe unter www.xe.com.

Preise

» **Günstiges Hotelzimmer** 20–45 €

» **Abendessen mit zwei Gängen** 10–35 €

» **Museumseintritt** 1–5 €

» **Bier** 3 €

» **Nahverkehrsticket in Tallinn** 1 €

Highlights

1 In den geschichtsträchtigen mittelalterlichen Gassen von **Tallinn** (S. 46) laden stimmungsvolle Restaurants und versteckte Kneipen zu einem schönen Bummel ein

2 Im **Nationalpark Lahemaa** (S. 81) können Besucher Waldpfade, durch Moore führende Bohlenwege, einsame Strände und Gutshöfe erkunden

3 Auf Bildungsreise kann man in den Museen und Studentenkneipen von **Tartu** (S. 98) gehen, der zweitgrößten Stadt Estlands

4 Die Insel **Saaremaa** (S. 139) wartet mit Windmühlen, Burgen, Kirchen, Klippen und einem Krater auf

5 Auf **Muhu** (S. 136) scheint im Dorf Koguva die Zeit stillzustehen und der Gutshof Pädaste lockt mit kulinarischen Leckerbissen

6 „Sommerhauptstadt" Estlands ist **Pärnu** (S. 128) mit seinem goldenen Sandstrand und seinen eleganten Straßen

7 Viel Natur bietet die „Winterhauptstadt" **Otepää** (S. 117) – auch wenn gerade kein Schnee liegt

TALLINN

400 300 EW.

Wer unter dem Label „ehemalige Sowjetunion" nur öde graue Städte erwartet und alle Touristenzentren für seelenlos hält, der wird in Tallinn eines Besseren belehrt. Diese Stadt ist überaus charmant und vermählt Moderne und Mittelalter zu einer einzigartigen, berauschenden Mischung aus alten Kirchtürmen, gläsernen Wolkenkratzern, barocken Palästen, einladenden Restaurants, düsteren Festungsmauern, glitzernden Einkaufszentren, verwitternden Holzhäusern und Cafés auf sonnigen Plätzen – dazu kommen als besondere Note ein paar Relikte aus der Sowjetzeit.

Auch wenn Tallinn in den letzten Jahren einen wahren Wirtschaftsboom erlebt hat, konnte die Stadt den märchenhaften Charme ihrer Altstadt mit Unterstadt und Domberg bewahren. Sie hat einen der faszinierendsten Stadtkerne Europas, die noch von einer alten Stadtmauer umgeben sind. So charmant wirkte das Ganze aber nicht immer. Eine Zeitlang sah es so aus, als würde Tallinn seine Seele verkaufen, um zu einem Bangkok an der Ostsee zu werden: Mit billigem Alkohol und weit verbreiteter Prostitution zog es Horden junger Männer an. Auch wenn sich nach wie vor zwielichtige Elemente herumtreiben, hat sich das ziemlich gelegt: Offenbar hat man erkannt, dass sich mehr Geld verdienen lässt, wenn man sich etwas nobler präsentiert. Daher schießen ständig neue erstklassige Restaurants und stimmungsvolle Hotels für eine gut geölte Fremdenverkehrsbranche aus dem Boden, sodass ein Besuch in der Stadt eine wahre Freude ist, egal welche Sprache man spricht.

Tallinn wird also immer kultivierter, ohne steril zu wirken, es hat seinen Blick in die Zukunft gerichtet, ohne die Vergangenheit zu vergessen, und ist daher eine wirklich faszinierende Stadt.

ESTLAND AUF EINEN BLICK

Währung Euro (**€**)

Sprache Estnisch

Geld Es gibt überall Geldautomaten.

Visa Nicht erforderlich für EU-Bürger und Schweizer.

Geschichte

Das Gebiet von Tallinn soll um 2500 v. Chr. von einem finno-ugrischen Volk besiedelt worden sein. Ab dem 9. Jh. war der Ort bereits als Handelssiedlung bekannt; im 11. Jh. wurde ein hölzernes Bollwerk auf dem Toompea (Domberg) errichtet. Die Dänen unter König Waldemar II. (der Nordestland 1219 eroberte) trafen in Tallinn auf entschlossenen Widerstand und waren schon auf dem Rückzug, als eine weiße Flagge mit rotem Kreuz vom Himmel und in die Hand ihres Bischofs fiel. Die Dänen sahen darin ein Zeichen göttlicher Unterstützung, kämpften weiter und siegten: Die Flagge wurde später ihre Nationalflagge. Die Dänen bauten ihre eigene Burg auf dem Domberg, worauf auch die Herkunft des Namens Tallinn zurückgeführt wird: *Taani linn* ist die wortwörtliche estnische Übersetzung für „Dänenstadt" (*linn* = Stadt).

Die Ritter des Schwertbrüderordens entrissen den Dänen 1227 Tallinn und bauten die erste Steinfestung auf dem Domberg. Deutsche Händler kamen von Visby auf der Ostseeinsel Gotland und gründeten mit 200 Mann eine Kolonie unterhalb der Festung. 1238 geriet Tallinn wieder unter dänische Kontrolle. 1285 trat es der Hanse bei: Die Stadt lag auf dem Handelsweg von Nowgorod über Pihkva (russisch: Pskov) nach Westen: Pelze, Honig, Leder und Robbenfett wurden nach Westeuropa verschifft, im Gegenzug wurden Salz, Stoffe, Hering und Wein nach Osten gebracht.

Mitte des 14. Jhs., als die Dänen Nordestland an den Deutschen Orden verkauft hatten, war Tallinn eine bedeutende Hansestadt mit rund 4000 Einwohnern. Ein Interessenkonflikt mit den Rittern und dem Bischof auf dem Domberg hatte zur Folge, dass die meist deutschen Handwerker und Händler in der Unterstadt eine Befestigungsmauer bauten, um sich vom Domberg abzugrenzen. Tallinn erlebte eine wirtschaftliche Blütezeit und entwickelte sich zu einer der größten Städte Nordeuropas. Neben dem estnischen Namen trug die Stadt bis 1918 auch den deutschen Namen Reval.

Die Blütezeit fand im 16. Jh. ihr vorläufiges Ende. Die Hanse war geschwächt und Russen, Schweden, Dänen, Polen und Litauer stritten um die baltische Region. Tallinn überstand zwischen 1570 und 1571 eine 29 Wochen währende Belagerung durch Iwan den Schrecklichen. 1561 bis 1710 wurde die Stadt von Schweden beherrscht und ergab sich dann – durch die Pest dezimiert – dem russischen Zaren Peter dem Großen.

TALLINN IN ...

... zwei Tagen

Der erste Tag gehört ganz der **Altstadt**. Nach unserem **Stadtspaziergang** am Vormittag bietet sich eine Mittagspause in einem der vielen hervorragenden Restaurants an (unter der Woche ist der Mittagstisch im **MEKK** ein echtes Schnäppchen). Am Nachmittag laden ein oder zwei Museen zur Erkundung – vielleicht das **Stadtmuseum** und das **Museum für Estnische Geschichte**. Abends macht man sich fein für ein Abendessen im **Tchaikovsky** und lässt den Tag im **Weinkeller Gloria** ausklingen.

Am folgenden Tag schwimmt man gegen den Touristenstrom und verlässt die Altstadt. Nach einem Frühstück im **NOP** folgt ein Bummel durch den **Kadriorg-Park** und die dortigen Galerien. Zwischendurch bietet sich das **Park Cafe** am hübschen See für eine Pause an. Und am Abend geht's ins **Rotermann-Viertel**.

... vier Tagen

Vier Tage sind genügend Zeit für die wichtigsten Highlights der Stadt. Zusätzlich zum Zweitagesprogramm bietet sich ein Besuch im **Besatzungsmuseum** und – besonders wenn man nicht aufs Land fährt – im **Freilichtmuseum** an. Falls gerade Sommer ist, lädt der **Strand von Pirita** ein. Im Winter dreht man ein paar Runden auf der **Harju-Eislaufbahn** und wärmt sich dann in einer **Sauna** wieder auf.

1870 wurde die Eisenbahnstrecke zwischen St. Petersburg und Tallinn fertiggestellt: Tallinn wurde der wichtigste Hafen des russischen Zarenreiches. Befreite Bauern strömten vom Land in die Stadt und erhöhten den estnischen Bevölkerungsanteil innerhalb von 30 Jahren von 52 % (1867) auf 89 % (1897). Bis zum Ersten Weltkrieg entstanden in Tallinn große Schiffswerften, über 100 000 Menschen lebten in der Stadt.

Im Zweiten Weltkrieg erlitt Tallinn große Schäden – Tausende Gebäude wurden 1944 durch sowjetische Bombardierungen, die sich gegen die stationierten deutschen Truppen richteten, zerstört. Nach dem Krieg folgte die Industrialisierung Tallinns unter sowjetischer Kontrolle: In der Stadt wurde u. a. der größte Getreidehandelshafen der UdSSR gebaut, die Einwohnerzahl stieg von 175 000 (1937) auf fast 500 000. Die Zugezogenen kamen zum Großteil aus Russland; neue Trabantenstädte mit Hochhäusern entstanden vor den Toren der Stadt, um die vielen Zugezogenen unterzubringen.

Die vielen Siedlungen im sowjetischen Plattenbaustil bedeuteten einen Verlust des kulturellen Lebens im Zentrum. In den 1980er-Jahren sah die Altstadt ziemlich heruntergekommen aus – die meisten Leute lebten lieber in den neuen Vororten als im Zentrum. Die Renovierung der Altstadt begann Ende der 1980er-Jahre; die Unabhängigkeitsbewegung fand in weiten Teilen auf den Straßen von Tallinn statt.

In den 1990er-Jahren verwandelte sich Tallinn dann in die heutige, mittelgroße Stadt. Die wunderschön restaurierte Altstadt und die Skyline des modernen Geschäftsviertels lassen den Aufschwung deutlich erkennen. Tallinns moderne IT-Firmen stehen an vorderster Front der New Economy und die mit dem Internet bestens vertraute und ans WLAN angeschlossene Bevölkerung begrüßt die Errungenschaften der Gegenwart mit offenen Armen. Die Vorstädte bräuchten allerdings noch ein Facelifting, wie es der Altstadt verpasst wurde. Doch in diese Randgebiete der Stadt verirren sich selten Besucher: Armut und Arbeitslosigkeit sind hier offensichtlicher als im Zentrum.

Sehenswertes

Zwar liegen die meisten Sehenswürdigkeiten Tallinns leicht erreichbar in der Altstadt, doch auch die etwas abseits gelegenen Attraktionen lohnen einen Besuch – und Tallinn ist insgesamt so kompakt, dass man auch dort gut hinkommt. Besonders Kadriorg sollte nicht auf dem Besuchsprogramm fehlen.

ALTSTADT

Die Altstadt (Vanalinn) von Tallinn, das mittelalterliche Juwel Estlands, ist wohl eines der faszinierendsten Ziele im ganzen Land. In den engen Kopfsteinpflastergassen erlebt man eine Reise in die Zeit des 15. Jhs. – nicht zuletzt dank der Neigung vieler Geschäfte,

Tallinn

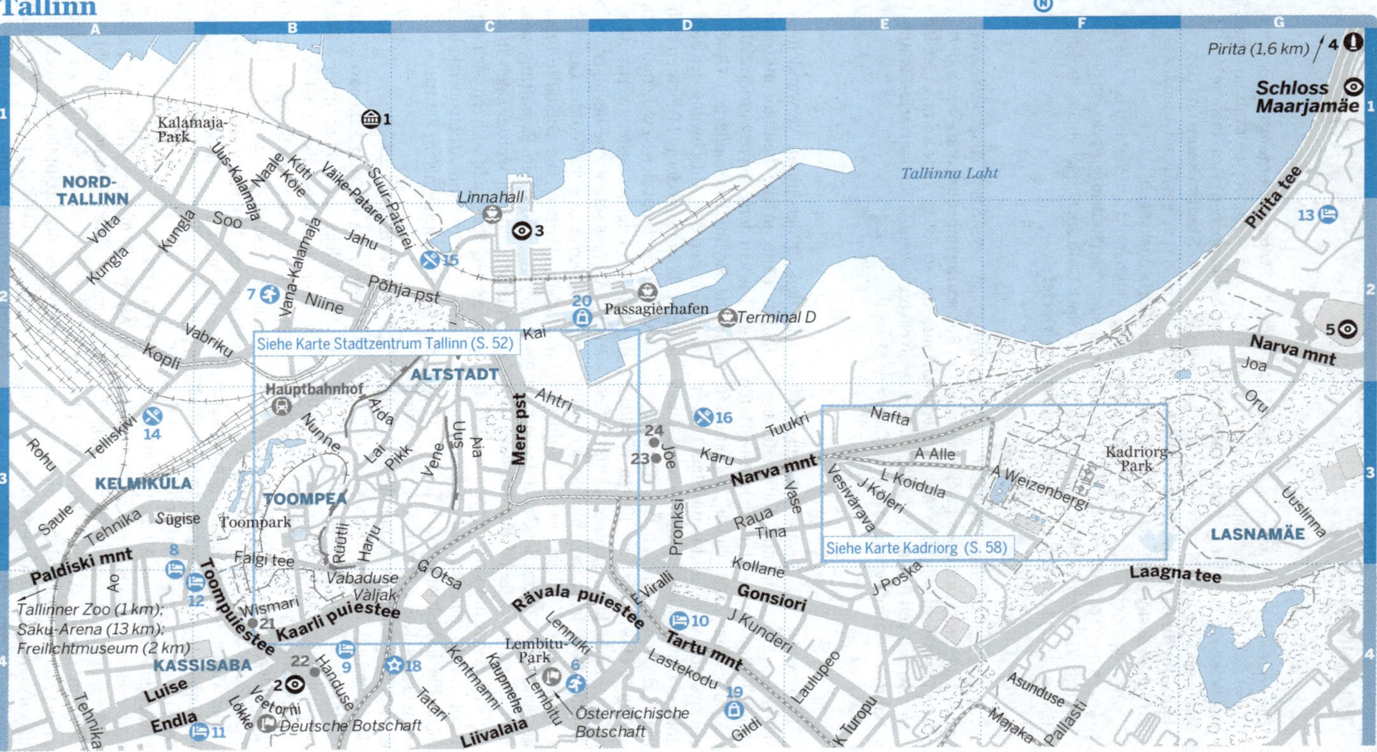
0
1 km
Pirita (1,6 km)
Schloss Maarjamäe
NORD-TALLINN
Kalamaja-Park
Tallinna Laht
Linnahall
Passagierhafen
Terminal D
Siehe Karte Stadtzentrum Tallinn (S. 52)
Siehe Karte Kadriorg (S. 58)
ALTSTADT
TOOMPEA
KELMIKÜLA
KASSISABA
LASNAMÄE
Hauptbahnhof
Kadriorg-Park
Toompark
Lembitu-Park
Tallinner Zoo (1 km);
Saku-Arena (13 km);
Freilichtmuseum (2 km)
Deutsche Botschaft
Österreichische Botschaft
Pirita tee
Narva mnt
Mere pst
Põhja pst
Paldiski mnt
Toompuiestee
Kaarli puiestee
Rävala puiestee
Tartu mnt
Gonsiori
Laagna tee
Liivalaia
Endla
Luise
Kopli
Vabriku
Niine
Vana-Kalamaja
Uus-Kalamaja
Soo
Kungla
Volta
Naale
Küti
Köie
Väike-Patarei
Suur-Patarei
Jahu
Kai
Ahtri
Aida
Nunne
Lai
Pikk
Vene
Uus
Aia
Rüütli
Harju
Vabaduse Väljak
Falgi tee
Wismari
Sügise
Tehnika
Saule
Rohu
Telliskivi
Ao
Veetorni
Lõkke
Handuse
Tatari
Kentmanni
Kaupmehe
Lembitu
Lennuki
G Otsa
Virali
Pronksi
Jõe
Karu
Tuukri
Nafta
A Alle
L Koidula
J Köleri
Vesivärava
A Weizenbergi
Raua
Tina
Vase
Kollane
J Poska
J Kunderi
Lastekodu
Laulupeo
Gildi
K Turopu
Asunduse
Majaka
Pallasti
Joa
Oru
Uuslinna
A B C D E F G
1 2 3 4
1 2 3 4 5 6 7 8 9 10 11 12 13 14 15 16 18 19 20 21 22 23 24

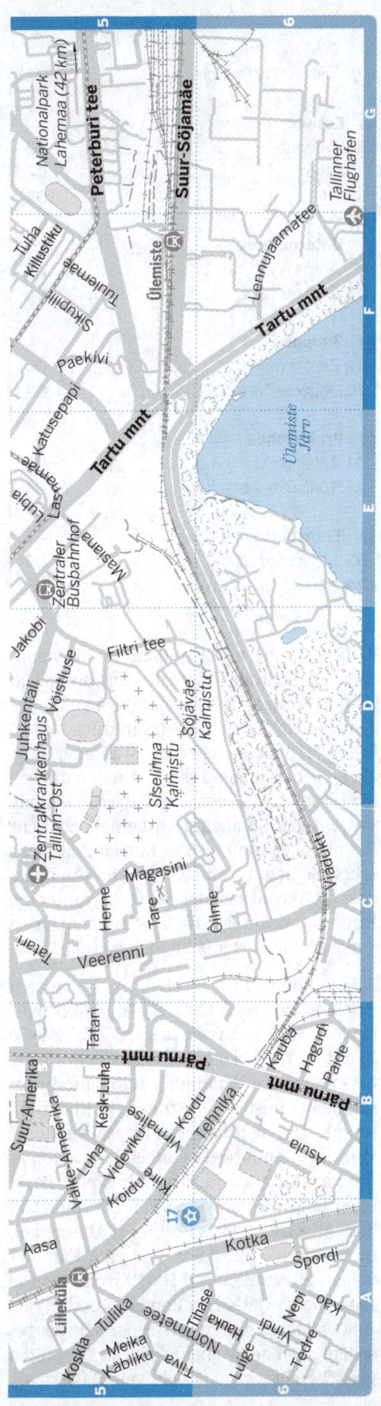

ihr Personal in historische Bauernkleidung zu stecken. Der Weg führt vorbei an alten Kaufmannshäusern, versteckten mittelalterlichen Innenhöfen, hoch aufragenden Kirchturmspitzen und Treppen, die zu herrlichen Aussichtspunkten mit Blick über die Stadt hinaufführen. Dafür, dass sie ein überaus beliebtes Touristen-Highlight ist, hält sich die Altstadt noch bemerkenswert gut. Zwar ist fast jedes Gebäude mit einer Informationstafel (auf Estnisch und Englisch) versehen, doch ist nicht die gesamte Altstadt übermäßig gentrifiziert. Ein Teil des Charmes der Altstadt besteht darin, dass der Schick mit dem Heruntergekommenen eine gute Verbindung eingeht.

Natürlich hat die Beliebtheit der Altstadt auch ihre Schattenseiten. Im Sommer legen manchmal sechs Kreuzfahrtschiffe gleichzeitig im Tallinner Hafen an, sodass sich wahre Besucherströme träge durch die Altstadt winden. Wer mit einem solchen Schiff in Tallinn ankommt, sollte wissen, dass es vom Fährhafen nur ein kurzer Fußmarsch in die Altstadt ist; statt einer organisierten Führung zu folgen, lohnt sich eine Erkundung auf eigene Faust. Für alle anderen Besucher gilt: Die meisten Schiffe legen am Nachmittag wieder ab und spätestens ab 17 Uhr kann man sich dann wieder auf den Straßen bewegen.

Wer sich zunächst einen allgemeinen Überblick verschaffen möchte, beginnt am besten mit unserem Stadtrundgang (S. 62). Im Folgenden werden dagegen die Sehenswürdigkeiten vorgestellt, die man wirklich besuchen sollte, statt nur bewundernd daran entlang zu schlendern.

UNTERSTADT

Stadtmuseum MUSEUM

(Linnamuuseum; Karte S. 52; www.linnamuuseum.ee; Vene 17; Erw./erm. 3,20/1,92 €; ⌚Mi–Mo 10.30–17.30 Uhr) Das Tallinner Stadtmuseum verteilt sich auf zehn verschiedene Stätten. Die Hauptstelle in einem Kaufmannshaus aus dem 14. Jh. befasst sich mit der Geschichte der Stadt von den Anfängen bis zur Gegenwart und bietet hierzu fesselnde und gut präsentierte Ausstellungen. Es gibt jede Menge Infos auch auf Englisch sowie einen Audioguide (4,75 €). Im obersten Stock gibt es eine aufschlussreiche (und recht politisierte) Darstellung des estnischen Lebens während der sowjetischen Besatzung, außerdem ein hoch spannendes Video über die Zeit rund um den Zusammenbruch des Systems. Es finden sich auch Informationen

Tallinn

Highlights
Schloss Maarjamäe G1

Sehenswertes
1 Estnisches Schifffahrtsmuseum – Museumsschiffe B1
2 Estnische Nationalbibliothek B4
3 Linnahall C2
4 Maarjamäe-Obelisk G1
5 Tallinner Sängerfestgelände G2

Aktivitäten, Kurse & Touren
6 Club 26 .... C4
7 Kalma Saun B2

Schlafen
8 City Hotel Tallinn A3
9 Euphoria B4
10 GIDIC Backpackers D4
11 Kreutzwald Hotel Tallinn B4
12 L'Ermitage B4
13 Tallinn City Camping G2

Essen
14 F-hoone A3
15 Moon C2
16 Neh D3

Unterhaltung
17 Arena A Le Coq A5
18 Club 69 .... C4

Shoppen
19 Zentralmarkt D4
20 Sadama Turg C2

Praktisches
21 ZahnklinikTallinn B4
22 Tõnismäe Apteek B4

Transport
23 Europcar D3
24 Hertz D3

über prosowjetische Proteste aus dieser Zeit, allerdings mit einem sehr abschätzigen Begleitkommentar.

Museum für Estnische Geschichte MUSEUM
(Eesti Ajaloomuuseum; Karte S. 52; www.ajaloomuuseum.ee; Pikk 17; Erw./Kind 5/3 €; ⌚Mai–Aug. tgl. 10–18 Uhr, Sept.–April Do–Di) Das sich ebenfalls über verschiedene Häuser verteilende Museum für Estnische Geschichte präsentiert im schönen Haus der Großen Gilde von 1410 Überlegungen zur estnischen Kulturgeschichte anhand von interaktiven und ungewöhnlichen Exponaten. Die größte Abteilung, *Der Geist des Überlebens – 11 000 Jahre estnischer Geschichte,* stellt Fragen wie „Ist Estland das säkularste Land der Welt?" und „Waren die Esten in ihrem eigenen Land glücklich?" – die Antwort auf die zweite Frage fällt zurzeit anscheinend negativ aus, Statistiken zufolge seien die Esten eines der am wenigsten glücklichen Völker Europas.

Münzsammler sollten sich die Ausstellung in der alten Schatzkammer nicht entgehen lassen, während auf Militärfreaks die Ausstellung im Keller wartet. Hier unten wird auch auf die Geschichte der Großen Gilde selbst eingegangen.

Besatzungsmuseum MUSEUM
(Okupatsioonide Muuseum; Karte S.52; www.okupatsioon.ee; Toompea 8; Erw./Kind 2/1 €; ⌚Di–So 10–18 Uhr) Fotos und Exponate veranschaulichen 50 Jahre der Unterdrückung durch Nazis und Sowjets. Die Ausstellungen sind gut gemacht, doch den tiefsten Eindruck hinterlassen die Videos, die zwar etwas langatmig, aber doch spannend sind – und natürlich ein Happy End haben. Der längeren Periode sowjetischer Besatzung wird erheblich mehr Raum eingeräumt als der kurzen Zeit deutscher Besatzung und es ist enttäuschend, dass die Verbrechen der Nazis – darunter die Ermordung von fast 1000 estnischen Juden – nicht detaillierter behandelt werden.

Nikolaikirche MUSEUM
(Niguliste Muuseum; Karte S. 52; www.ekm.ee/niguliste; Niguliste 3; Erw./Kind 3,20/2 €; ⌚Mi–So 10–17 Uhr) Die Nikolaikirche aus dem 13. Jh. beherbergt die Sammlung mittelalterlicher sakraler Kunst des Estnischen Kunstmuseums. Das berühmteste hier ausgestellte Werk ist Berndt Notkes unheimlicher *Totentanz* aus dem 15. Jh.: Egal ob König, Papst oder Taugenichts, wir tanzen alle mit dem Tod. Ansonsten gibt's hier noch Altargemälde, verzierte Grabsteine und eine Kammer voller Silberarbeiten. Die Kirche wurde 1944 von sowjetischen Bombern und in den 1980er-Jahren durch ein Feuer schwer beschädigt, ist heute aber wieder in ihrer alten gotischen Pracht zu besichtigen. Die Akustik

ist erstklassig und es finden regelmäßig Orgelkonzerte statt.

Rathaus HISTORISCHES GEBÄUDE

(Raekoda; Karte S. 52; www.tallinn.ee/raekoda; Raekoja plats; Erw./Kind 4/2 €; ⏲Juli & Aug. Mo–Sa 10–16 Uhr) Über dem Hauptplatz der Altstadt erhebt sich das einzige erhaltene gotische Rathaus Nordeuropas. Es wurde zwischen 1371 und 1404 gebaut und war in der mittelalterlichen Unterstadt der Sitz der Stadtregierung. Der **Alte Thomas** (Vana Toomas), Tallinns Stadtsymbol, wacht seit 1530 hoch oben als Wetterfahne über die Stadt – das Original befindet sich heute allerdings im Stadtmuseum. Wer die 115 Stufen zur Spitze des **Turmes** (Erw./erm. 3/1 €; ⏲Mai–Mitte Sept. 11–18 Uhr) erklimmt, hat fast denselben Ausblick wie Thomas. Der Legende nach wurde der elegante, 64 m hohe minarettähnliche Turm nach einer Skizze gebaut, die ein Forschungsreisender nach einem Orientbesuch angefertigt hatte.

In das Rathaus selbst gelangt man durch den Keller. Von hier geht's durch das **Kaufmannsgewölbe** im Erdgeschoss (mit einem Besucherbuch voller königlicher Einträge) hinauf ins Hauptgeschoss mit dem **Ratssaal** (mit den ältesten Holzschnitzereien Estlands, von 1374), dem mit Gewölbedecke versehenen **Bürgersaal**, der gelb-schwarz gefliesten Kämmerei und einer kleinen Küche. Unter dem steilen Dach sind Ausstellungen zur Geschichte des Gebäudes und seiner Restaurierung untergebracht.

Falls die Kinder unruhig werden, kann man ihnen die eisernen Ringe zeigen, die auch heute noch an der dem Platz zugewandten Außenwand hängen.

Heiliggeistkirche KIRCHE

(Püha Vaimu Kirik; Karte S. 52; Pühavaimu 2; Erw./Kind 1/0,50 €; ⏲Mai–Sept. Mo–Sa 9–17 Uhr, Okt.–April Mo–Sa 10–15 Uhr) Die leuchtende blau-goldene Uhr von 1684 an der Fassade der eindrucksvollen gotischen Kirche aus dem 14. Jh. ist die älteste in Tallinn. In der Kirche findet man feine Holzschnitzarbeiten und Gemälde, darunter einen Altar von 1483 und eine Barockkanzel aus dem 17. Jh. Johann Koell, ein ehemaliger Pastor dieses Gotteshauses, wird als erster Autor eines estnischen Buches angesehen: Er veröffentlichte 1535 einen Katechismus. Regelmäßig werden hier klassische Konzerte gegeben.

Olaikirche KIRCHE, AUSSICHTSPUNKT

(Oleviste Kirik; Karte S. 52; Lai 50; Turm 2/1 €; ⏲Juli & Aug. 10–20 Uhr, Sept.–Juni 10–18 Uhr) Von 1549 bis 1625, als er vom Blitz getroffen wurde und abbrannte, war der 159 m hohe Turm der heute baptistischen Kirche das höchste Bauwerk der Welt. Der jetzige Turm erreicht immer noch beachtliche 124 m und 258 Stufen führen eine enge Treppe hinauf zur Aussichtsplattform mit wunderbaren Ausblicken auf den Domberg und die Dächer der Unterstadt.

Die Kirche steht dort mindestens seit dem 13. Jh., ist aber im Verlauf der Jahrhunderte immer wieder erweitert worden. Das Innere ist von typischer Kargheit; nur an der hinteren Außenwand entgingen einige Bildhauerarbeiten dem Bildersturm der Reformation. Obwohl die Kirche dem im 11. Jh. herrschenden König Olaf II. von Norwegen geweiht ist, verbinden die örtlichen Überlieferungen einen ganz anderen Olaf mit ihr: ihren Architekten, der die Schicksalsprophezeiungen ignorierte, dass demjenigen etwas zustoßen werde, der den Kirchenbau vollendet. Was passierte? Olaf stürzte vom Turm und war tot. Es heißt, es seien ihm eine Kröte und eine Schlange aus dem Mund gekrochen.

Estnisches Seefahrtsmuseum MUSEUM

(Eesti Meremuuseum; www.meremuuseum.ee; ⏲Mi–So 10–18 Uhr) Die Große Strandpforte, das Stadttor zum Hafen, wurde gesichert durch die **Dicke Margarete** (Paks Margareeta; Karte S. 52; Pikk 70; Erw./Kind 3,20/1,60 €), eine runde Bastion aus dem 16. Jh. mit 4 m dicken Mauern. Die korpulente Dame beherbergt heute das Seefahrtsmuseum. Gezeigt werden alte Seekarten, große und winzige Modellschiffe, antiquierte Taucherausrüstungen und andere Artefakte aus Estlands Seefahrtsgeschichte.

Auf der anderen Seite der Dicken Margarete befindet sich in einem Schießpulverlager von 1748 das **Minenmuseum** (Miinimuuseum; Karte S. 52; Uus 37; Erw./Kind 3/1 €), eine skurrile Sammlung von Schränken, Stühlen, Toiletten und Grills, die aus alten sowjetischen Minen hergestellt wurden. Im Wasserflugzeughafen (*Lennusadam*), der zur Zeit der Recherche komplett neuerschlossen wurde, liegen die **Museumsschiffe** (Muuseumilaevad; Karte S. 48; Küti 15A/17; Erw./Kind 3,20/1,60 €), darunter ein Eisbrecher und ein U-Boot.

Katharinenkirche & -kloster KIRCHE

(Karte S. 52; www.kloostri.ee; Vene 16; Erw./Kind 2/1 €; ⏲Mitte Mai–Aug. 10–18 Uhr) Die Katharinenkirche, eines der ältesten Gebäude Tallinns, gehörte zu einem 1246 von skan-

Stadtzentrum Tallinn

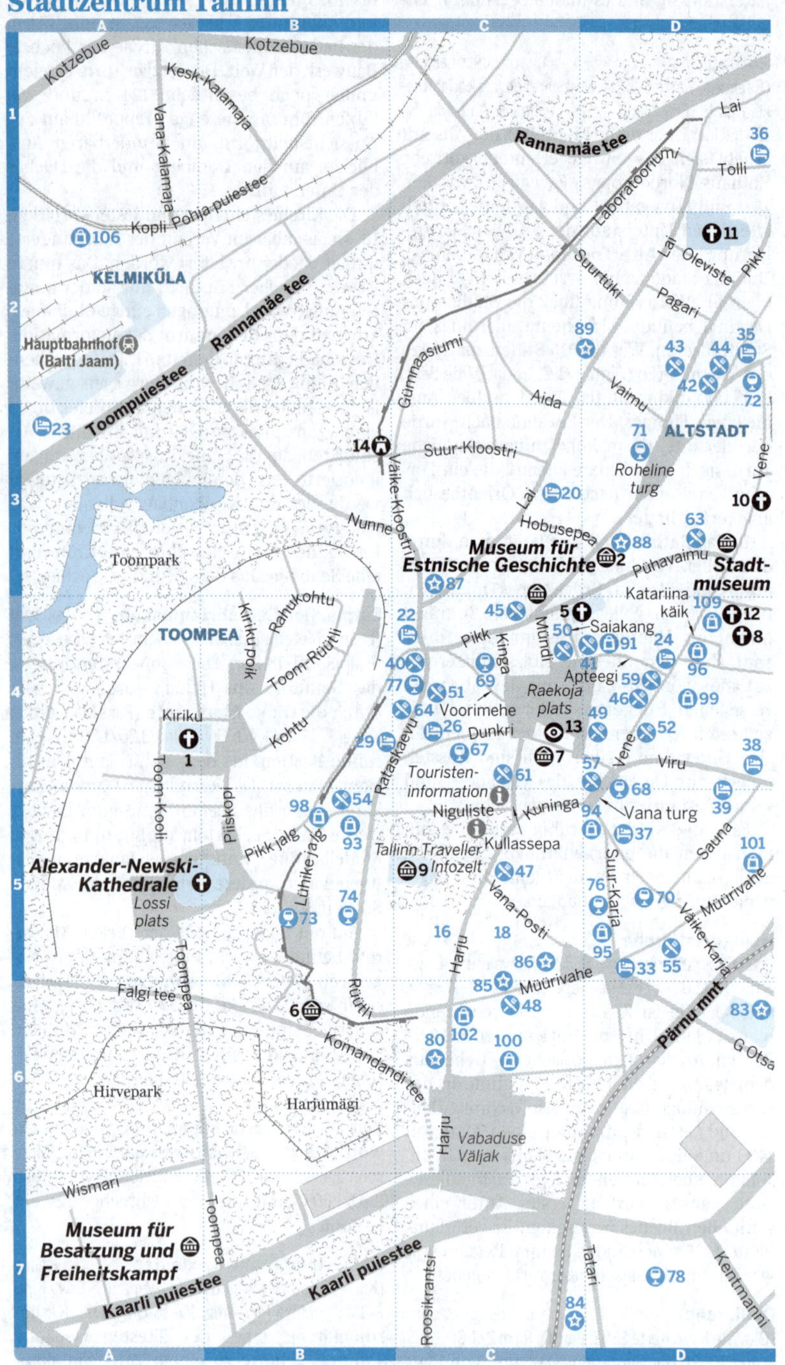

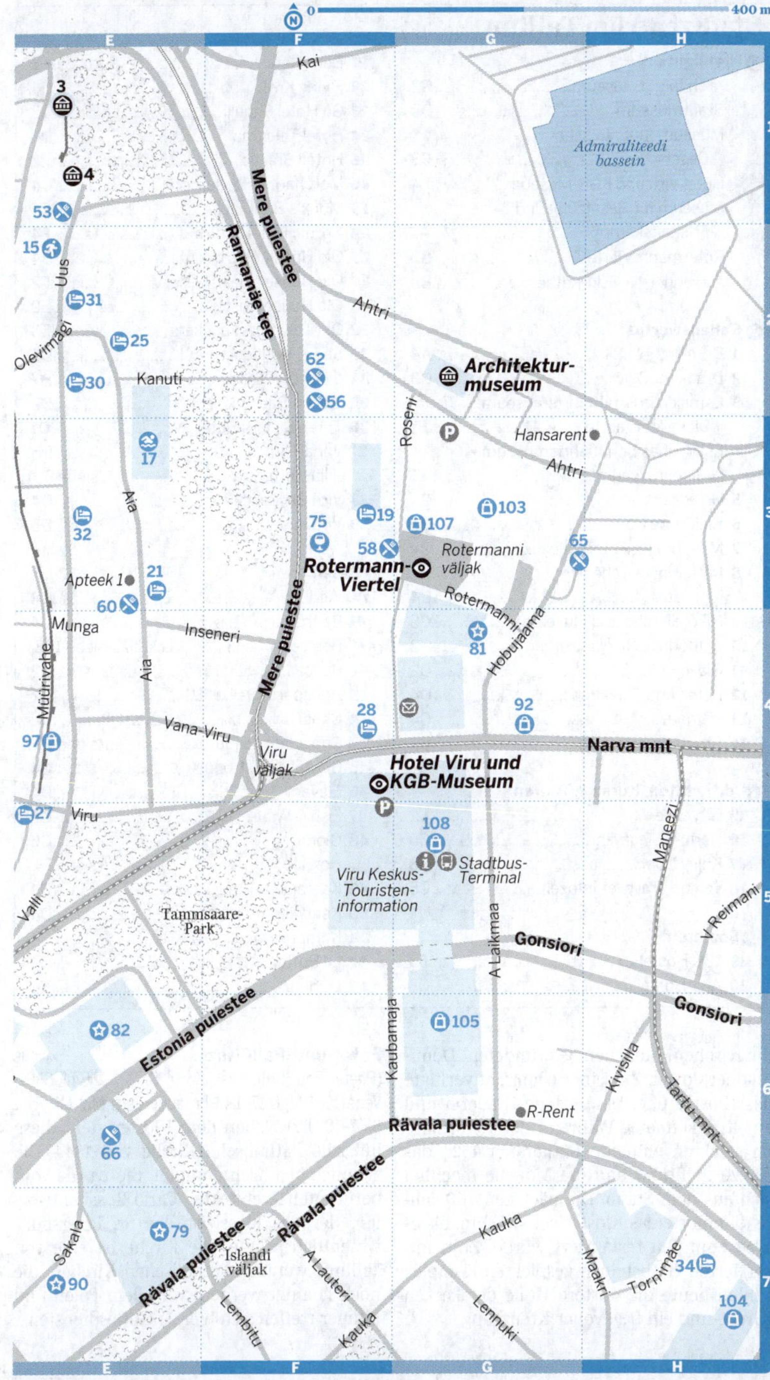
0
400 m
E
F
G
H
1
2
3
4
5
6
7
Kai
Admiraliteedi bassein
Mere puiestee
Rannamäe tee
Ahtri
Uus
Olevimägi
Kanuti
Architektur-museum
Roseni
Hansarent
Aia
Apteek 1
Rotermann-Viertel
Rotermanni väljak
Rotermanni
Hobujaama
Munga
Inseneri
Müürivahe
Vana-Viru
Viru väljak
Narva mnt
Hotel Viru und KGB-Museum
Viru
Maneezi
Stadtbus-Terminal
Viru Keskus-Touristen-information
Valli
Tammsaare-Park
A Laikmaa
Gonsiori
V Reimani
Estonia puiestee
Kaubamaja
Kivisilla
Tartu mnt
R-Rent
Rävala puiestee
Sakala
Islandi väljak
A Lauteri
Kauka
Lembitu
Lennuki
Maakri
Tornimäe
3
4
53
15
31
25
30
62
56
17
32
21
60
19
107
103
75
58
65
81
28
92
97
27
108
105
82
66
79
90
34
104

Stadtzentrum Tallinn

Highlights

Architekturmuseum ... G2
Stadtmuseum ... D3
Museum für Estnische Geschichte ... C3
Hotel Viru und KGB-Museum ... F4
Museum für Besatzung und Freiheitskampf ... A7
Rotermann-Viertel ... G3
Alexander-Newski-Kathedrale ... B3

Sehenswertes

1 Domkirche ... A4
2 Draakoni-Galerie ... D3
3 Estnisches Schifffahrtsmuseum – Dicke Margarete ... E1
4 Estnisches Schifffahrtsmuseum – Minenmuseum ... E1
5 Heiliggeistkirche ... C4
6 Kiek in de Kök ... B6
7 Museum für Fotografie ... C4
8 Katharinenkirche und -kloster ... D4
9 Nikolaikirche und Museum ... C5
10 Orthodoxe Nikolauskirche ... D3
11 Olaikirche ... D2
12 Peter-und Paulkirche ... D4
13 Rathaus ... C4
14 Stadtmauer ... B3

Aktivitäten, Kurse & Touren

15 City Bike ... E2
16 Harju-Eislaufbahn ... C5
17 Kalev Spa ... E3
18 Tallinn Traveller Infozelt ... C5

Schlafen

19 16€ Hostel ... F3
20 Alur Hostel ... C3
21 Bern Hotel ... E3
22 Flying Kiwi ... C4
23 Go Hotel Shnelli ... A3
24 Hotel Telegraaf ... D4
25 Hotell Braavo ... E2
26 Merchant's House Hotel ... C4
27 Monk's Bunk ... E5
28 Nordic Hotel Forum ... F4
29 Old House Apartments ... B4
30 Old House Guesthouse ... E2
31 Old House Hostel ... E2
32 Old Town Backpackers ... E3
33 Savoy Boutique Hotel ... D5
34 Swissôtel Tallinn ... H7
35 Tallinn Backpackers ... D2
36 Three Sisters Hotel ... D1
37 Vana Tom ... D5
Villa Hortensia ... (siehe 99)
38 Viru Backpackers ... D4
39 Viru Inn ... D5

Essen

40 Aed ... C4
41 Balthasar ... D4
Bestseller ... (siehe 108)
42 Bocca ... D2
43 Bonaparte Deli ... D2
44 Chedi ... D2
Chocolats de Pierre ... (siehe 99)
45 Clayhills Gastropub ... C4
46 Elevant ... D4
47 Fish & Wine ... C5
48 Gloria ... C6
Horisont ... (siehe 34)
49 Kaerajaan ... D4
50 Kehrwieder ... C4
51 Kompressor ... C4
52 La Bottega ... D4
53 Leib ... E1

dinavischen Mönchen gegründeten Dominikanerkloster. Zu seiner Glanzzeit verfügte das Kloster über eine eigene Brauerei und ein Krankenhaus. Während der Reformation steckten wütende Lutheraner 1524 das Ganze in Brand und die Mönche machten sich aus dem Staub. Die nächsten 400 Jahre dämmerte das Kloster vor sich hin, bis es 1954 zum Teil restauriert wurde. Zum mit verzierten Grabsteinen gespickten Komplex zählen heute die düstere Hülle der kargen Kirche und ein friedvoller Kreuzgang.

Peter-und-Paul-Kirche KIRCHE

(Peeter-Paul Katedraal; Karte S. 52; ☎644 6367; Vene 16; ⏲tgl. 17–19 Uhr, außerdem Mo, Mi, Fr & Sa 7–10 Uhr) Neben dem Kloster steht diese hübsche katholische Kirche von 1844, die ziemlich spanisch anmutet. Sie wurde vom berühmten Architekten Carlo Rossi entworfen, der das klassizistische St. Petersburg wesentlich prägte. Die Kirche ist eine von Tallinns wenigen katholischen Kirchen, die noch genutzt werden; vor allem Polen und Litauer treffen sich hier zu Gottesdiensten.

54 Matilda Cafe B5
MEKK .... (siehe 33)
55 Must Puudel D5
56 Ö F2
57 Olde Hansa D4
58 Platz F3
59 Ribe D4
60 Rimi E3
Sfäär .... (siehe 56)
61 Silk C4
62 Spirit F2
63 Stenhus D3
Tchaikovsky .... (siehe 24)
Tristan ja Isolde .... (siehe 13)
64 Vanaema Juures C4
65 Vapiano G3
66 Vapiano E6

Ausgehen

67 Beer House C4
68 Clazz D5
69 DM Baar C4
70 Drink D5
Glorias Weinkeller .... (siehe 48)
71 Hell Hunt D3
72 Levist Väljas D2
73 Neitsitorn B5
74 Pôrgu B5
75 Scotland Yard F3
76 St. Patrick's D5
77 Von Krahli Baar C4
78 X-Baar D7

Unterhaltung

79 Artis E7
BonBon .... (siehe 62)
Club Hollywood .... (siehe 86)
80 Club Privé C6
81 Coca-Cola Plaza G4
82 Konzerthaus & Nationaloper Estonia E6
83 Estnisches Dramentheater D6
84 G-Punkt C7
85 Kapp C5
Katusekino .... (siehe 108)
86 Kino Sõprus C5
87 Nuku C3
Piletilevi .... (siehe 108)
88 Kanutgilden-Saal D3
89 Stadttheater D2
90 Teater No99 .... E7
Von-Krahli-Theater .... (siehe 77)

Shoppen

91 Antiik D4
92 Foorum G4
93 Galerii Kaks B5
94 IIDA D5
95 Ivo Nikkolo D5
96 Katariina Gild D4
97 Strickmarkt E4
98 Lühikese Jala Galerii B5
99 Masters' Courtyard D4
100 Nu Nordik C6
101 Reet Aus D5
102 Reval Antique C6
103 Rotermanni Kaubamaja G3
104 Stockmann Kaubamaja H7
105 Tallinna Kaubamaja G6
106 Markt am Bahnhof A2
107 US Art Gallery G3
108 Viru Keskus G5
109 Zizi D4
Zizi .... (siehe 94)

Orthodoxe Nikolauskirche KIRCHE
(Karte S. 52; Vene 24; ⌚10–18 Uhr) Die orthodoxe Nikolauskirche wurde 1827 an der Stelle einer älteren Kirche erbaut. Sie war die Kirche der russischen Kaufleute, nach denen die Vene-Straße benannt ist, und ist berühmt für ihre kostbare Ikonostase.

GRATIS **Draakoni-Galerie** GALERIE
(Karte S. 52; www.eaa.ee/draakon; Pikk 18; ⌚Mo–Sa 11–18 Uhr) Zwischen den Gildehäusern verbirgt sich hinter einer prunkvollen Fassade diese Galerie mit kleinen, oft sehr interessanten zeitgenössischen Kunstausstellungen.

Fotomuseum MUSEUM
(Fotomuuseum; Karte S. 52; www.linnamuuseum.ee; Raekoja 6; Erw./Kind 2/1 €; ⌚Do–Di 10.30–17.30 Uhr) Das kleine Museum im ehemaligen Stadtgefängnis ist sicher nur für große Fotoliebhaber interessant. Ausgestellt sind z. B. alte Kameras und Fotos aus den Anfangszeiten der estnischen Fotografie.

Stadtmauerspaziergang FESTUNG
(Linnamüür; Karte S. 52; Gümnaasiumi 3; Erw./Kind 1,30/0,65 €; ⌚Juni–Aug. 11–19 Uhr, April–Mai & Sept.–Okt. Fr–Mi 11–17 Uhr, Nov.–März Fr–Di 11–16 Uhr) Hier sind drei leere Türme miteinander verbunden – die Besucher können alle Ecken und Winkel auf eigene Faust erkun-

den und Fotos von den Dächern der Stadt schießen.

TOOMPEA (DOMBERG)

Alexander-Newski-Kathedrale KIRCHE

(Karte S. 52; Lossi plats; ⌚8–20 Uhr) Der 1900 gegenüber den Parlamentsgebäuden abgeschlossene Bau der prächtigen russisch-orthodoxen Alexander-Newski-Kathedrale mit ihren Zwiebeltürmen war kein Zufall: Die Kirche war eine der vielen orthodoxen Kathedralen, die zwischen 1894 und 1900 als Teil einer Russifizierungswelle in den russischen Baltikumprovinzen gebaut wurden. Orthodoxe Gläubige kommen noch immer in Scharen hierher, genauso wie die Touristen, die sich die wunderbaren Ikonen und Wandmalereien anschauen.

Kiek in de Kök MUSEUM

(Karte S. 52; www.linnamuuseum.ee; Komandandi 2; Erw./Kind 4,50/2,60 €; ⌚Di–So 10.30–17.30 Uhr) Einer der eindrucksvollsten Geschütztürme Tallinns ist der hohe und dicke Kiek in de Kök. Sein plattdeutscher Name bedeutet „Guck in die Küche", denn von den oberen Stockwerken konnten im Mittelalter Neugierige in die Küchen der Unterstadt schauen.

Der Turm wurde 1475 erbaut und im Livländischen Krieg schwer beschädigt, stürzte aber niemals zusammen (neun Kanonenkugeln von Iwan dem Schrecklichen stecken noch immer in den Mauern). Heute befindet sich darin eine Abteilung des Stadtmuseums, das vor allem die Entwicklung von Tallinns umfassenden Festungsanlagen aufzeigt. Wer sich für Militaria interessiert, wird auf den oberen Stockwerken fündig.

Die Mitarbeiter arrangieren zweistündige Führungen durch das **Tunnelsystem zwischen den Bastionen** (☎644 6686; Erw./Kind 5,75/3,20 €). Es wurde im 17. Jh. zum Schutz der Stadt von den Schweden angelegt. Buchung erforderlich.

Domkirche KIRCHE

(Toomkirik; Karte S. 52; ☎644 4140; Toom-Kooli 6; ⌚9.30–17.30 Uhr) Der Domberg verdankt seinen Namen der heute protestantischen, früher katholischen Domkirche, die spätestens 1233 gegründet wurde. Das Äußere stammt überwiegend aus dem 15. Jh., der Turm wurde 1779 angebaut. Die imposante schmucklose Kirche war früher Begräbnisstätte für die Reichen und Vornehmen der Stadt, Wappen estnischer Adelsfamilien zieren die weiß getünchten Wände. Wer auf eine schöne Aussicht aus und fit ist, kann den **Turm** (Erw./Kind 5/3 €) besteigen.

STADTZENTRUM

Rotermann-Viertel VIERTEL

(Rotermanni Kvartal; Karte S. 52; www.rotermannikvartal.ee) Dieser alte Fabrikkomplex zwischen Stadtzentrum und Fährhafen ist eines der jüngsten Restaurierungs- und Neuerschließungsprojekte der Stadt. Heute sind hier Büros, Wohnungen, Geschäfte, einige der besten Restaurants von Tallinn und eine nette Ansammlung von Ateliers und Galerien untergebracht. Im Sommer findet auf dem Rotermanni väljak, dem Platz hinter dem Kino, mittwochs bis samstags ein Bau-

GROSS UND GRÖSSER

Nichts verkörpert die ehemalige Sowjetunion so gut wie ein gigantisches öffentliches Gebäude und Tallinn hat gleich zwei davon, beide kaum zu übersehen und beide entworfen vom Tallinner Architekten Raine Karp. Das merkwürdigere der beiden Gebäude ist vielleicht die **Linnahall** (Stadthalle; Karte S. 48; www.linnahall.ee; Mere pst 20), ein kolossales Hindernis zwischen der Altstadt und dem Hafen. Der Bau wurde für die Olympischen Sommerspiele 1980 in Moskau errichtet und hieß ursprünglich „Leninpalast für Kultur und Sport". Im Innern des zerbröckelnden und mit Graffiti übersäten Betonkastens verbirgt sich eine riesige Konzerthalle. Die Stadt Tallinn ist sich nicht recht schlüssig, was sie mit dem Monstrum anfangen soll. Einige setzen sich für den Erhalt des Gebäudes als Teil der Geschichte der Stadt ein, jedoch ist der Bau seit seiner Schließung 2009 schon ziemlich verfallen.

Weit besser in Schuss ist die aus Dolomitkalkstein erbaute **Estnische Nationalbibliothek** (Karte S. 48; www.nlib.ee; Tõnismägi 2; Tagespass 0,30 €). Mit dem Bau wurde 1985 begonnen, jedoch wurde das Gebäude erst 1993 fertig gestellt, sodass dieses mustergültige Beispiel sowjetischen Monumentalismus eines der ersten neuen öffentlichen Gebäude des unabhängigen Estlands war. Ein Block ins Foyer lohnt sich schon wegen der spitzen roten Stühle. Auf den oberen Stockwerken finden oft Ausstellungen statt.

ernmarkt und sonntags ein Kunstgewerbemarkt statt.

KGB-Museum Hotel Viru MUSEUM
(Karte S. 52; ☎680 9300; www.sokoshotels.fi; Viru väljak 4; Führung 7 €) Als das Hotel Viru 1972 erbaut wurde, war es nicht nur der erste Wolkenkratzer Estlands, sondern auch der einzige Ort, an dem Touristen übernachten konnten. Wenn die Ausländer alle an einem einzigen Ort versammelt waren, waren sie viel einfacher zu kontrollieren – das Gleiche galt natürlich für die Einheimischen, die mit ihnen Kontakt hatten (wie etwa die Hotelangestellten). Der Kontrolle diente dem KGB ein Spionagezentrum im 23. Stock. Das nunmehr privatisierte Hotel bietet Führungen in Estnisch, Englisch, Finnisch und Russisch; Zeiten und Buchungen telefonisch.

Architekturmuseum MUSEUM
(Arhitektuurimuuseum; Karte S. 52; www.arhitektuurimuuseum.ee; Ahtri 2; Erw./Kind 3/1,50 €; ⌚Mi–So 11–18 Uhr) Ein restauriertes Kalksteingebäude, der alte Rotermann-Salzspeicher, beherbergt dieses kleine Museum mit Gebäude- und Stadtmodellen sowie regelmäßigen Sonderausstellungen.

KADRIORG

Der schöne Park ungefähr 2 km östlich der Altstadt ist die beliebteste grüne Oase der Tallinner. Auftraggeber für den Park und das barocke Schloss Kadriorg war Zar Peter der Große, der die Anlage gleich nach der Eroberung Estlands für seine Frau Katharina I. errichten ließ (Kadriorg bedeutet auf Estnisch „Katharinas Tal"). Eichen, Flieder und Rosskastanien spenden Schatten für Spaziergänger und Leute, die ihr Picknick ausbreiten, die formellen Gärten mit Teich bilden eine schöne Kulisse für romantische Spaziergänge und Hochzeitsfotos und den **Spielplatz** (Karte S. 58) liebt der Nachwuchs der Stadt zum Toben.

Die Straßenbahnen 1 und 3 halten direkt beim Kadriorg-Park, die Busse 1A and 34A (und andere) halten an der Narva maantee am Fuße des Parks und die Busse 67 und 68 fahren in die Nähe des Kumu.

LP TIPP **Kunstmuseum Kadriorg** PALAST, KUNSTMUSEUM
(Kadrioru Kunstimuuseum; Karte S. 58; www.ekm.ee; Weizenbergi 37; Erw./Kind 4,20/2,70 €; ⌚Mai–Sept. Di & Do–So 10–17, Mi 10–20 Uhr, Okt.–April kürzer) Schloss Kadriorg wurde zwischen 1718 und 1736 erbaut – unter Mithilfe von Zar Peter persönlich, der immerhin drei ganze Ziegelsteine gesetzt hat. Im Schloss befindet sich heute ein Zweig des Estnischen Kunstmuseums, der deutsche, niederländische und italienische Gemälde vom 16. bis 18. Jh. sowie russische Werke vom 18. bis frühen 20. Jh. präsentiert – skurril ist im Obergeschoss das Zierporzellan mit kommunistischer Bildersprache. Das Gebäude ist genauso prächtig und verspielt, wie man das von einem Palast erwartet. Hinter dem Schloss lockt ein schöner Blumengarten im französischen Stil.

In den 1930er-Jahren war das Schloss der private Wohnsitz des Präsidenten des unabhängigen Estlands. 1938 entstand nebenan ein Wohnhaus, das seit der erneuten Unabhängigkeit Estlands wieder als Präsidentensitz dient. Es ist für die Öffentlichkeit gesperrt, aber davor kann man die Ehrenwachen beobachten.

Mikkel-Museum
(Karte S. 58; Weizenbergi 28; Erw./erm. 2,20/1,30 €; ⌚Mi 10–20, Do–So 10–17 Uhr) Weitere Stücke der ständigen Sammlung werden im ehemaligen Küchengebäude gezeigt, in einer kleinen, aber interessanten Ausstellung von Gemälden und Porzellan. Außerdem finden hier Wechselausstellungen statt. Ein Kombiticket für Palast und Museum kostet 4,80 €.

Kumu KUNSTMUSEUM
(Karte S. 58; www.kumu.ee; Weizenbergi 34; Erw./Kind 5,50/3,20 €, Sammlung 4,20/2,60 €; ⌚Di & Do–So 11–18, Mi 11–20 Uhr, Okt.–April Mo & Di geschl.) Das 2006 unter großem Beifall eröffnete futuristische, nach finnischen Entwürfen errichtete Gebäude mit sieben Stockwerken ist ein spektakulärer Bau aus Kalkstein, Glas und Kupfer und fügt sich wunderbar in seine Umgebung. Das Kumu (kurz für *kunstimuuseum*) beherbergt die größte Sammlung estnischer Kunst und bietet außerdem Wechselausstellungen zeitgenössischer Werke. Die „Schatzkammer" (im 3. Stock) umfasst Werke vom Beginn des 18. Jhs. bis zum Ende des Zweiten Weltkriegs. Im 4. Stock zeigt die Ausstellung „Schwere Entscheidungen" die Werke einheimischer Künstler in der Sowjetära. Die modernsten Werke werden im 5. Stock gezeigt. Das Museum ist rollstuhlgerecht und hat einen tollen Souvenirshop und ein Café.

Sommerhaus Peters des Großen MUSEUM
(Peeter I Majamuuseum; Karte S. 58; www.linnamuuseum.ee; Mäekalda 2; Erw./erm. 2/1 €; ⌚Mai–

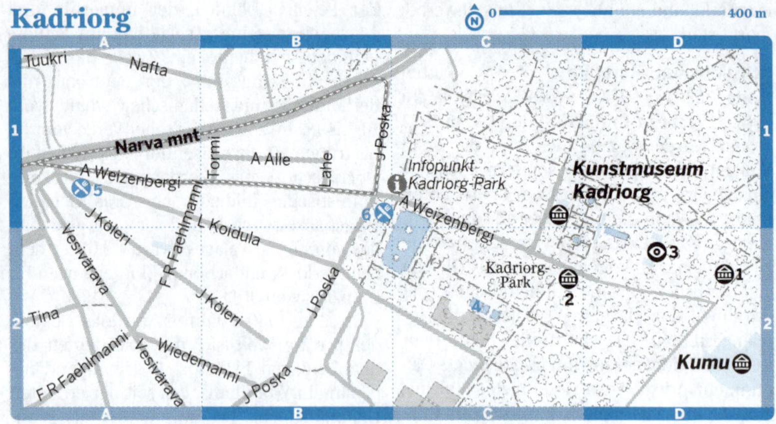

Aug. Mi–So 10–18 Uhr, Sept.–April Mi–So 10–16 Uhr) Das bescheidene Landhaus, in dem Peter der Große bei seinen Besuchen in Tallinn wohnte, bis das Schloss fertiggestellt war, beherbergt heute Porträts, Möbel und andere Stücke aus seiner Zeit.

Sängerfestgelände GEBÄUDE
(Lauluväljak; Karte S. 48; www.lauluvaljak.ee; Narva mnt) Dieses Gelände ist der wichtigste Veranstaltungsort beim Tallinner Sängerfest und außerdem Schauplatz für verschiedene Rockkonzerte und Festivals. Das Amphitheater bietet offiziell Platz für 75 000 Zuhörer, die Bühne für 15 000 Sänger. Der 1959 erbaute Komplex ist ein elegantes und überraschend geschwungenes Stück Architektur der Sowjetzeit.

Im September 1988 quetschten sich hier 300 000 Menschen für ein Sängerfest zusammen und verlangten öffentlich Unabhängigkeit und läuteten so die „Singende Revolution" ein. Ungefähr 500 000 Menschen, darunter eine große Anzahl estnischer Emigranten, sollen beim 21. Sängerfest 1990 dabei gewesen sein, dem letzten Festival vor der Unabhängigkeit. Ein estnisches Repertoire wurde neu erarbeitet und rund 29 000 Sänger sangen zum ersten Mal seit 50 Jahren wieder unter der Nationalflagge.

MAARJAMÄE

Die Küstenstraße Pirita tee verläuft an der Bucht von Tallinn durch Maarjamäe Richtung Norden und ist eine beliebte Strecke für Jogger, Radfahrer und Inlineskater. Bei Sonnenuntergang bieten sich schöne Ausblicke auf die Altstadt. Die Busse 1A, 8, 34A und 38 halten entlang der Straße.

Kadriorg

Highlights
Kunstmuseum Kadriorg C1
Kumu D2

Sehenswertes
1 Museum Peter der Große D2
2 Mikkel-Museum C2
3 Präsidentenpalast D2

Aktivitäten, Kurse & Touren
4 Kinderspielplatz C2

Eating
5 NOP A1
6 Park Café B1

Schloss Maarjamäe MUSEUM
(Maarjamäe loss; Karte S. 48; Pirita tee 56; Erw./Kind 3/1,50 €; ⌚Mi–So 10–17 Uhr) 1 km nördlich des Kadriorg-Parks liegt das neogotische Schloss Maarjamäe. Es wurde 1870 als Sommerresidenz für den russischen General Anatoli Orlow-Dawydow erbaut. Heute hat hier das Museum für Estnische Geschichte eine eher selten besuchte Abteilung; der Bankettsaal protzt mit einem besonders schönen Wandgemälde im Stil des Sozialistischen Realismus mit triumphierenden Fabrikarbeitern, Bauern, Kosmonauten und Lenins Gesicht, das unter roten Fahnen hindurchscheint. Als das Gemälde 1987 enthüllt wurde, konnte noch niemand etwas von den dramatischen Ereignissen der kommende Jahre ahnen.

Diese Ereignisse zeichnet die große Ausstellung *Der Wille, frei zu sein* nach: von

UNTERWEGS

- *maantee* – Landstraße (oft mnt abgekürzt)
- *puiestee* – Allee (oft pst abgekürzt)
- *sild* – Brücke
- *tänav* – Straße (auf Karten und in Adressen gewöhnlich weggelassen)
- *tee* – Straße
- *väljak/plats* – Platz

der ersten Erlangung der Unabhängigkeit 1918 bis zur erneuten Souveränität 1991. Die Beschriftung ist auf Estnisch; es gibt zwar Broschüren mit Übersetzungen, diese sind jedoch etwas unübersichtlich. Wieder einmal bleiben die Gräueltaten der Nazis stark im Hintergrund, während die sowjetischen Untaten besonders hervorgehoben werden; kurz wird der estnische Widerstand gegen die Nazi-Okkupation erwähnt. Jedoch gibt's insgesamt ein paar interessante Fotos und Exponate zu sehen und die Videoclips von der „Singenden Revolution" sind faszinierend.

Gedenkstätte Maarjamäe DENKMAL

(Pirita tee) Auf der Landspitze beim Schloss steht dieses Denkmal aus der Sowjetzeit. Es besteht aus einem elegant gebogenen Obelisken inmitten eines großen bröckelnden Betonplatzes. Der Obelisk wurde 1960 im Gedenken an die 1918 gefallenen Sowjetsoldaten errichtet – wohl kaum ein populäres Bauwerk, da der Krieg gegen Estland geführt wurde und alle Denkmäler zu Ehren der estnischen Gefallenen kurz nach der sowjetischen Machtübernahme zerstört wurden – viele davon wurden inzwischen wieder aufgebaut.

Der Rest des Komplexes – breite Betonalleen, spitz zulaufende Mauern usw. – wurde 1975 als Gedenkstätte für die Soldaten der Roten Armee angelegt, die im Kampf gegen Nazi-Deutschland fielen. Zum Teil überdeckte die Anlage einen deutschen Soldatenfriedhof von 1941 mit 2300 Gräbern. Der Friedhof wurde 1998 erneut geweiht und ist jetzt durch Gruppen aus drei Granitkreuzen kenntlich gemacht, wie sie für die deutschen Soldatenfriedhöfe des Zweiten Weltkriegs europaweit typisch sind.

PIRITA

Kurz hinter Maarjamäe mündet die Pirita in die Tallinner Bucht und hier beginnt nur 6 km vom Stadtzentrum entfernt der Strand von Pirita, der größte und beliebteste Strand Tallinns. Im Sommer tummeln sich hier und in den lockeren Cafés in der Nähe die jungen Sonnenanbeter. Bei schlechtem Wetter präsentiert sich der Strand öde und windumtost, aber bei guten Bedingungen sorgen jede Menge Wind- und Kitesurfer für Unterhaltung.

Außerdem wurde Pirita 1980 als Austragungsort der Segelwettbewerbe der Olympischen Sommerspiele von Moskau berühmt; auch heute werden hier noch internationale Regatten veranstaltet. Der Yachtclub an der Flussmündung ist ein angenehmer Ort für einen Drink unter freiem Himmel.

Die Busse 1A, 8, 34A und 38 verkehren alle zwischen Stadtzentrum und Pirita. Die Busse 34A und 38 fahren weiter zum Botanischen Garten (Haltestelle Kloostrimetsa).

Birgittenkloster RUINE

(Pirita kloostri varemed; www.piritaklooster.ee; Kloostri tee 9; Erw./Kind 2/1 €; ⏲April–Okt. 10–18 Uhr, Nov.–März 12–16 Uhr) Kurz hinter der Hauptbushaltestelle von Pirita sind die Mauern das Einzige, was von diesem Kloster von 1407 erhalten geblieben ist; der Rest wurde 1577 von Iwan dem Schrecklichen im Livländischen Krieg zerstört. 1996 erhielten Nonnen des Ordens der hl. Birgitta die Erlaubnis, zurückzukehren und das Kloster wieder neu zu beleben. Das neue Präsidium steht nun neben der Ruine. In den warmen Monaten finden hier stimmungsvolle Konzerte statt.

Botanischer Garten GÄRTEN

(Tallinna Botaanikaaed; www.tba.ee; Kloostrimetsa tee 52; Park & Gewächshäuser Erw./Kind 3,50/1,60 €; ⏲Mai–Sept. Park 11–20 Uhr, Gewächshäuser 11–18 Uhr) Üppige Wälder und der Fluss Pirita umranden den 1,2 km^2 großen Botanischen Garten. Hier gedeihen über 8000 Pflanzenarten, die in Gewächshäusern und im Freiland gezogen werden. Ein 4 km langer Naturpfad erschließt den Garten, der 2,5 km östlich von Pirita liegt.

Fernsehturm AUSSICHTSPUNKT

(Kloostrimetsa tee 58a) Der 314 m hohe Fernsehturm liegt 400 m östlich des Botanischen Gartens und bot früher eine Aussichtsplattform auf 170 m Höhe. Am Fuß sind noch einige Einschusslöcher des versuchten estnischen Aufstands gegen die Sowjets im August 1991 zu sehen. Wegen Sicherheitsmängeln wurde der Turm Ende 2007 für Besucher gesperrt. Im Frühjahr 2012 sollte er wieder eröffnet werden, aber am besten

TALLINN FÜR KINDER

Mit ihren belebten mittelalterlichen Straßen und Festungsanlagen ist die Altstadt von Tallinn ein echtes Erlebnis für Kinder unter 12 Jahren – jedoch ist das Kopfsteinpflaster nicht gerade kinderwagenfreundlich. Kinder sind fast überall willkommen; viele Restaurants bieten besondere Kinderkarten und die meisten größeren Hotels verfügen über Spielbereiche und Babysitterdienste.

Neben den aufgeführten Sehenswürdigkeiten sind für Kinder auch noch das Estnische Freilichtmuseum, der Zoo, die Strände, das Kalev Spa und die Harju-Eislaufbahn interessant. Im Kadriorg-Park gibt's einen großen Spielplatz, weitere im Hirvepark unterhalb des Dombergs.

» **Nuku** (Karte S. 52; ☎667 9555; www.nukuteater.ee; Lai 1; Eintritt 4,80 €; ⏲Di–So 10–18 Uhr) Staatliches Puppenmuseum und -theater. Bevor man Eintritt zahlt, erkundigt man sich am besten, ob an dem fraglichen Tag eine Vorführung stattfindet; diese sind im Preis inbegriffen, finden aber nicht jeden Tag statt. Die Aufführungen sind auf Estnisch, aber auch das bloße Zuschauen ist ein großer Spaß.

» **Thomas der Zug** (Rong Toomas; ☎525 6490; Abfahrt ab Kullassepa; Erw./Kind 5/2,50 €; ⏲Juni–Aug. tgl. 12–17 Uhr, Mai & Sept. nur Sa & So) Abfahrt zwischen Raekoja plats und Touristeninformation zu einer 20-minütigen Schleife durch die Altstadt – beliebt bei den Kleinen und bei fußmüden Erwachsenen.

vergewissert man sich bei der Touristeninformation, ob er wirklich zugänglich ist, bevor man sich auf den Weg hierher begibt.

WEST-TALLINN

Estnisches Freilichtmuseum MUSEUM, PARK

(Eesti Vabaõhumuuseum; ☎654 9100; www.evm.ee; Vabaõhumuuseumi tee 12, Rocca Al Mare; Mai–Sept. Erw./Kind 6/3 €, Okt.–April 3/1,50 €; ⏲Mai–Sept. Gebäude 10–18 Uhr, Gelände 10–20 Uhr, Okt.–April nur Gelände 10–17 Uhr) Wenn die Touristen nicht aufs Land fahren, dann bringt man das Land eben in die Stadt! Das scheint das Motto dieses hervorragenden, großen Freilichtmuseums mit von anderen Orten hierher versetzten alten Gebäuden zu sein. Im Sommer wird das Gefühl einer Zeitreise noch durch kostümiertes Personal verstärkt, das inmitten der hölzernen Bauernhäuser und Windmühlen traditionellen Tätigkeiten nachgeht. Außerdem gibt's hier eine Kapelle von 1699 und ein altes Holzgasthaus, Kolu Kõrts (ganzjährig geöffnet), das traditionelle estnische Küche serviert (Hauptgerichte 4–6 €).

Toll für Kinder sind die Pferdekutschfahren (Erw./Kind 3/1 €) und es können auch Fahrräder gemietet werden (3 € pro Std.). Von Juni bis August werden am Wochenende um 11 Uhr volkstümliche Gesänge und Tänze vorgeführt. Wer am Mittsommerabend (23. Juni) in Tallinn ist, kann hier die traditionellen Feierlichkeiten mit Feuerwerk und allem Drum und Dran erleben.

Mit dem Auto gelangt man vom Zentrum über die Paldiski maantee hierher; kurz bevor die Straße das Wasser erreicht, geht's rechts in die Vabaõhumuuseumi tee. Bus 21 vom Bahnhof hält direkt vor dem Museum. Ein Familienticket für Zoo und Freilichtmuseum kostet 18 €.

Tallinner Zoo ZOO

(Tallinna Loomaaed; www.tallinnzoo.ee; Paldiski mnt 145, Veskimetsa; Erw./Kind 5,80/2,90 €; ⏲Mai–Aug. 9–21 Uhr, Sept.–Okt. & März–April 9–19 Uhr, Nov.–Feb. 9–17 Uhr, letzter Einlass 2 Std. vor Schließung) Der Tallinner Zoo besitzt die weltgrößte Menagerie an Bergziegen und -schafen (!) sowie rund 350 andere Tierarten (darunter Löwen, Leoparden und Elefanten). Der große, weitläufige Tierpark baut seine Gehege je nach finanziellen Möglichkeiten in moderne, tierfreundliche Gehege um. Für Tierfreunde ist der Zoobesuch ein ambivalentes Erlebnis: Während einige der älteren Gehege keinesfalls artgerecht sind – besonders leid tat uns der alte Eisbär –, wird die Lage sichtlich besser und der Zoo braucht Besucher, um Geld für die Neugestaltung zu haben. Hier kann man gut all jene estnischen Tiere wie Bären, Luchse, Eulen und Adler beobachten, die man in freier Wildbahn kaum zu Gesicht bekommt.

Am besten ist der Zoo mit dem Bus 21 oder Trolleybus 7 zu erreichen – beide fahren vom Bahnhof – oder mit dem Trolleybus 6 ab Freiheitsplatz.

Stroomi STRAND

Rund 3 km westlich der Altstadt (oder eine 20-minütige Fahrt mit Buslinie 40 oder 48 ab Viru Keskus oder Freiheitsplatz) liegt in Pelguranna, einem von den Russen in Tallinn bevorzugten Stadtteil, der Strand Stroomi. Zwar ist es hier angesichts der Kulisse aus Hafenanlagen und Wohnblocks nicht so einladend wie in Pirita, doch zieht es die Sonnenfreunde in Scharen an den langen Strand. Im Sommer prägen hier die Einheimischen das Bild.

Aktivitäten

Die Esten schreiben dem guten alten Schwitzen alle möglichen gesundheitsfördernden Wirkungen zu – und eigentlich ist eine Reise nach Estland ohne einen Saunabesuch auch keine runde Sache. Saunen sind nicht schwer zu finden: Es gibt sie in den meisten im Abschnitt „Schlafen" genannten Hotels, aber hier sind noch ein paar weitere öffentliche Saunen aufgeführt, zusammen mit anderen Aktivitäten. Geführte Touren für Aktive siehe s. rechts.

Club 26 SAUNA, FITNESSCENTER

(Karte S. 48; ☎631 5585; www.club26.ee; 26. OG, Liivalaia 33; vor/nach 15 Uhr 20/40 € pro Std.; ⏲7–22 Uhr) Im obersten Stockwerk des Reval Hotel Olümpia und mit entsprechend toller Aussicht gehört dieser Laden zu den luxuriösesten Saunen der Stadt. Es gibt zwei Privatsaunen, jede mit eigenem Schwimmbecken und Minibalkon. Sogar Speisen und Getränke werden serviert. Die Preise gelten für bis zu zehn Personen. Außerdem gibt's hier ein kleines Fitnessstudio und einen 16-m-Pool.

Kalev Spa WASSERPARK, SAUNA

(Karte S. 52; www.kalevspa.ee; Aia 18; 10,50 € für 2½ Std.; ⏲Mo–Fr 6.45–21.30, Sa & So 8–21.30 Uhr) Für Schwimmer gibt's hier ein Indoor-Olympiabecken, dazu aber auch Wasserrutschen, Wellnessbäder, Saunen und ein Kinderbecken. Außerdem verfügt das Bad über ein Fitnesscenter, ein Tagesspa und drei private Saunen – die größte davon kann man mit bis zu 20 Schwitzfreunden teilen.

Bootsverleih an der Pirita BOOTFAHREN

(Paadilaenutus Pirita jõel; ☎621 2175; www.bellmarine.ee; Kloostri tee 6a; Kajak/Ruderboot 5/10 € pro Std.; ⏲Juni–Aug. 10–22 Uhr) Der Fluss Pirita ist ein idyllischer Wasserlauf für eine geruhsame Paddeltour inmitten dichten Uferwaldes. Ruderboote und Kajaks können Ausflügler bei der Straßenbrücke in der Nähe der Klosterruine mieten.

TALLINNER SOMMERSCHULE

Wer sich einen Sommer lang in Sachen estnischer Kultur weiterbilden oder Estnisch lernen will, kann das in der **Sommerschule** (☎619 9599; www.tlu.ee) der Universität Tallinn. Neben Estnisch werden auch Russisch, Englisch, Spanisch, Italienisch und Mandarin sowie Kulturprogramme angeboten. Ein dreiwöchiger Estnisch-Sprachkurs kostet 420 € inklusive einer Einführung in die Kultur, die Vorlesungen und Diskussionen zur Geschichte, Kunst, Musik und Tradition der Esten umfasst. Mehr dazu verrät die Website. Angeboten werden außerdem die Kurse Kreatives Schreiben, Film, digitale Fotografie, Malen und Neue Medien.

Eislaufbahn an der Harju EISLAUFEN

(Harju tänava Uisuplats; Karte S. 52; ☎610 1035; www.uisuplats.ee; Harju; Erw./Kind/Schlittschuhmiete 4,50/2,50/1,50 € pro Std.; ⏲Nov.–März 10–22 Uhr) Warm einpacken für die Eislaufbahn in der Altstadt! Am Ende hat man sich dann sicher einen *hõõgvein* (Glühwein) verdient.

Kalma Saun SAUNA

(Karte S. 48; ☎627 1811; www.bma.ee/kalma; Vana-Kalamaja 9a; Eintritt 8–9 €; ⏲11–23 Uhr) Tallinns ältestes öffentliches Bad liegt in einem großen Gebäude hinter dem Bahnhof: Es verströmt die Atmosphäre einer altmodischen russischen *banya* (Badehaus). Privatsaunen verfügbar (20 € pro Std.).

Geführte Touren

Die Touristeninformation und viele Reisebüros vermitteln Deutsch sprechende Stadtführer. Reservierung erforderlich.

Tallinn Traveller RUNDGÄNGE, RADTOUREN

(Karte S. 52; ☎5837 4800; www.traveller.ee; Vana-Posti 2) Unterhaltsame, preisgünstige Touren – darunter eine kostenlose zweistündige Führung durch Tallinn, Beginn täglich um 12 Uhr. Fahrradtouren führen zu den bekannten Sehenswürdigkeiten im Osten der Stadt (Kadriorg, Sängerfestplatz usw.) oder zu den ausgefalleneren Gebieten im Westen. Im Angebot sind außerdem ein Kneipenbummel (16 € mit Getränken) und Tagesausflüge zur Insel Aegna (35 €). Von Juni bis

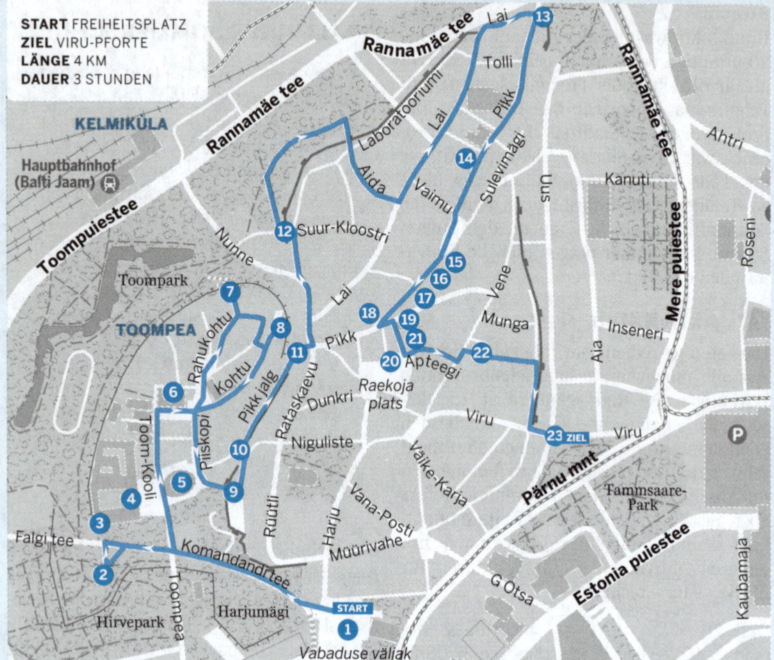

Spaziergang

Die Altstadt von Tallinn

Dieser Rundgang entführt in die mittelalterlichen Straßen Tallinns. Los geht's am großen **1 Freiheitsplatz** (Vabaduse väljak), der für Sommerkonzerte, zum Skateboarden und für spontane Fußballspiele genutzt wird; am Südende wird auf einer riesigen Leinwand *Estland sucht den Superstar* (*Eesti Otsib Superstaari*) übertragen. Der Platz liegt unmittelbar vor einem der ehemaligen Stadttore; dessen Überreste sind bei der Nordwestecke unter Glas erhalten. Am westlichen Ende des Platzes erinnert ein riesiges Glaskreuz an den Estnischen Unabhängigkeitskrieg.

Über die Treppen rechts vom Kreuz und über die Komandandi tee geht's auf den Domberg, den oberen Teil der Altstadt. In deutscher Zeit war dies die Domäne des Adels, der von hier oben auf die Kaufleute und anderes Fußvolk herabblickte. Gemäß estnischer Überlieferung ist der Domberg der Begräbnishügel von Kalev, dem ersten heldenhaften Anführer der Esten, erbaut von seiner Witwe Linda. Ein Pfad links der Falgi tee führt zur **2 Statue von Linda**, Kalevs trauernder Witwe, umgeben von 250 Jahre alten Linden. In der Sowjetzeit war dies das inoffizielle Denkmal für die Opfer der stalinistischen Deportationen und Säuberungen.

Zurück auf der Falgi tee bietet sich ein schöner Blick auf den **3 Pikk Hermann**. Der von 1371 stammende „Lange Herrmann" ist der schönste der drei noch vorhandenen Türme der mittelalterlichen Burg. Von der 1219 von den Dänen erbauten Burg oder der noch älteren estnischen Festung ist dagegen nichts mehr übrig. Im 18. Jh. wurde das Bauwerk unter der russischen Zarin Katharina der Großen umfassend umgebaut und in den rosa Barockpalast verwandelt, in dem heute das estnische Parlament tagt, der **4 Riigikogu**. Von hier geht's zurück und dann nach links zum Lossi plats (Schlossplatz), von wo man einen besseren Blick hat. Auf der anderen Seite des Platzes steht die **5 Alexander-Newski-Kathedrale** mit ihren Zwiebeltürmen.

Die Toom-Kooli führt zur anderen Kirche auf dem Domberg, der lutherischen **6 Domkirche**. Nach dem Verlassen der Kirche geht man nach links über den Kiriku plats (Kirchplatz) auf die Rahukohtu, von der eine Gasse zum **7 Aussichtspunkt Patkul** (Patkuli vaateplats) führt, mit tollen Ausblicken über die Altstadt zum Meer. Durch mehrere Gassen führt der Weg dann zum 8 **Aussichtspunkt Gerichtsplatz** (Kohtuotsa vaateplats).

An der Rückseite beider Kirchen entlang und durch die Öffnung in der Mauer geht's zum 9 **Hof der Dänischen Könige**, wo im Sommer Künstler ihre Staffeleien aufstellen. Dann geht's links durch den 10 **Kurzbein-Torturm**, angeblich das verwunschenste Gebäude in Tallinn – hier will man schon Geister gesehen haben, darunter einen gekreuzigten Mönch und einen schwarzen Hund mit glühenden Augen. Rechts führt das „Lange Bein" (Pikk jalg) hinunter zum 11 **Langbein-Torturm** (1380) und in die Unterstadt.

Weiter führt der Rundgang links entlang der Nunne und dann rechts in die Väike-Kloostri zur Suur-Kloostri mit dem besterhaltenen Teil der 12 **Unteren Stadtmauer** mit 9 der 26 erhaltenen Türme – einst gab es 45. Wenn man durch das Tor und dann rechts geht, hat man einen guten Blick auf die Befestigungsanlagen, die einst die gesamte Stadt umgaben. Durch die nächste kleine Lücke geht's zurück auf die Aida und am Ende der Straße links in die Lai (Breite Straße), die mit deutschen Kaufmannshäusern gesäumt ist. Viele davon entstanden im 15. Jh. und sind drei oder vier Stockwerke hoch; in den unteren beiden waren Wohn- und Empfangsräume, in den oberen Lagerräume.

Am Ende der Lai führt ein kleiner Pfad nach rechts an der Mauer entlang zur 13 **Großen Strandpforte**, dem eindrucksvollsten der erhaltenen mittelalterlichen Tore. Beachtenswert sind das Wappen an der Außenmauer und die religiöse Statue in einer Nische auf der Stadtseite.

An der Pikk (Langen Straße) stehen weitere Kaufmannshäuser. Welche Gräuel im Haus Nr. 59, dem 14 **ehemaligen KGB-Hauptquartier**, vor sich gingen, mag man sich nicht vorstellen. Die Souterrain-Fenster des Gebäudes waren zugemauert, damit keine Geräusche nach draußen dringen konnten. Ein kleines Denkmal an der Wand trägt die Inschrift: „Dieses Gebäude beherbergte das Repressionsorgan der sowjetischen Besatzungsmacht. Hier begann für Tausende Esten ihr Leidensweg." Mit typisch schwarzem Humor witzelten die Einheimischen, dass man von dem Gebäude aus den besten Blick in ganz Estland hätte – bis nach Sibirien.

Weiter die Straße entlang stehen Gebäude der Stadtgilden, der Kaufmanns- oder Handwerkervereinigungen, die fast allesamt von den Deutschen beherrscht wurden. Das erste Gildehaus ist bei Nr. 26 das unglücklich benannte 15 **Schwarzhäupterhaus** (Mustpeade Maja). Die Schwarzhäupter waren unverheiratete junge Männer, die ihren Namen ihrem Schutzheiligen verdankten, dem hl. Mauritius, einem legendären aus Afrika stammenden römischen Soldaten; sein Bildnis findet sich zwischen den beiden Löwen an der Fassade des Hauses (von 1597) oberhalb einer reich verzierten, bunten Tür. Das Nachbarhaus, das 16 **Olaigildenhaus** (Olevi Gildi Hoone), war das Stammhaus der wahrscheinlich ersten Gilde in Tallinn, die aus dem 13. Jh. stammt. Dieser Gilde gehörten kleinere, nichtdeutsche Handwerke und Kaufleute an.

Als nächstes kommt die 17 **Kanutgilde** (Kanuti Gildi Hoone) von 1860 mit Statuen von Martin Luther und dem Schutzpatron der Gilde. Auf der anderen Straßenseite befindet sich das 18 **Haus der Großen Gilde** von 1410, der die wichtigsten Kaufleute angehörten. Heute befindet sich hier eine Zweigstelle des Museums für Estnische Geschichte.

Dann geht's links über einen kleinen Platz, vorbei an der malerischen 19 **Heiliggeistkirche** und durch die reizende schmale Gasse Saiakang (Weckengang, benannt nach einer alten Bäckerei) zum 20 **Raekoja Plats** (Rathausplatz), der schon seit dem 11. Jh. als Marktplatz das Herz der Stadt darstellt. Im Sommer laden hier jede Menge Cafés zum Verweilen und Leutebeobachten ein. Zur Weihnachtszeit ziert eine riesige Kiefer die Mitte des Platzes – und das schon seit 1441: Damals war dies weltweit der erste öffentlich aufgestellte Weihnachtsbaum. Gleich links der Saiakang befindet sich am Platz die 21 **Ratsapotheke** (Raeapteek), wo Apotheker mindestens seit 1422 Medikamente verkaufen – die jetzige Fassade ist allerdings erst 400 Jahre alt.

Durch die Apteegi, die Gasse zur Linken, geht's hinunter zur Vene (Estnisch für „russisch", benannt nach den russischen Kaufleuten, die hier einst ansässig waren) und dann links. Dies ist eines der beliebtesten Restaurantviertel der Stadt mit einigen hübschen Gängen und Höfen. Rechts ist die 22 **Katharinengasse** (Katariina Käik) mit Kunsthandwerksateliers und alten Steingrabmälern vom benachbarten Dominikanerkloster. Am Ende geht's nach rechts und an der Stadtmauer entlang zur Viru, einer der belebtesten Straßen der Altstadt. Der Rundgang endet an der 23 **Viru-Pforte** zwischen der Altstadt und dem modernen Stadtzentrum.

August werden die Touren jeden Tag ab dem Zelt an der Ecke Harju/Niguliste angeboten; im übrigen Jahr müssen sie im Voraus gebucht werden (für mindestens drei Teilnehmer) und sind wetterabhängig.

City Bike RUNDGÄNGE, RADTOUREN
(Karte S. 52; ☎511 1819; www.citybike.ee; Uus 33) Großes Angebot an Tallinn-Führungen per Fahrrad oder zu Fuß sowie Ausflüge zum Nationalpark Lahemaa (49 €). Die zweistündigen Radtouren (13–16 €) durch Tallinn werden ganzjährig angeboten und führen auch nach Kadriorg und Pirita. Der zweistündige Altstadtrundgang (16 €) umfasst auch das Tunnelsystem unter den Bastionen. City Bike arrangiert darüber hinaus mehrtägige Radwanderungen durch Estland, Lettland und Litauen.

Tallinn City Tour BUS
(☎627 9080; www.citytour.ee; 24-/48-/72-Std.-Pass 16/20/23 €; ⌚Mai–Okt. 10–18.30 Uhr) Betreibt rote Doppeldeckerbusse, die einen schnell und angenehm zu den wichtigsten Sehenswürdigkeiten der Stadt fahren – Fahrgäste können nach Belieben aus- und zusteigen. Die rote Linie deckt das Stadtzentrum und Kadriorg ab, die grüne Linie Pirita und den Botanischen Garten, die blaue Linie schließlich fährt zum Zoo und zum Freilichtmuseum. Erläuterungen gibt's vom Band. Abfahrt der Busse ist an der Mere puiestee unmittelbar außerhalb der Altstadt.

Altstadt-Audioguide RUNDGANG
(www.audioguide.ee; Audioguide 9,50 €) Mit einem Audioguide ausgestattet folgt man einer Route mit 41 Stopps und hört sich entlang des Weges historische Informationen und Anekdoten an. Den Audioführer verleiht die Touristeninformation, er muss vor Ende der Öffnungszeit zurückgegeben werden.

Euro Audioguide RUNDGANG
(www.euroaudioguide.com; iPod 19 €) Die Touristeninformation verleiht für 24 Stunden bespielte iPods, sodass man den Altstadtrundgang beginnen kann, wann man möchte. Wer einen eigenen iPod, ein iPhone oder ein iPad hat, kann sich die Tour für 6,90 € herunterladen.

EstAdventures RUNDGÄNGE, MINIBUS
(☎5308 8373; www.estadventures.ee) Bietet drei- bis vierstündige Themenrundgänge durch Tallinn (Sowjetisches Tallinn, Legenden von Tallinn; ab 23 €). Ganztagsexkursionen führen zum Nationalpark Lahemaa, nach Tartu und nach Haapsalu oder befassen sich mit dem kommunistischen Estland.

360° Adventures KAJAKFAHREN, MOORWANDERN
(☎5622 2996; www.360.ee) Bietet von Juni bis August zweimal pro Woche vierstündige geführte Kajaktouren über die Tallinner Bucht sowie außerdem mehrtägige Kajak-, Moorwander- und Schneeschuhexkursionen.

Reimann Retked KAJAKFAHREN, RAFTING
(☎511 4099; www.retked.ee) Bietet Seekajak-Exkursionen, u. a. eine vierstündige Tour zur Insel Aegna (29 €). Außerdem Tauchen, Rafting, Moorwanderungen und Biberbeobachtung.

Super Segway Tours SEGWAY
(www.supersegway.com; Vene 3; ⌚April–Okt. Mo–Fr 10–19, Sa 12–21 Uhr) Segway-Verleih für 32 € pro Stunde.

Festivals & Events

Im Sommer scheint in der Stadt ständig etwas los zu sein. Eine komplette Liste aller Festivals in Tallinn gibt's auf www.culture.ee und unter dem Menüpunkt „Ereignisse" auf www.tourism.tallinn.ee.

Jazzkaar MUSIK
(www.jazzkaar.ee) Zwei Wochen lang spielen Mitte April Jazzgrößen aus aller Welt in Tallinn – ein hörenswertes Ereignis. Der Veranstalter bietet aber auch zwei kleinere Events im Herbst und zur Weihnachtszeit.

Altstadttage MITTELALTER
(www.vanalinnapaevad.ee) Eine der größten Veranstaltungen in der Stadt. Ende Mai/Anfang Juni werden eine Woche lang in jedem Winkel der Altstadt Thementagen (Musiktag, Sporttag, Kindertag usw.) mit Tanz, Konzerten, kostümierten Darstellern und vielen mittelalterlichen Belustigungen gefeiert.

Õllesummer MUSIK
(Biersommer; www.ollesummer.ee) Dieses ausgesprochen beliebte Bier- und Rockfest findet Anfang Juli drei Tage lang auf dem Sängerfestgelände statt.

Mittelalterfest KUNSTHANDWERK
(www.folkart.ee) An vier Tagen Anfang Juli wird mit Umzug, Kirmes, einem Wettbewerb im Langbogenschießen und Kunsthandwerksständen auf dem Raekoja plats das Mittelalter heraufbeschworen.

Baltica International Folklore Festival FOLKLORE
(www.cioff.org) Musik, Tanz und Ausstellungen zur Volksmusiktradition des Baltikums

und anderer Regionen. Das Festival teilen sich Rīga, Vilnius und Tallinn; Tallinn ist im Juli 2013 wieder an der Reihe.

Estnisches Lieder- & Tanzfest MUSIK, TANZ
(www.laulupidu.ee) Findet alle fünf Jahre im Juli statt (das nächste Mal 2014); Höhepunkt ist ein traditioneller Chor mit 34 000 Sängern!

Internationales Tallinner Orgelfest MUSIK
(www.hot.ee/eoy/orelifestival.html) Zehn Tage Orgelmusik in den Kirchen der Stadt; ab Ende Juli.

Birgitta-Festival MUSIK
(www.birgitta.ee) Hier kann man Estlands lebendige Gesangstradition live erleben – mit Chorälen, Opern und klassischen Konzerten. Das Ganze findet Mitte August eine Woche lang in der stimmungsvollen Klosterruine in Pirita statt.

Filmfestival der Schwarzen Nächte FILM
(www.poff.ee) Spiel- und Trickfilme aus der ganzen Welt bringen bei Estlands größtem Filmfestival ab Mitte November zwei Wochen lang Leben in die kalten Winternächte.

Schlafen

Das reizende Tallinn ist schon längst kein Geheimtipp mehr, sodass man Übernachtungen im Sommer weit im Voraus buchen sollte. In der Hauptsaison (mit Höhepunkt im Juli und August) steigen die Preise erheblich und unabhängig von der Preiskategorie kann es sehr schwierig sein, ein Bett für ein Wochenende zu ergattern, wenn man sich nicht mindestens zwei Wochen im Voraus bemüht.

Tallinn verfügt in allen Preislagen über eine gute Auswahl an Unterkünften. Die meisten tummeln sich in der Altstadt und der unmittelbaren Umgebung: Hier gibt es selbst für Backpacker Unterkünfte in stimmungsvollen alten Häusern. Wer mit dem Auto unterwegs ist, findet zumeist etwas weiter außerhalb einen kostenlosen Parkplatz.

ALTSTADT

LP TIPP **Old House Apartments** WOHNUNGEN €€
(Karte S. 52; ☎641 1464; www.oldhouse.ee; Ratas-kaevu 16; 1-/2-/3-Schlafzimmer-Apt. 89/125/229 €; 📶) Old House ist als Name für dieses wundervolle Kaufmannshaus aus dem 14. Jh. sicher eine kleine Untertreibung. Das Haus verfügt über acht schön eingerichtete Wohnungen (darunter eine geräumige Wohnung mit zwei Schlafzimmern und Spuren mittelalterlicher Deckenbemalung). Weitere zwölf Wohnungen verteilen sich auf ähnliche Gebäude in der Altstadt, viele davon verfügen über eigene private Saunen sowie Waschmaschinen.

Viru Inn HOTEL €€
(Karte S. 52; ☎611 7600; www.viruinn.ee; Viru 8; EZ 70 €, DZ 84–125 €; 📶) Dieses Boutiquehotel aus dem 14. Jh. verfügt hinter seiner taubenblauen Fassade in einem Labyrinth von Fluren über toll ausgestattete Zimmer mit Charakteristika alter Bauten wie Holzbalken und unverputztem Mauerwerk. Einige Zimmer sind recht eng (z. B. Nr. 5 und 7) – also am besten zuerst auf der Website nachschauen. Sauna, Wellnessbereich und Pizzeria.

Hotel Telegraaf HOTEL €€€
(Karte S. 52; ☎600 0600; www.telegraafhotel.com; Vene 9; EZ 149–179 €, DZ 169–199 €, Suite 299–750 €; P 🏊 📶) Dieses noble Hotel in einer umgebauten Telegrafenstation aus dem 19. Jh. ist absolut stilvoll. Es bietet einen Wellnessbereich, ein hinreißendes Interieur in Schwarz und Weiß, einen schönen Hof, ein renommiertes Restaurant und hervorragendes Personal. Die „Superior"-Zimmer liegen an der Vorderseite und haben eher antiken Charakter (mit hohen Decken und Parkettfußböden), wir würden aber die günstigeren „Executive"-Zimmer wählen, sie sind etwas größer und moderner ausgestattet.

Three Sisters Hotel HOTEL €€€
(Karte S. 52; ☎630 6300; www.threesistershotel.com; Pikk 71; Zi. 300–395 €, Suite 425–975 €; 📶) Luxus pur in drei aneinander angrenzenden Kaufmannshäusern aus dem 14. Jh. Die 23 Zimmer sind großzügig geschnitten und individuell eingerichtet. Beeindruckende Extras bieten sie alle: altmodische, freistehende Badewannen, Original-Holzbalken, winzige Balkone und Himmelbetten. Überall im Haus gibt es Orte, an denen es sich in kalten Nächten wunderbar träumen lässt. Für Gäste mit royalen Aspirationen gibt's die Piano-Suite.

Tallinn Backpackers HOSTEL €
(Karte S. 52; ☎644 0298; www.tallinnbackpackers.com; Olevimägi 11; B 11–14 €; @📶) Voller freundlicher Backpacker und in bester Altstadtlage bietet diese Unterkunft eine einladend-welt-

offene Atmosphäre und allerlei praktische Extras wie Schließfächer, Gratis-Sauna und -Wellnessbereich, schicke Bäder (einige davon direkt an den Zimmern), eine große Leinwand im Gemeinschaftsraum, Tischfußball und Tagesausflüge zu nahen Attraktionen.

Old House Hostel & Guesthouse HOSTEL €
(Karte S. 52; ☎641 1281; www.oldhouse.ee; Uus 22 & 26; B/EZ/2BZ 15/30/44 €; P@📶) Obwohl eins als Hostel und eins als Gästehaus firmiert, verströmen beide Häuser ein gemütliches Gästehaus-Ambiente mit Hostel-Einrichtungen (Schlafsäle, Gemeinschaftsbäder, Gästeküchen und Lounges). Die heimelige altmodische Einrichtung mit Antiquitäten, schicken Tapeten, Pflanzen, Lampen und Bettdecken und wenigen Stockbetten sowie die recht ruhige Lage in der Altstadt sprechen vor allem kostenbewusste Traveller an, die es gern nett und behaglich mögen.

Villa Hortensia APARTMENTS €€
(Karte S. 52; ☎504 6113; www.hoov.ee/villa-hortensia.html; Meisterhof, Vene 6; EZ 40–80 €, DZ 55–105 €; 📶) Das Villa Hortensia ist eine kleine Ansammlung von Studio-Apartments im netten Meisterhof (S. 76). Zur Verfügung stehen vier Apartments mit zwei Ebenen und Bad, kleiner Küche und Zugang zu einer Gemeinschaftslounge. Besonders schön sind die beiden größeren Apartments mit Balkon und jeder Menge Flair. Unglaublich gutes Preis-Leistungs-Verhältnis in toller Lage – im Voraus buchen!

Flying Kiwi HOSTEL €
(Karte S. 52; ☎5821 3292; www.flyingkiwitallinn.com; Nunne 1; B 13 €, Zi. 36–42 €; @📶) Von einem Neuseeländer geführtes lockeres und freundliches Hostel zwischen dem „Kurzbein"- und dem „Langbein"-Zugang zum Domberg. Das Hostel residiert in den beiden obersten Etagen eines alten Gebäudes und bietet oben Schlafsäle mit Einzelbetten (keine Etagenbetten) und einen Gemeinschaftsbereich sowie unten geräumige Privatzimmer und eine Küche.

Savoy Boutique Hotel HOTEL €€€
(Karte S. 52; ☎680 6688; www.tallinnhotels.ee; Suur-Karja 17/19; EZ 125–194 €, DZ 135–204 €; 📶) Warme Creme- und Karamelltöne sowie doppelverglaste Fenster machen die Zimmer zu einer Oase der Entspannung (in den oberen Stockwerken kommt ein toller Blick über die Dächer hinzu). Das Hotel erwartet seine Gäste außerdem mit Bademänteln und Pantoffeln in allen Zimmern. Unten gibt's in dem Art-déco-Gebäude eine gemütliche Bar, eine beliebte Außenterrasse und ein hervorragendes Restaurant.

Merchant's House Hotel HOTEL €€€
(Karte S. 52; ☎697 7500; www.merchantshousehotel.com; Dunkri 4/6; EZ 130 €, DZ 160–175 €; @📶) Das einen Innenhof umschließende Boutiquehotel mit 37 Zimmern vermählt nur ein paar Meter vom Hauptplatz der Altstadt entfernt mittelalterliche Atmosphäre mit modernen Designmerkmalen. Die Zimmer sind alle recht unterschiedlich, wie von einem solch alten Gemäuer zu erwarten.

Viru Backpackers HOSTEL €
(Karte S. 52; ☎644 0298; www.tallinnbackpackers.com; 3. OG, Viru 5; EZ 25–29 €, DZ 42–48 €; 📶) Der kleine Ableger von Tallinn Backpackers bietet gemütliche farbenfrohe Privatzimmer mit Gemeinschaftsbädern. Es ist für sich genommen ruhiger als das Haupthostel, liegt jedoch in einer lauteren Ecke der Stadt.

Vana Tom HOSTEL €
(Karte S. 52; ☎527 8409; www.vanatom.ee; Väike-Karja 1; B 10–13 €, 2BZ/3BZ/4BZ 35/45/56 €; @📶) Das moderne, saubere und gut eingerichtete Hostel liegt supergünstig für Kneipengänger – wer geräuschempfindlich ist, sollte Ohrstöpsel dabei haben. Die unterschiedlich großen Schlafsäle befinden sich in einem Stockwerk, die Privatzimmer im anderen; sie haben allesamt keine eigenen Bäder.

Bern Hotel HOTEL €€
(Karte S. 52; ☎680 6630; www.tallinnhotels.com; Aia 10; EZ 67–86 €, DZ 76–91 €; P📶) Dieses Hotel, eines einer Reihe neuerer Hotels am Rande der Altstadt, wurde nach der Schweizer Stadt Bern benannt, womit „Gastlichkeit und Qualität" betont werden soll. Von außen ist es nichts Besonderes, aber die kleinen, liebevoll gestalteten Zimmer sind modern und ihren Preis durchaus wert. Schöne Extras sind Morgenmäntel und Pantoffeln, Klimaanlage, Minibar, Haartrockner und Toilettenartikel.

Hotell Braavo MOTEL €€
(Karte S. 52; ☎699 9777; www.braavo.ee; Aia 20; EZ/DZ/Apt. 80/86/100 €; P📶) In solch schöner Umgebung ist die außergewöhnliche Hässlichkeit dieses scheinbar in den Festungswall der Altstadt gebauten Komplexes wirklich schockierend. Jedoch gibt's an diesem merkwürdigen Ort annehmbare Apartments in hellen Zitrusfarben. Außer-

dem bietet es kostenlosen Zugang zu einem großen Fitnessstudio und einem Parkplatz. Schön sind vor allem die Familiensuiten: Mini-Wohnungen mit kleiner Küche und Klappcouch unten und einem Schlafzimmer oben.

Alur Hostel HOSTEL €

(Karte S. 52; ☎646 6210; www.alur.ee; Lai 20; B 12–16 €, Zi. 30 €; @☜) Das Alur liegt ruhiger als die meisten anderen Altstadt-Hostels und verfügt über Schlafsäle in großen alten Zimmern, die noch entfernt an ihre einstige Pracht erinnern, sowie geräumige Privatzimmer. Die Küche mit Lounge im Keller ist klein, aber ausreichend.

Monk's Bunk HOSTEL €

(Karte S. 52; ☎656 1120; www.themonksbunk.com; Viru 22; B 11–14 €, Zi. 38 €) Die „Mönchskoje" wird von den Leuten von Tallinn Backpackers unter der Bezeichnung „geselliges Hostel" als Partyhochburg vermarktet – der einzige Mönch, der hier vielleicht hinpasst, wäre Bruder Tuck. Die Schlafsäle sind hell und man schickt Gäste gern auf Kneipentour.

Old Town Backpackers HOSTEL €

(Karte S. 52; ☎517 1337; www.balticbackpachers.wordpress.com; Uus 14; B 10 €; @☜) Wer dieses barocke Gebäude betritt, hat das ganze Hostel schon vor sich: einen großen Raum mit rund einem Dutzend Betten, der gleichzeitig als Küche und Wohnzimmer dient. Wegen der Beengtheit werden nächtliche Partys nicht gern gesehen, dafür lernt man seine Mitbewohner gut kennen – denn es gibt auch eine Sauna und ein Spa.

STADTZENTRUM

Swissôtel Tallinn HOTEL €€€

(Karte S. 52; ☎624 0000; www.swissotel.com; Tornimäe 3; Zi. 116–225 €; ☜≋) Das 30-stöckige 238-Zimmer-Hotel offeriert elegante, üppig ausgestattete Zimmer mit phantastischem Ausblick. Das Badezimmer-Design ist ultracool (bronzefarbene und schwarze Fliesen, frei stehende Badewannen und Duschkabinen) und es gibt auch noch ein Hotelspa. Freundliches Personal.

Euphoria HOSTEL €

(Karte S. 48; ☎5837 3602; www.euphoria.ee; Roosikrantsi 4; Mo–Fr B/DZ 11/32 €, Sa & So B/DZ 14/36 €; P@☜) Relaxter als hier geht es kaum. Dieses Hostel unmittelbar südlich der Altstadt ist eine unterhaltsame Unterkunft mit einem ausgeprägten Traveller-Gemeinschaftssinn. Wer auf Wasserpfeifen, Bongos, Jongleure und spontane nächtliche Jamsessions steht, ist hier genau richtig. Wer das alles nicht so schätzt, bringt sich besser Ohrstöpsel mit. Ein leichtes Frühstück ist im Preis inbegriffen; es gibt mehrere Küchen und Chill-out-Räume sowie Gemeinschaftsbäder.

Nordic Hotel Forum HOTEL €€€

(Karte S. 52; ☎622 2900; www.nordichotels.eu; Viru väljak 3; Zi. 100–240 €; P@☜≋) Für ein großes Businesshotel zeigt das Forum überraschend viel Stil und Charakter: Die rötliche Glasfassade schmücken Vögel und geflügelte Elefanten, auf dem Dach wachsen Bäume und der Teppich auf den Fluren versetzt einen ins Grüne. Zur Hotelausstattung zählen Saunen sowie ein Hallenbad im 8. Stock mit schönem Ausblick.

16€ Hostel HOSTEL €

(Karte S. 52; ☎501 3046; www.16eur.ee; Roseni 9; Mo–Fr B/EZ/DZ 10/25/32 €, Sa & So 13/28/38 €; P☜≋) Die Preise stimmen inzwischen nicht mehr mit dem Namen überein und außer der Tatsache, dass es hier Schlafsäle gibt, herrscht auch kaum Hostelatmosphäre. Die Privatzimmer sind überraschend nett: groß und mit eigenem Bad. Es gibt nur eine kleine Gemeinschaftsküche, dafür aber Zugang zu einem Pool und einer Sauna sowie einen Kickertisch und einen Flipperautomaten.

GIDIC Backpackers HOSTEL €

(Karte S. 48; ☎646 6016; www.gidic.ee; Tartu mnt 31; B 12–14 €, Zi. 36–40 €; @☜) Das von Australiern geführte Hostel residiert in einem von Massagesalons umgebenen alten Holzhaus und bietet schöne, frisch renovierte Zimmer sowie einige billigere Zimmer, die noch auf ihre Verjüngungskur warten. Praktisch sind auch die großen Schließfächer und der DVD-Spieler mit großem Fernseher, auf dem Satellitenprogramme laufen.

KASSISABA & KELMIKÜLA

Diese beiden kleinen Viertel unmittelbar westlich der Altstadt am Fuß des Dombergs warten mit einem guten Angebot an modernen mittelgroßen Hotels mittlerer Preislage in günstiger Lage zum Bahnhof auf. Kassisaba ist das estnische Wort für „Katzenschwanz", was den Pfad durch die Befestigungen zum Domberg ganz gut beschreibt; Kelmiküla heißt „Schelmendorf",

PRIVATWOHNUNGEN & -ZIMMER

Besonders für Reisende mit mittlerem Budget, die Wert auf ihre Privatsphäre legen und unabhängig sein wollen, sind Wohnungsvermittlungen eine hervorragende Idee. Zwar trifft man so keine anderen Reisenden, dafür hat man aber in der Regel viel mehr Platz als in einem Hotelzimmer und bekommt zusätzlich eine komplett ausgestattete Küche, einen Wohnbereich und oft auch eine Waschmaschine. In der Nebensaion und bei längeren Aufenthalten sinken die Preise für Wohnungen erheblich. Siehe auch Old House Apartments (S. 65).

» **Erel International** (☎610 8780; www.erel.ee; Apt. 119–272 €; 📶) Dutzende schön eingerichteter Wohnungen, darunter einige am Raekoja plats und weitere in Pärnu.

» **Ites Apartments** (☎631 0637; www.ites.ee; Apt. 80–200 €) Bietet mehrere Wohnungen in der Altstadt und deren Umgebung. Vermittelt auch Leihwagen.

» **Rasastra** (☎661 6291; www.bedbreakfast.ee; EZ/DZ/3BZ 20/35/45 €, Apt. 40–165 €) Vermittelt Wohnungen in zentraler Lage sowie Zimmer in Privathäusern (ohne eigenes Bad).

» **Red Group** (☎666 1650; www.redgroup.ee; Apt. 81–217 €) Von modernen kleinen Apartments bis zu Dreizimmerwohnungen in exzellenter Lage (einige am Raekoja plats); Mindestaufenthalt zwei Nächte. Inklusive Abholung vom Flughafen.

was wiederum zu dem noch immer etwas schelmisch wirkenden Bahnhofsviertel gut passt.

L'Ermitage HOTEL €€
(Karte S. 48; ☎699 6400; www.lermitagehotel.ee; Toompuiestee 19; EZ 60–130 €, DZ 70–165 €; P@📶) Dieses metallverkleidete Gebäude, das man entweder liebt oder hasst, wurde zwar 2004 erbaut, wirkt aber eher wie ein 70er-Jahre-Bau. Das Hotel hat schnörkellose, aber gemütliche Zimmer im Angebot. Die Inneneinrichtung wirkt erheblich moderner als das Äußere und jede Etage ist in anderen Farbtönen gestaltet. Die Zimmer nach hinten raus sind ruhiger.

Go Hotel Shnelli HOTEL €€
(Karte S. 52; ☎631 0100; www.gohotels.ee; Toompuiestee 37; Zi. 55–67 €; P@📶) Das moderne Gebäude direkt beim Bahnhof bietet einen Katzensprung von der Altstadt entfernt frische, funktionale Zimmer. Die Zimmer zu den Gleisen hin sind ruhiger als die übrigen, da nachts keine Züge fahren. Andererseits warten einige der zur Straße hin gelegenen Zimmer mit Ausblicken über die Altstadt auf. Das Frühstücksbuffet ist im Preis inbegriffen.

City Hotel Tallinn HOTEL €€
(Karte S. 48; ☎660 0700; www.uniquestay.com; Paldiski 3; EZ/DZ 60/65 €; 📶) Ein interessantes Konzept: Hier werden schicke moderne Zimmer in mittlerer Preislage ohne den üblichen Hotelservice angeboten. Es gibt keine Rezeption (der Empfang wird vom nobleren Schwesterhotel Von Stackelberg ein paar Türen weiter übernommen), die tägliche Zimmerreinigung kostet 10 € extra und das Frühstück finden die Gäste im Küchen- und Essbereich im Keller in einer vorgepackten Papiertüte vor.

Kreutzwald Hotel Tallinn HOTEL €€
(Karte S. 48; ☎666 48000; www.uniquestay.com; Endla 23; Zi. 65–145 €; @📶) Hier trifft skandinavischer Schick auf japanischen Minimalismus und das Resultat ist ein hervorragendes Mittelklassehotel. Die teureren „Zen"-Doppelzimmer verfügen über Spabäder, Computer mit Flachbildmonitor und entspannende Stimmungsbeleuchtung. 15 Minuten zu Fuß von der Altstadt.

AUSSERHALB DES ZENTRUMS

Valge Villa GÄSTEHAUS €€
(☎654 2302; www.white-villa.com; Kännu 26/2; EZ 30 €, DZ 35–90 €; P📶) Das heimelige und einladende dreistöckige Gästehaus mit zehn Zimmern in einem ruhigen Wohngebiet 3 km südlich des Zentrums ist besonders für Leute mit eigenem Fahrzeug eine tolle Wahl. Alle Zimmer sind mit Kühlschrank und Wasserkocher ausgestattet und verfügen über Kamin, Balkon, kleine Küche und Badewanne. Das Frühstück am Gemeinschaftstisch kostet 5,80 € und ist eine tolle Gelegenheit, andere Reisende kennen zu lernen. Gute Verbindung zur Altstadt mit den Trolleybussen 2, 3 und 4 ab der Haltestelle Tedre.

Tallinn City Camping CAMPINGPLATZ €
(Karte S. 48; ☎613 7322; www.tallinn-city-camping.ee; Pirita tee 28; pro Stellplatz/Auto/Erw./Kind 14/7/4/2 €; ⊙Ende Mai–Mitte Sept.; P@) Gut ausgestatteter Platz beim Sängerfestgelände und nicht weit entfernt vom Strand von Pirita und vom Kadriorg-Park sowie nur eine kurze Busfahrt vom Zentrum.

Essen

Wer jetzt Essen im Stil der ehemaligen Sowjetunion erwartet, wird mit Sicherheit sehr positiv überrascht sein. Während es im restlichen Estland schon schwieriger ist, etwas zu finden, was wirklich überzeugt, hat man in Tallinn die Qual der Wahl angesichts eines interessanten und vielfältigen Angebots. Und das Ganze kostet nur einen Bruchteil dessen, was man für vergleichbare Qualität in anderen europäischen Hauptstädten und Urlaubsorten zahlen würde. Der Service ist teilweise durchwachsen, kommt jedoch zumeist mit einem Lächeln daher.

In anderen Touristenzentren auf der Welt ist es oft schwer, gutes Essen zu guten Preisen zu finden – nicht so in der Altstadt von Tallinn. Und die Atmosphäre ist nur schwer zu toppen: Im Winter macht man es sich in behaglichen Kellergewölben gemütlich und im Sommer sitzt man überall draußen auf blumengeschmückten Terrassen.

Die meisten guten Restaurants befinden sich in der Altstadt, für innovative Küche in hipper Umgebung steht jedoch das Rotermann-Viertel. Und für Leute, die auch beim Essen auf echte Schnäppchen aus sind, haben wir ein paar wunderbare Lieblingsrestaurants der Einheimischen nicht weit von der Altstadt in Nord-Tallinn aufgeführt.

ALTSTADT

LP TIPP **Tchaikovsky** RUSSISCH €€€
(Karte S. 52; ☎600 0610; www.telegraafhotel.com; Vene 9; Hauptgerichte 21–27 €) Nur wenige können sich so sehr für Glanz und Glamour begeistern wie die Russen, wie auch dieses Restaurant, das beste Tallinns, mal wieder beweist: Es befindet sich in einem Glaspavillon inmitten des Telegraaf Hotel und prunkt mit Kronleuchtern, Goldrahmen und üppiger Bepflanzung. Der formelle Service ist tadellos, genauso wie die französisch-russische Küche, deren Genuss am Wochenende von live gespielter Kammermusik untermalt wird.

Bocca ITALIENISCH €€
(Karte S. 52; ☎611 7290; www.bocca.ee; Olevimägi 9; Hauptgerichte 12–26 €) Stil und Glanz lenken nicht von den frisch zubereiteten Köstlichkeiten der italienischen Küche ab. Die kreativen Gerichte passen zu den ausgesuchten Weinen, die auf der umfangreichen Weinkarte stehen. In der gemütlichen Lounge und Bar trifft sich Tallinns A-Prominenz zum Cocktail.

Balthasar ESTNISCH €€€
(Karte S. 52; www.balthasar.ee; Raekoja plats 11; Hauptgerichte 13–20 €) Angesichts der Heilqualitäten der Knolle passt es ganz gut, dass sich dieses Knoblauchrestaurant in einer alten Apotheke befindet – auch wenn sich die hier servierten herzhaften, fleischlastigen Gerichte sicher nicht als gesunde Diätkost rühmen können. Ente wird mit Cidre und Lamm mit Rotwein beschwipst und die Steaks kommen brutzelnd an den Tisch. Köstlich? Ja! Stimmungsvoll? Absolut! Gesund? Egal!

MEKK ESTNISCH €€€
(Karte S. 52; ☎680 6688; www.mekk.ee; Suur-Karja 17/19; Hauptgerichte 16–25 €; ⊙Mo–Sa) Der Name des Restaurants im Erdgeschoss des Savoy Boutique Hotel steht für *Moodne Eesti Köök* (moderne estnische Küche) – und das sagt schon fast alles. Und am allerbesten ist, dass dieses sehr noble Restaurant unter der Woche einen supergünstigen Mittagstisch anbietet: Jedes der fünf einfachen, aber schön zubereiteten Hauptgerichte kostet dann nur 5 €.

Chocolats de Pierre CAFÉ €
(Karte S. 52; ☎641 8061; www.pierre.ee; Vene 6; Snacks 2,60–5 €; ⊙9–22 Uhr) Dieses lauschige Café am malerischen Meisterhof ist eine wahre Oase inmitten des Altstadttrubels. Es ist bekannt für seine göttlichen handgefertigten Pralinen, es gibt aber auch Gebäck und Quiches – toll für einen kleinen Frühstücks- oder Mittagsimbiss.

Stenhus EUROPÄISCH €€€
(Karte S. 52; ☎699 7780; www.stenhus.ee; Schlössle Hotel, Pühavaimu 13/15; Hauptgerichte 19–25 €, Küchenchef-Menü 4/5/6 Gänge 55/65/75 €) Es ist schwer zu entscheiden, was romantischer ist: das Kellergewölbe aus dem 13. Jh. oder der blumengeschmückte Sommerhof. Auf der Karte steht moderne europäische Küche mit asiatischem Touch; die Portionen sind nicht gerade üppig, aber in puncto Geschmack ist das Essen ausgezeichnet. Wer

das Geld oligarchenmäßig locker sitzen hat: Auf der Weinkarte stehen mehr als ein Dutzend Weine, die über 1000 € kosten.

Olde Hansa ESTNISCH €€€
(Karte S. 52; www.oldehansa.ee; Vana Turg 1; Hauptgerichte 14–21 €; ⌚10–24 Uhr) Kerzenlicht beleuchtet die Räume des mittelalterlich gehaltenen Olde Hansa, Kellner im Bauernoutfit hantieren mit großen Platten Wild: Hier macht es Spaß, sich der Völlerei hinzugeben. Wacholderkäse, Waldpilzsuppe und nicht alltägliche Fleischsorten wie Wildschwein, Elch und sogar Bär stehen auf der Karte. Und wem das alles etwas zu kitschig erscheint, dem sei gesagt, dass die Köche genau recherchiert haben, wie man zur damaligen Zeit gekocht hat – dieses Lokal schätzen auch die Einheimischen.

Fish & Wine FISCH €€
(Karte S. 52; www.fw.ee; Harju 1; Frühstück 2–5 €, Hauptgerichte 8–14 €; ⌚Mo–Sa 8–24, So 9–21 Uhr) Auf drei top-designten Etagen präsentiert das angesagte Restaurant genau das, was der Name verspricht: erstklassige Fischgerichte und eine gute Weinkarte, darunter auch offene Weine.

La Bottega ITALIENISCH €€
(Karte S. 52; ☎627 7733; www.labottega.ee; Vene 4; Hauptgerichte 7–20 €) Die alten Holzbalken und Steinpfeiler im Speisesaal mit seiner hohen Decke kontrastieren mit der großen Kiefernholztreppe – ein schönes Ambiente für das herzhafte sardische Essen. Natürlich stehen jede Menge Fischgerichte auf der Karte, darunter traditionelle Köstlichkeiten wie gefüllter Tintenfisch; dazu gibt's estnisches Wildfleisch wie Wildschwein und Kaninchen.

Chedi PANASIATISCH €€€
(Karte S. 52; ☎646 1676; www.chedi.ee; Sulevimägi 1; Hauptgerichte 13–28 €) Das schicke Chedi ist ein exklusives Restaurant für Freunde der chinesischen Küche. Der englische Koch Alan Yau (von den Londoner Michelin-Restaurants Hakkasan und Yauatcha) war bei der Speisenauswahl behilflich und einige der Gerichte entsprechen tatsächlich genau seinem Stil. Das Essen ist wirklich erstklassig (so etwa der köstlich-knusprige Entensalat) und das Ambiente entsprechend elegant.

Leib ESTNISCH €€
(Karte S. 52; www.leibresto.ee; Uus 31; Hauptgerichte 8–14 €) Durch ein unauffälliges Tor gelangt man auf einen großen Rasen, über den Büsten von Sean Connery und Robert Burns wachen – willkommen im Schottischen Club von Tallinn! Hier wird unter der blauen Andreasfahne einfaches estnisches (kein schottisches!) Essen zusammen mit hausgemachtem *leib* (Brot) serviert. Im Sommer wird außerdem draußen der Grill angeworfen und Musiker geben Folkloristisches zum Besten – eine tolle Atmosphäre für das eine oder andere Schlückchen Whisky.

Must Puudel CAFÉ €
(Karte S. 52; Müürivahe 20; Hauptgerichte 4–6 €; ⌚9–2 Uhr) Zusammengewürfeltes Mobiliar aus den 1970er-Jahren, ein bunter Musikmix, Tische im Hof, hervorragender Kaffee, warmes Frühstück, köstliche, leichte Gerichte, lange Öffnungszeiten und ein Name, der „Schwarzer Pudel" bedeutet – dies ist ohne Frage das coolste Café in der Altstadt. Hat sogar eine eigene Facebook-Seite.

Ribe ESTNISCH €€€
(Karte S. 52; ☎631 3084; www.ribe.ee; Vene 7; Hauptgerichte 14–20 €) Das Ribe liegt an einer Ecke der Restaurantmeile der Altstadt, im Sommer mit Tischen draußen. Das Ambiente ist genauso frisch und ansprechend wie die saisonalen estnischen Speisen auf der Speisekarte.

Matilda Cafe CAFÉ €
(Karte S. 52; www.matilda.ee; Lühike jalg 4; Snacks 2–5 €; ⌚9–19 Uhr) Auf dem Domberg gibt's nur wenige Cafés, also tankt man am besten unterwegs auf. Dazu eignet sich dieses hübsche altmodische Café mit seinem Angebot an leckeren hausgemachten Quiches, Kuchen, Backwaren und Pralinen.

Kompressor PFANNKUCHEN €
(Karte S. 52; Rataskaevu 3; Pfannkuchen 3–4 €) Hier kommen preisgünstige und sehr sättigende süße und pikante Pfannkuchen auf den Teller. Abends ist der Laden im Industrieambiente auch eine gute Adresse für einen Drink.

Aed ESTNISCH €€
(Karte S. 52; ☎626 9088; www.vonkrahl.ee; Rataskaevu 8; Hauptgerichte 9–12 €; ⌚Mo–Sa 12–24, So 12–18 Uhr) Von den Kräutern am Eingang bis hin zu den Kunstwerken an den Wänden steckt viel Liebe in diesem herrlich grünen Restaurant (sein Name bedeutet „Garten"). Die selbsternannte „Botschaft des reinen Essens" bietet eine gesunde und frische Variante der estnischen Küche. Gerichte ohne

Gluten, Laktose und Eier sind auf der Speisekarte entsprechend gekennzeichnet. Super ist das Mittagsgericht an Wochentagen für nur 4 €.

Vanaema Juures ESTNISCH €€

(Karte S. 52; ☎626 9080; www.vonkrahl.ee; Rataskaevu 10/12; Hauptgerichte 12–17 €; ⏲Mo–Sa 12–22, So 12–18 Uhr) „Essen wie bei Großmuttern", könnte man sagen, wenn diese Großmutter Estin und dazu noch eine verdammt gute Köchin war. „Großmutters" war in den 1930er-Jahren eines der angesagtesten Tallinner Restaurants und gilt immer noch als eine der besten Adressen, was traditionelle estnische Hausmannskost angeht. Im Speisesaal mit seinen Antiquitäten und alten Fotografien ist die Atmosphäre etwas steif, daher ist im Sommer die Straßenterrasse die bessere Wahl.

Tristan ja Isolde CAFÉ €

(Karte S. 52; Raekoja plats 1; Snacks 1 €; ⏲Okt.–April 10–22 Uhr, Mai–Sept. 9–24 Uhr) Das Minicafé unten im Rathaus macht sich die geschichtsträchtige Lage zunutze: Hier servieren kostümierte Frauen Speisen in Tonschüsseln. Es gibt nur Suppen, Pasteten und Bier, dafür aber jede Menge Flair – es wird auch Kaffee serviert, jedoch scheinen die mittelalterlichen „Bauern" die Kunst des Kaffeekochens nicht sonderlich gut zu beherrschen.

Clayhills Gastropub KNEIPE €€

(Karte S. 52; www.clayhills.ee; Pikk 13; Hauptgerichte 8–16 €) Wegen der Live-Bands, der gemütlichen Sofas, des Raumes oben mit blanken Steinwänden und der sonnigen Sommerterrasse ist das Clayhills unsere Lieblingskneipe in der Altstadt. Und dazu gibt's noch sehr gute alte Pub-Klassiker (Würstchen mit Kartoffelbrei, Gourmet-Burger und Snackteller).

Gloria FRANZÖSISCH €€€

(Karte S. 52; ☎640 6800; www.gloria.ee; Müürivahe 2; Hauptgerichte 21–25 €; ⏲12–23.30 Uhr) Das Gloria serviert seit den 1930er-Jahren der Crème de la Crème der estnischen Gesellschaft in einem opulenten Vorkriegsspeisesaal erstklassige Gerichte in klassisch französischer Tradition. Wahrscheinlich das teuerste Restaurant der Stadt, aber sicher nicht das experimentierfreudigste.

Kehrwieder CAFÉ €

(Karte S. 52; www.kohvik.ee; Saiakang 1; Snacks 2–5 €; ⏲8–24 Uhr; 📶) Erstes Plus in diesem Laden sind die Tische auf dem Rathausplatz, aber im Inneren bietet das gemütlichste Café der Stadt mit dem deutschen Namen noch mehr Ambiente – hier können sich die Gäste auf einer Couch ausstrecken, bei Laternenlicht lesen oder sich den Kopf an der Gewölbedecke stoßen. Zu essen gibt's nur Gebäck, Kuchen und Pralinen sowie Fertig-Wraps und -Salate.

Bonaparte Deli FEINKOST €

(Karte S. 52; www.bonaparte.ee; Pikk 47; Backwaren 1 €; ⏲10–19 Uhr) Wie schon Napoleon wusste, marschiert eine Armee am besten mit vollem Magen. Daher kann man sich hier mit erstklassigen Backwaren, Baguettes und anderen gallischen Köstlichkeiten bewaffnen, bevor man sich an die Erstürmung der Altstadt macht.

Elevant INDISCH €€

(Karte S. 52; www.elevant.ee; Vene 5; Hauptgerichte 7–9 €) Schon beim Betreten der schmiedeeisernen Treppe, die zum Restaurant im 2. Stock führt, steigen einem die unglaublichsten Gerüche in die Nase. Im warmen, geräumigen Speisesaal genießen die Gäste von Expertenhand zubereitete indische Gerichte – viele davon vegetarisch und einige sehr ungewöhnlich (Elch-Korma, Wildschwein-Spinat-Curry oder Krokodil in Mangosauce).

Kaerajaan ESTNISCH €€

(Karte S. 52; www.kaerajaan.ee; Raekoja plats 17; Hauptgerichte 13–19 €; ⏲11–24 Uhr) Dieses Lokal ist nach einem traditionellen estnischen Gesang und Tanz benannt. In unkonventionellem Ambiente serviert es traditionelle estnische Gerichte mit einem aktuellen Touch.

Silk JAPANISCH €€

(Karte S. 52; www.silk.ee; Kullassepa 4; Hauptgerichte 10–14 €) Der glänzend-anthrazitfarbene Innenraum dieses schicken Japaners sieht mehr nach Club als nach Restaurant aus. Die umfangreiche Speisekarte reicht von Sushi über *gyoza* (Klöße) und *ramen* (Nudelgerichte) bis hin zu Deftigerem. Bei den süßen *gyoza* (mit Bananen und Honig oder Kirschen und Zimt) fragen wir uns, ob sie einfach nur Eindruck schinden sollen oder schlichtweg genial sind.

Rimi SUPERMARKT

(Karte S. 52; Aia 7; ⏲8–22 Uhr) In der Altstadt gibt es sonst keine Lebensmittelläden, daher erweist sich dieser kleine, aber gut bestückte Supermarkt als besonders praktisch.

STADTZENTRUM

LP TIPP Sfäär ESTNISCH €€

(Karte S. 52; ☎5699 2200; www.sfaar.ee; Mere pst 6e; Hauptgerichte 8–17 €; ⌚Mo–Fr 8–23, Sa 11.30–1, So 11.30–23 Uhr) Das extrem schicke, aber trotzdem überhaupt nicht steife Sfäär punktet mit einer innovativen Karte mit den besten estnischen Zutaten: Lamm aus Otepää, Rindfleisch von Saaremaa und jede Menge Fisch und Meeresfrüchte. Die Einrichtung könnte einem nordischen Designkatalog entstammen: Die gelbe Glaswand taucht die weißen Wände in ein warmes Licht, zwischen den Weltraumlampen hängen Origami-Kraniche. Auch wer nur ein Getränk anpeilt: Das Angebot an Cocktails und Weinen wird sicher nicht enttäuschen.

Ö ESTNISCH €€€

(Karte S. 52; ☎661 6150; www.restoran-o.ee; Mere pst 6e; Hauptgerichte 18–30 €) Dieses preisgekrönte Restaurant hat sich in Tallinns kulinarischer Welt einen Spitzenplatz erkämpft. Der dezent elegante Speisesaal mit Engeln an den Kronleuchtern steht den Kunstwerken aus der Küche in nichts nach. Im Mittelpunkt stehen saisonale estnische Produkte: Die Köche bereiten ihre Sorbets aus frischen Wildbeeren und räuchern Fleisch und Fisch selbst. Die Resultate können sich sehen lassen!

Horisont EUROPÄISCH €€€

(Karte S. 52; ☎624 3000; www.horisont-restoran.com; 30. OG des Swissôtel, Tornimäe 3; Hauptgerichte 21–29 €; ⌚Di–Sa 19–22.30 Uhr) Das Horisont vereint exzellenten Service, eine kreative Karte mit Schwerpunkt auf Fleischgerichten, eine stilvolle Einrichtung und tolle Ausblicke auf fast die gesamte Stadt (leider nicht auf die Altstadt). Dazu bietet es ein wunderbares Speiseerlebnis auf gehobenem Niveau. Brot und Dips, Appetitanreger und gaumenschmeichelnde Sorbets werden großzügig um die Gänge herum gereicht.

Neh ESTNISCH €€

(Karte S. 48; ☎602 2222; www.neh.ee; Lootsi 4; Hauptgerichte 9–16 €; ⌚Sept.–Feb. Di–So mittags, Di–Sa abends) Das Neh treibt es in puncto saisonaler Küche auf die Spitze und macht im Sommer komplett zu – dann geht's nämlich zum Pädaste Manor auf die Insel Muhu, um das beste Restaurant Estlands zu betreiben. In der Nebensaison geht's dann zurück in die Stadt, mit Inselaromen im Gepäck in Form von Konfitüren und saisonalen Zutaten. Die Küche des Neh ist einfacher als die des preisgekrönten Restaurants Alexander im Gutshof Pädaste – am schönsten lässt sie sich bei einem über drei Gänge ausgedehnten Sonntagsmittagessen (17 €) genießen.

Spirit CAFÉ €€

(Karte S. 52; www.kohvikspirit.ee; Mere pst 6e; Hauptgerichte 9–13 €) Mit seinem tollen Ambiente – nackten Steinwänden, Marmortischplatten, Kamin und einem Geweih an der Wand – lockt das Spirit ein stilvolles Publikum an, das sich zu Kaffee oder Cocktails die Ehre gibt. Das vielseitige und interessante Angebot an Speisen reicht von Wildschweineintopf über Antipasti und Sushi bis zu Kuchen. Wie bei allen echten Hipster-Läden ist der Eingang in einer Seitengasse.

Vapiano ITALIENISCH €

(Karte S. 52; www.vapiano.ee; Hauptgerichte 4–8 €) Foorum (Hobujaama 10); Solaris (Estonia pst 9) Hier suchen die Gäste Pasta oder Salate am entsprechenden Schalter aus und können bei der Zubereitung zusehen. Wer eine Pizza möchte, wird mittels Pager informiert, sobald sie fertig ist. Das ist „Fastfood" auf gesunde Art – frisch und schnell zubereitet. Das Restaurant selbst ist geräumig, hell und voller Leben – mit großen Fenstern, hohen Tischen und Regalen voller Kräutertöpfe.

Platz ESTNISCH €€

(Karte S. 52; www.platz.ee; Roseni 7; Hauptgerichte 8–15 €) Freiliegende Steinmauern und eine Gewölbedecke bilden die Kulisse für dieses elegante Restaurant. Während die Art der Zubereitung eher aus dem Mittelmeerraum stammt, verankern die Zutaten wie Weißfisch und Sanddorn die Karte fest in der Ostsee.

Bestseller CAFÉ €

(Karte S. 52; 3. OG Viru Keskus, Viru väljak; Hauptgerichte 5–7 €; 📶) Das Café im besten Buchladen der Stadt (Rahva Raamat) ist mehr als ein Ort, an dem schöne Menschen ihre Laptops aufklappen. Es bietet sehr gutes Essen (in kleinen französischen Portionen) wie frische, würzige Salate, Nudelgerichte und verführerische Süßigkeiten.

NORD-TALLINN (PÕHJA-TALLINN)

Moon ESTNISCH, RUSSISCH €€

(Karte S. 48; ☎631 4575; www.kohvikmoon.ee; Võrgu 3; Hauptgerichte 7–15 €; ⌚Di–So) Der erste Eindruck der „Mohnblume" täuscht: Das Restaurant liegt zwar in einem gesichtslosen Gebäude in einer Gasse in einem eher öden Teil der Stadt, aber das Essen ist hervorragend – eine harmonische Verschmelzung estnischer, russischer und anderer europäischer Einflüsse. Und die Preise sind auf die Einheimischen ausgerichtet – nur wenige Touristen verirren sich hierher.

F-hoone CAFÉ, BAR €

(Karte S. 48; Telliskivi 60A; Hauptgerichte 5–7 €) Wer vermutet, dass sich doch irgendwo noch ein cooles, lockeres Lokal verstecken muss, das die eingeweihten Einheimischen wegen des günstigen, guten Essens ansteuern, hat Recht: Der in einem alten Lagerhaus gelegene große Laden im Industrieschick besticht mit zusammengewürfelten Möbeln und übergroßen Lampen. Auf der Karte stehen schnörkellose Gerichte mit Nudeln, Huhn und Fisch sowie auch Vegetarisches. Der Service erfordert zuweilen Geduld.

KADRIORG

LP TIPP **NOP** CAFÉ €

(Karte S. 48; www.nop.ee; J Köleri 1; Hauptgerichte 4–6 €; 8–20 Uhr) Dieser Favorit der hippen Hauptstadtbewohner liegt nicht weit vom Kadriorg-Park und abseits der Touristenmassen. Am Eingang rechts geht es in einen Feinkostladen mit biologischen und ausgefallenen Lebensmitteln, links in ein einladendes Café. Den Rahmen setzen weiße Wände, Holzfußböden und eine Kinderspielecke. Auf der Karte stehen z. B. warmes Frühstück, Suppen, Salate und Wraps.

Park Cafe CAFÉ €

(Karte S. 48; www.park-cafe.ee; Weizenbergi 22; Backwaren 1–2 €; Di–So 10–20 Uhr) Am Westeingang zum Kadriorg-Park findet sich dieses wertvolle Stück Wiener Cafékultur. Wenn die Sonne scheint, gehören die Außentische am See ganz klar zu den schönsten Plätzchen in der ganzen Stadt; bei schlechtem Wetter sind Tee und Kaffee auch im oberen Stockwerk wunderbar zu genießen. Gänzlich unwiderstehlich sind die Backwaren.

Ausgehen

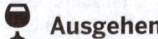

Nach der Unabhängigkeit erwarb sich Tallinn einen Ruf als Partymekka; zwar hat sich das Ganze inzwischen etwas abgekühlt, jedoch fallen hier noch immer marodierende Truppen britischer Junggesellenabschiedler und finnischer Zechgesellen ein, besonders an Sommerwochenenden. Da sie sich aber gewöhnlich um eine kleine Ansammlung irischer und britischer Pubs in der Südostecke der Altstadt (grob gesagt im Dreieck zwischen Viru, Suur-Karja und Stadtmauern) tummeln, kann man ihnen leicht aus dem Weg gehen – bzw. sie leicht finden, falls einem danach ist. Ansonsten gibt's ein vielfältiges Angebot an Kneipen und Bars, in denen es durchaus möglich ist, in aller Ruhe einen Drink zu sich zu nehmen.

ALTSTADT

Für Cocktails siehe auch Bocca (S. 69), für ein Bier auf dem Rasen das Leib (S. 70), für Livemusik und nette Pubatmosphäre den Clayhills Gastropub (S. 71) und für Fisch und Wein, nun ja, das Fish & Wine (S. 70).

LP TIPP **Weinkeller Gloria** WEINLOKAL

(Gloria Veinikelder; Karte S. 52; www.gloria.ee; Müürivahe 2; Mo–Sa 11–23, So 12–18 Uhr) Auf den ersten Blick ist dies nur ein Weingeschäft; wer jedoch den unscheinbaren Eingang weiter hinten nimmt und dann links einen Gang hinuntergeht, gelangt zu einem unter der Erde versteckten wunderbaren Weinkeller. Dunkles Holz, antike Möbel und flackernde Kerzen tragen zur romantischen Atmosphäre bei. Am besten ist jedoch, dass man sich einfach im Laden eine Flasche aussuchen kann und dann zum Flaschenpreis nur noch eine bescheidene Korkgebühr hinzukommt. Ein Paradies für Weinfreunde!

DM Baar BAR

(Karte S. 52; www.depechemode.ee; Voorimehe 4; 12–4 Uhr) Für Depeche-Mode-Fans ist dies wohl der Heilige Gral unter den Kneipen. Gemäß der Bandästhetik ist der Laden vorwiegend in Rot und Schwarz gehalten und die Wände sind mit allen möglichen Erinnerungsstücken bedeckt, darunter Bilder von den hier gehuldigten Stars bei ihrem Besuch in der DM Baar. Und was läuft für Musik? Die Frage erübrigt sich wohl …

Hell Hunt KNEIPE

(Karte S. 52; www.hellhunt.ee; Pikk 39) Wer einen der gemütlichen Sessel im hinteren Bereich erwischt, kann sich glücklich schätzen. Dieser Oldtimer unter den Kneipen von Tallinn ist bei anspruchsvollen Einheimischen aller Altersklassen beliebt. Der Laden hat eine einladende Atmosphäre und faire Preise für hausgebrautes Bier und Apfelwein sowie leckeres Kneipenessen. Der bedrohlich klingende Name bedeutet „Sanfter Wolf". Im Sommer gibt's auch Tische auf dem kleinen Platz auf der anderen Straßenseite.

Clazz BAR

(Karte S. 52; www.clazz.ee; Vana turg 2) Hinter dem etwas kitschigen Namen (aus „classy jazz“) verbirgt sich ein beliebtes Restaurant mit Bar und allabendlicher Livemusik (die Eintrittspreise variieren). Im Vergleich zu den lauten Kneipen in den umliegenden Straßen ist diese Bar tatsächlich Klasse.

Von Krahli Baar KNEIPE
(Karte S. 52; www.vonkrahl.ee; Rataskaevu 12) Das gemütlich abgewrackte Von Krahli verfügt neben Tischen draußen im Hof über ein scheunenähnliches Innenleben; hier treten ab und zu auch Bands und DJs auf. Toll für eine billige Mahlzeit oder ein günstiges Bier in alternativem Ambiente.

Levist Väljas BAR
(Karte S. 52; Olevimägi 12; ⌚So–Do 15–3, Fr & Sa 15–6 Uhr) In dieser Kellerbar (die nachts gewöhnlich als letzte schließt) trifft man auf kaputte Möbel, billigen Fusel und eine bunte Mischung aus gutgelaunten Punks, Grunge-Kids und allen anderen, die sich abseits der ausgetretenen Touri-Pfade bewegen.

Drink KNEIPE
(Karte S. 52; Väike-Karja 8) Eine Kneipe, die sich Drink nennt, meint es fürwahr ernst. Dies ist der beste der britischen Pubs in Tallinn und Bier (aus der ganzen Welt) wird hier groß geschrieben. Dazu gibt's jede Menge nette Dreingaben: traditionelles Pubessen, Happy Hours, Sport auf Großbildschirmen und Quizabende.

Pôrgu KNEIPE
(Karte S. 52; www.facebook.com/porgu; Rüütli 4) Der Name der Kneipe bedeutet zwar „Hölle“, jedoch ist der Abstieg hinunter in diese Unterwelt zu gut beleuchtet, um gemütliches Höllenambiente aufkommen zu lassen. Himmlisch ist für Freunde des Gerstensafts dagegen die Auswahl an estnischen und ausländischen Bieren.

Neitsitorn CAFÉ
(Karte S. 52; Lühike jalg 9a; Eintritt 2 €; ⌚9–24 Uhr) Im Mittelalter soll der „Jungsfrauenturm“ (Neitsitorn) ein Gefängnis für Prostituierte gewesen sein, heute ist hier ein kleines Café untergebracht, wo man auf der Galerie der Stadtmauer entspannt ein Bierchen schlürfen und auf die tugendhaften Menschen unter einem hinabblicken kann.

Beer House MIKROBRAUEREI
(Karte S. 52; www.beerhouse.ee; Dunkri 5) Die einzige Mikrobrauerei Tallinns schenkt in einem großen Saal sieben Haussorten aus und abends scheppert deutsche Humtata-Musik. Manchmal ganz schön lärmig – für alle, die von den eher gemütlichen Lokalen die Nase voll haben.

St. Patrick's KNEIPE
(Karte S. 52; www.patricks.ee; Suur-Karja 8; ⌚So–Do 11–2, Fr & Sa 11–4 Uhr) Dieser ansprechende und lebhafte Pub gehört zu einer Kette mit vier Niederlassungen in der Stadt. Er hat genügend Bier für einen netten Abend und zieht eine unglaubliche Menge Esten an. Über den Sommer strömen viele Touristen hierher. Es gibt günstige Gerichte und regelmäßig wechselnde Sonderangebote wie z. B. vier Bier zum Preis von dreien.

STADTZENTRUM

Sowohl das Sfäär (S. 72) als auch das Spirit (S. 72) stellen kultivierte Ausgehmöglichkeiten dar; Cocktails hoch oben in den Wolken bietet das Horisont (S. 72).

Scotland Yard BAR
(Karte S. 52; www.scotlandyard.ee; Mere pst 6e; ⌚So–Do 9–24, Fr & Sa 9–2 Uhr) Diese Themenkneipe ist toll aufgezogen: Die Toiletten sehen aus wie Gefängnisklos und die Angestellten wie englische Bobbys. Es gibt eine umfangreiche Speisekarte mit ganztägig erhältlichem Kneipenessen, eine kleine Terrasse und clubtaugliche Lederbänke. Was nicht ganz ins Bild passt, sind ein großes Aquarium und die Klos, die wie elektrische Stühle aussehen, aber alles zusammen – nicht zu vergessen die Live-Bands – ergeben ein vergnügliches Ganzes.

☆ Unterhaltung

Im Vergleich zu anderen Hauptstädten ist Tallinn klein und entsprechend gemächlich, aber Langeweile kommt sicher nicht auf. Veranstaltungen werden an den Häuserwänden und in Flyern beworben sowie in Zeitungen angekündigt. Im Juli und August ist in der Touristeninformation und an anderen Stellen in der Stadt das kostenlose Magazin *Tallinn This Week* erhältlich. Ansonsten ist der beste Veranstaltungskalender das alle zwei Monate erscheinende *Tallinn In Your Pocket* (www.inyourpocket.com); käuflich kann es man es in Buchläden oder bei der Touristeninformation erwerben (2,20 €), man kann es aber auch kostenlos von der Website herunterladen. Veranstaltungen im Bereich Theater und Tanz verzeichnen www.culture.ee, www.concert.ee und www.teater.ee.

Tickets für Konzerte und Großveranstaltungen verkauft **Piletilevi** (www.piletilevi.ee), sowohl online als auch im Einkaufszentrum Viru Keskus.

Clubs

Club Privé CLUB

(Karte S. 52; www.clubprive.ee; Harju 6) Das Privé wurde vom Fachmagazin DJ 2011 zum dreiundzwanzigstbesten Club der Welt gekürt. Es residiert in einem alten Revuetheater mit opulenten Kronleuchtern und barocken Spiegeln. Die Preise sind hoch – am Wochenende kostet der Eintritt um die 14 € – und die Einlasskontrolle ist streng. Aber dies ist dank einer tollen Auswahl an ausländischen und estnischen DJs nun mal der progressivste und glamouröseste Club Estlands.

BonBon CLUB

(Karte S. 52; www.bonbon.ee; Mere pst 6e; ⌚Fr & Sa 23–5 Uhr) Dank dem riesigen Kronleuchter und dem Porträt von Bacchus über der Tanzfläche gilt das BonBon als recht affektiert. Hier wollen die bessergestellten 25- bis 30-Jährigen stilvoll feiern – und wer mitmachen will, sollte sich in Schale schmeißen.

Club Hollywood CLUB

(Karte S. 52; www.club-hollywood.ee; Vana-Posti 8; Eintritt 3–8 €; ⌚Mi–Sa ab 23 Uhr) Dieser Club, der sich über mehrere Ebenen erstreckt, zieht die Massen an: Jede Menge Touristen und die Tallinner Partymeute tanzen hier zur Musik in- und ausländischer DJs. Mittwochs ist Ladies' Night (freier Eintritt für Frauen), dann sind hier jede Menge einsame Wölfe auf der Pirsch.

Kinos

Filme werden in der Originalsprache gezeigt, mit estnischen und russischen Untertiteln. Karten kosten je nach Tag und Zeit 4 bis 7 €.

Katusekino FREILICHTKINO

(Karte S. 52; www.katusekino.ee; Viru Keskus, Viru väljak 4; ⌚Mai–Sept.) In den wärmeren Monaten läuft auf dem Dach des Einkaufszentrums Viru Keskus ein vielfältiges Filmprogramm, von Kultfilmen bis zu interessanten neuen Produktionen. Die Vorführungen beginnen abhängig vom Sonnenuntergang zwischen 21 Uhr (September) und 23.30 Uhr (Ende Juni). Speisen und Getränke gibt's aber immer ab 17 Uhr.

Artis KINO

(Karte S. 52; www.kino.ee; Estonia pst 9) Dieses im neuen Solaris Center gelegene, aber etwas schwer zu findende Programmkino präsen-

TALLINN FÜR SCHWULE & LESBEN

Tallinn hält das Monopol in Estland bezüglich einer offenen schwulen Szene. Es gibt eine kleine Ansammlung von Lokalen im Süden der Altstadt und im Juni 2011 fand in Tallinn zum ersten Mal der Baltic Pride statt, und zwar mit Unterstützung der Regierung und verschiedener ausländischer Botschaften. Von nun an soll die Veranstaltung alle drei Jahre stattfinden.

Weitere Informationen enthält die hervorragende kostenlose *Gay Map* (www.tallinn.gaymap.ee), die es in Schwulen- und Lesbenläden gibt; auch die Website www.gay.ee lohnt einen Besuch.

» **X-Baar** (Karte S. 52; www.xbaar.ee; Tatari 1; ⌚So–Do 16–1, Fr & Sa 16–3 Uhr) Die alteingesessene Bar (Eingang in der Estonia pst) erstreckt sich über zwei Etagen und bis auf den Parkplatz. Der relaxte Laden unterhält ein gemischtes Publikum aus Schwulen und Lesben mit dem üblichen trashigen Pop-Soundtrack.

» **Kapp** (Karte S. 52; www.kapp.ee; Vana-Posti 8; ⌚Mi & Do 22–3, Fr & Sa 22–5 Uhr) Der Name bedeutet „Kämmerchen", aber statt sich in einem solchen zu verstecken, präsentiert sich der schicke „heterofreundliche" Club stolz mit einer ab mittags geöffneten Straßenterrasse. Mittwochs berechtigt der Eintrittspreis von 7 € zu unbegrenztem Bier- und Cider-Genuss.

» **G-Punkt** (Karte S. 52; www.gpunkt.ee; Pärnu mnt 23; Eintritt frei; ⌚Di–Do 18–1, Fr & Sa 20–6 Uhr) Wer sehen möchte, wie osteuropäische Gay-Clubs vor 15 Jahren aussahen, sollte diesen freundlichen Laden aufsuchen, der vor allem russischsprachige Lesben anlockt. Der Club ist nicht beschildert und daher etwas schwer zu finden – genau wie der G-Punkt. Der Zugang zum Club erfolgt von der Tatari über einen Parkplatz.

» **Club 69** (Karte S. 48; www.club69.ee; Sakala 24; Eintritt 5–14 €; ⌚So–Do 16–2, Fr & Sa 16–7 Uhr) Wer Einlass in diese Schwulensauna begehrt, klingelt am diskret angebrachten Türschild.

tiert estnische, andere europäische sowie unabhängige Produktionen.

Kino Sõprus KINO
(Karte S. 52; www.kinosoprus.ee; Vana-Posti 8) Das Kunstfilmkino in einem tollen Theater aus der Stalinära zeigt ein exzellentes Repertoire an europäischen, einheimischen und Independent-Produktionen.

Coca-Cola Plaza KINO
(Karte S. 52; www.forumcinemas.ee; Hobujaama 5) Modernes Kino hinter dem Postamt mit elf Leinwänden, auf denen die neuesten Hollywoodstreifen laufen.

Theater & Tanz

Die meisten Theateraufführungen sind auf Estnisch, einige auch auf Russisch.

Konzerthaus & Nationaloper Estonia KONZERTHALLE
(Karte S. 52; ☎683 1210; www.opera.ee; Estonia pst 4) Die größten klassischen Konzerte der Stadt finden in diesem Konzerthaus statt. Es ist die wichtigste Bühne der Stadt und Spielstätte für die Staatsoper und das Staatsballett.

Stadttheater THEATER
(Tallinna Linnateater; Karte S. 52; ☎665 0800; www.linnateater.ee; Lai 23) Das beliebteste Theater der Stadt hat immer gute Stücke im Programm. Schön sind die Aufführungen im Sommer auf der Freiluftbühne oder an anderen Schauplätzen in der Altstadt.

Estnisches Dramentheater THEATER
(Eesti Draamateater; Karte S. 52; ☎680 5555; www.draamateater.ee; Pärnu mnt 5) Das estnische Aushängeschild zeigt meist klassische Stücke.

Teater No99 THEATER
(Karte S. 52; ☎660 5051; www.no99.ee; Sakala 3) Hier stehen eher experimentelle Produktionen auf dem Programm.

Von-Krahli-Theater THEATER
(Karte S. 52; ☎626 9090; www.vonkrahl.ee; Rataskaevu 10) Bekannt für seine experimentellen Stücke.

Kanutgilden-Saal TANZ
(Karte S. 52; ☎646 4704; www.saal.ee; Pikk 20) Tallinns Tempel des modernen Tanzes zeigt hin und wieder auch klassische Tanzstücke.

Livemusik

Livemusik gibt's regelmäßig im Clazz (S. 73), in Clayhills Gastropub (S. 71) und im Scotland Yard (S. 74); im Teater No99 lädt allwöchentlich ein Jazzclub zu Konzerten ein. Musiker und Bands aus dem Ausland gastieren in der Regel auf dem Sängerfestgelände (S. 58), in der A. Le Coq Arena oder in der Saku Suurhall.

Größere klassische Konzerte finden gewöhnlich in der Konzerthalle Estonia statt. Kammermusik- und Orgelkonzerte sowie andere kleine Konzerte werden in verschiedenen Sälen und Kirchen in der Stadt veranstaltet.

Sport

Arena A. Le Coq FUSSBALL
(Karte S. 48; ☎627 9940; Asula 4c) Das Heimstadion des Tallinner Fußballclubs FC Flora (www.fcflora.ee) liegt rund 1,5 km südwestlich der Stadt. Hier trägt auch die Nationalmannschaft ihre Heimspiele aus.

Saku Suurhall BASKETBALL
(www.sakusuurhall.ee; Paldiski mnt 104b) Basketball zählt zu den beliebtesten Sportarten in Estland. Die großen Spiele finden in dieser Halle westlich des Zentrums statt.

Shoppen

An Läden für *käsitöö* (Kunsthandwerk) herrscht in der Tallinner Altstadt wahrlich kein Mangel. Dutzende kleiner Geschäfte verkaufen Souvenirs wie Leinen, Strickwaren, ledergebundene Bücher, Keramik, Schmuck (besonders Bernstein), Glasmalereien und geschnitzte Arbeiten aus Kalkstein oder Wacholderholz. In den zahlreichen Antiquitätenläden ist alles Mögliche von Kunstwerken bis hin zu Sowjetrelikten zu finden. Der Sowjetnostalgie kann man am besten auf dem Bahnhofsmarkt (s. Kasten) frönen, allerdings gibt's hier ebenso viele billige Reproduktionen wie Originalgegenstände.

Wem nichts anderes einfällt: Eine Flasche Vana-Tallinn-Likör ist als Mitbringsel meist eine sichere Sache.

ALTSTADT

LP TIPP **Meisterhof** KUNSTHANDWERK
(Meistrite Hoov; Karte S. 52; Vene 6) In diesem beschaulichen Innenhof sind neben einem netten Café auch kleine Läden und Werkstätten angesiedelt, in denen man Töpferwaren, Glas, Schmuck, Strickwaren, Holzarbeiten und Kerzen erstehen kann.

Katariina Gild KUNSTHANDWERK
(Karte S. 52; Katariina käik, bei Vene 12) Dieses hübsche Gässchen säumen mehrere Kunst-

handwerkateliers. Hier kann man in aller Ruhe bummeln und stöbern. Es gibt Glasmalereien, Keramiken, Textilien, Patchworkdecken, Hüte, Schmuck und wunderschöne ledergebundene Bücher.

Lühike jalg KUNSTHANDWERK

(Karte S. 52; ⌚10–18 Uhr) An dieser hinauf zum Domberg führenden Gasse findet sich eine gute Auswahl an Kunsthandwerksgalerien. Die **Galerii Kaks** (www.galeriikaks.ee; Lühike jalg 1) bietet interessante Keramiken, Schmuck und Glasarbeiten feil, die **Lühikese Jala Galerii** (Lühike jalg 6) wartet auch mit Gemälden und weich fließenden Stoffen auf. Zudem plätschert ein natürlicher Wasserfall die hintere Wand herunter.

Ivo Nikkolo MODE

(Karte S. 52; www.ivonikkolo.ee; Suur-Karja 14) Klassische Damenmode mit Pepp – von locker und kess bis dezent und professionell –, aber immer aus hochwertigen Naturstoffen. Die Filiale in der Altstadt hat zwei Etagen mit Damenbekleidung und Accessoires; es gibt aber auch eine zweite im Viru Keskus.

IIDA MODE

(Karte S. 52; www.iidadesign.eu; Suur-Karja 2) Ein guter Laden zum Stöbern, mit interessanten estnischen Stoffen und Designs. Zudem gibt's eine kleine Auswahl an Schmuck, Haushaltswaren und Accessoires.

Reet Aus MODE

(Karte S. 52; www.reetaus.com; Müürivahe 19) Skurrile handgefertigte Einzelstücke (Kleider, Shirts und Jacken) eines bekannten einheimischen Designers – größtenteils aus Recyclingstoffen.

Antiik ANTIQUITÄTEN

(Karte S. 52; www.oldtimes.ee; Raekoja plats 11) Jede Menge Schätze lassen sich in diesem vollgestopften Geschäft im Haus der Ratsapotheke heben – oder auch online entdecken.

Reval Antique ANTIQUITÄTEN

(Karte S. 52; Harju 13, Eingang Müürivahe 2) Wer auf der Suche nach Ikonen ist, seien es religiöse oder politische, findet hier jede Menge Sachen aus der Vergangenheit.

Nu Nordik DESIGN

(Karte S. 52; www.nunordik.ee; Vabaduse väljak 8) Viele tolle Sachen, von Haushaltswaren bis zu Taschen und Schmuck.

Zizi KUNSTHANDWERK

(Karte S. 52; www.zizi.ee; Vene 12) Führt bunte Leinenservietten, Platzsets, Tischdecken und Kissenbezüge zu fairen Preisen. Eine weitere Filiale befindet sich in der Suur-Karja 2.

STADTZENTRUM

US Art Gallery KUNST

(Karte S. 52; www.usart.ee; Roseni 8; ⌚Di–Sa 11–19 Uhr) Trotz des Namens ist diese kommerzielle Galerie auf estnische Kunst ab dem 19. Jh. spezialisiert. Die Preise haben meist mehrere Nullen, aber es macht trotzdem Spaß, sich ein wenig umzuschauen.

Viru Keskus EINKAUFSZENTRUM

(Karte S. 52; www.virukeskus.com; Viru väljak 4; ⌚9–21 Uhr) Das Vorzeige-Einkaufszentrum

MARKTWIRTSCHAFT

Ob man Zutaten für ein Picknick oder einen alten Leninwecker sucht – die Tallinner Märkte eignen sich wunderbar zum Stöbern und Leutegucken.

» **Sadama Turg** (Karte S. 48; www.sadamaturg.ee; Sadama 25-4) Dieser neue Markt liegt praktisch für die Passagiere der Fähren und Kreuzfahrtschiffe und hat sich zum Ziel gesetzt, die besten estnischen Produkte feilzubieten: Fisch, Fleisch, Käse, (saisonale) Beeren, traditionelle Süßigkeiten und Backwaren. Hier gibt's auch eine Filiale von GoodKaarma (S. 146) sowie einen hervorragenden Kunsthandwerksladen.

» **Bahnhofsmarkt** (Jaama Turg; Karte S. 52; Kopli; ⌚8–17 Uhr) Ein Hauch des alten Russlands, hinter dem Bahnhof. Der Markt ist teils ein wenig zwielichtig (auf Wertsachen achten!), aber es gibt jede Menge faszinierende Trödelläden zum Durchstöbern.

» **Strickmarkt** (Karte S. 52; Müürivahe, Nähe Viru) Entlang der Altstadtmauern hoffen Dutzende Händler auf kühle Witterung und bieten selbst hergestellte Leinenstoffe, Schals, Pullover, Handschuhe, Mützen und Socken an.

» **Zentralmarkt** (Keskturg; Karte S. 48; Keldrimäe 9; ⌚8–18 Uhr) Beliebter Lebensmittelmarkt. Erreichbar mit Straßenbahnlinie 2 oder 4 bis zur Haltestelle Keskturg.

Tallinns, das Viru Keskus, beherbergt Mainstream-Modeboutiquen, eine tolle Buchhandlung (Rahva Raamat; www.rahvaraamat.ee) und einen Touristeninformationsschalter. Im Untergeschoss befindet sich der Bahnhof für die Stadtbusse und im Sommer wird das Dach zum Freiluftkino.

Stockmann Kaubamaja KAUFHAUS
(Karte S. 52; www.stockmann.ee; Liivalaia 53; ⌚Mo–Fr 9–21, Sa & So 9–20 Uhr) Das edle finnische Warenhaus war einer der ersten ausländischen Läden, die hier nach der Unabhängigkeit eröffneten. Damit endete die Zeit der sowjetischen Mangelwirtschaft und die Ära des Konsumtaumels westlichen Stils begann.

Tallinna Kaubamaja KAUFHAUS
(Karte S. 52; www.kaubamaja.ee; Gonsiori 2; ⌚9–21 Uhr) Dieses 1960 gegründete große Warenhaus zieht sich bis ins mit ihm verbundene Einkaufszentrum Viru Keskus.

Foorum EINKAUFSZENTRUM
(Karte S. 52; www.foorumkeskus.ee; Narva mnt 5; ⌚10–20 Uhr) Glitzernder neuer Shoppingtempel voller Mode und Accessoires.

Rotermanni Kaubamaja EINKAUFSZENTRUM
(Karte S. 52; www.rotermannikaubamaja.ee; Rotermanni 5; ⌚Mo–Sa 10–20, So 11–18 Uhr) Das funkelnde Monument des Kapitalismus eröffnete in drei miteinander verbundenen Gebäuden mit einer Verkaufsfläche von 5000 m2 2007 die Pforten.

Praktische Informationen

Geld

Geld kann in jeder großen Bank, auf der Post, an Bahnhöfen, in Wechselstuben und in größeren Hotels gewechselt werden, jedoch sollte man sich erst nach dem Kurs erkundigen und am Ende eine Quittung verlangen. Schlechte Umtauschkurse offerieren die kleinen Wechselstuben in der Altstadt. Banken und Geldautomaten sind überall zu finden.

Medizinische Versorgung

In den folgenden Einrichtungen findet sich englischsprachiges Personal.

Apteek 1 (Karte S. 52; ☎627 3607; www.apteek1.ee; Aia 7; ⌚Mo–Fr 9–20.30, Sa 9–20, So 9–18 Uhr) Eine der gut sortierten Apotheken der Stadt.

Erste-Hilfe-Notruf (☎697 1145) Englischsprachige Auskunft zu Behandlungen, Krankenhäusern und Apotheken.

Tõnismäe Apteek (Karte S. 48; ☎644 2282; www.farmacia.ee; Tõnismägi 5; ⌚24 Std.) Rund um die Uhr geöffnete Apotheke südlich der Altstadt.

Zahnklinik Tallinn (Tallinna Hambapolikliinik; Karte S. 48; ☎611 9230; www.hambapol.ee; Toompuiestee 4)

Zentralkrankenhaus Ost-Tallinn (Karte S. 48; ☎620 7070, Notfälle 620 7040; www.itk.ee; Ravi 18) Rundumversorgung inklusive rund um die Uhr geöffneter Notaufnahme.

Post

Hauptpost (Karte S. 52; Narva mnt 1; ⌚Mo–Fr 8–20, Sa 9–17 Uhr) Briefmarken gibt's auch an allen Kiosken.

Touristeninformation

Infopunkt Kadriorg-Park (Karte S. 58; Weizenbergi 33; ⌚Mi–So 10–17 Uhr) Direkt gegenüber vom Park Cafe. Drinnen gibt's ein Modell von Schloss und Gelände.

Tallinn Traveller Info Center (Karte S. 52; ☎5837 4800; www.traveller.ee; Vana-Posti 2; ⌚10–18 Uhr; @📶) Dieses von jungen Einheimischen betriebene Infozentrum lohnt auf jeden Fall einen Besuch. Hier sind zwei hervorragende kostenlose Karten von Tallinn (www.likealocalguide.com) erhältlich, eine für Backpacker und eine allgemeiner gehaltene; ähnliche Karten bekommt man für Tartu und Pärnu. Außerdem gibt's hier jede Menge Tipps und kostenlosen Internetzugang, dazu werden unterhaltsame, kostengünstige Stadtrundgänge und Radtouren angeboten. Von Juni bis August steht außerdem im Park gegenüber der städtischen Touristeninformation ein **Infozelt** mit täglich aktualisiertem Schwarzem Brett für Veranstaltungshinweise. Beim Zelt beginnen jeden Mittag kostenlose Stadtführungen.

Touristeninformation Tallinn (Tallinna Turismiinfokeskus; Karte S. 52; ☎645 7777; www.tourism.tallinn.ee; Kullassepa 4; ⌚Okt.–April Mo–Fr 9–17, Sa 10–15 Uhr, Mai–Sept. Mo–Fr 9–19, Sa & So 10–17 Uhr) Die Hauptstelle der Tallinner Touristeninformation eine Straße südlich vom Raekoja plats (Rathausplatz) bietet haufenweise Broschüren, Karten, Veranstaltungskalender und andere Informationen.

Touristeninformation Viru Keskus (Karte S. 52; ☎610 1557; Viru väljak 4; ⌚9–21 Uhr) Im Einkaufszentrum Viru Keskus.

An- & Weiterreise

Dieser Abschnitt konzentriert sich auf die Transportverbindungen zwischen Tallinn und anderen Orten im Baltikum. Verbindungen zu weiter entfernten Zielen siehe S. 424.

Auto & Motorrad

Wie auch die Unterkünfte werden Mietwagen im Sommer schnell knapp, sodass man am besten vorab bucht. Die großen internationalen

TALLINN CARD

Mit der lohnenswerten **Tallinn Card** (www.tallinncard.ee; 1/2/3 Tage 24/32/40 €) gibt's freien Eintritt bei den meisten Sehenswürdigkeiten der Stadt, Rabatte beim Shoppen, Essen und bei Unterhaltungsangeboten sowie Freifahrten mit Tallinns Bussen und Straßenbahnen. Außerdem hat man Anspruch auf eine kostenlose Stadtführung nach Wahl (die 6-Stunden-Karte für 12 € schließt diese Führung und einige der Unterhaltungsangebote nicht mit ein). Die Karten werden in Touristeninformationen, Hotels und Reisebüros angeboten. Karten für Kinder (6 bis 14 Jahre) kosten die Hälfte.

Wer sowieso an einer Stadtführung teilnehmen wollte, für den lohnt sich die Karte. Ansonsten muss man jede Menge Sehenswürdigkeiten in einen Tag zwängen, damit sich die Ausgabe lohnt. Wer plant, an einem einzigen Tag alle Galerien in Kadriorg oder alle Museen in der Altstadt zu besichtigen, ist mit der 6-Stunden-Karte gut bedient.

Autovermietungen sind alle vor Ort vertreten, so auch am Tallinner Flughafen; die Preise für eine Kurzmiete beginnen bei rund 40 € pro Tag. Die kleineren Verleiher bieten normalerweise günstigere Tarife und noch preiswerter wird es, wenn man sich in einen Bus nach Tartu oder Pärnu setzt und dort einen Wagen anmietet – die Touristeninformationen beider Orte halten umfassende Listen mit Autovermietungen bereit.

Wer trotzdem lieber einen Wagen in Tallinn mieten möchte, hat u. a. die Auswahl zwischen folgenden Firmen (weitere Tipps im Hotel erfragen):

Advantec (☎520 3003; www.advantage.ee; Flughafen Tallinn)

Bulvar (☎503 0222; www.bulvar.ee; Regati pst 1)

Europcar (www.europcar.ee) Stadtzentrum (Karte S. 48; ☎611 6202; Jõe 9); Flughafen Tallinn (☎605 8031; Lennujaama tee 2)

Hansarent (Karte S. 52; ☎655 7155; www.hansarent.eu; Ahtri 6)

Hertz (www.hertz.ee) Stadtzentrum (Karte S. 48; ☎611 6333; Ahtri 12); FlughafenTallinn (☎605 8923; Lennujaama tee 2)

R-Rent (www.rrent.ee) Stadtzentrum (☎661 2400; Rävala pst 4-715); FlughafenTallinn (☎605 8929)

Bus

Fernbusse zu Zielen in der Region und im Ausland fahren vom **Zentralen Busbahnhof** (Autobussijaam; Karte S. 52; ☎12550; Lastekodu 46), 2 km südöstlich der Altstadt; Anfahrt mit Straßenbahn 2 oder 4. Hier die wichtigsten Busunternehmen, welche die baltischen Länder miteinander verbinden, und die angesteuerten Ziele:

Ecolines (☎606 2217; www.ecolines.net) Salacgrīva (13,20 €, 2¾ Std., 2-mal tgl.) und Rīga (16,80 €, 4 Std., 3-mal tgl.).

Hansabuss Business Line (☎627 9080; www.businessline.ee) Kostenloses WLAN und die bequemsten Busse, nach Pärnu (14–18 €, 2 Std., 3-mal tgl.) und Rīga (23–31 €, 4½ Std., 4-mal tgl.); online buchen.

Lux Express (☎680 0909; www.luxexpress.eu) Pärnu (10 €, 1¾ Std., tgl.), Rīga (14–29 €, 4½ Std., 9-mal tgl.) und Vilnius (25 €, 9 Std., 2-mal tgl.).

Das staatliche Busnetz ist umfassend und verbindet Tallinn mit praktisch jedem Ort, den man ansteuern möchte. Alle Verbindungen sind auf der sehr praktischen Website **BussiReisid** (www.bussireisid.ee) zusammengefasst. Einige der Hauptstrecken mit mehreren Bussen pro Tag sind:

- » Narva (9–12 €, 3–4 Std.)
- » Rakvere (5–6,20 €, 1½ Std.)
- » Tartu (8–12 €, 2½ Std.)
- » Viljandi (8–9,40 €, 2½ Std.)
- » Pärnu (6–8,50 €, 2 Std.)

Flugzeug

Der **Flughafen Tallinn** (TLL; Tallinna lennujaam; ☎605 8888; www.tallinn-airport.ee; Tartu mnt) liegt 4 km südöstlich der Altstadt. Die folgenden Fluglinien fliegen von anderen Zielen im Baltikum nach Tallinn:

airBaltic (BT; ☎17107; www.airbaltic.com) Sieben Flüge täglich von/nach Rīga und an den meisten Tagen auch Verbindungen von/nach Vilnius.

Avies (U3; ☎680 3501; www.avies.ee) Fliegt mindestens täglich von/nach Kärdla (Hiiumaa).

Estonian Air (OV; ☎640 1160; www.estonian-air.ee) An den meisten Tagen Flüge von/nach Tartu und Kuressaare sowie an Wochentagen zweimal von/nach Vilnius.

Finnair (AY; ☎626 6309; www.finnair.ee) Sechsmal täglich von/nach Helsinki.

Flybe (FC; ☎44-1392-268 529; www.flybe.com) Flüge von/nach Helsinki ab 39 €.

Schiff

Fährverbindungen nach Helsinki siehe S. 191.

Zug

Der **Baltische Bahnhof** (Balti Jaam; Karte S. 52; ☎631 0023; www.baltijaam.ee; Toompuiestee 35) liegt am nordwestlichen Rand der Altstadt. Trotz des Namens verkehren von hier keine direkten Züge in die anderen baltischen Länder. **GoRail** (www.gorail.ee) bietet eine tägliche Verbindung nach Moskau mit Stopp in Narva (ab 27 €, 1½ Std., tgl.).

Das estnische Bahnnetz wird von **Edelerautee** (www.edel.ee) betrieben; u. a. werden folgende Orte angefahren:

- Narva (7,35 €, 3½ Std., 1-mal tgl.)
- Pärnu (5,43 €, 2¾ Std., 2-mal tgl.)
- Rakvere (4 €, 1¾ Std., 2-mal tgl.)
- Tartu (6,71 €, 3 Std., 3-mal tgl.)
- Viljandi (6,39 €, 2½ Std., 1- bis 3-mal tgl.)

ℹ Unterwegs vor Ort

Auto & Motorrad

In Tallinn Auto zu fahren bietet einige Herausforderungen: So muss man sich z. B. die Straßen mit Straßenbahnen und Trolleybussen teilen. Wenn die Straßenbahnhaltestelle in der Straßenmitte liegt, müssen Autos anhalten, bis die ausgestiegenen Fahrgäste die Straße verlassen haben.

Die Innenstadt hat ein kompliziertes Einbahnstraßensystem und oft ist das Abbiegen verboten, was für Neulinge verwirrend sein kann. Überraschenderweise ist der größte Teil der Altstadt nicht autofrei – jedoch geht's hier nur langsam voran, es gibt kaum Parkplätze und die Zufahrt ist nur über einige wenige Straßen möglich. Einfacher ist es, das Fahrzeug für die Zeit des Aufenthalts in Tallinn abzustellen und die Stadt zu Fuß und mit öffentlichen Verkehrsmitteln zu erkunden.

Das Parken ist selbst für Einheimische kompliziert und oft muss man per Handy bezahlen (was für Leute ohne estnische SIM-Karte schwierig ist). Man halte Ausschau nach Parkverbotsschildern, hoffe, dass man sie richtig versteht, und stelle sich für den Fall, dass man sie missachtet, schon mal auf eine Geldbuße ein. Einige Unterkünfte haben Gästeparkplätze (kostenlos sind allerdings die wenigsten) oder können zumindest den nächstgelegenen Parkplatz nennen. Am besten also immer zuerst dort nachfragen. Ein zentraler, rund um die Uhr geöffneter Parkplatz befindet sich im Viru Keskus (Einfahrt neben dem Hotel Viru in der Narva mnt; pro Std. 1,80 €), ein weiterer unter dem Rotermann-Komplex (Einfahrt von der Ahtri, unmittelbar hinter dem Hotel Metropol; pro Std./Tag 1,20/10 €).

Fahrrad

Neben geführten Touren bietet City Bike (S. 61) alles, was für eine Radtour durch Tallinn, Estland oder das Baltikum von Nutzen sein könnte. Außer Fahrrädern (Stadträder ohne Gangschaltung pro Std./Tag/Woche 1,60/10/42 €, andere Fahrräder 2,30/13/45 €) kann man Fahrradtaschen, Navis und Kinderräder/-sitze/-anhänger mieten. Es gibt außerdem einen Reparaturservice, viel Kartenmaterial und gute Ratschläge. Bei längeren Touren ist gegen Aufpreis auch Einwegmiete möglich.

Von/Zu den Fährterminals

Es gibt zwei Hauptanleger für Passagierfähren, allesamt nur 1 km von der Altstadt entfernt. Die meisten Fähren und Kreuzfahrtschiffe legen am **Fährhafen** (Reisisadam; Sadama) an, einige davon am **Terminal D** (Lootsi) auf der anderen Seite des Wassers. Die Fähren der Linda Line steuern das große Terminal **Linnahall** (Kalasadama) ein Stückchen weiter westlich an.

Busse der Linie 2 fahren alle 20 bis 30 Minuten von der Haltestelle beim Terminal A über den Terminal D, das Stadtzentrum und den Zentralen Busbahnhof zum Flughafen; wer vom Zentrum aus zum Fährhafen fahren möchte, nimmt den Bus an der Haltestelle A. Laikmaa vor dem Tallink Hotel. Vom Stadtzentrum fahren außerdem die Straßenbahnen 1 und 2 und der Bus 3 zur Haltestelle Linnahall (an der Põja pst, beim Beginn der Sadama), fünf Fußminuten von allen Terminals entfernt.

Die Linda Line bietet nach Ankunft ihrer Schiffe einen eigenen Bustransfer (2 €) in die Altstadt und ins Zentrum; Fahrkarten gibt's auf den Fähren und beim Hafenbüro.

Ein Taxi zwischen Stadtzentrum und Fährterminals kostet etwa 5 €.

Vom/Zum Flughafen

FLUGHAFENBUS Wer in der Altstadt oder in ihrer Nähe nächtigt, nimmt am besten den großen blauen **Hansabuss** (www.hansabuss.ee; Fahrkarte 2 €, zahlbar im Bus). Dieser dreht vom Flughafen eine Schleife durch das Stadtzentrum und um die Altstadt herum und hält vor großen Hotels; Abfahrt von 7.30 bis 18.30 Uhr jede halbe Stunde. Für die Planung der Rückfahrt zum Flughafen hilft der Fahrplan aus der Touristeninformation.

SHUTTLE Im Flughafenterminal gibt's einen Schalter für Shuttlebusse. Die Fahrt zu Hotels im Zentrum kostet 5 €.

STADTBUS Die Buslinie 2 startet alle 20 bis 30 Minuten (von 6 bis 23 Uhr) von der Haltestelle A. Laikmaa gegenüber vom Tallink Hotel neben dem Viru Keskus. Auf der Fahrt vom Flughafen ins Zentrum hält der Bus an fünf Haltestellen und fährt dann weiter zum Fährterminal. Tickets gibt's beim Fahrer für 1,60 € (für 1 € am Kiosk). Die Fahrzeit ist vom Verkehr abhängig, beträgt aber selten mehr als 20 Minuten.

TAXI Ein Taxi zwischen Flughafen und Zentrum sollte keine 10 € kosten. Am besten fragt man den Fahrer vor der Fahrt nach dem ungefähren Fahrpreis und bittet um eine Quittung, falls man das Gefühl hat, zu viel gezahlt zu haben.

Öffentliche Verkehrsmittel

Tallinn hat ein hervorragendes öffentliches Netz an Bussen, Straßenbahnen und Trolleybussen; diese fahren gewöhnlich von 6 bis 24 Uhr. Das wichtigste Busterminal im Zentrum (*hobujaama*) befindet sich unter dem Einkaufszentrum Viru Keskus, die Routen einiger Busse enden aber in den umliegenden Straßen. Fahrpläne aller öffentlichen Verkehrsmittel stehen online auf der Website **Tallinn** (www.tallinn.ee).

Alle Transportmittel nutzen dasselbe Ticketsystem. *Piletid* (Fahrkarten) gibt es an Straßenkiosken (Einzelfahrschein für 1 € oder 10er-Block für 8 €) oder beim Fahrer (1,60 €). Die Fahrkarte muss an der Maschine im Bus entwertet werden. Am besten schaut man sich an, wie es die Einheimischen machen. Tagestickets kosten für 1/3/5 Tage 4/6/7 € (sie sind an den Kiosken erhältlich). Wer die Tallinn-Card (Kasten S. 79) besitzt, fährt kostenlos. Schwarzfahren wird mit 40 € geahndet. Es steigen regelmäßig Kontrolleure zu, also das Ticket bereithalten.

Taxi

In Tallinn fahren unzählige Taxis. Die Taxiunternehmen machen ihre eigenen Preise, sodass Grund- und Kilometerpreis von Fahrzeug zu Fahrzeug variieren. Die Tarife sollten auf einem Schild im Heckfenster rechts angegeben sein. Wer an der Straße ein Taxi anhält, läuft Gefahr, übers Ohr gehauen zu werden. Eine telefonische Bestellung ist der sicherere Weg. Die Mitarbeiter in den Taxizentralen sprechen Englisch, geben die Autonummer (Nummernschild) und die voraussichtliche Ankunftszeit (meist 5–10 Min.) durch. Wer denkt, zu viel gezahlt zu haben, verlangt am besten eine Quittung, die der Fahrer ausstellen muss.

Reval Takso (☎601 4600; Grundgebühr 2,24 €, pro km 0,96 €)

Tallink Takso (☎640 8921; Grundgebühr 3,07 €, pro km 6–23 Uhr 0,70 €, 23–6 Uhr 0,86 €)

Takso24 (☎640 8927; Grundgebühr 2,30 €, pro km 0,35 €)

Tulika & Maksi Takso (☎612 0000) Tulika (Grundgebühr 2,88 €, pro km 6–23 Uhr 0,55 €, 23–6 Uhr 0,70 €); Maksi (Grundgebühr 5,75 €, pro km 0,96 €) Wer in einer größeren Gruppe unterwegs ist, fragt nach einem Maksi Takso (Großraumtaxi).

Im Zentrum von Tallinn sind auch die umweltfreundlichen **Velotakso** (☎5551 0095) unterwegs: eierförmige Vehikel, die durch Pedalkraft und Enthusiasmus des „Taxiradlers" angetrieben werden. Die Fahrt kostet pauschal 2,23 € für jedes Ziel im Stadtzentrum. Innerhalb der Stadtmauern warten meist in der Viru mehrere Fahrzeuge.

DER NORDOSTEN

Lahemaa – das „Land der Buchten" – ist der schönste der estnischen Nationalparks und nimmt den größten Teil des Nordostens ein. Im Park liegen unberührte Küstenstriche von rauer Schönheit, ausgedehnte Wälder im Hinterland und verschlafene Dörfer an Seen, Flüssen und Buchten.

Der Park liegt bei gut einem Drittel der Wegstrecke zwischen Tallinn und der russischen Grenze. Östlich des Parks verwandelt sich die ländliche Idylle in eine trostlose Industriebrache. In den Städten sind die Narben, die die russische Industrie hinterlassen hat, vielfach noch sichtbar: In Kunda steht eine riesige Zementfabrik, Kohtla-Järve ist das Zentrum des umweltschädlichen Ölschieferabbaus (hier steht die größte Anlage der Region) und in Sillamäe stand Estlands Uranaufbereitungsanlage. Wer sich ausreichend Zeit nimmt, entdeckt viele attraktive Orte: die junge Stadt Rakvere, die malerischen Kreidefelsen bei Ontika und die interessante Hafenstadt Sillamäe – ein Paradebeispiel der stalinistischen Architektur. Die beeindruckendste Stadt der Region ist jedoch Narva, deren imposante Burg aus dem 13. Jh. stammt.

Für alle, die einen Eindruck von Russland bekommen möchten, ohne langwierig ein Visa beantragen oder die Grenze überqueren zu müssen, bietet der Nordosten Estlands einen guten Einstieg. Viele Bewohner sind gebürtige Russen; auf der Straße und in den Läden und Restaurants wird immer noch Russisch gesprochen. Und es gibt viele Gelegenheiten, wunderschöne orthodoxe Kirchen, Ostblock-Mietskasernen und weitere Hinterlassenschaften des östlichen Nachbarn zu besichtigen und zu fotografieren.

Nationalpark Lahemaa

Der größte *rahvuspark* (Nationalpark) Estlands ist ein perfekter Zufluchtsort, wenn man dem Trubel der Hauptstadt entfliehen möchte: ein 725 km² großes unberührtes Stück Estland mit malerischer Küste und reizvollem Hinterland. Die zerklüftete Küste wird durch Halbinseln und Buchten gegliedert und rund 475 km² der Parkfläche

Der Nordosten

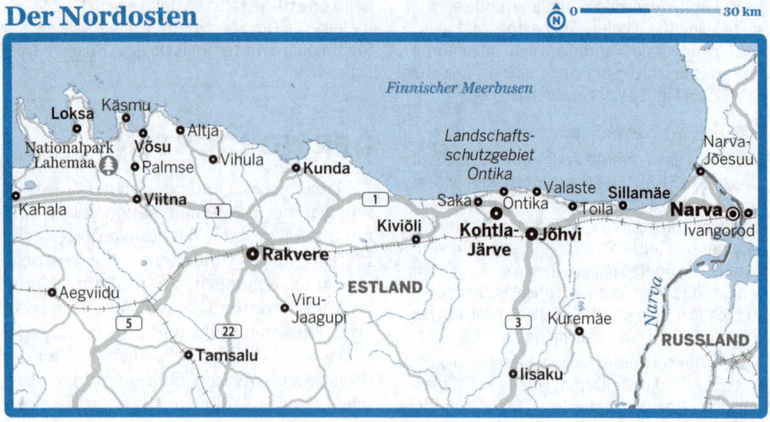

nehmen die Kiefernwälder des Küstenhinterlands mit Seen, Flüssen und Mooren sowie historisch und kulturell interessanten Stätten ein. Die touristische Infrastruktur ist gut: Es gibt gemütliche Pensionen, restaurierte Herrenhäuser, abgelegene Campingplätze und ein weit verzweigtes Netz an Waldwegen für Wanderer, Radler und Reiter.

Die Landschaft präsentiert sich weitgehend flach oder leicht gewellt, der höchste Punkt liegt nur 115 m über dem Meeresspiegel. Typisch für die estnische Landschaft sind Steinfelder, Alvare und Findlinge. Alvare sind steppenartige Landschaften mit einer extrem dünnen Schicht Muttererde (maximal 30 cm). Findlinge, sogenannte „erratische Blöcke", brachte die letzte Eiszeit aus Skandinavien hierher. Sie bestehen aus ortsfremdem Gestein.

Fast 840 Pflanzenarten, darunter 34 seltene, haben Botaniker im Park gefunden. 50 verschiedene Säugetiere leben hier, darunter Braunbären, Luchse und Wölfe. Aber ohne die Hilfe von Führern werden Besucher kaum einem von ihnen begegnen. 222 Vogelarten, darunter Höckerschwäne, Schwarzstörche, Prachttaucher und Kraniche, nisten hier. 24 Fischarten wurden gesichtet. In den Flüssen laichen Lachse und Forellen.

Im Winter verwandelt sich der Park in eine magische Landschaft mit verschneiter Küste, zugefrorenen Seen und glitzernden Bäumen.

Geschichte

Lahemaa wurde 1971 gegründet und war damit der erste Nationalpark der Sowjetunion. Zwar gab es auch damals schon Schutzgebiete, doch glaubte die Regierung, mit der Gründung eines Nationalparks den Nationalstolz fördern zu können. Nach mühseliger Überzeugungsarbeit (nicht zuletzt unter Berufung auf ein angeblich von Lenin unterzeichnetes Dekret, in dem Nationalparks als eine wünschenswerte Form des Naturschutzes bezeichnet wurden) und jahrelangen Vorbereitungen kam schließlich die Genehmigung. Weitere Nationalparks wurden 1973 und 1974 in Lettland und Litauen gegründet, erst 1983 wurde der erste Nationalpark auf heutigem russischem Territorium ins Leben gerufen.

Sehenswertes

Die folgenden Sehenswürdigkeiten haben wir nach ihrer Lage sortiert und gehen dabei von West nach Ost. Mit der Erkundung des Parks beginnt man am besten am Besucherzentrum des Lahemaa im Gutshof Palmse. Außerhalb des Parks gibt's bei Viitna drei Seen, die sich schön für ein Bad oder eine Umwanderung eignen.

Kolga Museum MUSEUM

(www.kuusalu.ee; Erw./Kind 1,50/1 €; ⌚15. Mai–15. Sept. 10–18 Uhr, 16. Sept.–14. Mai Mo–Fr 9–16 Uhr) Das fotogen heruntergekommene klassizistische Gutshaus in Kolga wurde 1642 errichtet, dann aber 1768 und 1820 in großem Stil umgebaut. Die Bemühungen der derzeitigen Besitzer, das Haus zu restaurieren, sind aus finanziellen Gründen ins Stocken geraten. Das kleine Heimatmuseum in einem Nachbargebäude bietet nur wenige Informationen auf Englisch, jedoch gibt's eine interessante Ausstellung über Gräber aus der Bronzezeit am nahen Kahala-See.

Halbinsel Juminda HALBINSEL

Auf der Halbinsel Juminda, dem westlichsten Finger des Parks, gibt's jede Menge zu erkunden. An der Nordspitze stehen ein **Leuchtturm** aus den 1930er-Jahren und ein **Mahnmal**, das an Tausende von zivilen Opfern erinnert, die 1941 bei ihrer Flucht aus Estland starben, als die Fluchtschiffe durch Minen und deutsche Schiffe versenkt wurden.

Das Dorf **Virve** an der Ostküste der Halbinsel ist auf reizende Art altmodisch. In der Nähe beginnt an der Straße von Loksa nach Leesi der 7 km lange **Naturlehrpfad Majakivi**, der vorbei am 7 m hohen **Majakivi** (Hausfels) vorbeiführt; dieser ist mit einem Volumen von 580 m³ der größte Findling im Lahemaa.

Bis 1992 war die **Insel Hara** südlich von Virve ein sowjetischer U-Boot-Stützpunkt und somit Sperrgebiet. Auf Karten aus der Sowjetzeit ist die Insel nicht verzeichnet. Um 1860 war der Sprottenfang ein einträglicher Wirtschaftszweig, von dem fast 100 Menschen lebten. Wer Interesse hat, kann die Mitarbeiter des Besucherzentrums fragen, ob sie bei der Organisation einer Überfahrt helfen. Bei Niedrigwasser kann man auch zu Fuß zur Insel gehen – im Besucherzentrum nach den besten Zeiten fragen!

Halbinsel Pärispea HALBINSEL

An der westlichen Zufahrt zur Halbinsel Pärispea liegt **Loksa**, die größte Siedlung im Park, mit einem beliebten Sandstrand. Der Ort macht einen leicht heruntergekommenen Eindruck, schön ist jedoch die 9 km lange Fahrt Richtung Nordosten zum Dorf **Viinistu**.

Östlich von Vihasoo am Fuß der Halbinsel liegt in einem hübschen Wäldchen etwas abseits der alten Küstenstraße der 7,8 m hohe **Findling Tammispea**. Im Laufe der Zeit ist dieser riesige Felsbrocken in mehrere kleinere Teile zerbrochen.

Kunstmuseum Viinistu

(Kunstimuuseum; www.viinistu.ee; Erw./Kind 2/1 €; ⌚Juni–Aug. tgl. 11–18 Uhr, Sept.–Mai Mi–So) Das Museum zeigt die bemerkenswerte private Kunstsammlung von Jaan Manitski, angeblich einem der reichsten Männer des Landes. Er wurde hier im Dorf geboren, verließ es aber bereits als Kleinkind und machte später ein Vermögen als Manager der berühmten schwedischen Band ABBA. Durch sein Museum (mit rund 300 traditionellen und modernen estnischen Werken) sowie das benachbarte Hotel und Restaurant (S. 88) in der alten Fischfabrik am Wasser hat er das ganze Dorf umgekrempelt.

Käsmu & Võsu DÖRFER

Im als Dorf der Kapitäne bekannten winzigen **Käsmu** war von 1884 bis 1931 eine Marineschule ansässig, die Kapitäne ausbildete; zeitweise soll es in jeder Familie im Dorf mindestens einen Kapitän gegeben haben. In den 1920er-Jahren war ein Drittel aller Schiffe in Estland hier registriert. Heute ist die Hauptattraktion des Dorfes der Strand, von 1945 bis 1991 war der gesamte Küstenstreifen des Nationalparks jedoch militärisches Sperrgebiet – ein 2 m hoher Stacheldrahtzaun sorgte dafür, dass die Dorfbewohner nicht an den Strand gehen konnten.

Käsmu liegt in einem Findlingsfeld mit der größten Zahl an Findlingen in Estland. Diese kann man sich auf einem 4,2 km langen Rundweg anschauen, dem **Natur- & Kulturlehrpfad Käsmu**, der an der Küste entlang und durch Kiefernwald führt. Bei der Kapelle beginnt außerdem ein 14 km langer Wander- und Radweg zum Käsmu-See (Käsmu järv).

Dank seinem langen Sandstrand füllt sich **Võsu** in der Hauptsaison mit einem jugendlichen Partyvolk.

Seefahrtsmuseum

(Meremuuseum; www.kasmu.ee; Merekooli tee 4; Eintritt per Spende; ⌚9–19 Uhr) In der ehemaligen Kaserne der sowjetischen Küstenwache in Käsmu wurde inzwischen ein Museum mit allen möglichen Gegenständen und Karten mit Bezug zur Seefahrt untergebracht.

Gutshaus Palmse HISTORISCHES GEBÄUDE

(www.palmse.ee; Erw./Kind 5/3,50 €; ⌚10–18 Uhr) Vom Reichtum der deutschen Großgrundbesitzer zeugt dieser Gutshof mit mehr als 20 Gebäuden auf einem 52 ha großen Anwesen. Im 13. Jh. befand sich hier ein Zisterzienserkloster. Von 1677 bis 1923 befand sich das Gut dann im Besitz der baltendeutschen Familie von der Pahlen. 1923 wurde es verstaatlicht; dieses Ereignis feiert das einfache, steinerne **Landreformdenkmal**, das über den Zierteich und den französischen Garten schadenfroh hinüber zum Herrenhaus blickt.

Der inzwischen komplett restaurierte Gutshof Palmse ist jetzt das Juwel des Nationalparks; in den alten Stallungen ist das Besucherzentrum des Parks untergebracht. Das hübsche **Herrenhaus** (1720, umgebaut in den 1780er-Jahren) ist heute ein Muse-

Nationalpark Lahemaa

PELZ & FEDERKLEID

In Estland leben 64 verschiedene Landsäugetierarten. Einige Tiere, die andernorts verschwunden sind, haben in Estlands ausgedehnten Wäldern überlebt. Der Braunbär stand um 1900 bereits kurz vor dem Aussterben; heute leben in Estland mehr als 600 Bären. Der europäische Biber, der als beliebtes Jagdtier kurz vor der Ausrottung stand, wurde in den 1950er-Jahren erfolgreich wieder angesiedelt und hat sich inzwischen auf rund 20 000 Exemplare vermehrt. Der Rehwild- und Wildschweinbestand ist mit Zehntausenden von Tieren zwar erheblich, nimmt aber kontinuierlich ab, was so manch einer auf die Raubtiere zurückführt – tatsächlich werden diese Tiere jedoch fleißig gejagt, um dann (zusammen mit Elchen und Bären) auf den Speisekarten der teuren Restaurants wieder aufzutauchen. In Estland leben immer noch Wölfe (schätzungsweise 135 Tiere) sowie Luchse (über 700 Exemplare), hübsche Pinselohrkatzen mit eindrucksvollen Pranken, die im Winter als „Schneeschuhe" fungieren. Luchse, Bären, Wölfe und Biber sind nur einige der Tiere, auf die jedes Jahr Jagd gemacht wird; jedoch wird mit einem Quotensystem versucht, die Bestände konstant zu halten.

Estland besitzt auch eine reichhaltige Vogelwelt mit 363 bekannten Arten. Wegen des eiskalten Winters sind die meisten Arten Zugvögel. Obwohl sie fast überall auf der Welt zu finden ist, genießt die Rauchschwalbe einen beinahe königlichen Status als estnischer „Nationalvogel". Sie kehrt im April oder Mai aus ihrem Winterdomizil zurück. Ein anderer gern gesehener Gast ist der Storch. Während seine Zahl in vielen Teilen Europas abnimmt, ist der Weißstorch hier noch auf dem Vormarsch – oft sieht man ihn auf großen runden Nestern oben auf den Laternenpfählen. Die Zahl der Schwarzstörche nimmt jedoch ab.

um mit Möbeln und Kleidern aus der Zeit. Auch weitere renovierte Gutsgebäude werden heute für andere Zwecke genutzt: In der Brennerei residiert ein Hotel, das Haus des Gutsverwalters ist ein Gästehaus, die Arbeiterunterkünfte beherbergen eine Gaststätte, im Kavaliershaus – einst ein Sommerhaus für Gäste – befindet sich nun ein Andenkenladen und im lauschigen Badehaus am See ein Restaurant. Erkundet werden können außerdem noch heute genutzte Gewächshäuser und eine Orangerie.

LP TIPP Gutshaus Sagadi & Forstmuseum HISTORISCHES GEBÄUDE

(Sagadi Mois & Metsamuuseum; www.sagadi.ee; Erw./Kind 2,50/1,50 €; ⌚Mai–Sept. 10–18 Uhr, Okt.–April nach Vereinbarung) Das rosa-weiße barocke Herrenhaus, vielleicht das schönste in Estland, wurde 1753 fertig gestellt und erstrahlt inzwischen wieder in alter Pracht. Wunderschön sind auch die Gärten (kostenlos zugänglich) mit dem obligatorischen See, verschiedenen modernen Skulpturen, einem Arboretum und einem scheinbar endlosen Ausblick durch eine Baumallee.

Sagadi wurde in der Zeit der ersten Unabhängigkeit Estlands verstaatlicht, jedoch durfte die Adelsfamilie der von Focks hier bis 1939 wohnen bleiben. Wie auch in Palmse dienen die Gebäude auf dem Gut Sagadi heute anderen Zwecken: Hier sind das Staatliche Forstverwaltungszentrum (Riigimetsa Majandamise Keskus; RMK), dessen Schulungszentrum, ein Hotel und ein Hostel (S. 86) untergebracht sowie ein Forstmuseum (Eintritt im Ticket für das Gutshaus inbegriffen), das sich der Forstwirtschaft und der Flora und Fauna des Parks widmet.

Altja DORF

Das 1465 zum ersten Mal urkundlich erwähnte Fischerdorf wartet mit zahlreichen restaurierten oder nachgebauten traditionellen Gebäuden auf, darunter eine wunderbar alt wirkende Kneipe, die aber von 1976 stammt. Der Schaukelhügel (Kiitemägi) von Altja mit einer traditionellen estnischen Holzschaukel ist schon seit Langem das Zentrum der jährlichen Mittsommernachtsfeiern im Lahemaa. Am Schaukelhügel beginnt ein 3 km langer Rundweg, der **Natur- & Kulturlehrpfad Altja**, der an traditionellen Netzschuppen und Fischerhäuschen und am Findlingsfeld vorbeiführt, dem „Freilichtmuseum der Steine".

Einige gute Strände gibt's Richtung Osten zwischen Altja und Mustoja. Nach Osten führt entlang der alten Straße von Altja nach Vainupea auch eine hübsche Wander- und Radroute. Südlich von Altja, an der Straße nach Oandu, befindet sich der **Biberpfad**.

Dieser schöne, 1 km lange Weg führt an einigen Biberdämmen im Fluss Altja vorbei. Die scheuen Tiere zeigen sich leider nur selten.

Aktivitäten

Wandern

In den verschiedenen Landschaften des Parks wurden mehrere schöne Wanderwege angelegt, Karten und Weginfos hat das Besucherzentrum des Nationalparks. Neben den schon unter „Sehenswertes" genannten Wegen gibt's noch zwei weitere interessante:

Der Altholz-Lehrpfad **Oandu**, ein 4,7 km langer Rundwanderweg 3 km nördlich von Sagadi, ist vielleicht der interessanteste im Park. Unterwegs sind an den Bäumen Kratzspuren von Wildschweinen und Bären zu sehen, die Rinden wurden häufig von Elchen abgeknabbert. Die Kiefern tragen Narben, weil die Tiere versuchen, ans Harz zu kommen.

Der **Moorlehrpfad Viru**, ein 3,5 km langer Weg durch das Moor von Viru, beginnt nach 1 km an der Straße nach Loksa, die von der Schnellstraße Tallinn–Narva abzweigt. Hier steht auch der insektenfressende Sonnentau (Venusfliegenfalle) – die Lieblingspflanze von Charles Darwin.

Reiten

Reiterhof Kuusekännu REITEN

(Kuusekännu Ratsatalu; ☎325 2942; www.kuusekannu.maaturism.ee) Dieser Reiterhof bei Viitna unmittelbar außerhalb des Nationalparks veranstaltet Ausritte im Nationalpark wie etwa zweitägige Ausritte zu den Gutshäusern Sagadi (230 €), Käsmu (210 €) oder Altja (215 €); Dreitagestouren zu allen drei Höfen kosten inklusive zwei Übernachtungen und Verpflegung rund 355 €. Vorher anrufen; die Anfahrt ist auf der Website beschrieben.

Geführte Touren

Viele Veranstalter bieten Ausflüge von Tallinn aus in den Park – eine großartige Alternative für alle, die kein eigenes Fahrzeug haben. City Bike (S. 61) veranstaltet einen Tagesausflug im Minibus zum Nationalpark mit Besuchen in Palmse, Sagadi, Altja, Võsu und Käsmu (49 €); unterwegs bietet sich die Möglichkeit zu Wanderungen und Radtouren.

Schlafen

In Käsmu unweit eines kleinen Strands liegen einige günstige Gästehäuser. Wem es am Strand zu ruhig ist, sollte nach Võsu fahren: Dort hängen im Sommer viele estnische Studenten rum. Doch auch abseits der Küste finden sich Pensionen im Hinterland. Das Besucherzentrum in Palmse führt Zimmerlisten. Vorsicht: Viele kleine Pensionen halten sich große pflichtbewusste Hunde – also lieber nicht über den Zaun springen.

Lahemaa ist ideal zum Zelten – RMK bietet viele einfache Zeltplätze, die kostenlos genutzt werden können; u. a. bei Tsitre an der Kolga-Bucht, am nördlichen Ende der Halbinseln Juminda und Pärispea und an der Straße von Sagadi nach Altja – 300 m südlich des Oandu-Wanderwegs. Kleine Holzschilder mit den Buchstaben „RMK" weisen den Weg. Alle Zeltplätze (die kostenlosen von RMK und die privaten) sind in der hervorragenden Nationalparkkarte *Lahemaa Rahvuspark* eingezeichnet, sie ist im Besucherzentrum für 1,90 € erhältlich.

LP TIPP **Gutshof Sagadi** HOTEL, HOSTEL €€

(☎676 7888; www.sagadi.ee; B 15 €, EZ 55 €, DZ 75–105 €; P 📶) Im feinen Ambiente des Gutshofes Sagadi zu nächtigen, dessen Gärten den Gästen offen stehen, ist ein schönes Erlebnis. Im alten Gutsverwalterhaus ist ein gepflegtes 31-Betten-Hostel untergebracht, das Hotel residiert in den weiß getünchten Stallungen auf der anderen Seite des Rasens. Im Erdgeschoss hat das Hotel frische, moderne Zimmer mit kleiner Terrasse und Hof. Die Zimmer unter der Dachschräge sind altmodischer und geringfügig billiger. Das Restaurant im Zwischengeschoss (Hauptgerichte 7–16 €) serviert reichhaltige Mahlzeiten mit Zutaten aus der Umgebung wie Wild, Fisch, Pilzen und Beeren.

Toomarahva Turismitalu GÄSTEHAUS €€

(☎505 0850; www.toomarahva.ee; Altja; Wohnwagen-Stellplätze 10 €, DZ 40–60 €) Dieser Hof bietet einen unvergesslichen Einblick ins ländliche Estland. Er besteht aus reetgedeckten Holzhäusern und einem Garten voller Blumen und Skulpturen. In den umgebauten Stallungen sind vier Privatzimmer untergebracht – zwei teilen sich jeweils ein Bad und eins verfügt über eine Küche; im Sommer kann man es sich für 5 € auch im Heu gemütlich machen. Außerdem gibt's eine rustikale Sauna; Verpflegung kann auf Wunsch arrangiert werden. Der Hof ist nur schlecht ausgeschildert – er liegt gegenüber vom Schaukelhügel.

Vihula Manor HOTEL €€€

(☎326 4100; www.vihulamanor.com; Vihula; EZ 110–190 €, DZ 120–190 €; P 📶) Im Zuge seiner

Umgestaltung zum schicken Countryclub und Wellnesscenter hat dieser Gutshof sein pfirsichfarbenes Herrenhaus und mehrere der historischen Nebengebäude mit Gästezimmern, Restaurants und einem Tagesspa ausgestattet. Besonders die Zimmer im Haupthaus präsentieren sich schick und elegant und beeindrucken mit einladenden Badewannen. Für eine kleine Paddeltour auf dem See kann man Boote mieten.

Gästehaus Palmse GÄSTEHAUS €€

(☎5386 6266; www.palmse.ee; Gutshof Palmse; DZ/3BZ/4BZ ohne Bad 38/56/75 €, Suite 77–96 €) Das Gästehaus im alten Gutsverwalterhaus von 1820 ist stimmungsvoller als das altgediente Park-Hotel Palmse. Hier gibt's für jeden Geldbeutel das richtige Zimmer: von Familienzimmern mit gemeinsam genutzten Einrichtungen bis zur vornehmen Suite mit Plasma-TV.

Uustula B&B & Campingplatz GÄSTEHAUS, CAMPINGPLATZ €

(☎325 2965; www.uustalu.planet.ee; Neeme tee 78A, Käsmu; Stellplätze pro Pers./Auto 2/1,50 €, EZ/DZ 26/42 €) Dieser Komplex in Käsmu hat schlichte, freundliche Zimmer am Wasser. Frühstück kostet 4 € extra. Camper können ihre Zelte auf dem Rasen aufschlagen. Duschen (2 €), Sauna (16 € pro Std.) und Fahrradvermietung gibt es auch.

Park-Hotel Palmse HOTEL €€

(☎322 3626; www.phpalmse.ee; EZ/2BZ/DZ 51/64/70 €; WLAN) Das Hotel bietet im Schatten des riesigen Schornsteins der alten Brennerei des Gutshofs Palmse saubere und gemütliche Zimmer, die allerdings im Vergleich zu den neueren Unterkünften im Nationalpark etwas altbacken wirken.

Gästehaus Merekalda GÄSTEHAUS €€

(☎323 8451; www.merekalda.ee; Neeme tee 2, Käsmu; Zi. 45–52 €, Apt. 78 €; ⏲Mitte Mai–Mitte Okt.) Diese ruhige Unterkunft in idyllischer Uferlage gleich rechts am Ortseingang von Käsmu bietet Zimmer und Apartments rund um einen hübschen großen Garten. Ein Zimmer mit Seeblick und Balkon ist nur bei zeitiger Reservierung zu ergattern. Wer knapp bei Kasse ist, kann für nur 19 € in einer spartanischen Hütte wohnen und doch die gleiche schöne Lage genießen. Mit Boots- und Fahrradvermietung.

Viinistu Hotel HOTEL €€

(☎608 6422; www.viinistu.ee; EZ 45–70 €, 2BZ 55 €, DZ 85 €; WLAN) In diesem hellen Hotel am Wasser, direkt neben Jaan Manitskis privatem Kunstmuseum, sind weitere Werke aus seiner Sammlung zu sehen. Die Ausstattung im nautischen Stil schafft eine frische Note, aber die Zimmer sind recht schlicht. Die Familienzimmer sind erheblich geräumiger als der Rest und verfügen über eine kleine Küche. Am besten sind natürlich die Zimmer mit Meerblick und Balkon.

Eesti Karavan CAMPINGPLATZ €

(☎5370 5191; www.eestikaravan.eu; Zelt pro Pers. 5 €; ⏲Mai–Okt.) Der zweckmäßige Campingplatz in Lepispea, 1 km westlich von Võsu, richtet sich vor allem an Camper mit Zelten und Wohnwagen.

Essen & Ausgehen

Bei **Meie** (Mere 67; ⏲9–21 Uhr) in Võsu (drinnen gibt's einen Geldautomaten) und dem viel größeren **Loksa Kauplus** (Tallinna 36; ⏲9–22 Uhr) in Loksa kann man sich mit Proviant eindecken.

La Boheme FRANZÖSISCH €€

(☎326 4100; www.vihulamanor.com; Vihula Manor; Hauptgerichte 13–17 €; P WLAN) Wer im Garten oder auf der Terrasse speist, versäumt das prachtvolle Ambiente des Ballsaals des Gutshauses. Auf der unverkennbar französisch ausgerichteten Speisekarte stehen vor allem Wild und Fisch aus der Umgebung. Auf jeden Fall Platz für den Nachtisch lassen!

Altja Kõrts ESTNISCH €

(www.altja.ee; Hauptgerichte 5–8 €; ⏲Mai–Sept.) Dieses zauberhafte Lokal in einem reetgedeckten Holzbau mit großer Terrasse serviert köstliche Hausmacherkost. Die erste Seite der Speisekarte mit knusprigen Schweineohren und Blutwurst als Vorspeise sollte einen nicht abschrecken. Es folgen leckere Gerichte wie über Wacholderholz gegrillter Lachs und Schweinsroulade mit Meerrettich und Kräutern.

Palmse Kõrts ESTNISCH €

(Palmse; Hauptgerichte 4–8 €) Das in den Arbeiterunterkünften von 1831 untergebrachte rustikale Gasthaus liegt nur einen kurzen Fußmarsch südlich des Gutshauses und wirkt mit seinen schweren Deckenbalken durchaus historisch. Auf der Karte steht eine kleine Auswahl traditioneller estnischer Speisen. Der Kartoffelsalat mit Eiern ist ganz schön schwer, aber sehr lecker.

O Kõrts KNEIPE €€

(Jõe 3, Võsu; Hauptgerichte 9–10 €; ⏲So–Di & Do 11–24, Mi, Fr & Sa 11–3 Uhr) Die Gaststätte gleich an der Hauptstraße von Võsu (gegenüber der Polizei) hat eine hübsche Blumenterrasse und einen gemütlichen Gastraum mit viel Holz. Die Karte reicht von leichten Imbissgerichten bis zu Vertrautem wie Schweinefleisch, Steak und Lachs. An manchen Abend spielt Livemusik oder legen DJs auf.

Restoran Peter Ludwig EUROPÄISCH €€
(Gutshof Palmse; Hauptgerichte 7–13 €) Das Restaurant im ehemaligen Badehaus des Gutshofs Palmse erfreut sich einer phantastischen Lage an einem See, auf dem sich Schwäne tummeln. Es serviert hauptsächlich Fisch- und Nudelgerichte, hier und da durch asiatische Aromen verfeinert.

Viinistu Restaurant & Bar BAR €
(www.viinistu.ee; Hauptgerichte 5–11 €; ⌚Mo & Di 12–17, Mi–So 12–19 Uhr) Hier haben Gäste jede Menge Zeit, den Ausblick aufs Wasser von der Terrasse oder durch die großen Panoramafenster des Restaurants zu genießen: Der Service kann schon recht langsam sein. Auf der Karte steht alles Mögliche von Club-Sandwiches über Schweinskotelett und Salate bis zu Lachs-Tagliatelle.

Viitna Kõrts ESTNISCH €
(www.viitna.eu; Viitna; Hauptgerichte 4–12 €) Das rekonstruierte Gasthaus aus dem 18. Jh. steht gleich gegenüber der Haltestelle der Busse, die von Viitna nach Osten fahren – perfekt für einen Stopp auf der Reise zwischen Tallinn und Narva. Die umfangreiche Karte bietet verlockende traditionelle Gerichte wie Schweinebraten mit Honig und Hering mit Frischkäse. Nebenan serviert ein einfaches Café ab 7 Uhr Kaffee und Sandwiches und draußen gibt's noch einen rund um die Uhr geöffneten Kiosk.

ℹ Praktische Informationen

Besucherzentrum Nationalpark Lahemaa
(Lahemaa Rahvuspargi Külastuskeskus; ☎329 5555; www.rmk.ee; Gutshof Palmse; ⌚Mai–Aug. 9–19 Uhr, Sept. 9–17 Uhr, Okt.–April Mo–Fr 9–17 Uhr) Hier gibt's die nützliche Nationalparkkarte (1,90 €) sowie Infos zu Wanderwegen und Unterkünften. Es empfiehlt sich, den Parkbesuch hier mit dem kostenlosen 17-minütigen Film *Lahemaa – Nature and Man* zu beginnen.

ℹ Anreise & Unterwegs vor Ort

Lahemaa lässt sich am besten per Auto oder Fahrrad erkunden, da es im Park nur sehr wenige Busverbindungen gibt. Fahrräder verleihen: Hotel des Gutshofs Sagadi, Toomarahva Turismitalu, Uustula B&B, Gästehaus Merekalda und Park-Hotel Palmse (ca. 10 € pro Tag). Eine andere Möglichkeit ist, in Tallinn ein Rad zu mieten und die Fahrt zum Nationalpark über City Bike (S. 61) zu arrangieren. Die wichtigsten Busstrecken durch den Park:

» Von Tallinn nach Altja (6 €, 1¾ Std., mind. tgl.) über Loksa, Käsmu und Võsu

» Von Rakvere nach Käsmu (1,92–2,24 €, 1–1¾ Std., mind. 4-mal tgl.) über Palmse und Võsu sowie entweder Viitna oder Sagadi

» Von Rakvere nach Võsu (1,73–2,25 €, 40 Min. bis 1¾ Std., mind. 2-mal tgl.) über entweder Vihula oder Sagadi oder Viitna, Palmse und Käsmu

Rakvere

16 600 EW.

Das auf halber Strecke zwischen Tallinn und Narva gelegene Rakvere (Wesenberg) ist ein überaus angenehmer Ort für einen Zwischenstopp oder gar eine Übernachtung. Hier herrscht im Allgemeinen eine fröhliche, jugendliche und moderne Stimmung – ganz im Unterschied zu Narva. Eine interessante Ordensburg und eine riesige Skulptur erheben sich oberhalb des kleinen Stadtkerns mit dem weitläufigen Turuplats (Marktplatz) in der Mitte. Für einen Platz aus der Sowjetzeit ist er recht cool – mit großen orangefarbenen Betonbogenlampen über Kieselsteinkreisen und Brunnen. Arvo Pärt, Estlands berühmtester Sohn, ging hier zur Schule; auf dem Platz steht eine Statue des Komponisten als Junge.

Rakvere ist außerdem für eine etwas ungewöhnlichere Musiktradition bekannt, das **Estnische Punkliedfestival** (www.punklaulupidu.ee): Ein unvergessliches Erlebnis ist es, *Anarchy in the UK* von einem Massenchor mit knallbunten Haaren, Irokesenschnitt und starkem estnischem Akzent gesungen zu hören. Das Ganze begann als Protest gegen den Konservatismus des nationalen Sängerfests und findet inzwischen alle paar Jahre statt, zuletzt 2011.

Sehenswertes & Aktivitäten

Ordensburg Rakvere BURG
(Rakvere Linnus; ☎507 6183; www.svm.ee; Erw./Kind 4,50/3,50 €; ⌚Mai–Sept. 11–19 Uhr, Okt.–April nach Vereinbarung) Die Hauptattraktion der Stadt wurde im 14. Jh. von den Dänen gebaut. Seitdem hat die Festung mehreren Herren gedient: Russen, Schweden und Polen. Während der Kämpfe zwischen Schweden und Polen im Jahr 1605 wurde die Festung stark beschädigt und Ende des 17. Jhs. zu einem prächtigen Herrenhaus umgebaut.

Heute unterscheidet sich die Burg von anderen Ruinen dadurch, dass hier mittelalterliche Vergnügungen angeboten werden, die vor allem Kinder ansprechen: Sie können Kerzen ziehen, Tiere füttern und auf Ponys reiten. Erwachsene hantieren mit – Gott sei Dank stumpfen – Schwertern, versuchen sich im Bogenschießen und Lanzenstechen oder probieren im Gasthaus mittelalterliches Bier und mittelalterliche Speisen.

Der Eintritt umfasst kostenlose Führungen in mehreren Sprachen durch die Folterkammer; hier können sich die Kinder angesichts all der nachgemachten Skelette und falschen Särge herrlich gruseln. Im Sommer wird das Burggelände zur Bühne für Konzerte und Theaterstücke, einen Spielplan hat die Touristeninformation.

Tarvas-Statue DENKMAL

Vor der Burg steht das zweite Wahrzeichen von Rakvere: eine wuchtige, 7 t schwere Statue, die der hiesige Künstler Tauno Kangro 2002 zum 700. Geburtstag der Stadt geschaffen hat. Die Statue stellt einen Auerochsen dar, ein seit dem 17. Jh. ausgestorbenes Wildrind mit langen Hörnern. In der *Livländischen Chronik* von 1226 wird eine hölzerne Festung auf dem Hügel Rakvere erwähnt. Sie trug den Namen Tarvanpea, was soviel bedeutet wie „Kopf eines Auerochsen" – daher also die Statue.

Stadtmuseum MUSEUM

(www.svm.ee; Tallinna 3; Erw./Kind 2,60/2 €; Di–Fr 10–17, Sa 10–15 Uhr) Das Gebäude von 1786 war einst Gerichtsgebäude und Finanzinstitut, heute bietet das hier untergebrachte Stadtmuseum mäßig spannende Ausstellungen zur Stadtgeschichte, u. a. zur Schnapsbrennerei, sowie Münzen, Banknoten und Waffen. Interessanter ist die moderne Galerie oben.

Bürgerhaus-Museum MUSEUM

(Linnakodaniku Majamuuseum; Pikk 50; Erw./Kind 1,60/0,80 €; Di–Sa 11–17 Uhr) An der Pikk liegen zahlreiche alte Holz- und Steinhäuser, darunter dieses Wohnhaus aus dem 18. Jh., das größtenteils im Stil des frühen 20. Jhs. eingerichtet ist. Zu sehen sind u. a. eine Schusterwerkstatt, eine Sammlung von Kinderspielzeug und ein Klavier, das einst Arvo Pärt gehörte.

Dreifaltigkeitskirche KIRCHE

(Pikk 17; Turm Erw./Kind 1/0,50 €; Mo–Sa 11–17 Uhr) Diese recht hübsche lutherische Kirche vom Beginn des 15. Jhs. wurde in der Folge mehrere Male beschädigt und wieder aufgebaut. Sie verfügt über einen 62 m hohen Kirchturm, eine geschnitzte Kanzel mit Bildtafeln und einige eindrucksvolle große Gemälde. Wer von oben auf die Stadt blicken möchte, kann den Kirchturm besteigen.

Schlafen

Art Hotell HOTEL €€

(323 2060; www.arthotell.ee; Lai 18; EZ/DZ 32/51 €;) Dieses kleine Hotel gehört den Betreibern des schicken Cafés gegenüber. Es wirkt sehr unaufdringlich mit klaren Linien, Dachschrägen, Milchglastrennscheiben in den Bädern und Flachbild-TV. Früher war es ein Bordell.

Aqva Hotel & Spa HOTEL €€

(326 0000; www.aqvahotels.ee; Parkali 4; EZ 79–89 €, DZ 85–120 €, Suite 190 €;) Dieser große Komplex beherbergt ein Tagesspa und ein Erlebnisbad und ist vor allem bei finnischen Familien ein Renner. Das Wasserthema wird bis zum Gehtnichtmehr ausgeschöpft: Das beginnt mit dem violetten Teppich mit Wirbelmuster, setzt sich beim Aquarium fort und endet noch lange nicht mit der Wasserwand in der Lobby. Die Standardzimmer sind relativ klein, aber modern und stilvoll.

Essen & Ausgehen

Art Café CAFÉ €

(www.artcafe.ee; Lai 13; Hauptgerichte 4–9 €) Mit Großstadtflair, einem hübschen Garten und einer breit gefächerten Kundschaft ist dieser Laden immer eine gute Wahl – vom Frühstück bis zum abendlichen Drink stimmt hier alles. Das freundliche, aber recht behäbige Personal hilft bei der Wahl zwischen verschiedenen Salaten, Suppen, Pfannkuchen, Pastagerichten und anderen in der Regel kreativen Speisen.

Turuplatz CAFÉ, BAR €

(Turuplats 3; Hauptgerichte 5–13 €) Die riesigen Teekannen, die hier von der Decke hängen, verweisen auf das umfassende Teeangebot der relaxten Cafébar – aber auch die Cocktailkarte kann sich sehen lassen und die Küche zaubert die unterschiedlichsten internationalen Gerichte von *pelmeni* (russischen Teigtaschen) und Kurzgebratenem über Salate bis Pasta. Die Nischen mit schwarzem Samt zwischen verspiegelten Wänden und Orangenbäumchen verleihen eine unkonventionelle Clubatmosphäre.

Old Victoria KNEIPE €€
(Inglise Pubi; www.inglisepubi.ee; Tallinna 27; Hauptgerichte 8–11 €) Den Pub nach englischem Vorbild schmücken alte Tapeten, dunkles Holz und Ledersofas. Der Biergarten bildet den idealen Rahmen für das eine oder andere Pint und für Standardgerichte wie Rindfleischeintopf und Spaghetti Bolognese.

Praktische Informationen

Touristeninformation (☎324 2734; www.rakvere.ee; Laada 14; ⏲Mo–Fr 9–17 Uhr, Mitte Mai–Mitte Sept. außerdem Sa & So 9–15 Uhr) Das freundliche Personal versorgt Besucher mit einem Stadtplan und einer Broschüre für einen Rundgang.

An- & Weiterreise

BUS Der Busbahnhof liegt an der Kreuzung von Laada und Vilde – eine Straße südlich der Touristeninformation. Wichtige Verbindungen:

» Tallinn (3,50–6,20 €, 1½ Std., 19-mal tgl.) über Viitna

» Narva (7–7,40 €, 2¼–2¾ Std., 8-mal tgl.) über Sillamäe

» Tartu (7–8,20 €, 2¼–3 Std., 7-mal tgl.), einige über Mustvee

» Viljandi (8,50 €, 2½ Std., 2-mal wöchentl.)

» Pärnu (8,50–10 €, 3¼–4 Std., 4-mal tgl.)

ZUG Zwei Züge fahren täglich nach Tallinn (4 €, 1¾ Std.) und einer nach Narva (4 €, 1¾ Std.). Der Bahnhof liegt an der Jaama puiestee, 1,2 km nordöstlich des Hauptplatzes.

Landschaftsschutzgebiet Ontika

Dieses schmale Schutzgebiet zwischen der schmalen Küstenstraße und dem Meer etwa auf halber Strecke zwischen Rakvere und Narva schützt einen Abschnitt der Steilküste des sogenannten Baltischen Glints, wo das Land urplötzlich abbricht und bis zu 54 m hohe Klippen hinterlässt. Die Felswände erstrecken sich über 1200 km von Schweden bis zum Lagoda-See in Russland; 500 km davon liegen unter Wasser.

In **Valaste** gewähren eine Aussichtsplattform und eine Stahltreppe einen Blick auf den höchsten Wasserfall Estlands (26–32 m), der in manchen Jahreszeiten aber nur ein kleines Rinnsal ist (im Winter ist er sogar gefroren und ein atemberaubendes Fotomotiv).

Von Valaste führt die Küstenstraße ins 10 km entfernte **Toila**. Hier stand das majestätische Schloss Oru, das sich der bekannte Petersburger Geschäftsmann Eliseev im 19. Jh. errichtete. Später wurde es zwischen den Weltkriegen von Präsident Konstantin Päts als Sommerresidenz genutzt und dann im Zweiten Weltkrieg zerstört. Teile des Parks, auch die alte Terrasse, wurden wiederhergestellt: ein schöner Ort für einen Spaziergang oder ein Picknick.

Schlafen & Essen

Saka Cliff Hotel & Spa HOTEL, CAMPINGPLATZ €€
(☎336 4900; www.saka.ee; Gutshof Saka; Stellplätze pro Pers. 4 €, EZ 60 €, DZ 80–100 €; P) Dieser Gutshof in ruhiger Lage auf einer Klippe ist an der Landstraße östlich von Varja ausgeschildert. Er umfasst ein einladendes Hotel mit Campingplatz, Wellnessangeboten und Restaurant (Hauptgerichte 7–12 €). In der Umgebung gibt es zahlreiche Wanderwege und eine Metalltreppe führt ans Ufer hinab. Die Zimmer sind für den Preis allerdings nicht gerade groß.

Valaste Puhkemaja Hostel HOSTEL, CAMPINGPLATZ €
(☎332 8200; info@copsmax.ee; Valaste; Stellplätze pro Pers. 3,20 €, EZ/DZ 20/30 €) Genauso abgeschieden liegt dieses kleine, bunt bemalte Hostel mit großer Gemeinschaftsküche, gepflegten Bädern und großem Platz für Camper. Der Empfang befindet sich im Café beim Wasserfall; hier kann man Tag und Nacht kalorienreiche Snacks bekommen.

Toila Spa Hotell & Camping Männisalu HOTEL, CAMPINGPLATZ €€
(☎334 2900; www.toilaspa.ee; Ranna 12, Toila; Stellplätze pro Pers. 3,20 €, Hütten 39–64 €, EZ/DZ 52/78 €;) Trotz des großen Erlebnisbads und Wellnesszentrums wirkt das Toila wie eine Mischung aus Krankenhaus und 1980er-Jahre-Motel. Netter ist der Campingbereich unter den Kiefern (geöffnet Mai bis September); es können auch einfache Holzhütten gemietet werden.

Sillamäe

16 100 EW.

Das Küstenstädtchen scheint auf ewig zwischen der UdSSR (an einem ihrer guten Tage) und dem modernen Estland zu verharren – ein interessanter Ort vor allem für Freunde stalinistischer Architektur. Leningrader Architekten haben die Stadt geplant: Zu den stattlichen Gebäuden zählt auch das Rathaus, das wie eine lutherische Kirche aussehen sollte. Im Park gegenüber steht die **Skulptur** eines muskulösen Arbeiters, der ein Atom in die Höhe hält.

Das Schicksal der Region wurde in den Nachkriegsjahren besiegelt, als Wissenschaftler entdeckten, dass Ölschiefer geringe Mengen Uran enthält. Die berüchtigte Fabrik zur Uranaufbereitung und Herstellung nuklearer Stoffe wurde innerhalb kürzester Zeit von 5000 politischen Gefangenen hochgezogen. Die Stadt selbst bauten 3800 Gefangene aus dem Baltikum, die zuvor in der deutschen Armee gekämpft hatten. Ab 1946 war der Ort Sperrgebiet und unter mehreren abstrusen Codenamen wie Leningrad 1 oder Moskau 400 bekannt. Auf vielen Karten aus der Sowjetzeit ist er überhaupt nicht verzeichnet. Trotzdem hatten die Arbeiter hier im Allgemeinen ein besseres Leben als in anderen Teilen Estlands.

In der Fabrik wurde ausschließlich nicht angereichertes Uran hergestellt. Doch die gespenstisch leer stehenden Gebäude am Westrand der Stadt belegen, dass die Sowjets planten, hier reines, reaktorfähiges Uran zu produzieren. Letztendlich bewahrte die Auflösung der UdSSR die estnische Umwelt vor noch Schlimmerem. 1991 wurde die Fabrik geschlossen, seither liegt der radioaktive Abfall unter einer Betonschicht im Meer begraben. Um den Giftmüll zu sichern und ein Austreten in die Ostsee zu verhindern, wurden bereits enorme Summen an EU-Geldern investiert.

Das **Stadtmuseum** (Kajaka 17a; Erw./Kind 1,30/0,65 €; ⏲Mo–Do 10–18, Fr 10–16 Uhr) enthält rostiges Werkzeug, eine hervorragende Mineralienausstellung und einige faszinierende Räume aus der Sowjetära mit Uniformen, Flaggen und großen Porträts von Lenin und Stalin. Das Museum ist nicht gut ausgeschildert und liegt etwas zurückversetzt zwischen den Straßen Kajaka und Majakovski, eine Straße landeinwärts vom Wasser.

Das einzige Hotel der Stadt ist das **Krunk** (☎392 9030; www.krunk.ee; Kesk 23; EZ/DZ/3BZ/Suite 45/60/80/140 €) in einem hübschen gelben Gebäude an der Hauptstraße. Es hat altmodische, aber angenehme Zimmer und es gibt eine Bar und ein Grillrestaurant in schöner Lage gegenüber vom Rathaus.

ℹ An- & Weiterreise

Wichtige Busverbindungen:

» Tallinn (7,50–11 €, 2½–3½ Std., 20-mal tgl.) über Viitna

» Rakvere (6 €, 1¾–2¼ Std., 8-mal tgl.)

» Narva (1,47–2,40 €, 25–65 Min., über 40-mal tgl.)

» Tartu (5,40–9,20 €, 2¼–3 Std., 7-mal tgl.), einige über Kauksi und Mustvee

» Viljandi (11,80 €, 4 Std., 2-mal wöchentl.) über Kauksi und Mustvee

Narva

65 600 EW.

Nur der Fluss Narva trennt Estlands östlichste Stadt von Iwangorod in Russland. Narva ist fast ausschließlich von Russen bewohnt und eine echte Grenzstadt: Die Brücke am Ende der Hauptstraße ist die wichtigste Verbindung des Landes nach Russland und das Grenzsperrgebiet reicht bis an den Stadtplatz heran. Außer der prächtigen Festung und dem barocken Alten Rathaus fiel der überwältigende Teil der wunderbaren Architektur der Stadt dem Zweiten Weltkrieg zum Opfer. Die neu aufgebaute Stadt wirkt melancholisch und bedrückend; vom Wohlstand in anderen Landesteilen ist hier nur wenig zu spüren. Doch ist die drittgrößte Stadt des Landes ein beeindruckender Ort – keine estnische Stadt ist mit ihr vergleichbar.

Geschichte

Narva liegt an einer wichtigen Handelsroute und schon in der Steinzeit gab es hier eine Siedlung. Nach der Christianisierung lag die Stadt an der Grenze zwischen West- und Ostkirche, also zwischen Katholizismus und Orthodoxie. Daher überrascht es wenig, dass Narva im Verlaufe der Jahrhunderte immer wieder in Grenzstreitigkeiten und Kriege verwickelt war. Davon legt auch die Hermannsfeste Zeugnis ab, der auf der anderen Seite des Flusses in Iwangorod eine von Iwan III. 1492 errichtete Burg gegenüberstand. Im 16. und 17. Jh. wechselte Narva mehrmals den Besitzer und gehörte manchmal zu Russland, dann wieder zu Schweden, bis es 1704 schließlich vorerst endgültig an Russland fiel.

Im Zweiten Weltkrieg wurde die Stadt sowohl von den Deutschen als auch den Sowjets bombardiert. Als die Rote Armee 1944 Narva zurückeroberte, wurde es fast komplett zerstört. Danach wurde Narva Teil des größten Industriegebietes Estlands und gehörte zu den europäischen Städten mit der schlimmsten Umweltverschmutzung. Heute sind die Emissionen deutlich zurückgegan-

RUSSEN IN ESTLAND

Die estnischen Staatsbürgerschaftsgesetze (siehe Kasten S. 171) haben zu Konflikten sowohl im Land selbst als auch in den Beziehungen zu Russland geführt. Offene rassistisch motivierte Feindseligkeiten sind zwar eher selten, kommen jedoch vor. 2007 führte die Entscheidung der Regierung, ein Kriegsdenkmal aus der Sowjetzeit aus dem Zentrum von Tallinn zu verbannen, zu Gewalttätigkeiten und die Spannungen zwischen den Russen und dem Rest der Bevölkerung traten offen zu Tage. Regelmäßig hagelt es Beschwerden – vor allem in den russischen Medien – über die Diskrimierung der russischen Minderheit in Estland.

Obwohl der Europarat 2010 in einem Bericht feststellte, dass Estland einiges unternommen habe, um die Lage der Minderheiten – unter denen die Russen die weitaus größte Gruppe sind – zu verbessern, wurde auch darauf hingewiesen, dass die Arbeitslosenquote bei den Minderheiten doppelt so hoch ist wie in der übrigen Bevölkerung. Wer durch einige der heruntergekommenen Städte im Nordosten Estlands fährt, wo Arbeit und Hoffnung auf eine bessere Zukunft kaum noch zu finden sind, bekommt eine Ahnung von der russischen Misere. Die Russen sind in den Gefängnis-, HIV- und Drogenstatistiken stark überrepräsentiert und die schlechtere soziale Lage der russischen Mitbürger wiederum bestätigt und verstärkt die Vorurteile vieler Esten.

gen – auch dank sauberer Technologien, in die viel Geld investiert wurde und wird.

Sehenswertes

Hermannsfeste BURG

(Peterburi 2) Die imposante Burg wurde Ende des 13. Jhs. von den Dänen errichtet und im Verlauf der Jahrhunderte immer weiter befestigt. Am Flussufer gegenüber steht ihr Pendant, die russische Festung Iwangorod. Zusammen bilden sie ein in Europa einzigartiges architektonisches Ensemble. Im **Burghof**, einer großen Rasenfläche, steht höchstwahrscheinlich eine der letzten öffentlichen Leninstatuen in Estland.

Nachdem die Schäden aus dem Zweiten Weltkrieg behoben waren, richtete man im Turm Langer Herrmann das **Stadtmuseum** (www.narvamuuseum.ee; Erw./Kind 5/3,30 €; ⌚10–18 Uhr) ein. Der hohe Eintrittspreis berechtigt dazu, die Aussicht vom Turm zu genießen und während des Aufstiegs die Ausstellungen auf den einzelnen Etagen zu besichtigen (unterschiedlich interessant und bedeutsam und nicht immer englisch beschriftet).

Im Sommer entsteht im **Nordhof** eine Stadt des 17. Jhs. mit Apotheke, Schmiede, Töpferei und Spitzenklöppler-Werkstatt. Der Eintritt ist im Ticket fürs Museum inbegriffen und außerdem kostenlos für diejenigen, die in einem historische Kostüm aufkreuzen!

Der beste Blick auf das malerische Ensemble mit den beiden Burgen bietet sich vom beliebten **Strand** am Fluss unmittelbar südlich der Festungen.

Altstadt VIERTEL

Das Wenige, was von der stark in Mitleidenschaft gezogenen Altstadt von Narva noch übrig ist, liegt in den Straßen nördlich der Burg – allerdings muss man die Grenzzäune umgehen, um dorthin zu gelangen. Am eindrucksvollsten ist das barocke **Alte Rathaus** (Raekoja plats 1), das zwischen 1668 und 1671 entstand. Genau wie Tallinn umgaben die Schweden die Stadt mit einem sternförmigen Festungsring und die meisten Erdwälle sind auch heute noch sichtbar. Vom schattigen **Dunklen Garten** (Pimeaia) auf der Bastion Victoria genießt man einen schönen Blick auf den Fluss.

Kunstigalerii KUNSTMUSEUM

(www.narvamuuseum.ee; Vestervalli 21; Erw./Kind 1,50/1 €; ⌚10–18 Uhr) Die städtische Galerie präsentiert auf drei Etagen eine interessante Sammlung von Kunstwerken; das Highlight sind die Arbeiten von vor dem Zweiten Weltkrieg.

Auferstehungskirche KIRCHE

(Voskresensky Sobor; Bastrakovi 4) Die in typischer Sowjetmanier zwischen öden Mietskasernen nordwestlich des Bahnhofs versteckte russisch-orthodoxe Kirche von 1898 wartet mit einem hübschen Backstein-Exterieur und einem reich glitzernden Innenleben auf.

Schlafen & Essen

Wer in der schwermütigen Atmosphäre Lust auf ein bisschen 21. Jh. verspürt, folgt der Tallinna maantee nach Westen, wo es Einkaufszentren wie das Astri Keskus mit Imbisslokalen gibt.

King HOTEL, RESTAURANT €€
(☎357 2404; www.hotelking.ee; Lavretsovi 9; EZ/DZ 44/57 €; P@) Das Hotel King in einem Gebäude von 1681 gleich nördlich des Zentrums hat moderne, gemütliche Zimmer und ein ausgezeichnetes, jedoch düsteres Restaurant mit schattiger Terrasse (Hauptgerichte 6,60–18 €). Wer etwas Neues ausprobieren möchte, kann ein Neunauge aus dem Fluss Narva kosten.

Hotell Inger HOTEL €€
(☎688 1100; www.inger.ee; Pushkini 28; EZ 50 €, DZ 65–100 €, Suite 170–300 €) Dem modernen Äußeren entsprechen die veralteten und schäbigen, dafür aber großen Zimmer keinesfalls und das Rezeptionspersonal war bei unserem letzten Besuch grandios schlecht gelaunt. Trotzdem ist das Inger eine gute Ausweichmöglichkeit, wenn das King voll ist – und das ist oft der Fall. Einige Zimmer verfügen über eine eigene Sauna, schön sind auch die Themensuiten.

Castell RESTAURANT €€
(Burghof; Peterburi 2; Hauptgerichte 10–20 €) Das auf Mittelalter getrimmte Restaurant mit Bar auf dem Festungsgelände bietet eine große Auswahl dubios benannter Gerichte wie „Geheimnis der Flusstiefen" oder „Tapferkeit auf dem Schlachtfeld".

Salvadore RESTAURANT €
(www.inger.ee; Pushkini 28; Hauptgerichte 5–12 €; ⏲Mo–Fr 6–15 & 17–22, Sa & So 7.30–22 Uhr) Das Restaurant im Hotel Inger ist überraschend stilvoll und die Wände des modernen Speisesaals zieren Wandgemälde im Stil Dalís. Die Küche plündert mit Erfolg russische, estnische, deutsche, französische und italienische Kochtraditionen.

Shoppen

Antiquitäten Aleksandr ANTIQUITÄTEN
(www.narvantique.ee; Pushkini 13) Für Russland-Nostalgiker gibt's hier Leninbüsten, Medaillen, Schmuck und Ikonen.

Praktische Informationen

Touristeninformation (☎359 9087; www.narva.ee; Peetri plats 3; ⏲10–16 Uhr) Das freundliche und effiziente englischsprachige Personal verteilt Stadtpläne und Stadtinfos.

Zentralbibliothek Narva (www.narvalib.ee; 2. OG, Malmi 8; ⏲Mo–Fr 11–19 Uhr, Sept.–Mai außerdem Sa 10–17 Uhr) Kostenloser Internetzugang.

An- & Weiterreise

Der Bahnhof und der Busbahnhof liegen nebeneinander in der Vaksali 2, am südlichen Ende der Hauptstraße Pushkini.

BUS Lux Express (☎680 0909; www.luxexpress.eu) hat zwei Verbindungen täglich nach Rīga (18–25 €, 6¾ Std.). Wichtige Verbindungen:

» Tallinn (8,50–12 €, 3–4 Std., 20-mal tgl.) über Viitna

» Rakvere (7–7,40 €, 2¼–2¾ Std., 8-mal tgl.)

» Sillamäe (1,47–2,40 €, 25–65 Min., über 40-mal tgl.)

» Tartu (6,40–11 €, 2¾–3½ Std., 7-mal tgl.), einige über Kauksi und Mustvee

» Viljandi (12,10 €, 2½ Std., 2-mal wöchentl.) über Kauksi und Mustvee

ZUG Von Narva fährt am Tag ein Zug nach Rakvere (4 €, 1¾ Std.) und Tallinn (7,35 €, 3½ Std.).

Narva-Jõesuu

2600 EW.

Etwa 13 km nördlich von Narva liegt der schöne, aber etwas marode Ferienort Narva-Jõesuu. Sein langer Sandstrand mit den Kiefernwäldern als Kulisse macht ihn seit dem 19. Jh. zu einem beliebten Kurort. Erhalten blieben einige schöne Holzhäuser und Holzvillen, die zu Beginn des 20. Jhs. gebaut wurden und den Ort zum idealen Ausgangspunkt für die Erkundung des Städtchens Narva machen. Zur Auswahl stehen ein halbes Dutzend Hotels und Kurhäuser am Strand – und es wird weiter gebaut, vor allem für russische Urlauber. Zentrum des Geschehens ist die Gegend um das neue Hotel Meresuu (1,5 km westlich der Abzweigung nach Narva).

Schlafen & Essen

Pansionaat Valentina GÄSTEHAUS €€
(☎357 7468; www.pansionaatvalentina.com; Aia 49; EZ 26 €, DZ 39–64 €, Hütte 32 €; P📶) Diese hübsche lachsfarbene Pension hinter dem großen Wellnesshotel Meresuu und nur wenige Meter vom Strand bietet auf einem makellosen Gelände altmodische Zimmer und Hütten sowie eine familienfreundliche Ausstattung (Fahrradverleih, Tennisplatz, Sauna, Grillstelle und Café). Einen Blick verdient auf jeden Fall die schöne alte Villa nebenan.

NICHT VERSÄUMEN

KLOSTER PÜHTITSA

Einst eine heidnische Kultstätte, ist das auf einem Hügel gelegene Dorf Kuremäe (20 km südöstlich von Jõhvi) nun Heimat des russisch-orthodoxen **Klosters Pühtitsa** (www.orthodox.ee; ⌚Mo–Fr 12–18 Uhr). Der Name *pühtitsa* bedeutet „heiliger Ort" und tatsächlich ist dies ein schönes, friedvolles Fleckchen. Das beeindruckende, zwischen 1885 und 1895 errichtete Nonnenkloster hat fünf weithin sichtbare Türme, die von grünen Zwiebelhauben gekrönt werden. Jedes Jahr pilgern russisch-orthodoxe Gläubige hierher. Auf Wandbildern am Eingang ist die Jungfrau Maria zu sehen, die im 16. Jh. hier in der Nähe einem Hirten in einem Eichenhain erschienen sein soll – was den vorchristlichen estnischen Glauben spiegelt, nach dem in heiligen Hainen göttliche Wesen hausten. Später wurde in der Umgebung eine Ikone gefunden, die noch heute in der Hauptkirche des Klosters aufbewahrt wird. Eine heilige Quelle auf dem Klostergelände friert angeblich nie zu. Die Nonnen leben autark und bestellen das umliegende Land. Gegen eine geringe Gebühr bieten sie Führungen an.

Meresuu Spa & Hotel HOTEL €€
(☎357 9600; www.meresuu.ee; Aia 48; Zi. 70–120 €, Suite 150–200 €; P @ ☏ ≋) Das 11-stöckige Hotel hat freundliches Personal, Meerblick, attraktive Zimmer in Braun- und Cremetönen sowie zahlreiche tolle Extras wie das „Aquacenter" (mit sieben Becken!), Saunen, ein Wellnesszentrum, ein Spielzimmer, einen Fahrrad- und sogar Yachtverleih. Das zugehörige Restaurant bietet Buffets, aber auch Essen à la carte.

ℹ An- & Weiterreise

Busse der Linie 31 fahren ungefähr jede Stunde von Narva nach Narva-Jõesuu (1,60 €, 20 Min.). Auf der gleichen Strecke verkehren zahlreiche *marshrutkas* (Minibusse), die jedoch keinen festen Fahrplan haben. Außerdem fahren vier Busse pro Tag von und nach Tallinn (12 €, 4¼ Std.), Rakvere (8,20 €, 3 Std.) und Sillamäe (3,20 €, 1 Std.).

DER SÜDOSTEN

Sanfte Hügel, idyllische Seen, riesige Wälder: Estlands schönste Landschaften liegen im Südosten des Landes. Und auch eine der wichtigsten Städte: die lebendige Universitätsstadt Tartu.

Außerhalb der Stadt – egal, in welche Richtung man sich bewegt – warten einzigartige Naturlandschaften. Im Süden liegen die Städte Otepää und Võru – ideale Standorte für diverse Aktivitäten im Freien: Wandern oder Schwimmen im See während der Sommermonate und Langlauf in den Wintermonaten. Reizvolle Orte an mäandrierenden Flüssen und in malerischen Tälern sind weitere Sehenswürdigkeiten. Wer eine ordentliche Dosis Wald braucht, kann die klaren Seen und sanften Hügel im Naturpark Haanja oder den Nationalpark Karula besuchen.

Im Osten liegt der Peipsijärv (Peipus-See), einer der größten Seen Europas. Seine Ufer säumen schöne Sandstrände und eine überraschend unberührte Küste. Man kann schwimmen, Boot fahren, fischen und die Landschaft genießen oder entlang des Westufers einige der kleinen am See verstreuten Dörfer besichtigen. Unterwegs liegen genügend Imbissbuden für den Hunger zwischendurch.

Einer der spannendsten Orte Estlands ist zugleich einer der am wenigsten besuchten. Ganz im Südosten leben in einigen Dörfern unweit des Pihkva-Sees die Setos. Die Nachfahren baltisch-finnischer Stämme ließen sich hier im 1. Jahrtausend nieder.

Wer der Region nur eine Stippvisite abstatten will, kommt gut mit dem Bus aus. Wer aber auch abgelegenere Ziele besuchen will – besonders rund um den Naturpark Haanja, in Setumaa und um den Peipus-See –, der spart mit dem Auto viel Zeit, da die Busse zu unregelmäßig fahren.

Peipus-See

Der Peipus-See (Peipsijärv; Chudskoe Ozero auf Russisch) an der Grenze zwischen Estland und Russland ist mit einer Fläche von 3555 km² der fünftgrößte See Europas. Seine größte Tiefe beträgt allerdings nur 15 m. Einige der schönsten und einsamsten Strände Estlands säumen die sandige, 42 km lange Nordküste des Sees. Während der Sowjetzeit gab es hier beliebte Ferienorte, von denen viele jedoch später dem Verfall überlassen wurden. Erst ganz allmählich erfolgt eine Neuerschließung der Region, zumeist allerdings für Sommerhäuser statt für Touristenunterkünfte.

Im 18. und 19. Jh. fanden am Westufer des Sees, besonders in Kallaste, Altgläubige Zuflucht – eine russisch-orthodoxe Glaubensgemeinschaft, die verfolgt wurde, da sie sich weigerte, die liturgischen Reformen von 1666 zu akzeptieren. Die Gemeinschaft überlebt in mehreren von ihr gegründeten Küstendörfern wie Kolkja, Kasepää und Varnja sowie auf der Insel Piirissaar.

Sehenswertes & Aktivitäten

Die folgenden Sehenswürdigkeiten sind von Nord nach Süd aufgeführt.

Nordküste DÖRFER, STRAND

An der Nordostecke des Sees liegt das abgeschiedene Fischerdorf **Vasknarva** mit rund 100 Einwohnern und einem stimmungsvollen russisch-orthodoxen Kloster, das einst eine Funküberwachungsstation des KGB beherbergt haben soll. In dem See entspringt der Fluss Narva und bildet auf seinem Weg zur Ostsee die Grenze zu Russland. Am Seeufer in Vasknarva stehen noch die traurigen Reste einer Ordensburg von 1349.

Die bedeutendste orthodoxe Kirche im Umkreis und Einkaufsmöglichkeiten finden sich in **Alajõe**. Den schönsten und beliebtesten Strand der Gegend hat **Kauksi**. Das Dorf liegt dort, wo die Straße von Narva über Jõhvi nach Tartu auf den See trifft.

Mustvee ORT

Mustvee hat zwar nur 1600 Einwohner, dafür aber vier Kirchen (der Altgläubigen, Lutheraner, Russisch-Orthodoxen und Unitarier) – und es waren sogar einmal sieben. Am Seeufer steht ein einsames Denkmal für die Gefallenen des Zweiten Weltkriegs, die den Kopf neigende **Trauernde Jungfrau**. Für eine Runde auf dem See können hier bei **Peipsirent** (☎504 1067; www.peipsirent.com; Narva 12) Ruderboote (pro 1/6/12 Std. 3/10/20 €) und Motorboote (3/20/30 €) gemietet werden.

Kallaste ORT

Hier leben seit 1720 Altgläubige. Damals nannte man die Gegend Krasniye Gori – „Rote Berge", denn bis zu 11 m hohe rote Sandsteinklippen säumen den Ort. Rund 85 % der rund 1100 Einwohner sprechen Russisch. Von Juni bis August ist eine **Touristeninformation** (☎745 2705; www.kallaste.ee; Oja 22; ⌚Mo–Fr 10–18, Sa & So 10–16 Uhr) geöffnet. Außerdem gibt es einen Supermarkt, einen Friedhof der Altgläubigen am südlichen Ortsrand und einen Sandstrand mit kleinen Höhlen.

LP TIPP **Schloss Alatskivi** HISTORISCHES GEBÄUDE

(Alatskivi loss; www.alatskiviloss.ee; Erw./Kind 3,50/2 €; ⌚Juni–Aug. tgl. 11–18 Uhr, Mai & Sept. Mi–So) Das an der Hauptstraße von Kallaste nach Tartu ausgeschilderte Schloss Alatskivi bringt ein Stück schottisches Hochland in einen besonders fruchtbaren Teil Estlands: Die weißen Türmchen und die unterschiedliche Höhe der beiden Gebäudeteile sind vom Lieblingsschloss der britischen Queen inspiriert, dem Balmoral Castle. Das umliegende Anwesen umfasst 130 ha für die Öffentlichkeit frei zugängliches Parkland mit Eichen, Eschen, Ahorn, Erlen und einer Lindenallee.

Schon seit Jahrhunderten steht hier ein Gutshaus, das heutige neogotische Haupthaus stammt jedoch von 1885. Nach der Verstaatlichung im Jahr 1919 diente das Gebäude als Schule, Kaserne der Kavallerie, staatlicher Bauernhof, Verwaltungsgebäude, Kino und Bücherei. Seit Kurzem erstrahlt es wieder in alter Pracht, wobei die Restaurierung auf der Grundlage alter Fotos geschah, welche die Nachfahren der hier einst ansässigen Adelsfamilie zur Verfügung stellten.

Oben sind fünf Räume dem Leben von Eduard Tubin (1905–82) gewidmet, einem bedeutenden estnischen Komponisten und Dirigenten; die Beschreibungen sind ausschließlich auf Estnisch. Unten gibt's ein Restaurant (S. 97) und es sollen einige Suiten für Reisende entstehen.

Liiv-Museum MUSEUM

(www.muusa.ee; Rupsi; Erw./Kind 1,60/0,70 €; ⌚Juni–Aug. 10–18 Uhr, Sept.–Mai Di–Sa 10–16 Uhr) Dieses Museum ist Juhan Liiv (1864–1913) gewidmet, einem bedeutenden Schriftsteller, Dichter und in gewisser Weise auch estnischen Nationalisten. Auch wenn man noch nie von ihm gehört hat: Das Museum erfreut sich einer idyllischen Lage auf dem Land und die Hofgebäude aus dem 19. Jh., in denen die Familie Liiv einst lebte, sind an sich schon ganz interessant. Manchmal finden im Museum Konzerte und Dichterwettstreite statt.

Der Südosten

0 — 30 km

Järva-Jaani
Rannapungerja
Kauksi
Kuru
Alajõe
Vasknarva
Ninasi
Mustvee
39
36
Jõgeva
Palamuse
Põltsamaa
Sääritsa
Ranna
Kallaste
Alatskivi
Nina
Rupsi
Kolkja
Kasepää
Varnja
Peipus-See
RUSSLAND
2
3
Emajõgi
Kavastu
Piirissaar
Lemmatsi
Tartu
Flughafen
Võrtsjärv
Elva
3
46
Vastse-Kuuste
Räpina
Pihkva-See
Otepää
Kuutsemägi
Väike-Munamägi
Pühajärv
Kooraste
Põlva
Ahja
Võhandu
Kulje
Võpolsova
Podmotsa
Tonja
Värska
SETOMAA
Tõrva
Sangaste
Lossiküla
6
2
69
Antsla
Tamula-See
Võru
Piusa
Piusa-Höhlen
Koidula
Saatse
Obinitsa
Pechory
Valga
Valka
Nationalpark Karula
Bischofsburg Vastseliina
Meremäe
Rõuge
Haanja
Suur Munamägi
Vana-Vastseliina
A212
RUSSLAND
Naturpark Haanja
Ruusmäe
Ähijärv
Naturschutzgebiet Luhasoo
Mõniste
A3
LETTLAND

Kolkja ORT

Gegenüber der Abzweigung zum Schloss führt von Alatskivi eine Straße 7 km südostwärts nach Kolkja. In diesem Dorf der russischen Altgläubigen steht eine zierliche grüne Holzkirche der Orthodoxen und in einem wie ein privates Wohnhaus wirkenden Gebäude befindet sich ein winziges **Museum der Altgläubigen** (Eintritt 2 €; ⌚Mi–So 11–18 Uhr). Viel zu sehen gibt's hier nicht, doch ist es interessant, sich über die minimalen liturgischen Unterschiede zu informieren, die so viel Probleme verursachten. Das Museum ist etwas schwer zu finden: Bei der estnischen Fahne geht's nach links, dann vorbei am blau gestrichenen Restaurant (S. 98) und am See rechts.

Schlafen

Wer am See nächtigt, sollte auf jeden Fall Insektenschutz dabei haben. Zur Zeit der Recherche war geplant, beim Schloss Alatskivi luxuriöse Gästezimmer einzurichten.

LP TIPP Aarde Villa B&B €€

(☎776 4290; www.aardevilla.ee; Sääritsa; Stellplätze pro Pers. 5 €, EZ/DZ 26/52 €; P 📶) Das Anwesen am See auf halbem Weg zwischen Mustvee und Kallaste bietet gemütliche Zimmer mit TV und Bad in einem alten Steinhaus mit eigenem Strand. Der wunderbar friedvolle Rückzugsort ermöglicht zahlreiche Aktivitäten: Es gibt eine Sauna, ein Boot mit Angelausrüstung und Fahrräder zu leihen. Auf dem schattigen Gelände kann auch gezeltet werden.

Peipsi Lained Külalistemaja B&B €
(☎5569 0131; www.peipsi-lained.ee; pro Pers. 16–23 €; P) In Ninasi 5 km nördlich von Mustvee bietet diese sympathische Pension saubere, gemütliche Zimmer (teils ohne eigenes Bad). Es gibt eine Gästeküche, ein Restaurant und eine Sauna und man kann je nach Jahreszeit Boote oder Schneemobile mieten. Der See ist 50 m entfernt.

Kuru Puhkemajad CAMPINGPLATZ €
(☎5690 6876; www.kurupuhkemajad.ee; Kuru; pro Pers. 10 €; P) Dieser Komplex in Kuru, ein paar Kilometer östlich von Kauksi an der Straße vom See nach Iisaku, bietet Campingmöglichkeiten, Zimmer in scheunenartigen Gebäuden sowie Holzhütten (alle mit Gemeinschaftsküche und -bad). Die Anlage ist schön gestaltet und hat Grillstellen und Kinderspielzeug. Außerdem können Fahrräder (1 € pro Std.) und Motorboote (85 € pro Std.) gemietet werden.

Hostel Laguun HOSTEL €
(☎505 8551; www.hostel-laguun.ee; Liiva 1a, Kallaste; Stellplatz/Zi. pro Pers. 4/16 €) Die kleine Pension mit zehn Betten bietet eine erstklassige Seelage in Kallaste, dem Hauptort der Region. Sie hat einfache Zimmer ohne eigenes Bad (manche mit Seeblick), Stellplätze für Camper, einen großen Garten mit Grillplatz sowie eine Gästeküche.

Kauksi Telklaager CAMPINGPLATZ €
(☎339 3840; www.tisler.ee; Kauksi; Stellplatz/Hütte pro Pers. 2/7 €, Auto 2 €; ⏲Juni–Aug.; P) Am Strand von Kauksi liegt dieser beliebte Campingplatz, der am Wochenende von jungen Partygängern bevölkert wird. Unter den Kiefern gibt es kleine Holzhütten für zwei Personen und ein sehr einfaches Café. Zehnminütiges Duschen kostet 2 €.

Essen

Frisch gefangener, geräucherter Fisch (Forelle oder Lachs) ist eine Spezialität der Gegend. Manche behaupten, dieser leckere Fang allein lohne schon den Weg zum See. Also die Augen offen halten nach *suitsukala* (Räucherfisch) – Imbissbuden, die überall entlang der Hauptstraße um den See stehen, verkaufen ihn. Supermärkte gibt's in Mustvee und Kallaste sowie ein *pood* (Lebensmittelgeschäft) in Kuru.

Schloss Alatskivi EUROPÄISCH €€
(☎5303 2485; www.lossirestoran.eu; Alatskivi; Hauptgerichte 9–15 €) Das Essen hier ist so traditionell wie das Gutshofambiente. Der Speisesaal ist mit dunklem Holz vertäfelt und wird von glitzernden Kronleuchtern beschienen. Aus der Küche kommen klassische rustikale Gerichte wie etwa Lachs mit Sauce béarnaise, Filet mignon, Wild, Schweinskotelett, Lamm und Fisch.

Kivi Kõrts ESTNISCH €
(www.kivikorts.ee; Tartu mnt 2, Alatskivi; Hauptgerichte 3–5 €; ⏲So–Do 10–22, Fr & Sa 10–2 Uhr) Dieser gemütliche, schummrig beleuchtete Gasthof ist eines der stimmungsvollsten Lokale der Region für eine preisgünstige, herzhafte Mahlzeit. Die Dekoration erinnert an eine Mischung aus Antiquitätengeschäft

RUSSISCHE ALTGLÄUBIGE

1652 führte der russische Patriarch Nikon einige Reformen ein, um die Glaubenssätze der russisch-orthodoxen Kirche denen der griechisch-orthodoxen Kirche anzugleichen. Aus heutiger Sicht erscheinen diese liturgischen Reformen vielleicht trivial – u. a. ging es darum, wie man sich bekreuzigte, in welche Richtung eine Prozession verlaufen sollte und wie oft „Halleluja" gesagt werden sollte –, doch waren diese Vorschriften vielen Gläubigen unendlich wichtig. Wer die Reformen ablehnte, wurde gefoltert oder gar hingerichtet – viele Wohnhäuser von Gläubigen und Kirchen wurden zerstört.

Im Laufe der nächsten Jahrhunderte flohen Tausende Altgläubige an das Westufer des Peipsijärv (Peipus-See), wo sie neue Dörfer und Kirchen errichteten. Zwar entgingen die Flüchtlinge so der Verfolgung, sie mussten sich aber nach wie vor dem zaristischen Russland unterwerfen und durften ihre Religion nicht offen ausüben – bis zur Unabhängigkeit Estlands 1918. Heute leben in Estland rund 2500 russische Altgläubige in elf Gemeinden, vorwiegend am Peipus-See.

und Schrottplatz (das meiste davon kann man auch kaufen). Auf der teils englisch übersetzten Karte stehen überwiegend Gerichte mit Schweinefleisch.

Fisch- & Zwiebel-Restaurant ALTGLÄUBIGE €
(Kala-Sibula; ☎745 3445; www.hot.ee/kolkjaresto ran; Kolkja; ⊙tgl. 12–18 Uhr, im Winter nach Vereinbarung) Das schlichte, blau gestrichene Restaurant im Dörfchen Kolkja bietet die Gelegenheit, die Küche der Altgläubigen kennen zu lernen. Sie basiert weitgehend auf vor Ort gefangenem Fisch und Zwiebeln aus den Dorfgärten. Es ist ratsam, wegen der Öffnungszeiten vorher anzurufen.

An- & Weiterreise

Das beste und bequemste Fortbewegungsmittel ist hier sicher das Auto. Von Mustvee fahren Busse nach:

» Tallinn (11 €, 3 Std., 2-mal tgl.) über Viitna

» Rakvere (6 €, 2 Std., 3-mal tgl.)

» Narva (4,80–7,40 €, 2½ Std., 5-mal tgl.) über Kauksi und Sillamäe

» Tartu (4,50 €, 1 Std., 7-mal tgl.)

» Viljandi (7,60 €, 2¼ Std., tgl.)

Von Kallaste fahren Busse über Mustvee und Viitna nach Tallinn (12 €, 2¾ Std., 2-mal tgl.), über Mustvee nach Rakvere (7 €, 2 Std., 2-mal tgl.) und über Alatskivi nach Tartu (2,88 €, 1–2½ Std., 11-mal tgl.).

Tartu

103 800 EW.

Tartu beansprucht für sich, Estlands spirituelle Hauptstadt zu sein – die Einheimischen sprechen von einem besonderen *vaim* (Geist), der die Holzhäuser und stattlichen Gemäuer der Stadt umweht. Die Zeit scheint hier stillzustehen. Ein wunderschöner Park und das Flussufer laden zum Träumen ein.

Die kleine Provinzstadt mit dem ruhig dahinfließenden Emajõgi in ihrer Mitte ist Estlands wichtigste Universitätsstadt. Studenten machen nahezu ein Fünftel der Einwohner aus. So kommt Leben in die grüne, geschichtsträchtige Szenerie und verleiht dem landesweit zweitgrößten Ort im Süden ein für seine Größe überraschend lebendiges Nachtleben. An langen Sommerabenden versammeln sich die Studenten, die sich nicht an einen Strand geflüchtet haben, auf dem Hügel hinter dem Rathaus zum Flirten und Trinken.

Tartu war im 19. Jh. die Wiege der estnischen Nationalbewegung und es entzog sich der Sowjetisierung stärker als Tallinn. Im Stadtkern stehen klassizistische Häuser des 18. Jhs., die heute einfallsreich genutzt werden. Die Stadt ist selbst reich an Sehenswürdigkeiten, darunter einige interessante Galerien und Museen, und ist außerdem ein gutes Sprungbrett für die Reise in den Süden des Landes.

Geschichte

Bereits im 6. Jh. existierte auf dem Hügel Toomemägi eine estnische Festung. 1030 gründete Jaroslaw der Weise aus Kiew hier eine Siedlung namens Jurjew. Die Esten kamen danach erneut an die Macht, wurden aber 1224 vom Schwertbrüderorden besiegt, der eine Burg und eine Kathedrale bauen ließ und Toomemägi (Domberg) zum Bischofssitz machte. Die Stadt war von da an bis zum Ende des 19. Jhs. unter ihrem deutschen Namen Dorpat bekannt.

Während des 16. und 17. Jhs. erlitt Dorpat mehrere Angriffe und wechselte mehrmals den Besitzer, als Russland, Schweden und Polen-Litauen im Baltikum um die Vormacht rangen. Am friedlichsten ging es unter der schwedischen Herrschaft zu, während der 1632 die Universität gegründet wurde – für die Zukunft der Stadt ein überaus wichtiges Ereignis. Doch der Friede endete 1704: Während des Nordischen Kriegs nahm Peter der Große Tartu ein. 1708 verwüsteten seine Truppen die Stadt, der Großteil der Einwohner wurde nach Russland deportiert.

Mitte des 18. Jhs. wurde Tartu zum Zentrum der estnischen Nationalbewegung: 1869 fand hier das erste Sängerfest statt, auch die erste Zeitung in estnischer Sprache wurde in Tartu verlegt – beide Ereignisse trugen zum Erwachen des estnischen Nationalgefühls bei.

Den Friedensvertrag, der Estland (zum ersten Mal in seiner Geschichte) Unabhängigkeit zusicherte, unterzeichneten Russland und Estland am 2. Februar 1920 in Tartu. Die Stadt wurde 1941 beim Rückzug der sowjetischen Truppen schwer beschädigt. Damals wurde auch die große steinerne Flussbrücke Kivisild (1784) in die Luft gesprengt. Bei der Rückeroberung der Stadt von den Nationalsozialisten entstanden 1944 erneut massive Schäden. Beide Besatzungsmächte begingen Gräueltaten an der Bevölkerung. Ein Mahnmal an der Valga tänav erinnert an das Blutbad der Nazis, die in Lemmatsi 12 000 Menschen töteten.

Sehenswertes & Aktivitäten

Tartu ist die Bewahrerin des kulturellen Erbes Estlands und wartet mit Museen zu allen möglichen Themen auf. Die meisten Museen sind im Folgenden besprochen, doch wer etwas ganz Bestimmtes sucht – z. B. landwirtschaftliche Geräte aus Metall –, kann in der Touristeninformation nachfragen.

ALTSTADT

Raekoja plats PLATZ

Der Hauptplatz von Tartu, der eindrucksvolle Rathausplatz, ist mit stattlichen Gebäuden gesäumt und im Sommer erfüllt vom Klirren der Gläser und Klappern des Geschirrs. Prunkstück ist das **Rathaus** aus dem späten 18. Jh., das von einem Turm mit Wetterfahne gekrönt wird. Vor dem

BLAU, SCHWARZ & WEISS

Die estnische „Trikolore" verdankt ihre Existenz dem Theologiestudenten Jaan Bergmaan, der 1881 ein Gedicht über eine wunderschöne, über Estland flatternde Fahne schrieb. Das einzige Problem dabei: Eine solche Fahne war reine Phantasie, es gab sie nicht. Klar, dass dagegen etwas unternommen werden musste. Schließlich war das ausklingende 19. Jh. die Ära der Nationalbewegungen in Europa – und auch in Estland schwelgte jeder jugendliche Träumer in Ideen über ein unabhängiges Estland.

Im September 1881 trafen sich 20 Studenten und ein Ehemaliger beim Estnischen Studentenbund in Tartu, um über eine eigene Flagge nachzudenken. Bei dem Treffen war man sich schnell einig, dass die Nationalfahne den Charakter des Landes, die estnische Landschaft und die Farben der volkstümlichen Kleidung aufgreifen musste. Nach langer Debatte entschieden sich die Studenten für Blau, Schwarz und Weiß. Einer Lesart zufolge sollte das Blau die Hoffnung für die Zukunft des Landes symbolisieren – es steht aber auch für Treue. Schwarz erinnerte an die dunkle Geschichte Estlands (die aber für immer und ewig Vergangenheit bleiben sollte) und steht für die schwarze Erde des Landes. Weiß wiederum erinnerte an die Erfolge von Aufklärung und Bildung – ein Ziel für alle Esten. Außerdem symbolisierte es den Schnee, die hellen Nächte im Sommer und die estnische Birke.

Nachdem die Farben einmal ausgewählt waren, dauerte es noch drei Jahre, bis die erste Nationalfahne im Wind flattern konnte. Drei junge Damen – Emilie, Paula und Miina Beermann – nähten aus verschiedenen Seidenstücken eine große Fahne. Bei einem Studentenmarsch 1884 von Tartu nach Otepää (einem Ort, der weit genug von misstrauischen Russen entfernt lag) versammelten sich alle Studenten der Studentenvereinigung um die Fahne, die zum ersten Mal über dem Pfarrhaus von Otepää hochgezogen wurde. Später wurde das gute Stück in das Wasser des (für die Esten heiligen Sees, S. 118) Pühajärv getaucht und anschließend sicher von einem Studenten versteckt.

Die Inauguration der Flagge war zwar eher ein kleines Happening als eine staatstragende Geste, aber schnell sprach sich die Existenz einer Fahne herum und bald tauchte die Farbkombination bei Gewerkschaften und in Chören auf und hing an Bauernhäusern in ganz Estland. Ende des 19. Jhs. wurde die Farbkombination auch in Parteien und bei Hochzeitsfeiern gesehen. Politisch spielte sie allerdings erst 1917 eine Rolle, als Tausende Esten nach St. Petersburg marschierten und die Unabhängigkeit einforderten. Ein Jahr darauf erklärte Estland seine Unabhängigkeit und die Fahne wurde auf dem Langen Hermann in der Altstadt von Tallinn gehisst. Dort flatterte sie stolz im Wind, bis die Sowjetunion das kleine Land 1940 eroberte.

Während der Besatzungszeit verbannten die Sowjets die Fahne; und ein zweites Mal wanderte das Blau-Schwarz-Weiß in den Untergrund. Doch die Erinnerung an die Fahne war für die Esten ein kleines, aber hoffnungsvolles Symbol für eine neuerliche Unabhängigkeit. Die Leute versteckten Fahnen unter Bodendielen oder trennten die einzelnen Stoffbahnen und versteckten sie einzeln in Bücherregalen. Wer mit der Fahne ertappt wurde, musste mit harten Strafen rechnen – möglicherweise sogar mit der Deportation in ein sibirisches Lager. Als die Sowjetunion später kurz vor dem Kollaps stand, tauchten die Farben der Nationalflagge rasch wieder auf. Und im Februar 1989 wurde die Fahne wieder auf dem Langen Hermann hochgezogen. Estland hatte seine Unabhängigkeit zurückgewonnen.

Tartu

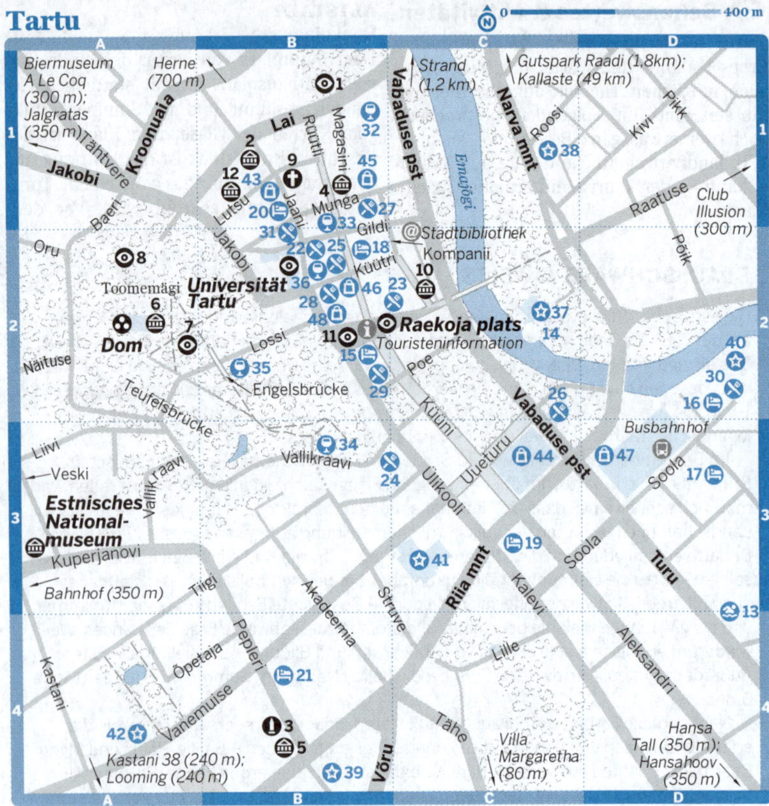

Gebäude steht eine bemerkenswerte Brunnenfigur: ein sich küssendes Liebespaar unter einem Regenschirm. Die Pläne für das Rathaus lieferte der deutsche Architekt Johann Heinrich Bartholomäus Walter, der es im Stil eines niederländischen Rathauses bauen ließ. Später wurde noch eine Uhr angebracht, um den Studenten etwas mehr Pünktlichkeit beizubringen. Auf der Südseite des Platzes findet sich an der Fassade des Hauses Nr. 5 ein kommunistisches Hammer-und-Sichel-Relief.

Universität Tartu UNIVERSITÄT

(Tartu Ülikool; www.ut.ee; Eintritt zu Halle, Karzer & Museum 2,50 €; Ülikooli 18) Das imposante Hauptgebäude der Universität mit seinen sechs dorischen Eingangssäulen entstand zwischen 1803 und 1809. Die Universität wurde 1632 vom schwedischen König Gustav Adolf II. gegründet, um evangelische Geistliche und Regierungsbeamte auszubilden. Vorbild war die Universität von Uppsala.

Während des Großen Nordischen Kriegs um 1700 wurde der Lehrbetrieb eingestellt, doch 1802 wieder aufgenommen. Die Universität wurde später zu einem der wichtigsten Ausbildungszentren des Russischen Reichs. Der frühere naturwissenschaftliche Schwerpunkt wird durch die großen Forscher belegt, die hier während des 19. Jhs. studierten: u. a. der Pionier auf dem Gebiet der physikalischen Chemie und Nobelpreisträger W. Ostwald, der Physiker Heinrich Lenz und der Naturwissenschaftler und Begründer der Embryologie Karl Ernst von Baer.

Kunstmuseum der Universität

(Ülikooli Kunstimuuseum; Eintritt 1 €; ⌚Mo–Fr 11–18 Uhr) Die Sammlung umfasst hauptsächlich Gipsabgüsse antiker griechischer Skulpturen, die während der 1860er- und 1870er-Jahre in Europa angefertigt wurden. Auch eine ägyptische Mumie ist zu sehen. Der Rest der Ausstellung wurde während

Tartu

Highlights
Estnisches Nationalmuseum A3
Raekoja plats B2
Dom A2
Universität Tartu B2

Sehenswertes
1 Botanischer Garten B1
2 Bürgerhausmuseum B1
3 Kornblumendenkmal B4
4 Sportmuseum B1
5 KGB-Museum B4
6 Museum für Universitätsgeschichte A2
7 Rotunda A2
8 Heiliger Stein A2
9 Johanneskirche B1
10 Kunstmuseum C2
11 Rathaus B2
12 Spielzeugmuseum B1

Aktivitäten, Kurse & Touren
13 Aura Keskus D4
14 Pegasus C2

Schlafen
Antonius .... (siehe 22)
15 Domus Dorpatensis B2
16 Dorpat D2
17 Hotell Tartu D3
18 London Hotell B2
19 Pallas Hotell C3
20 Tampere Maja B1
21 Tartu Student Village Hostel B4
Terviseks .... (siehe 23)
Wilde Guest Apartments .... (siehe 24)

Essen
22 Antonius B2
23 Chocolats de Pierre C2
Dorpat .... (siehe 16)
24 Eduard Vilde Restaurant & Café B3
25 Gruusia Saatkond B2
26 Markthalle C2
27 La Dolce Vita B1
28 Moka B2
29 Noir B2
30 Freiluftmarkt D2
31 Universitätscafé B2

Ausgehen
32 Genialistide Klubi B1
33 Möku B1
34 Nott B3
35 Püssirohukelder B2
36 Tsink Plekk Pang B2
Vein ja vine .... (siehe 25)

Unterhaltung
37 Atlantis C2
Cinamon .... (siehe 47)
38 Club Tallinn C1
39 Ekraan B4
40 Sadamateater D2
41 Theater & Konzerthalle Vanemuine C3
42 Theater Vanemuine (kleine Bühne) A4

Shoppen
43 Antoniuse Gild B1
44 Kaubamaja C3
45 Pille-Resa Nukumaja B1
46 Pits B2
47 Tasku D3
48 Universitätsbuchhandlung B2

des Krieges nach Russland gebracht und ist nie wieder zurückgekehrt.

Studentenkarzer
(Eintritt 1 €; ⏲Mo–Fr 11–18 Uhr) In diesem Karzer mit seinen vollgekritzelten Wänden wurden während des 19. Jhs. Studenten für die verschiedensten Vergehen eingesperrt: Wer damals ein Buch aus der Bibliothek nicht rechtzeitig zurückgab, kam für zwei Tage in die Dachbodenkammer. Wer eine Frau beleidigt hatte, musste vier Tage dort absitzen. Fünf Tage gab es für alle, die einen (eher zartbesaiteten?) Aufseher beleidigt hatten und bis zu drei Wochen für diejenigen, die sich duelliert hatten.

Kunstmuseum Tartu KUNSTMUSEUM
(Kunstimuuseum; www.tartmus.ee; Raekoja plats 18; Erw./Kind 2,30/1 €; ⏲Mi–So 12–18 Uhr) Wer aus einer der Kneipen am Rathausplatz stolpert und nicht sicher ist, ob er noch geradeaus sehen kann, sollte dieses Gebäude nicht als Prüfstein wählen. Da das Fundament zum Teil auf einer alten Stadtmauer ruht, steht das Gebäude in auffälliger Schieflage. Bei dem Gebäude handelt es sich um das ehemalige Haus des Generals Barclay de Tolly (1761–1818). Der verbannte Schotte brachte es in der russischen Armee 1812 im Kampf gegen Napoleon zu militärischen Ehren.

Heute ist hier auf drei Etagen ein spannendes Kunstmuseum untergebracht; auf der untersten Etage finden Sonderausstellungen statt. Den Großteil der ständigen Sammlung machen Gemälde aus, dazu gibt's Skulpturen, Fotos, Videokunst und Mixed-Media-Arbeiten, darunter einige wunderbare Porträts aus dem 20. Jh.

Estnisches Sportmuseum MUSEUM

(Eesti Spordimuuseum; www.spordimuuseum.ee; Rüütli 15; Eintritt 2,30 €; ⌚Di–So 11–18 Uhr) Dieses schräge Museum dokumentiert nicht nur die olympischen Erfolge Estlands – obwohl die Medaillensammlung dieses Anliegen glänzend erfüllt –, sondern beweist Sinn für Humor. Auch wenn sich die aufgeplusterten Bodybuilder auf den Fotos vom Beginn des 20. Jhs. sehr ernst zu nehmen scheinen, wird das von den Besuchern nicht erwartet. Etwas merkwürdigere estnische Sportarten wie Ehefrauentragen, Mückenerschlagen oder Unterwassermühlespielen werden vorgestellt und im 2. Stock gibt's ein interaktives Tauziehen.

Das benachbarte **Postmuseum** (ERMi Postimuuseum; www.erm.ee; Eintritt frei) ist zwar biederer, aber auf seine leise Art dennoch interessant. Anhand der Briefmarkenausstellungen kann die estnische Geschichte nachgezeichnet werden: So erschien z. B. 1941 das Hakenkreuz auf den Marken, das 1945 von Hammer und Sichel abgelöst wurde.

Spielzeugmuseum MUSEUM

(Mänguasjamuuseum; www.mm.ee; Lutsu 8; Museum Erw./Kind 2/1,60 €, Museum & Spielzimmer 2,30/2 €; ⌚Mi–So 11–18 Uhr) Der schönste Ort für verregnete Stunden ist das ausgezeichnete Spielzeugmuseum, das bei Kindern unter acht Jahren Begeisterungsstürme hervorruft und auch bei Erwachsenen gut ankommt. In einem der ältesten Gebäude der Stadt (um 1770 erbaut) zeigt es Puppen, Modelleisenbahnen, Schaukelpferde, Spielzeugsoldaten und viele andere Dinge, von denen Kinder in den vergangenen Jahrhunderten geträumt haben. Für alle, bei denen diese Dinge den Spieltrieb geweckt haben, gibt es oben ein Spielzimmer. Interessant ist auch das TEFI-Haus gleich daneben mit einer Sammlung von Marionetten und Handpuppen.

Johanneskirche KIRCHE

(Jaani Kirik; www.jaanikirik.ee; Jaani 5; ⌚Mo–Sa 10–19 Uhr) Der imposante Backsteinbau der lutherischen Kirche geht mindestens ins Jahr 1323 zurück. Einzigartig ist die Kirche dank der seltenen Terrakottaskulpturen, die innen und außen in Nischen platziert wurden (ein Blick nach oben lohnt sich!). Nach einem sowjetischen Bombenangriff 1944 blieb von dem Gotteshaus nur noch eine Ruine, aber nach 16 Jahre dauernden Restaurierungsarbeiten wurde es 2005 wieder eröffnet. Auf den 30 m hohen **Aussichtsturm** (Erw./Kind 1,50/1 €) führen 135 Stufen.

GRATIS **Botanischer Garten** GARTEN

(Botaanikaaed; www.ut.ee/botaed; Lai 38; Gewächshaus Erw./erm. 2/1 €; ⌚Gelände 7–19 Uhr, Gewächshäuser 10–17 Uhr) Im Botanischen Garten der Universität, der 1803 angelegt wurde, werden 6500 Pflanzenarten gepflegt und im riesigen Gewächshaus eine Vielzahl an Palmen gehalten. Ein gemütlicher Spaziergang durch die Anlagen ist im Sommer bis 21 Uhr möglich und kostet nichts.

Bürgerhaus-Museum MUSEUM

(Linnakodaniku Muuseum; http://linnamuuseum.tartu.ee; Jaani 16; Erw./Kind 0,64/0,32 €; ⌚April–Sept. Mi–Sa 11–17, So 11–15 Uhr, Okt.–März Mi–So 10–15 Uhr) In einem alten Holzhaus mit zeitgenössischen Möbeln ist zu sehen, wie eine bürgerliche Familie in den 1830er-Jahren lebte. Es gibt nur wenige Räume – für weniger als 1 € kann man auch nicht mehr erwarten –, aber es ist dennoch recht interessant.

TOOMEMÄGI

Der Toomemägi (Domberg) westlich des Rathauses ist der eigentliche Grund für die Existenz der Stadt, denn er diente seit dem 5. oder 6. Jh. als Festung. Heute ist er ein friedlicher Park, in dem sich die Gehwege durch die Bäume schlängeln. Ein malerischer **Pavillon** dient im Sommer als Café – ein wunderbarer Ort für einen Drink oder ein Eis an der frischen Luft.

Dom RUINE, MUSEUM

Oben auf dem Hügel steht der beeindruckende gotische Dom. Er wurde im 13. Jh. von Deutschordensrittern erbaut, im 15. Jh. umgebaut und 1525 während der Reformation geplündert und als Scheune genutzt. Von 1804 bis 1807 wurde die Kirche teilweise wiederaufgebaut, um die Universitätsbibliothek zu beherbergen. Sie ist heute Teil des **Historischen Museums der Universität** (Ülikooli Ajaloo Muuseum; ☎737 5674; www.ut.ee/ajaloomuuseum; Lossi 25; Museum & Turm/nur Museum 2,60/1,60 €; ⌚Mi–So 11–17 Uhr). Es zeigt verschiedene Exponate, z. B. einen rekonstruierten Anatomiesaal und unterschiedliche

SKULPTUREN IN TARTU

In Parks versteckt, auf Plätzen stolz ausgestellt und in Gassen lauernd – die Skulpturen von Tartu erscheinen oft überraschend und sind zuweilen echt bizarr. Hier einige schöne Exemplare:

» **Am beliebtesten** Die küssenden Studenten vor dem Rathaus.

» **Am skurrilsten** Oscar Wilde und der estnische Schriftsteller Eduard Vilde teilen sich nicht nur den Nachnamen, sondern auch eine Parkbank vor dem Haus Vallikraavi 4.

» **Am unheimlichsten** In der Küüni hält ein mannsgroßes nacktes Baby Händchen mit einem babygroßen nackten Mann.

» **Am cleversten** Der Brunnen an der Ecke Vanemuise und Struve sieht auf den ersten Blick wie ein Gewirr aus Stahlrohren aus, aus dem hinten Wasser heraustritt; bei Betrachtung aus bestimmten Winkeln jedoch verwandelt sich das Ganze in eine dreidimensionale Karikatur des berühmten Professors Yuri Lotman (1922–93).

Dinge aus dem Studentenleben. Am besten macht man den Rundgang von oben nach unten.

Opferstein SCHREIN

In vorchristlicher Zeit wurden in den tassenförmigen, aus dem Stein gehauenen Löchern Opfergaben hinterlegt, so wie es auf Hunderten von Steinen im ganzen Land der Brauch war. Auch heute noch werden hier Sachen wie Münzen oder Blumen abgelegt, selbst auf den Schälchensteinen, die ihren Weg ins Museum fanden. Auf diesem Stein hier auf dem Domberg hinterlassen Studenten gerne ihre verbrannten Vorlesungsmitschriften. Ganz in der Nähe ist der sogenannte Kussberg, auf dem frischvermählte Russen Schlösser mit ihren eingeritzten Namen anbringen.

Engels- & Teufelsbrücke BRÜCKEN

Vom Raekoja plats führt die Lossistraße auf den Domberg; auf dem Weg liegt die **Engelsbrücke** (Inglisild), die zwischen 1836 und 1838 errichtet wurde. Die Einheimischen sagen, wer sie zum ersten Mal überquert und dabei die Luft anhält, hat einen Wunsch frei. Etwas weiter höher am Hügel folgt noch die **Teufelsbrücke** (Kuradisild).

VORORTE

Estnisches Nationalmuseum MUSEUM

(Eesti Rahva Muuseum; www.erm.ee; Kuperjanovi 9; ständige/alle Ausstellungen 1/2 €, Fr frei; Di–So 11–18 Uhr;) Klein, gemütlich und stolz (ganz wie das Land selbst), widmet sich das Estnische Nationalmuseum weniger der Geschichte des Landes, sondern vielmehr der Lebensweise und den Traditionen des estnischen Volkes. Die ständige Ausstellung gliedert sich in vier Abteilungen: Alltag, Feiertage und Feste, regionale Volkskultur und „Ein Este sein". Zu den Highlights zählen nachgebaute Wohnzimmer von 1920, 1939 und 1978 sowie die „Rote Ecke" einer Fabrik von 1951.

Zu den anderen Dependancen des Museums zählt das Postmuseum und der Gutspark Raadi. Bis 2015 soll das Museum im Gutspark Raadi ein neues großes Zuhause erhalten.

Gutspark Raadi PARK

(Raadi Mõisapark; www.erm.ee; Narva mnt 177; Eintritt 1 €; Mitte Mai–Mitte Sept. 7–22 Uhr) Dieser Gutshof, der zum Estnischen Nationalmuseum gehört, erstreckt sich an der Hauptausfallstraße Richtung Norden. Das Gutshaus beherbergte einst das gesamte Museum, aber nach den Bombardierungen des Zweiten Weltkriegs waren nur noch die Außenmauern des einst schönen Barockgebäudes übrig. Eine Ausstellung im Wasserturm zeigt, wie das Haus und die Gärten einst aussahen. Im 19. Jh. gehörten die Gartenanlagen zu den schönsten Parks Estlands und obwohl die Glanzzeiten eindeutig vorüber sind, kommen die Einheimischen gerne zum Spazierengehen oder zum Baden im See hierher.

Es gibt Pläne, auf dem Gelände eines sowjetischen Flugfeldes ein architektonisch fortschrittliches neues Museum zu bauen – zur Zeit der Recherche war die Finanzierung des 38 Mio. € teuren Projekts allerdings noch nicht gesichert.

KGB-Museum MUSEUM

(KGB Kongide Muuseum; 746 1717; http://linnamuuseum.tartu.ee; Riia mnt 15b, Eingang Pepleri; Erw./Kind 1,30/0,70 €; Di–Sa 11–16 Uhr) Was macht man, wenn man ein ehemals verstaatlichtes Gebäude zurückerhält, das einen furchtbaren Ruf genießt und in dessen Keller sich Gefängniszellen verbergen? In diesem Fall schenkte die Familie das Haus

INSIDERWISSEN

MIKA KERÄNEN: KINDERBUCHAUTOR

Welches ist Ihr Lieblingsmuseum in Tartu? Das Estnische Sportmuseum. Ich habe nichts gegen das Estnische Nationalmuseum, aber die Geschichte aus dem Blickwinkel des Sports zu betrachten, das ist einfach toll.

Und Ihre Lieblingslokale? Ganz klar der Club der Genialisten (Genialistide Klubi, S. 107). Die Einheimischen sind nicht so gerne am Hauptplatz und auch meine Lieblingslokale sind ein paar Schritte davon entfernt. Das Universitätscafé ... da habe ich zwei meiner letzten Bücher geschrieben. Für Stammgäste bieten sie einen persönlichen Service, den ich sehr mag.

Wohin kann man gut mit Kindern gehen? In Palamuse, etwa 35 km nördlich von Tartu, gibt's ein Schulmuseum mit dem Namen **Palamuse O. Lutsu Kihelkonnakoolimuuseum** (www.palmuseum.ee; Köstr allee 3; Eintritt 1 €; ⌚Mai–Sept. 10–18 Uhr, Okt.–April Mo–Fr 10–17 Uhr), in dem das berühmte Buch *Kevade* (Frühling) spielte – eine Geschichte über Schulkinder im 19. Jh. In den 1960er-Jahren wurde nach dem Buch ein Film gedreht und in dem Museum ist alles so wie im Film. Eine nette Sache, die auf einer Szene im Buch basiert: Man kann mit einer Zwille auf das Haus des Priesters schießen. Wenn jemand das Fenster trifft, wird es einfach ersetzt.

dem Stadtmuseum von Tartu, das daraufhin diese düstere, aber sehr lohnenswerte, fesselnde Ausstellung einrichtete. Sie vermittelt eine Vorstellung von den Deportationen, dem Leben im Gulag, dem estnischen Widerstand und den Vorgängen in diesem einstigen Hauptquartier des KGB, bekannt als „Graues Haus". Neben dem Gebäude wurde 1990 das **Kornblumendenkmal** aufgestellt, das an die Opfer sowjetischer Unterdrückung erinnert. Die blaue Kornblume ist die Nationalblume Estlands.

GRATIS **Kastani 38** MUSEEN, WERKSTÄTTEN

(Kastani 38; ⌚Fr–So 11–18 Uhr) Das 1910 als Brotfabrik erbaute Backstein-Lagerhaus hat sich zu einem Zentrum kreativen Schaffens entwickelt. Außer den hier aufgeführten Museen und dem Hostel Looming (S. 106) befinden sich in dem Gebäude Werkstätten für Siebdrucker, Modeschöpfer und Fotografen – sich umschauen lohnt sich.

Estnisches Druckereimuseum

(Trükimuuseum; www.trykimuuseum.ee) Nach seiner kurzen Inkarnation als Brotfabrik beherbergte das Gebäude von 1924 bis 2009 eine Druckerei. Somit ist es wie geschaffen für ein Museum für alles, was mit dem Druckerwesen zu tun hat.

Papiermuseum

(Paberi Muuseum; www.paberimuuseum.ee) Das Papiermuseum passt natürlich bestens zum Druckereimuseum. Es ist halb Museum, halb Galerie, die sich dem Papier als 3-D-Kunstmedium widmet – man denke an Origami auf Steroiden. Für Workshops ist eine Anmeldung erforderlich.

Biermuseum A. Le Coq MUSEUM

(☎744 9711; www.alecoq.ee/eng/activities/museum; Tähtvere 56, Eingang Laulupeo; Erw./Kind 1/0,50 €; ⌚Führungen Do 14, Sa 10, 12 & 14 Uhr) Im Museum der Brauerei A. Le Coq wird die Geschichte des Bierbrauens umrissen, doch der Schwerpunkt liegt auf den Maschinen und der Brauereitechnik. A.-Le-Coq-Bier gibt es bereits seit 1879 und am Ende jeder Führung kann man es hier kostenlos probieren.

Aktivitäten

Pegasus FLUSSRUNDFAHRT

(www.transcom.ee; Erw./Kind 5/3 €; ⌚Di–So 15 & 17 Uhr, außerdem Sa 11, 13 & So 13 Uhr) Einstündige Flussrundfahrten ab dem Anleger beim Club Atlantis.

Strand STRAND

(Ujula) Schafft man es an einem heißen Tag nicht bis nach Pärnu, dann gibt es auch in Tartu einen schönen Strand am Nordufer des Emajõgi, 1 km westlich der Kroonuaia-Brücke.

Aura Keskus WASSERPARK

(www.aurakeskus.ee; Turu 10; Eintritt Pool 3–5 €, Wasserpark 5–7 €; ⌚Mo–Fr 6.30–22, Sa & So 9–22 Uhr, Juli geschl.) Hallenbad mit 50-m-Becken und familienfreundlicher Wasserpark mit allen Schikanen.

Festivals & Events

Tartu veranstaltet regelmäßig phantastische Feste – siehe unter www.kultuuriaken.tartu.ee. Gerade die Vorweihnachtszeit ist hier sehr stimmungsvoll mit einem schönen Markt im Antoniushof.

Skimarathon von Tartu SPORT
(www.tartumaraton.ee) Jeden Februar lädt die Stadt zum 63-km-Skimarathon von Otepää nach Elva ein, der jährlich 4000 Teilnehmer anzieht. Der Organisator veranstaltet im Laufe des Jahres auch andere Sportereignisse (Straßenradrennen, Mountainbike-Rennen, Wettläufe usw.) in und um Tartu.

Studententage STUDENTENSZENE
(www.studentdays.ee) Bei dieser wilden Party Ende April feiern Tartus Studenten das Semesterende und den Frühlingsanfang. Eine kleinere Feier dieser Art findet Mitte Oktober statt.

Hansetage MITTELALTER
(www.hansapaevad.ee) Kunsthandwerk, Märkte, diverse Darbietungen für die ganze Familie und vieles mehr begleiten diese dreitägige Feier Mitte Juli.

tARTuFF FILM
(www.tartuff.ee) Beim einwöchigen Open-Air-Filmfestival im August wird der Rathausplatz zur Filmbühne. Es werden kostenlos Filme gezeigt. Neben Arthouse-Filmen gibt's Dokumentarfilme, Dichterlesungen und Konzerte.

Schlafen

ALTSTADT

LP TIPP **Antonius** BOUTIQUEHOTEL €€€
(☎737 0377; www.hotelantonius.ee; Ülikooli 15; EZ 95 €, DZ 115–176 €, Suite 219–275 €; @📶) Das 18-Zimmer-Boutiquehotel direkt gegenüber vom Hauptgebäude der Universität strotzt nur so vor Antiquitäten, schweren Samtvorhängen, Blumentapeten und Kronleuchtern. Das Frühstück wird in einem alten Kellergewölbe serviert, das sich abends in ein romantisches Restaurant verwandelt. Im Sommer zieht es die Gäste in den Innenhof, im Winter übt die Bibliothek mit ihrem prasselnden Kaminfeuer eine unwiderstehliche Anziehungskraft aus. Der Service ist erstklassig.

Domus Dorpatensis WOHNUNGEN €€
(☎733 1345; www.dorpatensis.ee; Raekoja plats 1; EZ 32–63 €, DZ 45–76 €; 📶) Das Haus mit zehn Gästewohnungen in unschlagbarer Lage wird von einer akademischen Stiftung unterhalten und bietet ein phantastisches Preis-Leistungs-Verhältnis. Die Wohnungen sind unterschiedlich groß, aber alle verfügen über Schreibtische (für die Gelehrten!) und fast alle über eine kleine Küche. Das Personal ist ausgesprochen hilfsbereit, gibt Tipps zur Parkplatzsuche, weist den Weg zu den Waschmaschinen und hilft, falls gewünscht, mit Trockengestellen und Bügeleisen aus. Der Eingang befindet sich in der Ülikooli.

Tampere Maja GÄSTEHAUS €€
(☎738 6300; www.tamperemaja.ee; Jaani 4; EZ 40–66 €, DZ 59–87 €; @📶) Die finnische Stadt Tampere, die Partnerstadt Tartus, führt dieses gemütliche Gästehaus, das sich in einem der ältesten Holzhäuser der Stadt befindet. Es gibt sechs warme, helle Zimmer in unterschiedlicher Größe. Das Frühstück ist im Preis inbegriffen und Kochgelegenheiten sind vorhanden. Und da das Ganze finnisch ist, gibt's auch eine richtige Sauna, die übrigens auch Nicht-Gästen offensteht.

Terviseks HOSTEL €
(☎565 5382; www.terviseksbbb.com; 4. OG, Raekoja plats 10; B 15–17 €, Zi. 30 €; @📶) Das „Bed and Breakfast für Backpacker" in einem komplett renovierten historischen Gebäude mitten im Herzen der Stadt wird von Briten und Kanadiern betrieben. Es bietet zehn Betten, eine tolle Ausstattung und jede Menge Infos über die angesagten Läden der Stadt. Man fühlt sich hier, als ob man bei wohlhabenden Freunden zu Gast wäre. Es gibt auch ein Zimmer mit zwei Doppelbetten (25 € pro Bett).

Wilde Guest Apartments WOHNUNGEN €€
(☎511 3876; www.wildeapartments.ee; Vallikraavi 4; Apt. 58–124 €) Vermietet drei schöne Gästewohnungen für Selbstversorger an der Ülikooli, nicht weit vom Eduard Vilde Restaurant & Cafe. In allen haben bis zu vier Personen Platz.

London Hotell HOTEL €€€
(☎730 5555; www.londonhotel.ee; Rüütli 9; EZ 80–102 €, DZ 102–127 €; @📶) Im Vergleich zu der ruhig-heiteren Kultiviertheit der Lobby mit ihrem entspannenden Wasserspiel erweisen sich die Zimmer dieses recht noblen Hotels als eher glanzlos. Toll ist allerdings die Lage.

STADTZENTRUM

Dorpat HOTEL €€
(☎733 7180; www.dorpat.ee; Soola 6; EZ/DZ ab 45/65 €; P@📶) Das Dorpat ist groß

(200 Zimmer auf 6 Stockwerken), glanzvoll und gut besucht. Das Hotel bietet ein Uferrestaurant und einen Wellnessbereich. Einige der schicken Zimmer sind allergiker- oder rollstuhlgerecht eingerichtet. Der gepunktete Teppich steht in amüsantem Kontrast zu der modern-minimalistischen Einrichtung.

Hotell Tartu HOTEL €€
(☎731 4300; www.tartuhotell.ee; Soola 3; EZ 41–61 €, DZ 59–69 €; P@) Was früher ein hässliches Sowjetgebäude in einem heruntergekommenen Teil der Innenstadt war, befindet sich jetzt in einem schicken neuen Einkaufsviertel und hat sich entsprechend aufgehübscht. Die eintönige Fassade wird durch kunstvoll platzierte Kiefernplanken aufgelockert, die Einrichtung der Zimmer stammt aus der Ikea-Schule – die Zimmer sind klein und einfach, aber sauber und modern. Sehr nett ist das Personal und es gibt auch eine Sauna.

Pallas Hotell HOTEL €€
(☎730 1200; www.pallas.ee; Riia mnt 4; EZ 42 €, DZ 53–105 €; P@) Das Pallas residiert in einer ehemaligen Kunstschule und hat versucht, in seine Einrichtung eine Aura von Kreativität einfließen zu lassen. Mit der modernen Rezeption ist dies auch gelungen, die Zimmer jedoch sind zwar hell und großzügig geschnitten, wirken aber etwas altmodisch. Am besten sind die mit Kunstwerken ausgestatteten geräumigen Zimmer im 3. Stock mit Blick auf die Stadt.

VORORTE

Villa Margaretha BOUTIQUEHOTEL €€
(☎731 1820; www.margaretha.ee; Tähe 11/13; EZ 50–75 €, DZ 60–85 €, Suite 70–155 €; P) Dieses wunderbare Jugendstil-Holzhaus ist mit seinem winzigen Türmchen und den romantischen Zimmern mit Schlittenbetten und kunstvoll drapierten Textilien wahrhaft märchenhaft. Es liegt etwas ab vom Schuss, aber noch in Gehnähe zur Altstadt.

Looming HOSTEL €
(☎527 6370; www.loominghostel.ee; Kastani 38; B 16–17 €, Zi. 33–36 €; @) Der vielversprechende Neuankömmling des Jahres 2011 teilt sich eine alte Fabrik mit ein paar Unternehmen aus der Kreativszene, einigen Minimuseen und einer Bar bzw. einem Club. Das Looming (Estnisch für „Schöpfung") wird von umweltbewussten Städtern geführt, die recycelte Materialien und Nachhaltigkeit groß schreiben. Es gibt schicke Schlafsäle (ohne Etagenbetten) und Privatzimmer, eine nette Dachterrasse, Leihfahrräder (pro Tag 10 €) und eine Sauna.

Tartu Student Village Hostel HOSTEL €
(☎740 9955; www.tartuhostel.eu; Pepleri 14; EZ/2BZ 20/30 €;) Die Universität betreibt drei Hostels, aber nur dieses eine ist ganzjährig für Nicht-Studenten offen. Die Zimmer sind einigermaßen groß und haben eigene kleine Küchen und Bäder. Das Ganze wirkt etwas anstaltsmäßig, ist dafür aber sehr preisgünstig. Auf jeden Fall im Voraus reservieren!

Herne GÄSTEHAUS €
(☎744 1959; www.hot.ee/supilinn; Herne 59; Stellplätze pro Pers. 6,50 €, EZ/DZ 18/32 €) Ein 15-minütiger Spaziergang Richtung Nordwesten vom Zentrum führt durch ein traditionell armes Viertel mit schönen alten Holzhäusern zu diesem anheimelnden Gästehaus mit vier einfachen Zimmern und sauberen Gemeinschaftsbädern. Es gibt eine Küche und draußen einen Grill und jede Menge Rasen, auf dem Zelte aufgeschlagen werden können. Auch Wohnmobile sind willkommen.

Essen

ALTSTADT

La Dolce Vita ITALIENISCH €€
(www.ladolcevita.ee; Kompanii 10; Hauptgerichte 5–17 €) Das fröhliche, familienfreundliche Lokal serviert Holzofenpizza mit knusperdünnem Boden. Die Einrichtung ist klassisch, aber ungezwungen (rot-weiß karierte Tischdecken und Fellini-Poster), das Personal freundlich und die Speisekarte umfangreich, mit Bruschetta, Rohkost, Salaten, Pizza, Pasta und Eiscreme sowie reichhaltigeren Hauptgerichten.

Gruusia Saatkond GEORGISCH €€
(www.gruusiasaatkond.ee; Rüütli 8; Hauptgerichte 7–13 €; ⏲Mo–Sa 12–24 Uhr) Der Name bedeutet „Georgische Botschaft" und tatsächlich vertritt das Lokal sein Land in Sachen Essen und Wein sehr gut. Ein rustikaler, farbenfroh gestalteter Speisesaal setzt den Rahmen für herzhafte georgische Küche mit Spezialitäten wie *hatšapuri* (Käsebrot), Forelle oder Schaschlik.

Moka INTERNATIONAL €€
(www.moka.ee; Küütri 3; Hauptgerichte 5–16 €) Die Deko hier geht in alle Richtungen – wir vermuten mal, sie soll afrikanisch sein – und das passt eigentlich auch zum geografisch

sehr vielfältigen Angebot an Speisen: Neben Pizza und Pasta gibt's Tempura-Garnelen, Quesadillas, Cajun-Huhn und Samosas. Aber überraschenderweise funktioniert das kulinarische Sammelsurium gut. Im Sommer gibt's noch eine Extrakarte mit Grillgerichten, die der Koch auf dem Grill draußen auf der Straße zubereitet.

Hansa Tall ESTNISCH €
(www.hansahotell.ee; Alexandri 46; Hauptgerichte 5–9 €;) Wenn man mal eine Speisekarte in den Händen halten möchte, der man ansieht, in welchem Land man sich befindet: Dann ist dieses super-rustikale scheunenartige Gasthaus südöstlich des Zentrums genau der richtige Ort. Es müssen ja nicht gleich geräucherte Schweinsohren oder Blutwürste sein. Das Angebot ist herzhaft und überaus vielseitig. Bei Livemusik versammelt sich hier eine lebhafte, einheimische Gästeschaft.

Antonius ESTNISCH €€€
(737 0377; www.hotelantonius.ee; Ülikooli 15; Hauptgerichte 15–18 €; 6–23 Uhr) Das nobelste Restaurant der Stadt residiert im kerzenbeschienenen romantischen Gewölbekeller des Hotels Antonius, der im Vergleich zu dem Gebäude aus dem 19. Jh. darüber ein paar Jahrhunderte mehr auf dem Buckel hat. Gäste erwartet hier ein ausgewähltes Angebot an Fleischgerichten mit den besten estnischen Zutaten.

Noir EUROPÄISCH €
(744 0055; www.cafenoir.ee; Ülikooli 7; Hauptgerichte 5–11 €; Mo–Sa 12–23, So 12–18 Uhr) Wer seine Partnerin beeindrucken will, ist in diesem coolen, schwarz gestrichenen Restaurant mit Weinstube genau richtig. Perfekt für ein entspanntes Essen bei einem guten Glas Wein. Es liegt etwas versteckt an einem Hof abseits der Ülikooli und hat auch Tische im Freien und einen Sandkasten für die Kleinen zu bieten.

Chocolats de Pierre CAFÉ €
(www.pierre.ee; Raekoja plats 12; Snacks 2,60–5 €; Mo–Do 8–23, Fr 8–1, Sa 10–1, So 10–23 Uhr) Der berühmte Tallinner Chocolatier hat sich auch am Rathausplatz von Tartu niedergelassen und bietet die gleiche kultivierte Atmosphäre, die gleiche nostalgische Einrichtung und natürlich die alles entscheidenden Trüffelpralinen. Ein Toptipp zu jeder Tageszeit und für alle, die ihre Dosis Kaffee oder etwas Süßes brauchen.

Eduard Vilde Restaurant & Cafe INTERNATIONAL €€
(www.vilde.ee; Vallikraavi 4; Hauptgerichte 6–20 €) Das Café unten lockt mit Anmut und Eleganz, das Restaurant oben mit Pasta, Curry, Schnitzeln und auf heißen Steinen gegrillten Steaks. Oder man gönnt sich auf der sehr angenehmen Terrasse einfach nur einen Drink.

Universitätscafé CAFÉ €
(Ülikooli Kohvik; www.kohvik.ut.ee; Ülikooli 20; Hauptgerichte 4–10 €; Mo–Sa 11–23 Uhr) Die Cafeteria im Erdgeschoss serviert mit die günstigsten Mahlzeiten der Stadt, ein anständiges Frühstück und tagsüber ein einfaches Buffet. Darüber liegt ein Labyrinth elegant eingerichteter Räumlichkeiten, die nostalgischen Glanz und Gemütlichkeit vereinen. Dort werden leckere, kunstvoll angerichtete Speisen serviert.

STADTZENTRUM

Dorpat BUFFET €
(www.dorpat.ee; Soola 6; Hauptgerichte 5–12 €) Das elegante Restaurant im Dorpat bietet zwar auch eine gute Karte, besonders einladend ist jedoch das Mittagsbuffet unter der Woche. Für nur 3 € gibt's hier Suppe nach Wahl in unbegrenzter Menge und dazu Brot, Wasser und ein einfaches Dessert. Für nur 80 Cent mehr darf man sich an der Salattheke bedienen und für 6,80 € kann man am gesamten Mittagsbuffet zugreifen.

Markt MARKT
(Soola; ab 7 Uhr) Findet unter freiem Himmel beim Busbahnhof statt. Es macht Spaß, hier frische Lebensmittel oder Blumen zu kaufen.

Markthalle MARKT
(Vabaduse pst; ab 7.30 Uhr) Am Fluss vor dem Einkaufszentrum Kaubamaja (nach der Schweinestatue Ausschau halten!).

Ausgehen

Im Sommer geht es in den Kneipen eher ruhig zu, es sei denn, sie haben auch draußen Plätze. Die meisten Studenten trifft man dann auf dem Hügel hinter dem Rathaus an. Während der Vorlesungszeit ist der Mittwoch der traditionelle Partyabend für Akademiker.

LP TIPP **Genialistide Klubi** CLUB
(www.genklubi.ee; hinter Lai 37 oder durch Magazini 5; Eintritt frei–3 €; Mo–Sa 12–3 Uhr;) Dieser Club ist ein heruntergekommenes subkulturelles Allzweicketablissement, gleichzeitig

Kneipe, Café, alternativer Club, Livemusikladen, Kino, Theater, Bibliothek und überhaupt der coolste Laden in ganz Tartu.

Püssirohukelder KNEIPE

(www.pyss.ee; Lossi 28; Hauptgerichte 6–15 €; ⏲Mo–Sa 12–2, So 12–24 Uhr) In dieser munteren Kneipe in einem riesigen Schießpulverkeller von 1738 unter dem Domberg fließt unter der 10 m hohen Gewölbedecke jede Menge Bier und dazu gibt's herzhafte Speisen als Grundlage. Regelmäßig wird Livemusik gespielt und vorne erstreckt sich noch ein großer Biergarten.

Nott BAR

(Vallikraavi 3; ⏲19–3 Uhr) Die vernünftigen Getränkepreise sorgen für einen ständigen Nachschub an studentischen Gästen und dank der langen Öffnungszeit beenden hier alle ihre Kneipentour – und erschüttern die Stille im Schatten des Dombergs. Drinnen ist's recht beengt, aber die meisten tummeln sich auch gerne draußen.

Tsink Plekk Pang LOUNGE

(www.pang.ee; Küütri 6; Hauptgerichte 4–9 €) Hinter der auffallenden gestreiften Fassade verbirgt sich auf drei Etagen eine asiatisch angehauchte Restaurant-Lounge. Das Essen ist nichts Besonderes, aber die Dachterrasse ist ein tolles Plätzchen für einen Cocktail oder ein Bier; am Wochenende legen DJs auf.

Vein ja vine WEINLOKAL

(Rüütli 8; ⏲Di–Do 17–23, Fr & Sa 17–2 Uhr) Die kleine Bar serviert Wein und köstliche kleine Snacks und lockt eher etwas ältere Semester an. Voll wird's trotzdem, sodass man sich im Sommer draußen vor dem Lokal wiederfindet.

Möku BAR

(www.pang.ee; Rüütli 18; ⏲18–3 Uhr) Die winzige Kellerbar ist ein beliebter Studententreff; im Sommer steht man auch gerne vor der Kneipe in der autofreien Straße.

☆ Unterhaltung

Informationen über klassische Konzerte siehe www.concert.ee.

Theater & Konzerthalle Vanemuine THEATER

(☎744 0165; www.vanemuine.ee; Vanemuise 6) In dem Theater mit dem Namen eines altestnischen Sängergottes stehen Theater und Musik unterschiedlichster Ausprägung auf dem Programm. Weitere Aufführungen finden in der **Kleinen Bühne** (Vanemuise 45) und im **Sadamateater** (Hafentheater; Soola 5b) statt. Letzteres liegt erstklassig am Emajõgi-Ufer und bietet überwiegend moderne, unabhängige Produktionen.

Club Tallinn CLUB

(www.clubtallinn.ee; Narva mnt 27; Eintritt frei bis 6 €; ⏲Mi–Sa) Der beste Club in Tartu ist ein Tanzschuppen mit mehreren Etagen und zahlreichen Winkelchen. Spitzen-DJs locken modische und hippe Gäste an. Geöffnet nur während des Semesters; im Sommer zieht der Club Tallinn nach Pärnu um.

Club Illusion CLUB

(www.illusion.ee; Raatuse 97; Eintritt 3–5 €; ⏲Mi, Fr & Sa) Der Club nördlich vom Fluss in einem ehemaligen Kino aus der Sowjetzeit bezirzt mit üppiger Deko und wird von einer schicken Club-Klientel frequentiert. Mottopartys gibt's zu unterschiedlichen Musikrichtungen: Retro, R&B, Hip-Hop und House – Details hat die Website.

Atlantis CLUB

(www.atlantis.ee; Narva mnt 2; Eintritt 3–6 €; ⏲Di–Sa) Das beliebte Atlantis ist nicht besonders stilvoll eingerichtet, aber der Blick auf den Fluss macht das wieder wett. Wenn man in der richtigen Laune ist, sorgen die alten Hits für eine gute Stimmung.

Hansahoov THEATER

(☎737 1800; www.hansahooviteater.ee, Aleksandri 46) Spielt Theater im großen rustikalen Innenhof des Gasthauses Hansa Tall.

Cinamon KINO

(www.cinamon.ee; Turu 2; Karten 3,50–6 €) Multiplexkino über dem Einkaufszentrum Tasku.

Ekraan KINO

(www.forumcinemas.ee; Riia 14; Karten 2–5 €) Kleineres Kino in der Nähe des KGB-Museums.

Shoppen

Antoniuse Gild KUNSTHANDWERK

(www.antonius.ee; Lutsu 5; ⏲Di–Fr 12–18 Uhr) In rund 20 interessanten Werkstätten rund um den Antoniushof fertigen Kunsthandwerker Töpferwaren, Glaskunst, Schmuck, Textilien, Schnitzereien, Puppen etc.

Tasku EINKAUFSZENTRUM

(www.tasku.ee; Turu 2; ⏲Mo–Sa 10–21, So 10–18 Uhr) Großes Einkaufszentrum mit einem **Rimi-Supermarkt** (⏲8–23 Uhr) im Erdgeschoss, einem Multiplexkino ganz oben und einer Filiale der tollen Buchhandelskette **Rahva Raamat** (www.rahvaraamat.ee) dazwischen.

Pille-Resa Nukumaja SPIELWAREN
(Munga 14; ⌚Di–Sa) Der nette, kleine Laden hinter einer ausgebleichten orangefarbenen Fassade verkauft handgemachte Puppen und Spielzeug für Junge und Junggebliebene.

Pits MODE
(Rüütli 4) Das kleine Atelier präsentiert Originalentwürfe junger estnischer Designer sowie Schmuck, Accessoires und Musik. Befindet sich oben am hinteren Ende des Hofes.

Universitätsbuchladen BÜCHER
(Ülikooli Raamatupood; www.ut.ee/raamatupood; Ülikooli 1) Tolle Auswahl.

Kaubamaja KAUFHAUS
(www.kaubamaja.ee; Riia 1; ⌚Mo–Sa 9–21, So 10–19 Uhr) Mode und mehr.

ℹ Praktische Informationen

Raekoja Apteek (☎742 3560; Raekoja plats; ⌚24 Std.) Apotheke im Rathaus.

Stadtbücherei (Linnaraamatukogu; www.luts.ee; Kompanii 3; ⌚Sept.–Juni Mo–Fr 9–20, Sa 10–16 Uhr, Juli & Aug. Mo–Fr 10–18 Uhr) Im Obergeschoss kostenloser Internetzugang (Ausweis erforderlich).

Touristeninformation (☎744 2111; www.visittartu.com; Raekoja plats; ⌚9–18 Uhr) Die freundliche Touristeninformation im Rathaus bietet Stadtpläne und Broschüren (darunter eine tolle Broschüre für einen Stadtrundgang) sowie alle möglichen anderen Infos zur Stadt. Hier werden außerdem Unterkünfte gebucht, Stadtführer vermittelt und Parkpässe verkauft und es gibt kostenlosen Internetzugang. Erhältlich ist hier zudem der hervorragende Führer *Tartu in Your Pocket* (1,60 €), der zweimal pro Jahr erscheint und im Internet kostenlos zur Verfügung steht (www.inyourpocket.com). Im Winter gelten an Sonntagen kürzere Öffnungszeiten.

ℹ An- & Weiterreise

Auto & Motorrad

Die Touristeninformation hält ein aktuelles Verzeichnis von Autovermietungen bereit (mit Preisen).

Avis (☎744 0360; www.avis.ee; Flughafen Tartu)

Budget (☎605 8600; www.budget.ee; Flughafen Tartu)

City Car (☎523 9669; www.citycar.ee; Busbahnhof Tartu)

Europcar (www.europcar.ee) Hotell Tartu (☎511 0694; Soola 3); Flughafen Tartu (☎605 8031)

Hertz (☎506 9065; www.hertz.ee; Busbahnhof Tartu)

Bus

Busse in die Region und ins Ausland fahren vom **Busbahnhof Tartu** (Autobussijaam; ☎733 1277; Turu 2) am Einkaufszentrum Tasku. **Ecolines** (☎606 2217; www.ecolines.net) hat eine tägliche Verbindung nach Lettland mit Stopps in Valmiera (7 €, 2 Std.) und Rīga (12 €, 4 Std.). **Lux Express** (☎12550; www.luxexpress.eu) fährt dreimal am Tag nach Rīga (14–18 €, 4 Std.).

Wichtige Inlandsstrecken:

» Tallinn (8–12 €, 2½ Std., häufig)

» Rakvere (7–8,20 €, 3 Std., 7-mal tgl.), einige über Mustvee

» Narva (6,40–11 €, 3 Std., 7-mal tgl.), einige über Kauksi und Mustvee

» Viljandi (5 €, 1½ Std., 13-mal tgl.)

» Pärnu (7,50–11 €, 3 Std., 10-mal tgl.)

Flugzeug

Der **Flughafen Tartu** liegt 9 km südlich vom Stadtzentrum. **Estonian Air** (OV; ☎640 1160; www.estonian-air.ee) bietet an den meisten Tagen Flüge von und nach Tallinn. Der Billigflieger **Flybe** (FC; ☎44-1392-268 529; www.flybe.com) fliegt täglich Helsinki an (ab 39 €).

Zug

Das elegante, aber mit Brettern verbarrikadierte alte Holzgebäude des **Bahnhofs** (☎385 7123; Vaksali 6) liegt 750 m südwestlich des Toomemägi. Fahrpläne hängen davor aus, Fahrkarten gibt's im Zug.

Betreiber der Bahnstrecken ist **Edelerautee** (www.edel.ee). Täglich fahren drei Züge nach Tallinn (6,71 €, 3 Std.) und nach Valga (3,20 €, 1½ Std.).

ℹ Unterwegs vor Ort

AUTO In der Innenstadt sind für die Parkplätze von Montag bis Freitag zwischen 8 und 18 Uhr Gebühren fällig, im Juli auch am Wochenende. Man kann in der Touristeninformation für 7,67 € eine Tageskarte kaufen oder an den Parkuhren 1,60 € pro Stunde bezahlen. Beim Club Atlantis an der Narva maantee 2 gibt's einen kostenlosen Parkplatz.

BUS Tartu ist problemlos zu Fuß zu erkunden, es gibt jedoch auch städtische Busse. Einzelfahrscheine gibt's an den Kiosken für 0,83 € oder für 1 € beim Busfahrer. Man muss sie beim Einsteigen entwerten, wenn man keine Geldbuße riskieren will. An den Kiosken sind außerdem Tageskarten (2,50 €) erhältlich.

FAHRRAD Fahrräder verleihen **Jalgratas** (☎742 1731; Laulupeo 19; pro Tag 15 €; ⌚Mo–Fr 10–18, Sa 10–14 Uhr) und das Hostel Looming (S. 106).

VOM/ZUM FLUGHAFEN Der Flughafenshuttle von **Tartaline** (☎505 4342; www.tartaline.ee;

DIE SPRACHE VÕRO-SETO

Wer ein Ohr dafür hat, wird im Südosten des Landes neben der estnischen Sprache eine vom Estnischen sehr abweichende, etwas abgehackt klingende Sprache hören. Võro-Seto galt früher als ein estnischer Dialekt, wurde aber 1998 als eigenständige Sprache anerkannt. Bis zum Ende des 19. Jhs. existierten die Sprachen im Norden und Süden unabhängig nebeneinander. Dann wurde die Idee einer gemeinsamen Nation, eines Landes mit gemeinsamer Sprache propagiert. Das dominantere Nord-Estnisch wurde die Hauptsprache des Landes. Heute erlebt die Südsprache eine Renaissance, nicht zuletzt dank der über 50 000 Muttersprachler, die zumeist in Võrumaa und Setumaa leben. Wer mehr über diese einzigartige Sprache (oft einfach Võro) erfahren möchte, sollte Kontakt zum **Võro-Institut** (☎782 1960; www.wi.ee; Tartu 48, Võru) aufnehmen.

Ticket 3 €) fährt vom Flughafen 20 Minuten nach Ankunft eines Fluges bzw. vom Busbahnhof von Tartu eine Stunde vor jedem Abflug. Abholung vom Hotel kann im Voraus gebucht werden. Taxis kosten etwa 10 €.

TAXI Örtliche Taxiunternehmen sind z. B. **Takso Üks** (☎742 0000; www.taksod.ee; Grundgebühr 1,90 €, pro km 0,55 €) und **Tartu Taksopark** (☎1555; www.gotaksopark.ee; Grundgebühr 1,90 €, pro km 0,70 €).

Setomaa

Ganz im Südosten Estlands liegt die (politisch nicht als eigenständig anerkannte) Region Setomaa (in der Sprache ihrer Bewohner, ansonsten Setumaa oder Setu), die sich bis nach Russland hinein erstreckt. Sie hat eine interessante politische und kulturelle Geschichte. Die Traditionen der hier lebenden Setos sind eine Mischung aus estnischen und russischen kulturellen Einflüssen. Die Setos sind wie die Esten ursprünglich finno-ugrischer Abstammung, wurden aber orthodox statt protestantisch. Der Grund dafür war, dass dieser Landesteil von Nowgorod und später Pihkva (russ.: Pskov) beherrscht und nicht wie der Rest Estlands von deutschen Baronen kontrolliert wurde. Die Setos haben sich jedoch nie vollständig der russischen Lebensweise angepasst und über Jahrhunderte hinweg ihre Sprache (Võro-Seto) bewahrt. Viele Elemente ihrer Sprache stehen dem Alt-Estnischen sogar näher als das heutige moderne Estnisch. Gleiches gilt für bestimmte Traditionen, z. B. den Brauch, Speisen auf das Grab eines Verstorbenen zu legen. Vor der Reformation war dies auch bei den Esten üblich.

Setomaa lag von 1920 bis 1940 im unabhängigen Estland, heute gehört der größere Teil zu Russland. Der Ort Pechory (estnisch Petseri) liegt 2 km hinter der Grenze in Russland und gilt als die „Hauptstadt" von Setomaa. Seine größte Sehenswürdigkeit ist ein Kloster aus dem 15. Jh., das viele für das ungewöhnlichste Kloster ganz Russlands halten.

Die Kultur der Setos scheint heute einem schleichenden, aber unaufhörlichen Prozess des Verschwindens unterworfen zu sein. Gegenwärtig leben noch 4000 Setos in Estland und 3000 in Russland – das entspricht ungefähr der Hälfte der Bevölkerungszahl im frühen 20. Jh. Es wird zwar noch versucht, die Sprache zu unterrichten und zu erhalten und die Traditionen im Rahmen von Festen zu pflegen, aber die jüngere Generation passt sich immer schneller den modernen estnischen Lebensgewohnheiten an. Die seit 1991 unüberwindbare Grenze zu Russland hat die Gemeinschaft zusätzlich geschwächt.

Die Dörfer von Setomaa sind ganz untypisch für Estland: In den festungsähnlichen Dörfern stehen sich die Häuser in Gruppen gegenüber und sind vielfach eingezäunt. Ganz anders dagegen die typisch estnischen Dörfer: Hier liegen die frei stehenden Höfe so weit wie möglich voneinander entfernt. Die orthodoxe Tradition sorgt anscheinend für einen engeren Gemeinschaftssinn.

Eine Besonderheit ist der große silberne Brustschmuck, der zur Tracht der Frauen gehört. Sonst zeichnen sich die Setos vor allem durch ihre Lieder aus. Setomaa ist bekannt für seine Sängerinnen, die immer wieder neue Worte erfinden, wenn sie ihre Strophen singen. Die Lieder der Setos *(leelo)* sind vielstimmig – auf die gesprochenen Verse einer Sängerin folgt im Wechselspiel ein vom Chor gesungener Refrain. Der Gesang wird von keinem Instrument begleitet und wirkt sehr archaisch.

Informationen über die Region bietet die Website www.setomaa.ee

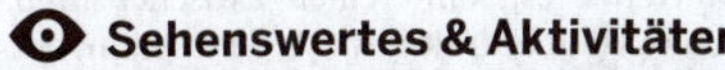

Sehenswertes & Aktivitäten

Die folgenden Sehenswürdigkeiten sind nach ihrer geografischen Lage geordnet und zwar grob von Norden nach Südwesten; in dieser Abfolge begegnet man ihnen, wenn man die Region von Tartu nach Võru bereist – eine sehr schöne Strecke.

Võpolsova & Tonja — DÖRFER

Die zwei klassischen Seto-Dörfer liegen einige Kilometer nördlich von Värska an der Westseite der Bucht von Värska. Zu sehen gibt's hier nicht so viel, aber die Nebenstraßen der Gegend eignen sich toll für Radtouren. In Võpolzova steht ein Denkmal für die Sängerin Anne Vabarna, die 100 000 Verse auswendig kannte. Die Höfe in Võpolzova bestehen typischerweise aus einem Ring von Gebäuden, die sich um einen Innenhof gruppieren. In Tonja sind alle Häuser auf den See ausgerichtet, dem das Dorf auch sein Auskommen verdankt.

Värska — ORT

Der 1300 Einwohner zählende Ort Värska ist für seinen Heilschlamm und sein Mineralwasser bekannt, das überall in Estland verkauft wird. Die malerische **Steinkirche** von 1907 mit ihrem schattigen Friedhof unterstreicht noch die ländliche Idylle.

Seto-Bauernhofmuseum

(Seto Talumuuseum; www.setomuuseum.ee; Pikk 40; Erw./Kind 2/1 €; ⌚Mitte Mai–Mitte Sept. Di–So 10–17 Uhr, Mitte Sept.–Mitte Mai Di–Sa 10–16 Uhr) Der von einer Holzskulptur des Gottes Peko bewachte nachgebaute Hof aus dem 19. Jh. umfasst Ställe, Kornkammern und die ehemaligen Metall- und Töpferwerkstätten. Ein Besuch des netten Restaurants und des tollen Souvenirladens (der beste der Gegend) lohnen sich ebenfalls. Hier werden selbst gestrickte Fäustlinge und Strümpfe, Hüte, Puppen, Webstoffe, Bücher und traditionelle Seto-Musik verkauft.

Podmotsa — ORT

Das winzige Dorf Podmotsa nordöstlich von Värska hatte einst enge Verbindungen zum Dorf Kulje auf der anderen Seite der Bucht in Russland. Die schöne orthodoxe Kirche von Kulje ist vom Seeufer klar erkennbar, genauso wie ein Grenzwachturm. Der Dorffriedhof birgt drei alte Steinkreuze. In heidnischer Zeit stand in der Nähe ein heiliger Hain.

Sandsteinhöhlen von Piusa — BERGWERK, WANDERUNG

(Piusa Koopad; www.piusa.ee; ⌚Mitte Mai–Mitte Sept. tgl. 11–18 Uhr, Mitte Sept.–Mitte Mai Sa & So 11–17 Uhr) Piusa liegt auf einem fast 500 m dicken Band aus Sandstein. Von 1922 bis 1966 gab es hier einen großen Steinbruch; dann

DER TAG DER SETOS

Peko, ein heidnischer Fruchtbarkeitsgott, ist für die Volksgruppe der Setos so wichtig wie ihre orthodoxe Religion. *Pekolanõ*, das 8000-Zeilen-Epos in Seto, erzählt die Geschichte dieses ziemlich machohaften Gottes, dessen Riten nur Männern bekannt waren. Das Epos geht auf das Jahr 1927 zurück, als die populärste Seto-Volkssängerin, Anne Vabarna, die Geschichte zum ersten Mal hörte und spontan vertonte: Sie dichtete auf der Stelle ein Lied und sang es tapfer bis zur 8000. Zeile – angeblich, ohne zwischendurch viel Luft zu holen.

Der Volkslegende nach schläft Peko Tag und Nacht in einer Sandhöhle. Am Tag des Königreichs von Seto – der Tag wird alljährlich am 19. August begangen – muss ein „Gesandter" des Königreiches *(ülemtsootska)* gefunden werden. Die Setos versammeln sich dann rund um die Statue ihrer „Liedermutter" und wählen einen unter ihnen aus, der die Krone des königlichen Sängers vom Hofe des schlafenden Königs tragen darf. Auch eine Art Kämpfer, sozusagen der Mann fürs Grobe, wird dabei für den König ausgewählt.

Auch die Kleidung des Seto-Königs, das Brot, der Käse und das Bier, das er isst und trinkt, sind von großer Bedeutung. An dem Tag, an dem sein Königtum für ein weiteres Jahr verkündet wird, werden Leute aus der Seto-Hochburg ausgewählt, um dem König als Knappen und Gürtelhersteller sowie Brot-, Bier-, Wein- und Käsehersteller zu dienen.

Und so ist der Königshof perfekt: Bei den Feierlichkeiten werden traditionelle Seto-Lieder und -Tänze zum Besten gegeben und man wünscht sich gegenseitig alles Gute. Die Frauen tragen traditionelle Seto-Spitze und große, silberne Brustplatten und Halsketten, die jeweils bis zu 3 kg wiegen können. Und am Ende des Tages werden die Toten geehrt.

RUSSISCHE GRENZE

Der offizielle Grenzübergang nach Russland in dieser Gegend ist in Koidula, unmittelbar nördlich von Pechory (estnisch: Petseri), jedoch ist Setomaa übersät mit aufgegebenen Kontrollposten, anscheinend unbewachten Holzzäunen und unheimlichen Sackgassen mit einsamen Plastikschildern. Die Straße von Värska nach Saatse kreuzt die russische Zickzackgrenze und verläuft 2 km lang auf russischem Territorium; hier darf man nicht anhalten. Das Überschreiten der Grenze an dafür offiziell nicht vorgesehener Stelle ist (selbst mit russischem Visum) illegal und kann die Verhaftung zur Folge haben.

wurde entdeckt, dass der Stein zu 99 % aus Quarz bestand und sich perfekt für die Glasproduktion eignete. Das Ergebnis ist ein 22 km langes Netz aus riesigen Höhlen, das größte Überwinterungsquartier für Fledermäuse im Baltikum, darunter auch mehrere seltene Arten. Von Oktober bis April versammeln sich hier rund 3000 Fledermäuse aus einem Umkreis von 100 km.

In einem schicken neuen Besucherzentrum mit Grassodendach laufen Filme über die Geschichte und Ökologie der Stätte. Mittels einer interaktiven Computersimulation lassen sich die Tiefen erkunden und man kann ein großes Pendel in Bewegung setzen, das anmutige Bögen in den Sand auf dem Fußboden malt. Außerdem gibt's ein Café und einen Spielplatz.

Hier beginnen auch **Führungen** (Erw./Kind 3,90/2,60 €), allerdings führen sie nur bis zur Öffnung der Haupthöhle und nicht wirklich in die Höhlen hinein – aus Sicherheitsbedenken und zum Schutz der Fledermäuse. Selbst an sehr warmen oder sehr kalten Tagen liegt die Temperatur unter der Erde konstant bei 4 bis 5 °C – also warme Kleidung mitnehmen.

Außerdem ist hier der Ausgangspunkt des **Piusa-Naturlehrpfads**, eines ruhigen, 15,5 km langen Rundwegs durch Kiefernwald und vorbei an Schützengräben des Zweiten Weltkriegs. Eine Reihe von Teichen wurde als Zufluchtsort für den seltenen Nördlichen Kammmolch angelegt.

Wer von Piusa Richtung Süden nach Obinitsa fährt, findet die Höhlen in der Nähe der Eisenbahnbrücke links ausgeschildert.

Obinitsa DORF

Das Dorf Obinitsa, in der Nähe eines unberührten Sees, lohnt einen Zwischenstopp. Seine Hauptattraktion ist das spannende **Seto-Hausmuseum** (Seto Muuseumitarõ; ☎785 4190; www.obinitsamuuseum.ee; Erw./Kind 2/1 €; ⏲ganzjährig Mo–Fr 10–17 Uhr, Mitte Mai–Mitte Sept. außerdem Sa & So 11–17 Uhr), das in nur einem Raum einige Trachten, Textilien, Küchengeräte und historische Fotos präsentiert – allerdings ohne Erläuterungen auf Englisch. Das Museum fungiert gleichzeitig als Touristeninformation. Obinitsa hat außerdem eine **Kirche** (1897 erbaut), einen **Friedhof** und ein **Denkmal** für die „Seto-Gesangsmutter", die ernst über den Obinitsa-See (mit **Badeponton**) schaut.

In Obinitsa finden mehrere große Seto-Feste statt. Das wichtigste ist das **Verklärungsfest** am 19. August: Hunderte Setos folgen einer Prozession von der Kirche zum Friedhof, wo anschließend ein gemeinsames Picknick stattfindet und den Verstorbenen Essen auf die Gräber gelegt wird.

Meremäe-Berg AUSSICHTSPUNKT

In einem solch flachen Land ist ein bescheidener 204-Meter-Huckel schon ein echtes Highlight. Dieser hier in der Nähe des Ferienhofes Setomaa hat einen vierstöckigen Aussichtsturm.

Schlafen & Essen

LP TIPP **Ferienhof Setomaa** GÄSTEHAUS, RESTAURANT €€

(Setomaa Turismitalu; ☎516 1941; www.setotalu.ee; EZ/DZ ohne Bad 23/46 €) Dieser Ferienhof in idyllischer Lage an einem See bietet wunderbar rustikal wirkende, gemütliche Zimmer in Blockhäusern sowie die Möglichkeit, sich am traditionellen Kunsthandwerk der Setos auszuprobieren und eine Rauchsauna zu erleben. Das Restaurant am See serviert köstliches Essen (Hauptgerichte 7–11 €). Der Hof ist an der Straße von Meremäe nach Vana-Vastseliina gut ausgeschildert.

Ferienzentrum Hirvemäe GÄSTEHAUS, CAMPINGPLATZ €€

(Hirvemäe Puhkekeskus; ☎797 6105; www.hirvemae.ee; Silla 4; Stellplatz pro Zelt/Auto 4/2 €, EZ 30 €, DZ 44–60 €; P 📶) Die attraktive Pension an einem hübschen See an der Hauptstraße nach Värska hat komfortable Zimmer mit Holzfußböden. Das große Gelände umfasst einen kleinen Strand, Tennisplätze, einen Minigolfplatz, eine Sauna und einen Spiel-

ABSTECHER

BISCHOFSBURG VASTSELIINA

Die **Bischofsburg Vastseliina** (Vastseliina linnus; www.vastseliina.ee/linnus; Erw./Kind 3/2 €; ⌚Mai–Sept. Mi–So 10–18 Uhr, Okt.–April Mo–Fr 9–16 Uhr) wurde 1342 von den Rittern des deutschen Livländischen Ordens an der Grenze zu Russland errichtet. Bis Mitte des 19. Jhs. blühte die Festung dank ihrer Lage an der Handelsroute von Pihkva nach Rīga, war gleichzeitig jedoch auch Schauplatz zahlreicher Schlachten. Die beeindruckende Burgruine steht auf einem hohen Steilhang über dem Fluss Piusa im Osten der Siedlung Vana-Vastseliina (Alt-Vastseliina) in der Nähe des Meremäe-Berges.

Nach einigen Renovierungsmaßnahmen ist das Burgareal mit Nordostturm, Besucherzentrum, Mittelaltermuseum, Kunstgewerbeladen und dem Wirtshaus Piiri aus dem 17. Jh. wieder geöffnet. Um das gesamte Anwesen führt ein 15 km langer Wanderweg – Näheres dazu im Besucherzentrum.

Zwischen Võru, Vana-Vastseliina und Meremäe verkehren täglich etwa fünf Busse.

platz. Das Speiseangebot des angeschlossenen Cafés ist knapp, einfach und preiswert (Suppe, Salat, Fleisch).

Seto-Teehaus SETO-KÜCHE €
(Seto Tsäimaja; www.setomuuseum.ee; Pikk 40, Värska; Hauptgerichte 4–5 €; ⌚Mitte Mai–Mitte Sept. Di–So 11–19 Uhr, Mitte Sept.–Mitte Mai Di–Sa 11–17 Uhr; 📶) Das Lokal neben dem Seto-Bauernhofmuseum bietet in einem malerischen Blockhaus eine unschlagbare Kulisse für traditionelle Hausmannskost. Das Essen ist nicht sensationell (kalte Seto-Suppe, geräuchertes oder geschmortes Schweinefleisch, Hering mit saurer Sahne, Brathähnchen), aber das Restaurant ist ein Schmuckstück.

Seto Seltsimaja SETO-KÜCHE €
(Obinitsa; Hauptgerichte 1–2 €; 📶) Dieses Privathaus fungiert auch als Gemeindezentrum von Obinitsa und serviert traditionelle Seto-Gerichte wie kalte Milchsuppe mit Tomaten, Gurken und Kopfsalat (überraschend gut!). Hier spricht man nur wenig Englisch und geöffnet ist das Lokal eher sporadisch. Nach dem Schild mit der Aufschrift „Taarka Tarõ Köökõnõ“ Ausschau halten.

Praktische Informationen

Touristeninformation Värska (☎512 5075; www.verska.ee; Pikk 12; ⌚Mitte Mai–Mitte Sept. Di–Fr 10–18, Sa & So 10–15 Uhr, Mitte Sept.–Mitte Mai Mo–Fr 10–17 Uhr)

An- & Weiterreise

Auch diese Gegend lässt sich am allerbesten mit einem eigenen Auto oder mit dem Rad erkunden. Von Tartu (5,80 €, 1½ Std., 4-mal tgl.) und Tallinn (12 €, 5 Std., 2-mal tgl.) fahren Busse nach Värska. Von Võru fahren drei bis sieben Busse pro Tag nach Obinitsa (2 €, 1 Std.) und nach Meremäe (2 €, 1 Std.).

Võru

14 300 EW.

Võru am Tamula-See empfängt Besucher mit einer Mixtur aus Holzhäusern des 19. Jhs., von denen viele ziemlich heruntergekommen aussehen, und einigen furchtbar hässlichen Bausünden aus der Sowjetzeit. Die größte Attraktion des Ortes ist sein sandiges Seeufer, das inzwischen mit einer neuen Promenade verschönert wurde und im Sommer zahlreiche Strandliebhaber anlockt.

Die Stadt wurde 1784 per Dekret von Katharina der Großen gegründet. Archäologische Funde aus der Gegend sind jedoch mehrere Tausend Jahre alt. Der berühmteste Einwohner der Stadt war aber weder ein Frühmensch noch eine Zarin, sondern der Dichter Friedrich Reinhold Kreutzwald (1803–1882), der durch sein volkstümliches Epos *Kalevipoeg* zum Vater der estnischen Literatur wurde.

Eine der wichtigsten Veranstaltungen ist das Mitte Juli stattfindende **Võru-Folklorefestival** (www.vorufolkloor.ee), bei dem zahlreiche Tänzer, Sänger und Musikanten vier Tage lang in farbenfroher traditioneller Tracht ihre Kultur feiern.

Sehenswertes & Aktivitäten

Katharinenkirchen KIRCHEN
(Jekateriina kirik) Lutherisch (Jüri 9); Orthodox (Tartu 26) Die Kirchen der beiden wichtigsten Konfessionen in Estland sind der frühchristlichen Märtyrerin Katharina geweiht, jedoch eigentlich zu Ehren von Zarin Katharina der Großen benannt. Beide Kirchen stammen aus dem 18. Jh., beide sind gelb-weiß und beide haben über dem Türsturz eine Pyra-

mide als Symbol der Dreifaltigkeit. Vor der am Hauptplatz gelegenen lutherischen Kirche steht ein **Denkmal** aus Granit für die 17 Bewohner der Stadt, die 1994 beim Fährunglück der *Estonia* ums Leben kamen. Die orthodoxe Kirche birgt die sterblichen Überreste von Nikolai Bežanitski, einem von den Bolschewiken ermordeten Priester, der in der russisch-orthodoxen Kirche inzwischen als Heiliger verehrt wird.

Kreutzwald-Gedenkmuseum MUSEUM
(Kreutzwaldi Memoriaalmuuseum; www.hot.ee/muuseumvoru; Kreutzwaldi 31; Erw./Kind 1,30/0,70 €; ⌚Mi–So 10–17 Uhr) Das interessanteste Museum des Orts befindet sich in dem Haus, in dem Kreutzwald von 1833 bis 1877 lebte und als Arzt praktizierte. Neben persönlichen Hinterlassenschaften gibt's hier hinter dem Haus noch einen hübschen Garten. Im Park am unteren Ende der Katariina allee in der Nähe des Sees steht ein **Denkmal** für den Schriftsteller.

Võrumaa-Regionalmuseum MUSEUM
(www.hot.ee/muuseumvoru/vorumaa_muuseum.html; Katariina allee 11; Erw./Kind 1,30/0,70 €; ⌚Mi–So 10–17 Uhr) Dieses Museum in einem der hässlichsten Gebäude der Stadt bietet mäßig interessante Ausstellungen zu Geschichte und Brauchtum der Region.

Schlafen & Essen

Rändur KNEIPE, GÄSTEHAUS €€
(☎786 8050; www.randur.ee; Jüri 36; EZ 25–30 €, DZ 38–50 €; P Wi-Fi) Jedes der hübschen Zimmer im 2. Stock ist thematisch und farblich besonders gestaltet – japanisch, ägyptisch, russisch etc. Die Zimmer im 3. Stock sind auch nett, aber einfacher und ohne eigenes Bad. Die rustikale, holzverkleidete Gaststube im Erdgeschoss serviert ordentliche Kost – und natürlich auch Schweinefleisch (Hauptgerichte 5–8 €).

Tamula Hotel HOTEL €€
(☎783 0430; www.tamula.ee; Vee 4; EZ/DZ 48/57 €; Wi-Fi) Das relativ neue Hotel direkt am See sieht mittlerweile schon ein bisschen schäbig aus. Jedoch hat es helle Zimmer mit Seeblick. Wer online bucht, spart 10 %.

LP TIPP **Spring Cafe** CAFÉ €
(www.springcafe.ee; Petseri 20; Hauptgerichte 4–6 €; ⌚Mo–Do 11–20, Fr & Sa 11–21 Uhr) Falls es mal keine Kneipe, sondern eher eine Café-Bar sein soll, ist dieses schicke Uferlokal ein Treffer. Es hat eine hübsche Terrasse, einen modernen Speiseraum mit Ziegel- und Holzdekor sowie einen gemütlichen Gastraum mit großen Fenstern im 2. Stock. Die Karte mit vielen Salaten und warmen Hauptgerichten ist auch nicht schlecht – außerdem gibt's eine Sauna.

Pub Õlle no 17 KNEIPE €
(Jüri 17; Hauptgerichte 3–10 €) Der gesellige Pub im irischen Stil mit Billardtisch, Großbild-TV, Terrasse und umfangreicher Speisekarte ist ein beliebter Treff der Einheimischen.

Unterhaltung

Kulturzentrum Voru Kannel THEATER, KINO
(Voru Kultuurimaja Kannel; www.vorukannel.ee; Liiva 13) Im Garten hinter dem Kulturzentrum finden gelegentlich Konzerte und Volksfeste statt. Das Zentrum selbst ist auch das Kino der Stadt. Über geplante Veranstaltungen kann die Touristeninformation Auskunft geben.

Shoppen

Karma ANTIQUITÄTEN
(www.antiques.ee; Koidula 14; ⌚Di–Fr 10.30–18, Sa 10–14 Uhr) Dies ist eins der besten Antiquitätengeschäfte Estlands und der perfekte Laden zum Stöbern. Hier findet jeder garantiert noch etwas, das er nicht zu Hause hat: Helme aus dem Zweiten Weltkrieg, alte Sensen, Schlittenglocken, sowjetische Streichholzschachteln oder hölzerne Bierkrüge.

Praktische Informationen

Touristeninformation (☎782 1881; www.visitvoru.ee; Jüri 12, Eingang in der Koidula; ⌚Mo–Fr 10–18, Sa & So 10–15 Uhr, Mitte Sept.–Mitte Mai nur Mo–Fr) Bietet einen Stadtplan und Infos über Feste, Attraktionen und Ferienhöfe in den Regionen Võru und Seto.

Zentralbibliothek Võru (Võrumaa Keskraamatukogu; http://lib.werro.ee; Jüri 54; ⌚Mo–Fr 10–18 Uhr; Wi-Fi) Kostenloser Internetzugang (maximal 1 Std.).

An- & Weiterreise

Wichtige Busverbindungen vom/zum **Busbahnhof** (☎782 1018; Eingang in der Vilja) von Võru:

» Tallinn (9–12 €, 4 Std., 9-mal tgl.)

» Narva (12 €, 4½ Std., tgl.) über Mustvee, Kauksi und Sillamäe

» Tartu (2–5 €, 1¼ Std., 17-mal tgl.)

» Valga (5,60 €, 1¾ Std., 2-mal tgl.)

» Pärnu (12 €, 4¼ Std., tgl.)

Naturpark Haanja

Mit 169 km² voller dichter Wälder, sanfter Hügel, malerischer Dörfer, glitzernder Seen und sich windender Flüsse umschließt dieses Schutzgebiet einige der schönsten Landschaften des Landes. Die Besucherzentren des Parks in Haanja und Rõuge sowie die Touristeninformationen in Võru, Otepää und Tartu halten Karten und Informationen über die vielfältigen Wander- und Skilanglaufmöglichkeiten im Park bereit.

Sehenswertes & Aktivitäten

Suur Munamägi BERG

Der Suur Munamägi (wörtlich „Großer Eierberg"), 17 km südlich von Võru, ist mit nur 318 m der höchste „Gipfel" des Baltikums – und wer nach dem bewaldeten Berg nicht direkt Ausschau hält, übersieht ihn leicht. Vom 29 m hohen **Aussichtsturm** (www.suurmunamagi.ee; Treppe Erw./Kind 2,50/1,50 €, Aufzug 4 €; April–Aug. tgl. 10–20 Uhr, Sept.–Okt. tgl. 10–17 Uhr, Nov.–März Sa & So 12–15 Uhr) kann man an einem klaren Tag die Fernsehtürme von Tartu und die Zwiebeltürme der russischen Stadt Pihkva (Pskov) sehen sowie die sich in alle Richtungen endlos erstreckenden Wälder (Leihfernglas 1 €). Im Erdgeschoss gibt's einen schönen Coffeeshop mit Plätzen drinnen und draußen und an der Hauptstraße ein großes Café.

Der „Aufstieg" zum Turm auf dem Gipfel dauert 10 Minuten. Er beginnt an der Straße Võru–Ruusmäe, etwa 1 km südlich des sonst unbedeutenden Dorfs Haanja.

Rõuge DORF

Das charmante Dorf Rõuge schmiegt sich inmitten sanfter Hügel an den Rand des leicht ansteigenden Ööbikuorg (Nachtigallental). Das Tal verdankt seinen Namen den Nachtigallen, die sich hier im Frühjahr zu ihrem eigenen „Sängerfest" versammeln. In dem Urstromtal verteilen sich sieben kleine Seen, darunter der jungfräuliche Suurjärv (Große See) in der Mitte des Dorfes. Dem mit 38 m tiefsten See Estlands werden Heilkräfte nachgesagt.

Gegenüber der **Marienkirche** (Maarja Kirik; Turm Erw./Kind 1,50/1 €; Juni & Aug. Do–Sa 11–16, So 9–15 Uhr), der weißen Steinkirche (1730) von Rõuge, erinnert ein **Denkmal** an die Dorfbewohner, die im Unabhängigkeitskrieg von 1918–20 ihr Leben ließen. In der Sowjetzeit war das Denkmal in einem Garten vergraben, um es vor der Zerstörung zu schützen.

Auf dem **Linnamägi** (Burgberg) von Rõuge am See Linnjärv stand vom 8. bis 11. Jh. eine altestnische Burg. Im 13. Jh. lebte hier der Heiler Rougetaja, zu dem die Kranken von weither strömten. Vom Burgberg hat man einen schönen Blick über das Tal.

Naturreservat Luhasoo NATURSCHUTZGEBIET

(Luhasoo Maastikukaitseala) Das Naturschutzgebiet in einer Moorlandschaft an der Grenze zu Lettland – es liegt außerhalb des Naturparks Haanja – bietet einen faszinierenden Einblick in Estlands Urgeschichte. Ein 4,5 km langer und gut markierter Weg bringt die Besucher zu mehreren Mooren und einem samtschwarzen See mit Venusfliegenfallen, Seerosen und heterotrophen Sträuchern. Vielleicht erblickt man auch Elche und Rehe, von den Wölfen, Bären und Luchsen wird man aber wohl nur Spuren entdecken können.

Der Anfahrtsweg zum Naturlehrpfad führt über die Straße von Rõuge nach Krabi, nach der Bushaltestelle von Pärlijõe biegt links eine Straße Richtung Kellamäe ab, nach 5 km ist der Startpunkt erreicht.

Haanja Hikes KANUFAHREN, RADFAHREN

(Haanjamatkad; ☎511 4179; www.haanjamatkad.ee; Fahrrad/Kanu pro Tag 10/32 €) Dieser Veranstalter in Võru verleiht Kanus und Fahrräder und veranstaltet außerdem Kanu- und Raftingexpeditionen (Kanu: 3–6 Std., Erw./Kind 18/10 €; Rafting: 4–6 Std., 10-Pers.-Raft 180 €) sowie zweitägige Rad- und Wandertouren.

Schlafen

Gästehaus Rõuge Suurjärve GÄSTEHAUS €€

(☎524 3028; www.hot.ee/maremajutus; Metsa 5, Rõuge; EZ/DZ/Suite 26/45/77 €) Der perfekte Ort, um die Landschaft zu genießen und die Seele baumeln zu lassen. Das große, gelb gestrichene Haus (im Familienbetrieb) bietet eine Auswahl schnörkelloser Zimmer (die meisten mit Bad, einige mit Fernseher, wenige mit Balkon) und einen Blick über das Tal. Der Garten verspricht Entspannung – und das kräftige Frühstück liefert Energie für alle Unternehmungen. Die Abzweigung befindet sich gegenüber der Kirche von Rõuge. Die Familie spricht kaum Englisch.

Ööbikuoru Puhkekeskus CAMPINGPLATZ €

(☎509 0372; www.visit.ee; Ööbikuoru 5, Rõuge; Stellplätze pro Erw./Kind 3/1,50 €, Hütten pro Pers. 7–11 €, Häuschen pro Pers. 15–18 €) Von diesem Campingplatz fällt der Blick ins Tal der Nachtigallen. Wer nicht zelten will, kann

NICHT VERSÄUMEN

NATIONALPARK KARULA

Feen, Geister und Hexen tummeln sich im 111 km² großen Nationalpark Karula mit seinen bewaldeten Erhebungen, kleinen Seen und alten steinernen Grabhügeln – zumindest der volkstümlichen Überlieferung zufolge. In der Mitte des Parks liegt der Ähijärv, ein schöner, von Wald und Schilf gesäumter See, der schon seit vorchristlicher Zeit als heilig gilt. Eine Umwanderung des Sees auf dem 4 km langen **Ähijärv-Pfad** dauert etwa anderthalb Stunden. Am See befindet sich auch das **Besucherzentrum** (☎782 8350; www.karularahvuspark.ee; Ähijärve; ⏲Mitte Mai–Mitte Sept. tgl. 10–18 Uhr, Mitte Sept.–Mitte Mai Mi–Fr 10–16 Uhr); die Mitarbeiter haben Karten und informieren über diesen und andere Wanderwege.

Der Park wird erschlossen durch eine unbefestigte Straße zwischen dem Dorf Mõniste im Süden und dem Ort Antsla im Norden.

in einfachen Holzhütten oder Ferienhäuschen übernachten. Auch Ruderboote (pro Std. 4 €), Kanus (4 €) und Fahrräder (2 €) werden verliehen. Ööbikuoru liegt 600 m von der Hauptstraße entfernt. Die Zufahrt in Richtung Süden ist beschildert.

Essen

Die Verpflegungsmöglichkeiten im Park sind begrenzt. In Rõuge gibt's neben einem kleinen Supermarkt nur ein lediglich am Wochenende geöffnetes Tagescafé. Ansonsten muss man nach Haanja fahren.

Praktische Informationen

Hauptverwaltung des Naturparks Haanja (☎782 9090; www.rmk.ee; Dorf Haanja; ⏲Mitte Mai–Mitte Sept. 10–18 Uhr) Bietet Karten und detaillierte Informationen über das Gebiet.

Ööbikuorg Keskus (☎785 9245; raugeinfo@hot.ee; Rõuge; ⏲Mitte Mai–Mitte Sept. Di–So 10–18 Uhr) An der Straße nach Haanja etwa 1,5 km östlich der Kirche von Rõuge ausgeschildert. Hier gibt's einen Informationsschalter mit Infos zu Wandermöglichkeiten in der Gegend sowie einen Kunstgewerbeladen. Hinter dem Zentrum steht ein Aussichtsturm mit tollen Ausblicken auf das Tal und die Seen.

An- & Weiterreise

Von Võru fahren Busse zum Dorf Haanja (0,70 €, 15 Min., 9-mal tgl.) und nach Rõuge (0,70 €, 20 Min., 13-mal tgl.).

Valga

13 600 EW.

Wer schon den Grenzübergang im Zentrum von Narva merkwürdig fand, wird sich in Valga noch mehr wundern. Dies war das einzige Gebiet, das nach dem Ersten Weltkrieg zwischen Lettland und Estland umstritten war. Ein hinzugezogener britischer Schlichter legte den bis heute gültigen Grenzverlauf fest – und teilte damit die Stadt. Das Ergebnis: Wer heute im Stadtzentrum herumläuft, wechselt ständig zwischen dem estnischen Valga und dem lettischen Valka. Glücklicherweise gibt's heutzutage keine Grenzkontrollen mehr und die beiden Stadtverwaltungen arbeiten bei Sachen wie der Touristeninformation zusammen.

Valga putzt sich langsam etwas mehr heraus, aber an die alten Holzhäuser und die Parks grenzen nach wie vor einige triste Industriegebiete. Wer mag, begibt sich auf die Spuren der blutigen Kriegsvergangenheit, bevor die Reise weitergeht.

Sehenswertes

Zeugnisse des Zweiten Weltkriegs HISTORISCHE STÄTTEN

Im deutschen Kriegsgefangenenlager Stalag-351 starben geschätzte 29 000 Rotarmisten. Es befand sich in umgebauten Ställen in Priimetsa am Stadtrand von Valga. Von dem Lager ist nichts mehr zu sehen, nur ein schlichtes, bewegendes Denkmal erinnert noch daran. Später übernahmen die Sowjets das Lager und internierten hier deutsche Kriegsgefangene; 300 von ihnen sind in der Nähe unter den Tannen bestattet. Anfahrt zum Lager über die Kuperjanovi und dann links in die Roheline.

Auf der lettischen Seite der Stadt gibt es große **Bunker** (Tālavas 23), einen **sowjetischen Soldatenfriedhof** (Gaujas) und einen weiteren **deutschen Soldatenfriedhof** (Varoņu).

Johanneskirche KIRCHE

(Jaani Kirik; Kesk 23) Diese merkwürdig proportionierte Kirche in der Nähe der Touristeninformation wurde 1816 errichtet und ist die einzige ovale Kirche Estlands.

ABSTECHER

SANGASTE

Es gibt zwei Gründe, an der Straße von Valga nach Otepää zu halten. In Lossiküla („Schlossdorf"), 23 km nordöstlich von Valga, steht der majestätische Backsteinbau des **Schlosses Sangaste** (Sangaste Loss, www.sangasteloss.ee; Erw./Kind 2,30/1,30 €; ⏲10–18 Uhr). Es wurde 1881 fertig gestellt. Unverkennbar ist der Einfluss des englischen Windsor Castle auf die Architektur des Palasts.

Im Sommer ist ein Café geöffnet, aber besser geduldet man sich, bis man das 4 km entfernte Dorf Sangaste erreicht: Hier gibt's das **Sangaste-Roggenhaus** (Sangaste Rukki Maja; ☎766 9323; www.rukkimaja.ee; Hauptgerichte 5–6 €; 📶). Sangaste ist die „Roggenhauptstadt" Estlands und dieses gemütliche Restaurant feiert den Titel mit einer Speisekarte, die ganz im Zeichen dieses Getreides steht. Neben köstlichem Roggenbrot gibt's eine überraschende Vielfalt von traditionellen Suppen und Schweinefleisch-, Lachs- und Hühnchengerichten. Und wer hier nächtigen möchte: Oben finden sich frische, moderne Zimmer zu sehr günstigen Preisen (EZ/DZ 24/36 €).

Stadtmuseum MUSEUM
(www.valgamuuseum.ee; Vabaduse 8; Erw./Kind 0,64/0,32 €; ⏲Mi–Fr 11–18, Sa & So 10–15 Uhr) In dem Jugendstilgebäude wird der Heimatgeschichte gefrönt.

Schlafen & Essen

Metsis HOTEL €€
(☎766 6050; www.hotellmetsis.com; Kuperjanovi 63; EZ 45 €, DZ 58–100 €; P📶) Das auf einem weitläufigen Gelände gelegene Hotel von 1912 ist die beste Unterkunft der Stadt: Die Zimmer sind nett und nicht zu teuer und das mit zweifelhaften Jagdtrophäen geschmückte Restaurant serviert gutes Essen (Hauptgerichte 7–10 €).

Voorimehe Pubi KNEIPE €
(☎767 9627; Kuperjanovi 57; Hauptgerichte 5–8 €) Die stimmungsvolle Kneipe mit viel dunklem Holz serviert sättigende Gerichte (Lachs, Schnitzel, Schweinefleisch u. Ä.). Am Wochenende legen DJs auf.

Praktische Informationen

Touristeninformation (☎766 1699; www.tourism.valgamaa.ee; Kesk 11; ⏲Mo–Fr 10–18, Sa & So 9–15 Uhr, Mitte Sept.–Mitte Mai nur Mo–Fr) Stadtpläne und Infos für beide Teile der Stadt.

An- & Weiterreise

Der **Busbahnhof und Bahnhof von Valga** (Jaama pst 10) liegt ein paar Straßen südöstlich der Stadtmitte.

BUS Ecolines (☎606 2217; www.ecolines.net) bietet eine tägliche Verbindung nach Valmiera (4 €, 42 Min.) und Rīga (7 €, 2¾ Std.) in Lettland. **Lux Express** (☎680 0909; www.luxexpress.eu) hat drei Busse täglich nach Rīga (11–14 €, 2½ Std.).

Wichtige Inlandsverbindungen:

» Tallinn (12 €, 4 Std., 7-mal tgl.)

» Narva (12 €, 4¼ Std., tgl.) über Mustvee, Kauksi und Sillamäe

» Tartu (5 €, 1½ Std., 7-mal tgl.) über Otepää

» Viljandi (6,20 €, 1¾ Std., 7-mal tgl.)

» Pärnu (8,60 €, 2½ Std., tgl.)

ZUG Valga ist Endpunkt sowohl der estnischen als auch der lettischen Eisenbahn; wer etwa von Tartu nach Rīga fährt, muss hier auf jeden Fall umsteigen. Estnische Züge der Gesellschaft **Edelerautee** (www.edel.ee) verkehren nach Tartu (3,20 €, 1½ Std., 3-mal tgl.). Lettische Züge, betrieben von **Latvijas Dzelzceļš** (www.ldz.lv), fahren über Valmiera, Cēsis und Sigulda nach Rīga (3,75 Ls, 3¼ Std., 3-mal tgl.).

Otepää

2200 EW.

Der kleine Ort auf einem Hügel 44 km südlich von Tartu liegt inmitten einer malerischen Landschaft mit Wäldern, Seen und Flüssen. Esten lieben dieses Fleckchen Erde ganz besonders – wegen der Schönheit der Natur und den vielen Möglichkeiten zum Wandern, Radfahren, Schwimmen und Langlaufen. Der Ort ist Estlands „Winterhauptstadt" und an den Winterwochenenden ist hier einiges los. Das gesamte Gebiet wird auch scherzhaft „Estnische Alpen" genannt – was sich offensichtlich nicht auf irgendwelche Gipfel, sondern auf die schönen Loipen bezieht. Jedes Jahr im Februar beginnt hier der 63 km lange Tartu-Skima-

Otepää & Umgebung

rathon (S. 105); doch selbst im Sommer sind Skihasen auf Skirollern unterwegs.

Der Hauptteil von Otepää liegt um die Kreuzung von Tartu, Võru und Valga maantee herum, mit dem Hauptplatz, Geschäften und einigen Wohnstraßen. Ein kleines Wäldchen trennt diesen Teil von einer kleineren Siedlung am See 2 km südwestlich.

Sehenswertes

Pühajärv SEE

(Heiliger See) Der Legende nach entstand der 3,5 km lange Pühajärv aus den Tränen der Mütter, die ihre Söhne in einer Schlacht verloren; die Inseln sind demnach die Grabhügel der Gefallenen. So wird es jedenfalls im Epos *Kalevipoeg* beschrieben. Vorchristliche Traditionen sind hier noch recht lebendig; so finden jedes Jahr große Sonnenwendfeiern statt. Als der Dalai Lama 1991 nach Tartu kam, segnete er den See; an seinen Besuch erinnert ein **Denkmal** beim Sandstrand am Nordostufer. Der beliebte Strand lockt mit Wasserrutschen, einem Badeponton und einem Café und wird im Sommer von Rettungsschwimmern bewacht. Um den See herum führt ein 12 km langer Naturlehrpfad und Radweg.

Wintersportmuseum MUSEUM

(Talispordimuuseum; Tehvandi-Stadionhaus, Tehvandi; Erw./Kind 1,50/1 €; ⏲Mi–So 11–16 Uhr) Das große, schicke Tehvandi-Stadion, in dem Fußballspiele und Skievents stattfinden, zeugt von der Sportbesessenheit Otepääs. Unter der Haupttribüne zeigt dieses Museum in zwei Räumen Sportausrüstung und -bekleidung sowie Medaillen einiger der berühmtesten Sportler des Landes.

Lutherische Marienkirche KIRCHE

(Maarja Luteri Kirik; Võru mnt; ⏲Mitte Mai–Aug. 10–16 Uhr) Die neogotische Kirche auf dem Hügel von Otepää stammt aus dem späten 19. Jh., der Glockenturm ist jedoch erheblich

Otepää & Umgebung

Highlights
1 Strandpark C2
2 Energiesäule D2
3 Linnamägi B1
4 Lutherische Mariannenkirche B1
5 Skimuseum B2

Aktivitäten, Kurse & Touren
6 Snowmobile Safari Park D3
7 Tehvandi Sports Centre D2
Veesõidukite (siehe 1)

Schlafen
8 Edgar's A2
9 GMP Clubhotel C2
10 Murakas B2
11 Nuustaku Villa C3

Essen
Edgari Pood (siehe 8)
12 l.u.m.i B2
Nuustaku Pubi (siehe 11)
13 Oti Pubi B2
Pühajärve Restaurant (siehe 9)
14 Pühajärve Spa Hotel Pub C2

älter. Im Inneren wartet sie mit feinen, verschnörkelten Holzschnitzarbeiten, tief hängenden Kronleuchtern und einer eindrucksvollen Kreuzigungsszene über dem Altar auf. Hier weihte der Estnische Studentenverein seine neue blau-schwarz-weiße Fahne (s. Kasten S. 99), die später zur Flagge des unabhängigen Estlands wurde. Draußen erinnern Flachreliefs beiderseits der Kirchentür an dieses Ereignis; sie wurden ursprünglich 1934 angebracht, während der Sowjetzeit zerstört und 1989 erneut angebracht.

Gegenüber dem Hauptportal befindet sich ein kleiner Erdhügel mit einem Denkmal für die Gefallenen des Unabhängigkeitskrieges von 1918–20. Der obere Teil des Denkmals war von 1950 bis 1989 eingegraben, um ihn vor der Zerstörung zu schützen.

Linnamägi RUINEN

(Burgberg) Der hübsche baumbestandene Berg südlich der Kirche war schon zu altestnischer Zeit eine Festung, ehe er im 13. Jh. mit einer Bischofsburg gekrönt wurde. Oben auf dem Berg sind noch immer Überreste der Festungsanlagen zu sehen; außerdem eröffnet sich von hier ein wunderbarer Ausblick auf die umliegenden Täler.

Energiesäule MONUMENT

(Energiasammas; Mäe) Wer sich nach der Wanderung um den See etwas schlapp fühlt, kann an diesem merkwürdigen, mit Bären verzierten Pfahl neue Energie auftanken. Er wurde 1992 aufgestellt, nachdem Menschen mit medialen Fähigkeiten schon lange den Glauben daran verbreitet hatten, dass diese Gegend positive Energie ausstrahlt.

Aktivitäten

Die Touristeninformation hat Karten und Infos über die Pfade im Park, von gemütlichen Spaziergängen für Familien mit Kindern bis zu einer 20 km langen Wander- und Skiroute. Sie informiert auch über weitere Aktivitäten in der Region wie Reiten und Golf im Sommer oder Schlauchrodeln, Schlittenfahren und Schneemobilsafaris im Winter.

Die nächstgelegenen Langlaufloipen beginnen am Stadtrand beim Tehvandi-Sportzentrum. Gute Routen gibt's auch beim Kääriku-See.

Wem der Sinn nach einem Kanu- oder Raftingtrip steht, sollte ein oder zwei Tage vorher anrufen. Die Anbieter holen ihre Teilnehmer vom Hotel ab, bringen sie zum See und nachher auch wieder zurück.

Sportzentrum Tehvandi SPORTZENTRUM

(Tehvandi Spordikeskus; ☎766 9500; www.tehvandi.ee; Tehvandi) Das ehemalige Trainingszentrum für das olympische Wintersportteam der Sowjetunion ist ein Mekka für alle möglichen Winter- und Sommeraktivitäten wie z. B. Skilanglauf, Skisprung, Laufen, Radfahren, Rollskifahren und Eislaufen. Außerdem gibt's hier eine Kletterwand und eine 34 m hohe Aussichtsplattform. Näheres auf der Website.

Skigebiet Kuutsemäe SKIFAHREN

(Kuutsemäe Puhkekeskus; ☎766 9007; www.kuutsemae.ee; Tagesliftkarte Mo–Fr 14 €, Sa & So 19 €) Wichtigster Besuchermagnet der Region ist zwar der Skilanglauf, aber dieses Skigebiet hat auch sieben bescheidene Abfahrten mit einer Länge von 214 bis 514 m zu bieten. Dies ist das am besten erschlossene Skigebiet der Region, mit Gasthaus, Unterkünften und einer Ski- und Snowboard-Schule. Das Gebiet befindet sich 14 km westlich von Otepää am Kuutsemägi.

Veetee KANUFAHREN, RAFTING

(☎506 0987; www.veetee.ee) Bietet Kanu- und Raftingtrips auf den Flüssen Ahja und Võhandu sowie auf den kleinen Seen im

Kooraste-Tal (pro Pers. 20 €). Verleiht außerdem Skier und Snowboards und bietet Unterricht.

Toonus Pluss KANUFAHREN, SKIFAHREN
(☎505 5702; www.toonuspluss.ee) Hat sich auf Kanutouren in den gleichen Gegenden wie Veetee spezialisiert; bei individuellen Trips können Kanufahrten, Wanderungen und Mountainbiketouren kombiniert werden. Auch Skiverleih und Unterricht.

Fan-Sport KANUFAHREN, AUSRÜSTUNG
(☎5077 537; www.fansport.ee) Verleiht Fahrräder (pro Std./Tag 3,20/12,78 €), Schlitten (pro Std./Tag 1,60/3,20 €), Schlittschuhe (3 Std. 2,50 €), Skier (pro Tag 13 €) und Snowboards (pro Tag 13 €), veranstaltet Kanutrips (pro Pers. 16–20 €) und bietet Skiunterricht (pro Std. 13 €).

Veesõidukite Laenutus BOOTSVERLEIH
(☎5343 6359; ⌚Juni–Aug. 10–19 Uhr) Verleiht am Strand am Nordostufer des Pühajärv Ruderboote (7 €), Kanus (7 €), Kajaks (6 €) und Segelboote (10 €); alle Preise pro Stunde.

Schneemobil-Safaripark SCHNEEMOBIL
(☎505 1015; www.paap.ee/eng/talvelehed/; Väike-Munamägi; pro Std. 70 €; ⌚Jan.–März) Für die Erkundung der winterlichen Traumlandschaft können hier Zwei-Personen-Schneemobile gemietet werden; eine Einweisung ist im Preis enthalten. Von denselben Leuten betrieben wie das Surf Paradiis (S. 159) auf Hiiumaa.

Schlafen

Die Nebensaison dauert hier von April bis Mai und von September bis November; die Hotels sind dann 10 bis 15 % billiger. Am höchsten sind die Preise an Wochenenden in der Hauptsaison.

LP TIPP **GMP Clubhotel** WOHNUNGEN €€€
(☎766 7000; www.clubhotel.ee; Tennisevälja 1; Apt. 105–135 €; Ⓟ) Das superschicke neue Gebäude am See ist mit tollen Möbeln eingerichtet und mit übergroßen Fotos geschmückt. Dass in den 1-Zimmer-Apartments nur Schlafsofas vorhanden sind, hat uns nicht so begeistert; in den größeren Wohnungen gibt's aber richtige Betten mit guten Matratzen. Die Krönung des Ganzen sind die beiden luxuriösen, nach Geschlechtern getrennten Saunen im obersten Geschoss; sie sind abends geöffnet für Leute, die den Sonnenuntergang schwitzend begehen möchten.

Murakas HOTEL €€
(☎731 1410; www.murakas.ee; Valga mnt 23A; EZ/DZ 39/50 €; Ⓟ📶) Mit weniger als einem Dutzend Zimmern wirkt das Murakas eher wie eine größere Pension als ein Hotel. Gestreifte Teppiche, helles Holz und Balkone verleihen den Zimmern ein Gefühl der Frische und auch der Frühstücksraum unten präsentiert sich ähnlich luftig.

Edgar's GÄSTEHAUS €€
(Edgari Külalistemaja; ☎5343 4705; www.hot.ee/karnivoor; Lipuväljak 3; EZ/DZ/3BZ 20/40/60 €; Ⓟ) Die hellen kleinen Zimmer und die größeren Apartments befinden sich auf den oberen Etagen eines hübschen Backsteinhauses mitten im Zentrum; unten gibt's einen Feinkostladen und ein Café. Die Zimmer sind nicht unbedingt superschick, aber für den Preis ein echtes Schnäppchen.

Nuustaku Villa GÄSTEHAUS €
(☎5668 5888; www.nuustaku.ee; Nüpli; DZ 30–40 €) Das Nuustaku ist eher für seine gemütliche Kneipe bekannt, hat aber in dem Haus auf einer kleinen Landzunge am See 3 km südwestlich von Otepää auch acht altmodische Zimmer im Angebot. Am besten ist Zimmer 5 mit Wohnbereich und eigener Terrasse. Die teils recht laute Kneipe schließt um Mitternacht.

Skigebiet Kuutsemäe HÜTTEN €€€
(Kuutsemäe Puhkekeskus; ☎766 9007; www.kuutsemae.ee; Kuutsemägi; Hütten 115 €) Das Skigebiet vermietet sieben niedliche Holzhütten für bis zu acht Personen mit Galerie und jeweils eigener Küche und Sauna. Das Skigebiet liegt 14 km außerhalb der Stadt, man sollte sich also zunächst mit Proviant eindecken, bevor man sich hierher auf den Weg macht.

Essen & Ausgehen

LP TIPP **Restaurant Pühajärve** FUSIONSKÜCHE €€
(www.clubhotel.ee; Tennisevälja 1; Hauptgerichte 7–17 €) Von den 1960er- bis zu den 1980er-Jahren war dies das berühmteste Restaurant der Gegend, aber mit dem Zerfall der Sowjetunion ging auch das Restaurant den Bach hinunter. Mit der Eröffnung des benachbarten Clubhotels wurde ihm jedoch neues Leben eingehaucht. Auf einer Terrasse oberhalb des gleichnamigen Sees bietet das Pühajärve jetzt ein spannendes Angebot an phantasievollen Gerichten.

l.u.m.i EUROPÄISCH €

(www.lumikohvik.ee; Mumamäe 8; Hauptgerichte 4–10 €) Das Hippie-Manifest am Anfang der Speisekarte informiert die Gäste, dass *lumi* „Schnee" bedeutet. Hinter dem ganzen Gerede von guter Energie verbirgt sich aber ein eher traditionelles Angebot an Fisch-, Schweine- und Rindfleisch- und Hühnchengerichten; abgerundet wird das Ganze durch einige kreativere Speisen und einen hervorragenden Tapasteller. Die groovige Atmosphäre verdankt sich dem zusammengewürfelten Mobiliar und einigen coolen Besteck-Lampenschirmen. Eine sehr gute Wahl!

Nuustaku Pubi KNEIPE €€

(www.nuustaku.ee; Nüpli; Hauptgerichte 7–14 €;) Die muntere Holzkneipe bietet neben einer beliebten Seeterrasse die übliche Auswahl an Fisch- und Schweinefleischgerichten. Am Wochenende gibt's Livemusik.

Pühajärve Spa Hotel Pub KNEIPE €

(766 5500; www.pyhajarve.com; Pühajärve tee; Hauptgerichte 5–10 €) Die lockere, ganztägig geöffnete Kneipe des Seehotels spricht mit ihrer umfangreichen Karte ein breites Publikum an, so auch Kinder und Vegetarier. Schön ist die Sonnenterrasse, aber auch drinnen – mit Billardtischen und Kamin – lässt es sich gut aushalten.

Oti Pubi KNEIPE €

(www.otipubi.ee; Lipuväljak 26; Hauptgerichte 5–8 €;) Die mit allen möglichen Skiutensilien dekorierte zwanglose Kneipe in einem achteckigen Gebäude im Stadtzentrum hat ihre treuen Stammgäste und ist nicht schlecht für einen Drink oder auch eine Mahlzeit, solange man auf der Karte nichts Außergewöhnliches erwartet.

Edgari Pood FEINKOST €

(www.hot.ee/karnivoor; Lipuväljak 3; Backwaren 0,30 €; Mo–Fr 8–18, Sa 9–15 Uhr) Hier kann man sich mit Wurst und Wodka eindecken oder Backwaren für ein billiges, aber köstliches Frühstück erstehen.

Praktische Informationen

Touristeninformation (766 1200; www.otepaa.ee; Tartu mnt 1; 10–17 Uhr, Mitte Sept.–Mitte Mai So & Mo geschl.) Die fachkundigen Mitarbeiter verteilen Karten und Broschüren und geben Tipps zu Aktivitäten, Unterkünften und geführten Touren in der Region.

Anreise & Unterwegs vor Ort

Der **Busbahnhof** (Tartu mnt 1) ist neben der Touristeninformation.

» Tallinn (12 €, 3½ Std., tgl.)

» Narva (10 €, 4½ Std., 2-mal wöchentl.) über Mustvee, Kauksi und Sillamäe

» Tartu (3 €, 40 Min., 12-mal tgl.)

» Valga (4 €, 55 Min., 2-mal tgl.) über Sangaste

DER SÜDWESTEN

Die Hauptattraktion dieses Teils des Landes sind die Strände. Mit seinem schönen Sandstrand zieht Pärnu während des Sommers Heerscharen von Urlaubern an. Aus Tallinn und Tartu kommen wegen der vielen Clubs junge Partygänger, Busladungen voller älterer Menschen strömen in die Kuranlagen mit ihren Schlammanwendungen.

Östlich von Pärnu erstreckt sich der Nationalpark Soomaa, der in einer Landschaft aus Weiden und Mooren eine artenreiche Tier- und Pflanzenwelt schützt. Östlich des Nationalparks liegt das entspannte regionale Unterzentrum Viljandi, ein Mekka für Folkloristisches, besonders Musik.

Viljandi

19 900 EW.

Viljandi ist mit seiner Lage in einem malerischen Tal und dem Viljandi-See in der Mitte eine der hübschesten Städte Estlands. Im 13. Jh. errichtete der Schwertbrüderorden an diesem Ort eine Ordensburg. Die Stadt selbst trat später der Hanse bei, jedoch gaben sich auch hier in der Folgezeit Schweden, Russen und Polen die Klinke in die Hand. Beim Flanieren durch das kleine Zentrum mit seiner stimmungsvollen Burgruine und seinen historischen Gebäuden und üppigen Grünflächen entsteht schnell der Eindruck, als sei die Zeit stehen geblieben.

Wer Ende Juli kommt, sollte unbedingt vorher sein Zimmer buchen: Das viertägige Folkfestival Viljandi ist Estlands größtes Musikfest.

Sehenswertes & Aktivitäten

Die Altstadt um die Burg herum ist von hübschen Holzhäusern mit feinen Verzierungen gesäumt, weiter außerhalb trübt sich das nette Bild dann jedoch ein.

Der Südwesten

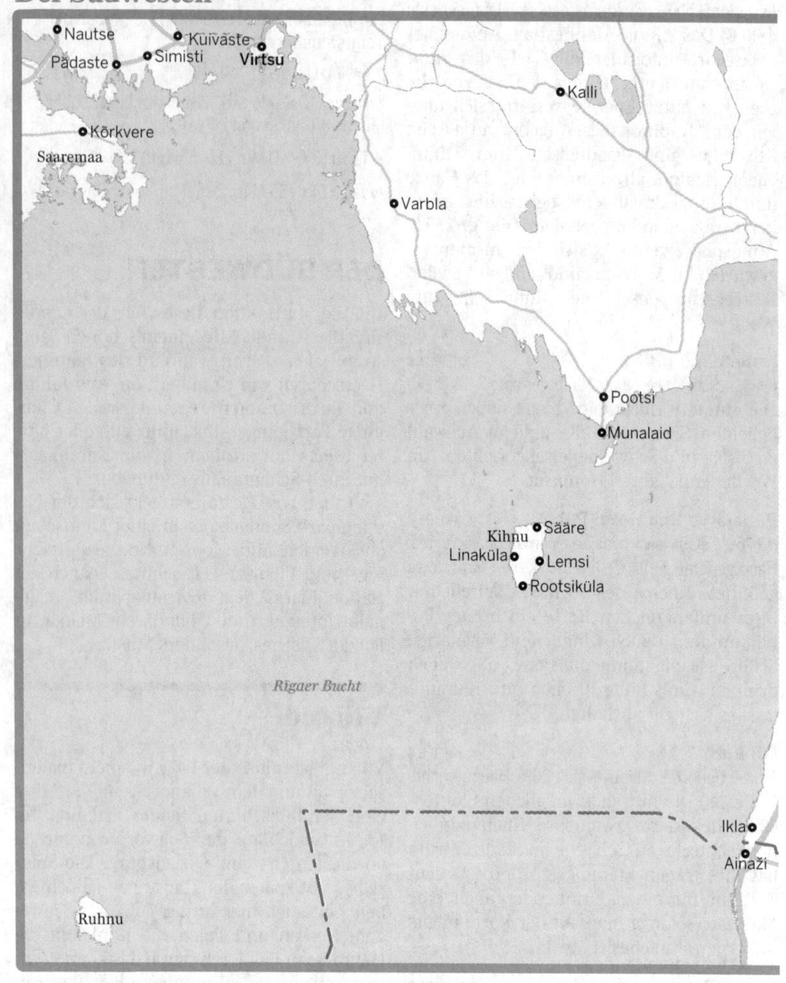

Burgpark RUINEN, PARK

(Lossimäed) Im üppigen Schlosspark hinter der Touristeninformation steht die jedermann zugängliche Ruine der **Ordensburg**, 1224 vom Schwertbrüderorden gegründet – seit dem 9. Jh. hatte hier schon eine altestnische Festung gestanden. Vom Park bieten sich schöne Blicke über das unberührte Tal und den See. Ebenfalls im Park befindet sich eine **Hängebrücke** für Fußgänger, die 1931 gebaut wurde. Mehrere Vertiefungen rund um die Ruine erinnern an den alten Burggraben; die Schützengräben stammen noch aus dem Zweiten Weltkrieg. Auf einem kleinen Friedhof in einer Ecke des Burggeländes liegen deutsche Soldaten begraben.

Kondas-Zentrum GALERIE

(Kondase Keskus; www.kondas.ee; Pikk 8; Erw./Kind 1,50/0,50 €; ⌚Juni–Aug. Di–So 10–17 Uhr, Sept.–Mai Mi–So) Die Galerie zeigt die farbenfrohen Arbeiten des estnischen Malers Paul Kondas (1900–85) und anderer autodidaktischer Künstler, die jenseits des Mainstreams agierten. Sie ist die einzige Galerie Estlands, die sich mit naiver Kunst befasst, und nicht schwer zu finden – in einer wundervollen Anspielung auf Kondas' Werk *Erdbeerenes-*

ser von 1965 weisen die Stängel aller im Ort verteilten riesigen Erdbeeren auf die Galerie.

Johanneskirche KIRCHE

(Jaani Kirik; Pikk 6) Die mittelalterliche lutherische Johanneskirche mit blassgrauer Farbgebung und Steinaltar wurde restauriert und somit aus ihrem Sowjetdasein als Möbellager erlöst. Ursprünglich gehörte das Gotteshaus zu einem Franziskanerkloster des 15. Jhs. – daher das Buntglasbild des Heiligen rechts vom Altar –, und wer genau hinschaut, erkennt über dem Bogen, der vom Vorbau in die eigentliche Kirche führt, die Reste der vorreformatorischen Bemalung.

Stadtmuseum MUSEUM

(☎433 3316; www.muuseum.viljandimaa.ee; Laidoneri plats 10; Erw./Kind 2/1 €; ⏲Di–Sa 10–17 Uhr) Das bescheidene zweistöckige Museum am alten Marktplatz dokumentiert die Geschichte der Stadt von der Steinzeit bis zur Mitte des 20. Jhs. Gezeigt werden Trachten, ausgestopfte Tiere, Schwarz-Weiß-Fotos und ein Modell der ursprünglichen Burg, so wie sie wahrscheinlich aussah. Nur wenige englische Erläuterungen.

Viljandi

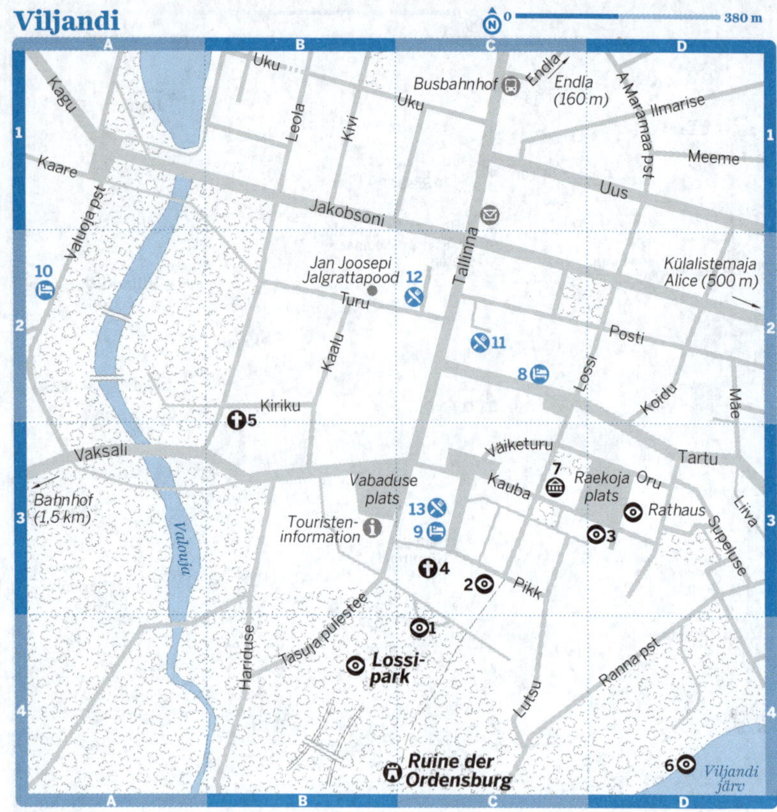

Zentrum für estnische Volksmusik

VOLKSMUSIK

(Eesti Pärimusmuusika Keskus; www.folk.ee; Tasuja pst 6; ⊙Mo–Fr 9–21, Sa & So 11–21 Uhr) Mit der Eröffnung dieses sehr unfolkloristisch modernen Zentrums im Jahr 2007 wurde die Stellung Viljandis als Volksmusikhauptstadt Estlands untermauert. Das Zentrum dient nicht nur Forschungszwecken, sondern verfügt auch über zwei moderne Konzertsäle und ein nobles Café. Über das Programm kann man sich vor Ort oder in der Touristeninformation erkundigen.

Viljandi järv

SEE

Der von der Kauba über Stufen zu erreichende See ist an warmen Sommertagen ein beliebtes Plätzchen für ein Bad. Alle üblichen Kennzeichen eines estnischen Strands wie Volleyballfeld, Cafés und Bootsverleih sind vorhanden und nicht weit vom Ufer gibt's einen Badeponton.

Paulskirche

KIRCHE

(Pauluse Kirik; Kiriku 3) Die 1866 errichtete lutherische Kirche ist ein großer neogotischer Backsteinbau, der ein wenig trutzig wirkt. Im Innern gibt's eine Holzkanzel und eine Galerie sowie über dem Altar eine große Kreuzigungsszene.

Alter Wasserturm

AUSSICHTSPUNKT

(Vana Veetorn; Kauba; Erw./Kind 0,62/0,32 €; ⊙Mai–Sept. 10–17 Uhr) Von dem 30 m hohen Turm beim Museum bieten sich schöne Ausblicke.

Geführte Touren

Von Juni bis August beginnt vor der Touristeninformation jeweils um 13 Uhr eine preisgünstige einstündige **Stadtführung** (Erw./Kind 1/0,50 €), auch in englischer Sprache. Tickets und Informationen hat die Touristeninformation.

Viljandi

Highlights
Lossipark ... B4
Ruine der Ordensburg ... B4

Sehenswertes
1 Estnisches Zentrum für Alte Musik ... C4
2 Kondase Keskus ... C3
3 Alter Wasserturm ... D3
4 Johanneskirche ... C3
5 Paulskirche ... B2
6 Viljandi järv ... D4
7 Viljandi-Museum ... C3

Schlafen
8 Grand Hotel Viljandi ... C2
9 Hostel Ingeri ... C3
10 Villa Hilda ... A2

Essen
Aida ... (siehe 1)
11 Soso Juures ... C2
12 Suur Vend ... C2
13 Tegelaste Tuba ... C3

Festivals & Events

Hansetage MITTELALTER
(Hansapäevad; www.viljandi.ee) Historisches Stadtfest im Juni.

Festival Alter Musik MUSIK
(Vanamuusika Festival; www.kultuuri.net/muusika/vanamuusika) Bei dem Mitte Juli vorwiegend in den Kirchen der Stadt stattfindenden Festival werden mit historischen Instrumenten alte Musikformen dargeboten.

Folkfestival Viljandi MUSIK
(Viljandi pärimusmuusika festival; www.folk.ee/festival) Mit Abstand das bedeutendste Ereignis des Festkalenders ist das enorm beliebte viertägige Volksmusikfest, das um das letzte Juliwochenende herum stattfindet und für seine freundliche, entspannte Stimmung und das enorme Aufgebot an ausländischen Künstlern bekannt ist. Für die Dauer der Veranstaltung verdoppelt sich die Einwohnerzahl der Stadt: Über 20 000 Besucher lauschen den mehr als 100 Konzerten.

Schlafen

Hostel Ingeri GÄSTEHAUS €
(☎433 4414; www.hostelingeri.ee; Pikk 2c; EZ/2BZ/DZ 23/32/40 €; P 📶) Die kleine Pension mit sechs Zimmern an einer der schönsten Straßen von Viljandi hat ausgesprochen gute und günstige Zimmer – alle mit Bad und TV. Grünpflanzen und eine Gästeküche schaffen eine heimelige Atmosphäre und die Lage am Park könnte gar nicht schöner sein.

Villa Hilda GÄSTEHAUS €€
(☎433 3710; www.hildavilla.ee; Valuoja pst 7; Zi. 42–77 €; 📶) Das heimelige Gästehaus macht von außen nicht viel her, beeindruckt drinnen aber mit zahlreichen Ausstattungsmerkmalen der 1930er-Jahre: polierten Holzböden, alten Öfen und einigen wunderbaren Möbelstücken. Von den nur fünf Zimmern teilen sich die drei oben gelegenen ein Bad. Zimmer 3 verfügt über einen Balkon mit Parkblick.

Endla GÄSTEHAUS €
(☎433 5302; www.reinup.ee; Endla 9; EZ 26 €, DZ 32–40 €; @ 📶) Das sehr reizvolle kleine Gästehaus an einer ruhigen Seitenstraße nördlich des Zentrums wirkt leicht schweizerisch. Die einfachen Zimmer sind schick eingerichtet und makellos in Schuss.

Külalistemaja Alice GÄSTEHAUS €€
(☎434 7616; www.matti.ee/~alice; Jakobsoni 55; EZ 25 €, DZ 40–45 €; P 📶) Ebenfalls ein prima Tipp ist diese freundliche, kleine Pension in einem ruhigen Viertel 10 Minuten östlich des Zentrums. Sie hat helle, gepflegte Zimmer und die Gäste können die Küche benutzen oder im großen Garten relaxen. Frühstück inklusive.

Grand Hotel Viljandi HOTEL €€
(☎435 5800; www.ghv.ee; Tartu 11; EZ/DZ 71/90 €, Suite 167–275 €; 📶) Das einigermaßen schicke Hotel im Herzen der Altstadt von Viljandi beeindruckt mit Art-déco-Zimmern, dunklem Holz, Satinstühlen, großen Fenstern und Teppichen mit ziemlich gewagten Mustern. Davor hat im Sommer ein nettes Café seine Tische und das gepflegte Restaurant serviert Gerichte à la carte. Zu erkennen ist das Hotel am Schild mit der Aufschrift „EVE" (so heißt das 1938 errichtete Gebäude, in dem es sich befindet).

Essen & Ausgehen

Die Speisemöglichkeiten sind in Viljandi für eine Stadt dieser Größe und Bedeutung eher bescheiden, dafür gibt's aber ein paar nette Kneipen.

Aida CAFÉ €€
(www.folk.ee; Tasuja pst 6; Hauptgerichte 7–10 €; ⌚Mo–Sa 11–23, So 11–19 Uhr) Das Café im Zentrum für estnische Volksmusik hat von

allen Speiselokalen der Stadt die beste Aussicht: Durch deckenhohe Fenster und von der Dachterrasse blicken die Gäste auf den Burgpark. Serviert wird herzhaftes, gekonnt zubereitetes estnisches Essen, jedoch finden sich auf der Karte keine englischen Übersetzungen und auch das Personal kann kaum weiterhelfen.

Tegelaste Tuba KNEIPE €
(Pikk 2b; Hauptgerichte 3–6 €) Die Terrasse mit Blick auf den Park ist der Trumpf dieses Gasthauses. Aber auch drinnen ist es recht gemütlich. Estnisches Kunsthandwerk ziert die Wände und ein bunt gemischtes Publikum genießt Suppen, Salate und herzhafte Hauptgerichte von der umfangreichen Karte.

Soso Juures ARMENISCH €
(Posti 6; Hauptgerichte 5–10 €; ⌚Mo–Sa 11–21 Uhr) Das unscheinbare Café mit Tischen im Freien überrascht mit köstlichen armenischen Gerichten. Englisch versteht niemand, doch die Tafel mit Fotos und englischer Übersetzung erleichtert das Bestellen. Besonders lecker ist *harcho* (würzige Lamm-Reis-Suppe), aber auch die anderen Lammgerichte werden jeden Gast überzeugen.

Suur Vend KNEIPE €€
(www.suurvend.ee; Turu 4; Hauptgerichte 4–13 €) Freundliche Bedienungen, große Portionen, ein Billardtisch und Jukebox-Musik verleihen dieser gemütlichen Kneipe eine sympathische Atmosphäre. Sie hat Tische im Freien und viel dunkles Holz im Gastraum. Die umfangreiche Karte enthält viele Imbissgerichte zum Bier – aber keine großen Überraschungen.

ℹ Praktische Informationen

Touristeninformation (☎433 0442; www.viljandimaa.ee; Vabaduse plats 6; ⌚Mitte Mai–Mitte Sept. Mo–Fr 10–18, Sa & So 10–15 Uhr, Mitte Sept.–Mitte Mai Mo–Fr 10–17 Uhr; @) Hier gibt's Stadtpläne und Informationen in allen möglichen Sprachen, passend fürs Festivalpublikum. Außerdem sind Infos zum Nationalpark Soomaa erhältlich.

ℹ Anreise & Unterwegs vor Ort

BUS Der **Busbahnhof** (Bussijaam; ☎433 3680; www.bussireisid.ee; Ilmarise 1) liegt 500 m nördlich der Touristeninformation. Wichtige Verbindungen:

» Tallinn (8–9,40 €, 2½ Std., 14-mal tgl.)

» Rakvere (8,50 €, 2½ Std., 2-mal wöchentl.)

» Narva (12,10 €, 2½ Std., 2-mal wöchentl.) über Mustvee, Kauksi und Sillamäe

» Tartu (5 €, 1½ Std., 13-mal tgl.)

» Pärnu (6 €, 2 Std., 9-mal tgl.)

FAHRRAD Fahrräder verleiht und repariert **Jan Joosepi Jalgrattapood** (☎434 5757; Turu 6; pro Tag 10 €; ⌚Mo–Fr 9–18, Sa 9–15 Uhr).

ZUG Der **Bahnhof** (Raudteejaam; ☎434 9425; www.edel.ee; Vaksali 44) befindet sich 2 km westlich des Zentrums. Von und nach Tallinn (6,39 €, 2½ Std.) verkehren täglich ein bis drei Züge.

Nationalpark Soomaa

Soomaa bedeutet übersetzt „Land der Moore". Der 390 km² große Nationalpark Soomaa, Estlands größtes Moor-, Wiesen- und Auwaldgebiet, umfasst die vier Moore Valgeraba, Öördi, Kikepera und Kuresoo, die durch Nebenflüsse des Pärnu geteilt werden. Die Torfmächtigkeit beträgt hier teilweise 7 m. Für die Bewohner des Moorgebietes gibt es nicht vier, sondern fünf Jahreszeiten, da alljährlich im März und April das Wasser auf einen Stand von 5 m steigen kann.

Im Nationalpark leben bis zu 43 Säugetiergattungen, darunter Wölfe, Braunbären, Elche, Luchse, Wildschweine und Otter. Tausende Zugvögel legen alljährlich in Soomaa eine Rast ein, insgesamt 180 Arten wurden registriert. Die beste Besuchszeit für Tierfreunde ist von September bis Mai: Dann kann man im Schnee zumindest Spuren verfolgen und umgeht außerdem die sommerlichen Attacken durch die Mückenschwärme.

Ein gutes Fortbewegungsmittel in dieser Wasserlandschaft ist das Kanu oder das *haabja*. Das aus dem Stamm einer Espe geschnitzte Einmannboot nutzten die finno-ugrischen Bewohner jahrhundertelang zum Fischen und Jagen, für den Heutransport und als Fortbewegungsmittel.

Die Moorgebiete stellten für die Esten in der Vergangenheit wichtige Rückzugsgebiete dar. Auch Hexen wurden hier vermutet – jedoch wurden auch traditionelle Heilerinnen zuweilen mit diesem Label bedacht. Laut Überlieferung locken Irrlichter die Menschen ins Moor, wo sie bleiben müssen, bis sich das Moorgas entzündet und die Moorgeister aufschreckt , sodass sie für alle sichtbar werden. In der jüngsten Geschichte versteckten sich hier die Partisanen vor fremden Invasoren. Diese konnten die Moore nicht so leicht durchkämmen wie die Wälder – und vielleicht hatten auch sie Angst vor den Geistern.

DIE WALDBRÜDER

Die verträumte Marschlandschaft und die stillen Wälder Estlands sind heute ein Zufluchtsort für frei lebende Tiere, doch zwischen 1944 und 1945 mussten weite Teile des heutigen Nationalparks und der Naturschutzgebiete der Unabhängigkeitsbewegung Metsavendlus Schutz bieten. Die Metsavennad (Waldbrüder) kämpften erbittert gegen die sowjetischen Besatzer; viele zogen sich in den Untergrund in die Wälder zurück und hausten dort jahrelang. Sie kannten das Gelände wie ihre Westentasche und nutzten dieses Wissen im Kampf ums eigene Überleben und in ihrem Kampf für die Wiedererrichtung der Republik.

Die Sowjets hatten Estland im berüchtigten deutsch-sowjetischen Nichtangriffspakt von 1939 für sich beansprucht. Als sich die Deutschen nach drei Jahren Besatzung zurückzogen, rückten die Sowjets 1944 nach Tallinn vor, um ihren Anspruch durchzusetzen. Der anfängliche Widerstand war hart, denn die Esten waren sich sicher, dass die russische Besetzung gemäß der britisch-amerikanischen Atlantikcharta von 1941 nicht anerkannt werden würde. Jener Vertrag sah vor, dass die durch Krieg geraubte Souveränität und Unabhängigkeit eines Landes rechtmäßig wiederhergestellt werden müsse. Die Esten griffen zu den Waffen – und erwarteten Unterstützung in einem neuerlichen Krieg. Doch die internationale Unterstützung blieb aus und die Esten waren in ihrem Kampf um Unabhängigkeit auf sich gestellt.

Der Widerstand begann mit einzelnen Angriffen auf Einheiten der Roten Armee; dabei starben rund 3000 Rotarmisten. Taktisches Können und sichere geheime Nachrichtennetze führten zu vernichtenden Offensiven gegen die Russen. Auf der Höhe des Widerstands gab es rund 30 000 Waldbrüder und Unterstützer, darunter auch Frauen, Alte, junge Leute und ein Netzwerk von „Stadtbrüdern". Die Folgen ihres Kampfes spiegeln sich in den sowjetischen Dokumenten jener Zeit wider, die jeden Sabotageakt auf Eisenbahnen oder Straßen peinlich genau aufführten. Sie sind ein eindringliches Dokument des estnischen Widerstands gegen den sowjetischen Versuch, aus dem kleinen Land eine Sowjetrepublik zu schmieden.

Doch in den Folgejahren erlitt Metsavendlus große Verluste und stieß auf immer hartnäckigeren Widerstand. Die russische Geheimpolizei NKVD bot der Bevölkerung Belohnungen an, wenn sie die Waldbrüder verrieten. Die sowjetische Massendeportation von mutmaßlichen Anhängern des Widerstands und Freunden der Metsavennad war darauf ausgelegt, dass sich die Esten ihrerseits gegen die Waldbrüder stellten. Bis 1947 waren 15 000 Widerstandskämpfer verhaftet oder getötet worden. Die Verschleppung von 20 000 Menschen im Jahr 1949 – vor allem Frauen, Kinder und Alte, die den Nachschub garantiert und die Untergrundkämpfer gedeckt hatten – war am Ende der Todesstoß.

Zwar kämpfte die Bewegung noch einige Jahre weiter, doch die zunehmende Macht der Sowjets und der Verlust jeglicher Unterstützung vor Ort aufgrund der kontinuierlichen Deportationen und der anschließenden Zwangskollektivierung der Bauernhöfe erschwerten den Kampf immens. Einige der überlebenden oder verhafteten Metsavennad konnten nach Skandinavien und Kanada fliehen.

Unter den Waldbrüdern gibt es viele Helden – die meisten fanden ein tragisches Ende. Kalev Arro und Ants Kaljurand (*hirmus*, oder „schreckliche Ameise gegen die Sowjets") waren für ihre cleveren Verkleidungen, ihren Humor sowie ihre Taktik bekannt, ständig die Russen hinters Licht zu führen. Erst 1980 fand man Oskar Lillenurm, der als der letzte noch aktive Waldbruder galt, erschossen im Landkreis Lääne.

Die Geschichte der Bewegung wurde mit Hilfe von Augenzeugenberichten sorgfältig aufgezeichnet. Die überlebenden Waldbrüder werden in Estland als Nationalhelden verehrt und mit den höchsten Ehrungen des Landes ausgezeichnet. Eine gute Quelle für nähere Infos zum Widerstand ist das Buch des früheren estnischen Premierministers (und Historikers) Mart Laar *Der vergessene Krieg. Die bewaffnete Widerstandsbewegung in Estland 1944–1956.*

Informationen bietet das **Besucherzentrum des Nationalparks Soomaa** (☎435 7164; www.soomaa.ee; ⏲April–Sept. 10–18 Uhr, Okt.–März 10–16 Uhr) in Kõrtsi-Tõramaal. Es hat Wanderkarten und vermittelt Unterkünfte sowie Führer (am besten vorher schon anrufen). Im Park gibt es 16 ausgewiesene einfache Zeltplätze (kostenlos), darunter einen beim Besucherzentrum. Jeder Platz verfügt über eine Toilette, eine Kochgelegenheit und (gewöhnlich) Feuerholz, jedoch kein fließendes Wasser.

Am Besucherzentrum beginnt auch der 2 km lange Biberpfad, der an mehreren Biberdämmen vorbeiführt. Weitere Wege führen durch die Landschaft der Moore, Wälder und Feuchtwiesen, einige davon auf gut gepflegten Bohlenpfaden. Vor einer Wanderung sollte man das Besucherzentrum per E-Mail oder persönlich von seinem Vorhaben in Kenntnis setzen.

Soomaa.com (☎506 1896; www.soomaa.com) ist eine Art Dachorganisation, die Besuchern in Zusammenarbeit mit Unterkünften und Tourenveranstaltern die Möglichkeit gibt, den Park hautnah kennen zu lernen. Angeboten werden zahlreiche Aktivitäten (mit Transfers ab Pärnu für 20 €) wie geführte und nicht geführte Kanutouren, Biberbeobachtungen per Kanu, Moorwanderungen mit speziellem Schuhwerk und Pilzexkursionen sowie im Winter auch Skiwanderungen, Schneeschuhtouren und Fahrten mit Tretschlitten. Der Tagesausflug „Wildniserlebnis" umfasst eine Moorwanderung und eine Kanutour (50 €, Mai bis September).

An- & Weiterreise

AUTO & MOTORRAD Am leichtesten ist der Park aus Richtung Pärnu (Westen) über Tori und Jõesuu zugänglich. Eigentlich liegt Viljandi näher, doch ist die 23 km lange Straße vom Dorf Kõpu zum Besucherzentrum zum größten Teil nicht asphaltiert.

BUS Es fahren vier Busse pro Tag von Pärnu nach Riisa (2,30 €, 1 Std.) und hoffentlich fahren die Busse demnächst auch noch die restlichen 5 km bis zum Besucherzentrum.

Pärnu

44 000 EW.

Pärnu ist der bedeutendste Badeort Estlands. Hierher kommen estnische Familien, hormongesteuerte Jugendliche sowie Urlauber aus Finnland – und alle beschwören den Wettergott, damit sie die goldenen Sandstrände, die weitläufigen Parks und das historische Zentrum des malerischen Städtchens genießen können. Der Name der Stadt gilt als Synonym für Strandvergnügen – und ein Einheimischer hat Pärnu sogar als das „Miami Estlands" bezeichnet, gewöhnlich gibt sich die Stadt aber mit dem Titel der „Sommerhauptstadt Estlands" zufrieden.

Eigentlich ist Pärnu ein ziemlich ruhiger Ort mit schattigen Straßen, weitläufigen Parks und prachtvollen Villen im Stil der Wende zum 20. Jh., die an Pärnus glanzvolle Vergangenheit als angesagter mondäner Badeort erinnern. Bis heute ist der Kurort ein beliebtes Ziel für ältere Gäste aus Finnland und Osteuropa, die hier Ruhe und Gesundheit durch die viel gepriesenen Schlammkuren suchen.

Geschichte

Eine Handelsniederlassung gab es hier bereits vor dem Einmarsch des Deutschen Ritterordens. Die erste schriftliche Nennung folgte 1234: Von da an galt der Fluss Pärnu als Grenze zwischen dem Gebiet des Bischofs von Ösel-Wiek (Norden, Westen) und dem Gebiet des Livländischen Ritterordens (Süden, Osten). Pärnu war auf dem Wasserweg mit Viljandi, Tartu und dem Peipus-See verbunden; im 14. Jh. gehörte die Hafenstadt Pernau zur Hanse. (Da der Wasserspiegel seither gesunken ist, gibt es diese Verbindungen heute nicht mehr.) In Pernau gab es eine große Gruppe deutscher Kaufleute aus Lübeck, die hier noch im 18. Jh. tätig war. Die Stadt überstand Kriege, Feuer, Seuchen und die wechselnden deutschen, polnischen, schwedischen und russischen Herrscher. In der Schwedenzeit im 17. Jh. blühte die Stadt, während der Napoleonischen Kriege litt ihre Wirtschaft stark an den Folgen der europaweiten Handelsblockaden.

Nach 1838 entwickelte sich Pärnu immer mehr zu einem beliebten Urlaubsort – die berühmten Schlammbäder und der Strand zogen die Gäste an. Als die Sowjets 1944 einmarschierten, blieb nur der Kurbereich (weitgehend) von Zerstörungen verschont. Große Teile der Altstadt sind inzwischen wieder aufgebaut worden.

Sehenswertes & Aktivitäten

Pärnu liegt auf beiden Seiten des gleichnamigen Flusses, der hier in die Bucht von Pärnu mündet. Südlich des Flusses liegen die meisten Sehenswürdigkeiten wie die Altstadt und der Strand. Hauptstraße der Altstadt ist die mit prächtigen Gebäuden des 17. Jhs. gesäumte Straße Rüütli.

STADTZENTRUM

Museum für Neue Kunst KUNSTMUSEUM
(Uue Kunsti Muuseum; www.chaplin.ee; Esplanaadi 10; Erw./Kind 1,60/1 €; ⌚9–21 Uhr) Das vom

Filmemacher Mark Soosaar gegründete Kunstmuseum befindet sich im ehemaligen Hauptquartier der Kommunistischen Partei und bietet ein Café, einen Buchladen und Ausstellungen. Jedes Jahr findet hier außerdem ein Filmfestival statt.

Stadtmuseum MUSEUM
(www.pernau.ee; Aia 4; Erw./Kind 2,60/1,30 €; ⌚Di–Sa 10–18 Uhr) Trotz der eher bescheidenen Größe behandelt das Museum 11 000 Jahre Regionalgeschichte. Gezeigt werden neben archäologischen Funden auch Zeugnisse der livländischen, russischen und sowjetischen Vergangenheit der Stadt.

Roter Turm GALERIE
(Punane Torn; www.punanetorn.ee; Hommiku 11; ⌚Di–Fr 10–17, Sa 10–15 Uhr) Okay, inzwischen ist der Turm weiß, aber das älteste Gebäude der Stadt – aus dem 15. Jh. – war einst in roten Backstein gekleidet und außerdem größer. Er bildete die südöstliche Ecke der mittelalterlichen Stadtmauer, von der sonst nichts erhalten ist. Einst diente er als Gefängnis, heute beherbergt er Ateliers von Kunsthandwerkern, eine kleine Galerie und im Sommer im Hof einen Kunstgewerbemarkt.

Tallinner Tor TOR
(Tallinna Värav) Die typische Sternform der schwedischen Befestigungsanlagen aus dem 17. Jhs. ist auf einem farbigen Stadtplan leicht zu erkennen: Die meisten der spitzen Bastionen sind heute Parks. Das einzige intakte Stück mitsamt Wassergraben befindet sich östlich des Zentrums. Dort, wo das Westende der Kuninga tänav auf den Festungswall trifft, liegt das tunnelförmige Tallinner Tor, durch das einst die Hauptstraße zur Flussfähre und weiter nach Tallinn führte.

Elisabethkirche KIRCHE
(Eliisabeti Kirik; www.eelk.ee/parnu.eliisabeti; Nikolai 22) Das nach der Großmutter Jesu sowie nach der russischen Kaiserin zur Zeit der Erbauung (1747) benannte barocke lutherische Gotteshaus wartet drinnen mit tief hängenden Kronleuchtern, einer neogotischen Holzkanzel und einem wunderbaren Altarbild auf.

Katharinenkirche KIRCHE
(Ekatarina Kirik; Vee 8) Die wunderbare russisch-orthodoxe Barockkirche ist nach einer weiteren russischen Herrscherin benannt, Katharina der Großen, und gedenkt natürlich auch der frühchristlichen Märtyrerin.

Mini-Zoo ZOO
(Akadeemia tee 1; Erw./Kind 4/2 €; ⌚Mo–Fr 10–18, Sa & So 11–16 Uhr) Der merkwürdige Mini-Zoo beherbergt in einem Keller eine Menagerie von lethargischen Pythons und anderen Schlangen sowie Spinnen und Geckos.

Rathaus HISTORISCHES GEBÄUDE
(Nikolai 3) In dem klassizistischen Gebäude von 1797 ist heute die Touristeninformation untergebracht. Auf der anderen Seite der Nikolaistraße verdient ein Fachwerkbau von 1740 Beachtung.

STRAND

Strand von Pärnu STRAND
Der lange, breite goldene Strand von Pärnu ist mit seinen Volleyballfeldern, Cafés und winzigen Umkleidekabinen zweifelsohne die wichtigste Attraktion der Stadt. Am Strand zieht sich ein gewundener Pfad entlang, gesäumt von Brunnen und Parkbänken, von denen aus man bestens dem Treiben zuschauen kann. Die Ranna puiestee, die Allee, die parallel zum Strand verläuft, schmücken Gebäude aus dem frühen 20. Jh., darunter das hübsche neoklassizistische **Mudaravila** (Ranna pst 1) von 1927. Die legendären Heilschlammbäder, die es einst hier gab, sind schon seit Jahren geschlossen und harren ihrer Restaurierung. Der formelle **Rannapark** auf der anderen Straßenseite ist ein schönes Plätzchen für ein sommerliches Picknick.

Tervise Paradiis WASSERPARK
(Veekeskus; www.terviseparadiis.ee; Side 14; Tageskarte 15–18 €, 3 Std. 8–13 €; ⌚11–22 Uhr) Am Ende des Strands lockt der größte Wasserpark Estlands mit Schwimmbecken, Rutschen, Röhren und anderen Späßen. Bei schlechtem Wetter ist das Bad besonders für Familien mit Kindern unwiderstehlich.

NORDUFER

Lydia-Koidula-Gedenkmuseum MUSEUM
(www.pernau.ee; Jannseni 37; Eintritt 1,30 €; ⌚10–17 Uhr) In dem bescheidenen 6-Raum-Museum in ihrem ehemaligen Zuhause und Schulhaus wird die Erinnerung an eine der großen Dichterinnen des Landes wachgehalten, Lydia Koidula (1843–86). Das alte Klassenzimmer und das Wohnzimmer und die Schlafzimmer mit ihren vielen Antiquitäten sind sehenswert, selbst wenn man sich nicht sonderlich für die Wiedergeburt estnischer Kultur interessiert.

Pärnu

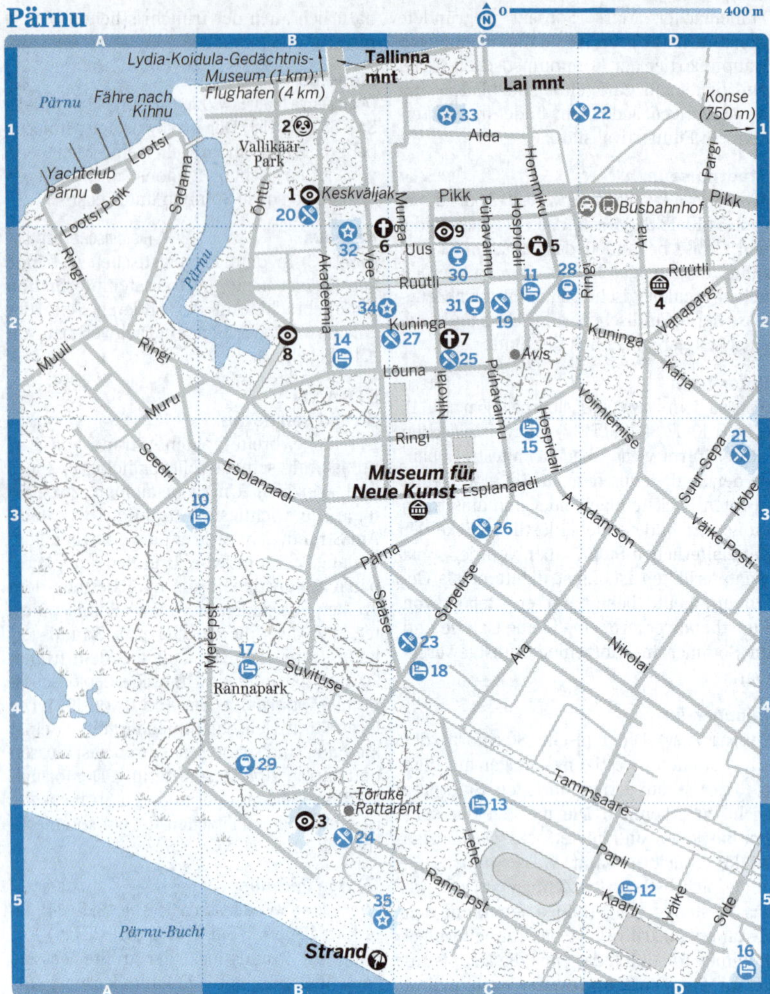

Festivals & Events

Hauptereignis des Jahres ist das immer angesehenere **Pärnu-Filmfestival** (www.chaplin.ee) Anfang Juli, das seit 1987 Dokumentarfilme präsentiert. Zu sehen sind die Filme im Museum für Neue Kunst sowie an anderen Orten in Pärnu und ganz Estland.

Die Touristeninformation verteilt das Veranstaltungsmagazin *Pärnu This Week*, das alle wichtigen Events auflistet.

Schlafen

Im Sommer muss man im Voraus buchen, besonders wenn man an einem Wochenende in Pärnu übernachten möchte. Außerhalb der Saison werden oft erhebliche Ermäßigungen angeboten, teilweise bis zur Hälfte der hier genannten Preise.

LP TIPP **Villa Johanna** GÄSTEHAUS €€
(☎443 8370; www.villa-johanna.ee; Suvituse 6; EZ/DZ/Suite 45/75/95 €; P 📶) Das tadellose Haus mit viel Kiefernholz liegt an einer Straße mit vielen Privatpensionen. Mit seinen Blumenkübeln und Pflanzkästen ist es aber nicht zu übersehen; in der Nebensaison ein absolutes Schnäppchen (EZ/DZ 17/34 €). Englisch wird kaum gesprochen.

Pärnu

Highlights

Museum der Neuen Kunst ... C3
Strand ... B5

Sehenswertes

1 Zentralbibliothek ... B1
2 MiniZoo ... B1
3 Mudaravila ... B5
4 Pärnu-Museum ... D2
5 Roter Turm ... C2
6 Katherinenkirche ... B2
7 Elizabethkirche ... C2
8 Tallinner Tor ... B2
9 Rathaus ... C2

Schlafen

10 Ammende Villa ... B3
11 Hommiku Hostel ... C2
12 Inge Villa ... D5
13 Legend ... C5
14 Lõuna Hostel ... B2
15 Netti ... C3
16 Tervise Paradiis ... D5
17 Villa Johanna ... B4
18 Villa Wesset ... C4

Essen

19 Mahedik ... C2
20 Mõnus Margarita ... B1
21 Zentralmarkt ... D3
22 Port Artur Toidukaubad ... D1
23 Si-si ... C4
24 Steffani Pizzeria ... B5
25 Steffani Pizzeria ... C2
26 Supelsaksad ... C3
27 Trahter Postipoiss ... C2
Villa Wesset ... (siehe 18)

Ausgehen

28 Citi ... C2
29 Kuursaal ... B4
Romantic Bar ... (siehe 16)
30 Veerev Õlu ... C2
31 Wine Piccadilly ... C2

Unterhaltung

Beach Club ... (siehe 29)
32 Endla Theatre ... B2
33 Pärnu Concert Hall ... C1
34 Sugar ... B2
35 Sunset Club ... B5

Villa Wesset HOTEL €€€
(☎697 2500; www.wesset.ee; Supeluse 26; EZ/DZ 79/101 €; 📶) Das elegante Boutiquehotel ist ganz in warmen Schoko- und Vanilletönen gehalten (durchaus passend, da die Villa 1928 für einen Süßwarenhändler erbaut wurde). Es liegt perfekt in Strandnähe und alle Zimmer verfügen über große Flachbildfernseher für verregnete Tage.

Inge Villa GÄSTEHAUS €€
(☎443 8510; www.ingevilla.ee; Kaarli 20; EZ/DZ/Suite 72/90/105 €; ⏲März–Okt.; 📶) In erstklassiger Lage nicht weit vom Strand wartet dieses hübsche und bescheidene „schwedisch-estnische Villa-Hotel". Seine elf Zimmer sind schlicht ausgestattet, mit nordischem Minimalismus und in gedeckten Tönen. Garten, Sauna und eine Lounge runden das Angebot ab.

Ammende Villa HOTEL €€€
(☎447 3888; www.ammende.ee; Mere pst 7; Zi. ab 179 €; P📶) Die exquisit renovierte Jugendstil-Residenz von 1904 liegt inmitten einer großen Rasenfläche und funkelt nur so vor Luxus und Klasse. Der prachtvollen Außenansicht entsprechen die elegante Lobby und die individuell mit Antiquitäten ausgestatteten Zimmer. Die Zimmer im einstigen Gärtnerhaus sind erschwinglicher, aber nicht ganz so atemberaubend.

Tervise Paradiis RESORT €€€
(☎445 1600; www.terviseparadiis.ee; Side 14; EZ/DZ/Suite 132/165/247 €; 🏊) Das große (rund 120 Zimmer umfassende), elegante und im Sommer sehr volle Hotel in Wassernähe bietet geschniegelte Zimmer – alle mit Balkon und Strandblick (am schönsten sind die in den oberen Etagen). Hier gibt's alles, was das Urlauberherz begehrt: eine Bowlinganlage, ein Spielzimmer, ein Wellnesszentrum, einen Fitnessclub, einen Wasserpark, Restaurants und eine Bar. Da das Hotel bei Schweden und Finnen sehr gefragt ist, sollte man in der Hauptsaison zeitig reservieren.

Legend HOTEL €€
(☎442 5606; www.legend.ee; Lehe 7; EZ/DZ 70/93 €; P@📶) Die Lampen im Tiffany-Stil, die Schiffsmodelle und die Holzvertäfelung verleihen der Lobby ein altmodisches Gepräge, das sich im Äußeren des Hauses und in den Zimmern jedoch nicht widerspiegelt. Allerdings kann man bei einer solch gepflegten Mittelklasseunterkunft direkt am Strand und mit reizendem Personal schon mal die

eine oder andere hässliche Bettdecke übersehen.

Netti GÄSTEHAUS €€

(☎516 7958; www.nettihotel.ee; Hospidali 11-1; Suite 52–104 €; P 📶) Anni, die Gastgeberin im Netti, ist ein wahrer Sonnenschein und lässt die drei Stockwerke der Pension erstrahlen. Die vier Suiten mit je zwei Zimmern und Kochgelegenheit sind hell und großzügig, die Einrichtung wirkt jedoch etwas veraltet. Im Saunabereich kann man sich nach einem anstrengenden Tag am Strand bestens entspannen.

Lõuna Hostel HOSTEL €€

(☎443 0943; www.hostellouna.eu; Lõuna 2; B 15–20 €, EZ/2BZ ohne Bad 30/45 €, EZ/DZ mit Bad 45/60 €) Das tadellose Hostel in einem prachtvollen Jugendstil-Bauwerk von 1909 liegt am Munamäe-Park. Es bietet gute und preisgünstige Unterkünfte in Räumen mit hohen Decken und zwei bis sieben Betten. Die Gästeküche ist ein beliebter Treff. Der Eingang liegt an der Akadeemia.

Hommiku Hostel HOSTEL €€

(☎445 1122; www.hommikuhostel.ee; Hommiku 17; B/EZ/DZ/3BZ/4BZ 20/39/58/77/90 €; P 📶) Das zentral gelegene Hommiku wirkt eher wie ein günstiges Hotel als ein Hostel. Die Zimmer verfügen über eigene Bäder, Fernseher und Kochecken, einige auch über alte Balkendecken.

Konse CAMPINGPLATZ €

(☎5343 5092; www.konse.ee; Suur-Jõe 44a; 4 € pro Zeltstellplatz plus 4 € pro Pers., Zi. ohne/mit Bad 39/55 €) Der Campingplatz am Fluss nur 1 km vom Zentrum bietet neben Stellplätzen auch verschiedenste Zimmer mit Küchennutzung. Die Lage ist nicht besonderes reizvoll, aber es gibt eine Sauna und es werden Fahrräder und Ruderboote verliehen.

Essen & Ausgehen

LP TIPP Supelsaksad CAFÉ €€

(www.supelsaksad.ee; Nikolai 32; Hauptgerichte 7–12 €) Dieses fabelhafte Café sieht zwar so aus wie aus dem Alptraum eines Kitschhassers – knallrosa und mit jeder Menge Streifen und Blümchentapeten –, es serviert jedoch ansprechende Speisen, ob Salate, Nudelgerichte oder ein riesiges Wiener Schnitzel. Und danach lockt ein Stück aus dem opulenten Kuchenangebot. Abends ist es schön, ein Gläschen Wein auf der Terrasse zu genießen, serviert vom unfehlbar gut gelaunten Personal.

Mahedik CAFÉ €

(www.mahedik.ee; Pühavaimu 20; Hauptgerichte 3–10 €; ⌚Mo–Do 9–19, Fr 9–23, Sa 10–23, So 10–17 Uhr) Der Name bedeutet ungefähr „bio-mäßig", was das Angebot an Speisen in diesem künstlerisch angehauchten, aber gemütlichen Café durchaus trifft. Es gibt keine englische Karte, aber die Bedienung erklärt Gästen gern das saisonale Angebot – wie etwa göttliche Rhabarberpfannkuchen – und die Auslage an Speisen aus eigener Herstellung am Tresen braucht keine Übersetzung.

Villa Wesset INTERNATIONAL €€

(www.wesset.ee; Supeluse 26; Hauptgerichte 6–10 €; ⌚12–23 Uhr) Sowohl die Terrasse als auch der elegantere Speisesaal in diesem Boutiquehotel sind sehr ansprechend. Das frische, moderne Angebot umfasst kreative Salate und Suppen, traditionelle Heringsund Lachsgerichte und einige Köstlichkeiten aus weiter entfernten Küchen.

Trahter Postipoiss RUSSISCH €€

(www.trahterpostipoiss.ee; Vee 12; Hauptgerichte 7–16 €) Das Postgebäude von 1834 beherbergt eine rustikale Gaststätte mit ausgezeichneter russischer Küche, ausgelassenen Gästen (besonders nach ein paar Wodka) und Porträts, die hochherrschaftlich auf das Treiben hinabblicken. Im Sommer gibt es Plätze auf der großen Terrasse; an Wochenenden heizt Livemusik die Stimmung an.

Steffani Pizzeria ITALIENISCH €

(www.steffani.ee; Hauptgerichte 5–7 €; Nikolai 24) Die Warteschlange davor verrät es: Dies ist eines der besten Pizzalokale der Stadt – und besonders gefragt im Sommer, wenn die Gäste auch im Freien auf der großen Blumenterrasse essen können. Gäste können sich kostenlos an der Salattheke bedienen und neben Pasta stehen merkwürdigerweise auch Burritos auf der Karte. Im Sommer ist auch eine Filiale in Strandnähe an der Ranna puiestee 1 geöffnet.

Wine Piccadilly CAFÉ €

(www.kohvila.ee; Pühavaimu 15; Quiche 4 €) Entspannenden Genuss in vornehmer Atmosphäre verspricht die einzige Weinbar der Stadt. Sie kann sich einer erstklassigen Weinkarte sowie einer großen Auswahl an Kaffees, Tees und heißer Schokolade rühmen. An pikanten Gerichten stehen nur

Quiches zur Auswahl – sonst dreht sich alles um die süßen Naschereien: süchtig machender Käsekuchen und hausgemachte Pralinen.

Mõnus Margarita TEX-MEX €
(www.monusmargarita.ee; Akadeemia 5; Hauptgerichte 5–10 €) Das große, farbenfrohe und peppige Tex-Mex-Lokal ist so, wie man sich Tex-Mex vorstellt – nur etwas sparsam mit den Gewürzen. Seine Fajitas, Burritos und Quesadillas können absolut überzeugen. Für die Großen gibt es Margaritas und Tequilas – für die Kleinen eine Spielecke.

Si-si ITALIENISCH €€
(www.si-si.ee; Supeluse 21; Hauptgerichte 6–12 €; Mo–Sa 13–24 Uhr) Am Strand ist das Essen recht eintönig, doch entlang der Supeluse findet man einige gute Alternativen wie dieses italienische Restaurant. Drinnen speist man vornehm an weiß gedeckten Tischen, draußen gibt's eine schicke, relaxte Terrasse. Die Karte bietet eine gute Auswahl an Gourmet-Pizzas sowie das obligatorische Tiramisu.

Veerev Õlu KNEIPE €
(www.rollingbeer.com; Uus 3a) Das „Rolling Beer" (in Anlehnung an die Rolling Stones) gewinnt den Preis für die mit Abstand sympathischste und gemütlichste Kneipe der Stadt: ein kleines, rustikales Lokal mit prima Stimmung, billigem Bier und gelegentlichen Folkrockkonzerten (tanzen muss man dann wohl auf den Tischen, so wie es aussieht).

Kuursaal KNEIPE €
(www.kuur.ee; Mere pst 22; Hauptgerichte 4–5 €; So–Mi 12–22, Do 12–2, Fr & Sa 12–4 Uhr) Der Tanzpalast aus dem späten 19. Jh. wurde zu einer Schenke im ländlichen Stil umgebaut und hat hinten einen großen Biergarten. Der Laden lockt Touristen und Einheimische etwas fortgeschrittenen Alters an, die auf ein Fassbier vorbeikommen oder eines der gelegentlichen Rockkonzerte sehen wollen. Auf der Karte stehen überwiegend Fleisch- und Imbissgerichte.

Citi KNEIPE €
(Hommiku 8; Hauptgerichte 5–10 €) Bei sonnigem Wetter drängen sich die Gäste auf der Terrasse dieser belebten Cafébar. Der rustikale Gastraum passt zur schlichten Speisekarte mit Snacks und preiswerten Fisch- und Fleischgerichten (Lachsfilet, Brathähnchen, Schweinebraten). Das Citi ist bei Urlaubern und Einheimischen gleichermaßen beliebt – und sein Besitzer ein stadtbekanntes Original.

Romantic Bar BAR
(8. OG des Tervise Paradiis, Side 14; 12–24 Uhr) Trotz des kitschigen Namens und der eher tristen Hotelbarstimmung ist dies dank herrlichem Meerblick die perfekte Kulisse für einen Cocktail bei Sonnenuntergang – entweder drinnen auf weißen Lederstühlen oder auf der kleinen Freiterrasse.

Port Artur Toidukaubad SUPERMARKT
(www.portartur.ee; Hommiku 2; 9–22 Uhr) Der am zentralsten gelegene Supermarkt befindet sich im Einkaufszentrum Port Artur.

Alter Markt MARKT
(Vana Turg; Suur-Sepa 18; Di–Sa 7–16.30, So 7–15 Uhr) Markthalle, gut für Obst und Gemüse.

☆ Unterhaltung

Im Sommer finden an verschiedenen Orten Konzerte statt – etwa in der Konzerthalle und im Kuursaal, aber auch in Parks, im Rathaus, in Kirchen und im Garten der hübschen Ammende Villa.

Konzerthalle KLASSISCHE MUSIK
(Pärnu Konserdimaja; 445 5810; www.concert.ee; Aida 4) Die auffällige Konstruktion aus Glas und Stahl am Fluss gilt dank ihrer exzellenten Akustik als beste Konzerthalle in ganz Estland.

Endla Teater THEATER
(442 0666; www.endla.ee; Keskväljak 1) Pärnus bestes Theater bringt ein breites Spektrum an Produktionen auf die Bühne (meist auf Estnisch). Im gleichen Gebäude befinden sich eine Kunstgalerie und ein Café mit Plätzen im Freien.

Sunset Club CLUB
(www.sunset.ee; Ranna pst 3; Juni–Aug. Fr & Sa 23–5 Uhr) Der größte und bekannteste Sommer-Club in Pärnu glänzt mit einer Strandterrasse und gepflegten Räumen auf drei Etagen. Wenn es auf der Tanzfläche zu voll wird, kann man sich in gemütliche Nischen zurückziehen. Internationale DJs und eine ausgelassene Schar junger Gäste sorgen bis zum frühen Morgen für Stimmung.

Beach Club CLUB
(www.beachclub.ee; Mere pst 22; Eintritt 2–10 €; ganzjährig Fr & Sa 23–5 Uhr, Aug. außerdem Mo & Di, Juni & Juli tgl.) Der Club am Kuursaal ist eine der angesagtesten Adressen der Stadt,

mit tollen DJs und einem feierfreudigen jungen Publikum.

Sugar CLUB
(www.sugarclub.ee; Vee 10; Eintritt 3–10 €; ⏲Mi–Sa 23–4 Uhr) Der strahlende Club lockt mit dem „süßesten Nachtleben" und Mottoabenden.

Praktische Informationen

Touristeninformation (☎447 3000; www.visitparnu.com; Uus 4; ⏲Mitte Mai–Mitte Sept. 9–18 Uhr, Mitte Sept.–Mitte Mai Mo–Fr 9–17, Sa & So 10–14 Uhr) Hier gibt's Stadtpläne, eine kostenlose Broschüre für einen Stadtspaziergang sowie *Pärnu This Week* (gratis) und *Pärnu in Your Pocket* (1,60 €). Für eine Gebühr von 2 € bucht das hilfsbereite Personal Unterkünfte.

Zentralbibliothek (Keskraamatukogu; www.pkr.ee; Akadeemia 3; ⏲Mo–Fr 10–19, Sa 10–17 Uhr; 📶) Schicke neue Bücherei mit kostenlosem Internetzugang.

An- & Weiterreise

Auto & Motorrad

Ein Autoverleiher ist **Avis** (☎447 3020; www.avis.ee; Kuninga 34), kurz hinter dem Hotel Victoria.

Bus

Busse halten an der Ecke von Pikk und Ringi, aber das **Fahrkartenbüro** (www.bussipark.ee; Ringi 3; ⏲6.30–19.30 Uhr) befindet sich 100 m entfernt auf der anderen Seite der Ringi. Folgende Busunternehmen fahren nach Lettland und Litauen:

Ecolines (☎606 2217; www.ecolines.net) Salacgrīva (6 €, 1 Std., 3-mal tgl.) und Rīga (9,60 €, 2½ Std., 3-mal tgl.).

Hansabuss Business Line (☎627 9080; www.businessline.ee) Busse nach Tallinn (14–18 €, 2 Std., 3-mal tgl.) und Rīga (14–18 €, 2½ Std., 3-mal tgl.).

Lux Express (☎680 0909; www.luxexpress.eu) Fährt nach Tallinn (10 €, 1¾ Std., tgl.), Rīga (9–13 €, 2½ Std., 8-mal tgl.) und Vilnius (20 €, 7 Std., 2-mal tgl.).

Die wichtigsten Inlandsstrecken:

» Tallinn (6–8,50 €, 2 Std., häufig)

» Rakvere (8,50–10 €, 4 Std., 4-mal tgl.)

» Tartu (7,50–11 €, 3 Std., 10-mal tgl.)

» Viljandi (6 €, 2 Std., 9-mal tgl.)

» Kuressaare (12 €, 3 Std., 4-mal tgl.) inkl. Fähre zur Insel Muhu

Flugzeug

Der **Flughafen Pärnu** (Pärnu Lennujaam; EPU; ☎447 5001; www.parnu-airport.ee) liegt am nördlichen Stadtrand, 4 km vom Zentrum entfernt und westlich der Straße nach Tallinn. Vom Busbahnhof fährt die Linie 23 dorthin (20 Min.), ein Taxi sollte nicht mehr als 3 € kosten. Wenn im Winter kein Schiffsverkehr möglich ist, bietet Luftverkehr Friesland-Harle (LFH) Flüge von Pärnu zu den Inseln Kihnu und Ruhnu.

Schiff

Privatboote und Fähren setzen von Pärnu nach Kihnu über. In der Marina des **Pärnu Yacht Club** (Pärnu Jahtklubi; ☎447 1750; www.jahtklubi.ee; Lootsi 6) befinden sich eine Zollstelle sowie ein Restaurant und Unterkünfte.

Zug

Zwei Züge pro Tag verkehren zwischen Tallinn und Pärnu (5,43 €, 2¾ Std.), allerdings liegt der **Bahnhof** (www.edel.ee; Riia mnt 116) 5 km östlich des Zentrums an der Straße nach Rīga. Es gibt dort keinen Schalter; die Fahrkarten sind im Zug zu lösen.

Unterwegs vor Ort

BUS Es fahren Stadtbusse, da aber alle Sehenswürdigkeiten dicht beieinander liegen, benötigt man sie wohl nicht. Tickets kosten, wenn man sie vorher löst, 0,64 € (sonst 1 € beim Fahrer).

FAHRRAD Von Juni bis August verleiht **Tõruke Rattarent** (☎502 8269; www.torukebicycles.ee; Fahrrad pro Std./Tag/Woche 2,70/10/43 €) an einem Stand in Strandnähe an der Ecke Ranna puiestee und Supeluse Fahrräder. Für 1 € extra kann man sich das Rad auch bringen lassen.

TAXI Taxis warten beim Busbahnhof an der Ringi. Sowohl **E-Takso** (☎443 1111; www.etakso.ee) als auch **Pärnu Taksopark** (☎443 9222; www.parnutakso.ee) verlangen 2,24 € Grundgebühr und dann 0,77 € pro Kilometer.

Kihnu

494 EW.

Die Insel Kihnu (Kühno), 40 km südwestlich von Pärnu im Golf von Rīga, ist so etwas wie ein lebendiges Museum der estnischen Kultur. Viele Frauen tragen hier auch heute noch fast täglich ihre traditionellen, bunt gestreiften Röcke. Auf der 7 km langen Insel gibt es vier Dörfer sowie eine Schule, eine Kirche, einen Leuchtturm (der von England hierher transportiert wurde), ein Museum und außerdem eine Mixtur aus Bücherei, Internetcafé und Rathaus im Zentrum des Eilands. Lange, einsame Strände säumen die Westküste.

Die Bewohner gehören zu den wenigen Esten russisch-orthodoxen Glaubens. Nach dem Zweiten Weltkrieg wurde eine Fischerei-Kooperative eingerichtet. Bis heute leben die Inselbewohner weitgehend vom Fischfang und der Rinderzucht.

Im Dezember 2003 nahm die Unesco die Insel Kihnu in ihre Liste des immateriellen und oralen Weltkulturerbes der Menschheit auf. Grund dafür ist die reiche kulturelle Tradition, die bis heute ihren Niederschlag in Liedern, Tänzen, im Kunsthandwerk und im Feiern traditioneller geistlicher Feste findet. Zur Erhaltung der Sitten und Gebräuche über die Jahrhunderte hinweg hat nicht zuletzt die geografische Isolation der Insel beigetragen.

Zunächst besiedelten Kriminelle und Verbannte vom Festland die Insel. Während die Männer Fische fingen und Robben jagten, regelten die Frauen in ihrer Abwesenheit das Zusammenleben auf der Insel. Der wohl bekannteste Bewohner von Kihnu ist Kapitän Enn Uuetoa (besser bekannt als Kihnu Jõnn). Er hat angeblich sein Leben lang die Weltmeere bereist. 1913 starb er vor Dänemark, als sein Schiff sank – auf der letzten Fahrt vor seinem Ruhestand. Er wurde zunächst in der dänischen Stadt Oksby beerdigt, aber 1992 nach Kihnu überführt und in der Inselkirche begraben.

Sehenswertes

Kihnu-Museum MUSEUM
(☎446 9983; www.kihnu.ee; Linaküla; Erw./Kind 2/1 €; ⌚Mai–Aug. 10–16 Uhr, Sept.–April Di–Fr 10–14 Uhr) Weitere Einzelheiten über Kihnu Jõnn und das Leben auf der Insel erfährt man in diesem Museum in der Nähe der bildschönen orthodoxen Kirche in Linaküla.

Metsamaa KULTURZENTRUM
(☎507 1453; www.kultuuriruum.ee; Rootsiküla; Erw./Kind 2/1 €) Die Kulturzentrumsstiftung veranstaltet in einem traditionellen Kihnu-Haus Kunsthandwerkskurse, Musikabende und andere Aufführungen; das Programm kann man auch telefonisch erfragen.

Schlafen & Essen

Ferienhof Tolli GÄSTEHAUS €
(☎527 7380; www.kihnukallas.ee; Sääre; Stellplätze pro Pers. 6 €, Zi. 32–40 €) Der Ferienhof 2 km nördlich des Hafens bietet Unterkünfte im Hauptgebäude, in der Scheune oder in einem rustikalen Blockhaus. Man kann aber auch zelten. Außerdem vermietet der Hof Fahrräder, organisiert Bootsausflüge, hat eine Sauna und serviert auf Bestellung auch Mahlzeiten. Auf Wunsch können Gäste sich sogar vom Festland abholen lassen.

Rock City GÄSTEHAUS €
(☎446 9956; www.rockcity.ee; Sääre; DZ/3BZ 32/48 €; ⌚Mai–Aug.) Noch näher beim Hafen sind einfache Gästezimmer mit Holzfußböden und ohne eigenes Bad zu haben. Außerdem gibt's Leihräder, eine Sauna und Ausflüge. Das Restaurant tischt herzhafte Landkost auf.

Praktische Informationen

Reisebüro Kihnurand (☎525 5172; www.kihnurand.ee; Sääre) Arrangiert Tagesausflüge und andere Touren.

An- & Weiterreise

FLUGZEUG Im Winter (gewöhnlich ab Dezember oder dem Zeitpunkt, da der Schiffsverkehr eingestellt wird) bietet **LFH** (☎512 4013; www.lendame.ee) Flüge von und nach Pärnu (8 €, 15 Min., 2-mal tgl.).

SCHIFF Solange die Eisverhältnisse es gestatten (mindestens von Mitte Mai bis Ende Oktober), bietet **Veeteed** (☎443 1069; www.veeteed.com) Fährverbindungen nach Kihnu – von Pärnu (Erw./Kind/Auto/Fahrrad 4,50/2,20/12/1,60 €, 2¼ Std., keine Fähren montags und dienstags), aber auch von Munalaid (Erw./Kind/Auto/Fahrrad 2,60/1,30/11/1 €, 50 Min., 2- bis 3-mal tgl.), 40 km südwestlich von Pärnu. Busse aus Pärnu sollen laut Fahrplan (also eher theoretisch) Anschluss an die Fähren bieten. Tickets sind in beiden Häfen erhältlich. Aktuelle Fahrpläne hat die Touristeninformation in Pärnu. Der Fähranleger befindet sich auf halbem Weg zwischen Sääre und Lemsi.

Unterwegs vor Ort

Das beste Fortbewegungsmittel auf Kihnu ist das Fahrrad. **Jalgrattaläenutus** (☎527 3752; Fahrräder pro Std./Tag ab 3,20/10 €) vermietet Räder und verkauft Inselkarten. Das Backsteingebäude liegt 150 m vom Hafen entfernt.

Ruhnu

72 EW.

Die Insel Ruhnu (Rhunö) liegt 100 km südwestlich von Pärnu im Golf von Rīga und damit näher an Lettland als an Estland. Mit ihren 11 km² ist sie kleiner als Kihnu, und auch schwerer zu erreichen. Mehrere Jahrhunderte lang lebten hier hauptsächlich Schweden (rund 300), die aber alle im August 1944 auf der Flucht vor der Roten Armee Haus und Hof zurücklassen mussten. Die Insel hat schöne Sandstrände, ihre größte Attraktion ist jedoch eine **Holzkirche** von 1644 – sie ist das älteste Holzgebäude

Estlands. Im stimmungsvollen Kirchenraum stehen ein Holzaltar und eine Kanzel, beide wurden 1755 geschaffen. Ruhnu ist ganz flach, hat aber einen schönen Wald mit 200 bis 300 Jahre alten Kiefern auf den östlichen Dünen.

Viele nützliche Informationen für Besucher bietet die Website www.ruhnu.ee.

 An- & Weiterreise

FLUGZEUG Ab Mitte September fliegt **LFH** (☎512 4013; www.lendame.ee) viermal pro Woche nach Pärnu (29 €, 35 Min.) und Kuressaare auf Saaremaa (23 €, 25 Min).

SCHIFF Von Mitte Mai bis Mitte September verkehren pro Woche drei Schiffe von **SLK Ferries** (Saaremaa Laevakompanii; ☎452 4444; www.tuulelaevad.ee; Erw./Kind/Fahrrad 16/8/10 €) nach Ruhnu: von Munalaid (3 Std.) bei Pärnu und von Roomassaare auf Saaremaa (2½ Std.).

DER WESTEN & DIE INSELN

Der Westen Estlands gehört zu den attraktivsten Regionen des Baltikums – mit bewaldeten Inseln, idyllischen Landstrichen und Küstendörfern im Schatten mittelalterlicher Burgen.

Kiefernwälder und Wacholderhaine bedecken die beiden größten estnischen Inseln Saaremaa und Hiiumaa. Staubige Straßen umrunden sie und führen an einsamen Küsten vorbei, die völlig unberührt wirken würden, wenn da nicht die Leuchttürme aus dem 19. Jh. und die alten Holzwindmühlen stünden. Beide sind heute Wahrzeichen der Inseln. Die Inselidylle eignet sich hervorragend für Wanderungen und Ausritte oder einen Streifzug auf der Suche nach versteckt liegenden Natursteinkirchen und verfallenen Festungen. Ruinen haben nicht nur vorchristliche estnische Krieger und deutsche Ordensritter des 14. Jhs., sondern auch sowjetische Militärplaner des 20. Jhs. hinterlassen.

Die größere und häufiger besuchte Insel Saaremaa hat einige Kurorte, eine wunderbare Burg und eine schöne „Hauptstadt", die im Sommer zum Leben erwacht. Von hier fahren Boote zur Insel Vilsandi, wo der Nationalpark Vilsandi zahlreiche Pflanzen- und Tierarten schützt.

Haapsalu auf dem Festland ist ein bezaubernder, wenn auch etwas heruntergekommener Ort. Hier verbrachten schon die russischen Aristokraten des 19. Jhs. ihren Urlaub. Die Attraktion der Altstadt ist eine Bischofsburg aus dem 14. Jh., in der heute Freiluftkonzerte und Sommerfeste stattfinden.

Muhu

1690 EW.

Die durch einen 2,5 km langen Damm mit Saaremaa verbundene Insel Muhu gilt ungerechtfertigterweise als „Fußmatte" der größeren Nachbarinsel: Auf dem Weg vom Fähranleger passieren jede Menge Leute die Insel, aber nur wenige halten an. Doch die drittgrößte Insel Estlands hat einiges zu bieten, nicht zuletzt das beste Restaurant des Landes und einige hervorragende Unterkünfte. Es gibt keine Touristeninformation auf der Insel, eine gute Infoquelle ist jedoch die Website www.muhu.info.

Sehenswertes & Aktivitäten

Gutshof Pädaste PARK

(www.padaste.ee; Erw./Kind 3/1 €; ⏲Juni–Aug. 12–21 Uhr) Wer sich eine Übernachtung oder ein Essen (siehe „Schlafen" und „Essen") hier nicht leisten kann: Für eine kleine Eintrittsgebühr (die erstattet bekommt, wer in einem der fabelhaften Speiselokale des Gutshofs isst) kann man sich die 7 ha große Parklandschaft am Wasser inmitten von 22 ha Wald und Wiesen anschauen. Das Gutshaus stammt ursprünglich aus dem 14. Jh., seine heutige Form erhielt es jedoch im 19. Jh.

Koguva DORF

Im äußersten Westen von Muhu liegt 6 km abseits der Hauptstraße ein erstaunlich gut erhaltenes, märchenhaftes Fischerdorf, das 1532 zum ersten Mal urkundlich erwähnt wurde. Die Bewohner sind nach wie vor mehrheitlich Nachfahren der ursprünglichen Bewohner. Heute steht das Dorf als **Freilichtmuseum** (www.muhumuuseum.ee; Erw./Kind 3/1,50 €; ⏲Mitte Mai–Mitte Sept. 10–19 Uhr, Mitte Sept.–Mitte Mai Mi–So 10–17 Uhr) unter Denkmalschutz. Die Eintrittskarte erlaubt die Besichtigung eines alten Schulhauses und zweier Bauernhöfe; einer davon präsentiert schöne traditionelle Textilien aus der Gegend, darunter überaus fein gearbeitete Trachten. Der andere Hof ist der Ahnenhof des Schriftstellers Juhan Smuul (1922–71); er beherbergt u. a. eine Sammlung von Singer-Nähmaschinen. Im Dorf befindet sich auch eine moderne Kunstgalerie mit Café, **Koguva Kunstitall** (www.

Der Westen und die Inseln

koguva-art.ee; ⌚Juni–Aug. 11–18 Uhr) – ein nettes Plätzchen für Kaffee und Kuchen oder ein gepflegtes Glas Wein.

Eemu Tuulik WINDMÜHLE
(Erw./Kind 0,64/0,32 €; ⌚Mitte April–Sept. Mi–So 10–18 Uhr) Die nach wie vor funktionierende Windmühle an der Hauptstraße bei Nautse verfügt über eine Infotafel; es wird Brot aus hier frisch gemahlenem Mehl verkauft.

Festung Muhu FESTUNG
Bei diesen überwachsenen Erdwällen südwestlich der Windmühle leisteten die heidnischen Esten 1227 einer 20 000 Mann starken Streitmacht unter Führung der Schwertritter Widerstand, bevor sie sich schließlich ergaben. Ein Steinobelisk erinnert an das anschließende Massaker, bei dem alle 2500 Krieger von den Christen hingemetzelt wurden.

Straußenfarm Muhu BAUERNHOF
(Muhu Jaanalinnufarm; www.jaanalind.ee; Erw./Kind 3/2 €; ⌚Mitte Mai–Mitte Sept. 10–18 Uhr) Die schrulligen Besitzer erzählen einem alles über diese seltsamen Kreaturen und Mutige können sie sogar füttern (auf die Finger aufpassen!). Außerdem gibt es auf dem Gelände Kängurus, Wallabys, Emus und Ponys – und

es wird auch Ponyreiten für Kinder angeboten. In einem kleinen Laden werden nicht nur Federn und Eier, sondern auch Geldbörsen und Schuhe aus Straußenleder verkauft. Die ausgeschilderte Abzweigung zum Hof liegt 200 m östlich der Windmühle.

Kurse

Nami Namaste KOCHEN
(☎454 8890; www.naminamaste.com; Simisti; ⏲April–Okt.) Der finnische Fernsehstar Sikke Sumari bietet in einem rustikal-schicken Bauernhaus im Süden von Muhu maßgeschneiderte Kochkurse (135 € für einen dreistündigen Workshop und ein dreigängiges Essen), Gruppenessen und B&B-Unterkünfte (45 € für Kursteilnehmer, 75 € für andere). Sikke verwendet überwiegend frische Zutaten aus der Region (oft aus dem eigenen Garten); die Kurse werden in verschiedenen Sprachen angeboten, u. a. auf Englisch.

Schlafen

LP TIPP **Pädaste Manor** RESORT €€€
(☎454 8800; www.padaste.ee; Zi. 186–373 €, Suite 423–676 €; ⏲März–Okt.; P@) Falls Geld keine Rolle spielt – hier lohnt es sich, über die Stränge zu schlagen! Der Gutshof Pädaste ist vielleicht die beste Unterkunft, ganz sicher aber das beste Restaurant (s. oben rechts) in ganz Estland. Das Boutiqueresort auf einem gepflegten Anwesen an einer Bucht umfasst das exquisit restaurierte Herrenhaus (mit 14 Zimmern und einem Gourmetrestaurant), das ehemalige Kutschenhaus (ein Steinbau mit neun Zimmern sowie einem Privatkino und einem Wellnesscenter) und ein separates Steingebäude mit einer Bierstube und einer Terrasse. Die Liebe zum Detail ist nicht zu toppen: von den ausklappbaren Fernsehern über die antiken Möbel und Stickereien von Muhu bis zu den Wellness-Anwendungen mit Kräutern, Heilschlamm und Honig von der Insel.

Vanatoa Turismitalu GÄSTEHAUS €€
(☎454 8884; www.vanatoa.ee; Koguva; Stellplätze pro Pers. 6 €, EZ/DZ 30/51 €) Im alten Dorf Koguva verfügt dieser Familienbetrieb in einem Bauernhofensemble mit Reetdächern über frisch renovierte Zimmer mit schicken kleinen Bädern (mit Fußbodenheizung). Das Bild auf der Website täuscht: Das Gästehaus liegt nicht auf einer Klippe. Das angeschlossene Restaurant serviert estnische Magenfüller wie Schweinefilet und Hering (Hauptgerichte 8–12 €).

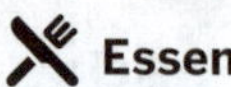

Essen

LP TIPP **Alexander**  MODERN ESTNISCH €€€
(☎454 8800; www.padaste.ee; Gutshof Pädaste; 3/4/5 Gänge 48/52/63 €; ⏲März–Mai, Sept. & Okt. mittags, März–Okt. abends) Wer kein Interesse an einem kulinarischen Abenteuer hat, sollte woanders hingehen. Der einheimische Koch Peeter Pihel bietet bei seinen Festpreismenüs – Gäste können aus sieben Gängen drei bis fünf auswählen – immer wieder tolle Überraschungen. Er führt Elemente der Molekulargastronomie ein und pfeffert seine Kreationen mit einer gehörigen Dosis Humor. Eine große Hilfe sind natürlich all die tollen Zutaten von der Insel. Von Juni bis August wird auf der lockereren Sea House Terrace ein leichteres Mittagessen serviert.

Muhu-Fischcafé FISCH €
(Muhu Kalakohvik; ☎454 8551; www.kalakohvik.ee; Liiva; Hauptgerichte ca. 5 €; ⏲Sommer 11–18 Uhr) Dieses kleine Lokal etwas abseits der Hauptstraße in Liiva serviert quasi im Esszimmer einer Familie erstklassige Fischgerichte. Das Ganze ist recht informell, daher die eher vagen Angaben über Preise und Öffnungszeiten. Wer auf Nummer sicher gehen will, ruft vorher an.

An- & Weiterreise

BUS Busse kommen mit der Fähre vom Festland an und fahren über den Damm weiter nach Saaremaa; unterwegs halten sie in Kuivastu und Liiva; wer an anderer Stelle aussteigen möchte, muss den Fahrer davon überzeugen anzuhalten. Wichtige Verbindungen:

» Tallinn (11 €, 3 Std., 11-mal tgl.)

» Tartu (14 €, 5 Std., 2-mal tgl.)

» Viljandi (13 €, 4 Std., 2-mal tgl.)

» Pärnu (8 €, 2 Std., 3-mal tgl.)

» Kuressaare (4,79 €, 1 Std., 16-mal tgl.) über Orissaare

SCHIFF Die von **SLK** (☎452 4444; www.tuulelaevad.ee; Erw./Kind/Auto 2,24/1,12/6,39 €) betriebenen Autofähren brauchen für die Überfahrt von Virtsu auf dem Festland nach Kuivastu auf Muhu rund eine halbe Stunde (etwa stündlich von 5.30 bis 22 Uhr). Für ein paar Euro mehr kann man online oder per Telefon einen Platz fürs Auto reservieren – keine schlechte Idee für Freitage (Richtung Insel) und Sonntage (Richtung Festland). Nichts nutzt dies allerdings um Mittsommer herum: Dann können die Warteschlangen Kilometer lang sein und die Straßen vollständig blockiert sein. Für einige beliebte

Wochenend-Überfahrten wird für Fahrzeuge ein Aufpreis von 50 % erhoben.

Saaremaa

32 900 EW.

Saaremaa (wörtlich „Inselland") ist für die Esten gleichbedeutend mit weiter Natur, Fichten, Ruhe, frischer Luft – und starkem Bier. Estlands größte Insel ist hauptsächlich mit Kiefern- und Fichtenwäldern sowie mit Wacholderbuschwerk bedeckt. Die Windmühlen, Leuchttürme und kleinen Dörfer wirken, als sei die Zeit hier stehen geblieben.

Während der Sowjetzeit war die gesamte Insel Sperrgebiet, weil hier ein Frühwarnsystem und eine Raketenbasis stationiert waren. Selbst Esten vom Festland brauchten eine Erlaubnis, um die Insel betreten zu dürfen. Dank der Sowjets gibt es fast keine Industrie auf der Insel, die sich so ihren ländlichen Charme bewahren konnte.

Diese einzigartige urtümliche Stimmung geht Hand in Hand mit einem unerschütterlichen Stolz der Einheimischen. Saaremaa hatte schon immer einen Drang zur Unabhängigkeit und fiel meist als letzter Landesteil an die ausländischen Eroberer. Die Inselbewohner pflegen ihre eigenen Bräuche und Lieder und tragen ganz spezielle Trachten. Sie haben nichts für die Kalevipoeg-Legende des Festlands übrig, denn Saaremaa hat in Suur Tõll einen eigenen Helden, der im Umkreis der Insel oftmals gegen Dämonen und Teufel kämpfte.

Kuressaare, die Hauptstadt der Insel, liegt an der Südküste, 75 km vom Fährterminal von Muhu entfernt, und bietet sich fast automatisch als Quartier für Besucher an. Angesichts der vielen noblen Hotels hier ist leicht zu verstehen, wie die Insel zu ihrem Namen „Spa-remaa" gekommen ist. Wenn die Tage länger werden, schwärmen die Finnen und Schweden auf der Insel ein und machen den Urlaubern aus den estnischen Städten die Saunen und den Strand streitig.

Weitere Informationen bieten die Websites www.saaremaa.ee und www.Saaremaa-Estonia.com.

Geschichte

Die ersten Küstensiedlungen Saaremaas (aus dem 4. Jahrtausend v. Chr.) liegen heute im Landesinneren, denn die Insel hat sich in den vergangen 5000 Jahren um 15 m gehoben. Während des 10. bis 13. Jhs. waren Saaremaa und Muhu die am dichtesten besiedelten Regionen Estlands. Dänemark versuchte Anfang des 13. Jhs., Saaremaa zu erobern, doch 1227 unterwarf der deutsche Schwertbrüderorden die Insel. Danach wurde sie zwischen dem Orden und dem in Haapsalu residierenden Bischof von Ösel-Wiek geteilt. Die Ritter nahmen sich Muhu und den Osten und Nordwesten Saaremaas, der Bischof baute in Kuressaare seine Festung.

Zwischen 1236 und 1343 lehnten sich die Inselbewohner mehrfach gegen die deutschen Herrscher auf. 1343 gelang es, die Burg der Ordensritter zu zerstören und die Deutschen von Saaremaa zu vertreiben. Aber der Erfolg währte nicht lange, denn schon 1345 eroberten die Ordensritter die Insel zurück.

Im Livländischen Krieg (16. Jh.) wurde Saaremaa an Dänemark verkauft, 1645 fiel es durch den Vertrag von Brömsebro an die Schweden. Schließlich übernahm 1710 Russland während des Großen Nordischen Kriegs die Macht: Die Insel wurde als Teil der russischen Provinz Livland vom heute lettischen Rīga aus regiert.

Geführte Touren

Pärimusmatkad Heritage Tours INSELTOUREN
(☎526 9974; www.parimusmatkad.ee) Empfehlenswerter Anbieter von verschiedensten Exkursionen und Aktivitäten auf Saaremaa das ganze Jahr über, z. B. Geschichtstouren, Reiten, Robbenbeobachtung, Skitouren und Jeepsafaris. Außerdem zahlreiche Angebote für Vilsandi.

Reisebüro Mere INSELTOUREN
(☎453 3610; www.rbmere.ee) Hier kennt man sich allerbestens aus auf den Inseln; auch Bootstouren nach Vilsandi.

An- & Weiterreise

Die meisten Reisenden erreichen Saaremaa, indem sie die Fähre von Virtsu nach Muhu nehmen und dann über den 2,5 km langen Damm auf die Insel kommen.

BUS Busse vom Festland kommen mit der Fähre nach Muhu und dann über den Damm nach Saaremaa, mit Endstation Kuressaare. Die wichtigsten Verbindungen sind Tallinn–Kuressaare (14 €, 4 Std., 11-mal tgl.) und Tartu–Kuressaare (15 €, 6 Std., 2-mal tgl.) über Viljandi (15 €, 5 Std., 2-mal tgl.) und Pärnu (12 €, 3 Std., 4-mal tgl.).

FLUGZEUG Der **Flughafen Kuressaare** (URE; Kuressaare Lennujaam; ☎453 0313; www.kuressaare-airport.ee; Roomassaare tee 1) liegt bei Roomassaare, 3 km südöstlich des Zentrums. Busse der Linien 2 und 3 verbinden ihn

Saaremaa & Muhu

mit dem Busbahnhof in Kuressaare. **Estonian Air** (☎640 1160; www.estonian-air.ee) fliegt von und nach Tallinn (ab 16 €, 45 Min., 13-mal wöchentl.). Ab Mitte September fliegt LFH viermal pro Woche von und zur Insel Ruhnu (S. 135).

SCHIFF Außer der Fähre nach Muhu betreiben **SLK Ferries** (☎452 4444; www.tuulelaevad.ee) Schiffe von Sõru auf Hiiumaa nach Triigi an der Nordküste von Saaremaa (Erw./Kind/Auto 2,24/1,12/6,39 €, 65 Min., 2- bis 3-mal tgl.). Diese können online gegen eine kleine Gebühr reserviert werden, was aber gewöhnlich nicht notwendig ist. Von Mitte Mai bis Mitte September verkehrt außerdem eine Fähre zur Insel Ruhnu (S. 135).

Saaremaa ist auch bei Skippern sehr beliebt. Die beste **Marina** (☎503 1953; www.kuressaare.ee/sadam/en; Tori 4) befindet sich in Kuressaare, nur einen Steinwurf von den Wellnesshotels entfernt. Infos über diesen Hafen und andere Marinas der Insel stehen auf der Website http://marinas.nautilus.ee.

ℹ Unterwegs vor Ort

Auf Saaremaa gibt es ein 400 km langes Netz an befestigten Straßen und noch sehr viel mehr unbefestigten Straßen. Entlang der Hauptstraßen ist Trampen möglich, kostet aber Zeit – und auf den kleineren Straßen ist einfach zu wenig los, als dass es sich lohnt.

AUTO & MOTORRAD Autos und Mopeds verleiht **PolarRent** (☎513 3660; www.polarrent.ee; Tallinna mnt 9, Kuressaare), ein mit Hertz assoziiertes Unternehmen. Im Sommer sollte man Fahrzeuge vorab buchen.

BUS Die Inselbusse verkehren nicht gerade häufig. Wichtigster Busbahnhof ist der **Busbahnhof Kuressaare** (☎453 1661; Pihtla tee 2); ein Routenplan findet sich auf www.bussipilet.ee.

FAHRRAD Die meisten Unterkünfte verleihen Fahrräder. In Kuressaare vermietet **Bivarix** (☎/Fax 455 7118; Tallinna mnt 26; Fahrrad pro Tag 10 €; ⏲Mo–Fr 10–18 Uhr) Räder und Ausrüstung wie Kinder- und Gepäckanhänger.

KURESSAARE

15 000 EW.

Kuressaare, die wichtigste Stadt der Insel, ist ein malerisches Städtchen mit schattigen Straßen und einer stolzen Burg im Zentrum, umgeben vom üblichen eher unschönen Sammelsurium von Wohn- und Gewerbegebieten. Die Stadt wurde bereits im 19. Jh. als Kurort bekannt, nachdem man die heilsame Wirkung des Küstenschlamms entdeckt hatte und die ersten Kuranlagen eröffnet hatten. Jetzt gibt es Dutzende davon und das Spektrum reicht von alten Ostblocksanatorien bis zu schicken, top-modernen Spas.

Die eigentliche Keimzelle der Stadt ist seine Bischofsburg, die im 13. Jh. für den in Haapsalu residierenden Bischof von Ösel-Wiek gebaut wurde, zu dessen Diözese die Insel zum Teil gehörte. Kuressaare wurde Saaremaas wichtigstes Handelszentrum und entwickelte sich rasant, nachdem es 1645 in schwedische Hände gefallen war. Während der Zeit der sowjetischen Annexion wurde Kuressaare in Kingisseppa umbenannt, zu Ehren von Viktor Kingissepp, einem estnischen Kommunisten aus den 1920er-Jahren.

Sehenswertes & Aktivitäten

Bischofsburg Kuressaare BURG

Die majestätische Bischofsburg erhebt sich im Süden der Stadt auf einer künstlichen Insel am Meer, die von einem Wassergraben umgeben ist. Sie gilt als die am besten erhaltene Burg des Baltikums und ist die einzige mittelalterliche Steinburg der Region, die nicht zerstört wurde.

Schon um 1260 wurde hier eine Burg gegründet, aber die mächtige Dolomitfestung, die heute zu sehen ist, stammt aus dem 14. Jh. Weitere Schutzmauern wurden im 15. und 18. Jh. ergänzt. Die Burg sollte gleichermaßen als Verwaltungssitz und als Festung dienen. Der schlankere der beiden hohen Ecktürme – Pikk Hermann („Langer Hermann") im Osten – ist durch einen Schacht vom Rest des Gebäudes getrennt. So konnte er nur über eine Zugbrücke erreicht werden und diente bei einem Angriff als letzte Zufluchtsstätte der Burgbewohner.

Im Burghof finden im Sommer Konzerte statt und Besucher können sich auch im Bogenschießen versuchen. An der Ostmauer erinnert ein **Denkmal** an die 90 Personen, die 1941 in der Burganlage von Rotarmisten getötet wurden.

Der schattige Park, der 1861 rund um den Burggraben angelegt wurde, zieht sich bis hinunter zur Bucht. Im und um den Park

Kuressaare

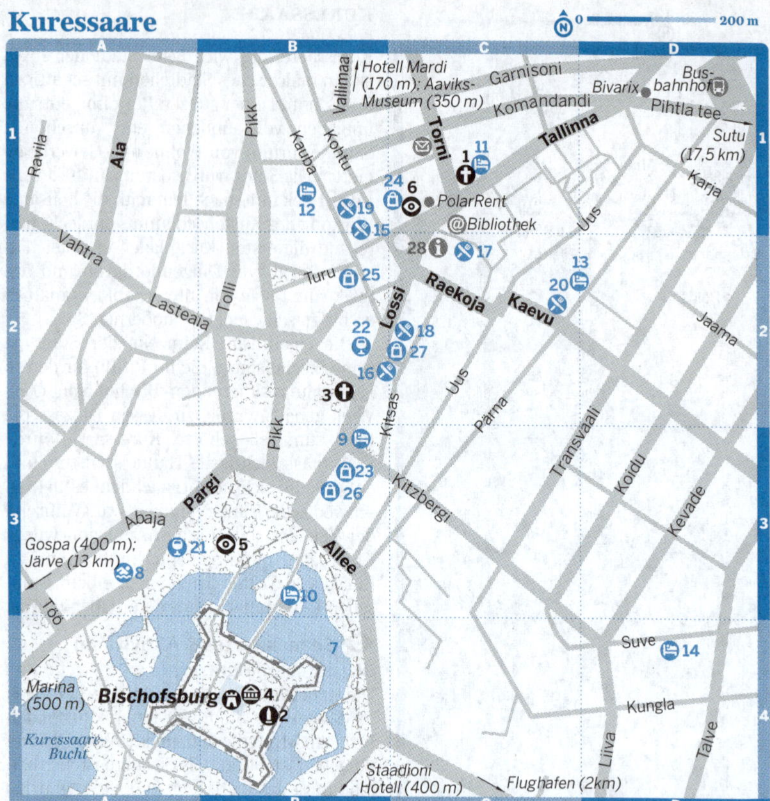

liegen mehrere schöne Holzvillen aus den glanzvollen Tagen der Kurstadt um die Jahrhundertwende, darunter auch der **Kursaal** (Kuursaal), der jetzt ein Café beherbergt.

Bei schönem Wetter kann man ein Ruderboot oder Kanu mieten und gemütlich über den Wassergraben der Festung gondeln. Vermietet werden sie von **Lossikonn** (Allee 8; pro Std. 7 €), einem hübschen Café, das im Winter auch Schlittschuhe verleiht – falls der Burggraben zufriert.

Saaremaa-Museum

(www.saaremaamuuseum.ee; Erw./Kind 5/2,50 €, mit Audioguide 7 €; ⌚Mai–Aug. tgl. 10–19 Uhr, Sept.–April Mi–So 11–18 Uhr) Das Saaremaa-Museum im Burgfried widmet sich der Natur und Geschichte der Insel. Besonders interessant ist es, das Labyrinth aus Kammern, Sälen, Gängen und Treppen zu erkunden. Von einem Raum bei der Kammer des Bischofs blickt man in ein Verlies, in dem der Überlieferung zufolge zum Tode verurteilte Gefangene den Löwen zum Fraß vorgeworfen wurden – was man sich in der Phantasie ausmalt, wird durch Löwenknurren vom Band noch verstärkt. Einer anderen Geschichte zufolge wurde im 18. Jh. bei der Öffnung einer versiegelten Kammer die Leiche eines Ritters gefunden, die auf der Stelle zu Staub zerfiel – was zu immer weiteren wilden Spekulationen über die Ursache seines tragischen Tods führte. Das Ganze ist inzwischen mit unheimlicher Wirkung nachgestellt.

Im eigentlichen Museum finden sich nicht viele englische Erläuterungen – bis zur von der EU gesponserten Abteilung über die Nachkriegszeit; dann werden aus den estnisch-russischen Beschriftungen estnisch-englische. Hier gibt's ein paar interessante Informationen über den Alltag unter den Sowjets, so etwa eine typische Wohnungseinrichtung. Einige der Erläuterungen ak-

Kuressaare

Highlights
Bischofsburg B4

Sehenswertes
1 Lutherische Kirche C1
2 Denkmal für die Freiheitskämpfer B4
3 Orthodoxe Kirche B2
4 Saaremaa-Museum B4
5 Kuursaal B3
Rathaus .... (siehe 28)
6 Vaekoja (Altes Waaghaus) C1

Aktivitäten, Kurse & Touren
7 Lossikonn B4
8 Spa Hotel Rüütli A3

Schlafen
9 Arensburg B3
10 Ekesparre Residents Hotell B3
11 Grand Rose Spa Hotel C1
12 Johan Spa Hotel B1
13 Karluti Hostel C2
14 Ovelia D4

Essen
15 Chameleon B1
16 Classic Café B2
17 RAE-Supermarkt C2
18 Sadhu C2
19 Vanalinna B1
20 Veski Trahter C2

Ausgehen
21 John Bull A3
22 Vinoteek Prelude B2

Shoppen
23 Antiigiaed B3
24 Zentralmarkt C1
25 GoodKaarma B2
26 Lossi Antiik B3
27 Saaremaa Kunstistuudio C2

Praktisches
28 Touristeninformation C2

tuellerer Ereignisse sind allerdings recht propagandistisch.

Auf der obersten Etage verfügt das Museum über ein Café mit schönem Ausblick auf die Bucht und das umliegende Land.

Stadtzentrum HISTORISCHE GEBÄUDE
Die beeindruckendsten alten Häuser von Kuressaare gruppieren sich um den zentralen Platz Keskväljak. Hier sticht vor allem das **Rathaus** (1670 erbaut) an der Ostseite hervor, dessen Eingang Löwen bewachen. Das alte barocke **Waaghaus** gegenüber (jetzt das Lokal Vaekoja) stammt aus dem 17. Jh. An der nordöstlichen Seite des Keskväljak stehen eine hübsche **lutherische Kirche** und ein Stück weiter eine **orthodoxe Kirche** (Lossi 8).

Aavik-Museum MUSEUM
(www.saaremaamuuseum.ee; Vallimaa 7; Erw./Kind 1/0,50 €; ⏲Mi–So 11–18 Uhr) Das Haus der Familie Aavik ist heute ein kleines Museum. Es ist dem Leben und Schaffen des Sprachwissenschaftlers (1880–1973) Johannes Aavik, der wichtige Reformen der estnischen Sprache einführte, sowie seinem musikalischen Cousin Joosep Aavik (1899–1989) gewidmet.

Strände & Wasserpark SCHWIMMEN
Hinter der Burg gibt's einen kleinen Sandstrand, der schönste Strand in der Umgebung ist jedoch der **Järverand** bei Järve, etwa 14 km westlich der Stadt. Einen weiteren Strand gibt es in **Sutu**, 17,5 km östlich. Wie viele estnische Strände sind auch diese Strände recht lange ziemlich seicht. Nach Järve fahren Busse (0,83 €, 20 Min., ca. 9-mal tgl.), nach Sutu hingegen nicht.

Eine Alternative bei schlechtem Wetter ist der Wasserpark des **Spa Hotel Rüütli** (www.saaremaaspahotels.eu; Pargi 12; Erw./Kind 5/3,10 €; ⏲14–22 Uhr).

Saare Golf GOLF
(☎453 3502; www.saaregolf.ee; Merikotka 22; 9/18 Löcher 35/60 €) Unmittelbar westlich der Stadt; Schlägermiete 20 €.

Festivals & Events

An Veranstaltungen herrscht im Sommer gewiss kein Mangel. Zu den Events zählen die **Operntage** (www.concert.ee) Mitte bis Ende Juli, das **Kammermusik-Festival** (www.kammerfest.ee) Anfang August und das **Seefahrtfestival** (www.merepaevad.ee) ebenfalls Anfang August. Rock- und Bierfans sollten sich zum **Õlletoober** (www.olletoober.ee) ins 5 km nordöstlich gelegene Dorf Lilbi aufmachen; dort gibt's an einem Wochenende Mitte Juli beides in Hülle und Fülle. Im Sommer finden im Burghof und im angrenzenden Park regelmäßig Konzerte statt. Die Touristeninformation informiert über alle aktuellen Veranstaltungen.

Schlafen

Die Touristeninformation vermittelt Privatzimmer und Unterkünfte auf Ferienhöfen auf der ganzen Insel. Die genannten Hotelpreise sind Sommerpreise – von September bis April liegen sie um bis zu 50 % niedriger. Die Wellnessanlagen stehen allen Gästen offen.

LP TIPP **Karluti Hostel** GÄSTEHAUS €
(☎501 4390; www.karluti.ee; Pärna 23; EZ 13 €, 2BZ 25–56 €; 📶) Das fröhliche senffarbene Gästehaus inmitten großer Rasenflächen an einer ruhigen Wohnstraße nicht weit vom Zentrum wird von einem reizenden älteren Paar geführt. Wer auf dem Volleyballplatz ordentlich Kalorien verbrannt hat, kann sich anschließend in der Gästeküche die Löcher im Kalorienhaushalt stopfen. Das Haus hat nur eine Handvoll helle, gepflegte Zimmer – es ist also ratsam vorzubuchen, besonders im Sommer. Sehr gut für den Preis.

Gospa RESORT €€€
(☎455 0000; www.gospa.ee; Tori 2; EZ/DZ/Suite ab 70/108/191 €; P📶🏊) Das flippigste Hotel von Kuressaare – früher nach einem berühmten Sänger Estlands das George Ots Spa Hotel – hat moderne Zimmer mit gestreiften Teppichen, riesigen Betten, CD-Playern und einem warmen, aber minimalistischen Design. Die meisten bieten einen Balkon und zum Haus gehören ein Pool, ein Fitnesscenter und Wellnesseinrichtungen. Auch Ferienwohnungen stehen zur Verfügung. Insgesamt sehr gut für Familien.

Arensburg BOUTIQUEHOTEL €€€
(☎452 4700; www.arensburg.ee; Lossi 15; EZ 75–100 €, DZ 93–170 €, Suite 247 €; P📶🏊) Das Arensburg wirkt wie zwei Hotels in einem – hin und her gerissen zwischen Alt und Neu. Wir bevorzugen die schicken, schwarz gestrichenen Zimmer im modernen Anbau, den das historische Hotel 2007 erhalten hat. Die Standardzimmer im alten Teil sind auch nicht schlecht, aber nichts Besonderes. Die Krönung sind ein neues Wellnesszentrum und zwei Restaurants.

Ekesparre Residents Hotell BOUTIQUEHOTEL €€€
(☎453 3633; www.ekesparre.ee; Lossi 27; EZ/DZ 160/166 €; P📶) Das elegante Zehnzimmerhotel profitiert von seiner Pole Position auf dem Burggelände und wurde in alter Jugendstil-Pracht renoviert – mit exquisiten historischen Tapeten, Tiffany-Lampen und hie und da einigen Orchideen, die seine kultivierte Club-Atmosphäre betonen. Ein wahres Schmuckstück ist die Lounge im 3. Stock. Am Wochenende steigen die Preise um 19 €.

Grand Rose Spa Hotel HOTEL €€€
(☎666 7000; www.grandrose.ee; Tallinna 15; EZ 100 €, DZ 115–150 €, Suite 190 €; P📶🏊) Blumig und schnörkelig mag man es in diesem Hotel, von den barocken schwarzen Samtstühlen, Kronleuchtern und Wasserspielen in der rosengeschwängerten Lobby bis zum Teppich mit Rosenmuster im gesamten Haus. Die Luxuszimmer haben einen Balkon, eine Badewanne und eine Duschkabine und überbordende Betten, wirken aber beengter als die Standardzimmer. Das Spa und das Restaurant haben sich den Ruf erworben, zu den besten der Stadt zu gehören.

Staadioni Hotell HOTEL €€
(☎453 3556; www.staadionihotell.ee; Staadioni 4; EZ/DZ 40/51 €; ⏰Mai–Sept.; @) Preisgünstige, geräumige und helle Zimmer bietet dieses angenehme, abgeschiedene Hotel 1 km südlich vom Zentrum, umgeben von Parks und Sportanlagen. Es werden Fahrräder vermietet.

Hotell Mardi HOTEL €€
(☎452 4633; www.hotelmardi.eu; Vallimaa 5a; Hostel B/EZ/DZ/3BZ 13/20/26/39 €, Hotel EZ 43 €, DZ 62–68 €; P📶) Ein Sommer-Hostel und ganzjähriges Hotel mit schlichten, schnörkellosen Zimmern, angeschlossen an eine Schule.

Ovelia GÄSTEHAUS €
(☎455 5732; www.ovelia.ee; Suve 8; DZ/3BZ 33/47 €; ⏰Mai–Sept.; @) Das freundliche Ovelia ist ein Budget-Gästehaus mit kleinen, einfachen Zimmern und einem Garten. Einige der Zimmer haben ein eigenes Bad oder TV – am besten schaut man sich zuerst ein paar Zimmer an.

Johan Spa Hotel HOTEL €€
(☎454 0000; www.johan.ee; Kauba 13; Zi. altes/neues Gebäude 70/100 €; P📶🏊) Das Johan zerfällt in zwei Teile: Der alte Flügel ist unverschämt hässlich, die Fassade sieht aus, als würde sie jeden Moment zu Boden krachen, und die Zimmer sind trist und überteuert. Der neue Flügel präsentiert sich schick und minimalistisch, aber auch hier sind die Zimmer immer noch etwas zu teuer.

Essen & Ausgehen

Eigentlich haut einen keins der Restaurants in Kuressaare wirklich vom Hocker.

Veski Trahter ESTNISCH €€
(www.veskitrahter.eu; Pärna 19; Hauptgerichte 7–11 €) Wann hat man schon die Gelegenheit, in einer Windmühle von 1899 zu speisen? Und sie wirkt nicht einmal sehr touristisch. Qualität und Ambiente werden

hier ganz groß geschrieben. Die Karte dominieren herzhafte einheimische Gerichte wie Wildschwein-Eintopf, Kohlsuppe und Saaremaa-Käse.

Sadhu CAFÉ €
(Lossi 5; Gerichte 5–11 €; ⌚Mo–Fr 8.30–24, Sa 11–1, So 11–22 Uhr;) Mit seinen indischen Stoffen, asiatischen Schnitzereien und Romamusik im Hintergrund verkörpert das Sadhu reinsten Hippie-Schick. Es ist der beste Chill-out-Laden der Stadt, perfekt für einen kleinen Absacker. Auf seiner Schiefertafel werden sättigende Fischgerichte, herzhafte Eintöpfe sowie Salate und verlockende Kuchen angepriesen. Wenn da nur nicht der Kaffee wäre …

Vinoteek Prelude WEINLOKAL €€
(www.prelude.ee; Lossi 4; Hauptgerichte 9–12 €; ⌚16–24 Uhr) Den Eingang dieser gemütlich-dämmerigen Weinbar zieren Trauben. Eine Treppe führt hinauf zu Sofas unter dem Dach. Dort wählt man aus einer internationalen Weinkarte (viele Tropfen werden im Glas serviert) und allerlei Antipasti und Bistrogerichten.

Classic Cafe CAFÉ €
(Lossi 9; Hauptgerichte 4–11 €) Ein lockeres Speiseangebot (Frühstück zu jeder Tageszeit – eine absolute Rarität in Estland!) und cooles, entspanntes Dekor sind die Markenzeichen dieses klassischen Cafés. Es gibt Grillgerichte, doch besser sind die frischen Salate, Suppen und Nudelgerichte.

Vanalinna CAFÉ €€
(☎455 5309; Kauba 8; Hauptgerichte 6–15 €; ⌚Mo–Sa 8–19, So 8–16 Uhr) In dieser Bäckerei mit ihrem Interieur aus Holz und Stein und den Schwarz-Weiß-Fotos an den orangefarbenen Wänden herrscht eine nette Stimmung.

Gospa EUROPÄISCH €€
(☎455 0000; Tori 2; Hauptgerichte 7–17 €; ⌚12–23 Uhr) Die Panoramafenster des hellen und luftigen Restaurants des Gospa bringen die Aussicht auf den Yachthafen voll zur Geltung. Das Essen ist leicht, frisch und phantasievoll, wenn auch nicht immer perfekt zubereitet, und lässt den regionalen Zutaten Raum zur Entfaltung.

Chameleon CAFÉ-BAR €
(www.chameleon.ee; Kauba 2; Hauptgerichte 6–10 €) Das Chameleon macht seinem Namen wirklich alle Ehre: Es verwandelt sich abends vom Tagescafé zur Cocktailbar, was auch am besten zu ihm passt. Die gepflegte schwarz-graue Ausstattung (mit rosa Beleuchtung) verbreitet einen Hauch von städtischer Eleganz. Und doch ist man sich hier nicht zu vornehm, Kindergerichte und eine Spielecke anzubieten.

John Bull KNEIPE
(Pargi 4; ⌚11–2 Uhr;) Die Kneipe im Park bei der Burg (die trotz ihres Namens nicht sonderlich englisch wirkt) trumpft mit einer schönen Terrasse am Burggraben auf sowie einer Theke, die aus einem alten russischen Omnibus hergestellt wurde.

Supermarkt RAE SUPERMARKT
(Raekoja 10; ⌚9–22 Uhr) Hinter der Touristeninformation.

Shoppen

Lossi Antiik ANTIQUITÄTEN
(www.lossiantiik.ee; Lossi 19) Liegt auf dem Weg zur Burg und verkauft alle möglichen Antiquitäten, von bäuerlichem Gerät aus dem 19. Jh. bis zu Erinnerungsstücken aus der Sowjetzeit. Sehr nett zum Stöbern!

Antiigiaed ANTIQUITÄTEN
(Lossi 17) Der nur im Sommer geöffnete „Antiquitätengarten“ direkt neben dem Lossi Antiik ist ein Schuppen voller Schätze, der sich zu einem Hofcafé hin öffnet.

Zentralmarkt MARKT
(Tallinna) Neben dem Lokal Vaekoja werden Vasen aus Dolomit, Wollpullover, Honig, Erdbeeren und andere Spezialitäten aus Saaremaa sowie jede Menge Nippes verkauft.

Saaremaa Kunstistuudio KUNST
(☎453 3748; Lossi 5) Diese helle Galerie bietet unterschiedlichste Arbeiten estnischer Künstler, darunter interessante Textilarbeiten, Keramiken, Skulpturen und Gemälde.

GoodKaarma SEIFE
(www.goodkaarma.com; Kauba 3) Wer es nicht zum Bauernhof schafft, kann die Bioseifen von GoodKaarma auch hier kaufen.

Praktische Informationen

Bücherei (Tallinna 6; ⌚Mo–Fr 10–19, Sa 10–16 Uhr) Kostenloser Internetzugang.

Touristeninformation Kuressaare (☎453 3120; www.kuressaare.ee; Tallinna 2; ⌚Mo–Fr 9–18, Sa & So 10–16 Uhr, Mitte Sept.–Mitte Mai nur Mo–Fr) Im alten Rathaus; verkauft Karten und Reiseführer, vermittelt Unterkünfte und bietet Informationen zu Bootsausflügen und Inseltouren.

Anreise & Unterwegs vor Ort

Weitere Reiseinformationen zu Saaremaa siehe S. 139. Taxiunternehmen sind z. B. **Kuressaare Takso** (☎453 0000; www.kuressaaretakso.ee) und **Saare Takso** (☎453 3333); Taxis warten u. a. am Busbahnhof und gegenüber vom Grand Rose Hotel.

AUSSERHALB VON KURESSAARE

Selbst im Sommer ist es relativ leicht, den Touristenmassen zu entgehen. Außerhalb von Kuressaare gibt's Sandstrände, geheimnisvolle alte Ruinen und windgepeitschte Halbinseln, bei deren Erkundung man kaum einer Menschenseele begegnet. Die folgenden Sehenswürdigkeiten sind in einer Inselschleife ab Kuressaare gegen den Uhrzeigersinn geordnet.

Sehenswertes & Aktivitäten

GoodKaarma BAUERNHOF

(☎5348 4006; www.goodkaarma.com; Kuke; ⏲Juni–Aug. 10–18 Uhr, sonst nach Vereinbarung) Das von einem englisch-estnischen Paar von ihrem Hof beim Dorf Kaarma, etwa 15 km nördlich von Kuressaare, geführte Unternehmen GoodKaarma produziert Bioseifen aus lokalen Ingredienzen wie Wacholder, Kiefern und Sanddorn. Wer selbst zur Tat schreiten möchte, kann sich für einen 75-minütigen Workshop zum Thema Seifenherstellung anmelden (Erw./Kind 7,50/4 €, mindestens vier Teilnehmer). Es gibt auch eine hübsche Gartenterrasse und ein Café mit hausgemachten Snacks, Biotee, heimischem Bier usw. Neben Seife verkauft der Hofladen Kunsthandwerk aus der Region.

Kaali-Krater METEORITENKRATER

Estland ist wirklich sehr anziehend: Kaum irgendwo sonst schlagen so viele Meteoriten ein. Das Land hat daher mit die höchste Konzentration dokumentierter Meteoritenkrater weltweit. 18 km nördlich von Kuressaare liegt bei Kaali ein 100 m breiter und 22 m tiefer merkwürdig runder See, der vor mindestens 4000 Jahren durch einen Meteoriteneinschlag entstand. In der Umgebung gibt es weitere acht Nebenkrater mit einem Durchmesser von 12 bis 40 m, gebildet durch Fragmente desselben Meteoriten. In der skandinavischen Mythologie ist dieser Ort als „Grab der Sonne“ bekannt. Es ist hier eine Art Feriendorf entstanden, mit einem kleinen **Museum** (Erw./Kind 1,30/0,65 €), Kunsthandwerksläden (darunter eine Spitzenklöppelei) und einem Hotel; in einer traditionellen Kneipe werden estnische Gerichte und heimisches Bier verkauft.

> **WWOOF-EN**
>
> Wem es nichts ausmacht, sich die Hände schmutzig zu machen, der kann billig durch Estland reisen und dabei viel über das Land lernen. Möglich ist das mit freiwilliger Arbeit als Mitglied von **Worldwide Opportunities on Organic Farms** (WWOOF; ☎505 5683; www.wwoof.ee) – auch bekannt als „Willing Workers on Organic Farms“ (Freiwillige Arbeiter auf Biohöfen). Als Mitglied dieser etablierten internationalen Organisation (mit Vertretungen in aller Welt) hat man Zugang zur Internetseite von WWOOF-Estland, auf der während unserer Recherche 26 Biobauernhöfe und andere umweltfreundliche Unternehmen im ganzen Land gelistet waren. Als Gegenleistung für die Arbeit auf den Höfen bieten die Besitzer Verpflegung, Unterkunft und praktische Erfahrungen im ökologischen Landbau. Nähere Informationen gibt's auf der Website.

Marienkirche KIRCHE

Pöide, 3 km südlich der Hauptstraße, war der Hauptsitz der deutschen Ordensritter auf Saaremaa. Diese Kirche, die der Orden im 13. und 14. Jh. erbauen ließ, ist bis heute ein beeindruckendes Zeugnis seiner einstigen Macht. Während des Aufstandes in der Georgennacht 1343 wurden die Ritter in der Kirche acht Tage lang belagert. Die estnischen Belagerer versicherten ihnen, dass kein Schwert gegen sie erhoben würde, wenn sie aufgäben. Und die Esten blieben ihrem Wort treu und zeigten ihren Sinn für Humor: Sie steinigten die Ritter zu Tode. Heute sind hier eine lutherische, eine methodistische und eine orthodoxe Gemeinde zu Hause. Die bröckelnde Fassade steht in scharfem Kontrast zu dem tadellos erhaltenen Buntglasfenster über dem Altar.

Tika Talu REITEN

(☎504 4169; www.tikatalu.ee; Kõrkvere; pro Std. 12 €) Bietet schlichte Zimmer mit Frühstück und viele Reitangebote für Erwachsene und Kinder.

Maasilinnus BURG

Deutsche Ordensritter haben im 14. bis 16. Jh. diese Burg 4 km nördlich von Orissaare errichtet. Sie wurde 1578 von den Dänen in die Luft gejagt, um die Schweden daran zu hindern, sie einzunehmen. Übrig geblieben ist ein Haufen Steine an einem hübschen Schilfufer. Zugänglich ist allein eine restaurierte unterirdische Kammer.

Windmühlenhügel von Angla WINDMÜHLEN
(Angla Tuulikumägi; Erw./Kind 2/1 €; ⌚9–21 Uhr) Fotofreaks, aufgepasst: Hier findet sich die größte und fotogenste Ansammlung von Holzwindmühlen auf den Inseln. Zu Beginn des 16. Jhs. standen auf diesem Hügel bereits neun Mühlen. Heute gibt es vier kleine Mühlen, überwiegend aus dem 19. Jh., und eine große Mühle im niederländischen Stil von 1927. Schöne Ausblicke bieten sich von der Straße, für eine kleine Eintrittsgebühr darf man sich auch im Inneren der Mühlen umschauen. Außerdem gibt's noch eine Sammlung alter Traktoren und Pflüge sowie eine hervorragende Gaststätte, in der bäuerlich verkleidetes Personal hausgemachtes Brot, Kuchen und Bier auftischt.

Kirche von Karja KIRCHE
(Karja Kirik; ⌚Mitte Mai–Mitte Sept. 10–17.30 Uhr) In der trutzigen Kirche aus dem 14. Jh. treffen Heidnisches und Christliches zusammen. Draußen informiert eine interessante Tafel über vorchristliche Symbole, mit besonderem Bezug zu einigen der trapezförmigen Grabsteine aus dem 13. und 14. Jh., die hier zu finden sind. Drinnen in der Kirche winden sich Eichenblätter oben um die Säulenenden. Interessant ist außerdem die ungewöhnliche Kreuzigungsszene rechts oberhalb des Außenportals: Sie zeigt Jesus zwischen den beiden Dieben. Die Seele des guten Diebes tritt in Gestalt einer kleinen Figur aus seinem Mund in die Arme eines Engels, der darauf wartet, sie in den Himmel zu tragen. Auf die andere Seele wartet ein ähnlich aussehender Teufel.

Leisi DORF
Leisi ist ein hübsches Dorf mit alten Holzhäusern 3,5 km vom Hafen Triigi entfernt. Wer mit der Sõru-Triigi-Fähre von Hiiumaa ankommt, kann sich in der winzigen **Touristeninformation von Leisi** (☎457 3073; ⌚Juni–Aug. 12–19 Uhr; 📶) in dem hübschen rebenbewachsenen Restaurant Sassimaja mit Karten und allgmeinen Infos über Saaremaa eindecken.

Tahkuna STRAND
Der hinter einem Wald versteckte Strand Tahkuna ist vor allem dank seiner Abgeschiedenheit einer der besten Sandstrände der Insel. Um hierher zu gelangen, biegt man in Metsküla nach Norden ab – also nach rechts, wenn man der Route gegen den Uhrzeigersinn folgt – und hält nach etwa 3 km links nach dem Schild mit der Aufschrift „Puhkekoht" (Resort) Ausschau. Der Strand ist etwa 200 m vom zweiten Parkplatz entfernt.

Panga pank AUSSICHTSPUNKT
Die höchsten Klippen erstrecken sich über 3 km entlang der Nordküste bei Panga. Der höchste Punkt (21,3 m) war einst eine heilige Stätte, an der dem Meeresgott Opfer dargebracht wurden; manchmal werden hier auch heute noch Gaben in Form von Blumen, Münzen, Wodka und Bier hinterlegt. Ein hübsches Örtchen mit Ausblick auf das trügerisch idyllische Nass in der Tiefe.

Volkskunst-Windmühlen WINDMÜHLEN
Etwa 7 km nördlich von Mustjala stehen in Ninase (auf der Halbinsel Ninase) am Straßenrand zwei Saaremaa-Ikonen der kitschigeren Sorte. Diese beiden alten Holzwindmühlen sind so bemalt worden, dass sie wie eine riesige Mama und ein riesiger Papa – in Tracht gekleidet – aussehen.

Pidula-Forellenzucht ANGELN
(www.saarepuhkus.ee; Pidula; Forellen pro kg 12,90 €; ⌚10–22 Uhr) An einem hübschen See 1 km

INSELGEBRÄU

Saaremaa schaut auf eine lange Geschichte der privaten Bierbrauerei zurück und auch das kommerzielle Bier der Insel genießt einen sehr guten Ruf. Am beliebtesten ist das Tuulik mit seinem unverwechselbaren Windmühlen-Logo (das allerdings mittlerweile in Tartu gebraut wird – auch der beliebte Saaremaa-Wodka schmückt sich mit einer Windmühle, wird jedoch ebenfalls nicht hier hergestellt). Das landesweit zweitgrößte Bierfestival findet Mitte Juli in Kuressaare statt und bietet raffinierte und wild gebraute Biere sowie Livemusik und Festlichkeiten.

Wer dem Gerstensaft nicht abhold ist und zu einem privat gebrauten Bier eingeladen wird, sollte die Einladung unbedingt annehmen. Entsprechend der langen Inseltradition enthalten die Biere Malz, Hefe und Hopfen und hinterlassen einen leicht säuerlichen Nachgeschmack. Die Biere sind leicht und im Sommer sehr erfrischend und schmecken am besten aus einem Holzkrug.

ABSTECHER

VILSANDI

Vilsandi westlich von Kihelkonna ist die größte von 161 Inseln vor der Westküste von Saaremaa, die zum Nationalpark Vilsandi zusammengefasst wurden – zum Schutzgebiet gehören auch Teile von Saaremaa selbst, darunter die Halbinsel Harilaid. Der Nationalpark ist 238 km² groß (163 km² Meer und 75 km² Land) und wird bzw. wurde intensiv wissenschaftlich untersucht. Ein Schwerpunkt war das Brutverhalten der Eiderente und der Flug der Nonnengänse. Im Park ziehen Ringelrobben ihren Nachwuchs auf; Orchideenliebhaber finden hier 32 Arten.

Die flache und bewaldete Insel Vilsandi ist 6 km lang und stellenweise bis zu 3 km breit. Auf den kleinen Inseln rundherum wuchern Johannisbeeren und Wacholder. Rund 250 Vogelarten wurden hier schon beobachtet. Im Frühling und Herbst begeben sich die Wasservögel auf die Reise: bis zu 10 000 Nonnengänse legen Mitte Mai auf Vilsandi eine Rast ein und sogar Seeadler und Fischadler wurden schon gesichtet.

Das **Besucherzentrum des Nationalparks** (☎454 6880; www.vilsandi.info; ⌚9–17 Uhr) befindet sich auf Saaremaa auf dem Gutshof Loona (S. 149), es gibt jedoch keine Beschriftungen auf Englisch und auch das Personal sprach – zumindest als wir zuletzt dort waren – kein Englisch. Wer den Nationalpark besuchen möchte, spricht am besten vorher mit den Mitarbeitern des Gutshauses Loona selbst oder wendet sich an die auf S. 139 aufgeführten Tourenanbieter.

Eine der wenigen Unterkünfte auf der Insel ist der Ferienhof **Tolli Turismitalu** (☎5342 5318; www.tolli.vilsandi.info; Stellplätze pro Pers. 3 €, EZ 20–35 €, DZ 40–55 €), der idyllisch inmitten einer schönen Naturlandschaft liegt. Das dazugehörige Wohnhaus ist das älteste der Insel. Zimmer werden sowohl in diesem Gebäude als auch in einem Sommerhaus und in einer Windmühle angeboten. Außerdem gibt es Zeltplätze, eine Sauna, einen Fahrrad- und Bootsverleih sowie Exkursionen in die Natur. Der Ferienhof ist vernetzt mit der **Vilsandi Line** (☎520 2656; harri61@hot.ee), die von Mai bis September fünfmal pro Woche zwischen Papisaare und Vikati pendelt; Reservierung erforderlich. Außerhalb der planmäßigen Zeiten kann man auch das ganze Boot oder bei eisigen Verhältnissen ein Schneemobil chartern; der Preis ist dann Verhandlungssache.

Islander (☎5667 1555; www.islander.ee; ⌚Mai–Sept.; 📶) bietet Schnellbootfahrten zur Insel, Tauchen, Wasserski, Tubing und Unterkünfte auf dem Ferienhof Kusti.

westlich von Pidula kann man hier in Forellenteichen „angeln" und seinen Fang dann selbst räuchern oder grillen – ein hübsches Fleckchen für ein Picknick an einem sonnigen Sommerabend. Außerdem kann man hier Kanu fahren und Paintball spielen und es gibt eine Sauna sowie Unterkünfte (S. 149).

Halbinsel Tagamõisa HALBINSEL

Ein großer Teil der schönen und selten besuchten Westküste der Halbinsel Tagamõisa ist im Nationalpark Vilsandi geschützt, so auch die Halbinsel Harilaid. An der Nordwestspitze dieser Halbinsel (nur zu Fuß erreichbar) steht der auffallende **Leuchtturm von Kiipsaare**, der sich seit den frühen 1990er-Jahren in Richtung Meer neigt. In den letzten Jahren hat sich der Turm überraschend wieder aufgerichtet – in erster Linie dank der Küstenerosion, die ursprünglich auch seine Schräglage verursacht hatte. Allerdings steht er jetzt 30 m von der Küste entfernt im Meer.

Michaelskirche KIRCHE

Im Dorf Kihelkonna steht eine hohe, karge deutsche Kirche von vor 1280. Drinnen ist sie ziemlich düster, zum Teil aufgrund der Holzbalken, die das Dach stützen.

Bauernhofmuseum Mihkli BAUERNHOF

(Talumuuseum; www.saaremaamuuseum.ee; Viki; Erw./Kind 1,50/1 €; ⌚Mitte April–Mitte Mai & Sept.–Mitte Okt. Mi–So 10–18 Uhr, Mitte Mai–Aug. tgl.) Der südöstlich von Kihelkonna hübsch gelegene Bauernhof aus dem 18. Jh. ist komplett erhalten, mit reetgedeckten hölzernen Hofgebäuden, Sauna und traditioneller Dorfschaukel.

Naturschutzgebiet Viidumäe WALD

Das 1957 gegründete Naturschutzgebiet Viidumäe ist 19 km² groß. Etwa 25 km westlich von Kuressaare markiert der 22 m hohe **Aussichtsturm** die höchste Stelle der Insel (54 m). Zum Turm fährt man 2 km auf einer unbefestigten Straße, die in Viidu von der

Hauptstraße zwischen Kuressaare und Lümanda abzweigt. Der Blick – am schönsten ist das Licht bei Sonnenuntergang – reicht über das Schutzgebiet und die ganze Insel. Zwei **Naturlehrpfade** (2,2 und 1,5 km lang) führen in die verschiedenen Lebensräume der Gegend. Viidumäe ist ein botanisches Schutzgebiet: Dank des günstigen Klimas wachsen hier seltene Pflanzen. Das **Informationszentrum** (☎457 6442; www.viidumae.ee; Audaku; ⌚Juni–Aug. 10–18 Uhr) in der Nähe des Turms zeigt eine kleine Ausstellung, hier können auch Führungen gebucht werden.

Halbinsel Sõrve HALBINSEL

Steilküsten wie **Kaugatoma pank** und **Ohessaare pank** erheben sich an der Westküste von Sõrve, einer 32 km langen Halbinsel im Südwesten der Insel. Der Legende nach sind die Klippen entstanden, als der Teufel vergeblich versuchte, dieses Fleckchen Erde vom Festland abzureißen, um Suur Tõll, der gerade auf Sõrve Urlaub machte, von Saaremaa zu trennen. Hier auf der schmalen Halbinsel ist der Zauber der Insel noch spürbar. Wer mit dem Fahrrad oder dem Auto die Küste entlangfährt, dem bieten sich einzigartige Ausblicke.

Das kaum besiedelte Gebiet war während des Zweiten Weltkriegs Schauplatz heftiger Kämpfe. Die Spuren sind noch heute sichtbar, so etwa am **Leuchtturm** auf der südlichen Landspitze bei Sääre, wo die Ruinen eines alten **sowjetischen Stützpunkts** liegen. Andere militärische Gebäude und die Überreste der Panzerabwehrlinie zwischen Lõme und Kaimri stehen ebenfalls noch. In Tehumardi – südlich vom Strand in Järve – steht ein **Mahnmal**, das an einen furchtbaren nächtlichen Kampf erinnert, der im Oktober 1944 zwischen den sich zurückziehenden deutschen Truppen und estnisch-russischen Schützen stattfand. Auf unvorstellbar grausame Weise kämpften die Soldaten blind gegeneinander, schossen nach Gefühl oder ertasteten den Feind. Sowohl die russischen als auch die estnischen Soldaten liegen in Doppelgräbern auf dem nahen Friedhof begraben.

Schlafen & Essen

Loona Manor GÄSTEHAUS €€

(☎454 6510; www.loonamanor.ee; Loona; Stellplätze pro Pers. 5 €, Zi./Suite 83/103 €; ⌚Mai–Okt.; P📶) Loona ist zwar ein Herrenhaus aus dem 16. Jh., jedoch ist es eher heimelig als palastartig, mit einfachen, sauberen Zimmern und geräumigeren Suiten. Auf dem Gelände befindet sich das Besucherzentrum des Nationalparks Vilsandi, Informationen auf Englisch bekommt man allerdings besser vom freundlichen Personal im Gutshaus. Es werden auch Fahrräder (pro Tag 10 €), Zweier-Kanus (26 €), Schlauchboote (4 Std. 32 €) und Skier (7 €) verliehen.

Hotell Saaremaa HOTEL €€

(☎454 4100; www.saarehotell.ee; Mändjala; Zi. 77–102 €; P📶) Das Hotel scheint ein wenig in Zeit und Raum verloren zu sein, jedoch bietet es propere Zimmer, eine nette Außenterrasse und ein Thalasso-Spa. Und das Beste: Es liegt direkt am Mändjala-Strand (S. 143).

Värava Talu FERIENHOF €

(☎5645 1606; www.varava.fie.ee; Selgase; Stellplätze pro Pers. 1,60 €, EZ/DZ 10/20 €; @) Der Hof in einem waldreichen Gebiet entlang der idyllischen Nordküste bietet seinen Gästen rustikale Unterkünfte in Holzhütten und Scheunen. Die Besitzer verleihen Fahrräder und organisieren Wanderungen. Värava liegt bei Selgase, gleich neben der Straße von Kihelkonna nach Mustjala.

Sõrve Turismitalu FERIENHOF €

(☎452 3061; www.saaremaa.ee/sorve; Torgu; Hütten 32 €, Häuser 87–130 €; P📶) Dieser Komplex beim Dorf Torgu auf der Halbinsel Sõrve bietet in wilder, windgepeitschter Umgebung rustikale Hütten und gemütliche, voll ausgestattete Ferienhäuser. Zum Meer sind es zu Fuß 20 Minuten; Bootsausflüge können arrangiert werden.

Kämping Karujärve CAMPINGPLATZ €

(☎454 2181; www.karujarve.ee; Stellplätze pro Pers. 4 €, Hütten 24 €; ⌚Mitte Mai–Mitte Sept.) Dieser Platz liegt malerisch zwischen Bäumen an der Ostseite des Sees Karujärv, 9 km östlich von Kihelkonna (5,5 km nördlich von Kärla). Er hat geschützte Zeltstellplätze, fensterlose Finnhütten und einen Bootsverleih.

Mändjala Kämping CAMPINGPLATZ €

(☎454 4193; www.mandjala.ee; Mändjala; Stellplätze pro Pers. 3 €, Hütten 55–170 €; ⌚Mai–Sept.; P@📶) Der Campingplatz 10 km westlich von Kuressaare fasst 1000 Gäste und ist im Sommer sehr voll. Man hat hier die Wahl zwischen rustikalen Holzhütten und Stellplätzen zwischen Kiefern und Grünanlagen. Zum Strand ist es nur ein kurzer Spaziergang. Geboten werden Wassersport, Sauna, Mietfahrräder (pro Std./Tag 3/13 €), Bar und Restaurant.

Saare Puhkus CAMPINGPLATZ €

(☎680 6235; www.saarepuhkus.ee; Pidula; Stellplätze/B pro Pers. 5/7 €, EZ 26–29 €, DZ

39–45 €; P) Bei der Forellenzuchtstation (S. 147) stehen Unterkünfte für Camper in einfachen Hütten oder in Zimmern im „großen Haus" zur Verfügung. Besonders nett ist die winzige Hütte auf einer Insel im Fluss.

Söögimaja SAAREMAA-RESTAURANT €
(457 6493; www.soogimaja.planet.ee; Lümanda; Hauptgerichte 4–9 €; 10–22 Uhr) Das rustikale Bauernrestaurant liegt an der Hauptstraße von Lümanda, gleich neben der Dorfkirche, und vermittelt über das Essen ein einzigartiges Bild des Insellebens. Auf der Karte stehen Gerichte, wie sie frühere Inselbewohnergenerationen schon gegessen haben: Fischsuppe, gekochtes Schweinefleisch mit Karotten und Steckrüben, Kohlrouladen etc.

Nationalpark Matsalu

Das Vogelparadies Matsalu (Matsalu Rahvuspark) ist eine wichtige Station für Zugvögel und ein erstrangiges Brutgebiet – sowohl im baltischen als auch im europaweiten Maßstab. Etwa 282 verschiedene Vogelarten wurden hier gezählt. Das 1957 gegründete und 2004 zum Nationalpark erhobene Schutzgebiet umfasst 486 km² Feuchtgebiete, darunter die 20 km lange Bucht von Matsalu, den tiefsten Meeresarm an der Westküste Estlands.

Der Vogelzug im Frühling erreicht im April/Mai seinen Höhepunkt, die Schwäne kommen aber schon im März. Der herbstliche Vogelzug beginnt im Juli und kann bis November dauern. Aussichtstürme, von denen man einen guten Blick auf Nistplätze im Gelände hat, gibt es in Keemu, Suitsu, Penijõe, Kloostri, Haeska und Puise. Außerdem führen zwei markierte **Naturlehrpfade** durch das Gebiet: Einer beginnt in Penijõe (5 km), ein zweiter in Salevere Salumägi (1,5 km). Wichtig ist festes Schuhwerk, denn der Boden ist nass und matschig.

Die Verwaltung des Reservats liegt 3 km nördlich der Straße von Tallinn nach Virtsu in Penijõe, einem Gutshof vom frühen 18. Jh. bei Lihula. Dort gibt es auch ein kleines **Naturzentrum** (472 4236; www.matsalu.ee; Mitte April–Sept. tgl. 9–17 Uhr, Okt.–Mitte April Mo–Fr) mit einer ständigen Ausstellung und einem kostenlosen 20-minütigen Film. Auch Führungen werden organisiert: Das Angebot reicht von einer zweistündigen Kanufahrt durch das Schilf bis zu einer mehrtägigen ornithologischen Exkursion. Die Mitarbeiter helfen auch bei der Suche nach einem Zimmer – am besten vorher anrufen.

Estonian Nature Tours (5349 6695; www.naturetours.ee) im nahen Lihula beschäftigt gut ausgebildete Naturführer, die mit der Vogelwelt von Matsalu bestens vertraut sind. Von Mai bis September bietet das Unternehmen jeden Samstag Bus- und Bootstouren (pro Pers. 40 €) und geführte Kanuexkursionen (pro Zweier-Kanu 70 €); für Touren auf eigene Faust kann man auch Fahrräder mieten (pro Tag 20 €).

Haapsalu

11 600 EW.

Haapsalu (Haapsal) liegt auf einer gabelförmigen Halbinsel, die sich weit in die Bucht von Haapsalu erstreckt. Es lohnt sich, auf der Reise zu den Inseln in dem reizvollen, ruhigen Ferienort (100 km von Tallinn) einen Zwischenstopp einzulegen. Er hat einige Museen und Galerien und außerdem ein paar bescheidene Kurhotels zu bieten. Größte Attraktion ist die außergewöhnliche Burg. Die etwas raue Altstadt wirkt eher ländlich als urban: Hier stehen alte Holzhäuser an engen Straßen, eine schmale Promenade verläuft entlang der Bucht und es gibt viele versteckte Ecken, um dem Sonnenuntergang zuzusehen.

Schlammkuren und andere Anwendungen sind nicht nur in Pärnu oder Kuressaare, sondern auch in Haapsalu möglich, wenngleich die Einrichtungen hier etwas weniger schick sind. Haapsalu besteht aber darauf, den besseren Schlamm zu haben – er wird schließlich von Gesundheitszentren in ganz Estland verwendet.

Geschichte

Wie viele andere estnische Städte wechselte auch Haapsalu seit seiner Gründung mehrmals den Besitzer. 1224 eroberte der deutsche Schwertbrüderorden die Region und Haapsalu wurde zur Bischofsresidenz. Schon bald begann der Bau der Festung und der Domkirche. Während des Livländischen Kriegs (um 1559) kamen die Dänen an die Macht, im 17. Jh. folgten die Schweden. Sie verloren die Stadt im 18. Jh. im Großen (und brutalen) Nordischen Krieg an die Russen.

Unter den Zaren erlebte die Stadt eine wirtschaftliche Blütezeit – für die ganz wesentlich der Schlamm verantwortlich war. Nachdem im 19. Jh. die heilenden Eigenschaften der Küste entdeckt worden waren, wurde Haapsalu zu einem Kurort. Der russische Komponist Tschaikowsky und Mitglieder des Zarenhauses kamen in die

Stadt, um sich hier Schlammkuren zu unterziehen. Eine Zugstrecke von St. Petersburg nach Haapsalu wurde 1907 fertiggestellt. In sowjetischer Zeit war Haapsalu für Ausländer gesperrt.

Sehenswertes & Aktivitäten

Bischofsburg BURG

(Piiskopilinnus; www.haapsalulinnus.ee; Erw./Kind 3/2 €; Juni–Aug. 10–18 Uhr, Mai & Sept. 10–16 Uhr) Die Hauptsehenswürdigkeit Haapsalus ist seine Bischofsburg, vom 13. bis zum 16. Jh. die Kommandozentrale Westestlands, heute jedoch nur noch eine Ruine, die dafür aber sehr malerisch ist – erhalten sind ein behelmter Turm, ein Großteil der Außenmauern und ein Stück Wassergraben. Im Sommer wird der Park innerhalb des äußeren Mauerrings für Konzerte genutzt. Es gibt einen wunderbaren **Kinderspielplatz** mit Piratenschiff sowie eine **Aussichtsplattform** im Turm.

Der Zugang zur Burganlage ist das ganze Jahr über kostenlos; wer aber die eigentliche Burg betreten möchte, muss eine Eintrittskarte lösen. Drinnen gibt's ein **Museum** zur Geschichte der Burg, mit einigen unheimlichen Gängen und dramatisch zur Schau gestellten mittelalterlichen Waffen. Von innerhalb des Museums erfolgt auch der Zugang zur eindrucksvollen **Domkirche** (Nikolaikirche), erbaut in einer Mischung aus Romanik und Gotik und im Inneren mit drei Kuppeln. Sie ist die größte einschiffige Hallenkirche des Baltikums und verfügt über eine phänomenale Akustik – hier finden regelmäßig Konzerte statt. Man halte in der Kirche auch Ausschau nach dem Geist der Weißen Dame (Kasten S. 154).

Promenaadi UFERPROMENADE

Die russischen Promis des 19. Jhs. wollten genau wie ihre Zeitgenossen im viktorianischen England oder im Paris der Belle Époque vor allem sehen und gesehen werden, am besten auf einer schönen Uferpromenade. Die Promende führt vorbei am prächtigen blassgrün-weißen **Kuursaal** (1897), der heute im Sommer als Restaurant fungiert. Überall entlang der Promenade stehen Skulpturen aus Haapsalus besseren Tagen. So erinnert etwa eine Sonnenuhr an Dr. Carl Abraham Hunnius, den Entdecker des Heilschlamms. Nett ist auch die eine Symphonie spielende **Tschaikowsky-Bank**, die hier seit 1940 steht (bei unserem letzten Besuch leider außer Betrieb).

Gebadet wird trotz des trüben und mit Unkraut angefüllten Wassers wie eh und je am winzigen **Afrikastrand** (Aafrika rand). Seinen Namen verdankt er den Figuren wilder Tiere, die früher einmal die Uferpromenade verschönerten (leider haben Sowjetsoldaten sie in den 1940er-Jahren als Brennholz verheizt). Hier gibt's einen weiteren tollen **Spielplatz**.

Die Bucht von Haapsalu ist eines der wichtigsten Habitate von Wasserzugvögeln in Estland und als solches als Ramsar Wetland of International Importance (www.ramsar.org) registriert. Während des Vogelzugs im Frühjahr und Herbst machen hier bis zu 20 000 Vögel Station. Vogelfreunde zieht es daher natürlich auf den **Vogelbeobachtungsturm** unmittelbar südlich vom Strand. Wer Glück hat, erspäht einen Seeadler.

Ilons Wunderland GALERIE

(Iloni Imedemaa; www.muuseum.haapsalu.ee; Kooli 5; Eintritt 5 €; Mai–Aug. tgl. 11–18 Uhr, Sept.–April Mi–So) Zu sehen sind hier Werke der estnisch-schwedischen Illustratorin Ilon Wikland, die ihre Jugend in Haapsalu verbracht hat. Sie ist vor allem für ihre Illustrationen der Pippi-Langstrumpf-Bücher bekannt. Die Galerie zeigt sich ausgesprochen kinderfreundlich und viele der Bilder sind auf Augenhöhe der Kinder angebracht.

Läänemaa-Museum MUSEUM

(www.muuseum.haapsalu.ee; Kooli 2; Erw./Kind 2/0,50 €; Mai–Sept. Mi–So 10–18 Uhr, Okt.–April Mi–So 11–16 Uhr) Das etwas trockene Regionalmuseum bietet mit einem nachgebauten Bauernhaus, einem Lebensmittelladen und einer Apotheke sowie Gegenständen aus der Seefahrt und Bekleidung vom frühen 20. Jh. einen Einblick in die Geschichte der Region. Nur wenig ist auch auf Englisch beschriftet. Das Museum residiert in einem Gebäude, das auch einmal als Rathaus diente. Direkt hinter dem Museum steht die **Johanneskirche** (Jaani Kirik; Kooli) aus dem 16. Jh.

Museum der Estnischen Schweden MUSEUM

(Rannarootsi Muuseum; www.aiboland.ee; Sadama 32; Erw./Kind 2/1,50 €; Mai–Aug. Di–Sa 10–18 Uhr, Sept.–April Di–Sa 11–16 Uhr) Das urige Museum zeigt historische Gegenstände, Fotos, alte Fischernetze und einen wunderbaren Wandteppich. Es umreißt die Geschichte der Schweden in Estland vom 13. Jh. bis zu ihrer Flucht auf der *Triina* 1944.

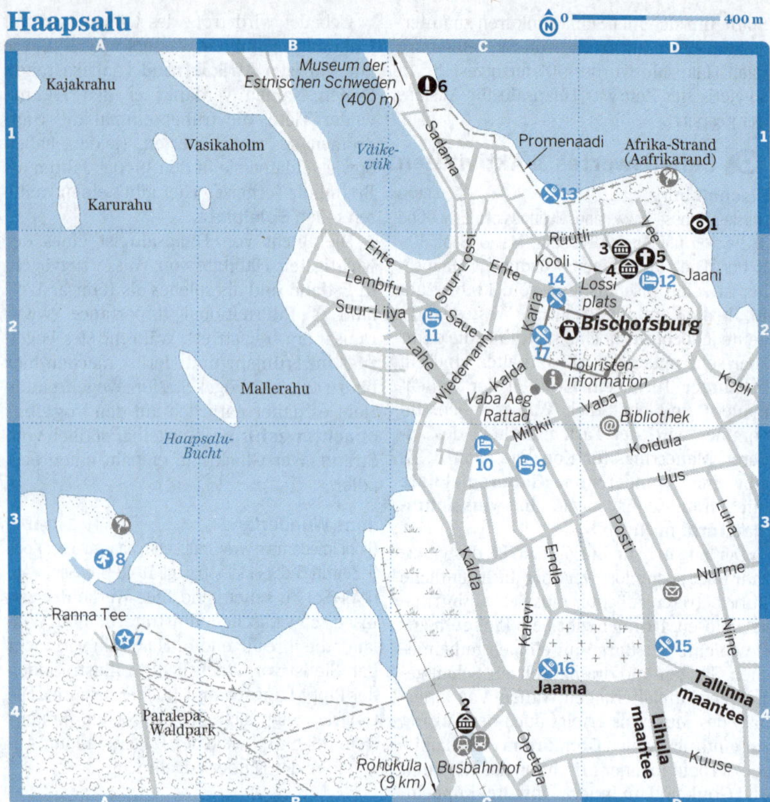

Estnisches Eisenbahnmuseum Haapsalu — MUSEUM

(Eesti Raudteemuuseum Haapsalus; www.jaam.ee; Raudtee 2; Erw./Kind 2/1 €; ⏲Mi–So 10–18 Uhr) Der bunte Bahnhof von Haapsalu mit seinem feinen Holzschmuck und der prächtigen Kolonnade wurde 1907 eröffnet, sodass russische Adlige den Badeort auch per Zug erreichen konnten. Damit die hohen Herrschaften nicht nass wurden, hat der Bahnhof einen 214 m langen überdachten Bahnsteig, der damals der längste im ganzen russischen Zarenreich gewesen sein soll. Das Museum in der Größe eines Güterwaggons erinnert an die guten alten Zeiten der Bahnreisen. In der Nähe können alte Loks besichtigt werden.

Waldpark Paralepa — STRAND

Der Park am Westrand der Stadt (hinter dem Bahnhof) ist im Sommer – obwohl er ein wenig morastig ist – mit seinem Strand ein beliebtes Ziel der Sonnenanbeter. Der Strand ist jedenfalls besser als der Afrikastrand und bietet in der Nähe einen **Ruderbootverleih** (☎5660 3144; pro Std. 7 €). Wer die Heilkräfte des Schlamms von Haapsalu austesten möchte: Das benachbarte **Fra Mare Thalasso Spa** (☎472 4600; www.framare.ee; Ranna tee 2) bietet neben Pool, Sauna und Fitnesscenter entsprechende Anwendungen (29–48 €).

Festivals & Events

Haapsalu bietet ein buntes Programm an Konzerten und Festivals, vor allem von Juni bis August.

Horror- & Fantasy-Filmfestival von Haapsalu — KINO

(www.hoff.ee) Bei diesem gruseligen Wochenendfestival, das meist im April, auf jeden Fall aber zum Vollmond stattfindet, übernehmen die Zombies die Herrschaft über die Stadt.

Haapsalu

Highlights

Bischofsburg C2

Sehenswertes

1 Vogelbeobachtungsturm D1
2 Estnisches Eisenbahnmuseum Haapsalu C4
Haapsalu Kuursaal .... (siehe 13)
3 Ilons Wunderland D2
4 Lääne-Regionalmuseum D2
5 Johanneskirche D2
6 Tschaikowsky-Bank C1

Aktivitäten, Kurse & Touren

7 Fra Mare Thalasso Spa A4
8 Rowboat Rental A3

Schlafen

9 Endla Hostel C3
10 Kongo Hotell C3
11 Suur-Lossi Guesthouse C2
12 Vanalinna Hostel D2

Essen

13 Haapsalu Kuursaal C1
14 Hermannuse Maja C2
15 Konsum D4
16 Markt C4
17 Müüriääre Kohvik C2

Festival Alter Musik MUSIK
(www.haapsalu.ee) Bringt die tolle Akustik der Domkirche bestens zur Geltung; im Juli.

August-Blues MUSIK
(www.augustibluus.ee) Das größte Bluesfestival Estlands findet an zwei Tagen Anfang August statt.

Fest der Weißen Dame KULTUR
(Valge Daami Päevad) Das größte jährliche Event, im August; siehe Kasten S. 154.

Schlafen

Kongo Hotell HOTEL €€
(☎472 4800; www.kongohotel.ee; Kalda 19; EZ/DZ/Apt./Suite 61/74/83/157 €; 📶) Die unscheinbare Fassade lässt nicht erahnen, welch elegantes Hotel sich dahinter verbirgt: modernes, skandinavisches Design mit Wänden in Karamelltönen, neutraler Bettwäsche und hellen Holzfußböden. Die Zimmer sind aber etwas klein. Wer zu Platzangst neigt, wird die Doppel-Apartments mit Kochecke vorziehen. Und der Name? Der geht auf eine raue Spelunke zurück, die hier einst stand und für ihre Schlägereien berüchtigt war. Sie trug damals den Spitznamen „Kongo", weil das afrikanische Land gerade mit einem Bürgerkrieg in den Schlagzeilen war.

Gästehaus Suur-Lossi GÄSTEHAUS €
(☎5568 4956; www.suurlossi.net; Suur-Lossi 6; EZ/DZ 13/32 €) Das rustikal restaurierte alte Wohnhaus voller skurriler künstlerischer Details ist reich an historischen Erinnerungen und mit einem traumhaften Garten gesegnet. Unten bietet es ein Einzel- und ein Zweibettzimmer mit gemeinsamem Bad, oben ein großes Zimmer für bis zu fünf Personen. Es gibt einen schönen Aufenthaltsraum und eine Glasveranda. Man spricht kaum Englisch, aber dies ist trotzdem eine phantastische Unterkunft mit viel Flair – und zudem billig.

Vanalinna Hostel HOSTEL €
(☎473 4900; www.vanalinnabowling.ee; Janni 4; DZ ohne/mit Bad 33/42 €; 📶) Die preisgünstige Unterkunft über einer familienfreundlichen Bowlingbahn direkt bei der Burg bietet gepflegte TV-freie Zimmer sowie eine Gemeinschaftsküche.

Endla Hostel HOSTEL €
(☎473 7999; www.endlahostel.ee; Endla 5; EZ/2BZ/3BZ 25/35/45 €; 📶) Ordentliche Budgetunterkunft mit kleinen, hellen Zimmern und Gästeküche an einer ruhigen Straße. Keine Dorms.

Essen & Ausgehen

Müüriääre Kohvik CAFÉ €
(www.muuriaare.ee; Karja 7; Hauptgerichte 3–6 €; ⌚So–Do 10–20, Fr & Sa 10–22 Uhr) Das umwerfende Café mit ungewöhnlich vielen Umlauten im Namen (er bedeutet übrigens „Neben den Mauern") ist – nach den Gästescharen zu urteilen – klarer Favorit in Haapsalu. Hier passt alles: der gemütliche Gastraum, die hübsche Terrasse dahinter, die Vitrine voller Kuchen und die schlichte Karte mit leckeren, frischen, leichten Gerichten wie Salaten und Quiches.

Haapsalu Kuursaal CAFÉ €€
(www.haapsalukuursaal.ee; Promenaadi 1; Hauptgerichte 7–12 €; ⌚Mai–Mitte Sept. 12–22 Uhr) Dieses Märchengebilde thront inmitten von Rosengärten direkt am Strand. Wer den großen Saal betritt, begibt sich zurück in eine noblere Zeit, mit Kuchenvitrinen an einem Ende und einer kleinen Bühne (die für Sommerkonzerte genutzt wird) am anderen, und dazwischen wuseln Bedienungen in Unifor-

DIE WEISSE DAME

Der größte Event in Haapsalu, das **Fest der Weißen Dame**, fällt mit dem Vollmond im August zusammen. Der Tag beginnt mit witziger Unterhaltung – Geschichten für die Kinder, Theater für die Erwachsenen – und endet in einer gespenstischen Erscheinung: Denn alljährlich im August und Februar fallen die Strahlen des Vollmondes in einem bestimmten Winkel in die Domkirche und zaubern auf dem Kirchenfenster einen geisterhaften Widerschein. Der Legende zufolge gehört dieser Schatten zu einem jungen Mädchen, das im 14. Jh. bei lebendigem Leibe in den Mauern eingeschlossen wurde. Damals war die Burg ausschließlich von Männern bewohnt und der Erzbischof war ziemlich sauer, als er hörte, dass sich eine junge Frau – verkleidet als Mönch – heimlich zu ihrem Liebhaber (ebenfalls ein Mönch) geschlichen hatte. Im August versammeln sich viele junge Laute und verfolgen auf dem Burggelände vergnügt eine Bühneninszenierung der Geschichte und warten dann gemeinsam an der Kirchenmauer auf den Schatten des Geistes.

men der 1930er-Jahre umher. Das Ambiente ist besser als das Essen, aber ein Besuch lohnt sich trotzdem.

Hermannuse Maja KNEIPE €
(www.hermannus.ee; Karja 1a; Hauptgerichte 4–9 €; 📶) Das Kneipenrestaurant mit warmer, einladender Atmosphäre serviert herzhafte Gerichte wie Pasta, Schnitzel, Schweinekoteletts und Steaks und eignet sich außerdem bestens für einen Drink.

Markt MARKT
(Turg; Jaama; ⏲Di–So 7–14 Uhr) Auf dem Markt ein paar Straßen östlich vom Busbahnhof gibt's frisches Obst und Gemüse – und im Sommer köstliche frische Erdbeeren!

Konsum SUPERMARKT
(Ecke Tallinna mnt & Posti) Großer Supermarkt inmitten des Haupteinkaufsviertels der Stadt.

ℹ Praktische Informationen

Bücherei (Posti 3; ⏲Di–Fr 10–18, Sa 10–15 Uhr) Die in einem auffälligen Gebäude aus Eisen und Kalkstein gelegene Bücherei bietet kostenlosen Internetzugang. Nebenan ist die städtische Kunstgalerie (Linnagalerii).

Touristeninformation Haapsalu (☎473 3248; www.haapsalu.ee; Karja 15; ⏲Mitte Mai–Mitte Sept. tgl. 9–17 Uhr, Mitte Sept.–Mitte Mai Mo–Fr) Das freundliche, kompetente Personal hat eine Menge Infomaterial zu Haapsalu und Umgebung.

ℹ An- & Weiterreise

Der **Busbahnhof** (Jaama 1) befindet sich beim hübschen, aber stillgelegten Bahnhof. Wichtige Ziele sind u. a. Tallinn (7 €, 2 Std., 17-mal tgl.), Tartu (12 €, 4½ Std., tgl.) und Pärnu (8,30 €, 2½ Std., tgl.). Zur Insel Hiiumaa: Es fahren täglich zwei Busse nach Kärdla (2¾ Std.), jedoch nur zwei pro Woche nach Käina (2½ Std.).

Fähren nach Hiiumaa und Vormsi legen in Rohuküla, 9 km westlich von Haapsalu, ab.

ℹ Unterwegs vor Ort

Fahrräder verleiht **Vaba Aeg Rattad** (☎521 2796; Karja 22; Fahrräder pro Std./Tag 2,30/12 €). Bus 1 pendelt regelmäßig zwischen Lossi plats, Bahnhof und Rohuküla (dem Fähranleger 9 km westlich); Fahrpläne hängen am Lossi plats und am Bahnhof aus.

Hiiumaa

11 100 EW.

Hiiumaa, mit einer Fläche von 1000 km² die zweitgrößte Insel Estlands, ist friedvoll und nur dünn besiedelt. Es bietet einige nette Küstenabschnitte sowie Wälder im Inselinneren. Die Insel ist touristisch weniger erschlossen als Saaremaa und verfügt somit über erheblich weniger Unterkünfte und Restaurants. Es gibt auch weniger Sehenswürdigkeiten, jedoch kommen die meisten Besucher ohnehin hierher, um frische Luft zu schnuppern und zu entspannen.

Auf Hiiumaa gibt es romantische Leuchttürme, gespenstische alte Sowjetbunker, einsame Strände und ein Naturschutzgebiet mit über 100 Vogelarten. Wer Bewegung sucht, kann wandern, reiten oder Wassersport treiben. Und dank des ganz eigenen Klimas ist es auf der Insel erheblich wärmer als auf dem 22 km entfernten Festland.

Die Inselbewohner haben wenig Kontakt zum Festland und wohl deswegen eine ganz spezielle Sicht der Dinge – und eine Menge Legenden auf Lager wie die von Leiger, der nichts mit Kalevipoeg (dem Sagenheld des Festlands) zu schaffen hatte. Wer neu auf die Insel kommt, wird zehn Jahre lang als *isehakanud hiidlane* (Insulaner in spe) bezeichnet, danach wird er als echter Inselbewohner aufgenommen. Hiiumaa soll auch von Feen und Elfen, den Vorfahren der Einheimischen, bevölkert sein. Doch darüber reden sie ungern, denn es könnte ja ihren zartbesaiteten Verwandten zu Ohren kommen.

Informationen über die Insel bietet die Website www.hiiumaa.ee.

An- & Weiterreise

BUS Zwischen Kärdla und Tallinn (12 €, 4½ Std., 2-mal tgl.) verkehren täglich zwei Busse sowie einer zwischen Käina und Tallinn (11 €, 4¼ Std., tgl.); auf beiden Strecken halten die Busse in Suuremõisa, Heltermaa, Rohuküla und Haapsalu.

FLUGZEUG Die Gesellschaft **Avies** (U3; ☎680 3501; www.avies.ee) bietet mindestens einen Flug täglich zwischen Kärdla und Tallinn.

SCHIFF Die meisten Besucher erreichen Hiiumaa mit den Fähren von **SLK Ferries** (☎452 4444; www.tuulelaevad.ee) von Rohuküla nach Heltermaa (Erw./Kind/Fahrzeug 2,56/1,28/7,68 €, 1½ Std., 5- bis 7-mal tgl.). Wer nicht gerade zu einer beliebten Zeit übersetzt (also nicht freitagabends oder samstagmorgens hin und nicht sonntagnachmittags zurück; diese Überfahrten sind für Fahrzeuge teils 50 % teurer), braucht gewöhnlich nicht zu reservieren. Eine Reservierung kostet ca. 2 € extra und es muss das Autokennzeichen angegeben werden. Fahrgäste ohne Fahrzeug können ihr Ticket an Automaten im Fährgebäude kaufen; wer mit einem Fahrzeug unterwegs ist, reiht sich in die Fahrzeugschlange ein und kauft sein Ticket dann an dem Tickethäuschen. Fährverbindungen zwischen Hiiumaa (Sõru) und Saaremaa (Triigi) siehe S. 140.

Unterwegs vor Ort

Die Ringstraße von Hiiumaa und einige Seitenstraßen sind geteert, der Rest ist unbefestigt. Tankstellen gibt es in Kärdla und Käina. Viele Unterkünfte können Leihräder und Leihwagen vermitteln, so auch **Jaanus Jesmin** (☎511 2225; www.carrent.hiiumaa.ee) in Kärdla; Leihwagen kosten hier ab 20 € pro Tag.

Die Busse, die fast alle in Kärdla losfahren (einige auch in Käina), klappern die meisten Inselorte ab, wenn auch nicht besonders oft. Der Fahrplan hängt im Busbahnhof in Kärdla aus und ist im Internet auf www.hiiumaa.eu einzusehen.

SUUREMÕISA

Das Dorf Suuremõisa („großes Gut") erstreckt sich um ein großes **Gutshaus** (Suuremõisa loss) aus dem 18. Jh., das einst den wohlhabenden Baronen der Familie Ungern-Sternberg gehörte. Das Gutshaus hat sicher bessere Tage gesehen und wirkt mittlerweile ziemlich heruntergekommen – viele der Fenster wurden übermalt –, doch ein Bummel durch die schattigen Anlagen ist ganz nett.

Interessanter ist aber die nahe **Kirche von Pühalepa**, das älteste Gebäude auf Hiiumaa, das aus dem 13. Jh. stammt. Der einfache weiße Bau wird durch Buntglas aus dem 20. Jh. aufgelockert; und wer sich gerne auf Friedhöfen umschaut: Hier gibt's einige seltene Rundkreuze.

Im **Gästehaus Allika** (☎462 9026; www.allika.com; Suuremõisa; EZ 35 €, DZ 50–70 €) befanden sich früher die Bedienstetenquartiere des Guts. Die großzügigen Zimmer sind ländlich gestaltet, aber topmodern. Die Zufahrt liegt gegenüber dem kleinen Supermarkt am Dorfrand.

KÄRDLA

3700 EW.

Die „Hauptstadt" Hiiumaas entwickelte sich um eine Textilfabrik, die 1829 gegründet und im Zweiten Weltkrieg zerstört wurde. Der ausgesprochen grüne Ort hat viele Gärten und Alleen, wirkt etwas verschlafen und bietet nur wenig Attraktionen. Doch ist Kärdla das Dienstleistungszentrum Hiiumaas und wer sich mit Proviant eindecken möchte, findet hier ein paar Supermärkte.

Der Ort liegt am Rand des „besterhaltenen paläozoischen Meteoritenkraters" der Welt – jedoch ist der Krater trotz seines Durchmessers von 4 km kaum erkennbar. Allerdings kann man wohl mit Sicherheit sagen, dass man vor 455 Millionen Jahren nicht hätte hier sein wollen: Damals schlug der Meteorit hier ein.

Sehenswertes

Pikk Maja MUSEUM

(www.muuseum.hiiumaa.ee; Vabrikuväljak 8; Erw./Kind 2/1 €; ⌚Di–Sa 10–17 Uhr) Das sogenannte Lange Haus war einst das Wohnhaus der Direktoren der Textilfabrik. Heute gibt's hier eine einigermaßen interessante Ausstellung zur Geschichte der Fabrik sowie außerdem Arbeiten einheimischer Künstler.

Strand STRAND

Der Strand von Kärdla ist zwar nicht spektakulär, aber doch recht nett. An den Sandstrand grenzt der Rannapark mit seinen Rasen- und Waldflächen, die sich zum Teil über einen schwedischen Friedhof erstrecken.

Hiiumaa & Vormsi

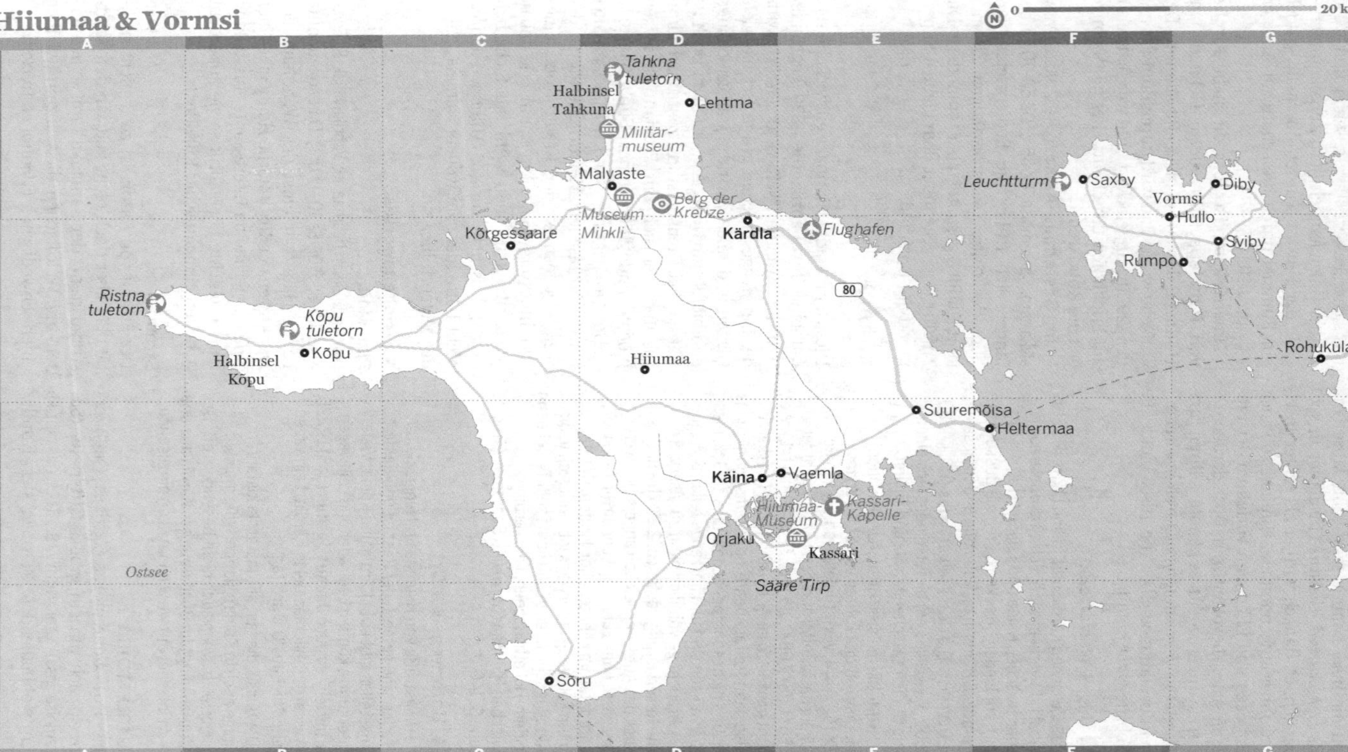

KUNSTHANDWERK VON HIIUMAA

Freunde des Kunsthandwerks werden mit Sicherheit auf Hiiumaa fündig: Hier feiern traditionelle Kunsthandwerke eine gewisse Wiederauferstehung. Einer der besten Läden ist der Museumsshop in Kassari (S. 161), wo es u. a. erstklassige gewebte Wollteppiche gibt. Interessant sind auch die folgenden Geschäfte:

» **Kunstgewerbehaus Heltermaa** (Heltermaa Käsitöömaja; www.heltermaakasitoomaja.edicypages.com; Heltermaa; ⌚11–18.30 Uhr) Wer vor der Ankunft der Fähre noch Zeit hat, kann sich hier nach Stricksocken, Honig, hölzernen Salatbestecken oder den allgegenwärtigen gewebten Leinenteppichen umschauen.

» **Wollfabrik** (Hiiu Vill; www.hiiuvill.ee; Vaemla; ⌚Mo–Fr 8–18, Sa & So 10–18 Uhr, Mitte Sept.–Mitte Mai So geschl.) Diese kleine Fabrik 4 km östlich von Käina benutzt noch immer Web- und Spinnmaschinen des 19. Jhs. zur Herstellung traditioneller Strickwaren. Man kann fertige Pullover und Handschuhe erstehen oder sich mit Wolle zum Selbststricken eindecken. Im Sommer hat auf dem Gelände ein nettes Café geöffnet.

Schlafen

LP TIPP Kivijüri Külalistemaja B&B €€
(☎469 1002; www.hot.ee/kivijuri; Kõrgessaare mnt 1; EZ/DZ 30/40 €; P 📶) Das sympathische, leuchtend rote Landhaus hat vier nette Zimmer mit Fernseher und Bad. Das Frühstück ist hervorragend – so ziemlich das beste, das wir je in Estland hatten. Außerdem gibt's einen Garten und hinter dem Haus eine Terrasse. Wer will, kann auch zelten, und der freundliche Besitzer vermittelt Fahrräder und Mietwagen. Sehr empfehlenswert.

Padu Hotell HOTEL €€
(☎463 3037; www.paduhotell.ee; Heltermaa mnt 22; EZ/2BZ 40/50 €, Apt. 60–75 €; P@📶) Wer hier absteigt, hat das Gefühl, in einer Sauna zu wohnen: Wände, Böden, Decken, Türen, Möbel – alles ist aus Kiefernholz. Die Zimmer sind gemütlich, passabel ausgestattet und alle mit Balkon. Erheblich größer sind die Apartments, die zudem jeweils eine eigene Sauna haben. Außerdem gibt's eine Gemeinschaftssauna mit kleinem Pool und ein Café.

Nordtooder GÄSTEHAUS €€
(☎509 2054; www.nordtooder.ee; Rookopli 20; EZ/DZ/2BZ 40/52/65 €) Die zentral gelegene Pension hat echt schicke Zimmer mit Holzfußböden, antiken Möbeln, Plasma-TVs und schwarz-weiß gefliesten Bädern. Außerdem werden Autos und Fahrräder vermietet.

Essen & Ausgehen

Linnumäe Puhkekeskus KNEIPE €
(☎462 9244; Heltermaa mnt; Hauptgerichte 4–11 €; ⌚So–Do 11.30–19, Fr & Sa 11.30–21 Uhr; 📶) Die Freiterrasse dieser Restaurant-Bar ist prima für ein Bier am Nachmittag und drinnen kann man gut essen. Die Karte bietet keine Überraschungen, aber die Preise sind günstig, die Zubereitung ist in Ordnung und die Portionen können sich sehen lassen. Besonders zu empfehlen ist die leckere Forelle mit Sauce béarnaise. Das Lokal befindet sich am Ortsrand (500 m hinter dem Padu Hotell).

Rannapaargu CLUB €
(www.rannapaargu.ee; Lubjaahju 3; Hauptgerichte 4–11 €; ⌚Mo–Do 12–23, Fr & Sa 12–4, So 12–21 Uhr) Das pyramidenförmige Restaurant wartet mit großen Fenstern, Strandblick und einer Freiterrasse auf. Das Essen ist nichts Besonderes, aber am Wochenende machen regelmäßig rund 300 Leute zur Musik der besten DJs der Insel richtig Party – aber erst weit nach Mitternacht.

Gahwa Cafe CAFÉ €
(Põllu 2a; ⌚Mo–Fr 10–18, Sa 10–14 Uhr) Das hübsche Café serviert leichte Mahlzeiten wie Suppe und Quiche, besser ist aber der Kuchen.

Praktische Informationen

Bücherei (Rookopli 18; ⌚Mo–Fr 10–18, Sa 10–14 Uhr) Internetzugang.

Tiit Reisid (☎463 2077; www.tiitreisid.ee; Sadama 13; ⌚8–17 Uhr) Das von Hiiumaa-Spezialisten betriebene Reisebüro im Busbahnhof arrangiert Unterkünfte und Führungen.

Touristeninformation Kärdla (☎462 2232; www.hiiumaa.eu; Hiiu 1; ⌚Mo–Fr 10–18, Sa & So 10–14 Uhr, Mitte Sept.–Mitte Mai nur Mo–Fr) Die in einem alten Feuerwachtturm untergebrachte freundliche Touristeninformation verteilt Karten und vermittelt Unterkünfte und Führer. Hier wird auch die 40-seitige Broschüre *Lighthouse Tour* (1,60 €) für eine Rundfahrt über die Insel verkauft.

WEST-HIIUMAA

Die Westhälfte der Insel ist nur dünn besiedelt, selbst für estnische Verhältnisse. Die knubbelige Halbinsel Tahkuna war im Zweiten Weltkrieg Schauplatz einer unerbittlichen Schlacht zwischen deutschen und sowjetischen Truppen. An der Straße zum Leuchtturm und besonders an der gewundenen unbefestigten Straße von hier nach Osten Richtung Lehtma stößt man auf verlassene sowjetische Militäranlagen, darunter ein vollständiger unterirdischer Bunker, den man – mit einer Taschenlampe bewaffnet – erkunden kann.

Die Insel hat mit der schmalen Halbinsel Kõpu einen Ausläufer, der sich wie ein Richtung Stockholm weisender Zeigefinger nach Westen zieht. Wer an ein paar estnischen Stränden gewesen ist und nicht glaubt, dass man hier surfen kann, wird auf Kõpu eines Besseren belehrt: In Ristna am Ende der Halbinsel sind schon bis zu 10 m hohe Wellen gesichtet worden. Schwimmen ist hier sehr gefährlich, denn die Strömungen möchten einen am liebsten bis nach Finnland befördern, aber für erfahrene Surfer ist's klasse.

Sõru, von wo die Fähren nach Saaremaa fahren, ist ein schönes Fleckchen mit bewaldeter Schilfküste in beiden Richtungen.

Sehenswertes

Berg der Kreuze DENKMAL

(Ristimägi) Im Norden von Hiiumaa lebten freie schwedische Bauern, bis sie Ende des 18. Jhs. auf Befehl von Katharina der Großen das Land verlassen mussten. Viele landeten später in der Ukraine, wohin sie das falsche Versprechen eines besseren Lebens gelockt hatte. Dieser „Berg" 7 km westlich von Kärdla markiert den Ort, an dem die letzten 1000 schwedischen Bewohner noch einmal beteten, bevor sie Hiiumaa 1781 endgültig verlassen mussten. Inzwischen ist es Tradition, dass Besucher, die zum ersten Mal nach Hiiumaa kommen, sich dem Kampf mit den Mücken stellen und dort ein selbstgemachtes Kreuz niederlegen.

Bauernhofmuseum Mihkli BAUERNHOF

(Mihkli talumuuseum; www.muuseum.hiiumaa.ee; Eintritt 1 €; ⌚Juni–Aug. Mi–So 10–18 Uhr) In Malvaste, 2 km nördlich der Straße von Kärdla nach Kõrgessaare, vermittelt der ursprünglich schwedische Bauernhof einen lebensnahen Eindruck vom bäuerlichen Leben in alten Zeiten. Wer möchte, kann hier eine Rauchsauna mieten, in der bis zu zehn Personen Platz finden (50 € fürs Aufheizen, dann 16 € pro Std.) – ein einzigartiges Erlebnis, jedoch nichts für Leute mit empfindlichen Augen.

Militärmuseum MUSEUM

(Militaarmuuseum; www.militaarmuuseum.ee; Erw./Kind 2/1 €; ⌚Mitte Mai–Mitte Sept. Di–So 10–18 Uhr) Trotz der fehlenden englischen Beschriftungen ist dieses kleine Museum fesselnd. Draußen kann man sich große militärische Gerätschaften anschauen, drinnen gibt's Uniformen, Fotos, Plakate und einen den Jungen Pionieren gewidmeten Raum.

Tahkuna tuletorn LEUCHTTURM

(Erw./Kind 2/1 €; ⌚Mai–Mitte Sept. Di–So 10–19 Uhr) Der 43 m hohe Leuchtturm von 1874 erhebt sich an der Nordwestspitze der Halbinsel Tahkuna. Gemäß der sowjetischen Militärgeschichtsschreibung über die hier in der Nähe tobende Schlacht kämpfte die Rote Armee bis zum bitteren Ende und der letzte Rotarmist erklomm den Leuchtturm und stürzte sich nach unten, wobei er immer noch auf die Deutschen feuerte. Wer alle drei Leuchttürme der Insel besteigen möchte, kauft am besten für 5 € eine Kombikarte.

Hinter dem Leuchtturm steht ein schauriges **Denkmal** für die Opfer des Fährunglücks der *Estonia*. Ein zum Meer hin gerichteter, 12 m hoher Metallrahmen umgibt ein großes Kreuz. Daran hängt eine Glocke, auf der Kindergesichter zu erkennen sind. Die Glocke gerät nur dann in Schwingungen, wenn der Wind mit derselben Stärke und Richtung über das Kap weht wie in der fatalen Nacht im September 1994, als die *Estonia* sank.

Zwischen Denkmal und Leuchtturm befindet sich ein merkwürdig niedriges **Steinlabyrinth**, der Nachbau eines uralten auf der Insel gefundenen Irrgartens. Dem Pfad zwischen den Steinen zu folgen soll eine Art Meditation darstellen.

Kõpu tuletorn LEUCHTTURM

(Erw./Kind 2/1 €; ⌚Mai–Mitte Sept. 10–20 Uhr) Mit seinem pyramidenförmigen Sockel und dem gedrungenen rechteckigen Turm ist der landeinwärts gelegene Leuchtturm von Kõpu das bekannteste Wahrzeichen Hiiumaas. Er ist außerdem der drittälteste ohne Unterbrechung betriebene Leuchtturm der Welt. Auf der Anhöhe steht bereits seit 1531 ein Leuchtturm, der heutige weiße Turm aus Kalkstein stammt jedoch von 1845. Er ist 37 m hoch und kann so noch aus 55 km Entfernung gesehen werden. Das benachbarte Café hat dieselben Öffnungszeiten wie der Leuchtturm. Im Sommer finden auf dem Rasengelände Konzerte statt.

Ristna tuletorn LEUCHTTURM

(Erw./Kind 2/1 €; ⏲Mai–Mitte Sept. Di–So 10–19 Uhr) Der zweite Leuchtturm der Halbinsel Kõpu erhebt sich knallrot an der Westspitze der Halbinsel – Stockholm liegt nur 200 km westlich von hier. Er wurde in Paris gebaut und auf einem Frachtschiff zerlegt hierher transportiert – zusammen mit dem Leuchtturm von Tahkuna. Eine kleine Bar serviert Snacks und Getränke.

Surf Paradiis WASSERSPORT

(☎505 1015; www.paap.ee/eng/suvi; ⏲Mitte Mai–Sept.) Nach etwa einem Kilometer auf einer holprigen, unbefestigten Straße von Ristna (die Abzweigung liegt unmittelbar vor dem Leuchtturm) wartet an einem Sandstrand ein besonderer Leckerbissen: das absolut coole Surf Paradiis. Es bietet verschiedenste Aktivitäten: Windsurfen, Kitesurfen, Seekajakfahren, Tubing, Jetski, Tauchen, Kajakschnorcheln zu einem Wrack aus dem Zweiten Weltkrieg, Allrad-Safaris, Wasserski etc. Außerdem gibt's kinderfreundliche Angebote wie Wasserbananenreiten und Trampoline auf dem Wasser. Bei gutem Wetter findet man auf der ganzen Insel nichts Interessanteres. Allerdings ist es ratsam, vorher anzurufen, da alle Aktivitäten wetterabhängig sind und Gruppen manchmal sämtliche Angebote belegen. Eine Tageskarte für den „Wasserpark" kostet 30 € und beinhaltet die Benutzung der Bodyboards, Wassertrampoline, Kajaks, Skimboards, Seilrutschen (vom Dach der Sauna ins Meer), Schnorchelausrüstung, Sauna und Sonnenterrassen – und oft erklingt auch noch Livemusik.

Sehr erfahrene Surfer können sich per Jetski hinaus zu den hohen Brechern ziehen lassen und sich dann da draußen austoben.

MS ESTONIA: DER GEHEIMNISVOLLE UNTERGANG

Rund 30 Seemeilen nordwestlich der zur Insel Hiiumaa gehörenden Halbinsel Tahkuna liegt das Wrack der Fähre *Estonia*, die auf der Fahrt von Tallinn nach Stockholm am 28. September 1994 in einem Sturm kurz nach Mitternacht sank. Nur 137 Menschen überlebten die Tragödie – 852 starben in einem der schlimmsten Schiffsunglücke der europäischen Seefahrtsgeschichte.

Die Unglücksursache ist bis heute umstritten und bietet viel Anlass für Verschwörungstheorien. Der Abschlussbericht der Gemeinsamen Unfallkommission (JAIC) von 1997, ein offizielles Gremium der estnischen, schwedischen und finnischen Regierungen, kam zu dem Ergebnis, dass die Fähre fehlkonstruiert war und dass außerdem die Mannschaft für Notfall- und Evakuierungsmaßnahmen nicht ausreichend geschult worden war. In dem Bericht hieß es außerdem, dass die Bugklappe für raue See nicht geeignet gewesen sei: Während des Sturms riss die Klappe vom Bug ab, sodass Wasser eindringen konnte. In nur einer Stunde war das Autodeck mit tonnenschwerem Meerwasser gefüllt: Die *Estonia* sank. Die 989 Menschen an Bord hatten gerade einmal etwa 15 Minuten Zeit, das sinkende Schiff zu verlassen, doch viele schafften es wegen des schnellen Sinkens nicht bis zu den Rettungsbooten. Und wem die Flucht von der sinkenden Fähre gelang, konnte in der eiskalten Ostsee nur wenige Minuten überleben.

Der Wahrheitsgehalt des Berichtes wurde stark infrage gestellt, nachdem die Meinungsverschiedenheiten innerhalb der Kommission ans Licht der Öffentlichkeit gerieten. Im Jahr 2000 holte eine deutsch-amerikanische Tauchexpedition die Bugklappe aus dem Meer. Untersuchungen gaben den Theorien Nahrung, nach denen es an Bord eine Explosion gegeben habe. Anhänger von Verschwörungstheorien mutmaßten, dass die *Estonia* illegale Munitionslieferungen an Bord hatte, da ein neues Waffenhandelsgesetz kurz zuvor die Ausfuhrbeschränkungen verschärft hatte. Die Gerüchte um eine Vertuschung eines solchen Skandals wurden noch weiter angeheizt, als acht Mannschaftsmitglieder, die eigentlich als Überlebende aufgelistet wurden, verschwunden blieben.

Unerklärbare Veränderungen am Wrack, schließlich der Versuch der schwedischen Regierung, 2000 das Wrack mit Sand zu bedecken und so zu stabilisieren, führten zu immer neuen Gerüchten und ließen erneut den Ruf nach einer Untersuchung laut werden. Die Regierungen von Estland, Finnland und Schweden sind sich einig, dass das Wrack in Gedenken an die Toten auf dem Meeresgrund bleiben muss – es ist das Grab von über 700 Menschen.

Ristna ist allerdings ein überraschend anspruchsvoller Surfspot – man sollte also nie einfach so losziehen, ohne sich vorher beim Wassersportzentrum gemeldet zu haben, das einen professionellen Rettungsdienst betreibt.

Schlafen & Essen

Surf Paradiis RESORT €

(☎505 1015; www.paap.ee/eng/suvi; Ristna; umgedrehtes Boot/Bungalow/Villa 6/32/50 €; ⊙Mitte Mai–Sept.) Hier kann man auf vielerlei verrückte Art übernachten: in Hängematten, Tipis, Strandbungalows oder am Strand in einer Surfbretttasche oder unter einem umgedrehten Boot. Im Blockhaus Paradise Villa haben in drei Schlafzimmern bis zu 15 Personen Platz; das Haus ist vollständig ausgestattet, sogar mit eigener Sauna. Die Angebote variieren, sodass man sich am besten direkt beim Anbieter erkundigt; die oben genannten Preise sind nur Richtwerte.

Randmäe Puhketalu CAMPINGPLATZ €

(☎5691 3883; www.puhketalu.ee; Halbinsel Tahkuna; Stellplätze pro 1/2 Pers. 6/10 €, Scheune EZ/DZ 16/29 €, Häuschen EZ/DZ 65/115 €; P 📶) Der freundliche, von einer Familie geführte Platz weniger als 1 km nördlich von Malvaste bietet jede Menge Platz sowie rustikale Übernachtungsmöglichkeiten in den Scheunenzimmern – schnörkellos, aber mit viel Flair. Außerdem gibt's ein kleines Häuschen für vier Personen. Der Platz liegt nur 200 m von einem Strand entfernt; Kajaks und Boote können geliehen werden, genauso wie Fahrräder und Autos.

Kalda Puhketalu CAMPINGPLATZ €

(☎462 2122; www.kaldapuhketalu.ee; Halbinsel Tahkuna; Stellplätze 2,60 € plus 2 € pro Pers., Hütten 58 €, Häuser 160–205 €; P 📶) Etwas nördlich vom Randmäe Puhketalu stehen ebenfalls in Strandnähe einfache Holzhütten (mit Gemeinschaftsbädern und -küche) sowie größere Ferienhäuser für bis zu acht Personen zur Verfügung. Außerdem gibt's eine Sauna (2 Std. 48 €), Fahrräder (pro Tag 10 €) und Boote (pro Std. 3,20 €).

Viinaköök KNEIPE, GÄSTEHAUS €€

(☎517 8640; www.viinakook.com; Sadama 2, Kõrgessaare; EZ/DZ 60/80 €) Das Viinaköök in einem fotogenen Gebäude aus den 1880er-Jahren (früher eine Brennerei) bietet annehmbare Zimmer mit Gemeinschaftsbädern. Einige sind perfekt für Familien: Zwei Schlafzimmer teilen sich ein Bad und einen gemeinsamen Aufenthaltsraum. Im Preis enthalten sind Frühstück, Abendbuffet und Sauna am Abend; Mindestaufenthalt zwei Nächte. Die Kneipe unten hält zwischen 12 und 20 Uhr ein recht ordentliches Buffet für 9,60 € bereit.

KÄINA

2140 EW.

Hiiumaas zweitgrößter Ort ist ziemlich unscheinbar – größte „Attraktion" sind die Ruinen einer **Steinkirche aus dem 15. Jh.**, die im Zweiten Weltkrieg durch eine Bombe zerstört wurde. Am Westrand von Käina befindet sich in einem bescheidenen Haus von 1840 aus Holz und Reet, dem Haus des Komponisten Rudolf Tobias (1873–1918), das **Rudolf-Tobias-Museum** (Rudolf Tobiase Majamuuseum; www.muuseum.hiiumaa.ee; Hiiu mnt; Erw./Kind 2/1 €; ⊙Mitte Mai–Mitte Sept. Mi–So 10–18 Uhr). Der Klangkünstler komponierte einige der bedeutendsten estnischen Orchesterwerke. Es gibt kaum Erläuterungen auf Englisch, aber das reizende Personal gibt sich beste Mühe, alles zu erklären. Hinter dem Haus steht eine Windmühle.

Schlafen & Essen

Hotell Liilia HOTEL, RESTAURANT €€

(☎463 6146; www.liiliahotell.ee; Hiiu mnt 22; EZ/DZ 36/41 €; 📶) Das Liilia befindet sich in einem zweistöckigen Gebäude gegenüber von der Kirchenruine in Käina und bietet geschmackvolle, gepflegte Zimmer mit hellen Holzböden und Decken. Außerdem gibt's hier ein beliebtes Restaurant (Hauptgerichte 4–8 €) mit einladender Sommerterrasse. Serviert wird einfaches, aber köstliches estnisches Essen.

Tondilossi GÄSTEHAUS €€

(☎528 8405; www.tondiloss.ee; Hiiu mnt 11; Zi. pro Erw./Kind 20/10 €) Die gemütliche Holzlodge am Parkplatz des Supermarkts wartet mit gemütlichen, schnörkellosen Zimmern mit Gemeinschaftsbad auf. Dazu gibt's einen großen Garten mit Sauna. Die Gäste können sich Fahrräder ausleihen.

KASSARI

90 EW.

Die 8 km lange und durch zwei Dämme mit Hiiumaa verbundene Insel ist mit Mischwald bedeckt und hat einige spektakuläre Küstenabschnitte zu bieten. Durch die beiden Dämme wird die Bucht von Käina praktisch vom Meer abgeschnitten. Sie ist ein wichtiges Vogelreservat und dient mehr als 70 verschiedenen Arten als Brutgebiet. Einen guten Ausblick auf die Vogelwelt eröffnet sich vom **Vogelbeobachtungsturm** nördlich von Orjaku, wo es auch einen kurzen Spazierpfad gibt. Im Sommer trocknet ein großer Teil der Bucht aus und verwandelt sich in einen riesigen Schlammacker.

Sehenswertes & Aktivitäten

Hiiumaa-Museum MUSEUM
(www.muuseum.hiiumaa.ee; Erw./Kind 2/1 €; Mai–Okt. tgl. 10–18 Uhr, Nov.–April Mo–Fr) Das kleine Museum gleich landeinwärts von der Hauptstraße und etwas westlich von der Abzweigung nach Sääre Tirp widmet sich der Geschichte und Artenvielfalt Hiiumaas. Es präsentiert u. a. einen russischen Fernsehapparat von 1955, ein Prisma aus dem Leuchtturm auf Tahkuna (1874) und den ausgestopften Wolf, der bis zu seinem Ableben 1971 die Insel angeblich in Angst und Schrecken versetzte. Außerdem werden hier sehr schöne Kunsthandwerksartikel verkauft.

Sääre Tirp SCHWIMMEN, SPAZIERGÄNGE
Im Süden verengt sich Kassari zu einem Kap mit außergewöhnlicher Vegetation und endet in einem schmalen, 3 km langen Finger, dessen Spitze ins Meer hinaussticht. Der Überlieferung zufolge sind dies die Überreste einer nicht fertiggestellten Brücke nach Saaremaa, die der Inselheld Leiger zu bauen begann, damit sein Verwandter von Saaremaa, der Held Suur Tõll, ihn leichter besuchen und bei seinen Heldentaten unterstützen konnte. Hier kann man schön spazieren gehen und unterwegs liegt ein kleiner, aber vielversprechend beliebter Schilfstrand. Für Leiger wurde an der Abzweigung nach Sääre Tirp eine Statue errichtet; er trägt einen Felsbrocken auf der Schulter.

Kapelle KIRCHE
Ein schöner Ausflug zu Fuß – oder mit dem Rad oder Auto – führt zu einer hübschen weiß getünchten und reetgedeckten Kapelle aus dem 18. Jh. an der Ostseite von Kassari. Das Schild „Kassari Kabel" weist auf einen unbefestigten Weg hin, der vom östlichsten Punkt der einzigen befestigten Straße abgeht. Von hier führt ein knapp 2 km langer Pfad zu einer kleinen Bucht an der nordöstlichen Spitze der Insel.

Kassari Ratsamatkad REITEN
(518 9693; www.kassari.ee; pro Std./Tag 10/40 €) An der Straße zur Kapelle liegt das größte Gestüt von Hiiumaa. Das Angebot umfasst unterschiedlichste Exkursionen zu Pferd, darunter Mehrtagesritte durch Wälder und unberührte Küstenlandschaft.

Schlafen & Essen

LP TIPP **Dagen Haus** GÄSTEHAUS €€
(518 2555; www.dagen.ee; Orjaku; Zi. 65–89 €; P) Am westlichen Ortsrand von Orjaku liegt eine der reizvollsten Unterkünfte auf Hiiumaa: ein umweltgerecht restaurierter, ehemaliger Getreidespeicher mit rustikalen Mauern und Holzbalken in grüner Umgebung. Dort stehen fünf schicke, moderne Zimmer, ein wunderschöner Aufenthaltsraum und eine Gästeküche zur Verfügung. Auch reizvolle Ferienhäuschen für bis zu zwölf Personen kann man zu akzeptablen Preisen (99–199 €) mieten. Weit im Voraus reservieren!

Vetsi Tall CAMPINGPLATZ, GASTSTÄTTE €
(462 2550; www.vetsitall.ee; Stellplätze/Hütten pro Pers. 3,20/16 €, Apt. 96 €; P) An der Hauptstraße zwischen Orjaku und der Abzweigung nach Sääre Tirp liegt dieser Campingplatz um eine dunkle, stimmungsvolle Gaststätte von 1843 (Hauptgerichte 3–5 €) herum. Inmitten von Apfelbäumen stehen winzige fassförmige Holzhütten und über der Kneipe gibt's eine gemütliche 3-Zimmer-Wohnung (Mindestaufenthalt drei Nächte); komplettiert wird das Ganze durch eine Sauna.

Kiigeplats Camping CAMPINGPLATZ €
(469 7169; Stellplätze 5 €) Beim Badestrand am Weg nach Sääre Tirp liegt ein einfacher geschützter Campingplatz mit Plumpsklos und Feuerstelle. Bezahlt wird bei Lest & Lammas; hier gibt's auch Duschen und schönere Toiletten.

Lest & Lammas GRILLRESTAURANT €
(im Dorf Kassari; Hauptgerichte 5–12 €;) Verlassene Fabriken gibt's in Estland wie Sand am Meer, doch solch coole Umwidmungen wie diese hier sind selten. Der Name bedeutet „Flunder und Schaf" und deutet schon darauf hin, dass der Schwerpunkt hier auf gegrilltem Fisch und wunderbar mariniertem Lamm liegt. Daneben gibt's noch Gegrilltes vom Rind und Pastagerichte. Oder man genehmigt sich unter einem reetgedeckten Stand auf einer der Terrassen einfach nur ein Fläschchen Wein.

Vormsi

240 EW.

Vormsi, die mit 93 km² viergrößte Insel Estlands, erhob sich vor rund 3000 Jahren aus dem Meer und hebt sich auch weiterhin noch um 3 mm pro Jahr. Die höchste Erhebung der Insel liegt 13 m über dem Meeresspiegel – und soll Trollen als Versteck dienen. Außer von unersättlichen Mücken ist die Insel immer nur sehr dünn besiedelt gewesen. Daher sind die Wälder, Küstenweiden und Waldwiesen auch relativ unberührt. Im 13. Jh. kamen Schweden auf die Insel und bildeten bis zum Zweiten Weltkrieg die große Mehrheit der damals 2500 Bewohner. Während des Krieges flohen sie in großer Zahl nach Schweden und nur wenige kehrten zurück.

Von Osten nach Westen ist die Insel 16 km lang, von Norden nach Süden nur 6 km. Vormsi lässt sich also gut mit dem Fahrrad besichtigen. Die Insel hat rund 10 km Teerstraßen. Vom Fähranleger sind es 1,5 km zum Dorf **Sviby**. 3 km westlich davon liegt **Hullo**, das größte Dorf der Insel. Auf dem Gelände eines ehemaligen Kollektivhofs direkt bei der Abzweigung nach Hullo stehen die Ruinen einer russisch-orthodoxen Kirche. 2 km südlich von hier befindet sich das viel kleinere **Rumpo** auf einer schönen mit Wacholder bewachsenen Halbinsel, die sich in die Bucht von Hullo erstreckt. Ein großer Teil der Insel, so auch die 30 Inselchen in der Bucht von Hullo, gehört zum **Landschaftsschutzgebiet Vormsi** (Vormsi Maastikukaitseala; http://vormsi.silma.ee). Hier sind Elche, Rehe, Luchse und Wildschweine zu Hause.

Sehenswertes

Eine Touristeninformation gibt's auf der Insel nicht, aber bei der Fähranlegestelle finden sich Informationstafeln.

Bauernhausmuseum Pearsgarden — BAUERNHOF

(Sviby; Erw./Kind 2/0,50 €; Mi–So 10–16 Uhr) In dem restaurierten Bauernhaus wird das schwedische Erbe wachgehalten, u. a. mit der einzigartigen Bekleidung der Hofbewohner: Die Frauen trugen dicke rote Socken, um ihre Knöchel zu betonen – starke Beine waren eine Art Sexsymbol, denn niemand wollte eine Ehefrau, die nicht hart anpacken konnte.

Olaikirche — KIRCHE

Oberhalb der Tür dieser weiß getünchten Kirche aus dem 14. Jh. etwas außerhalb von Hullo steht in einer Nische eine kleine Statue des hl. Olaf. Die Kirche wartet mit einer schönen bemalten Barockkanzel und auf dem Friedhof nordwestlich der Kirche mit einer Ansammlung alter schwedischer Radkreuze auf – das Design stammt von den Kelten.

Leuchtturm von Saxby — LEUCHTTURM

Der 1864 erbaute und 24 m hohe Leuchtturm ist nur einen kurzen Spaziergang von Saxby entfernt, der westlichsten Siedlung der Insel. Saxby wiederum liegt 7 km von Hullo entfernt.

Kirchfels — FELSEN

(Kirikukivi) Der 5,8 m hohe Findling befindet sich bei Diby im Nordosten der Insel.

Schlafen & Essen

Unterkünfte können über das Internet (www.vormsi.ee) oder bei der Touristeninformation in Haapsalu gebucht werden. Die beiden nachstehend genannten Pensionen vermieten Fahrräder und Boote, haben Saunen und servieren ein Frühstück, das im Preis inbegriffen ist.

Bauernhof Rumpo Mäe — GÄSTEHAUS €€

(Rumpo Mäe Talu; 472 9932; www.rumpomae.ee; Stellplätze pro Erw./Kind 3/2 €, DZ/3BZ 44/57 €;) Das hübsche reetgedeckte Bauernhaus nur ein paar Schritte von der Küste entfernt in Rumpo ist die beste Unterkunft auf Vormsi. Die Zimmer im Haupthaus haben ein altmodisches Flair aus und die Gäste haben Zugang zu einer Küche und einem Grill. Einfachere Unterkünfte bieten das rustikale Saunahaus (pro Pers./ganzes Haus 25/182 €) und das „kleine Haus" mit acht Betten (ganzes Haus 115–130 €). Wer nur eine Nacht bleibt, zahlt einen kleinen Aufschlag.

Elle-Malle Külalistemaja — GÄSTEHAUS €€

(5467 2854; www.ellemalle.com; Hullo; EZ/DZ 24/40 €) Das freundliche Gästehaus in friedvoller Lage zwischen Hullo und der Olaikirche bietet gepflegte Zimmer im Haupthaus, ein romantisches Doppelzimmer in einer Windmühle sowie Zimmer in einem separaten Holzhäuschen.

Hullo Kauplus — SELBSTVERSORGER

(Hullo;) Im kleinen Gemischtwarenladen in Hullo sind Lebensmittel erhältlich; hier gibt's auch Internetzugang.

Anreise & Unterwegs vor Ort

Vormsi liegt nur 3 km vom Festland entfernt. **Veeteed** (443 1069; www.veeteed.com)

betreibt zwei- bis dreimal am Tag Fähren auf der 10 km langen Strecke zwischen Rohuküla und Sviby (hin & zurück pro Erw./Kind/Auto 6,40/3,20/14 €, 45 Min.). Wer im Sommer mit einem eigenen Fahrzeug unterwegs ist, sollte die Überfahrt reservieren.

Der **Sviby Bike & Boat Rental** (☎5695 5635; www.vormsi.ee/sviby; ⌚Ende Mai–Sept.) beim Fähranleger verleiht nicht nur Fahrräder (pro 1½/8/24 Std. 4/7/10 €) und Ruderboote (pro Std. 4 €), sondern betreibt auch einen Wassertaxiservice (40 € zum Festland, nur tagsüber) und bietet Touren auf der Insel.

ESTLAND VERSTEHEN

Estland aktuell

Die lange, graue Zeit der sowjetischen Herrschaft ist für die meisten Esten eine weit zurückliegende Episode der Geschichte. Wer heute zum ersten Mal nach Estland reist, ist meist überrascht vom Enthusiasmus, mit dem die Marktwirtschaft angenommen wurde. Die neuen Freiheiten eröffneten den Esten völlig ungeahnte Möglichkeiten. Viele Esten sehen sich als Unternehmer – die Entwickler von Kazaa, der Software zum Datentausch, und Skype, dem Programm zur kostenlosen Internettelefonie, stammen aus Estland. Seit 1991 hat sich die Wirtschaft enorm diversifiziert.

Estland wurde als die große Erfolgsgeschichte aller Länder des ehemaligen sowjetischen Blocks gefeiert. Das Land ist der EU, der Nato, der OECD (Organisation für wirtschaftliche Zusammenarbeit und Entwicklung) und 2011 schließlich der Eurozone beigetreten. Umfassende Privatisierungen, Freihandelsabkommen und niedrige Körperschaftssteuern brachten dem Land enorme Auslandsinvestitionen ein, vor allem im Finanz- und Transportwesen sowie in der Produktion. Dadurch zog das Wirtschaftswachstum an: Zwischen 2000 und 2007 lag das Realwachstum pro Jahr bei durchschnittlich 8,8 %, was für so einen kleinen Newcomer eine beachtliche Leistung ist.

Nach dem großen Boom kommt mehr oder weniger unweigerlich der wirtschaftliche Einbruch und auch Estland war nicht immun gegen die Auswirkungen der Weltwirtschaftskrise: 2008 und 2009 schlitterte das Land in eine Rezession. Inzwischen sind wieder Wachstumszahlen zu vermelden (2011 lagen sie bei beeindruckenden 7,5 %, für 2012 werden jedoch nur noch 1,2 % erwartet), aber damit auch die Inflation, die im März 2012 bei 4,2 % pro Jahr lag. Estland war jedoch das einzige EU-Land, das 2010 einen Haushaltsüberschuss verbuchen konnte – was u. a. durch den Verkauf von Emissionsrechten erreicht wurde. 2011 wurde wieder ein leichtes Haushaltsdefizit erwirtschaftet.

Durch die positive wirtschaftliche Entwicklung scheint sich die allgemeine Stimmung im Land jedoch nicht verbessert zu haben: Nur 24 % der Esten zeigten sich einer Studie der OECD zufolge mit ihrem Leben zufrieden. Trotz all der Fortschritte liegt der durchschnittliche Bruttomonatslohn nur bei 792 € und Estland hat weiterhin das fünftniedrigste Bruttoinlandsprodukt pro Kopf in der EU (vor Lettland, Litauen, Bulgarien und Rumänien). Obwohl die Zahl der Personen, die unterhalb der Armutsgrenze leben, gesunken ist, geht die Einkommensschere weiter auseinander und die Preise steigen schneller als die Löhne und Gehälter. Am schwersten sind vom hohen Preisniveau die Rentner betroffen; das estnische Sozialsystem hat Mühe, mit den Veränderungen-Schritt zu halten.

Im Bildungsbereich haben die Esten enorme Fortschritte hinsichtlich einer zukunftsfähigen Ausbildung gemacht. Die Schulen und Städte zählen heute zu den kommunikationstechnisch fortschrittlichsten der Welt. Die Zahl der Internetanschlüsse und Handys pro Kopf ist hier höher als in vielen anderen EU-Ländern. So finden seit 2005 sogar die Wahlen online statt.

Nachdem es den politischen und wirtschaftlichen Ballast der Sowjetzeit abwerfen konnte, orientiert sich das Land nun stark

UNGLEICHHEIT & LACHS-SANDWICHES

Laut Eurostat verdienen estnische Männer im Schnitt 31 % mehr als estnische Frauen – das ist der größte Einkommensunterschied zwischen den Geschlechtern in der EU. In einem phantasievoll versteckten Protest gegen diese Diskrepanz (*lõhe*) verkauften die daran teilnehmenden Cafés und Restaurants Sandwiches mit Lachs (auf Estnisch ebenfalls *lõhe*) 30 % teurer, wenn sie mit Dill (auf Estnisch *till*, was gleichzeitig ein Kinderwort für Penis ist) serviert wurden.

nach Westen und Norden. Die Esten fühlen sich sprachlich und kulturell eher mit ihren finnischen Nachbarn verbunden als mit den südlichen baltischen Staaten. Die Zusammenfassung von Estland, Lettland und Litauen unter der Bezeichnung Baltikum ist für sie nicht viel mehr als eine praktische geografische Konstruktion. Es gibt sogar Überlegungen, die Verbindung mit Finnland durch einen Tunnel unter dem Finnischen Meerbusen noch zu vertiefen, was jedoch an den enormen Kosten scheitern dürfte.

Heute orientiert sich Estland immer mehr am Westen, was zu fortwährenden Konflikten mit dem großen östlichen Nachbarn und zu internen Spannungen zwischen den Esten und der russischen Minderheit führt. Einen Höhepunkt erreichten die Differenzen im April 2007, als die estnische Regierung die Skulptur des Bronzesoldaten (ein Sowjetdenkmal aus dem Zweiten Weltkrieg) aus dem Zentrum der Hauptstadt entfernte. Für viele Esten war der Bronzesoldat im Stadtzentrum ein Symbol sowjetischer Unterdrückung. Die russischstämmige Bevölkerung hingegen betrachtete ihn als Symbol des Sieges über Nazideutschland im „Großen Vaterländischen Krieg". Die Konflikte gipfelten in Unruhen, die zwei Nächte andauerten und ein Todesopfer forderten, und in der einwöchigen Belagerung der estnischen Botschaft in Moskau.

Im selben Monat wurden russische Nationalisten beschuldigt, einen Hackerangriff gestartet zu haben, der große Teile des estnischen Internets lahmlegte. Behörden, Banken, Zeitungen und Unternehmen mussten ihre Websites aus dem Netz nehmen. Als Reaktion auf diesen Vorfall gründete die Nato im Mai 2008 in Tallinn ein Zentrum zur Bekämpfung des Cyber-Terrorismus. In einer ehemaligen Kaserne analysieren jetzt westliche Experten aus verschiedenen Ländern gemeinsam Internetbedrohungen und erarbeiten mögliche Gegenmaßnahmen.

Wenn Estland hofft, sich weiter dem Westen anzunähern und die Beziehungen zu Russland zu verbessern, dann sind Vorfälle wie eine Reihe von öffentlichen Versammlungen von Veteranen der Waffen-SS und eine kleine, inoffizielle Gedenkfeier zum 70. Jahrestag der Besetzung durch deutsche Truppen (2011 in Viljandi) sicher nicht sehr hilfreich. Die letztgenannte Feier wurde sowohl von der estnischen jüdischen Gemeinde als auch vom Simon Wiesenthal Center schärfstens verurteilt. Der Direktor des Wiesenthal Center sagte dazu: „Niemand bestreitet, dass die Esten unter der sowjetischen Herrschaft gelitten haben. Doch die Invasion der Nazis zu feiern, der 99,3 % der estnischen Juden zum Opfer fielen, ist inakzeptabel."

Geschichte

Die Anfänge

Die älteste menschliche Siedlung in Estland ist rund 10 000 Jahre alt, wie beim heutigen Pärnu gefundene Werkzeuge aus der Steinzeit beweisen. Finno-ugrische Stämme aus dem Osten (möglicherweise aus dem Ural) wanderten einige Jahrhunderte später – höchstwahrscheinlich um 3500 v. Chr. – ein, mischten sich mit den Menschen der Jungsteinzeit und siedelten sich im heutigen Estland, Finnland und Ungarn an. Offenbar gefiel ihnen die Region und sie wurden sesshaft. Das damals (und auch noch in den nächsten vier Jahrtausenden) typische Nomadentum vieler europäischer Stämme legten sie bereits zu diesem frühen Zeitpunkt ab.

Christianisierung

Im 9. und 10. Jh. beobachteten die Esten das Treiben der Wikinger mit Misstrauen – doch die waren eher an Handelsrouten nach Kiew und Istanbul als an einer Eroberung des Landes interessiert. Die erste wirkliche Bedrohung stellten denn auch christliche Invasoren aus dem Süden dar.

Dänische Truppen und deutsche Ritterorden folgten dem päpstlichen Aufruf nach einem Kreuzzug gegen die Heiden im Norden und eroberten 1208 die estnische Burg von Otepää. Die Esten leisteten erbitterten Widerstand – es sollte 30 Jahre dauern, bis das gesamte Gebiet erobert war. In der Mitte des 13. Jhs. wurde Estland zwischen den Dänen im Norden und dem Deutschen Orden im Süden aufgeteilt. Der Ritterorden, der sich unbedingt nach Osten ausdehnen wollte, wurde allerdings durch Alexander Newski von Nowgorod am gefrorenen Peipsijärv (Peipus-See) zurückgeschlagen (wunderbar dargestellt in Sergei Eisensteins Film *Alexander Newski*).

Die Invasoren ließen sich in neu gegründeten Städten nieder und übergaben einen Großteil ihrer Macht an die Bischöfe. Gegen Ende des 13. Jhs. wurden die Dome von Reval (Tallinn) und Dorpat (Tartu) erbaut. Zur selben Zeit gründeten die Zisterzienser und Dominikaner Klöster, um die Einheimischen zu missionieren und (wenigstens versuchten sie es) auch zu taufen. Die Esten ließen sich davon allerdings wenig beeindrucken – und leisteten Widerstand.

Der bedeutendste Aufstand begann in der Georgennacht am 23. April 1343: Die Rebellion startete im dänisch kontrollierten Norden Estlands, wo die Esten das Zisterzienserkloster in Padise brandschatzten und alle Mönche töteten. Schließlich belagerten sie Tallinn und die Bischofsburg von Haapsalu und baten die Schweden um Hilfe, um die Dänen endgültig aus dem Land zu werfen. Die Schweden schickten auch tatsächlich Kriegsschiffe über die Ostsee, doch sie kamen zu spät und wurden zur Umkehr gezwungen. Trotz der estnischen Entschlossenheit wurde der Aufstand 1345 niedergeschlagen. Allerdings hatten die Dänen nach all dem Blutvergießen genug vom Land und verkauften es kurzerhand an den Livländischen Orden (einen Ableger des Deutschen Ordens).

Die ersten Gilden und Handelsvereinigungen entstanden im 14. Jh. und viele Städte – Tallinn, Tartu, Viljandi (Fellin) und Pärnu (Pernau) – erlebten wirtschaftliche Blütezeiten als Mitglieder der Hanse, des mächtigen mittelalterlichen Städtebundes.

Die Esten praktizierten ihren Naturglauben und bei Hochzeiten und Begräbnissen ihre heidnischen Bräuche weiter, obwohl viele Riten im 15. Jh. mit dem Katholizismus verschmolzen. Die estnischen Kinder bekamen nun christliche Namen. Im Verlauf des 15. Jhs. verloren die Bauern all ihre Rechte, sodass zu Beginn des 16. Jhs. die meisten Esten zu Leibeigenen geworden waren.

Die Reformation erreichte Estland aus Deutschland kommend in den 1520er-Jahren; die erste Reformationswelle wurde von lutherischen Geistlichen getragen. Mitte des 16. Jhs. war die Kirche bereits reorganisiert – Kirchen waren nun protestantisch, Klöster wurden geschlossen.

Der Livländische Krieg

Im 16. Jh. wurde das damalige Livland (es umfasste den heutigen Norden Lettlands und den Süden Estlands) vor allem von Osten her bedroht: Iwan der Schreckliche, der sich 1547 selbst zum ersten Zaren gekrönt hatte, wollte sein Reich weiter nach Westen ausdehnen. Russische Truppen, angeführt von der brutalen zaristischen Kavallerie, griffen die Region 1558 bei Tartu an. Die Kämpfe waren extrem blutig, die Invasoren hinterließen eine Spur der Verwüstung. Auch Polen, Dänemark und Schweden traten in den Krieg ein. Der Krieg zog sich durch das gesamte 17. Jh. – am Ende gingen die Schweden als Sieger hervor.

Wie in allen Kriegen litten auch bei diesem die Zivilisten am stärksten. Während der Kriegszeit (etwa 1552–1629) starb rund die Hälfte der Landbevölkerung, drei Viertel aller Bauernhöfe wurden aufgegeben. Krankheiten wie die Pest, Missernten und die daraus resultierenden Hungersnöte verschärften die Kriegsleiden noch. Bis auf Tallinn wurden alle Burgen und befestigten Städte der Region zerstört – auch die Burg von Viljandi, damals eine der mächtigsten Festungen Nordeuropas. Andere Städte wurden komplett ausradiert.

Schwedische Herrschaft

Nach dem Krieg folgte für Estland unter den schwedischen Herrschern eine friedliche Epoche mit einer wirtschaftlichen Blütezeit. Zwar konnten auch in dieser Ära nur wenige estnische Bauern ihre Situation verbessern, doch die Städte wuchsen dank des zunehmenden Handels. Rasch konnte sich die estnische Wirtschaft von den Kriegswirren erholen. Unter der schwedischen Herrschaft war Estland übrigens zum ersten Mal in seiner Geschichte unter einem einzigen Herrscher vereint – in der langen Geschichte der Fremdherrschaft und Unterdrückung gilt diese Periode als Lichtblick.

Der schwedische König überließ dem baltendeutschen Adel ein bestimmtes Maß an Selbstbestimmung und schenkte ihm sogar Land, das man im Krieg aufgegeben hatte. Zwar war das erste auf Estnisch erschienene Buch schon 1535 gedruckt worden, doch erst in den 1630er-Jahren wurden Bücher in großer Zahl veröffentlicht: Schwedische Geistliche hatten Dorfschulen eröffnet und

DIE URSPRÜNGE DER ESTEN

Im 1. Jh. n. Chr. beschrieb der römische Historiker Tacitus ein Volk namens „Aestii". Er stellte sie als ziemlich primitives Volk dar, das Standbilder von Göttinnen anbetete und Wildschweine mit Holzkeulen und Eisenwaffen jagte. Die Aestii sammelten und handelten auch mit Bernstein. Zwar beschrieb Tacitus hier die Vorgänger der Letten und Litauer, doch der Name „Aestii" wurde später auf die Esten übertragen.

unterrichteten dort die Landbevölkerung im Lesen und Schreiben. Die Gründung der Universität von Tartu 1632 gab der Kultur und Bildung in Estland einen enormen Schub.

Doch ab Mitte des 17. Jhs. setzte eine rückläufige Entwicklung ein: Der Ausbruch einer Pestepidemie und die Große Hungersnot (1695–97) töten rund 80 000 Menschen, fast 20 % der damaligen Bevölkerung! Bauern, die sich eine Zeit lang völlig frei hatten bewegen können, verloren ihr Hab und Gut und fielen zurück in die Leibeigenschaft. Der schwedische König Karl XI. wollte die Leibeigenschaft (nach dem schwedischen Vorbild, wo die Bauern frei waren) auch in den baltischen Adelshäusern abschaffen, aber die baltendeutsche Aristokratie kämpfte erbittert für den Erhalt der Leibeigenschaft in ihren Landen.

Der Große Nordische Krieg

Schweden sah sich bald einer ernst zu nehmenden gegnerischen Koalition aus Polen, Dänemark und Russland gegenüber – Länder, die sich alle ihre im Livländischen Krieg verlorenen Gebiete wiederholen wollten. 1700 brach der Große Nordische Krieg aus. Nach einigen Erfolgen – u. a. einem Sieg über die Russen bei Narva – brach Schweden unter dem Druck an mehreren Fronten zusammen. 1708 wurde Tartu zerstört, die Überlebenden wurden nach Russland deportiert. 1710 kapitulierte Tallinn, Schweden war geschlagen.

Aufklärung

Für die estnischen Bauern brachte die nun beginnende russische Herrschaft nichts Gutes: Der Krieg (und die Pest von 1710) hatten Zehntausende Opfer gefordert. Die schwedischen Reformen wurden von Zar Peter I. zurückgenommen – damit machte er jede Hoffnung auf Freiheit für die leibeigenen Bauern zunichte. Erst mit der Aufklärung Ende des 18. Jhs. sollte sich das Schicksal der estnischen Bauern zum Guten wenden.

Eine der wichtigsten Rollen in der Zeit der Aufklärung spielte Katharina die Große (1762–96), die die Privilegien des Adels einschränkte und pseudo-demokratische Strukturen einführte. Doch erst 1816 wurden die Bauern in Estland endlich aus der Leibeigenschaft befreit. Sie durften nun Nachnamen tragen, sich frei bewegen und konnten sogar (wenn auch sehr beschränkt) auf lokaler Ebene politische Entscheidungen mitgestalten. In der zweiten Hälfte des 19. Jhs. kauften Bauern den Großgrundbesitzern Grundstücke für eigene Höfe ab und lebten vom Erlös der Agrarprodukte wie Kartoffeln und Flachs (dieser erzielte wegen des US-amerikanischen Bürgerkrieges und der damit einhergehenden Baumwollverknappung in Europa hohe Preise).

Nationalbewegung

Das späte 19. Jh. wurde zur Geburtsstunde der estnischen Nationalbewegung. Angeführt von einer neuen estnischen Elite, begann der Weg des Landes hin zu einer estnischen Nation. Die erste in Estnisch publizierte Zeitung, *Perno Postimees,* erschien 1857. Sie wurde von Johann Voldemar Jannsen herausgegeben, einem der ersten Esten, der den Begriff „Este“ anstatt *maarahvas* (Landleute) verwendete. Ein anderer einflussreicher Denker war Carl Robert Jakobson, der für die politische Gleichstellung der Esten kämpfe und *Sakala,* die erste politische Tageszeitung des Landes, gründete.

Zahlreiche estnische Gesellschaften wurden gegründet; 1869 fand das erste estnische Sängerfest statt – das Ereignis war der Beginn der einzigartigen Chortradition des Landes. Das vielfältige estnische Volkstum wurde jetzt erstmals wahrgenommen und dank einiger Veröffentlichungen wie *Kalevipoeg* auch populär. Friedrich Reinhold Kreutzwald hatte in seinem Epos Hunderte estnischer Legenden und Volksweisen nach dem Vorbild des finnischen Nationalepos *Kalevala* gemischt. Andere Gedichte, vor allem die von Lydia Koidula, trugen zum nationalen Bewusstsein bei – nicht zuletzt geprägt von der Erinnerung an 700 Jahre Unterdrückung.

Aufstand & Erster Weltkrieg

Das späte 19. Jh. war das Zeitalter einer ungezügelten Industrialisierung, das durch den Bau riesiger Fabriken und eines ausgedehnten Eisenbahnnetzes, das Estland mit Russland verbinden sollte, geprägt war. Die Arbeiterschaft, aufgestachelt von sozialistischen Ideen und unter den katastrophalen Arbeitsbedingungen leidend, schloss sich unter Führung der jungen Arbeiterparteien Demonstrationen und Streiks an. Die Unzufriedenheit der russischen Bevölkerung übertrug sich auf Estland, und im Januar 1905, als der bewaffnete Aufstand über die Grenze rollte, schlossen sich die estnischen Arbeiter dem Aufstand an. Die Unruhen hielten bis zum Herbst 1905 an, als 20 000 Arbeiter in den Streik gingen. Zaristische Truppen schlugen den Aufstand blutig nieder und töteten oder verwundeten dabei 200 Arbeiter.

Diese Reaktion von Zar Nikolaus II. stachelte die estnischen Rebellen nur noch stärker an, sie kämpften weiter und zerstörten adeligen Besitz. Schließlich schickte der Zar Tausende weitere Truppen nach Estland und schlug den Aufstand nieder. 600 Esten wurden hingerichtet und Hunderte nach Sibirien deportiert. Die Gewerkschaften und die liberalen Zeitungen wurden verboten, die politischen Führer emigrierten sämtlich ins Ausland.

Radikalere Pläne, um Estland ruhig zu stellen – darunter die Idee, Tausende russische Bauern zur Kolonisierung des Landes hier anzusiedeln – wurden nicht umgesetzt. Denn der Zar und sein zunehmend wankendes Riesenreich hatten ein ganz anderes Problem: den Ersten Weltkrieg. Estland zahlte für die russische Kriegsbeteiligung einen hohen Preis: 100 000 Männer wurden eingezogen, 10 000 starben im Krieg. Viele Esten kämpften auch deshalb im Krieg, weil sie hofften, dass nach einem Sieg über Deutschland der russische Zar den Esten ihre Unabhängigkeit schenken würde. Russland dachte natürlich nicht im Traum daran. Doch 1917 hatte der Zar nichts mehr zu sagen: In St. Petersburg wurde Nikolaus II. zum Abdanken gezwungen, die Bolschewisten übernahmen die Macht. Als Russland ins Chaos stürzte, nutzte Estland seine Chance und erklärte am 24. Februar 1918 seine Unabhängigkeit.

Unabhängigkeitskrieg

Estland musste dabei zwei Gegner fürchten: die Russen und die deutsch-baltischen reaktionären Kräfte. Als die Rote Armee nach Estland vorstieß und im Januar 1919 das halbe Land überrannt hatte, war der Unabhängigkeitskrieg im vollen Gange. Estland schlug sich tapfer – und mithilfe britischer Kriegsschiffe sowie finnischer, dänischer und schwedischer Truppen besiegte es am Ende seinen alten Feind! Im Dezember stimmte Russland einem Waffenstillstand zu und unterschrieb am 2. Februar 1920 den Friedensvertrag von Tartu, der alle vormaligen russischen Herrschaftsansprüche über Estland aufhob. Zum ersten Mal in seiner Geschichte war Estland ein wirklich unabhängiges, freies Land.

Kurze Phase der Unabhängigkeit

Die kurze Ära der ersten Unabhängigkeit war in vielerlei Hinsicht eine Blütezeit für Estland. Die größtenteils deutschen Adligen erhielten ein paar Jahre Frist, um ihre Angelegenheiten zu ordnen, bevor ihre Gutshäuser verstaatlicht und ihre Güter unter estnischen Bauern aufgeteilt wurden. Zum allersten Mal hatten viele Bauern die Möglichkeit, Land zu bewirtschaften, das ihnen selbst gehörte.

Die Wirtschaft entwickelte sich rasant, Estland nutzte seine natürlichen Ressourcen und zog ausländische Investoren an. Die Universität von Tartu mauserte sich zu einer wirklich estnischen Universität, Estnisch wurde die allgemein gesprochene Sprache im Land – wodurch sich für viele ganz neue Berufs- und Karrierechancen eröffneten. Die höhere Schulbildung verbesserte sich (die Zahl der Studenten pro Einwohner übertraf die der meisten anderen Länder Europas). Mit 25 000 zwischen 1918 und 1940 veröffentlichten Büchern in estnischer Sprache entstand erstmals eine wirkliche Buchkultur im Land (auch hier überflügelte Estland mit der Zahl der Bücher pro Kopf die meisten europäischen Länder).

In anderen Bereichen, vor allem in der Politik, sah die Unabhängigkeit keineswegs so rosig aus. Die Angst vor kommunistischer Unterwanderung (u. a. ausgelöst durch den von den Bolschewisten unterstützten Putschversuch von 1924) trieb die Regierung in die rechte politische Ecke. 1934 scherte sich Konstantin Päts, Chef der Übergangsregierung, gemeinsam mit dem Befehlshaber der estnischen Armee, Johan Laidoner, nicht weiter um die Verfassung: Beide rissen die Macht an sich – unter dem Vorwand, die Demokratie vor den Extremisten schützen zu müssen. Damit begann die „Ära der Stille“, die Jahre einer autoritären Herrschaft, unter der die Republik bis zum Ausbruch des Zweiten Weltkriegs leiden sollte.

Sowjetische Invasion & Zweiter Weltkrieg

Estlands Schicksal war mit dem Abschluss des geheimen Zusatzprotokolls des deutsch-sowjetischen Freundschaftspaktes 1939 eigentlich besiegelt: Estland war Stalin völlig ausgeliefert. Der geheime Molotow-Ribbentrop-Pakt (Nichtangriffspakt zwischen der UdSSR und Nazi-Deutschland, auch Hitler-Stalin-Pakt genannt) vom 23. August

1939 teilte Osteuropa in einen sowjetischen und einen deutschen Machtbereich. Dabei fiel Estland an die Sowjets. Als der Zweite Weltkrieg ausbrach, erklärte sich das Land für neutral, wurde jedoch von Moskau zur Unterzeichnung eines Beistandspaktes gezwungen. Daraufhin rückten zwischen 1939 und 1941 Tausende russischer Soldaten nach Estland ein und überall wurden Militär-, Marine- und Luftwaffenstützpunkte errichtet. Die estnische kommunistische Partei inszenierte einen Aufstand des „Volkes", der den Anschluss an die UdSSR zum Ziel hatte. Präsident Päts, General Laidoner und andere führende Esten wurden verhaftet und in russische Gefangenenlager gesteckt, eine Marionettenregierung wurde installiert. Am 6. August 1940 nahm der Oberste Sowjet den „Antrag" Estlands auf Beitritt zur UdSSR an.

Deportationen und der Zweite Weltkrieg zerstörten das Land. Zehntausende wurden zwangsverpflichtet und nicht in den Kampf, sondern zur Arbeit geschickt (und das bedeutete meist den Tod, denn sie schufteten in Arbeitslagern in Nordrussland). Tausende von Frauen und Kindern wurden ebenfalls in Gulags deportiert.

Als sich die Rote Armee unter der ersten Wucht des deutschen Überfalls 1941 zurückziehen musste, wurden die deutschen Truppen in Estland von vielen zunächst als Befreier gefeiert. 55 000 Esten traten der Heimatarmee und der Wehrmacht bei. Doch Hitler dachte gar nicht daran, den Esten ihre Unabhängigkeit zurückzugeben – für die Nazis war das Land nur irgendein besetztes Gebiet in der Sowjetunion. Als die Deutschen damit begannen, kommunistische Kollaborateure in Estland hinzurichten, war jede Hoffnung auf Freiheit dahin. 7000 Bürger Estlands wurden erschossen und diejenigen estnischen Juden, die noch nicht geflüchtet waren, ebenfalls ermordet (etwa 1000). Um der Einberufung in die deutsche Wehrmacht zu entgehen (fast 40 000 Männer wurden zwangsverpflichtet), flohen Tausende nach Finnland und schlossen sich dort dem estnischen Regiment der finnischen Armee an.

Anfang 1944 bombardierte die Rote Armee die Städte Tallinn, Narva, Tartu und weitere Orte. Die barocke Altstadt von Narva wurde fast vollständig dem Erdboden gleichgemacht, als Russland Vergeltung für die „estnischen Verräter" übte. Die Deutschen zogen sich im September 1944 zurück. Viele Esten flohen vor der heranrückenden Roten Armee, 70 000 schafften es bis in den Westen. Bei Kriegsende lebten rund 10 % aller Esten im Ausland. Insgesamt verlor das Land im Krieg 280 000 Menschen (ein Viertel der Bevölkerung): Viele emigrierten, 30 000 waren gefallen. Andere hatte man hingerichtet, in Gulags deportiert oder in Konzentrationslagern ermordet.

Sowjetische Ära

Nach dem Krieg wurde Estland von der UdSSR annektiert – der Beginn der grausamen Ära der stalinistischen Unterdrückung. Tausende wurden in Gefangenenlager geschickt, 19 000 Esten hingerichtet. Die Bauern wurden brutal der Zwangskollektivierung unterworfen und Tausende von Einwanderern strömten aus verschiedenen Regionen der Sowjetunion in das Land. Zwischen 1945 und 1989 sank der Anteil der gebürtigen Esten an der Gesamtbevölkerung von 97 auf 62 %.

Eine Folge der 1944 beginnenden Unterdrückung war die Entstehung einer großen estnischen Untergrundbewegung. Zu den *metsavennad* oder „Waldbrüdern" zählten rund 14 000 Esten, die überall im Land bewaffnet in den Untergrund gingen und in kleinen Gruppen gegen die Rote Armee kämpften. Unglücklicherweise hatten diese Aufständischen wenig Erfolg, 1956 war die Bewegung im Grunde am Ende.

Zwar gab es auch einige optimistisch stimmende Momente während der sowjetischen Besatzung (insbesondere das „Tauwetter" unter Chruschtschow, als Stalins Verbrechen offiziell angeprangert wurden), doch eine wirkliche Gelegenheit zu Veränderungen tat sich erst in den 1980er-Jahren mit Gorbatschows *perestroika* (Umbau) und *glasnost* (Offenheit) auf.

Vor diesem Hintergrund sah die estnische Opposition ihre Chance: Am 50. Jahrestag des Molotow-Ribbentrop-Paktes von 1939 fand in Tallinn eine riesige Demonstration statt. In den folgenden Monaten nahmen die Proteste zu, die Esten forderten die Wiedereinrichtung ihres Staates. Das Sängerfest war eines der machtvollsten Protestforen der Bevölkerung: Das größte Fest fand 1988 statt, als sich 300 000 Menschen auf dem Tallinner Sängerfestgelände (S. 58) versammelten – das Ereignis erregte international große Aufmerksamkeit und machte auf die Situation des baltischen Staates aufmerksam.

Im November 1989 bezeichnete der estnische Oberste Sowjet die Ereignisse von 1940 als militärische Aggression und daher als

TALLINNS TSCHETSCHENISCHER HELD

Im Januar 1991 besetzten sowjetische Truppen wichtige Gebäude in Vilnius und Rīga – auch in Tallinn erhielten die russischen Truppen entsprechende Befehle. Doch der Armeekommandeur in Estland gehorchte dem Befehl aus Moskau nicht, weigerte sich sogar, auf Demonstranten zu schießen, und drohte damit, seine Artillerie gegen jeden Invasionsversuch aus Russland zu richten. Der Befehlsverweigerer war kein geringerer als General Dschochar Dudajew – der spätere Präsident Tschetscheniens, den das russische Militär 1995 tötete. In Estland wird er bis heute wegen seiner Rolle im Kampf um die Unabhängigkeit des Landes tief verehrt.

rechtswidrig. 1990 hielten die Esten – trotz des Verbots aus Moskau – freie Wahlen ab. Die Esten ließen sich nicht mehr aufhalten: 1991 hatten sie ihre Unabhängigkeit erkämpft.

Die Zeit nach der Unabhängigkeit

1992 wurden die ersten allgemeinen Wahlen unter der neuen Verfassung abgehalten, dabei traten etliche neu gegründete Parteien an. Die Pro-Patria-Union (Vaterlandsunion) gewann nach ihrem Wahlkampf mit dem Motto „Das Haus aufräumen" eine knappe Mehrheit der Sitze. Der Slogan spielte darauf an, alle Entscheidungsträger, die während der kommunistischen Herrschaft eine tragende Rolle gespielt hatten, aus dem Amt zu jagen. Der Führer von Pro Patria, der 32-jährige Historiker Mart Laar, wurde Ministerpräsident.

Laar begann damit, Estland in eine freie Marktwirtschaft umzubauen, er führte eine neue Währung ein, die estnische Krone, und handelte den vollständigen Truppenabzug der Russen aus. (Ihre Präsenz war für viele Esten noch immer ziemlich Angst einflößend und als die Truppen 1994 endlich abzogen, schien das Land aus tiefstem Herzen aufzuatmen ...) Trotz seiner Erfolge galt Laar als zu temperamentvoll und unberechenbar. 1994 trat er zurück, nachdem seine Regierung bei einem Misstrauensvotum im Nationalrat (dem Riigikogu) keine Mehrheit hatte erringen können.

In einem Referendum sprachen sich im September 2003 rund 60 % aller Esten für den EU-Beitritt aus. Und im Frühjahr des Folgejahres wurde Estland dann offiziell in die Nato und die Europäische Union aufgenommen. Im Dezember 2010 folgte dann die Mitgliedschaft in der OECD und zu Beginn des Jahres 2011 die Übernahme des Euro als Landeswährung anstelle der Krone.

Die wichtigsten politischen Themen seit dem EU-Beitritt sind die Wirtschaft, die steigende soziale Ungleichheit und das angespannte Verhältnis zu Russland, besonders im Hinblick auf die große russische Minderheit im Land.

Bevölkerung

Trotz (oder vielleicht gerade wegen) der Jahrhunderte dauernden Besetzung ihres Landes durch Dänen, Schweden, Deutsche und Russen verspüren die Esten eine starke nationale Identität. Sie fühlen sich mit ihrer Geschichte, ihrem Volkstum und der nationalen Gesangstradition tief verbunden. Das Estnische Literaturmuseum in Tartu hat über 1,3 Mio. Seiten mit Volksliedern gesammelt – die zweitgrößte Sammlung dieser Art weltweit (nur in Irland gibt es noch mehr). Die estnische Filmindustrie produziert Filme für ein extrem kleines Publikum (nur in Island gibt es noch weniger potenzielle Zuschauer im eigenen Land).

Einem weit verbreiteten Klischee zufolge sind die Esten und besonders die estnischen Männer reserviert und abweisend. Manche sagen, das liege am Wetter – an den langen, dunklen Nächten, die zu endlosem Grübeln verleiten. Auffälliges Verhalten, Trunkenheit und Zärtlichkeiten in der Öffentlichkeit werden allgemein missbilligt. Doch bei Festen – wie Jaanipäev etwa – gelten andere Regeln: Dann treffen sich Freunde, Familie und Bekannte, um ausgelassen zu trinken, zu tanzen und zu feiern.

Die Esten sind für ihre disziplinierte Arbeitsethik bekannt. Wenn sie nicht gerade auf den Feldern ackern oder im Büro sitzen, fahren sie gerne zur Erholung in die Natur. Das ideale Wochenende sieht so aus: im Familienferienhäuschen ausspannen, Beeren oder Pilze sammeln, im Wald spazieren gehen oder mit Freunden beisammensitzen und die Schönheit des Landes bewundern. Immer noch zählt der Besitz einer Sauna auf dem Land zu den wichtigsten Zielen der Esten.

Von den 1,3 Mio. Einwohnern Estlands sind 69 % Esten, 26 % Russen, 2 % Ukrainer, 1 % Weißrussen und 1 % Finnen. Die estnischen Russen leben vor allem in den Industriestädten des Nordostens; in manchen Orten wie Narva sind etwa 95 % der Einwohner Russen. Auch in Tallinn stellen die Russen mit 37 % einen großen Bevölkerungsanteil. Diese Zahlen unterscheiden sich deutlich von denen des Jahres 1934, als die Esten 90 % der Bevölkerung ausmachten. Zwischen 1945 und 1955 strömten zahlreiche Menschen aus anderen Teilen der UdSSR ins Land und auch in den folgenden 30 Jahren wies Estland die höchste Migrationsrate aller Sowjetrepubliken auf.

Eine der am stärksten vernachlässigten ethnischen Gruppen in Estland ist das Volk der Setos (oder Setu). Die Zahl der Setos wird auf rund 10 000 geschätzt; sie leben in Südostestland und im benachbarten Russland.

Einer Gallup-Umfrage von 2009 zufolge ist Estland das am wenigsten religiöse Land der Erde, obwohl sich viele als spirituell bezeichnen und ihre Ethik auf einem Naturglauben fußt. Seit dem frühen 17. Jh. sind die estnischen Christen vorwiegend protestantisch. Als Estland Teil des russischen Reiches war, konnte sich auch die russisch-orthodoxe Kirche etablieren. Heute bekennt sich nur eine Minderheit der Esten zu einer Religion: 14 % bezeichnen sich als Lutheraner und 13 % als Orthodoxe. Kein anderes Bekenntnis kann mehr als 1 % der Bevölkerung auf sich vereinen.

Juden kamen schon im 14. Jh. ins Land und zu Beginn der 1930er-Jahre lebten 4300 Juden in Estland. Drei Viertel flohen vor der deutschen Besatzung und von den Verbliebenen wurden fast alle getötet. Heute gibt es rund 2000 Juden in Estland und 2007 feierte die jüdische Gemeinschaft seit dem Holocaust die erste Eröffnung einer Synagoge, eines auffallenden modernen Bauwerks in der Karu 16 in Tallinn.

Kunst & Kultur

Musik

Auf der internationalen Bühne war Estland vor allem auf dem Gebiet der klassischen Musik erfolgreich. Der wichtigste estnische Komponist ist Arvo Pärt (geboren 1935), ein Meister höchst intensiver und ernsthafter Musik, die viele fälschlicherweise als minimalistische Kompositionen auffassen. Pärt emigrierte während der sowjetischen Besatzung nach Deutschland. *Miserere, Litany, Te Deum* und *Tabula Rasa* sind nur einige Beispiele aus seinem international anerkannten Gesamtwerk, das durch dramatische Traurigkeit, eindringliche, erhaben klingende Höhepunkte und bewusst eingesetzte Stille geprägt ist.

Die bedeutendsten estnischen Komponisten des 20. Jhs. schrieben ungemein populäre Musik – die Esten lieben ihre Werke bis heute. Rudolf Tobias (1873–1918) komponierte wichtige Symphonien, Choräle und Konzerte, aber auch Phantasien zu Volksliedern. Mart Saar (1882–1963) studierte bei Rimski-Korsakow in St. Petersburg – in seiner Musik hat sich dieser Einfluss allerdings nicht niedergeschlagen. Seine Lieder und Klaviersuiten waren in der Zeit zwischen den beiden Weltkriegen die meist gespielten Musikwerke des Landes. Eduard Tubin (1905–82) ist ein weiterer hervorragender estnischer Komponist, dessen Werk zehn Symphonien umfasst. Der zeitgenössische Komponist Erkki-Sven Tüür (geboren 1959) lässt sich von der Natur und den Eindrücken aus seiner Heimat Hiiumaa inspirieren.

Das Ensemble Hortus Musicus ist das wahrscheinlich bekannteste Ensemble des Landes; es spielt vor allem mittelalterliche und Renaissancemusik. Die Brücke von Alt nach Neu gelingt am besten Rondellus: Das zu den cleversten Musikgruppen Estlands zählende Ensemble tritt bei etlichen Festivals für alte Musik auf und spielt auf mittelalterlichen Instrumenten – ohne Scheu vor Experimenten. Ihr recht gut verkauftes Album *Sabbatum* (2002) ist eine Art Verneigung vor der Band Black Sabbath. Der einzige Unterschied: Ihre Musik wird auf mittelalterlichen Instrumenten gespielt und die Lieder werden auf Latein gesungen.

Erfolgreiche Vertreter des Rock und Punk in Estland sind Bands wie Vennaskond, Tuberkuloited und die Gruppe Mr Lawrence, die ein bisschen an U2 erinnert und in den 1990er-Jahren sehr beliebt war. Ebenfalls populär (etwas schwer, aber zeitlos estnisch) ist die Gruppe Metsatöll, die sich mit ihren Titeln und Texten stark auf die archaische Sprache und Bilderwelt Estlands bezieht. Etwas eingängiger sind Ultima Thule, Genialistid und Smilers, die zu den ältesten und beliebtesten estnischen Bands überhaupt zählen.

Auch die Pop- und Tanzmusikszene ist stark im Kommen, wie die estnischen Beiträge beim Eurovision Song Contest eindrucksvoll beweisen. 2001 gewann Estland als erste ehemalige Sowjetrepublik den ersten Platz. Die Mädchenband Vanilla Ninja feierte zu Beginn des neuen Jahrtausends mit Titeln auf Englisch und Estnisch große Erfolge in Mitteleuropa, heute ist die Boygroup Outlandz populär. Gefragte Popmusiker sind auch Koit Toome und Maarja-Liis Ilus.

Unter www.estmusic.com gibt's umfassende Interpretenlisten und Hörproben estnischer Musik aller Genres – eine interessante Website, wenn auch nicht sonderlich aktuell.

Literatur

Das Estnische galt lange als reine „Bauernsprache" statt als Sprache mit literarischem Potenzial; daher ist die Geschichte des Estnischen als Schriftsprache kaum älter als 150 Jahre. Deutsch-Balten publizierten ein estnisches Grammatik- und Wörterbuch; aber erst mit der Nationalbewegung Ende des 19. Jhs. begann die Publikation von Büchern, Dichtung und Zeitungen.

Die estnische Literatur beginnt mit den Gedichten und Tagebüchern eines jungen Absolventen der Universität Tartu, Kristjan Jaak Peterson. Der sprachbegabte junge Dichter starb jedoch schon 1822 im Alter von nur 21 Jahren. Seine Zeilen „Kann nicht die Sprache dieses Landes, im Winde des Gesangs, zum Himmel aufsteigend, die Ewigkeit suchen?" sind in Tartu in Stein graviert und sein Geburtstag (14. März) wird als Tag der Muttersprache gefeiert.

Bis Mitte des 19. Jhs. wurde estnische Kultur nur durch mündliche Überlieferung unter Bauern weitergegeben. Das nationalepische Gedicht *Kalevipoeg* (Kalevs Sohn), das Friedrich Reinhold Kreutzwald (1803–82) zwischen 1857 und 1861 geschrieben hat, bediente sich auf brillante Weise der reichen mündlichen Geschichtsüberlieferungen Estlands und war von Finnlands *Kalevala*, einem mehrere Jahrzehnte zuvor entstandenen Epos, inspiriert. Im *Kalevipoeg* vermengen sich Hunderte estnischer Legenden und Volkserzählungen zu einer Geschichte über die Abenteuer des mythischen Helden Kalev. Das Epos endet mit seinem Tod und der Eroberung seines Landes durch Fremde – aber auch mit einem Versprechen, das Land wieder in die Freiheit zu führen. Es spielte für Estlands nationales Erwachen im 19. Jh. eine entscheidende Rolle.

Lydia Koidula (1843–86) war die Dichterin der estnischen Nationalbewegung und die „First Lady" der Literatur. Anton Hansen Tammsaare (1878–1940) gilt als bedeutendster estnischer Romancier, vor allem wegen seines fünfbändigen Werks *Tõde ja Õigus (Wahrheit und Gerechtigkeit)*, das er zwischen 1926 und 1933 geschrieben hat. Die

ESTNISCHE STAATSBÜRGERSCHAFT

Als Estland 1991 seine Unabhängigkeit wiedergewonnen hatte, erhielt nicht jeder Einwohner die Staatsbürgerschaft: Wer vor 1940 Bürger der estnischen Republik gewesen war, wurde automatisch eingebürgert (ebenso seine Nachkommen). Immigranten aus der Zeit der sowjetischen Besatzung (vornehmlich russischsprachige Bürger, von denen viele kein Estnisch beherrschten) erhielten (und erhalten) die Staatsbürgerschaft nur, wenn sie Grundkenntnisse der estnischen Geschichte und Sprache nachweisen können. Alternativ dürfen sie aber die russische Staatsbürgerschaft annehmen, auf die alle Bürger der ehemaligen UdSSR Anspruch haben, oder als Staatenlose in Estland bleiben. An den Parlamentswahlen dürfen jedoch nur estnische Bürger teilnehmen. Ohne Staatsangehörigkeit, aber mit Aufenthaltsgenehmigung kann man sich immerhin an Kommunalwahlen beteiligen.

Diese Vorgehensweise bei der Einbürgerung und die angeblich sehr schwierige Sprachprüfung entwickelten sich zum internationalen Streitpunkt. Die russische Regierung, die EU und mehrere Menschenrechtsorganisationen (darunter Amnesty International) beanstandeten, dass vielen russischsprachigen Einwohnern ihre Staats- und Zivilrechte verweigert würden. Daraufhin wurden die Tests etwas abgeändert und die Zahl der Staatenlosen begann zu sinken. Nach offizieller Auskunft waren 1992 noch 32 % der Einwohner Estlands ohne Staatsbürgerschaft. Heute liegt der Anteil der Staatenlosen nur noch bei 8 %.

Als Folge der estnischen Einbürgerungspolitik haben 8 % der Bevölkerung einen ausländischen Pass – vor allem der Russischen Föderation, der Ukraine und Finnlands. Etwa 84 % sind estnische Staatsbürger.

NOCH MEHR VOKALE, BITTE ...

Fasziniert von der Landessprache? Interessiert, sie zu erlernen? Es gibt im Estnischen 14 Fälle, kein Futur und keine Artikel. Außerdem muss man vokalreiche Wörter wie die folgenden erst einmal aussprechen können:

» *jäääär* – Rand des Eises

» *töööö* – Arbeitsnacht (kann auch öötöö heißen)

» *kuuuurija* – Mondforscher

» *kuuüür* – Monatsmiete

Oder wie wär's damit: *Kuuuurijate töööö jäääärel* („die Arbeitsnacht eines Mondforschers am Rande des Eises")!

fünfbändige Saga vom Dorf- und Stadtleben befasst sich mit sozialen, politischen und philosophischen Themen des Landes.

Eduard Vilde (1865–1933) war ein einflussreicher Romanschriftsteller und Theaterautor des frühen 20. Jhs., der 1912 *Tabamata Ime (Unerreichbares Wunder)* schrieb. *Tabamata Ime* war das erste Stück, das 1913 zur Eröffnung des Estonia-Theaters gespielt wurde, aber aufgrund vernichtender Kritiken der damaligen Intelligenzija durch *Hamlet* ersetzt wurde. In den meisten seiner Romane und Stücke schaute Vilde mit großer Ironie auf das seiner Ansicht nach blinde und voreilige Bemühen Estlands, ein Teil Europas zu werden. Für Vilde gilt stattdessen Eigenständigkeit als die ehrlichste Form von Unabhängigkeit.

Paul-Eerik Rummo (geboren 1942) ist einer der führenden estnischen Dichter und Theaterautoren. Er wird auch „estnischer Dylan Thomas" genannt, da er sehr patriotische Stücke schreibt, die sich mit zeitgemäßen Problemen kultureller Identität befassen. Sein Zeitgenosse Mati Unt (1944–2005) spielte eine wichtige Rolle dabei, den estländischen Intellektuellen einen Platz in der modernen Welt zu verschaffen. Er hatte seit den 1960er-Jahren einige ziemlich zynische Romane (hervorzuheben ist *Sügisball* oder *Herbstball*, 1979), Theaterstücke und Artikel über den estnischen Alltag geschrieben.

Der Romancier Jaan Kross (1929–2007) machte sich mit historischen Romanen zu Themen der Sowjetära einen Namen. Sein Werk wurde in mehr als 20 Sprachen übersetzt. Damit ist er der bekannteste Autor seines Landes. Sein populärstes Buch, *Der Verrückte des Zaren* (*Keisri hull*, 1978), erzählt die Geschichte eines estnischen Barons aus dem 19. Jh., der sich in ein Bauernmädchen verliebt und schließlich im Gefängnis landet. Es ist an eine wahre Geschichte angelehnt. Der Hauptschwerpunkt seines literarischen Schaffens besteht in der Kritik an vergangenen und heutigen autoritären Regierungssystemen. Sein halb-autobiographisches Werk *Paigallend* wurde 2003 ins Englische übersetzt *(Treading Air)*.

Estland hat auch eine Reihe ausgezeichneter zeitgenössischer Lyriker. Jaan Kaplinski (geboren 1941) hat zwei Sammlungen, *The Same Sea In Us All* und *The Wandering Border*, auf Englisch veröffentlicht. Sein Werk drückt das estnische Lebensgefühl hervorragend aus. Der Romanschriftsteller Kross und der Poet Kaplinski wurden beide für den Literaturnobelpreis nominiert.

Tõnu Õnnepalus *Im Grenzland* (*Piiri Riik*, 1993 unter dem Pseudonym Emil Tode veröffentlicht) handelt von einem jungen schwulen Esten, der Europa bereist und zur männlichen Mätresse eines reichen, älteren Gentleman wird und einen quälenden Weg der Selbsterkenntnis einschlägt. Mehr als ein einfaches Bekenntnis ist *Im Grenzland* eine clevere und umfassende Kritik an modernen estnischen Wertvorstellungen. Im Belletristikbereich erzählt Kaur Kender in seinem Buch *Unabhängigkeitstag* (*Iseseisvuspäev*, 1998) die unglücklichen Geschichten junger und ehrgeiziger Unternehmen im Estland nach der Unabhängigkeit.

Der von der Kritik am meisten gefeierte Roman der jüngeren Zeit ist *Fegefeuer* (*Puhdistus*, 2008) von Sofi Oksanen, eine erschütternde Geschichte, die die stalinistischen Säuberungen mit dem Menschenhandel und der Sexsklaverei der Jetztzeit verwebt. Das Buch war ein Bestseller in Estland und Finnland, hat sechs wichtige Preise gewonnen, wurde in 36 Sprachen übersetzt und wird derzeit verfilmt.

Kino

Die ersten „bewegten Bilder" wurden 1896 in Tallinn gezeigt, das erste Lichtspielhaus eröffnete 1908. Estlands Kino hat kein besonderes Profil – mit einigen Ausnahmen. Es ist bemerkenswert, dass Estland – obwohl sein Kinopublikum zu den kleinsten der Welt gehört – mehr Filme produziert als die benachbarten Baltenstaaten. In den estnischen Kinos machen die Eigenproduktionen beachtliche 14 % aus.

Der populärste Film des Landes ist Arvo Kruusements *Kevade* (*Frühling*, 1969), eine Adaptation von Oskar Luts' *Landsaga*. Die Fortsetzung *Suvi* (*Sommer*, 1976) wurde nicht so hochgelobt wie *Frühling*, war aber ebenfalls sehr erfolgreich. Grigori Kromanovs *Viimne Reliikvia* (*Die letzte Reliquie*, 1969) war ein mutiger unerschrocken antisowjetischer Film, der in 60 Ländern gezeigt wurde.

In jüngerer Zeit waren Sulev Keedus' lyrischer Film *Georgica* (1998) über Kindheit, Krieg und Leben auf den westlichen Inseln und Jaak Kilmis *Revolution der Schweine* (*Sigade Revolutsioon*, 2004) über einen antisowjetischen Aufstand in einem Jugendsommerlager auf mehreren internationalen Filmfestivals zu sehen.

Einer der bekanntesten estnischen Filme ist *Names in Marble* (*Nimed Marmortahvlil*, 2002). Er erzählt die Geschichte einer Gruppe junger Klassenkameraden, die im Unabhängigkeitskrieg 1918–20 für die junge Nation gegen die Rote Armee kämpfen. In Szene gesetzt wurde er vom gefeierten estnischen Theaterregisseur Elmo Nüganen. Der Film basiert auf dem gleichnamigen Buch (von Albert Kivikas), das in der Sowjetzeit verboten war.

Veiko Õunpuus Film *Herbstball* (*Sügisball*) von 2007 nach dem Roman von Mati Unt wurde auf sieben Festivals von Brüssel bis Bratislava mit Preisen ausgezeichnet. Sein neuester Film ist die schwarze Komödie *Die Versuchung des Hl. Tony* (*Püha Tõnu kiusamine*, 2009).

Theater

Viele Schauspielhäuser des Landes wurden ausschließlich durch Privatspenden finanziert. Das verdeutlicht, welche Rolle das Theater im kulturellen Leben Estlands spielt. Das Estnische Dramentheater in Tallinn, das Vanemuine-Theater in Tartu und das Theater von Rakvere – das letzte öffentliche Gebäude, das in Estland vor dem Zweiten Weltkrieg errichtet wurde – konnten alle mithilfe von Spendensammlungen an der Haustür gebaut werden!

Die Beliebtheit des Theaters ist auch an den Besucherstatistiken ablesbar: 2007 ergab die sogenannte Eurobarometer-Umfrage, dass 93 % der estnischen Bevölkerung Konzerte oder Theateraufführungen besuchen und im Fernsehen Kultursendungen verfolgen (der EU-Durchschnitt liegt bei 78 %). 49 % der Esten gehen gerne in Theaterstücke oder Musicals. Dabei werden sie nur noch von den Niederländern übertroffen.

Das moderne estnische Theater soll 1870 in Tartu entstanden sein, wo Lydia Koidulas *Saaremaa Onupoeg (Der Cousin von Saaremaa)* als erstes estnisches Stück öffentlich aufgeführt wurde. Mit dem Vanemuine-Theater (hervorgegangen aus der Vanemuine-Gesellschaft, einer Amateurtruppe) wurde 1906 das professionelle Theater geboren. Bald darauf öffnete das Estonia-Theater seine Pforten in Tallinn, das Endla-Theater in Pärnu folgte 1911. Im ersten Jahrzehnt konnte sich das Theater mit talentierten Regisseuren und Schauspielern, die Stücke von August Kitzberg und Eduard Wilde aufführten, schnell einen Namen machen.

In den Jahren der Unabhängigkeit (1918–40) erlebte das estnische Theater eine Blütezeit, auch wenn es in den 1930er-Jahren merklich an Kreativität verlor. Unter der sowjetischen Herrschaft, die eine strenge Zensur ausübte und die Bühnen mit blutleeren sowjetischen Stücken versorgte, litt

KIIKING – WAS ZUM ...?

Nur die Esten schaffen es, aus einem gemächlichen Schaukelvergnügen eine Extremsportart zu machen (allenfalls die Neuseeländer hätten vielleicht schon früher darauf kommen können). 1997 brachte die verrückte estnische Sportwelt das Kiiking hervor. Die Wettkämpfer stehen dabei auf einer Schaukel (an Händen und Füßen fixiert) und versuchen eine 360-Grad-Drehung um die Schaukelstange. Der Erfinder der Sportart, Ado Kosk, hat festgestellt, dass die komplette Umdrehung umso schwieriger wird, je länger die Aufhängung ist. Daraufhin entwickelte er eine Teleskopkonstruktion, womit der Schwierigkeitsgrad kontinuierlich gesteigert werden kann. Gewinner ist, wer mit der längsten Schaukel eine Umdrehung schafft. Der Rekord liegt derzeit bei knapp über 7 m! Wer sich den Sport jetzt noch nicht wirklich vorstellen kann, bekommt unter www.kiiking.ee einen Eindruck. Hier erfährt man auch, wo man das nächste Event besuchen (oder selbst daran teilnehmen) kann.

das Theater wie alle Künste schwer. Nach Stalins Tod 1953 änderte sich manches und das Theater erhielt größere Freiheit. Obwohl die 1960er-Jahre in vielen Lebensbereichen eine Zeit der Unterdrückung waren, konnte sich auf den estnischen Bühnen wieder die Avantgarde zeigen. Die Stücke waren inhaltlich voller Bezüge auf das reale Leben und reich an Symbolismus. Paul-Eerik Rummo, vielleicht Estlands bekanntester Dichter dieser Zeit, schrieb „Das Aschenputtel-Spiel" – eine brillante Satire auf die Unterdrückung in der Sowjetära. Die Erstaufführung war 1969, später wurde es im New Yorker La Mama Theater und in verschiedenen europäischen Theatern inszeniert.

1991, mit der Wiederkehr der Unabhängigkeit und dem Verschwinden der Zensur, standen der Bühne erneut alle Möglichkeiten offen. Einige Kritiker bemängelten, dass mit Estlands neuer Freiheit auch die Radikalität im Theater gestorben war – da auch das Objekt der Satire (der Große Bruder) kein Thema mehr war. Wie auch immer: Das Bühnenleben blüht weiter, auch heute noch sind die Säle fast immer gefüllt. Die originellsten Theaterregisseure sind derzeit Jaanus Rohumaa, Katri Aaslav-Tepand und Elmo Nüganen, die häufig an Tallinns Stadttheater (Linnateater; S. 76) arbeiten. Besucher ohne Sprachkenntnisse werden allerdings Probleme haben, die Handlung zu verfolgen.

Essen & Trinken

Tallinn ist ein echtes Mekka für Freunde des guten Essens. In den vielen stimmungsvollen Speiselokalen der Stadt sind Kochtraditionen aus aller Welt vertreten und die Preise sind in der Regel erheblich niedriger als in den meisten anderen europäischen Hauptstädten. Auch im restlichen Land gibt's einige fabelhafte Restaurants – wie etwa das Alexander auf Muhu –, doch kann es keine andere Stadt in puncto Qualität und Vielfalt mit Tallinn aufnehmen (und Tartu wird unserer Meinung nach von Pärnu abgehängt).

In vielen Teilen Estlands wird Besuchern wenig kulinarische Abwechslung geboten; die einzige Frage ist oft, welches Fleisch man zu den Kartoffeln möchte. Grund dafür sind Estlands bäuerliche Wurzeln und die Tatsache, dass die Schwerstarbeit auf den Feldern (bis zur ihrer Befreiung im 19. Jh. waren viele Bauern Leibeigene) nur mit gehaltvoller Kost zu leisten war. Die Essenszubereitung war einfach und praktisch: Alles, was auf dem Lande wuchs und hergestellt werden konnte, wurde eben gegessen: Haferbrei, Quark und gekochte Kartoffeln waren das Standardessen. An Festtagen und zu besonderen Gelegenheiten gab es auch einmal Fleisch. Küstenbewohner fuhren aufs Meer hinaus, hier standen meist Dorsch und Hering auf dem Tisch. Um das Essen für den Winter haltbar zu machen, wurde der Fisch getrocknet, gesalzen oder geräuchert. Ergänzt wurde der Speiseplan durch eingemachte und konservierte Lebensmittel.

Viele Restaurants haben das Beste aus den bescheidenen Traditionen und ihrer historischen Umgebung gemacht, indem sie wahre Festessen anbieten, die von jungen Leuten in mittelalterlicher Bauernkleidung aufgetischt werden. Das beste Beispiel hierfür ist das Restaurant Olde Hansa in Tallinn, jedoch gibt's auch auf dem Land eine Rückbesinnung auf historische Gaststätten.

Estnische Spezialitäten

Die baltische Gastronomie ist tief mit dem Land verwurzelt: Zuchtvieh und Wild bilden die Grundlage einer deftigen Ernährung. Die estnische Küche basiert vor allem auf *sealiha* (Schwein), anderem roten Fleisch, *kana* (Huhn), *vurst* (Wurst) und *kapsa* (Kohl); Kartoffeln sind besonders im Winter ein wichtiger Lieferant von Kohlehydraten. Insgesamt gilt diese Küche allgemein als langweilig, schwer und dank fehlender Gewürze als fad. Saure Sahne scheint es zu allem dazuzugeben außer zum Kaffee. *Kala* (Fisch), meistens *heeringas* (Hering), *forell* (Forelle) oder *lõhe* (Lachs), wird in der Regel in geräucherter oder gepökelter Form als Vorspeise gereicht. Besonders gut für Freunde von *suitsukala* (Räucherfisch) ist der Peipus-See: An den Uferstraßen stehen oft Fischstände.

Zur Weihnachtszeit wird aus frischem Blut in Schweinedarm gehüllte *verivorst* (Blutwurst) hergestellt. In den meisten tra-

PREISKATEGORIEN ESSEN

Basierend auf dem jeweils günstigsten Hauptgericht haben wir in diesem Kapitel folgende Preiskategorien festgelegt.

» **€** bis 7 €

» **€€** 7–14 €

» **€€€** über 14 €

SPRACHFÜHRER ESSEN

Keinen Schimmer, was der Unterschied zwischen *kana* und *kala* ist? Oder was *maasikas* und *marjad* sind? Mit der estnischen Sprache beginnt man am besten beim Essen – und lernt alle Wörter, die dafür gebraucht werden. Hinweise zur Aussprache steht im Sprachkapitel.

Nützliche Wendungen

Kann ich die Speisekarte haben?	*Kas ma saaksin menüü?*
Ich möchte ...	*Ma sooviksin ...*
Die Rechnung, bitte.	*Palun arve.*
Ich bin Vegetarier.	*Ma olen taimetoitlane.*
Guten Appetit!	*Head isu!*
Prost!	*Terviseks!*
Frühstück	*hommikusöök*
Mittagessen	*lõuna*
Abendessen	*õhtusöök*

Kulinarisches Glossar

Beeren	*marjad*
Fisch	*kala*
Fleisch (rot)	*liha*
Gemüse	*köögivili*
Grillkotelett	*karbonaad*
Hering	*räim, heeringas*
Huhn	*kana*
Kartoffel	*kartul*
Käse	*juust*
Kaviar	*kaaviar, kalamari*
Kohl	*kapsas*
Lachs	*lõhe*
Obst	*puuviljad*
Pfannkuchen	*pannkook*
Pilze	*seened*
Roggenbrot	*leib*
Schwein	*sealiha*
Sprotten	*kilud*
Weißbrot	*sai*
Wurst	*vorst*

ditionellen estnischen Restaurants kommen Blutrünstige auf ihre Kosten: mit *verivorst, verileib* (Blutbrot) und *verikäkk* (in Mehl und Ei gewälzte Blutbällchen mit Schweinefettstückchen zur Verbesserung des Geschmacks). *Sült* (Fleischsülze) wird ebenfalls als Delikatesse serviert.

Nach wie vor spielen die Jahreszeiten eine große Rolle im estnischen Speiseplan. Im Frühjahr gibt es wilden Lauch, Rhabarber, frischen Sauerampfer und Ziegenkäse, außerdem werden die Osterlämmchen geschlachtet. Im Sommer bringen frisches Gemüse und Kräuter zusammen mit Bee-

INSIDERWISSEN

PILLE PETERSOO: GASTRO-BLOGGER

Pille Petersoo schreibt den Nami-Nami-Blog unter http://nami-nami.blogspot.com; nami-nami ist übrigens ein estnischer Ausdruck für „lecker".

Was können Sie uns generell über die estnische Küche sagen? Die traditionelle Landesküche ist einfach und deftig, eine Mischung aus nordischen, russischen und deutschen Einflüssen. Schweinefleisch und Kartoffeln spielen eine große Rolle. Im Sommer kommt mit Grillfleisch und Salaten auch Leichteres auf den Teller. Fisch gibt es überraschend selten und gewürzt wird eher sparsam.

Was sollten Besucher auf jeden Fall probieren? Wenn sie mutig sind, Blutwurst oder Schweinesülze. Ich persönlich bin ein großer Fan von *kama* – einem traditionellen Gericht aus gekochten, gerösteten und gemahlenen Erbsen sowie Roggen-, Gersten- und Weizenmehl. Meist wird Buttermilch oder Kefir zugegeben und mit Salz und Zucker verfeinert. In seiner ursprünglichen Form ist es ein leichtes Essen oder auch Getränk – und vor allem im Sommer sehr beliebt. Mit etwas Quark, Zucker, Vanille und kleingeschnittenen Erdbeeren wird es zum köstlichen Nachtisch.

Und zu guter Letzt: Was würde sich als kulinarisches Mitbringsel aus Estland anbieten? Vana Tallinn, vor allem die Cremevariante (er schmeckt intensiver als Baileys und ist nicht so übertrieben süß). Auch *kama* ist nicht schlecht.

ren, Nüssen und Pilzen aus den heimischen Wäldern Abwechslung in den Speiseplan. Das Sammeln ist auch heute noch ein beliebter Zeitvertreib für viele Esten. Auf dem *turg* (Markt) gibt es tonnenweise köstliche Erdbeeren. (Es wird aber auch Importware angeboten, die mit der Qualität heimischer Früchte nicht konkurrieren kann.)

Der Herbst war schon immer die traditionelle Jagdsaison. Zwar sind viele Arten heute durch Abschussquoten geschützt, doch finden sich das ganze Jahr über Elch, Wildschwein, Hirsch und sogar Bär auf den Speisekarten. Um über den harten Winter zu kommen, essen die Esten herzhafte Braten, Eintöpfe, Suppen und viel Sauerkraut.

Ein weiteres Hauptnahrungsmittel ist Brot – ebenfalls ein Relikt der ländlichen Wurzeln. Und die Esten verstehen sich aufs Backen: Am besten schmeckt wahrscheinlich das estnische Roggenbrot, denn es ist feucht, fest und lecker (jedenfalls solange es frisch ist). In der Regel wird es in den Restaurants kostenlos zum Essen gereicht.

Terviseks!

Der traditionelle estnische Trinkspruch bedeutet so viel wie „Prost!" oder „Zum Wohl!". Bier ist das beliebteste alkoholische Getränk in Estland, viele verschiedene Sorten werden überall im Land gebraut. Die besten Marken sind Saku und A. Le Coq, die in unterschiedlichen Sorten auf den Markt kommen. Auf Saaremaa und Hiiumaa wird ein Inselbier gebraut, das weniger stark ist als das traditionelle Bier und an heißen Tagen eine herrliche Erfrischung ist. Im Winter trinken die Esten auch gerne Glühwein, ein Wundermittel gegen die Kälte der langen Winterabende.

Durch die historische Verbindung zu Russland ist auch Wodka beliebt. Viru Valge ist die beste Marke, die es in unterschiedlichsten Geschmacksrichtungen gibt. Manche Esten mischen ihn auch mit Fruchtsaft. (Ganz lecker ist Wodka mit Vanillegeschmack, gemischt mit Apfelsaft.)

Vana Tallinn ist eine Klasse für sich: Niemand weiß, woraus der sirupartige Likör eigentlich besteht, aber er ist ziemlich süß und stark und hat einen angenehmen Nachgeschmack. Am besten trinkt man ihn pur, im Kaffee, über Eis, mit Milch, in Champagner oder trockenem Weißwein.

Auch ohne eigene Weinberge hat Estland eine aufstrebende Weinkultur. In größeren Städten sind Weinlokale absolut angesagt, jedoch haben nur wenige ein größeres Angebot an Weinen, die auch glasweise serviert werden. In Tallinn gibt es die größten Weinkeller des Baltikums und außerdem viele mittelalterliche Lokale, in denen man gut bechern kann.

Wo, wann & wie

Mahlzeiten werden im *restoran* (Restaurant), *kohvik* (Café), *pubi* (Kneipe), *kõrts* (Gaststätte) und *trahter* (Taverne) serviert.

In fast jeder Stadt gibt es einen *turg* (Markt), auf dem man frisches Obst, Gemüse, Fleisch und Fisch bekommt.

Estnische Esssitten ähneln denen in anderen Teilen Nordeuropas. Mittag- oder Abendessen sind die wichtigsten Mahlzeiten des Tages. Viele Cafés servieren den ganzen Tag über Backwaren und Kuchen. Trinkgeld ist üblich und beträgt meist 10 % der Rechnungssumme. Die üblichen Öffnungszeiten stehen unter Allgemeine Informationen, S. 418. Besprechungen der besten Restaurants des Landes finden sich auf www.eestimaitsed.com.

Wer zu Esten nach Hause eingeladen wird, den erwarten eine große Gastfreundschaft und üppige Portionen. Man bringt dem Gastgeber/der Gastgeberin meist Blumen mit (Achtung: Blumensträuße mit einer geraden Anzahl von Blumen sind als Trauergabe für die Toten reserviert).

ALLGEMEINE INFORMATIONEN

Praktische Informationen

Auf den folgenden Seiten finden sich praktische Tipps für das Reisen in Estland. Allgemeine Informationen zu allen drei baltischen Staaten siehe S. 415.

Botschaften & Konsulate

Das **Estnische Außenministerium** (Välisministeerium; Karte S. 52; ☎637 7000; www.vm.ee; Islandi Väljak 1, Tallinn) informiert über die aktuellen diplomatischen Organisationen, ausländischen Botschaften und Konsulate.

Deutschland (Karte S. 48; ☎627 5300; www.tallinn.diplo.de; Toom-Kuninga 11) Botschaft

Österreich (Karte S. 48 ☎627 8740, www.austrianembassy.ee; Vambola 6) Botschaft

Schweiz (☎658 1133; www.eda.admin.ch/eda/en/home/reps/eur/vltu/livltu.html; Laki 5) Generalkonsulat; die zuständige Botschaft befindet sich in Riga.

Feiertage

Neujahr (Uusaasta) 1. Januar

Unabhängigkeitstag (Iseseisvuspäev) Jahrestag der Unabhängigkeitserklärung am 24. Februar 1918

Karfreitag (Suur reede) März/April

Ostersonntag (Lihavõtted) März/April

Frühlingstag (Kevadpüha) 1. Mai

Pfingstsonntag (Nelipühade) Siebter Sonntag nach Ostern (Mai/Juni)

Siegestag (Võidupüha) Jahrestag der Schlacht von Võnnu (1919) am 23. Juni

Johannistag (Jaanipäev, Mittsommertag) Das Aufeinanderfolgen von Siegestag und Johannistag ist für viele eine gute Entschuldigung, eine Woche Urlaub zu nehmen.

Tag der Wiedererlangung der Unabhängigkeit (Taasiseseisvumispäev) Am 20. August zur Feier der zweiten Unabhängigkeit 1991.

Heiligabend (Jõululaupäev) 24. Dezember

1. Weihnachtsfeiertag (Jõulupüha) 25. Dezember

2. Weihnachtsfeiertag (Teine jõulupüha) 26. Dezember

Geld

Am 1. Januar 2011 trat Estland der Eurozone bei und verabschiedete sich mit Wehmut von der estnischen Krone, die nur auf ein recht kurzes Dasein zurückblicken durfte. Es gibt jede Menge Geldautomaten und Kreditkarten werden fast überall akzeptiert. Die meisten Banken – jedoch keine Geschäfte und Restaurants – akzeptieren Reiseschecks, allerdings sind die Gebühren heftig. In Restaurants Trinkgeld zu geben ist inzwischen üblich; man rundet den Rechnungsbetrag einfach so auf, dass 10 % (oder etwas weniger) Trinkgeld dazukommen.

Internetzugang

Drahtloses Internet (WLAN) ist in „E-Land" sehr weit verbreitet (so mancher wird sich wundern, wie schlecht das eigene Heimatland dagegen abschneidet). Landesweit gibt es mehr als 1100 Hotspots, über 350 allein in Tallinn (in Hotels, Hostels, Restaurants, Cafés, Pubs, Einkaufszentren, an Häfen, Tankstellen, in Überlandbussen und sogar mitten im Nationalpark!). Eine komplette Liste findet man unter www.wi-fi.ee. Orange-schwarze Symbole kennzeichnen die WLAN-Zonen. Die meisten Hotspots sind kostenlos zu nutzen.

Ohne eigenes Notebook oder Smartphone sind die Möglichkeiten etwas knapper geworden. Eben gerade aufgrund der guten WLAN-Verfügbarkeit und weil viele Esten ein Notebook besitzen, werden Internetcafés kaum mehr gebraucht. Doch viele Unterkünfte haben einen Gästecomputer mit

Internetanschluss. Ein paar wenige Internetcafés gibt es auch noch und öffentliche Büchereien bieten frei zugängliche Computer mit Internetanschluss. In den meisten kleineren Orten gibt es einen gut ausgeschilderten öffentlichen Internetstandort, oft beim örtlichen Gemischtwarenladen.

Karten

Wer nur in den größeren Städten und Nationalparks unterwegs ist, kommt mit den Karten in diesem Buch und den Karten, welche die Touristeninformationen und Besucherzentren der Nationalparks umsonst verteilen, wunderbar aus. Wer jedoch mit einem eigenen Fahrzeug auch mal abgelegenere Orte erkunden möchte, sollte sich vielleicht einen guten Straßenatlas zulegen. **EO Map** (www.eomap.ee) bietet für jeden Landkreis und jede Stadt Estlands Faltkarten sowie einen Straßenatlas für ganz Estland. Auch **Regio** (www.regio.ee) produziert einen guten praktischen Straßenatlas mit vergrößerten Plänen für alle wichtigen Orte und Städte.

Schwule & Lesben

Gemäß seiner entspannten Haltung zu religiösen Fragen ist Estland ein recht tolerantes und sicheres Land für Schwule und Lesben, vor allem im Vergleich zu seinen baltischen Nachbarn und zu Russland. Jedoch hat sich diese Lockerheit nicht in einer spannenden Schwulen- und Lesbenszene niedergeschlagen – nur in Tallinn gibt's Kneipen und Clubs für Schwule und Lesben (Kasten S. 75). Aber dafür kann man sich auch auf der Terrasse einer Tallinner Schwulenbar wohlfühlen, ohne dass sich jemand daran stört. Homosexualität wurde 1992 entkriminalisiert und seit 2001 gilt für alle dasselbe Mindestalter für einvernehmlichen Sex.

Telefon

In Estland gibt es keine Ortsvorwahl. Für Inlandstelefonate sind also nur die Nummern erforderlich, die in diesem Buch stehen. Alle Festnetznummern haben sieben Ziffern. Handynummern sind sieben- oder achtstellig und fangen immer mit ☎5 an. Die Landesvorwahl ist die ☎372. Für ein R-Gespräch muss die ☎16116 gewählt werden. Bei Auslandsgesprächen gilt: Vor der Landesvorwahl 00 wählen.

Estlands Mobilfunknetz deckt fast 100 % des Landes ab und jedes Kind hat hier ein eigenes Handy. Um hohe Telefonkosten zu vermeiden, wird das Starterpaket (ca. 3 €) empfohlen. Damit bekommt man eine estländische Nummer, eine SIM-Karte für das eigene Handy und ein Gesprächsguthaben von 3 €. Die meisten Anbieter verlangen keine Gebühren für eingehende Gespräche. Wer länger telefonieren will, kauft sich eine Aufladekarte und gibt die aufgedruckte Nummer ins Mobiltelefon ein. Karten und Starterpaket sind an Kiosken und in Supermärkten und Postämtern erhältlich.

Öffentliche Telefone akzeptieren die Chipkarten, die es in Hostels, Postämtern und Kiosken zu kaufen gibt. Wer ins Ausland telefonieren will, fährt billiger mit internationalen Telefonkarten mit PIN; sie werden an Kiosken und in Supermärkten verkauft. Diese Karten können nur für Festnetz-, nicht für Mobiltelefone genutzt werden.

IM NOTFALL

24-Std.-Hotline bei Autopannen (☎1888)

Feuerwehr, Krankenwagen und Notarzt (☎112)

Polizei (☎110)

Erste-Hilfe-Hotline in Tallinn (☎697 1145) Informiert auf Englisch über das nächstgelegene Krankenhaus.

Touristeninformation

Zusätzlich zu der sehr informativen, mehrsprachigen Internetseite des **Estnischen Fremdenverkehrsamtes** (www.visitestonia.com) haben viele Städte und Nationalparks des Landes hilfreiche Touristeninformationen. In fast allen arbeitet auch englischsprachiges Personal und es gibt jede Menge kostenloses Informationsmaterial. Näheres steht beim jeweiligen Zielort unter „Praktische Informationen".

Unterkünfte

Wer gerne eher spontan reist, könnte in Estland im Juli und August Probleme bekommen. Die besten Unterkünfte sind dann schnell ausgebucht und in Tallinn muss man dann besonders an den Wochenenden über jedes Plätzchen dankbar sein, auf das man sein Haupt betten kann. Eigentlich ist es in Tallinn an jedem Wochenende recht voll: Zwischen Mai und September sollte man einen Monat im Voraus reservieren. Unter der Woche ist die Lage nicht so problematisch.

PREISKATEGORIEN SCHLAFEN

» **€** bis 35 € pro Nacht für das günstigste Doppelzimmer

» **€€** günstigstes Doppelzimmer 35–100 €

» **€€€** günstigstes Doppelzimmer über 100 €

In diesem Buch sind die Hauptsaisonpreise verzeichnet; für Estland ist das der Sommer. Zu anderen Zeiten fallen die Preise erheblich. Die einzige Ausnahme ist Otepää, wo es auch im Winter eine Hauptsaison gibt.

Zoll

Für Besucher von außerhalb der EU gelten die üblichen Einfuhrbeschränkungen; auf www.emta.ee finden sich nähere Angaben, auch zu Alkohol und Tabak.

An- & Weiterreise

Dieser Abschnitt beschäftigt sich mit der Anreise nach Estland von Lettland und Litauen. Zur Anreise von außerhalb des Baltikums siehe S. 424.

Auto & Motorrad

Zwischen Estland und Lettland gibt's dank dem Schengener Abkommen keine Grenzformalitäten. In der Regel ist es kein Problem, mit dem Mietwagen über die Grenze zu fahren: Jedoch ist es ratsam, das Mietwagenunternehmen davon in Kenntnis zu setzen, falls man in die Nachbarländer fahren möchte.

Bus

Häufigkeit und Kosten der Busverbindungen sind bei jeder Stadt unter „An- & Weiterreise" aufgeführt.

Ecolines (☎606 2217; www.ecolines.net) Drei Busse täglich auf der Route Rīga–Salacgrīva–Pärnu–Tallinn und ein Bus pro Tag auf der Strecke Rīga–Valmeira–Valga–Tartu.

Hansabuss Business Line (☎627 9080; www.businessline.ee) Vier Busse täglich zwischen Rīga und Tallinn, drei davon halten in Pärnu.

Lux Express (☎680 0909; www.luxexpress.eu) Neun Busse täglich zwischen Tallinn und Rīga, einige halten in Pärnu, zwei fahren weiter nach Vilnius. Außerdem zwei oder drei Busse täglich auf der Strecke St. Petersburg–Narva–Tartu–Valga–Rīga.

Flugzeug

air Baltic (BT; ☎17107; www.airbaltic.com) Flüge nach Tallinn von Rīga (7-mal tgl.) und von Vilnius (an den meisten Tagen).

Estonian Air (OV; ☎640 1160; www.estonian-air.ee) Unter der Woche zwei Flüge täglich zwischen Tallinn und Vilnius.

Zug

Valga ist Endpunkt sowohl des estnischen als auch des lettischen Eisenbahnnetzes, jedoch sind die Verbindungen nicht aufeinander abgestimmt (siehe S. 117). Von Valga fahren estnische Züge nach Tartu, lettische Züge nach Valmiera, Cēsis, Sigulda und Rīga.

Unterwegs vor Ort

Bus

Das estnische Busnetz ist umfangreich: Alle größeren Städte sind miteinander verbunden, von kleineren Orten gibt's Verbindungen zum entsprechenden regionalen Zentrum. Alle Busverbindungen sind auf der äußerst praktischen Website **BussiReisid** (www.bussireisid.ee) verzeichnet.

Fahrrad, Auto & Motorrad

Die estnischen Straßen sind im Allgemeinen sehr gut und das Fahren ist kein Problem. Wer mit dem Rad unterwegs ist, erfreut sich einer recht flachen Landschaft. In ländlichen Gebieten und besonders auf den Inseln sind einige Straßen nicht asphaltiert, jedoch zumeist dennoch gut in Schuss. Wer das Fahren bei Schnee und Eis nicht gewohnt ist, für den stellt der estnische Winter sicher eine Herausforderung dar. In allen größeren Städten werden Fahrräder und Autos vermietet.

Zug

Die meisten Leute fahren lieber mit dem Bus als mit dem Zug, da die Verbindungen besser sind und es bequemer ist. Das estnische Bahnnetz wird von **Edelerautee** (www.edel.ee) betrieben und umfasst u. a. die folgenden Strecken:

» Tallinn–Rakvere–Narva (tgl.)
» Tallinn–Tartu (3-mal tgl.)
» Tallinn–Viljandi (1- bis 3-mal tgl.)
» Tallinn–Pärnu (2-mal tgl.)
» Tartu–Valga (2-mal tgl.)

Ausflug nach Helsinki

Inhalt »

Sehenswertes 182
Schlafen 186
Essen 187
Unterhaltung 189
Helsinki verstehen 190
Allgemeine Informationen 191

Schön übernachten

» Hotelli Helka (S. 186)
» Hotel GLO (S. 186)
» Hotel Finn (S. 187)
» Hotel Fabian (S. 186)

Gut essen

» Olo (S. 187)
» Juuri (S. 187)
» Zucchini (S. 187)

Auf nach Helsinki

Es ist nur logisch, dass eine Hafenstadt wie Helsinki, noch dazu die Hauptstadt eines so wasserreichen Landes wie Finnland, mit der Ostsee auf so elegante Art geradezu verschmilzt. Die Hälfte der Stadt besteht aus Wasser und die gewundene Küste lässt jede Menge größerer und kleinerer Buchten plus ein paar Inseln entstehen.

Manchmal wirkt Helsinki wie der kleine Bruder der übrigen skandinavischen Hauptstädte, aber dieser kleine Bruder hat die Kunstakademie besucht, verachtet Popmusik, arbeitet in einem topaktuellen Designstudio, trägt schwarze Klamotten und hat jede Menge Piercings.

Andererseits ist es gerade auch das Alte, das Helsinki liebenswert macht. Die dezenten und doch prachtvollen Jugendstilbauten, die großen, eleganten Kaffeehäuser aus dem frühen 20. Jh., Dutzende von Museen, in denen das kulturelle Erbe Finnlands sorgfältig gepflegt wird, Restaurants, die seit den 1930er-Jahren mit ein und derselben Speisekarte auskommen (und mit ein und derselben Einrichtung) – all das trägt zum quirligen Charme der Stadt bei. Helsinki ist ein tolles Ausflugsziel für ein paar Tage oder auch für länger.

Reisezeit

Helsinki ist das ganze Jahr reizvoll, hier ist immer was los. Im Juni wird die Sommersaison eingeläutet. Alle Cafés und Bars stellen dann draußen ihre Tische auf und die Nächte scheinen nie zu enden. Im Juli fahren die Finnen auf ihre Datschen hinaus und die Hauptstadt kommt etwas zur Ruhe, bevor es im August wieder rund geht. Wer Helsinki im Winter erleben möchte, sollte im Dezember kommen und vor weihnachtlicher Kulisse Schlittschuh laufen, bevor die Temperaturen noch weiter in den Keller fallen.

Highlights

1. Sich am Wochenende ins Getümmel stürzen und die **Kneipen und Bars** (S. 188) der Stadt unsicher machen
2. Mit einem Picknickkorb gerüstet die Inselfestung **Suomenlinna** (S. 182) erkunden, die früher den Hafen von Helsinki geschützt hat
3. Durch die unendlich vielen aufregenden Designerläden in **Punavuori** (S. 189) streifen
4. In einem der vielen Museen und Galerien Kunstwerke bewundern, z. B. moderne Kunst im **Kiasma** (S. 182)
5. Ein **Fahrrad mieten** (S. 191) und das hervorragende Radwegenetz genießen
6. In der stimmungsvollen, traditionellen **Kotiharjun-Sauna** (S. 185) die Alltagssorgen vergessen
7. Sich eine traditionelle finnische **Mahlzeit** (S. 187) wie Fleischklöpse oder Leber mit Kartoffelbrei gönnen – oder aber Haute Cuisine à la Suomi bei Olo oder Juuri

HELSINKI AUF EINEN BLICK

» **Fläche** 745 km² (mit Vororten)

» **Ländervorwahl** +358

» **Währung** Euro (€)

» **Einwohner** 1 Million (mit Vororten)

» **Amtssprachen** Finnisch, Schwedisch

» **Visa** Für Bürger eines Schengen-Landes (also auch für Deutsche, Österreicher und Schweizer) genügt der Personalausweis zur Einreise.

Sehenswertes

Am *Kauppatori* (Marktplatz) im Zentrum der Stadt schlägt das Herz von Helsinki; hier legen die Stadtfähren an und es gibt frischen Fisch, Beeren und Souvenirs zu kaufen.

Helsinki hat über 50 Museen und Galerien; was in der folgenden Auswahl nicht aufgeführt ist, muss deshalb nicht schlecht sein. Die kostenlose Broschüre *Museen* (bei der Touristeninformation) enthält die komplette Liste.

Suomenlinna FESTUNG

(www.suomenlinna.fi) Die Fähre braucht gerade mal 15 Minuten vom Kauppatori zur „Finnlandfestung". Ein Ausflug hierher gehört in Helsinki zum Pflichtprogramm. Die Schweden haben die Burganlage im 18. Jh. auf vier Inseln erbaut, die mit Brücken verbunden sind.

Ein Fußweg führt von der Hauptanlegestelle zu den wichtigsten Attraktionen. Das **Besucherzentrum** (Suomenlinnakeskus, www.suomenlinna.fi; Führungen 7 €; Mai–Sept. 10–18 Uhr, Okt.–April 10.30–16.30 Uhr, englischsprachige Führung 13.30 Uhr) an der Brücke zur Hauptinsel Susisaari hat einen Internetzugang, Übersichtspläne und Führungen (im Sommer täglich, im Winter nur Sa & So) im Angebot. Im selben Gebäude ist das **Suomenlinna-museo** untergebracht (Eintritt 5 €). Auf zwei Etagen wird die Geschichte der Burg erzählt.

Am stimmungsvollsten ist die Suomenlinna, wo an der Südspitze von Susisaari der Fußweg endet. Hier warten alte Bunkeranlagen, verfallene Burgmauern und Kanonen, aber auch etliche hübsche Wiesen, die zu einem Picknick einladen.

Auf den Inseln gibt es noch mehrere andere Museen, eines davon in einem alten U-Boot. Cafés und Restaurants bieten Erholung.

Mit der Fähre (15 Min., 6.20–2.20 Uhr, 3-mal stündl.) geht es vom Kauppatori in Helsinki zur Hauptanlegestelle der Suomenlinna; im Sommer legt sie auch an anderen Stellen der Inseln an. Tickets (einfach/hin & zurück 2/3,80 €) gibt's am Pier.

Tuomiokirkko KIRCHE

(Evangelischer Dom; www.visithelsinki.fi; Unioninkatu 29; Sept.–Mai 9–18, Juni–Aug. 9–24 Uhr) Über dem Senatsplatz thront der schneeweiße, neoklassizistische evangelische Dom. Er gilt als eines der schönsten Bauwerke des Architekten Carl Ludwig Engel, obwohl der die fertige Kirche nie gesehen hat: Schon 12 Jahre vor der Vollendung 1852 starb der Meister. Ursprünglich sollte die lange Freitreppe ja Gottes Macht symbolisieren, doch inzwischen treffen sich dort vor allem junge Paare zum Knutschen und an Silvester heißen hier alle das neue Jahr willkommen. Die spartanische Inneneinrichtung unter der hohen Kuppel kommt ohne große Verzierungen aus.

Uspenskin Katedraali KIRCHE

(Uspenski-Kathedrale; www.visithelsinki.fi; Kanavakatu 1; Mo–Fr 9.30–16, Sa 9.30–14, So 12–15 Uhr, Okt.–April Mo geschl.) Das nicht minder imposante orthodoxe Gegenstück zum Dom steht ganz in der Nähe auf der Insel Katajanokka: der auffällige rote Backsteinbau der Uspenski-Kathedrale mit seinen Zwiebeltürmen. Hoch oben über der Stadt stehen sich die beiden Bauten wie zwei Damen eines theologischen Schachspiels gegenüber. Das ursprünglich russisch-orthodoxe Gotteshaus aus dem Jahr 1868 beherbergt heute die finnisch-orthodoxe Gemeinde. Die reich bebilderte Ikonostase im hohen, quadratischen Innenraum zeigt, flankiert von den Evangelisten, Darstellungen des letzten Abendmahls und der Himmelfahrt Christi.

Kiasma GALERIE

(www.kiasma.fi; Mannerheiminaukio 2; Erw./unter 18 J. 8 €/frei; Mi–Fr 10–20.30, Sa & So 10–18, Di 10–17 Uhr) Geschwungene Formen, metallischer Glanz: Inzwischen ist das ungewöhnliche Kiasma aus dem Jahr 1998 zwar nur eines von mehreren modernen, eleganten Gebäuden im Viertel, doch das Bauwerk des amerikanischen Architekten Steven Holl steht nach wie vor für die Modernisierung der Stadt. Gezeigt wird eine kunterbunte Sammlung zeitgenössischer Kunst aus dem In- und Ausland. Die Ausstellungen sind zuverlässige Publikumsmagnete.

HELSINKI IN ...

... einem Tag

Die Finnen sind Weltmeister im Kaffeetrinken. Deshalb gibt's erst einmal eine Ladung Koffein nebst *pulla* (Zimtbrötchen) in einem klassischen **Café**. Als nächstes sind der **Kauppatori** (Marktplatz) mit der **Kauppahalli** (Markthalle) dran. Hier gibt's alles, was man für ein Picknick auf der Inselfestung **Suomenlinna** braucht. Später wollen noch der **evangelische Dom** am Senaatintori (Senatsplatz) und, nicht weit davon entfernt, die **Uspenski-Kathedrale** besichtigt werden. Mit der Metro geht's zur legendären **Kotiharjun-Sauna**, um vor einem typisch finnischen Abendessen im **Kuu** oder **Sea Horse** ein paar Pfunde abzuschwitzen.

... zwei Tagen

Wer noch einen Tag übrig hat, sollte sich die Kunst- und Designszene genauer ansehen. Zuerst steht im **Ateneum** das Goldene Zeitalter der finnischen Malerei auf dem Programm, anschließend warten zeitgenössische Werke im noch immer kultigen **Kiasma**. Müde Beine? Die **Straßenbahnlinie 3** fährt im Kreis durch die Stadt an den Sehenswürdigkeiten vorbei bis ins Punavuori-Viertel, wo **Designerläden** winken. Am Abend lohnt sich der Blick auf die Stadt von der **Ateljee Bar** aus, bevor ein Rockgig im **Tavastia** den Tag beschließt.

Ateneum GALERIE
(www.ateneum.fi; Kaivokatu 2; Erw./Kind 8 €/frei; ⌚Di & Fr 10–18, Mi & Do 10–20, Sa & So 11–17 Uhr) Im Obergeschoss von Finnlands wichtigstem Kunstmuseum bekommen die Besucher einen perfekten Crashkurs in Sachen finnischer Kunst. Zu sehen sind Gemälde und Skulpturen aus der Schaffensperiode vom „Goldenen Zeitalter" Ende des 19. Jhs. bis in die 1950er-Jahre. Der Stolz des Hauses ist das Triptychon zum *Kavevala*-Epos, eines der vielen Werke des Künstlers Akseli Gallen-Kallela. Die Sammlung internationaler Kunst aus dem 19. und 20. Jh. ist klein, aber fein.

Kansallismuseo MUSEUM
(Nationalmuseum; www.kansallismuseo.fi; Mannerheimintie 34; Erw./Kind 7 €/frei; ⌚Di 11–20, Mi–So 11–18 Uhr) Mit den schweren Mauern und dem hohen, quadratischen Turm wirkt das beeindruckende Nationalmuseum wie eine gotische Kathedrale. Das bedeutendste historische Museum Finnlands, 1916 im nationalromantischen Stil erbaut, deckt in mehreren Sälen die verschiedenen Epochen der finnischen Geschichte ab. Gezeigt werden Exponate aus der Vorgeschichte, archäologische Funde, Reliquien, Völkerkundliches und Wechselausstellungen zu kulturellen Themen.

Für Kinder ist dieses Old-Style-Museum vielleicht nicht der Renner, aber es bietet einen umfassenden Überblick.

GRATIS **Helsingin Kaupunginmuseo** MUSEEN
(www.helsinkicitymuseum.fi) Mehrere kleine Museen in der Innenstadt firmieren gemeinsam unter dem Namen Kaupunginmuseo. Jedes Haus beleuchtet einen anderen Aspekt des alten oder neuen Helsinkis. Der Eintritt zu den Wechsel- und Dauerausstellungen ist frei.

Zum Pflichtprogramm zählt das Haupthaus des **Helsinki City Museum** (Sofiankatu 4; ⌚Mo–Fr 9–17, Do 9–19, Sa & So 11–17 Uhr) gleich hinter dem Senatsplatz. Die hervorragende Sammlung historisch interessanter Gegenstände und Fotos illustriert mit kurzweiligen Informationen die Geschichte der Stadt – von der schwedischen Gründung über die russische Besatzung bis hin zur Unabhängigkeit.

Temppeliaukion Kirkko KIRCHE
(Lutherinkatu 3; ⌚Mo, Di, Do & Fr 10–20, Mi 10–18.45, Sa 10–18, So 12–13.45 & 15.30–18 Uhr) Die Temppeliaukio-Kirche, 1969 von Timo und Tuomo Suomalainen entworfen, ist auch heute noch eine der Hauptattraktionen Helsinkis. Sie wurde direkt in den Fels gehauen und kommt damit dem spirituellen Naturideal der Finnen recht nahe. Wenn da nicht das atemberaubende 24 m breite Runddach aus 22 km blankem Kupferdraht wäre, könnte man glauben, auf einer Lichtung inmitten von Felsen zu sein. Regelmäßig finden Konzerte statt; die Akustik ist genial.

Helsinki

0
500 m
Olympisches-Schwimmstadion
Städtischer Wintergarten
Finnair-Stadion
Olympiastadion, Finnisches Sportmuseum
Urheilukatu
Mannerheimintie
Helsinginkatu
Kirstinkatu
Kaarlenkatu
Sörnäinen
KALLIO
Toinen Linja
Agricolankatu
Suonionkatu
Porthaninkatu
Sörnäisten rantatie
Töölönkatu
Sibelius-Park
Eläintarhantie
Hakaniemi
Hämeentie
Töölönlahti
Hakaniemi-Markt
Runeberginkatu
Hesperiankatu
Siltasaarenkatu
Finnischer Meerbusen
Museokatu
Botanischer Garten der Universität
Maurinkatu
Temppelikatu
Kaisaniemi-Park
Liisankatu
Kiasma
Hauptbahnhof
Kaisaniemi
Kamppi-Platz
Vironkatu
Arkadiankatu
Rauhankatu
Pohjoisranta
Rautatientori
Unioninkatu
Pohjoinen Rautatiekatu
Salomonkatu
Tuomiokirkko
Hallituskatu
Ateneum
Fabianinkatu
Simonkatu
Kamppi
Aleksanterinkatu
Senaatintori
Malminkatu
Uspenskin Katedraali
Fredrikinkatu
Pohjoisesplanadi
Kauppatori
Lapinlahdenkatu
Eteläesplanadi
Kanavakatu
Pohjoinen Makasiinikatu
Eerikinkatu
Kalevankatu
Albertinkatu
Annankatu
Bulevardi
Laivasillankatu
Lönnrotinkatu
Uudenmaankatu
Iso Roobertinkatu
Ratakatu
Korkeavuorenkatu
Kasarmikatu
Eteläsatama
Suomenlinna
Johannes-kirche
Tähtitorninkatu
Punavuorenkatu
Merimiehenkatu
Valkosaari
Luoto (Klippan)
Tehtaankatu
Itäinen Puistotie
Telakkakatu
Laivurinkatu
Huvilakatu
Neitsytpolku
Puistokatu
Merikatu
Kaivopuisto-Park
Merisatamanranta
Pohjoinen Uunisaari
Sirpalesaar
Liuskasaari
Harakka

Helsinki

Highlights

- Ateneum B4
- Kiasma B4
- Tuomiokirkko C4
- Uspenskin Katedraali D4

Sehenswertes

- 1 Stadtmuseum C4
- 2 Kansallismuseo A3
- 3 Temppeliaukion Kirkko A3

Aktivitäten, Kurse & Touren

- 4 Ausflugsboote C5
- 5 Kotiharjun Sauna D1
- 6 Yrjönkadun Uimahalli B4

Schlafen

- 7 Hostel Academica A4
- 8 Hotel Fabian C5
- 9 Hotel Finn B4
- 10 Hotel GLO C4
- 11 Hotelli Helka A4
- 12 Omenahotelli Eerikinkatu B5
- 13 Omenahotelli Lönnrotinkatu B5
- 14 Omenahotelli Yrjönkatu B4

Essen

- 15 Café Ekberg B5
- 16 Juuri C5
- 17 Karl Fazer C4
- 18 Konstan Möljä A5
- 19 Kuu A2
- 20 Olo C5
- 21 Sea Horse C6
- 22 Vanha Kauppahalli C5
- 23 Zucchini C5

Ausgehen

- A21 Cocktail Lounge .... (siehe 25)
- 24 Ateljee Bar B4
- 25 Bar Loose B4
- 26 Teerenpeli B4

Unterhaltung

- 27 DTM B5
- 28 Musiikkitalo B3
- 29 Oopperatalo A2
- Semifinal .... (siehe 30)
- 30 Tavastia B4
- Tiger .... (siehe 37)

Shoppen

- 31 Design Forum Finland C5

Praktisches

- 32 Touristeninformation C4

Transport

- 33 Eckerö Line B4
- 34 Europcar B4
- 35 Finnair-Busse B4
- 36 Greenbike B3
- 37 Busbahnhof Kamppi B4
- 38 Katajanokka-Fährterminal D5
- 39 Länsiterminaali A6
- Linda Line .... (siehe 41)
- 40 Fähren C4
- 41 Makasiini-Fährterminal C5
- 42 Nordic Jet Line D5
- 43 Olympia-Fährterminal D5
- 44 Silja Line B4
- 45 Tallink C5
- 46 Viking Line B4

Seurasaaren ulkomuseo MUSEUM
(www.seurasaari.fi; Erw./Kind 6 €/frei; Juni–Aug. tägl. 11–17 Uhr, Ende Mai & Anfang Sept. Mo–Fr 9–15, Sa & So 11–17 Uhr) Westlich vom Zentrum zeigt dieses toll gemachte Freilichtmuseum historische Wohn- und Gutshäuser sowie Wirtschaftsgebäude, die aus ganz Finnland hierher gebracht wurden. Schon das Herumstreifen auf der schattigen Insel macht Spaß; die Führer haben sich in traditionelle Tracht geworfen, führen Volkstänze auf und zeigen, wie früher gesponnen, gestickt und Trolle gebastelt wurden.

Vom Zentrum fährt die Buslinie 24 hin, wer mit der Straßenbahnlinie 4 kommt, muss noch etwas laufen.

Aktivitäten

Radeln in Helsinki macht richtig Spaß, egal ob die Küste entlang, durch die vielen Parks oder einfach auf dem gut ausgebauten Radwegenetz der Stadt. Infos zu Mieträdern stehen auf S. 191.

LP TIPP **Kotiharjun Sauna** SAUNA
(www.kotiharjunsauna.fi; Harjutorinkatu 1; Erw./Kind 10/5 €; Di–Fr 14–20, Sa 13–19 Uhr, Sauna bis 22 Uhr) Die Gemeinschaftssaunen in den Wohnhäusern haben solchen Einrichtungen fast schon den Garaus gemacht, dabei bekommen die Gäste dieser traditionellen öffentlichen Holzofensauna aus dem Jahr 1928 etwas ganz typisch Finnisches gebo-

ten – Abschrubben und Massage inklusive. Männer und Frauen schwitzen hier getrennt. Nicht weit von der U-Bahn-Station Sörnäinen.

Yrjönkadun Uimahalli SCHWIMMBAD, SAUNA
(www.hel.fi; Yrjönkatu 21; Schwimmbad/Schwimmbad & Sauna 5/12 €; ⏲Männer Di, Do & Sa, Frauen Mo, Mi, Fr & So, Juni–Aug. geschl.) Eine Institution für alle, die schwimmen und schwitzen wollen: Dieses Art-Déco-Bad verbindet die luftige Eleganz des Nordens mit römischer Tradition.

Es gibt hier nur reine Männer- und Frauentage. In der Sauna herrscht Textilverbot, im Schwimmbecken kann man Badekleidung tragen.

Bootstouren BOOTSTOUREN
Im Sommer legen unzählige Ausflugsboote am Kauppatori ab. Eine 90-Minuten-Tour kostet 17 bis 20 €, auch Dinnerfahrten, Bus-Boot-Kombitouren und Fahrten bei Sonnenuntergang sind im Angebot. Die meisten Ausflugsboote kommen an der Suomenlinna vorbei und schlängeln sich durch die anderen Inseln hindurch. Die Saison dauert von Mai bis September, auch ohne Buchung kommt jeder mit.

Ausflüge

Eine hervorragende Alternative für den schmalen Geldbeutel ist die Straßenbahnlinie 3T/3B. Als Reiseleiter auf dem Weg durch die Innenstadt und hinaus nach Kallio nimmt man sich am besten die kostenlose Broschüre *Sightseeing on 3T/3B* mit.

Helsinki Expert BUS
(☎2288 1600; www.helsinkiexpert.fi; Erw./Kind/mit Helsinki Card 28/15 €/frei) Die Rundfahrt in den knallorangen Bussen dauert 90 Minuten. Tickets und Infos gibt's bei der Touristeninformation.

Festivals & Events

Helsinki Day KULTUR
(www.hel.fi) Zum Städtegeburtstag am 12. Juni gibt's jede Menge kostenloser Events im Esplanadi-Park zwischen Pohjoisesplanadi und Eteläesplanadi.

Helsinki Festival KUNST
(Helsingin Juhlaviikot; www.helsinginjuhlaviikot.fi) Von Ende August bis Anfang September stehen Kammermusik, Jazz, Theater, Oper und mehr auf dem Programm.

Schlafen

Unterkünfte in Helsinki sind teuer. Von Mitte Mai bis Mitte August sollte man besser buchen.

LP TIPP **Hotel GLO** HOTEL €€€
(☎010 344 4400; www.palacekamp.fi; Kluuvikatu 4; Standard-Zi. rund 200 €; @) Die Leute an der Rezeption dieser relaxten Designerabsteige tragen keine gestärkten Hemden. Die entspannte Atmosphäre setzt sich in den angenehm modischen Gemeinschaftsbereichen ebenso fort wie in den Zimmern. Betten: wahnsinnig einladend. Extras: vom Feinsten und größtenteils kostenlos. Lage: im Herzen der Stadt in einer Fußgängerzone. Am günstigsten sind die Zimmer bei Online-Buchung. Wenn der Preisunterschied zwischen Standard und Standard-XL-Zimmern gerade nicht so groß ist, dann lohnt sich das größere Zimmer.

LP TIPP **Hotelli Helka** HOTEL €€€
(☎613 580; www.helka.fi; Pohjoinen Rautatiekatu 23A; EZ/DZ 151/189 €, Wochenende & Sommer 100/124 €; P@) Das Helka gehört zu den besten Mittelklassehotels im Zentrum. Das Personal ist kompetent und freundlich, die Ausstattung ausgezeichnet. Selbst der Parkplatz ist kostenlos – sofern er nicht besetzt ist. Der Knüller sind aber die Zimmer mit den von hinten beleuchteten Herbstwaldmotiven, die über den Betten an der Zimmerdecke schweben. Ermäßigungen sind fast immer drin.

Hotel Fabian HOTEL €€
(☎040-521 0356; www.hotelfabian.fi; Fabianinkatu 7; Standard-Zi. 150 €; P@) Dieser Neuling macht alles richtig: Zentral, aber ruhig gelegen, kommt das Hotel Fabian ohne die sonst übliche Hektik von Designerhotels aus. Die eleganten Standardzimmer mit den schrägen Lampen und den Schachbrettfliesen sind richtig gemütlich. Die Größe der Zimmer schwankt erheblich.

PREISKATEGORIEN SCHLAFEN

- » **€** bis 70 €/Nacht für das günstigste Doppelzimmer
- » **€€** günstigstes Doppelzimmer 70–160 €
- » **€€€** günstigstes Doppelzimmer über 160 €

Hotel Finn HOTEL €€
(☎684 4360; www.hotellifinn.fi; Kalevankatu 3B; EZ/DZ mit WC ab 69/79 €, mit WC & Du 79/99 €) Weit oben in einem Haus in der Innenstadt liegt dieses kleine, freundliche Hotel. Zuletzt wurde es nach und nach neu eingerichtet: Die Gänge haben dunkle, sexy Farbtöne (Rot und Schokoladenbraun) und Drucke von jungen finnischen Fotokünstlern verpasst bekommen, während die Zimmer in Weiß und mit hellem Parkett erstrahlen. Die Standardpreise sind für hiesige Verhältnisse richtig günstig, zu Stoßzeiten wird's aber teuer.

Hostel Academica HOSTEL €
(☎1311 4334; www.hostelacademica.fi; Hietaniemenkatu 14; B/EZ/DZ 25/57/72 €; ⏲Juni–Aug.; P@) Die finnischen Studenten leben nicht schlecht und in den Sommerferien dürfen sich auch Traveller auf diese tipptopp saubere Unterkunft freuen. Die Mitarbeiter sind freundlich und die modernen Zimmer sind genial, alle haben Minibar und eigenes Bad. In den Schlafräumen stehen jeweils nur zwei oder drei Stockbetten; es wird also nicht zu eng. Pool und Sauna sind weitere dicke Pluspunkte. Mit DJH-Ausweis gibt's Ermäßigung.

Omenahotelli HOTELS €€
(☎0600 18018; www.omena.com; Zi 80–99 €) Eerikinkatu (Eerikinkatu 24); Lönnrotinkatu (Lönnrotinkatu 13); Yrjönkatu (Yrjönkatu 30) Diese preiswerte Hotelkette ohne Personal hat drei Häuser in Helsinki. In jedem Zimmer kommen vier Gäste unter; zwei im Doppelbett, zwei weitere auf den ausziehbaren Polstersesseln. Zu den weiteren Extras gehören Mikrowelle und Minibar. Wer nicht schon online gebucht hat, kann das am Terminal in der Lobby nachholen. Die Fenster lassen sich nicht öffnen; an heißen Tagen kann's stickig werden.

Essen

Die Restaurantauswahl in Helsinki ist wirklich toll, egal ob finnische Küche (klassisch oder modern?) oder internationale Kochkunst. Preisgünstige Lokale sind dagegen dünner gesät. Mittags sind Cafés eine gute Möglichkeit. Außerdem sorgt die berühmte Vorliebe der Finnen für Koffein dafür, dass es immer irgendwo Kaffee und Kuchen gibt.

Die praktische Website www.eat.fi zeigt Restaurants auf einem Stadtplan an. Auch wer die finnischen Kommentare nicht lesen kann, sieht schnell, welche Lokale aktuell angesagt sind.

DIE ALTE MARKTHALLE

Imbissstände, frisches Obst und teure Beeren gibt's im Sommer zwar auch auf dem Kauppatori, aber die richtig leckeren Zutaten für ein Picknick sind gleich nebenan in der **Vanha Kauppahalli** (Alte Markthalle; Eteläranta 1; ⏲Mo–Fr 8–18, Sa 8–16 Uhr, im Sommer auch So 10–16 Uhr) zu kriegen. Sie wurde 1889 erbaut und ist trotz ein paar touristischer Anwandlungen (Rentierdöner!) noch heute eine traditionelle finnische Markthalle, in der belegte Brötchen, Käse, Brot, Fisch und eine ganze Reihe typischer kleiner Köstlichkeiten verkauft werden. Auch das Suppenlokal **Soppakeittiö** (Suppen 7–9 €; ⏲Mo–Sa mittags) bringt seine berühmte Bouillabaisse in der Markthalle unters Volk.

LP TIPP **Olo** FINNISCH €€
(☎665 565, www.olo-restaurant.com; Kasarmikatu 44; Mittagsmenüs ab 29 €, 4-Gänge-Menü abends 59 €; ⏲Mo–Fr 11.30–13.30, Di–Sa 17–22 Uhr) Passantenumfragen bestätigen regelmäßig, dass das Olo aktuell zu den beliebtesten Restaurants gehört. Zu unseren Lieblingsrestaurants gehört es auch. Trotz der hohen Qualität kommt das Lokal mit seinen unaufdringlichen Grau- und Weißtönen erfrischend bescheiden daher. Zu allen Gerichten wandert hausgemachtes Brot auf den Tisch (Tipp: das fruchtige Malzbrot) und die Weinkarte hat für jeden Geschmack etwas zu bieten.

Zucchini VEGETARISCH €
(www.zucchini.fi; Fabianinkatu 4; Mittagessen 7–11 €; ⏲Mo–Fr 11–15 Uhr) Dieses Café, eines der wenigen für Vegetarier, gehört mittags zu den angesagtesten Läden; nicht selten stehen die Leute bis auf die Straße Schlange. Im Winter machen kochend heiße Suppen der Kälte den Garaus, im Sommer sitzen alle auf der sonnigen Hofterrasse und genießen die frisch gebackene Quiche.

Juuri MODERNE FINNISCHE KÜCHE €€
(☎635 732; www.juuri.fi; Korkeavuorenkatu 27; Hauptgerichte 24 €; ⏲Mo–Fr 11–14 & 16–23, Sa 12–23, So 16–23 Uhr) Klassische finnische Zutaten kreativ neu zusammengestellt: Dieses Rezept lockt Besucher scharenweise in das durchgestylte moderne Restaurant. Die beste Methode, sich durch das Angebot durch-

PREISKATEGORIEN ESSEN

Für dieses Kapitel gilt die folgende Einteilung (jeweils für das günstigste Hauptgericht):

- **€** unter 5 €
- **€€** 5–25 €
- **€€€** über 25 €

zuprobieren, sind die „Sapas", Tapas à la Suomi (4,30 €/Teller), z. B. mit mariniertem Fisch, geräuchertem Rindfleisch oder selbstgemachten Würsten. Mittagsangebote sind günstig, aber nicht so interessant.

Sea Horse FINNISCH €€

(☎010-837 5700; www.seahorse.fi; Kapteeninkatu 11; Hauptgerichte 14–24 €; ⏲10.30–24 Uhr) Seit den 1930er-Jahren gibt's das Seepferdchen schon – traditioneller kann ein finnisches Lokal kaum sein. In den zum Glück original belassenen Räumen treffen sich die Bewohner des Viertels auf ein, zwei Drinks und lassen sich dazu deftige Kost wie Ostseehering, finnische Fleischbällchen und Kohlrouladen schmecken.

Konstan Möljä FINNISCH €

(☎694 7504; www.konstanmolja.fi; Hietalahdenkatu 14; Mittags-/Abendbuffet 8/18 €; ⏲Di–Fr 11–14.30 & 17–22, Sa 16–22 Uhr) Nicht nur die Einrichtung passt zu diesem alten Seemannslokal, auch die Betreiber machen Eindruck: Das Ehepaar karrt mittags und abends ein günstiges Büffet mit finnischen Spezialitäten heran. Trotz der vielen Touristen, die heute hier vorbeischauen, gibt's grundsolide traditionelle Kost: Lachs, Suppe, Rentier. Wer unsicher ist, was wozu passt, bekommt freundlich Auskunft. Büffetmuffel können auch à la carte essen. Im Sommer ist meist für einen Monat geschlossen, also besser anrufen.

Kuu FINNISCH €€

(☎2709 0973; www.ravintolakuu.info; Töölönkatu 27; Hauptgerichte 14–26 €; ⏲Mo–Fr 11–24, Sa 13–24, So 13–22 Uhr) Eine hervorragende Wahl in Sachen traditioneller finnischer Küche. Ecke Mannerheimintie, hinter dem Crowne Plaza Hotel.

Café Ekberg CAFE €

(www.cafeekberg.fi; Bulevardi 9; Mittagsgerichte 8–10 €; ⏲Mo–Fr 7.30–19, Sa 8.30–17, So 10–17 Uhr) Dieser alteingesessene Familienbetrieb (seit 1861) ist berühmt für seine Backwaren, z. B. Napoleonkuchen (Millefeuille). Das Frühstücksbüffet und die täglichen Mittagsangebote erfreuen sich ebenfalls großer Beliebtheit. An der Theke gibt's auch frisches Brot zum Mitnehmen.

Karl Fazer CAFE €

(www.fazer.fi; Kluuvikatu 3; Mittagsgerichte 8–12 €; ⏲Mo–Fr 7.30–22, Sa 9–22 Uhr, im Sommer auch So 10–18 Uhr) Dieses traditionelle Café ist das Aushängeschild des gleichnamigen Schokoladenimperiums. Die Kuppel ist für ihre gute Akustik bekannt, also sollte man nicht unbedingt zum Tratschen herkommen – eher schon wegen der hauseigenen Süßwaren, der riesigen Eisbecher und der mächtigen Torten.

Ausgehen

Zu einem Drink sagen die Finnen nicht nein und das Nachtleben von Helsinki ist so bunt wie sonst kaum irgendwo in Skandinavien. Im Winter drängen sich die Einheimischen in den gemütlichen Bars, im Sommer schießen überall Biergärten aus dem Boden.

Im Zentrum wimmelt es vor Bars und Clubs. Trendig alternativ geht's im Punavuori-Viertel rund um die Iso-Roobertinkatu zu.

LP TIPP **Teerenpeli** KNEIPE

(www.teerenpeli.com; Olavinkatu 2) Diese geniale Kneipe gleich beim Busbahnhof ist genau das Richtige für alle, die vom finnischen Mainstreambier genug haben. Hier wird richtig leckerer Stoff ausgeschenkt: Ale, Stout und Beerenwein aus einer Privatbrauerei in Lahti. Auf zwei Ebenen sitzen die Gäste bei romantischem Schummerlicht an kleinen Tischen. Für Raucher gibt es einen überdachten Innenhof. Ganz große Klasse!

A21 Cocktail Lounge BAR

(www.a21.fi; Annankatu 21; ⏲Di–Sa) Wer in diesen schicken Club will, muss klingeln – doch es lohnt sich: Drinnen schwoft die Kunstszene von Helsinki. Die Deko schwelgt in Gold, aber der Hammer sind die Cocktails, vor allem die finnischen Kreationen mit Moltebeerlikör und Rhabarber: In Helsinki kann man sich nirgends innovativer die Kante geben.

Bar Loose BAR

(www.barloose.com; Annankatu 21; ⏲Mo–Di 16–2, Mi–Sa 16–4, So 18–4 Uhr) Üppige blutrote Deko und megabequeme Sessel – ist das nicht zu stylisch für eine Rockkneipe? Denn genau darum handelt es sich hier, wie die Porträts der Gitarrenhelden an der Wand zeigen. Oben an den beiden Bars drängen sich die unterschiedlichsten Typen, unten in der Clubarea spielen an den meisten Abenden Livebands.

Ateljee Bar BAR
(Sokos Hotel Torni, Yrjönkatu 26; ⌚Mo–Do 14–2, Fr & Sa 12–2, So 14–1 Uhr) Der Weg in dieses winzige Dachlokal über dem Sokos Hotel Torni lohnt sich wegen des Panoramas. Mit dem Lift geht's in den 12. Stock, wo eine enge Wendeltreppe ganz nach oben führt.

☆ Unterhaltung

Helsinki ist Finnlands größte Metropole und hat dementsprechend in puncto Kultur und Nightlife die Nase vorn. Vor allem die Musikszene hat viel zu bieten – von Metal bis Oper. Was aktuell los ist, steht in *Helsinki This Week*.

Die Clubszene von Helsinki ist recht dynamisch und ständig im Wandel. Bei manchen Events gibt's ein Mindestalter (oft ab 20), also im Zweifel im Internet nachschauen.

Konzerte und sonstige Veranstaltungen werden in *Helsinki This Week* veröffentlicht, aber auch in der Touristeninformation und online beim Ticketbüro **Lippupiste** (☎0600 900 900; www.lippu.fi) kann man sich schlau machen. Opern- und Ballettfreunde pilgern zum **Oopperatalo** (Opernhaus; ☎4030 2211; www.opera.fi; Helsinginkatu 58). Das beeindruckende neue **Musiikkitalo** (Helsinki Music Centre; www.musiikkitalo.fi; Mannerheimintie 13) gleich beim Kiasma hat außer dem großen Auditorium mehrere kleine Säle – ein passendes Ambiente für die tollen klassischen Konzerte von Helsinki.

Tavastia LIVEMUSIK
(www.tavastiaklubi.fi; Urho Kekkosenkatu 4; ⌚21 Uhr–spät) In diesem legendären Rockclub ist jeden Tag Programm. Finnische Newcomer stehen hier genauso auf der Bühne wie große internationale Namen. Auch ein Besuch im kleineren **Semifinal** gleich nebenan lohnt sich.

Tiger CLUB
(www.thetiger.fi; Urho Kekkosenkatu 1A; ⌚Fr–Sa 22–4 Uhr) Hier geht's hinauf in den Partyhimmel. Ein supercooler Club unter dem

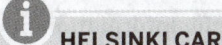

HELSINKI CARD

Wer sich viele Sehenswürdigkeiten geben will, sollte sich die **Helsinki Card** (www.helsinkicard.fi; 24/48/72 Std. Erw. 35/45/55 €, Kind 14/17/20 €) überlegen. Mit ihr sind die öffentlichen Verkehrsmittel kostenlos und der Eintritt in über 50 Attraktionen ist ebenso dabei wie Ermäßigungen für Tagesausflüge. Im Internet gibt es sie am günstigsten, aber auch bei der Touristeninformation, in Hotels, an den allgegenwärtigen R-Kiosken und an den Endhaltestellen wird sie verkauft.

Sternenzelt mit himmlischen Cocktails. Zu hören gibt's alles von den aktuellen Charthits bis R&B. Die Drinks sind teuer und der Eintritt kostet 10 €, aber der Blick von der Terrasse ist atemberaubend. Eingang am Kamppi.

DTM SCHWUL/LESBISCH
(www.dtm.fi; Iso Roobertinkatu 28; ⌚Mo–Sa 9–4, So 12–4 Uhr) Der größte Gayclub Skandinaviens zieht sich über mehrere Ebenen. Die Café-Bar öffnet schon früh, ab 21 Uhr machen die ersten Areas auf. Wer rein will, muss mindestens 22 Jahre alt sein. Neben den regulären Themenpartys stehen immer wieder Dragshows und Lesbenpartys auf dem Programm. Eintritt 8 €.

Shoppen

Hier ist der Norden richtig cool: Die finnische Hauptstadt hat sich in Sachen Design und Kunst einen Namen gemacht – egal ob Mode, topdesignte Möbel oder Haushaltswaren. Je weiter es von der Touristenmeile Pohjoisesplanadi weggeht, desto tiefer sinken die Preise. Das angesagteste Viertel ist eindeutig Punavuori, wo mehrere gute Boutiquen und Galerien warten. Auch die weitere Umgebung strotzt nur so vor Designläden und Ateliers. Rund 200 haben sich zum **Design District Helsinki** (www.designdistrict.fi) zusammengetan und einen unverzichtbaren Stadtplan herausgegeben (gibt's bei der Touristeninformation). Einen guten ersten Einblick gibt das zentral gelegene **Design Forum Finland** (www.designforum.fi; Erottajankatu 7; ⌚Mo–Fr 10–19, Sa 10–18, So 12–17 Uhr), in deren Laden die Arbeiten einer ganzen Reihe von Designern zu sehen sind. Für Schnäppchenjäger ist es aber oft besser, auf eigene Faust loszuziehen.

Praktische Informationen

Handy dabei? Eine abgespeckte Version der offiziellen Tourismusseiten von Helsinki gibt's unter www.helsinki.mobi aufs Smartphone.

In mehreren Stadtbüchereien können die Besucher umsonst online gehen. Große Teile der Stadt sind mit kostenlosem WLAN versorgt, das gilt auch für viele Bars und Cafés. In einigen stehen auch Gästecomputer, dafür gibt's keine Telefonzellen.

Stadt Helsinki (www.hel.fi) Die offizielle Website der Stadt Helsinki mit Links zu allen denkbaren Infos.

Allgemeiner Notruf (☎112)

Helsinki Expert (www.helsinkiexpert.fi) Das Angebot umfasst Stadtrundfahrten, Unterkünfte, Tickets und Veranstaltungskalender.

HSL/HRT (www.hsl.fi) Website des städtischen Verkehrsverbunds, mit Routenplaner.

Polizei (☎122)

Sidewalk Express (www.sidewalkexpress.com; Internet 2 €/Std.). In der Stadt verteilt gibt es mehrere solcher Internetterminals. Einfach ein Ticket an der Maschine lösen und dann an einem beliebigen Terminal surfen. Günstig gelegen sind die Standorte am Hauptbahnhof (wenn man Richtung Züge schaut, ganz links) und am Busbahnhof Kamppi (vor den Ticketschaltern).

Touristeninformation (☎3101 3300; www.visithelsinki.fi; Pohjoisesplanadi 19; ⌚Juni–Aug. Mo–Fr 9–18, Sa & So 9–17 Uhr, Sept.–Mai Mo–Fr 10–16.30, Sa 10–16 Uhr) In diesem Tourismusbüro tut sich immer etwas. Hier gibt's jede Menge Infos in mehreren Sprachen. Am Bahnhof und am Flughafen sind ebenfalls Zweigstellen.

Visit Helsinki (www.visithelsinki.fi) Ausgezeichnete, sehr informative Website des städtischen Tourismusbüros.

HELSINKI VERSTEHEN

Helsinki aktuell

Die Tage, in denen Finnland das schüchterne Mauerblümchen neben den selbstbewussten skandinavischen Nachbarn war, sind vorbei. Heute gehören die Finnen zu den Vorreitern und Helsinki steht an vorderster Front. Der Ruf als europäische Hauptstadt der miesen Küche hat sich erledigt: Heute schießen Restaurants aus dem Boden, die beste lokale Erzeugnisse ganz modern auf den Tisch bringen. Die weltweite Wirtschaftskrise ist auch an der finnischen Technologiebranche nicht spurlos vorübergegangen, aber langfristig sieht man hier mehr oder weniger optimistisch in die Zukunft. Die Designstudios setzen nach wie vor weltweit Maßstäbe, doch auch die Architektur und die Museen aus dem frühen 20. Jh. haben noch immer ihren Reiz. Der Aufstieg der zuwanderungsfeindlichen Partei der „Wahren Finnen" hat Fragen zur Rolle Finnlands im Euroraum und in der EU insgesamt aufgeworfen. Allerdings hat es in den Weiten Finnlands Tradition, sich immer wieder für eine Weile auf sich selbst zurückzuziehen, wenn wichtige Entscheidungen anstehen.

Geschichte

Helsinki wurde 1550 als Helsingfors vom schwedischen König Gustav Wasa als Gegengewicht zur Hansestadt Reval (dem heutigen Tallinn) gegründet. Mehr als 200 Jahre blieb die Stadt ein unbedeutendes Nest und musste immer wieder russische Überfälle erdulden, bis die Schweden hier 1748 die Festung Sveaborg errichteten, um den östlichen Teil ihres Reichs zu schützen. Nachdem die Russen 1809 Finnland schließlich doch unterworfen hatten, war ihnen an einer Hauptstadt gelegen, die möglichst nahe an St. Petersburg lag, um der finnischen Innenpolitik gründlich auf die Finger schauen zu können. Die Wahl fiel auf Helsinki – hauptsächlich wegen der Wasserburg (die inzwischen Suomenlinna hieß) gleich vor dem Hafen –, sodass 1812 Turku seinen langjährigen Status als Hauptstadt und wichtigstes Zentrum Finnlands los war.

Bis Anfang des 20. Jahrhunderts dehnte sich Helsinki rasch in alle Richtungen aus. Der deutsche Architekt Carl Ludwig Engel wurde beauftragt, dem Stadtzentrum ein würdevolles Aussehen zu verleihen. Heraus kam der neoklassizistische Senaatintori (Senatsplatz). Im Zweiten Weltkrieg litt die Stadt unter schwerem sowjetischem Bombardement, erholte sich aber nach dem Krieg wieder und trug 1952 die olympischen Sommerspiele aus.

Heute steht Helsinki in Finnland in jeder Hinsicht im Mittelpunkt, sodass niemand mehr an die Vergangenheit der Stadt als unbedeutender Marktflecken denkt.

ALLGEMEINE INFORMATIONEN

An- & Weiterreise

Am Bahnhof und Busbahnhof gibt's Schließfächer (groß/klein 2/4 €/24 Std.). An den Fährterminals sind ähnliche Schließfächer und Gepäckschalter vorhanden.

Bus

Tickets für Fern- und Expressbusse gibt es am **Busbahnhof Kamppi** (Frederikinkatu; ⌚Mo–Fr 7–19, Sa 7–17, So 9–18 Uhr) oder direkt im Bus. Hier fahren Fernbusse zu Zielen in ganz Finnland los.

Flugzeug

Der **Flughafen** (www.helsinki-vantaa.fi) von Helsinki liegt 19 km nördlich in Vantaa. von wo aus immer mehr Ziele weltweit angeflogen werden. Hier landen neben Billigfliegern wie Ryanair, Air Baltic und Blue1 vor allem Finnair und Scandinavian Airlines (SAS).

Schiff

Fähren verbinden Helsinki mit Stockholm (Schweden), Tallinn (Estland; s. Kasten unten), St. Petersburg (Russland) sowie mit Zielen in Deutschland und Polen. Tickets gibt's am Fährhafen, bei den Fährunternehmen (oft auch online) und manchmal auch in der Touristeninformation. Zur Hochsaison (Ende Juni–Mitte Aug.) und am Wochenende sind die Fähren oft lange im Voraus ausgebucht. Zwischen Tallinn und Helsinki pendeln auch Katamarane und Tragflügelboote.

Von den fünf größten Terminals liegen drei in der Nähe des Stadtzentrums:

Katajanokka Erreichbar mit der Buslinie 13 und den Straßenbahnlinien 2, 2V und 4.

Olympia und Makasiini Erreichbar mit den Straßenbahnlinien 3B und 3T. **Länsiterminaali (Westterminal)** Erreichbar mit der Buslinie 15.

Hansaterminaali (Vuosaari) Weiter außerhalb; erreichbar mit der Buslinie 90A.

Zug

Der **Bahnhof** (rautatieasema; www.vr.fi; ⌚Tickets Mo–Sa 6.30–21, So 8–21 Uhr) liegt zentral und ist sehr übersichtlich. Per Unterführung geht's zur Metrostation Rautatientori und der Busbahnhof ist ebenfalls bequem zu Fuß zu erreichen.

Züge sind die schnellste und billigste Möglichkeit, von Helsinki in andere größere Städte des Landes zu kommen. Auch nach Russland (Wyborg, St. Petersburg und Moskau) fahren täglich Züge. Tickets dafür gibt's am Auslandsschalter.

Unterwegs vor Ort

Fahrrad

Helsinki ist ideal für Radler: Der innere Stadtbereich ist eben, die Radwege sind gut ausgeschildert. Die Touristeninformation hat einen Fahrradstadtplan.

Im Umkreis von 2 km um den Kauppatori sind überall die auffällig grünen städtischen „CityBikes" geparkt. Jeder darf kostenlos damit fahren. Einfach 2 € an der Fahrradstation einwerfen und entriegeln. Das Geld

FÄHREN NACH TALLINN

» **Eckerö Line** (☎0600-04300; www.eckeroline.fi; Mannerheimintie 10) Fährt das ganze Jahr täglich vom Länsiterminaali nach Tallinn (Erw. 19–25 €, Auto 17–25 €, 3–3½ Std.).

» **Linda Line** (☎0600-0668 970; www.lindaline.fi; Makasiini-Terminal) Die schnellste Verbindung. Ein kleines Tragflügelboot (nur für Personentransport) zischt übers Meer nach Tallinn (26–46 €, Tagesausflüge 35–45 €, 1½ Std.). Achtmal täglich, solange die See eisfrei ist.

» **Tallink/Silja** (☎0600-15700; www.tallinksilja.com; Erottajankatu 19) Fährt mindestens sechsmal täglich vom Länsiterminaali nach Tallinn (einfache Fahrt Erw. 26–44 €, Fahrzeug 25 €, 2 Std.).

» **Viking Line** (☎12351; www.vikingline.fi; Lönnrotinkatu 2) Die Autofähren (Erw. 21–39 €, Fahrzeug mit 2 Pers. 60–100 €, 2½ Std.) legen am Katajanokka-Terminal ab.

gibt's zurück, wenn das Fahrrad an einer der Stationen wieder angeschlossen wird.

Etwas hochwertiger sind die Mieträder von **Greenbike** (☎050-404 0400; www.greenbike.fi; Bulevardi 32; ⌚Mai–Sept. 10–18 Uhr; Kalendertag/24 Std./Woche ab 25/30/75 €). Auch 24-Gang-Trekkingräder sind im Angebot. Der Eingang ist an der Albertinkatu. Auch **Ecobike** (☎040-084 4358; www.ecobike.fi; Savilankatu 1B; ⌚Mo–Do 13–18 Uhr) gegenüber vom Sonera-Stadion hat gute Mieträder. Wer außerhalb der Geschäftszeiten ein Fahrrad braucht, muss vorher anrufen.

Vom/Zum Flughafen

Die Buslinie 615 (4 €, 30–45 Min., 5–24 Uhr) pendelt zwischen dem Flughafen Helsinki-Vantaa (Haltebucht 21) und dem Bahnhofsplatz (Haltebucht 5 am Rautatientori). Die Haltestellen haben ein blaues Schild mit Flugzeug.

Die **Busse der Finnair** (6,20 €, 30 Min., 5–24 Uhr alle 20 Min.) sind fixer. Sie fahren am Elielinaukio an der anderen Seite des Bahnhofs los (Haltebucht 30) und halten unterwegs nur einmal: bei den gehobenen Hotels weiter hinten an der Mannerheimintie. Die Buslinie 415 startet an der Haltebucht gleich nebenan, braucht aber länger als die anderen beiden Varianten.

Wer direkt an der Haustür abgeholt werden will, kann sich am Vortag (vor 18 Uhr) ein **Airporttaxi** (☎0600-555 555; www.airporttaxi.fi) bestellen (1–2 Pers. 27 €). Ein normales Taxi sollte auf 40–50 € kommen.

Für 2014 ist eine Bahnverbindung zum Flughafen geplant.

Öffentliche Verkehrsmittel

Zum städtischen Verkehrsverbund **HSL** (www.hsl.fi) gehören Busse, U- und S-Bahnen, Straßenbahnen und die Fähre zum Suomenlinna. Eine Einzelkarte kostet im Fahrzeug/im Vorverkauf 2,50/2 € und gilt ab Entwertung eine Stunde mit beliebig häufigem Umsteigen. Eine reine Straßenbahnkarte kostet 2 €. Es versteht sich von selbst, dass in Nokia-Land sämtliche Tickets auch aufs Handy geschickt werden können: Einfach eine SMS mit „A1" an ☎16355 senden. Bei einem Kurzurlaub in Helsinki lohnen sich Tages- oder Mehrtagestickets für bis zu 7 Tage (24/48/72 Std. 7/10,50/14 €).

Taxi

Freie Taxis lassen sich herwinken; an den Taxiständen am Bahnhof, am Busbahnhof und am Senaatintori steht schon mal eine Schlange wartender Passagiere. Telefonisch sind Taxis unter ☎010-00700 zu bestellen.

Lettland

Inhalt »

Rīga .... S. 193
Jūrmala .... S. 230
Kap Kolka (Kolkasrags) .... S. 237
Abava-Tal .... S. 239
Kuldīga .... S. 241
Ventspils .... S. 243
Pāvilosta .... S. 247
Liepāja .... S. 247
Schloss Rundāle .... S. 251
Nationalpark Gauja... S. 257
Daugavpils .... S. 273
Seenlandschaft Latgale .... S. 275

Gut essen

» Istaba (S. 220)

» Aragats (S. 220)

» 36. Line (S. 233)

» Fish Restaurant @ Dome (S. 219)

» Dārziņš (S. 243)

Schön übernachten

» Herrenhaus Rumene (Ruhmen) (S. 239)

» Hotel Bergs (S. 216)

» Radisson Blu Elizabete Hotel (S. 216)

» Līvkalns (S. 262)

» Fontaine Royal (S. 249)

Auf nach Lettland

Zwischen Estland im Norden und Litauen im Süden liegt Lettland – sozusagen als Boulette im baltischen Sandwich. Das soll natürlich keineswegs heißen, dass wir die Nachbarländer mit fadem Weißbrot vergleichen wollen. Aber Lettland ist nun mal die delikate Mitte voller reichhaltiger Leckerbissen: Dichte Kiefernwälder tauchen das Gauja-Tal in sattes Grün, über vielen Ortschaften ragen Kathedralen mit Zwiebeltürmen auf, die Strände werden mit kitschiger russischer Popmusik beschallt und das abwechslungsreiche Rīga verleiht der Region den letzten Schliff – als kosmopolitisches Zentrum und inoffizielle Hauptstadt des ganzen Baltikums.

Noch nicht überzeugt? Weiterlesen! Lettland ist noch nicht so überlaufen wie andere Touristenzentren in der Region und deshalb genau die richtige Adresse für alle, die es gern ein wenig authentischer hätten. Sie sollten in Erwägung ziehen, Lettland statt der „üblichen Verdächtigen" in Osteuropa zu besuchen.

Reisezeit

Wo könnte man die Weihnachtsfeiertage wohl besser verbringen als im Geburtsland des Weihnachtsbaums? Und wer sich traut, könnte sich während der kalten Monate Dezember und Januar im Bobfahren versuchen. Die Sommersonnenwende im Juni läutet die wärmere Jahreszeit ein. Dann zieht es die Letten in ihre Häuschen am Meer, um am Strand zu faulenzen und die Mitternachtssonne zu genießen. Im September, wenn eine kalte Brise durch die letzten geöffneten Straßencafés zieht, trinken die Einwohner von Rīga ihren Café Latte unter Heizpilzen, als wollten sie den Sommer noch ein wenig festhalten.

INFOS IM INTERNET

1188 (www.1188.lv)

Lettisches Institut (www.latvia.lv/de)

Lettische Agentur für Tourismusentwicklung (www.latvia.travel)

Urlaub auf dem Land (www.countryholidays.lv)

Kurzinfos

» **Fläche** 64 589 km²

» **Hauptstadt** Rīga

» **Einwohnerzahl** 2,2 Mio.

» **Ländervorwahl** ☎371

» **Notruf** ☎112

Wechselkurse

Eurozone	1 €	0,70 Ls
Schweiz	1 CHF	0,58 Ls
Litauen	1 Lt	0,20 Ls

» Für aktuelle Wechselkurse, s. www.xe.com

Preise

» **Hotelzimmer (Budgetkategorie)** 25 Ls

» **Abendessen (Zweigängemenü)** 10 Ls

» **Museumseintritt** 1,50 Ls

» **Bier** 1,20 Ls

» **Fahrkarte (Stadtgebiet)** 0,70 Ls

Ankunft in Lettland

Lettland ist das Bindeglied in der baltischen Kette und Rīga eine praktische Anbindungsstelle zwischen Tallinn und Vilnius. Zudem fahren Fernbusse und -züge nach St. Petersburg, Moskau und Warschau und Fähren setzen nach Stockholm, Rostock und Lübeck über. Rīga ist darüber hinaus Sitz von airBaltic. Die Fluggesellschaft bietet direkte Verbindungen in mehr als 50 europäische Städte an.

SPRACHE

Hallo (Guten Tag)	Labdien
Hi (informell)	Sveiki
Wie geht's?	Kā jums klājas
Danke	Paldies
Bitte/gern geschehen	Lūdzu

Typische Speisen & Getränke

» **Schwarzer Balzām** Goethe sprach vom „Lebenselixier": Das tintenschwarze, 45%-ige Gebräu basiert auf einem Geheimrezept mit mehr als einem Dutzend Zutaten wie aus dem Märchenbuch, darunter Eichenrinde, Wermut und Lindenblüten. Ein Likörchen pro Tag hält Körper und Seele zusammen, so sagt ein Großteil der lettischen Rentner. Am besten mixt man ihn mit einem Glas Cola, dann brennt er nicht so.

» **Pilze** Die Letten sind leidenschaftliche Pilzsammler. Sobald der Herbst Einzug gehalten hat, strömen sie in die Wälder hinaus.

» **Alus** Dafür, dass Lettland so winzig ist, gibt es ganz schön viel *alus* (Bier)! Jede größere Stadt hat ihre eigene Sorte; Užavas aus Ventspils ist ein todsicherer Tipp.

» **Räucherfisch** Dutzende Fischbuden säumen die Küste Kurlands (Kurzeme); man beachte die „Rauchzeichen" über den Baumkronen. Einfach eine Portion Fisch zum Mitnehmen bestellen – der perfekte Snack.

» **Kwas** Um das Jahr 2000 herum hat dieses Getränk aus vergorenem Roggenbrot Coca Cola in die Knie gezwungen. Überraschend beliebt bei Kindern und Jugendlichen!

RĪGA

703 500 EW.

„Das Paris des Nordens" oder „die andere Stadt, die niemals schläft" – immer wieder wird nach Superlativen für Lettlands majestätische Hauptstadt gesucht. Und Rīga legt sich schwer ins Zeug, um diesem Ruf gerecht zu werden. Zunächst wäre da die europaweit größte und eindrucksvollste Ansammlung von Jugendstilbauwerken. Gruslige Wasserspeier und betende Göttinnen zieren über 750 Gebäude an den schicken Boulevards rund um Rīgas Zentrum. Die Altstadt ist eine faszinierende Mixtur aus gewundenen Holpersträßchen, Zuckerbäcker-Zierrat und hämmernden Diskobeats.

Geschichte

Manche Letten tun sich etwas schwer damit, eine Minderheit in der eigenen Landeshauptstadt zu sein. Andere hingegen betonen, dass Rīga im Grunde nie eine „lettische" Stadt war. Sie wurde 1201 von dem deutschen Bischof Albert von Buxhoeveden als Speerspitze im Kreuzzug gegen die nördlichen „Heiden" gegründet. Sie entwickelte sich daraufhin zu einem Stützpunkt des Schwertbrüderordens und zum neuen Handelsposten zwischen Russland und dem Westen. Die Schweden eroberten Rīga 1621 und machten es zur größten Stadt ihres Reiches (sogar größer als Stockholm!). Dann besetzten die Russen Lettland und bereicherten die lebhafte Metropole mit industrieller Entwicklung. Mitte der 1860er-Jahre war Rīga der weltweit größte Holzhafen und Russlands drittgrößte Stadt nach Moskau und St. Petersburg. Im 20. Jh. entstanden Cafés, Salons, Clubs und eine Intellektuellenkultur. Doch im Ersten Weltkrieg wurde alles niedergebombt und anschließend im Zweiten Weltkrieg von den Nazis okkupiert. Die Hauptstadt schaffte es, sich mit ihrem unerschütterlichen internationalen Flair aus den Trümmern zu erheben, und selbst unter der Sowjetherrschaft galt Rīga als ein fortschrittliches Zentrum kulturellen Lebens.

Diese kosmopolitische Vergangenheit hat es der Stadt ermöglicht, sich rasch an die globalisierte Welt anzupassen. Heute ist sie nicht nur die Hauptstadt Lettlands, sondern zugleich ein kulturelles Zentrum des Baltikums.

LETTLAND AUF EINEN BLICK

Währung Lettische Lats (Ls)

Sprache Lettisch, Russisch (inoffiziell)

Geld Geldautomaten findet man überall; bei kleineren Beträgen werden Bargeldzahlungen bevorzugt.

Visa EU-Bürger und Schweizer können ohne Visum in Lettland einreisen.

Sehenswertes

Rīga liegt am Ufer des Flusses Daugava, der 15 km weiter nördlich in der Rigaer Bucht mündet. Das historische Stadtzentrum (Vecrīga) erstreckt sich auf einem 1 km langen Streifen am Ostufer und 600 m landeinwärts. Dieser mittelalterliche und weitgehend autofreie Stadtteil besteht aus einem Gewirr gewundener Pflasterstraßen und Gässchen.

Weiter vom Fluss entfernt, am malerischen Parkring, der das mittelalterliche Zentrum von den großen Boulevards trennt, wird die Kaļķu iela zum Brīvības bulvāris (Freiheitsboulevard). Das kupfergekrönte Freiheitsdenkmal mitten auf dem Brīvības bulvāris ist das inoffizielle Tor zum Zentrum. Der im 19. und 20. Jh. erbaute Stadtteil wird von breiten Straßen, luxuriösen Apartmentblocks und jeder Menge Jugendstilarchitektur geprägt. Im Randbereich des Zentrums lösen sowjetische Wohnblocks und *microrajons* (Kleinbezirke oder Vororte) die europäische Pracht ab.

ALTSTADT (VECRĪGA)

Die gewundenen Pflastergassen in Rīgas mittelalterlichem Kern erkundet man am besten ohne ein bestimmtes Ziel. Das Gewirr aus Winkelgässchen, Giebeldächern und Kirchtürmen birgt ein bezauberndes Märchenreich mit himmelhohen Kathedralen, verlassenen Stadtplätzen und bröckelnden Burgmauern, die zum Weltkulturerbe zählen.

RĀTSLAUKUMS

Der touristische Rātslaukums (Rathausplatz) ist der ideale Ausgangspunkt für eine Entdeckungstour durch die Altstadt. Die Touristeninformation im Schwarzhäupterhaus platzt vor Broschüren und Karten förmlich aus den Nähten.

Schwarzhäupterhaus HISTORISCHES BAUWERK
(Karte S. 200; http://nami.riga.lv/mn; Rātslaukums 7; Eintritt 2 Ls; Di–So 10–17 Uhr) Das altehrwür-

Highlights

1 Teuflische Wasserspeier, mythische Tiere, betende Göttinnen und verschlungene Ranken an den zahllosen Jugendstilbauten in **Rīga** (S. 212) mit der Kamera festhalten

2 In das Labyrinth aus Pflastergassen, Kirchtürmen und Gebäuden im Zuckerbäckerstil von **Rīgas Altstadt** (S. 195), einer Welterbestätte der Unesco, eintauchen

3 Den Wellen lauschen, die sich am abgeschiedenen **Kap Kolka** (S. 237) an der Spitze der Kurzeme-Küste brechen

4 Bewegte Geschichte und eine Dosis Adrenalin –

livländische Burgen besichtigen und Bungeespringen in **Sigulda** (S. 257)

5 Jenseits der Hauptstadt im **Schloss Rundāle** (S. 251) in aristokratischer Dekadenz schwelgen

6 In **Liepājas** (S. 247) baufälligem Bezirk Karosta an sowjetischen Mietskasernen und vergoldeten Kathedralen vorbeispazieren

7 Den russischen Jetset in der mondänen Spaszene von **Jūrmala** (S. 230) aus nächster Nähe erleben

RĪGA IN ...

... zwei Tagen

Als Auftakt des Rīga-Abenteuers bietet sich der Besuch des innig geliebten **Schwarzhäupterhauses** am Rātslaukums an. In der Touristeninformation vor Ort kann man sich mit praktischen Broschüren eindecken und den Rest des Vormittags damit verbringen, durch die Kopfsteinpflastergässchen zu spazieren, die sich durch die mittelalterliche **Altstadt** winden. Nach einem gemütlichen Mittagessen geht's jenseits der alten Mauern weiter, vorbei am **Freiheitsdenkmal** zu den stattlichen Boulevards, die strahlenförmig vom Herzen der Stadt mit der Burg wegführen. Im **Stillen Zentrum** erwarten einen Rīgas schönste Beispiele für Jugendstilarchitektur und – nicht verpassen! – das **Jugendstilzentrum**. Anschließend bietet sich unser **Jugendstil-Rundgang** an.

Am zweiten Tag kann man sich im **Zentralmarket** im Feilschen üben und – falls vorhanden – alte Russischvokabeln hervorkramen, um alles von wilden Beeren bis hin zu T-Shirts zu Schnäppchenpreisen zu ergattern. Nach einem Bummel durch das kleine **Spīķeri-Viertel** geht's auf eine entspannte **Bootsfahrt** auf der Daugava und den Stadtkanälen. Ein spätes Mittagessen könnte in der Gegend um die **Miera iela**, gleich nördlich des Jugendstilviertels, eingenommen werden. Dies ist die Heimat der aufstrebenden Hipster-Café-Kultur, unweit der süß duftenden Laima-Schokoladenfabrik. Abends lockt (in der Saison) die Oper mit einem der europaweit besten Klassikensembles.

... vier Tagen

Im Anschluss an das Zweitage-Programm kann man einen Tag am feinen Sandstrand des Super-Badeorts **Jūrmala** verbummeln. Nachmittags geht's mit dem Mietfahrrad zur Erkundung der eindrucksvollen Holzhäuser am Meer und dann zum Verwöhnenlassen in ein Wellness-Center. Zurück in Rīga wird dann in einem der berühmt-berüchtigten Clubs die Nacht zum Tage gemacht.

Der 4. Tag ist den weniger touristischen Ecken der Stadt gewidmet oder aber einem Ausflug in den **Nationalpark Gauja** samt Burgbesuch und sportlichen Aktivitäten. Los geht's in **Sigulda** auf der olympischen Bobrennbahn, dann weiter über **Turaida** in den geheimen Sowjetbunker in **Līgatne** und zuletzt zur Festungsruine von **Cēsis**, bevor der Rückweg in die Hauptstadt angetreten wird.

dige Gebäude am Rātslaukums wurde 1344 als Verbindungshaus für die Schwarzhäuptergilde unverheirateter deutscher Kaufleute errichtet und gibt ein gutes Postkartenmotiv ab. Nachdem es bereits 1941 von deutschen Truppen beschossen worden war, machten die Sowjets es schließlich sieben Jahre später dem Erdboden gleich. Wie durch ein Wunder überlebten die Originalbaupläne und 2001, pünktlich zu Rīgas 800. Geburtstag, wurde ein exakter Nachbau fertig gestellt.

GRATIS **Besatzungsmuseum** MUSEUM

(Latvijas okupācijas muzejs; Karte S. 200; ☎6721 2715; www.omf.lv; Latviesu Strēlnieku Laukums 1; Spende statt Eintritt; ⏲11–18 Uhr) Die lettische Regierung hat bei der Beseitigung von Spuren sowjetischer Unterdrückung (z. B. der hässlichen Zweckbauten) ganze Arbeit geleistet. Eines der Schandmale ließ sie jedoch stehen – als Kontrast zu den sonst schmuckvollen Bauwerken am Rātslaukums. Das lettische Okkupationsmuseum wurde ironischerweise in diesem Sowjetbunker untergebracht. Es schildert detailliert die Besetzung Lettlands durch Nazis und Sowjets zwischen 1940 und 1991. Einige der Ausstellungsstücke sollen bewusst schockieren; darunter Dutzende grausame Fotografien von gefolterten und getöteten Letten. Es gibt Texttafeln in verschiedenen Sprachen, doch ohne Basiskenntnisse der jüngeren Landesgeschichte sind sie nicht immer leicht zu verstehen. Ergänzend stehen Audioguides zur Verfügung. Für eine eingehende Besichtigung sollten ein paar Stunden eingeplant werden.

Mentzendorffhaus HISTORISCHES GEBÄUDE

(Mencendorfa nams; Karte S. 200; ☎6721 2951; www.mencendorfanams.com; Grēcinieku iela 18; Eintritt 0,40–2 Ls; ⏲10–17 Uhr) Das Mentzendorffhaus (erb. 17. Jh.) war einst Wohnsitz eines wohlhabenden deutschen Adeligen. Das alltägliche Umfeld einer elitären Kaufleutefamilie gewährt Einblicke in Rīgas lange Handelstradition.

Rathaus HISTORISCHES GEBÄUDE
(Karte S. 200; Rātslaukums) Gegenüber dem Schwarzhäupterhaus, auf der anderen Seite des Platzes, prangt das Rathaus, das ebenfalls von Grund auf neu errichtet wurde. Zwischen den beiden Gebäuden wacht ein Standbild von **Roland**, dem Schutzheiligen Rīgas, es ist allerdings nur eine Nachbildung. Das Original von 1897 steht heute in der evangelisch-lutherischen Petrikirche.

Denkmal für die lettischen Schützen DENKMAL
(Latviešu Strēlnieku laukums; Karte S. 200) Auf dem „Platz der lettischen Schützen", auf der anderen Seite des Okkupationsmuseums, befand sich früher der Zentralmarkt. Heute wird der Latviešu Strēlnieku laukums von dem großen, dunkelroten Denkmal für die lettischen Schützen dominiert, einer umstrittenen Statue zum Gedenken an die „Lettischen Roten Schützen", von denen einige später als Leibwächter Lenins dienten.

PĒTERBAZNĪCA LAUKUMS

Petrikirche KIRCHE
(Sv. Pētera baznīca; Karte S. 200; Skārņu iela 19; Eintritt 3 Ls; ⌚Di–So 11–18 Uhr) Den Mittelpunkt von Rīgas Skyline bildet diese gotische Kirche, die rund 800 Jahre alt sein soll. Keinesfalls verpassen sollte man die Aussicht vom Kirchturm, der bereits dreimal in derselben barocken Form erbaut wurde. Der Legende nach wollten die ursprünglichen Erbauer 1667 wissen, wie lange der Turm stehen würde und ließen Glas von seiner Spitze zu Boden fallen. Viele Scherben hätten ihm ein langes Leben prophezeit, aber das Glas landete auf einem Strohhaufen und blieb unversehrt. Ein Jahr später brannte der Turm nieder. Als er nach seiner Zerstörung durch Bombenangriffe im Zweiten Weltkrieg ein drittes Mal aufgebaut wurde, wiederholte man das zeremonielle Glasexperiment – und dieses Mal war es ein voller Erfolg. Der Turm ist 123,25 m hoch, doch der Lift fährt nur bis auf 72 m.

Kunstgewerbemuseum MUSEUM
(Dekoratīvi lietišķās mākslas muzejs; Karte S. 200; ☎6722 7833; www.lnmm.lv; Skārņu iela 10/20; Eintritt 0,70 Ls; ⌚Di–So 11–17, Mi bis 19 Uhr) Hinter der Petrikirche erhebt sich ein weiterer imposanter Sakralbau: die ehemalige **Georgskirche**. Sie beherbergt heute das Kunstgewerbemuseum, in dem Lettlands stattliche Sammlung von Holzschnitten, Wandteppichen und Töpferarbeiten gezeigt wird. Die Grundmauern des Gebäudes stammen von 1207. Damals errichtete der Livländer Schwertbrüderorden hier seine Burg.

Porzellanmmuseum MUSEUM
(Karte S. 200; ☎6750 3769; Kalēju iela 9/11; Eintritt 0,50 Ls; ⌚Di–So 11–18 Uhr) Noch mehr Keramikarbeiten sind in diesem Museum zu bewundern. Es verbirgt sich im **Johanneshof** (Jāņa Sēta; Karte S. 200; Skārņu iela 22), dem restaurierten Hof eines ehemaligen Klosters. Dort residierte einst der Stadtgründer, Bischof Albert.

Johanneskirche KIRCHE
(Jāņa baznīca; Karte S. 200; Skārņu iela 24) Die Johanneskirche entstand zwischen dem 13. und 19. Jh. und vereint Stilelemente aus Gotik, Renaissance und Barock.

KALĒJU IELA & MĀRSTAĻU IELA

Die gewundenen Straßen Kalēju iela und Mārstaļu iela werden von eindrucksvollen Andenken an Rīgas Epoche als wohlhabendes nordeuropäisches Handelszentrum gesäumt. Ein paar der früheren Kaufmannsresidenzen dienen heute als Museen. Im **Lettischen Museum für Fotografie** (Latvijas

OH TANNENBAUM ...

Rīgas Schwarzhäupterhaus war früher ein Club für ledige Kaufleute und bekannt für seine wilden Partys. An einem kalten Heiligabend im Jahre 1510 schaffte die Junggesellentruppe – vom Weihnachtsgeist (und anderen Geistern) angestachelt – eine große Kiefer ins Clubhaus und dekorierte sie über und über mit Blumen. Am Ende des Abends wurde der Baum in einem lodernden Feuer verbrannt. Daraufhin etablierte sich der Brauch des alljährlichen Baumschmückens und verbreitete sich weltweit – nur das abschließende Verbrennen hat sich nie durchgesetzt.

Eine achteckige, im Pflaster des Rātslaukums eingelassene Gedenktafel markiert heute den Standort des Original-Weihnachtsbaums.

Altstadt Rīga (Vecrīga)

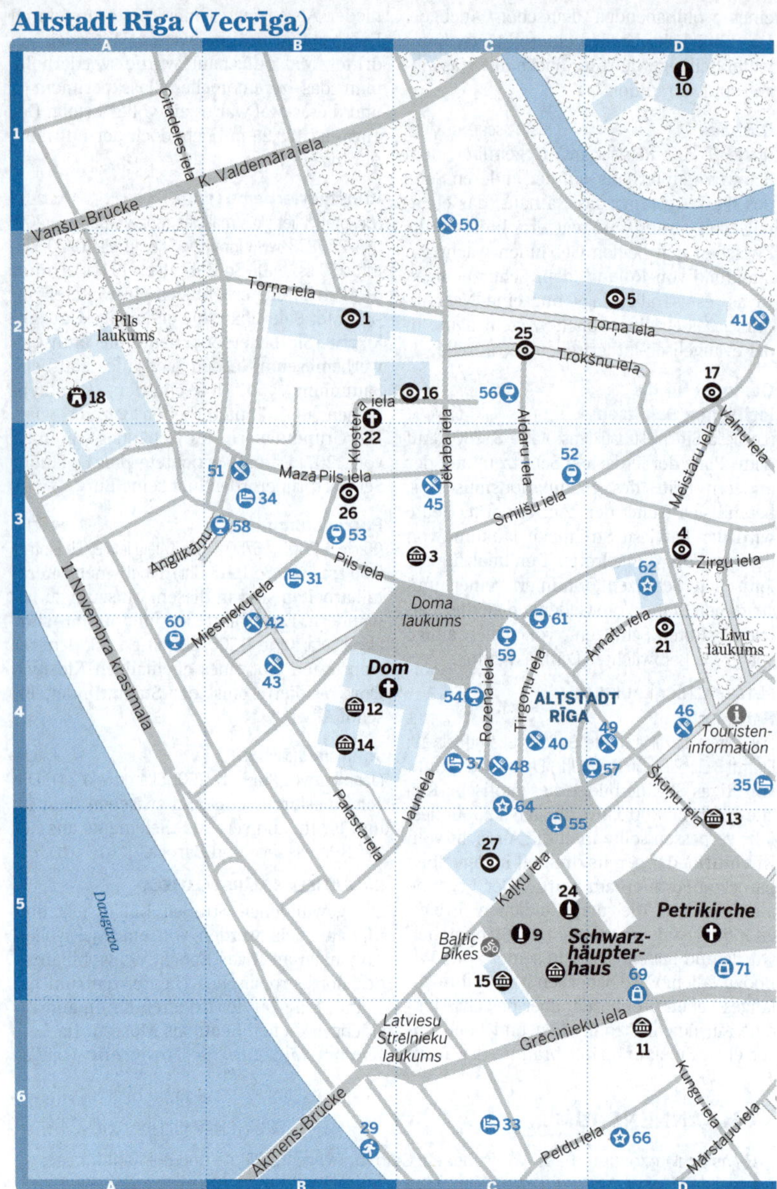

fotogrāfijas muzejs; ☎6722 2713; www.fotomuzejs.lv; Mārstaļu iela 8; Eintritt 1,50 Ls; ⏲Mi & Fr–So 10–17, Do 12–19 Uhr) sind z. B. einzigartige Fotos aus dem Rīga der 1920er-Jahre ausgestellt.

Auch ein Blick nach oben lohnt sich: Rankende Weinreben und bizarre Wasserspeier zieren zahlreiche **Jugendstilfassaden** (s. auch S. 212), z. B. die der **Synagoge** (Peitavas iela 6/8), des einzigen aktiv genutzten jüdischen Gotteshauses der Stadt. Mit einer Finanzspritze der EU wurde das Bauwerk 2009 im „sakralen Jugendstil" restauriert.

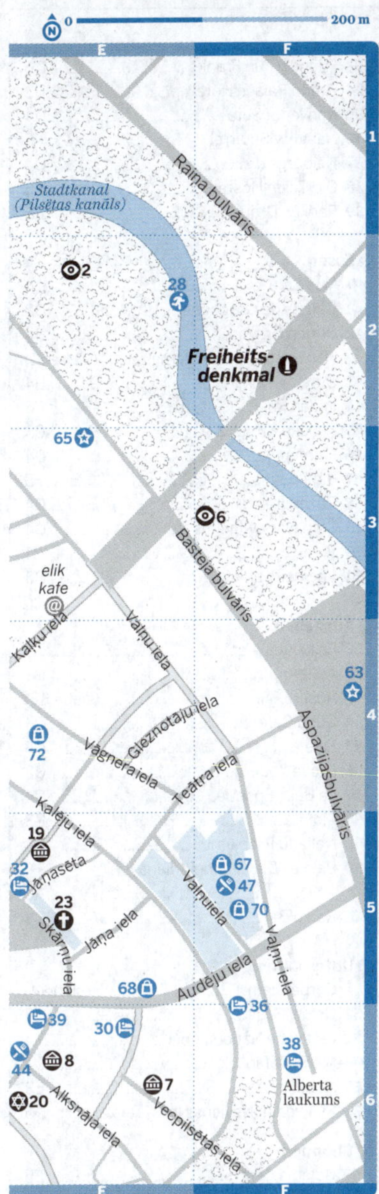

Das nahe gelegene **Volksfrontmuseum** (Latvijas tautas frontes muzejs; Karte S. 200; ☎6722 4502; Vecpilsētas iela 13-15; Eintritt frei; ⏲Di 14–19, Mi–Fr 12–17, Sa 12–16 Uhr) besteht aus einem einzigen Raum und ist noch genauso eingerichtet wie in der Zeit vor 1990, als es Sitz der Lettischen Volksfront war.

LIVU LAUKUMS

Der quirlige Livenplatz (Livu Laukums) erstreckt sich nahe dem belebtesten Altstadtzugang auf der Kaļķu iela. Im Sommer lockt er mit zahlreichen Biergärten und im Winter mit einer **Eisbahn** (Eintritt frei; ⏲Nov.–März 10–1 Uhr). Farbenfrohe Gebäude aus dem 18. Jh. säumen den Platz. Die meisten dienen heute als Restaurants.

Katzenhaus HISTORISCHES GEBÄUDE

(Karte S. 200; Meistaru iela 10) Das Haus mit der Adresse Meistaru iela 10 ist als das „Katzenhaus" bekannt, denn auf dem Dach sitzt eine Unglück verheißende schwarze Katze. Es heißt, dass die Kaufleutegilde gegenüber sich weigerte, den Hausbesitzer in ihre Reihen aufzunehmen. Aus Rache setzte er daraufhin die schwarze Katze auf die Turmspitze seines Hauses, deren erhobener Schwanz ursprünglich in Richtung des großen Gildensaals deutete. Die Mitglieder waren empört! Nach einem längeren Rechtsstreit wurde der „Verschmähte" schließlich in den erlesenen Club aufgenommen – unter der Voraussetzung, dass er das Katzenhinterteil in die andere Richtung drehte.

Große & Kleine Gilde HISTORISCHE GEBÄUDE

Hinter der gotischen Fassade (19. Jh.) der **Großen Gilde** (Lielā gilde; Karte S. 200; Amatu iela 6) verbirgt sich ein prunkvoller Kaufmannssaal aus der Blütezeit deutscher Herrschaft um 1330. Heute ist das Bauwerk Sitz des lettischen Symphonieorchesters. Bei dem Märchenschloss nebenan handelt es sich um die **Kleine Gilde** (Mazā gilde; Karte S. 200; Amatu iela 5), die im 14. Jh. als Versammlungsort für die örtlichen Handwerker erbaut wurde.

DOMA LAUKUMS

Dom zu Riga KIRCHE

(Doma baznīca; Karte S. 200; ☎6721 3213; www.doms.lv; Doma laukums 1; Eintritt 2 Ls; ⏲9–17 Uhr) Herzstück des weitläufigen Doma Laukums (Domplatz) ist Rīgas gigantischer Dom. Er wurde 1211 als Sitz der Diözese gegründet und ist die größte Kirche im ganzen Baltikum. Der Gebäudekoloss umfasst verschiedene Architekturstile des 13. bis 18. Jhs. Am ältesten ist der romanische Ostflügel. Der barocke Turm stammt aus dem 18. Jh. und fast der gesamte Rest wurde im 15. Jh. im gotischen Stil neu errichtet. In Fußboden und Wände des hohen Innenraums sind alte Grabplatten eingelassen, auf denen der gesellschaftliche Rang des Verstorbenen eingemeißelt ist. Die wichtigeren Bewoh-

Altstadt Rīga (Vecrīga)

Highlights

Schwarzhäupterhaus ... C5
Dom ... B4
Freiheitsdenkmal ... F2
Petrikirche ... D5

Sehenswertes

1 Kunstmuseum Arsenāls ... B2
2 Bastejkalns ... E2
3 Kunstmuseum Riga Bourse ... C3
4 Katzenhaus ... D3
Große Gilde ... (siehe 62)
Geschichtsmuseum ... (siehe 18)
5 Jakobskaserne ... D2
Johanneshof ... (siehe 19)
6 Laima-Uhr ... F3
Lettische Nationaloper ... (siehe 63)
7 Volksfrontmuseum ... E6
8 Lettisches Museum für Fotografie ... E6
9 Denkmal für die lettischen Schützen ... C5
10 Mahnmal für die Opfer des 20. Januar 1991 ... D1
11 Mentzendorffhaus ... D6
12 Museum der Barrikaden von 1991 ... B4
13 Kunstgewerbemuseum ... D5
14 Museum für Stadtgeschichte und Schifffahrt ... B4
15 Okkupationsmuseum ... C5
16 Parlament ... C2
17 Pulverturm ... D2
18 Ordensschloss ... A2
Architekturmuseum Rīga ... (siehe 26)
19 Porzellanmuseum ... E5
20 Synagoge ... E6
21 Kleine Gilde ... D4
Georgskirche ... (siehe 13)
22 St. Jakobs-Kathedrale ... B2
23 Johanneskirche ... E5
24 Roland-Standbild ... C5
25 Schwedentor ... C2
26 Drei Brüder ... B3
27 Rathaus ... C5

Aktivitäten, Kurse & Touren

28 Riga By Canal ... E2
29 Riga By Canal Docks ... B6

Schlafen

Blue Cow Barracks ... (siehe 5)
30 Centra ... E6
31 Dome Hotel ... B3
32 Ekes Konvents ... E5
33 Friendly Fun Franks ... C6
34 Grand Palace Hotel ... B3
35 Konventa Sēta ... D4
36 Naughty Squirrel ... F6
37 Neiburgs ... C4
38 Old Town Hostel ... F6
39 Radi un Draugi ... E6

Essen

40 Alus Seta ... C4
41 Cadets de Gascogne ... D2
42 Dorian Gray ... B4
Fish Restaurant @ Dome ... (siehe 31)
43 Gutenbergs ... B4
44 Indian Raja ... E6
45 Ķiploku Krogs ... C3
46 Pelmeņi XL ... D4
47 Rimi ... F5
48 Rozengrāls ... C4
49 Šefpavārs Vilhelms ... D4
50 V. Ķuze ... C1
51 Vecmeita ar kaki ... B3

Ausgehen

52 Folkklubs Ala ... C3
53 Apiteka ... B3
Apsara ... (siehe 32)
54 Cuba Café ... C4
55 Egle ... C5
56 I Love You ... C2
57 La Belle Epoque ... D4
58 Mojo ... B3
59 Nekādu Problēmu ... C4
60 Paldies Dievam Piektdiena Ir Klāt ... A4
61 Radio Bar ... C4

Unterhaltung

Carpe Diem ... (siehe 4)
62 Große Gilde ... D3
63 Lettische Nationaloper ... F4
64 Moon Safari ... C4
65 Nabaklab ... E3
66 Pulkvedim Neviens Neraksta ... D6

Shoppen

67 Galerija Centrs ... F5
68 Latvijas Balzāms ... E5
69 Pienene ... D5
Straßenverkäufer ... (siehe 32)
70 Taste Latvia ... F5
71 Tornis ... D5
72 Upe ... E4

ner der Stadt bezahlten dafür, so dicht wie möglich am Altar bestattet zu werden. Eine Überschwemmung, die den Ausbruch von Typhus und Cholera zur Folge hatte und ein Drittel der Bevölkerung von Rīga dahinraffte, überflutete diese Gräber. Die Kanzel des Doms stammt von 1641 und die Orgel von 1884. Mit ihren 6768 Pfeifen war sie damals die größte der Welt – heute ist sie die viertgrößte. In der Sowjetära waren Gottesdienste streng verboten und der reiche Schmuck des Innenraums wurde weitgehend entfernt. Heute werden hier sonntags um 12 Uhr und jeden zweiten Wochentag um 8 Uhr Messen gelesen.

Kunstmuseum Riga Bourse MUSEUM
(Karte S. 200; ☎6722 6467; www.lnmm.lv; Doma laukums 6; ⏲Di–So 10–18 Uhr) Bei Redaktionsschluss stand die Eröffnung dieses neuen Kunstmuseums kurz bevor. Das wunderschön restaurierte Gebäude, die ehemalige Börse, beherbergt eine umfangreiche Sammlung ausländischer Kunst. Jenseits der lehmfarbenen Fassade mit dem reich verzierten Aufgebot an Gottheiten können die Besucher Gewölbedecken und traumhafte Kachelarbeiten bestaunen.

Rīgaer Museum für Stadtgeschichte und Schifffahrt MUSEUM
(Rīgas vēstures un kuģniecības muzejs; Karte S. 200; ☎6735 6676; www.rigamuz.lv; Palasta iela 4; Eintritt 3 Ls; ⏲Fr–Di 11–17, Do 12–19 Uhr) Das älteste Museum im Baltikum existiert seit 1773 und befindet sich im Kreuzgang des Klosters an der Rückseite des Doms. Die Dauerausstellung umfasst Exponate aus der Bronzezeit bis zum Zweiten Weltkrieg. In den drei Räumen des **Museums der Barrikaden von 1991** (1991 gada barikāžu muzejs; Karte S. 200; ☎6721 3525; www.barikades.lv; Eintritt frei; ⏲Mo–Sa 10–17 Uhr), ebenfalls hinterm Dom zu finden, werden die Ereignisse des Januar 1991 anhand von Modellen, Nachbildungen und Fotografien illustriert.

Drei Brüder HISTORISCHE GEBÄUDE
(Trīs brāļi; Karte S. 200; Mazā Pils iela 17, 19 & 21) Hinter dem Doma Laukums, auf der dem Dom abgewandten Seite, stehen drei architektonische Schmuckstücke aus Stein artig in einer Reihe: Die „Drei Brüder" vermitteln einen Eindruck von der Vielfalt der Baustile in der Altstadt (und erinnern zugleich an die „Drei Schwestern" in Tallinn). Das Haus mit der Nr. 17 ist über 600 Jahre alt und damit das älteste Steinhaus der Stadt. In der Nr. 19 (erb. 17. Jh.) ist heute das **Architekturmuseum** (Karte S. 200; Latvijas arhitektūras muzejs; www.archmuseum.lv; Spende statt Eintritt; ⏲Mo–Fr 9–17 Uhr) untergebracht. Bemerkenswert sind die winzigen Fensterchen im 1. Stock. Im Mittelalter wurde die Grundsteuer in Rīga nach der Fenstergröße berechnet.

St.-Jakobs-Kathedrale KIRCHE
(Sv. Jēkaba katedrāle; Karte S. 200; Klostera iela) In Lettland wurden die ersten evangelischen Gottesdienste in der St.-Jakobs-Kathedrale abgehalten. Heute ist sie Sitz des katholischen Erzbischofs von Rīga. Ihre Innengestaltung stammt von 1225.

PILS LAUKUMS

Ordensschloss HISTORISCHES GEBÄUDE
(Rīgas pils; Karte S. 200; Pils laukums 3) Auf der anderen Seite der Altstadt dehnt sich nahe der Vanšu-Brücke der grüne Pils Laukums (Schlossplatz) vor dem Ordensschloss aus. Es wurde 1330 als Hauptquartier des Schwertbrüderordens erbaut und diente dessen Großmeister als Residenz. Das auffällige Bauwerk (das vom Pils Laukums aus betrachtet nicht wirklich an ein Schloss erinnert) ist heute der Wohnsitz des lettischen Präsidenten.

Außerdem ist hier das **Geschichtsmuseum** (Latvijas vēstures muzejs; Karte S. 200; ☎6722 3004; www.history-museum.lv; Eintritt 1 Ls, Mi kostenlos; ⏲Mi–So 11–17 Uhr) untergebracht, das die Geschichte Lettlands von der Steinzeit bis zur Moderne dokumentiert. Die Beschriftungen sind alle auf Lettisch, doch am Kartenschalter gibt's auch englischsprachige Broschüren.

Kunstmuseum Arsenāls & Parlament MUSEUM
(Mākslas muzejs Arsenāls; Karte S. 200; ☎6721 3695; Torņa iela 1; Erw./Kind 0,70/0,40 Ls; ⏲Di, Mi & Fr–So, 11–17, Do bis 19 Uhr) Direkt östlich des Pils Laukums erhebt sich dieses Kunstmuseum. In demselben Block befindet sich auch Lettlands **Parlament** (Saeima; Karte S. 200; Jēkaba iela 11) in einem Gebäude im Florentiner Renaissancestil, das ursprünglich als Ritterhaus deutscher Gutsherren erbaut wurde.

TORŅA IELA

Vom Pils Laukums aus verläuft die malerische Torņa iela schnurgerade zum Stadtkanal (Pilsētas kanāls) auf der gegenüberliegenden Seite der Altstadt. Fast die gesamte Nordseite der Straße wird von der senfgelben **Jakobskaserne** (Jēkaba Kazarmas; Karte S. 200; Torna iela 4) eingenommen, die im

16. Jh. als riesige Lagerhalle erbaut wurde. Heute birgt das renovierte Gebäude Touristencafés und Boutiquen.

Schwedentor HISTORISCHES GEBÄUDE

(Zviedru vārti; Karte S. 200; Torņu iela 11) Von dem weitläufigen Jakobskasernenkomplex aus gesehen auf der anderen Straßenseite stößt man auf die schmalste *iela* (Straße) von Alt-Rīga, die **Trokšnu iela**, und das **Schwedentor**, das einzige erhaltene Altstadttor. Es wurde 1698 während der schwedischen Herrschaft in die mittelalterliche Stadtmauer eingebaut. In dieser Zeit war Rīgas Hafen der größte im gesamten schwedischen Reich.

Pulverturm HISTORISCHES GEBÄUDE

(Pulvera Tornis; Karte S. 200; Smilšu iela 20) Der zylindrische Pulverturm aus dem 14. Jh. ist der letzte von ursprünglich 18 Türmen der alten Stadtmauer. In seinen Mauern stecken neun russische Kanonenkugeln von Angriffen aus dem 17. und 18. Jh. Er hat schon als Schießpulverlager, Gefängnis, Folterkammer und studentisches Verbindungshaus gedient. Heute birgt er das **Kriegsmuseum** (Kara muzejs; ☎6722 8147; www.karamuzejs.gov.lv; Smilšu iela 20; Eintritt frei; ⏲10–18 Uhr). Es dokumentiert die politische und militärische Geschichte Lettlands vom Mittelalter bis heute und legt dabei sein Hauptaugenmerk auf die Weltkriege.

NEUSTADT (CENTRS)

Das Stadtzentrum wird genau in der Mitte von der Kaļķu iela durchschnitten. Dort wo sich diese Straße aus dem städtischen Türmchengewirr löst, geht sie in die Brīvības bulvāris (Freiheitsboulevard) über. Ein Streifen üppig grüner Parkanlagen dient als Pufferzone zwischen mittelalterlichen Mauern und vornehmen Boulevards. Zur bunten Vielfalt der Sehenswürdigkeiten in der Neustadt gehören u. a. das prachtvolle Jugendstilviertel, der weitläufige Zentralmarkt – verteilt auf mehrere riesige Zeppelinhangars – und das wie eine Ikone verehrte Freiheitsdenkmal.

ESPLANADE & UMGEBUNG

Freiheitsdenkmal DENKMAL

(Brīvības bulvāris; Karte S. 200) Das liebevoll „Milda" genannte Freiheitsdenkmal ragt zwischen Altstadt und Zentrum in den Himmel. Es wurde durch Spendengelder finanziert und von Kārlis Zāle entworfen. Errichtet wurde es 1935 an der Stelle, an der einst eine Statue des russischen Zaren Peter des Großen stand. Den Sockel des Monuments zieren neben der Inschrift „Tēvzemei un Brīvībai" (für Vaterland und Freiheit) Granitfriese von Letten, die singend für ihre Freiheit kämpfen. Gekrönt wird es von einer kupfernen Freiheitsgöttin, die drei goldene Sterne in ihren Händen hält. Diese Sterne stehen für die ursprünglichen Regionen des Landes: Kurzeme, Vidzeme und Latgale (Lettlands vierte Region, Zemgale, gehörte anfangs zu Kurzeme).

Überraschenderweise wurde die Statue während der Sowjetjahre nicht zerstört, sondern von der kommunistischen Regierung als „Mutter Russland" neu interpretiert. Die drei Sterne symbolisierten damals die drei neuesten Unionsmitglieder – Estland, Lettland und Litauen. Der Zutritt zu Milda war unter den Sowjets streng verboten und jeder, der hier Blumen niederlegte, musste mit der sofortigen Verhaftung und Deportierung nach Sibirien rechnen. Eine große Lenin-Statue mit Blick in Richtung Brīvības bulvāris (in die entgegengesetzte Richtung) sollte den Stellenwert des Denkmals weiter mindern. Sie wurde niedergerissen, als Lettland seine Unabhängigkeit wiedererlangte.

Heute stehen hier zwischen 9 und 18 Uhr zwei Ehrenwachen, die jeweils zur vollen Stunde eine schlichte Wachablösung vollziehen.

Ein zweiter Turm, die **Laima-Uhr** (Karte S. 200) zwischen Milda und Altstadtzugang, wurde in den 1920er-Jahren erbaut und sollte die Stadtbewohner daran erinnern, rechtzeitig zur Arbeit zu gehen. Heute ist sie ein beliebter Jugendtreffpunkt.

Stadtkanal (Pilsētas Kanāls) PARK

Der alte Stadtgraben Pilsētas kanāls schützte den mittelalterlichen Kern früher gegen Eindringlinge. Heute gehört diese geschwungene Linie zu einem schmalen, aber reizvollen Parkgürtel zwischen Altstadt und Zentrum. Der stattliche Raiņa bulvāris an seiner Nordseite war während der Unabhängigkeit zwischen den Weltkriegen als „Konsulatsmeile" bekannt. Diese Bezeichnung ist heutzutage wieder zutreffend: Vor der Nr. 7 weht das amerikanische Sternenbanner und vor der Nr. 9 die französische Flagge. Weitere Diplomatensitze säumen den Zentralpark und den Stadtgraben entlang Kronvalda bulvāris und Kalpaka bulvāris.

Am Ufer des Pilsētas kanāls nahe dem Brīvības bulvāris erhebt sich der bescheidene **Bastejkalns** (Basteiberg; Karte S. 200), das letzte Überbleibsel einer mittelalterlichen

RĪGA CARD

Für alle, die viel unternehmen wollen, lohnt sich der Kauf einer Rīga Card. Zu den Vorteilen dieser Karte gehören freier Eintritt in die meisten Museen, 10 bis 20 % Rabatt bei der Unterkunft, ein kostenloser, geführter Rundgang durch die Altstadt und eine Gratisausgabe von *Rīga in Your Pocket*. Erhältlich sind die Karten u. a. in der Touristeninformation, am Flughafen und in einigen der größeren Hotels. Die 1-/2-/3-Tages-Karte kostet 12/14/18 Ls). Weitere Infos bei **Rīga Card** (☎6721 7217; www.rigacard.lv).

Befestigungsanlage. Etwas unterhalb liegen fünf rote Steine als **Mahnmal für die Opfer des 20. Januar 1991** (Karte S. 200), die beim Sturm der Sowjettruppen auf das nahe gelegene Innenministerium getötet wurden.

Am 18. November 1918 erklärte Lettland seine Unabhängigkeit im barocken **Nationaltheater** (Nacionālais teātris; Karte S. 206) an der Kreuzung des Kanals mit der K. Valdemāra iela. Die beliebte **Lettische Nationaloper** (Karte S. 200; ☎6707 3777; www.opera.lv; Aspazijas bulvāris 3; ⏲Vorverkauf 10–19 Uhr), die Moskaus Bolschoitheater ähnelt, steht am anderen Parkende, nahe der K. Barona iela.

Vērmanes-Garten (Vērmanes dārzs) PARK
(Karte S. 206) Vom Brīvības bulvarīs geht's am farbenprächtigen und rund um die Uhr geöffneten **Blumenmarkt** vorbei, die Tērbatas iela entlang zum einladenden Vērmanes dārzs, der von Einheimischen gerne besucht wird. Im Sommer spielen in dem kleinen **Freiluft-Amphitheater** örtliche Bands und entlang der Ziegelwege eröffnen Kunsthandwerker ihre Verkaufsstände.

Esplanāde PARK
Als Gegenstück zum Vērmanes-Garten erstreckt sich jenseits des belebten Brīvības bulvarīs die Esplanāde, ein ausgedehnter Park mit imposanten Bäumen, Holzbänken, alten Statuen und dem einen oder anderen Café. Das **Staatliche Kunstmuseum** (Valsts mākslas muzejs; Karte S. 206; ☎6732 4461; K. Valdemāra iela 10a; ⏲Mi–Mo 11–17 Uhr) erhebt sich innerhalb der Grünanlage an der K. Valdemāra iela. Neben allerhand Sowjetpracht mit Rüschengardinen, Marmorsäulen und roten Teppichen sind in erster Linie russische und lettische Kunstwerke aus der Zeit vor dem Zweiten Weltkrieg ausgestellt. Bis 2014 (in diesem Jahr wird Rīga Kulturhauptstadt Europas sein) ist das Museum allerdings aufgrund von umfassenden Renovierungsarbeiten geschlossen.

Auf der anderen Seite des Parks erhebt sich am Brīvības bulvarīs die majestätische **Russisch-orthodoxe Kirche** (Pareiztícīgo katedrāle; Karte S. 206; Brīvības bulvāris) aus dem 19. Jh. mit ihren goldenen Kuppeln. Zu Sowjetzeiten diente sie als Planetarium.

Naturkundemuseum MUSEUM
(Dabas muzejs; Karte S. 206; ☎6735 6024; www.dabasmuzejs.gov.lv; K Barona iela 4; Eintritt 1 Ls; ⏲Mi, Fr & Sa 10–17, Do 12–18, So 10–16 Uhr) Schräg gegenüber vom Garten, auf der anderen Seite der K. Barona iela, wartet dieses Museum mit einer Dauerausstellung mit ausgestopften Vögeln, Dinosaurierfossilien sowie Informationen über Lettlands Ökosysteme und die ethnischen Wurzeln der Bevölkerung auf.

ZENTRALMARKT

LP TIPP **Zentralmarkt** MARKT
(Centrāl tirgus; Karte S. 206; www.centraltirgus.lv; Nēģu iela 7; ⏲So–Mo 7–17, Di–Sa bis 18 Uhr) Ein Aufenthalt in Rīga ohne Besuch auf dem Zentralmarkt wäre wie eine Reise nach Paris ohne Besichtigung des Louvre. In Rīgas hektischem Herzstück pulsiert das Leben, wenn die Händler dort körbeweise frisch gesammelte Früchte anpreisen.

In einem Manuskript von 1330 wird ein kleiner Markt auf dem Doma Laukums erwähnt, der später auf den heutigen Latviešu strēlnieku laukums (Platz der Lettischen Schützen) verlegt wurde. 1570 verlegte man ihn erneut: diesmal ans Daugava-Ufer, um den Handel am Fluss zu vereinfachen. Der Markt florierte, als Rīga Mitte des 17. Jhs. Stockholm an Größe überholte und zum wichtigsten Stützpunkt des schwedischen Reiches wurde.

An seinen heutigen Ort zwischen Zentralrīga und Maskavas („Klein Moskau") gelangte der Markt 1930, weil die Eisenbahnlinie besser genutzt werden sollte, die den Fluss mittlerweile als Haupthandelsroute abgelöst hatte. Angesichts des anhaltenden Wachstums kaufte die Stadt für 5 Mio. Ls fünf riesige Zeppelinhangars aus der westlettischen Stadt Vainode. Diese Hangars – jeder 35 m hoch – bescherten dem Markt zusätzliche 57 000 m^2 Verkaufsfläche – genug für 1250 weitere Händler.

Stadtzentrum Rīga (Centrs)

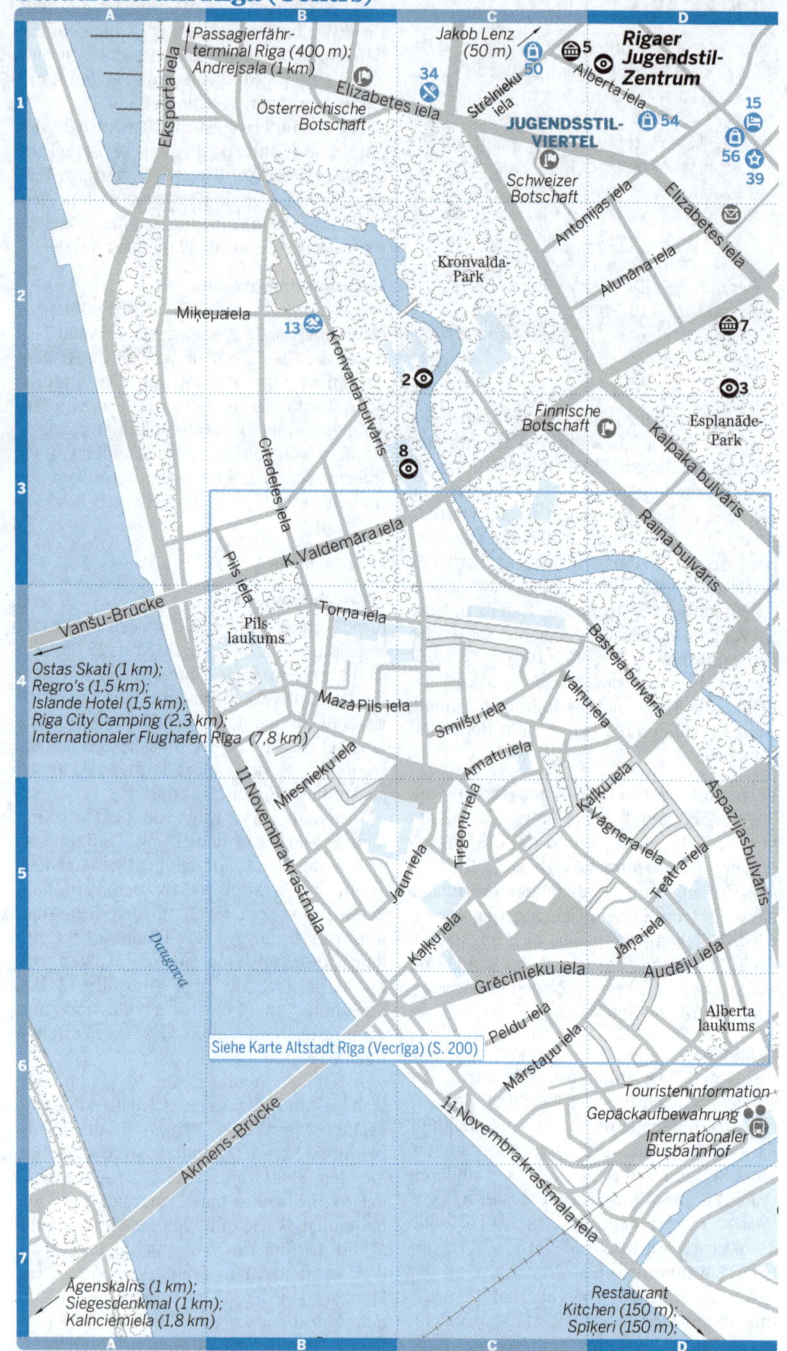

Passagierfährterminal Riga (400 m); Andrejsala (1 km)
Jakob Lenz (50 m)
Rigaer Jugendstil-Zentrum
Eksporta iela
Elizabetes iela
Österreichische Botschaft
Strēlnieku iela
Alberta iela
JUGENDSSTIL-VIERTEL
Schweizer Botschaft
Antonijas iela
Elizabetes iela
Kronvalda-Park
Alunāna iela
Miķeļa iela
Kronvalda bulvāris
Citadeles iela
Finnische Botschaft
Esplanāde-Park
Kalpaka bulvāris
Raiņa bulvāris
K. Valdemāra iela
Pils iela
Vanšu-Brücke
Torņa iela
Pils laukums
Basteja bulvāris
Ostas Skati (1 km); Regro's (1,5 km); Islande Hotel (1,5 km); Riga City Camping (2,3 km); Internationaler Flughafen Rīga (7,8 km)
Mazā Pils iela
Valņu iela
Smilšu iela
Miesnieku iela
Amatu iela
11 Novembra krastmala
Kaļķu iela
Vāgnera iela
Aspazijas bulvāris
Tirgoņu iela
Jauņ iela
Teātra iela
Daugava
Kalķu iela
Jāņa iela
Grēcinieku iela
Audēju iela
Alberta laukums
Peldu iela
Siehe Karte Altstadt Rīga (Vecrīga) (S. 200)
Mārstaļu iela
Touristeninformation
Gepäckaufbewahrung
Internationaler Busbahnhof
Akmens-Brücke
11 Novembra krastmala iela
Āgenskalns (1 km); Siegesdenkmal (1 km); Kalnciemiela (1,8 km)
Restaurant Kitchen (150 m); Spīķeri (150 m)

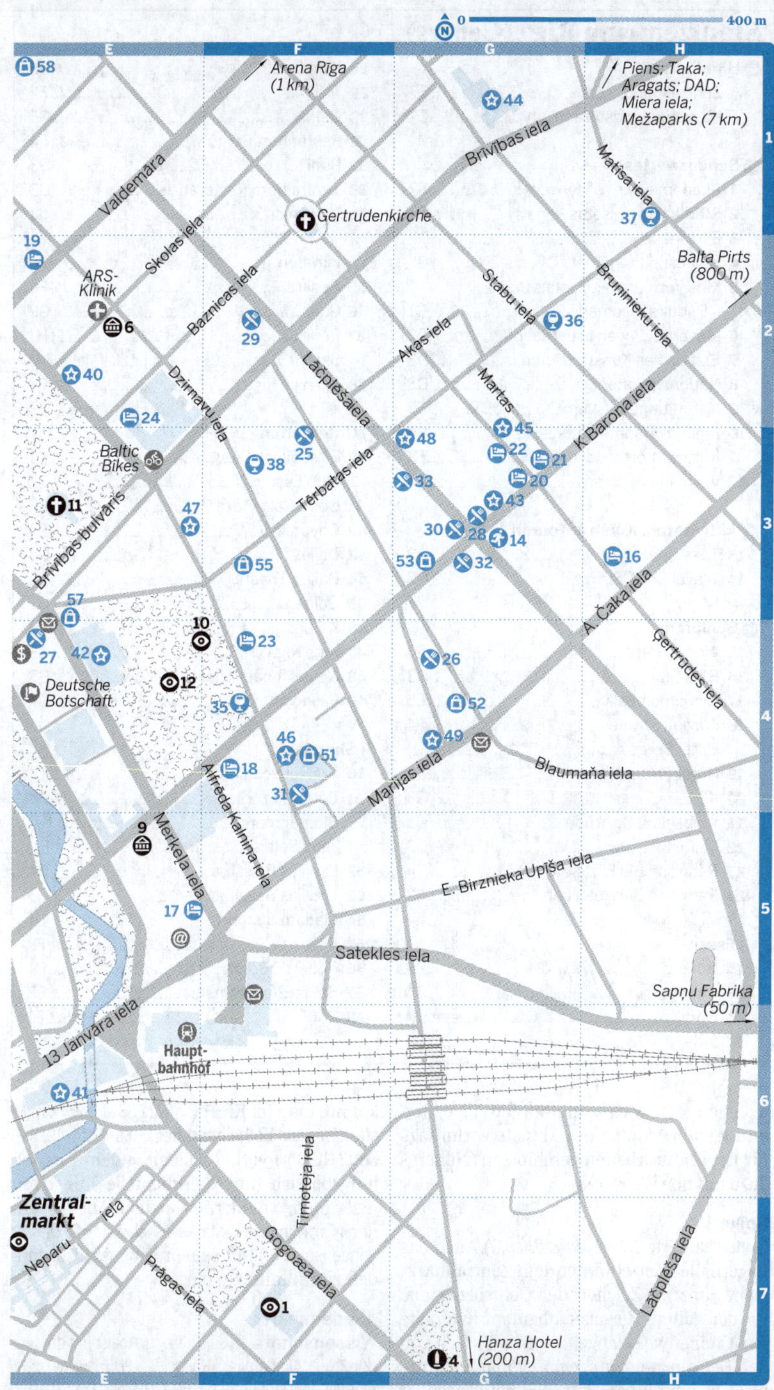

0
400 m
Arena Rīga (1 km)
Piens; Taka; Aragats; DAD; Miera iela; Mežaparks (7 km)
Brīvības iela
Matīsa iela
Valdemāra
Gertrudenkirche
Skolas iela
Baznīcas iela
Stabu iela
Bruņinieku iela
Balta Pirts (800 m)
ARS-Klinik
Akas iela
Lāčplēšaiela
Dzirnavu iela
Martas
K Barona iela
Baltic Bikes
Tērbatas iela
Brīvības bulvāris
A. Čaka iela
Ģertrūdes iela
Deutsche Botschaft
Blaumaņa iela
Marijas iela
Alfrēda Kalniņa iela
Merķeļa iela
E. Birznieka Upīša iela
Satekles iela
Sapņu Fabrika (50 m)
13 Janvāra iela
Haupt-bahnhof
Zentral-markt
Neparu iela
Timoteja iela
Gogoļa iela
Prāgas iela
Lāčplēša iela
Hanza Hotel (200 m)

Stadtzentrum Rīga (Centrs)

Highlights
- Zentralmarkt ... E7
- Rigaer Jugendstilzentrum ... D1

Sehenswertes
- 1 Akademie der Wissenschaft ... F7
- 2 Stadtkanal (Pilsētas Kanāls) ... C2
- 3 Esplanāde ... D2
- 4 Holocaustmahnmal ... G7
- 5 Museum Janis Rozentāls und Rūdolfs Blaumanis ... C1
- 6 Museum „Juden in Lettland" ... E2
- 7 Staatliches Kunstmuseum ... D2
- 8 Nationaltheater ... C3
- 9 Naturkundemuseum ... E5
- 10 Freiluft-Amphitheater ... F4
- 11 Russisch-orthodoxe Kirche ... E3
- 12 Vērmanes-Garten ... E4

Aktivitäten, Kurse & Touren
- 13 Taka Spa ... B2
- 14 Travel Out There ... G3

Schlafen
- 15 Albert Hotel ... D1
- 16 B&B Rīga ... H3
- 17 Cinnamon Sally ... E5
- 18 Europa Royale ... F4
- Hotel Bergs ... (siehe 51)
- 19 Hotel Valdemārs ... E2
- 20 KB ... G3
- 21 Krišjānis & Ģertrūde ... G3
- 22 Multilux ... G3
- 23 Radisson Blu Elizabete Hotel ... F4
- 24 Radisson Blu Hotel Latvija ... E2

Essen
- 25 Bonēra ... F3
- 26 Charlestons ... G4
- Garage ... (siehe 51)
- 27 Index ... E4
- 28 Istaba ... G3
- 29 Miit ... F2
- 30 Osīriss ... G3
- 31 Restaurant Bergs ... F4
- 32 Rimi ... G3
- 33 Teātra Bāra Restorāns ... G3
- 34 Vincents ... C1

Ausgehen
- 35 Apsara ... F4
- 36 Gauja ... G2
- 37 Pērle ... H1
- Skyline Bar ... (siehe 24)
- 38 Terrace Riga ... F3

Unterhaltung
- 39 Bites Blues Club ... D1
- 40 Club Essential ... E2
- 41 Coca-Cola Plaza ... E6
- 42 Coyote Fly ... E4
- 43 Daile ... G3
- 44 Dailes-Theater ... G1
- 45 Golden ... G3
- 46 K Suns ... F4
- 47 Kino Rīga ... E3
- 48 Neues Rīgaer Theater ... G3
- 49 Palladium ... G4

Shoppen
- 50 Art Nouveau Riga ... C1
- 51 Berga Bazārs ... F4
- Blumenmarkt ... (siehe 57)
- Jāņa Sēta ... (siehe 51)
- 52 Latvijas Balsāms ... G4
- 53 Latvijas Balsāms ... G3
- 54 Madam Bonbon ... D1
- 55 Riija ... F3
- 56 Robert's Books ... D1
- 57 Sakta-Blumenmarkt ... E3
- 58 ZoFA ... E1

Teile des Marktes sind am jeweils ersten und letzten Montag des Monats vormittags für Reparaturarbeiten geschlossen (Näheres dazu auf der Website).

Spīķeri VIERTEL

(außerhalb Karte S. 206; www.spikeri.lv) Auch das Lagerhallenviertel hinter dem Zentralmarkt steht ganz im Zeichen der Gentrifizierung. In den alten Ziegelsteinbauten baumelte einst reihenweise abgehangenes Fleisch von den Decken, heutzutage findet man hier hippe Cafés und junge Unternehmen. Tagsüber könnte man im **Kim?** (☎6722 3321; www.kim.lv; Maskavas iela 12/1; Eintritt frei; ⊙Mi–Fr 14–19, Sa–So 12–19 Uhr) vorbeischauen, einem Ausstellungsbereich für experimentelle Kunst mit jeder Menge moderner Medien. Abends lädt der **Nachtmarkt** (Maskavas iela 12; ⊙21 Uhr bis Sonnenaufgang) mit seinen Lebensmittelständen zum Bummeln ein.

Akademie der Wissenschaft HISTORISCHES GEBÄUDE

(Zinātņu Akadēmija; Karte S. 206; www.lza.lv; Akadēmijas laukums 1; ⊙9–20 Uhr) Das inter-

RĪGA MIT KINDERN

Für Kinder sind die als Weltkulturerbe gelisteten Straßen der Altstadt wie eine magische Reise in die Vergangenheit. Einen Ausflug in die Zukunft ermöglichen hingegen die Laser Tags und der Rennsimulator im **Go Planet** (www.goplanet.lv; Gunara Astras iela 2b). In den Sommermonaten bieten sich ein Zoobesuch im bewaldeten Mežaparks oder eine Tour zum Strand nach Jūrmala an. Ein Alternativprogramm zu wildem Wellenhopsen und Sandburgenbauen ist z. B. Līvu Akvaparks (S. 231). Lettlands größter, überdachter Wasserpark lockt mit einem Wellenbad und unzähligen Wasserrutschen.

essanteste Gebäude der eigenwilligen Skyline von Rīga findet sich mitten auf dem Akadēmijas Laukums. Die allgemein als „Stalins Geburtstagstorte" bekannte Akademie der Wissenschaft ist Rīgas russifizierte Version des „Empire State Building". In der verschnörkelten Fassade sind Hammer-und-Sichel-Symbole zu entdecken und für nur 2 Ls gelangt man auf die Aussichtsplattform im 17. Stock.

Holocaustmahnmal — DENKMAL

(Karte S. 206) Unbedingt sehenswert ist das bewegende Holocaustmahnmal in einem ruhigen Garten, ein Block hinter dem Akadēmijas Laukums. An dieser Straßenecke stand einst eine große Synagoge, die im Zweiten Weltkrieg niederbrannte – tragischerweise war während des Brands die gesamte Gemeinde darin eingeschlossen. Es gab keine Überlebenden. Mit dem Mahnmal, das heute an dieser Stelle steht, wird der mutigen Letten gedacht, die während des Krieges ihr Leben riskierten, um verfolgte Juden zu verstecken. Das Monument aus Betonplatten soll versinnbildlichen, dass wir letztlich alle gleich sind.

JUGENDSTILVIERTEL („STILLES ZENTRUM")

Das Jugendstilviertel (rund um die Alberta iela, Strēlnieku iela und Elizabetes iela) konkurriert mit der Altstadt um den Rang des schönsten Viertels. In Rīga gibt es über 750 Jugendstil-Bauten – mehr als in irgendeiner anderen Stadt der Welt. Unsere maßgeschneiderte Tour auf S. 212 führt zu den berühmtesten Fassaden.

LP TIPP Jugendstilzentrum — MUSEUM

(Rīgas jūgemdstila muzejs; Karte S. 206; ☎6718 1465; www.jugendstils.riga.lv; Alberta iela 12; Eintritt 3 Ls, Führung auf Engl. 10,50 Ls; ⏲Di–So 10–18 Uhr) Wer wissen möchte, was sich hinter den phantasievollen Jugendstilfassaden verbirgt, sollte auf jeden Fall in diesem Museum vorbeischauen. Das ehemalige Wohnhaus von Constantīns Pēkšēns (einem einheimischen Architekten, der mehr als 250 Gebäude in der Stadt entworfen hat) wurde umfassend restauriert und sieht aus wie ein bürgerliches Apartment aus den 1920er-Jahren. Man beachte die geometrischen Fresken, die Möbel mit den abgerundeten Ecken, das Buntglas im Esszimmer und den noch immer funktionstüchtigen Ofen in der Küche. Ein sehenswertes Zehn-Minuten-Video (kostenlos) informiert über das stadttypische Dekor und auf der Website des Zentrums sind Spaziergänge zu Jugendstilgebäuden beschrieben. Der Eingang befindet sich auf der Strēlnieku iela (bei Nr. 12 klingeln).

Museum Janis Rozentāls & Rūdolfs Blaumanis — MUSEUM

(Karte S. 206; ☎6733 1641; Alberta iela 12; Eintritt 1 Ls; ⏲Mi–So 11–18 Uhr) Über eine herrlich opulente Treppe gelangt man ins 5. Stockwerk zur ehemaligen Wohnung von Janis Rozentāls, einem der bekanntesten Maler Lettlands. Der Eingang ist auf der Strēlnieku iela (bei Nr. 9 klingeln).

GRATIS Museum „Juden in Lettland" — MUSEUM

(Karte S. 206; ☎6728 3484; www.jewishmuseum.lv; Skolas iela 6; Spende statt Eintritt; ⏲So–Do 12–17 Uhr) In dem kleinen, recht informellen Museum wird die Geschichte der Rīgaer Juden bis 1945 anhand von Gegenständen und Fotos beleuchtet, allerdings nicht sehr detailliert. Die hiesigen Juden waren, anders als in Vilnius, gut in die Gesellschaft integriert. Im Untergeschoss befindet sich ein winziges koscheres Café (Eingang auf der Dzirnavu iela). Dort gibt's traditionelle Leckerbissen wie *challa*-Brot und „gefilte Fisch".

MIERA IELA

Gleich hinter dem Jugendstil-Pomp des „Stillen Zentrums" führt die Miera iela durch ein Industrieviertel, in dem die Laima-Schokoladenfabrik für ein olfaktorisches Erlebnis der besonderen Art sorgt. Über die

Hauptstraße gelangt man zu ein paar charmanten Cafés, Kunsthandwerkerläden und Buchhandlungen; leider gibt's hier keine Goldenen Tickets für eine Fabrikbesichtigung wie in Charlie und die Schokoladenfabrik!

DIE VORORTE

Wer über Rīgas innersten Ring der Pflastergassen mit der einzigartigen Jugendstilarchitektur hinausblickt, entdeckt eine blühende Künstlerkolonie, einige hervorragende Museen und weitere Viertel, die das Bild dieser weltoffenen Hauptstadt abrunden.

MEŽAPARKS

Der bewaldete Mežaparks (wörtlich: „Waldpark"), am Ķīšezers-See 7 km nördlich des Zentrums, ist Europas ältester planmäßig angelegter Vorort. Die im frühen 20. Jh. von Deutschen geschaffene „Gartenstadt" hieß ursprünglich Kaiserwald. Sie war Anlaufstelle für wohlhabende Geschäftsleute, die dem Grau der industriellen Innenstadt entfliehen wollten, und ihre Atmosphäre hat sich in den letzten 100 Jahren kaum verändert: gepflegte Landhäuser, traumhafte Jugendstilfassaden, Spazier- und Fahrradwege sowie Segelboote, die lautlos über den See gleiten.

Der Park beinhaltet auch den **Staatlichen Zoo Rīga** (Zoologiskais dārz; ☎6751 8669; www.rigazoo.lv; Meža prospekts 1; Erw./Kind 4/3 Ls; ⏲10–16 Uhr), der in einem hügligen Kiefernwald mit den üblichen Tieren und einer ganz neuen Tropenabteilung aufwartet.

Außerdem liegen in der Gegend mehrere malerische Friedhöfe wie der nahe **Bruderfriedhof** (Brāļu kapi). Sein von Kārlis Zāle (dem Schöpfer des Freiheitsdenkmals) geschaffenes Monument erinnert an die lettischen Soldaten, die zwischen 1915 und 1920 bei der Verteidigung des Landes gefallen sind. Auf dem **Rainis-Friedhof** (Raiņa kapi) ruhen neben Jānis Rainis und seiner Frau, der feministischen Dichterin Aspazija, eine Reihe weiterer, einst einflussreicher Letten.

Die Einheimischen lieben das **Cabo** (Hauptgerichte 1–4 Ls; ⏲Juni–Aug.), ein Restaurant am See mit entspannter Atmosphäre und vielen Sitzsäcken und Korbstühlen im Freien. Tagsüber stehen die Leute Schlange, um ein paar leckere Snacks zu verdrücken, bevor sie in den See hüpfen. Abends geht es gediegener zu. Dann genießen die Gäste bei einem Bier die nette Stimmung, wenn es zu vorgerückter Stunde dunkel wird.

Der Mežaparks ist mit der Straßenbahnlinie Nr. 11 von der K. Barona iela aus erreichbar; die Haltestelle für den Bruderfriedhof heißt Brāļu Kapi.

ĀGENSKALNS & KALNCIEMIELA

Rīgas düsteres Arbeiterviertel jenseits der Daugava versetzt einen zurück in eine längst vergangene Zeit – besonders der Užaras-Park. In seinen weitläufigen Grünanlagen (die heute vor allem zum Fußballspielen genutzt werden) steht das sowjetische **Siegesdenkmal** (Užaras Piemineklis; außerhalb der Karte S. 206), das an den „Sieg" des Kommunismus über den Faschismus erinnert. Seine fünf Sterne symbolisieren die fünf Jahre des Zweiten Weltkriegs.

Viele andere Bezirke Rīgas wurden im Zweiten Weltkrieg zerstört, doch nicht so dieser. Daher lohnt es sich, die Gegend zu Fuß oder mit dem Rad zu erkunden, um ein Gefühl dafür zu bekommen, wie das Leben hier vor vielen Jahrzehnten ausgesehen haben mag. Den **Kalnciemiela**, einen liebevoll restaurierten Hof mit mehreren Holzgebäuden, sollte man nicht verpassen. Dort findet im Sommer ein sehr beliebter Wochenendmarkt statt (während der kühleren Monate normalerweise donnerstagabends), auf dem Lebensmittel aus der Region verkauft werden: frisches Fleisch, Käse, Gemüse und sogar Spirituosen. Das Restaurant **Maja** (www.restoransmaja.lv/en; Kalnciema iela 5) ist eine gute Adresse, wenn man nicht so sehr aufs Geld achten muss.

Zu erreichen ist das Viertel mit den Straßenbahnlinien 2 und 8 über die Akmens-Brücke (bei der Haltestelle Āgenskalna Tirgus aussteigen) sowie mit der Linie 5 (an der zweiten Haltestelle nach der Brücke aussteigen).

ĶĪPSALA

Nach zehnminütigem Fußweg in westlicher Richtung erreicht man jenseits der Vanšu-Brücke die Insel Ķīpsala. In den letzten fünf Jahren ist der Bezirk deutlich aufgewertet worden (Stichwort Gentrifizierung): Holzhäuser wurden vollständig saniert und leer stehende Fabriken in trendige Lofts verwandelt. Auch die Technische Hochschule und die Ķīpsala-Messehalle befinden sich hier. Das baumbestandene Flussufer lädt dazu ein, über die Daugava hinweg tolle Fotos vom Stadtzentrum zu schießen.

MUSEEN

Die folgenden Museen liegen ein paar Kilometer außerhalb des Stadtzentrums.

Ethnografisches Freilichtmuseum MUSEUM
(Latvījas etnogrāfiskais brīvdabas muzejs; ☎6799 4510; www.brivdabasmuzejs.lv; Brīvības gatve 440;

Erw./Kind 1/0,50 Ls; ⌚Mitte Mai–Okt. 10–17 Uhr) Dieses Freilichtmuseum ist ein Muss für alle, die nicht genug Zeit für einen Abstecher in das ländliche Herz Lettlands haben. In einem weiten Waldgebiet am Jugla-See gleich nordöstlich der Stadt stehen über 100 Holzbauten aus allen vier Regionen Lettlands. Die Kirchen, Windmühlen und Bauernhäuser sind voller Utensilien, die an eine längst vergangene bäuerliche Lebensweise erinnern. Anfahrt mit der Buslinie 1 von der Ecke Merķeļa und Tērbatas iela bis zur Haltestelle Brīvdabas muzejs.

Motormuseum MUSEUM
(Rīgas motormuzejs; ☎6709 7170; www.motormuzejs.lv; Eizenšteina iela 6; Erw./Kind 1/0,50 Ls; ⌚10–18 Uhr) Highlights der beeindruckenden Sammlung sind die Autos ehemaliger Sowjetgrößen wie Gorki, Stalin, Chruschtschow und Breschnew – inklusive ziemlich respektloser lebensgroßer Figuren der Politiker. Stalin, detailgetreu nachgebildet mit Pockennarben im Gesicht, sitzt wie ein König im Fond seiner 7 t schweren Panzerlimousine mit mehr als 6 l Hubraum. Der Wagen hat eine 1,5 cm dicke Stahlpanzerung und die Scheiben bestehen aus 8 cm dickem Sicherheitsglas. Der Spritverbrauch lag bei 40 l auf 100 km. Bei Redaktionsschluss wurde das phantastische Museum gerade um einen weiteren Raum erweitert. Um hierhin zu gelangen, folgt man der Brīvības iela vom Zentrum 8 km stadtauswärts und fährt dann 2 km in Richtung Süden zum Vorort Mežciems. Alternativ nimmt man die Buslinie 21 von der russisch-orthodoxen Kirche bis zur Haltestelle Pansionāts an der Šmerļa iela.

Aktivitäten

Adrenalinkicks wie beim Bungeejumping, Bobfahren, Mountainbiken oder Fallschirmspringen holt man sich am besten in der Stadt Sigulda (S. 257) im Nationalpark Gauja. Für Wassersportfans ist ein Aufenthalt in Jūrmala (S. 230) das Richtige. Fahrradfahrer dürfen sich auf Dutzende Radwege in der näheren Umgebung freuen (s. http://liveriga.com/en/4270-cycling-paths-and-bike-routes).

Nicht nur in Jūrmala gibt es professionelle Wellnesseinrichtungen, auch Rīga hat ein paar herausragende Adressen für ein Verwöhnprogramm auf Lettisch zu bieten. Sich mit trockenen Birkenzweigen auspeitschen lassen, während man bei über 40 °C schwitzt … Klingt doch entspannend, oder?

Baltā Pirts SPA
(außerhalb Karte S. 206; ☎6727 1733; www.baltapirts.lv; Tallinas iela 71; Sauna 7 Ls; ⌚Mi–So 8–20 Uhr) Mehr Einheimische als Touristen lockt Baltā Pirts mit seiner Kombination aus traditionellen, lettischen Entspannungstechniken (der Name bedeutet „Weißbirke") und orientalischem Interieur. In den 1980er-Jahren diente das Spa in erster Linie als Fassade, hinter der die Prostitution regierte, doch die ursprünglichen Besitzer der Sauna haben das Gebäude wieder übernommen und umgestaltet und es ist wirklich schön geworden. Anfahrt mit der Straßenbahn via A Čaka nach Norden bis zur Tallinas iela.

Taka Spa SPA
(Karte S. 206; ☎6732 3150; www.takaspa.lv; Kronvalda bulvāris 3a; „Reinigungsritual" ab 15 Ls; ⌚Mo–Mi 11–21, Do & Fr 9–21, Sa 10–19, So 10–17 Uhr) Das luxuriöse Taka Spa bietet Massagen, Wickel, Scrubs (Abreibungen) und Saunagänge. Markenzeichen ist das „Eröffnungsritual", bei dem die Teilnehmer zwischen Sauna und Pool hin- und herwechseln und dabei Kräutertees trinken. Es stehen auch Yoga- und Pilateskurse sowie Fitnessräume zur Verfügung.

Regro's SCHIESSSTAND
(außerhalb Karte S. 206; ☎6760 1705; Daugavgrīvas iela 31; 0,80–2 Ls pro Schuss; ⌚Mo–Sa 10–17 Uhr, So nach Vereinbarung) Die Atmosphäre ist Grund genug für einen Besuch im Regro's, einem schäbigen sowjetischen Atomschutzbunker mit Postern revolverschwingender Models in Fellbikinis. Es stehen verschiedene nostalgische Feuerwaffen zur Auswahl (u. a. Kalaschnikows) und man schießt auf James-Bond-Pappfiguren. Abgerechnet wird pro Schuss. Wer es versuchen will, sollte seinen Pass dabeihaben.Die Anfahrt erfolgt über die Vanšu-Brücke, die den Fluss überquert, und bis hinter Ķīpsala. Dann nimmt man die erste Abzweigung rechts und folgt der Straße bis zu einer Tankstelle. Die Straßenbahnlinien 13 und 13A fahren direkt bis Regro's. Die Haltestelle ist an der Kiņģeru iela. Kommt man an zwei Tankstellen vorbei, ist man zu weit.

Geführte Touren

In und um Rīga gibt es zahllose Anbieter von Führungen und Tagestouren zu Sehenswürdigkeiten der Region. Mehr zum Thema Tagesausflüge s. S. 224.

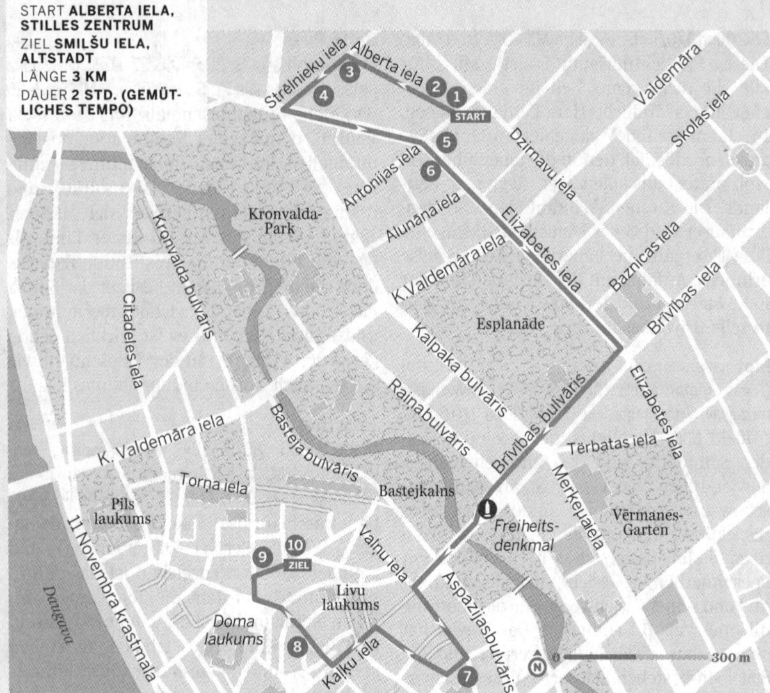

Stadtspaziergang:

Jugendstilarchitektur in Rīga

Wer in Rīga einen Einheimischen fragt, wo denn die weltberühmte Jugendstilarchitektur zu finden sei, wird immer dieselbe Antwort bekommen: „Einfach Augen auf und nach oben schauen!" Über 750 Gebäude in Rīga (mehr als in irgendeiner anderen Stadt Europas) glänzen in diesem prachtvollen und beeindruckenden Stil. Und ihre Zahl steigt noch weiter, da derzeit unzählige Restaurierungsprojekte in Angriff genommen werden. Die Bezeichnung Jugendstil geht auf die Münchner Zeitschrift *Die Jugend* zurück, die diesen Stil populär machte.

Die ersten Einflüsse gingen von japanischen Kunstdrucken aus, die sich über ganz Westeuropa verbreitet hatten. Doch als die Bewegung in Schwung kam, wurde der Stil pompöser und freier. Fabelwesen, Fratzen, Blütenranken, Gottheiten und Kobolde traten in Erscheinung. Zur Jahrhundertwende hatte die Jugendstilbewegung ihren Höhepunkt erreicht und eroberte alle wichtigen Städte Europas – von Porto bis St. Petersburg.

Der Jugendstil in Rīga kann in drei Phasen unterteilt werden: Die erste „dekorative, eklektizistisch Jugendstilphase" kam zwischen 1900 und 1905 auf. In dieser Zeit stand die Fassade, nicht die Inneneinrichtung im Mittelpunkt des Interesses. Rigaer Architekten brachten verschnörkelte Muster aus ihrem Studienland Deutschland mit. Die aufwändigen Schmuckelemente wurden aber auch vor Ort gestaltet, vor allem von August Volz, der ebenfalls in Deutschland studiert hatte. Beispiele für diese erste Designphase findet man vor allem im Zentrum, da sie in denselben Zeitraum fiel wie die Eröffnung einer Architekturfakultät vor Ort.

Nach der Revolution 1905 verlor dieser Stil jedoch schnell an Bedeutung, als lettische Architekten sich intensiv mit der Idee befassten, ein Gestaltungsschema mit nationalistischem Flair zu entwerfen. Daraus ging der sogenannte „Nationale Romantizismus" hervor, der lettische ethnographische Motive widerspiegelte. Natürliche Materialien machten Schule, Stadthausfassaden wurden absichtlich nicht gestrichen, um die Grau- und Brauntöne der Baustoffe zu offenbaren. Die Fassaden sollten gewissermaßen wie Fenster sein, die die Beschaffenheit der Struktur dahinter offenlegten. Diese Form des Jugendstils war nicht besonders kunstvoll und nur vier Jahre in Mode, sie fiel jedoch zeitlich mit einem Handelsboom zusammen, weshalb es noch heute eine ganze Menge Beispiele des Nationalen Romatizismus gibt.

Die dritte und letzte Phase (ca. 1908–1912) wurde als „Lotrechter Jugendstil" bezeichnet und stellte eine Mischung aus den existierenden Jugendstilspielarten und der Rückkehr zu klassischen Motiven dar (ausgeführt in stark stilisierter Form). Besonders auffällig waren die vertikalen Linien, ebenso wie die Vorliebe für Balkons und Erkerfenster.

Rīgas bekanntester Jugendstilarchitekt war Mikhail Eisenstein (der Vater von Sergei Eisenstein, dem berühmten sowjetischen Filmregisseur). Seine Ideen hat er an der Alberta iela umgesetzt. Bei dem 1906 errichteten Haus an der 1 **Alberta iela 2a** reicht die Fassade über das Dach hinaus und wird von lustigen Gesichtern mit Reiterhelmen gekrönt. Im unteren Bereich tummeln sich zwischen klaren Linien und befremdlich roboterhaften Figuren Angst einflößende Masken und garstige Kobolde. Besonders ins Auge fallen die beiden Satyr-Phoenix-Frauen aus Stein, die vorn „Wache halten". Die Fassade des Gebäudes nebenan ist in einem wesentlich besseren Zustand. Drei auffällige Köpfe zieren die 2 **Alberta iela 4**, zwei Hauseingänge von Nr. 2a entfernt. Wie eine Medusa sind sie umgeben von einem Knäuel sich windender Schlangen. Alle sechs Augen richten sich auf eine unsichtbare Szene des Grauens, doch nur zwei der panikerfüllten Gesichter sind in einem Schreckensschrei erstarrt. Den Eingangsbereich schmücken zwei kunstvoll gearbeitete Reliefs mit majestätischen Greifvögeln und auf dem Dach wachen wilde Löwen mit faustähnlich erhobenen Schwänzen. Ein Stück die Straße hinab, an der 3 **Alberta iela 13**, befindet sich Rīgas juristische Fakultät. Sie zeigt eindrucksvoll die Liebe zum Detail im Jugendstil: mit einer Fülle von Pfauen, verschlungenen Sträuchern und barbusigen Schönheiten. Über riesigen Masken mit aufgerissenen Mündern thronen Turbane, die an die Soul-Diva Erykah Badu denken lassen und auf denen heitere Landschaftsszenen dargestellt sind. Das Giebeldreieck füllt ein albtraumhaftes Durcheinander: Löwenköpfe, die in Schlangenschwänze übergehen (wie die Chimaira), schmerzvoll verzerrte, weinende Gesichter und eine eigentümlich futuristische Maske, die vom First aus stoisch auf die Stadt hinunterblickt.

Gleich um die Ecke, in der 4 **Strēlnieku iela 4a**, erhebt sich die Stockholmer Wirtschaftsschule, ein prachtvoller mit blauen Ziegelfassaden ausgestatteter Bau, eingerahmt von Girlanden schwingenden Göttinnen. Ein weiterer Augenschmaus wartet an der 5 **Elizabetes iela 33**, wo muskulöse Männer korinthische Säulen auf ihren Schultern tragen. Die blau-weiße Fassade an der 6 **Elizabetes iela 10b** stammt ebenfalls von Eisenstein. Das Haus gehört zu den frühesten Jugendstilbauten der Stadt und zu den absoluten Besucherfavoriten. Die riesigen, mürrisch dreinblickenden Gesichter an seiner Fassade sind auf unzähligen Postkarten zu sehen. Weiter folgt man der Elizabetes iela zum hoch aufragenden Radisson Blu Hotel Latvija und biegt dann in die Brīvības iela ab. Dann geht es am Freiheitsdenkmal vorbei in die Altstadt.

Nur wenige Besucher entdecken die prunkvollen Wasserspeier, Fabelwesen und antiken Gottheiten, die sich zwischen den Altstadtdächern und Kirchturmspitzen verbergen. Wer über die Teātra iela ins mittelalterliche Zentrum kommt, kann an der Fassade der italienischen Botschaft in der 7 **Teātra iela 9** ein Pantheon griechischer Figuren bestaunen: Zwei zerlumpte alte Männer (möglicherweise ist einer von ihnen Prometheus) halten sich am Nacken gepackt und stützen den schmiedeeisernen Balkon über ihnen. Etwas oberhalb prunken Reliefs von Athene und Hermes. Und noch ein Stück höher ist Atlas zu erkennen, der die Welt auf seinen Schultern trägt: einen riesigen Globus aus Zink und Glas, der im Abendlicht funkelt.

Wer an der 8 **Šķūņu iela 10/12** genau hinschaut, erkennt an der Fassade zahlreiche verborgene „D"s – die Initialen des ursprünglichen Eigentümers. Von oben blickt ein Wachhund herab. Das Gebäude 9 **Smilšu iela 2** gilt als einer der schönsten Jugendstilbauten der Altstadt. Fabelwesen in allen nur erdenklichen Formen zieren seine Fassade und verschlungene Ranken gehen wie Fischschwänze von Meerjungfrauen in die Körper zweier Karyatiden über. Das Wohnhaus des Architekten kann im Jugenstilzentrum besichtigt werden. Die 10 **Smilšu iela 8** ein Stück weiter wartet mit zwei Frauenfiguren mit kunstvollem Blätterkranz über einem vorspringenden Erker auf. Und oberhalb des Eingangs schwebt eine melancholisch anmutende Frauenmaske mit geschlossenen Augen – eine verbreitete Darstellung in der Anfangszeit der Jugendstilbewegung. In der Lobby dominiert ein ähnliches Motiv.

Amber Way STADTFÜHRUNGEN
(☎6727 1915; www.sightseeing.lv; Führung 10 Ls) Verschiedenste Stadtführungen mit dem Bus oder zu Fuß beginnen täglich um 11, 12, 13 und 15 Uhr. Interessant ist das Kombiangebot Stadtspaziergang–Bus–Mittagessen für 20 Ls Tagesausflüge führen zum Schloss Rundāle (samstags), nach Sigulda (freitags) und nach Jūrmala (sonntags). Sie beginnen jeweils um 11 Uhr am Opernhaus. Die meisten Mittel- und Spitzenklassehotels können für ihre Gäste diese Touren buchen.

Eat Riga UNKONVENTIONELL
(☎2246 9888; www.eatriga.lv; Führung 5 Ls) Nein – hier gibt's keine Restaurantführungen, sondern dreistündige Rundgänge zu den wenigertouristischen Attraktionen der Stadt. Beginn ist täglich um 12 Uhr vor der Petrikirche.

Retro Tram GESCHICHTE/ARCHITEKTUR
(☎6730 7900; Erw./Kind 6/3 Ls; ⌚10–17 Uhr) Hier geht's mit einer restaurierten alten Straßenbahn durch das Jugendstilviertel und weiter zum Mežaparks. Am Wochenende gibt's kostenlose Führungen zu Fuß durch das Jugendstilviertel. Gestartet wird um 11.40, 13.40 und 15.40 Uhr an der S-Bahnhaltestelle Ausekļa.

Rīga By Canal BOOTSFAHRTEN
(Karte S. 200; ☎6750 9974; www.kmk.lv; Mo/Di–Fr/Sa–So 4/5/6 Ls; ⌚9–23 Uhr) An Bord der 100 Jahre alten „Darling" kann man die Stadt einmal aus einer anderen Perspektive erleben. Das hinreißende Holzboot hat einen Dieselmotor, wird aber zu 15 % mit Sonnenenergie betrieben. Auf derselben Strecke sind noch drei weitere elektrische Boote der Flotte unterwegs.

Rīga City Tour STADTRUNDFAHRTEN
(☎2665 5405; www.citytour.lv; Erw./Kind 10/9 Ls) Doppeldeckerbusse starten vom Rathausplatz stündlich zu Stadtrundfahrten. Die Passagiere können an 15 Haltestellen beidseits der Daugava zu- und aussteigen, beliebig oft und einen ganzen Tag lang.

Rīga Mobile Guide SIGHTSEEING
(☎auf Deutsch 9000 6104; Gebühr pro Anruf 0,84 Ls) Eine praktische Audioführung, die Informationen zu Bedeutung und Geschichte der ausgewählten Sehenswürdigkeit (insgesamt 21 Stationen) per Handy bietet.

Travel Out There UNKONVENTIONELL
(Karte S. 206; ☎2938 9450; www.rigaoutthere.com; Führungen ab 10 Ls) Organisiert unterschiedlichste Führungen und Aktivitäten – etwa Ausflüge ins actionreiche Sigulda, einen Sowjetzeit-Rundgang, den Besuch einer Schönheitsfarm oder eine nächtliche Kneipentour – und betreibt unter derselben Adresse auch ein gemütliches Hostel.

Festivals & Events

Die Bewohner Rīgas finden immer einen Grund zum Feiern, vor allem in den Sommermonaten. Einen umfassenden Veranstaltungskalender mit lokalen Events gibt's unter www.rigatourism.lv.

Internationales baltisches Ballett-Festival TANZ
(www.ballet-festival.lv) Läuft ab Ende April drei Wochen lang; hier zeigen lettische und internationale Tanzgruppen ihr Können.

Rīgaer Opernfestival MUSIK
(www.music.lv/opera) Die wichtigste Veranstaltung der Nationaloper findet im Juni statt und bringt zehn Tage lang weltbekannte Künstler auf die Bühne.

Fest zur Sommersonnenwende PARTY
Am 23. Juni kehren die Letten mit der Feier der Sommersonnenwende zu ihren heidnischen Wurzeln zurück und versammeln sich entlang des Flusses. Öffentliche Verkehrsmittel können umsonst genutzt werden.

Rīgas Ritmi MUSIK
(www.rigasritmi.lv) „Rīgas Rhythmen", das internationale Musikfest der Hauptstadt, findet Anfang Juli statt.

Baltā Nakts KULTUR
(www.baltanakts.lv) Ende August veranstaltet das Forum zeitgenössischer Kunst seine „weiße Nacht". Diese Feier entspricht einer ähnlichen Veranstaltung in Paris, bei der die ganze Nacht hindurch überall in der Stadt Künstler und Kulturveranstaltungen zu bestaunen sind.

Arsenāls International Film Forum FILM
(www.arsenals.lv) Jedes Jahr im September werden hier über 100 Filme zu experimentellen und interaktiven Themen vorgestellt.

Arēna New Music Festival MUSIK
(www.arenafest.lv) Auf diversen Bühnen in ganz Rīga treten während der letzten zwei Oktoberwochen zeitgenössische Musiker auf.

„Leuchtendes Rīga" LICHTERFEST
(www.staroriga.lv) Das Lichterfest steigt rund um den Nationalfeiertag im November und

lässt Rīga noch einmal erstrahlen, bevor der lange Winter endgültig Einzug hält. Nachts sind zahllose öffentliche Gebäude und Objekte beleuchtet.

Weihnachtsbaumweg WEIHNACHTEN
Die Rīgaer behaupten, dass ihre Stadt die Wiege des Weihnachtsbaums ist (S. 199). Jedes Jahr zu Weihnachten wird viel Aufhebens um das Schmücken des Baums auf dem Rātslaukums gemacht.

Schlafen

Bei der Unterkunftssuche sollte man sich zuerst überlegen, ob man in der Altstadt oder lieber im Zentrum sein möchte. Beide Optionen sind super, aber aus unterschiedlichen Gründen. Die Stadt kann wunderbar zu Fuß erkundet werden – was das betrifft, sind beide Bezirke gleich gut geeignet. Wer nur wenig Zeit hat, ist wahrscheinlich in Alt-Rīga besser aufgehoben, da sich dort die wichtigsten Sehenswürdigkeiten befinden. Ist man etwas länger in der Stadt, ist das Zentrum vielleicht attraktiver, denn es ist nicht ganz so touristisch und die Preise sind hier günstiger. Im Sommer wimmelt es in Rīga von Besuchern; egal, wo man übernachtet, zwischen Juni und August sollte man Unterkünfte auf jeden Fall vorab reservieren.

In der Rīgaer Unterkunftsszene dominieren Hostels das untere Preissegment. Steigende Grundstückspreise bescheren dem Rucksacktourismus einen ständigen Wandel, denn manche Unterkünfte schließen über Winter und können dann zur nächsten Saison nicht wieder eröffnen. Internet und WLAN-Zugang gibt's praktisch überall kostenlos. Am Wochenende sind Übernachtungen übrigens 1 bis 3 Ls teurer.

Rīgas Nobelunterkünfte können in zwei Kategorien unterteilt werden: Marke „Extravagant" mit Antiquitäten, üppigen Textilien etc., die die aristokratische Vergangenheit der Stadt wieder lebendig werden lässt, und Marke „Avantgardistisch" wie aus einem brandaktuellen skandinavischen Architekturmagazin.

ALTSTADT (VECRĪGA)

Neiburgs BOUTIQUEHOTEL €€€
(Karte S. 200; ☎6711 5522; www.neiburgs.com; Jauniela 25/27; EZ/DZ/Suite mit Frühstück ab 100/130/170 Ls; @📶) Das wunderschöne Neiburgs steht für schicken Boutiquestil und vereint moderne Elemente (gemusterte Akzentwände, Chromarmaturen im Bad) mit altmodischen Details (z. B. verzierte Deckenleisten). Am besten nimmt man ein Zimmer in einer der oberen Etagen; dort hat man einen tollen Blick auf die bunten Giebeldächer und gewundenen mittelalterlichen Türmchen. Das Restaurant vor Ort ist sehr beliebt bei Einheimischen.

Grand Palace Hotel LUXUSHOTEL €€€
(Karte S. 200; ☎6704 4000; www.grandpalaceriga.com; Pils iela 12; DZ ab 150 €; @📶) Nirgendwo ist der Verwöhnfaktor größer als im opulenten Grand Palace. Die Zimmer sind mit alten Möbeln eingerichtet und haben wirklich Stil. Das nette Personal schwelgt gern in Erinnerungen an verschiedene illustre Gäste wie Catherine Deneuve und REM, dabei ist das Hotel eher auf blaues Blut als auf Rockstars zugeschnitten.

Dome Hotel BOUTIQUEHOTEL €€€
(Karte S. 200; ☎6750 9010; www.domehotel.lv; Miesnieku iela 4; DZ/Suite ab 190/280 Ls; @📶) Das Dome Hotel mischt die Riege der Spitzenklassehotels in der Altstadt auf. Das Gebäude könnte fast als historisch bezeichnet werden; hier reihten sich einst ein paar Metzgereien aneinander. Heute führt eine traumhafte Holztreppe zu den Zimmern hinauf. Deren Dekor ist einzigartig (Dachschrägen, Holzvertäfelungen, Polstermöbel, Bilder mit Stadtansichten etc.).

Naughty Squirrel HOSTEL €€
(Karte S. 200; ☎2646 1248; www.naughtysquirrelbackpackers.com; Kalēju iela 50; B/DZ 8/30 Ls; @📶) Die Kalēju iela 50 hat schon mehrere Hostels beherbergt, von denen das Naughty Squirrel aber ohne Zweifel die Nase vorn hat. Kräftige Farben und Graffitis haben Rīgas Backpackerhochburg neues Leben eingehaucht. Man kann Kicker spielen oder im TV-Zimmer ausspannen, an den regelmäßigen Kneipentouren oder Grillabenden (im

WOHNEN WIE DIE EINHEIMISCHEN

Wer längere Zeit in der Stadt bleiben möchte, kann einen Blick auf die detaillierten Auflistungen verfügbarer Apartments von **Rent In Riga** (www.rentinriga.lv) werfen – einfach und unbürokratisch. Für eine möglichst zentrale Lage klickt man am besten Vecrīga oder Centrs an.

Sommer) teilnehmen und adrenalingeladene Tagestouren unternehmen. Die Besitzer betreiben noch ein kleineres Hostel in den historischen Jakobsbarracken, am anderen Ende der Altstadt. Das **Blue Cow Barracks** (Karte S. 200; ☎2773 6700; www.bluecowbarracks.com; Torņa iela 4-2b; B/DZ 10/35 Ls; @📶) hat eine persönlichere Atmosphäre.

Ekes Konventas HISTORISCHES HOTEL €€€
(Karte S. 200; ☎6735 8393; www.ekeskonvents.lv; Skārņu iela 22; DZ mit Frühstück 57 €; 📶) Nicht zu verwechseln mit dem Konventa Sēta nebenan! Das Ekes Konventas ist in einem 600 Jahre alten Gebäude untergebracht, das vor mittelalterlichem Charme nur so sprüht. In die Steinnischen am Ende jedes Flurs kann man sich wunderbar mit einem Buch zurückziehen. Das Frühstück wird in dem Café die Straße runter serviert.

Old Town Hostel HOSTEL €€
(Karte S. 200; ☎6722 3406; www.rigaoldtownhostel.lv; Valņu iela 43; B/DZ 7/30 Ls; @📶) Das gemütliche Pub im Erdgeschoss fungiert gleichzeitig als „Wohnzimmer" des Hostels. Hat man seinen Rucksack durch die als Bücherregal getarnte Tür und die Treppe hinaufmanövriert, gelangt man zu geräumigen Mehrbettzimmern mit Kronleuchtern und viel natürlichem Licht. Die Doppelzimmer befinden sich in einem anderen Gebäude beim Bahnhof.

Friendly Fun Franks HOSTEL €€
(Karte S. 200; ☎2599 0612; www.franks.lv; 11 Novembra krastmala 29; B/DZ ab 5,90/40 Ls; @📶) Wer in Partylaune anreist, ist hier genau richtig. Alle Backpacker werden in diesem knallorangen Gebäude (mit einer Gratisflasche Bier) herzlichst in Empfang genommen. Die Angestellten organisieren kostenlose „Was machen in Rīga?"-Touren, Strandpartys und Samstagsausflüge nach Sigulda. Der Flughafenbus Nr. 22 hält direkt vor dem Hostel. Übernachtungen vorab buchen – spontane Gäste werden abgewiesen.

Radi un Draugi HOTEL €€€
(Karte S. 200; ☎6782 0200; www.draugi.lv; Mārstaļu iela 1; EZ/DZ/Suite 42/52/58 Ls; @📶) Trotz einiger Renovierungen in jüngerer Zeit, kann dieses Etablissement sein Alter nicht verbergen. Die grünen Teppiche sind sicher nicht jedermanns Geschmack, doch wer seine Erwartungen nicht zu hoch steckt, kann hier recht günstig im Herzen der Altstadt nächtigen.

Konventa Sēta HOTEL €€€
(Karte S. 200; ☎2708 7501; www.konventa.lv; Kalēju iela 9/11; EZ/DZ/Suite 63/67/95 Ls; P@📶) Abgesehen von seiner Lage in einem restaurierten Kloster aus dem 15. Jh. bietet dieser Altstadtgigant nichts Besonderes. Die blitzsauberen Zimmer mit weißen Laken erinnern, was die Größe betrifft, an winzige Klosterzellen. Wer ein Nichtraucherzimmer möchte, sollte das bei der Buchung sagen. Parkplätze kosten 8 Ls pro Nacht.

Centra HOTEL €€€
(Karte S. 200; ☎6722 6441; www.centra.lv; Audēju iela 1; EZ/DZ 77/84 Ls; @📶) Eine gute Wahl für Besucher, die im Altstadtzentrum komfortabel wohnen wollen. Die geräumigen Zimmer sind frisch renoviert und mit Designerstücken wie LCD-TV, Porzellanwaschbecken und minimalistischen Kunstwerken ausgestattet. Die Zimmer im 5. und 6. Stockwerk haben niedrigere Decken, dafür aber eine bessere Aussicht auf die mittelalterlichen Straßen der Stadt.

NEUSTADT (CENTRS)

LP TIPP **Hotel Bergs** BOUTIQUEHOTEL €€€
(Karte S. 206; ☎6777 0900; www.hotelbergs.lv; Elizabetes iela 83/85; Suite ab 164 €; @📶) Die renovierte Villa hat ein schickes Design im skandinavischen Stil. Jeder Zentimeter verkörpert Luxus, von der Lobby mit ihrer Mischung aus klaren Linien, Rokokoportraits und verschlungenen Reliefs bis hin zu den geräumigen Suiten mit hochwertigem unifarbenem Mobiliar, die eine Fotostrecke in „Schöner wohnen" wert wären. Es warten viele Extras auf die Gäste, z. B. CD-Player mit Einschlafmusik und ein Endlosvorrat an kostenlosem Wasser, das Highlight ist aber wohl der „Kissenservice": Die Gäste können ihr Kopfkissen aus einer Reihe unterschiedlicher Formen und Materialien auswählen. Das Restaurant vor Ort wartet mit feinen lettischen Spezialitäten auf – ein Fest für die Geschmacksknopsen! – und sämtliche Zutaten stammen aus der Region.

Radisson Blu Elizabete Hotel HOTEL €€€
(Karte S. 206; ☎6778 5555; www.radissonblu.com/elizabetehotel-riga; Elizabetes iela 73; DZ mit Frühstück ab 85 €; @📶) Das neueste Mitglied der Radisson-Blu-Gruppe ist eine schicke Angelegenheit, gestaltet von einem aufstrebenden Londoner Architektenbüro. Die Fassade ist ein echter Hingucker: Sie verbindet Chrom- und Stahlelemente mit viel Glas. Auch die Inneneinrichtung ist beeindru-

ckend. Die clever geschnittenen Zimmer mit den stilvollen Möbeln sind gleichermaßen gemütlich und trendy.

Europa Royale HISTORISCHES HOTEL €€€
(Karte S. 206; ☎6707 9444; www.europaroyale.com; K. Barona iela 12; EZ/DZ/Suite mit Frühstück 79/89/189 €; @ᯤ) Hier lebte einst die Medienmogulin Emilija Benjamiņa. Das reich verzierte Gebäude mit ausladenden Treppen und luxuriösen Zimmern hat kaum etwas von seiner ursprünglichen Pracht eingebüßt. Als Lettland unabhängig wurde, hätte es eigentlich die Residenz des Präsidenten werden sollen, doch dann konnte die Regierung die Renovierung nicht bezahlen. Das Hotel hat 60 große Zimmer, in denen sich die Gäste fühlen, als wären sie zu Besuch bei einer reichen Tante.

Albert Hotel HOTEL €€€
(Karte S. 206; ☎6733 1717; www.alberthotel.lv; Dzirnavu iela 33; EZ/DZ mit Frühstück 64/69 €; @ᯤ) Das metallisch-kastenartige Äußere passt nicht unbedingt zwischen die anmutigen Jugendstil-Wasserspeier. Der Innenbereich ist dafür umso angesagter und widmet sich ganz seinem Namensgeber Albert Einstein: Auf dem gemusterten Teppich sind kleine Atomsymbole erkennbar, die Uhren in der Lobby zeigen „imaginäre" und „lineare Zeit" und anstelle der üblichen „Bitte nicht stören"-Türhänger steht auf roten Schildchen „Ich denke". Das kostenlose Frühstücksbuffet wird manchmal zum Schlachtfeld, wenn hungrige Gäste aus 200 Zimmern um das letzte Stück Speck kämpfen.

Radisson Blu Hotel Latvija HOTEL €€€
(Karte S. 206; ☎6777 2222; www.radissonblu.com/latvijahotel-riga; Elizabetes iela 55; DZ mit Frühstück ab 79 €; @ᯤ) Unter dem Sowjetregime war dieses Hotel ein düsterer Koloss. Mehrere Stockwerke dienten der Gästeüberwachung und die Zimmerschlüssel waren kiloschwer, weil Abhörgeräte darin eingebaut waren. Heute – nach einem dringend benötigten Facelifting – sind die Tage der Spionage vorbei, das Personal ist nett und die Zimmer werden per Magnetkarte geöffnet. Die Skyline Bar im 26. Stock gewährt eine tolle Aussicht.

Hotel Valdemārs HOTEL €€€
(Karte S. 206; ☎6733 4462; www.valdemars.lv; Valdemāra iela 23; EZ/DZ inkl. Halbpension ab 50/60 €; @ᯤ) Dieses moderne, auf skandinavische Gäste ausgerichtete Hotel ist eine tolle Wahl. Da es zur Clarion-Hotelgruppe gehört, sind Zimmer mit Halb- oder Vollpension zu Schnäppchenpreisen erhältlich – ideal, wenn man mit 08/15-Kost vollauf zufrieden ist. Die Zimmer verströmen ein Flair à la IKEA für Anspruchsvolle und sind gleichermaßen praktisch und gemütlich. Nicht vergessen, die Blume auf dem Schreibtisch zu verschenken – das ist eine lettische Tradition!

Krišjānis & Ģertrūde B&B €€
(Karte S. 206; ☎6750 6604; www.kg.lv; K. Barona iela 39; EZ/DZ/3BZ mit Frühstück 35/45/55 €; @ᯤ) Welch ein Kontrast zwischen der hektischen Kreuzung draußen und diesem anheimelnden B&B-Familienbetrieb. An den Wänden hängen Stillleben von Früchten und Blumen und im ungezwungenen Speisesaal steht ein Klavier. Da es nur sechs Zimmer gibt, ist es ratsam, zu reservieren.

B&B Rīga APARTMENT €€
(Karte S. 206; ☎6727 8505; www.bb-riga.lv; Ģertrūdes iela 43; EZ/DZ 39/49 €; @ᯤ) Nette, in einer Wohnanlage verteilte Apartmentzimmer in unterschiedlicher Ausführung (besonders lauschig sind die Suiten mit erhöhter Schlafetage). Die Zimmer zur Straße sind zum Teil etwas laut.

KB B&B €
(Karte S. 206; ☎6731 2323; www.kbhotel.lv; K. Barona iela 37; EZ/DZ/3BZ 19/21/23 Ls; @ᯤ) Über eine ziemlich aufwendige Marmortreppe gelangt man zu diesem B&B, einem echten Fundstück für Sparfüchse. Die Zimmer sind einfach, aber nett aufgemacht und man hat Zugang zu einer modernen Gemeinschaftsküche.

Jakob Lenz INN €€
(außerhalb Karte S. 206; ☎6733 3343; www.guesthouselenz.lv; Lenču iela 2; EZ/DZ ab 25/35 Ls, mit Gemeinschaftsbad 20/25 Ls; @ᯤ) 25 wunderschöne Zimmer verborgen in einer Seitenstraße am Rand des Jugendstilviertels. Phantastisches Frühstück.

Multilux B&B €
(Karte S. 206; ☎6731 1602; www.multilux.lv; K. Barona iela 37; EZ/DZ/3BZ 18/24/35 Ls, mit Gemeinschaftsbad 14/18/28 Ls; @ᯤ) Das spartanische Ambiente ist nicht gerade spektakulär, dennoch ist das Multilux eine gute zweite Wahl, wenn im KB nichts mehr frei ist. Frühstück ist inklusive.

Cinnamon Sally HOSTEL €
(Karte S. 206; ☎2204 2280; www.cinnamonsally.com; Merķela iela 3; B ab 8 €; @ᯤ) Das Cinna-

VOM NIEMAND ZUM JEMAND UND WIEDER ZURÜCK

Zu Beginn des Zweiten Weltkriegs zwang das Sowjetregime Lettland – nach 22 Jahren Unabhängigkeit – in die UdSSR und unterstellte das Land einer Schattenregierung mit Sitz in Rīga. Politiker, Schriftsteller, Professoren, Banker und alle anderen, die den neuen Idealen im Weg standen, wurden von den Sowjets aufgegriffen und nach Sibirien verfrachtet, wo sie in Holzfällerlagern arbeiten mussten. Es gab kein Entrinnen – noch nicht einmal für die Reichsten der Stadt wie Emilija Benjamiņa, Lettlands inoffizielle First Lady, die in den 1920er- und 1930er-Jahren als Inbegriff der gesellschaftlichen Elite galt.

Aufgewachsen als Tochter eines verwitweten Kleinbauern, erarbeitete sie sich den Ruf einer Medienkönigin und überall gern gesehenen Dame der feinen Gesellschaft. Die folgenden Angaben zu Emilijas einzigartiger Karriere entstammen einem Interview mit Laima Muktupāvela, einer ehemaligen lettischen Kolumnistin und Verfasserin der viel gelesenen (und leicht übertriebenen) Biografie Mila Benjamiņa.

In jungen Jahren ließ die spätere Medien-Mogulin das Landleben hinter sich, um in Riga Zeitungsanzeigen zu verkaufen. Das lief so gut, dass sie – zusammen mit ihrem späteren Ehemann, Antons Benjamiņš – ihre eigene Zeitschrift gründete. Ihr Erfolgsrezept war einfach: Da die meisten Letten lesen konnten, aber arm waren, verkaufte sie ihr Blatt für nur einen Cent und erreichte schon bald eine tägliche Auflage von 900 000 Stück. Emilija bezahlte ihre Angestellten sehr fair und arbeitete mit den besten Autoren des Landes zusammen. Unter ihnen war auch der Bauer Vilis Lācis, der gerne über den „einfachen Mann" schrieb und mit Emilijas Hilfe bald zu einer der bekanntesten Persönlichkeiten Lettlands avancierte.

Auf dem Höhepunkt ihrer Karriere war Emilija eine Kosmopolitin, die ganz Europa bereiste und über Mode und plastische Chirurgie bestens Bescheid wusste. Ihr Status war längst über den einer „Medienqueen" hinausgewachsen und sie genoss höchstes Ansehen. Häufig begleitete sie den unverheirateten Präsidenten zu offiziellen Anlässen. Mit ihrem Salon – dem Epizentrum der intellektuellen Elite – führte sie das kulturelle Leben Lettlands zu ungekannter Blüte. Dutzende bedeutende Persönlichkeiten waren hier zu Gast: ausländische Staatsmänner, Dichter, Opernsänger und der Hellseher Eižens Finks, der Emilija prophezeite, sie würde einst in Lumpen gehüllt ein ärmliches Ende finden.

Nach der sowjetischen Machtübernahme 1940 wurde Emilijas Luxusvilla „verstaatlicht". Freunde und Familie rieten ihr, das Land zu verlassen, nachdem ihnen Gerüchte über eine bevorstehende Deportation zugetragen worden waren. Doch Emilija wollte die ernste Bedrohung durch den Machtwechsel nicht wahrhaben. Schließlich hatten fünf ihrer ehemaligen Angestellten Spitzenpositionen in der neuen sowjetischen Regierung bekommen, so z. B. Vilis Lācis, der zum Innenminister ernannt worden war.

An einem Juniabend im Jahr 1941 überraschten bewaffnete Soldaten Emilija in ihrem pinkfarbenen Negligé, als sie sich gerade bettfertig machen wollte. Sie hatten einen Haftbefehl dabei, der von Vilis Lācis unterschrieben war. In einem eleganten schwarzen Kleid, das sie sich noch überziehen durfte, wurde sie schließlich auf einen Viehwaggon verladen, der sie in den sibirischen Gulag brachte. Etwas anderes hatte sie nicht bei sich.

Am 23. September 1941 starb sie in ihrem sibirischen Arbeitslager in Lumpen gehüllt an Ruhr und Unterernährung ... genau, wie es der Hellseher Eižens Finks vorausgesagt hatte.

mon Sally hat sich schnell den Ruf erworben, eins der besseren Hostels in der Stadt zu sein, der Weg bis in den Backpacker-Olymp ist aber noch weit. Die Zimmer sind blitzsauber und in den Aufenthaltsbereichen tummeln sich lauter nette Menschen, für die aber leider nicht genug Bäder zur Verfügung stehen. Die Managerin ist unheimlich nett, einige ihrer Angestellten sind jedoch etwas kompliziert.

Islande Hotel HOTEL €€€
(außerhalb Karte S. 206; ☎6760 8000; www.islandehotel.lv; Ķīpsalas iela 20; EZ/DZ 74/80 €; @📶) Die Uhren über der Rezeption zeigen die aktuelle Zeit in den globalen Zentren Reykjavik und Tobago (wir haben uns auch gewundert). Im oberen Stock liegen moderne Zimmer mit tollem Ausblick auf die Innenstadt und über den Fluss. Im Keller gibt's eine Bowlinganlage mit sechs Bahnen.

Hanza Hotel HOTEL €€€
(außerhalb Karte S. 206; ☎6779 6040; www.hanzahotel.lv; Elijas iela 7; DZ mit Frühstück 55 €; @📶) Direkt hinter dem Zentralmarkt liegt dieser Neuzugang in Rīgas Hotelszene. Ein umgebauter Wohnblock mit sechs Stockwerken, ordentlichen Zimmern und teils prima Ausblick auf Stalins Geburtstagstorte.

Riga City Camping CAMPING €
(außerhalb Karte S. 206; ☎6706 5000; www.rigacamping.lv; Ķīpsalas iela 8; Stellplätze 2,50/1/5 Ls pro Erw./Kind/Zelt; ⌚Mitte Mai–Mitte Sept.; @) Dieser große Campingplatz liegt erstaunlich zentrumsnah auf der Insel Ķīpsala. Er bietet jede Menge Platz für Camper und Wohnmobile. Ab drei Übernachtungen gibt's Rabatte.

Essen

Jahrhundertelang bedeutete Essen für die Letten nichts weiter als Nahrungsaufnahme, die hart arbeitenden Bauern Kraft geben und sie in den eisigen baltischen Wintern wärmen musste. Die Ära der gekochten Kartoffeln und des Schweineschmalzes ist vorbei und aus dem notwendigen Übel wird allmählich ein Erlebnis für die Sinne. Es wird zwar noch dauern, bis Globetrotter die hiesigen Restaurants nicht mehr nur mit den Worten „für Rīgaer Verhältnisse ganz okay" umschreiben, aber es ist nicht zu leugnen, dass sich die Restaurantszene in den letzten zehn Jahren erstaunlich gemausert und vergrößert hat. Dabei bleiben immer wieder ein paar Betriebe auf der Strecke, insbesondere vor dem aktuellen Hintergrund der kriselnden Weltwirtschaft. Restaurants öffnen und schließen wieder im Rhythmus der Jahreszeiten.

Derzeit setzt sich die Slowfood-Bewegung durch. Auf den Speisekarten mit Gerichten der Saison finden sich sorgfältig und natürlich zubereitete Gerichte aus regionalen Bioprodukten. Abgesehen von trendigeren Lokalen hat man häufig den Eindruck, dass der Begriff Slowfood allzu wörtlich interpretiert wird und die Bedienungen sich wahrhaftig im Schneckentempo fortbewegen.

Mit der Zunahme ausländischer Einflüsse ist auch das Trinkgeld *(apkalpošana)* immer öfter nicht mehr freiwillig, sondern zur Pflicht geworden. In der Hauptstadt sind 10 % üblich und viele Restaurants setzen es direkt auf die Rechnung.

ALTSTADT (VECRĪGA)

Eine gute Adresse für Selbstversorger ist die Filiale von **Rimi** (Karte S. 200; www.rimi.lv; Audēju iela 16), einer renommierten Supermarktkette, im Einkaufszentrum Galerija Centrs in der Atlstadt.

LP TIPP **Fish Restaurant @ Dome** FISCH & MEERESFRÜCHTE €€€
(Karte S. 200; www.domehotel.lv; Miesnieku iela 4; Hauptgerichte 7–18 Ls; ⌚mittags & abends) Das Restaurant im Dome Hotel lässt keinen Zweifel daran, dass das Meer samt seiner köstlichen Früchte nicht weit ist. Der Service ist 1a und die Gerichte werden formvollendet zubereitet. Die Speisekarte zeigt, wie vielseitig die moderne lettische Küche ist. Wer sich so richtig verwöhnen möchte, ist hier an der richtigen Adresse.

Dorian Gray CAFÉ €€
(Karte S. 200; Mazā Muzeja iela 1; Hauptgerichte 3,60–8 Ls) Die Sitzgelegenheiten stammen vom Trödelmarkt, überall sind Kissen verteilt und der brüchige Backstein krümelt von den Wänden. Denkt man an den namensgebenden Roman, würde man anderes erwarten, aber im Dorian Gray geht es tatsächlich nicht ums äußere Erscheinungsbild. Die bodenständigen Kellner tragen ausgefallene Gerichte wie Hühnchen mit Krabbenfüllung oder Möhrenkuchen auf, der eigentlich eher nach einem Salat aussieht. Weitere Extras: Filmabende und Ugly Betty-Folgen zum Brunch.

Indian Raja INDISCH €€
(Sue's Indian Raja; Karte S. 200; Skārņu iela 7; Hauptgerichte ab 7,50 Ls) Wer hätte geahnt, dass es im Baltikum derartig gutes indisches Essen gibt?! Versteckt in einer mittelalterlichen Gasse bekommt man das willkommene Gegenstück zur tendenziell eher faden lettischen Küche. Hier dreht sich alles um leckere Currys mit Gewürzen, die aus Indien importiert werden.

Pelmeņi XL FAST FOOD €
(Karte S. 200; Kaļķu iela 7; Portion Teigtaschen 0,86–2,50 Ls; ⌚9–4 Uhr) Diese große Cafeteria ist eine Rīgaer Institution für Rucksacktouristen und Trunkenbolde. Bis spät in die Nacht werden leckere *pelmeņi* (eine Art russische Ravioli mit Fleischfüllung) zubereitet. Das Dekor schwankt zwischen Gaudí und Familie Feuerstein (muss man mit eigenen Augen sehen!). Es gibt noch weitere Filialen u. a. im Hauptbahnhof.

Alus Seta LETTISCH €
(Karte S. 200; www.lido.lv; Tirgoņu iela 6; Hauptgerichte 2–7 Ls; ⌚mittags & abends) Das netteste

Restaurant der LIDO-Gruppe (lettisches Fast Food) erinnert an eine alte lettische Brauerei. Sie wird ebenso von Einheimischen wie von Touristen frequentiert, denn das Essen und das selbst gebraute Bier sind superpreiswert. Während der wärmeren Monate kann man draußen an den Kopfsteinpflasterstraßen sitzen.

Cadets de Gascogne BÄCKEREI €
(Franču Maiznīca; Karte S. 200; Basteja bulvāris 8; Baguette 2,20 Ls; ⏲Mo–Sa 7–22 Uhr) Zu viele *pelmeņi* verdrückt? In dieser französischen Bäckerei gibt's eine Enspannungskur für's Verdauungssystem: heiße Schokolade und belegte Baguettes mit Schinken und *cornichons* (Essiggürkchen). Wer mag, kann auf dem Dach Platz nehmen. Eine weitere Filiale findet man in der Elizabetes iela 81/83 (Berga Bāzars).

V. Ķuze KONDITOREI €
(Karte S. 200; www.kuze.lv; Jēkaba iela 20/22; Kaffee & Kuchen ab 1,20 Ls) In der Zeit zwischen den Weltkriegen, als Lettland mit der Freiheit flirtete, war Vilhelms Ķuze ein prominenter Unternehmer und Schokoladenfabrikant. Doch dann marschierten die Sowjets ein, Kuze wurde ohne Umschweife nach Sibirien deportiert und starb dort. Heute floriert sein Unternehmen wieder und diese nette Mischung aus Café und Konditorei dient nicht nur als Denkmal für den guten Vilhelms, sondern auch für die prächtige Jungendstilära, in der geschwungene Möbel und geometrische Naturmotive der letzte Schrei waren.

Gutenbergs LETTISCH €€
(Karte S. 200; www.gutenbergs.eu; Doma laukums 1; Hauptgerichte 5,90–11,90 Ls; ⏲Mai–Okt.) Noch eine Spur besser, als beim Essen einen tollen Ausblick auf die Dächer der Altstadt zu haben, ist es, wenn man sich mittendrin befindet. Auf der Dachterrasse des Hotel Gutenbergs sorgen Blumenkübel, Engelsstatuen und Brunnengeplätscher für florentinisches Flair, während die Speisekarte sich mehr auf einheimische Spezialitäten konzentriert.

Rozengrāls MITTELALTERLICH €€€
(Karte S. 200; www.rozengrals.lv; Rozena iela 1; Hauptgerichte 4,50–19,20 Ls) Wie war das wohl damals, vor 500 Jahren, als die Kartoffel noch nicht das A und O der lettischen Küche war? Im Kerzenschein des Rozengrāls unternimmt man eine Zeitreise in die Vergangenheit: Kostümierte Kellner servieren mittelalterliche Wildgerichte, garantiert kartoffelfrei.

Vecmeita ar kaki LETTISCH €€
(Die Jungfer & ihre Katze; Karte S. 200; Mazā Pils iela 1; Hauptgerichte 3,10–9,90 Ls) Dieses gemütliche Lokal gegenüber vom Präsidentenpalast hat sich auf preiswerte, lettische Küche mit fleischlastigen Hauptgerichten spezialisiert. Bei wärmeren Temperaturen wird draußen an umgebauten Nähmaschinentischen gegessen.

Ķiploku Krogs INTERNATIONAL €€
(Knoblauchbar; Karte S. 200; Jēkaba iela 3/5; Hauptgerichte 3,40–9,80 Ls) Vampire aufgepasst: Hier enthält wirklich alles Knoblauch – sogar die Eiscreme. Manche Gerichte sind ganz gut geglückt, andere weniger. Dringend abraten würden wir vom Knoblauch-Pesto, das einem über mehrere Tage schlechten Atem beschert (ernsthaft!). Der Eingang befindet sich auf der Mazā Pils.

Šefpavārs Vilhelms FAST FOOD €
(Chefkoch Wilhelm; Karte S. 200; Šķūņu iela 6; Pfannkuchen 0,65 Ls) Hier steht stets ein buntes Völkchen für schnelle Leckereien Schlange. Die drei Pfannkuchen mit saurer Sahne und Marmelade sind das perfekte Backpacker-Frühstück.

NEUSTADT (CENTRS)

Selbstversorger können **Rimi** (Karte S. 206; www.rimi.lv; K. Barona iela 46) im Einkaufszentrum Barona Centrs ausprobieren oder im Zentralmarkt vorbeischauen.

LP TIPP **Istaba** CAFÉ €€
(Karte S. 206; ☎6728 1141; K. Barona iela 31a; Hauptgerichte 3–10 Ls; ⏲Mo–Sa) Das „Zimmer" gehört Koch und TV-Größe Mārtiņš Sirmais und befindet sich über der gleichnamigen Galerie. Allerlei schicker Krimskrams prägt das Dekor. Im Sommer kann man auf der Veranda zur Straße hin sitzen, gemütlicher ist es allerdings unterm Dach, zwischen den ausrangierten Lampen und Sofas. Eine Speisekarte gibt es nicht – man ist den Launen des Kochs ausgeliefert –, aber alles schmeckt lecker und die großzügigen Portionen werden auf zusammengewürfeltem Porzellan serviert. Besser reservieren.

Aragats GEORGISCH €€
(außerhalb Karte S. 206; ☎6737 3445; Miera iela 15; Hauptgerichte 4–8 Ls; ⏲Di–Sa) Nur nicht von all dem Plastik abschrecken lassen; hier geht's einzig um meisterliche Kochküns-

te aus dem Kaukasus. Zur Vorspeise gibt's eingelegtes Gemüse, das perfekt zum selbst gebrannten *tschatscha* (georgischer Wodka) passt, und anschließend herzhaften Lammeintopf, den die Chefin noch am Tisch mit frischen Kräutern verfeinert. Am Ende des Mahls werden die Herren zur Kasse gebeten – auf den Speisekarten für die Damen stehen keine Preise!

Bonēra CAFÉ €

(Karte S. 206; Bonheur; Blaumaņa iela 12a; Hauptgerichte 3–5 Ls; ⌚Mo–Sa mittags & abends) Im Bonēra ist die Welt noch in Ordnung (der Name spielt auf das französische Wort bonheur, Glück, an). Das Café dient gleichzeitig als Geschäft für Vintage-Kleidung, die meisten Einheimischen zieht es jedoch wegen des abendlichen All-you-can-eat-Buffets für 5 Ls her, das eine gigantische Auswahl an Köstlichkeiten wie Waldorfsalate, hausgemachte Pâté und Spaghetti Carbonara umfasst.

Osīriss CAFÉ €€

(Karte S. 206; K. Barona iela 31; Hauptgerichte 3–9 Ls; ⌚8–0 Uhr; 📶) In Rīgas schnelllebiger Cafészene ist das Osīriss eine Art Fels in der Brandung. Seit Mitte der 1990er-Jahre sind die unechten, grünen Marmortische unverändert geblieben. Auch die Kundschaft ist noch dieselbe wie damals: verklemmte Künstlerseelen, die bei einem Glas Rotwein geschäftig in ihre Notizbücher kritzeln.

Garage CAFÉ €

(Demokrātisks vīna bārs; Karte S. 206; Elizabetes iela 83/85; Hauptgerichte 2–7 Ls; ⌚mittags & abends) Das Garage versteht sich immer noch als Weinbar, die an einen Laden für lettisches Kunsthandwerk angeschlossen ist, hat sich aber tatsächlich zu einem trendigen Café gemausert, nachdem immer mehr Gäste eine Vergrößerung des Lokals angeregt hatten. Nun nimmt es einen Teil der Verkaufsfläche ein und bietet tolle Snacks und leichte Gerichte. Die netten Kellner und das Ambiente verleihen ihm das gewisse Etwas.

Miit CAFÉ €

(Karte S. 206; www.miit.lv; Lāčplēša iela 10; Hauptgerichte ab 2 Ls; ⌚mittags & abends) Diese Kreuzung aus Fahrradladen und Café ist von der Berliner Hipsterkultur inspiriert und eine geniale Bereicherung der Rīgaer Studentenszene. Zwischen umgekippten IKEA-Regalen, gemütlichen Sofas und Fahrradersatzteilen bleibt ausreichend Platz, um beim Verfassen eines Blogbeitrags über Nietzsche einen Café Latte zu schlürfen. Das zweigängige Mittagsmenü lässt Sparfüchse frohlocken. Eine Suppe und ein Hauptgericht kosten gewöhnlich weniger als 3 Ls (täglich wechselnde Speisen).

Vincents EDEL €€€

(Karte S. 206; ☎6733 2634; www.restorans.lv; Elizabetes iela 19; Hauptgerichte 13–20 Ls; ⌚Mo–Sa 18–23 Uhr) Jeder Einheimische wird es bestätigen: Das Vincents ist das beste Restaurant der Stadt. Es überrascht also nicht, dass es auch das teuerste ist. Als die englische Königin Elisabeth einen Tag in der Stadt weilte, soll sie hier sowohl zu Mittag als auch zu Abend gegessen haben – und andere Prominente taten es ihr gleich. Der Chefkoch ist Anhänger der Slowfood-Bewegung und kreiert seine ständig wechselnden Meisterwerke in einem von van Gogh inspirierten Ambiente (daher der Name).

LIDO Atpūtas Centrs LETTISCH €

(LIDO-Freizeitzentrum; www.lido.lv; Krasta iela 76; Hauptgerichte 2–6,50 Ls) Wenn es etwas gibt, das Lettland und Disney World verbindet, dann ist es das LIDO Atpūtas Centrs, das sich voll und ganz der fettigen Landesküche verschrieben hat. In einem gigantischen Holzbau wird ein Buffet mit Klassikern wie Schweinezunge und kalte Rote-Rüben-Suppe angeboten, während Kellnerinnen in baltischem Milchmädchendress herumschwirren. Am Ratslaukums steigt man in den kostenlosen Bus oder die Tram-Linien 3, 7 oder 9 und fährt bis zur Haltestelle LIDO ein paar Kilometer außerhalb des Zentrums. Es gibt noch ein paar kleinere LIDO-Restaurants in der Stadt, z. B. das Alus Seta (S. 219), für alle, die es aus Zeitgründen nicht zur „Mutter aller LIDOs" schaffen.

Restaurant Bergs EDEL €€€

(Karte S. 206; ☎6777 0957; Elizabetes iela 83/85; Hauptgerichte 8,50–16,50 Ls; ⌚morgens, mittags & abends) Die kurze Speisekarte mit ständig wechselndem internationalen Angebot liest sich wie ein Gedicht: Lachsfilet mit Orangen-Fenchel-Salat, Lammkarree mit Körnersenf und Aubergineneintopf. Dieses Restaurant ist Vincents (s. oben) größter Konkurrent in Sachen Gourmetküche.

DAD CAFÉ €

(außerhalb Karte S. 206; www.dadcaferiga.blogspot.com; Miera iela 17; Hauptgerichte 3,50 Ls; ⌚mittags & abends; 📶) DAD sind die Initialen der Besitzer, die stolz verkünden, dass DAD aber noch für viel, viel mehr steht (am besten selbst nachfragen). Sofas, Stühle und ein Klavier prägen das bescheidene Dekor und in den wärmeren Monaten stehen auch ein paar Tische an der Straße. Das Ambiente ist leger und unprätentiös, genau richtig für ein Treffen mit alten Freunden (oder um neue Bekanntschaften zu schließen!).

Taka CAFÉ €

(außerhalb Karte S. 206; Miera iela 10; Hauptgerichte 2,50–3,50 Ls; Mo–Sa mittags & abends;) Einmal abtauchen in die Underground-Musikszene, bitte! Im Fenster hängt ein Schwarm von Origami-Kranichen, dahinter findet man auffällige Wandbilder und extrem gemütliche Sofas und kann im Kreise eines 20- bis etwas über 30-jährigen Publikums leckere vegetarische Gerichte verdrücken.

Restaurant Kitchen GOURMETKÜCHE €€

(außerhalb Karte S. 206; www.restaurantkitchen.lv; Maskavas iela 12, korpuss 1; Hauptgerichte 3–9 Ls; mittags & abends) Der kleine Spīķeri-Bezirk ist schwer im Kommen und momentan bewegt vor allem das Restaurant Kitchen Feinschmecker dazu, das Zentrum zu verlassen. Die Speisen bestehen aus frischen Zutaten vom Zentralmarkt gleich nebenan. Wie wär's z. B. mit dem (selbst als solchem ernannten) „besten Burger von ganz Rīga"? Der Fleischbratling hat Steak-artige Ausmaße und wird in dicken pikant-süßen Saucen ertränkt (kann nur mit Besteck bewältigt werden).

Charlestons INTERNATIONAL €€

(Čarlstons; Karte S. 206; www.charlestons.lv; Blaumaņa iela 38/40; Hauptgerichte 4,95–18,95 Ls;) Keine Lust mehr auf Schweinezunge & Co.? Dann ist das Charlestons eine gute Adresse. Im Hofraum eines Wohnblocks gibt's delikaten norwegischen Lachs, gebratene Ente und den besten Caesar Salad im Baltikum.

Index SANDWICHES €

(Karte S. 206; www.indexcafe.lv; Brīvības iela 32; Sandwiches/Salate ab 1,85/2,19 Ls; Mo–Fr 7–22, Sa–So 10–22 Uhr) Lettlands trendigere Version eines Fastfood-Imbisses bietet Sandwiches weit über Supermarktniveau. Schwarz-gelbe Schablonenkunst ziert die Wände und riesige Panoramafenster geben den Blick auf die Brīvības frei – der perfekte Ort zum Leutebeobachten. Es gibt noch eine weitere (etwas gemütlichere) Filiale im Herzen der Altstadt (Šķūņu iela 16).

Teātra Bāra Restorāns INTERNATIONAL €€

(Karte S. 206; Lāčplēša iela 25; Hauptgerichte 5–9 Ls; mittags & abends) Dieses angesagte Lokal gehört zu dem progressiven Theater nebenan und lockt seine Künstlerklientel mit bezahlbaren Preisen und trendiger Einrichtung, die sich bis auf den großen Hof ausbreitet. Nach dem Abendessen geht's in die gleichnamige Cocktailbar auf der anderen Straßenseite.

Ausgehen

Wer wie die Letten feiern will, schnappt sich ein paar Freunde und zieht mit ihnen – lachend und Bier trinkend – von Bar zu Bar. Natürlich darf auch Schwarzer Balzām dabei nicht fehlen. An Sommerabenden sind die Biergärten in der Altstadt eine gute Anlaufstelle.

ALTSTADT (VECRĪGA)

Nekādu Problēmu BIERGARTEN

(No Problem; Karte S. 200; www.nekaduproblemu.lv; Doma laukums) In den Sommermonaten erfüllt dieser Biergarten mit den robusten Möbeln den Doma laukums mit Leben: Dann hallt das Echo der Livemusik von den Mauern der Kathedrale wider. Es stehen mehr als 20 Fassbiersorten zur Auswahl und das Essen ist auch verdammt gut.

Cuba Cafe BAR

(Karte S. 200; www.cubacafe.lv; Jaun iela 15;) Ein authentischer Mojito und ein Tisch mit Blick über den Doma laukums sind genau das Richtige nach einem anstrengenden Sightseeing-Tag. An kühleren Tagen genießt man den Caipirinha drinnen unter kubanischen Flaggen, schaukelnden Kristallglasleuchtern und bei gedämpftem Trompetenjazz.

La Belle Epoque BAR

(Französische Bar; Karte S. 200; Mazā Jaunavu iela 8) In diese laute Kellerbar zieht es viele Studenten. Aushängeschild des Ladens ist „Apfelkuchen"-Schnaps (1 Ls). Ein Renoir-Wandgemälde und kitschige Moulin-Rouge-Plakate scheinen reine Männerrunden abzuschrecken.

Egle BIERGARTEN

(Karte S. 200; www.spogulegle.lv; Kaļķu iela 1a) Alt-Rīgas Biergarten Nummer 2 nach dem No Problem wurde unlängst eingeweiht, nachdem man ein altes sowjetisches Bürogebäude eingestampft hatte. Er hat ein gemütliches Flair: Die Tische stehen dicht beieinander und abends wird Folkmusik gespielt.

Ala Folks Clubs BAR/CLUB

(Karte S. 200; Smilšu iela 16) Dieser Bar-Club gehört einem australisch-lettischen Landsmann. Die eigentliche Seele ist sein Innenhof mit einer kleinen Bühne. Nachdem man eingetreten ist, geht's unter dem Wandbild hindurch quer durch das Restaurant, bei den Toiletten nach links und dann die Treppe hinauf. Oben warten Livemusik und ein grölendes Publikum.

Mojo LOUNGE
(Karte S. 200; www.mojocafe.lv; Pils iela 7) Liebes Mojo, wie entzückend du doch bist mit deinen Retro-Tapeten, abgewetzten Teppichen und Dutzend anderen Elementen in bester 1970er-Jahre-Manier, wie z. B. den alten Radios und Ledersofas in schrägen Farben!

Paldies Dievam Piektdiena Ir Klāt BAR
(Karte S. 200; 11 Novembra krastmala 9) Das „Gott sei Dank, es ist Freitag" hilft den Einheimischen mit seinem schrillen karibischen Dekor, den passend aufgemachten Kellnern und fruchtigen Getränken durch die kalten Winternächte.

Aptieka BAR
(Apotheken-Bar; Karte S. 200; Mazā Miesnieku iela 1) Antike Apothekerflaschen unterstreichen das dezente, stilvolle Ambiente dieser beliebten Mottobar. Der Betreiber hat lettisch-amerikanische Wurzeln.

I Love You BAR
(Karte S. 200; Aldaru iela 9) Die drei Worte, die jeder gerne hört, bezeichnen in diesem Fall einen coolen Treff in einer holperigen Altstadtgasse. Im Erdgeschoss warten zahlreiche kuschelige Sofas und donnerstagabends legt ein DJ Alternative-Musik auf. In den Sommermonaten findet man viele Sitzgelegenheiten im Freien.

Radio Bar BAR
(Karte S. 200; Šķūņu iela 17, Eingang auf der Zirgu iela) Diese Mischung aus Erlebnisbar und Club, einen Katzensprung vom Doma laukums entfernt, ist ganz mit Radiozubehör und Krimskrams ausgestattet. Die Musik geht meist in Richtung House und Hip-Hop.

NEUSTADT (CENTRS)

LP TIPP **Piens** BAR/CLUB
(Milch; außerhalb Karte S. 206; Brīana iela 9) Das Piens ist ohne Frage der angesagteste Bar-Club der Stadt. Er nimmt ein großes Industriegelände im Miera-iela-Bezirk ein und wartet mit einem genialen Stilmix auf (Sowjet-Schick plus 1950er-Jahre plus geometrische Jugendstilelemente). Der Delisnack, ein beliebter Import aus Liepāja an der Westküste, ist neu; die Hamburger wirken Wunder gegen Kater.

Pērle BAR/CAFÉ
(Karte S. 206; Tērbatas iela 65) Dies ist der Ort, an dem aus der Mode gekommene Technik und anderer Tand einen stilvollen Abgang in bester Rockstar-Manier hinlegen kann. Er bietet alles, was man sich von einem Hipster-Treff erwartet: ausrangierte Gameboys, jede Menge Tweedstoff, Gliedmaßen von Schaufensterpuppen und hervorragenden Café Latte … mit Baileys. Und alles steht zum Verkauf (natürlich!).

Gauja BAR
(Karte S. 206; Tērbatas iela 56) In dieser kleinen Bar mit der Einrichtung im sowjetischen Stil fühlt man sich in die Vergangenheit zurückversetzt. Umgeben von antiken Möbeln liefern sich die Gäste spannende Schachduelle auf Retro-Spielbrettern oder legen hölzerne Dominosteine aneinander. Dazu läuft außergewöhnliche Musik – die Besitzer haben ein eigenes Aufnahmestudio.

Terrace Riga BIERGARTEN
(Karte S. 206; Gallerija Riga, Dzirnavu iela 67) Hoch über den stattlichen Boulevards im Zentrum erstreckt sich eine riesige Open-Air-Fläche auf dem Dach des Einkaufszentrums Gallerija Riga, die eine Art Miami-South-Beach-Flair verströmen soll, wobei Schirme die Palmen ersetzen und anstelle von Daiquiris und Piña Coladas bodenständigere Spirituosen kredenzt werden. Russische Touristen lieben das Terrace Riga, aber an warmen Sommerabenden trifft sich hier so ziemlich jeder.

Skyline Bar HOTEL BAR
(Karte S. 206; Elizabetes iela 55; WLAN) Dieses Glanzstück im 26. Stock des Radisson Blu Hotel Latvija ist ein Muss. Die Aussicht ist die beste der ganzen Stadt und die bunte, glamoursüchtige Kundschaft macht es zum idealen Plätzchen, um im violetten Licht die unterschiedlichsten Leute zu beobachten.

Apsara TEESTUBE
(Karte S. 206; Elizabetes iela 74) Das Apsara in einer hübschen Holzpagode im Vērmanes dārzs ist eine kleine Schatzkiste voller seltener Teesorten aus Regionen jenseits des Himalajas. Die Gäste nippen vornehm an ihren Tassen, bequem gebettet auf pastellfarbenen Kissen auf dem Boden. Es gibt noch weitere Filialen in der Stadt, in der Tērbatas iela 2, der Elizabetes iela 74, der Kristiana Barona iela 2a und der Skarnu iela 22.

☆ Unterhaltung

Die Zeitschriften *Rīga in Your Pocket* und *Rīga This Week* bieten topaktuelle Termi-

TOP 5: TAGESAUSFLÜGE AB RĪGA

Lettland hat auch abseits der Jugendstilfiguren und Kirchturmspitzen in Rīga einiges zu bieten: goldene Küsten, riesige Paläste, idyllische Provinzstädtchen und urwüchsige Wälder.

» **Jūrmala** (S. 230) Am sowjetischen Prestigestrand tummelt sich die russische Elite im Bikini und mit fragwürdigem Haarschnitt. Wer dorthin will, nimmt die S-Bahn in Richtung Skola oder Tukums. Sie hält nach 30 Minuten an der Haltestelle Majōri mitten im Badeort.

» **Saulkrasti** (S. 255) Wer einen ruhigeren Strand bevorzugt, wird sich in Saulkrasti wohlfühlen, das nur eine Stunde Zugfahrt entfernt an der Küste von Vidzeme liegt.

» **Sigulda** (S. 257) Kaum jemanden lässt der Anblick von Schloss Turaida im Kiefernwald des Nationalparks Gauja unbeeindruckt. Adrenalinjunkies kommen bei unzähligen Aktivitäten wie Bobfahren oder Bungeespringen aus einer fahrenden Seilbahn auf ihre Kosten. Sigulda ist mit Bus oder Bahn in 1¼ Stunden zu erreichen.

» **Schloss Rundāle** (S. 251) Lettlands Miniaturausgabe von Versailles (aber ohne Menschenmassen) ist eine glanzvolle, 138 Räume umfassende Hommage an aristokratischen Prunk. Die 75 km dorthin kann man im Rahmen einer Bustour (ca. 20 Ls) oder mit dem Mietwagen zurücklegen. Öffentliche Busse fahren bis Bauska, 12 km vor dem eigentlichen Ziel. Von dort geht's mit Lokallinien weiter.

» **Abava-Tal** (S. 239) Das ruhige Tal des gurgelnden Flusses Abava ist ein schöner Gegensatz zu Rīgas hektischem Stadtkern. Hier kann man durch charmante Straßendörfchen und vorbei an Biobauernhöfen spazieren und ein Picknick unter den Skulpturen des Freilicht-Kunstmuseums Pedvāle genießen. Ein Mietfahrzeug ist das beste Verkehrsmittel.

ne – u. a. für Oper, Ballett, Gast-DJs und Livemusik. Tickets für Konzerte können in der Touristeninformation im Schwarzhäupterhaus gebucht werden. Verschiedene Veranstalter arrangieren Bar- oder Clubtouren und es gibt Hostels, die für ihre Gäste Kneipentouren oder Partys organisieren.

Nachtclubs

Die Tanzflächen sind immer voll. Sie sind vornehmlich russisches Terrain – die Letten ziehen tendenziell lieber durch die Bars und trinken Wodka mit Freunden. Nach Einbruch der Dunkelheit verwandeln sich viele Lokale in Etablissements mit hämmernden Beats; Infos hierzu findet man auch in den Kapiteln Essen und Ausgehen.

Teilweise haben die Nachtlokale eine etwas zwielichtige Klientel; *Rīga in Your Pocket* veröffentlicht unter „Kultur & Events" eine schwarze Liste, die von der US-Botschaft zusammengestellt wird.

Nabaklab CLUB

(Karte S. 200; www.nabaklab.lv, auf Lettisch; Meierovica bulvaris 12) Man stelle sich vor, der Lieblingsradiosender für alternative Musik würde einen Club aufmachen und all die heiß geliebten experimentellen (Elektro-) Stücke spielen. Genau das hat Naba (93,1 FM) gemacht. Rīgas Bohemiens und Hobos lieben diesen Schuppen im Sowjetstil wegen der DJ-Klänge, der Ständer mit Vintage-Kleidung, der Kunstgalerie und des billigen Biers.

Pulkvedim Neviens Neraksta CLUB

(„Keiner schreibt dem Oberst"; Karte S. 200; www.pulkvedis.lv, auf Lettisch; Peldu iela 26/28) Langeweile kommt im Pulkvedis wirklich nie auf. Der Club verströmt eine Atmosphäre Marke „Lagerhallen-Eleganz". Im Erdgeschoss wird mitreißende 1980er-Jahre-Musik gespielt, unten läuft Trance.

Club Essential CLUB

(Karte S. 206; www.essential.lv; Skolas iela 2) In Rīgas heißestem Club tanzen die Reichen und Schönen zu den Beats europäischer Top-DJs. Wen das übereifrige Security-Personal nicht stört, der wird keinen besseren Ort finden, um die Nacht durchzufeiern.

Moon Safari CLUB

(Karte S. 200; www.moonsafari.lv; Krāmu iela 2) Betten im „VIP-Zimmer" und eine Schlange als Haustier an der Bar? Wirkt alles ein bisschen schräg, aber die Cocktails für 2 Ls und die Karaoke-Maschine üben eine magische Anziehungskraft auf junge Erasmus-Studenten aus, die bis zum Morgengrauen feiern.

Golden SCHWULENTREFF
(Karte S. 206; www.mygoldenclub.com; Ģertrūdes iela 33/35; Eintritt 3–5 Ls) Dies ist der „toleranteste" Club Rīgas, wer allerdings eine wirklich lebendige Schwulenszene sucht, sollte besser in eine andere Stadt reisen.

Coyote Fly CLUB
(Karte S. 206; Vērmanes dārzs; Eintritt 3–8 Ls) Die Türsteher hier sind dafür bekannt, nur Letten reinzulassen. Dies ist also mehr ein anthropologisches Experiment als ein Ausgeh-Tipp.

Oper, Ballett & Theater

Rīgas Ballett-, Opern- und Theatersaison hat von Juni bis September Pause.

Neues Rīgaer Theater THEATER
(Jaunais Rīgas Teātris; Karte S. 206; ☎6728 0765; www.jrt.lv; Lačplēša iela 25) Moderne Theaterstücke.

Dailes-Theater THEATER
(Karte S. 206; ☎6727 0463; www.dailesteatris.lv; Brīvības iela 75) Das größte moderne Theater der Stadt. Viele Originalbauelemente aus der Sowjetzeit sind erhalten.

Nationaloper OPER, TANZ
(Karte S. 200; ☎6707 3777; www.opera.lv; Aspazijas bulvāris 3) Der Sitz des Rīgaer Ballets und der Stolz ganz Lettlands wartet mit Operninszenierungen vom Feinsten auf, die zu den besten in ganz Europa zählen (und gleichzeitig unschlagbar günstig sind). Hier begann u. a. die Karriere von Mikhail Baryshnikov.

Konzerte

Arena Rīga LIVEMUSIK
(außerhalb Karte S. 206; ☎6738 8200; www.arenariga.com; Skantes iela 21) Rīgas Arena mit 10 000 Sitzplätzen wird – außer für sportliche Ereignisse – auch für Tanzveranstaltungen und Popkonzerte genutzt.

Dom LIVEMUSIK
(Doma baznīca; Karte S. 200; ☎6721 3213; www.doms.lv; Doma laukums 1) Zweimal wöchentlich finden kurze Orgelkonzerte statt (mittwochs und samstags abends) sowie ein längeres Konzert freitagabends. Absolut hörenswert.

Große Gilde LIVEMUSIK
(Karte S. 200; ☎6722 4850; www.lnso.lv; Amatu iela 6) Sie ist der Sitz des gefeierten Lettischen Symphonieorchesters; durch die Fenster dringen häufig Fetzen von Klassik- oder Jazzmusik.

Sapņu Fabrika LIVEMUSIK
(außerhalb Karte S. 206; ☎6728 1222; www.sapnufabrika.lv; Lāčplēša iela 101) Die „Traumfabrik" in einer ehemaligen Industrieanlage veranstaltet häufig Liveauftritte mit Hip-Hop und Electronica.

Palladium LIVEMUSIK
(Karte S. 206; Marijas iela 21) Der neueste Veranstaltungsort der Stadt wurde auf dem Gelände eines alten Kinos errichtet. Er soll internationale Stars nach Rīga locken.

Carpe Diem JAZZ
(Karte S. 200; ☎6722 8488; Meistaru iela 10/12; Hauptgerichte ab 10 Ls; ⏲10–0 Uhr, Livemusik 19.30–22.30 Uhr) Das „Hauptgericht" in diesem vornehmen Restaurant im berühmten Katzenhaus ist Jazzmusik.

Bites Blues Club JAZZ
(Karte S. 206; ☎6733 3123; www.bluesclub.lv; Dzirnavu iela 34a; Eintritt 3–5 Ls; ⏲Mo–Mi 11–23, Do–Sa bis 2 Uhr) Wer hier ein, zwei Stunden vor Beginn der Show noch isst (es gibt v. a. französische und italienische Gerichte), spart den Eintritt und kann den Musikern beim Soundcheck zuhören. Im Sommer finden die Auftritte meist freitags statt, im Winter auch donnerstags und samstags.

Kino

Ein Kinobesuch ist eine tolle Alternative für einen Regentag in Rīga (und davon gibt's nicht wenige). Filme werden generell mit O-Ton – meist auf Englisch – und lettischen oder russischen Untertiteln gezeigt. Karten kosten 2 bis 4 Ls; abhängig von Wochentag und Kino. Spielpläne sind den jeweiligen Internetseiten zu entnehmen. Außer K. Suns haben alle Häuser Sitzplatzreservierung.

Coca-Cola Plaza KINO
(Karte S. 206; ☎1189; www.forumcinemas.lv; Janvāra iela 13) Rīgas Multiplex verfügt über Stadionsitze, 14 Leinwände und ein Café im obersten Stock. Es zeigt die üblichen Hollywoodstreifen und gelegentlich einen lettischen Film.

Daile KINO
(Karte S. 206; ☎1189; K. Barona iela 31) Hier gibt's die aussortierten Filme des Coca-Cola Plaza zu sehen.

Kino Rīga KINO
(Karte S. 206; ☎6728 9755; Elizabetes iela 61) Dies war das erste baltische Tonfilmkino. Es kon-

zentriert sich mittlerweile auf europäische Streifen und veranstaltet verschiedene Festivals, darunter das internationale Festival Future Shorts (www.futureshorts.com).

K Suns KINO
(Ka Suns; Karte S. 206; ☎6728 5411; www.kinogalerija.lv/ksuns.php, auf Lettisch; Elizabetes iela 83/85, Bergs Bazārs) Ein alternatives Kino mit nur einer Leinwand. Es zeigt vorwiegend Autorenfilme und verkauft Popcorn und alkoholfreie Getränke.

Shoppen

Die Letten lieben Einkaufszentren, jene typischen Begleiterscheinungen der Globalisierung, doch Touristen werden sich sicher vor allem über die vielen Geschäfte freuen, in denen alle möglichen Gegenstände made in Lettland verkauft werden: Strickwaren, Handwerk, Spirituosen und Mode. Eine tolle Auswahl bietet der **Berga Bazārs** (www.bergabazars.lv; Dzirnavu iela 84), ein Labyrinth aus Edelboutiquen rund um das Fünfsternehotel Bergs. Straßenhändler bieten ihre Waren – Bernsteinschmuck, Gemälde und russische Puppen – vor der Petrikirche in der Skārņu iela und am Südende der Valņu iela an. Rīgas große Kunsthandwerksmesse Gadatirgus findet am ersten Juniwochenende im Vērmanes dārzs statt. Beachtenswert sind besonders die wunderschönen Namēju-Ringe, die von Letten in aller Welt als Erkennungszeichen getragen werden.

Madam Bonbon ACCESSOIRES
(Karte S.206; www.madambonbon.lv; Alberta iela 1-7a) Carrie Bradshaw würde vor Freude einen Herzinfarkt bekommen: Auf jeder Fläche dieses altmodischen Jugendstilapartments sind Schuhe gekonnt in Szene gesetzt. Man könnte in einen der Stilettos auf dem Klavier schlüpfen oder einen der Stiefel hinter der Teekanne auf dem Küchentisch anprobieren.

Sakta-Blumenmarkt MARKT
(Karte S. 206; Tērbatas iela 2a) Der Markt hat extralange Öffnungszeiten – prima für all diejenigen, die um Mitternacht ein Geschenk zum Besänftigen ihrer Freundin kaufen wollen, weil sie zu lange mit ihren Kumpels um die Häuser gezogen sind.

ZoFA MODE
(Karte S. 206; www.zofa.eu; Antonijas iela 23) Die supernette Elīna mit der superschrägen Frisur begrüßt ihre Kunden in einem unverschämt schicken schwarzen Kleid. Die maßgefertigten Damen- und Herrenschuhe kosten zwischen 130 und 180 Ls – ein echtes Schnäppchen, wenn man bedenkt, dass sie in der Werkstatt hinter dem Laden entworfen und gefertigt werden.

Taste Latvia MODE
(Karte S. 200; www.tastelatvia.lv; Audejū iela 16) Im 4. Stock eines ansonsten ziemlich gewöhnlichen Einkaufszentrums werden in einem weißen Verkaufsraum die aktuellsten Modekreationen lokaler Designer präsentiert.

Riija MODE
(Karte S. 206; www.riija.lv; Tērbatas iela 6/8) Jeder auf Hochglanz polierte Zentimeter dieser neuen Fashionenklave im Herzen der Neustadt besticht durch skandinavisch elegantes Design. Schweden muss sich warm anziehen – die lettischen Modemacher sind auf dem Vormarsch!

Pienene ACCESSOIRES
(Karte S. 200; Kungu iela 7/9) Der „Löwenzahn" ist eine Boutique im Zentrum der Altstadt, in der einige der schönsten Wellness-Produkte vom Lande verkauft werden, z. B. Seifen und Kerzen aus lettischem Wachs und Kräutern.

Upe MUSIK
(Karte S. 200; www.upett.lv; Vāgnera iela 5) Begleitet von den Klängen klassischer lettischer Musik begutachten die Kunden traditionelle Instrumente und durchstöbern die CDs einheimischer Volks-, Rock- und Experimentalmusiker.

Latvijas Balzāms ESSEN & TRINKEN
(Karte S. 200; www.lb.lv; Audēju iela 8) Die beliebte Spirituosenladenkette verkauft den berühmt-berüchtigten Schwarzen Balzām. Dies ist nur eine von zig Filialen in der Stadt (weitere Adressen: Marijas iela 25, K. Barona iela 31 und Audeju iela 8).

Robert's Books BÜCHER
(Karte S. 206; www.robertsbooksriga.com; Antonijas iela 12) Robert hat früher mal für den *Economist* geschrieben, doch jetzt hat er sich in Rīga niedergelassen und widmet sich seinem kleinen Sortiment an gebrauchten englischen Büchern, traditionellen Textilien und Bienenwachskerzen. Der Eingang ist auf der Dzirvanu iela.

Jāņa Sēta BÜCHER
(Karte S. 206; www.mapshop.lv; Elizabetes iela 83/85) Die größte baltische Fachbuchhand-

INSIDERWISSEN

ELĪNA DOBELE: DIE SEELE DER LETTISCHEN MODE

Wir hatten die Gelegenheit, Elīna Dobele zu treffen, eine der gefeiertsten neuen Designerinnen Lettlands. Ihre Spezialität sind Maßschuhe (unbedingt in ihrem Laden ZoFA vorbeischauen!). Vor Kurzem wurde sie mit einem landesweiten Unternehmerpreis ausgezeichnet; ihr Schuhwerk wird derzeit in Japan, Russland und dem Vereinigten Königreich verkauft. Folgendes denkt sie zur wachsenden Bedeutung einer lettischen Designästhetik:

„Ironischerweise hat sich in Lettland ausgerechnet in dieser Zeit der (Wirtschafts-) Krise eine neue Generation von Designern entwickelt. Menschen, die ihr altes Berufsleben aufgegeben haben, um sich ihren Leidenschaften zu widmen. Ich bin eigentlich Architektin, doch als die Aufträge ausblieben, habe ich mich verändert. Das lettische Bildungssystem ist nicht gut, was Mode und Design betrifft. Viele Letten studieren im Ausland, aber auf gewisse Weise fördert die Tatsache, dass bei uns ein fester Lehrplan fehlt, eine wirklich einzigartige Perspektive. Wer keine Ausbildung im Bereich Mode hat, ist auch nicht auf eine bestimmte Denkweise konditioniert.

Was genau ist also lettisches Design? Zunächst einmal liegt der Fokus auf Handarbeit. Wir haben eine lange Handwerkstradition, aber vor allem haben wir nicht die Ressourcen und finanziellen Mittel, um Waren aus China zu importieren. Alles wird in limitierter Auflage produziert, nichts ist für die breite Masse bestimmt. In Skandinavien gibt es eine einheitliche Vorstellung von Design, die unterrichtet und vermittelt wird. Unser Vokabular hier ist dagegen sehr neu – es gibt noch keine genaue Definition, keine ausgeprägte Identität.

Letten, die sich wirklich Gedanken über ihre Kleidung machen, kombinieren Vintage-Stücke. Sie wollen Hipsters sein ... in positivem Sinne. Wer Anfang bis Ende 20 ist und in Rīga arbeitet, kann sich vermutlich keine Designerkleidung leisten, Markennamen scheinen keine große Bedeutung mehr zu haben. Die Rīgaer wollen lokale Geschäfte unterstützen – die Leute kaufen Dinge wegen ihres Designs, nicht wegen der Marke.

Was die Zukunft des lettischen Designs angeht? Nun, zwei Designer haben bereits Boutiquen in London eröffnet. Ich weiß nicht, ob sie Erfolg haben werden, aber es ist auf jeden Fall den Versuch wert."

lung für Reiseliteratur bietet massenhaft Kartenmaterial, Bildbände und Lonely Planet Reiseführer.

Art Nouveau Riga SOUVENIRS
(Karte S. 206; www.artnouveauriga.lv; Strēlnieku iela 9) Hier gibt's allerlei Jugendstilsouvenirs von Büchern über Postkarten bis hin zu steinernen Wasserspeiern und Buntglaswaren.

Tornis SCHMUCK
(Karte S. 200; Grēcinieku iela 11-2) Eine beachtliche Schmucksammlung mit faszinierenden, heidnischen Symbolen. Der Eingang ist am Pēterbaznīcas laukums.

ℹ Praktische Informationen

Geld

In der Hauptstadt gibt es überall Geldautomaten, vor allem an der Kaļķu iela (die in den Brīvības bulvarīs übergeht). Bargeld am Automaten zu ziehen, ist weitaus besser, als Reiseschecks einzulösen oder Geld zu wechseln. Die Wechselstuben haben ausgesprochen schlechte Kurse und akzeptieren meist keine Reiseschecks. Nähere Informationen zur lettischen Währung und Umrechnungstabellen gibt's unter www.bank.lv.

Marika (Brīvības bulvāris 30) Bietet passable Wechselkurse, rund um die Uhr. Eine weitere Filiale ist in der Dzirnavu 96.

Infos im Internet

www.1188.lv Listet nahezu alle Einrichtungen in Rīga und im restlichen Lettland. Es gibt zwar eine englische Übersetzung, die meisten Suchergebnisse erhält man jedoch auf der lettischen Seite. Die Suchmaschine findet auch aktuelle Veranstaltungen und Verkehrsinfos.

www.rigaoutthere.com Internetpräsenz – auch auf Deutsch – eines örtlichen Reiseveranstalters. In der rechten Spalte gibt's einen praktischen Reiseplaner.

www.zl.lv Exzellente Datenbank mit Detailinfos zu Unternehmen in Rīga und ganz Lettland.

Internetzugang

In jedem Hostel und Hotel wird den Gästen irgendeine Form von Internetzugang geboten.

Internetcafés gehören in Rīga einer aussterbenden Gattung an. Normalerweise hocken dort 12-jährige Halbstarke vor Ballerspielen.

Elik Kafe (Karte S. 206; Merķeļa iela 1; 0,45/0,85 Ls pro 30 Min./1 Std.; ⌚24 Std.) Günstige Lage in der Nähe des Bahnhofs, überm McDonalds. Eine weitere Filiale befindet sich in der Kaļķu iela 11.

Medizinische Versorgung

ARS (Karte S. 206; ☎6720 1003; www.arsmed.lv; Skola iela 5) Die Ärzte sprechen Englisch und sind rund um die Uhr im Einsatz.

Post

Hinter den blauen Fassaden mit der Aufschrift „Pasta" verbergen sich keine italienischen Restaurants, sondern Postfilialen. Näheres unter www.post.lv.

Hauptpostamt (Brīvības bulvaris 32; ⌚Mo–Fr 7.30–20, Sa 8–18, So 10–16 Uhr) Internationale Telefon- und Faxverbindungen.

Postamt (Elizabetes iela 41/43; ⌚Mo–Fr 7.30–21, Sa 8–16 Uhr)

Touristeninformation

Touristeninformationszentrum (☎6730 7900; www.rigatourism.com; Rātslaukums 6; ⌚9–18 Uhr) Hier sind hervorragende Stadtpläne und Broschüren mit Stadtspaziergängen erhältlich. Die Angestellten helfen bei der Unterkunftssuche, können Tagesausflüge buchen und verkaufen Konzert- und Operntickets im Sommer sowie die **Rīga Card** (www.rigacard.lv; 24 Std. gültige Karte 10 Ls) für Rabatte bei Sehenswürdigkeiten und Restaurants und kostenlose Fahrten mit den öffentlichen Verkehrsmitteln (s. S. 205). Weitere Informationsbüros befinden sich am Livu laukums, am Bahnhof, Busbahnhof und Flughafen.

An- & Weiterreise

Infos zur Weiterreise in Länder außerhalb des Baltikums stehen auf S. 424.

Bus

Überlandbusse fahren am **internationalen Busbahnhof** (Rīgas starptautiskā autoosta; www.autoosta.lv; Prāgas iela 1) jenseits des Bahndamms südöstlich der Altstadt ab und steuern Ziele wie Tallinn, Vilnius, Warschau, Pärnu, Kaunas, St. Petersburg und Moskau an. Hier ein paar Anbieter:

Ecolines (☎6721 4512; www.ecolines.net)

Eurolines Lux Express (☎6778 1350; www.luxexpress.eu)

Nordeka (☎6746 4620; www.nordeka.lv)

Von Rīga aus können u. a. folgende Städte im Baltikum erreicht werden:

ÖRTLICHE REISEFÜHRER

Es lohnt sich, sich folgende Guides als Ergänzung zum vorliegenden Reiseführer zuzulegen:

» **Rīga in Your Pocket** (www.inyourpocket.com/latvia/riga) Praktischer Stadtführer, der alle zwei Monate erscheint und in den meisten Mittel- und Spitzenklassehotels ausliegt (kostenlos). Alternativ lädt man die PDF-Version aus dem Internet herunter. Auch in den Touristeninformationen und ein paar Buchläden erhältlich (2 Ls).

» **Riga this Week** (www.rigathisweek.lv) Ein hervorragender (und kostenloser) Stadtführer, den man in fast allen Unterkünften in Rīga bekommen kann. Alle zwei Monate neu.

Aglona 5,60 Ls, 4 Std., tgl. um 16 und/oder 18 Uhr

Bauska 2 Ls, 1¼ Std., alle 30 Min. von 6.30 bis 23 Uhr

Cēsis 2,60 Ls, 2 Std., alle 30 Min. von 7.30 bis 21.30 Uhr

Daugavpils 5,60 Ls, 3½–4¼ Std., 15-mal tgl. von 5.15 bis 0 Uhr

Dobele 2,10 Ls, 1½ Std., 2-mal stündl. von 6.45 bis 21.45 Uhr

Jelgava 1,50 Ls, 1 Std., alle 30 Min. von 6 bis 23.30 Uhr

Kandava 2,70 Ls, 1½–2 Std., 10-mal tgl. von 8 bis 22 Uhr

Kaunas 9,30 Ls, 4–5½ Std., 3-mal tgl. von 16 bis 0 Uhr

Kolka 4–5 Ls, 3½–4½ Std., 5-mal tgl. von 7.20 bis 17.15 Uhr

Kuldīga 4,10 Ls, 2½–3¼ Std., stündl. von 7 bis 20 Uhr

Liepāja 5,50–6,50 Ls, 4 Std., alle 45 Min. von 6.45 bis 19.30 Uhr

Pärnu 5–5,40 Ls, 2¾ Std., 15-mal tgl. von 6.20 bis 2 Uhr

Pāvilosta 5,50 Ls, 4½ Std., tgl. um 20.25 Uhr

Sigulda 1,80 Ls, 1 Std., alle 30 Min. von 7 bis 21.30 Uhr

Tallinn 10–14 Ls, 4½ Std., 16-mal tgl. von 6.40 bis 23.15 Uhr

Valmiera 3–3,30 Ls, 2–2½ Std., 2-mal stündl. von 6.20 bis 22.50 Uhr

Ventspils 4,70 Ls, 3–4 Std., stündl. von 7 bis 22.30 Uhr

Vilnius 9–12 Ls, 4 Std., 13-mal tgl. von 6.35 bis 22.30 Uhr

Fähre

Vom **Passagierfährenterminal** (☎6732 6200; www.portofriga.lv; Eksporta iela 3a) aus, etwa 1 km flussabwärts (nördlich) der Akmens-Brücke, setzen Boote von **Tallink** (☎6709 9700; www.tallink.lv) nach Stockholm über. **DFDS Ferry Lines** (☎6735 3523; www.lisco.lv; Zivju iela 1) und **Ave Line** (☎6709 7999; www.aveline.lv; Uriekstes 3) nutzen das Vecmīgrāvja-Frachtterminal ein Stück weiter die Daugava hinunter und nehmen Kurs auf Travemünde (Lübeck). In den kälteren Monaten wird der Fährverkehr oft eingestellt.

Flugzeug

Der **Internationale Flughafen von Rīga** (Lidosta Rīga; www.riga-airport.com, Marupes pagast) befindet sich im Vorort Skulte, 13 km südwestlich des Zentrums. Infos zu Fluggesellschaften, die die Hauptstadt bedienen, gibt's auf S. 424. Bei Redaktionsschluss war Rīga die einzige Stadt in Lettland mit einem kommerziellen Flughafen.

Zug

Rīgas **Hauptbahnhof** (Centrālā stacija; Stacijas laukums) ist in einem Einkaufszentrum (ein auffälliges Glasgebäude) nahe dem Zentralmarkt untergebracht und sowohl von der Altstadt als auch von der Neustadt aus gut zu erreichen. Man sollte ein paar Minuten extra einplanen, um die Fahrkartenschalter zu finden – sie sind über das Bauwerk verteilt und z. T. ein wenig versteckt.

Die meisten Letten leben in den riesigen Vororten und Randbezirken rund um Rīga und pendeln zur Arbeit. Für sie wurde ein sehr gutes Netz mit Vorortzügen eingerichtet, mit denen man z. B. Tagesausflüge in benachbarte Städte unternehmen kann. Es umfasst sechs Linien: die viel genutzte Linie Sigulda–Cēsis–Valmiera (regelmäßiger Halt in diesen drei Städten), die Skulte-Linie (Halt in Saulkrasti), die Linie Dubulti–Sloka–Ķemeri–Tukums (die Strecke nach Jūrmala), die Linie Orge–Krustpils (Richtung Salaspils und Daugavpils), die Jelgava-Linie und die Linie Ērgļi–Suntaži. Fahrkarten nach Jūrmala, Sigulda und Cēsis werden an den Schaltern 7 bis 12 verkauft.

Direktzüge verkehren zwischen Rīga und Daugavpils (4¾ Std.), Moskau (16½ Std.), St. Petersburg (13¼ Std.) und Pskov (8½ Std.). Fahrpläne und Preise für nationale wie internationale Züge findet man unter www.ldz.lv. Die Zugverbindungen nach Westlettland sind umständlich.

Die aktuellste Infoquelle bezüglich der Preise ist www.1188.lv. Es bestehen u. a. folgende Verbindungen:

Cēsis 2,30 Ls, 2 Std., 5-mal tgl. von 6.35 bis 21 Uhr

Jūrmala (Majori) 0,95 Ls, 30 Min., 2- bis 3-mal stündl. von 5.50 bis 23.40 Uhr

Jelgava 1,35 Ls, 45 Min., 2-mal stündl. von 5.30 bis 22.30 Uhr

Ķemeri 1,35 Ls, 1 Std., stündl. von 5.50 bis 23.40 Uhr

Salaspils 0,70 Ls, 25 Min., 2- bis 3-mal stündl. von 5 bis 23 Uhr

Saulkrasti 1,45 Ls, 1 Std., 1- bis 2-mal stündl. von 5.45 bis 22.30 Uhr

Sigulda 1,55 Ls, 1–1¼ Std., stündl. von 6 bis 21 Uhr

Valmiera 2,80 Ls, 2¼ Std., 4-mal tgl. von 6.35 bis 21 Uhr

ℹ Unterwegs vor Ort

Auto & Motorrad

Mehr zum Thema Autovermietung auf S. 288. Wer in die Altstadt fahren möchte, muss zuvor ein Ticket bei den Statoil-Tankstellen oder Geldwechselstuben kaufen (5 Ls pro Std.).

Fahrrad

Wer mag, kann mit einem der Räder von **Baltic Bikes** (☎6778 8333; www.balticbike.lv; 0,70 Ls pro Std.) durch die Stadt flitzen. In Rīga und Jūrmala gibt es ein paar Stationen in günstiger Lage. Einfach ein Fahrrad aussuchen, die Nummer des Verleihservice wählen und sich den Code geben lassen, um das Rad aufschließen zu können.

Vom/Zum Flughafen

Es gibt drei Transportmöglichkeiten zwischen Stadtzentrum und Flughafen. Am günstigsten ist die Buslinie 22. Sie fährt alle 15 Minuten und steuert etliche Haltestellen in der ganzen Stadt an (0,70 Ls), u. a. den Stockmanns-Komplex und die Daugava (nahe dem Hostel Friendly Fun Franks). Fahrgäste mit Gepäck müssen in den öffentlichen Verkehrsmitteln mit Ausnahme der Buslinie 22 ein „Gepäckticket" lösen (0,10 Ls; beim Fahrer kaufen). airBaltic betreibt limettengrüne Minibusse (3 Ls), die vom Flughafen aus ein paar Hotels der mittleren Preiskategorie im Zentrum ansteuern. Die Fahrer der limettengrünen Taxis nehmen pauschal 10 Ls für die Strecke vom Flughafen in die Stadt, in die andere Richtung wird das Taxameter eingeschaltet (bei normalem Verkehr zahlt man ca. 8 Ls ab dem Zentrum).

Öffentlicher Nahverkehr

Wer nicht in Rīga geboren ist, wird sich im verworrenen Netz von Bus-, Straßenbahn- und O-Bus-Linien schwer zurechtfinden. Glücklicherweise liegen die meisten touristischen Attraktionen jedoch nahe beieinander, sodass man nicht unbedingt auf öffentliche Verkehrsmittel angewiesen ist. Fahrkarten kosten 0,70 Ls (0,50 Ls, wenn man sie vorab an einem Ticketautomaten oder Kiosk kauft). Ein Fünftagespass für unbegrenzte Fahrten kostet 9 Ls. Die städtischen Verkehrsmittel fahren täglich zwischen 5.30 und 0 Uhr. Auf manchen Strecken gibt es einmal pro Stunde auch eine Nachtfahrt. Mehr Infos zu Strecken und Fahrplänen gibt's unter www.rigassatiksme.lv.

Taxi

Eine Taxifahrt kostet 0,40 bis 0,50 Ls pro Kilometer (22–6 Uhr häufig 0,50–0,60 Ls). Man sollte den Fahrer vor der Abfahrt bitten, das Taxameter einzustellen. Der Grundpreis liegt bei 1 bis 1,50 Ls. Eine kurze Strecke sollte nicht mehr als 4 Ls kosten (z. B. die Überquerung der Daugava für ein Abendessen in Ķīpsala). Taxistände befinden sich vor dem Bus- und Hauptbahnhof, am Flughafen und vor ein paar großen Hotels im Zentrum (z. B. dem Radisson Blu Hotel Latvija).

RUND UM RĪGA

Es ist kaum zu glauben, aber nur 20 km vom Zentrum der Hauptstadt entfernt erstrecken sich lange, weiße Strände und schattige Kiefernwälder. Die beiden Nationalparks Jūrmala und Ķemeri eignen sich wunderbar für Tagesausflüge.

Die Autobahn zwischen Rīga und Jūrmala (Lettlands einzige mit sechs Spuren) trug während der Sowjetära den Beinamen „zehn Minuten in Amerika", weil sie als Set für alle lettischen Filme diente, die in den USA spielen sollten.

Jūrmala

56 000 EW.

Jūrmala ist die baltische Version der französischen Riviera: eine Reihe von Kleinstädten mit den stattlichen Strandhäusern russischer Ölmagnaten. Selbst als der Kommunismus alles beherrschte, besaß Jūrmala einen gewissen Glamour. Hier flanierten die Reichen und Schönen in schicken Badeklamotten und ließen sich – zwischen ihren Wellnessbehandlungen – von der Sonne verwöhnen. An Sommerwochenenden zieht es Heerscharen von Jetsettern und Hauptstädtern zum Sonnenbaden hierher.

Jūrmala erstreckt sich über eine Länge von 32 km und umfasst 14 Gemeinden. Gäste ohne eigenes Auto oder Fahrrad steuern daher meist direkt ins Zentrum des Geschehens: nach Majori und Dzintari. Ein 1 km langer Fußweg, die Jomas iela, verbindet die beiden Orte. Er gilt als die Hauptstraße von Jūrmala und ist gesäumt von zahlreichen touristischen Angeboten. Anders als in den meisten europäischen Badeorten liegen Restaurants und Hotels hier mehrere Blocks vom Strand entfernt, wodurch die Küste weitgehend natürlich geblieben ist.

Sehenswertes

Neben dem mit der „Blauen Flagge" ausgezeichneten Strand sind die farbenfrohen Jugendstil-**Holzhäuser** mit edlen Sonnensegeln, aufwendigen Fassaden und Türmen die Hauptattraktion. Es gibt über die Stadt verteilt mehr als 4000 Holzbauten (meist pompöse Sommerhäuser). Eine gute Auswahl findet man entlang der Jūras iela, die parallel zur Jomas iela zwischen Majori und Dzintari verläuft. Der Zustand der Gebäude ist sehr unterschiedlich. Manche sind baufällig und verlassen, andere wunderbar renoviert und einige wurden sogar ganz neu wiederaufgebaut. Die Touristeninformation hat die praktische Broschüre *The Resort Architecture of Jūrmala City* mit Stadtspaziergängen zu den architektonischen Highlights; auf Seite 8 geht's um Majori.

Eine ganz andere Art von Architektur bieten die protzigen, sowjetischen Sanatorien. Besonders typisch ist das gigantische **Vaivari-Sanatorium** (Asaru prospekts 61) 5 km westlich von Majori an der Hauptstraße. Es erinnert an ein gestrandetes Kreuzfahrtschiff aus der Breschnew-Ära. Überraschenderweise ist es sogar noch in Betrieb und bedient eine betagte Klientel, die regelmäßig hierherkommt – wahrscheinlich seit der Breschnew-Ära.

Stadtmuseum Jūrmala MUSEUM

(☎6776 4746; Tirgoņu iela 29; Eintritt 0,50 Ls, Fr frei; ⏲Mi–So 11–18 Uhr) Nach einer kostspieligen Renovierung zeigt dieses Museum nun eine gelungene Dauerausstellung über Jūrmalas schillernde Geschichte als sowjetisches Urlaubsmekka.

Freilichtmuseum Jūrmala MUSEUM

(☎6775 4909; Tīklu iela 1a; Eintritt 0,50 Ls, Di frei; ⏲Di–So 10–18 Uhr) Ein Stück weiter entfernt in Lielupe sind Fischerhütten aus dem 19. Jh. und diverse Exponate aus dem Bereich der Schifffahrt zu sehen. Wer Glück hat, kann traditionell zubereiteten Räucherfisch probieren.

Kunststudio „Inner Light" GALERIE

(☎6787 1937; www.jermolajev.lv; Omnibusa iela 19; Eintritt 1 Ls; ⏲Juni–Aug. 11–18 Uhr, Sept.–Mai Sa & So 12–17 Uhr) Dies ist der ideale Ort, um einen trüben Tag zu überbrücken. Ein ortsansässiger russischer Künstler leitet das Studio und experimentiert mit Leuchtfarben, durch die sich seine Porträts je nach Lichtverhältnissen verändern. Sphärische Enya-Musik im Hintergrund verstärkt das psychedelische Erlebnis noch zusätzlich.

Aktivitäten

Jūrmalas erstes Wellnesszentrum eröffnete 1838. Seitdem gilt die Region als baltische Wellnesshauptstadt. Angeboten werden die Behandlungen in namhaften Hotels und klotzigen Sowjetsanatorien am Strand in Richtung Ķemeri-Nationalpark. Viele Unterkünfte bieten Pauschalangebote inklusive Wellness und Übernachtung.

LP TIPP Baltic Beach Hotel Spa Centre SPA
(☎6777 1400; www.balticbeach.lv; Jūras iela 23-25; Massage 25/35 Ls für 60/90 Min.; ⏲8–22 Uhr) Das Spa im Baltic Beach Hotel ist das größte Wellnesszentrum im Baltikum. Es umfasst drei riesige Stockwerke voller Massageräume, Saunas, Yogastudios, Schwimmbäder und Whirlpools. Der 1. Stock ist sehr rustikal und bietet belebende Wechselbäder (zwischen Dampfbädern und Güssen mit Eiswasser aus dem Eimer fühlt man sich wie Jennifer Beals in *Flashdance*). Im 2. Stock werden unterschiedlichste Bio-Teesorten angeboten und im ägyptischen Kleopatra-Raum in der obersten Etage kann man sich mit Champagner-Massagen verwöhnen lassen. Wer nicht so viel Geld ausgeben möchte, kann „den Garten" aufsuchen (25 Ls für 2 Pers.), eine Oase im Miniformat mit verschiedenen Becken und Dampfsaunen zum Entspannen.

Saliena-Golfplatz GOLFEN
(☎6716 0300; www.salienagolf.com; 18 Löcher wochentags/am Wochenende 22/28 Ls; ⏲8.20–18 Uhr) Verständlicherweise sind die Greens hier nicht ganzjährig bespielbar, doch im Sommer wartet dieser gepflegte Golfplatz mit 18 Löchern (Par 72) auf und kann über verschiedene Hotels in Jūrmala und Rīga gebucht werden.

Wasserpark Nemo WASSERPARK
(☎6773 2350; www.nemo.lv; Atbalss iela 1; Erw./Kind 5/2,50 Ls; ⏲Mai–Sept. Mi–So 11–17 Uhr) In der Gemeinde Vaivari, etwa 5 km westlich des zentralen Majori, befindet sich der großartige Wasserpark Nemo mit verschlungenen Wasserrutschen, Sauna und zwei beheizten Schwimmbecken direkt am Strand. Für 5 Ls pro Stunde kann man auch Fahrräder mieten.

Līvu Akvaparks WASSERPARK
(☎6775 5636; www.akvaparks.lv; Viestura iela 24; Tagesticket Erw./Kind 18,50/12,95 Ls; ⏲Mo–Fr 11–22, Sa & So 10–22 Uhr) In Lielupe, zwischen Jūrmala und Rīga, gibt es einen weiteren riesigen, familienfreundlichen Wasserpark.

Festivals & Events

Mit unzähligen Festivals und anderen Veranstaltungen lockt Jūrmala Einheimische und Touristen aus Rīga an.

Joma-Straßenfest STADTFEST
(www.jurmala.lv) Jūrmalas alljährliches Stadtfest im Juli; 2009 jährte sich der Zusammenschluss von Jūrmalas Gemeinden zum 50. Mal. Ein Highlight ist der Sandskulpturen-Wettbewerb (www.magicsand.lv).

New Wave Song Festival MUSIK
(Jaunais Vilnis; www.newwavestars.com) Die Sänger-Competition findet jedes Jahr Ende Juli in der Konzerthalle von Dzintari statt und lockt Teilnehmer aus aller Welt. Besonders beliebt ist die Veranstaltung bei russischen Touristen. Wer kein Interesse an dem Spektakel hat, sollte in dieser Zeit besser einen Bogen um Jūrmala machen.

Schlafen

Jūrmala bietet vielfältige Unterkünfte, aber nur die wenigsten sind wirklich preiswert. Budgetreisende sollten in Erwägung ziehen, in Rīga zu übernachten und von dort aus einen Tagesausflug nach Jūrmala zu unternehmen. In Jūrmala selbst hilft die Touristeninformation bei der Zimmerbuchung in der gewünschten Preisklasse und führt eine Liste örtlicher Privatunterkünfte. Wir haben hier Sommerpreise angegeben; in der Nebensaison fallen sie beträchtlich.

LP TIPP Hotel MaMa BOUTIQUEHOTEL €€
(☎6776 1271; www.hotelmama.lv; Tirgoņu iela 22; DZ 40–325 Ls; @📶) Die Schlafzimmertüren haben innen eine dicke, matratzenartige Isolierverkleidung (psycho-chic?) und die Suiten ertrinken förmlich in weißen Stoffen, silberfarbenen Gemälden und Feenstaub-Akzenten. Die Einrichtung ist supermodern und zu den Extras gehören Plasmafernseher, Kochnischen, Kingsize-Betten und erotisch anmutende, florale Deckenmuster. So stellt man sich ein Bordell im Himmel vor. Vom Dach aus eröffnet sich ein toller Ausblick über die Küstenstadt.

Jūrmala

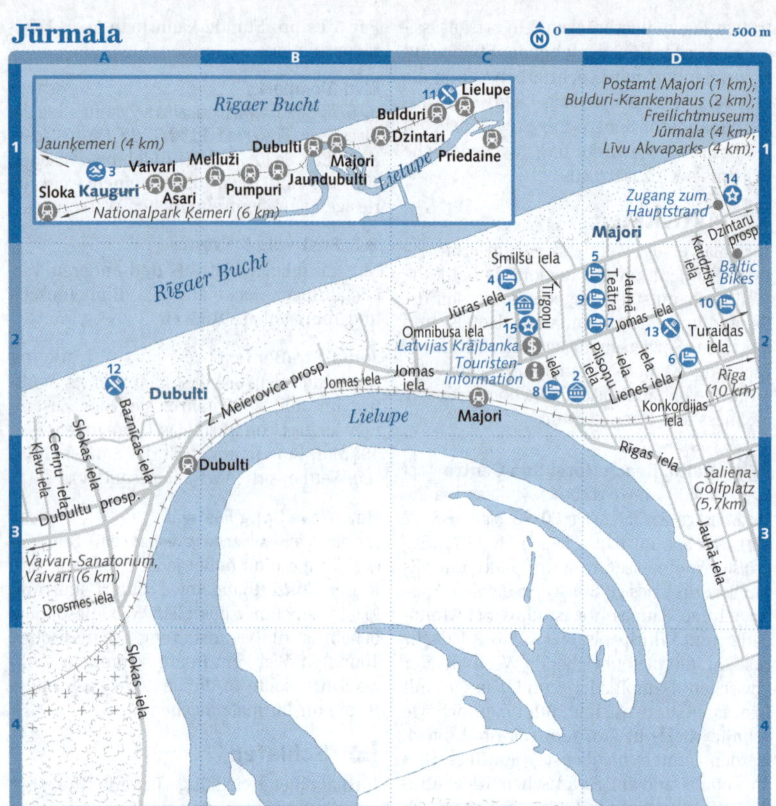

Baltic Beach Hotel HOTEL €€€
(☎6777 1400; www.balticbeach.lv; Jūras iela 23–25; Zi. mit Frühstück 55–870 Ls; @ 📶 🏊) Die sowjetischen Betonblöcke entlang der Küste sind alles andere als attraktiv und das Baltic Beach Hotel macht da keine Ausnahme. Seine „inneren Werte" sind jedoch nicht zu verachten; es wurde vor Kurzem renoviert und nun ziert edler Marmor die Lobby und von den Zimmern im Stock darüber eröffnet sich ein herrlicher Meerblick. Die luxuriöse Wellnessanlage – die größte im Baltikum – ist das Highlight des Hotels.

Villa Joma BOUTIQUEHOTEL €€
(☎6777 1999; www.villajoma.lv; Jomas iela 90; Zi. 40–75 Ls) Einladendes Boutiquehotel mit 15 makellosen, individuell ausgestatteten Zimmern; teils mit Dachfenster. Es liegt mehrere Blocks vom Strand entfernt, hat aber eine schöne, sonnige Gartenterrasse. Das großzügig gestaltete Restaurant im Erdgeschoss bietet ausgezeichnete Leckereien (Hauptgerichte kosten mittags 6 bis 8 Ls und abends 9 bis 17 Ls).

Hotel Jūrmala Spa HOTEL €€€
(☎6778 4415; www.hoteljurmala.com; Jomas iela 47/49; Zi. 60–235 Ls; @ 📶 🏊) Die Zimmer dieses gigantischen schwarzen Kolosses sind eher klein, erstrahlen jedoch in frisch renoviertem Glanz. Frühstück ist inbegriffen. Die Zimmer im 8. und 9. Stock bieten phantastische Ausblicke – sowohl landeinwärts auf den Fluss als auch übers Meer. Im obersten Stock gibt's eine coole Cocktail-Lounge.

Kempings Nemo CAMPING €
(☎6773 2350; www.nemo.lv; Atbalss iela 1; Stellplätze ab 2 Ls; Hütten 7,50–32 Ls; P 🏊) Gelb-blaue Fahnen begrüßen die Gäste auf diesem beliebten Campingplatz am Strand von Vaivari direkt neben dem Wasserpark Nemo. Man kann zelten oder kleine Hütten mieten. Super ist das hausgemachte lettische Frühstück (3,90 Ls). Parken kostet 2 Ls.

Jūrmala

Highlights
1 Kunststudio Inner Light C2
2 Stadtmuseum Jūrmala A1

Aktivitäten, Kurse & Touren
3 Wasserpark Nemo C2

Schlafen
4 Baltic Beach Hotel C2
5 Baltā Pūce D2
6 Elina D2
7 Hotel Jūrmala Spa D2
8 Hotel MaMa C2
9 Sunset Hotel D2
10 Villa Joma D2
Kempings Nemo .... (siehe 3)

Essen
11 36. Line C1
12 Orizzonte B2
Il Sole .... (siehe 4)
MaMa .... (siehe 8)
13 Sue's Asia D2

Ausgehen
Seaside Bar .... (siehe 7)

Unterhaltung
14 Dzintari-Konzerthalle D1
15 Kino und Kulturhaus Majori C1

Baltā Pūce HOTEL €€
(☎6751 2722; www.baltapuce.lv; Pilsoņu iela 7/9; Zi. 20–100 Ls; 📶) Dieses charmante Gästehaus heißt übersetzt „Schneeeule". In einem 100 Jahre alten Gebäude bietet es originelle Zimmer und eine Lobby voller Spielzeugeulen. Die Zimmer im benachbarten Sunset Hotel sind vielleicht etwas schöner, dafür ist die Atmosphäre im Baltā Pūce viel ungezwungener.

Sunset Hotel HOTEL €€
(☎6775 5311; www.sunsethotel.lv; Pilsoņu iela 7/9; Zi. 25–125 Ls; @📶) Renovierte Zimmer in einem sommerlichen, pistazienfarbenen Strandhaus. Es bietet antike Hartholzböden und Hightech-Duschen mit Dutzenden Knöpfen und Schaltern.

Elina PENSION €€
(☎6776 1665; www.elinahotel.lv; Lienes iela 43; Zi. 25–125 Ls) Familienbetrieb in einem etwas maroden Holzhaus. Es bietet freundliche Unterkünfte ohne großen Schnickschnack. Außerdem gibt's im Erdgeschoss einen kleinen Laden und ein supergünstiges Restaurant (3 Ls).

Essen & Ausgehen

Im Sommer verkaufen Bierzelte, Terrassencafés und Trendrestaurants entlang der Jomas iela allerhand Leckereien. Wer Vertrautes sucht, der findet in Jūrmala fast die gleiche Auswahl an Kettenrestaurants wie in Rīga. Die meisten haben ganzjährig geöffnet. Sie verwöhnen im Sommer die Strandurlauber und im Winter die Kurgäste. Auch die meisten Hotels haben ein Restaurant.

LP TIPP **36. Line** GOURMETKÜCHE €€€
(☎2201 0696; www.lauris-restaurant.lv; Līnija 36; Hauptgerichte 4,50–21 Ls; ⏰mittags & abends) Das 36. Line wurde von dem populären lettischen Koch Lauris Alekseyev erdacht und nimmt ein Privatgrundstück ein, auf dem die Gäste einen ganzen Tag verbringen können – wobei das Essen natürlich im Mittelpunkt steht. Am späten Nachmittag könnte man am Strand ausspannen und dann in legerer Kleidung traditionelle lettische Küche mit modernem Einschlag genießen. Abends legen regelmäßig DJs auf.

Orizzonte GOURMETKÜCHE €€
((☎6776 0059/2252 2292; www.orizzonte.lv; Baznīcas iela 2B; Hauptgerichte 5–19 Ls) Das Orizzonte liegt direkt am Sandstrand im Dubulti-Bezirk und ist ein phantastischer Ort, um den Sonnenuntergang über dem Golf von Rīga zu beobachten. Nach Einbruch der Dunkelheit steht das Ambiente ganz im Zeichen von weißen Tischtüchern, Kerzenlicht und dezenten Gitarrenklängen.

MaMa GOURMETKÜCHE €€
(Tirgoņu iela 22; Hauptgerichte 5,50–16,50 Ls; ⏰mittags & abends) Hier gibt's italienisch-lettische Fusionsküche, weiß gedeckte Tische und unterschiedliche thronartige Stühle. Auffällig sind mehrere extrakleine Sitzplätze, die für Vierbeiner bestimmt sind (der Koch hat sogar ein Gourmetmenü für sie kreiert). Ein echtes Highlight ist auch das farbenfrohe Bad mit einer witzigen Überraschung an der Decke.

Sue's Asia INDISCH €€
(Jomas iela 74; Hauptgerichte 6–15 Ls; ⏰mittags & abends) Obwohl es merkwürdig ist, wenn asiatische Gerichte von wasserstoffblonden, baltischen Kellnerinnen serviert werden, ist

dieses Restaurant bei den Einheimischen sehr beliebt wegen seiner fast authentischen Küche. Würziges Curry und zartes Hühnchen werden inmitten betender Gottheiten serviert.

Il Sole ITALIENISCH €€€
(Jūras iela 23/25; Hauptgerichte 8–25 Ls; ⌚11–23 Uhr) Dieses romantische Restaurant im Baltic Beach Hotel hat die tollsten Sitzplätze direkt am Meer. Auf der umfangreichen Speisekarte stehen sehr gute italienische Gerichte und dazu passende Importweine. Der Anblick des Sonnenuntergangs lenkt von dem ziemlich kitschigen, florentinischen Dekor ab.

Seaside Bar BAR
(Jomas iela 47/49; ⌚15–3 Uhr) Dieser angesagte Tanztreff liegt hoch über den Bäumen im 11. Stock des Hotel Jūrmala Spa. Die Cocktails schlürfen die Gäste entweder in futuristischen Schalensitzen oder direkt unter der glitzernden Diskokugel.

☆ Unterhaltung

Kino & Kulturhaus Majori LIVEMUSIK, KINO
(Majori Kultūras nams; ☎6776 2403; Jomas iela 35) Filmvorführungen, Konzerte und wechselnde Kunstausstellungen.

Dzintari-Konzerthalle LIVEMUSIK
(Dzintari Koncertzāle; ☎6776 2092; Turaidas iela 1) Von Juni bis August Sommerkonzerte am Nordende der Turaidas iela.

ℹ Praktische Informationen

Die Touristeninformation bietet kostenlosen Internetzugang und das Stadtmuseum Jūrmala kostenlose WLAN-Verbindungen. Öffentliche Toiletten finden sich im Konzertgarten hinter dem Informationszentrum.

Bulduri-Krankenhaus (Vienības prospekts 19/21)

Latvijas Krājbanka (Jomas iela 37; ⌚9–17 Uhr) Der Geldautomat ist rund um die Uhr in Betrieb.

Postamt Majori (Strēlnieku prospekts 16; ⌚Mo–Fr 7.30–19, Sa 8–16 Uhr) In Dubulti, 2 km westlich von Majori.

Touristeninformation (☎6714 7900; www.tourism.jurmala.lv; Lienes iela 5; ⌚Mo–Fr 9–19, Sa 10–17, So 10–15 Uhr) Gegenüber dem Bahnhof Majori. Hier gibt's allerlei Broschüren über Wanderpfade, Radwege und Sehenswürdigkeiten. Die Angestellten helfen bei der Zimmerreservierung und verleihen Fahrräder. Die riesige Karte draußen verschafft einen Überblick, wenn geschlossen ist.

ℹ Anreise & Unterwegs vor Ort

AUTO Wer die 15 km durch Jūrmala mit dem Auto fährt, muss pro Tag 1 Ls Maut bezahlen; selbst wenn man nur auf der Durchreise ist. Die automatischen Mautstationen stehen an beiden Ortseingängen. Autofahrer, die ohne Zahlbeleg erwischt werden, müssen mit 50 Ls Strafe rechnen. Das Parken ist überall in Jūrmala kostenlos.

BOOT (☎2923 7123; Lielais Kristaps; Erw./Kind 5/3 Ls; ⌚11, 14.30, 16, 17.30 & 19 Uhr) Ein Boot legt in Rīga am Platz der lettischen Schützen ab und erreicht nach einstündiger Fahrt sein Ziel nahe dem Bahnhof von Majori.

FAHRRAD Kempings Nemo stellt Leihräder zur Verfügung, man kann sich aber auch an **Baltic Bike** (www.balticbike.lv) in der Touristeninformation wenden.

MINIBUSSE werden zwischen Rīga und Jūrmala ebenfalls häufig eingesetzt. Die Busse nach Sloka, Jaunķemeri oder Dubulti (1 Ls, ½ Std.) fahren über Majori, wo der Fahrer auf Wunsch anhält. Die Verlängerung dieser Strecke kostet 1,40 Ls. Die Kleinbusse fahren von 6 bis 0 Uhr alle 5 bis 15 Minuten gegenüber Rīgas Hauptbahnhof ab. Zurück geht's mit einem Bus vom Bahnhof von Majori. Diese regelmäßigen Verbindungen sind auch ideal, um an Jūrmalas langer Sandküste von Ort zu Ort zu gelangen. Zwischen 9 und 0 Uhr gibt es außerdem Verbindungen zum Flughafen Rīga (2 Ls).

ZUG Stündlich fahren zwei bis drei Züge von Jūrmala ins Zentrum von Rīga. Mit der S-Bahn Richtung Sloka, Tukums oder Dubulti gelangt man zum Bahnhof von Majori (0,95 Ls, 30–35 Min.). Der erste Zug fährt morgens gegen 5.50 Uhr in Rīga los, die letzte Verbindung ab Majori ist um 22.44 Uhr. Abfahrt nach Jūrmala ist gewöhnlich an Gleis 3 und 4. Unterwegs werden sechs oder sieben Haltestellen in anderen Stadtvierteln angefahren. Die Website www.1188.lv liefert topaktuelle Informationen.

Nationalpark Ķemeri

Hinter Jūrmalas schickem Promiviertel und den Strandbars erstreckt sich der **Nationalpark Ķemeri** (⌚Juni–Aug.). Heute gibt es hier verschlafene Fischerdörfer, umgeben von Mooren, Seen und Wäldern. Ende des 19. Jhs. jedoch war Ķemeri bekannt für seinen Heilschlamm und sein Quellwasser und lockte Besucher von weither, sogar aus Moskau. Der Park ist ganzjährig zugänglich, die touristischen Einrichtungen sind allerdings nur von Juni bis August geöffnet.

Die **Parkinformation** (☎6714 6819; www.kemeri.lv; auf Lettisch; ⌚Juni–Aug. 10–18 Uhr) ist in einem alten, scheunenartigen Hotel und Restaurant namens „Lustiger Moskito" untergebracht. Die meisten Infos sind auf

IM KONZENTRATIONSLAGER BEI SALASPILS STÖHNT DIE ERDE

Zwischen 1941 und 1944 ermordeten die Nationalsozialisten rund 45 000 Juden aus Rīga und etwa 55 000 weitere Menschen, darunter Juden aus anderen besetzten Gebieten und Kriegsgefangene, im Konzentrationslager Kurtenhof bei Salaspils, 20 km südöstlich von Rīga. Heute stehen auf der 40 ha großen Anlage riesige, schmale Skulpturen als Mahnmal. Auf dem großen Betonbunker, der das Mittelstück der Anlage bildet, steht die Inschrift „Hinter diesem Tor stöhnt die Erde" – eine Zeile aus einem Gedicht des lettischen Schriftstellers Eizens Veveris, der Gefangener in diesem Lager war. Im Bunker befindet sich eine Ausstellung über die Zustände im Lager. Daneben liegt ein 6 m langer polierter Steinblock mit einem eingebauten Metronom, das wie ein unheimlicher Herzschlag ununterbrochen tickt.

Um von Rīga hierher zu kommen, nimmt man den Vorortzug der Linie Ogre–Krustpils bis zum Bahnhof Dārziņi (nicht Salaspils). An den Baracken beginnt ein fünfzehnminütiger Fußweg vom Bahnhof zum *piemineklis* (Mahnmal). Mit dem Auto nimmt man von Riga aus die A6 und dann die (leicht zu verpassende!) Abfahrt 300 m vor der Kreuzung mit der A5.

Lettisch. Man kann Fahrräder leihen (2 Std. 4 Ls) und sich zu Vorträgen oder Veranstaltungen (z. B. zur Vogel- oder Fledermausbeobachtung) anmelden. Außerdem beginnt und endet hier ein malerischer, 600 m langer **Rundweg** durch ein flaches Waldstück.

Im Kurort Ķemeri, der für seine Schwefelquellen bekannt ist, hängt der penetrante Gestank fauliger Eier in der Luft. Das erste Schlammbad eröffnete hier Ende des 19. Jhs. Bis zum Zweiten Weltkrieg war der Kurort weithin als Heiloase bekannt. Sein Wasser scheint tatsächlich sehr gesund zu sein. Am besten füllt man seine Flasche an der **Eidechse**, einer Steinskulptur aus der die Quelle sprudelt. Weiter führt der Pfad vorbei an phantastischen Aussichtspunkten und kleinen, schmiedeeisernen Brücken mit romantischen Namen wie Seufzerbrücke und Brücke der Launen. Hier sieht alles noch genauso aus wie während des großen Booms in den 1930er-Jahren.

Das als „Weißes Schiff" bekannte **Hotel Ķemeri** ist kaum zu übersehen. Es wurde während der kurzen Unabhängigkeitsperiode in den 1930er-Jahren erbaut und ist eines der eindrucksvollsten Bauwerke außerhalb der Hauptstadt. Derzeit kann es nur von außen bewundert werden, da das Geld für notwendige Renovierungsarbeiten fehlt. Ein Spaziergang durch den Park führt auch an der **orthodoxen Kirche St. Peter und Paul** vorbei. Sie wurde 1893 erbaut und ist die älteste Kirche von Ķemeri. Bei näherem Hinsehen fällt auf, dass in dem ganzen Holzbau nicht ein einziger Nagel verwendet wurde.

In den abgeschiedeneren Dörfern entlang der Küstenstraße nach Norden zum Kap Kolka hat das Räuchern und Konservieren von Fisch bis heute Tradition. Besonders intensiv ist der Fischgeruch in **Lapmežciems**, oberhalb des Kaņieris-Sees, 3 km westlich von Jūrmala. An der östlichen Ortseinfahrt steht hier eine Fabrik, die Sprotten verarbeitet. Auf dem örtlichen Markt werden – ebenso wie im 2 km nördlich gelegenen **Ragaciems** – frisch geräucherter Aal, Sprotten, Lachs und Thunfisch angeboten.

ℹ Anreise & Unterwegs vor Ort

Der Nationalpark Ķemeri ist von Rīga aus problemlos zu erreichen, da er sich direkt hinter Jūrmala entlang der S-Bahnlinie Richtung Westen erstreckt. 15-mal täglich verkehren Züge zwischen Rīga und Jūrmalas Majori-Bahnhof. Der Park ist auch mit der Buslinie 11 ab Majori erreichbar oder direkt ab Rīga.

DER WESTEN (KURZEME)

Viele glauben, mit der lettischen Hauptstadt das unangefochtene Highlight des Landes erkundet zu haben, aber die meisten vergessen Westlettland, das mit seinen ganz eigenen Reizen beeindrucken kann. Während Rīga durch kunstvolle Architektur und Großstadtflair besticht, bietet Kurzeme (Kurland) Natur pur so weit das Auge reicht. Die Sandstrände der menschenleeren Küste locken zu Abenteuern abseits ausgetretener Touristenpfade. Und hier und da wird das weite Nichts von angenehmen Küstenstädten wie Kolka, Ventspils, Pāvilosta und Liepāja unterbrochen.

Der Westen (Kurzeme)

Die Region Kurzeme war jedoch nicht immer so friedvoll. Früher saßen hier die rebellischen Kuren, die sich mit den Wikingern zu Raubzügen zusammenschlossen. Nach ihnen ist der Landstrich bis heute benannt. Im 13. Jh. fielen deutsche Kreuzfahrer ein und unterwarfen sowohl die Kuren als auch alle anderen lettischen Stämme. Als der Livländische Orden 1561 unter den Angriffen von Iwan dem Schrecklichen zusammenbrach, sicherte sich der letzte Großmeister, Gotthard Kettler, Kurland und das benachbarte Zemgale als persönliches Lehen.

Herzog Jakob, der von 1640 bis 1682 herrschte, machte die Region weithin bekannt. Er baute eine Kriegs- und Handelsflotte auf und erwarb zwei weit entlegene (und komplett zufällig gewählte) Kolonien: die Insel Tobago in der Karibik und eine Insel an der Mündung des Gambia-Flusses in Westafrika. Er soll sogar Pläne gehabt haben, Australien zu kolonisieren! Sein Sohn führte diesen Größenwahn fort und wollte Jelgava (Mitau) in ein „Paris des Nordens" verwandeln (was natürlich nicht ganz aufging …).

Tukums

19 800 EW.

Tukums – das Tor nach Kurzeme – liegt westlich von Rīga und birgt die meistbesuchte Touristenattraktion Westlettlands: **Cinevilla** (Kinopilsēta Cinevilla; ☎6774 4647; www.cinevilla.lv, Eintritt 3 Ls; ⏰10–19 Uhr). Nachdem er im ganzen Land erfolglos nach einem Drehort für seinen 1919 spielenden Film *Rīgas sargi* gesucht hatte, beschloss Regisseur Aigars Grauba 2004, eine komplette Stadt nach seinen Vorstellungen zu errichten. Nachdem der Film abgedreht war, machten gewiefte Unternehmer das Filmset zu einem kleinen Themenpark, bestehend aus „City" und „Kleinstadt". 2008 drehte der angesehene lettische Regisseur Jānis Streičs in einem dritten Bereich des Geländes – einem nachgebauten Kurzeme-Bauernhof – seine Komödie *Rudolfs Gold*.

Touristen können hier an Führungen teilnehmen (3 Ls), mit Requisiten spielen, Kostüme anprobieren und sogar einen eigenen Film drehen. Es gibt ein Restaurant, den von LIDO geführten **Backlot Pub** (Hauptgerichte 2–5 Ls; ⏰Di–So 10–18 Uhr).

Anreise & Unterwegs vor Ort

Tukums ist Endstation der S-Bahnlinie durch Jūrmala. 13 Züge fahren täglich aus Rīga hierher (1,30–1,75 Ls, 1¼ Std.). Es gibt zwei Haltestellen, Tukums-1 und Tukums-2, von denen die erste näher am Zentrum und der Touristeninformation liegt. An der Haltestelle gegenüber Tukums-1 fahren Busse nach Rīga (2,10 Ls, 1¼ Std., 7-mal tgl.), Kuldīga (2,50 Ls, 1½–2 Std., 4-mal tgl.) und Talsi (1,70–1,90 Ls, 1¼ Std., 4-mal tgl.) ab.

Talsi

34 500 EW.

Der mittelalterliche Kriegsschauplatz 115 km von Rīga ist heute ein überaus friedliches Fleckchen. Talsi dient als Wirtschaftszentrum der nördlichen Kurzeme-Region und als Pforte zum Kap Kolka. Seine Einwohner sind stolz auf die neun kleinen Hügel, die hübschen Pflasterstraßen und nahen Seen. Touristisch ist das Städtchen jedoch wenig interessant.

Talsi ist ein Verkehrsknoten für die Busse zwischen Lettlands Westküste und dem Kap Kolka. Wer hier einen Zwischenstopp einlegen möchte, bekommt von der **Touristeninformation** (☎6322 4165; www.talsi.lv; Lielā iela 19/21; ⏰Mo–Fr 10–17 Uhr) im **Kulturhaus Talsi** wertvolle Tipps, z. B. für einen Ausflug zum 30 km westlich gelegenen **Usma-See** mit seinen sieben kleinen Inseln. Dort bietet **Usma Spa Hotel & Camping** (☎6367 3710; www.usma.lv; Priežkalni; DZ ab 38 Ls; ⏰Mai–Okt.) die ideale Bleibe für Ruhesuchende. Sie können dort angeln, segeln, rudern, schwimmen und sich mit einem umfassenden Wellnessangebot verwöhnen lassen. Zu finden ist das Hotel 1 km südlich der A10 an der Straße ins Dorf Usma.

Anreise & Unterwegs vor Ort

Am **Busbahnhof** (☎6322 2105; Dundagasiela 15) gibt es Verbindungen von/nach Rīga (3–3,60 Ls, 1¾–2½ Std., stündl.), Kolka (2,10–2,50 Ls, 1¼–2 Std., 3-mal tgl.), Ventspils (2,30 Ls, 1½–2 Std., 6-mal tgl.) und Liepāja (4,10–4,30 Ls, 3¼–4 Std., 3-mal tgl.).

Kap Kolka (Kolkasrags)

Das einsame, hinreißend schöne Kap Kolka (Kolkasrags) vermittelt das Gefühl, am Ende der Welt zu sein. Zu Sowjetzeiten war die gesamte Halbinsel militärisches Sperrgebiet, wodurch jegliche Erschließung unterblieb. Heute wirkt der dünn besiedelte Küstenstreifen, als wäre die Zeit dort stehen geblieben.

Der **Nationalpark Slītere** (☎6329 1066; www.slitere.gov.lv) umfasst die letzten 25 km des Kaps. Er erstreckt sich bis zu der Stelle, wo Dižjūra (Ostsee) und Mazjūra (Rīgaischer Meerbusen) mit Getöse aufeinandertreffen. Die Parkverwaltung sitzt in der benachbarten Stadt **Dundaga** (angeblich der Geburtsort des Mannes, auf dessen Geschichte der Film *Crocodile Dundee* basiert). Informationen über den Park gibt's aber auch im Leuchtturm Slītere. Dieses hoch aufragende Bauwerk ist das Tor zu einer rauen, teils tundraähnlichen Parklandschaft, in der Rehe, Elche, Bussarde und Biber leben. Während des Vogelzugs Mitte April kommen Schwärme von rund 60 000 Vögeln auf die Halbinsel. Im Sommer verdoppelt sich die (geringe) Einwohnerzahl, wenn wohlhabende Urlauber aus Rīga in ihre Feriendomizile flüchten.

GOLFKÜSTENSTRASSE

Wer es eilig hat, zur Spitze des Kaps zu gelangen, ist mit der Inlandsstraße durch Talsi und Dundaga sicher besser beraten. Schöner ist jedoch die langsamere Küstenstraße durch Dutzende gemütliche Fischerdörfer entlang der Rīgaer Bucht.

Unterwegs lohnt sich ein Stopp im **Naturpark Engure-See** (www.eedp.lv) auf der Landenge zwischen Engure-See und dem Meer. Mit etwas Glück können Naturfreunde hier bis zu 180 Vogelarten, Wildpferde oder die seltenen blauen Kühe (s. Kasten S. 240) beobachten.

Das 36 km weiter nördlich gelegene **Roja** ist ein wahres Anglerparadies und die letzte Stadt („Stadt" ist eigentlich schon zu viel gesagt) vor dem einsamen Wegstück nach Kolka. Wer in Roja übernachten möchte, kann dies im **Roja Hotel** (☎6323 2227; Jūras iela 6; EZ/DZ 20/25 Ls) tun. Diese komfortable, aber unspektakuläre Unterkunft im Motelstil liegt direkt hinter dem Hafen.

KOLKA

Der Ort Kolka ist wenig aufregend. Doch die windgepeitschte Mondlandschaft der Kapspitze (nur 1 km entfernt) bleibt einem tagelang im Gedächtnis. Hier prallen die Wassermassen des Rīgaischen Meerbusens und der Ostsee aufeinander und demonstrieren ihre unbändige Gewalt. Im Winter 2005 tobte hier ein biblischer Sturm, der Dutzende Bäume entwurzelte und wie Streichhölzer an den Strand fegte. Ihre Wurzeln ragen noch heute aus dem Sand.

Am Zugang zum Strand steht neben der kleinen **Touristeninformation** (☎2914 9105; Öffnungszeiten variieren) ein mahnender **Gedenkstein** mit menschlich anmutender Silhouette. Er erinnert an die Opfer der unberechenbaren Naturgewalt Wasser und wurde 2002 errichtet, nachdem drei Schweden im seichten, aber turbulenten Wasser des Kaps ertrunken waren. Die Inschrift auf der einen Seite lautet „Für Menschen, Schiffe und Livlands Erde" und auf der anderen „Für alle, die uns das Meer genommen hat". Einheimische behaupten, nirgendwo in der Ostsee lägen so viele Schiffswracks am Meeresgrund wie hier. Die Schönheit des Kap Kolka genießt man am besten vom sicheren Ufer aus.

Vor Jahrhunderten wurden Seeleute mit Hilfe großer Leuchtfeuer um die Sandbank herum gelotst. Heute erledigt der solarbetriebene **Leuchtturm Kolka** diese Aufgabe. Der dunkelrote Turm wurde 1884 gebaut und steht auf einer kleinen künstlichen Insel 6 km vor der Küste.

Übernachten kann man im Gästehaus **Ūši** (☎2947 5692; www.kolka.info; EZ/DZ mit Frühstück 16/22 Ls, Zelten 2,50 Ls pro Pers.) mit einfachen, aber sauberen Zimmern und der Möglichkeit, im Garten ein Zelt aufzuschlagen. Der Backsteinbau steht gegenüber der orthodoxen Zwiebelturmkirche nahe der Bushaltestelle Ūši. Es gibt auch einen Fahrradverleih (7,50 Ls pro Tag). Ein kleiner Tipp: Unbedingt authentischen geräucherten Fisch bei einem der hiesigen Fischer kaufen!

OSTSEEKÜSTENSTRASSE

Der Weg von Kolka nach Ventspils war früher ein geheimer Landeplatz für sowjetische Flugzeuge. Heute ist dies die breiteste Straße in ganz Lettland, gesäumt von Minidörfern, die sich wie Perlen an der Kette reihen. Hier ist von der Hektik der übrigen Welt nichts zu spüren und über Jahrzehnte hinweg hat sich kaum etwas verändert. Die rostigen Sowjetüberbleibsel, die hier und dort zu finden sind, haben eher etwas von abstrakten Kunstwerken als von Mahnmalen zur Erinnerung an schlechte Zeiten. Die nach Westen liegenden Sandstrände bieten unvergessliche Sonnenuntergänge über weitem Sand und wogender See.

In **Vaide** – das 10 km südwestlich von Kolka liegt und neben einfachen Holzhäusern kaum etwas zu bieten hat – hängen Elchgeweihe an einem Straßenschild. Wer sich dafür interessiert, der sollte das **Hörner- & Geweihmuseum** (Ragu kolekcija; ☎6324 4217; Eintritt 0, 50 Ls; ⏲Mai–Okt. 9–20 Uhr) besuchen, das noch 518 weitere Exemplare zeigt. Die in einem Dachraum kreativ angeordnete Sammlung ist das Lebenswerk eines Wildhüters aus der Gegend. Kein einziges Exponat ist eine Jagdtrophäe. Im Sommer kann man auf dem Feld hinter dem Museum **zelten** (Stellplatz 1 Ls pro Pers.). Toiletten und Picknicktische sind vorhanden, die Temperaturen am Abend fallen allerdings selbst im Hochsommer beträchtlich.

6 km weiter säumen Holzhäuser aus dem 18. Jh. die Sträßchen des einladenden Dorfes **Košrags**. Zum Übernachten bietet sich das idyllische Gästehaus **Pitagi** (☎2937 2728; www.pitagi.lv; Stellplätze 1,50 Ls pro Pers., DZ/3BZ 25/30 Ls) an. Die Zimmer sind hübsch eingerichtet, es gibt eine Sauna und ein herzhaftes Frühstück. Mit einem Mietfahrrad (5 Ls pro Tag) kann man bequem zur Kapspitze radeln.

Der Traumstrand des 4 km weiter gelegenen Nachbarorts **Mazirbe** hat einen breiten Dünenstreifen. Hier steht das **Haus des livländischen Volks** (Lībiešu tautas nams; Livlist rovkuoda auf Livländisch), das Treffen zwischen Liven organisiert und mit Ausstellungen ihre Kultur vermittelt. Das **Rundāli Museum** (Muzejs Rundāli; ☎6324

DIE LETZTEN LIVEN

In Kurzeme leben einige der letzten Liven, Angehörige eines finno-ugrischen Fischervolks, das vor 5000 Jahren ins nördliche Lettland eingewandert ist. Obwohl viele heutige Letten von ihnen abstammen, leben landesweit nur noch etwa 200 Liven, verteilt auf 14 Fischerdörfer an der Ostseeküste südlich von Kap Kolka. Auch die wenigen Liven, die in Ungarn, Finnland und Estland zu Hause sind, betrachten dieses Gebiet als ihre Heimat und kommen jedes Jahr im August zum **Livischen Fest** nach Mazirbe, 18 km südwestlich von Kolka.

Die livische Sprache wird zwar noch an örtlichen Grundschulen und der Tartu-Universität in Estland unterrichtet, doch es gibt weltweit nicht einmal mehr 20 Muttersprachler. Kolkas kleines **Livisches Zentrum** (☎2327 7267; ⏲Mo–Fr 9–18 Uhr) an der Hauptstraße, gleich hinter der Bibliothek informiert über das aussterbende Völkchen. Andere Städte in Kurzeme haben ähnliche Zentren.

8371; ⏲nach Vereinbarung) zeigt ebenfalls Kultur- und Haushaltsgegenstände der Liven sowie eine kleine Trachtensammlung. Zu finden ist es in einem scheunenartigen Bau am Ortseingang rechts.

Etwa 5 km südlich von Mazirbe steht ein Schild, das den rund 1,4 km langen Weg zum **Leuchtturm Slītere** (Slīteres bāka; ☎6329 1066; www.slitere.gov.lv; ⏲Juni–Aug. Di–So 10–18 Uhr) weist. 1849 erbaut, fungiert der Turm heute als Infostand und Ausguck über den Park. Falls er geschlossen ist, bleibt eine Wanderung auf dem nahen Naturlehrpfad.

ℹ Anreise & Unterwegs vor Ort

Das Kap Kolka ist am besten mit dem Auto erreichbar, es fahren aber auch Busse. Um in den Ort Kolka zu gelangen, nehmen die Busse entweder die Küstenstraße über Roja oder die Inlandstrecke über Talsi und Dundaga. Zwischen Rīga und Kolka fahren täglich zwischen 4.30 und 17.15 Uhr fünf Busse (3,85–4,85 Ls, 3½–4¾ Std.). Der jeweils erste und letzte des Tages fährt weiter bis Vaide und Mazirbe (0,45 Ls extra). Zu beachten ist, dass Kolka zwei Haltestellen hat: Delfini und Ūši (in dieser Reihenfolge). Die ersten drei Busse vom Kap nach Rīga starten alle vor 7 Uhr. Wer von Kuldīga, Ventspils oder Liepāja kommt, muss in Talsi umsteigen – genauso in der Gegenrichtung.

Abava-Tal

Das halbmondförmige Abava-Tal entstand beim Abschmelzen der Gletscher am Ende der letzten Eiszeit. Knorrige Eichen und idyllische Dörfchen säumen das Flussufer und locken die Großstädter zur Erholung in stiller Natur. Diese Gegend ist am besten mit dem eigenen Fahrzeug zu erkunden.

Kandava

Kandava, 30 km westlich von Tukums, ist ein schönes Beispiel einer typischen lettischen Landstadt. Hier gibt's charmante Stein- und Holzhäuser, eine hoch aufragende Kirchturmspitze und Überreste eines versunkenen Reiches in Gestalt einer **Burgruine des Livländischen Ordens**. Vom Schlossberg aus blickt man auf eine schöne **Steinbrücke** (1875) über die Abava. Sie ist eine der ältesten Brücken in Lettland.

Kandavas **Touristeninformation** (☎6318 1150; www.kandava.lv, auf Lettisch; Kūrortu iela 1b; ⏲Mo–Fr 9–18, Sa 10–17 Uhr) befindet sich an der Straße zwischen Rīga und Kuldīga. Das freundliche Personal vermittelt Mietfahrräder, die man aber auch bei **Plosti** (☎2613 0303; www.plosti.lv; Rēdnieki), flussabwärts Richtung Sabile gelegen, bekommt. Dort werden zudem Kanus vermietet und Ausritte, geführte Paddelausflüge auf der Abava sowie Unterkünfte angeboten. Außerdem ist es eine Superadresse für ein Mittagessen am Fluss.

Die Topattraktion der Stadt ist das **Herrenhaus Ruhmen** (☎6777 0966; www.rumene.lv; Rumene; Suite 450 €; @📶), eines der elegantesten Herrenhäuser Lettlands, vielleicht sogar Europas. Es wurde im 18. Jh. errichtet und dem Verfall preisgegeben, doch dann ließen die Besitzer des Hotel Bergs in Rīga das Anwesen liebevoll restaurieren. Heute erstrahlt es wieder in seinem früheren Glanz. Ein paar Designelemente (z. B. die Glasdecke in der Küche) gehen auf das Konto eines bekannten Architekten aus der Gegend und die Inneneinrichtung ist schlichtweg atemberaubend (z. B. die gemusterten Ohrensessel und die Schachtische aus Elfenbein). Für alle, die mit dem Gedanken spielen, in Lettland zu heiraten: Dies wäre die ideale Location!

BLAUE RINDVIECHER

Es hört sich an wie ein Ammenmärchen: blaue Kühe, die von Meerjungfrauen an die Küste getragen werden. Aber diese Legende der Liven enthält doch ein Stück Wahrheit: In Lettland gibt es tatsächlich blaue Kühe. Genau genommen existieren etwa 100 Exemplare – die seltensten Kühe der Welt.

Diese kuriosen Wiederkäuer traten erstmals im frühen 20. Jh. in der Region Kurzeme in Erscheinung. Es ist nicht klar, woher sie kamen. Die Theorie von den Meerjungfrauen ist also nicht wirklich widerlegt. Die Tiere erwiesen sich als bemerkenswert resistent gegen Kälte, Regen und Wind – drei Dinge die es in Lettland im Überfluss gibt.

Unter den Sowjets schrumpfte ihre Population auf unter 50 Tiere. In den 1990er-Jahren erholte sie sich jedoch dank Kreuzungen mit anderen Rassen wieder.

In der Nähe des Dorfes Kukšas, 10 km südlich von Kandava, bietet das **Kukšu Muiža** (☎2920 5188; www.kuksumuiza.lv; EZ/DZ ab 60/80 Ls) Gaumenfreuden. Die riesige, pfirsichfarbene Villa steht am Ufer des Flusses Vēdzele und ihr Eigentümer hat es geschafft, aus dem einst heruntergekommenen Anwesen einen der besten Landgasthöfe Lettlands zu machen. Allerdings sind die Betten irgendwie unbequem. Vergoldete Erbstücke der Aristokratie und extravagante Kronleuchter schmücken die Zimmer und Salons. Der wahre Leckerbissen ist jedoch das hervorragende Abendessen, das der Besitzer auf Bestellung für seine Gäste zaubert. Er verwendet ausschließlich regionale Biozutaten und hat wirklich für jeden Geschmack etwas zu bieten.

Sabile

Das verschlafene Dörfchen Sabile, 14 km flussabwärts von Kandava, ist berühmt für seine Weinberge und steht anscheinend als nördlichste Freiland-Weinbauregion der Welt im *Guinnessbuch der Rekorde* (so sagen die Einheimischen). Der Weinberg **Vīnakalns** ist ein winziger Hügel, nur 200 m von der **Touristinformation** (☎6325 2344; www.sabile.lv, auf Lettisch; Pilskalna iela 6; ⌚Mo–Fr 10–17.30, Sa & So bis 15 Uhr) entfernt. Der Weinbau wurde hier bereits im 13. Jh. begonnen und im 17. Jh. von Herzog Jakob von Kurland wiederbelebt. Seine Reben waren nie sonderlich ergiebig, sodass die Winzerei bald wieder aufgegeben wurde. 1936 wurde der Anbau zwar wieder aufgenommen, aber dabei ging es mehr darum, widerstandsfähige Reben zu entwickeln als hochwertigen Wein zu produzieren. Die einzige Gelegenheit, den einheimischen Wein zu verkosten (verkauft wird er nicht) bietet Sabiles **Weinfest** am letzten Juliwochenende.

Auf der anderen Flussseite führt die Straße hinauf zum sehenswerten **Freilicht-Kunstmuseum Pedvāle** (Pedvāles brīvdabas mākslas muzejs; ☎6325 2249; www.pedvale.lv; Erw./Kind 2 Ls/frei, Gruppenführung 25 Ls; ⌚Mai–Mitte Okt. 10–18, Okt.–April bis 16 Uhr), etwa 1,5 km südlich der Touristeninformation. 1991 vom lettischen Bildhauer Ojars Feldbergs gegründet, zeigt es auf 100 ha Hügelland mehr als 100 eindrucksvolle Installationskunstwerke. Viele der Skulpturen erschuf Feldbergs selbst, häufig in Zusammenarbeit mit anderen Künstlern aus aller Welt. Sie werden jedes Jahr neu arrangiert und reflektieren stets ein bestimmtes Thema – etwa Meditationen über die Elemente und die Zeit. Herausragende Werke sind u. a. **Muna Muna**, ein riesenhaftes „Ei" aus Fernsehbildschirmen, **Chair**, ein überdimensionierter Stuhl aus blauen Ölfässern, und **Petriflora Pedvalensis**, ein Blumenstrauß mit spiralförmigen Steinen anstelle von Blütenblättern. Die praktische, orangefarbene Broschüre *Pedvāle Walk* zeigt auf einer Karte den Standort jeder Skulptur und liefert eine kurze Erläuterung sowie den Namen des Künstlers. Sabiles ehemalige **Synagoge** (Strauta iela 4) hat Feldbergs in eine zeitgenössische Kunstausstellung verwandelt, in der weitere Objekte zu bewundern sind.

Übernachtungsmöglichkeiten bietet das **Firkspedvāle Muiža** (☎6325 2248; Zi. 10 Ls pro Pers.), ein Gästehaus mit Flair und einfach eingerichteten Zimmern mit Holzfußböden sowie rustikalen Balken. Nebenan tischt das **Dāre** (☎6325 2273; Hauptgerichte ab 4 Ls) sehr gute Gerichte auf: von einfachen Salaten bis zu großen Portionen frischer Forellen. Im Sommer stehen Tische auf der Holzterrasse.

Ein einzigartiges Erlebnis ist es, im Freilichtmuseum zu **zelten** (Stellplätze 1 Ls pro Pers.; ⌚Mai–Mitte Okt.). Gäste können ihr Zelt an einer beliebigen Stelle auf dem Gelände aufschlagen und die nächtlichen Schatten zwischen den überlebensgroßen Skulpturen tanzen sehen. Einen genialeren Zeltplatz kann man sich kaum vorstellen.

Ein weiteres Highlight ist die schneeweiße **evangelische Kirche** aus dem 17. Jh. am Westende der Stadt. Sie birgt eine faszinierende Barockkanzel, die von vier Schlangen mit Greifenköpfen getragen wird. Der Pfad hinter der Kirche führt auf den Schlossberg, wo eine alte Festung und ein phantastischer Ausblick warten.

Kuldīga

27 000 EW.

Läge diese liebenswerte Stadt auch nur etwas näher bei Rīga, würde sie von Tagesausflüglern mit Sicherheit nur so überschwemmt werden. Glücklicherweise hält die Lage – im tiefsten Herzen der Kurzeme-Region – trägere Urlauber ab, sodass man ihre Schönheit noch genießen kann. In ihrer Blütezeit war Kuldīga die Hauptstadt des Herzogtums Kurland (1596–1616) und in der gesamten Region als „Stadt der fliegenden Lachse" bekannt. Dieser eigenartige Beiname ist der Lage am Ventas Rumba – Europas breitestem Wasserfall – zu verdanken. Zur Laichzeit zieht es die Lachse flussaufwärts und Hindernisse wie den Wasserfall überwinden sie durch eindrucksvolle Luftsprünge.

Kuldīga erstreckt sich an der Westseite des Wasserfalls rund um drei Stadtplätze. Die Fußgängerstraße Liepājas iela mit ihren Straßenlampen aus dem 19. Jh. verbindet den Rathausplatz (an dem sich die Touristeninformation befindet) mit Pilsētas laukums, dem „neuen Platz" mit Hotels, Bank und Supermarkt. Der eher unspektakuläre mittelalterliche Platz war der erste Ort in ganz Lettland, auf dem Kartoffeln verkauft wurden.

Im Großen Nordischen Krieg wurde Kuldīga so stark beschädigt, dass es seine frühere Bedeutung nie wieder erlangen konnte. Heute ist dieses Relikt aus der Vergangenheit eine beliebte Kulisse für lettische Historienfilme – bisher wurden schon 29 Filme hier gedreht.

Sehenswertes & Aktivitäten

ALTSTADT

Kuldīgas Altstadt ist um drei Plätze herum angelegt: den mittelalterlichen Platz, den Rathausplatz und den „neuen" Platz. Der Rathausplatz oder **Rātslaukums** ist der ansprechendste der drei und eignet sich gut als Ausgangspunkt für die Stadterkundung. Er verdankt seinen Namen dem im 17. Jh. erbauten **Rathaus** (Rātslaukums 5), in dem heute die Touristeninformation, zwei Souvenirläden und ein einladendes Café untergebracht sind. Das neue Rathaus, das 1860 im italienischen Renaissance-Stil entstand, liegt am Südende des Platzes und das **älteste Holzhaus** von Kurzeme (1670 errichtet, 1742 erneuert und 1982 restauriert) steht an der Nordseite des Platzes bei der Einmündung der Pasta iela.

Katharinenkirche KIRCHE

(Baznīcas iela) Die wichtigste Kirche der Stadt ist – auch wenn sie nicht besonders umwerfend aussieht – die evangelische **Katharinenkirche** in der Baznīcas iela, denn Katharina ist die Schutzheilige von Kuldīga und sogar auf dem Stadtwappen zu sehen. Die ursprüngliche Kirche wurde im 13. Jh. errichtet; der heutige Bau entstand im 17. Jh. unter Herzog Jakob. Unter sowjetischer Herrschaft wurde die Kirche als Kuh- und Pferdestall genutzt. Heute ist sie wieder ein Gebetshaus mit großer Orgel und frischen Blumen in jeder Bankreihe.

Burg des Livländischen Ordens BURGRUINE

Über den schmalen Bach Aleksupīte geht's zur **Ordensburg des Livländischen Ordens**, die zwischen 1242 und 1245 erbaut und im Zweiten Nordischen Krieg zerstört wurde. Aus dem Jahr 1735 stammt das **Haus des Burgwächters** (Pils iela 4), dessen Aufgabe das Bewachen der Ruinen war. Der Legende nach wurden hier Enthauptungen und andere grausame Hinrichtungen vollzogen und das Blut der Opfer soll den Fluss hinter dem Gebäude rot gefärbt haben. Heute ist die Ruinenstätte von einem hübschen **Skulpturenpark** umgeben. Auf dem Gelände befindet sich das leidlich interessante **Historische Museum Kuldīga** (Kuldīgas novada muzejs; Pils iela; Erw./Kind 0,50/0,30 Ls; ⌚10–17 Uhr). Es ist in einem Gebäude untergebracht, das 1900 bei der Weltausstellung in Paris für den russischen Pavillon errichtet wurde. Gezeigt werden eine internationale Spielkartensammlung, Exponate zur Wikingergeschichte und eine Kunstgalerie im Obergeschoss. Vor dem Gebäude stehen Kanonen des Herzogs Jakob. Vom alten Schlossplatz schweift der Blick über den **Ventas Rumba** (Wasserfall von Kuldīga), Europas breitesten Wasserfall, der sich über die komplette Flussbreite von

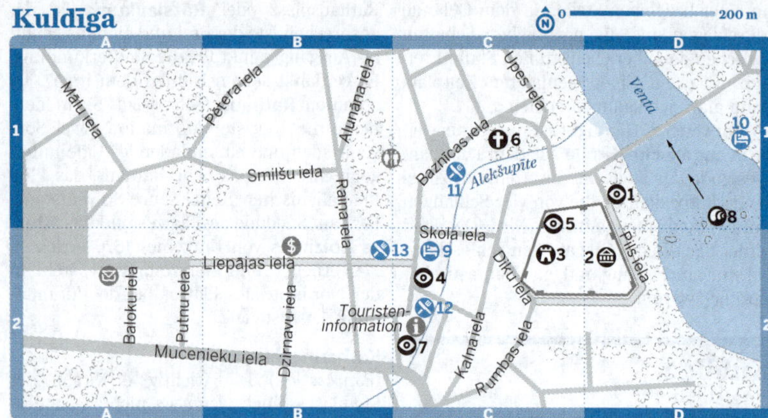

275 m erstreckt und sehr beliebt ist für ein kurzes (und eisiges) Bad.

Ventas Rumba (Wasserfall von Kuldīga) WASSERFALL

Der Ventas Rumba ist zwar der „breiteste Wasserfall Europas", aber vielleicht nicht ganz so beeindruckend, wie man denken würde – er ist nämlich nur 60 bis 90 cm hoch. Das heißt aber nicht, dass er nicht fotogen wäre: Im Sommer finden hier jede Menge Hochzeitszeremonien statt. Noch wichtiger ist jedoch seine zentrale Rolle in der bewegten Stadtgeschichte. Als Kuldīga noch Sitz des Herzogtums war, konnten die Einheimischen der Überlieferung nach den Lachsen dabei zusehen, wie sie über den Wasserfall sprangen, um weiter flussaufwärts zu laichen. Dass Lachs eine beliebte Speise war, muss wohl nicht extra erwähnt werden.

RUND UM DIE STADT

Sechs schöne **Fahrradstrecken** führen durch die dichten Wälder um die Stadt (einer davon zu den Höhlen). Die Touristeninformation organisiert Mieträder (6 Ls) und bietet zu jeder der Routen eine Broschüre.

Alter Schlossberg RUINE

Der große **alte Schlossberg** (pilskalns), 2,5 km nördlich der Stadt am Westufer der Venta, war die Festung von Lamekins, der bis zum Einfall der Kreuzritter im 13. Jh. einen Großteil von Kurzeme regierte. Der Legende zufolge war die inzwischen verfallene Burg so unglaublich schön (das Dach mit Kupferschmuck ausstaffiert), dass die Eroberer es nicht übers Herz brachten, sie zu zerstören.

Kuldīga

Sehenswertes

1 Haus des Burgwächters D1
2 Geschichtsmuseum Kuldīga D2
3 Burg des Livländischen Ordens C2
5 Skulpturenpark C1
6 Katharinenkirche C1
7 Rathaus C2
8 Ventas Rumba (Wasserfall von Kuldīga) D1

Schlafen

9 Hotel Metropole C2
10 Ventas Rumba D1

Essen

11 Dārziņš C1
12 Pagrabiņš C2
13 Stenders B2

Der Weg auf den Burghügel führt vom Zentrum aus über die Virkas iela Richtung Norden und dann an der Gabelung nach rechts.

Sandhöhlen von Riežupe HÖHLEN

(Smilšu alas; ☎6332 6236; Erw./Kind 2/1 Ls; ⌚Mai–Okt. 11–17 Uhr) Auf der unbefestigten Krasta iela gelangt man zu den Sandhöhlen von Riežupe, 5 km außerhalb der Stadt. Dort kann man bei Kerzenlicht ein 460 m langes Labyrinth von Gängen erkunden. Die Temperatur in den Gängen beträgt gerade mal 8 °C – man sollte also einen warmen Pullover mitnehmen. Die Höhle ist mit dem Auto erreichbar und die Angestellten der Touristeninformation erklären den Weg. Wie in den meisten ländlichen Gegenden Lettlands ist ein eigenes Fahrzeug unerlässlich, falls man keine Lust hat, fünf Stunden oder mehr auf einen Bus zu warten.

Schlafen

Hotel Metropole BOUTIQUEHOTEL €€
(☎6335 0588; Baznīcasiela 11; DZ mit Frühstück ab 44 Ls; @📶) Kuldīgas bestes Hotel rollt für seine Gäste (im wahrsten Sinne des Wortes) den roten Teppich aus: Er führt die Betonstufen hinauf zu den charmanten doppelstöckigen Schlafzimmern mit Blick auf die autofreie Liepājas iela und den Rathausplatz. Alte Schwarz-Weiß-Fotos der Stadt zieren die Wände aller Zimmer und des trendigen Cafés.

Ventas Rumba HOSTEL €
(☎2643 8250; www.ventasrumba.lv; Stendesiela; DZ ab 20 Ls; @) Ein herzlicher Empfang wird einem in diesem schlichten Hostel zwar nicht bereitet, aber dafür übernachtet man in funktionalen Zimmern nur einen Katzensprung vom Wasserfall entfernt.

Essen

Kuldīgas Hotels bieten auch eine gute Küche. Einige der Restaurants in der Stadt servieren *rupjmaizes kārojums/kārtojums*, was so viel heißt wie „Schwarzbrotmix". Das Rezept für dieses beliebte Dessert ist über 1000 Jahre alt und stammt von den Wikingern, die dazu Brotkrümel mit Sahne und Honig vermischten. Es schmeckt ein bisschen wie Schwarzwälder Kirschtorte.

LP TIPP **Dārziņš** BÄCKEREI €
(Baznīcas iela; Snacks 0,10–2 Ls; ⏲Mo–Fr 8–18, Sa bis 15 Uhr) Traditionsbäckerei wie vor 100 Jahren. Hier benutzt der Kassierer noch einen Bernsteinrechenschieber. Besonders lecker ist *sklandu rausis* (0,22 Ls), ein kurländischer Karottenkuchen nach einem Wikingerrezept aus Karotten, Kartoffeln, Roggenbrot und Süßrahm.

Pagrabiņš CAFÉ €
(Baznīcas iela 5; Hauptgerichte 4 Ls; ⏲9–23 Uhr) Dieser Laden befindet sich im Keller der Touristeninformation im ehemaligen Stadtgefängnis. Heute werden hier köstliche hausgemachte Schokolade und italienischer Kaffee serviert – in kleinen Nischen mit honigfarbenen Ziegelwänden und bei guter Witterung auch auf der kleinen Veranda über dem Fluss Alekšupīte.

Stenders LETTISCH €
(Liepājas iela 3; Hauptgerichte 3 Ls; ⏲mittags & abends) Nicht zu verwechseln mit Stenders Seifengeschäft gegenüber. Der beliebte Treff im 2. Stock eines Lagerhauses aus dem 18. Jh. serviert warme Kartoffelpfannkuchen und kaltes Užavas-Bier.

Praktische Informationen

Öffentliche Toiletten gibt's im „1905 Park".

Hansabanka (Liepājas iela 15) Wechselservice und ein Geldautomat draußen.

Postamt (Liepājas iela 34) Nahe dem Pilsētas laukums.

Touristeninformation (☎6332 2259; www.kuldiga.lv; Baznīcas iela 5; ⏲Mitte Mai–Mitte Sept. Mo–Sa 9–18, So 10–14, Mitte Sept.–Mitte Mai Mo–Fr 9–17 Uhr) Tonnenweise Infomaterial zur Stadt und zwei nette Souvenirläden auf beiden Seiten.

An- & Weiterreise

Am **Busbahnhof** (☎6332 2061; Stacijas iela 2) gibt es Verbindungen von/nach Rīga (4,10–4,70 Ls, 2½–3½ Std., 12-mal tgl.), Liepāja (2,50–3,10 Ls, 1¾ Std., 7-mal tgl.), Ventspils (1,75–1,90 Ls, 1¼ Std., 7-mal tgl.) und Talsi (2,10–2,40 Ls, 1½–2¼ Std., 4-mal tgl.).

Ventspils

42 500 EW.

Beachtliche Einkünfte aus Ölhandel und Schifffahrt haben Ventspils zu einer der schönsten und dynamischsten Städte Lettlands gemacht. Die Luft ist frisch und sauber. Die Häuser – und sogar die gigantischen Industrieanlagen – sind in freundlichen Farben gestrichen. Lettlands größter und verkehrsreichster Hafen war jedoch nicht immer so freundlich. Wegen seiner strategisch günstigen Lage und weil es ganzjährig eisfrei ist, war Ventspils stets ein wichtiger Industrie- und Marinestützpunkt – zunächst im 12. Jh. für die ersten kurischen Siedler, im 13. Jh. für den Livländischen Orden, während des 16. Jhs. für die Hanse und in jüngerer Zeit schließlich für die UdSSR. Die Einheimischen sind stolz auf ihr Užavas-Bier und behaupten, es gäbe hier nicht viel zu tun. Dabei hat der Ort Touristen durchaus einiges zu bieten: großartige Strände, interaktive Museen und gewundene Altstadtsträßchen gesäumt von vereinzelten Boutiquen und Cafés.

Sehenswertes

Die Hauptattraktion von Ventspils ist die Küste mit ihrem **Sandstrand** und den da-

Ventspils

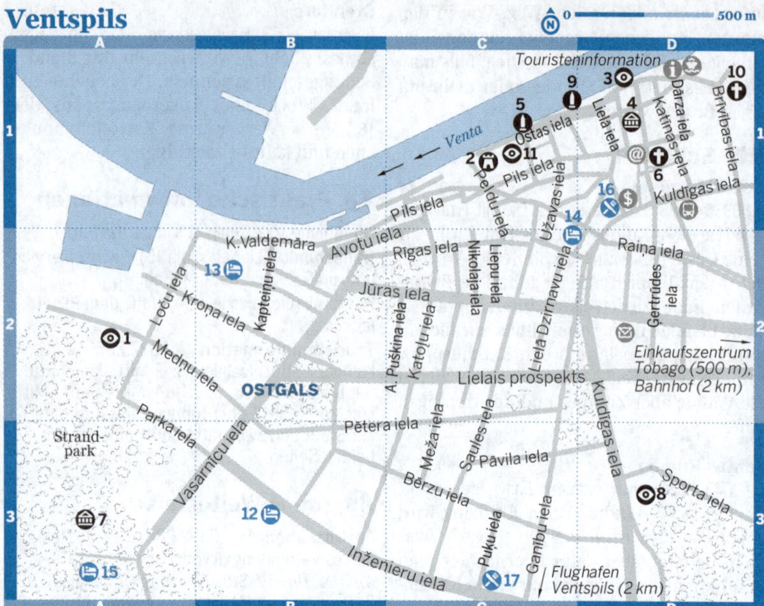

Ventspils

Sehenswertes

1 Wasserfreizeitpark A2
2 Livländische Ordensburg C1
3 Ausflugsschiff Hecogs Jēkabs D1
4 Haus des Kunsthandwerks D1
5 Denkmal für Krišjānis Valdemārs C1
6 Evangelisch-lutherische Nikolauskirche D1
7 Freilicht-Strandmuseum A3
8 Reņka-Garten D3
9 Sieben mentale Meteoriten C1
10 Russisch-orthodoxe Nikolauskirche D1
11 Wandernde Kuh C1

Schlafen

12 Hotel des Ventspils Universitätskollegs B3
13 Karlīnes Nams B2
14 Kupfernams C2
15 Piejūras Kempings A3

Essen

16 Buginš D1
Melanis Sivēns .... (siehe 2)
17 Mūsmājas C3

hinter liegenden Dünen, die sich von der Mündung des Flusses Venta in Richtung Süden erstreckt. Im Sommer tummeln sich hier Strandliebhaber aller Art – vom Nudisten bis zum Kitesurfer. In einem Wald südlich des Stadtzentrums liegen zwei Attraktionen: der **Wasserfreizeitpark** (Ūdens atrakciju parks; ☎6366 5853; Mednu iela 19; Erw./Kind 1/0,50 Ls pro Std., Erw./Kind 2/1 Ls pro Tag; ⌚Juni–Sept. 10–22 Uhr) und das **Freilicht-Strandmuseum** (Ventspils jūras zvejniecības brīvdabas muzejs; ☎6322 4467; Riņķu iela 2; Erw./Kind 0,60/0,30 Ls; ⌚Mai–Okt. 11–18, Nov.–April Mi–So 11–17 Uhr) mit einer Sammlung von Fischerbooten, Ankern und anderen Objekten aus der Seefahrt. Zwischen Mai und Oktober fährt am Wochenende eine Schmalspurbahn von 1916 über das ausgedehnte Museumsgelände (Erw./Kind 0,50/0,25 Ls).

Die Venta trennt die Altstadt vom farbenprächtigen Hafen. In ihrem Mündungsbereich kreuzt von April bis November die **Hecogs Jēkabs** (☎2635 3344; Ecke Ostas iela & Tirgus iela; Erw./Kind 1/0,50 Ls). Sechsmal täglich legt sie an Dock 18 zu einer 45-minütigen Rundfahrt ab. Sehenswert sind vor allem Feldbergs **Sieben mentale Meteoriten** und das **Denkmal für Krišjānis Valdemārs**, den Begründer der lettischen Schifffahrt.

Bei einem Spaziergang durch das Viertel **Ostgals** kann man sich einen Eindruck davon verschaffen, wie die Stadt in ihren Anfängen ausgesehen hat, als sie noch nicht viel mehr als ein ärmliches Fischerdorf mit Holzhäusern war.

Burg des Livländischen Ordens RUINE

(☎6362 2031; Jāņa iela 17; Erw./Kind 1,50/0,75 Ls; ⏰Di–So 10–18 Uhr) Die aus dem 13. Jh. stammende Ordensburg wirkt von außen glanzlos und modern, das antike Innere birgt jedoch ein innovatives, interaktives Museum zur regionalen Handels- und Feudalgeschichte. Zu den Höhepunkten zählen digitale Displays und zwei Panoramateleskope, durch die Besucher das Treiben im Hafen und in der Stadt aus der Vogelperspektive betrachten können. Außerdem sind einige, in der Region gefundene Bernsteinobjekte zu sehen. Unter den Sowjets wurde die Burg als Gefängnis genutzt, woran eine Horrorausstellung im angrenzenden Stallgebäude erinnert. Nach den brutalen Bildern und den schauerlichen Kratzspuren an den Gefängnistüren kann ein Bummel durch den benachbarten Zen-Steingarten den Seelenfrieden wieder herstellen.

Haus des Kunsthandwerks MUSEUM

(☎6362 0174; Skolas iela 3; Erw./Kind 0,60/0,30 Ls; ⏰Di–Fr 11–19, Sa 10–19, So 11–15 Uhr) Hier erfahren die Besucher allerlei über Kurzemes Handwerkskunst und können Einheimischen bei der Herstellung farbenfroher Webstoffe zusehen. Das Holzgebäude entstand unter den Herzögen von Kurland. Zu Sowjetzeiten war es eine Knabenschule und wurde dann in eine Ausstellungshalle umgewandelt. Hier spricht kaum jemand Englisch. Wer also eine Töpferdemonstration oder eine Führung durch das Gebäude (samt einem Original-Klassenraum mit Tafel und Tischen) und die Stadt mitmachen will, sollte vorher telefonisch einen Führer und Dolmetscher bestellen.

Kirchen

Über den schmucken Holzhäusern ragen zwei Kirchen empor: Die **Russisch-Orthodoxe Nikolauskirche** (Sv. Nivolaja pareizticīgo baznīca; Plosu iela 10) mit ihrem Zwiebelturm wurde 1901 in der Nähe des modernen Fährhafens erbaut und die **Evangelisch-lutherische Nikolauskirche** (Nikolaja luterāņu baznīca; Tirgus iela 2) 1835 am Rathausplatz. Sie ist nicht dem Heiligen Nikolaus geweiht, sondern Zar Nikolaus II. (er wurde nie heilig gesprochen), der eine großzügige Geldsumme an die Lutheranergemeinde stiftete, um seine Sünden zu tilgen (er selbst war russisch-orthodox).

Skulpturen

Inmitten historischer Bauwerke, Märkte und Schifffahrtsrelikte tummeln sich die allgegenwärtigen **Kuhplastiken**, die kurioseste Attraktion von Ventspils. 2002 hat hier ein internationales Kunst- und Förderprojekt stattgefunden, das als Ventspils Kuhparade bekannt wurde. Sieben der ursprünglich 26 Skulpturen stehen noch in der Stadt. Darunter die „Wandernde Kuh", die ein bisschen wie ein alter, von Aufklebern bedeckter

RIESIGER WELTRAUMSPION

Das Radioteleskop von Irbene mit 32 m Durchmesser wurde ursprünglich von den Sowjets errichtet, um während des Kalten Krieges westliche Satellitenverbindungen abzuhören. Heute wird es von Wissenschaftlern genutzt, um die Sterne, den Mond und die Sonne zu beobachten.

Die 24 km nördlich von Ventspils im Wald versteckte Superantenne war eine von drei Anlagen, mit denen die sowjetische Armee die Welt bespitzelte. Als die russischen Truppen 1994 abzogen, nahmen sie nur eine Antenne mit und ließen die beiden anderen zurück. Sie waren zu groß für einen Transport.

Die R-32 – eine 600 t schwere Schüssel auf einem 25 m hohen Betonsockel – wurde 1980 in der UdSSR gebaut und ist die achtgrößte Parabolantenne der Welt. Seit 1994 ist die einstige Militäreinrichtung Eigentum des **Internationalen Radioastronomiezentrums Ventspils** (VIRAC; Ventspils starptautiskais radioastronomijas centrs; http://virac.venta.lv/en; ☎2923 0818; virac@venta.lv), das zur **Lettischen Akademie der Wissenschaften** (☎6755 8662; www.lza.lv; Institut für physikalische Energetik, Akadēmijas laukums 1, Rīga) gehört. Die Antenne dient Forschungszwecken, kann jedoch – nach vorheriger telefonischer Anmeldung unter ☎6368 2541 – im Rahmen einer Führung (2 Ls) besichtigt werden.

Lederkoffer aussieht. Weitere sonderbare Skulpturen stehen im **Reņka-Garten**, darunter bizarre Gebilde wie ein überdimensionaler Schlüsselbund. In den Sommermonaten zieren außerdem **Blumenskulpturen** das Stadtzentrum.

Schlafen

Kupfernams B&B €€

(☎6362 6999; Kārļa iela 5; EZ/DZ 26/37 Ls; 📶) Unser Favorit ist diese charmante Bleibe in einem einladenden Holzhaus des Altstadtzentrums. Die freundlichen Zimmer mit Dachschrägen liegen über einem sehr guten Restaurant und einem trendigen Haarstudio (das am Tag auch als Rezeption fungiert).

Karlīnes Nams B&B €€

(☎2927 7050; www.karlinesnams.viss.lv; Karlīnes iela 28; Zi. 25–35 Ls; 📶) Diese relativ neue Einrichtung befindet sich im Fischerviertel Ostgals in einer ehemaligen Metzgerei an der malerischen Livu iela. Die Zimmer sind mit einfachen Brettern verkleidet und bieten Kühlschrank und TV.

Piejūras Kempings CAMPING €

(☎6362 7925; Vasarnicu iela 56; Stellplätze 2 Ls pro Pers., Hütte für 4 Pers. 18–45 Ls; @) Reizende Anlage mit Zeltwiese, Kiefernholz-Häuschen und umfassendem Serviceangebot: Wäscherei, Fahrradverleih (1 Ls/Std.), Tennis-, Volleyball- und Basketballplätze.

Hotel des Ventspils Universitätskollegs HOSTEL €

(☎6362 9202; studentu.viesnica@ventspils.gov.lv; Inženieru iela 101; EZ/DZ mit Gemeinschaftsbad ab 10/14 Ls; ⏲Juli–Aug.; @) Düstere Zimmer und Flure wie aus dem Film *Shining* bestätigen die bekannte Faustregel: „Man bekommt, wofür man bezahlt". Dafür gibt's aber auch in der ganzen Stadt nichts Günstigeres.

Essen

LP TIPP **Melanis Sivēns** MITTELALTERLICH €€

(Jāņa iela 17; Mahlzeiten 3–8 Ls; ⏲Mo–Mi 11–23, Do–So bis 0 Uhr) Bei der Restaurierung der Livländischen Ordensburg entdeckten Archäologen das perfekt erhaltene Skelett eines schwarzen Schweins (*melanis sivēns* bedeutet „schwarzes Schwein"), was insofern rätselhaft schien, als im Mittelalter Schweineschinken sehr gefragt war und niemand ein Schwein einfach so hätte verwesen lassen. Historiker vermuten daher, dass der Koch gerade dabei war, das Borstenvieh zu brutzeln, als die Burg plötzlich angegriffen wurde. Das Restaurant im Verließ der Burg hat sich auf Speisen spezialisiert, die auch in jener verhängnisvollen Nacht auf dem Speiseplan gestanden haben könnten.

Mūsmājas BÄCKEREI €

(Puķu iela 33; Snacks 1–4 Ls; ⏲Mo–Sa 8–19, So 9–18 Uhr) Der Name bedeutet „Unser Haus" und passt perfekt zu dieser heimeligen Konditorei mit Café. Ausladende Blumenmuster schmücken die Wände und an wärmeren Tagen geht's mit Espresso und Gebäck in das hübsche Gärtchen hinter dem Haus.

Buginš CAFÉ €

(Lielā iela 1/3; Hauptgerichte 3–5,50 Ls; ⏲mittags & abends) Trotz einer ziemlich verrückten Einrichtung – gruselige ausgestopfte Eulen, neongelbe Picknicktische, Tischdecken mit Schachbrettmuster und rostige Räder als Kronleuchter – ist dies einer der Lokalfavoriten, denn die vielseitige Speisekarte bietet leckere regionale und internationale Köstlichkeiten.

Im **Einkaufszentrum Tobago** (Lielais prospekts 3/5; ⏲9–21 Uhr) gibt es einen **Rimi-Supermarkt** (⏲9–22 Uhr).

Praktische Informationen

Baltijas Tranzītu Banka (Ecke Liela & Kuldīgas iela) Geldwechsel und Geldautomat.

Bibliothek Ventspils (☎6362 4333; Akmeņu iela 2; ⏲Mo–Fr 10–19, Sa bis 16 Uhr; 📶) Internet und WLAN sind gratis.

Postamt (Platā iela)

Touristeninformation (☎6362 2263; www.ventspils.tourism.lv; Dārza iela 6; ⏲Mai–Sept. Mo–Fr 8–19, Sa 10–17, So 10–15, Okt.–April, Mo–Fr 8–17, Sa & So 10–15 Uhr) Unmengen an Reiseinfos plus Unterkunftsbuchung.

An- & Weiterreise

Der **Busbahnhof Ventspils** (☎6362 4262; Kuldīgas iela 5) bietet Verbindungen mit Rīga (4,55 Ls, 2¾–4 Std., 1-mal stündl.), Liepāja (3,30 Ls, 2¼–3 Std., 7-mal tgl.), Pāvilosta (2 Ls, 1¼ Std., 4-mal tgl.), Kuldīga (1,85 Ls, 1¼ Std., 7-mal tgl.) und Jelgava (3 Ls, 4¾–5½ Std., 4-mal tgl.) über Kandava und Tukums.

Fünfmal wöchentlich setzen Fähren von **Scandlines** (☎6779 6900; www.scandlines.lt) nach Nynashamn in Schweden über (60 km von Stockholm entfernt) und zweimal pro Woche geht's nach Travemünde (Lübeck). Es soll zudem eine Fährverbindung zwischen Ventspils und dem Hafen Montu auf der estnischen Insel

Saaremaa eingerichtet werden. **Finnlines** (www.finnlines.de) verkehrt zweimal wöchentlich zwischen St. Petersburg und Lübeck über Ventspils.

Pāvilosta

Würden wir ganze Städte mit dem Prädikat „LP Tipp" auszeichnen, so wäre Pāvilosta ein klarer Favorit. Dieses verschlafene Küstenstädtchen auf halbem Weg zwischen Ventspils und Liepāja erinnert trotz seiner Lage an der Ostsee sehr an kalifornische Surfstrände. Im Sommer verbringen die Gäste hier ihre Zeit mit Wind- und Kitesurfen, Wellenreiten und Segeln und machen zwischendurch Pause mit einem Nickerchen und einem Bierchen am Strand. Wer aktiv werden möchte, erhält Infos in der Touristeninformation. Die netten Angestellten organisieren überdies traditionelle Bootsfahrten und Angelausrüstungen und weihen Besucher mit etwas Glück in die Geheimnisse des Fischräucherns ein. Wer einen Abstecher hierher plant, sollte sich am Wetterbericht orientieren. Bei schlechtem Wetter ist in Pāvilosta nämlich überhaupt nichts los.

Schlafen & Essen

Vēju Paradize INN €€

(☎2644 6644; www.veju-paradize.lv; Smilšu iela 14; EZ/DZ mit Frühstück 24/28 Ls) Im „Windparadies" kommt richtig Strandfeeling auf. Mit 17 einfachen, aber ordentlichen Zimmern ist es die größte Unterkunft in Pāvilosta. Angenehm sind die Aloepflanzen – besonders wenn man zu viel Sonne abbekommen hat. Das Hotelrestaurant hat im Sommer von 9 bis 22 Uhr geöffnet und serviert leichte, internationale Gerichte (4–6 Ls).

Das Crocodill BOUTIQUEHOTEL €€

(☎2615 1333; www.crocodill.lv; Kalna iela 6; Zi. mit Frühstück 34 Ls;) Hier verströmt jedes Mosaiksteinchen und jede Lampe den ganz eigenen Crocodill-Charakter. Die Einrichtung ist ein reizvoller Stilmix unterschiedlichster Kulturen: Australische Aborigines und afrikanische Stämme haben ihre Spuren hinterlassen und ein Hauch Polynesien ist auch zu spüren. Einige Suiten blicken auf den einladenden Pool hinter dem Gebäude.

Āķagals LETTISCH €

(Dzintaru iela; Hauptgerichte 3–6 Ls; ⏲mittags & abends) Auch wer nicht in Pāvilosta bleiben will, kann das Āķagals als Zwischenstopp auf der Strecke Liepāja–Kuldīga–Ventspils nutzen. Es serviert köstliche lettische Speisen an lackierten Picknicktischen aus dicken Holzbohlen. Es gibt eine große Schaukel, windgepeitschte Dünen und einen rostigen Aussichtsturm, wo man sich die Zeit vertreiben kann, bevor die bestellten „Snacks" (so heißen die Gerichte auf der Speisekarte) gebracht werden.

Snack Bīčbārs CAFÉ

(Illy; Ecke Kalna & Smilšu iela, ⏲Juni–Aug.) Diese umgebaute Tikibar direkt am Weg zum Strand bietet Kaffee und Cocktails an – auch zum Mitnehmen. Sonst sitzt man auf trendigen Korbmöbeln und kann nebenher in einem Modemagazin blättern. Achtung: Dieses Lokal trägt jeden Sommer einen anderen Namen!

Praktische Informationen

Neben der Touristeninformation steht ein rund um die Uhr zugänglicher Geldautomat.

Postamt (Tirgus iela 1; ⏲Mo–Fr 9–17 Uhr)

Touristeninformation (www.pavilosta.lv; Dzintaru iela 2; ⏲Juni–Aug. 7.30–21, Sept.–Mai bis 19.30 Uhr) Die Touristeninformation liegt unweit der Bushaltestelle an der Hauptstraße, die zu den Docks führt. Das nette Personal spricht Englisch und bucht Unterkünfte und Aktivitäten.

An- & Weiterreise

Busse verbinden Pāvilosta mit Liepāja (1,80–2,35 Ls, 70 Min., 5-mal tgl. von 6.30 bis 18.30 Uhr), Kuldīga (1,90 Ls, 65 Min., 1-mal tgl. mit anschließender Weiterfahrt nach Rīga) und Ventspils (2,10 Ls, 1¼ Std., 4-mal tgl. von 8 bis 21 Uhr). Sie halten gewöhnlich vor der Touristeninformation.

Liepāja

83 400 EW.

Lettlands drittgrößte Stadt wurde im 13. Jh. vom Livländischen Orden gegründet. Ihren Erfolg verdankt sie jedoch Zar Alexander III. Er veranlasste eine Vertiefung des Hafenbeckens und etablierte bis Ende des 19. Jhs. einen gigantischen Marinehafen. Lange Zeit machte die Industriestadt als erste russische U-Boot-Basis im Baltikum von sich reden. Nach dem Zweiten Weltkrieg rissen sich die Sowjets den ganzen ausgebombten Ort unter den Nagel und verwandelten ihn in eine strategische Militärbasis.

Seit zehn Jahren ist Liepāja nun schon auf der Suche nach einer eigenen Identität – wie ein verunsicherter Teenager. Die wachsende Zerrissenheit der Stadt wird deutlich, wenn man die nüchternen Lagerhäuser und die hippen Bars und Designer-Clubs sieht, die hier in direkter Nachbarschaft nebeneinander stehen. Die örtliche Touristeninformation vermarktet Liepāja als „Geburtsort des Windes". Wir halten jedoch den kantigen, ungeschliffenen Charme für das größte Highlight der Stadt.

Sehenswertes

Liepāja bietet kaum Sehenswürdigkeiten, aber was spricht dagegen, ein paar Tage am **Strand** zu relaxen? Ein schmaler Grünstreifen, der **Jūrmalas parks** (Strandpark), dient als Puffer zwischen den sanften Dünen und dem eher unansehnlichen Stadtkern.

KAROSTA

Zu Zeiten der Sowjetherrschaft war das Betreten des russischen Marinestützpunkts Karosta strengstens verboten. Das Gelände 4 km nördlich des Zentrums umfasst ein Drittel der Stadtperipherie von Liepāja und noch immer erinnern hier alternde Kasernengebäude und hässliche Betonwohnblocks (viele davon unbewohnt) an die Zeit der Besatzung.

LP TIPP **Gefängnis Karosta** MUSEUM

(Karostas cietums; www.karostascietums.lv; Invalīdu 4; Führung 3,50 Ls, 2-stündige Gefängnisshow 5 Ls, Gefängnisshow mit Übernachtung 12 Ls; Mai–Sept. 10–18 Uhr, Okt.–April nur nach Vereinbarung) Das Gefängnis Karosta (erb. 1900) ist absolut sehenswert. Es sollte ursprünglich als Krankenhaus dienen, wurde aber noch vor Fertigstellung von den Sowjets zum Militärgefängnis umfunktioniert und bis 1997 als Haftanstalt genutzt. Heute ist es ziemlich heruntergekommen.

Täglich zwischen 12 und 17 Uhr werden Führungen angeboten. In einem Sprachmix aus Lettisch, Russisch und Englisch wird dabei die Gefängnisgeschichte erzählt. Die Insassen waren aufmüpfige Soldaten der russischen Armee. Sie verbrachten damals sechs Stunden des Tages in ihren baufälligen Zellen und den Rest des Tages mit zermürbenden Leibesübungen.

Wer hart im Nehmen ist oder damit angeben will, in einem lettischen Knast gesessen zu haben, kann Gefangener für eine Nacht werden – inklusive regelmäßiger Bettenkontrolle, Beleidigungen durch die Wärter in historischer Uniform und der ekelhaftesten Latrine überhaupt (im Ernst). Wer Zelle 26 bucht, kommt in Einzelhaft und wird nachts nicht gestört; hier ist es allein die undurchdringliche Finsternis, die den Insassen in den Wahnsinn treibt.

Besucher, die einen Eindruck vom Gefängnisleben gewinnen möchten, aber nicht gleich über Nacht bleiben wollen, können eine der zweistündigen „Gefängnis-Shows" besuchen – sie finden aber nur bei rechtzeitiger Buchung und einer bestimmten Mindestteilnehmerzahl statt.

LP TIPP **St.-Nikolaus-Marinekirche** KIRCHE

Die bildschöne Kirche bildet mit ihren eindrucksvollen Zwiebeltürmen einen starken Kontrast zum eher trostlosen Rest von Karosta. Die verschnörkelte Architektur von 1901 erinnert an die russisch-orthodoxen Kirchen aus dem 17. Jh., die vergoldeten Kuppeln werden aber nicht von Säulen, sondern von vier gekreuzten Gewölbebögen getragen. Im Zweiten Weltkrieg wurde die Kirche ihres reichen Schmucks beraubt und daraufhin viele Jahre lang als Kino und Sportkomplex genutzt. Erst in den 1990er-Jahren hat man sie restauriert.

STADTZENTRUM

Nach dem Besuch von Karosta lockt das Stadtzentrum von Liepāja mit ein paar netten Attraktionen.

Petersmarkt MARKT

(Kuršu laukums) Schon seit Mitte des 17. Jhs. verkaufen Händler ihre Waren auf diesem Markt, der 1910 durch den Anbau eines Pavillons am Rande des Platzes vergrößert wurde. Heute stehen die Marktstände drinnen wie draußen und es werden alle nur denkbaren Waren, von Secondhand-Kleidung und DVD-Raubkopien bis zu frischem Obst und Gemüse, angeboten.

Haus der Kunsthandwerker MUSEUM

(6348 0808; Ecke Kungu & Bāriņu iela; Eintritt frei; 10–17 Uhr) Dieses Museum wartet mit dem weltweit größten Bernsteinschmuckstück (einem riesigen Wandteppich) und Unmengen bezaubernder, handgefertigter Strickwaren wie Schals, Fäustlingen und Decken auf, die hier auch verkauft werden.

Geschichts- & Kunstmuseum Liepāja MUSEUM

(Liepājas vēstures un mākslas muzejs; Kūrmājas prospekts 16/18; Erw./Kind 0,50/0,30 Ls; Mi–So 10–17 Uhr) Hier können mehrere eindrucksvolle Sammlungen bestaunt werden, z. B. Funde aus der Stein- und Bronzezeit, alter

Liepāja

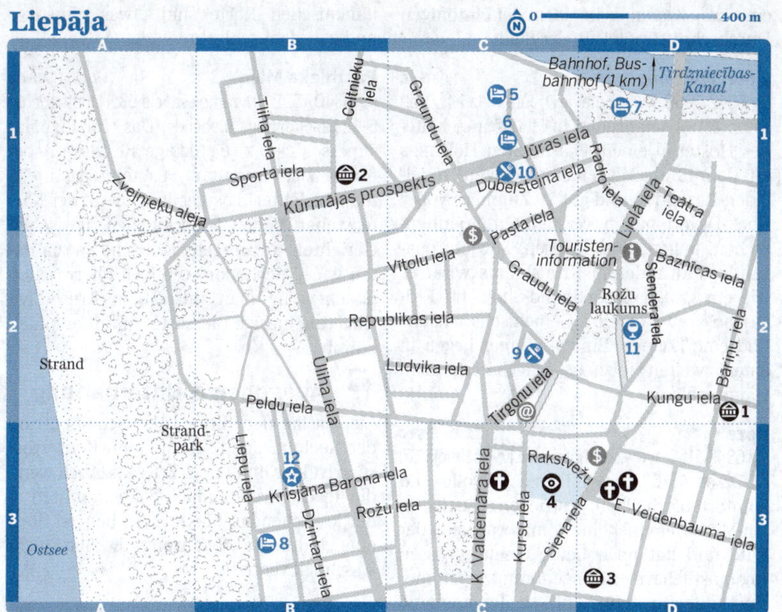

Liepāja

Sehenswertes

1 Haus der Kunsthandwerker D2
2 Besatzungsmuseum D3
3 Geschichts- und Kunstmuseum Liepāja B1
4 Petersmarkt C3

Schlafen

5 Fontaine Royal C1
6 Hotel Fontaine C1
7 Promenade Hotel D1
8 Roze B3

Essen

Delisnack .... (siehe 12)
9 Pastnieka Māja C2
10 Vecais Kapteinis C1

Ausgehen

11 Latvia's 1st Rock Cafe D2
Prison Bar .... (siehe 5)

Unterhaltung

12 Fontaine Palace B3

Schmuck und Waffen sowie Erinnerungsstücke aus beiden Weltkriegen.

Besatzungsmuseum MUSEUM
(K. Ukstiņa iela 79; Eintritt frei; ⏲Mi–So 10–17 Uhr) Im Besatzungsmuseum wird die blutige Geschichte der Besatzung Lettlands durch die Sowjets und die Nazis mit Schwerpunkt auf Liepāja dokumentiert. Die Texte sind zwar auf Lettisch, aber die eindringlichen Bilder kann jeder auch ohne Worte verstehen. Gezeigt werden Fotos von den Deportationen nach Sibirien in den Jahren 1939 bis 1940 (Schätzungen zufolge sollen rund 2000 Menschen davon aus Liepāja gewesen sein), vom Massenmord an lettischen Juden und vom Kampf um die Unabhängigkeit 1991.

Schlafen

LP TIPP **Fontaine Royal** BOUTIQUEHOTEL €
(☎6343 2005; www.fontaineroyal.lv; Stūrmaņu iela 1; EZ/DZ 18/25 Ls, DZ mit Gemeinschaftsbad 15 Ls 📶) Knallig und mit jeder Menge goldener Farbe präsentiert sich das Fontaine Royal, der auffälligere Bruder des Hotel Fontaine. Es ist eine Art Waisenhaus für ungewollte Gegenstände: Überall stehen merkwürdiger Nippes und Skulpturen. Bei all dem Gold und der glitzernden Sprühfarbe wird man erst mal blinzeln müssen und den Eindruck haben, in einem überladenen Renaissance-Gemälde zu nächtigen –

eindeutig besser als in einem der eintönigen Durchschnittsmotels in der Stadt!

Hotel Fontaine HOSTEL €
(☎6342 0956; www.fontaine.lv; Jūras iela 24; Zi. ab 10 Ls; @) Abgefahrenes, in Hellgrün gehaltenes Hostel in einem charmanten Holzhaus aus dem 18. Jh. Mit seiner kitschigen Trödelladen-Rezeption und gut 20 Zimmern voller Rock-Devotionalien, verstaubten Orientteppichen, hellen Mosaikfliesen, Sowjetpropaganda und anderem Krimskrams wirkt es wie ein großer Secondhand-Shop. Im Erdgeschoss gibt es eine Gemeinschaftsküche und eine Lounge. Einige Zimmer liegen in einem zweiten Holzhaus – gleich hinter dem Hauptgebäude.

Roze GASTHOF €€€
(☎6342 1155; www.parkhotel-roze.lv; Rožu iela 37; EZ/DZ ab 43/52 Ls; WLAN) Dieses stilvolle und komfortable, hellblau gestrichene Gästehaus am Meer war einst eine Sommerpension der Elite und hat noch heute einen gewissen Jugendstilcharme. Die geräumigen Zimmer sind individuell mit antiken Tapeten und feinen Stoffen ausgestattet. Zu den Extras gehören Satelliten-TV, eine Sauna und ein Gartenpavillon.

Promenade Hotel LUXUSHOTEL €€€
(☎6348 8288; www.promenadehotel.lv; Vecā Ostmala 40; Zi. ab 66 Ls; @ WLAN) Das nobelste Hotel in Kurzeme ist in einer gigantischen Lagerhalle am Hafen untergebracht, die früher als Kornspeicher diente.

Essen

Die Bars und Abendtreffs der Stadt bieten auch lettische wie internationale Speisen an.

Delisnack BURGER €
(☎6348 8523; Dzintaru iela 4; Hauptgerichte 1,40–7,50 Ls; 24 Std.) Dieser Laden gehört zum Fontaine Palace und ist Liepājas günstigstes Esslokal. Die Kundschaft ist in erster Linie alkoholisiertes Feiervolk, das mit den herzhaften Burgern den Wodka etwas neutralisieren will. Die Mitarbeiter sind bekannt für ihr Schneckentempo.

Vecais Kapteinis FISCH & MEERESFRÜCHTE €
(Alter Kapitän; ☎6342 5522; Dubelsteina iela 14; Hauptgerichte 3–8 Ls; mittags & abends) Der „Alte Kapitän" ist in einem Fachwerkhaus von 1773 untergebracht. Maritime Kuriositäten und eine umfangreiche Seafood-Speisekarte sorgen für einen Hauch von Seefahrerromantik. Die Gerichte auf der separaten italienischen Karte sind etwas günstiger und gar nicht schlecht.

Pastnieka Māja LETTISCH €€
(☎6340 7521; Brīvzemnieka iela 53; Hauptgerichte 6–12 Ls; mittags & abends) Das (für Liepāja) superschicke, zweistöckige Restaurant befindet sich im alten Postamt (pastnieka māja bedeutet „Postgebäude"). Auf der Karte stehen neben traditionellen, lettischen Gerichten einige recht exotische Spezialitäten wie „Stierhoden" (einfach überraschen lassen!), die man mit einem Krug Līvu Alus (die hiesige Biersorte) hinunterspülen könnte.

Ausgehen & Unterhaltung

Liepāja hat den Ruf, das lettische Zentrum der Rockmusik zu sein und ein Konzertbesuch ist hier immer ein Erlebnis. Auch wenn die Texte unverständlich bleiben, mitten in der kreischenden Masse zu stehen, ist doch eine „kulturelle" Erfahrung, die man nicht so schnell vergisst.

Latvia's 1st Rock Cafe CAFÉ, CLUB, BAR
(Stendera iela 18/20; www.pablo.lv, auf Lettisch; Eintritt frei–5 Ls) Dieser riesige, dreistöckige Komplex mit seinen unzähligen Spiegelfenstern und dem Pseudo-Industrie-Look ist nicht zu übersehen. Er bietet Restaurants, Bars, Tanzflächen, Billardtische und einen Biergarten auf dem Dach. An den Wänden hängen alte Konzertposter, im Club Pablo im Erdgeschoss spielt jeden Abend Livemusik und an den Wochenenden gibt's dort Ravepartys. Und nicht vergessen, ein Hard-Rock-Café- ... äh ... 1st-Rock-Cafe-T-Shirt mitzunehmen!

Fontaine Palace BAR
(Dzintaru iela 4) Dieser Rockschuppen gehört zu der berühmten Fontaine-Kette und heizt seinem ausgelassenen Publikum mit den heißen Liveacts gnadenlos ein.

Prison Bar BAR
(Stūrmaņu iela 1) Im 1. Stock des Fontaine Royal findet man diesen Einheimischentreff, der mit kitschigen Gefängnismemorabilien ausstaffiert ist. Die Drinks werden hinter schwedischen Gardinen gemixt.

Praktische Informationen

Banken mit Geldautomat gibt's an der Lielā und Kungu iela.

Sapņu sala (☎6348 5333; Lielā iela 12; 0,60 Ls pro Std.; 9–21 Uhr) Internetzugang.

Touristeninformation (☎6348 0808; www.liepaja.lv, Rožu laukums 3/5; ⌚Juni–Aug. Mo–Fr 9–19, Sa bis 16, So 10–15, Sept.–Mai Mo–Sa 9–17 Uhr) Umfassende Informationen und Services für Touristen (u. a. Leihfahrräder). Im Café nebenan befindet sich eine Hertz-Autovermietung.

An- & Weiterreise

Busbahnhof & Bahnhof (☎6342 7552; Rīgas iela) gehen in Liepāja ineinander über. Von der Innenstadt aus sind sie mit der Straßenbahnlinie 1 ab der Lielā iela zu erreichen. Es gibt praktische Busverbindungen von/nach Rīga (5,40–6,40 Ls, 3½–4½ Std., 2- oder 3-mal stündl.), Kuldīga (2,50–3,10 Ls, 1¾–3 Std., 7-mal tgl.), Pāvilosta (1,80 Ls, 70 Min., 5-mal tgl.) und Ventspils (3,30–4,10 Ls, 2¼–3 Std., 7-mal tgl.).

Zur Zeit unserer Recherche war der Fährverkehr von/nach Liepāja gerade eingestellt.

DER SÜDEN (ZEMGALE)

Südlettland, ein schmaler Landstrich zwischen Rīga und der litauischen Grenze, ist bekannt als Lettlands „Brotkorb". Fruchtbare Ackerflächen und geheimnisvolle Wälder kennzeichnen diese Region, die auf lettisch Zemgale heißt und nach dem baltischen Stamm der Semgaller benannt ist, der diese Gegend bewohnte, bevor sie von den Deutschen Ende des 13. Jhs. erobert wurde. Die Semgaller waren ein unerschrockenes Volk, das den einfallenden Kreuzfahrern länger die Stirn bot als alle anderen. Vor ihrem Rückzug nach Litauen brannten sie all ihre Festungen nieder, damit sie den Invasoren nicht in die Hände fielen.

Zwischen dem 16. und 18. Jh. gehörte die Region (zusammen mit Kurzeme) zum halbautonomen Herzogtum Kurland, dessen Herrscher sich zwei imposante Paläste errichten ließen: Jelgava (auch Mitau genannt) in der gleichnamigen Stadt und Rundāle gleich vor den Mauern von Bauska. Der Sommerpalast Rundāle ist heute die Hauptattraktion in Südlettland und ein Muss für Kunst- und Architekturfreunde.

Bauska

27 000 EW.

Einst war Bauska eine bedeutende Residenz des Herzogtums Kurland, heute dient die Stadt vor allem als Basis für Besuche im prächtigen Schloss Rundāle. Die **Touristeninformation** (☎6392 3797; www.bauska.lv; Rātslaukums 1; ⌚Mo–Fr 9–18, Sa bis 15 Uhr) liefert Tipps zu den interessanten Sehenswürdigkeiten in der Umgebung. Eine ist z. B. die **Ruine der Ordensburg** (Bauskas pilsdrupas; ☎6392 3793; Eintritt 0,50 Ls; ⌚Mai–Sept. 9–19, Okt. bis 18 Uhr). Sie thront auf einem künstlichen Hügel zwischen den Flüssen Mēmele und Mūsa. Im 15. Jh. residierte darin der Livländische Orden. Die modernere Hälfte, das sogenannte neue Schloss, wurde im 16. Jh. als Sitz des Herzogs von Kurland erbaut. Die grauen Steinblöcke der Fassade sehen aus, als ob sie aus der Mauer hervortreten würden, doch das ist eine optische Täuschung: Die linke untere Ecke jedes Blocks wurde so behauen, dass der Betrachter glaubt, einen Schatten zu sehen.

Das **Burgmuseum** vor Ort zeigt archäologische Fundstücke und eine Sammlung von Kunstwerken aus dem 16. und 17. Jh.

Im 18. Jh. kam der italienische Geschäftsmann Magno Cavala nach Bauska. Der Casanova und Bauernfänger schöpfte in der Nähe des Schlosses Wasser aus der Einmündung zweier Flüsse und erzählte den leichtgläubigen Leuten, es handle sich um einen wirksamen Liebestrank. Auf diese Weise machte er ein Vermögen.

Um zu der Ruine zu gelangen, geht man vom Busbahnhof auf der Zaļā iela in Richtung Hauptkreisverkehr und folgt dann links 800 m der Uzvaras iela. Im Einkaufszentrum am A7-Kreisverkehr gibt es einen Rimi-Supermarkt und ganz anständige Esslokale. Die Burg bietet günstige Schlafgelegenheiten für Backpacker.

An- & Weiterreise

Am **Busbahnhof** (Slimnīcas iela 11) gibt es zwischen 6.10 und 22.40 Uhr stündlich zwei bis drei Verbindungen von/nach Rīga (2 Ls, 70 Min.–2 Std.).

Schloss Rundāle

Das **Schloss Rundāle** (Rundāles pils; ☎6396 2197; www.rundale.net; Gärten 1 Ls, lange Route Erw./Kind 3,50/2 Ls, Gruppenführung ab 10 Ls; ⌚10–18 Uhr) wurde 1736 bis 1740 für Ernst Johann von Biron (1690–1772), Herzog von Kurland, erbaut. Es ist ein typischer Adels-Prachtbau aus dem 18. Jh. und das architektonische Highlight des ländlichen Lettlands.

Der Süden (Zemgale)

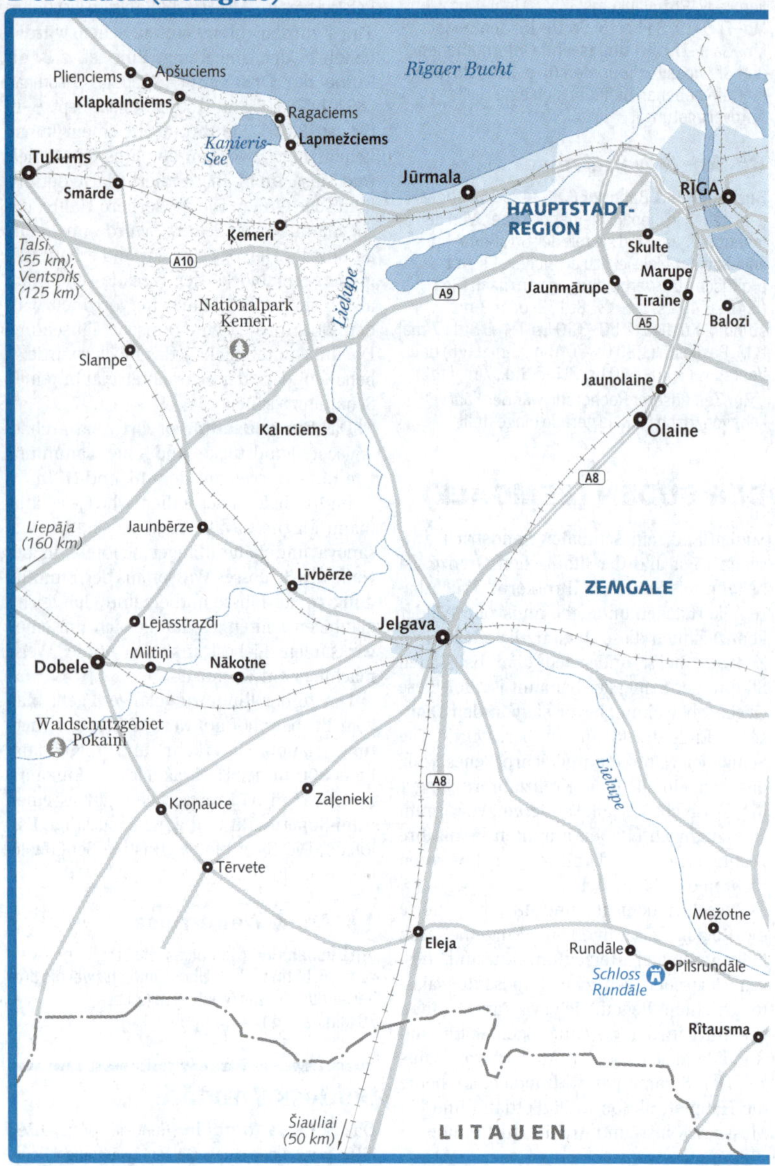

Als Herzog von Kurland erlebte Ernst Johann turbulente Zeiten. Nach dem Tod der Zarin Anna Ioannovna wurde er zum russischen Regenten ernannt, doch konkurrierende Adelshäuser fühlten sich bald von ihm bedroht und verbannten ihn nach Sibirien. Nach 22 Jahren im Exil gab ihm Katharina die Große seinen Titel und das Herzogtum zurück.

Den Großteil seiner Regierungszeit verbrachte Ernst Johann im Hauptschloss in Jelgava (S. 254), das heute eine Universität

beherbergt. Rundāle war seine Sommerresidenz.

Das Schloss war in zwei Hälften unterteilt: Der **Ostflügel** war offiziellen Anlässen vorbehalten und im **Westflügel** lagen die königlichen Privatgemächer. Auch die **Königlichen Gärten** – inspiriert von denen in Versailles – nutzte man für öffentliche Auftritte. Von den 138 Zimmern des Schlosses sind heute etwa 40 für Besucher zugänglich. Beheizt wurde das Schloss mit insgesamt 80 Porzellanöfen (sechs davon sind noch erhalten). Sie reichten aus, da das Schloss vorwiegend in den wärmeren Jahreszeiten genutzt wurde. Im Westflügel hat man drei Räume umfassend restauriert: das Herzoginnenzimmer, das Boudoir und die **Toilette**. Letztere ist mit verspielten Farben gestaltet und den Nachttopf ziert ein Bild mit schwimmenden Lachsen. Verglichen mit dem Rest des Schlosses wirkt dieser Raum recht gemütlich – was in erster Linie wohl der niedrigen Decke zu verdanken ist. Die Zimmer der Mägde lagen über dem Bad, durch eine Geheimtür auch vom **Herzoginnenzimmer** zugänglich (neben dem Bett ist ein Spalt erkennbar).

Doch Rundāle diente nicht nur als Königsresidenz. Bis zu seiner heutigen Funktion als Museum wurde das Schloss auf die unterschiedlichste Art und Weise genutzt. Der **Weiße Saal** (Hauptballsaal) diente im Ersten Weltkrieg als Krankenstation für verwundete Soldaten. Wer nicht zu sehr in den Anblick der reich verzierten Decke mit einer Darstellung der vier Jahreszeiten vertieft ist, kann an den weißen Wänden (vor allem gegenüber dem Eingang) kleine Einritzungen gelangweilter Patienten entdecken. In einem der anderen restaurierten Zimmer taucht das Monogramm „EJ" (für Ernst Johann) im barocken Dekor auf. Nach dem Krieg wurde der **Goldene Saal** (Thronzimmer) als Getreidespeicher genutzt und später richtete man im Schloss eine behelfsmäßige Schule ein. Der **Marmorsaal** wurde sogar zur Basketball-Halle umfunktioniert. Romanische Büsten markieren heute die Stellen, an denen die Körbe hingen.

In den 1970er-Jahren entdeckten Historiker die detaillierten Originalbaupläne des italienischen Architekten Bartolomeo Rastrelli und begannen mit der zeitaufwendigen Restaurierung, die das Schloss in ein Museum verwandelte. Rastrelli soll sein erstes Schloss bereits mit 21 Jahren entworfen haben. Nach seinem Architekturstudium in Paris machte er sich einen Namen als Barockgenie und wurde zum Hofarchitekten der russischen Königsfamilie ernannt. Spätere Werke sind das Schloss Jelgava und sein Glanzstück: der beeindruckende Winterpalast in St. Petersburg.

Wie um alle bedeutenden Schlösser ranken sich auch um Rundāle unzählige Geistersagen. Am berühmtesten ist die der „Weißen Lady" – der jungen Tochter eines königlichen Arztes, der im 19. Jh. hier gelebt haben soll. Zahllose Männer machten der Tochter den Hof, doch an ihrem 18. Geburtstag wurde sie plötzlich krank und starb. Gequält von seinem Verlust bewahrte der Doktor die Leiche in seinem Labor auf, um die Ursache für ihren frühzeitigen Tod zu ergründen. Seiner ewigen Ruhe beraubt, soll der Geist der Tochter nun im nächtlichen Schloss herumspuken. Kunsthistoriker und Handwerker vernahmen ihr grauenhaftes Gelächter während der Renovierungsarbeiten und riefen einen Priester, um den Geist auszutreiben.

Schlafen & Essen

LP TIPP **Mežotne Palace** HISTORISCHES HOTEL €€€
(☎6396 0711; www.mezotnespils.lv; Mežotne; Zi. 50–90 Ls) Residieren wie Herzog Ernst Johann kann man im Mežotne Palace, 2 km außerhalb von Rundāle. Das klassische Gebäude wurde von 1797 bis 1802 für Charlotte von Lieven – die Gouvernante der Enkel von Zarin Katharina II. – erbaut. Nach jahrelangem Verfall hat man es 2001 renoviert und zum Hotel und Restaurant umgebaut. Gegen eine geringe Gebühr sind einige der Zimmer öffentlich zugänglich. Wirklich lohnend ist ein Besuch jedoch nur für Restaurant- oder Übernachtungsgäste. Die Zimmer sind vollgestopft mit Sammlerstücken wie gusseisernen Bettgestellen, Kronleuchtern etc.

Balta Māja B&B €
(☎6396 2140; www.kalpumaja.lv, auf Lettisch; Rundāle; B/DZ 10/14 Ls) Das „Weiße Haus" ist ein malerisches, im Tudorstil gehaltenes B&B mit Café im Knechtshaus nahe dem Eingang zum Anwesen. Serviert werden Salate und Fleischplatten. Die wenigen Zimmer sind mit Wolldecken und bäuerlichen Antiquitäten ausstaffiert.

Rundāle Palace Restaurant CAFETERIA €
(Hauptgerichte 1–5 Ls) Im Erdgeschoss des Palastes bietet das Lokal leckere Snacks, größtenteils aus der lettischen Küche.

An- & Weiterreise

Schoss Rundāle liegt etwa 12 km westlich von Bauska. Die Anfahrt mit öffentlichen Verkehrsmitteln erfordert einiges an Planung und Geduld, wenn man nicht an einer geführten Tour teilnehmen will. Man fährt bis Bauska (S. 251) und nimmt dort einen Bus nach Rundāle, muss jedoch schon in Pilsrundāle, dem Dorf vor Rundāle, aussteigen (ab Bauska stündl. Verbindungen von 6 bis 19.30 Uhr; 0,40–0,80 Ls).

Jelgava

65 000 EW.

Jelgava galt einst als schönste Stadt Lettlands, mit der es nicht einmal Rīga aufnehmen konnte. Herzog Ernst Johann, der seine Sommer in Rundāle (S. 251) verbrachte, errichtete hier sein Hauptschloss und 200 Jahre lang (zwischen dem 16. und 18. Jh.) war Jelgava die Hauptstadt des Herzogtums Kurland. Die Weltkriege zerstörten die Stadt jedoch sehr stark und heute ist sie nicht viel mehr als die größte Stadt und das Handelszentrum von Zemgale.

Obwohl der Glanz der Stadt weitgehend verblichen ist, lohnt Jelgava auch heute noch einen Stopp auf der Strecke zwischen Rīga und dem litauischen Berg der Kreuze (S. 351). Wie durch ein Wunder blieb das **Schloss Jelgava** (Jelgavas pils; www.llu.lv; Leilā iela 2) erhalten und beherbergt heute die landwirtschaftliche Universität des Landes.

An- & Weiterreise

Zwischen 6 und 23.30 Uhr verkehren im 15-Minuten-Takt Busse zwischen Rīga und Jelgava (1,50 Ls, 1 Std.). Außerdem gibt es stündlich ein oder zwei S-Bahnverbindungen zwischen den beiden Städten (1,35 Ls, 45 Min.).

Dobele & Umgebung

27 000 EW.

Die Kleinstadt Dobele, im westlichsten Teil Zemgales, ist das Tor in eine märchenhafte Welt mit Wäldern und Flüssen. Einzige Attraktion der Stadt selbst ist die eindrucksvolle **Burgruine des Livländischen Ordens**, der Rest einer Anlage, die Mitte der 1330er-Jahre am Standort einer früheren Festung der Semgaller errichtet wurde. Die Semgaller hatten ihre Burg 1289 selbst niedergebrannt, als sie nach Litauen flüchten mussten. Sie wollten die Anlage auf keinen Fall den einfallenden Kreuzfahrern überlassen. Ein **Denkmal** in der Stadt erinnert an diese Flucht.

WALDSCHUTZGEBIET POKAIŅI

13 km südwestlich von Dobele liegt das **Waldschutzgebiet Pokaiņi** (www.mammadaba.lv; Erw./Kind 1,20/0,60 Ls, Pkw 1 Ls, Zelten 1 Ls pro Tag; ⌚Mauthäuschen 10–19 Uhr) mit einem der größten ungelösten Rätsel Lettlands. Mitte der 1990er-Jahre entdeckte ein einheimischer Historiker an mehreren Stellen des Parks unauffällige Steinhaufen und stellte fest, das die Steine aus völlig unterschiedlichen Regionen stammten und über einen weiten Weg hierher transportiert worden waren. Es gibt Theorien, wonach Pokaiņi eine heilige Stätte war, die vor über 2000 Jahren für erste heidnische Rituale genutzt wurde. Auf den Wanderwegen im Reservat trifft man häufig auf Heiler und Esoteriker. Wer einen Führer engagieren möchte, kann am Mauthäuschen nachfragen.

TĒRVETE

Die Stadt Tērvete, 18 km südlich von Dobele, liegt inmitten alter semgallischer Burghügel. Drei von ihnen werden durch den **Naturpark Tērvete** (☎6372 6212; www.latvia.travel/en/tervete-nature-park; Erw./Kind 2/1,20 Ls, Pkw 10 Ls) geschützt. Zu ihnen zählt der beeindruckende **Burghügel Tērvete**, den die Semgaller nach zahlreichen Schlachten mit dem Livländischen Orden aufgegeben haben. Der nahe **Klosterhügel** war schon vor über 3000 Jahren von den Vorfahren der Semgaller bewohnt und den **Schwedenhügel** hat der Livländische Orden im 13. Jh. aufgeschüttet.

In den letzten Jahren entstanden im Park diverse Familienattraktionen wie ein **Märchenwald** voller skurriler Holzschnitzereien. Im Sommer lebt hier eine Hexe, die Kinder mit Spielen und Zaubereien unterhält. Im **Geschichtsmuseum** (⌚Mai–Okt.) des Parks sind Artefakte und Kostüme des semgallischen Volkes ausgestellt.

ℹ An- & Weiterreise

Dobele ist von Rīga aus über Jelgava bequem per Bus erreichbar (2,10 Ls, 1½ Std.). Die nahe gelegenen Waldschutzgebiete sind am besten mit dem Auto zugänglich.

DER NORDOSTEN (VIDZEME)

Wo das Gewühl der Rīgaer Innenstadt vom Zirpen der Grillen abgelöst wird, beginnt der Nordosten Lettlands, genannt Vidzeme. Die größte Region des Landes wird von Einheimischen auch als „Mittelland" bezeichnet und bietet alles, was Lettland so attraktiv macht: beste Voraussetzungen zum Wandern und Radfahren sowie für Paddeltouren durch die Urwälder des Nationalparks Gauja, Skipisten im Hochland und unzählige Schlösser und Burgen.

Die Küste

Vidzemes steinige Küste verläuft entlang der Via Baltica (hier als staatliche Hauptstraße A1) zwischen Rīga und Tallinn und ist fast auf gesamter Länge vom Auto- oder Busfenster aus zu sehen. Wer sich etwas Zeit nimmt, kann verlassene Strände mit schroffen Klippen und wellengepeitschte Kiesstrände entdecken.

Von Rīga nach Pärnu und Tallinn benutzen die Busse die Küstenstraße von Vidzeme; meist mit einem Zwischenstopp vor der Grenze in Ainaži.

SAULKRASTI

Saulkrasti, 44 km außerhalb der Hauptstadt, ist ein Geheimtipp unter den Letten. Während es Touristen und den russischen Jetset ins protzige Jūrmala zieht, machen sich die Einheimischen in die andere Richtung auf. Und der Mangel an touristischer Infrastruktur wirkt genauso erfrischend wie die Meeresbrise. Wer hierherkommen will, sollte sich beeilen, bevor es kein Geheimtipp mehr ist.

Bahn- und Busbahnhof liegen einander gegenüber, knapp 1 km nördlich der **Touristeninformation** (☎6795 2641; www.saulkrasti.lv; Ainažu iela 13; ⌚Mo–Fr 9–18 Uhr).

Der Tagestrip zum Strand lässt sich problemlos ausdehnen: Bungalows, Gästehäuser und Campingplätze in Wassernähe gibt es genug. **Jūras Priede** (☎2958 8010; www.juraspriede.lv; Ūpes iela 56a; Stellplätze (Zelt) 2 Ls, Hütten 10 Ls) bietet kleine Holzhäuschen und Stellplätze für Zelte.

Ein Päuschen beim Toben in den Wellen eignet sich wunderbar für einen Besuch im tollen, 16 km nördlich gelegenen **Münchhausen-Museum** (☎6406 5633; www.minhauzens.lv; Landgut Dunte; Eintritt 1,50 Ls; ⌚Mo–Fr 10–17, Sa & So bis 18 Uhr) in Dunte. Der einstige Ruhesitz des Lügenbarons Karl Friedrich Hieronymus von Münchhausen und seiner Frau Jacobine ist heute ein Wachsmuseum mit Berühmtheiten aus Lettlands Vergangenheit und Gegenwart (für unsereins allerdings eher unbekannte Gesichter). Den

Der Nordosten (Vidzeme)

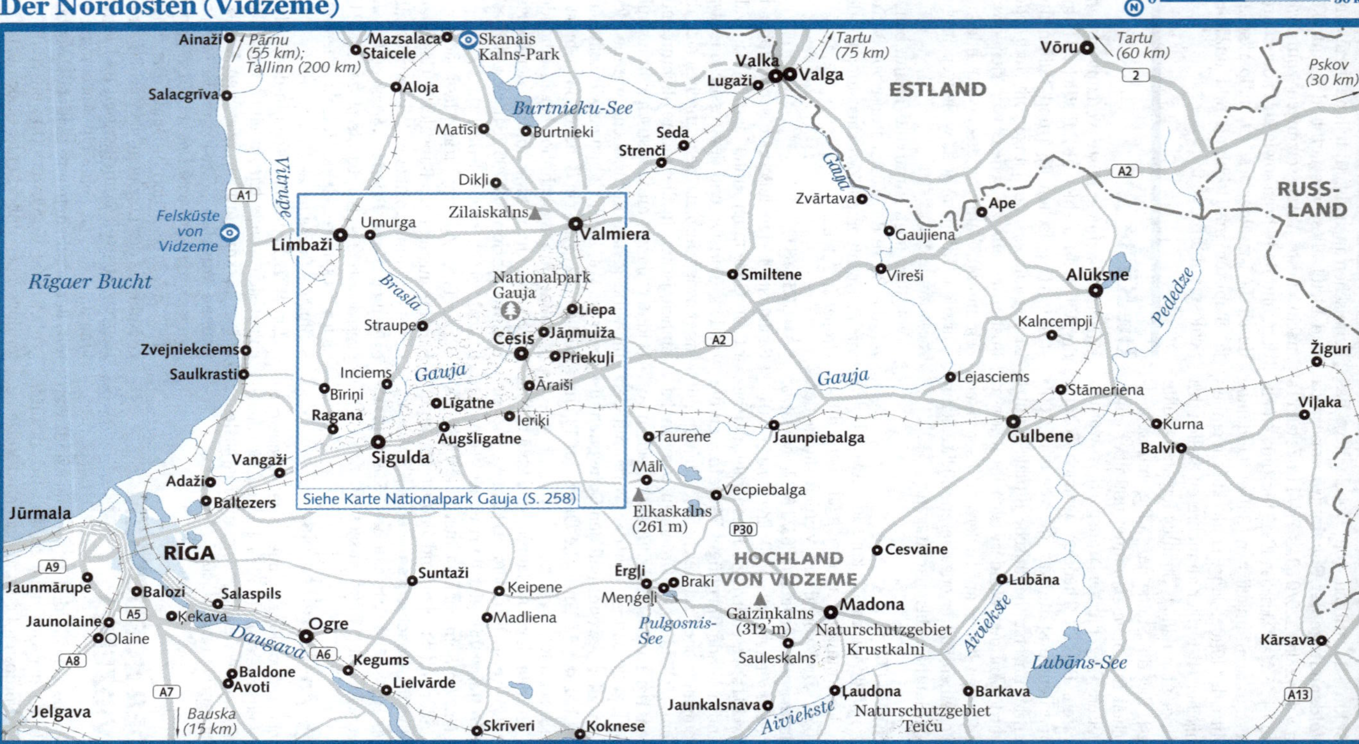

nahen Waldweg (5,3 km) säumen Dutzende von Holzfiguren bekannter Münchhausen-Charaktere.

VON SAULKRASTI ZUR ESTLÄNDISCHEN GRENZE

Hinter Saulkrasti folgt ein sehr ruhiger Küstenabschnitt, geprägt von windgepeitschten Dünen und einem einsamen Gästehaus hier und da. Die **Felsküste von Vidzeme** (2946 4686) ist ein traumhaftes Fleckchen Erde auf halbem Weg zwischen Saulkrasti und Salacgrīva. Der 14 km lange Park ist ein Schutzgebiet mit geschwungenen Sandstränden, kleinen Kaps und Höhlen. Highlight sind die **Roten Klippen von Veczemju**, eine zerklüftete, rötliche Sandsteinformation.

Salacgrīva ist die größte Ortschaft an der Küste. Sie liegt an einem Hafen an der Mündung des Flusses Salaca. Im Sommer findet hier zwischen den Kiefern eins der größten Musikfestivals des Landes statt: **Positivus** (www.positivusfestival.lv). Dennoch lohnt es sich nicht wirklich, extra einen Abstecher nach Salacgrīva zu machen, es sei denn, dass einen auf dem Weg nach Estland plötzlich der Hunger packt: **Žejnieku Sēta** (2962 4153; Rīgas iela 1; Hauptgerichte 2–6 Ls; 11–23 Uhr) ist ein nettes Fisch-Restaurant mit nostalgischer Seefahreratmosphäre: innen mit knarrenden Dielenböden, draußen mit einem Fischerboot und über der Terrasse hängen Fischernetze. Eine Alternative ist **Minhauzen Pie Bocmaņa** (6407 1455; Pērmavas iela 6; Hauptgerichte ab 2 Ls; 11–23 Uhr), angeblich die „legendärste Fischerkneipe im Ort".

In Salacgrīva befindet sich außerdem der Hauptsitz des **Biosphärenreservats Nord-Vidzeme** (6407 1408; Rīgas iela 10a; 8.30–17 Uhr), ein Schutzgebiet mit einer Ausdehnung von 4500 km² – etwa 6 % der Gesamtfläche Lettlands. Am besten lässt es sich auf einer Kanu- oder Radtour erkunden. Im Herbst können Besucher auf einer kleinen Brücke angeln und darauf hoffen, dass ihnen ein Neunauge an den Haken geht. Jedes Jahr im Frühling wird die Brücke bei Tauwetter weggeschwemmt und im Sommer wieder aufgebaut. Die freundlichen Mitarbeiter in der **Touristeninformation** (6404 1254; Rīgas iela 10a; Mo–Fr 9–17 Uhr) geben Adressen örtlicher Ausrüster heraus und die **Bibliothek** (6407 1995; Silas iela 2; Mo–Fr 10–18 Uhr) bietet die Möglichkeit, sich kostenlos im Internet zu informieren.

Das ehemalige Schiffbauer-Städtchen **Ainaži** (abgeleitet vom livländischen Wort *annagi*, was „einsam" bedeutet) liegt 1 km südlich von Estland. Die einzige Attraktion ist das **Seefahrerschulmuseum** (6404 3349; Valdemāra iela 45; Eintritt 0,50 Ls; Juni–Aug. 10–16 Uhr, Sept.–Mai So & Mo geschl.) in einem Gebäude, das früher tatsächlich als Lehranstalt für Seefahrer diente. Mäßig interessant informiert es über die Geschichte der Schule und des Schiffsbaus an der Küste von Vidzeme.

Nationalpark Gauja

Die herrlichen Kiefernwälder des **Nationalparks Gauja** (Gaujas nacionālais parks; www.gnp.gov.lv) erstrecken sich vom burgenreichen Sigulda über die Industriestadt Līgatne und das malerische Cēsis bis zum ruhigen Valmiera. Bereits seit 1973 schützt Lettlands erster Nationalpark dieses grüne Hinterland. Hier kann man wunderbar wandern, Rad fahren, frei zelten, Kanufahren und jede Menge Outdoorsportarten betreiben. Ein Eintrittsgeld wird nicht erhoben.

SIGULDA

17 800 EW.

Der Name dieses Ortes könnte auch zu einem Märchenriesen passen und so überrascht es nicht, dass das Tor zum Gauja-Park ein zauberhafter Ort ist, an dem hinter jedem Baum eine neue Überraschung wartet. Die Anwohner bezeichnen ihre Heimat gerne als „lettische Schweiz". Majestätische, schneebedeckte Berge hat die Region zwar nicht zu bieten, aber es gibt traumhafte Wanderpfade, Extremsportangebote und 800 Jahre alte Schlösser, um die sich zahllose Legenden ranken.

Sehenswertes

Die Stadt erstreckt sich zwischen ihren drei Schlössern. Am belebtesten ist es auf der Ostseite des Flusses Gauja, in der Nähe des Neuen Schlosses. Unser **Rundgang** (S. 264) erschließt die wichtigsten Highlights von Sigulda. Außerdem ist eine Fahrt mit der **Seilbahn** (6797 2531; www.bungee.lv; Poruka iela 14; einfache Fahrt 2 Ls; 10–19.30 Uhr) sehr zu empfehlen, um das Tal aus der Vogelperspektive betrachten zu können – traumhaft!

Museumsreservat Turaida BURG
(Turaidas muzejrezervats; 6797 1402; www.turaida-muzejs.lv; Turaidas iela 10; Erw./Kind 3,50/0,80 Ls; Mai–Okt. 9–20, Nov.–April 10–17 Uhr)

Nationalpark Gauja

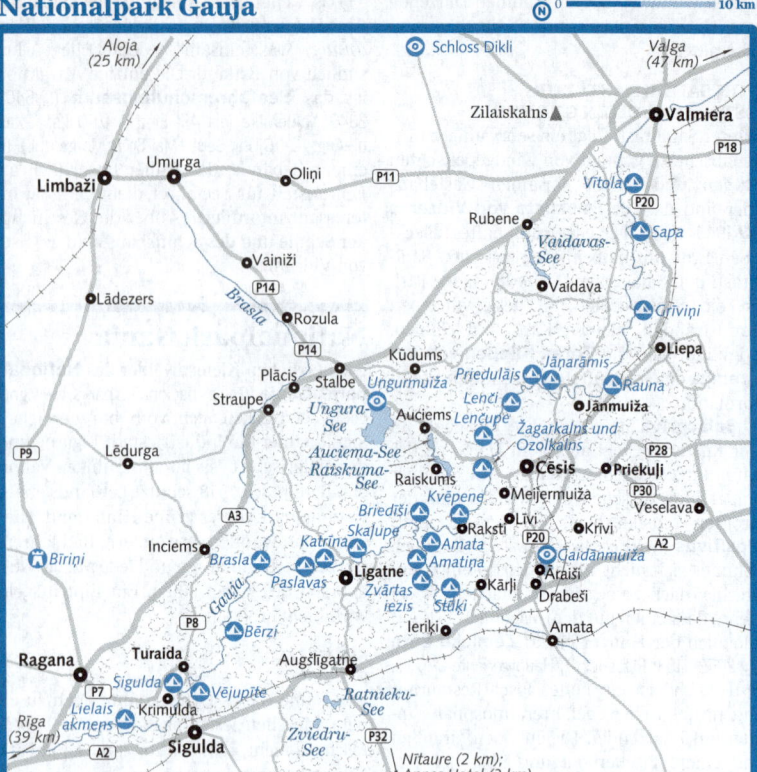

Das Herzstück des Museumsreservats Turaida ist die eindrucksvolle **Bischofsburg Turaida** (Turaidas pils; ⏲10–18 Uhr), die 1214 als Sitz des Erzbischofs aus rotem Stein erbaut wurde. Ihre Lage auf einer kleinen Anhöhe ist absolut märchenhaft. Der Name Turaida stammt aus der alten livischen Sprache und bedeutet „Gottes Garten". Das **Museum** im Getreidespeicher aus dem 15. Jh. bietet einen interessanten Einblick in Livlands Geschichte zwischen 1319 und 1561. Weitere Ausstellungen sind im 42 m hohen **Hauptturm** sowie im West- und Südturm untergebracht.

Andere Häuser an verschiedenen Orten des Reservats beherbergen heute kleine Galerien oder Ausstellungen. Es lohnt sich, einen Blick in die **Schmiede** zu werfen. Ein „echter" Schmied hat sie von der Reservatsleitung gepachtet und verkauft hier allerlei handwerklich Gefertigtes. Außerdem können sich die Besucher darin üben, kleine Metallstücke mit heidnischen Symbolen der Liven zu versehen. Der Weg zum Schloss führt am Onyxgrabstein der bedauernswerten Maija, der Rose von Turaida (s. Kasten S. 263) vorbei. Er trägt die Inschrift „Turaidas Roze 1601–1620". Dahinter liegen der Daina-Hügel (Dainu kalns) und der **Daina-Hügel-Gesangsgarten**. Die *dainas* (poetische Volkslieder) sind eine wichtige lettische Tradition – überall auf dem Hügel stehen Skulpturen jener Volkshelden, die durch die *dainas* unsterblich geworden sind. Die Statuen sind typisch lettisch, entstanden aber noch zu Zeiten der kommunistischen Herrschaft und um sie entwerfen zu dürfen, mussten die Bildhauer auch eine Figur für das sowjetische Regime schaffen: den starken Mann.

Burg & Schloss Sigulda — BURGEN

Von der **mittelalterlichen Burg** (Siguldas pilsdrupas), die zwischen 1207 und 1226 im Wald am nordöstlichen Rand von Sigulda errichtet wurde, ist wenig erhalten geblieben. Seit dem Zweiten Nordischen Krieg wurde nichts mehr instand gesetzt, was jedoch die Ruine umso reizvoller macht. Bald wird sich aber etwas tun: Ein Holzpfad soll über das Gelände führen und einer der Türme wird zukünftig als Aussichtspunkt mitsamt einem behindertengerechten Aufzug dienen. Der Ausblick zur nachgebauten Residenz des Erzbischofs, der Burg Turaida, auf der anderen Seite des Tals ist genial.

Der Weg vom Ort zur Ruine führt an der **Kirche von Sigulda** (Siguldas baznīca; 2 Baznīcas iela) vorbei, die 1225 erbaut und im 17. und 18. Jh. erneuert wurde. Etwas weiter passiert der Weg das **Neue Schloss Sigulda** (Siguldas jaunā pils) aus dem 19. Jh. Einst residierte darin der russische Prinz Dimitri Kropotkin, der Sigulda in ein Touristenparadies verwandelte. Noch heute ist es im Besitz seiner Nachfahren und dient als Sanatorium. Während der Besatzungszeit war hier das lokale Gesundheitsministerium untergebracht.

Gūtmaņa-Höhle HÖHLE

Die größte Erosionshöhle im Baltikum ist vor allem für ihre Rolle in der tragischen Legende um die Rose von Turaida (s. Kasten S. 263) berühmt. Die meisten Touristen werden von den Wandgemälden angelockt, die teilweise aus dem 16. Jh. stammen sollen. Besonders aufmerksame Betrachter entdeckten darauf das Wappen eines längst verschwundenen Jägervolkes. Manche glauben an eine magische Wirkung des Wassers, das aus der Höhle fließt. Es soll Gesichtsfalten verschwinden lassen, was bei uns jedoch nicht funktioniert hat.

Burg & Schloss Krimulda BURG

An der Nordseite des Tals führt ein Pfad in der Nähe der Brücke hinauf zur Ruine der **Burg Krimulda** (Krimuldas pilsdrupas). Sie wurde zwischen 1255 und 1273 erbaut und diente einst als Gästehaus für Würdenträger. Heute ist nur noch eine der Originalmauern erhalten. Das große weiße Gebäude westlich der unteren Seilbahnstation ist das **Gutsschloss Krimulda** (Krimuldas muižas pils; Mednieku iela 3) von 1897. 1922 wurde es von der Regierung beschlagnahmt und später als Tuberkulosekrankenhaus genutzt. Jetzt ist es ein Sanatorium, das zugegebenermaßen aus der Distanz mehr hermacht, da die Farbe großflächig von der Fassade abblättert. Baron von Lieven, ein General der schwedischen Armee, gab den Bau des Schlosses in Auftrag. Wie sich herausstellte, war er ein entfernter Verwandter des livländischen Herrschers, der die Gegend kontrollierte, als die deutschen Kreuzritter einmarschierten. Wer die Angestellten am Eingang bittet, einen Blick auf die Terrasse werfen zu dürfen, kann den tollen Ausblick auf das bewaldete Tal genießen – eine beliebte Kulisse für Hochzeitsfotos.

Aktivitäten

Wer gern Adrenalin in den Adern spürt und an seine Grenzen gehen möchte, ist hier genau richtig. Sigulda ist Lettlands Mekka für Extremsportarten, seitdem der russische Baron Ende des 19. Jhs. eine Rennschlittenbahn in den Schnee bauen ließ. Entspannte Wanderungen und Radtouren im Schatten der Kiefern oder Paddelausflüge auf der ruhigen Gauja sind aber auch möglich.

EXTREMSPORT

Bobbahn EXTREMSPORT

(☎6797 3813; Sveices iela 13) Die 1200 m lange künstliche **Bobbahn** wurde für die ehemalige sowjetische Bobmannschaft gebaut. Heute finden hier jedes Jahr im Januar Wettkämpfe der Europäischen Bobmeisterschaften statt. Im Winter rast ein fünfsitziger, 80 km/h schneller **Vučko-Touristenbob** (Fahrt 6 Ls pro Pers.; ⌚Okt.–März Sa & So 12–19 Uhr) durch den Eiskanal mit 16 Kurven. Außerdem kann Karīna von der **Touristeninformation Makars** (☎2924 4948; www.makars.lv; Peldu iela 1) eine haarsträubende Abfahrt mit dem **Olympiabob** (Fahrt 35 Ls pro Pers.) organisieren. Die **Sommerrodelbahn** (Fahrt 6 Ls pro Pers.; ⌚Mai–Sept. Sa & So 11–18 Uhr) ist ebenfalls ein Riesenspaß – und hierfür ist keine Anmeldung erforderlich.

Aerodium EXTREMSPORT

(☎2838 4400; www.aerodium.lv; A2; 2 Min. wochentags/am Wochenende 15/18 Ls, jede weitere Min. wochentags/am Wochenende 5/6 Ls; ⌚Mai–Sept. Mo–Fr 16–22, Sa & So 12–20 Uhr) Das einzigartige Aerodium ist ein riesiger Windkanal, in dem man sich in die Lüfte blasen lassen kann. Profis erreichen dabei eine Höhe von bis zu 15 m, während sich Anfänger meist in etwa 3 m Höhe austoben. Obwohl man nur ein paar Minuten in der Luft ist, gibt es vorher einen kurzen Einführungskurs. Alles in allem sollte man eine Stunde einplanen und die Teilnahme im Voraus buchen. Der Windkanal ist an der Überlandstraße ausgeschildert. Die Zu-

Sigulda

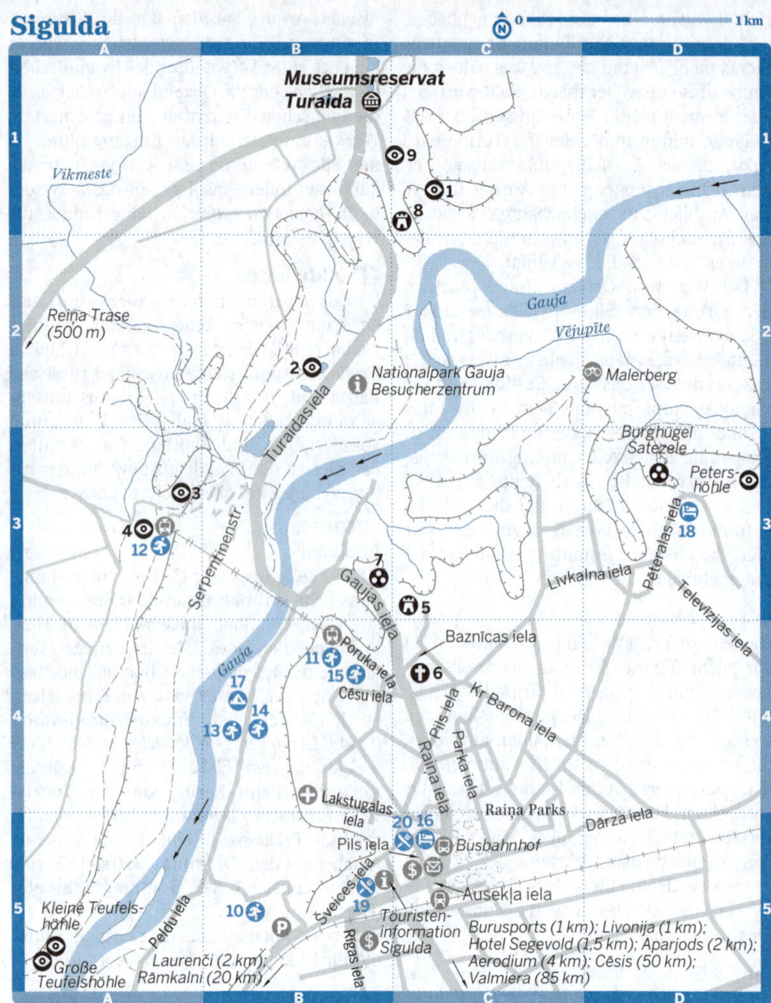

fahrt folgt einer unbefestigten Straße, die einen kleinen Hügel hinab und am Lagerhaus Sigulda Bloks vorbeiführt.

Seilbahn-Bungeespringen EXTREMSPORT
(☎2644 0660; www.bungee.lv; Poruka iela 14; Bungeejump Fr/am Wochenende 20/25 Ls; ⌚Mai–Sept. Fr–So 19.30 Uhr–letzter Sprung) Wem die Bobbahn nicht extrem genug ist, der möchte vielleicht einen Bungeesprung aus der orangefarbenen Seilbahngondel wagen, die 43 m über dem Fluss dahingleitet. Bei rechtzeitiger Voranmeldung sind manchmal auch Sprünge unter der Woche möglich.

Abenteuerpark Sigulda EXTREMSPORT
(☎2700 1187; www.tarzans.lv; Peldu iela; Rodelbahn 1 Fahrt/6 Fahrten 2/10 Ls, Seilgarten Erw./Kind 9/5 Ls; ⌚Mai–Okt. 10–21 Uhr) Gegenüber von der Touristeninformation Makars kann man rodeln oder sich im „Tarzan"-Seilgarten austoben.

Mežakaķis EXTREMSPORT
(☎6797 1624; www.kakiskalns.lv; Senču iela 1; Erw./Kind 12/6,50 Ls; ⌚Mai–Okt. 10–19 Uhr) Dieser kleinere Abenteuerpark ist auf alle Alters- und Erfahrungsgruppen zugeschnitten und hat einen Seilgarten mit mehr als 80 Hin-

Sigulda

Highlights

Museumsreservat Turaida B1

Sehenswertes

1 Daina-Hügel-Gesangsgarten C1
2 Gūtmaņa-Höhle B2
3 Burg Krimulda A3
4 Gutsschloss Krimulda A3
5 Neues Schloss Sigulda C3
6 Kirche von Sigulda C4
7 Mittelalterliche Burg B3
8 Bischofsburg Turaida C1
9 Grab der Rose von Turaida C1

Aktivitäten, Kurse & Touren

10 Bobbahn B5
11 Bungeejumping B4
12 Seilbahn (Nordstation) A3
13 Touristeninformation Makars B4
14 Abenteuerpark Sigulda B4
15 Tridents B4

Schlafen

16 Hotel Sigulda C5
17 Kempings Siguldas Pludmale B4
18 Līvkalns D3

Essen

19 Elvi B5
20 Kaķu Māja C5

dernissen. Im Winter kann man die Skipisten hinunterjagen.

WANDERN & FAHRRADFAHREN

Sigulda ist ein erstklassiges Wandergebiet, also: Wanderschuhe schnüren! Im Nationalpark Gauja werden gegenwärtig 2 Mio. Euro in die Infrastruktur gesteckt und Wander- und Radwege ausgebessert. Sehr beliebt (und einfach) ist der 40-Minuten-Weg vom Schloss Krimulda vorbei an der Gūtmaņa- und der Viktorshöhle zum Museumsreservat Turaida. Alternativ geht's von Krimulda in Richtung Süden zur **Kleinen** und **Großen Teufelshöhle**, an der Fußgängerbrücke über den Fluss und zurück nach Sigulda (etwa 2 Std.). Bemerkenswert sind die schwarzen Wände der Großen Teufelshöhle. Sie sollen vom Feueratem eines umherreisenden Dämons herrühren, der sich hier vor der Sonne versteckt hat. Die Touristeninformation in Sigulda bietet eine Broschüre mit einer tollen Halbtagstour zu den drei Schlössern der Region.

Östlich von Sigulda verbindet ein gut beschilderter Rundweg die **Petershöhle**, den **Burghügel Satezele** und den **Malerberg** miteinander. Er beginnt hinter dem Hotel Līvkalns und dauert etwa 1½ Stunden. Vom Malerberg eröffnet sich ein spektakulärer Panoramablick über das Schloss Turaida und das Gauja-Tal.

In und um Sigulda gibt es verschiedene Fahrrad- bzw. Mountainbike-Vermietungen mit Tagespreisen von 7 bis 10 Ls, z. B. **Burusports** (☎6797 2051; www.burusports.lv; Mazā Gāles iela 1; ⌚Mo 12–20, Di–Sa 10–20 Uhr), **Reiņa Trase** (☎2927 2255; www.reinatrase.lv; Krimulda pagasts; ⌚Mo–Do 14–0, Fr bis 1, Sa 10–1, So 9–23 Uhr), **Rāmkalni** (☎6797 7277; www.ramkalni.lv; Inčukalna pagasts; ⌚9–22 Uhr) oder die **Touristeninformation Makars** (☎2924 4948; www.makars.lv; Peldu iela 1). Der beliebteste Fahrradverleih ist aber **Tridents** (Cesu iela 14; Juni–Aug. 9–19 Uhr) im Stadtzentrum.

KANU- & BOOTFAHREN

Bei einer gemütlichen Bootsfahrt auf der Gauja flussabwärts lässt sich die Unberührtheit der Gegend wunderbar genießen und (mit etwas Glück) sogar das eine oder andere Wildtier erspähen. Zwischen Sigulda und Cēsis gibt es zahlreiche Campingplätze und die Tourveranstalter im Nationalpark bieten auch geführte Flussfahrten auf der Gauja an. Großen Spaß macht es aber ebenfalls, einfach ein Stück flussauf zu gehen und sich in einem Reifenschlauch von der Strömung wieder zur Stadt treiben zu lassen.

Die **Touristeninformation Makars** (☎2924 4948; www.makars.lv; Peldu iela 1) am Flussufer in Sigulda bietet ein- bis dreitägige Wasserexkursionen für zwei bis vier Personen an. Gestartet wird in Sigulda, Līgatne, Cēsis und Valmiera. Die Touren variieren in der Länge zwischen 3 und 85 km und kosten 10 bis 60 Ls pro Boot. Ausrüstung, Transport zwischen Sigulda und dem Startpunkt sowie die Campingplatzgebühren für bis zu vier Personen sind inbegriffen. Gegen eine geringe Gebühr können auch Zelte, Schlafsäcke und Schwimmwesten geliehen werden. Für weniger geübte Paddler gibt es ab 15 Ls pro Tag auch Kanus und Schlauchboote.

Rāmkalni (☎6797 7277; www.ramkalni.lv; Inčukalna pagasts; ⌚9–22 Uhr) und **Reiņa Trase** (☎2927 2255; www.reinatrase.lv; Krimulda pagasts; ⌚Mo–Do 14–0, Fr bis 1, Sa 10–1, So 9–23 Uhr) verleihen ebenfalls Paddelausrüstung.

NICHT VERSÄUMEN

PIRTS

Einmal tief Luft holen und hinein in die *pirts*, die hiesige Version einer Sauna und lettischste aller lettischen Traditionen. Die *pirts* weisen zwar gewisse Ähnlichkeiten mit dem finnischen Vorbild auf, haben aber auch viele Merkmale, die sie zu einem schweißtreibenden Erlebnis der besonderen Art machen. Ein traditioneller *pirts* wird von einem Saunameister betrieben, der sich um die Gäste kümmert und nach einer speziellen Choreographie mit Zweigen wedelt. Das Ganze erinnert fast an ein Schamanenritual. Richtig gelesen: Während man nackt, wie Gott einen schuf, daliegt, wirbelt der Saunameister Zweige durch die Luft, um die Luftfeuchtigkeit zu erhöhen, bevor er vorsichtig auf verschiedene Wildblumen schlägt und über den Rücken und die Brust der Besucher streicht. *Pirts* sind tendenziell viel heißer und feuchter als finnische Saunen. Eine Sitzung dauert üblicherweise um die 15 Minuten, anschließend hüpft man ins Wasser (einen nahe gelegenen See, Teich oder ins Meer). Das in der Sauna verwendete Aroma spielt eine wichtige Rolle: Der Saunameister kreiert mit viel Sorgfalt eine Mischung aus Kräutern und Gewürzen. Ein typischer Nachmittag im *pirts* umfasst mehrere Saunagänge, zwischen denen man sich in kaltem Wasser abkühlt und mit Bier, Kräutertees und Snacks stärkt.

Alle traditionellen Saunen befinden sich auf dem Lande, meist auf dem Gelände privater Landhäuser. Wer neugierig geworden ist, kann sich zum **Hotel Sigulda** (www.hotelsigulda.lv) oder **Hotel Ezeri** (www.hotelezeri.lv) aufmachen. Beide Hotels bieten private Saunasitzungen in einem elegant aufgemachten lokalen *pirts* an. Ein Nachmittag (ca. 3 Std.) mit jeder Menge Tee und Imbissen kostet 50 Ls für zwei Personen.

Schlafen

Wenn alle Hotels ausgebucht sind, besteht noch die Möglichkeit, privat (10 Ls) oder in einem Apartment (25–50 Ls) unterzukommen. Die Adressen hat die Touristeninformation. Weitere Infos zum Thema Unterkunft gibt's auf der offiziellen Internetseite der Stadt Sigulda; www.tourism.sigulda.lv.

Līvkalns GASTHOF €€
(☎6797 0916; www.livkalns.lv; Pēteralas iela; EZ/DZ ab 22/30 Ls; 📶) Romantik pur vermittelt diese idyllische Unterkunft neben einem Teich am Waldrand. Auf dem Gelände stehen reizende, strohgedeckte Häuser und die Zimmer sind frisch und sauber. Das Restaurant im Stil einer Waldhütte ist schlichtweg phantastisch.

Aparjods HOTEL €€
(☎6797 2230; www.aparjods.lv; Ventas iela 1; EZ/DZ 20/33 Ls; @📶) Jenseits der Lichter der Hesburger-Filiale erstreckt sich dieser ziemlich ansprechende Komplex mit scheunenartigen Bauten samt hölzernen Türen und Reet- und Schindeldächern. Die Zimmer haben nicht ganz so viel Charme, zählen aber dennoch zu den gemütlicheren Schlafoptionen in Sigulda. Das Hotel liegt 1,5 km südwestlich der Stadt.

Hotel Segevold HOTEL €€
(☎2647 6652; www.hotelsegevold.lv; Mālpils iela 4b; DZ 35 Ls; @📶) Schon beim Betreten der protzigen Lobby vergessen die Gäste des Segevold die seltsame Lage im Herzen eines Industrieparks. Futuristische Beleuchtung und gigantische tentakelartige Reliefs bilden einen scharfen Kontrast zu den öligen Sowjettraktoren um die Ecke. Die Zimmer im Obergeschoss sind weniger glanzvoll, aber tadellos und sauber.

Hotel Sigulda HOTEL €€
(☎6797 2263; www.hotelsigulda.lv; Pils iela 6; EZ/DZ 30/35 Ls; @📶) Das älteste Hotel der Stadt befindet sich mitten im Zentrum. Sein Bau wurde von jenem russischen Baron in Auftrag gegeben, der davon träumte, dieses verschlafene Örtchen in eine aufregende Touristenhochburg zu verwandeln. Die alte Ziegelsteinfassade ist ganz hübsch, die Zimmer aber eher nichtssagend und 08/15. Die nette Besitzerfamilie betreibt auch das luxuriösere **Hotel Ezeri** (☎6797 3009; www.hotelezeri.lv; EZ/DZ 45/50 Ls) ein paar Kilometer weiter außerhalb. Nach dem einzigartigen Saunaerlebnis fragen (s. oben).

Kempings Siguldas Pludmale CAMPING €
(☎2924 4948; www.makars.lv; Peldu iela 2; 3/1,50/1,50/6 Ls pro Pers./Zelt/Pkw/Wohnmobil;

⌚15. Mai–15. Sept.) Schöner, grüner Campingplatz am sandigen Gauja-Ufer. Die Lage ist perfekt; allerdings gibt es nur je einen Waschraum für Frauen und Männer. Für 4 Ls pro Tag gibt's Zweipersonenzelte zu mieten. Es gibt noch einen weiteren Zeltplatz flussaufwärts in Līgatne, der ebenfalls Makars gehört. Eine Wegbeschreibung dorthin erhält man hier.

Livonija HOSTEL €
(☎6797 0916; www.livonija.viss.lv; Pulkveža Brieža iela 55; B/EZ/DZ ab 8/14/20 Ls; @📶) Zu den acht Zimmern unterschiedlicher Qualität führt eine knarrende Treppe. Am besten lässt man sich mehrere zeigen und entscheidet dann. Es gibt einen schönen Blumengarten mit einer Schaukel. Ein weiteres Plus ist die voll ausgestattete Küche.

Laurenči HOSTEL €
(☎6797 1852; Laurenču iela; B 7–10 Ls; ⌚Juni–Aug.) Die beste Adresse für Backpacker ist leider nur im Sommer geöffnet, wenn die angrenzende Schule geschlossen ist. Die Zimmer sind spartanisch eingerichtet und in Pastelltönen gehalten.

Essen & Ausgehen

Die meisten Hotels und Gästehäuser in Sigulda bieten auch ein kleines Restaurant. Allerdings ist das Angebot überraschend trostlos angesichts der Tatsache, dass die Stadt eines der beliebtesten Reiseziele Lettlands ist.

Aparjods INTERNATIONAL €€
(Ventas iela 1; Hauptgerichte 4–12 Ls; ⌚mittags & abends) Das elegante Restaurant im Aparjods hat es verdient, gesondert erwähnt zu werden, denn das köstliche Essen wird in einem charmanten Ambiente mit alten Haushaltsgegenständen und goldbestickten Stühlen serviert. Im Speisesaal mit dunklem Holzinterieur prasselt im Winter ein wärmendes Feuer und im Sommer stehen Tische auf der Terrasse. Die gediegene Atmosphäre lockt eine eher ältere Kundschaft.

Kaķu Māja CAFETERIA €
(Pils iela 8; Hauptgerichte ab 2 Ls; ⌚8–23 Uhr, Club 22–4 Uhr) Das „Katzenhaus" ist die beste Adresse für einen schnellen Happen. Das Bistro hat fertige Gerichte in seiner Auslage, die man draußen an den Tischen verspeisen kann. Leckere Desserts wie Pasteten oder Kuchen verkauft die zugehörige Bäckerei. Freitag- und samstagnachts wird das Lokal zum Club und hat bis in die Puppen geöffnet.

Elvi SUPERMARKT €
(☎6797 3322; Vidus iela 1; Hauptgerichte ab 2 Ls; ⌚Mo–Sa 9–22, So bis 21 Uhr) Dieser Multiservice-Supermarkt bietet reihenweise Lebensmittelläden, ein kleines Restaurant im Cafeteriastil (das Fleisch ist hier meist halb gar) und eine Bowlingbahn mit anständigem Essen (bis 0 Uhr geöffnet).

Praktische Informationen

Besucherzentrum des Nationalparks Gauja (☎6780 0388; www.gnp.gov.lv; ⌚April–Okt. 9.30–19, Nov.–März 10–16 Uhr) Hier werden Karten für den Park, die Stadt sowie für nahe Fahrradwege verkauft und Unterkünfte, Führungen, Zelten in freier Natur und andere Outdooraktivitäten arrangiert. Auch kalte Getränke und Snacks sind erhältlich.

DIE ROSE VON TURAIDA

Siguldas hübschestes Mädchen, die junge Maija Roze (Mairose), wurde Anfang des 17. Jhs. als kleines Mädchen im Schloss von Turaida aufgenommen, nachdem man sie unter den Verwundeten auf einem Schlachtfeld gefunden hatte. Sie wuchs zu einer atemberaubenden Schönheit heran und hatte unzählige Verehrer. Ihr Herz jedoch gehörte Viktor, einem ärmlichen Gärtner der benachbarten Burg Sigulda. Die beiden trafen sich heimlich auf halbem Weg in der Gūtmaņa-Höhle.

Eines Tages fälschte ein Soldat einen Brief Viktors, um seine Angebetete in die Höhle zu locken und zu entführen. Als er Maija Roze in seiner Gewalt hatte, bot sie ihm im Austausch gegen ihre Freiheit den Schal an, den sie trug. Sie versicherte dem Soldaten, der Schal habe magische Kräfte und mache seinen Träger unverwundbar. Zum Beweis solle der Soldat mit seinem Schwert auf sie einschlagen. Ob das ein Bluff oder echtes Vertrauen in die Zauberwirkung des Schals war, ist nicht bekannt. Jedenfalls holte der Soldat aus und tötete die Schönheit mit einem kräftigen Schwerthieb.

Er wurde gefasst, verurteilt und für sein Verbrechen gehängt. Gerichtsaufzeichnungen belegen, dass diese Legende auf einer historischen Begebenheit beruht. Heute erinnert ein kleiner Gedenkstein an die arme Maija Roze, die Rose von Turaida.

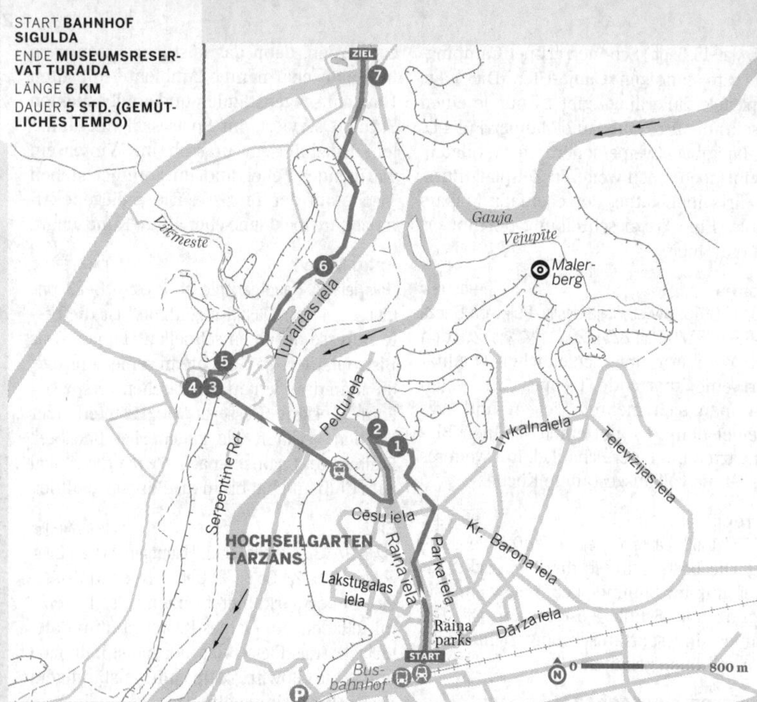

Spaziergang
Burgenwanderung

Wer nur wenig Zeit hat oder Sigulda nur im Rahmen eines Tagesausflugs besucht, kann alle drei Schlösser und eine phantastische Höhle an nur einem Nachmittag besuchen.

Bei Ankunft am Bahn- oder Busbahnhof geht's zunächst die Raiņa iela hinab und auf die von Linden gesäumte Pils iela. Sie führt zum ❶ **Neuen Schloss Sigulda**, das im 18. Jh. unter der Herrschaft deutscher Adeliger erbaut wurde. Die ❷ **mittelalterliche Burg** dahinter wurde 1207 vom Schwertbrüderorden errichtet, liegt jedoch seit dem Großen Nordischen Krieg im 18. Jh. größtenteils in Trümmern. Die Poruka iela führt zur ❸ **Seilbahn** über das malerische Flusstal und zum ❹ **Schloss Krimulda**, einem eleganten Anwesen, das heute als Reha-Klinik dient.

Nach einem Rundgang durch das Gelände geht's zur nahen Ruine der mittelalterlichen ❺ **Burg Krimulda** und anschließend die Serpentinenstraße hinunter zur ❻ **Gūtmaņa-Höhle**. Sie ist die größte Erosionshöhle des Baltikums und erlangte durch die Legende von der Rose von Turaida (s. Kasten S. 263) traurige Berühmtheit. Hat man einige der zahlreichen Inschriften an ihren Wänden studiert, geht's hinauf zum ❼ **Museumsreservat Turaida**. Das mittelalterliche Schloss wurde im 13. Jh. an der Stelle einer früheren livländischen Festung für den Erzbischof von Rīga erbaut. Mit Buslinie 12 gelangt man zurück nach Sigulda.

Krankenhaus (Lakstugalas iela 13)

Latvijas Krājbanka (Valdemāra iela 1a; ⌚Mo–Fr 9–17 Uhr) Einer von zahlreichen Geldautomaten in der Stadt ist derzeit direkt neben der Touristeninformation zu finden.

Postamt (Pils iela 2; ⌚Mo 8–18, Di–Fr bis 17, Sa bis 14 Uhr)

Touristeninformation Sigulda (☎6797 1335; www.sigulda.lv; Valdemāra iela 1a; ⌚Juni–Sept. 10–19, Okt.–Mai bis 17 Uhr; 📶) Bergeweise Infos zu Sehenswürdigkeiten, Aktivitäten und Hotels sowie WLAN und ein Computer mit Internetzugang für Touristen. Die freundlichen Mitarbeiter helfen bei der Zimmerreservierung. Die Touristeninformation soll an die Ecke Raiņa und Ausekļa iela verlegt werden.

Unibanka (Rīgas iela 1; ⌚Mo–Fr 9–17 Uhr) Hier kann man Geld wechseln.

ℹ An- & Weiterreise

Busse (1,80 Ls, 1 Std., von 8 bis 22.30 Uhr alle 30 Min.) verkehren auf der rund 50 km langen Strecke zwischen dem Busbahnhof Sigulda und der Hauptstadt.

Zwischen 6 und 21 Uhr fährt stündlich ein Zug auf der Strecke Rīga–Sigulda–Cēsis–Valmiera. Von Sigulda aus geht's nach Rīga (1,55 Ls, 1–1¼ Std.), Valmiera (1¼ Std.), Līgatne (10 Min.) und Cēsis (40 Min.).

ℹ Unterwegs vor Ort

Die Attraktionen der Stadt liegen weit auseinander und nach einem Besichtigungstag wird Bus Nr. 12 zum besten Freund für erschöpfte Wanderer. Während der Geschäftszeiten legt er die Strecke zwischen dem Neuen Schloss Sigulda, der Burg Turaida und dem Schloss Krimulda stündlich zurück (am Wochenende häufiger). Besucher können zudem die Impresso-Golfwagen nutzen, die in den Burganlagen als „Taxis" eingesetzt werden (2 Ls pro Pers.).

LĪGATNE

Mitten im Herzen des Nationalparks Gauja liegt das kleine Līgatne, eine Stadt der Extreme: Aus der herrlichen Landschaft mit ihren malerischen Kiefernwäldern und blauen Flüsschen ragen plötzlich einige hässliche Industrierelikte aus der Sowjetzeit hervor. Dennoch lohnt sich ein Besuch – schon allein wegen der Wildtiere, die man mit etwas Glück beobachten kann, und wegen der Lektion in Geschichte des Kalten Krieges, die man hier ganz nebenbei erhält.

Gleich am Ortseingang gabelt sich die Straße in drei Richtungen. Rechts geht es auf einen kleinen Hügel und zu einem trostlosen Reha-Zentrum, das allerdings nicht ganz gewöhnlich ist. Unter der nüchternen Architektur der 1960er-Jahre verbirgt sich ein streng geheimer Sowjetbunker, der früher den Decknamen **Die Pension** (☎6416 1915, 2646 7747; www.bunkurs.lv; Skaļupes; Eintritt ab 3/30 Ls pro Pers./Gruppe; ⌚Mo–Fr 15, Sa & So 12, 14, 16 Uhr) trug. Als Lettland noch zur UdSSR gehörte, war dies einer der strategisch wichtigsten Schutzbunker im Falle einer nuklearen Bedrohung. Der Standort wurde so gut geheim gehalten, dass er erst 2003 bekannt wurde. Der 2000 m² umfassende Bau sieht noch fast genauso aus wie damals. Ein interessantes Detail ist, dass es in dem gesamten Bunker, der für einen kompletten Stab (250 Personen) ausgelegt war, gerade mal ein Bett gab. Die Arbeiter sollten auf ihren Posten schlafen. Führungen – auch auf Englisch oder Deutsch – dauern bis zu 1½ Stunden. An den Wochenenden ist ein (überraschend leckeres) Mittagessen nach Sowjet-Art inbegriffen, das in der Cafeteria im Bunker serviert wird. Die Plastikblumen schmücken den Speisesaal übrigens schon seit 1982.

Wer geradeaus der Hauptstraße folgt, gelangt zu den hoch aufragenden, schwarzen Ziegelschornsteinen der sogenannten **Papīrfabrika** (Papierfabrik; ☎2943 4104; Pilsoņu iela 1), Lettlands ältestem Industrieunternehmen. In der jüngeren Vergangenheit wurden hier Karten für die russische Armee und estländische Geldscheine gedruckt. Die Firma ist bis heute in Betrieb und arbeitet noch immer mit den alten Maschinen. Bei Interesse an einer Führung hilft die Touristeninformation weiter.

Wer sich links hält, gelangt zum **Naturpark Līgatne** (☎6415 3313; Erw./Kind/Pkw 2,50/1/5 Ls; ⌚Mo 9.30–17, Di–So bis 18.30 Uhr), in dem Elche, Biber, Hirsche, Bisons, Luchse und Wildschweine in großen Gehegen im Wald leben (das Ganze hat das Flair eines Open-Air-Zoos). Eine 5,1 km lange Straße und ein Netz von Wanderwegen verbinden die Beobachtungspunkte und es gibt einen 22 m hohen Aussichtsturm, der einen guten Rundumblick bietet. Zu den markierten Wanderwegen gehören eine 5,5 km lange Strecke zu den Tiergehegen, eine botanische Wanderung (1,1 km) und ein Naturlehrpfad (1,3 km).

Wer hier übernachten möchte, sollte es im liebenswerten **Lāču Miga** (☎6415 3481; www.lacumiga.lv; Gaujas iela 22; EZ/DZ ab 30/40 Ls) in der Nähe der Naturlehrpfade versuchen. Die „Bärenhöhle" in einer großen Blockhütte macht ihrem Namen alle Ehre: Den Eingang ziert ein gigantischer Plüschbär, in den Zimmern werden die Gäste von zahlreichen kleineren Teddys begrüßt und die Kopfkissen

NICHT VERSÄUMEN

DIE MUIŽAS IN DER GAUJA-REGION

Abgesehen von den vier größeren Städten bietet die Gegend etliche versteckte Schätze, von denen besonders die folgenden *muižas* (Landgüter) einen Besuch wert sind, wenn man ausreichend Zeit zur Verfügung hat.

Ungurmuiža

Das traumhafte **Ungurmuiža** (☎2942 4757; Eintritt 1,50 Ls; ⊙Mitte Mai–Okt. Di–So 10–18 Uhr) ist einer der am besten erhaltenen Gutshöfe in ganz Lettland. Baron von Campenhousen ließ das stattliche rote Gebäude errichten. Er diente dem schwedischen König und dem russischen Zaren. Seine Nachfahren lebten hier, bis die Regierung das Anwesen im Zweiten Weltkrieg beschlagnahmte. Erstaunlicherweise wurde es in einem guten Zustand belassen. Die detaillierten Wandmalereien und Originaltüren versetzen die Besucher zurück in die Zeit der Aristrokratie. Sie können an Führungen teilnehmen (20 Ls pro Gruppe, 30 Min.) oder in einem der altmodischen Zimmer übernachten (DZ mit Frühstück 35 Ls).

Schloss Bīriņi

Wie eine riesige rosafarbene Geburtstagstorte inmitten einer sattgrünen Wiese ragt das malerisch gelegene **Schloss Bīriņi** (Bīriņu pils; ☎6402 4033; www.birinupils.lv; Eintritt 2 Ls) an einem beschaulichen See empor. Das herrschaftliche Anwesen am nordwestlichen Ende des Nationalparks Gauja, in Richtung Saulkrasti, wurde zu einem opulenten Renaissancehotel mit einer eindrucksvollen, zentralen Treppe umfunktioniert. Tagesgäste haben die Möglichkeit, an einer Führung teilzunehmen (8 Ls) oder die traumhafte Kulisse bei einem Picknick oder einer Bootsfahrt (3 Ls) zu genießen. Die Öffnungszeiten sind etwas unregelmäßig (vor allem im Sommer, wenn jede Woche eine Hochzeit stattfindet). Um Überraschungen zu vermeiden, ist es ratsam, im Voraus telefonisch zu reservieren.

Schloss Dikli

Das **Schloss Dikli** (Diķu pils; ☎6402 7480; www.diklupils.lv; DZ/Suite ab 45/100 Ls) spielte eine wichtige Rolle in der Landesgeschichte, denn hier organisierte ein Priester 1864 Lettlands erstes Musikfestival. Ebenso wie Bīriņi ist auch dieser Adelssitz heute ein luxuriöses Feriendomizil mit Wellnessangeboten. Der 20 ha große Park lädt zu Spaziergängen und Bootsfahrten (3 Ls) ein und Führungen informieren über die Geschichte und Restaurierung des Palastes (1 Ls).

Annas Hotel

Ursprünglich hieß **Annas Hotel** (☎6418 0700; www.annashotel.com; Apt. 60 Ls; 📶), das Mitte des 18. Jhs. erbaut wurde, Annas Muiža. Hier verschmelzen historischer Charme und eine durch und durch moderne Ausstattung. Außerhalb der Anlage ist nicht eben viel zu tun, tatsächlich ist Erholung pur angesagt – dafür sorgen Wellnessbehandlungen und das baumbestandene Grundstück mit den Teichen.

Geidānmuiža

Das **Geidānmuiža** (www.vesturiskiaktivs.lv; Aktivitäten 3,50 Ls pro Pers.; ⊙10–20 Uhr), ganz in der Nähe von Āraiši (s. 269), ist kein *muiža* im herkömmlichen Sinne, sondern das Gemeinschaftsprojekt von ein paar jungen lettischen Unternehmern. Wer wissen möchte, wie der Alltag im Livland des 14. Jhs. ausgesehen hat, kann an einer der authentischen Aktivitäten teilnehmen (Bogenschießen, Grillfestgelage etc.). Bei Redaktionsschluss wurde gerade ein wenig ansehnliches Bauwerk errichtet.

sehen aus wie Bären, die riesige Zauberwürfel verschluckt haben. Das zugehörige **Restaurant** (Hauptgerichte ab 3,50 Ls; ⊙Sa & So mittags & abends) bietet von seinen gemütlichen Außensitzplätzen einen schönen Blick auf die Naturlehrpfade ganz in der Nähe.

Bevor es wieder auf die A2 zurückgeht, lohnt sich ein Zwischenstopp im 10 ha großen **Vienkoču Parks** (☎2932 9065; www.vienkoci.lv; Erw./Kind 2/1 Ls; ⏲10–18 Uhr), den der ortsansässige Holzbildhauer Rihards mit seinen einzigartigen Kreationen versehen hat. Schmale Pfade erschließen die modernen Kunstinstallationen, einen klassizistischen Garten, diverse Sonnenuhren und eine Sammlung von Folterwerkzeugen. Wer ein „Zurück zur Natur"-Erlebnis sucht, kann die rustikale Hütte (25 Ls) im Park mieten, in der es abends nur Kerzenlicht gibt.

Anreise & Unterwegs vor Ort

Die Anreise mit öffentlichen Verkehrsmitteln erfordert einige Geduld. Auf der Strecke Cēsis–Sigulda verkehren stündlich zwei Busse, die in Līgatne (1 Ls) halten. Mit dem eigenen Auto sind es von Cēsis oder Sigulda nur 20 Minuten.

CĒSIS

19 500 EW.

Cēsis (*Zei-sis* gesprochen) trägt den inoffiziellen Beinamen „die lettischste Stadt Lettlands". Doch das provoziert unweigerlich die berühmte Huhn-oder-Ei-Frage: Hat die Stadt diesen Titel schon immer getragen oder bekam sie ihn erst verpasst, nachdem die Regierung Unsummen in die Renovierung der Altstadt gesteckt hatte? So oder so: Die Stadt Cēsis hält, was ihr Slogan verspricht. Besucher können hier authentisches Landleben, ein eindrucksvolles livländisches Schloss, hoch aufragende Kirchturmspitzen, Pflasterstraßen, Holzhäuser und eine ruhige Lagune entdecken – und alles wirkt ein bisschen wie Disneyland für Erwachsene.

Sehenswertes

LP TIPP Ordensburg Cēsis BURGRUINE

(Cēsu pils; Führungen 20 Ls) Die Ordensburg Cēsis wurde 1209 von den Rittern des Schwertbrüderordens gegründet. Weithin sichtbar sind ihre beiden massiven Türme am Westende der Anlage. Wer die Burg betreten will, muss das **Geschichts- & Kunstmuseum Cēsis** (Cēsu Vēstures un mākslas muzejs; Pils laukums 9; Erw./Kind 2/1 Ls; ⏲10–18 Uhr) im angrenzenden „Neuen Schloss" (erb. 18. Jh.) besuchen. Besondere Erwähnung verdient die Flagge, die über den Köpfen der Besucher flattert: Dies war der erste Ort im Land, an dem die lettische Flagge gehisst wurde, und zwar 1988, bevor sich Lettland offiziell von der Sowjetunion lossagte. Auf dem Westturm gibt's einen Aussichtspunkt mit Blick über den **Schlosspark** und einen malerischen Seerosenteich. Wechselnde Kunstausstellungen und Kammerkonzerte finden im **Ausstellungsgebäude Cēsis** (Cēsu Izstāžu nams; ☎6412 3557; Pils laukums 3; ⏲10–18 Uhr) neben der Touristeninformation statt. Im 18. und 19. Jh. waren in dem gelbweißen Gebäude Stallungen und ein Kutschenlager (1781) untergebracht.

Altstadt VIERTEL

Cēsis' Altstadt mit der Ordensburg besteht aus einer Ansammlung schmucker Holzhäuser, restaurierter Jugendstilbauten und belebter Plätze rings um die dominierende Johanneskirche.

Aktivitäten

Im Winter bevölkern viele Skifahrer und Snowboarder die sanften Hänge und Loipen von **Žagarkalns** (☎2626 6266; www.zagarkalns.lv; 3 Std. Liftpass wochentags/am Wochenende 5,50/8 Ls) und **Ozolkalns** (☎2640 0200; www.ozolkalns.lv; 3 Std. Liftpass wochentags/am Wochenende 7/9 Ls), der beiden größten Skigebieten in Vidzeme. Im Sommer kann man Fahrräder und Kanus mieten und Ozolkalns bietet außerdem einen Seilgarten. Wer keinen eigenen fahrbaren Untersatz hat, kann in der Touristeninformation nach einem Mietfahrrad fragen, um zu den Hügeln zu gelangen.

Festivals & Events

An den Sommerwochenenden gibt es in Cēsis fast immer irgendwelche Konzerte oder Festivals.

Im Rahmen des **Mākslas Festivāls** (http://cesufestivals.lv) von Mitte Juli bis Mitte August präsentieren sich jedes Wochenende auf zahlreichen Bühnen in der Stadt die unterschiedlichsten Künstler – vom Symphonieorchester bis zum Geschichtenerzähler.

Schlafen

Ein paar Kilometer außerhalb des Zentrums gibt es jede Menge ordentliche Unterkünfte. Informationen und Fotos liefert die Website www.tourism.cesis.lv.

Province B&B €€

(☎6412 0849; www.provincecesis.viss.lv; Niniera iela 6; Zi. 32 Ls) Dieses nette, selleriegrüne Gästehaus zwischen den umliegenden langweiligen Sowjetblocks ist nicht zu übersehen. Die fünf Zimmer sind einfach, aber makellos und haben poppige Bettüberwürfe. Das beliebte Restaurant im Wintergarten serviert viele köstliche Gerichte – darunter einige für Vegetarier (Hauptgerichte ab 2,50 Ls).

Hostel Putiņkrogs HOSTEL €

(☎6412 0290; www.cdzp.lv, auf Lettisch; Saules iela 23; EZ/DZ mit Gemeinschaftsbad 9–15 Ls; 📶) Ein

Cēsis

Sehenswertes

1 Schlosspark (Pils-Park)........B1
2 Ordensburg Cēsis........B1
3 Ausstellungsgebäude Cēsis........B1
4 Geschichts-und Kunstmuseum........B1
5 Johanneskirche........B2

Schlafen

6 Kolonna Hotel Cēsis........C1
7 Province........C1

Essen

8 Aroma........C1
9 Maxima-Supermarkt........A2
10 Sarunas........C1

Schild mit Messer und Gabel weist den Weg zu diesem schäbigen Haus im Sowjetstil. Vorbei an einem Lebensmittelladen und einem Café geht's zu den überraschend ansprechenden und sauberen Zimmern. Selbst die früher sterile Lobby erstrahlt mit einem bunten Wandgemälde in neuem Glanz. Das Hostel liegt 900 m westlich des (Bus-)Bahnhofs.

Kolonna Hotel Cēsis HOTEL €€€
(☎6412 0122; www.hotelkolonna.com; Vienības laukums 1; Zi. 60 €; @📶) Hinter der neoklassizistisch anmutenden Fassade verbergen sich Standardzimmer für gehobenere Ansprüche. Das angeschlossene Restaurant serviert erstklassige lettische und europäische Speisen (Hauptgerichte 4–10 Ls) in einer etwas förmlichen Atmosphäre oder draußen im Garten.

Essen

Zu den meisten Unterkünften in Cēsis gehört auch ein gutes Restaurant. Ansonsten hat die Stadt nur wenige interessante Lokale zu bieten. Eine nette Alternative ist ein Picknick auf den Steinstufen zwischen Burgruine und See; die nötigen Utensilien hierfür gibt's im **Maxima-Supermarkt** (Livu laukums; ⏲9–22 Uhr).

2 Locals CAFÉ €€
(Rīgas iela 24a; Hauptgerichte 4–10 Ls; ⏲So–Do 9–0, Fr & Sa bis 2 Uhr) In keinem anderen Lokal in Cēsis wird der Vorsatz, Essen aus lokalen Zutaten mit einem cleveren Konzept zu bieten, ähnlich gewissenhaft verfolgt. Das 2 Locals ist neu und mischt die überschaubare Restaurantszene mit seinen leckeren Fleisch- und Fischgerichten gehörig auf. Die hausgemachten Desserts sind ein Gedicht!

Sarunas PIZZA €
(Rīgas iela 4; Pizzas 2,50–4 Ls; ⏲mittags & abends) Gepflegtes Restaurant mit leckerer Pizza. Zu den Gästen zählen sowohl junge Einheimische als auch ältere Touristen. Die Terrasse bietet einen ausgezeichneten Ausblick auf den Hauptplatz und die hübschen Holzbauten der Stadt. Abends dreht sich hier die Diskokugel.

Aroma CAFÉ €€
(Lencū iela 4; Hauptgerichte 4–8 Ls; ⏲Mo–Sa 8–20, So 10–20 Uhr) Hier gibt's Kaffee und Kuchen auf einem schattigen Hof mitten in einem Blütenmeer. Abends öffnet dahinter ein eleganter Club, der mit roten Wänden und silbernen Rohren Fabrikatmosphäre verströmt.

ĀRAIŠI

Auf einem Inselchen mitten im Āraiši-See, etwa 10 km südlich von Cēsis, liegt die **Wasserfestung Āraiši** (Āraišu ezerpils; ☎6419 7288; Erw./Kind 2/1 Ls; ⏲Mai–Mitte Okt. 10–18 Uhr). Es handelt sich um die Rekonstruktion einer Siedlung der Latgallier, eines alten Volksstamms, der im 9. und 10. Jh. in der Region heimisch war. Ein Holzsteg führt übers Wasser zu dem ungewöhnlichen Dorf, das Archäologen 1965 entdeckt haben. Auf der anderen Seite des Sees erhebt sich die Ruine der **Steinburg Āraiši** (Āraišu mūra pils), die im 14. Jh. von Livländern erbaut und 1577 durch die Truppen von Ivan IV. zerstört wurde. Von der Burg führt ein Pfad zu einer nachgebauten Steinzeitsiedlung mit Riedhütten und Lehmöfen, in denen Fleisch und Fisch gegart wurden. Festung und Schloss sowie die berühmte **Āraiši-Windmühle** (Āraišu vējdzirnavas) aus dem 18. Jh. sind ausgeschildert und über einen 1 km langen Trampelpfad erreichbar, der von der Hauptstraße abzweigt. Alle Gebäude sind Teil des **Museumsparks Āraiši** (Āraišu muzejparks).

Praktische Informationen

Zwischen dem (Bus-)Bahnhof und dem Hauptplatz (Vienības laukums) befinden sich zwei Banken mit Geldautomaten an der Raunas iela.

DnB Nord (Rigas iela 23; ⏲Mo–Fr 7.30–18.30, Sa bis 16.30 Uhr) Bank mit Geldautomat draußen (24 Std.).

Touristeninformation Cēsis (☎6412 1815; www.tourism.cesis.lv; Pils laukums 9; ⏲Juni–Aug. 9–19, Sept.–Mai 9–18 Uhr) Die Mitarbeiter vermitteln Mietfahrräder (6 Ls pro Tag) und Übernachtungsmöglichkeiten in Cēsis und im ländlichen Vidzeme. Internetzugang (10-Minuten-Intervalle: 0,30 Ls).

An- & Weiterreise

Die Bahn- und Busstation liegt am Kreisverkehr, der Raunas iela und Raiņa iela verbindet. Täglich von 6.35 bis 21 Uhr verkehren bis zu fünf Züge zwischen Cēsis und Rīga (2,30 Ls, 2 Std.). Weitere Ziele sind Valmiera (0,71 Ls, 30 Min.) und Sigulda (0,90 Ls, 40 Min.). In der Bahn dürfen Fahrräder mitgenommen werden. Zwischen 6.15 und 22.20 Uhr fahren zwei- bis dreimal stündlich Busse von Cēsis nach Rīga, die unterwegs in Līgatne und Sigulda halten.

VALMIERA

27 000 EW.

Valmiera (Wolmar) ist historisch nicht so interessant wie Sigulda oder Cēsis, da 1944 ein Großteil der Altstadt abgebrannt ist. Allerdings hat die Stadt einen speziellen Universitätsstadtscharme zu bieten. Valmiera liegt 30 km nördlich von Cēsis an der Nordostspitze des Nationalparks Gauja und ist der einzige Ort im Land, in dessen Zentrum man Kanu fahren kann.

Sehenswertes

Das historische Viertel von Valmiera steht auf einer Landspitze zwischen der Gauja und ihrem Nebenfluss Ažkalna.

Valmiermuiža BRAUEREI

(☎2026 4296; www.valmiermuiza.lv; Dzirnavu iela 2; Eintritt 3,50 Ls; ⏲nach Vereinbarung; tgl. geöffnet) Das berühmteste Bier Lettlands wird hier gebraut. Bei einer der lebendigen Führungen mit netten Guides erfahren die Besucher, wie der Herstellungsprozess vonstatten geht, und bekommen jede Menge Kostproben des Endprodukts. Valmiermuiža liegt gleich nördlich des Zentrums, hinterm Hotel Wolmar und dem Viestura laukums.

Simonskirche KIRCHE

(Svētā Sīmaņa Baznīca; Bruņinieku iela 2) Die Simonskirche geht zurück auf das Jahr 1283 und hat eine schöne Orgel aus dem 19. Jh. Gegen eine kleine Spende darf der Kirchturm bestiegen werden. An derselben Straße liegt die Ruine der **Ordensburg**, die im 13. Jh. vom Livländischen Orden gegründet wurde.

Regionalmuseum MUSEUM

(Valmieras Novadpētniecības muzejs; ☎6423 2733; Bruņinieku iela 3; Erw./Kind 0,50/0,30 Ls; ⏲Mo–Fr 10–17, Sa bis 15 Uhr) Das Regionalmuseum ist nicht übermäßig interessant, aber es vermittelt gute Informationen über die Region – vorausgesetzt der Leser versteht Lettisch. Englische Führer gibt's für 15 Ls.

Aktivitäten

Wer sich ein Fahrrad ausleihen will, kann sich an die Touristeninformation wenden. Hier gibt's auch Broschüren mit Radwegen in der Region. Die beliebteste Strecke verläuft zwischen Valmiera und Cēsis (42 km); immer den orangefarbenen Markierungen folgen. Die Strecke ist nicht ganz ohne und erfordert ein Mountainbike. Für Landschaftsgenießer ist die 10 km weiter östlich gelegene Route Valmiera–Brenguli eher das Richtige.

Eži ABENTEUERSPORTARTEN
(☎6420 7263; www.ezi.lv; Valdemāra iela; ⊙Mo–Sa 9–19, So bis 13 Uhr) Im Ort hat sich Eži – früher ein beliebtes Hostel – inzwischen ausschließlich auf Outdooraktivitäten spezialisiert. Im Angebot sind ein- oder zweitägige thematische Wander- und Radtouren, Wildwasserfahrten oder Drahtseilklettertouren durch die Bäume (die Preise beginnen bei 20 Ls pro Tag). Außerdem werden Mountainbikes (6 Ls pro Tag), Helme (2 Ls pro Tag), Satteltaschen und Kindersitze (je 2 Ls pro Tag) sowie Kanus (10 Ls pro Tag) vermietet. Im Winter stehen Langlauftouren über zugefrorene Seen und durch die Wälder auf dem Programm, komplett mit einem Mittagspicknick am Lagerfeuer.

Schlafen

Elēna Guest House PENSION €
(☎2929 9287; www.elena.viss.lv; Garā iela 8; Zi. 15 Ls) Abgesehen von den Pressspan-Fußböden ist das Preis-Leistungs-Verhältnis hier sehr gut. Acht Zimmer über einem Café, alle ausgestattet mit TV, blitzsauberem Bad, bequemen Betten und vielen weichen Kissen. Nur Barzahlung; WLAN verfügbar. Reisende, die sich Valmiera von Süden her nähern (das sind die meisten), müssen den Fluss überqueren und dann auf der Rīgas iela nach Westen laufen.

Mēnesnīca HOSTEL €
(☎6423 2556; menesnica@4id.lv; Vadu iela 3; B/EZ/DZ mit Gemeinschaftsbad 5/8/16 Ls) Pluspunkte in diesem Hostel sind die unglaublich günstigen Preise und die Nähe zum Bahnhof. Ein echter Nachteil ist, dass hier keiner auch nur ein Wort Englisch spricht. Die Flure sind etwas heruntergekommen, die Zimmer jedoch wunderbar lichtdurchflutet. Die Schlafsäle bieten wenig Platz, aber für nur 5 Ls kann man nicht meckern.

Wolmar HOTEL €€
(☎6420 7301; www.hotelwolmar.lv; Tērbatas iela 16a; Zi. 35 Ls; @📶) Diese Luxusalternative bietet 30 Zimmer in einem gelb-schwarz gestreiften Gebäude und ist eines der wenigen hochwertigen Hotels in Valmiera.

Essen & Ausgehen

Das kleine Valmiera bietet (über die Hotelrestaurants hinaus) folgende überraschend gute Lokale:

Rātes Vārti INTERNATIONAL €€
(☎6428 1942; Lāčplēša iela 1; Salate 1,50–4 Ls, Hauptgerichte 3–9 Ls; ⊙So–Do 12–23, Fr & Sa bis 0 Uhr) Auch wenn man sich eine schönere Aufmachung vorstellen könnte – Servietten, die wie Pfauenräder aufgefächert sind, und eine smit Schwammtechnik bearbeitete Wandgestaltung –, die Einheimischen strömen in Scharen in das Lokal gegenüber dem Theater, um sich an der tollen Auswahl an Fleischgerichten zu laben.

Bastions Bistro CAFETERIA €
(☎2925 8168; Bastiona iela 24; Hauptgerichte 1–4 Ls; ⊙So–Do 8–21, Fr & Sa bis 22 Uhr) Dieses stattliche, gelbe Gebäude auf einem Hügel mit schönem Ausblick auf den Fluss ist Valmieras günstigste Adresse für einen schnellen Happen. Einheimische zieht es in die Cafeteria im Erdgeschoss. Hier gibt's neben einem Standardsortiment lettischer Speisen nette Überraschungen wie ein Salatbuffet, Eiscreme und Lachs mit Zitrone. Im Sommer stehen einige Tische im Freien am Wasser.

Jauna Saule CAFÉ €
(☎6423 3812; Rīgas iela 10; Hauptgerichte ab 3 Ls; ⊙So–Di 12–22, Mi & Do bis 24, Fr & Sa bis 2 Uhr) Dieser Laden überzeugt mit einem breiten Angebot lettischer Köstlichkeiten, die auf der einladenden Sommerterrasse mit Blick über die Rīgas iela serviert werden. Zum Restaurant gehört auch ein Club und Kids können sich auf einem Klettergerüst austoben.

Unterhaltung

Theater Valmiera THEATER
(☎6420 7335; www.vdt.lv; Lāčplēsa iela 4; ⊙Vorverkauf Mo–Fr 10–18.30, Sa & So 11–14 Uhr) Das Schauspieltheater besteht seit 1919 und genießt einen ausgezeichneten Ruf als eines der landesweit besten Repertoiretheater. Informationen zu Spielzeiten und Produktionen gibt's auf der Internetseite.

Praktische Informationen

Der gigantische Glaswürfel, Pilsetas Galerija, der am Kreisverkehr zwischen Cēsu und Rīgas iela steht, birgt in seinem Inneren einen **Iki-Supermarkt** (⊙8–22 Uhr), ein **Postamt** (⊙10–22 Uhr), mehrere rund um die Uhr zugängliche Geldautomaten und andere Einrichtungen. Die **Touristeninformation** (☎6420 7177; www.valmiera.lv; Rīgas iela 10; ⊙Juni–Aug. Mo–Fr 9–18, Sa 10–17, So 10–15, Sept.–Mai Mo–Fr 9–18, Sa 10–15 Uhr; 📶) hat Kartenmaterial und organisiert Privatunterkünfte sowie Mietfahrräder. Internet und WLAN stehen kostenlos zur Verfügung.

An- & Weiterreise

Das **Busterminal** (Mazā Stacijas iela 1) und der **Bahnhof** (6429 6203; Stacijas laukums) liegen vom Zentrum aus betrachtet am jenseitigen Flussufer. Während der Busbahnhof bequem zu Fuß zu erreichen ist (500 m), sind es zum Bahnhof 1,8 km auf der Stacijas iela, die am Busbahnhof von der Cēsu iela abgeht. Busse fahren zwischen 4.50 und 19.55 Uhr zweimal stündlich von/nach Rīga (3–3,20 Ls, ca. 2¼ Std.). Außerdem gibt es jeden Tag 15 Busse nach Cēsis (1,10 Ls, ¾ Std.).

Am Bahnhof halten täglich vier Züge von/nach Rīga (2,80 Ls, 2¼ Std.), die über Cēsis (0,71 Ls, ½ Std.) und Sigulda (0,90 Ls, ¾ Std.) fahren.

Alūksne & Gulbene

Die Regionen Alūksne und Gulbene in der östlichsten Ecke des Landes liegen fernab der Touristenpfade. Die meisten Besucher kommen hierher wegen einer Fahrt mit der **Schmalspurbahn Gulbene–Alūksne** (6447 3037; www.banitis.lv; einfache Fahrt 2,64 Ls), einer der beiden letzten, die in Lettland noch in Betrieb sind. In beide Richtungen fahren täglich je zwei Züge. Die Fahrt dauert etwa 1½ Stunden.

Die Stadt Gulbene ist ziemlich heruntergekommen und hat kaum etwas Interessantes zu bieten. Das verschlafene Alūksne hingegen ist ein charmantes kleines Dörfchen mit hübschen Holzhäusern und dem landesweit höchsten Bevölkerungsanteil „echter Letten". Ernst Glück (1654–1705), ein Lutheraner, der als Erster die Bibel ins Lettische übersetzt hat, stammte von hier. Sein ehemaliges Wohnhaus ist heute das **Ernst-Glück-Bibelmuseum** (Ernsta Glika Bībeles muzejs; Pils iela 25a; Erw./Kind 0,40/0,20 Ls; Di–Do 10–17, Fr 8–17, Sa 10–14 Uhr).

Die **Touristeninformation Alūksne** (6432 2804; www.aluksne.lv; Dārza iela 8a, Alūksne; Juni–Aug. 8–18, Sept.–Mai bis 17 Uhr) und die **Touristeninformation Gulbene** (6449 7729; www.gulbene.lv; Ābelu iela 2-44, Gulbene; Juni–Aug. 8–18, Sept–Mai bis 17 Uhr) bieten Informationen zu Aktivitäten und Unterkünften in der Region.

Wer mit der Schmalspurbahn unterwegs ist, sollte einen Zwischenstopp in Stāmeriena in Betracht ziehen, um das **Schloss Stāmeriena** (6449 2054; www.stamerienaspils.lv; Erw./Kind 0,70/0,20 Ls; Mo–Sa 10–17 Uhr) zu besuchen. Das Herrenhaus der einflussreichen Familie von Wolff wurde von Generation zu Generation weitervererbt. In den 1920er-Jahren übernahm es Alexandra von Wolff, die eine öffentlich diskutierte Affäre mit dem bekannten italienischen Schriftsteller Giuseppe di Lampedusa hatte, dem Autor von *Der Leopard*. Später ließ sie sich von ihrem Mann scheiden, um den Schriftsteller in Rīga zu heiraten. Besucher können auf dem Anwesen umherstreifen und sich verschiedene Räume ansehen, von denen einige Ausstellungen zur ereignisreichen Geschichte des Schlosses beherbergen.

Anreise & Unterwegs vor Ort

Alūksne ist mit dem Bus von Rīga (4–4½ Std., 7-mal tgl.) und Madona (2–2½ Std., 2-mal tgl.) aus erreichbar. Auch nach Gulbene fahren von Rīga aus mehrere Busse (3½–4½ Std., 7-mal tgl.). Zwischen Alūksne und Gulbene fährt nur ein Bus am Tag (1¼ Std.).

Das Hochland von Vidzeme

Im Lettischen gibt es kein Wort für „Berg" – aus dem einfachen Grund, weil es hier keine Berge gibt. Stattdessen wird das Wort *kalns* (Hügel) benutzt, um leichte Erhebungen zu bezeichnen. Lettlands höchster *kalns* ist der **Gaiziņkalns** mit gerade einmal 312 m (etwa 70 m weniger als das Empire State Building). Da die Letten jedoch ein einfallsreiches Volk sind und wissen, was sie ihrem Land schuldig sind, preisen sie den Gaiziņkalns als Top-Skiresort Lettlands.

LIDO Kirsona Muiža (2784 1446; Kalnadzisli), der „typisch lettische" Ferienkomplex am Fuß des Hügels, gehört zu Rīgas LIDO-Kette. In einer herrlich künstlichen Landgasthaus-Atmosphäre werden Bier und Schweinezunge serviert.

Wirtschaftliches Zentrum des Hochlands ist die 10 km östlich des Gaiziņkalns gelegene Stadt **Madona** (Betonung auf der ersten Silbe). Die freundlichen Angestellten der **Touristeninformation** (6486 0573; Saieta laukums 1; Mo–Sa 8–18 Uhr) helfen bei der Zimmersuche sowie bei der Planung von Unternehmungen und Touren durch das **Naturschutzgebiet Teiči** (Teiči reservāts; das mit 190 km² größte Sumpfgebiet des Baltikums) und das **Naturschutzgebiet Krustkalni** (Krustkalni rezervāts; ein 30 km² großes Waldgebiet mit endemischer Vegetation). Beide liegen südlich von Madona und sind so empfindlich, dass sie nur im Rahmen von Führungen besucht werden dürfen.

Wer eine Dosis Kultur braucht, kann das frühere Wohnhaus des lettischen Schriftstellers Rūdolfs Blaumanis (1863–1908) in **Braki** (Erw./Kind 0,80/0,30 Ls; ⌚Mitte Mai–Nov. 10–18 Uhr), 30 km westlich von Madona, besuchen. Die Jurjāni-Brüder waren berühmte lettische Musiker und lebten im Bauernhaus **Meņģeļi** (Erw./Kind 0,50/0,20 Ls; ⌚Mitte Mai–Nov. 10–18 Uhr), heute ein idyllisches Freilichtmuseum am Pulgosnis-See.

Ein heißer Tipp für Wellnessfreaks ist der luxuriöse **Gutshof Marciena** (☎6480 7300; www.marciena.com; DZ mit Frühstück 80 Ls; @≋), ein restauriertes Landgut, das sich der Kunst der Entspannung verschrieben hat. Es liegt gleich außerhalb von Sauleskalns, 11 km südlich von Madona.

ℹ Anreise & Unterwegs vor Ort

Wie alle Regionen Lettlands ist auch das Hochland von Vidzeme am besten mit einem eigenen Fahrzeug zu erkunden. Busse verbinden Madona mit Rīga (3½ Std., 10-mal tgl.), Cēsis (1¾–2 Std., 3-mal tgl.), Jēkabpils (1¾ Std., 3-mal tgl.) und Alūksne (2½–3 Std., 2-mal tgl.).

DER SÜDOSTEN (LATGALE)

Der Südosten ist Lettlands ärmste Region (und eine der ärmsten in der gesamten EU). Das Gebiet erstreckt sich am Oberlauf der mächtigen Daugava entlang der russischen Grenze und ist nach den Lettgallen benannt, einem lettischen Stamm, der bei Ankunft der deutschen Kreuzritter im 12. und 13. Jh. dieses Seengebiet bevölkerte. Burgruinen zeugen von großen, mittelalterlichen Schlachten und bilden einen krassen Kontrast zu den hässlichen Überbleibseln aus der Sowjetzeit, die von einer deutlich jüngeren Ära der Unterdrückung erzählen. Das wenig bekannte Seengebiet ist die Perle der Region und bietet Besuchern Erholung vom Alltagsstress, z. B. bei einem Bummel durch eines der vielen schmucken Uferdörfer mit ihren hübschen Kirchtürmen.

Daugava-Tal

Die gewundene Daugava, auch bekannt als Lettlands „Schicksalsfluss“, schlängelt sich durch Latgale, Zemgale, Vidzeme und Rīga, um schließlich in den Rīgaischen Meerbusen zu münden. Jahrhundertelang war der Fluss Lettlands bedeutendster Verkehrs- und Handelsweg zu den weiter östlich gelegenen Völkern und Reichen. Heute werden die Güter auf der Straße (A6) und der Bahnlinie am nördlichen Flussufer transportiert.

Wer zum malerischen Seengebiet (oder ins weniger schöne Daugavpils) unterwegs ist, wird die Fahrt durch das Tal eher als notwendiges Übel empfinden – abgesehen von einigen günstig gelegenen Attraktionen zur Geschichte dieses historisch bedeutenden Verkehrswegs.

Von Rīga aus ist das 20 km südöstlich gelegene **Salaspils** der erste lohnenswerte Stopp. Im Zweiten Weltkrieg betrieben die Nazis hier das **Konzentrationslager Kurtenhof**. Weitere Informationen dazu gibt's im Kasten auf S. 235.

Lielvārde 10 km weiter östlich ist der Heimatort von Andrejs Pumpurs, einem Dichter des 19. Jhs., der vor allem durch sein episches Gedicht über den Mythos von Lāčplēsis zum Nationalhelden avancierte. Das nicht sonderlich interessante **Andrejs-Pumpurs-Museum** (Andreja Pumpura muzejs; ☎6505 3759; Erw./Kind 0,50/0,20 Ls; ⌚Di–So 10–17 Uhr) würdigt den Autor und sein Werk. Der riesige Stein neben dem Museum war der Legende zufolge das Bett des mächtigen Lāčplēsis.

In **Koknese** – 95 km südöstlich von Rīga beim Zusammenfluss von Daugava und Perse – erheben sich die fotogenen Überreste einer **Ritterburg** aus dem 13. Jh. Die Ruine der 1209 von deutschen Kreuzrittern erbauten Festung hat etwas von ihrer dramatischen Felsenlage verloren, als durch den Dammbau das Wasser stieg. Heute wirken die Ruinen, als stünden sie direkt im Fluss – was aber auch ganz hübsch aussieht.

Weitere 43 km in südöstlicher Richtung rauscht die Daugava mitten durch **Jēkabpils**, das sich früher nur entlang dem rechten Flussufer erstreckte, während sich am linken Ufer das eigenständige Dorf **Krustpils** breitmachte. Inzwischen bilden beide Orte zusammen ein angenehmes, mittelgroßes Städtchen mit windschiefen Holzhäuschen und alten Kirchen. Bahnreisende, die Jēkabpils besuchen möchten, müssen an der Haltestelle Krustpils aussteigen. Das Personal der **Touristeninformation** (☎6523 3822; Brīvības iela 140/142; ⌚Mo 14–18, Di–Fr 10–18, Sa 10–14 Uhr) spricht nur bruchstückhaftes Englisch, hat aber massenhaft Broschüren zu Unterkünften und Aktivitäten in der Region. Hinter dem Gebäude liegt ein kleiner Platz mit netten Cafés und die Straße hinunter geht's zum **Hercogs Jēkabs** (☎6523 3433; www.jnami.lv, auf Lettisch; Brīvības iela 182; Zi. 35–55 Ls), der besten Unterkunft mit dem besten Restaurant der Stadt.

Ansonsten hat die Fahrt von Jēkabpils nach Daugavpils nicht viel zu bieten: nur Flachland, knorrige Bäume und hier und da eine Scheune oder einen schiefen Kirchturm. Auf dem Weg zu Latgales Seenlandschaft lohnt sich ein Besuch in **Līvāni**, einer Industriestadt, die berühmt ist für ihre Glasbläsertradition.

Daugavpils

102 500 EW.

Es fällt schwer, einer Stadt, in der das Grau des Himmels mit baufälligen Sowjetwohnblocks verschmilzt, mit Wohlwollen zu begegnen – umso mehr, wenn es in dieser Stadt noch dazu so viele Gefängnisse wie Kirchen gibt. Dennoch ist Lettlands zweitgrößte Stadt nicht annähernd so schlimm wie ihr Ruf. Sicher, die Bewohner von Rīga werden lachen, wenn man die Worte „Ausflug" und „Daugavpils" in einem Satz verwendet, doch die meisten von ihnen sind nie selbst dort gewesen. Wer das Herz von Latgale einmal besucht hat, redet gewöhnlich ganz anders. Ein Besuch in der Stadt beweist, dass ihre Atmosphäre – ganz im Gegensatz zur tristen Architektur – durchaus unkonventionell, freundlich und energiegeladen ist.

Sehenswertes

Über der grauen, schachbrettartig angelegten Stadt erheben sich Kirchen unterschiedlichster Konfessionen und eine eindrucksvolle Skulptur von Mark Rothko, der hier 1903 geboren wurde (und als Kind in die USA auswanderte). Das unansehnliche Parkhotel Latgola bildet den Mittelpunkt der Stadt und eröffnet von seinem Dachrestaurant einen phantastischen Ausblick.

Kunst- & Heimatmuseum MUSEUM
(Novadpētniecības un mākslas muzejs; ☎6542 4073; Rīgas iela 8; Erw./Kind 0,40/0,20 Ls; ⏲Di–Sa 11–18 Uhr) In dem Jugendstilgebäude, das von steinernen Löwen bewacht wird, sind hochwertige Reproduktionen der Bilder des abstrakten Künstlers Mark Rothko zu sehen. In der westlichen Welt waren Rothkos Werke längst anerkannt, während bis zum Zusammenbruch der Sowjetunion in Lettland kaum jemand seinen Namen gehört hatte. Heute bemüht sich das Museum durch die Ausstellung und Aufklärungsarbeit an den örtlichen Schulen, das Interesse an diesem lokalen Künstler zu wecken. Es gibt Pläne, ihm zu Ehren ein ganzes Gebäude der Stadtfestung in ein interaktives Museum umzugestalten.

Festung RUINE
(☎6542 6398; Erw./Kind 0,20/0,10 Ls; ⏲8–18 Uhr) Die eigentümlichste Attraktion der Stadt ist die gigantische Festung. Sie wurde 1810 von den Russen am Nordwestrand der Stadt erbaut und war bis 1993 im Besitz der Sowjet-Armee. Eigentlich ist dieser Komplex gar keine wirkliche Festung, sondern eher ein gigantischer Komplex mit einfallslosen, baufälligen Krankenhäusern, Konferenzhallen, Waffenarsenalen und Kasernen. In einem Teil befinden sich heute renovierungsbedürftige Sozialwohnungen. Eintrittskarten für die Festung gibt es am ehemaligen Kontrollpunkt, an dem ein Denkmal aus roten Ziegelsteinen daran erinnert (auf Russisch und Lettisch), dass hier der tatarische Dichter Musa Jalil von September bis Oktober 1942 im Nazi-KZ Stalag 340 dahinsiechte.

Schlafen

Sventes Muiža LANDSITZ €€
(☎6542 5108; www.sventehotel.lv; Alejas iela 7, Svente; DZ 40 Ls; @📶) Ein ansprechender Landsitz, 10 km westlich des Stadtkerns, der eine willkommene Abwechslung zur eintönigen Sowjetarchitektur darstellt. Die Zimmer bieten einen Hauch von Adel und inmitten prunkvoll gerahmter Stillleben werden kulinarische Leckerbissen aufgetischt.

Park Hotel Latgola HOTEL €€€
(☎6540 4900; www.hotellatgola.lv; Ģimnāzijas iela 46; DZ 66 Ls; @📶) Das Herzstück und größte Gebäude der Stadt ist dieser Sowjetkoloss mit modernen (aber überteuerten) Zimmern und einer frisch renovierten Fassade. Super ist die Aussicht aus dem Restaurant mit Bar im obersten Stock.

Essen & Ausgehen

Am meisten Trubel herrscht im neuen City-Center-Komplex. Im Sommer schmeißen manchmal einheimische Kids in den alten Festungsmauern Partys.

Arabika CAFÉ €
(Viestura iela 8; Hauptgerichte 1–4 Ls; ⏲mittags & abends) Der modern ausgestattete Treff im Erdgeschoss des City Centers serviert leckeres Essen: von der heimischen Pilzsuppe über internationale Gerichte wie Sushi und griechischer Salat bis zum scharfen indischen Curry.

Ladidas Park LETTISCH €
(Rīgas iela 14; Hauptgerichte 3–5 Ls; ⏲mittags & abends) Diesem noblen Lokal mit seinem

Der Südosten (Latgale)

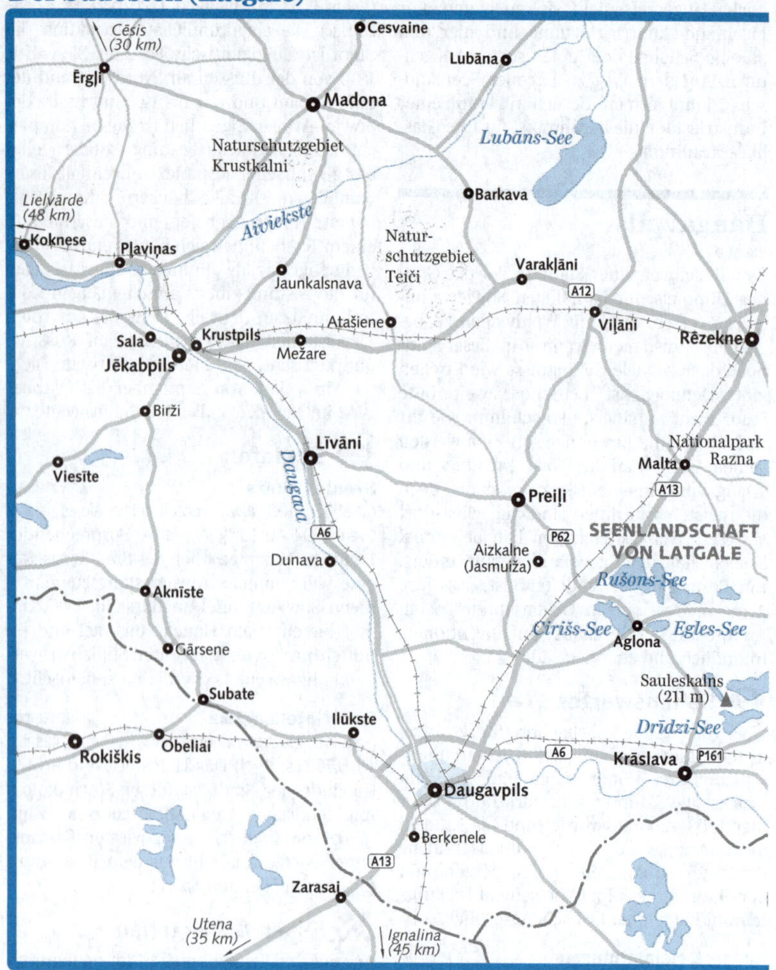

einsamen Kronleuchter fehlt nur noch ein ausgestopfter Elch, dann ginge es als düstere Jagdhütte durch.

Gliemezis CAFÉ
(Rīgas iela 22; ⌚15–1 Uhr) „Die Schnecke" gehört zu den Topadressen der Stadt. Der Raum erinnert an einen Internatsschlafsaal mit ramponierten Sofas, klebrigen Fußböden und Werken von Hobbykünstlern an den Wänden. Freitagabends ist am meisten los.

Banzai CLUB
(Viestura iela 8; ⌚Fr & Sa 22–5 Uhr) Hier hämmern die Beats so laut, dass das Dröhnen bis nach Rīga zu spüren ist. Tatsächlich ist das Banzai auch bis dorthin als Partyhochburg berühmt, sodass viele Hauptstädter für ein Wochenende hierherkommen.

Praktische Informationen

City Center (Viestura iela 8; ⌚10–6 Uhr; 📶) Internet, WLAN-Zugang und Geldautomaten.

Postamt (Stacijas iela 42) Am Bahnhof.

Touristeninformation (Rīgas iela 22a; ⌚Mo–Sa 9–17 Uhr)

An- & Weiterreise

Am **Bahnhof** (☎6548 7261, Stacijas iela) von Daugavpils gibt es Zugverbindungen nach Rīga

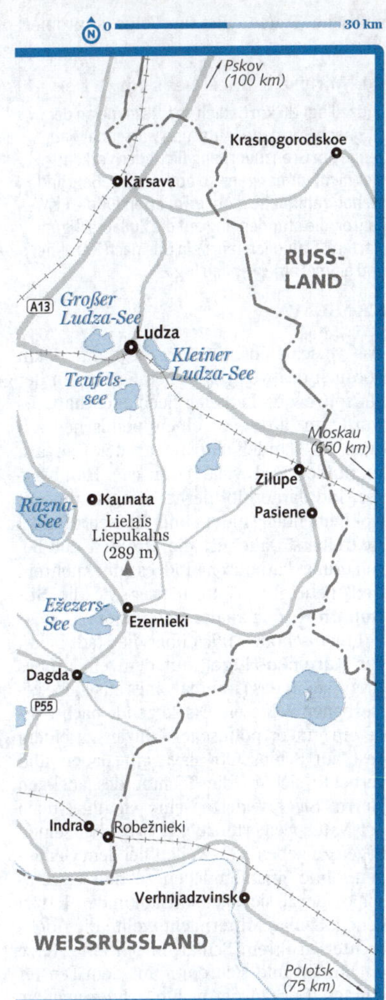

(4,70–5,20 Ls, 3–4 Std., 3-mal tgl.), Vilnius (2½ Std., 1-mal tgl.) und Rēzekne (1¼ Std., 1-mal tgl.).

Vom **Busbahnhof** (☎6542 3000; www.buspark.lv; Viestura iela 10) aus kann man nach Rīga (5,60 Ls, 3¾ Std., 1-mal stündl.) und Rēzekne (2,50 Ls, 1½–2 Std., 7-mal tgl.) gelangen.

Seenlandschaft Latgale

Lettlands kaum bekanntes Naturparadies mit grünen Wiesen und glitzernden Seen hat schon so manchen Besucher verzaubert. Verborgene Runen lassen darauf schließen, dass die Region schon am Ende der Steinzeit besiedelt war, als sich wandernde Jäger – fasziniert von der landschaftlichen Schönheit? – am **Lubāns-See** (mit 82 km² Lettlands größter See) niederließen. Ein paar Jahrtausende später schlängelten sich bedeutende Handelswege durch die ruhige Seenlandschaft bis zu fernen Städten wie Warschau und St. Petersburg. Heute locken die Wälder und Dörfer Besucher, die sich nach Ruhe und dem einfachen Leben sehnen.

RĒZEKNE & UMGEBUNG

34 500 EW.

Rēzekne breitet sich in einem riesigen Durcheinander verfallener Fabrikgebäude und gewöhnlicher Wohnblocks aus. Die Stadt ist im Zweiten Weltkrieg so stark beschädigt worden, dass kaum eines der historischen Gebäude erhalten blieb. Heute ist hier so gut wie nichts von touristischem Interesse (nicht einmal die Burgruine ist sonderlich eindrucksvoll). Doch gute Bus- und Bahnverbindungen machen die Stadt zu einem günstigen Ausgangspunkt für die Erkundung der Seenlandschaft im Süden.

Die Hauptstraße Atbrīvošanas alejā führt vom Bahnhof Rēzekne II (im Norden) zum Busbahnhof (im Süden) und überquert dabei den zentralen Platz. Auf diesem Platz steht das Befreiungsdenkmal **Māra**, eine Statue, die in den 1940er-Jahren von den Sowjets zweimal zerstört und erst 1992 wieder aufgestellt wurde. Ihre Inschrift „Vienoti Latvijai" bedeutet „Vereintes Lettland".

Gegenüber hat die **Touristeninformation** (☎6460 5005; www.rezekne.lv; Atbrīvošvanas alejā 98; ⏲Mo–Fr 9–17 Uhr) ihren Sitz, im Gebäude des passablen **Hotel Latgale** (☎6462 2180; www.hotellatgale.lv; Atbrīvosvanas alejā 98; EZ/DZ ab 30/42 Ls).

Ein Stück weiter auf der Atbrīvošanas alejā geht's zur **Latgales iela**, der ältesten Straße der Stadt. Sie ist gesäumt von Dutzenden hübschen Ziegelbauten, die vor mehreren Hundert Jahren wohlhabende jüdische Kaufleute errichten ließen.

Wer von den riesigen **Storchennestern** im ländlichen Lettland beeindruckt war, wird sich vielleicht für die Ranch **Untumi** (☎6463 1255; www.untumi.lv, auf Lettisch) interessieren. Sie liegt 7 km nordwestlich der Stadt und ist ab der A12 ausgeschildert. Dank der Kameras und Ferngläser bei den Nestern kann man beim Füttern der Jungvögel zusehen. Darüber hinaus werden **Ausritte** angeboten (1 Std. 9 Ls).

Die P55 südlich von Rēzekne führt zum **Ezerkrasti Resort** (☎2645 0437; www.raznaslicis.lv; Dukstigals, Čornajas pagasts; EZ ab 8 Ls, Hütte 45 Ls) am Ufer des Rāzna, des Sees mit dem größten Volumen in Lettland. Er liegt im ruhigen Nationalpark Razna, der rund 600 km² Seenlandschaft schützt. Die sattgrüne Anlage mit charmanten Holzhütten bietet Volleyballfelder, Paddelboote, einen Badesee, ein Hallenbad und eine Sauna. Auf der anderen Seite des Sees, an der P56, liegt **Rāznas Gulbis** (☎2999 4444; www.razna.lv; DZ ab 28 Ls, Reihenhaus ab 120 Ls), ein weitläufiges Resort mit Paddelbooten, **Restaurant** (⌚12–23 Uhr) und einem kleinen, im See abgeteilten „Aquarium".

ℹ Anreise & Unterwegs vor Ort

Am **Busbahnhof** (Latgales iela 17) fahren Busse u. a. von/nach Daugavpils (2,50 Ls, 1¾–2¼ Std., 7-mal tgl.), Ludza (1–1,10 Ls, ½–1 Std., stündl.), Preiļi (1,70–2 Ls, 1–1¾ Std., 7-mal tgl.) und Rīga (5,90–6,70 Ls, 4–4½ Std., 7-mal tgl.).

Am **Bahnhof Rēzekne II** (Stacijas iela) verkehrt täglich ein Zug auf den Strecken Rīga–St. Petersburg und Rīga–Moskau. Insgesamt fahren jeden Tag sechs Züge von/nach Rīga (3,66 Ls, 3–3¾ Std.). Nur der Zug St. Petersburg–Vilnius (jeden zweiten Tag) hält am Bahnhof Rēzekne I.

LUDZA

15 000 EW.

Das Kleinstädtchen Ludza nahe der russischen Grenze wurde 1177 gegründet und ist damit die älteste Stadt Lettlands. An zwei Seen gelegen (dem kleinen und dem großen Ludza-See) entwickelte sich der Ort als Handelsposten rund um das **Schloss Ludza**, das die deutschen Kreuzritter 1399 errichteten, um die Ostgrenze des Livländischen Ordens zu schützen. Bereits seit 1775 ist das Schloss verfallen und die Mixtur aus bröckelnden Ziegeln und grauem Felsen wirkt unheimlich und schön zugleich. Die Ruine ist ein erstklassiges Plätzchen für ein Picknick mit Blick auf die Kirchtürme und Bäche am Fuß des Hügels.

Das **Kunsthandwerkszentrum Ludza** (☎2946 7925; www.ludzasamatnieki.lv; Tālavijas iela 27a; ⌚Di–Sa 9–17 Uhr) bietet ein ausgezeichnetes Sortiment an örtlichen Handarbeiten. Zum Zentrum gehören drei Werkräume, in denen die Künstler ihre Arbeit perfektionieren. Wer sich vorab telefonisch anmeldet, kann die althergebrachten Techniken des Spinnens, Töpferns und Nähens auch selbst ausprobieren. Neben historischem Werkzeug gibt es hier auch eine lettgallische Tracht, die für Fotos anprobiert werden darf.

ℹ Anreise & Unterwegs vor Ort

Ludza liegt 26 km östlich von Rēzekne an der A12 nach Russland. Aufgrund wartender Fahrzeuge am Grenzübergang fließt der Verkehr hier nicht immer ganz so gut (am Straßenrand stehen zahlreiche mobile Toiletten für die LKW-Fahrer, die stundenlang auf die Zollabfertigung warten). Stündlich fährt ein Bus nach Rēzekne und einmal am Tag nach Rīga.

KRĀSLAVA

19 700 EW.

Das verschlafene Krāslava liegt nur 6 km nördlich der weißrussischen Grenze an der Südspitze der Latgaler Seenlandschaft. Es wurde im 18. Jh. von einem polnischen Adligen als Handelszentrum an der Daugava gegründet und viele polnische Handwerker sind daraufhin hierhergezogen, um mit wohlhabenden Juden und Russen Handel zu treiben. Daher ist ein Großteil der Bevölkerung katholisch und es gibt mehrere weiß getünchte Gotteshäuser wie die **St.-Donath-Kirche** an der Hauptstraße.

Einen schönen Blick über die Stadt bietet der **Karņička-Hügel**, auf dem ein großes Kreuz steht: das Grabmal eines aus Liebe gestorbenen Soldaten. Der Legende nach wurde ein junger polnischer Offizier zu einem Fest auf Schloss Krāslava eingeladen und verliebte sich in die Tochter des adeligen Herrn. Sie erwiderte seine Gefühle, doch der Vater weigerte sich, den beiden seinen Segen zu geben. Verzweifelt bei dem Gedanken, ohne einander leben zu müssen, entschlossen sie sich, gemeinsam in den Tod zu gehen. Schlag Mitternacht wollte die Adelstochter in ihrem Schlafgemach eine Kerze entzünden und sich dann aus dem Fenster stürzen. Der Offizier wollte sich erschießen, sowie er das Licht aus ihrem Schlafzimmer erblickte. Er drückte auch tatsächlich ab, während seine Geliebte von ihrer Amme am Springen gehindert wurde.

Vom Karņička-Hügel aus wird deutlich, warum Krāslava auch als lettische „Gurkenstadt" bezeichnet wird: Zwischen den einfachen Holzhäusern sind massenhaft Gurkenfelder zu erkennen.

In seinem **Töpferstudio** (☎2912 8695; valdispaulins@inbox.lv; Dūmu iela 8; Gruppenvorführungen 5 Ls, Ton 0,50 Ls; ⌚9–19.30 Uhr) setzt sich das freundliche Ehepaar Valdis und Olga Paulins für die Bewahrung der traditionellen lettgallischen Töpferkunst ein. Verständigen kann man sich auf Deutsch.

Einen Topf oder eine Vase zu modellieren, erfordert zwar etwas Zeit und Talent, doch wie man eine Entenpfeife töpfert, hat jeder rasch begriffen – danach kann man sich dann darüber amüsieren, wo in dieses Teil hineingeblasen wird.

Die P161 in Richtung Dagda führt zu zwei hübschen Ferienorten am See. Die Schilder „Konstantanova“ weisen den Weg zum Familienparadies **Dridži** (☎2944 1221; www.dridzi.lv; Zelt 4 Ls, Wohnmobil 7 Ls, DZ wochentags/am Wochenende 20/25 Ls, Hütte wochentags/am Wochenende 50/60 Ls). Hier gibt's Volleyballnetze, Schleppschiffe, Flöße und einen malerischen Hügel mit mehreren kleinen Holzpavillons. Jedes der Häuschen hat eine komplett ausgestattete Küche. **Sauleskalns** (☎2619 0186; info@skalns.lv) liegt ebenfalls am Dridži-See und ist im Winter wegen des sanften und landesweit längsten Skihangs beliebt. Im Sommer kann man sich ein Boot ausleihen und auf dem tiefsten See der Region paddeln. Zur Zeit unserer Recherchen sollten gerade neue Motelzimmer mit Blick aufs Wasser eröffnet werden. Beide Ferienzentren sind ganzjährig geöffnet.

Wer gerne reitet, kann das im **Reitstall Klajumi** (☎2947 2638; www.klajumi.lv; 2-/4-/7-Tage-Touren 75/189/359 Ls, 1 Std. im Schritt 10 Ls) tun. Er liegt 11 km südwestlich von Krāslava nahe Kaplava. Ilze, die Eigentümerin, kommt aus einer Familie, die seit vielen Generationen Pferde züchtet. Sie bietet unterschiedlichste Aktivitäten an: von mehrtägigen Ausritten bis zu kurzen Runden am Nachmittag. Das charmante Gästehaus (wochentags/am Wochenende 30/50 Ls) sieht aus wie ein Lebkuchenhäuschen und bietet eine Sauna (die gleichzeitig eine Dusche ist), eine Kochnische und einen erhöhten Schlafraum mit TV. Die Toilette befindet sich in einem separaten Klohäuschen.

ℹ Anreise & Unterwegs vor Ort

Nach Krāslava nimmt man entweder die A6 von Daugavpils nach Osten oder die P62 ab Aglona. Täglich fährt ein Bus von Krāslava nach Aglona und weiter bis Preiļi.

AGLONA

So unglaublich es klingen mag, das winzige Aglona gehört zu den meistbesuchten Städten Lettlands. Das ist wohl vor allem der **Basilika von Aglona** (☎6538 1109; Cirisu iela 8; ⏲Souvenirshop/Information Mo–Fr 10–15 & 16–19, Sa & So 9–15 & 16–19 Uhr) geschuldet, die vor über 300 Jahren von einer Gruppe dominikanischer Wandermönche erbaut wurde, nachdem diese in einem Fichtenwäldchen eine Heilquelle entdeckt hatten (Aglona ist ein altes Dialektwort für „Fichte“). Obwohl die Schwefelquelle bereits 100 Jahre später ihre Kraft verloren hatte, kommen bis heute Pilger hierher und benutzen das Quellwasser für religiöse Zeremonien – vor allem an Christi Himmelfahrt (15. August).

Die Kirche aus dem 18. Jh. liegt am Ufer des Egles-Sees auf einer weiten Grasfläche, die 1993 für den Besuch von Papst Johannes Paul II. angelegt wurde, der gekommen war, um der Kirche den Titel „Basilica Minoris“ (kleine Basilika) zu verleihen. Einer ihrer zehn Altäre birgt eine wundertätige Ikone der Jungfrau Maria, die Aglona 1708 vor der Pest gerettet haben soll. Gottesdienst wird wochentags um 7 und 19 Uhr gefeiert und sonntags um 10, 12 und 19 Uhr. Der Rosenkranz wird wochentags um 12 und sonntags um 9.30 Uhr gebetet.

Das **Brotmuseum** (Aglonas maizes muzejs; ☎2928 7044; www.latvia.travel/en/aglona-bread-museum; Daugavpils iela 7; Gruppeneintritt 25 Ls; ⏲Mo–Sa 9–18 Uhr) informiert über Geschichte und Tradition des lettgallischen Schwarzbrots. Für die Verständigung ist es ratsam, vorher telefonisch um einen Dolmetscher für die einstündige Vorführung zu bitten. Auch wer nicht so viel Zeit hat, sollte sich das frisch gebackene Brot nicht entgehen lassen. Durch ein kleines Fenster kann man den Bäckern bei der Arbeit zusehen.

Über dem Brotmuseum gibt es eine kleine **Pension** (☎2928 7044; Daugavpils iela 7; B 10 Ls) mit mehreren hübschen, pastellfarbenen Zimmern. Einen Block weiter am Cirišs-See steht eine zweite passable Unterkunft namens **Aglonas Cakuli** (☎6537 5465; http://aglonascakuli.lv; Ezera iela 4; EZ/DZ ab 15/25 Ls).

Etwa 10 km südlich von Aglona liegt der **Teufelssee** (☎6564 1332; www.lvm.lv) oder Čertoks („kleiner Teufel“). Seit Jahrhunderten erzählt man sich hier die Legende von einem niederträchtigen Dämon, der in den Tiefen des stillen Wassers hausen soll. In der Nähe des Sees spielen Kompassnadeln und empfindliche Geräte verrückt. Wissenschaftler vermuten, dass auf dem Grund ein magnetischer Meteor liegen könnte. Andere sagen, der Name habe überhaupt nichts mit einem keinen Teufel zu tun, sondern gehe auf das russische Wort *Čertog* zurück, das so viel wie „schöner Ort“ bedeutet. Erreichbar ist der See über die P62 in Richtung Krāslava. Ausgeschildert ist er allerdings nicht (um einer Besucherschwemme vorzubeugen). Die freundlichen Mitarbeiter der **Touristeninformation Aglona** (☎6532 2100; www.aglona.lv, auf Lettisch; Somersētas iela 34; ⌚Juni–Aug. Mo–Fr 10–18, Sa bis 15, Sept.–Mai Mo–Fr 9–17 Uhr) können aber den Weg beschreiben. Die **Bibliothek** (Daugavpils iela 37; ⌚Mo–Fr 10–18, Sa bis 15 Uhr; 📶) bietet kostenlosen Internet- und WLAN-Zugang.

ℹ Anreise & Unterwegs vor Ort

Das Dorf Aglona liegt zwischen dem Egles- (im Osten) und dem Cirišs-See (im Westen), 31 km nördlich von Krāslava an der P62. Es ist 9 km von der Hauptstraße Daugavpils–Rēzekne (A13) entfernt, die quer durch den westlichen Teil des Seengebiets verläuft. Täglich verkehren mehrere Busse zwischen Aglona und Preiļi.

PREIĻI

11 600 EW.

In der Provinzstadt Preiļi gibt es nicht wirklich viel zu sehen. Doch für Neuankömmlinge im Seengebiet lohnt sich ein Besuch der **Touristeninformation** (tic@preili.lv; Kārsavas iela 4; ⌚Juni–Aug. Mo–Sa 8.30–17, Sept.–Mai Mo–Fr 8.30–17 Uhr). Die Englisch sprechenden Mitarbeiter haben Vorschläge für Aktivitäten und helfen bei der Zimmerbuchung im örtlichen Landgasthof. Die angegliederte **Bibliothek** (⌚Mo–Fr 10–20, Sa & So bis 17 Uhr; 📶) bietet kostenlosen Internet- und WLAN-Zugang. Zu beachten ist die Mittagspause zwischen 12 und 12.30 Uhr.

In **Aizkalne** (auch bekannt als Jasmuiža), 12 km südlich der Stadt, schrieb Jānis Rainis (1865–1929), der auch als „lettischer Shakespeare" bezeichnet wird, einige seiner ersten Werke. Das kleine **Rainis-Museum** (☎6535 4677; Eintritt 0,30–0,70 Ls; ⌚Mitte Mai–Nov. Di–Sa 10–17 Uhr) zeigt sowohl traditionelle einheimische Keramik als auch wechselnde Literaturausstellungen zu Ehren des Schriftstellers.

ℹ Anreise & Unterwegs vor Ort

Preiļi liegt etwa auf halber Strecke zwischen Daugavpils und Rēzekne, ungefähr 16 km nördlich der Kreuzung von A13 und P62. Täglich fährt ein Bus von Preiļi nach Aglona und weiter bis Krāslava.

LETTLAND VERSTEHEN

Lettland aktuell

Was waren das für zwei turbulente Jahrzehnte, seit sich das kleine Lettland 1991 von der Sowjetunion gelöst hat! Die frisch geschlüpfte Nation ist in postsowjetischer Zeit schnell zu einer frei denkenden Gesellschaft gereift, die sich unbedingt auf der Weltbühne etablieren möchte. Estland orientiert sich an den skandinavischen Ländern, Litauen hat offenbar Polen als Vorbild gewählt, Lettland derweil wendet sich auf der Suche nach Inspiration in alle Richtungen. Obwohl die Region auf mehrere tausend Jahre Geschichte zurückblickt, ist das moderne Lettland noch nicht klar definiert.

Allem Anschein nach ist der Versuch, die aus der Weltwirtschaftskrise resultierenden ökonomischen Schwierigkeiten des Landes zu beseitigen, vorrangig von politischen Intrigen gezeichnet. Das Parlament reibt sich vor allem daran auf, dass drei russische Oligarchen unverhältnismäßig viel Einfluss in Lettland haben und die Nation zu weit in Richtung Russland drängen. Der frühere Präsident Zatlers forderte sogar eine Auflösung des Parlaments, als ein paar Gesetze zum Schutz des Landes vor einer Oligarchie nicht verabschiedet wurden. Und so kam es dann auch 2011 bei Amtsantritt des neuen Präsidenten Andris Bērziņš. Aktuell sieht es so aus, dass die zukünftigen politischen und wirtschaflichen Beziehungen zu Russland noch vollständig neu definiert werden müssen, aber alles deutet darauf hin, dass die beiden Länder in den kommenden Jahren näher zusammenrücken werden.

Die Finanzkrise hat Lettland hart getroffen, doch aus den Trümmern hat sich eine Subkultur von Künstlern herausgebildet. Viele Menschen, die in den stürmischen Zeiten arbeitslos geworden sind, haben schließlich ihre Hobbys zum Beruf gemacht. Der plötzliche Boom der lokalen Kunstszene, sei es im Bereich Mode, Architektur, Musik, Blogging oder Design, hat in Rīga die Ära des „Hipstertums" eingeläutet.

Geschichte

Die Anfänge

Die frühesten menschlichen Spuren in der Region stammen aus der Steinzeit. Die Letten sind jedoch Nachkommen von Siedlerstämmen aus Weißrussland, die sich um 2000 v. Chr. als Fischer an den baltischen Küsten niederließen. Sie profitierten von den reichen Bernsteinvorkommen, denn bis ins Mittelalter hinein war dieser „Stein" vielerorts wertvoller als Gold.

Es entwickelten sich vier baltische Hauptstämme: die Selen, die Letten (oder Lettgaller), die Semgaller und die Kuren. Die letzten drei waren namensgebend für drei der vier

Hauptregionen Lettlands: Latgale, Zemgale und Kurzeme. Die vierte Region, Vidzeme (Livland), erhielt ihren Namen von den Liven, einem finno-ugrischen – nicht mit den Balten verwandten – Volk (S. 239). In den folgenden Jahrhunderten unter fremder Herrschaft verschmolzen diese Stämme und entwickelten eine gemeinsame Identität als Letten. Bis zur Ankunft der ersten christlichen Missionare im 12. Jh. waren sie Heiden.

Christentum

Die ersten Missionare kamen 1190 nach Lettland und versuchten, die heidnische Bevölkerung zu bekehren. Doch das war ein mühsames Geschäft: Kaum waren die Missionare wieder fort, sprangen die frisch gebackenen Christen in den Fluss, um das Taufwasser abzuwaschen. In späteren Jahren kamen weitere Missionare und immer mehr Letten nahmen den christlichen Glauben an – um sich anschließend wieder davon loszusagen.

1201 eroberten deutsche Kreuzfahrer auf Anweisung des Papstes Lettland und gründeten Rīga. Angeführt wurden sie von Bischof Albert von Buxhoeveden bei Bremen, der den Schwertbrüderorden gründete und Rīga zu seiner Basis für die Christianisierung Lettlands machte. Den Kreuzfahrern folgten Siedler aus Norddeutschland. In der ersten Epoche deutscher Herrschaft war Rīga eine der wichtigsten Städte im Ostseeraum – Drehscheibe für den Handel zwischen Russland und dem Westen und seit 1282 auch Hansestadt. Pelze, Häute, Honig und Wachs zählten zu den Produkten, die aus Russland über Rīga in den Westen gelangten.

Zwischen 1253 und 1420 kam es immer wieder zu Machtkämpfen zwischen der Kirche, den Rittern und den Stadtvätern. Rīgas Bischof, der 1252 zum Erzbischof ernannt wurde, war in den deutsch besetzten Gebieten der Landesfürst und regierte einen Großteil von Livland und Estland indirekt durch seine Bischöfe. Die Kirche lag ständig im Kampf mit den Rittern, die den Rest von Livland und Estland kontrollierten, und mit den deutschen Kaufleuten und Stadtverwaltungen, die sich in dieser Zeit eine gewisse Unabhängigkeit bewahren konnten.

Schweden, Polen & Russland

Das 15., 16. und 17. Jh. war geprägt von Kämpfen und Streit um die Aufteilung des Territoriums des heutigen Lettlands. Es lag genau im Schnittpunkt mehrerer aufstrebender Königreiche, die das Gebiet strategisch nutzen wollten. Zu jener Zeit verbreiteten sich die Thesen von Martin Luther und die Ideale des evangelischen Glaubens auch nach Osten. Rīga wurde schnell zu einem Zentrum der Reformation und die führenden Kaufleute schlossen sich dieser Lehre an. Die engagierten religiösen Bewegungen führten zur Entwicklung einer lettischen Schriftsprache.

Westlettland gewann an Einfluss unter dem Herzogtum Kurland – einem halbautonomen Reich, regiert vom Herzog Kettler, der auch in Gambia und auf Tobago verstreute Kolonien gründete. Gleichzeitig wurde der Südosten des Landes von Polen aus erobert und Rīga sowie der Nordosten von den Schweden. Ende der 1620er-Jahre fielen die Russen ein und rissen im Zuge des Großen Nordischen Krieges (1700–21) das gesamte Gebiet an sich.

Nationalbewegung

Eine gemeinsame, nationale Identität entwickelte sich im 17. Jh., als die bäuerlichen Nachkommen der ursprünglichen Stämme einen Zusammenschluss mit dem Namen „Lettland" bildeten. Mitte des 19. Jhs. wurde diese Identität durch das Erscheinen lettischsprachiger Zeitungen und das erste Sängerfest gestärkt. Die Bauern versammelten sich in den Städten, um ihre Gleichberechtigung zu fordern. Politische Parteien wurden gegründet und organisierten Arbeiterstreiks, um die verbliebene deutsche Aristokratie aus dem Land zu verdrängen. Demokratische Führungskräfte bezeichneten diesen Freiheitskampf später als „Lettische Revolution".

Erste Unabhängigkeit

Aus den Wirren nach dem Ersten Weltkrieg ging ein unabhängiger, lettischer Staat hervor, der am 18. November 1918 ausgerufen wurde. In den 1930er-Jahren hatte Lettland einen der höchsten Lebensstandards in Europa erreicht. 1934 setzte ein unblutiger Putsch, angeführt von Lettlands erstem Präsidenten, Kārlis Ulmanis, der parlamentarischen Regierung ein Ende.

Die Sowjets waren die Ersten, die Lettlands Unabhängigkeit anerkannten. Doch schon 1939 wurde der deutsch-sowjetische Nichtangriffspakt (auch Hitler-Stalin- oder Molotow-Ribbentrop-Pakt) geschlossen und die Sowjets fielen in Lettland ein. Es folg-

EIN PRÄSIDIALES GÜTESIEGEL

Die frühere Präsidentin Vaira Vīķe-Freiberga machte sich in der EU als politische Schlüsselfigur einen Namen. Sie war das erste weibliche Staatsoberhaupt Lettlands und behauptete diese Position über zwei Amtsperioden hinweg (1999–2007). Die starke Führungspersönlichkeit – eine kanadische Auswanderin – wurde mit offenen Armen in ihrem Heimatland empfangen. Sie sollte Lettland aus der ökonomischen Krise und in Richtung EU-Mitgliedschaft lenken.

Wir trafen uns mit ihr, um über ihr Leben außerhalb des politischen Rampenlichts zu sprechen. Sie beschrieb uns ihre Sicht auf Lettland – nach den langen Jahren im Ausland – aus der Perspektive einer Außenstehenden.

„In Riga gibt es drei Dinge, die man sich nicht entgehen lassen sollte: die eindrucksvolle Jugendstilarchitektur, das Schwarzhäupterhaus, in dem ich früher meine Staatsbanketts abgehalten habe, und die Oper mit einem der meiner Meinung nach besten Ensembles der Welt.

Neben Rīga, das früher übrigens einen größeren Hafen besaß als Stockholm, dürften die zahlreichen Festivals für Besucher interessant sein, die vor allem in der Sommersaison im ganzen Land stattfinden. Meine Favoriten unter den Musikveranstaltungen finden in Sigulda, Bauska und Rundāle statt. Der Rundāle-Palast ist zweifellos der berühmteste des Landes. Mir persönlich gefallen jedoch die elegante Architektur und interessante Geschichte des Schlosses in Stāmeriena (S. 271) besonders gut. Sehenswert ist auch die Holzarchitektur des Landes – vor allem in Kurzeme.

Wer gerne in der Natur unterwegs ist, sollte einen Aufenthalt in Jūrmala an der Rigaer Bucht (S. 230) mit einplanen. Ich habe ein paar schöne Erinnerungen an Treffen mit ausländischen Amtsträgern auf dem präsidialen Anwesen in Jūrmala. Besonders erinnere ich mich an einen traumhaften Sonnenuntergang, den ich dort bei einem Barbecue mit Boris Jelzin erlebt habe. Die Bucht ist ziemlich seicht und damit ideal für Familien. Im Sommer ist das Wasser teilweise sogar wärmer als am Mittelmeer."

ten Nationalisierung, Morde und Massendeportationen nach Sibirien. 1941 bis 1945 war Lettland ganz oder teilweise von Nazideutschland besetzt. Schätzungen zufolge wurden 175 000 Letten – größtenteils Juden – getötet oder deportiert.

Sowjetische Herrschaft

Nach Ende des Zweiten Weltkriegs marschierten die Sowjets wieder ein – nach eigenen Angaben, um das Land vor den Nazis zu „retten". Lettland musste sich der kommunistischen Ideologie beugen und es folgte eine weitere Welle von Deportationen. Qualmende Fabriken schossen aus dem Boden und das ganze Land arbeitete wie ein Ameisenstaat. Jede Individualität wurde unterdrückt. Die schönen Landsitze und kosmopolitischen Stadthäuser wurden „verstaatlicht" und die Menschen in triste Wohnblocks gesteckt.

Zum ersten öffentlichen Protest gegen die sowjetische Besatzung kam es am 14. Juni 1987, als sich 5000 Menschen am Freiheitsdenkmal in Rīga versammelten, um der 1941 nach Sibirien deportierten Landsleute zu gedenken. Im Sommer 1988 erschienen neue politische Organisationen auf der Bildfläche, von denen die Lettische Volksfront (PLF) bald die Führung übernahm. Knapp zwei Monate später, am 23. August 1989, bildeten 2 Mio. Letten, Litauer und Esten eine 650 km lange Menschenkette von Vilnius durch Rīga bis Tallinn, um damit an den 50. Jahrestag des Hitler-Stalin-Paktes zu erinnern.

Der Weg in die Zukunft

Obwohl der entscheidende Moskauer Putschversuch 1991 scheiterte, wurde die Sowjetunion durch ihn so stark erschüttert, dass sich Lettland loslösen konnte. Am 21. August 1991 erklärte es seine Unabhängigkeit. Bereits am 17. September 1991 trat es – zusammen mit Estland und Litauen – der UNO bei und begann so, die neu gewonnene Unabhängigkeit zu festigen. Aus den ersten demokratischen Wahlen 1993 ging Guntis Ulmanis (ein Nachfahre von Kārlis Ulmanis) als Staatspräsident hervor. Seine neue Regierung stolperte von einer Krise in die nächste. Nach dem Zusammenbruch der größten lettischen Handelsbank folgte ein Premierministerwechsel nach dem anderen.

Vaira Vīķe-Freiberga – eine gebürtige Lettin, die fast ihr ganzes Leben in Kanada verbracht hatte – gewann die Präsidentschaftswahlen 1999 mit dem Versprechen, Lettland an die EU-Mitgliedschaft heranzuführen. Es war keine leichte Aufgabe, die antiquierten Sowjetfesseln abzuschütteln, doch am 1. Mai 2004 öffnete die EU der jungen Nation ihre Pforten. Von 2004 bis 2007 verzeichnete das ehemalige baltische Schlusslicht (und einst das ärmste Land der EU) das höchste Wachstum der Union – obwohl zugleich Tausende von Letten ihre Heimat verließen, um in Irland und anderen Ländern Arbeit zu finden.

Wie sich jedoch herausstellen sollte, war ein Großteil der modernen lettischen Wirtschaft ähnlich stabil wie ein Kartenhaus und so geriet die Binnenwirtschaft ins Straucheln, als im Zuge der Weltwirtschaftskrise Ende 2008/Anfang 2009 zu viel Geld ausgegeben und geliehen wurde. Diese Entwicklung begünstigte den Aufstieg dreier Oligarchen und führte zu einer plötzlichen Hinwendung gen Russland. Während sich die übrigen baltischen Staaten an europäischen Ländern orientieren, blickt die lettische Regierung nach Osten, um politische und wirtschaftliche Allianzen zu schmieden. Als sich Präsident Zatlers' Amtszeit dem Ende neigte, forderte er die Auflösung des Parlaments. Dies geschah denn auch wirklich, nachdem Andris Bērziņš 2011 zum neuen Präsidenten gewählt worden war. Auf diese Weise versuchte die lettische Regierung, der inoffiziellen oligarchischen Herrschaft ein Ende zu bereiten.

Bevölkerung

Zwanglose Begrüßungen sind auf den Straßen selten zu hören, dennoch sind die Letten ein nettes und gastfreundliches Volk. Ihre Kultur mag auf Außenstehende etwas verschlossen wirken, aber dieser Zurückhaltung – vermutlich die Folge jahrhundertelanger Fremdherrschaft – ist es zu verdanken, dass Lettland seine Sprache und Kultur bis heute bewahren konnte. Aber nach und nach öffnet sich das Land und seine Furcht gegenüber Fremden verschwindet allmählich. Die lettischen Bürger sind sich ihrer Freiheit bewusst und die jüngere Generation wächst sehr viel weltoffener auf (größtenteils dreisprachig: Lettisch, Russisch und Englisch).

Die traditionelle Rolle der lettischen Frau beinhaltete neben Heim und Herd die Weitergabe überlieferter Lieder, Rezepte, Legenden und Geschichten. Die Männer waren – gestärkt von den gut gehüteten Bräuchen – für die Verteidigung des Landes zuständig. Frauen spielen unverändert eine zentrale Rolle in der Familie, besetzen aber zudem führende Posten in Wirtschaft und

AUF DEM WEG IN EINE GRÜNE ZUKUNFT

In den letzten 20 Jahren hat sich, was den Umweltschutz betrifft, in Lettland einiges bewegt. Finanziell begünstigt wurde diese Entwicklung durch Steuerreformen sowie durch private und EU-Finanzspritzen. Nach der Unabhängigkeit machte sich das kleine Land sofort an die Behebung der Umweltschäden aus der Sowjetzeit. Seit 1990 wurde die Belastung durch die Industrie um 46 %, und die durch Abwässer um 44 % reduziert. Über 1300 Klärwerke sorgen heute für eine gute Wasserqualität im Land; die Flüsse Daugava und Lielupe gelten deshalb wieder als „gute Karpfengewässer". Auch die Verwendung von Pestiziden und chemischen Düngemitteln, die während der Sowjetherrschaft sehr verbreitet waren, wird nun stärker kontrolliert. Rund 200 Höfe mit über 2750 ha Ackerland verzichten ganz auf Kunstdünger, wodurch die Belastung der Luft entscheidend reduziert werden konnte.

Dank dieser Fortschritte hat das Wasser an der lettischen Ostseeküste und an der Rigaer Bucht wieder zunehmend Badequalität. An den Stränden von Jūrmala, Ventspils und Liepāja weht sogar die blaue Flagge (es gibt ein strenges Bewertungssystem für Badestrände).

2002 wurde die Lettische Strategie zur nachhaltigen Entwicklung verabschiedet, ein breit angelegtes Konzept, das ökologische, gesellschaftliche und wirtschaftliche Bemühungen kombiniert, um die Zukunft des Landes zu sichern.

Nähere Informationen zu Umweltfragen und gezielten Plänen sind der Internetseite des Lettischen Umweltministeriums (www.vidm.gov.lv) zu entnehmen.

Politik – auch wenn die Gleichberechtigung noch nicht ganz erreicht ist. Über 33 % aller Geschäftsführer sind Frauen und Lettlands bekannteste Persönlichkeit als Regierungschef war Präsidentin Vaira Vīķe-Freiberga.

Das lettische Volk ist sehr naturverbunden und pflegt seine heidnischen Traditionen auch im Alltag, obwohl es der evangelischen Kirche angehört (die russisch-stämmigen Einwohner sind größtenteils römisch-katholisch, russisch-orthodox oder altorthodox). Weit verbreitete Bräuche stehen oft mit heimischen Wildtieren in Zusammenhang. In ländlichen Gegenden stellen viele Familien hohe Holzpfosten in den Garten, um Störche anzulocken, die angeblich die Kinder bringen. Außerdem sind die Letten große Blumenfreunde. Wer irgendwo eingeladen ist, sollte stets einen Strauß für die Gastgeber mitbringen. Er muss aber unbedingt aus einer ungeraden Anzahl von Blumen bestehen, denn Sträuße mit gerader Zahl sind bei Beerdigungen üblich.

Kunst & Kultur

Kino

Der 1940 gedrehte Film *Der Fischersohn (Zvejnieka dēls)* markiert die Schnittstelle zwischen zwei wichtigen Epochen der lettischen Filmgeschichte. Einerseits war er der erste lettische Tonfilm in voller Länge, zugleich aber auch eines der letzten großen Werke vor dem Zweiten Weltkrieg und den darauf folgenden Jahren der Unterdrückung. Zu Beginn der UdSSR-Zeit produzierte das staatliche Dokumentarfilmstudio Rīga zahlreiche Streifen, die aber meist stark von Propaganda geprägt waren. Andere Filme mussten den ideologischen Normen der kommunistischen Regierung entsprechen, was jede Kreativität im Keim erstickte. Nach Stalins Tod 1953 hatten Regisseure etwas freiere Hand, doch Ironie und Satire konnten sich erst in den 1980er-Jahren durchsetzen. Bis dahin wurden vor allem berühmte lettische Legenden und moderne Romane verfilmt.

Der lettische Regisseur Jānis Streičs hat eine Reihe von Filmen gedreht, die Lettlands turbulente Vergangenheit zum Thema haben. *Limousine in der Farbe der Mitsommernacht* (1981) und *Das Menschenkind* (1991) sind wegen ihrer Mischung aus Ironie und Humor noch immer sehr beliebte Filme. *Das Menschenkind* handelt von einem Jungen, der im sowjetisch besetzten Lettland aufwächst und sich verliebt. Der Film erhielt 1992 den Großen Preis von San Remo und war 1994 als bester ausländischer Film für einen Oscar nominiert. Ein neuerer Film Streičs', *Das Geheimnis der alten Dorfkirche* (2000), berührt das heikle Thema der lettischen Kollaboration mit den deutschen und sowjetischen Besatzern im Zweiten Weltkrieg.

Eine weitere wichtige Filmemacherin ist Laila Pakalnina, deren Spielfilm *Der Schuh* über das besetzte Lettland in seinem Entstehungsjahr 1998 zur offiziellen Auswahl beim Filmfestival in Cannes gehörte. Pakalninas Film *Der Postbote* (1996) zeigt die Isolation Lettlands, symbolisiert durch den einsamen Zusteller der Morgenpost.

In ländlichen Orten wie Kuldīga werden oft historische Filme gedreht, während die Regisseure anderer Genres die Filmstadt Cinevilla (S. 237) vorziehen, die heute eine beliebte Touristenattraktion ist.

Die offizielle Internetseite des Nationalen Filmzentrums www.latfilma.lv bietet ausführliche Informationen über lettische Filme, Regisseure, Festivals, Produzenten und vieles mehr.

Volksmusik & Tanz

Die traditionelle Volksmusik hat in der lettischen Kultur schon immer eine wichtige Rolle gespielt, wenngleich die Musik erst Mitte des 19. Jhs. als eigenständige Kunstform anerkannt wurde. 1869 begann Jānis Cimze Volkslieder zu katalogisieren, von denen einige mehr als 1000 Jahre alt waren. Seine Sammlung von mehr als 20 000 Melodien bildete die Basis für Lettlands erstes Sängerfest, bei dem sich Tausende von Sängern zu riesigen Chören zusammenfanden, um die traditionelle Volksmusik zu zelebrieren. Während der sowjetischen Besatzung dienten diese Festivals zur Stärkung der nationalen Identität. Sie trugen letztlich dazu bei, dass sich die Letten gegen die Besetzer auflehnten. Das Sängerfest findet alle fünf Jahre statt (das nächste Mal im Juli 2013) und vereint unzählige Stimmen zu einer eindrucksvollen patriotischen Demonstration.

In der Nationaloper, die 1996 nach ihrer Renovierung wieder eröffnet wurde, hat auch das Rīgaer Ballett seinen Sitz. Dort traten in den sowjetischen Jahren Stars wie Mikhail Baryshnikov und Aleksander Godunov auf. Die Oper selbst gilt als eine der besten Europas. Dank billiger Eintrittskarten steht sie einem breiten Publikum offen, das dem Theater mit großem Zuspruch begegnet.

Ganz Lettland fieberte mit, als Patra Vetra – auch unter dem Namen Brainstorm bekannt – beim Eurovision Songcontest 2000 den dritten Platz belegte, und alle waren aus dem Häuschen als sich Marie N (Marija Naumova) schließlich 2002 den ersten Platz sicherte.

Bildende Kunst & Architektur

Lettland bietet ein breites Spektrum an bildender Kunst. Besonders beeindruckend ist die Jugendstilarchitektur, von der Rīga mehr zu bieten hat als jede andere europäische Stadt – derzeit 750 Gebäude und die Renovierungen gehen weiter. Einzelheiten dazu und Näheres zu einem interaktiven Stadtrundgang stehen auf S. 212.

Lettlands erster großer Maler, Jānis Rozentāls, lebte in Rīgas Jugendstilviertel. Sein ehemaliges Wohnhaus ist heute ein Museum (S. 209). Der in Daugavpils geborene Mark Rothko ist der wohl berühmteste lettische Künstler überhaupt. Obwohl er eigentlich in den USA aufgewachsen ist, führte das aktuelle Interesse an ihm und seinen Werken zur Eröffnung eines neuen, modernen Kunstzentrums (S. 273), das den Tourismus in der ansonsten recht ruhigen Region Latgale ankurbeln soll.

Essen & Trinken

Wer gern isst, aber auf seinen Cholesterinspiegel achten muss, sollte nicht ohne fettarmen Proviant aus dem Haus gehen, denn die traditionelle lettische Küche ist (gelinde gesagt) ziemlich deftig. Jahrhundertelang war Essen hier lediglich eine Notwendigkeit und obwohl sich die Dinge in Rīga allmählich ändern, kommen vorwiegend fetthaltige Speisen mit Schweinefleisch und Kartoffeln auf den Tisch.

Typisches & Spezialitäten

Ein Besuch auf dem Markt, z. B. auf dem Rīgaer Zentralmarkt (S. 205), zeigt rasch, was die Menschen hier lieben: reichlich gebratenes Fleisch und unterschiedliche Würste, Räucherfisch (Hering, Hecht, Forelle oder Lachs), Bratkartoffeln, gekochtes Gemüse und massig Schweineschmalz. Auch Milchprodukte sind sehr beliebt: *biezpiens* (Hüttenkäse), *siers* (Käse) sowie *rūgušpiens* (Quark) sind wichtige Bestandteile vieler lettischer Rezepte. Und während der sowjetischen Besatzungszeit galten lettische Milchprodukte in der gesamten UdSSR als Delikatessen.

In den Sommermonaten ist das Pflücken von Beeren fast schon ein Nationalsport. Im Herbst lösen frisch gesammelte Pilze, Preiselbeeren und Nüsse die Erdbeeren und Himbeeren an den kleinen Verkaufsständen ab. Auch Honig ist eine beliebte Delikatesse. Die Letten sind begeisterte Imker und auf vielen Höfen gibt es Bienenstöcke und Vorrichtungen für die Herstellung von Honig.

Naschkatzen werden von den leckeren Obstkuchen und -törtchen *(kūka)* aus frisch gepflückten Beeren begeistert sein. Im Westen Lettlands werden aus süßer Sahne und Schwarzbrot noch alte Kurland-Desserts nach Wikingerart hergestellt. Besonders empfehlenswert ist *rupjmaizes kārojums/kārtojums,* dessen Geschmack an Schwarzwälder Kirschtorte erinnert.

Kater zum Selbermachen

Keinesfalls entgehen lassen sollte man sich Lettlands berühmten Schwarzen Balzām *(Melnais Balzāms),* den schon Goethe als „Lebenselixier" bezeichnete. Das geheime Rezept dieses tückischen, tiefschwarzen Gebräus mit 45 % Alkohol hat im 18. Jh. der aus Rīga stammende Apotheker Abraham Kunze erfunden. Orangenschalen, Eichenrinde, Wermut und Lindenblüten zählen zu den 14 legendären Ingredienzen, die dafür in den Hexenkessel kommen. Die meisten lettischen Rentner schwören auch auf seine gesundheitsfördernde Wirkung. Der Name kommt von *balsamon,* der altgriechischen Bezeichnung für eine süßlich duftende Wundsalbe. Die undurchsichtige Keramikflasche mit schwarz-goldener Rīga-Skyline erinnert an die Tonkrüge, in denen das gehaltvolle Gebräu im 18. und 19. Jh. – vor Sonnenlicht geschützt – aufbewahrt wurde. Auf S. 285 stehen Cocktailrezepte mit Schwarzem Balzam.

Alus (Bier) ist das traditionsreiche Lieblingsgetränk der Letten und für seine geringe Größe hat das Land erstaunlich viele Brauereien. Der halbe Liter kostet am Kiosk (jeder Kiosk verkauft Bier) etwa 0,50 Ls und

PREISKATEGORIEN ESSEN

Basierend auf dem Durchschnittspreis für ein Hauptgericht haben wir in diesem Kapitel folgende Preiskategorien festgelegt.

- **€** weniger als 5 Ls
- **€€** 5–10 Ls
- **€€€** mehr als 10 Ls

SPRACHFÜHRER ESSEN

Die meisten Restaurants haben heute Speisekarten auf Englisch, aber natürlich spricht nichts dagegen, den Kellner mit einer Bestellung auf Lettisch zu beeindrucken. Im Folgenden haben wir ein paar praktische Sätze zusammengestellt.

Nützliche Wendungen

Einen Tisch für ... Personen, bitte.	*Lūdzu galdu ... personām.*
Haben Sie eine Speisekarte?	*Vai jums ir ēdienkarte?*
Ich bin Vegetarier.	*Es esmu veģetārietis/te* (m/f).
Was empfehlen Sie?	*Ko jūs iesakat?*
Ich hätte gern ...	*Es vēlos ...*
Die Rechnung, bitte.	*Lūdzu rēķinu.*

Glossar Essen

Beefsteak mit frittierten Zwiebeln	*sīpolu sitenis*
Eingelegter Hering mit saurer Sahne, Ei und Roter Bete	*siļķe kažokā*
Fischsuppe	*zivju zupa*
Frikadellen	*kotletes*
Frischer geraspelter Kohl	*kāpostu salāti*
Gebratener Lachs mit Kartoffeln, eingelegtem und frischem Gemüse	*cepts lasis ar piedevām*
Gebratenes Schweinekotelett mit Kartoffeln, eingelegtem und frischem Gemüse	*karbonāde ar piedevām*
Gemüsesalat mit saurer Sahne und Mayonnaise	*dārzeņu salāti*
Graue Erbsen mit Speck und Zwiebeln	*pelēkie zirņi ar speķi*
Jagdwurst (Schwein)	*mednieku desiņas*
Teigtaschen	*pelmeņi*
Lachs in Pilz- und Dillsauce	*lasis sēņu un diļļu mērcē*
Lachs in Sahnesauce	*lasis krējuma mērcē*
Rote-Bete-Suppe (ähnlich wie Borschtsch)	*biešu zupa*
Wurst (meist geräuchert)	*desa*

in der Bar 1 bis 2 Ls. Beliebt sind die Marken Valmiermuižas, Aldaris und Cēsu, aber auch Bauskas, Piebalgas, Tērvetes oder Užavas sind einen Versuch wert. Jede Biersorte hat ihren eigenen, typischen Geschmack.

Restaurants und Bars bieten häufig auch Weine an. Meist stammen sie aus bekannten Weinbaugebieten, teils aber auch aus kaum bekannten Regionen wie dem Kaukasus.

Wohin zum Essen & Trinken?

Lettische *Restorāns* (Restaurants) sind gemütliche Lokale, in denen entspannt gegessen wird, während es sich bei *kafejnīca* (Cafés) um vielseitigere Lokale handelt, die Kaffee, einen schnellen Imbiss und abends auch alkoholische Getränke anbieten. Bars servieren – vor allem in Rīga und anderen großen Städten – meist auch vollwertige Gerichte. Für einen raschen Imbiss empfehlen sich *pelmeņi-* (Teigtaschen-) und Pfannkuchenläden, Selbstbedienungslokale wie z. B. ein paar Filialen der LIDO-Restaurantkette oder Supermärkte wie Rimi, die Snacks und Gerichte zum Mitnehmen anbieten. In

DIE BESTEN COCKTAILREZEPTE MIT SCHWARZEM BALZĀM

Schwarzer Balzām ist das perfekte Mitbringsel aus Lettland. Die schlanke Flasche im netten historischen Design enthält ein köstliches Gebräu aus Kräutern und Beeren nach geheimer Rezeptur. Wer zu Hause der Familie oder Freunden das ganze Aroma Rīgas auftischen will, kann einen der folgenden beliebten Balzām-Cocktails mixen:

» **Schwarzer Mojito**: ein Teil Schwarzer Balzām mit vier Teilen Zitronenlimo, dazu eine halbe Limette und ein Spritzer Fruchtsirup. Mit zerstoßenem Eis servieren.

» **Innocent („unschuldiger") Balzām**: ein Teil Schwarzer Balzām, ein halber Teil Pfirsichlikör, drei Teile Pfirsichsaft, drei Teile Vanilleeis und dazu ein Dosenpfirsich.

» **Lazybones („Faulpelz")**: ein Schuss Schwarzer Balzām zu einem Glas eiskalter Cola (unser Favorit).

Kleinstädten gibt es vor allem Restaurants mit lettischer Küche, die aber häufig auch das eine oder andere internationale Gericht anbieten (meist Pizza).

Ein lettisches *brokastis* (Frühstück) ist von Sonnenaufgang bis ca. 11 Uhr erhältlich und besteht gewöhnlich aus Brot und Käse, kaltem Braten und Räucherfisch. Wichtiger sind für die Letten *pusidienās* (Mittagessen) und *vakariņas* (Abendessen) mit herzhafteren, baltischen Spezialitäten. Die Restaurants servieren um 12 Uhr Mittagessen und das Abendessen zwischen 17 und 0 Uhr, je nachdem wie lang es draußen hell ist.

ALGEMEINE INFORMATIONEN

Praktische Informationen

Auf den nachfolgenden Seiten finden sich praktische Tipps für das Reisen in Lettland. Allgemeine Informationen zu allen drei baltischen Staaten stehen auf S. 416.

Aktivitäten

Lettlands riesige Wälder sind im Sommer ein Paradies zum Wandern, Radfahren, Campen, Vögelbeobachten, Beerenpflücken, Pilzesammeln und Kanufahren. Im Winter können Aktivurlauber Ski fahren, Schneeschuh wandern u.v.m.

Unbedingt auch einen Blick auf das Kapitel Outdooraktivitäten im vorderen Teil dieses Buches werfen.

Botschaften & Konsulate

Folgende Botschaften haben ihren Sitz in Rīga:

Deutschland (Karte S. 207; ☎6708 5100; www.riga.diplo.de; Raiņa bulvāris 13)

Österreich; (Karte S. 206; ☎721 61 25; www.bmaa.gv.at; Elizabetes iela 15-4)

Schweiz; (Karte S. 206; ☎733 83 51; www.eda.admin.ch/riga; Elizabetes iela 2)

Feiertage

Die Internetpräsenz des **Lettischen Instituts** (www.latvia.lv, auch auf Deutsch) liefert unter dem Menüpunkt „Grundinformationen" eine Übersicht über die lettischen Gedenk- und Nationalfeiertage.

Neujahr 1. Januar

Ostern März/April

Tag der Arbeit 1. Mai

Wiederherstellung der Unabhängigkeit der Republik Lettland 4. Mai

Muttertag 2. Sonntag im Mai

Pfingsten ein Sonntag im Mai oder Juni

Līgo (Mittsommerfest) 23. Juni

Jāņi (Johannistag und Sommersonnenwende) 24. Juni

Nationalfeiertag 18. November; Jahrestag der Proklamation der Lettischen Republik 1918

Weihnachten (Ziemsvētki) 25. Dezember

Zweiter Weihnachtsfeiertag 26. Dezember

Silvester 31. Dezember

Festivals & Events

Die Letten finden immer einen Anlass zum Feiern. Ein umfassender Veranstaltungskalender für Lettland und die baltischen Nachbarländer steht auf S. 19.

Geld

Die lettische Währung, der Lats (Ls), wurde im März 1993 eingeführt. Ein Lats (Ls) sind 100 Santīms. Die Nationalbank **Latvijas Bankas** (Lettische Bank; www.bank.lv) veröffentlicht den tagesaktuellen Wechselkurs auf ihrer Website. Mehr Infos hierzu auf S. 194. In vielen Rīgaer Hotels sind die Übernachtungspreise in Euro angegeben. Estland gehört inzwischen zur Währungsunion, doch Lettland wird der Eurozone wahrscheinlich erst 2014 beitreten.

Infos im Internet

Der neue beste Freund für entdeckungslustige Traveller ist Lettlands Super-Suchmaschine **www.1188.lv**. Sie ist fast schon wie ein guter Geist, der einem (nahezu) jeden Wunsch erfüllen kann. Hier findet man Antworten auf alle möglichen Fragen über Bus- und Bahnverbindungen, Postservice, Firmenadressen, Verkehrsberichte und Taxis. Die Betreiber versenden die Infos auf Anfrage sogar per SMS.

Die **Lettische Agentur für Tourismusentwicklung** (www.latvia.travel/de) und das **Lettische Institut** (www.latvia.lv, auch auf Deutsch) haben exzellente Seiten mit Informationen speziell für ausländische Besucher.

Internetzugang

Nahezu alle Unterkünfte in Rīga bieten ihren Gästen in irgendeiner Form Zugang zum Internet. Mittlerweile ziehen auch Kleinstadthotels nach. Internetcafés gibt es immer seltener, da viele Restaurants, Cafés und Bars inzwischen mit WLAN-Anschlüssen aufwarten.

Lattelecom (Lattelekom; www.lattelecom.lv), der wichtigste lettische Telekommunikationsdienstleister, hat alle öffentlichen Telefone der Stadt mit WLAN ausgestattet. Nutzer können sich im Umkreis von 100 m in diese Stationen einloggen. Die Registrierung für ein Lattelecom-Passwort und einen Benutzernamen ist telefonisch unter ☎9000 4111 möglich oder per SMS mit dem Text „WiFi“ an ☎1188.

In der Provinz heißen die Internetcafés gewöhnlich *datorsalons* und sind voller zockender Kids. Wenn man deutlich zu verstehen gibt, dass man ins Internet will (statt sich mit Lara Croft rumzuschlagen), räumt auch mal einer der Spielwütigen (widerwillig) seinen Platz.

Karten

Landkarten und Stadtpläne gibt es in dem Kartenladen **Jāņa sēta** (Karte S. 206; ☎6724 0894; Elizabetes iela 83–85; ⏲Mo–Sa 10–19, So bis 17 Uhr) in Rīga. Seine Stadtplanserie umfasst nahezu jede lettische Stadt; die Karten variieren im Maßstab von 1:15 000 bis 1:20 000 und kosten zwischen 0,70 und 3 Ls.

Die **Lettische Agentur für Tourismusentwicklung** (www.latvia.travel/de) hat eine sehr detaillierte Karte mit allen fünf Regionen Lettlands (entsprechend den fünf Lettland-Kapiteln in diesem Buch).

Post

Die Webseite der **Lettischen Post** (www.post.lv) informiert über Briefmarkenpreise, Versandkosten und alle anderen Fragen zum Thema. Der Service ist verlässlich. Innereuropäische Sendungen brauchen etwa eine Woche.

Telefon

Lettische Telefonnummern sind grundsätzlich achtstellig. Festnetznummern beginnen immer mit der „6“, Handynummern mit der „2“ – bei sämtlichen Gesprächen innerhalb Lettlands einfach die achtstelligen Nummern wählen. Um aus dem Ausland in Lettland anzurufen, muss erst die internationale Vorwahl „00“, dann die lettische Ländervorwahl (☎371) und danach die achtstellige Nummer des Teilnehmers gewählt werden.

Die Gesprächsgebühren sind auf der Website der halbstaatlichen **Lattelecom** (www.lattelecom.lv) zu finden, dem lettischen Monopolisten für Festnetzverbindungen.

Mobiltelefone können in den meisten Einkaufszentren in Rīga und anderen größeren Städten gekauft werden. Ist das eigene Mobiltelefon GSM900/1800-kompatibel, kann man sich eine lettische Prepaid-SIM-Karte zulegen (Guthaben in Narvesen- oder Rimi-Geschäften aufladen). Besonders beliebt ist das Angebot **ZZ von Tele2** (Tele-divi; www.tele2.lv, auf Lettisch; SIM-Karte 0,99 Ls).

Öffentliche Telefone funktionieren mit Telefonkarten, die *telekarte* heißen. Sie sind mit unterschiedlichem Guthaben bei Postämtern, Zeitungskiosken und Lebensmittelläden erhältlich.

Touristeninformation

In den letzten Jahren hat die **Lettische Agentur für Tourismusentwicklung** (☎6722

9945; www.latvia.travel/de) immer mehr Niederlassungen im ganzen Land wegrationalisiert. Die offiziellen Internetpräsenzen lettischer Städte finden sich häufig unter www.tourism.*Städtename*.lv oder www.*Städtename*.lv (englische Übersetzungen sind bei Kleinstädten allerdings selten). Alle touristisch interessanten Städte haben eine Touristeninformation, die (zumindest) zu den üblichen Geschäftszeiten geöffnet ist – in der Sommersaison länger. Fast alle beschäftigen Englisch sprechende Mitarbeiter und bieten reichlich Broschüren und Kartenmaterial.

Weitere Landesinformationen gibt's auf der Internetseite des **Lettischen Instituts** (www.latvia.lv/de).

Unterkünfte

Wir legen Travellern dringend ans Herz, im Sommer nicht ohne Reservierung anzureisen. Die in diesem Kapitel angegebenen Preise gelten in der Hauptsaison, während der kälteren Monate kann man deutlich günstiger übernachten.

Wenn nicht anders vermerkt verfügen die Zimmer über ein eigenes Badezimmer. In Lettland gibt es in den meisten Hotels sowohl Raucher- als auch Nichtraucherzimmer.

Mehr Infos zur lettischen Hotelbranche bietet www.hotels.lv. Wer zelten gehen möchte, sollte einen Blick auf www.camping.lv werfen.

Zoll

Die **Lettische Agentur für Tourismusentwicklung** (www.latvia.travel/de) informiert auf ihrer kontinuierlich gepflegten Website über die aktuellen Zollbestimmungen.

An den innereuropäischen Grenzübergängen gibt es keine Zollkontrollen. Nach dem Schengener Abkommen dürfen Touristen ab 18 Jahren 800 Zigaretten, 200 Zigarren oder 1 kg Tabak einführen. Die Beschränkungen für Alkohol liegen bei 110 l Bier, 90 l Wein (oder 60 l Sekt) und 10 l anderen alkoholhaltigen Substanzen. Bei Reisen über die EU-Grenzen hinaus sind nur 200 Zigaretten, 50 Zigarren, 250 g Rauchtabak und 1 l Alkohol erlaubt.

Die Ausfuhr von Dokumenten (auch in Kopie) aus dem Staatsarchiv bedarf einer besonderen Genehmigung. Mehr dazu unter www.mantojums.lv.

PREISKATEGORIEN SCHLAFEN

- » **€** bis 25 Ls pro Nacht für das günstigste Doppelzimmer
- » **€€** günstigstes Doppelzimmer 25–50 Ls
- » **€€€** günstigstes Doppelzimmer über 50 Ls

An- & Weiterreise

In diesem Kapitel geht es um den Transport zwischen Lettland und den Nachbarstaaten. Mehr zu Verbindungen zwischen Lettland und Ländern außerhalb des Baltikums steht auf S. 424.

Auf dem Luftweg

Der **Flughafen Rīga** (Lidosta Rīga; ☎1187; www.riga-airport.com), 13 km südwestlich des Stadtzentrums, ist Heimatflughaufen der nationalen Airline **airBaltic** (☎9000 1100; www.airbaltic.com), die Direktflüge zu mehr als 50 europäischen Reisezielen bietet (u. a. Tallinn und Vilnius).

Auf dem Landweg

Seit 2007 gehört Lettland zum Schengenraum, es bestehen also de facto keine Grenzkontrollen mehr zwischen Lettland, Estland und Litauen. Da aber dennoch stichprobenartige Kontrollen durchgeführt werden, ist es besser, den Personalausweis/Reisepass immer dabei zu haben.

AUTO

Mietautos können ohne Aufpreis in die baltischen Nachbarstaaten überführt werden. Wir empfehlen, den Verleiher bei Übernahme des Wagens über geplante Exkursionen ins Ausland zu informieren.

BUS

Noch mehr Infos zu Busverbindungen von/nach Rīga stehen auf S. 228.

Ecolines (www.ecolines.net) Täglich verkehren drei Busse auf der Strecke Rīga–Salacgrīva–Pärnu–Tallinn, einer pro Tag auf der Route Rīga–Valmiera–Valga–Tartu.

Hansabuss Business Line (www.businessline.ee) Bietet täglich vier Verbindungen zwischen Rīga und Tallinn; drei Busse halten unterwegs in Pärnu.

Lux Express (www.luxexpress.eu) Neunmal täglich bedienen Busse die Strecke Rīga–Tallinn, von denen einige in Pärnu halten und zwei weiter nach Vilnius fahren.

ZUG

Der Zug ist nicht gerade das praktischste Transportmittel, um die verschiedenen Ziele im Baltikum zu erreichen. Wer von/nach Estland oder Litauen reisen möchte, tut besser daran, den Bus zu nehmen oder einen Wagen zu mieten. Mehr Infos zu den Zugverbindungen gibt's auf S. 432.

Auf dem Seeweg

Von Lettland aus sind ein paar Reiseziele auch mit dem Schiff erreichbar. Mehr Infos zu Verbindungen von/nach Rīga stehen auf S. 229 und von/nach Ventspils auf S. 246.

Unterwegs vor Ort

Auto & Motorrad

In Lettland herrscht Rechtsverkehr. Das Abblendlicht muss zu jeder Tageszeit eingeschaltet sein. Ist man auf der Suche nach einer Tankstelle, sollte man nach *benzene* (Benzin) fragen.

Alle größeren Autovermietungen unterhalten Niederlassungen in Lettland, ein paar kleinere Unternehmen in Rīga bieten allerdings günstigere Preise als die internationalen Verleihe am Flughafen. Sie akzeptieren gewöhnlich nur Bargeldzahlungen und man kann den Wagen an einem beliebigen Ort in der Hauptstadt übernehmen. Die Kosten liegen je nach Saison und Wagentyp zwischen 30 und 60 € pro Tag. Wagen mit Automatikgetriebe sind in Lettland eher die Ausnahme. Normalerweise dürfen Leihautos auch in die anderen beiden baltischen Staaten mitgenommen werden, allerdings nicht darüber hinaus.

AddCar Rental (☎2658 9674; www.addcarrental.com)

Auto (☎2958 0448; www.carsrent.lv)

EgiCarRent (☎2953 1044; www.egi.lv)

Bus

Busse sind ein sehr viel praktischeres Transportmittel als Züge, wenn man in Bereiche jenseits des S-Bahnliniennetzes der Hauptstadt vordringen will. Aktuelle Fahrpläne können unter www.1188.lv eingesehen werden. Für weitere Infos s. S. 228.

Zug

Ein Großteil der Bevölkerung lebt in dem breiten Vorortgürtel rings um Rīga. Das städtische Netzwerk aus Pendelzügen ermöglicht Touristen, Tagesausflugsziele problemlos zu erreichen. Für Exkursionen zu Attraktionen jenseits des Großraums Rīga bietet sich aber der Bus an. Sämtliche Fragen rund um das Thema Zugreisen werden unter www.1188.lv beantwortet.

Litauen

Inhalt »

Vilnius 294
Trakai 323
Nationalpark Aukštaitija 328
Druskininkai 333
Kaunas 339
Šiauliai 350
Panevėžys 355
Klaipėda 358
Nationalpark Kurische Nehrung 367
Palanga 378
Nationalpark Žemaitija 383

Gut essen

» Hotel Restaurant Labanoras (S. 331)
» Balzac (S. 314)
» Kibininė (S. 325)
» Nidos Seklyčia (S. 375)
» Sue's Indian Raja (S. 314)

Schön übernachten

» Miškiniškės (S. 328)
» Bernardinu B&B (S. 310)
» Misko namas (S. 373)
» Pension Litinterp (S. 346)
» Domus Maria (S. 310)

Auf nach Litauen

Das rebellische, eigenwillige und dynamische Litauen (Lietuva) ist eines der bestgehüteten Geheimnisse Europas. Das Land taucht zwar außerhalb seiner Grenzen kaum in den Nachrichten auf (und wenn, dann geht es um Basketball), doch das südlichste der drei baltischen Länder hat einiges zu bieten.

An erster Stelle stehen die majestätische Ostseeküste und der einzigartige Streifen aus weißem Sand, die Kurische Nehrung. Im Landesinneren verbergen sich glitzernde Seen in dichten Kiefernwäldern und das einsame Marschland an der Küste lockt Zehntausende Zugvögel an.

Die Hauptstadt Vilnius ist eine reizvolle Künstlerenklave mit geheimnisvollen Höfen, blank gewetzten Pflasterstraßen und Ecken, an denen der Putz bröckelt, zwischen unglaublich schönen Barockbauten.

Tiefer im Land faszinieren und schockieren Überreste aus der Sowjetzeit, wie eine verlassene Raketenbasis, heute ein Museum zum Kalten Krieg, und ein sowjetischer Skulpturenpark. Auch der Berg der Kreuze und Orvydas' Garten gehören zu den Eigentümlichkeiten dieses spannenden Landes.

Reisezeit

Litauen ist im Hochsommer, also von Juni bis August, am schönsten. Dann sind die Tage lang, die Nächte kurz und das Ostseewasser ist warm genug zum Baden. Auch die Festivalsaison läuft zu dieser Zeit auf Hochtouren. Unbedingt besuchenswert ist das fünftägige Meeresfest Mitte Juli in Klaipėda.

Der Frühling (April und Mai) ist kühl und kommt spät, eignet sich aber gut für Floßfahrten, da das Schmelzwasser die Flüsse anschwellen lässt.

Der Herbst (September bis November) ist mit seinen sonnigen Tagen, aber kühlen Nächten auch sehr schön. Die Kultur erlebt mit Festivals klassischer Musik und dem jährlichen Mama Jazz Festival in Vilnius ihren Höhepunkt.

Ankunft in Litauen

Vilnius ist der wichtigste Verkehrsknotenpunkt, ob für Flugzeug, Bahn oder Bus. Der Flughafen liegt 5 km vom Zentrum entfernt, aber Taxis sind teuer (bis zu 60 Lt), günstiger sind Bus oder Bahn (jeweils 2,50 Lt). Bus- und Hauptbahnhof liegen im Zentrum und sind problemlos mit Taxi oder öffentlichen Verkehrsmitteln zu erreichen. Klaipėda im Westen hat den einzigen Fährhafen des Landes, an dem auch Schiffe aus Deutschland und Schweden anlegen. Litauen ist Mitglied des Schengener Abkommens, Grenzformalitäten oder Passkontrollen für Autofahrer, die über Polen oder Lettland einreisen, gibt es also nicht. Das altbekannte „Ihre Papiere bitte" ist aber bei der Einreise aus Russland oder Weißrussland nach wie vor üblich.

SPRACHE

Hallo	Sveiki
Hallo (informell)	Labas
Wie geht's?	Kaip gyvuojate?
Auf Wiedersehen	Sudie *su*-di-e
Danke	Dėkoju
Ich habe mich verlaufen/-fahren	Aš paklyd(usi/ęs)

Typische Speisen & Getränke

» **Cepelinai** Die mit Käse, Fleisch oder Pilzen gefüllten Kartoffelklöße werden auch scherzhaft Zeppeline genannt, und das nicht nur wegen ihrer Form – es sind Kalorienbomben.

» **Šaltibarsčiai** Die sommerliche, kalte Suppe aus Roter Bete ist zweifellos das Nationalgericht des Landes. Als Beilage gibt es Salzkartoffeln.

» **Alus** Das beliebteste alkoholische Getränk ist Bier, das hier zudem noch ziemlich gut ist.

» **Blyneliai** Die Pfannkuchen werden süß und herzhaft serviert und zu jeder Tageszeit gegessen; lecker sind die mit süßem Quark gefüllten Varskečiai.

» **Pilze** Ende August und September geht's ab in die Wälder zum Pilzesammeln, die dort in zahlreichen Variationen wachsen.

INFOS IM INTERNET

Busfahren (www.autobusubilietai.lt) Busfahrkarten und Auskunft.

Litauische Reiseinformation (www.travel.lt) Offizielle Tourismusseite.

Litrail (www.litrail.lt) Fahrpläne und Zuginformationen der Bahn.

Litauische Museen (www.muziejai.lt) Alle Museen, Öffnungszeiten und Eintrittspreise.

The Lithuania Tribune (www.lithuaniatribune.com) Nachrichten aus Litauen in englischer Sprache.

Baltische Rundschau (www.baltische-rundschau.eu) Deutschsprachige Monatszeitschrift mit Nachrichten aus den baltischen Ländern.

Kurzinfos

» **Fläche** 65 303 km²

» **Hauptstadt** Vilnius

» **Bevölkerung** 3,3 Mio.

» **Landesvorwahl** ☎00370

» **Notfall** ☎112

Wechselkurse

Euro-Zone	1 €	3,45 Lt
Schweiz	1 CHF	2,87 Lt
Estland	1 Kr	0,22 Lt
Lettland	1 Ls	4,92 Lt

» Aktuelle Wechselkurse siehe www.xe.com.

Preise

» **Budgetunterkunft** 120 Lt

» **Zweigängemenü** 30 Lt

» **Museumseintritt** 6 Lt

» **1 Flasche Bier** 6 Lt

» **Städtische Verkehrsmittel** 2 Lt

Highlights

1 Ein Streifzug durch die Gassen der wunderschönen barocken Hauptstadt **Vilnius** (S. 294)

2 Auf der **Kurischen Nehrung** (S. 367) Rad fahren, in der Ostsee baden oder urwüchsige Dörfer auf dem schmalen Streifen aus Sand und Fichten erkunden

3 Staunen über die Abertausenden winzigen bis riesigen Kreuze auf dem **Berg der Kreuze** (S. 351), einem kleinen Hügel bei Šiauliai

4 Der Anblick eines tiefen Schachts eines stillgelegten Atomraketensilos mit anschlie-

ßendem Waldspaziergang im **Nationalpark Žemaitija** (S. 383)

5 Eine Auszeit zum Angeln, Rudern, Baden und Beerensammeln im beliebten litauischen Seenland des **Nationalparks Aukštaitija** (S. 328)

6 Spazierengehen, rudern oder Heilwasser trinken in **Druskininkai** (S. 333), dem führenden Kurort Litauens

7 Ein Bummel durch den **Orvydas-Garten** (Kasten S. 384), einen idyllischen Stein- und Skulpturengarten – heilig wie der Berg der Kreuze und still wie ein Nationalpark

VILNIUS

☎5 / 546 700 EW.

Vilnius, das barocke Glanzlicht des Baltikums, ist eine ausgesprochen reizvolle Stadt – eine der Hauptattraktionen des Landes und ebenso ungewöhnlich wie schön. Es lockt die Besucher scharenweise mit seinem entspannten, souveränen Charme und seinem warmen goldenen Glanz, bei dem jeder wünscht, dass die langen Mittsommerabende das ganze Jahr über andauern.

Die Hauptstadt Litauens mag zwar hoch im Nordosten liegen, ist aber dennoch typisch mitteleuropäisch. Sie besitzt die größte barocke Altstadt des Kontinents, die so einmalig ist, dass die Unesco sie zum Weltkulturerbe erklärt hat. Von einem Heißluftballon aus wirkt ihre von unzähligen orthodoxen und katholischen Kirchtürmen gespickte Stadtlandschaft wie ein überdimensionales Nagelbrett. Die Kombination aus verwinkelten Pflastergassen, Winkeln, an denen der Putz bröckelt, majestätischen Bergaussichten, erkämpfter Unabhängigkeit und traditionellem Kunsthandwerk trägt zu dieser spannenden Mischung bei. Und das alles in einer Stadt, die so klein ist, dass sie manchmal fast den Anschein eines Dorfes erweckt.

Doch nicht immer war hier alles so gut und prachtvoll. Es gibt auch Erinnerungen an Schmerz und Schrecken: von den KGB-Folterzellen bis zum Getto im Zentrum all dieser Schönheit. Dort lebte die jüdische Gemeinde, bevor sie dem Massenmord zum Opfer fiel. Aber der Geist von Widerstand und Freiheit war stets stärker. Heute schafft sich die Stadt eine neue Identität, die Vergangenheit mit Gegenwart und Zukunft verbindet und zu der auch eine internationale Küche, ein blühendes Nachtleben und glanzvolle neue Hochhäuser gehören.

LITAUEN AUF EINEN BLICK

Währung Litas (Lt)

Sprache Litauisch

Geld Geldautomaten gibt es überall. Bei kleinen Einkäufen wird Bargeld bevorzugt.

Visa Für EU-Bürger nicht nötig.

Geschichte

Der Legende nach wurde Vilnius um 1320 gegründet. Der Litauer Großfürst Gediminas träumte von einem eisernen Wolf, der so laut heulte wie 100 Wölfe – ein eindeutiges Signal, eine Stadt zu bauen, die so mächtig war wie dieses Heulen. Tatsächlich war der Ort bereits seit 1000 Jahren besiedelt.

Burggraben, Mauer und Turm auf dem Gediminas-Berg schützten Vilnius im 14. und 15. Jh. vor Angriffen der Deutschordensritter Attacken der Tataren bewogen die Einwohner zum Bau eines 2,4 km langen Verteidigungswalls (1503–22). Am Ende des 16. Jhs. zählte Vilnius zu den größten Städten Osteuropas. Drei Jahrhunderte später setzte die Industrialisierung ein: Eisenbahnen wurden gebaut und Vilnius wurde zu einer bedeutenden jüdischen Stadt. Im Ersten Weltkrieg besetzten die Deutschen die Stadt, nach dem Krieg wurde sie zu einem abgelegenen Zipfel Polens. Der Zweite Weltkrieg brachte eine neuerliche deutsche Besatzung und das Todesurteil für die jüdische Bevölkerung. In der Nachkriegszeit entstanden neue Vorstädte, in denen Litauer aus anderen Landesteilen sowie Immigranten aus Russland und Weißrussland eine Unterkunft fanden. Ende der 1980er-Jahre war die Hauptstadt Mittelpunkt der litauischen Loslösung von der Sowjetunion.

Vilnius hat sich rasch zu einer wirklich europäischen Stadt gewandelt. 1994 wurde die Altstadt zum Unesco-Weltkulturerbe erklärt und 15 Jahre später trug Vilnius zusammen mit Linz den stolzen Titel der europäischen Kulturhauptstadt. Inzwischen ist die Altstadt weitgehend restauriert und hat sich zu einem Touristenmagneten gemausert.

Sehenswertes

Vilnius ist eine kompakte Stadt und die meisten Sehenswürdigkeiten sind bequem zu Fuß erreichbar. Wer nur ein paar Tage Zeit hat, kommt wahrscheinlich kaum aus der Altstadt mit ihren Attraktionen heraus: Souvenirstände, Läden mit Volkskunst und Designerboutiquen wetteifern mit der Fülle architektonischer Schmuckstücke. Wer länger in der Stadt bleibt, für den ist auch die Neustadt mit ihren Museen, Geschäften und dem bunten Treiben am Flussufer ein attraktives Ziel.

Der Stadtrundgang beginnt am Kathedralenplatz mit der prächtigen Kathedrale, hinter der sich der Gediminas-Berg erhebt. Richtung Süden liegt die Altstadt mit der verkehrsfreien Hauptstraße Pilies gatvė. Der Gedimino prospektas führt Richtung Westen geradewegs durch den neueren Teil des Zentrums bis zum Parlament. Auf dem Weg liegen einige lohnenswerte Sehenswürdigkeiten.

GEDIMINAS-BERG

Vilnius wurde auf dem 48 m hohen **Gediminas-Berg** gegründet, auf dem seit dem 13. Jh. ein Backsteinturm steht. Der ursprüngliche Turm war eine Stufe höher als der 20 m hohe Bau, der heute dort steht. Er wurde während der russischen Besatzung (1655–61) zerstört. 1930 wurde er rekonstruiert und beherbergt heute das **Museum Obere Burg** (Aukštutinės pilies muziejus; Karte S. 300; Arsenalo gatvė 5; Erw./Kind 5/2 Lt, ⌚Mai–Okt. tgl. 10–19 Uhr, Nov.–April Di–So 10–17 Uhr). Es zeigt schimmernde Rüstungen aus dem 16.–18. Jh. sowie Modelle der Burg aus früheren Zeiten und bietet einen Panoramablick auf die Stadt. Zum Berg hinauf führen hinter der Südostseite der Kathedrale Felsenstufen oder die **Standseilbahn** (Erw./Kind 3/2 Lt; ⌚Mai–Okt. 10–19 Uhr, Nov.–April 10–17 Uhr). Der Eingang zur Bahn liegt hinter der Nordostseite der Kathedrale in einem kleinen Hof an der Rückseite des Museums für Angewandte Kunst.

KATHEDRALENPLATZ

Der Katedros aikštė brummt nur so vor Leben. Im 19. Jh. wurden hier Märkte und Messen veranstaltet. Ein Wassergraben verlief entlang der heutigen Einfassung des Platzes, sodass Schiffe bis vor das Portal der Kathedrale fahren konnten. Innerhalb der Anlage befanden sich Mauern und Türme, von denen heute nur noch der 57 m hohe **Glockenturm** (Karte S. 300) nahe der Westseite der Kathedrale erhalten ist.

Gleich hinter der Kathedrale (nach rechts vom Kathedralentor an der Südfassade entlang) liegt das teilweise rekonstruierte Großfürstenschloss, das zur Zeit der Recherche noch nicht zugänglich war. Auf der Ostseite des Platzes vor dem Eingang zum Schloss steht auf einer alten heidnischen Stätte eine **Reiterstatue von Gediminas** (Karte S. 300).

Hinter der Großfürstenstatue führt der **Sereikiškių-Park** zum **Berg der Drei Kreuze** (S. 307) und zum **Kalnų-Park**.

Kathedrale KATHEDRALE
(Arkikatedra bazilika; Karte S. 300; Katredos aikštė 1; Eintritt frei; ⌚7–19.30 Uhr, Sonntagsmesse 9, 10, 11 & 19 Uhr) Das nationale Symbol steht an derselben Stelle, an der ursprünglich Perkūnas, der litauische Donnergott, verehrt wurde. Die Sowjets nutzten die Kathedrale später als Gemäldegalerie. Seit ihrer Neueinweihung 1989 wird hier wieder täglich die Messe gelesen.

Die erste Kathedrale aus Holz wurde 1387/88 errichtet. Ein größerer gotischer Bau entstand unter Großfürst Vytautas im 15. Jh. Er wurde jedoch so oft umgebaut, dass die alte Form nicht mehr zu erkennen ist. Der wichtigste Umbau war die Bauphase zwischen 1783 und 1801, als das Äußere seine heutige klassizistische Form erhielt. Die Figuren der Heiligen Helene, Stanislaus und Kasimir sind Nachbildungen der Holzversionen, die 1793 aufgestellt, aber unter Stalin zerstört wurden.

Die Statuen an der Südseite der Kathedrale mit Blick auf den Platz stellen litauische Fürsten dar; an der Nordseite sind Abbilder von Aposteln und Heiligen zu sehen. Der große, helle Innenraum hat noch einiges mehr von seinem ursprünglichen Aussehen bewahrt, die Zugänge zu den Seitenkapellen wurden allerdings im späten 18. Jh. an den aktuellen Stil angeglichen.

Prunkstück ist die **Kapelle des hl. Kasimir**. Sie besitzt eine barocke Kuppel, Wände aus farbigem Marmor und Granit, weiße Gipsskulpturen und Fresken mit Szenen aus dem Leben des Hl. Kasimir (er wurde 1602 heiliggesprochen und ist Litauens Schutzpatron). Der Zugang liegt am Ostende des Südflügels.

Großfürstenschloss MUSEUM
(Valdovų rumai; Karte S. 300; www.lvr.lt, auf Litauisch) Der Weg entlang der Kathedralen-Südseite führt zum Eingang der zukünftigen Spitzenattraktion der Stadt, nämlich des ehemaligen Großfürstenschlosses. Das ursprüngliche Schloss mit seinem weiten Hof war im 16. und 17. Jh. ein neuzeitliches Wun-

WENN WÜNSCHE IN ERFÜLLUNG GEHEN ...

Auf dem Kathedralenplatz ist eine Steinplatte mit einem Stern mit der Aufschrift *stebuklas* (Wunder) markiert: Hier endete 1989 die Menschenkette, mit der mehr als 2 Mio. Litauer, Letten und Esten gegen die sowjetische Besatzung demonstrierten. Wer sich etwas wünschen will, dreht sich auf dem Stern im Uhrzeigersinn einmal im Kreis. Wo sich der Stern befindet, wird hier nicht verraten – jeder muss ihn selbst suchen! Kleiner Tipp ... eigentlich haben wir es doch verraten, dass er auf dem Kathedralenplatz ist ...

Vilnius

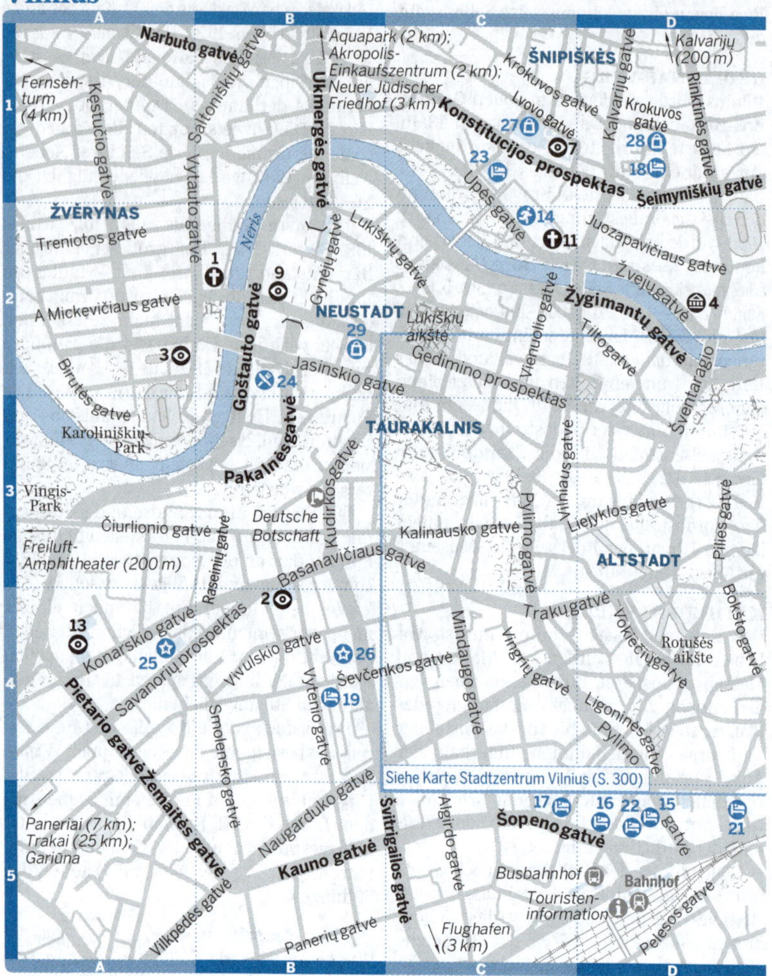

der mit zahlreichen Festivitäten wie Maskenbällen, Banketten und Turnierkämpfen. Unter der russischen Besatzung Ende des 18. Jhs. wurde das Schloss niedergerissen und war fortan nur noch eine Ruine. In den 2000er-Jahren hatte die litauische Regierung die grandiose Idee, das Schloss in alter Pracht wieder aufzubauen und als Museum zu eröffnen. Ein Jahrzehnt und geschätzte 300 Mio. € später war das Schloss zur Zeit der Recherche 2011 (S. 386) noch immer nicht fertiggestellt. Aus Regierungskreisen kann niemand sagen, wann und ob es überhaupt je fertig sein wird.

Litauisches Nationalmuseum MUSEUM
(Lietuvos nacionalinis muziejus; Karte S. 300; www.lnm.lt; Arsenalo gatvė 1; Erw./Kind 5/3 Lt; ⌚Di–Sa 10–17, So bis 15 Uhr) Die Straße nach links vom Kathedraleneingang aus führt zu zwei Museen, dem Litauischen Nationalmuseum und dem Museum für Angewandte Kunst. Vor Ersterem steht die stolze Statue des Mindaugas, des ersten und einzigen Königs von Litauen. Innen dokumentiert es das litauische Alltagsleben vom 13. Jh. bis zum Zweiten Weltkrieg. Besonders interessant sind einige der frühesten Münzen des Landes aus dem 14. Jh. mit der Büste von Jogaila (S. 390).

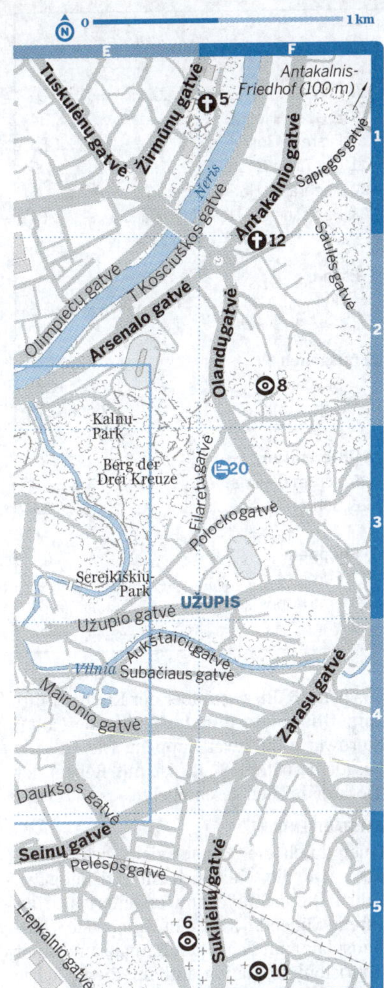

Museum für Angewandte Kunst MUSEUM
(Taikomosios dailės muziejus; Karte S. 300; www.ldm.lt; Arsenalo gatvė 3a; Erw./Kind 6/3 Lt; ⏲Di–Sa 11–18, So bis 16 Uhr) Das Museum im alten Arsenal am Fuß des Gediminas-Bergs zeigt neben wechselnden Ausstellungen eine ständige Sammlung sakraler litauischer Kunst aus dem 15. bis 19 Jh. Russische Soldaten hatten die Schätze 1655 in den Mauern der Kathedrale von Vilnius versteckt, von denen viele erst wieder 1985 entdeckt wurden. Aus Furcht vor einer Beschlagnahmung durch die Sowjets blieben die auf 11 Mio. € veranschlagten Kostbarkeiten bis 1998 unter Verschluss. Dann schließlich wurden sie der Weltöffentlichkeit präsentiert.

ALTSTADT

Osteuropas größte Altstadt hat ihren Unesco-Status verdient. Das Viertel, das sich vom Kathedralenplatz 1,5 km weit nach Süden erstreckt, entstand im 15. und 16. Jh. Die verwinkelten Gassen, versteckten Innenhöfe und aufwendigen alten Kirchen halten vergangene Jahrhunderte lebendig. Ein Bummel durch die Gassen der Altstadt zählt zu den schönsten Erlebnissen, die Vilnius zu bieten hat. Die Hauptachse bilden die Straßen Plies, Didžioji und Aušros Vartų gatvė. Begrenzt wird die Altstadt, angefangen beim Katedros aikštė, in etwa von den Straßen Stuokos-Gucevičiaus, Liejyklos, Vilniaus, Trakų, Pylimo, Bazilijonų, Šv. Dvasios, Bokšto, Maironio, Radvilaitės und Šventaragio – insgesamt ein Areal von rund 1 km^2.

PILIES GATVĖ

Auf der gepflasterten Pilies Gatvė (Burgstraße) – Mittelpunkt des touristischen Geschehens und Hauptzugang vom Kathedralenplatz zur Altstadt – tummeln sich Straßenmusikanten, Souvenirstände und Bettler. Bis zum 19. Jh. war die Straße vom Kathedralenplatz an der Nordseite durch die Untere Burgmauer getrennt und nur durch ein Tor in der Mauer verbunden. Beachtenswert sind die Backsteinfassaden aus dem 15. bis 17. Jh. an den Häusern mit den Nummern 4, 12 und 16 am nördlichen Ende der Straße. Die Urkunde, die Litauen 1918 die Unabhängigkeit brachte, wurde in Nr. 26 unterzeichnet, dem barocken **Signatarenhaus** (Lietuvos nepriklausomybės akto signatarų namai; Karte S. 300; Pilies gatvė 26; Eintritt frei; ⏲Di–Sa 10–17 Uhr, Mai–Okt. auch So 10–15 Uhr). Die Unabhängigkeit hielt jedoch nicht lange an. 1920 hatten die Polen Vilnius wieder eingenommen, das erst 1939 von Josef Stalin als „Geschenk" an das litauische Kernland zurückgegeben wurde (S. 389).

UNIVERSITÄT VILNIUS

Die 1579 während der Gegenreformation gegründete **Universität Vilnius** (Karte S. 300; www.vu.lt; Universiteto gatvė 5) entwickelte sich unter den Jesuiten zu einem der bedeutendsten polnischen Bildungszentren. Viele bemerkenswerte Gelehrte gingen aus ihr hervor. 1832 wurde sie von den Russen geschlossen und öffnete erst wieder 1919. Heute zählt sie 23 000 Studenten und besitzt Litauens älteste Bibliothek mit 5 Mio. Bänden.

Vilnius

Sehenswertes

1 Erscheinungskirche ... B2
Europaturm ... (siehe 27)
2 Blumenmarkt ... B4
3 Kenessa ... A2
4 Litauisches Energiemuseum ... D2
5 Gedenkkapelle ... F1
6 Militärfriedhof ... E5
7 Stadtverwaltung ... C1
8 Alter Jüdischer Friedhof ... F2
9 Parlament ... B2
10 Rasų-Friedhof ... F5
11 Raphaelskirche ... C2
12 Peter-und-Paul-Kirche ... F2
Tuskulėnų-Park ... (siehe 5)
13 Fernseh- und Rundfunkzentrum ... A4

Aktivitäten, Kurse & Touren

14 Oreivystės Centras ... C2

Schlafen

15 A Hostel ... D5
16 A Hostel ... D5
17 A Hostel ... C5
18 Ecotel ... D1
19 E-Guest-House ... B4
20 Filaretai Hostel ... F3
21 Old Town Hostel ... D5
22 Panorama Hotel ... D5
23 Radisson Blu Hotel Lietuva ... C1

Essen

24 Iki ... B2

Ausgehen

Skybar ... (siehe 23)
Soprano ... (siehe 27)

Unterhaltung

25 Forum Cinemas Vingis ... A4
26 Soho ... B4

Shoppen

27 Europa ... C1
28 Lino Kopos ... D1
29 Vaga ... B2

Die verwinkelten **13 Universitätshöfe** (Erw./Kind 5/1 Lt; Mo–Sa 9–18 Uhr) sind über Durchgänge und Tore zu erreichen. Das Südtor in der Šv. Jono gatvė führt in den **Großen Hof** mit der **Johanneskirche** (Šv. Jonų bažnyčia; Karte S. 300; Mo–Sa 10–17 Uhr), die 1387 lange vor der Universität gebaut wurde. Sie ist sowohl nach Johannes dem Täufer als auch nach Johannes dem Apostel benannt. Der Glockenturm aus dem 17. Jh. an der Südseite des Hofs zählt zu den herausragenden Erscheinungen im Stadtbild von Vilnius. Der Bogengang zum Gebäude aus dem 16. Jh. gegenüber der Kircher führt zum **Observatoriumshof** mit einer alten Sternwarte mit zwei Kuppeln. Die Fassade aus dem späten 18. Jh. ist mit Reliefs der Tierkreiszeichen geschmückt.

TOP 5: PANORAMABLICKE

Atemberaubende Aussichten auf die Stadt bieten:

» Museum Obere Burg (S. 295) bei der Besichtigung.

» Europa (S. 320) beim Shoppen.

» Tores (S. 315) bei einem Essen.

» SkyBar (S. 317) mit einem Aperitif in der Hand.

» Fernsehturm (S. 309) bei Sonnenuntergang.

ALTSTADTZENTRUM

Quer durch die Altstadt zieht sich die Pilies gatvė, die schließlich zur Didžioji gatvė führt. Diese Straße nun erweitert sich an ihrem Südende zum Rotušės aikštė (Rathausplatz) mit dem alten Rathaus und einer Touristeninformation. Entlang dieser Achse liegen beidseitig lohnenswerte Sehenswürdigkeiten, Museen und Kirchen.

LP TIPP **Annenkirche** KIRCHE
(Šv. Onos bažnyčia; Karte S. 300; Maironio gatvė 8; Gottesdienst tgl. 18, So 9 & 11 Uhr) Die Annenkirche aus dem späten 15. Jh. ist zweifellos die schönste Kirche in Vilnius, zumindest von außen. Die geschwungenen Linien und zierlichen Turmspitzen des gotischen Kleinods bestehen aus 33 verschiedenen Backsteinarten. Die Kirche ist so schön, dass Napoleon sie auf Händen nach Paris tragen wollte.

Präsidentenpalast SCHLOSS
(Karte S. 300; 266 4073; www.president.lt; Daukanto gatvė 3; Eintritt frei; Führungen Fr 16.30, Sa

VILNIUS IN ...

... zwei Tagen

Am ersten Tag wird die Altstadt erkundet, dabei gehören die **Kathedrale**, die **Pilies gatvė**, das **Tor der Morgenröte**, die **13 Höfe der Universität** und ein Mittagessen in einem Terrassenrestaurant in der Altstadt zum Pflichtprogramm. Für den Spätnachmittag empfiehlt sich der Aufstieg (bzw. die Fahrt per Standseilbahn) auf den **Gediminas-Berg**, um den Sonnenuntergang zu bewundern. Am zweiten Tag stehen ein Rundgang durch die **Republic Užupis** und ein Besuch im **Museum der Genozidopfer** auf dem Programm und anschließend ein Aperitif im **Fernsehturm** mit Panoramablick auf Vilnius.

... vier Tagen

Je nach Interesse folgt eine Erkundung durch das **jüdische Vilnius**, eine Besichtigung der sakralen Schätze im **Museum für Angewandte Kunst** oder ein Besuch in einem der anderen Museen. Zum Abschluss wird die Stadt bei einem **Einkaufsbummel** nach Leinen, Bernstein und litauischer Mode durchstöbert. Wenn's passt, lässt sich auch noch ein Tagesausflug mit dem Zug nach **Trakai** mit ein paar geruhsamen Stunden auf dem Wasser einschieben.

9–14.30 Uhr) Der Ausgang vom Sarbievijus-Hof der Universität zur Universiteto gatvė führt auf den Platz vor dem ehemaligen Bischofspalast, dem heutigen Präsidentenpalast. Den klassizistisch-zaristischen Stil erhielt er im frühen 19. Jh. Napoleon bewohnte den Palast, als er auf Moskau vorrückte; sein russischer Gegenspieler, General Kutusow, hielt sich hier auf, als er Napoleon nach Paris zurücktrieb. Der zeremonielle Wachwechsel findet sonntags um 12 Uhr statt. Die Führungen (auf Litauisch) müssen zuvor gebucht werden (per Anruf oder Website).

Mickiewicz-Gedenkstätte & Museum — MUSEUM

(Mickevičiaus memorialinis butas-muziejus; Karte S. 300; Bernardinų gatvė 11; Erw./Kind 5/3 Lt; ⌚Di–Fr 10–17, Sa & So bis 14 Uhr) „Litauen, du mein Vaterland ..." stammt aus Polens nationalromantischem Meisterwerk. Der polnische Dichter Adam Mickiewicz (1798–1855) – die Muse der polnischen Nationalisten im 19. Jh. – begann sein Epos *Pan Tadeusz* mit dieser Zeile. Er wuchs in der Nähe von Vilnius auf und studierte an der Universität (1815–19), bis er 1824 wegen antirussischer Aktivitäten ausgewiesen wurde. Die Räume, in denen er 1822 sein bekanntes Gedicht *Grażyna* (Litauisch: *Gražia;* ein polnischer Name für eine Frau litauischer Abstammung, der „Schönheit" bedeutet) schrieb, zeigen heute einige Briefe des Dichters.

Bernsteinmuseum — MUSEUM

(Gintaro Muziejus-Galerija; Karte S. 300; www.ambergallery.lt; Šv. Mykolo gatvė 8; Eintritt frei; ⌚10–19 Uhr) Im Erdgeschoss wird das übliche Angebot an mehr oder weniger wertvollen Schmuckstücken aus Bernstein verkauft. Interessant ist jedoch die kleine, aber hervorragende Ausstellung im Untergeschoss – nicht zuletzt wegen der archäologischen Ausgrabungen (das Stockwerk liegt auf dem Niveau, auf dem im 15. Jh. die Straße verlief). Im 15. Jh. wurde in den beiden Öfen Keramik gebrannt.

Gemäldegalerie Vilnius — MUSEUM

(Vilniaus Galerija Paveikslų; Karte S. 300; www.ldm.lt; Didžioji gatvė 4; Erw./Kind 6/3 Lt; ⌚Di–Sa 12–18, So bis 17 Uhr) Das Museum zeigt litauische Kunst vom 16. bis 20. Jh. sowie Skulpturen und etwas ornamentale Kunst. Es ist in einem Palast aus dem 17. Jh. untergebracht.

Kazys Varnelis Museum — MUSEUM

(Karte S. 300; ☎279 1644; www.lnm.lt; Didžioji gatvė 26; ⌚Di–Sa 10–16 Uhr, nach Voranmeldung) Das Museum nahe dem Rathaus zeigt die private Kunstsammlung des litauischen Künstlers Kazys Varnelis. In seinen 50 Jahren in den USA wurde er mit seinen optischen und dreidimensionalen Gemälden reich und berühmt. Er sammelte zahlreiche Gemälde, Möbel, Skulpturen, Karten und Bücher, darunter auch Werke von Dürer, Goya und Matteo Di Givanni. Ein Besuch ist nur nach telefonischer Anmeldung möglich.

M.-K.-Čiurlionis-Haus — MUSEUM

(Karte S. 300; Savičiaus gatvė 11; Eintritt frei; ⌚Mo–Fr 10–16.30 Uhr) Im ehemaligen Haus des großen Künstlers und Komponisten

Stadtzentrum Vilnius

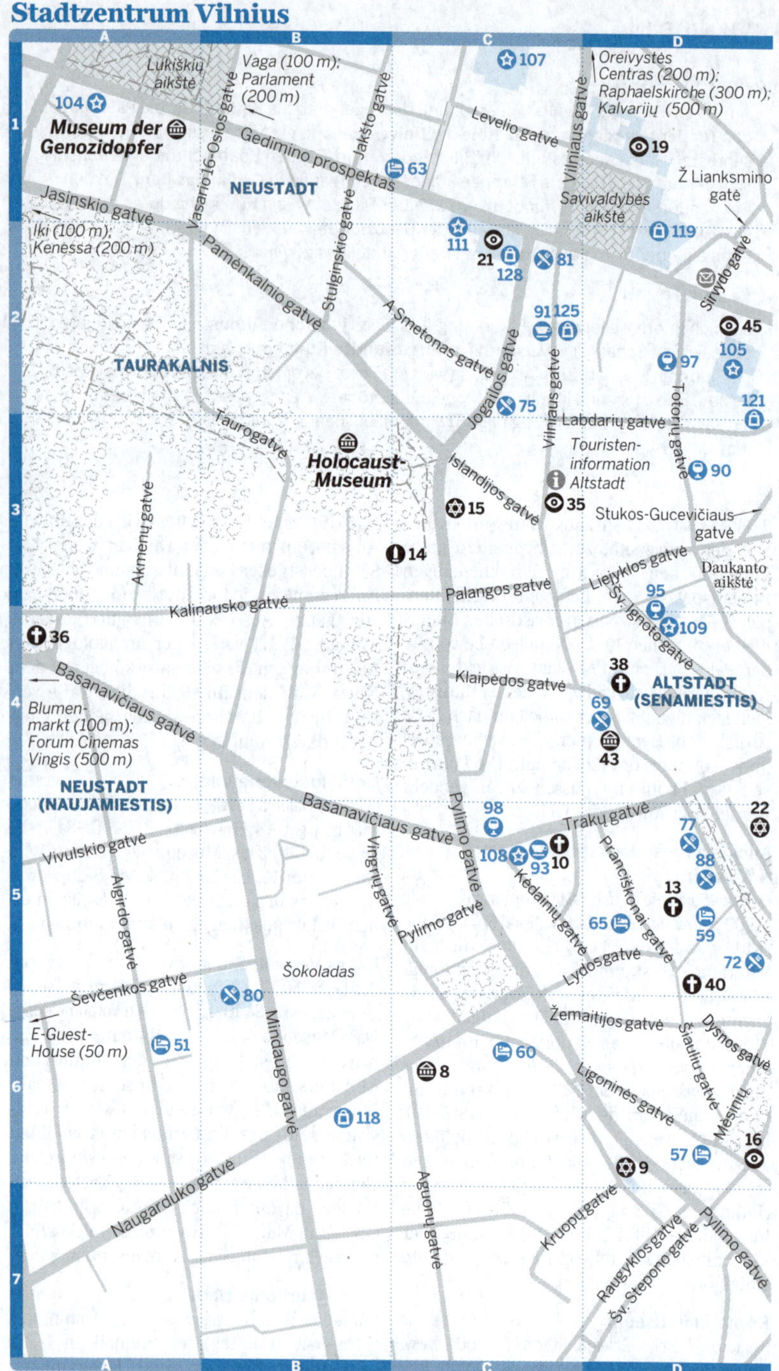
Lukiškių aikštė
Vaga (100 m); Parlament (200 m)
Oreivystės Centras (200 m); Raphaelskirche (300 m); Kalvarijų (500 m)
Museum der Genozidopfer
Gedimino prospektas
Levelio gatvė
Vilniaus gatvė
Jakšto gatvė
Vasario 16-Osios gatvė
NEUSTADT
Jasinskio gatvė
Iki (100 m); Kenessa (200 m)
Savivaldybės aikštė
Ž Lianksmino gatė
Pamėnkalnio gatvė
Stulginskio gatvė
A Smetonas gatvė
Sirvydo gatvė
TAURAKALNIS
Jogailos gatvė
Labdarių gatvė
Totorių gatvė
Taurogatvė
Holocaust-Museum
Touristeninformation Altstadt
Islandijos gatvė
Stukos-Gucevičiaus gatvė
Akmenų gatvė
Liejyklos gatvė
Daukanto aikštė
Palangos gatvė
Kalinausko gatvė
Šv. Ignoto gatvė
Basanavičiaus gatvė
Klaipėdos gatvė
ALTSTADT (SENAMIESTIS)
Blumenmarkt (100 m); Forum Cinemas Vingis (500 m)
NEUSTADT (NAUJAMIESTIS)
Trakų gatvė
Vivulskio gatvė
Vingrių gatvė
Pylimo gatvė
Kėdainių gatvė
Pranciškonai gatvė
Algirdo gatvė
Lydos gatvė
Šokoladas
Ševčenkos gatvė
Žemaitijos gatvė
Dysnos gatvė
E-Guest-House (50 m)
Mindaugo gatvė
Šiaulių gatvė
Ligoninės gatvė
Mėsinių
Naugarduko gatvė
Aguonų gatvė
Kruopų gatvė
Raugyklos gatvė
Šv. Stepono gatvė
LITAUEN VILNIUS

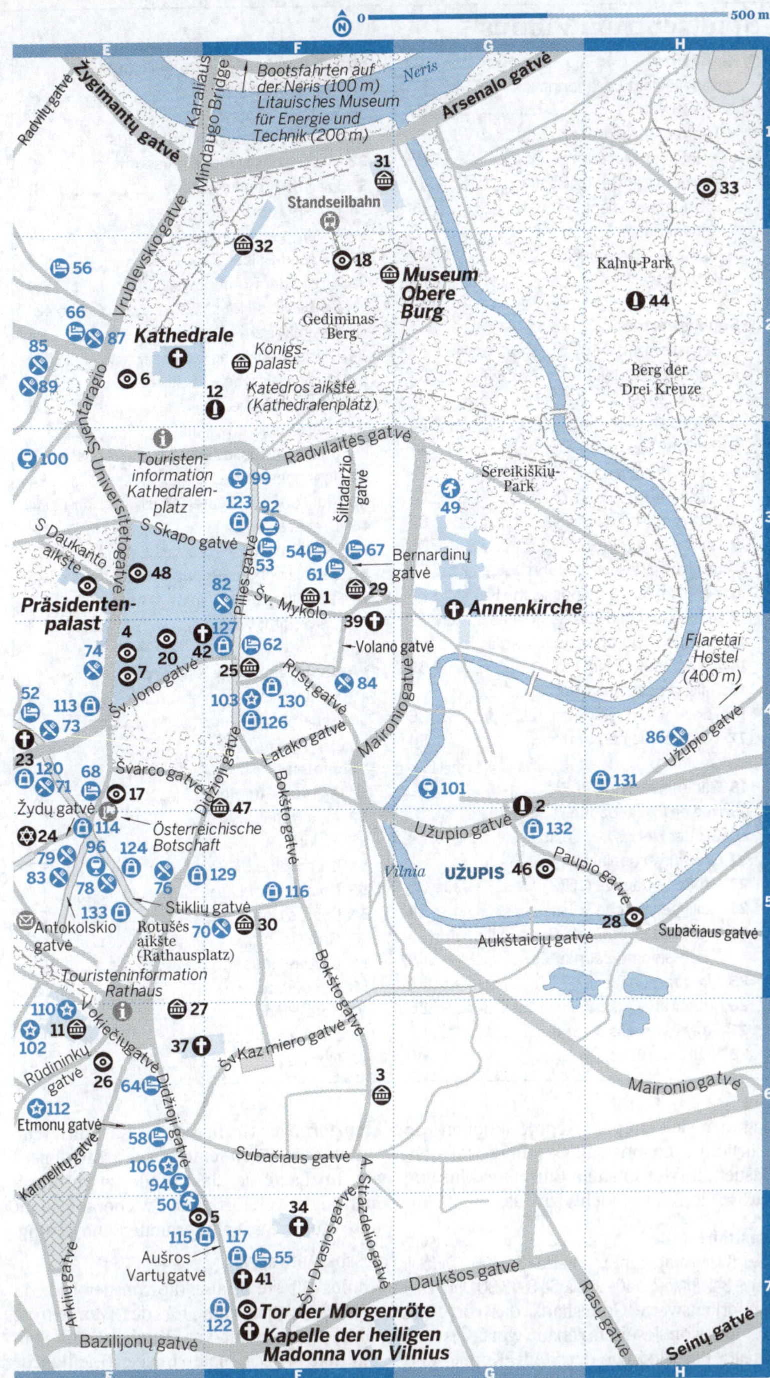

0
500 m
Bootsfahrten auf der Neris (100 m)
Litauisches Museum für Energie und Technik (200 m)
Neris
Arsenalo gatvė
Žygimantų gatvė
Radvilų gatvė
Karaliaus Mindaugo Bridge
Vrublevskio gatvė
Standseilbahn
Museum Obere Burg
Gediminas-Berg
Kalnų-Park
Berg der Drei Kreuze
Kathedrale
Königspalast
Katedros aikštė (Kathedralenplatz)
Šventaragio
Touristeninformation Kathedralenplatz
Radvilaitės gatvė
Šiltadaržio gatvė
Sereikiškių-Park
Universiteto gatvė
S Skapo gatvė
S Daukanto aikštė
Pilies gatvė
Bernardinų gatvė
Präsidentenpalast
Šv. Mykolo
Annenkirche
Volano gatvė
Šv. Jono gatvė
Rusų gatvė
Maironio gatvė
Filaretai Hostel (400 m)
Užupio gatvė
Latako gatvė
Švarco gatvė
Didžioji gatvė
Bokšto gatvė
Žydų gatvė
Österreichische Botschaft
Vilnia
UŽUPIS
Paupio gatvė
Stiklių gatvė
Antokolskio gatvė
Rotušės aikštė (Rathausplatz)
Aukštaičių gatvė
Subačiaus gatvė
Touristeninformation Rathaus
Vokiečių gatvė
Šv Kazimiero gatvė
Rūdininkų gatvė
Maironio gatvė
Etmonų gatvė
Karmelitų gatvė
Subačiaus gatvė
A. Strazdelio gatvė
Šv. Dvasios gatvė
Aušros Vartų gatvė
Daukšos gatvė
Rasų gatvė
Arklių gatvė
Tor der Morgenröte
Kapelle der heiligen Madonna von Vilnius
Bazilijonų gatvė
Seinų gatvė
E
F
G
H
1
2
3
4
5
6
7

LITAUEN VILNIUS

Stadtzentrum Vilnius

Highlights

Kapelle der hl. Madonna von Vilnius ... F7
Tor der Morgenröte ... F7
Holocaust-Museum ... B3
Museum der Genozidopfer ... A1
Präsidentenpalast ... E3
Annenkirche ... G3
Museum Obere Burg ... F2
Kathedrale ... E2

Sehenswertes

1 Bernsteinmuseum ... F3
2 Engel von Užupis ... G4
3 Artilleriebastion ... F6
4 Observatoriumshof ... E4
5 Basilius-Tor ... E7
6 Glockenturm ... E2
7 Glockenturm ... E4
8 Zentrum für Toleranz ... C6
9 Choralsynagoge ... D6
10 Kirche Mariä Himmelfahrt ... C5
11 Zentrum für zeitgenössische Kunst ... E6
12 Reiterstandbild von Gediminas ... F2
13 Evangelisch-lutherische Kirche ... D5
14 Frank-Zappa-Denkmal ... C3
15 Galerie der Gerechten ... C3
16 Tor zum Großen Getto ... D6
17 Tor zum Kleinen Getto ... E4
Gedimino 9 ... (siehe 119)
18 Gediminas-Turm ... F2
19 Regierungsgebäude ... D1
20 Großer Hof ... E4
21 Großfürstenpalast ... C2
22 Große Synagoge (1572) ... D5
23 Heiliggeistkirche ... E4
24 Wohnhaus des Rabbi Gaon Elijahu Ben Shlomo Zalman ... E5
25 Signatarenhaus ... F4
26 Judenrat ... E6
27 Kazys-Varnelis-Museum ... E6
28 Schlossbrücke ... H5
29 Adam-Mickiewicz-Gedenkstätte und -Museum ... F3
30 M.-K.-Čiurlionis-Haus ... F5
31 Museum für angewandte Kunst ... F1
32 Litauisches Nationalmuseum ... F2
33 Freiluft-Amphitheater ... H1
34 Russisch-orthodoxe Heiliggeistkirche ... F7
35 Radzilitt-Palast ... C3
36 Kirche der Romanows ... A4
Sarbievijus-Hof ... (siehe 48)
37 Kasimirkirche ... E6
38 Katherinenkirche ... D4
39 Michaeliskirche ... F4
40 Nikolauskirche ... D5
41 Theresienkirche ... F7
Strashun-Bibliothek ... (siehe 22)
42 Johanneskirche ... E4
43 Museum für Theater, Musik und Film ... D4
44 Drei Kreuze ... H2
45 Drei Musen ... D2
46 Verfassung der Republik Užupis ... G5
47 Gemäldegalerie Vilnius ... F4
48 Universität Vilnius ... E3

Aktivitäten, Kurse & Touren

49 Electric Cars ... G3
50 Senamiesčio Gidas ... E7

Schlafen

51 Algirdas City Hotel ... A6
52 Apia Hotel ... E4
53 Atrium ... F3
54 Bernardinu B&B ... F3
55 Domus Maria ... F7
56 Dvaras Hotel ... E2
57 Grotthaus ... D6
58 Grybas House ... E6
59 Hostelgate ... D5
60 Hotel Rinno ... C6
61 Litinterp ... F3
62 Narutis ... F4

befinden sich ein paar Reproduktionen von Čiurlionis, die einen Blick lohnen, falls ein Besuch im Nationalen Čiurlionis-Museum (S. 345) in Kaunas nicht drin ist.

Kasimirkirche KIRCHE
(Šv. Kazimiero bažnyčia; Karte S. 300; Didžioji gatvė 34; ⌚Mo–Sa 10–18.30, So 8–18.30 Uhr) Das bemerkenswerte Gotteshaus, das von 1604 bis 1615 von Jesuiten gebaut wurde, ist die älteste Barockkirche der Stadt. Kuppel und kreuzförmiger Grundriss der Kasimirkirche läuteten im 17. Jh. einen neuen Kirchenstil ein. Im Laufe der Jahrhunderte wurde sie mehrmals zerstört und wiederaufgebaut und erfuhr jüngst eine erneute Renovierung.

AUŠROS VARTŲ GATVĖ

Vilnius' älteste Straße, die von der Didžioji gatvė südwärts zum Tor der Morgenröte führt, ist gesäumt von Kirchen und Souvenirläden. Das spätbarocke **Basiliustor**

63 Neringa ... C1
64 Radisson Blu Astorija ... E6
65 Šauni Vietelė ... D5
66 Senatoriai Hotel ... E2
67 Shakespeare ... F3
68 Stikliai ... E4

Essen
69 Balti Drambliai ... D4
70 Balzac ... F5
71 Bistro 18 ... E4
72 Čili Kaimas ... D5
73 Cozy ... E4
74 Fiorentino ... E4
75 Ikiukas ... C2
76 Kitchen ... E5
77 La Provence ... D5
78 Lokys ... E5
79 Markus ir Ko ... E5
80 Maxima ... B6
81 Mini Maxima ... C2
82 Pilies kepyklėlė ... F3
83 René ... E5
84 Saint Germain ... F4
85 Sue's Indian Raja ... E2
86 Tores ... H4
87 Tres Mexicanos ... E2
88 Žemaičiai ... D5
89 Zoe's Bar & Grill ... E2

Ausgehen
90 Būsi Trečias ... D3
91 Coffee Inn ... C2
92 Coffee Inn ... F3
93 Coffee Inn ... C5
Coffee Inn ... (siehe 119)
94 In Vino ... E6
95 La Bohème ... D3
96 Notre Vie ... E5
97 Paparazzi ... D2
98 Skonis ir Kvapas ... C5
99 Soprano ... F3
100 Tappo D'Oro ... E3
101 Užupio Kavinė ... G4

Unterhaltung
102 Brodvėjus ... E6
103 Gorky ... F4
104 Lietuvos muzikos akademija ... A1
105 Lietuvos Nacionalinis Dramos Teatras ... D2
106 Nacionalinė filharmonija ... E6
107 Operos ir Baleto Teatras ... C1
108 Pablo Latino ... C5
109 Pasaka ... D4
110 Seacret ... E6
111 Vilniaus Mažasis Teatras ... C2
112 Jaunimo Teatras ... E6

Shoppen
113 Akademinė Knyga ... E4
114 Werkstatt Aldona Mickuvienė ... E5
115 Amber ... F7
116 Aukso Avis ... F5
117 Aušros Vartų Meno Galerija ... F7
118 Schwarzkeramikzentrum ... B6
Werkstatt Bronė Daškevičienė (siehe 114)
119 Gedimino 9 ... D2
120 Humanitas ... E4
121 Jjuozas Statkevičius ... D2
122 Werkstatt Jonas Bugailiškis ... F7
123 Lino ir Gintaro Studija ... F3
124 Lino ir Gintaro Studija ... E5
125 Lino Namai ... C2
126 Lino Namai ... F4
127 Littera ... F4
128 Marks & Spencer ... C2
129 Ramunė Piekautaitė ... E5
130 Sauluva ... F4
131 Schmiedemuseum und -galerie Užupis ... H4
132 Töpferzunft Vilnius ... G5
Vitražo manufaktūra ... (siehe 78)
133 Zoraza ... E5

(Karte S. 300; Aušros Vartų gatvė 7) ist auf dem Weg Richtung Süden auf der rechten Seite nicht zu übersehen. Es bildet den Eingang zum bröckelnden Basilius-Kloster mit seiner baufälligen gotischen Kirche, die nun endlich renoviert wird.

Tor der Morgenröte HISTORISCHES STADTTOR
(Aušros Vartu; Karte S. 300) Die Südgrenze der Altstadt wird von einem der überwältigendsten Wahrzeichen der Stadt markiert, einem Stadttor und Turm mit dem hinreißenden Namen „Tor der Morgenröte". Es ist das einzige noch intakte der einst zehn Tore in der Stadtmauer. Das Tor und die Mauer wurden zwar ursprünglich zu Verteidigungszwecken gebaut, aber das Tor der Morgenröte hat heute wegen eines Gemäldes der Jungfrau Maria in der Torkapelle (von der Straße unten zu sehen) eine religiöse Bedeutung.

Kapelle der hl. Madonna
(Karte S. 300; Eintritt frei; ⌚6–19 Uhr, Gottesdienst Mo–Sa 9, So 9.30 Uhr) Eine Tür an der

DAS EINSTIGE JÜDISCHE VIERTEL & DIE GETTOS

In der Altstadt von Vilnius lebte einst eine große jüdische Gemeinde, die in der ganzen Welt für ihre Frömmigkeit und Glaubensstärke bekannt war; weitere Infos s. Kasten S. 390.

Das größte jüdische Viertel lag in den Straßen westlich der Didžioji gatvė. Heute erinnern nur noch wenige Straßennamen wie Žydų (Juden) und Gaono (Gaon) an die alte Zeit. Die **Große Synagoge** (Karte S. 300) von 1572 und die berühmte **Strashun-Bibliothek** von 1902 befanden sich am Ende der Žydų gatvė. Die Synagoge wurde im Zweiten Weltkrieg beschädigt und in den 1950er-Jahren von den Sowjets abgerissen. Heute steht an dieser Stelle eine Schule, aber es gibt dort ein kleines Denkmal und eine Tafel, die den Ort markieren. Das Gebäude in der Gaono gatvė 6 (heute die österreichische Botschaft) war in den Jahrzehnten vor dem Zweiten Weltkrieg ein jüdisches Gebetshaus. An der Žydų gatvė 3 steht vor dem ehemaligen **Haus des Rabbi Gaon Elijah Ben Salomon Salman** (Karte S. 300) eine **Gedenkbüste**. Sie wurde 1997 zum 200. Todestag des Gelehrten errichtet, der bereits im Alter von sechs Jahren den gesamten Talmud auswendig hersagen konnte.

Das Ende der jüdischen Gemeinde von Vilnius zeichnete sich mit der deutschen Invasion in Polen 1939 ab. Vilnius fiel zeitweise in sowjetische Hände und alle jüdischen Organisationen, mit Ausnahme der kommunistischen, wurden aufgelöst. Viele jüdische Persönlichkeiten wurden deportiert. Gleichzeitig trafen scharenweise polnische Juden auf der Flucht vor den Nazis ein.

Beim deutschen Einfall in die Sowjetunion im Sommer 1941 fiel Vilnius nach nur ein paar Tagen an die Nazis. In den folgenden drei Monaten ermordeten die Deutschen (zusammen mit vielen Litauern, einige freiwillig, andere widerwillig) um die 35 000 Juden – fast die Hälfte der Gemeinde in Vilnius – im Wald von Paneriai (S. 323). Die verbliebenen Juden wurden in einem kleinen Areal nördlich der Vokiečių gatvė zunächst in ein Getto gesperrt

Das erste Getto – das Kleine Getto – wurde 46 Tage später aufgelöst und seine Bewohner wurden in Paneriai getötet. Eine Gedenktafel vor der Gaono gatvė 3 erinnert an die 11 000 Juden, die zwischen dem 6. September und dem 20. Oktober 1941 in den Tod getrieben wurden.

Im September 1941 wurde südlich der Vokiečių gatvė ein zweites Getto – das Große Getto – für Zwangsarbeiter in der deutschen Kriegswirtschaft abgegrenzt. Das Getto bestand bis September 1943, als Himmler anordnete, alle Kriegsgettos aufzulösen. Um die 26 000 Menschen wurden in Paneriai getötet und weitere 10 000 in Konzentrationslager verschleppt. Etwa 6000 Vilniuser Juden konnten fliehen.

Das einzige **Tor** (Karte S. 300) dieses Gettos befand sich in der heutigen Rūdninkų gatvė 18. Eine Tafel mit einer Karte des Gettos erinnert an den Standort. Der ehemalige **Judenrat** (Getto-Verwaltungsgebäude; Karte S. 300) hatte seinen Sitz in der Rūdninkų gatvė 8; im Hof führt eine Tafel die Namen von 1200 im Wald von Paneriai ermordeten Juden auf.

Heute hat die jüdische Gemeinde in Litauen etwa 5000 Mitglieder, von denen 80 % in Vilnius leben. Seit der Unabhängigkeit gab es etliche bedeutende Ereignisse um die kleine Gemeinde. 1996 willigte Deutschland ein, 1 Mio. € an Litauen als Kompensation für die Holocaust-Überlebenden und die Opfer der Nazis zu zahlen. 2001 wurde das **Jiddische Institut** (www.judaicvilnius.com) in der historischen Fakultät der Universiät von Vilnius gegründet.

Ostseite der Straße öffnet sich zu einer Treppe im Tor der Morgenröte, die zu der Kapelle aus dem 18. Jh. über dem Torbogen führt. Dort hängt ein wundertätiges Marienbild, die *Madonna des Tors der Morgenröte*. Die Herkunft des Gemäldes ist unklar, es soll aber wohl aus dem frühen 17. Jh. stammen. Es wird gleichermaßen von katholischen, orthodoxen und unierten (griechisch-katholischen) Gläubigen verehrt und ist mittlerweile eines der wichtigsten Pilgerziele Osteuropas.

Theresienkirche KIRCHE

(Šv. Teresės bažnyčia; Karte S. 300; www.ausrosvartai.lt; Aušros Vartų gatvė 14) Die katholische Kirche ist durch und durch barock: außen Frühbarock und innen üppiger Spätbarock. Unterhalb des Eingangs befindet sich eine Totenkammer mit einigen schönen barocken Grabmälern. Die Kirche ist jedoch meist geschlossen.

Orthodoxe Heiliggeistkirche KIRCHE

(Šv. Dvasios cerkvė; Karte S. 300; Aušros Vartų gatvė 10) Das Gotteshaus aus dem 17. Jh. mit seiner rosa Kuppel ist die russisch-orthodoxe Hauptkirche Litauens. In einer Kammer am unteren Ende einer Treppe vor dem Altar ruhen die einbalsamierten Leichen dreier Märtyrer aus dem 14. Jh. Die Füße des hl. Antonius, des hl. Iwan und des hl. Eustachius lugen sogar hervor.

Artilleriebastion MUSEUM

(Artilerijos bastėja; Karte S. 300; www.lnm.lt; Bokšto gatvė 20/18) Vom Tor der Morgenröte geht es an der alten Mauer entlang zur Šv. Dvasios gatvė und dort Richtung Norden zur Artilleriebastion. Der Festungsbau aus dem 17. Jh. zeigt eine Sammlung alter Waffen und Rüstungen. Zur Zeit der Recherche war das Gebäude wegen Renovierung auf ungewisse Zeit geschlossen.

VOKIEČIŲ GATVĖ & UMGEBUNG

Vom Rotušės aikštė führt der breite Boulevard Vokiečių gatvė nach Nordwesten. Er ist gesäumt von Restaurants, die auch Tische auf dem Grünstreifen in der Mitte haben.

Nikolaikirche KIRCHE

(Šv. Mikalojaus bažnyčia; Karte S. 300; www.mikalojus.lt; Šv. Mikalojaus gatvė 4) Ein Stück südlich der Vokiečių steht in der stillen Mikalojaus gatvė die älteste gotische Kirche Litauens, die um 1320 von Deutschen errichtet wurde. Von 1901 bis 1939 war sie die einzige Kirche in Vilnius, in der die Messe auf Litauisch gelesen wurde.

Zentrum für zeitgenössische Kunst MUSEUM

(Šiuolaikinio meno centras; SMC; Karte S. 300; www.cac.lt; Vokiečių gatvė 2; Erw./Kind 8/4 Lt; ⌚Di–So 12–19.30 Uhr) Das Zentrum zeigt Wechselausstellungen mit herausragender Installationskunst und Fotografien von litauischen und internationalen Avantgardekünstlern.

Evangelisch-lutherische Kirche KIRCHE

(Evangelikų liuteronų bažnyčia; Karte S. 300; www.augustana.lt, auf Litauisch; Vokiečių gatvė 20; ⌚Mo–Fr 11–14 Uhr) Die in einem Hof verborgene restaurierte Kirche gehört zur kleinen evangelischen Gemeinde von Vilnius. Sie stammt von 1555, zeigt aber Elemente der Gotik, des Barock und des Rokoko. Zu Sowjetzeiten teilte ein Betonboden die Kirche in Werkstatt und Basketballfeld.

VILNIAUS GATVĖ & UMGEBUNG

An der Kreuzung von Vokiečių gatvė, Vilniaus gatvė und Dominikonų gatvė stehen mehrere recht große Klosterkirchen aus dem 17. und 18. Jh.

Heiliggeistkirche KIRCHE

(Šv. Dvasios bažnyčia; Karte S. 300; Ecke Dominikonų & Šv. Ignoto gatvė) Die Hauptkirche der polnischen Gemeinde in Vilnius (1679). Sie gehörte früher zu einem Dominikanerkloster und ihr prächtiger Innenraum ist in Gold und Weiß gehalten. Die Kirche ist vor allem für Hochzeiten sehr gefragt.

Katharinenkirche KIRCHE

(Šv. Kotrynos bažnyčia; Karte S. 300; Vilniaus gatvė 30) Die beiden Türme der pfirsich- und cremefarbenen Katharinenkirche gehörten einst zu einem Benediktinerkloster. Heute finden in der Kirche oft klassische Konzerte statt.

Kirche Mariä Himmelfahrt KIRCHE

(Karte S. 300; Trakų gatvė 9/1) Die Franziskanerkirche aus dem 15. Jh. diente 1812 der französischen Armee als Hospital und beherbergte von 1864 bis 1934 und von 1949 bis 1989 die Staatsarchive. 1995 wurde das Gebäude dem Erzbistum Vilnius und drei Jahre später den Franziskanern zurückgegeben. Derzeit wird sie sorgfältig und auf lange Zeit restauriert.

Museum für Theater, Musik & Film MUSEUM

(Teatro, muzikos ir kino muziejus; Karte S. 300; www.ltmkm.lt; Vilniaus gatvė 41; Erw./Stud. 5/3 Lt; ⌚Di–Fr 11–18, Sa 11–16 Uhr) In dem Museum sind Erinnerungsstücke von Bühne und Leinwand ausgestellt. Unter den drei Kunstrichtungen ist die musikhistorische Abteilung der Star. Die Sammlung traditioneller Musikinstrumente – darunter ein *pūslinė* (ein primitives baltisches Saiteninstrument aus Tierblasen,) und mehrere *kanklės* (Zupfinstrumente ähnlich einer Zither) – wird jeden faszinieren, der etwas für Instrumente übrig hat.

Radziwill-Palast MUSEUM

(Radvilų rūmai; Karte S. 300; www.ldm.lt; Vilniaus gatvė 22; Erw./Stud. 6/3 Lt; ⌚Di–Sa 11–17.30, So bis 16.30 Uhr) Ein paar Schritte in der Vilniaus gatvė Richtung Norden führen zum Eingang des Palastes aus dem 17. Jh. Er zeigt die aus-

JÜDISCHE SEHENSWÜRDIGKEITEN

Die wichtigsten jüdischen Sehenswürdigkeiten und Holocaust-Gedenkstätten in Vilnius werden vom **Jüdischen Staatsmuseum Vilna Gaon** (www.jmuseum.lt) verwaltet. Zu den Einrichtungen gehören das Holocaust-Museum, das Zentrum für Toleranz und das Paneriai-Museum (S. 323) im Wald von Paneriai. Ein viertes Gebäude, eine **Galerie der Gerechten** (Karte S. 300; Pylimo gatvė 4), scheint auf Dauer geschlossen zu sein.

Erste Station ist das einfache, aber gute **Holocaust-Museum** (Karte S. 300; Pamėnkalnio gatvė 12; Erw./Kind 6/3 Lt; ⏲Mo–Do 9–17, So 10–16 Uhr) im sogenannten Grünen Haus. Die Ausstellung ist zwar nicht zeitgemäß interaktiv, ist aber viellicht gerade deswegen umso bewegender. Sie zeichnet mit Fotos und Dokumenten in erschreckenden Details den gesamten Holocaust in Litauen nach, von der deutschen Beschneidung der Rechte der Juden über die Schaffung der Gettos bis schließlich zur Deportation nach Paneriai und an andere Orte. Viele der Exponate wurden von Überlebenden und Familien der Opfer gespendet.

Das **Zentrum für Toleranz** (Karte S. 300; Naugarduko gatvė 10; Erw./Kind 6/3 Lt; ⏲Mo–Do 10–18, So bis 16 Uhr) ist eine spannende Ergänzung zum Holocaust-Museum. Hier geht es weniger um den Holocaust als vielmehr um jüdische Geschichte und Kultur in den Jahrhunderten vor dem Zweiten Weltkrieg. Die Begleittafeln auf Englisch im zweiten Stock sind zwar lang, aber hilfreich. Jede befasst sich mit einem Thema und ist ausgewogen und informativ. Aufschlussreich ist eine ständige Ausstellung zur jüdischen Avantgarde zwischen den Weltkriegen.

Die einzige erhaltene Synagoge in Vilnius, die **Choral-Synagoge** (Karte S. 300; Pylimo gatvė 39; Spende erwünscht; ⏲ So–Fr 10–14 Uhr), wurde 1894 für die Wohlhabenden der Gemeinde errichtet und überdauerte das Dritte Reich nur, weil die Deutschen sie als Sanitätshaus nutzten. Seit 1995 ist sie restauriert und wird von einer kleinen orthodoxen Gemeinde genutzt (Gottesdienste 8.30 und 19.30 Uhr).

In den 1950er-Jahren zerstörten die Sowjets mehrere jüdische Friedhöfe. Der **alte jüdische Friedhof** (Karte S. 292; Krivių gatvė), auf dem sich das Grab von Rabbi Gaon Eliyahu befand, wurde 1957 umgepflügt und in das Žalgiris-Stadion umgewandelt. Die Grabsteine wurden beim Pflastern der Straßen eingesetzt. Die Stufen, die zum Tauro-Hügel und zum Gewerkschaftspalast in der Mykolaičio-Putino gatvė hinaufführten, bestanden früher aus jüdischen Grabsteinen. 1991 nahm die jüdische Gemeinde viele der entweihten Steine wieder in Besitz. Einige davon sind nun an der Stelle des alten Friedhofs zu sehen.

Gaon Eliyahu ist heute auf dem **neuen jüdischen Friedhof** nördlich des Vingis-Parks im Virsuliskės-Viertel beigesetzt (Eingang über die Ažuolyno gatvė)

ländische Sammlung des Litauischen Kunstmuseums.

Frank-Zappa-Denkmal DENKMAL
(Karte S. 300; Kalinausko gatvė 1) Westlich der Vilniaus gatvė ist die Rock-'n'-Roll-Legende Frank Zappa in einer 4,2 m hohen Bronzebüste auf einer Edelstahlsäule verewigt. Die Büste war das weltweit erste Denkmal für den exzentrischen Amerikaner, der 1993 starb. Man muss auf dem Parkplatz schon genau hinschauen, da sie nicht sofort zu sehen ist. Die Graffiti an der Mauer um den Platz sind auch interessant.

ÖSTLICH DES GEDIMINAS-BERGS

Jenseits der Vilnia beginnt ein anderes Land: die selbst erklärte unabhängige Republik Užupis (s. Kasten S. 308). In diesem Viertel gibt es einige kuriose Attraktionen wie die **Schlossbrücke** (Karte S. 300; Paupio gatvė), an deren Geländer frisch vermählte Paare zur Sicherung ihres Ehebundes ein Vorhängeschloss anbringen, doch weiter östlich gibt es noch sehr viel mehr zu entdecken.

LP TIPP **Antakalnis-Friedhof** FRIEDHOF
(an der Karių kapų gatvė; ⏲9 Uhr–Sonnenuntergang) In der grünen Vorstadt, nur ein kurzes Stück östlich des Zentrums, liegt einer der friedlichsten Friedhöfe Osteuropas. Hier sind die Menschen begraben, die am 13. Januar 1991 von sowjetischen Spezialeinheiten getötet wurden. Eine Skulptur der Madonna, die ihren Sohn in den Armen hält, erinnert an sie. Ein anderes Denkmal ehrt

die napoleonischen Soldaten, die auf dem Rückzug vor der russischen Armee in Vilnius an Hunger und Verletzungen starben. Die sterblichen Überreste von 2000 dieser Soldaten wurden erst 2002 entdeckt. Auch Hunderte polnische Soldatengräber, darunter vieler unbekannter Soldaten, befinden sich hier, was gemischte Gefühle hervorruft, besonders an Allerheiligen (1. November). Das Grab des ehemaligen Präsidenten Algirdas Brazauskas liegt etwas verwaist an einem Hang in einem neueren Abschnitt des Friedhofs.

Rasos- & Militärfriedhof FRIEDHOF

(Karte S. 392; Sukilėlių gatvė) Der Rasos- und der Militärfriedhof liegen am Südwestrand der Altstadt nebeneinander. Der 1801 angelegte Rasos-Friedhof ist die Ruhestätte der Elite von Vilnius. Interessanter ist jedoch der kleine Militärfriedhof nebenan, auf dem das Herz des polnischen Marschalls Jósef Piłsudki begraben liegt. Er war für die polnische Annektion von Vilnius 1921 verantwortlich. Seine Mutter ruht in derselben Grabstätte, sein Leichnam ist in Krakau beerdigt. Piłsudski stammte aus diesem Teil Litauens und seine Familie besaß ein Anwesen außerhalb von Vilnius.

Drei Kreuze DENKMAL

(Trys kryžiai; Karte S. 300) Östlich des Gediminas-Bergs stehen drei Kreuze majestätisch auf dem gleichnamigen Berg (Trijų kryžių kalnas). Seit dem 17. Jh. standen dort Kreuze zum Gedenken an drei Mönche, die an dieser Stelle gekreuzigt wurden. Die Überreste der drei Kreuze liegen im Schatten der noch stehenden. Sie sind die ursprünglichen Denkmäler, die nach dem Zweiten Weltkrieg von den Sowjets plattgewalzt worden waren. Sie wurden wieder aufgebaut, aber die verbogenen Überreste der Originale blieben als historische Mahnung gegen Unterdrückung bestehen. Zu den Kreuzen führt die Kosciuskos gatvė.

Kirche St. Peter & Paul KIRCHE

(Šv. Petro ir Povilo bažnyčias; Karte S. 292; Antakalnio gatvė 1) Vom wenig reizvollen Äußeren der Kirche sollte sich keiner täuschen lassen. Das barocke Innere ist mit den Tausenden kunstvollen weißen Skulpturen, die zwischen 1675 und 1704 von italienischen Bildhauern geschaffen wurden, das Prachtstück unter den Kirchen Litauens. Die Kirche wurde vom litauischen Adligen Mykolas Kazimieras Paca gestiftet, sein Grab befindet sich auf der rechten Seite der Vorhalle.

NEUSTADT

Die Neustadt (Naujamiestis) aus dem 19. Jh. erstreckt sich von der Kathedrale und der Altstadt 2 km nach Westen. Der mittelalterliche Charme der Altstadt wird hier abgelöst durch breite Boulevards und grüne Parks.

GEDIMINO PROSPEKTAS

Zwischen der spektakulären Silhouette der römisch-katholischen Kathedrale und den silbernen Kuppeln der russisch-orthodoxen **Erscheinungskirche** (Karte S. 292) liegt der elegante Gediminas-Prospekt, die Hauptstraße des modernen Vilnius. Auf 1,75 km Länge drängeln sich Geschäfte, ein Theater, Banken, Hotels, Restaurants, Büros, einige Grünanlagen und verschiedene offizielle Einrichtungen, darunter das litauische **Regierungsgebäude** (Karte S. 300; www.lrv.lt; Gedimino prospektas 11) und das Parlament. 1852 wurde die reizvolle Straße angelegt, seither hat sie elfmal den Namen gewechselt: Die Zaristen benannten sie nach dem hl. Georg, die Polen nach Mickiewicz und die Sowjetherrscher zuerst nach Stalin, dann nach Lenin.

Auf dem Litauischen Nationaltheater am Gedimino prospektas 4 erhebt sich in dramatischer Pose die Statue der **Drei Musen** (Karte S. 300). Die ungewöhnlichen Gestalten in schwarzen Gewändern (Verkörperungen von Drama, Komödie und Tragödie) verbergen sich hinter goldenen Masken vor einem Publikum fotografierender Touristen.

In einigen der historischen Gebäude an dieser Straße befinden sich heute Einkaufszentren mit Preisen, die kaum ein Litauer bezahlen kann. Sowohl **Gedimino 9** (Karte S. 300; www.gedimino9.lt; Gedimino prospektas 9) – das KaDeWe oder Harrods von Vilnius – als auch der lachs- und cremefarbene **Großfürstenpalast** (Karte S. 300; Gedimino prospektas 20/1) lohnen einen Besuch, um einen Blick auf die schöne Restaurierung zu bewundern.

Früher stand eine Leninstatue auf dem **Lukiskių aikštė**, einem Platz, der einst seinen Namen trug. Inzwischen ist das Standbild abgebaut und heute im Grūtas Park in Druskininkai (Kasten S. 336) zu sehen.

Museum der Genozidopfer MUSEUM

(Genocido aukų muziejus; Karte S. 300; www.genocid.lt; Aukų gatvė 2a; Erw./Kind 6/3 Lt; ⌚Di–Sa 10–17, So bis 15 Uhr) Das ehemalige Hauptquartier des sowjetischen KGB ist heute ein Museum für die Tausenden Litauer, die vom Zweiten Weltkrieg bis in die 1960er-Jahre von den Sowjets ermordet, inhaftiert oder

DIE REPUBLIK DER REBELLEN

Die aufmüpfige, rebellische Neigung der Litauer kommt am deutlichsten im Szenezentrum von Vilnius zum Vorschein, wo Künstler, Träumer, Säufer und Hausbesetzer eine unabhängige Republik ausgerufen haben.

Die Užupio Republika (Republik Užupis) wurde offiziell, oder eher alternativ, 1998 gegründet. Der kleine Spaßstaat hat einen eigenen Präsidenten, eine Hymne, eine Flagge und eine Verfassung mit 41 Artikeln. Sie gibt u. a. den Bewohnern das Recht auf heißes Wasser, Heizung im Winter und auf ein Ziegeldach, das Recht, einzigartig zu sein, zu lieben, frei, glücklich (oder unglücklich) zu sein und ein Hund zu sein. Die Verfassung endet mit den Worten: „Lass dich nicht niederschlagen. Wehre dich nicht. Gib nicht auf." An einer Hauswand in der Paupio gatvė steht die gesamte **Verfassung** auf Litauisch, Französisch und Englisch sowie in mehreren anderen Sprachen.

Am 1. April feiern die Bürger der Republik Užupis ihren inoffiziellen Staat. Grenzwächter ziehen witzige Kostüme an und stempeln an der Hauptbrücke Pässe. Der Präsident hält auf dem Hauptplatz, der Kreuzung zwischen Užupio, Maluno und Paupio gatvė, eine Rede. Hier steht auch das Wahrzeichen der Republik, der **Engel von Užupis** (Karte S. 300). Im gesamten Viertel, das immer trendiger wird, entstehen mehr und mehr Kunstgalerien und Kunsthandwerksläden.

deportiert wurden. Die Fassade des Gebäudes ist mit Gedenktafeln gepflastert. Sie ehren jene, die in der brutalen stalinistischen Nachkriegszeit ums Leben kamen. In den Räumen ist die grausame Wirklichkeit der sowjetischen Besatzung dokumentiert, unter anderem durch ergreifende, persönliche Berichte über das Leben als litauischer Gefangener in Sibirien. Doch der wahre Schrecken wartet im Keller: Gefängniszellen und ein Hinrichtungsraum, in dem zwischen 1944 und den 1960er-Jahren Gefangene erschossen oder in den Schädel erstochen wurden. 1994 wurden nördlich der Neris in einem Massengrab im **Tuskulėnai-Park** (Karte S. 292) die Überreste von 767 Opfern entdeckt, die hier zwischen 1944 und 1947 getötet wurden. 2005 wurden sie im Park in einer hochmodernen kegelförmigen **Gedenkkapelle** (Karte S. 292; Žirmūnų gatvė) bestattet. Während der deutschen Besatzung hatte auch die Gestapo hier ihr Hauptquartier. Das Gebäude aus dem 19. Jh. hat somit ein wirklich finsteres Karma.

Parlament REGIERUNGSGEBÄUDE

(Seimas; Karte S. 292; www.seimas.lt; Gedimino prospektas 53) Vor dem Parlament erinnern Betonplatten mit Stacheldrahtresten und verschmierten Slogans schmerzlich an die gewalttätige Vergangenheit Litauens. Am 13. Januar 1991 wurden hier Barrikaden errichtet, um das Parlament vor sowjetischen Truppen zu schützen. Die Barrikaden nördlich des Parlamentsgebäudes blieben bis zum Dezember 1992 bestehen, als der letzte russische Soldat Vilnius verließ.

SÜDLICH DES GEDIMINO PROSPEKTAS

Wenige Blocks südlich des Gedimino prospektas steht die 1913 erbaute **Kirche der Romanows** (Karte S. 300; Basanavičiaus gatvė 27), eine auffallende russisch-orthodoxe Kirche mit erbsengrünen Zwiebeltürmen. Weiter westlich erstreckt sich der **Blumenmarkt von Vilnius** (außerhalb Karte S. 300; Basanavičiaus gatvė 42; ⏲24 Std.) – der ideale Ort für diejenigen, die um 3 Uhr morgens romantische Anwandlungen bekommen.

Westlich der Jasinskio gatvė befindet sich jenseits des Flusses Neris eine 1922 errichtete **Kenessa** (Karte S. 292; Liubarto gatvė 6) – ein traditionelles Gebetshaus der Karäer.

VINGIS-PARK

Knapp über 1 km südwestlich des Parlaments, am Westende der Čiurlionio gatvė, liegt der waldige **Vingis-Park** (Karte S. 292), der an drei Seiten von der Neris umschlossen wird. Im Park steht ein großes **Amphitheater**, Schauplatz des litauischen Lied- und Tanzfestes. Zu erreichen ist es mit der O-Buslinie 7 vom Bahnhof oder der Linie 3 von der Haltestelle Gedimino an der Vilniaus gatvė bis zur Haltestelle Kęstučio (die zweite hinter der Brücke über den Fluss), von dort sind es ein paar Schritte weiter über die Fußgängerbrücke am Ende der Treniotos gatvė.

Wie der weiter entfernt stehende Fernsehturm wurde auch das **Fernseh- und**

Rundfunkzentrum (Karte S. 292; Ecke Konarskio gatvė & Pietario gatvė) an der Südostecke des Parks im Morgengrauen des 13. Januar 1991 von sowjetischen Panzern und Truppen gestürmt. Holzkreuze erinnern an Litauens Märtyrer für die Unabhängigkeit.

ŠNIPIŠKĖS

Das Viertel Šnipiškės am Nordufer der Neris hat sich verändert: Die schäbigen sowjetischen Betonblocks sind verschwunden. Stattdessen zeichnet sich hier heute eine neue Skyline mit Hochhäusern ab. Der **Europaturm** (Karte S. 292) auf dem **Geschäfts- & Einkaufszentrum Europa** (S. 320) ist mit 129 m der höchste Wolkenkratzer des Baltikums.

Das neue Geschäftsviertel, auch „Sunrise Valley" genannt, wächst zügig weiter: neue Baustellen und Hochhäuser schießen wie Pilze aus dem Boden. Als Teil des städtischen Erneuerungsprojekts wurden zwei Brücken errichtet, die den Europaturm mit dem Zentrum verbinden. Außerdem ist die **Stadtverwaltung** (Karte S. 292; Konstitucijos prospektas 3) hierher gezogen.

Nicht alles auf dieser Flussseite besteht aus Glas und glänzendem Metall. Es gibt auch einige interessante Beispiele sowjetischer Architektur wie die **Raphaelskirche** (Karte S. 292; Šv. Rapolo bažnyčia; ⏲6.30–9 & 17–19.30 Uhr) nahe der Žaliasis tiltas (Grüne Brücke). Hinter ihrer rissigen Fassade birgt sie Räume im klassischen Barockstil. Das **Litauische Museum für Energie und Technologie** (Karte S. 292; www.emuziejus.lt; Rinktinės gatvė 2; Erw./Kind 10/5 Lt; ⏲Do–Sa 10–17 Uhr), befasst sich mit Kernkraft und anderen sowjetischen (und nachsowjetischen) Energiequellen. Es befindet sich im ursprünglichen Kraftwerk der Stadt, das 1998 stillgelegt wurde.

AUSSERHALB DES ZENTRUMS

Fernsehturm WAHRZEICHEN

(außerhalb Karte S. 292; www.lrtc.lt; Sausio 13-osios gatvė 10; Erw./Kind 21/9 Lt; ⏲Aussichtsplattform 10–22 Uhr) Der 326 m hohe Fernsehturm am westlichen Horizont der Stadt ist kaum zu übersehen. Der hohe nadelförmige Turm symbolisiert die litauische Willenskraft. Am 13. Januar 1991 töteten sowjetische Spezialeinheiten hier 14 Menschen. Das litauische Fernsehen sendete weiter, bis die Truppen durch das Tor des Turmes eindrangen. Holzkreuze erinnern an die Opfer; alljährlich am 13. Januar stecken hier Hunderte Menschen Kerzen an. An Weihnachten werden etwa 6000 Lichterketten am Turm befestigt: So entsteht der größte Weihnachtsbaum der Welt.

Auf der Aussichtsplattform (190 m) liegt einem die ganze Stadt zu Füßen. Menschen mit robustem Magen können hier auch etwas essen, während sie im rotierenden Turmrestaurant **Paukščių takas** (Milchstraße; Hauptgerichte 20–30 Lt; ⏲10–22 Uhr) den Ausblick genießen.

Zum Turm fährt die O-Buslinie 16 ab dem Bahnhof oder die Linie 11 ab dem Lukiskių aikštė bis zur Haltestelle Televizijos Bokstas am Laisvės prospektas. Wer will, macht dann einen Ausflug in die Hochhausvorstädte der Sowjetzeit.

Aktivitäten

Abgesehen von Wandern und Radfahren (S. 322) ist Vilnius mit Outdooraktivitäten nicht gerade reich gesegnet, bietet aber eine, die es sonst nicht überall gibt: Fahrten mit dem Heißluftballon.

Ballonfahrten über die Dächer der Altstadt (sofern der Wind richtig steht) bietet das **Oreivystės Centras** (Karte S. 292; ☎8-652 00510; www.ballooning.lt; Upės gatvė 5). Sie kosten um 500 Lt pro Person für einen einstündigen Flug über die Stadt.

Im Sommer (Mai–Sept.) gibt es auch **Bootsfahrten** (außerhalb Karte S. 300; ☎8-685 01000; 1 Std. Erw./Kind 20/10 Lt; ⏲11–20 Uhr) auf der Neris. Das Boot, die *Ryga*, legt mehrmals täglich von einem kleinen Anleger an der Südseite der Karaliaus-Mindaugo-Brücke ab.

Geführte Touren

Zweistündige Altstadtrundgänge mit Führung in deutscher und englischer Sprache (35 Lt) organisieren die **Touristeninformationen** (☎253 2115; www.vilnius-tourism.lt). Sie beginnen von Mitte Mai bis Mitte September montags, mittwochs, freitags und sonntags um 14 Uhr. Außerdem verleiht die Touristeninformation Audioguides (35 Lt) für Exkursionen auf eigene Faust und verteilt kostenlose Broschüren über thematische Rundgänge wie das jüdische Vilnius, Vilnius für Musikfreunde oder Burgen und Paläste in Vilnius.

Senamiesčio Gidas MINIBUSTOUREN

(Altstadtführer; Karte S. 300; ☎8-699 54064; www.vilniuscitytour.com; Aušros Vartų gatvė 7) Organisiert Halbtagstouren mit dem Minibus durch Vilnius (75 Lt, 2 Std.) und das jüdische Vilnius, ebenso Touren „Auf den Spuren Ihrer Vorfahren" und Tagesausflüge nach

Trakai (S. 323; 100 Lt, 3¾ Std.) und Kernavė (S. 326), zu Litauens Grūtas Park (sowjetischer Skulpturenpark; Kasten S. 336) und Europas geografischem Zentrum (S. 326). Die Preise hängen von der Teilnehmerzahl ab; weitere Infos auf der Website.

Festivals & Events

Vilnius bietet das ganze Jahr über diverse Feste, die auf www.vilnius-events.lt und www.vilnius-tourism.lt aufgeführt sind. Einige der größeren Events:

Užgavėnės KARNEVAL
Heidnischer Karneval am Faschingsdienstag (meist Februar).

Kaziukas-Kunsthandwerksmesse KUNSTHANDWERK
(www.kaziukomuge.lt, auf Litauisch) In der Altstadt am Kasimirtag, 4. März.

Lygiadienis KARNEVAL
Heidnischer Karneval zur Tagundnachtgleiche, März.

New Baltic Dance TANZ
(www.dance.lt) Modernes Tanzfestival Anfang Mai.

Vilnius-Festival MUSIK & TANZ
Klassische Musik, Jazz und Folkmusik in den Höfen der Altstadt, Juni.

Christopher-Sommerfest MUSIK
(www.kristupofestivaliai.lt) Musikfestival, Juli und August.

Hauptstadttage DARSTELLENDE KUNST
Musik- und Theaterfestival, Ende August bis Anfang September.

Sirenos THEATER
(www.okt.lt) Internationales Theaterfestival, Mitte September bis Mitte Oktober.

Gaida KLASSISCHE MUSIK
Festival für neue Musik aus Mittel- und Osteuropa; Ende Oktober.

Mama Jazz JAZZ
(www.vilniusmamajazz.lt) Großes Festival mit berühmten Gaststars, Mitte November.

Schlafen

Für eine so kleine Hauptstadt hat Vilnius ein ganz schön breites Unterkunftsangebot. Die hier genannten Preise gelten für die Sommersaison und enthalten, falls nicht anders angegeben, Frühstück. Alle hier aufgeführten Hotels und Pension haben Zimmer mit Bad.

LP TIPP **Domus Maria** PENSION €€
(Karte S. 300; ☎264 4880; www.domusmaria.lt; Aušros Vartų gatvė 12; EZ 100–159 Lt, DZ 150–221 Lt, 3BZ/4BZ 279/299 Lt; P @ ᯤ) Keine andere Pension verkörpert das Wesen der Stadt besser als das Domus Maria mit Zimmern in den Zellen eines einstigen Karmeliterklosters aus dem 17. Jh. Es gehörte damals zur Theresienkirche und dem Tor der Morgenröte und hat sehr viel Charme. Getreu seiner Klostervergangenheit sind die Zimmer an langen Gängen um einen Innenhof herum angeordnet. Die mit den Nummern 207 und 307 – die einzigen Hotelzimmer der Stadt mit einem Blick auf das Tor der Morgenröte – sind Monate im Voraus ausgebucht. Frühstück wird im Gewölbe des Refektoriums serviert und eine Etage ist barrierefrei ausgestattet.

LP TIPP **Bernardinu B&B** PENSION €€
(Karte S. 300; ☎261 5134; www.bernardinuhouse.com; Bernardinų gatvė 5; EZ/DZ ab 150/180 Lt; P ᯤ) Die zauberhafte, familiengeführte Pension liegt in einer der malerischsten Gassen der Altstadt. Das Haus stammt aus dem 18. Jh., wurde aber sorgfältig renoviert, wobei die Besitzer sich sehr bemühten, Elemente wie alte Holzböden und Decken zu erhalten. Das Frühstück kostet 15 Lt und wird um 9 Uhr auf einem Tablett ans Zimmer gebracht.

Litinterp PENSION €€
(Karte S. 300; ☎212 3850; www.litinterp.lt; Bernardinų gatvė 7–2; EZ/DZ/3BZ 100/160/210 Lt, mit Gemeinschaftsbad 80/140/180 Lt, Apt. 210 Lt; ⏲ Büro Mo–Fr 8.30–19, Sa 9–15 Uhr; P @ ᯤ) Das lichte, saubere und freundliche Haus inmitten der Altstadt bietet diverse Unterkünfte. Die Zimmer mit Gemeinschaftsbad sind etwas eng, aber die mit eigenem Bad schön geräumig. Gäste können auch nach der offiziellen Öffnungszeit einchecken, sofern sie vorher Bescheid geben.

Ecotel HOTEL €€
(Karte S. 292; ☎210 2700; www.ecotel.lt; Slucko gatvė 8; EZ/DZ/3BZ 199/229/279 Lt; P @ ᯤ) Zum Prinzip des Ecotel gehört es, saubere und ordentliche Zimmer zu bezahlbaren Preisen anzubieten. Es ist zwar nicht mehr so ein Schnäppchen wie einst, aber die Zimmer sind für das Angebot, wie blitzblanke Badezimmer mit beheizten Handtuchhaltern, noch recht günstig. Einige Zimmer sind für behinderte (und sehr große) Gäste eingerichtet; die Betten sind 2,1 m lang. In

VILNIUS FÜR KINDER

Für Kinder ist Planschen in der gut ausgestatteten Südseebadelandschaft **Vichy Aquapark** (Vandens Parkas; www.vandensparkas.lt; Ozo gatvė 14c; Erw./Kind 3 Std. 59/39 Lt, 4 Std. ab 65/45 Lt; ⌚Mo–Fr 12–22, Sa & So 10–22 Uhr) ein Vergnügen. Die Kleinen können sich auf den aufregenden Wasserrutschen und in einem Wellenbad austoben, während die Eltern in den Whirlpools, Dampfbädern und Massagesalons entspannen.

Beliebt sind auch **Elektroautos** im Sereikiškių-Park und die Fahrradtaxis die am Kathedralenplatz nahe dem Parkeingang auf Kundschaft warten. Der Hit ist vermutlich ein **Panorama aus schwindelerregender Höhe** (Kasten S. 298).

Im Winter ist vielleicht ein Ausflug ins Einkaufszentrum Akropolis (S. 320) ganz nett für Kids, wo es dann eine **Eisbahn** (⌚8.30–23 Uhr) und ein **Spielzentrum** (⌚10–22 Uhr) für Kinder unter zwölf Jahren gibt.

der Lobby steht ein Computer mit Internetanschluss zur Verfügung.

Shakespeare HOTEL €€€
(Karte S. 300; ☎266 5885; www.shakespeare.lt;Bernardinų gatvė 8/8; EZ/DZ ab 500/600 Lt; P@📶) Das Shakespeare will das beste Boutiquehotel der Stadt werden. Bücher, Antiquitäten und Blumen gibt es in dem feinen Altstadtjuwel im Überfluss, die Atmosphäre ist kultiviert literarisch. Jedes Zimmer huldigt – in Name und Ausstattung – einem anderen Autor. Die Luxussuite im oberen Stock hat tolle Aussichten, die fast den Spitzenpreis von 710 Lt rechtfertigen.

Grybas House HOTEL €€
(Karte S. 300; ☎264 7474; www.grybashouse.com; Aušros Vartų gatvė 3a; EZ 230–270 Lt, DZ 300–340 Lt, Apt. 420 Lt; P📶) Mit Liebenswürdigkeit, Charme und ganz viel Lächeln leiten Stase und Vladas das Grybas House, das erste unabhängige, familiengeführte Hotel, das nach der Unabhängigkeit aufmachte. Die Zimmer dieser Ruhe-Oase inmitten der Altstadt sind altmodisch, aber sehr komfortabel; einige blicken auf den stillen Innenhof.

Atrium HOTEL €€€
(Karte S. 300; ☎210 7777; www.atrium.lt; Pilies gatvė 10; EZ/DZ/Suite 345/480/820 Lt; P@📶) Eine Etage in diesem Stadthaus aus dem 16. Jh. im touristischen Herzen von Vilnius wurde extra für Reisende mit Behinderung eingerichtet. Die Zimmer reichen ansonsten von typischer Mittelklasse bis Spitzenklasse. Im Keller gibt es eine Sauna und einen Whirlpool. An Wochenenden sind die Preise deutlich günstiger.

Grotthaus HOTEL €€€
(Karte S. 300; ☎266 0322; www.grotthusshotel.com; Ligoninės gatvė 7; Zi./Suite ab 420/800 Lt; P@📶) Ein Eingang mit rotem Baldachin führt hinein in das dottergelbe Boutiquehotel in spitzenmäßiger Altstadtlage. Drinnen gibt es Badewannen von Villeroy & Boch, Armaturen aus dem 19. Jh. im Titanic-Stil, italienische Möbel sowie Vorhänge, die angeblich aus dem gleichen Stoff gemacht sind, wie ihn auch die englische Königin bevorzugt! Stark ermäßigte Wochenendpreise.

Narutis HOTEL €€€
(Karte S. 300; ☎212 2894; www.narutis.com; Pilies gatvė 24; EZ/DZ/Suite 380/460/800 Lt; P@📶🏊) Das noble Narutis in einem Backsteinhaus von 1581 ist seit dem 16. Jh. ein Hotel. Frühstück und Abendessen werden in einem gotischen Kellergewölbe serviert, WLAN ist überall zugänglich und die kostenlosen Äpfel an der Rezeption runden das Ganze geschmacklich ab. Die Onlinebuchung bietet oft beträchtliche Ersparnisse.

Radisson Blu Astorija HOTEL €€€
(Karte S. 300; ☎212 0110; www.radissonblu.com; Didžioji gatvė 35/2; EZ/DZ/Suite 610/650/1200 Lt; P@📶🏊) Das klassische Prachtstück – seit 1901 ein Hotel – blickt auf die Kasimirkirche. Der Sonntagsbrunch im Winter ist berühmt. Hosenbügler, Safe und eine selbstregulierende Heizung/Klimaanlage sind Standard. Zimmer der Businessklasse bieten weiteren Luxus wie übergroße Betten, Bademäntel, Hausschuhe, Bügeleisen, Tee- und Kaffeekocher und einen kostenlosen Internetzugang.

Stikliai HOTEL €€€
(Karte S. 300; ☎264 9595; www.stikliaihotel.lt; Gaono gatvė 7; EZ/DZ/Suite 655/828/1300 Lt; P@📶🏊) Das Boutiquehotel aus dem 17. Jh. gehört zur Kette Relais & Chateaux und ist das Sahnehäubchen unter den Hotels in Vilnius, zumindest was den Preis betrifft.

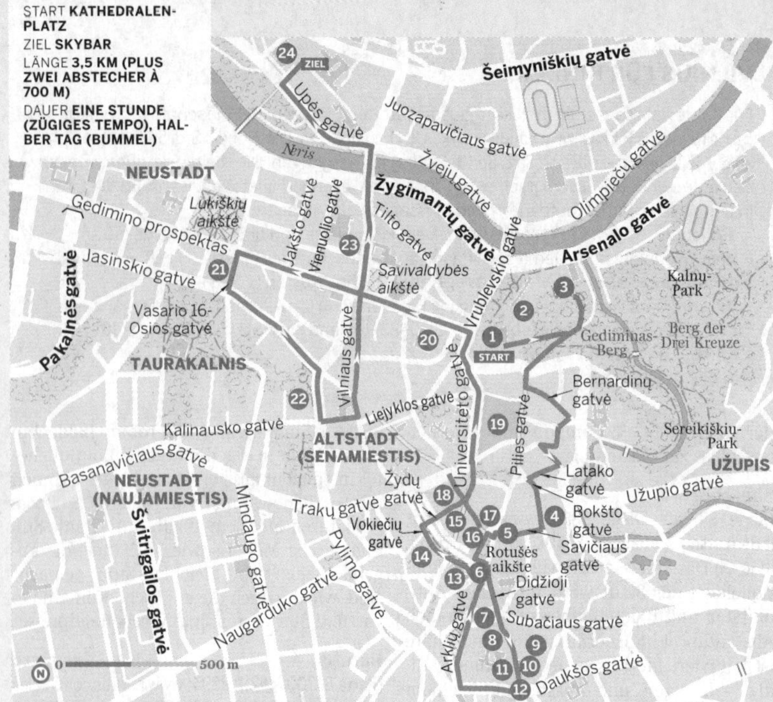

Stadtspaziergang

Die Highlights von Vilnius

Die größte Altstadt Osteuropas ist wie geschaffen für einen Bummel. Für diese Route braucht man nur ein paar Stunden Zeit.

Start ist am Kathedralenplatz mit 1 **Kathedrale**, 2 **Großfürstenpalast** und anschließendem Aufstieg durch den Park zum 3 **Museum Obere Burg** auf dem Gediminas-Berg. Nach dem Blick auf die Stadt vom Turm aus geht's über die Pilies gatvė zurück in die Altstadt. Einen Eindruck vom malerischen alten Vilnius vermittelt der Weg nach links in die Bernardinų gatvė und dann kreuz und quer durch Volano gatvė, Literatu gatvė, Rusu gatvė und Latako gatvė bis zur Bokšto gatvė. Auf halbem Weg in der Bokšto biegt man rechts in die Savičiaus gatvė ab, um sich litauische Textilien im 4 **Aukso Avis** und Werke des größten Künstlers Litauens im 5 **M.-K.-Čiurlionis-Haus** anzuschauen. Dann geht man über die Savičiaus zur Didžioji gatvė und links die Straße entlang am 6 **Alten Rathaus** vorbei bis zu ihrem südlichen Ende. Weiter geht's über die Aušros Vartų mit 7 **Philharmonie**, 8 **Basilius-Tor**, 9 **Orthodoxer Heiliggeistkirche**, 10 **Theresienkirche** und 11 **Künstlerateliers** bis zum 12 **Tor der Morgenröte**.

Durch das Tor geht's über die Bazilijonų gatvė nach Westen und dann nach Norden über die Arklių gatvė zum Rotušes aikštė mit dem 13 **Zentrum für Zeitgenössische Kunst**. Erfrischung wartet in einem 14 **Café** in der Vokiečių gatvė, bevor es zur Žydų gatvė und zum jüdischen Vilnius weitergeht. In der Jüdischen Straße Richtung Norden lassen sich Hochzeitsschärpen-Weber in den 15 **Kunsthandwerksstätten** über die Schulter schauen. Verlockend sind auch die Designerboutiquen wie 16 **Zoraza**, 17 **Sufle** und 18 **Elementai** in der Stiklių gatvė. Schließlich geht es südwärts über die Gaono gatvė zur 19 **Universität von Vilnius**.

Erschöpft? Also zurück zum Kathedralenplatz mit einer Pause auf der Terrasse von Zoe's Bar & Grill oder 20 **Sue's Indian Raja**. Noch nicht genug gesehen? Auf Richtung Westen über den Gedimino prospektas zum 21 **Museum der Genozidopfer** und zurück am Denkmal von 22 **Frank Zappa** vorbei oder nach Norden über die Vilniaus gatvė mit dem 23 **Opern- & Balletttheater**. Jenseits der Brücke wartet dann die 24 **SkyBar** des Šnipiškės mit großartigen Aussichten.

Es liegt in einer postkartenschönen Pflasterstraße im alten jüdischen Viertel und die luxuriösen Zimmer besitzen haufenweise Charme.

E-Guest House HOTEL €€

(Karte S. 292; ☎266 0730; www.e-guesthouse.lt; Ševčenkos gatvė 16; EZ/DZ/3BZ/4BZ ab 150/180/230/260 Lt; P@) Das sehr nette kleine Hotel am Rand der Altstadt verwendet umweltfreundliches Baumaterial und Hochtechnologie, um für seine (zumeist) Geschäftskunden ein komfortables Arbeitsumfeld zu schaffen. Die Zimmer sind einfach, aber geschmackvoll modern eingerichtet. Frühstück kostet 5 Lt extra und Gäste erhalten im Restaurant nebenan 20 % Rabatt.

Šauni Vietelė PENSION €€

(Karte S. 300; ☎212 4110; www.mtr.lt; Pranciškonai gatvė 3/6; EZ/DZ 90/160 Lt) Die Dreizimmerpension über einem altersschwachen Hofcafé bietet ein phantastisches Preis-Leistungs-Verhältnis. Die Zimmer sind altmodisch und die Möbel etwas abgenutzt, aber alle sind groß und luftig. Frühstück ist nicht enthalten, aber im Café gibt's Pfannkuchen und dergleichen. Das reizvolle alte Gebäude war früher ein Franziskanerkloster.

Senatoriai Hotel HOTEL €€

(Karte S. 300; ☎212 6491; www.senatoriai.lt; Tilto gatvė 2a; EZ 220 Lt, DZ 300–350 Lt; P@) Das kleine, gemütliche Hotel liegt so nahe an der Kathedrale, dass man fast die Messe hören kann. Die meisten Zimmer sind geräumig, haben saubere Holzfußböden und sind mit schweren Ledermöbeln ausgestattet. Zudem bietet das Haus einen in litauischen Hotels seltenen Service: einen Wäschedienst. Außerhalb der Hauptsaison gibt es auf der Website ermäßigte Preise.

Panorama Hotel HOTEL €€

(Karte S. 292; ☎233 8822; www.hotelpanorama.lt;Sodų gatvė 14; EZ/DZ ab 260/290 Lt; P@) Das Hotel aus der Sowjetzeit ist eine Überraschung: Hinter der kitschigen, schokoladenbraun gekachelten Fassade kommt ein helles, luftiges und stylisches Bahnhofshotel zum Vorschein. Obwohl es nur fünf Stockwerke hoch ist, bieten die Zimmer auf der Nordseite einen tollen Blick auf die Altstadt und die umliegenden Hügel. Ab drei Nächten gibt es einen Rabatt von 30 %.

Hotel Rinno HOTEL €€

(Karte S. 300; ☎262 2828; www.rinno.lt; Vingrių gatvė 25; EZ/DZ ab 260/320 Lt; P@) Wer nicht unbedingt einen Lift braucht, wird am Rinno kaum etwas zu kritisieren finden. Das Personal ist außergewöhnlich freundlich und hilfsbereit, die Zimmer sind super (sie verdienen eigentlich vier und nicht nur drei Sterne), die Lage zwischen Altstadt und Bahnhof/Busstation ist günstig und die Preise sind ein relatives Schnäppchen. Das Frühstück wird im lauschigen hoteleigenen Hinterhof serviert.

Algirdas City Hotel HOTEL €€€

(Karte S. 300; ☎232 6650; www.algirdashotel.lt; Algirdo gatvė 24; EZ/DZ ab 210/370 Lt; P) Das Algirdas ist nur ein paar Jahre alt und wirkt immer noch wie ein neues Hotel. Es hat einfache, moderne Zimmer, blitzblanke Badezimmerböden und kleine Extras wie beheizte Handtuchhalter und Flachbildschirm-TVs. In den Deluxe-Zimmern stehen Wasserkessel und Kaffee.

Radisson Blu Hotel Lietuva HOTEL €€€

(Karte S. 292; ☎272 6272; www.radissonblu.com;Konstitucijos prospektas 20; EZ/DZ/Suite ab 380/450/800 Lt; P@) Der Ableger der Nobelkette Radisson Blu ist das mondänste Hotel im Geschäftsviertel von Vilnius mit einem unschlagbaren Blick auf die Stadt. Es hat zwar nüchterne Standardzimmer, dafür aber auch reichlich Extras, wie ein Fitness- und Saunazentrum und kostenloses WLAN. Im 22. Stock befindet sich die SkyBar (S. 317).

Neringa HOTEL €€

(Karte S. 300; ☎212 2288; www.neringahotel.com; Gedimino prospektas 23; EZ/DZ ab 220/270 Lt; P@) Das Hotel mag zwar alt mit einigen tollen Sowjetdetails aus den 1970er-Jahren sein (etwa das Restaurant mit Mosaikboden, Fresken und Springbrunnen), doch sonst wurde alles neu gestaltet – von der Rezeption bis zu den geräumigen und behaglichen Zimmern. Das Personal ist professionell und hilfsbereit. Auf der Website gibt es oft Ermäßigungen.

Hostelgate HOSTEL €

(Karte S. 300; ☎8-638 32818; www.hostelgate.lt; Mikalojaus gatvė 3; B 33–38 Lt, DZ/3BZ 110/140 Lt; P@) Modernes Hostel für Flashpacker (betuchtere Backpacker) mit freundlicher Atmosphäre. Die Schlafsäle mit acht bis zwölf Betten sind groß, schlicht und im Sommer kühl. Internetzugang, Kaffee und Schließfächer sind kostenlos, aber es gibt kein Frühstück (dafür eine Küche). Die Lage an der Vokiečių gatvė könnte nicht besser sein.

Dvaras Hotel HOTEL €€
(Karte S. 300; ☎210 7370; www.dvaras.lt; Tilto gatvė 3; EZ/DZ 260/320 Lt; P@) Gegenüber dem Senatoriai Hotel; mehr schickes Landhaus als Stadthotel. Jedes Zimmer ist einzigartig, manche haben einen schönen Blick auf die Kathedrale und den Gediminas-Berg.

Apia Hotel HOTEL €€
(Karte S. 300; ☎212 3426; www.apia.lt; Ignoto gatvė 12; DZ/Suite ab 210/280 Lt; P@) Das schicke, frische und freundliche Hotel liegt in bester Lage inmitten der Altstadt. Die zwölf Zimmer blicken auf den Innenhof oder auf die Pflasterstraße. Die Zimmer 3 und 4 haben einen Balkon.

Filaretai Hostel HOSTEL €
(Karte S. 292; ☎215 4627; www.filaretaihostel.lt; Filaretų gatvė 17; B 34 Lt, EZ/DZ/3BZ ohne Bad 70/100/120 Lt; P@) Das Filaretai ist der Litauischen Jugendherbergsorganisation angeschlossen. Es befindet sich in einer idyllischen alten Villa 15 Minuten zu Fuß (bergauf) von der Altstadt. Die Schlafsäle haben fünf bis acht Betten; Bettwäsche wird gestellt, Handtücher kosten jedoch 1 Lt, Schließfächer und Waschmaschinenbenutzung jeweils 15 Lt extra. Frühstück ist nicht im Preis enthalten, doch das Hostel hat eine Gästeküche. Es ist von der Bahn- und Busstation aus mit der Buslinie 34 zu erreichen (an der siebten Haltestelle aussteigen).

A Hostel HOSTEL €
(Karte S. 292; ☎213 9994; www.ahostel.lt; Šv. Stepano gatvė 15; 8-Bett-/4-Bett-Schlafsaal 34/48 Lt; @) Absolute Sauberkeit ist das Markenzeichen dieses modernen Hostels, das innen sehr farbenfroh gestaltet ist. Die japanisch inspirierten Schlafkojen sind okay, aber nichts für Leute mit Platzangst. Zur guten Ausstattung zählen eine Wäscherei (1 Lt pro Stück), Internet (die ersten 15 Minuten frei) und Schließfächer (3 Lt). Zwei weitere Hostels befinden sich an der Sodų gatvė 8 und 17. Frühstück ist nicht inbegriffen.

Old Town Hostel HOSTEL €
(Karte S. 292; ☎262 5357; www.oldtownhostel.lt; Aušros Vartų gatvė 20–15a; B 35 Lt, DZ/3BZ ohne Bad 110/144 Lt, 4-Pers.-Apt. 176 Lt; @) Das kleine Hostel in einem stillen Hof liegt günstig zur Altstadt (gleich außerhalb der Stadtmauer) und zu Bahn- und Busstation. Die Zimmer sind einfach, aber okay. Wer keinen internationalen Herbergsausweis hat, bezahlt 2 Lt mehr; Bettwäsche/Wäscheservice kosten 3/15 Lt, Internetzugang ist kostenlos.

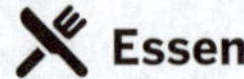

Essen

Ob man nun *cepelinai* (Zeppeline) oder *kepta duona* (frittiertes Roggenbrot mit haufenweise Knoblauch) den Vorzug gibt, Vilnius bietet alles – inzwischen aber auch eine große Auswahl internationaler Gerichte aus aller Welt – und die Liste ethnischer Lokale wird jeden Monat länger. Die meisten Restaurants konzentrieren sich in der Altstadt. Nach Mitternacht wird es allerdings mit dem Essen schwierig. Wer im Sommer abends draußen essen will, sollte vorher reservieren.

LP TIPP **Cozy** INTERNATIONAL €€
(Karte S. 300; www.cozy.lt; Dominikonų gatvė 10; Hauptgerichte 10–25 Lt; ⌚Mo–Mi 9–2, Do & Fr bis 4, Sa 10–4, So bis 2 Uhr) Schwer zu sagen, ob der hippe Laden Restaurant, Bar oder Club ist, aber klar ist, dass das Essen klasse ist. Tolle gegrillte Sandwiches mit den besten Pommes Litauens sowie Salate, Pasta und phantasievolle Suppen, die asiatisch und orientalisch inspiriert sind. Außerdem gibt es sehr gute Cocktails und sobald der Club unten Feierabend macht, werden in der Bar oft Platten aufgelegt.

LP TIPP **Sue's Indian Raja** INDISCH €€
(Karte S. 300; www.sues-lt.com; Odminių gatvė 3; Hauptgerichte 25–35 Lt) Okay, komisch ist es schon, ein indisches Restaurant als Top-Tipp in der litauischen Hauptstadt aufzunehmen. Aber das Essen ist hier exzellent und authentisch. Nach all den zugegebenermaßen köstlichen einheimischen Gerichten wie Kartoffelpfannkuchen und *cepelinai* wird der Gaumen hier mit würzigen Linsen, Currys und Vindalho gekitzelt. Das mittägliche „Businessessen" an Werktagen ist mit 20 Lt ein Schnäppchen.

Balzac FRANZÖSISCH €€€
(Karte S. 300; ☎8-614 89223; www.balzac.lt; Savičiaus gatvė 7; Hauptgerichte 30–50 Lt) Das klassisch französische Bistro serviert das wohl beste französische Essen in Vilnius. Auf der Karte stehen Klassiker wie Bœuf Bourguignon, geschmortes Kaninchen und Entenconfit. Das Weinangebot ist ebenso toll. Da das Lokal klein ist, sollte vorher besser ein Tisch reserviert werden.

Markus ir Ko STEAKHAUS €€€
(Karte S. 300; http://markusirko.lt; Antokolskio gatvė 11; Hauptgerichte um 50 Lt) Markus ist seit Langem eine gefragte Adresse für supersaftige Steaks, die auf der Zunge zergehen. Man kann sie drinnen unter dem aufreizenden

Blick von Marilyn Monroe genießen oder draußen auf der phantastischen Terrasse, die die Hälfte einer malerischen Altstadtstraße umfasst.

Pilies kepyklėlė CRÊPES €

(Karte S. 300; Pilies gatvė 19; Hauptgerichte 10–20 Lt; ⏲9–23 Uhr) Die lässige Crêperie/Bäckerei ist eines der Toplokale an der quirligsten Touristenstraße der Stadt. Sie kombiniert nostalgischen Charme mit einer frischen, peppigen Atmosphäre. Das Omelette um 9 Uhr ist ein Muss für Gäste der umliegenden Pensionen, die fades Frühstück servieren. Die herzhaften Pfannkuchen, mit Spinat oder Schinken und Käse gefüllt und mit einem Schlag Pilzsauce oder saurer Sahne, sind für 11 Lt ein billiges und sättigendes Mittagessen. Der Mohnkuchen soll der beste in dieser Ecke der Stadt sein.

Bistro 18 EUROPÄISCH €€

(Karte S. 300; www.bistro18.lt; Stiklių gatvė 18; Hauptgerichte 20–40 Lt) Das Bistro 18 bringt frischen Wind in die Restaurantszene der Stadt. Die Bedienung ist freundlich, höflich und aufmerksam, die Einrichtung minimalistisch, aber angenehm, die Küche phantasievoll, international und schmackhaft – und man weiß hier, wie Weißwein gekühlt wird. Das Mittagsmenü (um 20 Lt für Suppe und ein Hauptgericht) ist ein absolutes Schnäppchen. Wer allein isst, bekommt mit dem Essen ein paar Bücher serviert, um sich nicht zu langweilen.

Tres Mexicanos MEXIKANISCH €€

(Karte S. 300; www.tresmexicanos.lt; Tilto gatvė 2; Hauptgerichte 15–25 Lt) Der authentische Mexikaner ist eine nette Ergänzung in der kulinarischen Vielfalt von Vilnius. Der Besitzer, selbst ein fröhlicher Einwanderer aus Mexiko, gibt sein Bestes, um den Einheimischen pikante Burritos, Quesadillas und dergleichen schmackhaft zu machen – mit einigem Erfolg. An manchen Abenden platzt der Laden aus allen Nähten.

Saint Germain FRANZÖSISCH €€€

(Karte S. 300; Literatų gatvė; Hauptgerichte 30–50 Lt) Die idyllische Weinbar mit Restaurant in einem geselligen, jahrhundertealten Haus in einer ruhigen Altstadtstraße ist ganz von Paris inspiriert – ideal also für ein Essen zu zweit. Die Bedienung würde den besten Restaurants der Welt Ehre machen. Plätze auf der Terrasse müssen unbedingt reserviert werden.

Tores LITAUISCH €€

(Karte S. 300; www.tores.lt; Užupio gatvė 40; Hauptgerichte 25–50 Lt) Ein Mix aus litauischen und europäischen Gerichten verwöhnt den Gaumen in der Restaurant-Kneipe, die Augen genießen das hinreißende Altstadtpanorama von der schönen Lage auf einem Hügel im szenigen Užupis.

Lokys LITAUISCH €€€

(Bär; Karte S. 300; www.lokys.lt; Stiklių gatvė 8; Hauptgerichte 30–60 Lt) Der große Holzbär weist den Weg zu dieser Institution in Vilnius. In dem Kellerlabyrinth brummt das Geschäft schon seit 1972. Vor allem Wild steht auf der Karte, Köstlichkeiten wie Biberfleischeintopf mit Pflaumen oder Wachtel mit Brombeersauce locken kulinarisch Neugierige. An Sommerabenden spielen hier Volksmusiker.

Zoe's Bar & Grill INTERNATIONAL €€

(Karte S. 300; www.zoesbargrill.com; Odminių gatvė 3; Hauptgerichte 20–50 Lt; WLAN) Zoe's serviert kulinarische Standards aus verschiedenen Ländern und in hoher Qualität, etwa phantastische hausgemachte Fleischklößchen und Würste (26 Lt), zarte Steaks (20–50 Lt) sowie würzige thailändische Pfannengerichte und Suppen (20–30 Lt). Die Tische draußen haben Blick auf die Kathedrale, wer drinnen sitzt, bekommt nebenher einen Einblick in die Kochkunst.

Fiorentino ITALIENISCH €€

(Karte S. 300; Universiteto gatvė 4; Hauptgerichte 20–40 Lt; WLAN) Das zauberhafte italienische Restaurant punktet gleich dreifach: mit tadelloser Bedienung, Köchen, die ihre Kunst beherrschen, und einem Architekten, der etwas von Renaissance versteht. Nach der Bestellung kann man sich zurücklehnen und den Säulenhof bewundern, der direkt aus Rom zu stammen scheint (und zudem direkt an den Präsidentenpalast angrenzt).

Čili Kaimas LITAUISCH €€

(Karte S. 300; www.cili.lt; Vokiečių gatvė 8; Hauptgerichte 15–30 Lt; ⏲So–Do 10–24, Fr & Sa bis 2 Uhr) Eine typische traditionelle Kette, über die alle die Nase rümpfen, wo aber trotzdem alle essen. Sie erinnert ein wenig an das amerikanische TGI Fridays. Davon abgesehen sind hier die traditionellen litauischen Gerichte, von der allseits beliebten kalten Rote-Bete-Suppe *šaltibarsčiai* bis zu *cepelinai*, sehr gut und preisgünstig. Das Ambiente ist zwanglos und familienfreundlich.

WOHIN AUF EIN GLAS WEIN?

Vilnius hat die Freuden des Weins entdeckt. Kleine Weinbars sprießen in der Altstadt aus dem Boden und werden von den Einheimischen zunehmend besucht.

» **In Vino** (Karte S. 300; http://invino.lt; Aušros Vartų gatvė 7; ⌚16–2 Uhr; 📶) Die Weinbar hat einen der reizendsten Höfe der Stadt, in dem sich gerne die Lokalprominenz aufhält. Sie bietet exzellente Weine, teure Tapas (20–30 Lt) und ein paar Hauptgerichte. Im Sommer wird es hier schnell voll. Wer dann also einen Tisch ergattern will, muss zeitig kommen.

» **La Bohème** (Karte S. 300; http://laboheme.lt; Šv. Ignoto gatvė 4/3; ⌚11–24 Uhr) Zur Wahl stehen die Holztische unter Gewölbedecken und Kronleuchtern oder im Hinterzimmer bequeme Sofas. Am gemütlichsten ist es im Winter, wenn das Kaminfeuer knistert.

» **Notre Vie** (Karte S. 300; Stikliū gatvė 10; ⌚15–24 Uhr; 📶) Intime Weinbar in toller zentraler Altstadtlage.

» **Tappo D'Oro** (Karte S. 300; www.tempolibero.lt; Stuokos-Gucevičiaus gatvė 7; ⌚11–23 Uhr; 📶) Das zwanglose Lokal hat eine einladende, baumbeschattete Terrasse und eine große Auswahl italienischer Weine (allerdings ist nicht immer alles vorrätig). Dazu passen bestens italienischer Schinken, Käse und Oliven.

Žemaičiai LITAUISCH €€

(Samogitengasthaus; Karte S. 300; www.zemaiciai.lt;Vokiečių gatvė 24; Hauptgerichte 20–50 Lt) Wer braucht schon Gemüse, wenn er Gerichte aus Schweineteilen schmausen kann, die andere Leute wegwerfen? Hier gibt's Schweinezunge, Schweineohren und Schweinsfüße, aber auch große Platten mit verschiedenen Fleischarten für vier bis fünf Personen (140 Lt), einen halben Meter lange Würste, Wildschweingulasch und Gänsebraten. Im Sommer wird unten auf Kopfsteinpflaster auf Holzbänken um Wagenräder oder ganz oben zwischen den Kirchtürmen und Ziegeldächern der Altstadt serviert. Ideal für Gruppen.

Kitchen INTERNATIONAL €€

(Karte S. 300; Didžioji gatvė 11; Hauptgerichte 20–40 Lt) Wir stehen total auf minimalistische Küche, auf Restaurants, die sich auf ein paar gute Gerichte konzentrieren und sie stets gut zubereiten. Das Kitchen trifft in dieser Hinsicht mit seinem kleinen Angebot aus internationalen und gut gemachten Standards, wie Steak und gegrilltem Fisch, voll ins Schwarze. Passend dazu ist auch die schicke, moderne Einrichtung ganz minimalistisch.

La Provence FRANZÖSISCH €€€

(Karte S. 300; ☎262 0257; Vokiečių gatvė 22; Hauptgerichte um 70 Lt) Im La Provence wird nach allen Regeln der Kunst serviert und dem Motto „100 % Gourmet" alle Ehre gemacht. Auf der Karte französischer Delikatessen finden sich Gerichte wie gekochter Tintenfisch oder entbeinte Taube mit einer Füllung aus Foie gras von Fasan und Gans. Abends sollte reserviert werden.

Balti Drambliai INTERNATIONAL €

(Karte S. 300; Vilniaus gatvė 41; Hauptgerichte 10–18 Lt; 🖉) Der „Weiße Elefant" serviert tolle vegetarische und vegane Gerichte wie Pfannkuchen, Pizzas, indische Curries und Tofugerichte. Sein belebter Hof ist (im Sommer) auch nett für einen Drink; im Winter sitzt man im riesigen Kellergeschoss.

René INTERNATIONAL €€

(Karte S. 300; Antokolskio gatvė 13; Hauptgerichte 20–35 Lt; 📶) Die Küche im René basiert ganz auf Bier, und zwar auf belgischem Bier. Alle Gerichte, von Muscheln über hausgemachte Würste bis zu Chili con Carne, enthalten Gerstensaft. Die ganze Gestaltung ist eine Reverenz an den surrealistischen Maler René Magritte: Die Bedienungen tragen Bowlerhüte und die Gäste erhalten Stifte, um auf den Papiertischdecken zu zeichnen. Wer zur rechten Zeit kommt, kann zudem sehr günstig essen: An Wochentagen sind die Preise mittags und nachmittags ermäßigt.

Selbstversorger

Selbstversorger haben es leicht, da es an jeder zweiten Ecke einen Supermarkt gibt. **Iki** (www.iki.lt) Stadtmitte (Karte S. 292; ☎249 8340; Jasinskio gatvė 16); Busbahnhof (☎233 9162; Sodų gatvė 22) und **Maxima** (Karte S. 300; www.

maxima.lt; Mindaugo gatvė 11; ⌚24 Std.) sind die führenden Ketten. Beide betreiben auch kleinere Eckläden: **Ikiukas** (Karte S. 300; ☎231 3135; Jogailos gatvė 12) und **Mini Maxima** (Karte S. 300; Gedimino prospektas 64).

Ausgehen

Das Nachtleben ist eine entspannte Angelegenheit, denn die meisten Lokale schließen früh und viele fungieren zugleich als Restaurant. Im Sommer bietet sich die Vokiečių gatvė als Startpunkt an. Die Straße ist zu dieser Jahreszeit vollgestellt mit Holzterrassen. Zu späterer Stunde ist auch die Totorių gatvė mit ihrem wachsenden Angebot an Bars ein gutes Ziel. Wenn dort nichts Passendes zu finden ist, dann gibt es noch das Cozy (S. 314), das sich im Lauf des Abends vom zwanglosen Restaurant allmählich zur lärmenden Kneipe entwickelt.

LP TIPP **Coffee Inn** CAFÉ

(Karte S. 300; Vilniaus gatvė 17; ⌚7–22 Uhr; 📶) Die litauische Café-Kette Coffee Inn ist ein toller Laden, den es in der ganzen Welt geben sollte. Eine einheitliche Schabloneneinrichtung gibt es hier nicht, jede Filiale ist etwas anders. Was sie gemeinsam haben, ist guter Kaffee (5 Lt), göttlicher Käsekuchen (6,50 Lt), kostenloses WLAN und eine supercoole Atmosphäre, in der alles möglich ist. Weitere Filialen in der Trakų gatvė 7, am Gedimino prospektas 9 und in der Pilies gatvė 10 (alle auf Karte S. 300).

SkyBar COCKTAILBAR

(Karte S. 292; Konstitucijos prospektas 20; ⌚So–Do 16–1, Fr & Sa bis 2.30 Uhr) Sie sieht zwar ein bisschen wie eine Flughafenlounge aus und hat auch eine solche Atmosphäre, doch der Panoramablick aus dieser himmelblauen Bar im 22. Stock des Radisson Blu Hotel Lietuva ist unschlagbar. Freitags und samstags legen hier DJs auf.

Paparazzi COCKTAILBAR

(Karte S. 300; Totorių gatvė 3; ⌚Mo–Do 16–3, Fr & Sa bis 6 Uhr) Über die drohende Schließung der beliebten Cocktailbar gibt es immer wieder Gerüchte (missmutige Nachbarn, Mietquerelen ... was auch immer). Aber bei unserem letzten Besuch 2011 war das Paparazzi noch voll im Gange, jedenfalls soweit wir uns noch erinnern können, und der angesagteste Laden in Vilnius.

Būsi Trečias MIKROBRAUEREI

(Karte S. 300; Totorių gatvė 18; ⌚So–Fr 11–23, Sa 11–3 Uhr) Schlichte Holzeinrichtung und zwölf Sorten hausgebrautes Bier, darunter mit Limonen-, Himbeer- und Karamellgeschmack. Einen Biergarten gibt's nicht; im Winter ist es hier am schönsten.

Užupio kavinė CAFÉ

(Karte S. 300; www.uzupiokavine.lt; Užupio gatvė 2; ⌚10–23 Uhr; 📶) Ein legendäres Ufercafé in einem legendären Stadtviertel. Hier verkehrt die Schickiszene und schaut den Leuten zu, die sich auf die behelfsmäßige Schaukel unter der Brücke nebenan wagen. Eine Tafel an der Wand huldigt dem geistesverwandten Viertel – Montmartre in Paris.

Skonis ir Kvapas CAFÉ

(Karte S. 300; Trakų gatvė 8; ⌚9.30–23 Uhr) Das stylische Hofcafé versteht sein Metier und ist ein Paradies für Teefreunde. Zur Auswahl stehen rund 100 Tees aus aller Welt (3 Lt pro Tasse, 6–8 Lt pro Kännchen) und ein köstliches Angebot an hausgemachten Sahnekuchen, Gurkensandwiches und Frühstücksgerichten. Ein paar feine Teesorten aus dem Laden sind übrigens ein gutes Gastgeschenk in Litauen.

Soprano CAFÉ & EISSALON

(Karte S. 300; ☎212 6042; Pilies gatvė 3; ⌚9–22 Uhr; 📶) Eis, Eis, wunderbares Eis! Hier gibt's superleckeres *gelato Italiano* in der Tüte mit Früchten obendrauf (4 Lt) – auch am Konstitucijos prospektas 3 (Karte S. 292).

☆ Unterhaltung

Die Touristeninformation gibt Eventprogramme heraus, ebenso die *Baltic Times*.

SCHWULEN- & LESBENSZENE IN VILNIUS

Die Szene ist diskret und unauffällig. Allgemeine Infos, Chatrooms und Führer bietet die **Litauische Schwulenvereinigung** (☎233 3031; www.gay.lt) in Vilnius, die auch ein zuverlässiges Onlineprogramm auf Englisch herausgibt.

In Vilnius gibt es ein paar Clubs, die sich ausschließlich an Schwule richten. Der beliebteste Club (zur Zeit der Recherche) ist ohne Frage das **Soho** (Karte S. 292; www.sohoclub.lt; Švitrigailos gatvė 7/16; Eintritt 20 Lt; ⌚Do 22–4, Fr & Sa bis 7 Uhr).

Clubs

Vilnius hat eine kleine, aber dynamische Clubszene, die immer wieder durch Neueröffnungen bereichert wird. Sie kommt erst gegen Mitternacht in Schwung und ist am besten im Winter, wenn alle da sind (im Sommer toben sich viele am Meer aus).

Brodvéjus CLUB
(Karte S. 300; www.brodvejus.lt; Mėsinių gatvė 4; Eintritt 5–20 Lt) Jeden Abend Livebands und seichte Musik; sehr beliebt bei Ausländern, Studenten und heimischen Zaungästen.

Pabo Latino CLUB
(Karte S. 300; www.pabolatino.lt; Trakų gatvė 3; Eintritt 15–30 Lt; ⌚Do–Sa 21–3 Uhr) Der sinnlich rote Club ist auf sanfte Latinomusik und starke Cocktails spezialisiert. Wer seine Tanzschuhe anzieht und eine kräftige Leber hat, kann hier einen ausgelassenen Abend erleben.

Gorky CLUB
(Karte S. 300; Pilies gatvė 34; Eintritt 10–20 Lt; ⌚Do–Sa 12–3 Uhr) Der Club mit zwei Ebenen mitten im touristischen Zentrum eröffnete 2010 unter großem Zuspruch, der noch immer anhält. Die Bar im Erdgeschoss dient zum Warmwerden; unten auf dem Dancefloor wird überwiegend R&B, Pop und etwas Electronic aufgelegt.

Seacret CLUB
(Karte S. 300; www.seacret.lt; Vokiečių gatvė 2; ⌚Do–Sa 21–3 Uhrt) Der Club im Zentrum kam bei unserem Besuch 2011 gerade erst richtig in Schwung. Es gibt Cocktails, ein volles Haus und Gedränge auf der Tanzfläche.

Kino

Ein Kinoprogramm steht auf www.cinema.lt (auf Litauisch). Englischsprachige Filme zeigt das **Forum Cinemas Vingis** (Karte S. 292; ☎1567; www.forumcinemas.lt; Savanorių prospektas 7) und das außerhalb der Stadt gelegene **Forum Cinemas Akropolis** (außerhalb Karte S. 292; ☎1567; www.forumcinemas.lt; Ozo gatvė 25) im Multiplex Akropolis. Das **Pasaka** (Karte S. 300; ☎261 1516; www.kinopasaka.lt; Šv. Ignoto gatvė 4/3) bietet Alternativ- und Programmkino meist mit Filmen in Originalsprache.

Theater & Klassische Musik

Das **Oskaras-Koršunovas-Theater** (OKT; Oskaro Koršuno teatro; ☎212 2099; www.okt.lt) ist Litauens innovativstes, mutigstes und umstrittenstes Theaterensemble. Nähere Infos auf der Website.

Feste Ensembles präsentieren Opern und Ballett im **Opern- & Ballett-Theater** (Operos ir Baleto Teatras; Karte S. 300; ☎262 0727; www.opera.lt; Vienuolio gatvė 1).

Konventionelles Theater mit Ensembles aus Litauen und dem Ausland zeigen verschiedene Bühnen der Stadt, wie das **Litauische Nationaltheater** (Lietuvos nacionalinis dramos teatras; Karte S. 300; ☎262 9771; www.teatras.lt; Gedimino prospektas 4), das **Kleine Theater Vilnius** (Vilniaus Mažasis Teatras; Karte S. 300; ☎249 9869; www.vmt.lt; Gedimino prospektas 22) und das **Jugendtheater** (Jaunimo teatras; Karte S. 300; ☎261 6126; www.jaunimoteatras.lt; Arklių gatvė 5). Die meisten Ensembles machen Sommerpause. Karten gibt es an der jeweiligen Theaterkasse.

Die bekanntesten Orchester des Landes geben in mehreren Häusern Konzerte. Saison ist von September bis Juni.

Nationalphilharmonie KLASSISCHE MUSIK
(Nacionalinė filharmonija; Karte S. 300; ☎266 5233; www.nationalphilharmonic.eu; Aušros Vartų gatvė 5) Das führende Haus des Landes für klassische Musik.

Litauische Musikakademie KLASSISCHE MUSIK
(Lietuvos muzikos akademija; Karte S. 300; ☎261 2691; www.lmta.lt; Gedimino prospektas 42) Veranstaltet das ganze Jahr über Konzerte.

Shoppen

Die Hauptstraße der Altstadt zwischen Pilies gatvė (Burgstraße) und Aušros Vartų gatvė ist ein quirliger Kunsthandwerksmarkt oder ein Touristennepp, je nachdem, wie man es sieht. Hier präsentieren Händler Stände mit billigem Bernsteinschmuck, Kleidung und Souvenirs, Maler bieten ihr Werke an und es gibt Bernstein- sowie Leinenläden wie Sand am Meer. Hier einige der empfehlenswertesten:

Hauptmarkt von Vilnius ist der oft enttäuschende **Gariūnai** westlich der Straße nach Kaunas. Minibusse mit den Richtungsangaben „Gariūnai“ oder „Gariūnų Turgus“ fahren jeden Morgen die Käufer von der Bahnhofsstraße zum Gariūnai. Mit dem Auto sind es vom Zentrum aus 11 km via Savanorių prospektas. Näher an der Innenstadt liegt der Lebensmittelmarkt **Kalvarijų** (außerhalb Karte S. 292; Kalvarijų gatvė 61). Beide Märkte sind dienstags bis sonntags von Sonnenaufgang bis Mittag geöffnet.

Bernstein

Amber SCHMUCK
(Karte S. 300; www.ambergift.lt; Aušros Vartų gatvė 9) In Vilnius gibt es mehr als genug Bernsteingeschäfte, aber dieses könnte durchaus als Bernsteinzentrum bezeichnet werden. Es

KUNSTHANDWERK IN VILNIUS

Die litauische Kunsthandwerksszene ist lebendig, davon zeugen zahlreiche Ateliers von Kunsthandwerkern in und um die Altstadt.

» **Aldona Mickuvienė und Bronė Daškevičienė** (Karte S. 300; Žydų gatvė 2-10) Zwei ältere Frauen weben hier seit Jahrzehnten in ihren benachbarten Werkstätten farbenfrohe Hochzeitsschärpen. Eine fertige Schärpe kostet 50 Lt, eine auf Bestellung angefertigte mit Namenszug 70 Lt. Die Anfertigung dauert mindestens einen Tag.

» **Schwarzkeramikzentrum** (BCC; Karte S. 300; http://ceramics.w3.lt; Naugarduko gatvė 20) Kohlrabenschwarze Keramik gibt es seit Urzeiten. Beispiele sind in diesem innovativen Kunstzentrum zu bewundern.

» **Jonas Bugailiškis** (Karte S. 300; www.bugailiskis.com; Aušros Vartų gatvė 17-10) Engel, springende Pferde, Masken, Vogelhäuser, Kreuze und alle möglichen anderen Holzarbeiten zeigt dieses Atelier. Der Herstellung traditioneller Volksmusikinstrumente gehört die andere Liebe des Künstlers.

» **Sauluva** (Karte S. 300; Literatų gatvė 3; ⌚10–19 Uhr) In der Werkstatt mit Laden können Besucher lernen, wie verbos (traditionelle Blütenkränze zum Palmsonntag) geflochten und litauische Ostereier bemalt werden.

» **Schmiedemuseum & Galerie Užupis** (Užupio kalvystės muziejus galerija; Karte S. 300; Užupio gatvė 26) In der traditionellen Schmiede werden schmiedeeiserne Objekte verkauft. Vorführungen am Dienstag, Freitag und Samstag.

» **Töpferzunft Vilnius** (Vilniaus Puodžių Cechas; Karte S. 300; www.pottery.lt, auf Litauisch; Paupio gatvė 2-20; hDi–Fr 11–19, Sa 12–18 Uhr) Die Muster und Formen der Töpfe, Tassen und Vasen aus Ton gehen auf jahrhundertealte Traditionen zurück.

» **Vitražo manufaktūra** (Karte S. 300; www.stainedglass.lt; Stiklių gatvė 6-8; hDi–Fr 10–18, Sa bis 16 Uhr) Exquisite Buntglasskulpturen, Wandgemälde und Mobiles stehen im Glasatelier zum Verkauf; Vorführungen täglich von 12 bis 16 Uhr.

führt eine gewaltige Menge des baltischen Goldes zu bezahlbaren Preisen.

Lino ir Gintaro Studija LEINEN, SCHMUCK
(Leinen- & Bernsteinstudio; Karte S. 300; www.lgstudija.lt) Stiklių (Stiklių gatvė 3); Pilies (Pilies gatvė 7 & 10) Das Leinen- & Bernsteinstudio ist der beste der Läden dieser Art. Er bietet eine breite Auswahl hochwertiger Waren zu vernünftigen Preisen.

Kunsthandwerk

Aušros Vartų Meno Galerija KUNSTHANDWERK
(Karte S. 300; Aušros Vartų gatvė 12) Guter Laden für lokal hergestellte Souvenirs, wie Gemälde, Spitze und Kunsthandwerk.

Mode & Design

Juozas Statkevičius MODE
(Karte S. 300; www.statkevicius.com; Odminų gatvė 11) Juozas Statkevičius hat einen guten Ruf in der innovativen Modewelt und ist u. a. auch in Paris, New York und Moskau vertreten.

Ramunė Piekautaitė MODE
(Karte S. 300; www.ramunepiekautaite.com; Didžioji gatvė 20) Die Edelboutique eines angesehenen litauischen Designers richtet sich an Frauen der Bildungsschicht mit Geschmack und einem Blick für hochwertige Materialien.

Zoraza MODE
(Karte S. 300; www.zoraza.com; Stiklių gatvė 6) Daiva Urbonavičiūtė führt die originelle und flippige Boutique, in der leuchtende Farben und Materialien, wie Wildleder, Glitzerkram, Perlen, Filz, Kristall, Leder usw., ein urbanes, klassisches Flair schaffen.

Aukso Avis DESIGN
(Karte S. 300; www.auksoavis.lt; Savičiaus gatvė 10) Die Galerie der Modedesignerin Julija Žilėniene aus Vilnius verkauft Taschen, T-Shirts, Wandbilder und Schmuck aus unterschiedlichen Materialien, wie Halsketten aus Filz oder Wolle.

Leinen

Lino Kopos LEINEN, MODE
(Leinendünen; Karte S. 292; www.linokopos.com; Krokuvos gatvė 6) Führender Leinendesigner ist Giedrius Šarkauskas. Er lässt sich vom natürlichen Lebenszyklus inspirieren und setzt seine ganzheitliche Naturphilosophie

mit Kollektionen um, die völlig aus Leinen bestehen. Accessoires fertigt er aus Bernstein, Holz, Leder und Leinen.

Lino Namai LEINEN
(Leinenhaus; Karte S. 300; ☎212 2322; www.siulas.lt) Vilniaus (Vilniaus gatvė 12); Pilies (Pilies gatvė 38) Die Geschäfte verkaufen Leinen von Siūlas, einer Firma, die seit 80 Jahren hochwertige Tisch- und Bettwäsche herstellt.

Einkaufszentren & Kaufhäuser

Die Haupteinkaufsstraße Gedimino prospektas ist von herkömmlichen Modeläden und Kaufhäusern gesäumt.

Gedimino 9 EINKAUFSZENTRUM
(Karte S. 300; www.gedimino9.lt; Gedimino prospektas 9; ⌚Mo–Sa 10–19 Uhr) Zentral gelegenes Zentrum mit exklusivem Flair und anspruchsvollen Geschäften.

Marks & Spencer KAUFHAUS
(Karte S. 300; www.marks-and-spencer.lt; Gedimino prospektas 20/1; ⌚Mo–Sa 10–21, So 11–18 Uhr) Die beliebte Kaufhauskette aus Großbritannien mit allen möglichen Waren und einer Lebensmittelabteilung, die Importe führt, die hier sonst selten sind.

Europa EINKAUFSZENTRUM
(Karte S. 292; www.pceuropa.lt; Konstitucijos prospektas 7a; ⌚9–22 Uhr; 📶) Großes Einkaufszentrum auf der anderen Flussseite von der Altstadt aus. Auf drei Etagen verteilen sich Geschäfte sowie ein paar Restaurants und Cafés.

Akropolis EINKAUFSZENTRUM
(außerhalb Karte S. 292; www.akropolis.lt; Ozo gatvė 25; ⌚10–22 Uhr; 📶) Gigantischer Einkaufs- und Unterhaltungskomplex mit Hunderten Läden und Restaurants, einem Multiplexkino, einer Eisbahn und einem Kinderspielplatz.

Buchläden

Akademinė Knyga BÜCHER
(Karte S. 300; www.humanitas.lt; Universiteto gatvė 4) Übersetzte litauische Prosa und Literatur, Reiseführer von Lonely Planet sowie Landkarten und Stadtpläne.

Humanitas BÜCHER
(Karte S. 300; www.humanitas.lt; Dominikonų gatvė 5) Lonely Planet Reiseführer und eine umwerfende Auswahl an Kunst- und Designbüchern.

Littera BÜCHER
(Karte S. 300; Šv. Jono gatvė 12) Unibuchladen.

Vaga BÜCHER
(Karte S. 292; Gedimino prospektas 9 & 50/2) Große Auswahl an Landkarten und guter Kaffee.

ℹ Praktische Informationen

Die Touristeninformationen haben kostenlose Stadtpläne der Innenstadt von Vilnius, die für Besucher völlig ausreichend sind. Ansonsten verkaufen sie, wie auch Buchläden, einige Hotels und Supermärkte, Stadtpläne von **Briedis** (www.briedis.lt; Parodų gatvė 4) und **Jāņa sēta** (www.kartes.lv). Die Karte *Vilnius* von Jāņa sēta (1:25 000; 10 Lt) erfasst die ganze Stadt und hat zudem eine Einlegekarte der Innenstadt von 1:10 000.

Internetzugang

Immer mehr Cafés, Restaurants und Hotels bieten kostenloses WLAN. Mehr Infos auf www.wifi.lt.

Collegium (www.dora.lt; Pilies gatvė 22-1; pro Std. 5 Lt; ⌚Mo–Fr 9–19 Uhr)

Taškas (Jasinsko gatvė; pro Std. 5 Lt; ⌚24 Std.)

Infos im Internet

Vilnius (www.vilnius.lt) Informative Website der Stadtverwaltung.

Altstadterneuerungsamt Vilnius (www.vsaa.lt) Neueste Infos zur Altstadterneuerung.

Vilnius Tourism (www.vilnius-tourism.lt) Website der Touristeninformation; erstklassiger und topaktueller Hauptstadtführer.

Wäscherei

Einige Hostels in Vilnius haben Waschmaschinen für Gäste, eine Handvoll gehobener Hotels bietet einen Wäscheservice.

Skalbiu sau (☎216 4689; www.skalbiusau.lt, auf Litauisch; Darbiniukų gatvė 21; ⌚9.30–19.30 Uhr) Wäscheservice und Selbstbedienung.

Gepäckaufbewahrung

Busbahnhof(Karte S. 292; Sodų gatvė 22; Tasche pro 24 Std. 4 Lt; ⌚Mo–Sa 5.30–21.45, So 7–20.45 Uhr)

Bahnhof (Karte S. 292; Geležinkelio gatvė; Untergeschoss der Haupthalle; Schließfach pro Tag 6–8 Lt; ⌚24 Std.)

Bibliotheken

J.-G.-Herder-Lesesaal (☎2398639; a.miltenyte@lbn.lt; Gedimino prospektas 51; ⌚Mo–Fr 9–17 Uhr) Deutscher Lesesaal in der Litauischen Nationalbibliothek.

American Centre (http://vilnius.usembassy.gov; Akmenų gatvė 7; ⌚Mo, Mi–Fr 10–14, Di 10–19 Uhr) In der amerikanischen Botschaft.

Centre Culturel Français (www.institutfrancais-lituanie.com; Didžioji gatvė 1; ⌚Mo–Fr 9–19, Sa 10–15 Uhr)

Medien

Vilnius in Your Pocket (www.inyourpocket.com) Ausgezeichneter Stadtführer, der alle zwei Monate erscheint. Erhältlich als PDF-Download oder in Buchläden, Touristeninformationen und Zeitungskiosken (6 Lt).

Vilnius Visitor's Guide Herausgegeben von Vilnius Tourism; enthält Infos zu den Themen Shoppen, Sehenswertes, Kultur, Essen, Unterkünfte und Nahverkehr. In den Touristeninformationen erhältlich.

Medizinische Versorgung

Baltijos Amerikos klinika (☎234 2020; www.bak.lt; Nemenčinės gatvė 54a; ⌚24 Std.) Baltisch-amerikanische Klinik.

Gedimino vaistinė (☎261 0135; Gedimino prospektas 27; ⌚24 Std.) Apotheke, die günstig an der Hauptgeschäftsstraße liegt.

Gintarine vaistinė (Geležinkelio gatvė 16; ⌚Mo–Fr 7–21, Sa & So 9–18 Uhr) Apotheke in der zentralen Bahnhofshalle.

Notfallkrankenhaus der Universität Vilnius (☎216 9069; www.vgpul.lt; Šiltnamių gatvė 29; ⌚24 Std.)

Geld

Die folgenden Banken haben alle Geldautomaten, die Visa und MasterCard akzeptieren. Geldautomaten sind überall in der Stadt zu finden.

Keitykla Exchange (Citadele Bankas; ☎213 5454; www.keitykla.lt; Geležinkelio gatvė 6; ⌚24 Std.) Geldwechsel und Geldautomat. Die Citadele Bankas ist der litauische Repräsentant für Amex.

SEB Vilniaus Bankas Gedimino (Gedimino prospektas 12); Jogailos (Jogailos gatvė 9a); Vokiečių (Vokiečių gatvė 9)

Swedbank (www.swedbank.lt; Gedimino prospektas 56) Löst Reiseschecks von Thomas Cook und Amex ein.

Post

Post (Karte S. 300; Vokiečių gatvė 7)

Hauptpostamt (Karte S. 300; Gedimino prospektas 7; ⌚Mo–Fr 7.30–19, Sa 9–16 Uhr)

Touristeninformation

Vilnius hat eine ganze Reihe gut geführter **Touristeninformationen** (www.vilnius-tourism.lt; ⌚Mo–Fr 9–18, Sa & So 10–16 Uhr), die kostenlose Stadtpläne, Beratung und zahllose Broschüren anbieten. Sie übernehmen auch die Buchung von Unterkünften (6 Lt).

Kathedralenplatz (Karte S.300; Geležinkelio gatvė 16) Informationskiosk.

Altstadt (Karte S. 300; ☎262 9660; Vilniaus gatvė 22)

Rathaus (Karte S. 300; ☎262 6470; Didžioji gatvė 31)

Bahnhof (Karte S. 292; ☎269 2091; Geležinkelio gatvė 16)

Reisebüros

Baltic Travel Service (☎212 0220; www.bts.lt;Subačiaus gatvė 2) Reservierung von Ferien auf dem Bauernhof, Bustickets und Hotelzimmern.

West Express (☎212 2500; www.westexpress.lt, auf Litauisch; Stulginskio gatvė 5) Großes, landesweites Reisebüro.

Zigzag (☎239 7397; www.zigzag.lt, auf Litauisch; Basanavičiaus gatvė 30) Billigtarife mit internationalem Studentenausweis.

ℹ An- & Weiterreise

Einzelheiten über Verbindungen ins Ausland s. S. 424.

Auto & Motorrad

Vilnius hat eine Reihe von Tankstellen, die bleifreies Benzin nach westlichem Standard verkaufen und rund um die Uhr geöffnet sind. Wer einen Wagen mietet und damit die Grenze überqueren will, sollte prüfen, ob der Wagen für Fahrten im ganzen Baltikum versichert ist.

Autobanga (☎212 7777; www.autobanga.lt) Im Flughafen.

Avis Flughafen (☎232 9316); Innenstadt (☎230 6820; www.avis.lt; Laisvės prospektas 3)

Budget (☎230 6708; www.budget.lt) Im Flughafen.

Europcar Flughafen (☎216 3442); Innenstadt (☎212 2739; www.europcar.lt; Stuokos-Gucevičiaus 9-1)

Hertz Flughafen (☎232 9301); Innenstadt (☎272 6940; www.hertz.lt; Kalvarijų gatvė14)

Sixt (☎239 5636; www.sixt.lt) Im Flughafen.

Bus

Der **Busbahnhof** (Autobusų stotis; Karte S. 292; ☎216 2977; Sodų gatvė 22) von Vilnius liegt gleich südlich der Altstadt. In der Schalterhalle werden von 6 bis 19.30 Uhr Fahrkarten für Inlandsstrecken verkauft, Auskunft erteilt das **Informationsbüro** (informacija; ☎1661; www.toks.lt, auf Litauisch; ⌚6–21 Uhr). Fahrpläne sind dort an einer Tafel und auf der Website www.autobusubilietai.lt einzusehen.

Fahrkarten für internationale Ziele, wie nach Rīga und Tallinn, sind bei verschiedenen Busgesellschaften mit Büros gleich neben dem Busbahnhof erhältlich. **Ecolines** (☎213 3300; www.ecolines.net; Sodų gatvė 24e; ⌚Mo–Fr 8–19, Sa

9–17, So 9–15 Uhr) verbindet Vilnius mit europäischen und auch baltischen Städten und fährt täglich nach Rīga und Tallinn. Die Billiglinie **Simple Express** (☎233 6666; www.simpleexpress.eu; Sodų gatvė 20b1) bietet die niedrigsten Preise zwischen Litauen und anderen baltischen Städten. Sie fährt u. a. auch täglich von Vilnius nach Rīga (38 Lt) und Tallinn (69 Lt).

Eurolines (☎233 6666; www.eurolines.lt; Sodų gatvė 24d-1; ⏲Mo–Fr 8–21, Sa & So 9–21 Uhr) und das Tochterunternehmen **Lux Express** (www.luxexpress.lt) sind ebenfalls bewährte Fernbusgesellschaften. Fahrkarten gibt es online oder in den Büros der Gesellschaft.

Busverbindungen innerhalb Litauens und nach Riga und Tallin:

Druskininkai (28 Lt, 2 Std., 8-mal tgl.)
Ignalina (15 Lt, 1¾ Std., bis zu 10-mal tgl.)
Kaunas (22 Lt, 1¾ Std., mindestens alle 30 Min.)
Klaipėda (66 Lt,4–5½ Std., bis zu 15-mal tgl.)
Molėtai (17 Lt, 1¼ –2 Std., stündl.)
Palanga (68 Lt, 4¼–6 Std., 7-mal tgl.)
Panevėžys (30 Lt, 1¾–3 Std., stündl.)
Rīga (38–65 Lt, 5 Std., 4-mal tgl.)
Šiauliai (45 Lt, 3–4½ Std., 6-mal tgl.)
Tallinn (69–110Lt, 10½ Std., bis zu 5-mal tgl.)
Visaginas (25 Lt, 2½ Std., 10-mal tgl.)

Flugzeug

Internationale Flüge von/nach Vilnius s. S. 427. Inlandsflüge gab es bei Drucklegung nicht, **airBaltic** (www.airbaltic.com) und **Estonian Air** (www.estonian-air.ee) verbinden Vilnius insgesamt bis zu fünfmal täglich mit Tallinn und bis zu siebenmal täglich mit Rīga. Aktuelle Preise sind online zu erfahren.

Schalter größerer Fluglinien auf dem Flughafen Vilnius:

airBaltic (☎235 6010; www.airbaltic.com)
Lufthansa (☎232 9290; www.lufthansa.com)
SAS (☎230 6638; www.flysas.lt)

Zug

Der **Bahnhof** (Geležinkelio stotis; Karte S. 292; ☎233 0088; www.litrail.lt; Geležinkelio gatvė 16) liegt gegenüber dem Busbahnhof. Neben Infoschaltern gibt es dort auch Geldautomaten und einen Supermarkt. Die Halle für Inlandsfahrscheine befindet sich links (wenn man vor dem zentralen Bahnhofsgebäude steht), die Halle für internationale Fahrkarten liegt rechts. Zuginformationen und Fahrpläne (auch auf Englisch) sind im Informationsbüro zwischen den beiden Hallen und online auf der Website www.litrail.lt erhältlich.

Es gibt keine direkte oder günstige Zugverbindung zwischen Vilnius und Rīga oder Tallinn. Internationale Verbindungen s. S. 426. Tägliche Direktverbindungen innerhalb Litauens von/nach Vilnius:

Ignalina (14 Lt, 2 Std., 7-mal tgl.)
Kaunas (16,30 Lt, 1¼–1¾ Std., bis zu 17-mal tgl.)
Klaipėda (51 Lt, 4½–5 Std., 3-mal tgl.)
Šiauliai (35 Lt, 2½–3 Std., 3-mal tgl.)
Trakai (6,20 Lt, 35 Min., bis zu 10-mal tgl.)

ℹ Unterwegs vor Ort

Auto & Motorrad

In Vilnius ist Autofahren kein Problem. Zwar ist die Verkehrsdichte im Vergleich zu anderen Hauptstädten eher gering, doch nimmt sie ständig zu. Parkplätze an den Innenstadtstraßen sind schwer zu finden und teuer. Je nach Stadtteil und Nachfrage kann ein Parkplatz bis zu 6 Lt pro Stunde kosten (von 8 bis 20 Uhr). Der Preis wird durch Farbcodierung gekennzeichnet, die blaue Zone ist am teuersten. Parktickets gibt es an Münzautomaten, sie müssen mit der Parkzeit oben auf das Armaturenbrett gelegt werden.

Auf keinen Fall sollte über Nacht an unbeleuchteten Straßen geparkt werden; Autoeinbrüche kommen häufig vor. In Teilen der verkehrsberuhigten Altstadt sind Autos nicht gestattet.

Fahrrad

Vilnius wird mehr und mehr fahrradfreundlich, ein Großteil der Altstadt hat bereits ausgewiesene Fahrradwege in alle Richtungen. Außerhalb der Altstadt sind Fahrradwege seltener, aber die Stadt ist dennoch weitgehend mit dem Fahrrad zu bewältigen. Zudem ist das teilweise noch vernachlässigte Neris-Ufer mit dem Drahtesel befahrbar. **Velo-city** (☎8-674 12123; www.velo-city.lt; Bernardinų gatvė 10; ⏲10–18 Uhr) verleiht Fahrräder für 10/40 Lt pro Stunde/Tag plus Kaution. Kostenlose Fahrradwegkarten gibt es in der Touristeninformation, Tipps und Informationen auf der Website von **Baltic Cycle** (www.bicycle.lt).

Vom/Zum Flughafen

Der **Vilnius International Airport** (☎230 6666; www.vno.lt; Rodūnė kelias 2) liegt 5 km südlich des Zentrums und ist mit Bus, Bahn oder Taxi erreichbar. Buslinie 1 verkehrt zwischen Flughafen und Bahnhof, Buslinie 2 zwischen Flughafen und dem nordwestlichen Vorort Šeškinė via Žaliasis-Brücke über die Neris und weiter bis zum Lukiskių aikštė. Fahrkarten (2,50 Lt) gibt es beim Fahrer, aber Kleingeld sollte dafür bereitgehalten werden.

Die Züge fahren tagsüber stündlich (bis etwa 21 Uhr) zwischen Flughafen und Bahnhof. Fahrkarten (2,50 Lt) sind im Zug erhältlich. Die Fahrt dauert etwa zehn Minuten.

Die Preise für Taxis hängen davon ab, ob es eines von der Schlange vor der Ankunftshalle ist (etwa 50 bis 60 Lt) oder ob es zuvor bei einer seriösen Firma telefonisch bestellt wurde (s. unten; 30 Lt).

Öffentliche Verkehrsmittel

Busse und O-Busse fahren von 5.30 oder 6 Uhr bis Mitternacht durch die Stadt, sonntags allerdings seltener. Fahrkarten kosten 2 Lt am Zeitungskiosk und 2,50 Lt direkt beim Fahrer; die Tickets müssen im Bus entwertet werden, sonst droht ein sofortiges Bußgeld von 60 Lt.

Die schnelleren Minibusse decken viele der Strecken ab. Sie lassen ihre Passagiere unterwegs jederzeit ein- und aussteigen (nicht nur an den regulären Haltestellen) und können vom Straßenrand aus angehalten werden. Die Fahrkarten für 3 Lt verkauft der Fahrer.

Die Altstadt ist in weiten Teilen für den Verkehr gesperrt, sodass nur wenige Busse und O-Busse in diesen Teil der Stadt fahren. Wer also dorthin will, muss laufen.

Streckenfahrpläne stehen auf www.vilniustransport.lt und sind bei den Touristeninformationen erhältlich.

Taxi

Taxipreise in Vilnius können schwanken. Generell ist es billiger, ein Taxi telefonisch zu bestellen statt eines an der Straße ranzuwinken oder am Taxistand zu besteigen. Hotelrezeptionisten oder Restaurantkellner rufen auf Wunsch ein Taxi. Bewährte Unternehmen:

Ekipažas (☎239 5539; www.ekipazastaksi.lt)
Martono Taksi (☎240 0004; www.martonas.lt)
Mersera (☎278 8888; www.mersera.lt)

RUND UM VILNIUS

Die Mitte Europas, ein Märchenschloss und antike Burghügel liegen in Reichweite der Hauptstadt. Außerdem ist ein Ausflug nach Paneriai interessant.

Paneriai

Hier wird der Besucher ungeschönt mit Litauens grausamer Geschichte konfrontiert. Über 100 000 Menschen – die genaue Zahl ist unbekannt – wurden hier zwischen Juli 1941 und Juli 1944 von den Nazis ermordet. Die Stätte liegt 10 km südwestlich des Stadtzentrums. Etwa die Hälfte der jüdischen Bevölkerung, rund 35 000 Menschen, wurden bereits in den ersten drei Monaten der deutschen Besatzung (von Juni bis September 1941) durch das Einsatzkommando 9 der SS und ihre litauischen Helfer ermordet.

Am Eingang zum Wald steht das Denkmal **Panerių memorialas**. Der Text auf Russisch, der aus Sowjetzeiten stammt, erinnert an die 100 000 „Sowjetbürger", die hier getötet wurden. Die Erinnerungstafeln auf Litauisch und Hebräisch – die später angebracht wurden – ehren die vielen jüdischen Opfer.

Ein Weg führt zum erschütternden **Paneriai-Museum** (Panerių muziejus; www.jmuseum.lt; Agrastų gatvė 15; ⏲Juni–Sept. Mi–Sa 11–18 Uhr, Okt.–Mai nach Vereinbarung über die Website). Hier stehen zwei Denkmäler: ein jüdisches (mit dem Davidstern) und ein sowjetisches (ein Obelisk gekrönt von einem Sowjetstern). Von dort führen Wege zu mehreren grasüberwachsenen Gruben, wo ab Dezember 1943 die Nazis ihre Opfer jeweils zu zehnt aufreihten und durch Schüsse in den Hinterkopf töteten. Die Toten fielen dann einfach in die Grube. Auf diese Art konnten mehrere Hundert Menschen pro Tag getötet werden. Die Leichen wurden mit Sand überdeckt und die Grube war bereit für die nächsten Toten.

Später verbrannten die Nazis die exhumierten Leichen, um die Beweise für ihre Verbrechen zu beseitigen. In einer der tieferen Gruben, so heißt es auf einer Tafel, wurden schließlich jene begraben, die man dazu zwang, die Leichen auszugraben und die Knochen zu zermahlen.

Täglich fahren zwei Dutzend Züge (auch solche mit Ziel Trakai oder Kaunas) ab Vilnius nach Paneriai (2 Lt, 11 Min.). Von Paneriai führt der Weg rechts nach dem Bahnhofsausgang über die Agrastų gatvė über 1 km nach Südwesten.

Trakai

☎528 / 5400 EW.

Mit seiner märchenhaften Burg aus Backstein, der Karäerkultur, den malerischen Holzhäusern und der hübschen Lage am See ist Trakai ein Muss und von der Hauptstadt aus bequem zu erreichen.

Gediminas machte Trakai, das 28 km westlich von Vilnius liegt, vermutlich in den 1320er-Jahren zu seiner Hauptstadt. Verbürgt ist, dass Kęstutis im 14. Jh. hier seinen Hofstaat einrichtete. Seit 1991 durch den 82 km² großen **Historischen Nationalpark Trakai** (www.seniejitrakai.lt) geschützt, ist Trakai heute ein ruhiger Ort (außer an Sommerwochenenden) mit herrlichem Seeblick in alle Richtungen. Jedes Jahr im Juli findet

Trakai

Highlights

Inselburg A1
Historisches Museum Trakai A1

Sehenswertes

1 Karärermuseum A2
2 Kenessa A2
3 Halbinselburg B2
4 Sammlung religiöser Kunst B2

Schlafen

5 Apvalaus Stalo Klubas A1
6 Karamių 13 .... B2
7 Salos A3

Essen

8 Iki B4
9 Kybynlar A2

hier das **Trakai-Festival** statt. Schauplatz ist die Inselburg und zum Programm gehören neben Konzerten auch mittelalterliche Schaukämpfe.

Trakai liegt größtenteils auf einer 2 km langen, nach Norden gerichteten Landzunge zwischen dem Luka-See im Osten und dem Totoriškių-See im Westen. Das nördliche Ende der Halbinsel öffnet sich zum Galvė-See mit seinen 21 Inseln.

Sehenswertes

Inselburg BURG

Das Herzstück von Trakai liegt unübersehbar auf einer Insel im Galvė-See. Die akribisch restaurierte gotische **Inselburg** aus Backstein stammt wahrscheinlich aus der Zeit um 1400, als Vytautas eine stärkere Festung als die Burg auf der Halbinsel benötigte. Eine Fußgängerbrücke verbindet sie mit dem Ufer und ein Wassergraben trennt den dreieckigen Vorhof vom Hauptturm mit seinem höhlenartigen zentralen Innenhof, der von Galerien, Sälen und Gemächern umgeben ist. Einige davon beherbergen das **Historische Museum** (Trakų istorijos muziejus; www.trakaimuziejus.lt; Erw./Stud. & Kind 14/7 Lt; ⏲Mai–Sept. tgl. 10–19 Uhr, Okt., März & April Di–So bis 18 Uhr, Nov.–Feb. Di–Sa bis 17 Uhr), das die Geschichte der Burg dokumentiert und zahlreiche mittelalterliche Waffen und traditionelle Trachten der Karäer zeigt. Im Sommer ist der Burghof eine fabelhafte Bühne für Konzerte und Theaterstücke.

Halbinselburg & Umgebung RUINE, MUSEUM

Die stillen Ruinen der **Halbinselburg** von Trakai, die von 1362 bis 1382 von Kęstutis erbaut und im 17. Jh. zerstört wurde, liegen etwas südlich der Inselfestung. In der Nähe zeigt eine einstige Dominikanerkapelle eine **Ausstellung sakraler Kunst** (Kestučio gatvė 4; Erw./Stud. & Kind 4/2 Lt; ⏲Mi–So 10–18 Uhr). Sie ist klein, aber sehenswert und zeigt im Keller kostbare Reliquienschreine und Monstranzen. Auf der Halbinsel selbst stehen etliche alte Holzhäuser. Viele wurden von den Karäern errichtet, einer jüdischgläubigen und turksprachigen Minderheit, die ursprünglich aus Bagdad stammte und sich streng an die Gebote Moses' hält. Ihre Vorfahren wurden um 1400 von der Krim nach Trakai gebracht, um hier als Leibgarde zu dienen. Nur zwölf Familien (60 Karäer) leben in Trakai und ihre Zahl – knapp 300 in Litauen – geht immer mehr zurück, sodass man befürchtet, die kleinste Minderheit des Landes könnte aussterben. Das **Karäermuseum** (Karaimų etnografinė paroda;

www.trakaimuziejus.lt; Karaimų gatvė 22; Erw./Stud. & Kind 4/2 Lt; ⌚Mi–So 10–18 Uhr) spürt ihrer Herkunft nach. Die wunderschön restaurierte **Kenessa** (Gebetshaus der Karäer; Karaimų gatvė 30; Eintritt gegen Spende) aus dem frühen 19. Jh. kann besichtigt werden, hat aber keine festen Öffnungszeiten.

Aktivitäten

In der Nähe der Fußgängerbrücke, die zur Inselburg führt, werden **Tretboote** (pro Std. 20 Lt) oder **Ruderboote** (pro Std. 15 Lt) verliehen.

Die Touristeninformation hat Infos über eine Fülle von Aktivitäten wie Reiten, Ballonfahrten und Segeln. Sie vermietet auch **Fahrräder** (pro Std./Tag 6/30 Lt) und informiert über den 14 km langen **Radweg** zu den Hauptsehenswürdigkeiten. Kempingas Slėnyje (s. rechts) vermietet ebenfalls Räder (6/25 Lt pro Std./Tag) sowie Kanus und Ruderboote (8 Lt pro Std.). Wer lieber einen ruhigen Spaziergang durch grüne Natur unternimmt, kann das **Tier- & Pflanzenschutzgebiet Varnikai** 4 km östlich der Halbinselburg ansteuern. Schilder mit dem Hinweis „Varnikų Gamtos Takas" weisen den Weg über zwei Seebrücken.

Im Winter haben Besucher von Trakai die Wahl zwischen Fahrten mit dem Pferdeschlitten, Skilaufen und Eisangeln.

Schlafen

Trakai ist von Vilnius aus ein bequemer Tagesausflug, doch eine Übernachtung lohnt sich, um den Ort ohne die Touristenmassen am Wochenende zu erleben.

Apvalaus Stalo Klubas HOTEL €€
(☎55 595; www.asklubas.lt; Karaimų gatvė 53a; EZ/DZ ab 300/340 Lt; P@WiFi Pool) Gehobenes Boutiquehotel in zwei Seevillen gegenüber der Inselburg. Die Zimmer in der eleganteren französisch-provençalischen Villa Ežeras sind mit schweren, komfortablen Möbeln und kräftigen Wandfarben ausgestattet, die in der Villa Karaimai sind ganz normal modern und etwas billiger. Sie blicken entweder auf den Hof oder auf den See, Letztere sind teurer. Zum Haus gehören ein Wellnessbereich und ein exzellentes Restaurant. Ideal für ein romantisches Wochenende.

Karamių 13 PENSION €€
(☎51 911; www.karaimai.lt; Karaimų gatvė 13; EZ/DZ 150/200 Lt; P@WiFi) Das liebevoll renovierte, schlichte Karäerhaus besitzt ein Café, das karäische Speisen serviert. Das Holzhaus wurde jüngst im authentischen karäischen Stil umgebaut. Die Zimmer sind alle schlicht eingerichtet, haben aber moderne Annehmlichkeiten und Internetzugang.

Salos HOTEL €€
(☎53 990; www.salos.lt; Kranto gatvė 5b; EZ/DZ/3BZ 120/160/220 Lt; P@WiFi Pool) Das moderne Hotel am Ufer des Totoriškių-Sees liegt in Laufnähe zum Zentrum und zur Inselburg. Es vermietet zehn gut eingerichtete Zimmer und die Gäste können die finnische Sauna und den Pool benutzen.

Kempingas Slėnyje CAMPINGPLATZ €
(☎53 380; www.camptrakai.lt; Slėnio gatvė 1; Platz pro Erw./Auto/Zelt 20/10/10 Lt, DZ/3BZ/4BZ ohne Bad 90/100/120 Lt, Haus für 2–6 Pers. 250–320 Lt, DZ in der Pension 150 Lt; P) Der Campingplatz liegt etwa 5 km außerhalb von Trakai in Slėnje am Nordufer des Galvė-Sees an der Straße nach Vievis. Es gibt Unterkünfte für alle Ansprüche und Geldbeutel: Die einfachen Bungalows sind in Ordnung – leider aber nur mit Insektenschutzmittel. Es gibt viele Aktivitäten, wie Sauna und Dampfbad, dazu Grillplätze, Fahrradverleih, Folkloreabende und einen Sandstrand.

Essen

Lebensmittel gibt es im **Iki** (Vytauto gatvė 56).

Kibininė LITAUISCH €
(Karaimų gatvė 65; Hauptgerichte 7–20 Lt) Das grüne Holzhaus mit Karäerküche ist *der* Ort, um die traditionelle Karäerpastete *kibinai* (gefüllte Blätterteigpastete) zu probieren. Aber Vorsicht beim ersten Biss, bei dem kochend heißer Saft herausquillt. Die Pasteten werden mit verschiedenen Füllungen serviert, traditionell ist jedoch Schweinefleisch. Oft gibt es eine Schale Hühnersuppe als Beilage. Durch ein Fenster werden mit Fleisch oder Gemüse gefüllte *kibinai* (5Lt to 7Lt) zum Mitnehmen verkauft.

Kybynlar LITAUISCH €€
(Karaimų gatvė 29; Hauptgerichte 15–30 Lt) Das zweite karäische Restaurant in Trakai hat eine deutlich türkische Atmosphäre. Hier werden ebenfalls kochend heiße Pasteten sowie vorwiegend Fleischgerichte gebrutzelt. Die arabischen Schriftzeichen an der Wand sind ursprüngliches Karäisch, eine Sprache, die zur kiptschakischen Untergruppe der Turksprachen gehört und weltweit nur von 535 Menschen als Muttersprache gesprochen wird.

Žejų Namai FISCH €€

(☎26 008; www.zvejunamai.lt; Forelle pro kg 42 Lt) Wer mit dem eigenen Fahrzeug unterwegs ist und Lust auf frischen Fisch verspürt, kann das Žejų Namai 16 km nördlich von Trakai ansteuern. Bei Ankunft erhalten die Gäste eine Angelausrüstung und können ihr Glück in einem der Forellenteiche versuchen. Helfer wiegen, filetieren und kochen den Fisch mit Gewürzen nach Wahl. Dann wird er am Tisch serviert. Die Abzweigung zum Žejų Namai ist an der Straße nach Vievis beschildert. Der Fisch muss vor 21 Uhr gefangen sein, da die Zubereitung etwa 30 Minuten dauert. Im Winter wird im Eis geangelt.

Praktische Informationen

Snoras Bankas (Vytauto gatvė 56) Geldautomat und Geldwechsel gegenüber der Touristeninformation. Zwei weitere Geldautomaten befinden sich neben dem Iki.

Touristeninformation (☎51 934; www.trakai-visit.lt; Vytauto gatvė 69; ⊙Mo–Fr 9–17, Sa & So 9–15 Uhr) Verkauft Karten und Reiseführer, bucht Unterkünfte (pro Buchung 6 Lt) und hat Unmengen praktischer Infos.

An- & Weiterreise

Bis zu zehn Züge (6,20 Lt, 35 Min.) verkehren täglich zwischen dem **Bahnhof** in Trakai (☎51 055; Vilniaus gatvė 5) und Vilnius.

Der Mittelpunkt Europas

Litauen ist stolz auf den mutmaßlichen geografischen Mittelpunkt Europas: *Europos centras*. Der Punkt liegt 25 km nördlich von Vilnius an der Straße nach Molėtai. Trotz konkurrierender Ansprüche hat das französische Nationale Geografische Institut diese Mitte – bei 54° 54' nördlicher Breite und 25° 19' östlicher Länge – 1989 errechnet. Die Stelle ist mit einem Felsblock markiert, in den die vier Himmelsrichtungen und die Worte „Geografinis Europos Centras“ eingemeißelt sind. 2004 ließ Litauen den bis dahin recht öden Flecken mit 27 flatternden Fahnen (EU-Flagge plus eine für jedes Mitgliedsland), einer hölzernen Bühnenterrasse und einem weißen Granitobelisken mit einer Krone aus goldenen Sternen aufpeppen. Die Hügel ringsum wurden landschaftsgärtnerisch gestaltet und ein Holzhaus mit dem Hinweis „Touristeninformation“ aufgestellt, das für 5 Lt „Ich war in der Mitte Europas“-Urkunden ausstellt und Souvenir-T-Shirts verkauft. Um das Zentrum erstreckt sich ein 18-Loch-**Golfplatz** (☎8-616 26366; www.golfclub.lt; Schlägermiete 80 Lt, Runde 140 Lt) und ein schickes Restaurant.

Die meisten Besucher werden das Freiluftmuseum **Europos parkas** (www.europosparkas.lt; Erw./Stud./Kind 25/18/11 Lt; ⊙10 Uhr–Sonnenuntergang) interessanter finden. Er liegt etwa 17 km vom Mittelpunkt Europas entfernt an der Straße nach Utena. Führende zeitgenössische Bildhauer, darunter Sol LeWitt und Dennis Oppenheim, stellen Arbeiten im bewaldeten Park aus (im Sommer Mückenschutzmittel mitnehmen!). Zu den Exponaten gehört die größte Skulptur der Welt aus etwa 3000 Fernsehgeräten, die ein Labyrinth um eine umgestürzte Leninstatue bilden. Der Skulpturenpark war eine Idee des litauischen Bildhauers Gintaras Karosas als Reaktion auf den Hype um den Mittelpunkt Europas. Jedes Jahr werden hier internationale Workshops veranstaltet, die Künstler aus aller Welt anlocken.

An- & Weiterreise

An der Straße von Vilnius nach Molėtai in Richtung Norden weist ein Schild mit der Aufschrift „Europos Centras“ nach links den Weg zum Mittelpunkt Europas. Wer den Ort per Bus erreichen will, muss zweimal umsteigen und braucht viel Geduld. Nähere Infos für Entschlossene hat die Touristeninformation in Vilnius (S. 321).

Ab Vilnius fahren Minibusse mit der Aufschrift „Skirgiskes“ von der Haltestelle Kalvarijų gatvė mindestens dreimal täglich zum Mittelpunkt Europas (2 Lt, 30 Min.). Mit dem Auto geht's auf der Kalvarijų gatvė nach Norden bis zum Kreisverkehr Santasriskių, dann rechts halten (Žalieji ežerai) und den Schildern „Europos parkas“ folgen.

Kernavė

Kernavė gehört zum Pflichtprogramm. Die Unesco hat den Ort als „außergewöhnliches Zeugnis für 10 000 Jahre menschlicher Besiedlung in dieser Region“ bezeichnet und ihn 2004 zum Weltkulturerbe erklärt. Wissenschaftler nehmen an, dass Mindaugas (der Litauen zum ersten Mal einte) hier 1253 seine Krönung feierte. Unter Schutz stehen die Überreste von vier Burgwällen und einer mittelalterlichen Stadt.

Das faszinierende Erbe des **Kulturreservats Kernavė** (Kernavės kultūrinio rezervato;

www.kernave.org; Eintritt frei; ⏲Sonnenauf- bis -untergang) ist seit Ende 2011 nach mehrjährigen, umfassenden Renovierungsarbeiten im **Archäologischen & Historischen Museum** (Archeologijos ir istorijos muziejus; ☎382-47 385; Kerniaus gatvė 4a) zu sehen. Führungen (20 Lt) werden von April bis Oktober dienstags bis samstags von 9 bis 17 Uhr angeboten. Sonst kann man das Gebiet auch auf eigene Faust erkunden.

Mittelalterliche Lustbarkeiten – Axtwerfen, Katapultieren, Brauen von Met und dergleichen – erwarten die Besucher am 23. Juni und während des dreitägigen **Internationalen Festivals der experimentellen Archäologie** Mitte Juli (das trotz des Namens sehr lustig ist).

Kernavė liegt 35 km nordwestlich von Vilnius im Neris-Tal. Zu erreichen ist es über die Straße ab Maisiagala durch Dūkštos über die Straße nordwärts nach Ukmergė.

DER OSTEN & UND DER SÜDEN

Die tiefen, märchenhaften Wälder im Osten und Süden des Landes sind ein Paradies für Ökofreaks. In dieser unberührten Region mit einem Seengebiet, das bis nach Weißrussland und Lettland reicht, liegen einige der spektakulärsten Landschaften Litauens.

Der Nationalpark Aukštaitija, der älteste Park in Litauen, ist vom 900 km² großen Labanoras-Pabradė-Wald umgeben. Naturenthusiasten können hier nach Herzenslust wandern, Kanu fahren, windsurfen, segeln, Vögel beobachten und im Winter auch eisfischen und sogar Ski fahren.

Ganz im Süden liegt Dzūkija, der größte Nationalpark des Landes, umgeben von den 1500 km² großen Druskininkai-Varėna-Wäldern. In beiden Parks gedeihen im Frühsommer reichlich Beeren und Pilze aller Art sprießen massenweise vom Frühjahr bis zum Spätherbst.

Der Osten

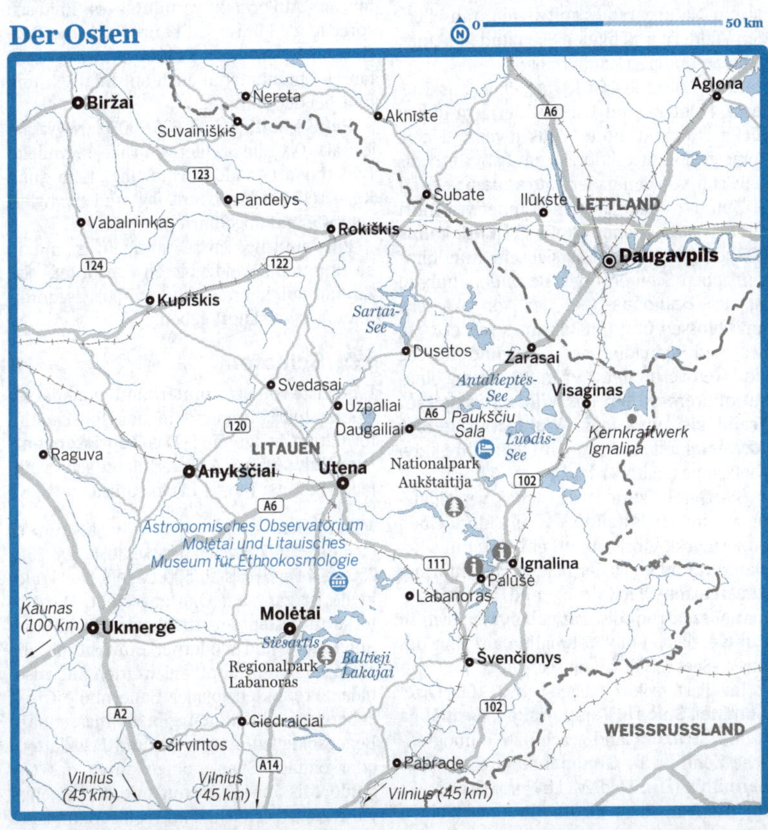

Nahe dem Nationalpark Dzūkija liegt der Kurort Druskininkai, in dem reiche Litauer Winterurlaub machen und sich mit warmen Honigmassagen verwöhnen lassen. Der Skulpturenpark Grūtas mit seinen Büsten von Lenin, Stalin und Co. ist garantiert heilsam für all jene, die sich nach der „guten alten Zeit" zurücksehnen.

Achtung: Mücken können hier eine wahre Plage sein. Also Mückenschutzmittel nicht vergessen! Pilze sollten nur mit einem lokalen Führer gesammelt werden. Ganz wichtig: Viele Pilzsorten, die die Einheimischen offenbar ohne Probleme ertragen, weil sie daran gewöhnt sind, bereiten den westeuropäischen Mägen mitunter Probleme.

Nationalpark Aukštaitija

☎386

Im beliebten Nationalpark Aukštaitija (aukschtai-ti-ja) versteht jeder sofort, woher die Naturverbundenheit der Litauer stammt. Er ist ein Naturparadies mit tiefen, rauschenden Wäldern und blauen Seen und übt einen ganz besonderen Zauber aus.

Etwa 70 % des Parks bestehen aus Kiefern-, Fichten- und Laubwäldern, in denen Elche, Rotwild und Wildschweine leben. Seine größte Attraktion ist ein Labyrinth aus 126 Seen, von denen der **Tauragnas-See** mit 60,5 m der tiefste ist. Ein Wanderweg führt auf den 155 m hohen Gipfel des **Ladakalnis** (Eisberg), von dem aus sich ein Rundblick auf sieben Seen eröffnet. Besonders hübsch ist der **Baluošas-See**, der von Wäldern umschlossen und mit Inseln durchsetzt ist. See- und Steinadler jagen hier und Störche sind weit verbreitet. Nur in Begleitung eines Parkführers dürfen das **Wildschutzgebiet Trainiškis** und das **Waldschutzgebiet Ažvinčiai** mit seinen 150 bis 200 Jahre alten Kiefern besucht werden.

Startpunkt zum Park ist das verschlafene Städtchen **Ignalina**. Es gibt dort einen Supermarkt, ein Postamt, ein Hotel mit Restaurant und eines der beiden Parkinformationszentren. Verwaltung und Hauptinformationszentrum des Parks befinden sich in **Palūšė**, das 3 km von Ignalina am Ufer des Lūsiai-Sees („Wildkatzensee") liegt.

Im Park selbst liegen etwa 100 Orte: **Šuminai**, **Salos II**, **Vaišnoriškės**, **Varniškės II** und **Strazdai** sind geschützte ethnografische Zentren. In **Ginučiai** steht eine **Wassermühle** (Erw./Stud. 2/1 Lt; ⏲Mai–Sept. Di–So 10–18 Uhr) aus dem 19. Jh. mit einer kleinen Ausstellung über ihre Geschichte und ihre Funktionen (Getreidemahlen und Stromerzeugung). Das **Alte Imkereimuseum** (Senorinės bitininkystės muziejus; Erw./Stud. 3/1 Lt; ⏲Mai–Mitte Okt. Di–So 10–19 Uhr) in Stripeikiai erzählt die Geschichte der Imkerei in Form einer bunten Sammlung von Holzschnitzereien und Bienenkörben.

Im Park liegen mehrere alte *piliakalnis* (befestigte Hügel), z. B. der **Taurapilio-Hügel** am Südufer des Tauragnas-Sees, und einige malerische Holzgebäude, darunter eine schöne **Kirche** mit **Glockenturm** in Palūšė. Rund um den Lūšiai-See ist ein **Holzskulpturenpfad** der litauischen Folklore gewidmet.

Aktivitäten

Bootfahren und **Wandern** sind die wichtigsten Aktivitäten im Park. Das Nationalparkbüro arrangiert Wanderungen und Bootstouren, Exkursionen zum Angeln (Sommer und Winter) sowie Ski- und Schlittentouren. Außerdem vermittelt es Englisch sprechende Führer (45 Lt pro Std.). Die **Touristeninformation Palūšė** (www.paluse.lt) hat viel Infomaterial auch auf Englisch und hilft bei der Planung.

Palūšė valtinė (☎8-686 90030; www.valtine.lt; ⏲Mai–Okt.) am Seeufer von Palūsė vermietet Ruderboote (7/35 Lt pro Std./Tag), Kanus und Kajaks (10/60 Lt pro Std./Tag) und arrangiert geführte und ungeführte Kanutouren.

Pilze und Beeren zu sammeln ist nur in bestimmten Waldgebieten gestattet. Im Zweifelsfall kann eine der Touristeninformationen Auskunft geben.

Schlafen

Eine Liste von Privatunterkünften gibt es im Nationalparkbüro und in der Touristeninformation in Ignalina. Das **Touristenzentrum Palūšė** (☎47 430) vermietet selbst einfache Zimmer (ab 44 Lt) in Palūšė.

Miškiniškės BUNGALOW €€
(☎8-612 33577; www.miskiniskes.lt; EZ/DZ 150/250 Lt, 4-Pers.-Haus ab 500 Lt; P) Die Waldidylle ist ganz auf Öko abgestellt. Die Unterkunft besteht aus rustikalen Blockhütten mit Kamin und moderner Einrichtung, die Mahlzeiten im Haupthaus werden mit saisonalen Produkten lokaler Bauernhöfe frisch zubereitet. Aktivitäten gibt es massenhaft: Bogenschießen, Axtwerfen und Felsklettern oder einfach Spaziergänge durch das Gelände. Miškiniškės ist nur mit dem eigenen Fahrzeug zu erreichen und selbst dann ist es

Nationalpark Aukštaitija

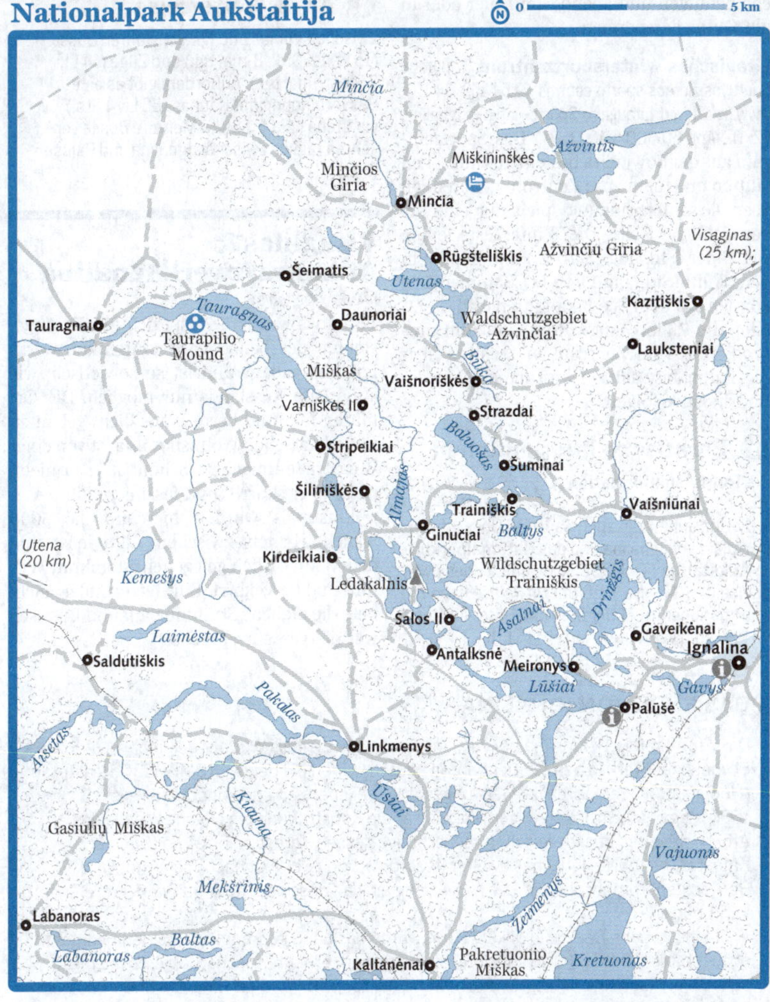

nicht einfach zu finden. Von Ignalina sind es 12 km bis nach Kazitiškis, dort nach links abbiegen und weitere 7 km bis zum Schild Miškiniškės fahren. Am Schild nach links abbiegen, bis nach 5 km wieder ein Schild nach rechts weist, von wo es noch weitere 4,5 km sind.

Žuvėdra HOTEL €€
(☎8-686 81811; www.zuvedra.com; Mokyklos gatvė 11, Ignalina; EZ/DZ/Apt. 90/160/250 Lt; P@) Das kleine Hotel am Ufer des Paplovinis-Sees ist eine exzellente Unterkunft in Ignalina und nur ein kurzes Stück zu Fuß von der Touristeninformation entfernt. Das hilfsbereite Personal vermittelt Leihfahrräder und -boote und gibt Tipps, was es in der Gegend alles zu sehen und tun gibt, z. B. Tennisspielen auf dem Platz neben dem Hotel. Das Restaurant mit litauischer Küche (Hauptgerichte 15–25 Lt) ist das beste in Ignalina und auch für Nichtgäste recht praktisch.

Wassermühle Ginučiai PENSION €
(☎8-616 29366; Palūšė; DZ/Apt. ab 130/260 Lt; P) Die vom Touristenzentrum Palūšė betriebene Wassermühle bietet schlichte Zimmer mit kompletter Holzausstattung in einem der idyllischsten Winkel des Landes. Gäste können ihren Proviant mitbringen, die Kü-

che benutzen und abends am Feuer oder in der Sauna entspannen.

Litauisches Wintersportzentrum HOTEL € (Lietuvos žiemos sporto centras; ☎54 102, 54 193; www.lzsc.lt, auf Litauisch; Sporto gatvė 3, Ignalina; EZ/DZ/Apt. 60/100/240 Lt; Ⓟ) Das Sportzentrum aus der Sowjetära besteht aus hübschen Hütten an einem zum Zentrum gehörenden See. Die Unterbringung spielt nur eine nebensächliche Rolle. Die Wintergäste leihen sich Skier (Std./Tag 15/40 Lt) und hüpfen in den Skilift (Std./Tag 15/40 Lt). Sommergäste können auf dem See Boot fahren (Std. 15 Lt) oder die 7,5 km lange Rollschuhbahn ausprobieren. Vom Zentrum in Ignalina über die Bahngleise fahren und dann 2 km der Budrių gatvė folgen.

ℹ Praktische Informationen

Die **Touristeninformation** (☎52 597; www.ignalinatic.lt; Ateites gatvė 23; ⏲ganzjährig Mo–Fr 8–17 Uhr, Juni–Aug. auch Sa 10–15 Uhr) auf dem Dorfplatz von Ignalina und das **Nationalparkbüro Aukštaitija** (☎53 135, www.anp.lt oder www.paluse.lt; ⏲Mo–Sa 9–18 Uhr) in Palūšė haben Informationen zu Aktivitäten und Unterkünften im Park und verkaufen Karten (15 Lt).

ℹ An- & Weiterreise

Zwischen Vilnius und Ignalina fahren Busse (15 Lt, 1¾ Std., 8-mal tgl.) und Züge (14 Lt, 2 Std., 7-mal tgl.). Außerdem gibt es eine Busverbindung mit Kaunas (36 Lt, 4 Std.) via Utena (12 Lt, 1 Std.). Mehrere Busse verkehren täglich zwischen Ignalina und Palūšė (3 Lt).

Visaginas & Atomkraftwerk Ignalina

☎386 / 28 160 EW.

Visaginas wurde 1975 speziell für die Angestellten des benachbarten Atomkraftwerks Ignalina gebaut und ist so sowjetisch, wie außerhalb Russlands nur möglich. Der Ort mitten im Wald besteht aus dicht gebauten und identischen Wohnsilos und ist von einer Ringstraße umgeben. Schön ist er ja nicht, dafür aber skurril (und faszinierend).

Einstmals wurden hier um die 5000 Schichtarbeiter zwischen Visaginas und dem 3 km östlich gelegenen Atomkraftwerk hin- und hergekarrt. Ein Geigerzähler zeichnete die tägliche Strahlung auf und Russisch war die Verkehrssprache.

DAS ENDE VON IGNALINA

Das Atomkraftwerk Ignalina bei Visaginas galt seinerzeit als Wunder der Technik. Als die Sowjets das Werk in den 1980er-Jahren bauten, waren die beiden RBMK-1500-Reaktoren (Hochleistungsreaktoren) die leistungsstärksten jener Zeit und konnten jeweils 1500 Megawatt Strom erzeugen. Leider war die Konstruktion die gleiche wie die des Atomkraftwerks im ukrainischen Tschernobyl, dessen Kernschmelze von 1986 zur Katastrophe führte. Ignalinas zweiter Reaktor wurde zwar erst nach Tschernobyl in Betrieb genommen, aber es war von Anfang an klar, dass das Atomkraftwerk keine Zukunft hatte.

Nach Litauens Beitritt in die EU 2004 wurde das Land gedrängt, die beiden Reaktoren abzuschalten. Die EU hatte kein Interesse an einem erneuten Tschernobyl. Litauen gab schließlich nach und schaltete den ersten Reaktor 2004 und den zweiten Ende 2009 ab.

Strom wird hier zwar nicht mehr erzeugt, aber das Atomkraftwerk ist noch immer umstritten. An erster Stelle steht die Frage, wer wohl die außerordentlichen Kosten für die Stilllegung übernehmen soll. Allein die Sanierung der Anlage und die Entsorgung des restlichen radioaktiven Materials kosten Millarden Euro. Die EU hat sich bereit erklärt, den Löwenanteil der Kosten zu tragen. Allerdings fehlten zur Zeit der Recherche noch Hunderte Millionen Euro im Stilllegungsfonds. Weitere Informationen zur Stilllegung stehen auf www.iae.lt.

Kontrovers sind auch die Pläne, an diesem Ort ein anderes Atomkraftwerk in modernerer, westlicher Bauart zu errichten. 2006 schlug Litauen seinen Nachbarn Polen, Lettland und Estland vor, gemeinsam einen neuen Reaktor zu bauen. Investoren wie die japanische Hitachi Corp wurden bereits eingebunden. Das Projekt erlitt jedoch mit der Atomkatastrophe von Fukushima eine gewaltige PR-Schlappe. Dennoch behaupten Funktionäre noch immer, jedenfalls war dies zur Zeit der Recherche der Fall, dass ein neuer Reaktor bereits ab 2018 in Betrieb gehen kann. Aktuelle Nachrichten zu dem Projekt stehen auf www.vae.lt.

STÖRCHE

Im Osten Litauens, eigentlich im ganzen Land, lassen sich wunderbar Störche beobachten. In Litauen gibt es ungefähr 13 000 Paare, die höchste Storchenpopulation Europas.

Störche werden etwa 90 cm groß und haben extrem lange Beine. Wegen ihrer großen Flügelspannweite sehen sie in der Luft atemberaubend aus. Aber es hat auch seinen Reiz zu beobachten, wie sie auf feuchten Wiesen umherstelzen und mit ihren spitzen Schnäbeln nach Fröschen picken. Beim Schlafen stehen die Vögel auf einem Bein.

Die alljährliche Ankunft der Störche aus Afrika markiert den Frühlingsbeginn. Die Litauer feiern den traditionellen Beschützer des Hauses am 25. März, dem Storchentag. Die Bauern bereiten dann ihre Saat vor, denn das verheißt eine gute und reiche Ernte.

Die Vögel kehren immer wieder zum selben Nest zurück. Ihre großen, flachen Nester bauen sie in Bäumen, häufig aber auch auf unbenutzten Schornsteinen oder Telegrafenmasten. Manche Bauern befestigen große Wagenräder an hoch gelegenen Stellen, damit die Störche dort nisten können, denn die Vögel gelten als Glücksbringer.

Die Zukunft der Stadt ist jedoch ungewiss, nachdem das Atomkraft 2009 als Teil der Vereinbarung zum EU-Beitritt Litauens (s. Kasten S. 331) stillgelegt wurde. Es gibt Überlegungen, ein neues Kraftwerk zu bauen, aber das wird frühestens 2018 geschehen. Die Einwohner hoffen derweil, dass zunehmender Tourismus die Wirtschaft belebt.

Den Mief der Sowjetära bietet eine Übernachtung im **Hotel Aukštaitija** (☎50 684; Veteranų gatvė 9; EZ/DZ ab 90/150 Lt; P), einem Backsteinhochhaus im alten sowjetischen Stil. Die Zimmer sind nicht so trostlos wie das Äußere, etliche wurden sogar hübsch umgestaltet. Einladender ist das Wellnesshotel **Gabriella** (☎70 171; www.gabriella.lt; Jaunystės gatvė 21; EZ/DZ ab 130/220 Lt; P@) ein paar Hundert Meter südlich des Zentrums. Wie der Name schon andeutet, gibt es hier reichlich Massagen und Wellnesseinrichtungen. Allerdings ist das Hotel nicht so schick, wie die Bezeichnung „Wellnesshotel" verspricht. Es hat auch ein nettes Restaurant, das wohl das beste im Ort ist.

Mitte August geht in Visaginas die Post ab, wenn ausgerechnet ein Haufen Cowboys – samt Hut, Stiefeln und dergleichem – aus ganz Europa zum zweitägigen Countrymusikfestival **Visagino Country** (www.visaginocountry.lt) in die Stadt einfällt.

Zwischen Vilnius und Visaginas verkehren Züge (19,90 Lt, 2½ Std., 5-mal tgl.) und häufige Busse (24 Lt, 2½ Std.).

Regionalpark Labanoras

Südwestlich von Aukštaitija liegt der 528 km² große Regionalpark Labanoras mit 285 Seen. Im hübschen Dorf **Labanoras** hat auch das **Informationszentrum des Regionalparks** (☎8-387 47142; www.labanoroparkas.lt, auf Litauisch; ⏲Mo–Fr 8–12 & 13–17, Sa 8–15.45 Uhr) seinen Sitz, das Infomaterial bereithält.

Der Park bietet phantastische Möglichkeiten zum Kanufahren, besonders auf dem Fluss Lakaja im südlichen Teil. Die Parkinformation gibt Tipps zu Touren und zum Kajakverleih. Zu rechnen ist pro Tag mit 40/60 Lt werktags/am Wochenende plus einer Gebühr für den Transport.

Die Unterkünfte innerhalb des Parks begrenzen sich auf eine Handvoll Privatzimmer und ein schönes Hotel-Restaurant im Dorf Labanoras.

LP TIPP **Hotel Restaurant Labanoras** (☎8-655 70918; www.hotellabanoras.lt; EZ/DZ 100/150 Lt; P) Das Haus hat eine hübsche Terrasse am Dorfplatz, von der aus in der entsprechenden Zeit brütende Störche zu sehen sind. Das Holzgebäude und seine sechs Gästezimmer besitzen viel Atmosphäre und sind voller Kuriositäten und Sammlerstücke. Auf der Speisekarte stehen Köstlichkeiten wie hausgemachte Klöße, kalte Rote-Bete-Suppe, gegrillte Forellen und Pfannkuchen mit Wildbeeren und Sahne (Hauptgerichte 15–30 Lt). Gäste können ein Fahrrad ausleihen, um den Park zu erkunden.

Molėtai

☎383 / 6970 EW.

Die Kleinstadt Molėtai (mo-lej-tai) 30 km südwestlich des Nationalparks Aukštaitija ist ziemlich uninteressant – mit Ausnahme der Seen im Umland, zu denen die **Touristeninformation** (☎51 187; www.infomoletai.lt;

Der Süden

Inturkės gatvė 4; ⌚Mo–Do 8–17, Fr 8–15.45 Uhr) Auskunft erteilt.

Spektakuläre Ausblicke auf die Seenlandschaft von Molėtai und die Sterne darüber bietet das **Astronomische Observatorium Molėtai** (Molėtų astronomijos observatorija; ☎8-615 65677; www.itpa.lt/mao) auf dem Kaldiniai (193 m). Im Observatorium steht das größte Teleskop Nordeuropas. Besuche müssen telefonisch oder online angemeldet werden. Nebenan befasst sich das **Litauische Museum für Ethnokosmologie** (Lietuvos etnokosmologijos muziejus; ☎45 424; www.cosmos.lt; Erw./Kind 10/6 Lt; ⌚8–16 Uhr) in seinem kugelförmigen Ausstellungszentrum mit den kosmischen Zusammenhängen von Himmel, Hölle und Erde. Überragt wird es von zwei Beobachtungstürmen. Innen eröffnen zwei Teleskope einen einmaligen Blick über das umliegende Seenland. Bei Voranmeldung sind zwei Stunden nach Sonnenuntergang englischsprachige Führungen möglich (Erw./Kind 10/6 Lt). Im Winter (Okt.–April) sind die Führungen jedoch kürzer.

Die stündlichen Busse von Vilnius nach Molėtai (18 Lt, 1¼–2 Std.) fahren gewöhnlich weiter nach Utena (10 Lt, 35 Min.). Wer das Observatorium und das Museum besuchen will, nimmt den Bus von Molėtai nach Utena und bittet den Fahrer, an der Abzweigung zum *ethnokosmologijos muziejus* (10 km nördlich der Stadt ausgeschildert) anzuhalten. Von dort sind es auf der Straße nach rechts noch 4 km.

Utena

☎389 / 32 480 EW.

Utena, 34 km nördlich von Molėtai, ist eine ruhige Stadt im Zentrum des Seengebiets im Nordosten Litauens. Die **Touristeninformation** (☎54 346; www.utenainfo.lt; Stoties gatvė 39; ⌚Mo–Do 9–18, Fr 9–17 Uhr) hat Infos zu Unterkunft und Aktivitäten.

Alaušynė (☎66 045; www.abuva.lt; 4-Pers.-Chalet 100–270 Lt, EZ/DZ 280/350 Lt; Ⓟ) liegt in ländlicher Idylle 12 km nordöstlich von Utena und unmittelbar nordöstlich von Sudeikiai. Es hat verschiedene Freizeitangebote und Unterkünfte von einfachen Blockhäuschen für vier Personen bis zu modernen Häusern mit offenem Kamin. Außerdem gibt's eine Sauna für die müden Knochen, eine Boots- und Kanuvermietung (5 Lt pro Std.) und Angelexkursionen. Auf der Speisekarte steht u. a. eine klasse Fischsuppe aus sechs verschiedenen Fischarten (darunter Aal und Karpfen), die in einem Graubrotlaib serviert wird.

Das **Geltonasis Submarine** (☎50 223; Basanavičiaus gatvė 55; kleine/mittlere/große Pizza 12/14/18 Lt) ist eine fröhliche, von den Beatles inspirierte Pizzeria, die *pica su karka*, eine Pizza mit geräucherten Schweinsfüßen, backt. **Iki** (Basanavičiaus gatvė 55) nebenan verkauft alle Zutaten für ein nettes Picknick am See.

Von der **Busstation Utena** (61 740; Baranauskas gatvė 19) fährt täglich ein Bus nach Ignalina (12 Lt, 1 Std.). Stündlich starten Busse nach Vilnius (22 Lt, 1½–2 Std.), davon einige über Molėtai (10 Lt, 35 Min.) und sieben am Tag nach Kaunas (30 Lt, 2½ Std.). Alle Busse fahren die Strecken auch in die Gegenrichtung.

Rund um Utena

Etwa 34 km nordöstlich von Utena liegt **Dusetos**, das berühmt für das jährliche Pferderennen (www.zarasai.lt) am ersten Februarsamstag auf dem zugefrorenen **Sartai-See** ist. Das Rennen findet seit 1865 statt und zieht Pferdeliebhaber, Musiker und Volkskünstler aus der ganzen Region an. Sie strömen in das kleine Dorf, um das Rennen anzusehen und sich das lokale Čižo-Bier zu genehmigen.

Viel Spaß bietet das **Bikėnų Uzeiga** (8-685 44450; www.degesa.lt; April–Sept. 10–22 Uhr) in Bikėnai am Ostufer des **Antalieptės-Sees**: Die Bar verleiht Ruderboote, Kanus und Kajaks für 6 Lt pro Stunde, verchartert ein Schnellboot für zehn Personen (pro Std. 250 Lt) und hat eine Wasserrutsche am See. Das Zentrum organisiert auch zweitägige Kanuausflüge (2-Pers.-Kanu und Zelt 80 Lt) auf dem Fluss Šventoji und vermietet Zimmer in Häusern am Seeufer (FZ/4BZ 100/200 Lt).

Bikėnų Uzeiga besitzt mehrere Filialen in der Seenregion, darunter das moderne **Paukščių Sala** (8-685 44450; www.degesa.lt; EZ/DZ Mo–Fr 50/100 Lt, Sa & So 100/150 Lt; P) 1 km östlich von Salakas am Ufer des Luodis-Sees. Die Zimmer in den Holzhäusern sind zwar etwas klein, aber sauber, preisgünstig und alle mit Bad. Das Restaurant der Anlage bereitet für 25 Lt pro Kilo Fische aus dem nahen Teich zu. Es vermietet Fahrräder (10/30 Lt pro Std./Tag) und Kanus (10 Lt pro Std.) und bietet Möglichkeiten zum Segeln, Windsurfen und im Winter auch zum Eisfischen.

Užeiga Prie Bravoro (385-56653; www.cizoalus.lt, auf Litauisch; Dusetų-Hof; Mai–Aug. Di–So 10–22 Uhr) ist nichts Besonderes. Wer jedoch im Sommer in der Gegend ist, sollte in der privat geführten Brauerei mit Restaurant vorbeischauen, um etwas zu essen und ein paar Flaschen Bier zu trinken.

Seit 1863 und vier Generationen wird hier das leichte, durstlöschende Čižo *alus* (Bier) gebraut. In der Sowjetzeit waren private Brauereien strikt verboten, was die Brauerei für eine Weile in die Illegalität zwang. Konservierungsstoffe kommen hier nicht ins Gebräu, und der einzige Süßstoff ist der Honig von Waldbienen. Heute produziert die Brauerei jährlich etwa 12 t – im Sommer steigert sich die Produktion auf eine halbe Tonne pro Woche.

Toll sind hier das trübe, ungefilterte Bier (10/25 Lt pro 2/5 Liter) sowie die deftige Biersuppe und die traditionelle litauische Küche (Hauptgerichte 15–20 Lt). Die Brauerei liegt vom Dorf Dusetos an der Straße 178 nach Obeliai Richtung Norden.

Druskininkai

313 / 16 450 EW.

Litauens ältester und elegantester Kurort aus dem 19. Jh. ist Druskininkai am Ufer des Nemunas (Memel). Heute wird kräftig investiert und junge, wohlhabende Litauer suchen in Druskininkai eine kurze Verschnaufpause vom Stadtleben. Auch Touristen kommen, aber nicht zur Kur, sondern um eine der ungewöhnlicheren Attraktionen des Baltikums zu bewundern: den sowjetischen Skulpturenpark gleich außerhalb des Orts.

In der Sowjetzeit kamen die Alten und Kranken auf der Suche nach einem Wundermittel für alle möglichen Beschwerden in den berühmten Kurort. Einige der riesigen Sanatorien sind zwar noch vorhanden, aber der Charme der Stadt, der in jenen Zeiten verloren ging, wird rasch restauriert und wiederhergestellt.

Sehenswertes

Wer Zeugnisse der Vergangenheit und Gegenwart der Stadt besichtigen möchte, sollte einen Stadtrundgang auf dem Laisvės aikštė beginnen. An diesem riesigen, mit Bäumen bestandenen Platz – einem der größten und schönsten der alten UdSSR – steht das zehnstöckige **Nemunas-Sanatorium** nahe der hübschen **Russisch-orthodoxen Kirche** aus dem 19. Jh. mit ihren vielen Kuppeln. Etwas weiter östlich lockt der Druskininkai **Aqua Park** (s. Kasten S. 337), das seit vielen Jahren größte und attraktivste Projekt der Stadt. Weitere kulturelle Sehenswürdigkeiten:

Druskininkai

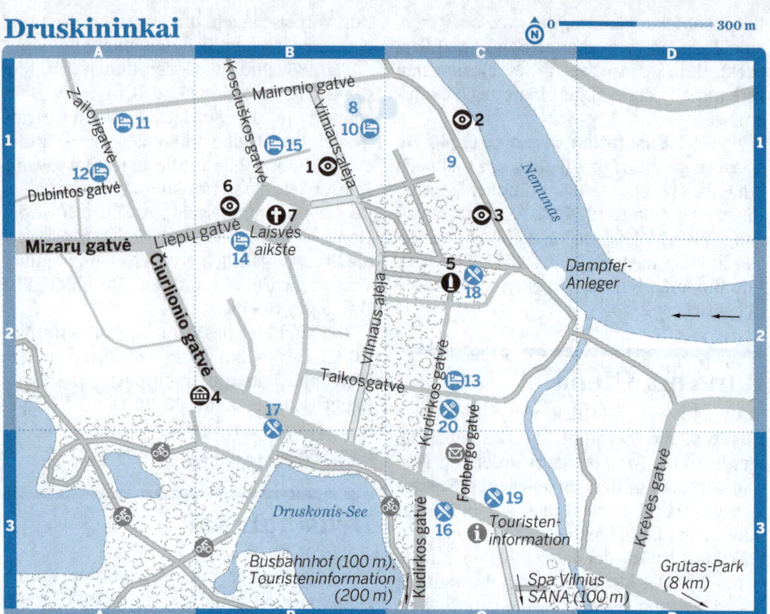

M.-K.-Čiurlionis-Gedächtnismuseum MUSEUM
(☎52 755; Čiurlionio gatvė 41; Erw./Stud. 4/2 Lt; ⊙Di–So 11–17 Uhr) Druskininkai ist eng mit M. K. Čiurlionis verbunden, dem begabtesten Maler und Musiker Litauens. Er verbrachte seine Kindheit in diesem Haus, das heute Krimskrams aus seinem Leben ausstellt. Er wird in Druskininkai auch mit einer **Statue** am Nordende der Kudirkos gatvė geehrt.

Museum des bewaffneten Widerstands MUSEUM
(Vilniaus alėja 24; Eintritt frei; ⊙Di–So 13–17 Uhr) Das kleine, aber lohnenswerte Museum im obersten Stock des Kulturzentrums zeichnet die Partisanenbewegung und den kulturellen Widerstand gegen die sowjetische Herrschaft nach. Das Kulturzentrum veranstaltet während des Festivals „Druskininkai-Sommer mit Čiurlionis" (Juni–Sept.) wunderschöne klassische Konzerte.

Mineralinio Vandems Biuvetė KURHAUS
(pro Tasse 0,40 Lt oder pro 10/20 Tage 6/10 Lt; ⊙Mo–Fr 11.30–13.30 & 16–19, Sa 10.30–13.30 Uhr) Das wundertätige Wasser der lokalen Mineralquellen kann am Dzūkija-Brunnen im Mineralinio Vandems Biuvetė probiert werden. Der grüne Rundbau mit Mosaikboden und Buntglasfenstern steht am Spazierweg am Nemunas-Ufer. Richtung Norden geht's weiter zum **Brunnen der Schönheit** (Grožio šaltinis) – ein Schluck von dem entsetzlich salzigen Wasser verspricht ewige Schönheit.

Girios Aidas MUSEUM
(Echo des Waldes; Čiurlionio gatvė 102; Erw./Kind 5/2 Lt, Skulpturenweg 2 Lt; ⊙Mi–So 10–18 Uhr) Das Girios Aidas, 2 km östlich der Stadt, birgt eine Sammlung heidnischer Holzschnitzereien und ein Naturmuseum.

Aktivitäten

Abgesehen von den Kureinrichtungen (s. Kasten S. 337) ist hier Fahrradfahren angesagt. **Fahrräder** und zwei- oder viersitzige **pedalo** werden an der Ecke Vilniaus und Laisvės alėja, in derVilniaus alėja 10 oder gegenüber der Touristeninformation an der Čiurlionio gatvė 52 verliehen (⊙Mai–Okt. 8–21 Uhr). Für ein Fahrrad sind pro Stunde mit 4 bis 6 Lt oder mit bis zu 30 Lt pro Tag zu rechnen, für einen Wagen 15/25 Lt pro 30/60 Minuten.

Die Touristeninformation verkauft Karten (5 Lt) mit drei Radwegen: Der **Sonnenpfad** (Saulės takas; 24 km) verläuft als Uferweg auch für Fußgänger Richtung Süden und führt zum Windmühlenmuseum. Der **Sternen-Orbit** (Žvaigzdžių orbita; 24 km) schlängelt sich nach Süden ins Raigardas-

Druskininkai

Sehenswertes

1 Kulturzentrum B1
2 Brunnen der Schönheit C1
3 Mineralinio Vandems Biuvetė C1
4 M.-K.-Čiurlionis-Gedächtnismuseum B2
5 Čiurlionis-Statue C2
Museum des bewaffneten Widerstands (siehe 1)
6 Nemunas-Sanitorium B1
7 Russisch-orthodoxe Kirche B1

Aktivitäten, Kurse & Touren

8 Aqua Park B1
9 Druskininkai Spa C1
Grand Spa Lietuva (siehe 13)

Schlafen

10 Aqua Hotel B1
11 Galia A1
12 Galia A1
13 Hotel Druskininkai C2
14 Medūna B2
15 Regina B1

Essen

16 Boulangerie C3
17 Forto Dvaras B2
18 Kolonada C2
19 Mini-Maxima C3
20 Sicilija C2

Tal. Ein schöner Tagesausflug ist der **Žilnas-Pfad** (Žilvino takas; 20 km): Er führt Richtung Osten durch den Wald und verbindet Druskininkai mit dem Grūtas-Park (s. Kasten S. 336) 8 km weiter östlich.

Für den Wassersport gibt es **Ruderboote** (pro Std. 15 Lt) oder **Tretboote** (pro Std. 20 Lt) auf dem Druskonis-See. Es werden auch **Dampferfahrten** (☎8-612 26982; Erw./Kind 34/17 Lt; ⌚Mai–Okt. Di–So 14.30 Uhr) auf dem Nemunas angeboten, die nach Liškiava im Nationalpark Dzūkija (S. 337) gehen. Die Fahrt dauert 45 Minuten für die einfache Strecke, der Aufenthalt in Liškiava 1½ Std. Ein Paradies für alle Jungen und Junggebliebenen ist der **Aqua Park** (s. Kasten S. 337). Der Komplex umfasst sechs Wasserrutschen, ein Wellenbad, ein Strömungsbecken und ein riesiges Freibad.

Schlafen

An Wochenenden und im Juli und August ziehen die Preise an. Wer Hilfe braucht, kann sich an die Touristeninformationen wenden.

Hotel Druskininkai HOTEL €€
(☎52 566; www.grandspa.lt; Kudirkos gatvė 43; EZ/DZ/Suite ab 220/280/420 Lt; P@) Das Druskininkai ist zweifellos eines der elegantesten Hotels der Stadt. Hinter seiner eindrucksvollen Fassade aus Glas und Holz liegen moderne Zimmer mit gedämpftem Licht, ein türkisches Bad, Whirlpools mit örtlichem Mineralwasser und ein Fitnesscenter. Die Lage nahe dem Zentrum, dem Fluss und den Kureinrichtungen ist großartig.

Medūna HOTEL €
(☎58 033; www.meduna.lt; Liepų gatvė 2; EZ/DZ/Apt. ab 100/120/290 Lt; P) Das moderne und stylische Hotel gehört zum Aqua Park und ist für den gebotenen Komfort sehr preisgünstig. Die hier angegebenen Preise gelten zwar für ein „Mini-Doppelzimmer“, aber die größeren Zimmer sind nicht viel teurer. Das hauseigene Restaurant ist recht gut und die Lage ist hervorragend, nämlich in jeweils gleicher Entfernung von See, Fluss und Aqua Park.

Aqua Hotel HOTEL €€
(☎59 195; www.aquapark.lt; Vilniaus alėja 13-1; EZ/DZ/Apt. ab 200/240/600 Lt; P) Das moderne, familienfreundliche Hotel nimmt ein Drittel des Aqua Parks ein und ist die beste Unterkunft für Familien mit Kindern und wenn der Aqua Park ohnehin das Hauptziel ist. Die Zimmer sind geräumig und gut eingerichtet. Außer dem Wasserpark sorgen auch Läden, Wellnesseinrichtungen, Restaurants und eine Bowlingbahn für Abwechslung.

Galia HOTEL €€
(☎60 510; www.galia.lt; Maironio gatvė 3, Dubintos gatvė 3 & 4; EZ/DZ ab 110/170 Lt; P) Das Galia überrascht mit allen Farben des Regenbogens. Es umfasst mehrere attraktive Gebäude, die alle in gutem Zustand sind. Beim Buchen nach der Lage des Zimmers fragen, da die Preise je nach Gebäude variieren.

Regina HOTEL €€
(☎59 060; www.regina.lt; Kosciuškos gatvė 3; EZ/DZ ab 170/220 Lt; P@) Wer ein großes, komfortables Zimmer zu einem vernünftigen Preis will, samt einem breiten Angebot an Extras, z. B. einem Wäschedienst, ist hier gut aufgehoben. Wer hingegen Wert auf Atmosphäre legt, sollte weitersuchen.

Druskininkai Camping CAMPINGPLATZ €
(☎60 800; camping@druskininkai.lt; Gardino gatvė 3a; Platz pro Erw./Zelt 10/15 Lt, Tipi/Hütte 50/

ABSTECHER

GRŪTAS-PARK ODER: „STALINWELT“

Es lohnt sich, von Druskininkai den 8 km langen Abstecher in diesen makabren Skulpturenpark zu machen. Der **Grūtas-Park** (Grūto parkas; www.grutoparkas.lt; Erw./6–15 J. 20/10 Lt, Audioguide 46 Lt; ⌚9–20 Uhr), auch Stalinwelt genannt, ist eine riesige Ansammlung von Statuen aus der kommunistischen Zeit, die einst in Parks und auf Plätzen im ganzen Land auf die unterdrückten Litauer herabstarrten. Auch werden hier Plakate, Kunst, Zeitungen und sogar ein rekonstruiertes ländliches Wahllokal aus der Kommunistenzeit ausgestellt.

Es ist eine drastische Erinnerung für alle mit nostalgischer Sehnsucht nach einer „einfacheren Zeit“, als Big Brother sich noch um alles zu kümmern schien.

Der Park war die Idee von Viliumas Malinauskas, eines früheren Kolchoseleiters, der mit Pilzkonserven ein Vermögen verdiente und dann vom Kultusministerium die verhassten Objekte als Leihgabe erhielt. Das Parkgelände gehört zum 2 km² großen schönen Anwesen von Malinauskas.

Das Areal wurde wie ein sibirisches Arbeitslager angelegt, den Eingang bildet ein sowjetisch-polnischer stacheldrahtbewehrter Grenzübergang mit rot-weiß (polnisch) und rot-grün (UdSSR) gestreiften Grenzpfählen. Gleich daneben steht ein einzelner jener Waggons, mit denen Litauer nach Sibirien deportiert wurden. Jenseits der Personenschleuse ertönt russische Musik von den Wachtürmen; im Restaurant können Besucher Sprotten und Zwiebeln in Wodka mit Besteck aus der Sowjetunion essen. Überall stehen Andenkenbuden, es gibt einen Spielplatz mit alten sowjetischen Schaukeln und einen kleinen Streichelzoo.

Es gibt hier zwar reichlich englischsprachige Erläuterungen zu den Daten, Orten und Namen, aber der größte Teil der Besucher sind zweifellos Litauer, die unter dem Regime zu leiden hatten, sowie ihre Kinder (und Enkel), die, wenn überhaupt, nur schwache Erinnerungen an jene Zeit haben. Viele Namen und Ereignisse werden all jenen unbekannt sein, die das System nicht aus erster Hand erlebt haben (es sei denn, sie haben sowjetische Geschichte studiert). Dennoch lohnt sich ein Besuch schon wegen des Anblicks, der Reise in die Vergangenheit und sogar wegen des künstlerischen Werts einiger Statuen, die trotz ihres ursprünglichen Zwecks bis heute faszinieren.

Der Grūtas-Park liegt 8 km östlich von Druskininkai. Wer Grūtas von Süden her erreicht, biegt von der Hauptstraße rechts (nach Osten) ab und folgt der Straße 1 km bis zum Ende. Von der Busstation in Druskininkai fahren regelmäßig Busse der Linie 2 (2 Lt) zum Park.

130 Lt; P@) Großer, gut geführter Campingplatz nahe der Touristeninformation und der Busstation. In den Tipis und Hütten haben zwei Personen Platz.

Essen & Ausgehen

Das Angebot an Restaurants lässt leider etwas zu wünschen übrig. Selbstversorger finden Nachschub im **Mini-Maxima** (Čiurlionio gatvė 50).

Forto Dvaras LITAUISCH €€
(www.druskininkudvaras.lt; Čiurlionio gatvė 55; Hauptgerichte 15–25 Lt) Die Filiale einer litauischen Landgasthaus-Kette serviert sehr gute traditionell litauische Küche und liegt zudem direkt am See. Die Holzeinrichtung ist sehr geschmackvoll und das Essen mit Abstand das beste im Ort.

Kolonada LITAUISCH €€
(Kudirkos gatvė 22; Hauptgerichte um 22 Lt) Die urige renovierte Musikhalle aus den späten 1920er-Jahren kombiniert viel Atmosphäre mit guter litauischer Küche, einem riesigen Hof mit Blick auf den Park und regelmäßiger Livemusik (Jazz, klassische Musik, Rock 'n' Roll).

Sicilija ITALIENISCH €
(Taikos gatvė 9; Pizzas 10–20 Lt, Hauptgerichte 12–20 Lt) Das enorm beliebte Lokal, das um die Mittagszeit brechend voll ist, trumpft mit Pizza in über 40 Varianten.

Boulangerie CAFÉ €
(Čiurlionio gatvė 63; ⌚9–19 Uhr) Super Kaffee, Eis und Kuchen gibt's in dieser Café-Bäckerei mit französischem Touch neben der Touristeninformation.

DIE BESTEN SPAS VON DRUSKININKAI

Druskininkai hat viele Kuranlagen, doch nicht alle sind todschick. Wer an den falschen Ort gerät, kann sein blaues Wunder erleben. Hier ein kurzer Überblick als Entscheidungshilfe:

» **Aqua Park** (www.akvapark.lt; Vilniaus gatvė 13-2; Erw./Kind Mo–Fr 3 Std. 35/31 Lt, 4 Std. 38/35 Lt, Sa & So 3 Std. 48/37 Lt, 4 Std. 57/44 Lt; ⌚Mo–Do 12–22, Fr 12–23, Sa 10–23, So 10–21 Uhr) Prächtiger Sowjetkomplex, der heute eine großartige Anlage mit Wasserpark, Hotel und Wellnessbereich ist. Die Liste der Anwendungen im Haus „Ostinsel" ist schier endlos und umfasst u. a. Körperpeeling (70 Lt), Thai- und klassische Massagen (80–250 Lt) sowie alle möglichen kosmetischen Behandlungen. Saunas und Dampfbäder gibt es reihenweise.

» **Grand Spa Lietuva** (www.grandspa.lt; Kudirkos gatvė 43; ⌚Mo–Sa 9–18.30, So 9–16.30 Uhr) Das Spa im Hotel Druskininkai bietet verschiedene Sprudelbecken mit einheimischem Mineralwasser oder schlichtem Leitungswasser (30 Lt pro Std.). Für Massagen (ab 60 Lt pro Std.) wird warmer Honig verwendet, der eine stärkere Wirkung hat als herkömmliche Aromaöle, aber auch die Massage mit seidenglatten, warmen Hawaii-Steinen ist himmlisch.

» **Spa Vilnius SANA** (www.spa-vilnius.lt; Dineikos gatvė 1; ⌚8–22 Uhr) Die Einrichtung in einem achtstöckigen Hotel bietet allerlei Bäder: ein Hallenbad mit lokalem Mineralwasser, ein Algenbad (30 Lt) und ein Moorbad (25 Lt). Außerdem gibt es das ganze Programm an Massagen, inklusive Unterwassermassage (40 Lt für 20 Min.) und Shiatsu-Fußmassage (60 Lt für 30 Min.).

» **Druskininkai Spa** (Druskininkų gydykla; www.gydykla.lt; Vilniaus alėja 11; ⌚Mo–Sa 9–18.30, So 9–16.30 Uhr) In dem Spa in einem minzgrünen Gebäude mit Marmorsäulen am Fluss, gibt es Sprudel-, Kräuter-, Mineral-, Schlamm- und sogar Vertikalbäder sowie Behandlungen für Herzkreislauferkrankungen, Haut- und Drüsenkrankheiten und vieles mehr.

ℹ Praktische Informationen

Post (Kudirkos gatvė)

SEB Bankas (Čiurlionio gatvė 40) Geldwechsel und ein Geldautomat außen.

Touristeninformation alter Bahnhof (☎60 800; www.info.druskininkai.lt; Gardino gatvė 3; ⌚Mo–Fr 8.30–12.15 & 13–17.15 Uhr); Innenstadt (☎51 777; Čiurlionio gatvė 65; ⌚Mo–Sa 10–13 & 13.45–18.45, So 10–17 Uhr)

ℹ An- & Weiterreise

Vom **Busbahnhof** (☎51 333; Gardino gatvė 1) fahren täglich bis zu zehn Busse nach Vilnius (28 Lt, 2 Std.), stündliche Busse nach Kaunas (28 Lt, 2–3 Std.), ein Bus täglich nach Panevėžys (50 Lt, 4¼ Std.) und einer nach Šiauliai (58 Lt, 5¼ Std.).

Nationalpark Dzūkija

☎310

Der 555 km² große Nationalpark Dzūkija (dschu-ki-ja), der größte in ganz Litauen, ist ein Paradies für Naturfreunde. Er ist zu 80 % von dichten Nadelwäldern bedeckt und umfasst 48 Seen. Durch den Park strömen die Flüsse Ūla und Grūda, perfekt für eine Tagestour mit dem Kanu, und in der Saison wachsen dort jede Menge Beeren und Pilze. Zwischen **Marcinkonys** und der Grenze zu Weißrussland liegt das **Naturschutzgebiet Čepkeliai** mit dem größten Feuchtbiotop des Landes.

Mehrere Dörfer sind ethnografische Schutzgebiete, darunter auch **Zervynos** zwischen Varėna und Marcinkonys. In **Liškiava**, 10 km nordöstlich von Druskininkai, steht die Ruine einer **Wehrburg** aus dem 14. Jh. Die **Dorfkirche**, Teil des ehemaligen Dominikanerklosters, ist berühmt für ihre sieben Rokokoaltäre und die Krypta mit gläsernen Särgen. **Merkinė**, 10 km am Nemunas flussabwärts, ist der Startpunkt für den 12 km langen **Lehrpfad Schwarze Keramik**. Er führt vorbei an Werkstätten, in denen aus rotem Ton pechschwarze Töpfe gebrannt werden. Die ungewöhnliche Farbe stammt von dem Harz des Kiefernholzes, das zusammen mit dem Topf gebrannt wird. Andere traditionelle Handwerkskünste wie Holzschnitzerei, Weben, Korbflechten und Imkerei werden im **Ethnografischen Museum** (Marcinkonių etnografijos muziejus;

Miškininkų gatvė 10; Erw./Kind 2/1 Lt; ⏲Mai–Sept. Di–Sa 9–16 Uhr, Okt.–April ab 10 Uhr) in Marcinkonys gezeigt.

Die beiden **Besucherzentren** (Marcinkonys ☎44 466; www.dzukijosparkas.lt; Miškininkų gatvė 61; ⏲Mo–Fr 8–17, Sa 8–15.45 Uhr; Merkinė ☎57 245; merkine@dzukijosparkas.lt; Vilniaus gatvė 3; ⏲Mo–Do 8–12 & 13–17, Fr 8–15.45 Uhr) geben Tipps zu Wanderungen, Radtouren und Kanufahrten und helfen bei der Buchung eines englischsprachigen Führers (pro Std./Tag 50/200 Lt) zum Pilze- oder Beerensammeln. Die Zentren informieren auch über die 14 km lange **Zackagiris-Route** (Zackagirio takas), die am Besucherzentrum in Marcinkonys beginnt. Es gibt auch Kurzversionen mit 7 und 10,5 km. Die Mitarbeiter in Marcinkonys vermitteln bei Reservierung am Vortag auch Fahrräder und Kanus.

Knapp außerhalb der Parkgrenzen, 22 km nordöstlich von Marcinkonys und 58 km nordöstlich von Druskininkai, liegt **Varėna** (www.varena.lt), der Geburtsort des bekannten litauischen Malers und Komponisten M. K. Čiurlionis. Gegründet wurde die Stadt im 15. Jh., als Großfürst Vytautas hier eine Jagdhütte errichten ließ. Die Hauptstraße (A4) von Varėna nach Druskininkai ist von hölzernen „Totem"-Pfählen und Skulpturen gesäumt, die 1975 zur Erinnerung an Čiurlionis' 100. Geburtstag aufgestellt wurden.

Schlafen

Marcinkonys Besucherzentrum PENSION €
(www.dzukijosparkas.lt; EZ/DZ mit Frühstück 100/150 Lt; P @) Das Besucherzentrum Marcinkonys führt eine einfache **Pension mit Zimmern mit Bad und hat** eine Liste von Privatunterkünften (um 70 Lt pro Pers.), erledigt aber keine Reservierungen. Zelten ist nur an ausgewiesenen Stellen erlaubt.

Zervynų BUNGALOW €
(☎8-687 50826; Camping/B 10/30 Lt) Die ländliche Idylle besteht aus zwei Holzhütten aus dem frühen 20. Jh. Eine hat einen Holzofen, die andere ist ohne Heizung. In beiden gibt es einfache Kojen und kein fließend Wasser (Baden im Fluss, Pinkeln im Gebüsch). Es gibt eine Sauna (100 Lt pro Abend), einfache Zeltmöglichkeiten und Mahlzeiten für 20 Lt Es werden auch Ausflüge zum Pilze- oder Beerensammeln sowie Kanutouren auf der Ūla (50 Lt pro Tag) organisiert. Bei vorherigem Anruf werden Gäste auch am Bahnhof in Zervynos abgeholt. Für alle, die mit dem Auto unterwegs sind: Zervynų liegt am Ende einer 3 km langen Straße, ausgeschildert ist es an der Hauptstraße Varėna–Marcinkonys (am Ende die rechte Gabelung nehmen).

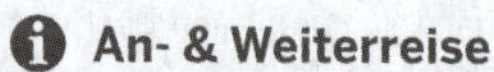

An- & Weiterreise

Im Sommer fährt ein Dampfer (S. 335) zwischen Druskininkai und Liškiava.

Busse von/nach Druskininkai und Vilnius halten an der Kreuzung Merkinė (Merkinės kryžkelė, 8 Lt, 25 Min.) 2 km östlich des Stadtzentrums von Merkinė. Drei Züge von/nach Vilnius halten täglich in Zervynos (12,90 Lt, 2 Std.) und Marcinkonys (15,70 Lt, 2 Std.).

ZENTRALLITAUEN

Die meisten Besucher würdigen Zentrallitauen nur eines kurzen Blicks – oft genug vom Sitz eines Busses oder Zuges auf der Fahrt von der Hauptstadt zur Küste. Das flache Land zwischen den großen Attraktionen Litauens wird gern als langweilig abgetan. Doch das ist ein leichtfertiges Vorurteil, denn es bietet durchaus bemerkenswerte Städte, ländliche Idylle soweit das Auge reicht und die ungewöhnlichste Attraktion in ganz Litauen.

Das stolze Kaunas, zwischen den Weltkriegen die Hauptstadt Litauens und die ewige Nummer zwei, sitzt mitten im Herzen des Landes. Ihre Altstadt ist ebenso faszinierend wie ihre zahlreichen Museen und Kunstgalerien. Es gibt keinen besseren Ausgangspunkt für Erkundungen in Zentrallitauen. Nicht weit von Kaunas liegt Birštonas, ein winziger Kurort, wo Jazz und Kurbehandlungen gleichermaßen im Mittelpunkt stehen.

Šiauliai ist noch immer im Prozess seiner Neuorientierung begriffen. Zu Sowjetzeiten war die Stadt strenge Sperrzone, da sich dort einer der größten Militärstützpunkte außerhalb der UdSSR befand. Heute ist diese nördliche Stadt voller Überraschungen und ausgefallener Attraktionen: Wo sonst gibt es schon ein Katzen- *und* ein Fahrradmuseum. Doch die meisten Besucher kommen, um 10 km nördlich der Stadt den vom Papst gesegneten Berg der Kreuze zu sehen – und sind tief beeindruckt von der Kraft und Frömmigkeit des litauischen Volkes.

Kaunas

☎37 / 353 000 EW.

Kaunas, eine ausgedehnte Stadt am Ufer des Nemunas, besitzt eine kompakte Altstadt, eine Vielfalt von Kunst- und Bildungsmuseen sowie eine ganz eigene, wechselvolle Ge-

PILZE & BEEREN SAMMELN

Pilzesammeln ist ein blühendes Geschäft, besonders im und um den Nationalpark Dzūkija, wo im August und September weiße und gelbe Pilzköpfchen den Boden bedecken. Auch die Wälder entlang der Autobahn A4 von Varėna nach Druskininkai und die Zervynos-Wälder, die für ihre Sanddünen, Bienenstöcke und *grybas* (Pilze) bekannt sind, lassen eine reiche Ausbeute erwarten. Echte Pilzfreunde besuchen im September das **Pilzfest** von Varėna (www.varena.lt). Pfifferlinge und Steinpilze gehören zu den essbaren Sorten, die auch in weite Teile Europas exportiert werden. Weniger verbreitet ist der *baravykas* mit seiner charakteristischen braunen Kappe, ein Pilz mit kräftigem Geschmack, mit dem in Litauen gerne die *cepelinai* gefüllt werden. Oft wird er auch getrocknet und bis zum Weihnachtsabend aufgehoben, um als eines von zwölf Traditionsgerichten (S. 399) serviert zu werden. In Litauen wachsen 1200 Pilzarten, aber nur 380 sind essbar.

Auch das Sammeln von Beeren hat eine lange Tradition. Heidelbeeren gibt es nur im August und Preiselbeeren im September, aber die meisten anderen Arten – wilde Erdbeeren, Blaubeeren, Kreuzdornbeeren, Schlehen und Himbeeren – können gepflückt werden, sobald sie reif sind.

Viele Einheimische verkaufen an den Straßenrändern Pilze in übervollen Marmeladegläsern. Hier kostet 1 kg Pilze etwa 15 bis 20 Lt. Die Pilzsaison dauert vom Frühjahrsanfang bis zum Spätherbst.

schichte. Ihr hoher Studentenanteil verleiht ihr Dynamik und jugendliche Energie. Und mit ihren Ecken und Kanten hat sie etwas von dem besonderen Drive, der den meisten Provinzstädten Litauens fehlt.

Geschichte

Der Sage nach wurde Kaunas, das 100 km westlich von Vilnius am Zusammenfluss von Nemunas und Neris liegt, vom Sohn eines tragischen jungen Liebespaars gegründet. Die wunderschöne Milda ließ die heilige ewige Flamme ausgehen, während sie sich um ihren Liebsten Daugerutis kümmerte. Sie wurden von rachsüchtigen Göttern zum Tode verurteilt und flohen in eine Höhle, in der Milda Kaunas zur Welt brachte.

Archäologen gehen davon aus, dass die Stadt aus dem 13. Jh. stammt und bis zum 15. Jh. an vorderster Front gegen den Deutschen Orden im Westen Litauens kämpfte. Im 15. und 16. Jh. wurde Kaunas dann eine erfolgreiche Binnenhafenstadt. Deutsche Kaufleute ließen sich hier nieder und die Hanse richtete am Ort ein Kontor ein. Zwischen den Weltkriegen, als Vilnius in polnischer Hand lag, war Kaunas die Hauptstadt Litauens. Seine strategische Lage ist der Hauptgrund dafür, dass Kaunas bereits vor den Zerstörungen während des Zweiten Weltkriegs 13-mal zerstört wurde.

Sehenswertes

Der Rotušės aikštė, der Platz zwischen den Flüssen Nemunas und Neris, ist das historische Zentrum von Kaunas. Von hier zieht sich die Fußgängerstraße Vilniaus gatvė nach Osten und trifft dort auf die Hauptachse der Stadt, Laisvės alėja, ebenfalls eine Fußgängerzone.

ALTSTADT
ROTUŠĖS AIKŠTĖ & UMGEBUNG

Der große, offene Platz im Herzen der Altstadt ist gesäumt von hübschen deutschen Kaufmannshäusern aus dem 15. und 16. Jh. Seinen Brennpunkt bildet das alte Rathaus (17. Jh.). Heute ist er ein **Hochzeitspalast**, wo an jedem Samstag im Sommer unzählige Brautpaare *taip* („ich will") sagen. An der Südwestecke des Platzes steht eine **Maironis-Statue** (1862–1932), die an den lokalen Priester und Dichter Jonas Mačiulis (Maironis war sein Künstlername) erinnert, dessen Werke Ende des 19. und Anfang des 20. Jhs. zum Erwachen des litauischen Nationalgefühls beitrugen. Stalin verbot seine Schriften.

Historische Kirchen KIRCHEN

Der Rathausplatz ist von historischen Kirchen umgeben. Die Südseite wird von der doppeltürmigen **Franziskuskirche** (Rotušės aikštė 7–9) beherrscht. Der Komplex mit Jesuitenkolleg und -kloster wurde zwischen 1666 und 1720 erbaut. Ein paar Schritte südlich der Kirche erhebt sich das eigenartige **Perkūnas-Haus** (Perkūno namas; Aleksotas gatvė 6). Das im 16. Jh. errichtete Backsteingebäude diente als Handelskontor und wurde an der Stelle eines früheren Tempels für den litauischen Donnergott Perkūnas ge-

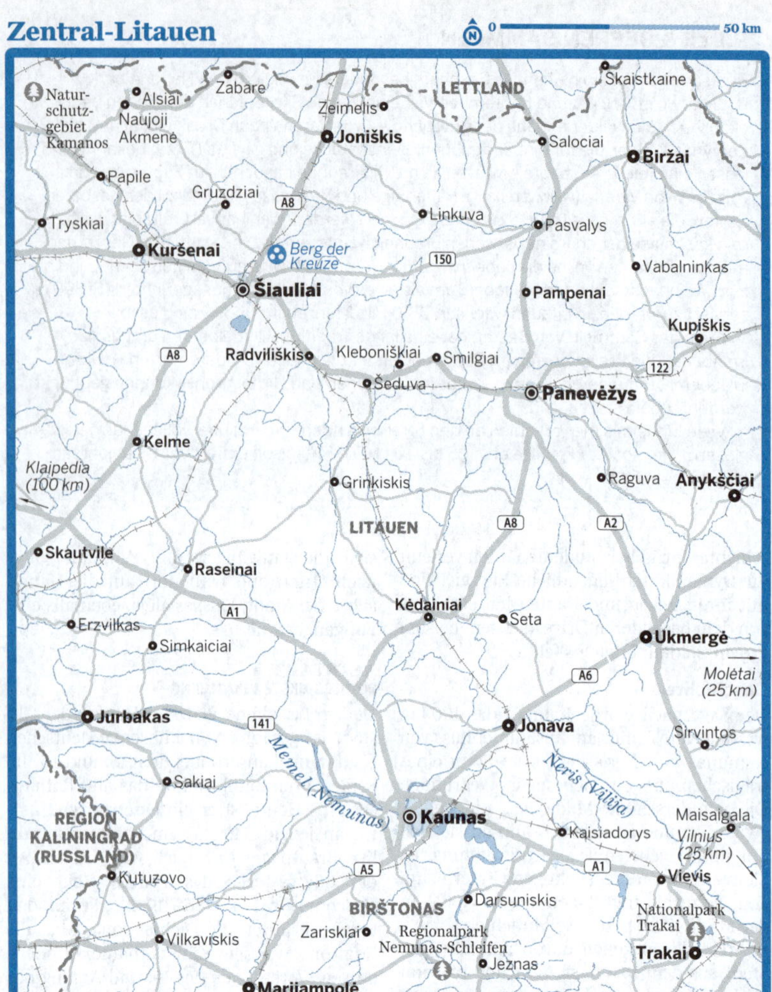

baut. Die am Nemunas-Ufer stehende gotische **Vytautas-Kirche** (Vytauto bažnyčia; Aleksoto gatvė 5) ist aus dem gleichen Backstein errichtet. Die Westseite des Platzes wird von der **Dreifaltigkeitskirche** (Rotušės aikštė 22) aus der Spätrenaissance (1624–34) mit ihrem Terrakottadach eingenommen.

Historisches Museum der Medizin & Pharmazie
MUSEUM

(Medicinios ir farmacijos istorijos muziejus; Rotušės aikštė 28; Erw./Kind 3/1,50 Lt; ⌚Mi–So 11–18 Uhr, Nov.–Mai bis 17 Uhr) Es kann schon sein, dass man der einzige Besucher in diesem merkwürdigen Museum ist, das medizinische Fortschritte in Litauen im Laufe der Jahrhunderte erläutert. Dort stehen jede Menge alte Bücher und Flaschen sowie eine rekonstruierte Apotheke aus dem 19. Jh. Leider gibt es kaum englische Beschriftungen und das Wenige ist nur schwer verständlich.

Maironis-Museum für litauische Literatur
MUSEUM

(Maironio Lietuvos literatūros muziejus; www.maironiomuziejus.lt; Rotušės aikštė 13; Erw./Kind 5/2 L.; ⌚Di–Sa 9–17 Uhr) Das Museum widmet sich dem Leben und Werk des Priesters Jonas

DIE HELDEN VON KAUNAS

Die beliebten litauischen Piloten Steponas Darius und Stanislovas Girėnas (abgebildet auf der 10-Lt-Banknote) starben am 15. Juli 1933 – nur 650 km bevor sie den längsten Nonstop-Transatlantikflug jener Zeit geschafft hätten. Zwei Tage nach dem Abflug des Duos aus New York versammelten sich 25 000 Menschen am Flughafen von Kaunas, um den Fliegern einen triumphalen Empfang zu bereiten, doch sie kamen niemals an. Ihre orangefarbene Maschine *Lituanica* stürzte über Deutschland ab. Das Wrack kann heute im Vytautas-Magnus-Militärmuseum (S. 345) besichtigt werden. Die einbalsamierten Leichname, die während der sowjetischen Besatzung versteckt wurden, liegen seit 1964 auf dem **Friedhof Aukštieji Šančiai** (Asmenos gatvė 1) begraben.

Der in Kaunas stationierte japanische Diplomat Chiune Sugihara (1900–86) rettete mit Unterstützung des niederländischen Diplomaten Jan Zwartendijk zwischen 1939 und 1940 insgesamt 6000 Juden das Leben, indem er polnischen Juden, die vom vorrückenden Naziterror bedroht waren, Transitvisa ausstellte. Als die Sowjets Litauen annektierten, ordneten sie kurzzeitig die Schließung aller Konsulate an. Der „japanische Schindler" missachtete den Befehl aus Tokio jedoch weitere 29 Tage und stellte in dieser Zeit pro Tag 300 Visa aus. Ehe er das Land verließ, gab er den Stempel an einen jüdischen Flüchtling weiter. Das **Sugihara-Haus** (Sugiharos namai; Vaižganto gatvė 30; Eintritt frei; ⌚Mai–Okt. Mo–Fr 10–17, Sa & So 11–16 Uhr; Nov.–April Mo–Fr 11–15 Uhr) dokumentiert die Lebensgeschichte des Japaners. Außerdem bietet es Video-Installationen und Berichte von Personen, die er gerettet hat.

Das **Museum für Deportation und Widerstand** (Rezistencijos ir tremties muziejus; Vytauto prospektas 46; Erw./Kind 4/2 Lt; ⌚Di–Fr 10–16 Uhr) dokumentiert den Widerstand und Mut der Waldbrüder, die 1944 bis 1953 gegen die sowjetische Besatzung kämpften. Unter der Führung von Jonas Žemaitis-Vytautas (1909–54) gingen zwischen 50 000 und 100 000 Männer und Frauen in die litauischen Wälder, um von dort aus das Regime zu bekämpfen. Die Museumsmitarbeiter schätzen, dass ein Drittel von ihnen ums Leben kam und die übrigen gefangen und deportiert wurden (insgesamt wurden in jener Zeit 150 000 Litauer nach Russland verschleppt).

Zu den verzweifeltsten antisowjetischen Aktionen gehörte der Selbstmord des Studenten Romas Kalanta aus Kaunas. Am 14. Mai 1972 übergoss er sich mit Benzin und zündete sich an, um gegen das kommunistische Regime zu protestieren. In seinem Tagebuch fand sich ein Brief, in dem er den Suizid ankündigt.

Mačiulis (alias Maironis), des Dichters aus Kaunas, der Ende des 19. und Anfang des 20. Jh. das Nationalgefühl des Landes erweckte. Maironis lebte von 1910 bis 1932 in diesem Haus.

Keramikmuseum — MUSEUM

(Keramikos muziejus; Rotušės aikštė 15; Erw./Kind 4/2 Lt; ⌚Di–So 11–17 Uhr) Das Haus zeigt eine nette Sammlung lokal hergestellter dekorativer Ziegel und Kacheln sowie häufig Wechselausstellungen unterschiedlicher Qualität.

Museum für Telekommunikation — MUSEUM

(Ryšių istorijos muziejus; www.teo.lt/en/node/1449; Rotušės aikštė 19; Erw./Kind 5/3 Lt; ⌚Di–So 10–18 Uhr) Wer eine Schwäche für alte Telefone und große, alte Analogtechnologie hat, sollte einen Blick in dieses Museum im alten Postamt werfen.

Aleksoto-Zahnradbahn — ZAHNRADBAHN

(Aleksoto funikulierius; Skriaudžių gatvė 8 & Aušros gatvė 6; hin & zurück 0,50 Lt; ⌚Mo–Fr 7–12 & 13–16 Uhr) Die historische Zahnradbahn an der Südseite der Aleksoto Tiltas (Aleksoto-Brücke) stammt von 1935 und bietet einen großartigen Blick auf die Dächer der Altstadt.

Burg Kaunas — RUINE

Ein wiederaufgebauter Turm, Mauerreste und ein Teil des Befestigungsgrabens – das ist alles, was von der Burg Kaunas übrig blieb, um die herum sich einmal die Stadt entwickelt hat. Die Burg aus dem 13.Jh. war eine bedeutende Festung an der litauischen Westgrenze.

VILNIAUS GATVĖ & UMGEBUNG

Die Vilniaus gatvė ist die reizvolle Hauptstraße der Altstadt.

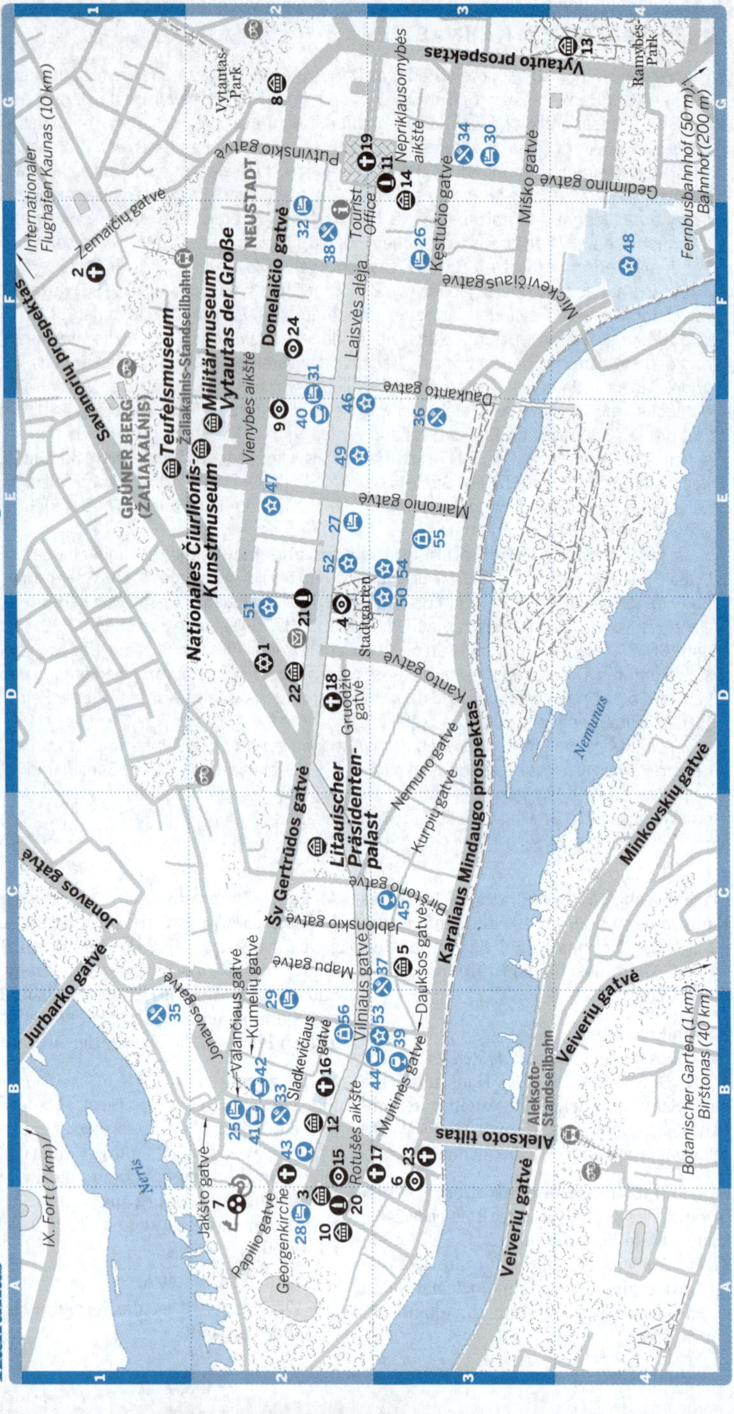

Kanunas

0 1 km

Internationaler Flughafen Kaunas (10 km)
IX. Fort (7 km)
Savanorių prospektas
Jurbarko gatvė
Jonavos gatvė
Neris
Žemaičių gatvė
GRÜNER BERG (ŽALIAKALNIS)
Teufelsmuseum
Žaliakalnis-Standseilbahn
Nationales Čiurlionis-Kunstmuseum
Militärmuseum Vytautas der Große
Vytautas-Park
NEUSTADT
Vienybes aikštė
Donelaičio gatvė
Putvinskio gatvė
Jakšto gatvė
Valančiaus gatvė
Kumelių gatvė
Papilio gatvė
Georgenkirche
Sladkevičiaus gatvė
Mapu gatvė
Jablonskio gatvė
Šv Gertrūdos gatvė
Litauischer Präsidentenpalast
Gruodžio gatvė
Stadtgarten
Laisvės alėja
Tourist Office
Nepriklausomybės aikštė
Rotušės aikštė
Vilniaus gatvė
Birštono gatvė
Muitinės gatvė
Daukšos gatvė
Nemuno gatvė
Kurpių gatvė
Kanto gatvė
Maironio gatvė
Daukanto gatvė
Kęstučio gatvė
Mickevičiaus gatvė
Miško gatvė
Gedimino gatvė
Vytauto prospektas
Karaliaus Mindaugo prospektas
Aleksoto tiltas
Aleksoto-Standseilbahn
Veiverių gatvė
Nemunas
Minkovskių gatvė
Ramybės-Park
Botanischer Garten (1 km); Birštonas (40 km)
Fernbusbahnhof (50 m); Bahnhof (200 m)

Kaunas

Highlights

Vytautas-Magnus-Militärmuseum E2
Teufelsmuseum E1
Nationales Čiurlionis-Kunstmuseum E2
Litauischer Präsidentenpalast C2

Sehenswertes

Keramikmuseum .... (siehe 15)
1 Choralsynagoge D2
2 Auferstehungsbasilika F1
3 Museum für Telekommunikation A2
4 Opferfeld D2
5 Volksmusik- und Instrumentenmuseum C3
Dreifaltigkeitskirche .... (siehe 28)
6 Perkūnas-Haus B3
Jesuitenkolleg .... (siehe 17)
7 Burg Kaunas A2
Musiktheater .... (siehe 50)
8 Gemäldegalerie G2
9 Technische Universität Kaunas E2
10 Maironis-Museum für litauische Literatur A2
Maironis-Grab .... (siehe 16)
11 Statue „Mann" G3
12 Historisches Museum der Medizin und Pharmazie B2
13 Museum für Deportation und Widerstand G4
14 Kunstgalerie Mykolas Žilinskas G3
15 Hochzeitspalast B2
16 Peter-und-Paul-Kathedrale B2
17 Franziskuskirche B3
18 Gertrudenkirche D2
19 Michaeliskirche G2
20 Maironis-Statue A2
21 Denkmal Vytautas der Große D2
22 Zoologisches Museum Tadas Ivanauskas D2
23 Vytautas-Kirche B3
24 Vytautas-Magnus-Universität F2

Schlafen

25 Apple Hotel B2
26 Daniela F3
27 Kaunas Hotel E2
28 Kauno Arkivyskupijos Svečių Namai A2
29 Kunigaikščių Menė B2
30 Litinterp G3
31 Metropolis F2
32 Park Inn by Radisson F2

Essen

Avilys .... (siehe 37)
33 Bernelių Užveiga B2
34 Fu Long G3
35 Iki B1
36 Maxima E3
37 Senieji Rūsiai C3
38 Žalias Ratas F2

Ausgehen

39 BO B3
Buon Giorno .... (siehe 37)
40 Coffee Inn E2
41 Kavos Klubas B2
42 Motiejaus Kepyklėlė B2
43 Skliautas B2
44 Vero Cafe B3
45 W1640 .... C3

Unterhaltung

46 Džem Pub E2
47 Ex-it E2
48 Forum Cinemas F4
49 Akademisches Sprechtheater E2
50 Musiktheater D3
51 Philharmonie D2
52 Marionettentheater E2
53 Latino Baras B3
54 Jugend-Kammerspiele E3

Shoppen

55 Centrinis Knygynas E3
56 Humanitas B2

Litauischer Präsidentenpalast

MUSEUM, WAHRZEICHEN

(Lietuvos Respublikos prezidentūra kaune; www.istorineprezidentura.lt; Vilniaus gatvė 33; Erw./Stud. 4/2 Lt; ⌚Di–So 11–17 Uhr, Gärten tgl. 8–21 Uhr) Das östliche Ende der Vilniaus gatvė wird vom ehemaligen litauischen Präsidentenpalast dominiert, von dem aus das Land zwischen 1920 und 1939 regiert wurde. Der in alter Pracht restaurierte Palast zeigt eine wunderbare Ausstellung über das unabhängige Litauen. Schwarz-Weiß-Fotos werden ergänzt von Geschenken an ehemalige Präsidenten, Sammlungen von Familiensilber und präsidialen Auszeichnungen. Im Palastgarten stehen Statuen früherer Präsidenten.

Volksmusik- & Instrumentenmuseum MUSEUM

(Lietuvos tautinės muzikos muziejus; www.muziejai.lt; Zamenhofo gatvė 12; Erw./Kind 4/2 Lt; ⌚Mai–Sept. Di–Sa 10–18 Uhr, Okt.–April Di–Sa 9–17 Uhr) Das Museum beweist, dass man aus fast allem Musikinstrumente machen kann. Die wunderbare Sammlung zeigt Flöten aus Holz und Knochen, ungewöhnliche Rohrpfeifen, dreisaitige Celli und sowohl schlichte als auch aufwendig gearbeitete *kanklės* (Zithern).

Peter-und-Paul-Kathedrale KIRCHE

(Vilniaus gatvė 1) Die Kirche mit ihrem einzelnen Turm erhielt einen barocken Umbau, besonders im Inneren. Aus der Gotik blieben nur die Fenster aus dem 15. Jh. erhalten. Die Kirche wurde wahrscheinlich um 1410 von Vytautas gegründet und besitzt heute neun Altäre. An der südlichen Außenwand liegt das **Grab von Maironis**.

NEUSTADT

Im 19. Jh. dehnte sich Kaunas von der Altstadt nach Osten aus. Hier entstand das moderne Zentrum mit der eindrucksvollen 1,7 km langen Fußgängerstraße **Laisvės alėja**, die auch Freiheitsallee genannt wird.

Das erste Parlament des unabhängigen Litauen trat 1920 im **Musiktheater** von Kaunas zusammen; der frühere Staatstheaterpalast mit Blick auf den **Stadtgarten** (Miestos Sodas) entstand 1892 am Westende der Laisvės alėja. Das **Opferfeld** – ein in eine Betonplatte vor dem Garten eingelassener Name – erinnert an den jungen Helden Romas Kalanta (Kasten S. 341) aus Kaunas, der sich aus Protest gegen die Sowjetherrschaft selbst verbrannte. Auf der anderen Straßenseite steht ein **Denkmal von Vytautas dem Großen**.

Zoologisches Museum Tadas Ivanauskas MUSEUM

(Tado Ivanausko zoologijos muziejus; www.zoomuziejus.lt; Laisvės alėja 106; Erw./Kind 5/3 Lt; ⌚Di–So 11–19 Uhr) Ein Stück westlich der Vytautas-Statue markiert eine steinerne Schildkröte den Eingang zum Zoologischen Museum Tadas Ivanauskas. Drinnen konkurrieren 13 000 ausgestopfte Tiere um Aufmerksamkeit.

Michaeliskirche KIRCHE

(Šv. Mykolo Arkangelo igulos bažnyčioje; Nepriklausomybės aikštė 14) Die Sowjets widmeten die blaue, neobyzantinische Kirche, die so dramatisch am Ostende der Laisvės alėja in den Himmel ragt, in ein Museum für Buntglas um. Sie wurde 1895 für die russisch-orthodoxen Gläubigen gebaut und 1991 als katholische Kirche neu geweiht.

Gertrudenkirche KIRCHE

(Šv. Gertrūdos bažnyčia; Laisvės alėja 101a) Das gotische Juwel liegt versteckt in einem Hof hinter der Laisvės alėja. Die Kirche wurde Ende des 15. Jh. gebaut. Die Krypta aus rotem Backstein fließt vor brennenden Kerzen fast über, deshalb wurde in einem Schuppen gegenüber dem Eingang zur Krypta ein eigener Kerzenschrein errichtet.

Choralsynagoge SYNAGOGE

(Choralinė sinagoga; Ožeškienės gatvė 17; Eintritt frei; ⌚Mo–Fr 17.45–18.30, Sa 10–12 Uhr) Nicht weit vom Zoologischen Museum steht eines der wenigen erhaltenen Zeugnisse der einstigen jüdischen Gemeinde von Kaunas. Im Inneren der noch heute genutzten Synagoge ist eine bemerkenswerte Bima (Lesepult) aus dunklem Holz und Gold zu sehen. Draußen erinnert ein Denkmal an die 1600 Kinder, die im IX. Fort ermordet wurden. Das Judengetto im Zweiten Weltkrieg lag am Westufer der Neris in der Gegend zwischen den Straßen Jurbarko, Panerių und Demokratų.

Kunstgalerie Mykolas Žilinskas MUSEUM

(Mykolo Žilinsko dailės galerija; Nepriklausomybės aikštė 12; Erw./Kind 5/2,50 Lt; ⌚Di–So 11–17 Uhr) Das Kunstmuseum auf drei Stockwerken war einst die Privatsammlung von Mykolas Žilinskas, heute wird es aber vom Nationalen Čiurlionis-Kunstmuseum verwaltet. Die Sammlung konzentriert sich überwiegend auf europäische Kunst vom 17. bis 20 Jh. und enthält den einzigen Rubens Litauens. Die Statue „Mann“ vor dem Museum wurde Nike, der griechischen Siegesgöttin, nachempfunden und rief einen Sturm der Entrüstung hervor, als 1991 ihre „Männlichkeit“ in aller nackten Pracht enthüllt wurde.

VIENYBĖS AIKŠTĖ & UMGEBUNG

Der Platz der Einheit ist Standort der **Technischen Universität Kaunas** (Kauno technologijos universitetas) und der kleineren **Vytautas-Magnus-Universität** (Vytauto didžiojo universitetas), die ursprünglich 1922 gegründet und 1989 von einem litauischen Emigranten ein zweites Mal ins Leben gerufen wurde.

LP TIPP **Nationales Čiurlionis-Kunstmuseum** MUSEUM
(Nacionalinis Čiurlionio dailės muziejus; www.ciurlionis.lt; Putvinskio gatvė 55; Erw./Kind 6/3 Lt; ⌚Di–So 11–17 Uhr) Das Museum widmet sich dem Werk des führenden Malers des Landes, Mikalojus Konstantinas Čiurlionis (1875–1911), und ist fraglos die wichtigste Attraktion der Stadt. Čiurlionis war auch ein talentierter Komponist. In einem Studio können sich Besucher einige seiner Musikstücke anhören.

LP TIPP **Teufelsmuseum** MUSEUM
(Putvinskio gatvė 64; Erw./Kind 6/3 Lt; ⌚Di–So 10–18 Uhr) Diabolisch ist wohl das beste Wort, um die Sammlung von über 2000 Teufelsstatuetten in diesem Museum zu beschreiben. Sie wurden im Laufe der Zeit vom Landschaftsmaler Antanas Žmuidzinavičius (1876–1966) gesammelt. Die Erläuterungen versuchen zwar, dem Ganzen einen pseudointellektuellen Anstrich zu geben, indem sie Teufel in Verbindung mit litauischer Volkskunde setzen, aber das Spannende hier sind eigentlich die gruseligen Masken und lustigen Geschichten. Toll für Kids.

Vytautas-Magnus-Militärmuseum MUSEUM
(Vytauto didžiojo karo muziejus; Donelaičio gatvė 64; Erw./Kind 4/2 Lt; ⌚Di–So 11–17 Uhr) Das Museum deckt die litauische Geschichte von prähistorischer Zeit bis zur Gegenwart ab, mit Schwerpunkt auf den militärischen Leistungen des Landes. Es gibt zwar kaum englische Beschriftungen, aber besonders interessant ist das Wrack des Flugzeugs, in dem Steponas Darius und Stanislovas Girėnas 1933 bei dem Versuch, nonstop von New York nach Kaunas zu fliegen, starben (s. Kasten S. 341).

Gemäldegalerie Kaunas MUSEUM
(Kauno paveikslų galerija; Donelaičio gatvė 16; Erw./Stud. 4/2 Lt; ⌚Di–So 11–17 Uhr) Ein unterschätztes Juwel mit Werken litauischer Künstler aus dem späten 20. Jh. und mit einem Raum, der George (Jurgis) Mačiūnas gewidmet ist, dem Vater der Avantgardebewegung Fluxus.

Žaliakalnis STADTTEIL
Die **Žaliakalnis-Standseilbahn** (Žaliakalnio funikulierius; Putvinskio gatvė 22; hin & zurück 1 Lt; ⌚Mo–Fr 7–19, Sa & So 9–19 Uhr) im Nordosten von Vienybės rollt den **Žaliakalnis** (Grüner Berg) hinauf. Über der Bergstation erhebt sich die leuchtend weiße **Auferstehungsbasilika** (Kauno paminklinė Kristhaus Prisikėlimo bašničia; Zemaicių gatvė 316; ⌚10–19 Uhr), deren Bauzeit sich 70 Jahre hinzog. Den Nazis diente sie als Papierlager, den Sowjets als Radiofabrik, 2004 wurde sie wieder als Kirche geweiht.

AUSSERHALB DES ZENTRUMS

Kaunas ist eine überraschend grüne, von Parks gesäumte Stadt. Der **Vytautas-Park** zieht sich den Hang hinauf vom Ende der Laisvės alėja zum Stadion, hinter dem ein Großteil des hübschen **Ažuolynas-Parks** (Eichenpark) liegt. Südlich entlang des Vytauto prospektas dehnt sich der **Ramybės-Park** aus, in dem früher der Altstadtfriedhof lag, bevor die Sowjets in den 1960er-Jahren alle Gräber einebneten.

IX. Fort JÜDISCHE GESCHICHTE
(IX Fortas; www.9fortomuziejus.lt, auf Litauisch; Žemaičių plentas 73; je Museum Erw./Kind 5/3 Lt; ⌚März–Nov. Mi–Mo 10–18 Uhr, Dez.–Feb. Mi–So 10–16 Uhr) Eines der düstersten Kapitel in der grausamen Geschichte Litauens wird im IX. Fort ersichtlich. Die Festung wurde im späten 19. Jh. an der nordwestlichen Peripherie von Kaunas errichtet, um die Westgrenze des Zarenreichs zu sichern. Während des Zweiten Weltkriegs nutzten es die Nazis als Todeslager, in dem 80 000 Menschen, darunter ein Großteil der jüdischen Bevölkerung von Kaunas, getötet wurden. Später wurde das Fort zum Gefängnis und zur Hinrichtungsstätte für Stalins Henker. Das alte Museum informiert über die Geschichte der Festung von ihrer Gründung bis zum Ende des Zweiten Weltkriegs inklusive der Naziverbrechen an den Juden. Das neue Museum befasst sich mit der sowjetischen Besetzung Litauens.

Zu erreichen mit der Buslinie 38 vom Busbahnhof bis zum Einkaufs- und Freizeitzentrum Mega 7 km außerhalb der Stadt, von wo es noch 1 km zu Fuß Richtung Westen geht.

Botanischer Garten GÄRTEN
(Kauno botanikos sodas; Žilibero gatvė 6; Erw./Kind 7/4 Lt; ⌚Mo–Fr 10–17, Sa & So 10–18 Uhr) Gartenfreunde werden den Schlossgarten aus den 1920er-Jahren, in dem sich die Universitätsgärtner um schöne und teilweise seltene Pflanzen kümmern. Er liegt 2 km südlich der Altstadt und ist ab der Burg Kaunas mit der Buslinie 6 oder 12 zu erreichen.

Kloster Pažaislis KLOSTER
(Masiulio gatvė 31; Erw./Kind 4/2 Lt; ⌚Di–So 10–17 Uhr) Das Kloster Pažaislis ist ein schönes

Beispiel der Barockarchitektur des 17. Jhs. Es liegt 9 km östlich des Zentrums in der Nähe des großen Stausees **Kaunasser Meer** (Kauno marios). Die Klosterkirche mit ihrer 50 m hohen Kuppel und der üppigen venezianischen Innengestaltung aus rosa und schwarzem polnischen Marmor ist prächtig, wenn auch etwas heruntergekommen. Das heutige Kloster hat eine wechselvolle Geschichte: es war zunächst katholisch, dann orthodox, dann wieder katholisch und war während der Sowjetära zeitweilig eine psychiatrische Klinik. Die beste Zeit für einen Besuch sind die Monate Juni bis August, dann findet hier das **Pažaislis-Musikfestival** (www.pazaislis.lt) statt. Zum Kloster fährt vom Zentrum aus die O-Buslinie 5 bis zur Endhaltestelle an der Masiulio gatvė wenige Hundert Meter vor dem Kloster Pažaislis.

Litauisches Freiluftmuseum MUSEUM
(Lietuvių liaudies buities muziejus; www.llbm.lt; Nėries gatvė 6; Erw./Kind 10/5 Lt; ⌚Mai–Okt. Mi–So 10–18 Uhr, Nov.–April auf Anfrage über die Website oder die Touristeninformation) Einen Blick in die Vergangenheit bietet das Freilichtmuseum, in dem vier Dörfer mit Häusern aus dem 18. und 19. Jh. die vier Hauptregionen Litauens repräsentieren. Töpfer, Weber und Tischler demonstrieren in der Museumswerkstatt ihr Handwerk. Das Museum liegt in Rumšiškės 25 km östlich von Kaunas, etwa 2 km hinter der Straße von Kaunas nach Vilnius. Von Kaunas ist es mit dem Bus zu erreichen (7 Lt, 30 Min., 5-mal tgl.).

Festivals & Events

Höhepunkte im Veranstaltungskalender von Kaunas sind das viertägige internationale Jazzfestival **Kaunasjazz** (www.kaunasjazz.lt) im April und das zweiwöchige Open-Air-Festival **Operette in der Burg Kaunas** in der Burgruine Ende Juni/Anfang Juli.

Klassikfans bietet das **Pažaislis-Musikfestival** jedes Jahr von Juni bis August Konzerte in den Höfen und Kirchen des Klosters Pažaislis.

Schlafen

Apple Hotel HOTEL €€
(☎321 404; www.applehotel.lt; Valančiaus gatvė 19; EZ/DZ/3BZ/4BZ 105/150/230/270 Lt, P@) Das einfache Hotel in einem stillen Hof am Rand der Altstadt ist eine höchst empfehlenswerte Budgetunterkunft. Die Zimmer sind winzig, aber mit ihren leuchtenden Farben fröhlich. Das Bett in unserem Zimmer war das komfortabelste auf unserer ganzen Recherchereise in Litauen. Einige Zimmer haben Gemeinschaftsbad, andere ein eigenes. Leider ist das Frühstück (14 Lt) das Geld nicht wert, und das WLAN-Signal reicht kaum über die Lobby hinaus. Das sind jedoch nur Kleinigkeiten in der ansonsten soliden Unterkunft.

Litinterp PENSION €
(☎228 718; www.litinterp.lt; Gedimino gatvė 28/7; EZ/DZ/3BZ ab 100/130/210 Lt; ⌚Büro Mo–Fr 8.30–19, Sa 9–15 Uhr; P@) Zur Litinterp-Kette gehören gepflegte Pensionen in Vilnius, Klaipėda und in Kaunas. Viel Charakter wird nicht geboten, aber die Zimmer sind billig, sauber und zweckmäßig. Das Personal könnte nicht freundlicher oder kenntnisreicher sein. Eine Ankunft außerhalb der Bürostunden sollte telefonisch vereinbart werden.

Kaunas Hotel HOTEL €€
(☎750 850; www.kaunashotel.lt; Laisvės alėja 79; EZ/DZ/Suite ab 310/350/420 Lt; P@) Das noble Luxushaus mit fünf Etagen und vier Sternen stammt von 1892 und ist das Spitzenhotel der Stadt. Der oberste Stock ist komplett mit Glas verkleidet, wo Zimmer 512 sogar ein gläsernes Bad mit Blick über die Laisvės alėja hat. Das Hotel ist eine kostenlose WLAN-Zone und die Gäste können für 20 Lt pro Stunde das Businesscenter nutzen.

Kauno Arkivyskupijos Svečių Namai PENSION €
(☎322 597; kaunas.lcn.lt/sveciunamai; Rotušės aikštė 21; EZ/BZ/3BZ ab 70/120/140 Lt; P@) Die bezaubernde Pension der katholischen Kirche Litauens liegt wunderschön zwischen jahrhundertealten Kirchen mit Blick auf den Altstadtplatz. Die Zimmer sind spartanisch, aber geräumig. Frühstück ist nicht im Preis enthalten. Frühzeitige Reservierung ist ratsam, da das Haus schnell ausgebucht ist.

Daniela HOTEL €€
(☎321 505; www.danielahotel.lt; Mickevičiaus gatvė 28; EZ/DZ/Suite ab 290/360/550 Lt; P@) Das elegante Retrohotel des Basketballstars Arvydas Sabonis ist eine coole und freche Bleibe mit weichen, rosa Sesseln, stählernen Zwischenetagen und extrabreiten, weichen Sofas. Die Standardzimmer liegen weit über dem Durchschnitt und das Personal tut alles, um die Gäste zufriedenzustellen. Der Parkplatz kostet extra.

Kunigaikščių Menė PENSION €€
(☎320 877; www.hotelmene.lt; Daukšos gatvė 28; EZ/DZ ab 180/250 Lt; P@) Eine private Pension mit Atmosphäre und exzellenter Alt-

stadtlage. Die Zimmer sind klein, aber hübscher als die meisten in dieser Preisklasse. Einige haben Parkettböden.

Metropolis HOTEL €
(☎205 992; www.metropolishotel.lt; Daukanto gatvė 21; EZ/DZ/3BZ/4BZ 110/145/195/240 Lt) Die große alte Dame ist etwas bröckelig geworden, zeigt aber noch immer deutliche Spuren verblichener Pracht: Steinerne Balkone blicken auf eine baumbestandene Straße, eine schwere Drehtür aus Holz schiebt die Gäste in die Lobby mit Stuckdecke und uralten Möbeln. Wie das Schild auf Litauisch und Russisch draußen besagt, hieß es in der Sowjetzeit Hotel Lietuva.

Park Inn by Radisson HOTEL €€
(☎306 100; www.parkinn.com/hotel-kaunas; Donelaičio gatvė 27; EZ/DZ ab 260/330 Lt; P@) Das smarte Geschäftshotel umfasst acht Stockwerke eines jüngst renovierten Gebäudes in der Neustadt. Der Service ist professionell und routiniert. Die Zimmer bieten den üblichen Businessclass-Standard mit einigen Extras wie Fußbodenheizung in den Bädern und kostenlosem Tee und Kaffee. Zudem gibt es ein Restaurant, eine Bar und ein großes Konferenzzentrum.

Essen

Das Restaurantangebot ist in den letzten Jahren besser geworden, aber noch ein ganzes Stück von dem der Hauptstadt entfernt. Zentral gelegene Supermärkte sind **Iki** (Jonavos gatvė 3) und **Maxima** (Kęstučio gatvė 55).

Bernelių Užeiga LITAUISCH €€
(www.berneliuuzeiga.eu; Valančiaus gatvė 9; Hauptgerichte 10–30 Lt) Ideal für ein erschwingliches, traditionell litauisches Essen mit allem Drum und Dran. Das Ambiente ist rustikal, hat aber mit den weißen Leinentischdecken auch einen Hauch Eleganz. Die Bedienung hilft geduldig bei der Auswahl aus der langen Speisekarte und zum Schluss ist die doch recht niedrige Rechnung eine angenehme Überraschung.

Senieji Rūsiai LITAUISCH €€
(Alter Keller; www.seniejirusiai.lt; Vilniaus gatvė 34; Hauptgerichte 18–40 Lt; ⌚Mo–Fr 11–24, Sa 12–2, So 12–24 Uhr;) Das angesagte Lokal in einem Kellergewölbe aus dem 17. Jh. serviert bei Kerzenlicht Grillgerichte und eine breite Auswahl sonstiger Spezialitäten wie Froschschenkel, Forelle und die allgegenwärtigen Kartoffelpfannkuchen. Seine Straßenterrasse ist fraglos die beste Wahl, um bei gutem Essen und einem edlen Tropfen die Atmosphäre der Altstadt zu genießen.

Žalias Ratas LITAUISCH €€
(www.zaliasratas.lt; Laisvės alėja 36b; Hauptgerichte 10–30 Lt) Das Lokal hinter der Touristeninformationen gehört zu jenen pseudorustikalen Gasthäusern, wo die Bedienung die brutzelnd heißen litauischen Gerichte in traditionellen Trachten serviert. Es ist besser, als es sich anhört, und gerade im Sommer toll, wenn sich draußen auf der Terrasse die Gäste drängen.

Avilys LITAUISCH €€
(Vilniaus gatvė 34; Hauptgerichte 20–40 Lt; ⌚Mo–Do & So 11–24, Fr & Sa bis 2 Uhr) Der Ableger der preisgekrönten Brauerei in Vilnius teilt sich die Terrasse mit dem Senieji Rūsiai. Hier werden anspruchsvollen Gästen ungewöhnliche Biere, litauische Traditions- und internationale Gerichte serviert, sowohl draußen als auch im Backsteinkeller.

Fu Long CHINESISCH €€
(Gedmino gatvė 30; Hauptgerichte 10–25 Lt) Gute Alternative für alle, die Kartoffelklöße, kalte Suppe und dergleichen nicht mehr sehen können. Gute und schlichte chinesische Küche mit exzellentem Huhn süßsauer sowie freundlicher Bedienung und viel Bier.

Ausgehen

Neben den hier aufgeführten Cafés gibt es in Kaunas auch Filialen der beliebten Caféketten **Coffee Inn** (Laisvės alėja 72; ⌚10–22 Uhr;) und **Vero Cafe** (Vilniaus gatvė 18; ⌚10–21 Uhr;). Kaffee und Kuchen auf die Schnelle und stabiles WLAN sind dort garantiert.

LP TIPP **W1649** BAR
(Kurpių gatvė 29; ⌚Di–Do 17–1, Fr & Sa 17–4 Uhr;) Die zwanglose Kneipe wird hier nur „Whisky-Bar" genannt, weil sie tatsächlich zahllose Whiskysorten im Angebot hat. Aber spießig ist sie deswegen keineswegs. An Wochenenden füllt sie sich nach Mitternacht mit fröhlichen Zechern, die bis morgens durchmachen wollen. Es gibt auch Bier und einen überraschend guten Cäsarsalat.

LP TIPP **Motiejaus Kepyklėlė** CAFÉ
(Valančiaus gatvė 10; ⌚Mo–Fr 8–20, Sa & So 9–16 Uhr) Gar nicht einfach, die Superlative zu finden, die der winzigen Café-Bäckerei mit ihrem Gebäck und dem wohl besten Kaffee Litauens gerecht zu werden. Wer gegenüber

im Apple Hotel übernachtet, sollte sich das fade Hotelfrühstück schenken und sich lieber hier mit Croissants vollstopfen.

Buon Giorno WEINBAR
(Vilniaus gatvė 34; ⌚10–24 Uhr) Schicke Weinbar mit einer zwanglosen, aber gepflegten Atmosphäre, Räucherstäbchen, cooler Musik und tollem Wein. Auf der Speisekarte stehen auch ein paar sehr gute Kleinigkeiten, wie die leckere Pizza mit Parmaschinken und Rucola.

Skliautas BAR, CAFÉ
(Rotušės aikštė 26; ⌚Mo–Do 10–24, Fr & Sa bis 2, So 11–23 Uhr) Das Skliautas quillt zu jeder Tages- und Nachtzeit vor Energie nur so über – und im Sommer übernehmen die Gäste mehr oder weniger die ganze Gasse, die vom Rotušės aikštė abgeht. Auch für Kaffee und Kuchen zu empfehlen.

BO BAR
(Muitinės gatvė 9; ⌚Mo–Do 9.30–2, Fr 9.30–3, Sa 15–3, So 15–2 Uhr) Die relaxte Bar lockt vor allem Studenten und Alternative und ist an Wochenenden proppenvoll. Das hausgemachte Bier ist nicht schlecht, aber recht stark.

Kavos Klubas CAFÉ
(Kaffeeclub; Valančiaus gatvė 19; ⌚Mo–Sa 9–23, So bis 19 Uhr) Klasse Lokal für Konversation, Kaffee und Kuchen mit einer recht guten Frühstücksauswahl für jene, deren Unterkunft kein Frühstück anbietet. Der einzige Haken ist der Service, besonders zum Frühstück. Oft ist nur ein Koch in der Küche und es kann tatsächlich eine Stunde dauern, bis die Eier kommen.

☆ Unterhaltung

In der Tageszeitung *Kauno diena* (www.kaunodiena.lt, auf Litauisch) stehen aktuelle Veranstaltungshinweise.

Clubs

Die Eintrittspreise für Clubs liegen bei 10 bis 40 Lt.

Ex-it CLUB
(Maironio gatvė 19; ⌚Di–Sa 22–5 Uhr) Fraglos der beste Club der Stadt mit beeindruckendem Soundsystem, riesigem Dancefloor und Spitzen-DJs.

Latino Baras CLUB
(www.latinobaras.lt; Vilniaus gatvė 22; ⌚Di–Sa 21–4 Uh) Latinorhythmen, gelegentliche Tanzkurse, mehrere Säle und schöne Menschen machen das Latino Baras zu einem Renner bei den Einheimischen.

Džem Pub LIVEMUSIK
(www.dzempub.lt; Laisvės alėja 59; ⌚Di–Sa 16–3 Uhr) Livemusik-Schuppen sterben allmählich aus, aber in diesem hier gibt's an den meisten Wochenenden Liverock. Auch sonst eine klasse Kneipe, egal was auf dem Programm steht.

Kinos

Filme in Originalversion mit litauischen Untertiteln zeigt das **Forum Cinemas** (www.forumcinemas.lt; Karaliaus Mindaugo prospektas 49) im Akropolis-Einkaufszentrum.

Theater & Klassische Musik

Originale Dramen kommen im innovativen **Akademischen Sprechtheater** (Akademinis dramos teatras; ☎224 064; www.dramosteatras.lt; Laisvės alėja 71) und in den **Jugend-Kammerspielen**. (Jaunimo kamerinis teatras; ☎228 226; www.kamerinisteatras.lt; Kęstučio gatvė 74a) auf die Bühne. Puppen bezaubern im **Marionettentheater** (Kauno valstybinis lėlių teatras; ☎221 691; www.kaunoleles.lt; Laisvės alėja 87a). Alle Vorstellungen sind auf Litauisch.

Die **Philharmonie** (Kauno filharmonija; ☎222 558; www.kaunofilharmonija.lt; Sapiegos gatvė 5) ist der wichtigste Konzertsaal für klassische Musik; Opern werden im **Musiktheater** (Muzikinis teatras; ☎227 113; www.muzikinisteatras.lt; Laisvės alėja 91) aufgeführt.

☆ Shoppen

Centrinis Knygynas BÜCHER, KARTEN
(Laisvės alėja 81; ⌚Mo–Fr 10–19, Sa 10–17 Uhr) Karten, internationale Zeitungen und Zeitschriften.

Humanitas BÜCHER
(www.humanitas.lt; Vilniaus gatvė 11; ⌚Mo–Fr 10–18, Sa 11–16 Uhr) Englischsprachige Bücher.

ℹ Praktische Informationen

Die Banken haben Geldwechselschalter; Geldautomaten, die Visa und MasterCard akzeptieren, befinden sich draußen.

Copy (Kęstučio gatvė 54/7; pro Std. 5 Lt; ⌚Mo–Fr 8–19, Sa 9–16 Uhr) Copyshop mit Internetzugang.

DNB Nord (Laisvės alėja 86) Bank und Geldautomat.

Kaunas (www.kaunas.lt) Offizielle Website der Stadt.

Kaunas in Your Pocket (www.inyourpocket.com) Jährlicher Stadtführer, der in Hotels, Kunstgalerien und Zeitungskiosken für 6 Lt verkauft wird. Auf der Website gibt es ihn als PDF-Datei.

Kauno Medicinos Universiteto Klinikos (☎326 375; Eivenių gatvė 2) Notfallklinik der Universität ungefähr 2,5 km nördlich der Neustadt. Zu erreichen mit der O-Buslinie 1 ab der Neu- oder der Altstadt.

Post (Laisvės alėja 102)

SEB Bankas (Laisvės alėja 82) Bank und Geldautomat.

Touristeninformation (☎323 436; http://visit.kaunas.lt; Laisvės alėja 36; ⏲Juni–Aug. Mo–Fr 9–19, Sa 10–13 & 14–18, So 10–15 Uhr, Sept.–Mai kürzere Zeiten) Bucht Unterkünfte, verkauft Karten und Reiseführer, verleiht Fahrräder (50 Lt pro Tag plus 5 Lt für Fahrradschloss) und bietet von Mitte Mai bis September Führungen durch die Altstadt (35 Lt).

An- & Weiterreise

Flugzeug

Der **Kaunas International Airport** (☎399 307; www.kaunas-airport.lt; Karmėlava) liegt 10 km nördlich der Stadt. **Ryanair** (☎750 195; www.ryanair.com) bietet die meisten Flugverbindungen an, u. a. von/nach Birmingham, Brüssel, Dublin, Frankfurt, Liverpool, London, Oslo und Stockholm; **airBaltic** (☎5-235 6001; www.airbaltic.com) fliegt einige Male pro Woche von Kaunas nach Riga und zurück.

Bus

Vom **Fernbusbahnhof** (☎409 060; Vytauto prospektas 24) fahren die Intercitybusse zu litauischen Zielen und ins Ausland ab. An der Wand hängen die Fahrpläne, ansonsten hilft der Informationsschalter (7–20 Uhr).

Für Inlandsfahrten ist die Euroline-Tochter **Kautra** (☎409 060; www.autobusubilietai.lt; ⏲Mo–Fr 9–18, Sa 10–17 Uhr) zuständig. Fahrkarten gibt es in der Haupthalle oder über die Website der Busgesellschaft.

Internationale Verbindungen bieten mehrere Busgesellschaften, darunter **Eurolines** (www.eurolines.lt) und das Tochterunternehmen **Lux Express** (www.luxexpress.lt). Fahrkarten gibt es in der Haupthalle. **Ecolines** (☎202 022; www.ecolines.net; Vytauto prospektas 23; ⏲Mo–Fr 9–18 Uhr) gegenüber verkauft ebenfalls Fahrkarten zu internationalen Zielen. **Simple Express** (☎5-233 6666; www.simpleexpress.eu) bietet Budgetreisen innerhalb des Baltikums, darunter auch täglich um 4.50 Uhr von Kaunas nach Riga zum unschlagbaren Preis von 35 Lt. Die Gesellschaft hat kein Büro in Kaunas, Fahrkarten müssen also online gekauft werden.

Tägliche Busverbindungen innerhalb Litauens und im Baltikum:

Birštonas (10 Lt, 50 Min., stündl.)
Druskininkai (28 Lt, 2–3 Std., stündl.)
Klaipėda (50 Lt, 2¾–4 Std., über 15-mal tgl.)
Palanga (50 Lt, 3¼ Std., etwa 8-mal tgl.)
Panevėžys (26 Lt, 2 Std., 22-mal tgl.)
Rīga (35–100 Lt, 5 Std., 3-mal tgl.)
Šiauliai (34–35 Lt, 3 Std., 15-mal tgl.)
Tallinn (94–129 Lt, 9 Std., 3-mal tgl.)
Vilnius (20 Lt, 1¾ Std., mind. alle 30 Min.)

Auto

Autobanga (☎8-645 64444; www.autobanga.lt;Terminal A, Kaunas International Airport) vermietet Autos am Flughafen.

Zug

Vom **Bahnhof** (☎221 093; www.litrail.lt; Čiurlionio gatvė 16) fahren Züge bis zu 17-mal täglich von/nach Vilnius (16,30–18 Lt, 1¼–1¾ Std.).

Unterwegs vor Ort

Busse und O-Busse fahren von 5 bis 23 Uhr, die Fahrkarten kosten am Zeitungsstand 1,80 Lt, beim Fahrer 2 Lt Minibusse decken dieselben Strecken ab und fahren später als die regulären Busse; Fahrkarten gibt es für 2,50 Lt beim Fahrer. Informationen zum öffentlichen Nahverkehr mit Strecken und Fahrplänen stehen auf der Website der **Verkehrsgesellschaft Kaunas** (www.kvt.lt).

Vom/zum Flughafen fährt der Minibus 120, der vom Stadtbusbahnhof an der Šv. Gertrūdos gatvė abfährt, oder die Buslinie 29 von der Haltestelle am Vytauto prospektas. Zwischen 7 und 21.30 Uhr verkehren die Busse mindestens stündlich.

Die O-Buslinien 1, 5 und 7 fahren vom Bahnhof Richtung Norden auf dem Vytauto prospektas, nach Westen auf Kęstučio gatvė und Nemuno gatvė und dann auf der Birštono gatvė nach Norden. Auf dem Rückweg fahren sie nach Osten auf der Šv. Gertrūdos gatvė, Ožeškienės gatvė und Donelaičio gatvė, dann den Vytauto prospektas hinunter bis zum Busbahnhof und Bahnhof.

In Kaunas gibt es mehrere Taxigesellschaften. Es ist immer ratsam, eines telefonisch vorzubestellen, z. B. bei **Einesa** (☎331 533) oder **Žaibiškas** (☎333 111).

Außerhalb der Altstadt ist das Autofahren in Kaunas kein Problem. Parkplätze gibt es genügend und Einbahnstraßen sind selten. Die Altstadt hingegen ist ein Gewirr von Pflastersträßchen und für Autofahrer nicht immer einfach.

Birštonas

☎319 / 3100 EW.

Birštonas (bir-schto-nas) liegt 40 km südlich von Kaunas an einer malerischen Schleife des Nemunas. Es ist bekannt als Kurort und Austragungsort des Festivals **Birštonas Jazz** (www.birstonokultura.lt/jazz), ohne Frage Litauens Top-Jazzfestival, das in jedem geradzahligen Jahr im März stattfindet.

Sehenswertes & Aktivitäten

Birštonas ist für Litauer gleichbedeutend mit den **Kurbehandlungen** aus den Mineralquellen und Torfmooren der Region, die für Schlammbäder verwendet werden. Sie gelten als seriöse medizinische Behandlungen und werden für alle möglichen Beschwerden genutzt, wie Kreislauf-, Herz-, Magen- und Lungenerkrankungen. Für gesunde Besucher sind solche Behandlungen wohl kaum von Interesse. Dennoch gibt die Touristeninformation Tipps zu verschiedenen medizinischen Kuren und Behandlungen und führt ein Verzeichnis der Behandlungszentren.

Die meisten Sehenswürdigkeiten und Aktivitäten für Urlaubsreisende befinden sich um den hübschen **Regionalpark Nemunas-Schleifen** (Nemuno kilpů regioninio parko; ☎65 610; www.nemunokilpos.lt; Besucherzentrum, Tylioji gatvė 1; ⊙Mo–Do 8–17, Fr 8–15.45 Uhr) im Umland. Der schnell strömende Fluss Verknė bietet hervorragende Möglichkeiten für **Kanufahrten**, besonders im Frühjahr bei Hochwasser. Die Touristeninformation organisiert halb-, ganz- und zweitägige Exkursionen. Kanus (5/25 Lt pro Std./Tag) verleiht auch das **Sportzentrum Birštonas** (☎65 640; www.birstonosportas.lt, auf Litauisch; Jaunimo gatvė 3; ⊙9–18 Uhr).

Im Sommer gibt es auch **Bootsausflüge** auf dem Nemunas, z. B. sonntags um 15 Uhr eine einstündige Fahrt (Erw./Kind 10/20 Lt) auf der zweistöckigen *Vytenis* und die anstrengenderen, aber wohl auch spannenderen Touren auf **Wikingerschiffen** (☎56 360; Erw./Kind 10/15 Lt; nur nach Vereinbarung), die bei der Verfilmung von *Elizabeth I.* eingesetzt wurden.

Fahrräder (pro Std./Tag 5/25 Lt) vermietet das Sportzentrum. Die Pension Audenis organisiert **Ballonfahrten** (1/2/3 Pers. 400/600/800 Lt).

Schlafen

Nemuno slėnis HOTEL €€€
(☎56 493; www.nemunoslenis.lt; Verknės gatvė 8; Zi. ab 399 Lt, Königssuite 3500 Lt; P@📶🏊) Außerhalb des Zentrums am Ufer des Nemunas gelegen und von Wäldern umgeben, bietet das Nemuno slėnis Zurückgezogenheit und jede Menge Privatsphäre. Die Ausstattung ist unglaublich verschwenderisch – die individuell gestalteten Zimmer sind mit üppigen Antiquitäten möbliert und in warmen, satten Farben gehalten. Zu den Extras zählen ein Gourmetrestaurant und ein Fitnesszentrum. Perfekt für ein romantisches Wochenende.

Sofijos Rezidencija HOTEL €€
(☎45 200; www.sofijosrezidencija.lt; Jaunimo gatvė 6; Zi. ab 230 Lt; P@📶🏊) Wer für das Nemuno slėnis nicht das nötige Kleingeld hat, kann das Sofijos im Zentrum von Birštonas probieren. Die Zimmer mögen ans Kitschige grenzen, doch ihre Pseudo-Renaissancepracht mit Himmelbetten, Plüschsofas und modernem Komfort begeistern fast jeden. Ein kleines Wellnesszentrum befindet sich ebenfalls im Haus.

Audenis PENSION €€
(☎61 300; www.audenis.lt; Lelijų gatvė 3; EZ/DZ 150/190 Lt; P@📶) Eine nette Pension mit einfachen Zimmern in verschiedenen Pastellfarben, die freundliches Personal hat und Ballonfahrten organisiert. Ihr Terrassencafé ist nicht schlecht für ein leichtes Mittagessen.

Praktische Informationen

Die äußerst hilfsbereite **Touristeninformation** (☎65 740; www.visitbirstonas.lt; Jaunimo gatvė 3; ⊙ganzjährig Mo–Fr 9–18 Uhr, Juni–Sept. auch Sa & So 10–18 Uhr) hat eine Fülle an Infomaterial zu Unterkünften, Aktivitäten, Festivals und den Kureinrichtungen im Ort.

An- & Weiterreise

Vom Busbahnhof in Kaunas gibt es etwa jede Stunde einen Bus von/nach Birštonas (10 Lt, 50 Min.).

Šiauliai

☎41 / 128 400 EW.

Šiauliai ist Litauens viertgrößte Stadt, ziemlich alltäglich und lohnt eigentlich keinen Abstecher. Gleichwohl ist ihre zentrale Lage ein praktischer Zwischenstopp auf dem Weg von Norden nach Süden oder von Osten nach Westen. Bekannt war die Stadt, zumindest in der Sowjetära, hauptsächlich für den riesigen Militärflughafen am Stadtrand. Bis heute besitzt Šiauliai noch einen letzten Hauch von Kommunismus.

Das heißt aber nicht, dass die Stadt hässlich ist. Die verkehrsfreie Hauptstraße, die Vilniaus gatvė, ist eine erstklassige Bummelmeile mit der üblichen Mischung aus Cafés

Šiauliai

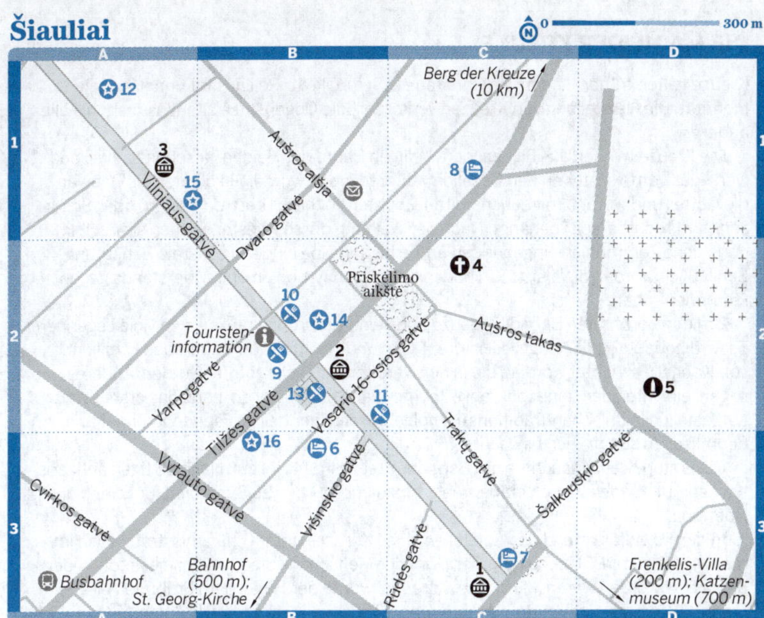

und Kneipen. Die größte Attraktion der Stadt ist der unglaubliche Berg der Kreuze 10 km weiter nördlich. Ansonsten gibt es noch mehrere unkonventionelle Museen, die durchaus ein paar Stunden Aufenthalt rechtfertigen.

Sehenswertes

Šiauliai besitzt einige der ungewöhnlichsten Museen Litauens, die alle entweder an oder um die Hauptstraße Vilniaus gatvė liegen. Zusätzlich zu den hier aufgeführten lohnt sich auch das **Fotografiemuseum** (Fotografijos muziejus; Vilniaus gatvė 140), das aber seit 2011 wegen Renovierung geschlossen ist und erst Mitte 2013 wieder eröffnet werden soll.

BERG DER KREUZE

Der ebenso eigenartige wie bewegende Ort liegt auf einem kleinen Hügel nördlich von Šiauliai. Hier ragen Tausende und Abertausende von Kreuzen empor, die zahllose Pilger zurückgelassen haben. Und samstags stehen die frisch vermählten Hochzeitspaare davor Schlange.

Die Kreuze – groß oder winzig, teuer oder billig, aus Holz oder Metall – sind fromme Beigaben zu Gebeten oder schön geschnitzte Meisterwerke der Volkskunst. Andere sind Denkmäler, mit Blumen, einem Foto oder anderen Erinnerungsstücke an Verstorbene geschmückt und mit einer lieben oder frommen Botschaft versehen. Traditionelle litauische *koplytstulpis* (Holzfiguren mit einem kleinen Dach darüber) stehen zwischen den

Šiauliai

Sehenswertes

1 Fahrradmuseum C3
2 Fotografiemuseum B2
3 Radio- und Fernseh-Museum A1
4 Peter-und Paul-Kathedrale C2
5 Sonnenuhr D2

Schlafen

6 Šaulys B3
7 Šiauliai C3
8 Jugendherberge Šiauliai C1

Essen

9 Arkos B2
10 CanCan Pica B2
11 Ikiukas B2
12 Juonė Pastuogė A1
13 Kapitonas Morganas B2

Unterhaltung

14 Theater B2
15 Laikas A1
16 Saulė B3

DIE MAGIE DER KREUZE

Kreuze galten früher Heiden wie Christen als Symbole für Religiosität und nationale Identität. Die Herstellung von Kreuzen verkörpert die Gegensätze Litauens mehr als alles andere.

Die Kreuze wurden aus Eichen, dem heiligen Baum der Heiden, geschnitzt, ein Handwerk, das vom Meister an den Gesellen weitergegeben wurde. Sie dienten als Gabe an die Götter und wurden mit Lebensmitteln, bunten Tüchern (bei Hochzeiten) oder Schürzen (für Fruchtbarkeit) behängt. Nach der Weihung durch Priester wurden sie auch in christliche Zeremonien eingebunden und erhielten eine eindeutig sakrale Bedeutung. Schließlich wurden die bis zu 5 m hohen Kreuze zu Symbolen des Widerstands gegen Fremdherrschaft.

Um den berühmten Berg der Kreuze und seine Ursprünge ranken sich viele Legenden. Es wird behauptet, der Hügel sei in drei Tagen und Nächten von trauernden Familien von Kriegern errichtet worden, die in einer großen Schlacht getötet wurden. Andere sagen, ein Vater, der seine todkranke Tochter habe retten wollen, habe das erste Kreuz aufgestellt. Heidnischen Traditionen zufolge wurden hier heilige Feuer entzündet und von himmlischen Jungfrauen bewacht.

Die ersten Kreuze tauchten am Berg der Kreuze im 14. Jh. auf. Nach blutigen antizaristischen Aufständen kamen immer mehr hinzu und wurden zu Symbolen für Leiden und Hoffnung.

In der Sowjetära stand das Aufstellen eines Kreuzes unter Gefängnisstrafe, doch immer wieder zogen Pilger zu dem Berg, um der Menschen zu gedenken, die getötet oder deportiert worden waren. Mindestens dreimal wurde der Hügel dem Erdboden gleichgemacht. 1961 zerstörte die Rote Armee rund 2000 Kreuze, sperrte alle Zufahrtswege und legte Gräben an – doch über Nacht entstanden neue Kreuze. 1972 wurden sie erneut zerstört, nachdem ein Student aus Kaunas (s. Kasten S. 341) sich aus Protest gegen die Sowjetherrschaft selbst verbrannt hatte. 1990 standen jedoch 40 000 Kreuze über 4600 m^2 auf dem Hügel. Seit der Unabhängigkeit hat sich ihre Zahl mindestens verzehnfacht und wächst immer weiter. 1993 feierte Papst Johannes Paul II. hier eine Messe (die Kanzel steht heute noch), ein Jahr später sandte er selbst ein päpstliches Kreuz und fügte seine eigene Botschaft hinzu: „Litauer, danke für den Berg der Kreuze, der den Staaten Europas und der ganzen Welt zeigt, wie tief euer Glaube ist."

Kreuzen, aber auch großartige Skulpturen des Schmerzensmannes (Rūpintojėlis). Wer selbst eines aufstellen will: Souvenirhändler am Parkplatz verkaufen Kreuze in jeder Größe.

Einen anderen Blick auf den mit Kreuzen übersäten Hügel bietet die Kapelle des modernen **Klosters**, in dem heute etwa ein Dutzend Franziskanermönche leben. Es wurde von 1997 bis 2000 hinter dem Hügel errichtet – angeblich auf Wunsch von Johannes Paul II., der nach seinem Besuch 1993 einen Ort zum Beten angeregt haben soll. Hinter dem Altar in der Backsteinkirche ersetzt ein bodentiefes Fenster das traditionelle Kruzifix, mit ergreifendem Blick auf den Berg der Kreuze. Der italienische Architekt Angelo Polesello hatte es entworfen.

Der Berg der Kreuze (Kryžių kalnas) liegt 10 km nördlich von Šiauliai, von der Straße nach Joniškis und Rīga sind es 2 km in östlicher Richtung zum Dorf Jurgaičiai. Täglich fahren bis zu acht Busse vom Busbahnhof Šiauliai nach Joniškis. Von der Haltestelle Domantai sind es noch 2 km zu Fuß bis zum Hügel, der als „Kryžių kalnas 2" ausgeschildert ist. Mit dem Taxi kostet die Fahrt hin und zurück 50 Lt mit halbstündigem Aufenthalt am Berg (60 Lt mit einstündigem Aufenthalt). Am besten bittet man die Touristeninformation in Šiauliai oder das Hotel/Hostel, ein Taxi zu bestellen, um nicht abgezockt zu werden.

Mit dem Fahrrad sind es bis zum Berg der Kreuze gemächliche drei Stunden hin und zurück, meist auf befestigten Fahrradwegen neben der Hauptstraße. Die Touristeninformation verleiht Fahrräder (5 Lt pro Std.) und erklärt die Strecke, die meist geradeaus an der Hauptstraße entlang in Richtung Rīga führt, dann die letzten 2 km nach rechts.

STADTZENTRUM

Fahrradmuseum MUSEUM

(Dviračių muziejus; www.ausrosmuziejus.lt; Vilniaus gatvė 139; Erw./Kind 6/3 Lt; Di–Fr 10–18, Sa 11–17 Uhr) Šiauliai ist Standort des größten Fahrradherstellers des Landes und die Stadt bemüht sich, ihren Ruf als führende Fahrradstadt zurückzugewinnen. Dafür ist allerdings noch viel zu tun, aber das vergnügliche Museum zur Kunst des Fahrradfahrens im Laufe der Geschichte ist schon ein guter Anfang. In mehreren Räumen sind herrliche Drahtesel und knochenschüttelnde Fahrräder mit Holzreifen ausgestellt. Hinzu kommen Exponate zu bedeutenden litauischen Radfahrern und ihren unglaublichen Hochleistungen, wie eine Tour von Litauen nach Wladiwostok weit im Osten (sie schafften es in sechs Monaten, die Tour kostete aber einen Radfahrer das Leben). Litauische Sprachkenntnisse lassen sich am Ausstellungsstück 214 testen, wo sämtliche Bestandteile des Fahrrads mit ihren litauischen Namen bezeichnet sind.

Katzenmuseum MUSEUM

(Katinų muziejus; Žuvininkų gatvė 18; Erw./Kind 4/2 Lt; Di–Sa 10–17 Uhr) Katzenfreunde müssen sich unbedingt in dieses Museum südöstlich des Zentrums begeben. Es zeigt nämlich eine ungewöhnliche Sammlung von Katzenkinkerlitzchen, einschließlich unzähligen Stubentigern in Porzellan und auf Fotos. Es gibt sogar ein paar lebende Katzen im Gebäude, die den Besuchern bei der Besichtigung nachschleichen. Im Hinterzimmer befindet sich ein kleiner Zoo, der wohl Kindern gefallen mag, Tierschützern hingegen weniger. Die diversen Tiere, darunter die wohl furchterregendste Albinopython, die je in ein Terrarium gesperrt wurde, sowie ein paar Mäuse, ein Affe und ein paar Eulen, wurden von ihren Besitzern ausgesetzt und scheinen hier gut versorgt zu werden. Das Problem sind die kleinen Käfige, die dem Raum eine etwas triste Atmosphäre verleihen.

Radio- & Fernsehmuseum MUSEUM

(Radijo ir televizijos muziejus; www.ausrosmuziejus.lt; Vilniaus gatvė 174; Erw./Kind 2/1 Lt; Di–Fr 10–18, Sa 11–17 Uhr) In den 1920er-Jahren gab es in Šiauliai einige der ersten Amateurfunker Litauens. Die Stadt ist also ein passender Ort für diese eklektische Sammlung von Radios, Fernsehern und Grammofonen. Besonders amüsant sind die großen alten Rundfunkgeräte und einige Fernseher aus der Sowjetzeit, die in Fabriken in der Umgebung hergestellt wurden.

Frenkelis-Villa MUSEUM

(Ch. Frenkelio vila; www.ausrosmuziejus.lt; Vilniaus gatvė 74; Erw./Kind 6/3 Lt; Di–Fr 10–18, Sa & So 11–17 Uhr) Die Frenkelis-Villa östlich des Stadtzentrums wurde 1908 im Jugendstil für den damaligen Lederbaron von Šiauliai gebaut. Sie überstand den Zweiten Weltkrieg unbeschadet und wurde von den Sowjets ab 1944 als Militärkrankenhaus genutzt, bis sie 1993 der Stadt übergeben wurde. Die Fassade ist nun wieder aufgemöbelt und die Räume sind mit dunkler Holztäfelung und reichlich historischen Möbeln liebevoll in alter Pracht restauriert.

Peter-und-Paul-Kathedrale KIRCHE

(Šv. Petro ir Povilo bažnyčia; Aušros takas 3) Die gewaltige Peter-und-Paul-Kathedrale am Priskėlimo aikštė hat mit 75 m den zweithöchsten Kirchturm des Landes. Sie wurde zwischen 1595 und 1625 gebaut. Das Geld dazu stammte aus den Erlösen des Verkaufs vierjähriger Bullen, die hiesige Bauern gespendet hatten. Der kleine Hügel, auf dem die Kirche steht, soll so entstanden sein: Ein Ochse zog in Šiauliai ein, legte sich hin und starb. Über ihm sammelten sich Staub und Sand, sodass sich ein Hügelchen bildete.

Sonnenuhr BAUDENKMAL

(Ecke Salkauskjo gatvė & Ežero gatvė) Die gigantische Sonnenuhr mit einem Bogenschützen in glänzender Bronze obenauf ist ein charakteristisches Wahrzeichen der Stadt. Sie wurde 1986 als Erinnerung an den 750. Jahrestag der Schlacht von Saulė (1236) auf dem heutigen Sonnenuhrplatz aufgestellt, jener Schlacht, in der die Niederlitauer die Schwertordensritter besiegten und die Stadt gründeten.

St. Georg-Kirche KIRCHE

(Šv. Jurgio bažnyčia; Kražių gatvė 17) Eine reizvolle katholische Kirche mit einem Zwiebelturm, der an ihren russischen Ursprung erinnert.

Schlafen

Die Touristeninformation vermittelt Privatunterkünfte rund um Šiauliai.

Šiauliai HOTEL €€

(☎437 333; www.hotelsiauliai.lt; Draugystės prospektas 25; EZ/DZ/Suite 95/165/265 Lt; P@) Das alte, 14-stöckige Hotel aus der Sowjetzeit hat unlängst sowohl innen als auch außen eine Verjüngung erfahren. Die in hellen Gelb- und Brauntönen gehaltenen Zimmer sind jetzt ganz nett – und der Ausblick ist so schön wie eh und je. Wer aufs Frühstück verzichtet, zahlt 15 Lt weniger. In einem der Cafés in der nahen Vilniaus gatvė ist das Frühstück ohnehin weitaus besser als das fade Büfett im Hotel.

Šaulys HOTEL €€
(☎520 812; www.saulys.lt; Vasario 16-osios gatvė 40; EZ/DZ/3BZ/Apt. ab 230/290/400/575 Lt; P@) Das Viersternehotel ist das nobelste der Stadt. Hinter der dunkelroten Fassade verbergen sich exzellent ausgestattete Zimmer – und das Personal kann Fallschirmsprünge sowie Flüge per Gleitschirm und Doppeldecker organisieren.

Šiauliai Jugendherberge HOSTEL €
(Šiaulių Kolegijos Jaunimo Navynės Namai; ☎523 764; www.jnn.siauliukolegija.lt; Tilžės gatvė 159; EZ/DZ/3BZ 50/70/90 Lt; Rezeption 7–23 Uhr; P) Das einstige Kolleg wurde mit EU-Mitteln renoviert und zu einem blitzblanken und strahlenden Hostel mit Küche und Fernsehraum umgebaut. Das Personal an der Rezeption spricht kein Englisch, ist aber sehr bemüht.

Essen

Die meisten Restaurants liegen in der zentralen Vilniaus gatvė. Sebstversorger können sich im **Ikiukas** (Vilniaus gatvė 128) eindecken.

LP TIPP **Arkos** LITAUISCH €€
(www.arkos.lt, auf Litauisch; Vilniaus gatvė 213; Hauptgerichte 15–30 Lt; 11–23 Uhr) Das Arkos ist fraglos das beste Restaurant in der Fußgängerzone. In dem klaren, freundlichen Backsteinkeller essen mittags die Büroangestellten und abends alle möglichen Gäste. Serviert werden preisgünstige Tagesgerichte und ein breites Angebot an litauischen und internationalen Gerichten.

Kapitonas Morganas INTERNATIONAL €€
(Vilniaus gatvė 183; Hauptgerichte 20–40 Lt) Auf zu Captain Morgans fröhlichem Piratenschiff, wo glückliche Zecher eifrig europäisches Futter vertilgen, lokale Biersorten trinken und auf der Straßenterrasse einen draufmachen.

Juonė Pastuogė INTERNATIONAL €€
(www.jonis.lt/tavern.juonepastuoge.htm; Aušros 31a; Hauptgerichte 10–30 Lt; Mo–Do 10–16, Fr & Sa 10–24 Uhr) Das Restaurant mit Musikclub lockt Gäste mit kreativen Speisen, wie Straußensteak, ländlich-deftigen Eintöpfe und vegetarischen Pfannkuchen. Am Wochenende ist oft Livemusik angesagt, werktags jedoch sind Restaurant und Club abends meist geschlossen. Zu finden ist der Laden über eine kleine Gasse, die neben der Vilniaus gatvė 212 beginnt; er befindet sich in einer kleinen Hütte auf der rechten Seite.

CanCan Pica ITALIENISCH €€
(www.cancan.lt; Vilniaus gatvė 146; Pizza 13–40 Lt) Die Filiale einer landesweiten Pizzakette hat Pizzasorten für jeden Geschmack (über 40), auch für Vegetarier. Im Sommer kann es jedoch schwierig werden, draußen einen Tisch zu ergattern.

Unterhaltung

Wie wär's mit einem Abend bei einer Aufführung in litauischer Sprache im **Schauspieltheater** (Tilžės gatvė 155) oder einem englischsprachigen Streifen im **Laikas** (Vilniaus gatvė 172) oder **Saulė** (Tilžės gatvė 140)? Oder am Wochenende lieber Livemusik im Juonė Pastuogė (s. unten links)?

Praktische Informationen

Gepäckaufbewahrung (pro 24 Std. 2 Lt) Busbahnhof (Mo–Fr 6–19, Sa 6–18, So 8–16 Uhr); Bahnhof (7–17.30 Uhr)
Post (Aušros alėja 42)
Šiauliai bankas (Tilžės gatvė 149)
Snoras bankas (Vilniaus gatvė 204)
Topos Centras (Tilžės gatvė; pro Std. 3 Lt; 9–20 Uhr) Internetzugang am Informationsstand im Einkaufszentrum Saulės Miestas.
Touristeninformation (☎523 110; http://tic.siauliai.lt/de; Vilniaus gatvė 213; Mo–Fr 9–18, Sa & So 10–16 Uhr) Verkauft Karten und Reiseführer, verleiht Fahrräder für 5 Lt pro Stunde und bucht Unterkünfte.

An- & Weiterreise

Bus

Verbindungen vom/zum **Busbahnhof** Šiauliai (☎525 058; Tilžės gatvė 109):
Kaunas (33–38 Lt, 3 Std., 20-mal tgl.)
Klaipėda (33 Lt, 3½ Std., 6-mal tgl.)
Palanga (31 Lt, 3 Std., 8-mal tgl.)
Panevėžys (17 Lt, 1½ Std., 20-mal tgl.)
Rīga (30 Lt, 2½ Std., 4-mal tgl.)
Vilnius (44 Lt, 3–4½ Std., 6-mal tgl.)

Zug

Bahnverbindungen vom/zum **Bahnhof** Šiauliai (☎430 652; Dubijos gatvė 44) u. a. mit Klaipėda (23–28 Lt, 2–3 Std., 5-mal tgl.), Panevėžys (13 Lt, 1½ Std., 2-mal tgl.) und Vilnius (35 Lt, 2½–3 Std., 3-mal tgl.).

Radviliškis & Umgebung

Das triste **Radviliškis** (19 700 Ew.), 22 km südöstlich von Šiauliai, ist nur als Eisenbahnknotenpunkt interessant. Auf der 55 km langen Strecke auf der A9 nach Osten Richtung Panevėžys gibt es dagegen etliche Orte, die eine Pause wert sind.

Šeduva (3200 Ew.), 15 km östlich von Radviliškis, ist ein großes Dorf mit einer gelb-weißen Barockkirche umgeben von Pflasterstraßen. Nicht weit von der Hauptstraße lockt am westlichen Ortsrand die **Šeduvos Malūnas** (www.seduvosmalunas.lt; Hauptgerichte 14–25 Lt), eine Windmühle von 1905 mit einem etwas kitschigen, aber vergnüglichen Restaurant. Der alte Zahnradmechanismus ist noch vorhanden, doch heute werden hier auf vier Ebenen traditionelle litauische Gerichte serviert. Die Inhaber betreiben nebenan auch ein nettes Hotel in einem modernen Gebäude (DZ ohne Frühstück 110 Lt, Parkplatz vorhanden).

In **Kleboniškiai** (ausgeschildert 5 km weiter östlich auf der A9 nach Panevėžys) gibt es eine weitere Windmühle (1884) und – 1 km eine staubige Straße entlang – das **Freilichtmuseum Kleboniškiai** (Kleboniškių kaimo buites ekspozicija; Erw./Stud. 6/3 Lt, Kamera 10 Lt; ⌚Di–So 9–18 Uhr). Der schöne Bauernhof mit Gebäuden aus dem 19. und dem frühen 20. Jh. präsentiert das ländliche Litauen als Postkartenidyll. Das Museum zeigt jede Menge Sammlerstücke wie Holzschlitten, bäuerliches Werkzeug und einen prächtigen Traktor von 1926, der noch funktioniert. Die Ausstellung gehört zum **Kulturhistorischen Museum und Reservat Daugyvenė** (Daugyvenės kultūros istorijos muziejus-draustinis), das Begräbnisplätze, Erdwälle und andere lokale archäologische Sehenswürdigkeiten schützt.

Zwischen Šiauliai und Panevėžys verkehren zahlreiche Busse, die in Radviliškis halten. Alle 30 Minuten fahren Busse zwischen Radviliškis und Šeduva (4 Lt, 15 Min.) und sechsmal täglich von/nach Vilnius (32 Lt, 3 Std.).

Täglich zwei Züge fahren zwischen Šiauliai und Šeduva (8 Lt, 50 Min.), drei zwischen Vilnius (32 Lt, 2½ Std.) und Radviliškis und fünf zwischen Klaipėda (31 Lt, 2½ Std.) und Radviliškis.

Panevėžys

☎45 / 114 600 EW.

Panevėžys (pa-ne-wäi-dschis) ist nicht gerade eine Touristenattraktion. Die meisten Besucher passieren es auf der Durchreise mit dem Bus zwischen Vilnius und Rīga. Wer etwas Aufenthalt hat, kann sich in Litauens fünftgrößter Stadt ein paar Dinge ansehen.

Im Zentrum liegt der Laisvės aikštė. Die Nordseite des Platzes wird von der Ostwest-Verbindung Elektros gatvė, die Südseite von der Vilniaus gatvė begrenzt. Die Basanavičiaus gatvė führt nach Norden zur Ausfallstraße nach Rīga und nach Süden nach Kaunas und Vilnius. Der Bahnhof befindet sich 2 km nordöstlich vom Zentrum, der Busbahnhof liegt am Savanorių aikštė.

Sehenswertes & Aktivitäten

Der dreieckige **Laisvės aikštė** ist ein zentraler, von Bäumen bestandener, verkehrsfreier Platz, angenehm für zwei Monate im Sommer, den Rest des Jahres jedoch ruhig. Ringsum liegen einige wenig ansprechende Cafés und Geschäfte sowie das **Theater Juozas Miltinis**, das seit 1940 in Betrieb ist. Am Fluss bilden eine **kleine Brücke** und **Statuen** die Kulisse für einen netten Spaziergang.

Volkskundemuseum MUSEUM
(Kraštotyros muziejus; www.paneveziomuziejus.lt;Vasario 16-osios gatvė 23; Erw./Kind 3/1,50 Lt; ⌚Mo–Do 8–17, Fr 8–15.45 Uhr) Das winzige Volkskundemuseum zeigt im ältesten Gebäude der Stadt (von 1614) in der Kranto gatvė 21 auch Wechselausstellungen.

Schlafen & Essen

Hotel Panevėžys HOTEL
(☎435 115; www.centraspanevezys.lt; Laisvės aikštė 26; EZ/DZ ab 90/150 Lt) Wer dringend eine Unterkunft braucht, findet im 5. Stock des Hochhauses im Sowjetstil nett umgestaltete Zimmer (die übrigen Stockwerke sind nun Büroräume). Der Eingang zur Rezeption liegt hinter dem Gebäude neben dem Parkplatz.

Hotel Romantik HOTEL
(☎584 860; www.romantic.lt; Kranto gatvė 24; EZ/DZ/Suite 360/380/700 Lt; P@🛜🏊) Die Zimmer in der umgebauten alten Mühle sind recht vornehm (und kosten entsprechend). Die Restaurantterrasse mit Blick auf den

Panevėžys

Sehenswertes

1 Ältestes Gebäude B1
2 Volkskundemuseum A2

Schlafen

3 Hotel Panevėžys B2
4 Hotel Romantik B1

Essen

5 Galerija XX B3
6 Iki B3

Unterhaltung

7 Theater Juozas Miltinio B2
8 Märchenzug A2

Park ist hinreißend und absolut das beste Lokal in der Stadt (Hauptgerichte 22–55 Lt).

Galerija XX LITAUISCH
(Laisvės aikštė 7; Hauptgerichte 12–20 Lt) Hat eine Terrasse am Hauptplatz und ist nicht schlechter als alle anderen Restaurants.

Iki SUPERMARKT
(Ukmerges gatvė 18a) Selbstversorger können sich in diesem Supermarkt im Einkaufszentrum neben dem Busbahnhof eindecken.

Unterhaltung

Theater Juozas Miltinio THEATER
(Kartenverkauf 584 614; www.miltinio-teatras.lt; Laisvės aikštė 5) Das Theater existiert schon seit 1940. Die meisten Aufführungen sind auf Litauisch.

Märchenzug PUPPENTHEATER
(Pasakų traukinukas; Kartenverkauf 511 236; www.leliuvezimoteatras.lt; Respublikos gatvė 30; Eintritt 6 Lt; Mo–Fr 8–17 Uhr Etwas Besonderes für Kinder ist der Besuch bei den zauberhaften Puppen und Marionetten im Märchenzug des **Marionettentheaters**. Das einzige fahrende Theater Litauens ist selten zu Hause (es reist fast den ganzen Sommer über durchs Land), doch allein schon die Figuren im alten Schmalspurwaggon sind wunderschön.

Praktische Informationen

Geldautomaten und Geldwechsel haben die Banken am Laisvė aikštė 18 und in der Ukmerges gatvė 18a.

E-kopija (Laisvės aikštė 16; pro Std. 2 Lt; Mo–Fr 8.30–18.30, Sa 10–15 Uhr) Internetzugang.

Gepäckaufbewahrung (pro 24 Std. 3 Lt; Mo–Fr 5.30–19, Sa & So 7–12.20 & 12.50–16 Uhr) Am Busbahnhof.

Post (Respublikos gatvė 60)

Touristeninformation (508 080; Laisvės aikštė 11; April–Sept. Mo–Fr 9–18, Sa 9–14 Uhr, Okt.–März Mo–Fr 8–17 Uhr)

An- & Weiterreise

Bus

Verbindungen vom/zum **Busbahnhof** (463 333; Savanorių aikštė 5):

Kaunas (25 Lt, 2 Std., 22-mal tgl.)
Rīga (ab 32 Lt, 2½–3 Std., 6-mal tgl.)
Šiauliai (17 Lt, 1½ Std., etwa 20-mal tgl.)
Vilnius (30 Lt, 1¾ Std., stündl.)

Zug

Es gibt nur wenige Verbindungen vom/zum **Bahnhof** (463 615; Kerbedžio gatvė 9), nur mit Šiauliai (13 Lt, 1½ Std., 2-mal tgl.), wo es Anschluss an Züge zu weiteren Zielorten gibt.

Anykščiai

381 / 12 000 EW.

Das hübsche Anykščiai liegt 60 km südöstlich von Panevėžys am Zusammenfluss von Sventoji und Anyksta. In Richtung Osten liegen 76 Seen, im größten, dem **Rubikiai-See** (9,68 km², 16 m tief), gibt es 16 Inseln. Das

DAS BIER DES NORDENS

Der Norden Litauens ist das Land des Gerstenmalzbiers. Die Brauer verwenden hier alte Rezepte, nach denen ihre Vorfahren schon vor über 1000 Jahren Bier brauten. 160 l Bier werden hier pro Kopf und Jahr getrunken, behaupten die Einheimischen stolz. Die führende Biertrinkernation (Tschechien) konsumiert etwa die gleiche Menge. Bei den Briten sind es etwa 100 l und in Deutschland 110 l.

Zu den bekannten Marken gehören **Horn** (www.ragutis.lt) aus Kaunas (seit 1853), das in Šiauliai gebraute **Gubernija** (www.gubernija.lt) und **Kalnapilis** aus Panevėžys, deren **Brauerei** (☎505 219; www.kalnapilis.lt; Taikos alėja 1) Führungen anbietet.

Das am See gelegene Biržai, 65 km nördlich vonPanevėžys und das wahre Zentrum der litauischen Bierregion, veranstaltet jedes Jahr im August das zweitägige ausgelassene **Biržai-Stadtfest**, bei dem die Brauereien der Stadt ihre Erzeugnisse auf der Straße ausschenken. Der Gerstensaft fließt in Strömen und die Atmosphäre ist mehr als angeheitert. Die ortsansässige **Rinkuškiai-Brauerei** (www.rinkuskiai.lt; Alyvų gatvė 8) kann besichtigt werden und das Bier – von leichtem Lagerbier bis zu bleischwerem Dunkelbier – wandert literweise über den Verkaufstresen am Ausgang. Etwas weniger bekannt ist das süßliche **Butautų alaus bravoras**, ein Bier, das in braunen Glasflaschen mit Porzellanschnappverschluss verkauft und schon seit 1750 in Butautų gebraut wird.

Städtchen hat eine Handvoll Sehenswürdigkeiten zu bieten, aber im Winter verwandelt es sich zu einer Seltenheit in Litauen, nämlich in einen Wintersportort.

Sehenswertes & Aktivitäten

Die Gelegenheit, auf Zügen herumzuklettern und sogar mit einer alten Schmalspurbahn zu fahren, ist zweifellos die größte Attraktion der Stadt, ganz besonders für Kinder.

Schmalspurbahnmuseum MUSEUM
(Siaurojo geležinkelis istorijos ekspozicija; www.baranauskas.lt; Viltis gatvė 2; Erw./Kind 3,50/3 Lt; ⏲Mai–Okt. 10–17 Uhr, Nov.–April nach Absprache via Website oder Touristeninformation) Alles dreht sich um das Museum im alten Bahnhof von Anykščiai. Besucher können auf Draisinen fahren und an Wochenenden von Mai bis Oktober einen Ausflug mit der Bahn nach Troškūnai oder Rubikiai unternehmen. Die Züge fahren um 11 Uhr los und kehren um 14.30 Uhr zurück; Fahrkarten kosten 20 Lt. Weitere Infos gibt's auf www.siaurukas.eu oder in der Touristeninformation von Anykščiai.

Pferdemuseum MUSEUM
(Arklio muziejus; www.arkliomuziejus.lt; Erw./Kind 7/4 Lt; ⏲8–18 Uhr, Sept.–Juni bis 17 Uhr) Pferdefreunde (und Kinder) dürfte ein Abstecher zum einzigen Pferdemuseum Litauens im 6 km nördlich gelegenen Dörfchen Niūronys interessieren. Das wie ein traditionelles Gehöft angelegte Museum befasst sich mit dem Thema aus litauischer Perspektive. Zu sehen sind Schwarz-Weiß-Fotos von Pferdefuhrwerken in Vilnius sowie eine schöne Sammlung von Kutschen, Droschken und von Pferden gezogenen Feuerwehrwagen. Reiten (4 Lt) und Kutschfahrten (2 Lt) werden angeboten und für die Kids gibt es einen großen Spielplatz. Besucher können hier auch ihr eigenes Schwarzbrot auf litauische Art backen (Erw./Kind 13/7 Lt; nur nach Vereinbarung über die Website oder die Touristeninformation). Busse fahren zweimal täglich (2 Lt, 20 Min.) zwischen Niūronys und Anykščiai.

Puntukas-Stein NATURMONUMENT
In einem Kiefernwald 10 km südlich von Anykščiai steht der Puntakas-Stein (Puntuko akmuo), ein 5,7 m hoher, 6,7 m breiter und 6,9 m langer Felsbrocken, den der Legende nach der Teufel hier hinterlassen hat: Als er versuchte, die doppeltürmige **Matthäuskirche** (1899–1909) von Anykščiai zu zerstören, krähte ein Hahn und der Teufel fuhr zur Hölle, worauf der Felsbrocken vom Himmel stürzte.

Kalitos Kalnas WINTERSPORTORT
(☎78 144; www.kalitoskalnas.lt; Kalno gatvė 25) Im Winter verwandelt sich Anykščiai in eines der wenigen Wintersportgebiete des Landes. Das Skizentrum betreibt zwei Skilifte (Dez.–März), verleiht Skiausrüstung und bietet Skiunterricht an. Die Touristeninformation hilft bei der Organisation.

Schlafen

Die Touristeninformation in Anykščiai vermittelt Privatunterkünfte, die häufigsten Unterkünfte im Ort. Ansonsten gibt es noch das ehemalige Sporthotel **Keturi Kalnai** (58 520; www.keturikalnai.lt; Liudiškių gatvė 18; EZ/DZ ab 50/90 Lt;), dessen schlichte, aber komfortable Zimmer mit Bad recht preisgünstig sind. Und es hat ein kleines Schwimmbecken.

Praktische Informationen

Die äußerst hilfsbereite **Touristeninformation** (59 177; www.antour.lt; Gegužės gatvė 1; Mo–Sa 8–17, So bis 16 Uhr) von Anykščiai sollte der erste Anlaufpunkt sein. Die Angestellten sind so engagiert, dass sich mancher fragt, wieso er nicht den ganzen Urlaub hier organisiert hat. Sie buchen Privatunterkünfte und geben Tipps zu Sehenswürdigkeiten und Reiseinfos.

An- & Weiterreise

Da die Bahnlinie von Anykščiai mittlerweile nur noch Touristenattraktion ist, bleibt nur noch der Bus. Vom **Busbahnhof** (51 333; Vienuolio gatvė 1) gegenüber der Touristeninformation verkehren Busse von/nach Panevėžys (15 Lt, 1¼ Std., 2-mal tgl.), Vilnius (26 Lt, 2½ Std., 5-mal tgl.), Kaunas (26 Lt, 2¼ Std., 11-mal tgl.) und Utena (11 Lt, 1 Std., 6-mal tgl.).

DER WESTEN

Die Ostseeküste Litauens ist eine der größten Touristenattraktionen des Landes. Die Saison dauert zwar nur von Mitte Mai bis Mitte September (wobei nur Juli und August warm genug zum Baden sind), aber Einheimische und Besucher strömen massenhaft an den fast 100 km langen Küstenstreifen aus glitzerndem Meer, weißen Sandstränden und fröhlichen Sommerfreuden.

Den Höhepunkt bildet ein einzigartiges Schmuckstück: die Kurische Nehrung (Kursių Nerija), eine schmale Sandzunge, die sich bis nach Russland erstreckt. Dieser Sandstreifen zwischen der Ostsee und dem Kurischen Haff ist so außergewöhnlich und kostbar, dass die Unesco ihn 2000 in die Liste des Weltnaturerbes aufgenommen hat. Alte Fischerdörfer und die ostpreußische Vergangenheit bilden einen faszinierenden Rahmen für die wahre Attraktion: riesige Sanddünen und dichte Kiefernwälder.

Das Tor zur Nehrung ist Klaipėda mit dem einzigen Großhafen des Landes. Die geschäftige Stadt mit ihrer winzigen Altstadt und dem ständigen Kommen und Gehen der Fähren hat einen ganz eigenen Charakter. Im Norden liegt Palanga, eine Partystadt wie aus dem Bilderbuch. Hier im Sommer ein Zimmer zu finden, kann ganz schön schwierig sein.

Der Regionalpark Nemunas-Delta südlich von Klaipėda ist eine Oase für Vögel und Vogelfreunde. Im Nationalpark Žemaitija befand sich einst eine geheime Atomraketenbasis der Sowjets, die heute ein Museum des Kalten Krieges und ein Muss für Geschichtsfans ist.

Klaipėda

46 / 161 300 EW.

Litauens drittgrößte Stadt ist eine Mischung aus Alt und Neu. In der einstigen preußischen Hauptstadt Memel zeugen die Bauten der Altstadt voller Pflastergassen und der einzige erhaltene Turm ihrer backsteinernen Burg noch von ihrer deutschen Vergangenheit. Klaipėda besitzt auch den einzigen Hafen Litauens, in dem große Kreuzfahrtschiffe anlegen können, und ist ein wichtiger Knotenpunkt für Fracht- und Passagierschiffe zwischen Litauen, Deutschland und Skandinavien.

Die meisten Besucher würdigen Klaipėda nur eines kurzen Blicks, um rasch auf die Fähre zur Kurischen Nehrung zu gelangen. Doch es lohnt sich, einige Stunden oder besser noch einen ganzen Tag dafür einzuplanen.

Der Danė fließt in westlicher Richtung durch das Stadtzentrum und mündet 4 km von der Ostsee entfernt ins Kurische Haff. Der Fluss teilt die Stadt in zwei unterschiedliche Teile. Südlich des Danė liegt die modernere Neustadt mit einigen Hotels, dem Bahnhof, Busbahnhof und der Universität Klaipėda. Die Hauptraße ist hier die Manto gatvė, die in Nordsüdrichtung verläuft. In der allmählich sanierten Altstadt nördlich des Flusses befinden sich die Touristeninformation, Geschäfte, Kneipen, Restaurants und ein paar Hotels. Die Hauptstraßen hier sind die Tiltų gatvė und der Taikos prospektas.

Der dritte Stadtteil Smiltynė liegt jenseits des Haffs auf der Nordspitze der Kurischen Nehrung und ist nur mit der Fähre zu erreichen. Es gibt dort ein paar interessante Sehenswürdigkeiten.

Geschichte

Bis 1925 hieß Klaipėda Memel. 1252 hatte der Deutsche Orden die Stadt gegründet

Der Westen

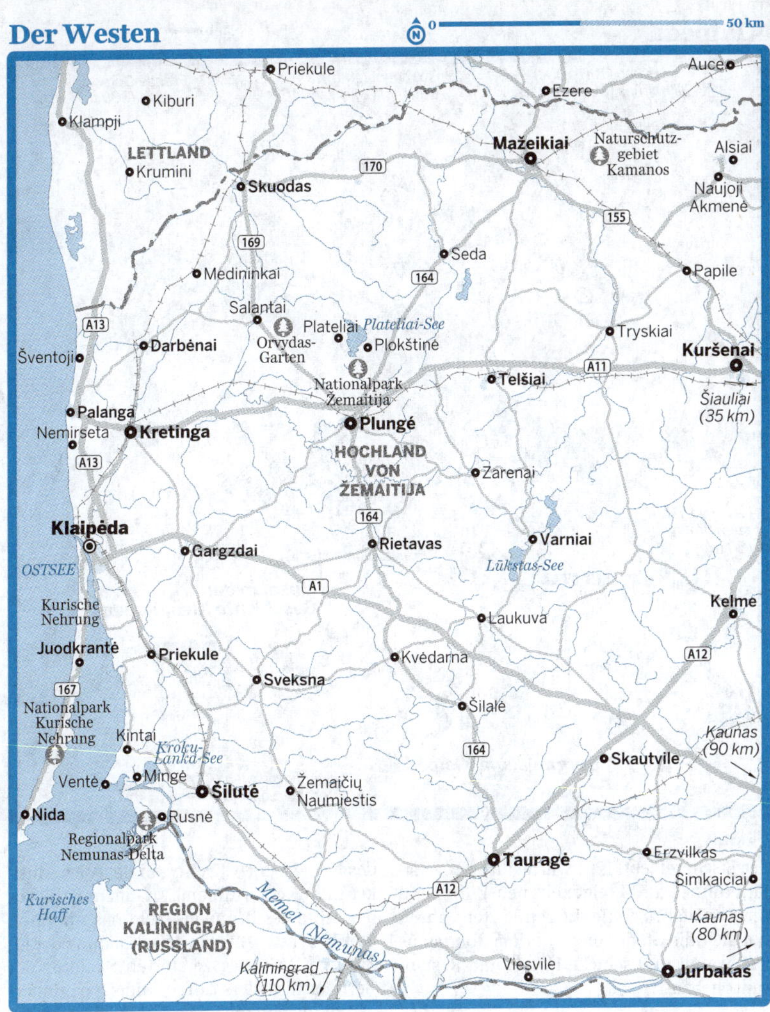

und die erste Festung errichtet. Ab dem 15. Jh. war die Stadt ein wichtiger Hafen, 1629 wurde sie allerdings von den Schweden zerstört. Nach den Napoleonischen Kriegen Anfang des 19. Jhs. wurde Memel preußisch und blieb es auch bis zum Ersten Weltkrieg. Damals bestand die Bevölkerung jeweils zur Hälfte aus Deutschen und Litauern.

Im Vertrag von Versailles nach dem Ersten Weltkrieg wurden die Stadt Memel, die nördliche Hälfte der Kurischen Nehrung und ein etwa 150 km langer und 20 km breiter Landstreifen an der Ostseite des Kurischen Haffs und an der Nordseite des Nemunas von Deutschland getrennt und zum „internationalen Gebiet" erklärt. Dieses Territorium blieb bis 1923 staatenlos, dann marschierten litauische Truppen ein, annektierten es und gaben ihm den Namen Klaipėda.

Im Zweiten Weltkrieg fiel Klaipėda schließlich wieder an Deutschland und diente als U-Boot-Stützpunkt der Nazis. Wegen ihrer strategischen Bedeutung wurde die Stadt im Zweiten Weltkrieg fast völlig zerstört. Nach umfangreichen Aufbauarbeiten und der Neubesiedelung ist es heute eine bedeutende Stadt, die vom Schiffbau und

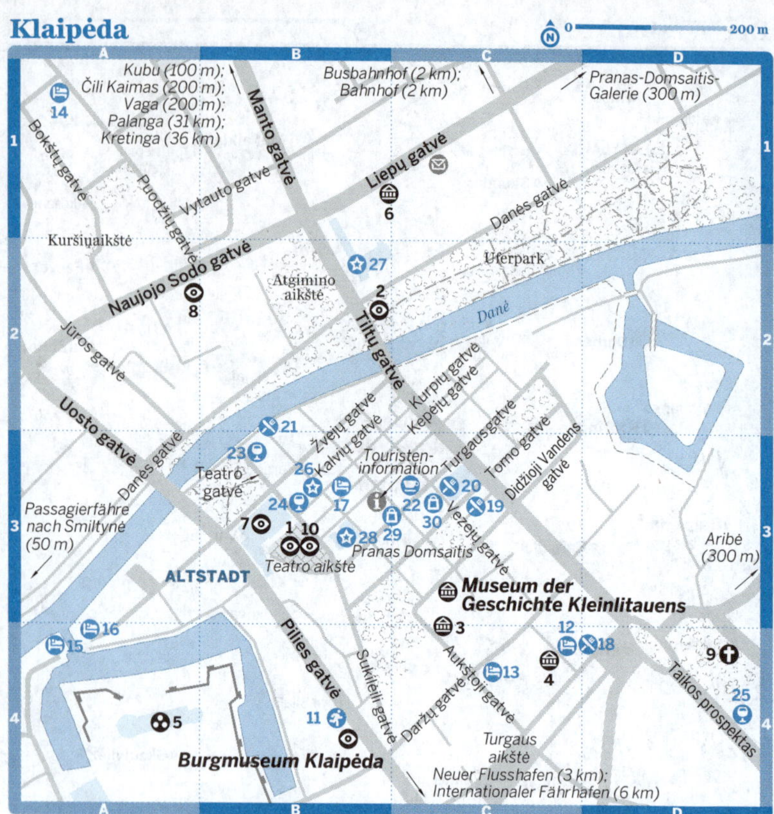

der Fischerei lebt. 1991 wurde ihre Universität eröffnet, 2003 folgte ein neuer Terminal für Kreuzfahrtschiffe. In den letzten Jahren hat sich die Stadt verstärkt dem Tourismus zugewandt und schicke Hotels und Restaurants gebaut.

Sehenswertes

ALTSTADT

Nur wenig erinnert noch an das preußische Memel, doch im ältesten Teil der Stadt wurden zwischen Fluss und Turgaus aikštė einige Straßenzüge saniert. Der hübsche **Teatro aikštė** (Theaterplatz) bildet das Herz der Altstadt. Hier steht das klassizistische **Theater** (1857, wird derzeit renoviert). Vom Balkon des Theaters aus verkündete Hitler dem auf dem Platz versammelten Volk den Anschluss Memels an Deutschland.

Davor steht ein **Brunnen**, der Simon Dach gewidmet ist. Der in Klaipėda geborene deutsche Dichter (1605–59) war der Kopf des Königsberger Kreises, in dem sich Musiker und Dichter trafen. Auf einem Sockel in der Mitte des Brunnens steht das **Ännchen von Tharau** (1912), eine Nachbildung der im Zweiten Weltkrieg zerstörten Skulptur des Berliner Künstlers Alfred Kune. Sie erinnert an das gleichnamige deutsche Volkslied, das ursprünglich in ostpreußischem Dialekt verfasst wurde.

Burg RUINE, MUSEUM

Westlich der Pilies gatvė liegen die Reste der einst mächtigen, von einem Graben geschützten Burg, deren älteste Teile aus dem 13. Jh. stammen. Das **Burgmuseum Klaipėda** (Klaipėdos pilies muziejus; www.mlimuziejus.lt; Pilies gatvė 4; Erw./Kind 6/3 Lt; ⌚Di–Sa 10–18 Uhr) im erhaltenen Turm erzählt die Geschichte der Burg bis zum 19. Jh., als sie größtenteils geschleift wurde. Ausgestellt sind auch einige faszinierende Fotos aus dem Zweiten Weltkrieg und den ersten Nachkriegsjahren, als Klaipėda von sowjeti-

Klaipėda

Highlights
Burgmuseum Klaipėda B4
Museum der Geschichte Kleinlitauens C3

Sehenswertes
1 Ännchen von Tharau (Skulptur) B3
2 Arka B2
3 Galerie Baroti C4
4 Schmiedemuseum C4
5 Burg A4
6 Uhrenmuseum B1
7 Theater B3
8 K-Centras A2
9 Kirche der Hlg. Maria Friedenskönigin ... D4
10 Simon-Dach-Brunnen B3

Aktivitäten, Kurse & Touren
11 Kreuzfahrtschiff- Terminal B4

Schlafen
Amberton .... (siehe 8)
12 Friedricho C4
13 Hotel Euterpė C4
14 Gästehaus Litinterp A1
15 Old Port Hotel A4
16 Old Port Hotel A4
17 Gästehaus Preliudija B3

Essen
18 Friedricho D4
19 Hämmerli C3
20 Ikiukas C3
Keltininko Namas .... (siehe 15)
21 La Terrasse B2

Ausgehen
22 Max Coffee C3
23 Memelis B3
24 Senoji Hansa B3
25 Švyturys-Brauerei D4
Viva Lavita .... (siehe 8)

Unterhaltung
26 Kurpiai B3
27 Musiktheater B2
28 Relax B3

Shoppen
29 Parko C3
30 Pėda C3

schen Stadtplanern wieder aufgebaut wurde. Zu erreichen ist das Museum durch das Gebäude der Staatlichen Hafenverwaltung und über das Gelände einer Werft.

Museum der Geschichte Kleinlitauens — MUSEUM

(Mažosios lietuvos istorijos muziejus; www.mlimuziejus.lt; Didžioji Vandens gatvė 2; Erw./Kind 5/2,50 Lt; Di–Sa 10–18 Uhr) Das Geschichtsmuseum zeichnet die Ursprünge Kleinlitauens nach, wie der Großteil des litauischen, einstmals ostpreußischen Küstengebiets jahrhundertelang genannt wurde. Mit Ausnahme des Großraums Klaipėda, der nach dem Ersten Weltkrieg von Litauen annektiert wurde, blieben Teile der Küste und auch das russische Kaliningrad (Königsberg) bis zum Zweiten Weltkrieg ein Teil Deutschlands.

Das Museum zeigt auch faszinierende Stücke aus der deutschen Vergangenheit, wie preußische Landkarten, aufwendige Webstühle und traditionelle Volkskunst.

Schmiedemuseum — MUSEUM

(Kalvystės muziejus; www.mlimuziejus.lt; Šžaltkalvių gatvė 2; Erw./Kind 5/2,50 Lt; Di–Sa 10–18 Uhr) Das hübsche Schmiedemuseum stellt schmiedeeiserne Objekte aus, darunter kunstvoll gearbeitete Kreuze vom alten Friedhof der Stadt (Martynas-Mažvydas-Skulpturenpark).

Kirche der Heiligen Maria Friedenskönigin — KIRCHE

(Švč. Mergelės Marijos Taikos Karalienės bažnyčia; Rumpiškės gatvė 6a) Die Kirche liegt nicht weit entfernt vom schmuddeligen Markt der Stadt und ist das einzige katholische Gotteshaus, das in der Sowjetzeit im Baltikum errichtet wurde. Der 46,5 m hohe Turm ist eines der höchsten Bauwerke der Stadt. Eine Besichtigung kann über die Touristeninformation gebucht werden.

Galerie Baroti — KUNSTGALERIE

(Baroti galerija; Aukštoji gatvė 3/3; Eintritt frei) Die Galerie mit ihren spannenden Gastausstellungen ist teilweise in einem umgebauten Fischspeicher (1819) untergebracht. Der Fachwerkbau ist charakteristisch für das ehemals deutsche Memel.

NÖRDLICH DES FLUSSES

Das Nordufer des Danė ist von einem **Park** gesäumt. Ein Stück weiter nördlich verläuft die Liepų gatvė mit ein paar Sehenswürdig-

DER SKULPTURENGARTEN VON KLAIPĖDA

Wie in Litauen üblich steckt Klaipėda voller großartiger Skulpturen, darunter rund 120 aus den späten 1970er-Jahren im **Skulpturenpark Martynas Mažvydas** (Liepų gatvė), bis 1977 der Hauptfriedhof der Stadt. Nicht weit vom Parkrand am Lietuvninkų aikštė steht die monumentale, 3,5 m hohe **Granitskulptur** des Mannes, der dem Park den Namen gab: Martynas Mažvydas, der Verfasser des ersten in Litauen veröffentlichten Buches (1547).

Der rote Granitpfeiler, der am Südende der Manto gatvė einen zerbrochenen großen, grauen Bogen stützt, ist Litauens größte Granitskulptur. Die **Arka** (Bogen) genannte Skulptur erinnert an Klaipėdas Anschluss an Litauen 1923 und trägt als Inschrift die Worte des lokalen Dichters Simonaitytė (1897–1978): „Wir sind eine Nation, ein Land, ein Litauen".

Vor dem Bahnhof steht die Skulptur **Abschied** (2002), die ergreifende Statue einer Mutter mit Kopftuch und Koffer in der einen und einem kleinen Jungen mit Teddybär an der anderen Hand. Deutschland schenkte sie einst der Stadt Klaipėda, um daran zu erinnern, wie schwer vielen Deutschen der Abschied von der Stadt fiel, die 1923 litauisch wurde.

Kleinere Arbeiten scheinen in Klaipėda über Nacht aus dem Boden zu sprießen. In der Altstadt finden sich Skulpturen eines Hundes, einer Katze, einer Maus, einer Spinne und eines bedrohlichen roten Drachens, am Stadtrand tummeln sich ein Apfel, eine Reihe überdimensionaler, gelber Stühle und ein Jungen mit Hund, der den Fähren nachwinkt. Jeder Stadtbummel wird zur Entdeckungsreise.

keiten. Sie hieß für kurze Zeit Adolf-Hitler-Straße.

Uhrenmuseum MUSEUM

(Laikrodžių muziejus; www.muziejai.lt; Liepų gatvė 12; Erw./Kind 6/3 Lt; ⌚Di–Sa 12–17.30, So bis 16.30 Uhr) Im Uhrenmuseum neben dem neogotischen Postamt in Nr. 16 ticken alle möglichen Uhren, von gotischen Zeitmessern bis hin zu Atomuhren. Der sonnige Hof ist schon allein das Eintrittsgeld wert.

Pranas-Domšaitis-Galerie MUSEUM

(www.ldm.lt; Liepų gatvė 33; Erw./Kind 6/3 Lt; ⌚Di–Sa 11–18, So 12–17 Uhr) Die Galerie am Nordwestende der Liepų gatvė zeigt Werke des deutsch-litauischen Expressionisten Pranas Domšaitis (1880–1965).

K-Centras BAUWERK

(Naujojo Sodo gatvė 1) Richtung Haff steht das höchste Gebäude Klaipėdas, das wie ein „K" geformt ist. Es ist Sitz des Hotels Amberton mit der Bar Viva Lavita im obersten Stock.

SMILTYNĖ

Das kleine Dorf Smiltynė (Karte S. 368) auf der Kurischen Nehrung (S. 367) ist nur eine fünfminütige Fährfahrt von Klaipėda über die schmale Haffstraße entfernt. Der herrliche haffseitige Küstenstreifen, an dem sich an Sommerwochenenden die Einwohner von Klaipėda drängen, bietet wunderschöne Strände, Sanddünen und süß duftende Kiefernwälder.

Litauisches Meeresmuseum MUSEUM

(Karte S. 368; Lietuvos jūrų muzieujus; www.juru.muziejus.lt; Erw./Stud. Juni–Aug. 15/7 Lt, Sept.–Mai 12/6 Lt; ⌚Juni–Aug. Di–So 10.30–18.30 Uhr, Mai & Sept.–Mitte Okt. Mi–So 10.30–18 Uhr, Mitte Okt.–April Sa & So 10.30–17 Uhr) Das populäre Museum in einer ehemaligen Festung aus dem 19. Jh. liegt etwa 1,5 km vom Anleger der Fähren vom Alten Hafen entfernt. Faszinierende ausgestopfte Meerestiere, Aquarien und Liveshows mit Robben, Seelöwen und Delphinen gehören zu den Attraktionen. Bei unserem Besuch 2011 war das Delphinarium wegen Umbau geschlossen, soll aber 2012 wiedereröffnet werden.

Im Juli und August chauffieren Pferdekutschen (70 Lt für bis zu 8 Pers.) die Besucher vom Fähranleger zum Museum. Auf derselben Strecke verkehrt auch eine elektrische **Touristenbahn** (Erw./7–10 J.4/3 Lt). Man kann aber auch ein **Fahrrad** mieten (pro Std./Tag 8/40 Lt, ⌚Mai–Sept. 10–20 Uhr) oder zu Fuß gehen. Der große Granitfelsen am Anfang des Wegs ehrt die Sieger der Rennen über drei bzw. sechs Seemeilen, die alljährlich am zweiten Samstag im Oktober rund um Smiltynė stattfinden.

Ausstellung des Nationalparks Kurische Nehrung MUSEUM
(Karte S. 368; Kursių nerijos nacionalinis parkas gamtos muziejus ekspozicija; www.nerija.lt; Smiltynė plentas 11; Eintritt frei; ⌚Mai–Sept. Mi–So 11–18 Uhr) Das Naturkundemuseum zeigt in drei Holzgebäuden zahlreiche ausgestopfte Tier- und Vogelarten der Nehrung, darunter Wildschweine, Dachse, Biber und Elche sowie eine große Sammlung von Insekten. Außerdem informiert es über den Dünenschutz.

Ethnografisches Fischergehöft MUSEUM
(Karte S. 368; Eintritt frei; ⌚Sonnenaufgang–Sonnenuntergang) Etwa 700 m nördlich des Naturkundemuseums liegen **alte Fischerboote**, die auch von innen zu besichtigen sind, darunter drei Ostsee-Fischkutter aus den späten 1940er-Jahren und ein **Kurėnas** von 1935, ein traditionelles, 10,8 m langes, flaches Segelboot der Hafffischer. Gleich dahinter liegt das **Ethnografische Fischergehöft** mit traditionellen Gebäuden aus dem 19. Jh. (Getreidespeicher, Wohnhaus, Keller, Stallungen usw.). Das Freilichtmuseum gibt Einblicke in die traditionelle Lebensweise der Fischer.

Aktivitäten

Pack die Badehose ein und nichts wie raus nach Smiltynė, von wo Wege durch Kiefernwälder über die 1 km breite Spitze der Nehrung zu einem strahlend weißen **Sandstrand** führen. Vom Fähranleger geht's zunächst über den Parkplatz und dann nach links Richtung Nida. Rechts weist ein großes Schild auf den Fußweg hin, der durch den Wald zum Frauenstrand (Moterų pliažas; 1 km), zum gemischten Strand (Bendras pliažas; 700 m) und zum Männerstrand (Vyrų pliažas; 900 m) führt. Am Frauen- bzw. Männerstrand ist es üblich, nackt oder oben ohne zu baden.

Melnragė, 1 km nördlich von Klaipėda, hat einen Strand mit Pier, an den die Städter gerne zum Sonnenuntergang kommen. **Giruliai**, ein weiterer Strand, liegt noch 1 km weiter nördlich. Die Buslinien 6 und 4 fahren von der Manto gatvė jeweils zu beiden Stränden. Am steinigen Strand **Karklė**, noch einmal 1 km weiter nördlich, schwemmen Herbststürme immer mal wieder Bernstein an. Hier liegt das geschützte **Niederländische Kap**, eine 24 m hohe Klippe.

Die Touristeninformation organisiert **Bootsfahrten** auf dem Haff. **Segeltörns** (3 Std. 70 Lt) auf der Ostsee werden während des Meeresfestes im Juli angeboten; auch hierüber informiert die Touristeninformation.

Das **Sothys Spa Centras** (☎315 063; www.sothys.lt, auf Litauisch; Mažoji Smilties gatvė 2; ⌚Mo–Fr 8–21, Sa 9–20 Uhr) mit türkischer Sauna, Schwimmbad und Massage wird vor allem Wintergäste interessieren. Die Touristeninformation vermittelt im Winter Ausflüge zum **Eisfischen**.

Festivals & Events

Am dritten Juliwochenende feiert Klaipėda seine lange nautische Tradition mit dem farbenprächtigen, fünftägigen **Meeresfest** (www.jurossvente.lt).

Schlafen

Im Sommer, besonders während des Meeresfestes, sollten Zimmer möglichst frühzeitig gebucht werden. Die Touristeninformation vermittelt Privatzimmer ab 70 Lt und ist ebenso bei der Suche nach Unterkünften auf dem Land behilflich.

LP TIPP **Gästehaus Litinterp** PENSION €
(☎410 644; www.litinterp.com; Puodžių gatvė 17; EZ/DZ/3BZ 100/160/210 Lt, ohne Bad 80/140/180 Lt; ⌚Rezeption Mo–Fr 8.30–19, Sa 10–15 Uhr; P@📶) Die saubere und ruhige Pension ist zwar nicht luxuriös, aber dafür wunderbar preisgünstig. Die 16 Zimmer sind blitzblank und mit hellem Kiefernholz eingerichtet, was einen frischen und modernen Eindruck vermittelt. Die Lage ist super, nämlich nördlich des Flusses und in Fußnähe zur Altstadt und den Hafenanlagen. Verbesserungswürdig ist lediglich das schlichte Frühstück aus ein paar Scheiben Brot, Salami und Käse, das in einem Korb ans Zimmer gebracht wird. Aber bei diesen Preisen gibt's eigentlich nichts zu meckern.

Gästehaus Preliudija PENSION €€
(☎310 077; www.preliudija.com; Kepėjų gatvė 7; EZ/DZ ab 180/210 Lt; @📶) Die gehobene Pension – in Klaipėda noch immer eine Seltenheit – in einem Altstadthaus von 1856 ist einfach zauberhaft. Trotz des alten Gebäudes sind die Zimmer minimalistisch und modern, jedes hat eine einzelne Blume in einer Vase und ein blitzblankes Badezimmer.

Friedricho PENSION €€
(☎391 020; www.pasazas.lt; Šaltkalvių gatvė 3; Zi. ab 300 Lt; P📶) Die hübsche Pension mit sechs Zimmern wird von denselben Leuten gemanagt, die auch die Restaurants in der

Friedricho Pasažas betreiben. Die Zimmer sind eigentlich kleine Apartments mit Kochnische und Wohnzimmer und daher ideal für Familien. In vier Zimmern steht sogar ein Computer. Die Altstadtlage ist super.

Aribė HOTEL €€
(☎490 940; www.aribe.lt; Bangų gatvė 17a; EZ/DZ 140/170 Lt; P@W) Das Dreisternehotel liegt nur zehn Minuten zu Fuß von der Altstadt entfernt hinter einer unscheinbaren Fassade in bescheidener Umgebung. Die Zimmer in hellen Farben sind ruhig und angenehm. Das Personal ist superhilfsbereit.

Amberton HOTEL €€
(☎404 372; www.ambertonhotels.com; Naujojo-Sodo gatvė 1; EZ/DZ/Suite ab200/300/600 Lt; P@W) Das Viersternehotel ist eine der ersten Adressen der Stadt im ungewöhnlichen Backsteinturm und dem K-Gebäude gleich nördlich des Flusses. Die Auswahl an Unterkunftsarten ist vielfältig, von relativ einfachen Einzel- und Doppelzimmern über günstige Preise im älteren Flügel bis hin zu mehrzimmrigen Luxussuiten im neueren K-Gebäude mit Whirlpool und Meerblick. Allen Gästen stehen der Wellnessbereich, die Tennisplätze und das Casino offen.

Hotel Euterpė HOTEL €€
(☎474 703; www.euterpe.lt; Daržų gatvė 9; EZ/DZ ab 240/320 Lt; P@W) Das vornehme Hotel liegt inmitten von ehemals deutschen Kaufmannshäusern in der Altstadt. Die Zimmer sind ganz in Erdtönen gehalten und verströmen ein klares, minimalistisches Flair. Unten gibt es ein Hofgartencafé und in der Rezeption ist eine Renaissancekachel mit der griechischen Muse Euterpe zu sehen, die während der Ausgrabungsarbeiten entdeckt wurde.

Old Port Hotel HOTEL €€
(☎474 764; www.oldporthotel.lt; Žvejų gatvė 20/22; EZ/DZ ab 260/290 Lt; P) Das Old Port Hotel besteht aus zwei frisch renovierten Fischerhäusern am Südufer des Danė. Die Zimmer sind klein, aber äußerst komfortabel mit Blick auf die Docks oder die Burg von Klaipėda. Wer den Blick auf die Kurische Nehrung genießen will, sollte Zimmer 46, 47 oder 57 nehmen.

Klaipėda Hostel HOSTEL €
(☎211 879; www.klaipedahostel.com; Butkų Juzės gatvė 7/4; B/SZ 44/88 Lt; P@W) Das freundliche Hostel am Busbahnhof sieht von außen scheußlich aus, ist aber innen sehr hübsch und gemütlich. Es gibt zwei kleine Schlafsäle für zwölf Personen und ein Doppelzimmer, eine Küche und kostenlosen Tee und Kaffee. Frühzeitige Buchung ist ratsam; Kreditkarten werden nicht akzeptiert.

Pajūrio Kempingas CAMPINGPLATZ €
(☎677 732 27; www.campingklaipeda.lt; Šlaito gatvė 3, Giruliai; pro Pers./Zelt 15/15 Lt; P) Der ruhige Campingplatz liegt etwa 8 km nördlich der Altstadt Klaipėdas in der Nähe des Dorfes Giruliai. Die Lage ist günstig zum Meer und zum nächsten Bahnhof, der regelmäßige Verbindungen mit Klaipėda hat.

Essen

Selbstversorger finden alles Nötige in den Supermärkten **Iki** (Mažvydo alėja 7/11) und **Iki-ukas** (Turgaus gatvė).

LP TIPP **Friedricho** INTERNATIONAL €€
(www.pasazas.lt; Tiltų 26a; Hauptgerichte 20–50 Lt; ⌚Mo–Sa 11–1, So 12–23 Uhr; W) Das Friedricho ist nicht nur ein Restaurant, sondern eine ganze Kette unterschiedlicher Lokale um einen malerischen Hof im südlichen Teil der Altstadt. Das Hauptrestaurant Friedricho Restoranas gewinnt den goldenen Kochlöffel mit seiner verlockenden Auswahl internationaler Weine und kreativer mediterraner Gerichte. Es gibt hier aber auch gute Pizza (Friedricho Pizzeria) und litauische Gerichte (Friedricho Smuklė). Am besten ist ein Rundgang, um an den Speisekarten zu sehen, was gefällt. Im ganzen Gang gibt es kostenloses und stabiles WLAN.

Keltininko Namas LITAUISCH €€
(www.oldporthotel.lt; Žvejų 20/22; Hauptgerichte 20–40 Lt; W) Das Restaurant im Old Port Hotel hat wegen seiner Hafenlage mit Blick auf den Danė eine super Atmosphäre. Die Köche verarbeiten hier wirklich frische lokale Zutaten, so auch in den Fischgerichten. Die Tischdekoration verströmt Klasse, aber die Preise sind überraschend niedrig für die gebotene Qualität.

La Terrasse ITALIENISCH €€
(Žvejų 10; Hauptgerichte 15–30 Lt ; W) Das relativ neue Lokal in einem umgebauten Gebäude am Danė serviert gut zubereitete italienische Gerichte, auch Pizza, Pasta, Salate und Fisch. Die Einrichtung ist schlicht und modern und mithin ideal für ein entspanntes Essen. Bei schönem Wetter essen die Gäste am Fluss.

Hämmerli SCHWEIZER KÜCHE €€
(Didžioji Vandens 13/16; Hauptgerichte 15–40 Lt; ⌚Mo–Sa 9–23 Uhr) Das Hämmerli serviert Schweizer Küche mit französischen, deutschen und italienischen Einflüssen. Der Schwerpunkt liegt auf Fleischgerichten, aber auch Vegetarier sind nicht ganz verloren. Weitere Pluspunkte sind der exzellente Service, die helle, luftige Atmosphäre, die Tische auf dem Hof und ein hervorragendes Mittagsmenu.

Čili Kaimas LITAUISCH €
(www.cili.lt; Manto gatvė 11; Hauptgerichte 12–25 Lt;) Die Filiale einer landesweiten Kette glänzt in einem Punkt: Sie serviert sehr gute litauische Gerichte zu bezahlbaren Preisen. Die Serviererinnen tragen traditionelle Trachten, was die Atmosphäre etwas kitschig wirken lässt. Aber das Lokal ist trotzdem nett.

Ausgehen

In Klaipėda wird das Švyturys gebraut, das berühmte Bier Litauens aus der ältesten Brauerei des Landes (seit 1784). Statt das Zeug in der Kneipe zu schlürfen, bietet sich auch eine Führung durch die **Švyturys-Brauerei** (www.svyturys.lt) an. Sie werden von der Touristeninformation organisiert, dauern 1½ bis zwei Stunden und kosten um die 30 Lt pro Person (mit Bierprobe). Sie finden montags bis freitags zwischen 10 und 16 Uhr statt. Anmeldung erforderlich.

LP TIPP **Viva Lavita** COCKTAILBAR
(www.ambertonhotels.com; Naujojo Sodo 1; ⌚12–3 Uhr) Das Viva Lavita des Hotels Amberton im 20. Stock des K-Gebäudes bietet spektakuläre Ausblicke über die Docks von Klaipėda, die Nordspitze der Nehrung und die Ostsee dahinter. Nach Osten dehnt sich Litauen soweit das Auge reicht. Selbst die Aufzüge A und B eröffnen eine eindrucksvolle Aussicht.

Memelis BRAUEREIKNEIPE
(www.memelis.lt; Žvejų gatvė 4; ⌚So–Do 12–24, Fr & Sa 12–2 Uhr) Die backsteinerne Brauereigaststätte am Fluss ist seit 1871 in Betrieb. Innen ist sie eine traditionelle Bierhalle, draußen eine trendige Uferterrasse. Das hausgebraute Bier in vier Sorten gehört zu den besten und stärksten im Land.

Senoji Hansa KNEIPE, CAFÉ
(www.senojihansa.lt; Kurpių gatvė 1; ⌚10–24 Uhr;) Die Kombination aus Kneipe, Restaurant und Café liegt gleich hinter dem Memelis. Es eignet sich bestens für Bier, Kaffee oder auch zum Essen (Hauptgerichte 15–30 Lt). Die Terrasse hinten ist überdacht und an Wochenendeabenden voll mit fröhlichen Zechern.

Kubu CAFÉ
(Manto gatvė 10; ⌚Mo–Do 10–21, Fr & Sa 10–24, So 9–21 Uhr;) So ziemlich das Schickste und Trendigste, was Klaipėda an Cafés zu bieten hat, wo auf erstklassigen Kaffee Wert gelegt wird (in Papierbechern serviert) und Gäste nach belieben in relaxter, zwangloser Atmosphäre das kostenlose WLAN im Café nutzen können.

Max Coffee CAFÉ
(www.maxcoffee.lt; Turgaus gatvė 11; ⌚9–22 Uhr;) Das Café liegt praktischerweise nur einen Block von der Touristeninformation entfernt und ist bestens geeignet, um sich dort mit den Broschüren und kostenlosen Karten niederzulassen. Der Kaffee ist in Ordnung und der Kuchen sehr gut.

☆ Unterhaltung

Gehobene Unterhaltung gibt es in der **Konzerthalle Klaipėda** (☎410 561; www.koncertusale.lt; Šaulių gatvė 36). Im **Musiktheater** (Muzikinis teatras; ☎397 402; www.muzikinis-teatras.lt; Danės gatvė 19) spielt das Philharmonieorchester Klaipėda.

LP TIPP **Kurpiai** LIVEMUSIK
(www.jazzkurpiai.lt, auf Litauisch; Kurpių gatvė 1a; ⌚12–3 Uhr) Der Jazzclub in der Altstadt ist eine Legende in Klaipėda: Er existierte schon, bevor nach der Unabhängigkeit die Bars und Restaurants aus dem Boden schossen. Mit seiner Pflasterterrasse und viel dunklem Holz ist er nicht nur der beste Jazztreff der Stadt, sondern auch klasse zum Essen und Trinken. Wer am Wochenende nach 21 Uhr eintrifft, wird um einen Platz kämpfen müssen (Eintritt Fr/Sa 10/15 Lt).

Relax CLUB
(www.nesepb.lt; Turgaus gatvė 1) In dem Schicki-Kellerclub geht es hoch her, wenn er voll ist. Männer sollten ein Oberhemd tragen, um von den Türstehern durchgelassen zu werden. Der Eintrittspreis wechselt, kann aber je nach Abend bis zu 25 Lt betragen.

Shoppen

Klaipėda ist berühmt für Bernstein (die Teatro aikštė ist gesäumt von Souvenirständen), bietet aber auch gute Leinenstoffe und Kunst. Interessante Galerien sind **Parko** (Turgaus gatvė 9) mit zeitgenössischen Gemälden, Skulpturen und Radierungen sowie **Pėda** (Vežejų gatvė) mit Kreationen des modernen Schmuckdesigners Jurga Karčiauskaitė-Lago.

Das **Pegasas** (www.pegasas.lt; Taikos prospektas 61) südlich der Altstadt im Einkaufszentrum Akropolis ist wohl der beste Buchladen in Klaipėda. Karten, Reiseführer und englischsprachige Romane sind im **Akademija** (Daukanto gatvė 16) erhältlich. **Vaga** (www.vaga.lt; Manto gatvė 9) führt Reiseführer und die *Baltic Times*.

Praktische Informationen

Die Karte *Klaipėda Neringa* von Jāņa sēta umfasst Klaipėdas nördliche Vororte, Smiltynė und die Kurische Nehrung sowie das Stadtzentrum von Klaipėda (1:10 000). Die Karte kostet im Buchhandel 8 Lt

Bankas Snoras (Manto gatvė 9) Geldwechsel und Geldautomat für Visa und MasterCard.

Klaipėda in Your Pocket (www.inyourpocket.com) Jährlich aktualisierter Stadtführer, der in Hotels und Zeitungskiosken für 6 Lt verkauft wird.

Krantas Travel (☎395 111; www.krantas.lt;Teatro gatvė 5) Verkauft Fährtickets nach Sassnitz, Kiel und Karlshamn.

Gepäckaufbewahrung (Schließfach 12/24 Std. 4/5 Lt; ⌚6–22 Uhr) Im Bahnhof.

Mėja Travel (☎310 295; www.meja.lt; Simkaus gatvė 21-8) Ausflüge für Kreuzfahrtschiffpassagiere und Fahrten zum Bernsteinfischen.

Post (Liepų gatvė 16) Ein wunderschönes Backsteingebäude.

Touristeninformation (☎412 186; www.klaipedainfo.lt; Turgaus gatvė 7; ⌚Juni–Aug. Mo–Fr 9–19, Sa & So 10–16 Uhr, Mai & Sept. Mo–Fr 9–18, Sa 10–16 Uhr, Okt.–April Mo–Fr 9–18 Uhr) Äußerst kompetentes Büro mit Karten und lokal publizierten Reiseführern. Bucht auch Unterkünfte und Führungen in deutscher Sprache (½ Std. 140/160 Lt), vermietet Fahrräder (8/30 Lt pro Std./Tag plus 100/300 Lt Kaution) und hat einen Papagei namens Rico. Besucher können an ein paar Computern surfen (pro Std. 4 Lt).

Zigzag (☎314 672; www.zigzag.lt, auf Litauisch; Janonio gatvė 16) Spezialist für Studentenreisen.

An- & Weiterreise

Schiff/Fähre

Vom **Internationalen Fährhafen** (Klaipėdos Nafta; ☎395 051; www.dfdsseaways.lt; Perkėlos gatvė 10) in Klaipėda fahren die großen Passagier- und Autofähren von **DFDS Seaways** (☎395 000; www.lisco.lt; Šaulių gatvė 19) regelmäßig nach Kiel und Sassnitz und nach Karlshamn (Schweden); s. S. 427.

Die Reisegesellschaft **Jukunda** (☎300 700; www.jukunda.lt; Karklų gatvė 9) bot bislang im Sommer regelmäßige Fährverbindungen zwischen Klaipėda und Nida (60 Lt, 4½ Std.) mit Zwischenstation Juodkrantė (30 Lt, 1½ Std.), stellte die Verbindung aber 2011 ein. Ob sie wieder aktiv ist, sollte bei der Gesellschaft direkt erfragt werden.

Bus

Ecolines (☎310 103; www.ecolines.net; Mažvydo alėja 1; ⌚Mo–Fr 9–18, Sa 10–15 Uhr) verkauft Fahrkarten zu internationalen Zielorten (S. 403), ebenso **Eurolines** (☎415 555; www.eurolines.lt; Tiakos prospektas 41; ⌚Mo–Fr 9–18, Sa 10–16 Uhr).

Der **Informationsschalter** (⌚3.30–19.30 Uhr) im **Busbahnhof** (☎411 547; www.klap.lt; Butkų Juzės gatvė 9) gibt Auskunft zu Fahrplänen. Die meisten Busse von und nach Juodkrantė und Nida fahren am Fähranleger in Smiltynė auf der Kurischen Nehrung ab.

Vom Busbahnhof Klaipėda fahren Busse nach:

Kaliningrad (36 Lt, 4½ Std., 2-mal tgl. um 6.30 und 18.20 Uhr, Letzterer via Nida mit Abfahrt vom Fähranleger in Smiltynė)

Kaunas (50 Lt, 2¾–4 Std., über 20-mal tgl.)

Kretinga (5 Lt, 30–50 Min., halbstündl. von 6.25 bis 21.30 Uhr)

Liepāja (18 Lt, 2¾ Std., 1-mal tgl. um 9 Uhr via Palanga)

Nida (11 Lt, 1½ Std., alle ein bis zwei Stunden ab Smiltynė)

Palanga (5 Lt, 45 Min., mindestens halbstündl. von 4.15 bis 22.35 Uhr)

Pärnu (106 Lt, 8¾ Std., 3-mal tgl. via Rīga)

Rīga (60 Lt, 5 Std., 3-mal tgl.)

Šiauliai (33 Lt, 3½ Std., 6-mal tgl.)

Tallinn (ab 125 Lt, 10 Std., 3-mal tgl. via Rīga)

Vilnius (66 Lt, 4–5½ Std., bis zu 15-mal tgl.)

Zug

Der **Bahnhof** (☎313 677; www.litrail.lt; Priestočio gatvė 1) liegt 150 m vom Busbahnhof entfernt und ist leicht an dem ungewöhnlichen Uhrturm mit Haube und einer beweglichen Statue (s. Kasten S. 362) auf dem Vorplatz zu erkennen.

Täglich fahren drei Züge von/nach Vilnius (52 Lt, 4½–5 Std.) sowie fünf von/nach Šiauliai (20–23,50 Lt, 2–3 Std.) und Kretinga (4,50 Lt, 20–35 Min.).

Unterwegs vor Ort

Schiff/Fähre

Infos über **Fähren von/nach Smiltynė** (Smiltynės perkela; ☎24-Std.-Infoline 311 117;

www.keltas.lt) – Fahrpläne, Preise, News – stehen auf der Homepage.

Die Passagierfähre nach Smiltynė fährt am **Alten Burghafen** (Senoji perkėla; ☎311 117; Žvejų gatvė 8) am Nordufer des Danė los und ist mit „Neringa" ausgeschildert. Sie legt an der Ostseite von Smiltynė am Beginn der Straße nach Nida an. Die Fähren fahren im Juni und August zwischen 6.30 und 24 Uhr mindestens alle 30 Minuten (sonst mindestens 1-mal stündl. bis 23 Uhr). Die Überfahrt dauert zehn Minuten und kostet hin und zurück 2,90 Lt pro Person; Fahrräder und Kinder unter sieben Jahren fahren kostenlos.

Ganzjährig können Fahrzeuge auf den Fähren am **Neuen Flusshafen** (Naujoji perkėla; ☎345 780; Nemuno gatvė 8) mitgenommen werden, der 3 km südlich der Mündung des Danė liegt und mit „Neringa" ausgeschildert ist. Hier legen die Fähren zwischen 5 und 2 Uhr im Halbstundentakt ab. Auf der Kurischen Nehrung legen sie 2,5 km südlich von Smiltynė an. Für ein Auto kostet die Überfahrt 40 Lt, für ein Motorrad 18 Lt Buslinie 1 verbindet das Stadtzentrum von Klaipėda mit dem Neuen Flusshafen.

Bus

Busfahrkarten für den Stadtverkehr kosten an Zeitungskiosken 2 Lt und beim Fahrer 2,40 Lt Buslinie 8 (Achtung: Taschendiebe!) fährt vom Bahnhof zur Manto gatvė, ins Stadtzentrum und zur Haltestelle Turgaus am Taikos prospektas. Buslinie 11 verbindet den Busbahnhof mit der Manto gatvė, Minibusse fahren dieselbe Strecke. Sie halten auf Handzeichen hin an und kosten 2,50 Lt Bezahlt wird beim Fahrer.

Nationalpark Kurische Nehrung

☎469 / 3100 EW.

Der Nationalpark Kurische Nehrung (Kuršių Nerijos Nacionalinis Parkas) wurde 1991 zum Schutz des außergewöhnlichen Ökosystems der Kurischen Nehrung einschließlich Sanddünen, Kurischem Haff und den Küstengewässern gegründet. Er umfasst einen Großteil der litauischen Nehrung von Smiltynė im Norden bis nach Nida 50 km weiter im Süden.

Der Park ist herrlich wild und unerschlossen. Kiefernwälder, in denen Hirsche, Elche und Wildschweine leben, machen etwa 70 % des Geländes aus. Es gibt kaum Besiedlungen, nur vier Dörfer – Nida, Juodkrantė, Pervalka und Preila –, die auf Karten und Schildern gemeinsam als „Neringa" bezeichnet werden. Hauptgewerbe ist der Tourismus, der sich um die Dörfer Nida und Juodkrantė konzentriert. Er ist jedoch ein zweischneidiges Schwert, das einerseits Einkommensquelle, andererseits die größte Bedrohung für die Umwelt darstellt.

Bis in die ersten Jahrzehnte des 20. Jhs. war die Nehrung zum großen Teil deutsches Territorium. Die Gegend zog einstmals vor allem deutsche Vertriebene an und ist bis heute ein beliebtes Ziel für deutsche Touristen.

Heute teilt sich Litauen die Nehrung mit der russischen Exklave Kaliningrad, zu der eine Straße über die ganze Länge der Nehrung verläuft. Tatsächlich ist es mit entsprechendem Papierkram möglich, beim Besuch auf der Nehrung einen kleinen Abstecher nach Russland zu machen (S. 405).

Festivals & Events

In der Sommersaison von Mitte Juni bis Ende August reiht sich ein Festival ans nächste. Zu den Highlights gehören das **Internationale Folklorefestival** an einem Wochenende Ende Juni, zu dem die Massen nach Nida strömen, und der **Nida Jazz Marathon** (www.nidajazz.lt), ein zweiwöchiges Jazzfest Ende Juli und Anfang August.

Praktische Informationen

Nationalpark Kurische Nehrung (www.nerija.lt)

Kopos (www.kopos.lt) Für Unterkünfte.

Besucherzentrum des Nationalparks Nida (Lankytojų centras; ☎51 256; infonida@nerija.lt; Naglių gatvė 8; ⌚Mai–Sept. Mo–Do 9–12 & 13–17,Fr & Sa bis 18, So bis 16 Uhr); Smiltynė (☎46-402 257; info@nerija.lt; Smiltynės plentas 11; ⌚Juni–Aug. Mo–Fr 9–12 & 13–18, Sa 9–18, So 9–16 Uhr, Sept.–Mai Mo–Fr 8–12 & 13–17 Uhr) Vermittelt Parkführer (35 Lt pro Std., mind. 10 Pers.) und bietet jede Menge Infos zum Wandern, Radfahren, Bootfahren und zu sonstigen Aktivitäten im Park.

Touristeninformation Neringa (www.visitneringa.com)

Anreise & Unterwegs vor Ort

Die Kurische Nehrung ist nur mit Boot oder Fähre erreichbar (es gibt keine Brücken zum Festland). Von Klaipėda verkehren regelmäßig zwei Fähren: Die Passagierfähre namens „Alte Fähre" fährt nach Smiltynė und die Autofähre namens „Neue Fähre" zu einem Anleger etwa 2 km südlich von Smiltynė. Die Neue Fähre legt von einem Hafen 2 km südlich der Altstadt Klaipėdas ab (s. S. 366).

Busse fahren regelmäßig zu den Dörfern auf der Nehrung, z. B. nach Nida (11 Lt) und Juodkrantė (7 Lt). Sie verkehren aber erst ab Smiltynė, sind also nur mit der Passagierfähre zu erreichen. In Smiltynė selbst sind Taxis eine gute Alternative zum Bus, sofern genug Fahrgäste zum Teilen des Fahrpreises zusammenkommen. Bei vier Leuten kostet das Taxi nach Nida etwa 15 Lt pro Person.

Bei passendem Wetter lässt sich die Nehrung auch gut mit dem Fahrrad erkunden (s. Kasten S. 371). Es gibt einen gut markierten Weg, der von Smiltynė über Juodkrantė bis nach Nida verläuft (50 km). Fahrräder können in Klaipėda geliehen und umsonst auf der Passagierfähre mitgenommen werden.

Auch Kaliningrad im Süden in der russischen Exklave kann besucht werden: Die russische Grenze liegt 3 km südlich von Nida an der Hauptverkehrsstraße. Für den Grenzübertritt sind allerdings vorher die nötigen Einreiseformalitäten zu erledigen (s. S. 423).

JUODKRANTĖ

☎469

Das langgezogene Dorf Juodkrantė (Schwarzort) liegt 20 km südlich von Smiltynė am Haff. Hier ticken die Uhren langsamer, selbst im Hochsommer, und überall riecht es nach leckerem Räucherfisch.

Sehenswertes

Zeitgenössische Steinskulpturen und eine Promenade säumen das Ufer. An der Hauptstraße, der Liudviko Rėzos gatvė, reihen sich Ferienhäuschen und Verkaufsbuden für *žuvis* (Fisch).

Am Nordende von Juodkrantė zieht sich rund um den alten Fischerhafen die **Bernsteinbucht** (Gintaro įlanka). Der Name erinnert daran, dass hier von 1854 bis 1855 und 1860 aus drei Lagern insgesamt 2250 t Bernstein gefördert wurden. Die Nehrung ist hier ca. 1,5 km breit – das Waldgebiet, in dem Frühaufsteher und Abendspaziergänger schon mal einem Elch begegnen, gehört zu den schönsten der Halbinsel.

Ein gemütlicher Spaziergang vom Zentrum nach Süden führt zum **Hexenberg** (Raganos kalnas; Karte S. 368). Dort säumen Holzskulpturen von Teufeln, Hexen, Geistern und anderen phantastischen Gestalten der litauischen Märchenwelt einen Pfad zwischen Märchen und Alptraum. Er liegt im Wald und ist direkt südlich der Liudviko Rėzos gatvė 46 ausgeschildert.

Die von Deutschen erbaute backsteinerne **Evangelisch-lutherische Kirche** (Liudviko Rėzos gatvė 56) von 1885 und eine **Wetterfahnengalerie** (Vetrungių galerija; Liudviko Rėzos gatvė 13), die originelle Wetterfahnen und hochwertigen Bernsteinschmuck verkauft (Kasten S. 370), bilden den südlichen Abschluss des Ortes.

Nationalpark Kurische Nehrung

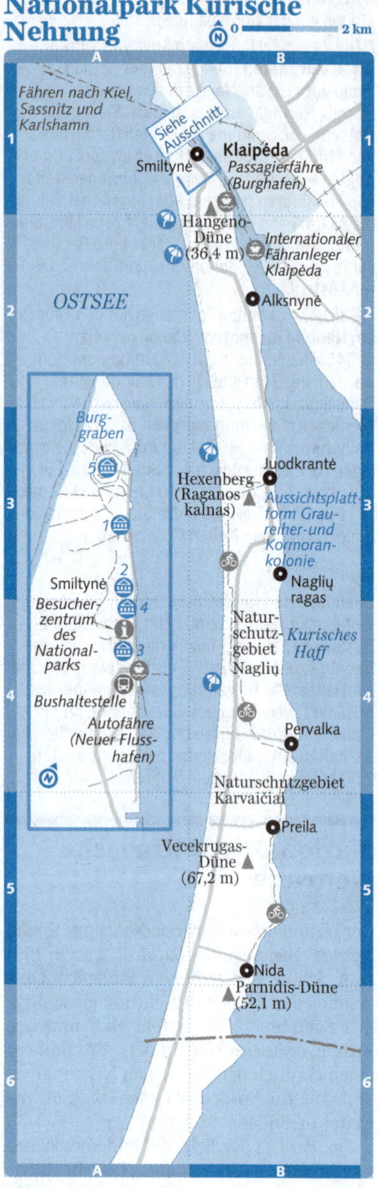

Schlafen & Essen

Viele Unterkünfte und Restaurants schließen von Oktober bis April. Reservierung ist also ratsam, um Enttäuschungen zu vermeiden. Räucherfisch wird überall entlang der Liudviko Rėzos gatvė verkauft. Für Selbstversor-

Nationalpark Kurische Nehrung

Sehenswertes

1 Ethnografisches Fischermuseum ... A3
2 Ausstellung des Nationalparks Kurische Nehrung (Abt. Vögel u. Säugetiere) ... A3
3 Ausstellung des Nationalparks Kurische Nehrung (Abt. Landschaft) ... A4
4 Ausstellung des Nationalparks Kurische Nehrung (Abt. Pflanzen u. Insekten) ... A4
5 Litauisches Meeresmuseum ... A3

ger gibt es nur einen teuren **Laden** (8–22 Uhr) nahe dem Weganfang zum Hexenberg.

Vila Flora PENSION €€
(53 024; www.vilaflora.lt; Kalno gatvė 7a; EZ/DZ 220/280 Lt; P) Das gut geführte und hübsche Haus in Rost- und Weinfarben ist ganzjährig geöffnet. Es vermietet helle, stilvolle Zimmer, einige mit Balkon und Wintergarten. Das hauseigene Restaurant ist das beste im Ort und serviert die üblichen litauischen Gerichte mit überraschendem Pfiff. Im Winter ist es nur halb so teuer.

Kurėnas HOTEL €€
(53 101; kurenas@gmail.com; Liudviko Rėzos gatvė 10; Zi. ab 240 Lt; P) Die helle und betriebsame Café-Bar mit Straßenterrasse ist nach den flachen, kurischen Booten benannt. Sie hat große, individuell ausgestattete Zimmer mit Holzfußböden und sauberen, weißen Wänden. Am schönsten sind die mit Balkon und Blick aufs Haff.

Hotel Ažuolynas HOTEL €€
(53 310; www.hotelazuolynas.lt; Liudviko Rėzos gatvė 54; EZ/DZ/3BZ/4BZ Juni–Aug. 205/270/440 Lt, Mai & Sept. 160/230/380 Lt; P) Dem modernen Hotel fehlt es zwar an Atmosphäre, aber es hat passable Zimmer und Angebote, die in kleineren Häusern fehlen, wie Tennisplätze, Billardtisch, Geschenkeladen, Sauna und Swimmingpool. Es ist das ganze Jahr geöffnet und die Preise sind außerhalb der Saison (Okt.–April) etwa um die Hälfte niedriger als in der Hochsaison. Frühstück ist nicht enthalten.

Kogas LITAUISCH €€
(Liudviko Rėzos gatvė 1; Hauptgerichte 20–40 Lt) An Bord dieses nachgebauten Piratenschiffs am Kai von Juodkrantė können die Gäste

SANDVERWEHUNGEN & DÜNEN

Einer Legende zufolge soll die mütterliche Seeriesin Neringa die Nehrung geschaffen haben, als sie liebevoll Sand aus ihrer Schürze nahm, um einen geschützten Hafen für die einheimischen Fischer anzulegen. Die Wirklichkeit ist aber genauso zauberhaft: Wellen und der Wind der Ostsee türmten vor 5000 bis 6000 Jahren den Sand in den seichten Küstengewässern auf und schufen auf diese Weise eine weltweit einzigartige Landschaft.

Massive Rodungen im 16. Jh. führten dazu, dass der Sand in Bewegung geriet. Die Bäume wurden für die Holzgewinnung gefällt, worauf der Sand ungehindert von starken Küstenwinden verweht werden konnte. Innerhalb von drei Jahrhunderten wanderte der Sand jährlich 20 m und verschluckte insgesamt 14 Dörfer.

Die Region wurde bald „Litauische Sahara" genannt und dringende Gegenmaßnahmen wurden nötig. 1768 begann eine internationale Kommission mit der Wiederaufforstung, die auch heute noch zu den Hauptaufgaben der Nationalpark-Behörde gehört. Mischwälder mit großen Birkenbeständen bedecken 20 % des Nationalparks, Nadelwälder mit Kiefern und Bergkiefern weitere 53 %. Auf 2,6 km² der Fläche (3 % des Parks) wachsen Erlen. Mit Astgittern und Holzstöcken wurde der Sand befestigt.

Dennoch wandert er weiter: mindestens 1 m pro Jahr. Die Nehrung bewegt sich langsam auf die Ostsee zu. Jeder Tourist, der über die Parnidis-Düne trampelt, die einzige verbliebene Wanderdüne, setzt mehrere Tonnen Sand in Bewegung. Bei 1,5 Mio. Besuchern pro Jahr ist die Gefahr, dass Einzelne die markierten Wege verlassen, natürlich groß, zumal auch Waldbrände die Dünen bedrohen.

Auch die Dünen werden immer kleiner. Wind, Wellen und menschliche Einwirkung haben sie innerhalb von 40 Jahren um 20 m schrumpfen lassen. Möglicherweise ist es für ihre Rettung schon jetzt zu spät.

WETTERFAHNEN

Nirgendwo wird die enge Verbindung der Einwohner von Juodkrantė und Nida zur Schifffahrt deutlicher als auf den Dächern ihrer Holzhäuser aus dem 19. Jh. 1844 legte ein Gesetz fest, dass Fischerboote an einer Wetterfahne oder einem Wetterhahn erkennbar sein mussten. Bald zierten diese auch die Hausdächer. Ursprünglich bestanden die 60 x 30 cm großen Fahnen aus Zinn, später aus Holz. Sie waren am Bootsmast befestigt, sodass andere Fischer sofort erkennen konnten, wohin ein *kurėnas* (Nehrungsboot) gefahren war. Jedes Dorf besaß ein eigenes Symbol – ein schwarz-weißes geometrisches Muster –, das in den Wetterhahn eingefügt und dann durch weitere mythische Zeichen ergänzt wurde. Im Heimatmuseum von Neringa (S. 372) werden die verschiedenen Symbole gezeigt.

sich auf eins der zahlreichen Fleischgerichte stürzen oder einfach bei ein paar Bier einen ausgelassenen Abend erleben.

Pamario takas LITAUISCH €€
(Liudviko Rėzos gatvė 42; Hauptgerichte 15–30 Lt) Nettes, von einer Familie geführtes Restaurant in einem malerischen Holzhaus mit angrenzendem Blumengarten.

Praktische Informationen

Im kleinen Dorfzentrum gibt es einen Kai, eine Bushaltestelle, ein Postamt und eine Touristeninformation.

Post (Kalno gatvė 3)

Snoras Bankas Gegenüber der Café-Bar Kurėnas; einziger Geldautomat im Ort.

Touristeninformation (53 490; juodkrante@visitneringa.lt; Liudviko Rėzos gatvė 8; Juni–Aug. Mo–Sa 10–20, So 10–15 Uhr, Sept.–Mai Di–Fr 9–13 & 14–17, Sa 10–15 Uhr) gegenüber der Bushhaltestelle bietet Infos über Unterkünfte und Aktivitäten sowie gelegentlich Internetzugang.

An- & Weiterreise

Busse von/nach Nida (7 Lt, 45 Min.) und Smiltynė (5 Lt, 15–20 Min.) halten in Juodkrantė. Eine Fahrradvermietung (8/30 Lt pro Std./Tag) gibt's nahe der Touristeninformation.

VON JUODKRANTĖ NACH NIDA

Südlich von Juodkrantė sind schon seit dem 19. Jh. Litauens größte Graureiher- und Kormorankolonien heimisch. Holzstufen führen von der Straße hinauf zu einer **Aussichtsplattform**, von der aus die Besucher auf Tausende von Nestern in den Kiefern schauen können. Der Lärm der rund 6500 Vögel ist gewaltig. Die Kormorane kommen Anfang Februar (die Reiher etwas später) und bereiten ihre Nester für die neue Brut vor. Im Mai schreien dann schon die Jungen nach Futter. Auch Stare, Drosseln, Grasmücken und Grau-, Schwarz- und Buntspechte lassen sich von hier aus beobachten.

Ein wenig weiter biegt die Straße von der Ostseite der Landzunge nach Westen ab. Das 16,8 km² große **Naturschutzgebiet Naglių** (Naglių rezervatas) umfasst die **Grauen Dünen** (so benannt nach der grauen Flora, die sie bedeckt), die hier über 8 km lang und bis zu 2 km breit sind. Markierte Pfade führen von der Hauptverkehrsstraße in das Gebiet hinein.

Sandverwehungen zwangen die Dorfbewohner Mitte des 19. Jhs. zum Rückzug nach **Pervalka** und **Preila** an der Ostküste; von der Hauptstrecke abzweigende Querstraßen führen dorthin. Die von Kiefern bedeckte **Vecekrugas-Düne** (67,2 m), die höchste Düne der Halbinsel, liegt südlich von Preila auf einem Grat. Dieser wurde nach einem alten Gasthaus benannt, das sich hier befand, bevor der Sand es unter sich begrub. Vom Fahrradweg Juodkrantė–Nida kann man einen Blick darauf werfen (Kasten S. 371).

Unterkünfte und Restaurants sind hier rar, Geldautomaten gibt es gar nicht. Das **Neringos Luize** (Pervalkos gatvė 29e; Hauptgerichte 20–40 Lt), direkt am Haff von Pervalka, ist eine beliebte Raststation für Radler auf der Strecke Nida–Juodkrantė. Am südlichen Ortsrand von Preila liegt das **Kuršmarių vila** (55 117; 8-685 56317; kursmariuvila@gmail.com; Preilos gatvė 93; Zi. Juni–Sept. 220 Lt, Okt.–Mai 150 Lt; P), unter dessen Reetdach man ebenso gut isst wie schläft. Es wird von einer Fischerfamilie geführt, die in ihrem alten Räucherhaus im Garten mit den besten Räucherfisch der Region herstellt. Rotauge und Brasse sind die am meisten gefangenen Haff-Fische – Hecht, Barsch, Lengfisch und Aal sind seltener. Wer sich vom litauischen Winter nicht schrecken lässt, findet hier eine erstklassige Gelegenheit zum Eisfischen.

NIDA

☎469

Das malerische Nida (Nidden) ist die größte Siedlung auf der litauischen Hälfte der Kurischen Nehrung und zudem ihr touristischer Brennpunkt. Spuren ihrer Vergangenheit als Fischerdorf sind an den hübschen Holzhäusern und einem Hafen voller Boote noch überall deutlich. Doch heute lebt Nida von Urlaubern und Busladungen von Deutschen, die das einstige Ostpreußen entdecken wollen.

Die Gegend ist ein Naturparadies und weiße Sandstrände liegen bequeme 2 km entfernt jenseits der Kiefernwälder. Im Süden liegt die imposanteste Düne der Halbinsel, die Parnidis-Düne (Parnidžio kopa). Über eine Treppe ist ihre 52 m hohe Spitze zu erreichen, von wo sich eine herrliche Aussicht über eine weite, unberührte Dünenlandschaft eröffnet, die sich bis zur russischen Exklave erstreckt.

Ab Ende des 19. Jhs. ließ sich eine Künstlergruppe von dem Gebiet um Nida inspirieren, das schon bald ein beliebter Urlaubsort wurde. Als Thomas Mann (1875–1955) hier in den 1930er-Jahren sein Sommerhaus bezog, gab es bereits fünf Hotels. 1965 erhielt das französische Philosophenpaar Jean-Paul Sartre und Simone de Beauvoir vom russischen Generalsekretär Chruschtschow eine Sondererlaubnis für einen fünftägigen Aufenthalt in den Dünen. Dabei wurden sie vom litauischen Fotografen Antanas Sutkus begleitet und fotografiert.

Nida ist 48 km von Klaipėda und 3 km von der russischen Grenze entfernt. Der Ort ist 2 km lang; sein Zentrum liegt am Südende hinter dem Hafen.

Sehenswertes & Aktivitäten

Sowohl zu Lande als auch auf dem Wasser gibt es hier viel zu unternehmen. Wer dazu keine Lust hat, kann aber auch allem den Rücken kehren und einfach nur relaxen. Außerhalb der Saison sind an den Stränden oft Bernsteinstücke zu finden, die die Frühlings- oder Herbststürme angespült haben. Im Winter können Unerschrockene auf dem zugefrorenen Haff durch das Eis Stinte und Quappen angeln.

Am Hafen werden im Juli und August einstündige Bootsfahrten auf einer nachgebauten **Kurėnas** (☎8-686 65242; 20 Lt pro Pers.) angeboten, einem traditionellen Fischerboot aus dem 19. Jh. Moderne Schiffe bieten einstündige Fahrten über das Haff für 20 bis 30 Lt. Auch Segeltörns über das

MIT DEM RAD VON NIDA NACH JUODKRANTĖ

Eine der schönsten Radtouren Litauens führt über die ganze Länge der Kurischen Nehrung. Im Süden stößt sie auf einen Pfad, der in die Exklave Kaliningrad führt und im Norden auf einen Pfad, der schließlich nach Palanga und weiter Richtung Lettland (S. 29) verläuft. Die Strecke ist Teil des Eurovelo-Radwanderwegs Nr. 10, des „Ostseewegs". Der schönste Abschnitt der gesamten Strecke sind die 30 km von Nida nach Juodkrantė.

Dieser Teil der Route führt an einigen der schönsten Natursehenswürdigkeiten und Rastplätzen der Nehrung vorbei, darunter die Vecekrugas-Düne und die alte Fischräucherei in Preila. Vom Radweg zweigen Pfade für Wanderer ins Schutzgebiet Karvaičiai ab, wo ganze Dörfer unter dem Sand begraben liegen. Die Radtour bietet außerdem beste Gelegenheit, Elche und Wildschweine zu sehen, die man vom Auto oder Bus aus viel seltener entdeckt.

Startpunkt in Nida ist der rot gepflasterte Radweg an der Haffpromenade Richtung Norden, wo es dann nach dem Thomas-Mann-Haus links um die Ecke auf die Puvynės gatvė weitergeht. Von dieser Straße gleich wieder rechts abbiegen und dann dem Weg 3,5 km weit folgen, bis ein Pfad links in den Kiefernwald abzweigt. Hier beginnt der eigentliche Radweg mit der Kilometerangabe 0,0.

Das Dorf Pervalka Richtung Norden kann durch- oder umfahren werden, was schneller geht. 4 km weiter folgt der Eingang zum Naturschutzgebiet Naglių. Wenig später kreuzt der Radweg die Hauptverkehrsstraße, sodass Radfahrer die restlichen 9 km bis Juodkrantė auf der Westseite der Nehrung zurücklegen.

Die ersten 5 km verlaufen durch den Kiefernwald an der Straße entlang, die letzten 4 km führen an den Küstensanddünen entlang. Außerhalb des Schutzgebietes können Radfahrer ein erfrischendes Bad nehmen und Kräfte für den letzten Abschnitt sammeln, der bergauf durch die bewaldete Düne bis hinter das Dorf Juodkrantė führt.

REGELN AUF DER NEHRUNG

» Eintritt für die Gemeinde Neringa: Motorrad/Auto Juli bis August 7/20 Lt, September bis Juni 5/10 Lt.

» Geschwindigkeitsbegrenzung: 50 km/h in Ortschaften, 70 km/h auf Landstraßen.

» Nicht abseits der Pfade über Dünen laufen und keinesfalls Blumen pflücken.

» Auf keinen Fall Flora und Fauna beschädigen, Vogelnester stören oder Lagerfeuer anzünden.

» Zelten oder Parken eines Reisemobils über Nacht ist im ganzen Park verboten.

» Angeln ohne Erlaubnisschein ist nicht gestattet; ein Schein ist in der Touristeninformation erhältlich.

» Achtung: Elche und Wildschweine überqueren die Straße. Nicht füttern!

» Wer gegen die Regeln verstößt, muss auf der Stelle ein Bußgeld von bis zu 500 Lt zahlen.

» Notruf bei Waldbränden: ☎01, 112, Smiltyne 8-656 35025, Juodkrantė 8-656 34998, Prėila und Pervalka 8-687 27758, Nida 8-656 34992.

Haff zum Nemunas-Delta sind möglich (120 Lt, 5 Std.). Weitere Informationen über Bootsvermieter, organisierte Exkursionen und Angelausflüge auf dem Haff bietet die Touristeninformation.

An fast jeder Straßenecke in Nida werden Fahrräder vermietet, z. B. bei **Lucijos Ratai** (Fahrrad pro Std./Tag/24 Std. 8/30/35 Lt; ⌚Mai–Okt. 9 Uhr–Sonnenuntergang) nahe der Busstation. Lucijos bietet auch Einwegverleih zwischen Nida, Juodkrantė und Smiltynė – was höchst angenehm ist, wenn man nicht den ganzen Weg zurückstrampeln will.

NÖRDLICH DES HAFENS

Vom Hafen bietet sich ein atemberaubender Blick auf die Parnidis-Düne. Von dort verläuft auch eine reizvolle Promenade über 1 km am Haff entlang.

Heimatmuseum Neringa — MUSEUM

(Neringos istorijos muziejus; www.visitneringa.com; Pamario gatvė 53; Erw./Kind 2/1 Lt; ⌚Juni–Mitte Sept. tgl. 10–18 Uhr, Mitte Sept.–Mai Mo–Sa 10–17 Uhr) Schwarz-Weiß-Fotos aus Nidas wilderen Zeiten, als die Bewohner noch Fische aufspießten und Krähen bissen, zeigt das liebevoll gestaltete Heimatmuseum, das Nidas Geschichte von der Steinzeit bis 1939 erzählt. Besonders interessant sind die Bilder von Einheimischen, die Krähen den Hals durchbeißen (um sie so zu töten) und dann den Geschmack mit einem kräftigen Schluck Wodka herunterspülen. Vom 17.–19. Jh. war es auf der Kurischen Nehrung durchaus üblich, Krähen und Seemöweneier zu essen, nachdem die Sandverwehungen das Ackerland unfruchtbar gemacht hatten.

Thomas-Mann-Museum — MUSEUM

(Tomo Mano memorialinis muziejus; www.mann.lt; Erw./Kind 4/2 Lt; ⌚Juni–Aug. tgl. 10–18 Uhr, Sept.–Mai Di–Sa 10–17 Uhr) Von der Promenade führen ein paar Stufen hinauf zur ehemaligen Villa des Schriftstellers Thomas Mann, die heute ein Museum ist. Mann verbrachte mit Frau und Kindern die Sommer von 1930 bis 1932 in dem traditionellen Haus, bevor er 1933 ins Exil gehen musste.

Evangelisch-lutherische Kirche — KIRCHE

(⌚Gottesdienst Mai–Sept. So 11 Uhr) Ein Pfad zurück ins Ortszentrum führt zu der Backsteinkirche von 1888. Ihr stiller Waldfriedhof ist mit *krikstai* – aus Brettern gezimmerten Kreuzen – übersät, die den Verstorbenen helfen sollen, leichter zum Himmel aufzusteigen.

Bernsteinmuseum — GALERIE

(Gintaro galerija muziejus; www.ambergallery.lt; Pamario gatvė 20; ⌚Mitte April–Sept. 10–19 Uhr) Das Museum gegenüber der Kirche besitzt einen kleinen Bernsteingarten und außergewöhnlichen Bernsteinschmuck. Eine zweite Galerie des Museums, das **Kurėnas** (Naglių gatvė 18c; ⌚Mitte April–Sept. 9–21 Uhr), befindet sich nahe dem Hafen in einem markanten Glaskasten, der von einem alten Holzboot umkleidet ist.

WESTLICH DES HAFENS

Alle Straßen in westlicher Richtung führen zum Strand. Gegenüber vom Postamt biegt von der Taikos gatvė ein Weg nach Norden ab. Er macht nach 150 m eine scharfe Linkskurve und steigt dann an. Ein Pfad führt den Hügel hinauf zum knapp 30 m hohen **Leuchtturm auf dem Urbas-Berg**. Er ist der höchste Punkt der Region, aber für Besucher geschlossenen. Der Pfad setzt sich hinter dem Leuchtturm noch 700 m weiter fort, ein gerader Weg führt bergab zurück zur Hauptstraße und nach weiteren 400 m zum Strand.

Wem das zu verwirrend ist, der folgt einfach der Taikos gatvė in westlicher Richtung bis zur Hauptverkehrsstraße Smiltynė–Nida und wandert über den gepflasterten und markierten Fußweg durch den Kiefernwald zum Strand.

SÜDLICH DES HAFENS

Südlich des Hafens liegen Straßen mit Fischerkaten inmitten blühender Gärten. Das **Ethnografische Fischermuseum** (Žejo etnografinė sodyba; www.visitneringa.com; Naglių gatvė 4; Erw./Kind 2/1 Lt; ⌚Mai–Sept. tgl. 10–18 Uhr, Sept.–Mai Di–Sa 10–17 Uhr) vermittelt einen Eindruck davon, wie es im 19. Jh. in Nida aussah. Originale Wetterfahnen schmücken den Garten und die Innenräume sind so ausgestattet, wie es in alten Zeiten üblich war.

Hinter der Lotmiškio gatvė führt ein Pfad an der Küste entlang und durch ein Wäldchen zu einer Wiese am Fuß der hohen **Parnidis-Düne** (Parnidžio kopos). Die baumlose, 7 km lange Anhäufung aus goldenem Sand zieht sich bis ins russische Gebiet hinüber. Auf der Wiese, dem sogenannten „Tal des Schweigens", beginnt der **Parnidis-Dünenpfad** (Parnidžio pažintinis takas). Der 1,8 km lange Naturlehrpfad ist mit Schautafeln zur Flora und Fauna der Dünenlandschaft bestückt. Am Fuß der 180 Stufen sind zwei Fotografien aufgestellt, die die Düne einmal 1960 und einmal 2002 zeigen: Sie hat innerhalb dieser 40 Jahre 20 m an Höhe verloren – eine Mahnung, niemals abseits des vorgeschriebenen Weges durch die Düne zu wandern.

Auf dem Gipfel der hohen, kahlen Düne bietet sich dem Besucher ein unvergessliches Panorama, das die Sandwüste, die beiden Küsten, die Wälder im Norden und die Wald- und Sandlandschaft im Süden einschließt. Die Nationalparkbehörden haben die Überreste einer **Sonnenuhr aus Granit** auf dem Gipfel aufgestellt. Bis 1999 ragte sie 12 m über dem 52 m hohen Gipfel der Düne empor, doch dann machte ein Wirbelsturm deutlich, was Naturgewalt heißt, und riss die Uhr um – auch dies sollte unvorsichtigen Dünenwanderern zu denken geben.

Bis zur Grenze nach Kaliningrad sind es von hier aus nur noch 3 km (immer den Schildern folgen). Wer auf den ausgewiesenen Wegen bleibt, braucht nicht zu befürchten, dass er versehentlich auf russisches Gebiet gerät. Von der Düne führt der Naturlehrpfad vorbei am Leuchtturm und durch den Kiefernwald zurück zur Taikos gatvė.

Schlafen

Die Preise für Sommer und Winter unterscheiden sich gewaltig; hier sind die Preise für die Hochsaison (Juni, Juli, Aug.) angegeben. In der Wintersaison (Okt.–April) können die Preise bis um die Hälfte niedriger sein. Viele Unterkünfte schließen dann aber auch ganz. Die hier aufgeführten Unterkünfte sind das ganze Jahr geöffnet, sollten aber außerhalb der Sommersaison unbedingt kontaktiert werden. Zelten kann man auf dem Nidos Kempingas (wildes Campen kann 500 Lt Strafe kosten).

LP TIPP **Misko namas** PENSION €€

(☎52 290; www.miskonamas.com; Pamario gatvė 11-2; Zi. ab 250 Lt; P) Die schlichte Pension in einem hübschen, himmelblauen Landhaus mit Blumenkästen verströmt reichlich Charme. Jedes Zimmer hat einen Kühlschrank, ein Waschbecken und einen Wasserkocher; einige sogar eine komplette Küche und Balkon. Gäste können auch die Gemeinschaftsküche nutzen, Fahrräder mieten, in der kleinen Bibliothek schmökern oder im Garten faulenzen.

Vila Banga PENSION €€

(☎51 139; www.nidosbanga.lt; Pamario gatvė 2; DZ 260 Lt, Apt. 400–500 Lt) Das urtümliche Holzhaus mit leuchtend blauen Fensterläden und einem perfekten Reetdach ist ein wahres Schmuckstück. Im Innern warten sieben gemütliche Zimmer mit Kiefernholzmöbeln sowie eine Sauna (100 Lt pro Std.) auf die Gäste.

Naglis PENSION €€

(☎51 124; www.naglis.lt; Naglių gatvė 12; DZ/Apt. 250/300 Lt; P) Die Pension in einem Holzhaus zwischen dem Markt, der Hauptstraße und dem Hafen ist einfach entzückend. Die Doppelzimmer bestehen aus zwei Räumen, die meisten haben eine Tür zum schattigen Garten mit Tischen. Es gibt ein Esszimmer und eine Gemeinschaftsküche, ein Raum ist mit Kamin und Sauna

Nida

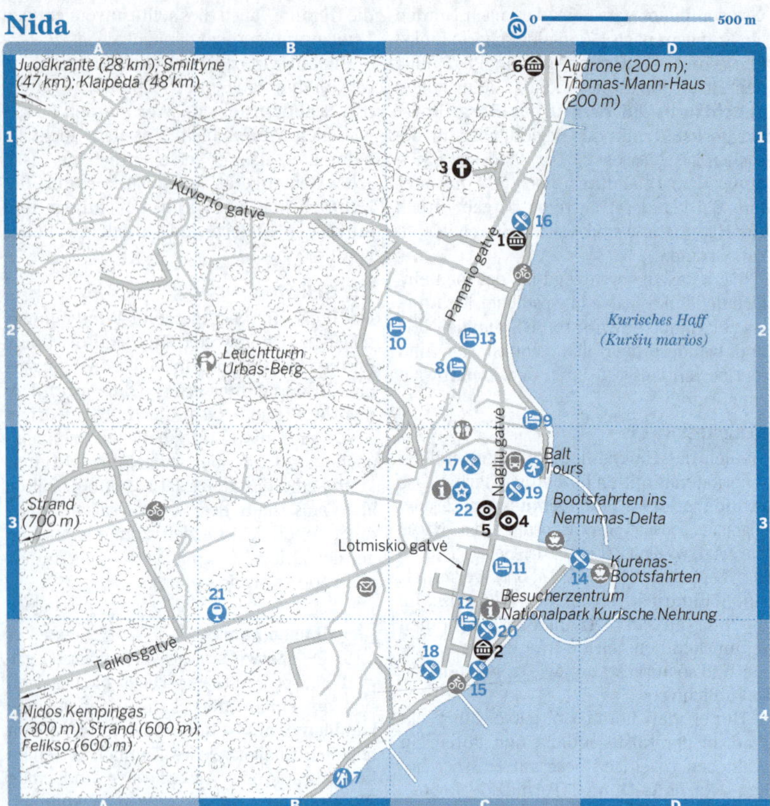

(100 Lt pro Std.) ausgestattet. Die Pension verleiht auch Fahrräder (8/30 Lt pro Std./ Tag).

Inkaro Kaimas PENSION €€
(☎8-698 85003; www.inkarokaimas.lt; Naglių gatvė 26-1; DZ 280 Lt; P) Das wunderschön erhaltene rote Holzhaus am Ufer steht auf blauen Pfosten und existiert schon seit 1901. Die Gäste werden in separaten Apartments mit jeweils eigenem Eingang untergebracht. Einige mit Kiefernholzmöbeln ausgestattete Zimmer haben einen Balkon mit Blick über die Lagune. Im kleinen, reizenden Garten liegt ein riesiger Anker.

Poilsis Nidojė PENSION €€
(☎8-686 31698; www.neringahotels.lt; Naglių gatvė 11; DZ ab 270 Lt; P) Auch dieses Holzhaus ist ein Knüller. Es bietet geräumige und doch gemütliche Doppelzimmer mit Kochnische. Die Einrichtung ist rustikal, das Frühstück (20 Lt) wird in der Küche am Gemeinschaftstisch serviert. Die Gäste können ihr Abendessen im Garten grillen.

Audrone PENSION €€
(☎52 676; Zi. ohne/mit Balkon 200/300 Lt; P) Die Pension direkt neben dem Thomas-Mann-Museum hat riesige Zimmer, Gemeinschaftsräume (auch eine komplette Küche) und einen wirklich tollen Blick auf das Haff.

Hotel Jūratė HOTEL €€
(☎52 300; www.hotel-jurate.lt; Pamario gatvė 3; EZ/DZ ab 156/225 Lt; P) Das Hotel sieht zwar wie ein Sanatorium aus, doch dafür liegt es sehr zentral und hat relativ günstige Preise. Echte Sowjetnostalgiker werden voller Freude feststellen, dass die letzte Renovierung dem kitschigen Glitzerzement in den Fluren nichts anhaben konnte.

Nidos Kempingas CAMPINGPLATZ €
(☎52 045; www.kempingas.lt; Taikos gatvė 45a; Platz pro Zelt 11–17 Lt, pro Pers. 17–22 Lt, Auto 11–

Nida

Sehenswertes

1 Bernsteinmuseum......C2
2 Ethnografisches Fischermuseum......C4
3 Evangelisch-lutherische Kirche......C1
4 Kurėnas......C3
5 Lucijos Ratai......C3
6 Heimatmuseum......C1
Fahrradverleih......(siehe 5)

Aktivitäten, Kurse & Touren

7 Parnidis-Dünenpfad......B4

Schlafen

8 Hotel Jūratė......C2
9 Inkaro Kaimas......C2
10 Misko Namas......C2
11 Naglis......C3
12 Poilsis Nidojė......C4
13 Vila Banga......C2

Essen

14 Čili Pica......D3
15 Ešerinė......C4
16 Laumė......C1
Markt......(siehe 11)
17 Maxima-Supermarkt......C3
18 Nidos Seklyčia......C4
19 Räucherfisch-Imbiss......C3
20 Užeiga Sena Sodyba......C4

Ausgehen

21 In Vino......B3

Unterhaltung

22 Kulturzentrum Agila......C3

17 Lt, DZ ab 250 Lt, 4-/6-Zi.-Wohnungen mit Garten 350/490 Lt; P 🏊) Der frisch herausgeputzte Platz im Kiefernwald am Beginn des Pfads zur Parnidis-Düne hat Unterkünfte für jeden Geldbeutel. Die Doppelzimmer haben Satelliten-TV und Kühlschrank, die Apartments sind für Selbstversorger vollständig ausgestattet. Außerdem gibt es Basketball- und Tennisplätze sowie Mietfahrräder.

Essen

Standardöffnungszeiten in Nida sind von Mitte Mai bis Mitte September von 10 bis 22 Uhr, wenn nicht anders angegeben. Außerhalb der Saison sind viele Restaurants geschlossen.

Selbstversorger müssen sich mit dem **Supermarkt Maxima** (Taikos gatvė; ⏲7–24 Uhr) im Zentrum begnügen. Auf dem winzigen **Markt** (gegenüber der Naglių gatvė 17) werden Plastikschalen voll Walderdbeeren, Preiselbeeren und anderer Wildbeeren direkt aus dem Wald angeboten. Und Nidas **Räucherfisch-Imbiss** (Rūkyta žuvis; Naglių gatvė 18) neben der Busstation lockt mit *ungurys* (Aal), *starkis* (Zander), *stinta* (Stint), *ešerys* (Barsch) und *karšis* (Brasse).

LP TIPP Nidos Seklyčia FISCH €€
(☎50 001; www.neringaonline.lt; Lotmiškio gatvė 1; Hauptgerichte 30–50 Lt) Einfach traumhaft! Die kleine Terrasse blickt direkt auf das Haff und Kaliningrad dahinter. Nirgends sonst kann man schöner kurischen Fisch schmausen und gleichzeitig zusehen, wie die Sonne hinter den Dünen versinkt. Ganzjährig geöffnet; im Sommer lohnt sich eine Reservierung.

Užeiga Sena Sodyba LITAUISCH €€
(Naglių gatvė 6; Hauptgerichte 16–25 Lt) Die Auswahl an Fischgerichten in diesem Restaurant in einem entzückenden Holzhaus ist beeindruckend und verlockend. Der Renner sind jedoch die Pfannkuchen. In der Beerenzeit ist es ein wahres Schlemmerparadies.

Felikso LITAUISCH €
(Taikos gatvė 58; Hauptgerichte 10–20 Lt) Das schlichte Lokal in einem Kiefernwäldchen ist so ziemlich das einzige in Strandnähe für ein Mittagessen, Abendessen oder um etwas zu trinken. Der Duft von Räucherfisch ist eine ständige Verlockung. Es ist nur von Juni bis August geöffnet.

Ešerinė LITAUISCH €€
(Naglių gatvė 2; Hauptgerichte 20–40 Lt) Mit seiner merkwürdigen Architektur im Hawaii-Stil wirkt das Ešerinė ziemlich deplatziert. Doch dank der großen Uferterrasse und dem schönen Blick auf die Parnidis-Düne ist es außerordentlich beliebt. Auf der Karte stehen verschiedene Fischgerichte sowie Spezialitäten vom litauischen Festland.

Laumė PIZZA €
(www.nidospastoge.com; Pamario gatvė 24-3a; Hauptgerichte 12–20 Lt) Das schlichte Lokal im Norden des Städtchens serviert internationale Standards wie Pizza und Pasta. Noch besser sind die herrlichen Ausblicke und die gute Luft auf der hübschen Blumenterrasse. Nur von Juni bis August geöffnet.

Čili Pica PIZZA €
(www.cili.lt; Naglių gatvė 16; Hauptgerichte 15–30 Lt; ⏲9–3 Uhr) Dass die Pizzeria zu einer

Kette gehört, stört hier keinen. Auf den Tisch kommen schmackhafte Pizzas und litauische Küche. Die Tische im Freien bieten einen schönen Blick auf die schaukelnden Boote und nach Sonnenuntergang verwandelt sich das Lokal in eine (zumindest für Nida) lebhafte Bar.

Ausgehen & Unterhaltung

Niemand kommt wegen des Nachtlebens nach Nida. Zum Ausgehen eignen sich das Čili Pica oder das **In Vino** (Taikos gatvė 32), die einzigen Lokale, wo abends noch etwas los ist. Beide sind von etwa Mitte Mai bis Anfang September geöffnet.

Das **Kulturzentrum Agila** (Taikos gatvė 4) neben der Touristeninformation bietet gelegentlich Disko, Filmvorführungen und Kunstausstellungen.

Praktische Informationen

Balt Tours (☎51 190; www.balttours.lt; Naglių gatvė 18; ⏲Mai–Sept. 9–19 Uhr, Okt.–April 9–17 Uhr) reserviert Bus- und Fährtickets, hat Infos zu Bootsfahrten ins Nemunas-Delta und organisiert im Winter Ausflüge zum Eisfischen.

Bankas Snoras (Naglių gatvė 27) Geldwechsel und Geldautomat gegenüber der Busstation.

Besucherzentrum Nationalpark Kurische Nehrung (s. S. 367)

Waschsalon (Taikos gatvė 4a; pro Maschine 20 Lt, Waschpulver 3 Lt; ⏲Juni–Aug. Mo–Sa 10–19 Uhr) Die Sensation: eine Selbstbedienungswäscherei in Litauen!

Apotheke (Taikos gatvė 11; ⏲Mai–Sept. Mo–Sa 8.30–20.30 Uhr)

Polizei (☎52 202; Taikos gatvė 5)

Post (Taikos gatvė 15) Im Hotel Palvė.

Touristeninformation (☎52 345; www.visitneringa.com; Taikos gatvė 4; ⏲Juni–Aug. Mo–Sa 10–20, So bis 15 Uhr, Sept.–Mai Mo–Fr 9–17 Uhr) Das günstig gelegene Büro verkauft Landkarten, informiert über Bootsfahrten, vermittelt Führer, reserviert Zimmer (5 Lt) und hat jede Menge Infos über private Unterkünfte (mit Fotos).

An- & Weiterreise

Von der **Bushaltestelle** (☎54 859; Naglių gatvė 20) in Nida verkehren von 6 bis 20 Uhr alle ein bis zwei Stunden Busse mit Smiltynė (11 Lt, 1 Std.) mit Halt in Juodkrantė (7 Lt, 35 Min.). Von Smiltynė fährt dann die Passagierfähre nach Klaipėda. Fernbusse gibt es jeweils nur einmal täglich um 15.15 Uhr nach Vilnius (81 Lt, 6 Std.), um 16.30 Uhr nach Kaunas (67 Lt, 4½ Std.) und um 8.09 Uhr nach Kaliningrad (30 Lt, 3 Std.).

Nemunas-Delta

☎441

Die von Sumpfniederungen geprägte Ostseite des Kurischen Haffs (Kursių marios) wirkt ein bisschen wie das Ende der Welt. Nur wenige Touristen verirren sich in das abgelegene, ländliche Gebiet, wo im Sommer der Blick auf die weißen Dünen auf der anderen Haffseite einfach umwerfend ist. Im Winter hocken Eisangler auf der gefrorenene Fläche des bis zu 12 km breiten Haffs und hoffen darauf, dass ein dicker Brocken anbeißt.

Šilutė (21 000 Ew.), ein verschlafenes Städtchen etwa eine Autostunde südlich von Klaipėda, ist das Tor zum Nemunas-Delta (Memel-Delta). Hier mündet der Fluss nach einer 937 km langen Reise von der Quelle im benachbarten Weißrussland bis zur Ostsee ins Haff. Zahlreiche Inseln haben eine wildromantische Landschaft geformt, die seit 1992 unter dem Namen **Regionalpark Nemunas-Delta** (Nemuno Deltos Regioninis Parkas; www.nemunodelta.lt) unter Schutz steht. Ein Fünftel des Parks besteht aus Wasser, das im Winter oft überfriert und zähen Bewohnern extreme Witterungsbedingungen beschert. **Rusnė**, die größte Insel, ist 48 km² groß und wächst pro Jahr um 15 bis 20 cm.

Das gängige Transportmittel ist hier das Boot. Die Bewohner des Deltas können von März bis Mitte Mai nur mit einem Amphibienfahrzeug in den Park und hinaus gelangen, weil dann die Springflut meist gut 5 % der gesamten Parkfläche unter Wasser setzt. 1994 stieg der Pegel an einigen Stellen um 1,5 m, in anderen Jahren sind es meist 40 bis 70 cm.

Von Nida aus fahren zu manchen Jahreszeiten Boote (S. 371) über das Haff in den Ort **Mingė** (nach dem Fluss, der die „Hauptstraße" durch das Dorf bildet, auch Minija genannt). Mingė, das den Beinamen „litauisches Venedig" trägt, hat nur um die 100 Einwohner, doch nur noch eine Handvoll sprechen Lietuvinkai, den für die Deltaregion typischen Dialekt. Die reetgedeckten Holzhäuser am Ufer stammen aus dem 19. Jh. und stehen unter Denkmalschutz.

Eine gute Möglichkeit zur Erkundung des Gebiets ist der Fahrradweg, der von Mingė aus rund um den **Krokų Lanka** führt, den mit 4 km Länge und 3,3 km Breite größten See des Parks.

VOGELBEOBACHTUNG IM NEMUNAS-DELTA

Das Feuchtgebiet ist ein Paradies für Vogelfreunde. Um die 270 der 325 in Litauen lebenden Vogelarten tummeln sich im Regionalpark Nemunas-Delta. Viele seltene Arten brüten in den üppigen Marschen um Rusnė, darunter Schwarzstörche, Seeadler, Uferschnepfen, Spießenten, Alpenstrandläufer, Kampfläufer und Doppelschnepfen. Die weit verbreiteten Weißstörche brüten in großer Zahl rund um Ventė.

Eine der großen Vogelzugrouten von der Arktis über Europa nach Ostafrika führt über den Park, weshalb hier zahlreiche Wasservögel auf ihrer Wanderung eine Rast einlegen. Für 170 Arten ist der Park aber mehr als ein kurzzeitiger Rastplatz, sie brüten hier – einige Arten, etwa die Spießente, sogar ausschließlich in diesem Gebiet.

Seltene Seggenrohrsänger, Wachtelkönige, Lachmöwen, Weißflügel-Seeschwalben und Haubentaucher haben ihre größten Kolonien im Delta. Im Herbst überqueren bis zu 200 000 Vögel – davon 80 % Meisen und Finken – die Vogelstation Ventės Ragas (s. unten), bis zu 5000 werden dann täglich zu Forschungszwecken beringt.

Sehenswertes & Aktivitäten

Mitten im Nemunas-Delta liegt auf der gleichnamigen Insel **Rusnė**, rund 8 km südwestlich von Šilutė. Hier teilt sich der Hauptstrom in drei Arme: Atmata, Pakalnė und Skirvytė. In dem Fischerdorf gibt es wenig zu tun, außer sich darüber zu ärgern, nichts für ein Picknick am hübschen Flussufer mitgebracht zu haben und das kleine **Bauernhausmuseum** (Etnografine Sodyba Muziejus; Spende erbeten; Mitte Mai–Mitte Sept. Fr–So 10–18 Uhr) 1,8 km hinter dem Dorf zu besuchen. Es zeigt Werkzeuge, Möbel und drei Bauernhäuser (in für ihr Alter außergewöhnlich gutem Zustand), die einen Eindruck vom rauen Leben in der Region – damals wie heute – vermitteln.

Der Park besteht aus von Deichen geschützten Poldern (dem Meer abgerungene Landflächen). Der erste Polder wurde 1840 angelegt, um Rusnė zu schützen. Die backsteinerne Pumpstation (1907) neben dem Leuchtturm *(švyturys)* in Uostadvaris (8 km von der Brücke in Rusnė) ist heute das winzige **Polder-Museum** (Spende erwünscht; unterschiedlich). Wer will, kann auch im Fluss vom kleinen Strand aus schwimmen. Viele flache Polder werden zu bestimmten Jahreszeiten überflutet und sind für verschiedene Fischarten (im Park insgesamt über 60) Laichgründe. Am Ufer des nahen Sees Dumblė befindet sich mit 1,3 m unter dem Meeresspiegel der tiefste Punkt Litauens.

Ventės Ragas (Ende der Welt) ist ein kaum besiedeltes Gebiet an der Südspitze des Deltas. Die dramatische Landschaft und Einsamkeit verleihen diesem Landstrich eine besonders wilde Atmosphäre. Um 1360 wurde hier eine Burg des Deutschen Ordens errichtet, um die Schifffahrt zu kontrollieren, doch Stürme und die einsame Lage ließen die Burg nach ein paar Jahrhunderten verfallen. Die Kirche wurde wieder aufgebaut, 1702 durch einen Sturm jedoch erneut zerstört. Aus den Trümmern wurde dann 10 km nördlich der Nordostgrenze des Parks eine neue Kirche in **Kintai** errichtet.

Abgesehen von ein paar Fischerkaten und dem Leuchtturm (1862) ist die Hauptattraktion hier die **Vogelstation Ventės Ragas** (Erw./Kind 4/2 Lt; Juni–Sept. tgl. 10–17 Uhr, Okt.–Mai nur Mo–Fr), die 66 km südlich von Klaipėda am Ende der Straße von Kintai nach Ventė liegt.

Die erste Beringungsstation für Vögel wurde hier 1929 gegründet, doch erst zwischen 1959 und 1960 wurden große Vogelfallen aufgestellt. Heute werden während der Vogelflugzeit rund 100 000 Vögel jährlich beringt, die zuvor mit verschiedenen Fallen eingefangen wurden. Zwei Ausstellungsräume in der Station informieren über die Vogelwelt, eine Beobachtungsplattform lädt dazu ein, die Tiere in freier Natur zu beobachten. Die Station oder die Touristeninformation vermitteln Kontakte zu deutsch- oder englischsprachigen ornithologischen Führern.

Schlafen & Essen

An einigen Stellen im Park ist es erlaubt, Zelte aufzustellen – Auskunft erteilt das Parkbüro. Vorräte muss jeder allerdings selbst mitbringen. Im ganzen Delta gibt es traumhafte Unterkünfte auf Bauernhöfen, die von der Parkverwaltung und der Touristeninformation in Šilutė vermittelt werden. Viele Unterkünfte werben auch selbst. Die Übernachtung kostet durchschnittlich

50 Lt und meist werden auch gegen einen kleinen Aufpreis Mahlzeiten serviert. Eine großartige Möglichkeit, das Delta hautnah zu erleben.

Laimutės HOTEL €€
(☎59 690; Zi. 150 Lt; P ♨) Laimutės ist ein Hotel mit allem drum und dran: Es bietet ansehnliche Zimmer, Wellness- und Saunazentrum, Fahrradverleih, Bootsfahrten, Exkursionen auf Bauernhöfe und Eisfischen im Winter und trotz all der Aktivitäten auch Ruhe und Entspannung. Das zugehörige Restaurant verarbeitet nur Bioprodukte örtlicher Bauern und frische Forellen aus dem nahen See. Halbpension ist im Preis enthalten. Das Laimutės liegt etwa 15 km östlich von Šilutė in Žemaičių Naumiestis.

Kintai PENSION €€
(☎47 339; www.kintai.lt; DZ/3BZ/4BZ ab 150/200/260 Lt; P) Das Hotel-Restaurant mit Bootszentrum in einsamer Lage verwöhnt seine Gäste mit Komfort und einem umfangreichen Programm an Aktivitäten rund ums Wasser. Alle Zimmer haben einen Balkon und einige liegen buchstäblich auf dem Wasser (in einem Hausboot). Auch Zelten ist hier möglich (Pers./Zelt 10/10 Lt). Auf Wunsch werden Angelausflüge organisiert oder Bootsfahrten durch das Delta. Das Hotel liegt 6 km östlich des Dorfes Kintai am Fluss Minija.

Ventainė HOTEL, CAMPINGPLATZ €€
(☎68 525; www.ventaine.lt, auf Litauisch; Ventė; Camping pro Erw./Auto/Zelt 10/10/10 Lt, Hütten 120 Lt, DZ ab 200 Lt; P @ ♨) Der Komplex liegt zu Fuß 20 Minuten von der Beringungsstation entfernt am Haff mit Blick auf die Sanddünen der Nehrung. Die komfortablen Zimmer haben Bäder mit Fußbodenheizung und einen Kühlschrank. Auch für die Camper ist bestens gesorgt: mit Holzhäuschen, Stellplätzen und sauberen, modernen Sanitäranlagen. Das Restaurant überzeugt mit kreativen, litauischen Gerichten (Hauptgerichte 20–35 Lt), darunter eine wirklich exzellente Fischsuppe.

ℹ Praktische Informationen

Mit staatlichen Finanzspritzen und EU-Hilfe zur Tourismusförderung wird die Region zunehmend erschlossen.

Regionale Parkverwaltung (☎58 154; www.nemunodelta.lt; Pakalne gatvė 40; ⌚Mo–Fr 8–12 & 12.45–17 Uhr) Die Verwaltung im kleinen Dorf Rusnė hilft bei der Reiseplanung, vermietet Zimmer und Fahrräder.

Touristeninformation Šilutė (☎77 785; www.siluteinfo.lt; Lietuvininkų gatvė 10; ⌚Mo–Do 8–17, Fr 8–15.45 Uhr) Wer Infos zu Unterkünften, Aktivitäten und Verkehrsverbindungen braucht, sollte als Erstes dieses enorm hilfsbereite Büro in der Hauptstraße von Šilutė ansteuern. Es gibt unter anderem einen praktischen Radführer für die Region heraus sowie die jährlich erscheinende Broschüre *Šilutės kraštas* mit Unterkünften und kulturellen Veranstaltungen im Delta.

ℹ Anreise & Unterwegs vor Ort

Ohne eigenen Wagen wird die Anreise ziemlich strapaziös. Im Sommer gibt es von Šilutė täglich mehrere Busverbindungen von/nach Klaipėda (12 Lt; 1 Std.) sowie eine Handvoll Busse von/nach Kaunas (40 Lt, 3½ Std.) und von/nach Vilnius (50 Lt, 5¼ Std.).

Das beste Fortbewegungsmittel ist ein Boot (mit dem Boot sind es von Pakalnė nach Kintai 8 km, mit dem Auto dagegen 45 km). Die Hauptrouten folgen den drei großen Flussarmen Atmata (13 km), Skirvytė (9 km) und Pakalnė (9 km) – die sich ab Rusnė in westlicher Richtung fächerförmig aufteilen.

Kintai, Ventainė und Laimutės vermieten Boote mit Führer. Auch die Büros in Šilutė können weiterhelfen.

Palanga

☎460 / 17 594 EW.

Palanga, 25 km nördlich von Klaipėda, ist ein Badeort mit zwei Gesichtern – im Winter ein friedliches Rentnerparadies, im Sommer eine heiße Partymeile. Touristen aus ganz Litauen und dem Ausland fallen dann über den idyllischen, 10 km langen Strandabschnitt her, der von Dünen und duftenden Kiefern gesäumt ist.

Trotz der Massen und der aufdringlichen Leuchtreklamen hat Palanga etwas von seinem traditionellen Charme bewahrt. Dazu gehören Holzhäuser und Fahrradklingeln, Pedalo-Taxis und natürlich die belebte Fußgängerzone Basanavičiaus gatvė mit ihren Backsteingebäuden.

Geschichte

Palanga war häufig Litauens einziger Hafen, der allerdings 1710 von den Schweden zerstört wurde. Im 19. Jh. entwickelte sich Palanga zum Badeort, der auch später bei den Sowjets sehr beliebt war. Nach 1991 gingen die während der Sowjetära verstaatlichten Villen und Feriendomizile wieder in den Besitz ihrer ursprünglichen Eigentümer über und schon bald eröffneten private Hotels und Restaurants. 2005 wurde die wichtigste Fußgängerzone saniert, was dem schillernden Ruf Palangas bestimmt nicht geschadet hat.

Sehenswertes & Aktivitäten

Nahezu alles konzentriert sich in der Basanavičiaus gatvė, einer langen, verkehrsfreien Straße, die von der Küste geradeaus landeinwärts führt und auf ganzer Länge von Restaurants, Cafés, Kneipen und Läden gesäumt ist. Südlich davon befinden sich die beiden vorrangigen Sehenswürdigkeiten, außer dem Strand, nämlich der Botanische Garten und das Bernsteinmuseum.

BASANAVIČIAUS GATVĖ

Ein Bummel über die **Basanavičiaus gatvė** ist allein schon eine Attraktion – viele Urlauber verbringen damit gerne ihren Abend. Verkaufsstände am Ostende bieten Bernstein an und auf der gesamten Länge gibt es Hüpfburgen, Bungee-Simulatoren, Karussells, Elektroautos, Porträtzeichner, Straßenmusikanten und Unterhalter mit Affen. Der ganze Trubel wird lediglich von der Fotoausstellung im **Widerstandsmuseum** (Basanavičiaus gatvė 21; Eintritt frei; ⌚Mi, Sa & So 16–18 Uhr) unterbrochen, das sich jenen Menschen widmet, die gegen die sowjetische Unterdrückung kämpften und oft deswegen nach Sibirien deportiert wurden.

Vom Ende der Basanavičiaus gatvė führt ein Steg durch die Dünen zur **Seebrücke**. Tagsüber bieten Straßenverkäufer hier Popcorn, *ledai* (Eiscreme), *dešrainiai* (Hotdogs), *alus* und *gira* an. Bei Sonnenuntergang (im Juli gegen 22 Uhr) sitzen Familien und Liebespärchen am Landungssteg auf den Bänken und beobachten die untergehende Sonne.

Von der Seebrücke an der Basanavičiaus führt ein Rad- und Spazierweg nach Norden und Süden durch den Kiefernwald. Schmale Pfade zweigen an verschiedenen Punkten nach Westen zum **Strand** ab. Der Hauptpfad (Meilės alėja) biegt etwa 500 m südlich in die Darius ir Girėno gatvė ab und führt zum Botanischen Garten, der ebenfalls reichlich Spazier- und Radwege bietet.

BOTANISCHER GARTEN & BERNSTEINMUSEUM

Üppiges Grün und weiße Schwäne auf spiegelglatten Seen – der Botanische Garten ist eine friedliche Oase abseits des Trubels am Strand und im Stadtzentrum. Zum 1 km² großen Park gehören ein Rosengarten, 18 km Fußwege und der **Birutė-Hügel** (Birutės kalnas), der früher eine heidnische Kultstätte war. Einer Legende zufolge wurde sie von Vestalinnen gehütet, bis der Großherzog Kęstutis die Vestalin Birutė entführte und heiratete. Heute steht oben auf dem Hügel eine Kapelle aus dem 19. Jh.

Bernsteinmuseum MUSEUM
(Gintaro muziejus; www.pgm.lt; Vytauto gatvė 17; Erw./Kind 8/4 Lt; ⌚Juni–Aug. Di–Sa 10–20, So bis 19 Uhr, Sept.–Mai Di–Sa 11–17, So 11–16 Uhr) Das sehr beliebte Museum zeigt die angeblich sechstgrößte Bernsteinsammlung der Welt, insgesamt über 20 000 Exemplare. Ebenso ein Highlight ist der große klassizistische Palast von 1897, in dem das Museum untergebracht ist. Einlass ist bis eine Stunde vor Schließung.

NÖRDLICH DES BOTANISCHEN GARTENS

Bernstein-Werkstattgalerie GALERIE
(Gintaro dirbtuvės galerija; Dariaus ir Girėno gatvė 27; Eintritt frei; ⌚Mo–Sa 10–18 Uhr) Ende des 19. Jhs. gehörte Palanga zu den größten Bernsteinzentren des Baltikums. Die Bernsteinprodukte gingen zunächst nach Russland, von wo sie in die ganze Welt verschickt wurden. Die Stadt besaß damals um ein Dutzend Bernsteinateliers, von denen heute nur noch diese Galerie übrig ist. Sie wird von der Bernsteinzunft Palanga geleitet und verkauft herrliche Arbeiten (Schmuck, Skulpturen, Schachbretter usw.). Die Meister arbeiten in einem Atelier über der Galerie. Besucher können dort ihren eigenen Bernsteinschmuck herstellen. Außergewöhnliche Stücke aus „baltischem Gold" bietet auch das **Baltijos Aukas** (Vytauto gatvė 66; ⌚10–21 Uhr).

Antanas-Mončys-Museum MUSEUM
(Antonio Mančio namai muzeijus; Daukanto gatvė 16; Erw./Kind 4/2 Lt; ⌚Mi–So 13–19 Uhr) Das Museum zeigt große Holzskulpturen, Collagen und Masken des litauischen Künstlers Antanas Mončys (1921–93).

Dr.-Jono-Šliūpas-Gedenkstätte MUSEUM
(Jono Šliūpo memorialinė sodyba; Vytauto gatvė 23a; Erw./Kind 2/1 Lt; ⌚Juni–Aug. tgl. 12–19 Uhr, Sept.–Mai Di–So 11–17 Uhr) Im ehemaligen Wohnhaus des ersten Bürgermeisters der Stadt sind faszinierende Schwarz-Weiß-Fotos des alten Palanga ausgestellt.

Palanga

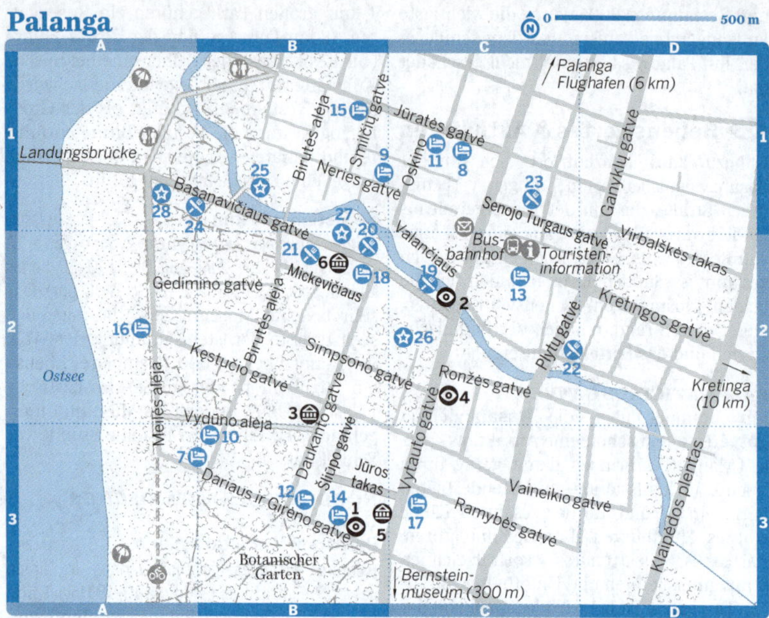

Festivals & Events

Palanga-Robben ESSEN
(Palangos ruoniai) Bei den „Robben" handelt es sich tatsächlich um Stinte, kleine delikate Fische, die für nur eine kurze Zeit im Februar vor der Küste von Palanga auftauchen. Während des dreitägigen Fests Mitte Februar werden die Stinte überall in der Stadt in allen erdenklichen Formen zubereitet. Eine zusätzliche Attraktion sind die unzähligen abgehärteten Leute, die sich ins eiskalte Ostseewasser zum Eisschwimmen stürzen.

Palanga-Sommerfest STRASSENKUNST, MUSIK
(www.palangosvasara.lt) Das Fest ist der Höhepunkt der Sommersaison. Es beginnt am ersten Samstag im Juni und endet mit einem großen Straßenumzug, Liederfestival und Popkonzert am letzten Samstag im August – eine einzige Riesenveranstaltung mit Konzerten aller Art.

Schlafen

In der Hochsaison von Juni bis August lohnt es sich manchmal, mit den vielen Einheimischen zu verhandeln, die am östlichen Ende der Kretingos gatvė mit Schildern „Nuomojami kambariai" (Zimmer zu vermieten) stehen. Auch an vielen Häusern in der Nėries gatvė und der Birutės alėja hängen solche Schilder. Die Preise liegen bei 50 bis 100 Lt pro Nacht, je nach gebotenem Zimmerkomfort. Unterkünfte vermitteln auch die Touristeninformation und die Ferienwohnungsagentur **Palbiuras** (☎51 500; www.palbiuras.lt; Kretingos gatvė 12; ⏰Mo–Fr 9–18 Uhr).

Die Preise gelten für die Sommersaison, wenn die Zimmer schnell ausgebucht sind; im Winter fallen die Preise um bis zu 50 %.

LP TIPP **Hotel Palanga** HOTEL €€€
(☎41 414; www.palangahotel.lt; Birutės alėja 60; DZ 600–700 Lt, 1-/2-Zi.-Apt. 1200/1600 Lt; P @ WLAN Pool) Das noble Hotel aus Holz und Glas in einem Kiefernwäldchen ist ein Knaller. Die Zimmer blicken auf blauen Himmel, Baumstämme, Baumwipfel oder das Meer (im obersten Stock). Die Ausstattung ist geschmackvoll, luxuriös und geprägt von natürlichen Bernstein-, Creme- und Sandfarben. Einige haben sogar eine eigene Sauna oder einen Whirlpool. Der Pool ist eine glitzernde blaue Fläche zwischen den Bäumen und der Saunakomplex ist – wie der Hotelprospekt es ausdrückt – „eine Oase für Körper und Seele".

Vila Ramybė PENSION €€
(☎54 124; www.vilaramybe.lt; Vytauto gatvė 54; DZ 180–250 Lt; P @ WLAN) Nur mit Glück ist in dem netten, schlichten Hotel ein Zimmer zu er-

Palanga

Sehenswertes

1	Bernstein-Werkstattgalerie	B3
2	Bernstein-Stände	C2
3	Antanas-Mončys-Museum	B2
4	Baltijos Aukas	C2
5	Dr.-Jono-Šliūpas-Museum	B3
6	Widerstandsmuseum	B2

Schlafen

7	Corona Maris	A3
8	Ema	C1
9	Hotel Alanga	B1
10	Hotel Palanga	B3
11	Mama Rosa	C1
12	Palangos Vėtra	B3
13	Palbiuras	C2
14	Pusų Paunksnėje	B3
15	Seklytėlė	B1
16	Vasaros Ambasada	A2
17	Vila Ramybė	C3
18	Vila Žaigždė	B2

Essen

19	Baras 1925	C2
20	Čagino	B2
	Čili Pica	(siehe 28)
21	Lašas	B2
22	Maxima	C2
23	Mini Maxima	C1
24	Žuvinė	A1

Unterhaltung

25	Exit	B1
26	Open-Air-Konzerthalle	C2
27	Piano	B2
28	Šachmatinė	A1

gattern. Die Holzvilla aus den 1920er-Jahren steht nämlich bei den Yuppies aus Vilnius hoch im Kurs. Die mit Kiefernholz verkleideten Zimmer sind in blauen und grünen Pastelltönen gehalten, sieben der zwölf Räume haben Terrassen, die meisten auch eine kleine Lounge. Das Terrassenrestaurant ist ebenfalls trendig.

Mama Rosa PENSION €€
(☎48 581; www.mamarosa.lt; Jūratės gatvė 28a; EZ/DZ ab 320/420 Lt; P@) Der Geheimtipp für Romantiker: Mama Rosa bietet acht hübsche Zimmer im englischen Stil mit Kamin, Bügelautomat, Fußbodenheizung im Bad und schmiedeeisernen Bettgestellen. Hinzu kommen eine schicke Lounge und ein Restaurant sowie eine Saunaanlage und ein Whirlpool.

Palangos Vėtra HOTEL €€
(☎53 032; www.palangosvetra.lt; Daukanto gatvė 35; EZ/DZ ab 300/400 Lt; P@) Das ganz aus skandinavischem Glas und Holz erbaute Haus lässt keine Wünsche offen. Weitere Pluspunkte sind ein exzellentes Restaurant, die Kaffeebar und das Wellnesscenter mit einem Badeparadies mit Schwimmbecken und Whirlpools. Das Hotel liegt in einem ruhigen Teil des Ortes.

Corona Maris PENSION €€
(☎8-620 31535; www.coronamaris.lt; Darius ir Girėno gatvė 5; DZ/4BZ 400/700 Lt; P@) Die schicke Pension vermietet Luxusapartments für zwei und für vier Personen. Alle haben eine Kochnische und ein Wohnzimmer mit Fußbodenheizung. Die größeren Apartments sind auch mit einem Kamin ausgestattet.

Vila Žaigždė PENSION €€
(☎49 012; Daukanto gatvė 6; Zi. 200–250 Lt; P) Das Žaigždė liegt zwar nur wenige Schritte von der Basanavičiaus gatvė entfernt, doch die Atmosphäre ist hier völlig anders. Die liebevoll renovierte Villa bietet große, aber gemütliche Zimmer mit einem Hauch Romantik. Im Erdgeschoss befindet sich ein beliebtes ukrainisches Restaurant. Frühstück kostet 20 Lt extra.

Vasaros Ambasada HOTEL €€
(☎8-698 08333; www.palangosambasada.lt; Meilės alėja 16; Zi. 345 Lt; P) Das hübsche, kleine Hotel hat die beste Lage im Ort: direkt an der Küste, aber nur ein paar Meter von den Massen auf der Basanavičiaus gatvė entfernt. Die Zimmer sind schlicht möbliert, aber alles ist sauber und gepflegt. Englisch wird hier kaum verstanden.

Pusų Paunksnėje PENSION €€
(☎49 080; www.pusupaunksneje.lt; Dariaus ir Girėno gatvė 25; DZ 700 Lt, Apt. 800–1500 Lt; P@) Die gehobene, rustikale Pension des litauischen Basketballstars Arvydas Sabonis ist super, und das nicht nur wegen der Zimmer. Es ist die wohl einzige Unterkunft überhaupt, die einen Basketballplatz in voller Größe besitzt, auf dem Gäste gerne ein bisschen den Ball werfen dürfen. Die Pension hat 14 Luxusapartments, jedes mit Kamin.

Hotel Alanga HOTEL €€
(☎49 215; www.alanga.lt; Nėries gatvė 14; DZ/Suite/Apt. 250/360/480 Lt; P@) Familien sind hier gut aufgehoben: Neben blitzblanken und komfortablen Zimmern finden sie dort ein Spielzimmer, Kinderbetreuung, einen Billardraum und ein Fitnesscenter. Die Ausstattung ist etwas nüchtern, aber die Balkone schmücken leuchtend rote Dahlien.

Seklytėlė PENSION €
(☎57 415; Jūratės gatvė 18; Zi. 100–150 Lt) Die großen Zimmer über dem gleichnamigen Restaurant werden im Sommer für 'nen Appel und 'n Ei vermietet. Möbel und Bettzeug passen vielleicht nicht perfekt zusammen, doch das tut der gemütlichen Atmosphäre keinen Abbruch. Die billigeren Zimmer haben kein eigenes Bad.

Ema PENSION €
(☎48 608; www.ema.lt; Jūratės gatvė 32; Zi. ab 150 Lt) Die einfache Pension hat schlichte Zimmer in allen nur denkbaren Pastelltönen. Am Eingang steht ein Kaktus.

Essen

In der Basanavičiaus gatvė konzentrieren sich die meisten Restaurants der Stadt. Sie servieren überwiegend Touristenküche von mäßiger Qualität. Es gibt aber auch ein paar löbliche Ausnahmen. Einige der Hotel-Restaurants gehören zu den besten Speiselokalen der Stadt. Das Seklytėlė (Hauptgerichte 12–30 Lt) beispielsweise bietet eine phantastische Auswahl an Pfannkuchen und an kühlen Abenden bekommen die Gäste warme Decken. Das Restaurant der Vila Žaigždė (Hauptgerichte 20–35 Lt) serviert eine hervorragende ukrainische Küche. Die Vila Ramybė (Hauptgerichte 15–30 Lt) verwöhnt ihre Gäste mit reizendem Service und hervorragenden *cepelinai* (Klöße). Und das Pusų Paunksnėje (Hauptgerichte 30–50 Lt) glänzt mit einem Restaurant, das keine Wünsche offen lässt.

Für Selbstversorger gibt es die Supermärkte **Maxima** (Plytų gatvė 9; ⏱7–24 Uhr) und **Mini Maxima** (Senojo Turgaus gatvė 1; ⏱8–24 Uhr).

Baras 1925 LITAUISCH €€
(Basanavičiaus gatvė 4; Hauptgerichte 20–40 Lt; ⏱10–24 Uhr) Das alte Holzhaus liegt nicht direkt an der Basanavičiaus und ist entsprechend ruhiger. Die litauische Küche ist gut und einfach, der Garten mit Blick auf die Kirche ist weit entfernt von jeglichem Kitsch.

Lašas STEAKHAUS €€
(www.lasashotel.com; Basanavičiaus gatvė 29; Hauptgerichte 20–40 Lt; ⏱10–24 Uhr) Höchst empfehlenswerte Steaks, nach Wunsch zubereitet, sowie gegrilltes Schweinefleisch oder Ente und Wild. Bei schönem Wetter wird auch auf der Terrasse serviert.

Čagino RUSSISCH €€
(Basanavičiaus gatvė 14a; Hauptgerichte 20–50 Lt; ⏱12–24 Uhr) Das russische Restaurant bietet eine Alternative zu den üblichen litauischen Gerichten und den Pizzas, nämlich traditionelle russische Pfannkuchen.

Čili Pica ITALIENISCH €
(www.cili.lt; Basanavičiaus gatvė 45; 20-/50-cm-Pizza ab 12/48 Lt; ⏱10–23 Uhr) Die Pizzeria ist der Inbegriff von Palanga: schicke Pärchen, lärmende Familien und Partyschönheiten geben sich ein Stelldichein zwischen bonbonrosa Säulen.

Žuvinė FISCH €€
(http://zuvine.lt; Basanavičiaus gatvė 37a; Fisch 30–70 Lt; ⏱11–23 Uhr) Für einen Küstenort gibt es erstaunlich wenig Lokale mit frischem Fisch. Das überteuerte Restaurant am Strandende der Basanavičiaus gatvė ist zweifellos das beste im Ort. Es gibt einige Gerichte mit heimischem Fisch, aber der Kellner versucht unweigerlich, die teureren internationalen Fischarten an den Mann zu bringen.

Unterhaltung

Die Touristeninformation gibt Auskunft darüber, was wo los ist. Konzerte finden oft in der **Open-Air-Konzerthalle** (Vasaros Estrada; ☎52 210; Vytauto gatvė 43) statt; auch im Vila Ramybė (S. 380) spielt regelmäßig Livemusik.

Die Clubs öffnen nur im Sommer: **Piano** (Basanavičiaus gatvė 24a) und **Šachmatinė** (Basanavičiaus gatvė 45) spielen gängige Popmusik; im **Exit** (Neries gatvė 39) legen internationale DJs auf.

Praktische Informationen

Der Verlag Jāņa sēta gibt den Stadtplan *Palanga* (1:15 000) mit Palanga und Šventoji heraus, der 9 Lt kostet und in der Touristeninformation erhältlich ist.

Bankas Snoras Basanavičiaus (Basanavičiaus gatvė); Jūratės (Ecke Vytauto & Jūratės gatvė) Geldwechselschalter und Geldautomat.

Laukinių Vakarų Salūnas (Basanavičiaus gatvė 16; Internet pro Std. 6 Lt; ⏱9–7 Uhr) Kneipe mit Internetraum.

Palangos vaistinė (Vytauto gatvė 33; ⌚Mo–Fr 9–20, Sa 9–18, So 9–16 Uhr) Apotheke im ehemaligen KGB-Hauptquartier (1944–51).

Polizei (☎53 837; Vytauto gatvė 4)

Post (Vytauto gatvė 53)

Touristeninformation (☎48 811; www.palangatic.lt;Kretingos gatvė 1; ⌚Mitte Juni–Aug. Mo–Fr 9–19, Sa & So 10–16 Uhr, Sept.–Mitte Juni Mo 13–17, Di–Sa 10–17 Uhr) Buchung von Unterkünften und Verkauf von Karten und Führern, direkt am Busbahnhof von Palanga.

An- & Weiterreise

Palanga ist mit Auto, Bus und Flugzeug zu erreichen, im Sommer gibt es mehr Verbindungen.

Flugzeug

Die **SAS** (www.flysas.com) fliegt regelmäßig vom **Palanga Airport** (☎52 020; www.palanga-airport.lt; Liepojos plentas 1), 6 km nördlich des Zentrums, nach Kopenhagen und Oslo, unregelmäßige Verbindungen mit Oslo bietet die **Norwegian Air Shuttle** (www.norwegian.com) sowie die **airBaltic** (www.airbaltic.com) mit Rīga.

Bus

Die kleine **Busstation** (☎53 333; Kretingos gatvė 1) hat Verbindungen von und nach Kaunas (50 Lt, 3¼ Std., etwa 14-mal tgl.), Klaipėda (5 Lt, 45 Min., von 4.15 bis 22.35 Uhr mind. alle 30 Min.), Šiauliai (32 Lt, 3 Std., 8-mal tgl.) und Vilnius (66 Lt, 4¼–6 Std., 7-mal tgl.).

Unterwegs vor Ort

Busse der Linie 3 pendeln zwischen 7 und 24 Uhr etwa stündlich zum Flughafen und zurück (Erw./Kind 3/1,50 Lt). Fahrpläne hängen an der Haltestelle Vytauto gatvė im Zentrum nahe der Busstation.

Der zentrale Taxistand ist in der Kretingos gatvė vor dem Busbahnhof; die Taxifahrt vom Flughafen in die Stadt kostet ca. 30–35 Lt

Fahrradtaxis stehen am Ostende der Basanavičius gatvė. Von Mai bis September werden überall Räder verliehen. Sie kosten pro Stunde/Tag 8/30 Lt für ein Fahrrad, 25 Lt pro Tag für ein Vierradgefährt (2 Pers.) und 25 Lt für einen Kinderbuggy.

Rund um Palanga

Šventoji liegt 12 km weiter nördlich und ist ein bisschen weniger quirlig als Palanga. Mit dem aufblasbaren Fisch, der Kinder ausspuckt, den Autoscootern, Restaurants mit Alleinunterhaltern und Fahrgeschäften ist hier Unterhaltung großgeschrieben. Einige Kilometer südlich von Palanga liegt **Nemirseta**, das vor allem wegen seiner tollen Sanddünen bekannt ist. Nemirseta ist der östlichste Ort, den die Preußen je eroberten. Von Palanga fahren täglich fünf Busse nach Šventoji. Nemirseta ist nur mit dem eigenen Fahrzeug zu erreichen.

Die Stadt **Kretinga**, 10 km östlich von Palanga, ist eine Attraktion für Pflanzenfreunde. Der etwas altersschwache Wintergarten am **Kretinga Museum** (Kretingos muziejus; www.kretingosmuziejus.lt; Vilniaus gatvė 20; Erw./Stud. 5/2 Lt; ⌚Museum Mi–So 10–18 Uhr, Wintergarten Di–So 10–18 Uhr, Café 12–22 Uhr) birgt eine tropische Wunderwelt mit 850 exotischen Pflanzenarten. Das Museum selbst befindet sich in einer der zahlreichen Häuser der polnischen Adelsfamilie Tyszkiewicz.

Kretinga hat zahlreiche Busverbindungen mit Palanga (4 Lt, 15 Min.). Das Museum liegt westlich des Zentrums im Stadtpark von Kretinga.

Nationalpark Žemaitija

☎448 / 3500 EW.

Nach dem Kitsch und Trubel von Palanga ist die Ankunft im Nationalpark Žemaitija wie ein erfrischender Sprung ins kühle Wasser. Der 200 km² große Park umfasst eine zauberhafte Landschaft aus Wald und Wasser. Er ist ebenso schön wie geheimnisvoll und es ist kaum verwunderlich, dass er voll märchenhafter Geschichten von Geistern, Dämonen und vergrabenen Schätzen steckt.

Es gibt hier gleich zwei Anziehungspunkte. Zum einen können Besucher nach Herzenslust baden, paddeln und radfahren und zum anderen eine der neuesten und absonderlichsten Attraktionen des Landes besuchen: Ein Museum des Kalten Krieges in einer ehemaligen sowjetischen Atomraketenbasis.

Am günstigsten ist der Park über den kleinen Ort **Plateliai** am Westufer des Sees gleichen Namens zu erreichen. Dort befindet sich auch das hilfreiche Besucherzentrum des Nationalparks Žemaitija.

Etwa 20 km nordöstlich des Parks liegt der **samogitische (zemaitische) Kalvarienberg** (Žemaičių Kalvarija), der auf dem Grund eines Gräberfelds aus dem 9. bis 13. Jh. entstand. In den ersten beiden Juliwochen ziehen Scharen von Pilgern hierher und besteigen die sieben Hügel mit den 20 Kapellen, um den 7 km langen Kreuzweg zu absolvieren, der an die Leiden Jesu Christi erinnert.

ABSTECHER

ORVYDAS-GARTEN

Eine kleine Tour mit Auto oder Bus von Kretinga und nicht weit vom Nationalpark Žemaitija liegt eine der ungewöhnlichsten Sehenswürdigkeiten Litauens: ein Stein- und Skulpturengarten, der so spirituell wie der Berg der Kreuze (S. 351), aber exzentrischer und auf seine Art noch faszinierender ist.

Der **Orvydas-Garten** (Erw./Kind 6/3 Lt; ⌚Di–So 10–19 Uhr) war das Werk des Steinmetzes Kazys Orvydas (1905–89) und seines ältesten Sohns und Franziskanermönchs Vilius (1952–92). Die Skulpturen waren ursprünglich für den Dorffriedhof im nahen Salantai gedacht, wurden aber auf den Hof der Orvydas' verbracht, als der sowjetische Regierungschef Nikita Chruschtschow in den 1960er-Jahren religiöse Symbole verbot. Die Sowjets sperrten die Zufahrt zu dem Haus später ab, damit keine Besucher zur verfolgten Familie Orvydas gelangen konnten.

Heute können Besucher durch den hübschen Bauerngarten laufen und Hunderte Statuen, Skulpturen, Büsten und Merkwürdigkeiten bewundern. Das Erlebnis ist ebenso faszinierend wie verblüffend, wird aber unvergesslich sein. Eine Erinnerung an die einstige sowjetische Präsenz ist der rostende Panzer aus dem Zweiten Weltkrieg auf dem Parkplatz.

Heute finden auf dem Gelände regelmäßig Bildhauer-Workshops statt, um die Tradition lebendig zu halten. Ein traditionelles samogitisches Wegkreuz markiert 5 km südlich von Salantai an der Straße nach Plungė den Eingang zum Anwesen.

Täglich verkehren drei Busse zwischen Klaipėda und Skuodas mit Halt in Salantai und Mosėdis. Für den Orvydas-Garten an der letzten Haltestelle vor Salantai aussteigen und den letzten Kilometer zu Fuß gehen.

Sehenswertes

LP TIPP **Museum des Kalten Krieges** MUSEUM

(Šaltojo Karo Muziejus; www.zemaitijosnp.lt; Plokštinė; Erw./Kind 10/5 Lt; ⌚Di–Fr 9–18, Sa & So 10–17 Uhr) Ende 2011 wurde endlich das lang erwartete Museum in einer ehemaligen sowjetischen Atomraketenbasis eröffnet, die Anfang der 1960er-Jahre gebaut wurde und einst so viel Schlagkraft hatte, um fast ganz Europa zu vernichten. Der Stützpunkt liegt tief im Nationalparks Žemaitija verborgen und wurde vor der litauischen Bevölkerung jahrzehntelang geheimgehalten. Es gibt eine kleine Ausstellung zur Geschichte des Kalten Krieges, insbesondere zu seiner Auswirkung auf die baltischen Länder, sowie zum Aufbau und zur Rolle des Stützpunkts. Das Highlight ist jedoch die Besichtigung eines der einstigen Raketenbunker.

Das Museum liegt etwa 8 km vom Informationszentrum des Parks in Plateliai entfernt und ist mit Auto oder Fahrrad über die Hauptverkehrsstraße nach Plokštinė und dann 5 km über eine Schotterstraße zu erreichen. Es ist ausgeschildert. Das Museum stand zur Zeit der Recherche kurz vor der Eröffnung, die hier erwähnten Eintrittspreise und Öffnungszeiten sind daher nur unbestätigte Richtlinien. Auf der Website des Nationalparks stehen ausführlichere Infos. Die Geschichte des Stützpunkts und seine mögliche Rolle in der Kubakrise von 1962 sind im Kasten auf S. 385 nachzulesen.

Museen im Gutshof Plateliai MUSEUM

(www.zemaitijosnp.lt; Plateliai; Erw./Kind 6/3 Lt; ⌚Juni–Aug. Di–Fr 9–17, Sa & So 10–17 Uhr) Ein kurzer Fußweg vom Informationszentrum des Parks führt zum Kornspeicher und Stall des ehemaligen **Gutshofs Plateliai**, in dem sich heute ein höchst lohnenswerter Museumskomplex befindet. Im Kornspeicher verteilt sich über mehrere Stockwerke eine Ausstellung zur Natur, Geschichte und Volkskunde der Region. Hinzu kommen archäologische Fundstücke von den Seeinseln Sventrokalnis und Pilies. Die faszinierende Ausstellung im Stall beschäftigt sich mit Faschingsbräuchen der Gegend, zu der auch 250 (furchterregende) Masken gehören.

Kunstmuseum Žemaitija MUSEUM

(Žemaičių dailės muziejus; Parko gatvė 1; Erw./Kind 4/2 Lt; ⌚Mitte Mai–Nov. Mi–So 10–18 Uhr, Nov.–Mitte Mai bis 17 Uhr) Der Oginski-Palast aus dem 19. Jh. in der Nachbarstadt Plungė besitzt eine interessante Sammlung moderner samogitischer Kunst (Holz- und Metallarbeiten).

Aktivitäten

Die meisten Freizeitzentren liegen um den **Plateliai-See** (Platelių ežeras), der bekannt für seine sieben Inseln und sieben alten Uferterrassen ist. Er ist die schönste Natursehenswürdigkeit des Parks und Schauplatz des alljährlichen Mittsommernachtsfestes mit Sonnenwendfeuern und traditionellen Liedern am 23. und 24. Juni. Einer alten Legende zufolge wurde der See von einem Sturm hochgerissen und fiel dann genau an der heutigen Stelle nieder, nachdem jemand die magischen Worte „Ale plate lej" (der Regen trägt weit) ausgesprochen hatte.

Bei warmem Wetter lockt ein Bad im See. Ansonsten können Boote im **Yacht Club** (☎8-682 42062; Ežero gatvė 40) geliehen werden.

Im kleinen Ort Plateliai am Westufer des Sees werden viele traditionelle samogitische Feste gefeiert, darunter auch der **Faschingsdienstag**.

Das Besucherzentrum des Nationalparks hilft beim Fahrradverleih und verteilt Radwegekarten. Eine der einfachsten und reizvollsten Strecken ist der Weg ins abgelegene Plokštinė (8 km), wo sich heute auf der ehemaligen Raketenbasis das Museum des Kalten Krieges befindet.

Schlafen & Essen

Im Juli und August können Verwegene die Nacht in den ehemaligen Militärkasernen verbringen. Das Bett – kein Warmwasser, keine Dusche, nur eine Gemeinschaftstoilette – kostet etwa 15 Lt Gebucht wird im Besucherzentrum des Parks.

Für alle, die es etwas behaglicher mögen, vermittelt das Besucherzentrum Privatzimmer (etwa 50–70 Lt) in hübschen Gehöften oder Privathäusern im Park. Dazu gehört auch das von Blumen umrankte Haus von **Marija Striaukienė** (☎49 152, 8-698 03485) am Seeufer im Dorf Beržoras.

Julija und Bronius Staponkai (☎8-617 03418; jb@zebra.lt; Ežero gatvė 38; Zi. 70–120 Lt; P) in Plateliai vermieten behagliche Apartments nur ein paar Schritte vom See entfernt. Das **Hotel Linelis** (☎8-655 77666; www.linelis.lt; Paplatelės; EZ/DZ/3BZ 120/140/160 Lt; P ❄) am Ostufer des Sees hat mehr zu bieten, nämlich ein gutes Restaurant und ein Wellnesszentrum. Frühstück kostet zusätzlich 15 Lt.

Restaurants sind in Plateliai knapp, aber dasjenige im **Yacht Club** (Hauptgerichte 15–30 Lt) direkt am See ist nicht schlecht. Die Speisekarte ist zwar kurz, aber der Seeblick hinreißend.

LIEBESGRÜSSE AUS MOSKAU

Tief in den Wäldern des Nationalparks Žemaitija liegt eine ehemalige unterirdische Raketenabschussbasis aus der Sowjetära. Hier wurden einst Raketen mit Atomsprengköpfen gelagert, die genug Kraft besaßen, um weite Teile Europas zu zerstören.

Das erschreckende Waffendepot, das aus 22 m langen R12-Raketen mit 3 m großen Sprengköpfen bestand, blieb den Litauern mindestens zwei Jahrzehnte verborgen. Heute befindet sich hier das einzige Museum des Kalten Krieges (S. 384) des Landes.

Die kreisförmige unterirdische Basis wurde von vier Raketensilos flankiert, von denen nur die gewölbten Kuppen aus dem Boden ragten. Die Basis, die an geheime Stationen in James-Bond-Filmen erinnert, befand sich in Plokštinė, nur wenige Kilometer östlich des idyllischen Bauerndorfes Plateliai. Sie war mit Kontrollräumen, Elektro- und Radiostationen ausgestattet.

10 000 Soldaten wurden in den 1960er-Jahren heimlich aus Satellitenstaaten der UdSSR hierher eingezogen, um die Abschussbasis mit den riesigen, 27 m tiefen Silos innerhalb von acht Monaten zu errichten. Bis 1978 war hier das 79. Raketenregiment stationiert, dann verschwanden die Raketen so unbemerkt, wie sie gekommen waren, und die Basis verfiel.

Während der Kubakrise im September 1962 stationierte die Basis Raketen in Kuba und während des Einmarsches des Warschauer Paktes in die Tschechoslowakei 1968 herrschte hier sogar Alarmstufe Rot. In der nahen Militärstadt Plokštinė, in der einst 320 Soldaten lebten, können heute Touristen in den Kasernen übernachten (s. oben).

Das Museum liegt etwa 8 km vom Besucherzentrum des Nationalparks in Plateliai. Auto- und Radfahrer folgen den Schildern an der Hauptstraße nach Plokštinė und dann dem 5 km langen Schotterweg.

Praktische Informationen

Besucherzentrum des Nationalparks (☎49 231; www.zemaitijosnp.lt; Didžioji gatvė 8; ⌚Juni–Aug. Mo–Do 8–17, Fr 8–15.45, Sa 10–17 Uhr) In Plateliai. stellt Angelscheine aus (1/3 Lt pro Tag/Monat), organisiert Führungen (30 Lt pro Std., nur auf Reservierung) und informiert über Yachtcharter und den Verleih von Surfbrettern und Booten. Außerdem vermittelt es Workshops mit Volkskünstlern der Region. Eine kleine Ausstellung informiert über Flora und Fauna des Parks. Internetzugang (5 Lt pro Std.) steht ebenfalls zur Verfügung.

An- & Weiterreise

Plungė ist die nächstgelegene Stadt und am besten zu erreichen mit dem Zug von Klaipėda (12–14,40 Lt, 1 Std., bis zu 5-mal tgl.) und von Vilnius (46 Lt, 4 Std., 3-mal tgl.). Mehrere Busse fahren täglich von Kaunas (46 Lt, 4 Std.) und von Palanga (12 Lt, 1¼ Std.). Plungė hat nur wenige Busverbindungen mit Plateliai.

LITAUEN VERSTEHEN

Litauen aktuell

Sprachstreit mit Polen

Litauens Beziehungen mit Polen waren schon immer von Bedeutung. Schließlich teilen sich die beiden Länder eine lange Geschichte, zu der auch eine kurze Zeitspanne im Mittelalter gehört, in der sie gemeinsam über das in jener Zeit größte politische Gebilde des europäischen Kontinents herrschten.

Heute streiten sich die beiden EU-Nachbarn um die Sprache, besonders um das Recht polnischer Schüler (die zur 200 000 Köpfe zählenden polnischen Minderheit des Landes gehören), hauptsächlich in polnischer Sprache unterrichtet zu werden. Ein neues litauisches Gesetz (das 2011 verabschiedet wurde und 2013 in Kraft treten soll) bestimmt, dass Litauisch die Hauptsprache für fast den gesamten Unterricht und ausschließliche Sprache für Abschlussprüfungen werden soll. Die polnische Minderheit nennt das Gesetz diskriminierend, die Litauer hingegen sind der Meinung, dass alle Schüler, egal welcher Herkunft, gutes Litauisch brauchen, um nach dem Schulabschluss weiterzukommen.

Die polnische Regierung in Warschau kritisierte diese Entscheidung und beschuldigte die litauische Regierung, die Rechte litauischer Polen zu unterdrücken. Polens Einspruch erhielt durch die Tatsache, dass das Land in der zweiten Jahreshälfte 2011 die laufende EU-Präsidentschaft besetzte, zusätzlichen Nachdruck. Im September desselben Jahres demonstrierten Tausende Polen auf den Straßen von Vilnius gegen das Gesetz. Der Streit war zur Zeit der Recherche noch in vollem Gang, aber es gab bereits Zeichen, dass Litauen zumindest teilweise einlenken würde. Ein Kompromissvorschlag fordert eine stufenweise Regelung des Gesetzes bis 2018, ein anderer sieht eine Lockerung der Gesetzesauflagen vor, um mehr polnischen Unterricht zu ermöglichen.

Was kostet wohl das Schloss?

Vor mehreren Jahrhunderten war das Großfürstenschloss (S. 295) von Vilnius der ganze Stolz Litauens. Im 17. Jh. fanden in dem Renaissancebau und besonders in dem 10 000 m² großen Hof zahllose Maskenbälle, Bankette und Opern statt. Um 1800 wurde das Schloss unter der russischen Besatzung zerstört.

Was wäre also besser geeignet, um die Wiedergeburt eines neuen Litauens zu feiern, als der Aufbau des Schlosses in all seiner früheren Pracht? Zumindest wurde das vor einem Jahrzehnt als Grund angegeben, als ehrgeizige Pläne vorgelegt wurden, den Palast Stein für Stein am alten Platz neben der Kathedrale zu rekonstruieren. Statt als Bankettsaal sollte das Schloss nun als Museum dienen, in dem der Verlauf der Rekonstruktionsarbeiten und der Schatz an gotischen und barocken Fundstücken aus den Grabungsarbeiten ausgestellt werden.

Das Projekt fand nicht nur Befürworter. Viele wandten ein, dass der Wiederaufbau den Palast zu reiner Disneykulisse verkommen ließe und mühsam erworbene Steuergelder verschwenden würde, die anderweitig besser angelegt wären. Die Kritiker wurden verlacht und das Projekt in Angriff genommen. Und dann eingestellt.

Der ursprüngliche Zeitplan sah die Eröffnung des Schlosses für den 6. Juli 2009 vor, dem 1000-jährigen Jubiläum der ersten schriftlichen Erwähnung Litauens. Doch das Datum wurde nicht eingehalten. Stattdessen sorgten Verzögerungen, Kostenüberschreitungen von mehreren 100 Mio. Euro und der unvermeidliche Geruch der Korruption 2011 für einen Baustopp. Zur Zeit der Recherche war der Palast zu 90 % fertiggestellt und hinter einem hohen Metallzaun verborgen.

Die Zukunft ist ungewiss, doch letztlich ist die litauische Regierung zu weit gegangen, um umzukehren. Sie wird das Schloss eines Tages fertigstellen müssen. Mit etwas Glück findet die Galaeröffnung vielleicht beim nächsten Besuch statt. Infos haben die Touristeninformationen in Vilnius (S. 321).

Vorsicht beim Parken!

Jede Großstadt der Welt hat mit dem Problem falsch geparkter Autos zu kämpfen, die Bürgersteige und Fahrradwege blockieren und für Fußgänger im Allgemeinen ein Ärgernis sind. Heftig und nervig ist das Problem vor allem dann, wenn Millionäre ihren Mercedes oder Ferrari parken, wo immer es ihnen gefällt. Was bedeutet schon das Geld für ein Knöllchen oder selbst für den Abschleppdienst, wenn man Millionen auf der Bank hat?

Mit diesem Problem sah sich der Bürgermeister von Vilnius, Artūras Zuokas, konfrontiert. Sein Hauptärgernis waren nämlich Falschparker auf der Hauptverkehrsstraße Gedimino prospektas.

Und so erdachte er einen Plan, um das Problem ein für alle Mal zu lösen. Er kommandierte einen Panzer von der litauischen Armee ab, fuhr damit über die Straße und, genau, überrollte einen falsch geparkten Mercedes.

Erwartungsgemäß machte das Manöver weltweit Schlagzeilen. Zur Zeit der Recherche hatte das YouTube-Video von der Panzerfahrt (suche nach „Bürgermeister Vilnius“) über drei Millionen Treffer. Die Harvard University verlieh dem Bürgermeister sogar einen ihrer begehrten Anti-Nobelpreise.

Allerdings tauchten schnell Gerüchte auf, dass die ganze Sache inszeniert war, ein Gag, um der sinkenden Beliebtheit des Bürgermeisters Auftrieb zu geben und von den Korruptionsvorwürfen abzulenken, die ihm während seiner Laufbahn anhingen.

Zuokas selbst hält sich zurück. Es könnte ein PR-Gag gewesen sein oder auch nicht. Er äußert sich dazu nicht. Die Lektion für Autofahrer ist jedenfalls deutlich: Vorsicht beim Parken – oder wenn es ein Mietwagen ist, dann sollte wenigstens eine gute Versicherung abgeschlossen sein!

Geschichte

Während seiner Blütezeit vom 14. bis zum 16. Jh. war Litauen ein mächtiger, unabhängiger Staat. Danach verschwand es im 18. Jh. ganz von der Landkarte und erlebte nur in der Zeit zwischen den beiden Weltkriegen ein kurzes Comeback. Nach Jahrzehnten sowjetischer Vorherrschaft erlangte Litauen 1991 erneut seine Unabhängigkeit. Das Vytautas-Magnus-Militärmuseum (S. 345) in Kaunas und das Nationalmuseum in Vilnius (S. 296) decken die gesamte litauische Geschichte ab.

Stürmische Stammesgeschichten

Erste Siedlungen auf dem Gebiet des heutigen Staats entstanden spätestens um 9000 v. Chr. Während der Jungsteinzeit, vor 6000 bis 4500 Jahren, handelten die Menschen der Region bereits mit Bernstein. Die Balten, die Vorfahren der heutigen Litauer, kamen

TOP 5: BÜCHER ZUR GESCHICHTE

» **Ich muss erzählen** (Mascha Rolnikaite) Tagebuch einer 14-jährigen Jüdin aus Vilnius, die die Schrecken des Holocaust überlebt hat.

» **Lithuania Awakening** (Alfred Senn) Der Sprachwissenschaftler hat nicht nur ein Handbuch der litauischen Sprache verfasst, sondern auch – auf Englisch – ein Buch über die Unabhängigkeitsbewegung der 1980er-Jahre bis zur tatsächlichen Unabhängigkeit des Landes. Senns Buch gehört zu den besten zu diesem Thema.

» **Jahre der Entscheidung: Die Autobiographie von Vytautas Landsbergis** Die Szenen vor dem Parlament am 13. Januar 1991 gehören zu den dramatischsten Momenten, von denen Landsbergis in seiner packenden Autobiografie erzählt.

» **Leben für Litauen** (Kazimiera Prunskiene) Kazimiera Danute Prunskiene war Chefin der ersten frei gewählten litauischen Regierung. In diesem Buch zieht sie eine erste Bilanz.

» **And Kovno Wept** (Waldemar Ginsburg) Der bewegende Bericht eines Überlebenden über den Alltag im Getto von Kaunas.

SPÄTE CHRISTEN

Die Litauer sind zwar heute streng katholisch (wer's nicht glaubt, muss nur einmal durch Vilnius mit den zahllosen Kirchtürmen bummeln), aber sie waren es nicht immer. Genau genommen soll Litauen das letzte heidnische Land Europas gewesen sein. Das Christentum zog hier erst endgültig 1413 ein.

Es gibt dafür viele Gründe, aber an erster Stelle steht das leidenschaftliche Unabhängigkeitsbewusstsein der Litauer, das jeden Versuch der Bekehrung zunichte machte.

Das noch kürzlich verbreitete Heidentum im Land (falls das 15. Jh. als „kürzlich" bezeichnet werden kann) erklärt, warum ein Großteil der sakralen Kunst, der Kultur und Traditionen heidnische Wurzeln hat.

In der Sowjetzeit war der Katholizismus verboten und wurde somit zum Symbol nationalistischer Bestrebungen. Kirchen wurden konfisziert, geschlossen, zu „Museen des Atheismus" erklärt oder vom Staat für andere säkulare Zwecke genutzt, wie im Fall der Auferstehungsbasilika in Kaunas, die als Radiosender diente, aber heute wieder ihrer alten Bestimmung folgt.

Nach der Unabhängigkeit 1991 begann die katholische Kirche damit, Kircheneigentum zurückzuerwerben und Gotteshäuser wieder zu weihen, ein Prozess, der noch andauert.

Heute bezeichnen sich etwa 80 % der Litauer als katholisch. Es gibt zudem kleine Minderheiten anderer Glaubensrichtungen und Sekten, darunter russisch-orthodoxe (4 %) und protestantische (2 %) Christen.

dadurch bald zu Wohlstand, nachdem sie um 2000 v. Chr. von Südosten her eingewandert waren.

Das versteinerte Kiefernharz und die (im Bernsteinmuseum von Palanga (S. 379) ausgezeichnet dokumentierten) weitläufigen Handelsrouten, über die es von einem Ort zum anderen befördert wurde, brachten dem Volk der Ästier auch eine Erwähnung in Tacitus' *Germania* (um 98 n. Chr.) ein. Sein Buch beschreibt die germanischen Stämme außerhalb des Römischen Reiches. Erst 1009 wurde Litae (der lateinische Name für Litauen) in den *Quedlinburger Annalen* namentlich erwähnt: Einem Erzbischof namens Brunonus war dort angeblich von den Heiden der Schädel eingeschlagen worden.

Im 12. Jh. lebten auf litauischem Boden zwei Stämme: die Samogiten (Tieflandbewohner) im Westen und die Aukschtaiten (Hochlandbewohner) im Osten und Südosten. Etwa zur gleichen Zeit entstand laut einigen Quellen eine hölzerne Festung auf dem Gediminas-Berg in Vilnius.

Chaos im Mittelalter

Mitte des 13. Jhs. einte Fürst Mindaugas, der Führer der Aukschtaiten, die litauischen Stämme und gründete das Großfürstentum Litauen, zu dessen König er 1253 in Kernavė gekrönt wurde. Außerdem ließ er sich taufen und verhinderte auf diese Weise, dass der Deutsche Orden in seinem Land einfiel – ein Ritterorden, der zahlreiche Gebiete der Region, darunter Klaipėda (Memel), bereits erobert hatte. Allerdings hielten weder das Bekenntnis zum Christentum noch die Einheit besonders lange: Mindaugas wurde 1263 von Adeligen ermordet, die das Christentum ablehnten und eine Rückkehr zur Naturreligion anstrebten.

Unter Großfürst Gediminas (reg. 1316–41) erweiterten sich die Grenzen Litauens nach Süden und Osten bis ins heutige Weißrussland und die Ukraine und schloss für einige Zeit sogar Kiew ein. Nach Gediminas' Tod teilten sich zwei seiner Söhne die Herrschaft. Von Vilnius aus erweiterte Algirdas die südlichen Grenzen des Landes bis über Kiew hinaus, während Kęstutis eine Burg auf einem hübschen Inselchen in Trakai bezog und den Deutschen Orden vertrieb.

Algirdas' Sohn Jogaila kam 1382 an die Regierung, doch die wachsende Macht des Ritterordens zwang ihn zu einer Entscheidung, die einen Wendepunkt in der osteuropäischen Geschichte bedeutete. 1386 heiratete er Jadwiga, die Kronprinzessin von Polen, bestieg als Władysław II. Jagiełło den polnischen Thron und begründete eine litauisch-polnische Verbindung, die 400 Jahre Bestand haben sollte. 1387 ließen sich die Aukschtaiten, 1413 auch die Samogiten taufen. Damit war Litauen als letztes europäisches Land christlich geworden.

Glanzvolle Zeiten

Jogaila verbrachte die meiste Zeit in Krakau, während zu Hause dunkle Wolken aufzogen. 1390 revoltierte sein Cousin Vytautas und setzte Jogaila unter Druck, der ihn 1392 zum Großfürsten von Litauen ernannte, unter der Bedingung, dass sie fortan an einem Strang ziehen würden. Die entscheidende Niederlage des Deutschen Ordens fand 1410 bei Grunwald (Tannenberg) im heutigen Polen statt, wo litauische und polnische Truppen gemeinsam gegen die Ordensritter kämpften. Danach begann ein goldenes Zeitalter des Wohlstands, insbesondere für die Hauptstadt Vilnius, deren berühmte Altstadt in dieser Epoche entstand.

Vytautas (der Große) dehnte das Reich weiter nach Süden und Osten aus. Als er 1430 starb, reichte Litauen von Kursk im Osten bis fast zum Schwarzen Meer und war damit eines der größten Reiche Europas. Nirgendwo spiegelte sich diese Macht und Größe besser wider als im Vilnius des 16. Jhs., das damals mit 25 000 Einwohnern eine der größten Städte Osteuropas war. Spätgotische Gebäude und Renaissancepaläste schossen aus dem Boden und Litauer wie Žygimantas I. und Žygimantas II. regierten vom prachtvollen Königspalast aus die polnisch-litauische Union.

Polnische Jesuiten gründeten 1579 die Universität von Vilnius und machten die Stadt zu einem Bollwerk der katholischen Gegenreformation. Unter ihrem Einfluss hielt auch der Barockstil Einzug in die Stadt.

Polonisierung & Teilung

Nach und nach verlor Litauen gegenüber Polen an Einfluss. Schließlich wurde während des Krieges gegen Moskau 1569 durch die Lubliner Union beschlossen, die bisherige Personalunion durch einen Zusammenschluss der beiden Staaten zu ersetzen.

Im Zeitalter der *Rzeczpospolita* (Staatenbund) spielte Litauen eine untergeordnete Rolle. Die Adligen übernahmen die polnische Kultur und Sprache, die Bauern wurden Leibeigene und Warschau löste Vilnius als politisches und soziales Zentrum ab.

Ein Jahrhundert später kam dann Russland wieder ins Spiel. 1654 fielen die Russen in der *Rzeczpospolita* ein und eroberten zeitweise weite Gebiete. 1772 war die *Rzeczpospolita* so geschwächt, dass Russland, Österreich und Preußen sie mehrfach unter sich aufteilten (1772, 1793 und 1795). Der größte Teil Litauens fiel Russland zu, ein kleines Gebiet im Südwesten wurde von Preußen vereinnahmt, ging aber nach den napoleonischen Kriegen in russische Hände über.

Russifizierung & Nationalismus

Während Estland und Litauen als separate Provinzen verwaltet wurden, verfuhr Russland mit dem rebellischen Litauen anders.

Vilnius hatte sich rasch zu einem Zufluchtsort für polnische und litauische Adlige entwickelt, die ihre Ländereien an die neuen russischen Herren verloren hatten, und wurde damit zu einem Zentrum der polnischen Nationalbewegung. Der aus Vilnius stammende Dichter Adam Mickiewicz gehörte zu ihren Vorkämpfern. Als Litauen 1830 an einer letztlich fehlgeschlagenen Erhebung der Polen gegen die russische Herrschaft teilnahm, griff der Zar besonders hart durch. Er ließ die Universität Vilnius, aber auch zahlreiche katholische Kirchen und Klöster schließen und verordnete dem Land den russisch-orthodoxen Glauben. Ab 1840 galt das russische Recht, in den Schulen wurde auf Russisch unterrichtet. Nach einem zweiten Aufstand 1863 durften Bücher in Litauen nur noch erscheinen, wenn sie in kyrillischer Schrift gedruckt waren. Polnisch, die Sprache des litauischen Adels, war grundsätzlich verboten.

Ende des 19. und Anfang des 20. Jhs. erstarkte der Nationalismus erneut. Die meisten Litauer lebten zwar weiterhin auf dem Land, aber die rasche Industrialisierung in Vilnius und anderen Städten verlieh den Nationalisten mehr Einfluss. Vilnius entwickelte sich in dieser Zeit zu einem bedeutenden jüdischen Zentrum. 75 000 der rund 160 000 Einwohner zu Beginn des 20. Jhs. waren Juden, was Vilnius den Beinamen „Jerusalem des Nordens" einbrachte.

Unabhängigkeit

Schon während der ersten Revolution in Russland 1905 war eine nationale Autonomie der baltischen Länder oder sogar deren Unabhängigkeit im Gespräch. Doch erst 1918 erhielt Litauen seine Eigenständigkeit zurück. Im Ersten Weltkrieg war Litauen von den Deutschen besetzt und stand noch unter deutscher Besatzung, als am 16. Februar 1918 ein litauischer Nationalrat *(Lietuvos Taryba)* im Signatarenhaus die Unabhängigkeit erklärte. Im November unterzeichnete Deutschland mit den Westmächten den Waffenstillstand und am selben Tag trat die Regierung der Litauischen Republik zusammen.

Auch Polen erhielt jetzt seine Unabhängigkeit zurück und hätte gern wieder die Vorherrschaft über Litauen übernommen oder sich zumindest das Gebiet um Vilnius einverleibt, zumal hier der polnische Bevölkerungsanteil hoch war. Am 31. Dezember 1918 musste die litauische Regierung nach Kaunas fliehen und wenige Tage später setzte die Rote Armee in Vilnius eine kommunistische Regierung ein. In den folgenden zwei Jahren stritten Polen und Bolschewiken um Vilnius, bis Polen am 10. Oktober 1920 die Stadt endgültig annektierte. Von 1920 bis 1939 war Vilnius samt Umgebung ein Teil Polens, während der Rest Litauens von 1926 bis 1940 unter der eisernen Hand des ersten litauischen Präsidenten Antanas Smetona (1874–1944) von Kaunas aus regiert wurde.

1923 annektierte Litauen das Memelland, das heutige Klaipėda, sehr zum Unmut des vormals herrschenden und äußerst geschwächten Deutschland.

Zweiter Weltkrieg & Sowjetzeit

Nach Unterzeichnung des deutsch-sowjetischen Nichtangriffspakts 1939 und der deutschen Invasion Polens im September desselben Jahres fiel Litauen an die Sowjetunion. Im Oktober zwang die UdSSR Litauen zur Unterzeichnung eines „Beistandspakts" und gab als Anreiz Vilnius an Litauen zurück. Das war jedoch ein geringer Trost für die Schrecken, die das Land als Teilrepublik der UdSSR erlebte. Bei sowjetischen Säuberungsmaßnahmen wurden Abertausende von Balten getötet oder verschleppt.

Nach Hitlers Invasion Sowjetrusslands und der deutschen Besatzung Litauens 1941 wurde fast die gesamte jüdische Bevölkerung des Landes getötet – über 90 % der 200 000 litauischen Juden. In Vilnius starben die meisten Juden im Getto oder im Wald von Paneriai (S. 323). Der nichtjüdischen Bevölkerung erging es im Verhältnis nicht ganz so schlecht. Gleichwohl wurden Tausende Litauer ermordet und um die 80 000 mussten von 1944 bis 1945 vor der Roten Armee nach Westen flüchten.

Einer erneuten Besetzung Litauens durch die Sowjets stellte sich ab 1944 sofort die Partisanenbewegung der „Waldbrüder" entgegen. Über ihre Geschichte informieren verschiedene Museen im ganzen Land, u. a. das Museum für Deportation und Widerstand (s. Kasten S. 341) in Kaunas.

Zwischen 1944 und 1952 ließen die sowjetischen Herrscher weitere 250 000 Litauer töten, verhaften oder deportieren; Meinungs- und Gedankenfreiheit wurden mit allen Mitteln unterdrückt. Nirgendwo ist dieses dunkle Kapitel besser und eindrucksvoller dokumentiert als im Museum der Genozidopfer (S. 307) im alten KGB-Hauptquartier in Vilnius.

VILNIUS: DAS „JERUSALEM DES NORDENS"

Vor dem Zweiten Weltkrieg lebte in Vilnius (Jiddisch: Vilne) eine der größten jüdischen Gemeinden Europas. Unter der Naziherrschaft und später während der Sowjetära wurde sie jedoch praktisch völlig ausgelöscht.

Die Geschichte von Vilnius ist eng mit jener der jüdischen Kultur verbunden. Vor acht Jahrhunderten ließen sich in Vilnius auf Einladung von Großherzog Gediminas (1316–41) 3000 Juden nieder. Im 19. Jh. entwickelte sich Vilnius zu einem Zentrum der jiddischen Sprache in Europa. Zu den Persönlichkeiten der Gemeinde zählen der gelehrte Rabbi Gaon Elijah Ben Salomon Salman (1720–97), Anführer der Bewegung gegen die weit verbreitete mystische Gruppe der Chassidim, und der berühmte Landschaftsmaler Isaak Lewitan (1860–1900).

Am Vorabend des Ersten Weltkriegs lebten in der Stadt rund 100 000 Juden, in ganz Litauen waren es 240 000. Zwischen den Weltkriegen, als Vilnius zu Polen gehörte, ließen Diskriminierung und Armut die jüdische Gemeinde schrumpfen.

Dennoch blieb Vilnius weiterhin das bedeutendste jüdische Zentrum in Osteuropa. Hier (in der Vivulskio gatvė) und nicht etwa in Warschau oder New York wurde 1925 das Hauptquartier des Forschungsinstituts für jiddische Sprache YIVO eröffnet. Jüdische Schulen und Buchhandlungen florierten ebenso wie die Literatur und das Theater. Es gab 100 Synagogen und Gebetshäuser und sechs jüdische Tageszeitungen.

Am Ende des Zweiten Weltkriegs war die jüdische Gemeinde nahezu ausgerottet und während der Zeit der Perestroika Mitte der 1980er-Jahre siedelten 6000 Juden nach Israel über.

Endlich frei

Während der Glasnost-Ära Mitte der 1980er-Jahre war der Wunsch nach Unabhängigkeit wieder lebendig geworden, doch erst als die litauische Volksfront Sajūdis bei den Wahlen zum Kongress der Volksdeputierten der UdSSR im März 1989 ganze 36 der direkt gewählten 42 Sitze für Litauen erhielt, stellte sich das Land an die Spitze des Kampfes für die Unabhängigkeit der baltischen Staaten. Zum 50. Jahrestag des Hitler-Stalin-Paktes wenige Monate später bildete sich quer durch das Baltikum eine Menschenkette, die diesem Anliegen Nachdruck verlieh. Im Dezember desselben Jahres spaltete sich die Kommunistische Partei Litauens von der sowjetischen Mutterpartei ab.

Als der damalige Sowjetpräsident Michail Gorbatschow im Januar 1990 Litauen besuchte, demonstrierte ein Meer von Menschen für die Unabhängigkeit. Die Partei Sajūdis erhielt bei den Wahlen zum Obersten Sowjet des Landes im Februar die Stimmenmehrheit und dieses Gremium erklärte am 11. März Litauen zur unabhängigen Republik. Moskau antwortete zunächst mit wochenlangen Truppenmanövern rund um Vilnius und verhängte eine Wirtschaftsblockade über das Land, die die Litauer unter anderem von der Energieversorgung abschnitt.

Im Winter 1990/91 gewannen in Moskau sowjetische Hardliner die Oberhand und im Januar 1991 stürmten und besetzten russische Truppen und paramilitärische Einheiten den Fernsehturm und Fernsehsender in Vilnius. 14 Menschen kamen dabei ums Leben. Einige der rund um das Parlament aufgebauten Barrikaden wurden als Mahnmal stehen gelassen. Am 6. September 1991 erkannte die UdSSR Litauens Unabhängigkeit schließlich doch an.

Richtung Europa

Die Litauer haben Sinn für Ironie: Sie führten den Unabhängigkeitskampf der baltischen Staaten an, bescherten bei den ersten demokratischen Parlamentswahlen 1992 aber der ehemals kommunistischen Demokratischen Arbeiterpartei Litauens (LDDP) den Wahlsieg. 1993 folgten Präsidentschaftswahlen, im Jahr als der letzte Sowjetsoldat das Land verließ, und der frühere Generalsekretär der ehemaligen Kommunistischen Partei, Algirdas Brazauskas, erhielt 60 % der Stimmen.

Für das Land folgte eine schmerzliche Zeit. Korruptionsskandale belasteten die Amtszeit Brazauskas' und die Inflation schoss bis auf 1000 % in die Höhe. Tausende Arbeitsplätze gingen verloren und 1995/96 brach das Bankensystem zusammen.

Doch eine Wende bahnte sich an, die schließlich den Wirtschaftsaufschwung in Gang setzte. Der Litas ersetzte den *talonas* (Coupon), eine Übergangswährung, die nach dem sowjetischen Rubel im Umlauf gewesen war, und eine Börse wurde eröffnet.

Bei den Präsidentschaftswahlen 1998 siegte Valdas Adamkus (geb. 1926), ein litauischer Emigrant und US-Bürger, der nach dem Zweiten Weltkrieg mit seinen Eltern vor den Sowjets in die USA geflüchtet war.

1999 ernannte Adamkus den 43-jährigen Rolandas Paksas, ein Mitglied der regierenden Konservativen, zum Premierminister. Der populäre Major und Kunstflieger aus Vilnius vertrat sofort „Volkes Stimme", trat schließlich bei den Präsidentschaftswahlen 2003 gegen Adamkus an und gewann.

1997/98 kam es zu weitreichenden Privatisierungen, aber nach der russischen Wirtschaftskrise von 1998 folgte eine tiefe Rezession. Gleichwohl konnte sich Litauen wieder nach oben kämpfen und 2001 pries der Internationale Währungsfonds Litauens Wirtschaft als eine der am schnellsten wachsenden der Welt.

2000 trat Litauen der Welthandelsorganisation bei und 2002 schlugen die Litauer schließlich entschlossener denn je Kurs auf Europa ein und banden ihre Währung an den Euro statt an den Dollar.

Mit litauischer Hartnäckigkeit ließ Adamkus nicht locker und erlangte im Juni 2004 erneut die Präsidentschaft, nachdem Paksas wegen der Verleihung der litauischen Staatsbürgerschaft an einen zwielichtigen russischen Geschäftsmann und wichtigen Geldgeber seines Amtes enthoben worden war. 2009 beendete Adamkus seine fünfjährige Amtszeit, gefolgt von der derzeitigen Präsidentin Dalia Grybauskaitė, die das erste weibliche Staatsoberhaupt des Landes wurde.

2004 schloss sich Litauen der EU und der Nato an. Seither ist es ein Mitglied beider Organisationen. Im November 2004 unterzeichnete Litauen als erstes Mitglied die EU-Verfassung. Auf der ehemaligen sowjetischen Militärbasis bei Šiauliai sind heute F-16-Kampfjets der Nato stationiert, die den Luftraum der drei baltischen Staaten bewachen.

Bevölkerung

Die litauische Bevölkerung ist urban geprägt. Zwei Drittel leben in städtischen Gebieten und fast die Hälfte lebt in den fünf großen Städten des Landes – Vilnius, Kaunas, Šiauliai, Panevėžys und Klaipėda.

Unter den drei baltischen Staaten ist Litauen derjenige mit der größten ethnischen Homogenität – fast 85 % der Bevölkerung sind Litauer. Anders als in Lettland oder Estland spielt Multikulturalität hier also kaum eine Rolle. Polen bilden mit etwa 6 % bzw. etwas mehr als 200 000 Menschen die zweitgrößte Gruppierung. 5 % der Bevölkerung sind Russen und nur 0,1 % der Bevölkerung gehören dem jüdischen Glauben an.

Die kleinste Volksgruppe sind die Karäer mit gerade einmal 280 Angehörigen. In Trakai dokumentiert das Karäermuseum (S. 324) in einem alten Gotteshaus aus dem 19. Jh. die Kultur und den Glauben dieser kleinen jüdischen Minderheit, die zu den Turkvölkern zählt.

Die Zahl der in Litauen lebenden Roma liegt offiziell bei 2800. Nach Angaben des **Menschenrechtsbüros** in Vilnius (www.hrmi.lt) sind 46 % von ihnen jünger als 20 Jahre und sprechen oft, anders als die älteren, nicht Litauisch.

In den letzten Jahren war die Zahl der Abwanderer höher als die der Zuwanderer, da Hunderttausende Litauer in Länder auswanderten, wo sie mit Putz- und Kneipenjobs zwei bis drei Mal mehr als zu Hause verdienen. Jahrelang zog es sie vor allem nach Irland und Großbritannien, aber mit der anhaltenden Wirtschaftskrise bevorzugen mehr und mehr Litauer nun Skandinavien. Die norwegischen und dänischen Sprachkurse sind außerordentlich gefragt.

ETIKETTE

» Den Gastgebern sollte stets eine ungerade Anzahl an Blumen mitgebracht werden. Nur für Beerdigungen und andere traurige Anlässe wird eine gerade Anzahl Blumen gewählt.

» Viele Litauer glauben, dass es Unglück bringt, sich die Hand über die Türschwelle hinweg zu schütteln.

» Wer beim Zuprosten den Blick senkt, gilt in Litauen als verschlagen.

Über 3 Mio. Litauer leben im Ausland, 800 000 allein in den USA. Weitere größere Gemeinden gibt es in Kanada, Südamerika und Australien.

Land versus Stadt

Das Leben in Vilnius unterscheidet sich gewaltig von dem in anderen litauischen Orten. Die Bewohner der Hauptstadt genießen einen ähnlichen Lebensstil wie die Westeuropäer: Sie wohnen in schönen Wohnungen, sind fachlich gut ausgebildet und besitzen oft ein Auto. Viele pflegen eine kosmopolitische Weltanschauung und führen ein konsumorientiertes Leben.

In den Provinzstädten und auf dem Land hingegen herrscht noch immer Armut. Die Stadtbewohner verfügen über ein um gut 30 % höheres Einkommen als die Landbevölkerung. In landwirtschaftlichen Gebieten liegt ein Drittel der Haushalte unter der Armutsgrenze, während es in den industrialisierten Gegenden 20 % sind.

Im Vergleich zu anderen europäischen Ländern ist die Lebenserwartung der Männer niedrig, nämlich 70 Jahre (Schätzung von 2011). Die Lebenserwartung von Frauen liegt bei 80 Jahren.

Bis 1998 gab es nur eine Handvoll Hochschulen in Litauen. Seither sind mehrere Dutzend Universitäten und Hochschulen hinzugekommen. Fast 90 % der Litauer haben die Mittlere Reife oder das Abitur und die Mehrheit der Schüler besucht weiterführende Schulen. Die meisten Studenten haben neben dem Studium einen Vollzeitjob und wohnen in Studentenwohnheimen oder WGs, selten jedoch bei ihren Familien.

Dennoch bleiben die familiären Bande eng und viele verheiratete Paare leben bei ihren alten Eltern, die sich nicht mehr allein versorgen können. Trotz besserer Berufsaussichten, besonders für Frauen, heiraten Litauer relativ jung, Frauen in der Regel im Alter zwischen 20 und 24 Jahren. Fast die Hälfte der Ehen wird geschieden, aber mit abnehmender Tendenz. Das liegt auch zum Teil daran, dass viele Paare lieber unverheiratet zusammenleben und daher in den offiziellen Scheidungsstatistiken nicht vorkommen.

Kunst & Kultur

In Sachen Jazz, Theater und Avantgarde ist Litauen im Baltikum unbestritten der Vorreiter und die Kunstszene ist jung, frisch und dynamisch.

LITAUISCHE BASKETBALLTRÄUME

Traditionell glänzen Litauer zwar in vielen Sportarten, so erhielten sie jüngst Medaillen in so unterschiedlichen olympischen Disziplinen wie Diskuswerfen, modernem Fünfkampf und Zehnkampf, doch es gibt nur eine Sportart, die sie wirklich begeistert: Basketball.

Für die Litauer ist Basketball mehr als nur Sport; es ist eine Religion. In der Sowjetzeit galt der Erfolg im Basketball in der sowjetischen Nationalliga als eine der wenigen erlaubten Möglichkeiten, litauisches Nationalgefühl zu zeigen. Seit der Unabhängigkeit versucht Litauen, durch Basketball international bekannt zu werden. Die heißgeliebte Nationalmannschaft erhielt dreimal hintereinander Bronze in den Olympischen Spielen (1992, 1996 und 2000) und verfehlte 2004 und 2008 nur knapp die Bronzemedaille. Das Team erreichte auch in der FIBA-Basketballmeisterschaft 2010 in Istanbul den dritten Platz.

Die Litauer spielen schon seit den 1930er-Jahren eine wichtige Rolle im internationalen Basketball, aber die glanzvollen Zeiten begannen erst Mitte der 1980er-Jahre mit dem beispiellosen Erfolg der damals führenden litauischen Mannschaft Žalgiris Kaunas. Unter dem Center-Spieler Arvydas Sabonis gewann Žalgiris dreimal hintereinander (1985, 1986 und 1987) die sowjetische Nationalmeisterschaft und schlug dabei jedes Mal den ZSKA Moskau, die gefürchtete Supermannschaft der Roten Armee. Die wichtigsten Spieler der sowjetischen Mannschaft, die 1988 in Seoul olympisches Gold gewann, waren Litauer.

Der Erfolg der Litauer in jener Zeit bewies nicht nur ihre Überlegenheit auf dem Basketballplatz, sondern trug auch zu einem neuen Nationalgefühl bei, das schließlich 1991 zur Unabhängigkeit des Landes führte.

2011 war Litauen das erste Mal seit 1939 Austragungsort der FIBA-Eurobasket-Meisterschaft, des renommiertesten Basketballwettkampfs Europas. Die Heimmannschaft gewann zwar nicht, aber das Ereignis galt in den Hauptaustragungsstädten Vilnius und Kaunas als großer Erfolg. Als Trostpreis gewann Litauen immerhin den Sieg über eine angriffslustige slowenische Mannschaft und errang dadurch einen Platz bei den Qualifikationsspielen für die Olympiade 2012 in London.

Literatur

In der Renaissance erschien 1547 das erste Buch in litauischer Sprache – ein Katechismus von Martynas Mažvydas, dessen Standbild in Klaipėda steht – und 1579 wurde die Universität von Vilnius gegründet. Doch von litauischer Literatur im eigentlichen Sinn kann erst einige Jahrhunderte später gesprochen werden.

Das älteste belletristische Werk, *Die Jahreszeiten (Metai)* von Kristijonas Donelaitis, schildert in poetischer Form das Leben der Leibeigenen im 18. Jh. Ein Jahrhundert später erschien Antanas Baranauskas' Gedicht *Der Hain von Anykščiai* (*Anykščių šilelis;* 1860–61). Es beschreibt den tiefen, dunklen Wald um Anykščiai als Symbol für Litauen und beklagt seine Zerstörung durch ausländische Grundherren. Das Gedicht ist in erster Linie wegen seiner ausdrucksstarken Sprache bekannt. Baranauskas schrieb es auch, um zu zeigen, dass Sprache sich nicht nur auf Küchengeschwätz zu beschränken hat.

Von 1864 bis 1904 erlaubten die Russen nur noch Buchveröffentlichungen in kyrillischer Schrift. Das behinderte die Entwicklung einer eigenständigen Literatur, inspirierte aber den Dichter Jonas Mačiulis (1862–1932), sich für die nationale Unabhängigkeit einzusetzen. In der Altstadt von Kaunas, seiner Heimatstadt, steht eine Statue des Priesters mit dem Künstlernamen Maironis. Das Maironis-Museum für litauische Literatur im ehemaligen Haus des Autors erzählt von seinem Leben. Seine romantische Dichtung *Frühlingsstimmen* (*Pavasario balsai;* 1895) gilt als erstes Werk der modernen litauischen Literatur.

Auch einige bekannte polnische Schriftsteller wuchsen in Litauen auf und verstanden sich deshalb selbst zum Teil als Litauer. Der bekannteste von ihnen ist Adam Mickiewicz (1798–1855), der den Unabhängigkeitskämpfern des 19. Jhs. als Vorbild diente. Sein berühmtes Gedicht *Pan Tadeusz* beginnt mit den Worten „Litauen, mein Vaterland ...". Die Zimmer in der Altstadt von Vilnius, in denen er als Student lebte, sind heute ein Museum.

Czesław Miłosz (1911–2004), der 1980 den Nobelpreis für Literatur erhielt, wurde in

TOP 5: AKTUELLE LITERATUR

Auf der Website **Books from Lithuania** (www.booksfromlithuania.lt) stehen die wichtigsten Prosa- und Lyrikbände litauischer Schriftsteller mit Angaben zu Übersetzungen ins Deutsche.

» **Friedenstaube** (Ričardas Gavelis) Ein 2001 erschienener Band mit Kurzgeschichten des bekannten litauischen Autors.

» **Literatur von Freiheit und Unfreiheit** (Vytautas Kubilius) Geschichte der litauischen Literatur von der Staatsgründung bis in die Gegenwart.

» **Die Regenhexe** (Jurga Ivanauskaitė) Schicksal dreier Frauen, deren Leben auf eigenartige Weise miteinander verflochten sind.

» **Die großen Pläne des kleinen Cäsar** (Vytautas Bubnys) Roman des bekannten litauischen Schriftstellers, der auch **Unter dem Sommerhimmel** geschrieben hat.

» **Litauen. Ein literarischer Reisebegleiter** (Claudia Sinnig; Hg.) Literarische Texte aus Litauen, zum Teil erstmals übersetzt.

Šeteniai in Zentrallitauen geboren. International ist er am bekanntesten für sein Sachbuch *Verführtes Denken* (1953), das sich mit der Auswirkung des Stalinismus auf das Denken polnischer Intellektueller beschäftigt. Aber er liebte auch seine litauischen Wurzeln und beschrieb seine dortige Kindheit in Büchern wie *Das Tal der Issa* (1955) und in seiner Autobiografie *Native Realm* (1959; liegt nicht auf Deutsch vor).

Zu den bekannten Romanschriftstellern der Gegenwart gehört Antanas Škėma (1910–61), dessen Roman *Balta drobulė* (*Das weiße Leintuch;* 1954) autobiografische Züge trägt. Er erzählt die Geschichte einer Kindheit in Kaunas, gefolgt von der Emigration nach Deutschland und nach New York, und ist das erste Beispiel für die Technik des Bewusstseinsstroms in der litauischen Literatur. Ričardas Gavelis (1950–2002), Verfasser von realistischen Romanen und Kurzgeschichten, schockierte die literarische Szene mit *Vilniaus Pokeris* (*Poker in Vilnius;* 1989) und *Vilniaus džiazas* (*Vilnius Jazz;* 1993), zwei Werken, in denen er das Sowjetsystem und die dazugehörige Mentalität offen kritisierte. Umstritten war auch Jurga Ivanauskaitės (1961–2007) Geschichte der Liebesaffäre eines Priesters mit dem Titel *Die Regenhexe (Ragana ir lietus).* Als das Buch 1992 erschien, war der Stadtrat von Vilnius erbost und ließ den Vertrieb einschränken. Ihr nächster Roman, *Sapnų nublokšti* (*Von Träumen verweht*; 2000), befasste sich mit Themen wie Religion, Reisen und der Wahrnehmung anderer Glaubensformen und Kulturen, die in Litauens Literatur bis zum Zusammenbruch des Kommunismus 1989 tabu waren.

Herkus Kunčius (geb. 1965) wurde für seine skandalösen Romane bekannt, die kulturelle Normen infrage stellen. *Gaidžių milžinkapis* (*Das Hügelgrab der Hähne*; 2004) führte die Schwulen- und Lesbenszene in die litauische Literatur ein. Marius Ivaškevičius (geb. 1973) hingegen zeichnet sich durch seine Betrachtung historischer Themen aus einer modernen Perspektive aus. Sein bisher am meisten verkaufter Roman *Zali* (*Grüne;* 2002) befasst sich mit der Partisanenbewegung nach dem Zweiten Weltkrieg.

Kino & Fernsehen

Litauen hat eine lange cineastische Geschichte: Die ersten Kurzfilme wurden bereits 1909 gedreht, doch erst Ende der 80er-Jahre begann der unabhängige Film wirklich zu blühen.

Der talentierte Regisseur Šarūnas Bartas (geb. 1964) befasst sich mit der tristen Wirklichkeit der Sowjetära. Sein Schwarz-Weiß-Stummfilm *Der Korridor* (*Koridorius*; 1994) spielt in einem heruntergekommenen Plattenbau in der Vorstadt von Vilnius und fand international Beachtung. 1987 hatte Bartas das erste unabhängige Filmstudio Litauens eröffnet.

Audrius Stonys drehte elf Dokumentarfilme und einen Kurzfilm, die in ganz Europa Beachtung fanden. *Flight over Litauen or 510 Seconds of Silence* (2000) – der Flug eines Engels über die Altstadt von Vilnius, den seenreichen Nationalpark Aukštaitija und die Kurische Nehrung – ist phantastisch.

Unter www.stonys.lt kann er angeschaut werden.

Stonys arbeitete auch an *Baltic Way* (1990) mit, der 1992 als bester europäischer Dokumentarfilm ausgezeichnet wurde. Regisseur und Produzent war Arūnas Matelis (geb. 1961), Mitglied der European Film Academy. Begeisterte Kritiken und zahlreiche Preise erntete er mit seinem Film *Vor dem Flug zur Erde* (2005), einem Dokumentarfilm über an Leukämie erkrankte Kinder. Er und sein Team werden auf der Website www.nominum.lt vorgestellt.

Algimantas Puipa wurde mit den Filmen *Die Wolfszahnkette* (*Vilko dantu karoliai*; 1997) und *Elzes Leben* (*Elzė iš Gilijos*; 1999) bekannt. Auch seine Filme *Forest of Gods* (*Dievų miškas*; 2005) und *Whisper of Sin* (*Nuodėmės užkalbėjimas*; 2007) machten wieder Schlagzeilen.

Dank der niedrigen Produktionskosten in Litauen wurden hier einige TV-Serien mit großem Budget gedreht, darunter *Die neuen Abenteuer des Robin Hood* (1995–96) und *Elizabeth I.* (2005) mit Jeremy Irons und Helen Mirren.

Die 1948 in Kaunas gegründeten und heute in Vilnius ansässigen **Litauischen Filmstudios** (www.lfs.lt) waren an allen größeren internationalen Filmproduktionen in Litauen beteiligt.

Das Museum für Theater, Musik und Film in Vilnius (S. 305) informiert ausführlich über das litauische Kino und Fernsehen.

Musik

Dainos – Litauisch für „Lieder" – bilden die Grundlage der litauischen Volksmusik. Ihre Texte behandeln alle Aspekte des Lebens, von der Geburt bis zum Tod. Gesungen werden sie meist von Frauen, entweder einzeln oder im Chor. Charakteristische Instrumente sind die *Kanklė*, eine baltische Art der Zither, sowie verschiedene Flöten und Rohrinstrumente. Eine schöne Sammlung davon zeigt das Museum für Volksmusik und Instrumente in Kaunas (S. 344).

Der von romantisch-folkloristischen Traditionen beeinflusste Musiker Mikalojus Konstantinas Čiurlionis (1875–1911) ist Litauens führender Komponist aus früheren Zeiten. Zu seinen Hauptwerken gehören die sinfonischen Dichtungen *Im Walde (Miške)* und *Das Meer* (*Jūra*; 1900–07), doch Čiurlionis komponierte auch viele Klavierstücke.

Bronius Kutavičius (geb. 1932) gilt als der Vorreiter minimalistischer Musik in Litauen. Für eine neue Generation von Komponisten steht Rytis Mažulis (geb. 1961). Er schreibt neo-avantgardistische Stücke und minimalistische Gesangskompositionen. Die Country-und-Western-Ikone Virgis Stakėnas ist der wichtigste Mentor des in Litauen äußerst beliebten Countrymusik-Festivals *Visagino Country* (S. 331) in Visaginas in Ostlitauen.

Litauen ist die Jazznation des Baltikums. Zwei Musiker stechen besonders hervor – der Pianist Gintautas Abarius und der Saxofonist Petras Vysniauskas. Berühmt ist auch das Ganelin Trio, dessen avantgardistischer Stil in den 80er-Jahre im Westen entdeckt wurde und die Kenner vom Hocker riss. Im Club Kurpiai in Klaipėda und auf den Jazzfestivals in Birštonas und Kaunas ist der beste litauische Jazz zu hören.

In der internationalen Rock- und Popszene spielt Litauen noch keine bedeutende Rolle, aber es gibt bereits einige lokale Größen. Andrius Mamontovas ist schon seit fast zwei Jahrzehnten ein Begriff. Amberlife, Mango und Auguestė sind führende Vertreter der Boy- und Girlbands. Skamp belebt die Szene mit einer interessanten Mischung aus Hip-Hop, R'n'B und Funk. Die bekanntesten Aufsteiger der letzten Jahren sind Inculto, eine vielseitige, kreative Band, die seit Jahren verschiedene Einflüsse aus dem Bereich der Weltmusik verarbeitet, und Gravel, eine Art Britpop-Quartett mit Talent und Schwung.

Music Export Litauen (www.mxl.lt) ist eine hilfreiche Website mit Infos über die verschiedenen Musikrichtungen in Litauen.

Bildende Kunst

Litauens bester Maler und Musiker ist und bleibt der in Varėna geborene Mikalojus Konstantinas Čiurlionis, der seine Kindheit in Druskininkai verbrachte (sein Geburtshaus ist heute ein Museum). Er schuf romantische Meisterwerke in freundlichen, gefühlvollen Farben sowie Theaterkulissen und einige sehr schöne Buntglasfenster. Die beste Sammlung seiner Arbeiten ist im Čiurlionis-Kunstmuseum in Kaunas zu bewundern. Čiurlionis litt unter Depressionen und starb im Alter von 35 Jahren, allerdings an einer Lungenentzündung.

Die litauische Szene zeitgenössischer Kunst ist überaus lebendig. Die Künstler von Vilnius haben die „Republik Užupis" (s. Kasten S. 308) gegründet, wo sie alternative Kunstfestivals, Modenschauen und „Aussteiger"-Ausstellungen veranstalten. 19 km nördlich von Vilnius hat der Bildhauer Gintaras Karosas den Skulpturenpark Europos parkas (S. 326) angelegt.

Konstantinas Bogdanas war berühmt für seine Bronzeskulpturen der Helden des Kommunismus (einige davon befinden sich heute im Park der sowjetischen Skulpturen von Druskininkai; s. Kasten S. 336) und für seine Büste des US-Musikers und Komponisten Frank Zappa (S. 306).

Litauische Fotografen haben ebenfalls internationale Anerkennung gefunden. Der bedeutendste Fotograf der Nachkriegszeit war Vytautas Stanionis (1917–66); der Fotokünstler Antanas Sutkus (geb. 1939) verblüffte die Szene mit seinen legendären Aufnahmen des französischen Philosophenpaares Jean-Paul Sartre und Simone de Beauvoir auf der Kurischen Nehrung. Vitalijus Butyrinas (geb. 1947) arbeitete für seine berühmte Fotoserie *Meeresgeschichten* mit den Mitteln des abstrakten Expressionismus.

Wer sich für diese und andere Fotografien interessiert, wird auf der Website des **litauischen Kunstfotografenverbandes** (www.photography.lt) fündig.

Theater

Das litauische Theater erobert sich dank einiger experimentierfreudiger junger Regisseure nach und nach einen Platz in der europäischen Kulturlandschaft.

Der Superstar unter den litauischen Theaterregisseuren ist zweifellos Eimuntas Nekrošius, der bereits viele internationale Preise eingeheimst hat. Der ebenfalls bekannte Oskaras Koršunovas aus Vilnius (geb. 1969) hat mit seinen Inszenierungen der Stücke *Die alte Frau, Shopping and Fucking, P.S. Akte OK* und seiner Bearbeitung von *Romeo und Julia* (2003) verschiedene europäische Theaterfestivals besucht. 1998 gründete er in Vilnius sein eigenes Ensemble, das Oskaro-Koršuno-Theater (OKT), das aber keine eigene Bühne besitzt.

Zu den bekannten Regisseuren gehören auch Gintaras Varnas (geb. 1961), künstlerischer Leiter des Akademischen Sprechtheaters Kaunas, der fünfmal als bester litauischer Regisseur des Jahres ausgezeichnet wurde, und Rimas Tuminas (geb. 1952), der die Kleine Bühne von Vilnius leitet.

Eine wichtige Onlinequelle zum litauischen Theater ist www.theatre.lt.

Essen & Trinken

Die langen, harten Winter sind wohl dafür verantwortlich, dass in Litauen überwiegend deftige, fettreiche Hausmannskost mit Kartoffeln, Fleisch und Milchprodukten auf den Tisch kommt. Zwischen den verschiedenen Regionen gibt es keine großen Unterschiede, doch natürlich herrschen hier und dort bestimmte Nahrungsmittel vor, zum Beispiel Pilze, Beeren und Wild im dicht bewaldeten Osten und Süden. Bier fließt in manche Gerichte im Norden, während an der Küste und in Seengebieten wie Trakai Fisch auf die Teller kommt. Das Brot ist in der Regel dunkles Roggenbrot.

Typisches, Spezialitäten & „Zeppeline"

Das litauische Nationalgericht sind *cepelinai*, manchmal auch scherzhaft Zeppeline genannt. Die Kartoffelklöße können mit Käse, *mesa* (Fleisch) oder *grybai* (Pilzen) gefüllt sein. Dazu gibt es eine üppige Soße aus Zwiebeln, Butter, saurer Sahne und Speckstücken.

Auch *kugelis* mit saurer Sahne ist häufig zu finden: der Auflauf aus geriebenen Kartoffeln und Möhren sorgt eher für Völlegefühle. *Koldūnai* sind herzhafte, mit Fleisch oder Pilzen gefüllte Teigtaschen, *virtiniai* ein deftiges Knödelgericht.

Beim Fleisch schätzen die Litauer oft die sonst weniger begehrten Teile: *liežuvis* (Ochsenzunge) und *alionių skilandis* (in der Schweinsblase geräuchertes Hackfleisch) gelten ebenso als Delikatesse wie *vėdarai* (gebratene Innereien vom Schwein).

Wer *šiupinys* bestellt, bekommt einen Eintopf mit Schweinsrüssel, -schwänzchen und -füßen mit Erbsen und Bohnen (Kenner bestellen dieses Gericht in Vilinius im Žemaičiai, S. 316). Geräucherte Schweinsohren, -füße und -schwänze werden auch gern zu einem Bier geknabbert genauso wie *kepta duona*, mit viel Knoblauch in der Pfanne

PREISKATEGORIEN ESSEN

Basierend auf dem jeweils günstigsten Hauptgericht haben wir in diesem Kapitel folgende Preiskategorien festgelegt.

- » **€** weniger als 15 Lt
- » **€€** 15–40 Lt
- » **€€€** über 40 Lt

TRINKGELD

» In Restaurants werden 10 % der Rechnungssumme für guten Service gegeben. Das Trinkgeld wird in der Hülle, in der die Rechnung überreicht wird, hinterlassen oder der Bedienung direkt gegeben.

» Friseure und andere Dienstleister erhalten etwa 10 % der Gesamtsumme.

» Taxifahrer erwarten kein Trinkgeld, aber man kann den Fahrpreis auf die nächsten 5 oder 10 Lt aufrunden, um guten Service zu belohnen.

» In Hotels beschränkt sich das Trinkgeld im Prinzip auf die Spitzenklassehäuser, die meist einen anständigen Zimmerservice und Gepäckträger haben, die alle ein Trinkgeld erwarten.

geröstete Roggenbrotstreifen. Dazu gibt es auf Wunsch eine zähe Käsesoße.

Wildschwein, Kaninchen und Reh sind im Nationalpark Aukštaitija beliebt. Im 18. Jh. garte man hier die geschossenen Vögel und Wildtiere in einer Lehmhülle oder über dem offenen Feuer am Spieß. Als die Sandverwehungen an der Kurischen Nehrung vom 17. bis 19. Jh. die Nutzung der Äcker unmöglich machten, verlegten sich die Bewohner auf die Jagd und aßen im Winter sogar Krähen. Mit einem kräftigen Biss in den Nacken (der mit einem tüchtigen Schluck Wodka heruntergespült wurde) töteten sie den Vogel, danach wurde sein Fleisch entweder roh, geräuchert oder gepökelt gegessen.

Blyneliai (Pfannkuchen) – ein echter Renner – gibt es süß oder salzig zu jeder Tageszeit. *Varskečiai* sind mit süßem Quark gefüllt, *bulviniai blyneliai* bestehen aus geriebenen Kartoffeln und sind mit Fleisch, *varske* (Quark) oder Früchten und Schokolade gefüllt.

Kalte rosa Suppe & andere Vorspeisen

Litauer lieben Suppe und kein anständiger Koch würde eine Mahlzeit ohne Süppchen anbieten. Aber eine Suppe steht über alle anderen (vielleicht wegen der knallrosa Farbe oder weil sie schlichtweg köstlich ist). *Šaltibarščiai* ist eine kalte Rote-Bete-Suppe, die gern im Sommer gegessen und mit Dillkartoffeln und Sauerrahm serviert wird.

Ebenfalls interessant sind Brennnessel-, Sauerampfer-, Kohl- und Brotsuppe, ganz zu schweigen von der Blutsuppe, in der tatsächlich Gänse-, Enten- oder Hühnerblut verkocht wird. Typisch für die Kurische Nehrung ist Aalsuppe, auch als Hauptgericht steht hier Aal auf dem Speisezettel. In Aukštaitija ist die Fischsuppe im Brotlaib eine Spezialität.

Zu den typischen Vorspeisen gehören *silkė* (Hering), *sprotai* (Sprotten) und Salate. *Lietuviškos salotos* (litauischer Salat) ist eine mayonnaisereiche Mischung aus Essiggurken, gekochten Karotten, Fleisch und allem, was sich sonst noch so im Kühlschrank findet.

Während der Pilzsaison im Herbst wachsen Dutzende unterschiedlicher Pilzarten in Litauens Wäldern, einige davon delikat, andere tödlich. Vor allem in den Nationalparks Aukštaitija und Dzūkija gibt es viele Pilze; Hinweise und Tipps für Pilzsammler s. Kasten S. 339. Im Sommer füllen sich dieselben Wälder mit Beerensammlern. An den Straßen dieser Regionen verkaufen dann Anwohner Erdbeer-, Blaubeer- und Brombeermarmelade.

Bier & andere Getränke

Alus (Bier) ist das am weitesten verbreitete Getränk, zu den einheimischen Marken gehören Švyturys, Utenos und Kalnapilis (s. Kasten S. 357). Die älteste Brauereitradition hat Nordlitauen, wo kleine Familienbetriebe köstliches Bier ohne Konservierungsmittel brauen.

Midus (Met) ist Litauens ältestes und edelstes Getränk. Er wird aus Honig hergestellt, der mit Wasser, Beeren und Gewürzen aufgekocht und dann mit Hopfen vergoren wird. Das Ergebnis ist ein kräftiges Getränk

KOCHBÜCHER

Wer *cepelinai* und andere Klassiker der baltischen Küche kennen und lieben gelernt hat und sie nachkochen will, sollte sich Valesca Hagens Buch *Die echte russisch-baltische Küche* besorgen oder das modernere *Baltisch kochen: Gerichte und ihre Geschichte* von Anne Iburg.

mit 10 bis 15 Vol.-% Alkohol. Mit dem Niedergang der Bienenzucht im 18. Jh. geriet es in Vergessenheit und tauchte erst 1959 wieder auf, als **Lietuviškas midus** (www.midus.lt) im zentrallitauischen Stakliškės ihn nach altem Rezept wieder herstellte. Heute produziert die Firma mehrere Sorten.

Vynas (Wein) setzt sich bei den Stadtbewohnern von Vilnius (s. Kasten S. 316) durch, während man auf dem Lande noch geteilter Meinung über ihn ist. *Degtinė* (Wodka) ist recht verbreitet. Er wird überwiegend pur, gekühlt und in Gesellschaft genossen.

Wer es etwas weniger heftig liebt, sollte den Honiglikör *stakliskes* oder *starka* aus Apfel- oder Birnbaumblättern probieren. Kräuter- und Früchtetees aus Lindenblüten, Thymian, Kümmel, Ingwer, Minze, Rhabarber und vielen anderen süßen Zutaten sind schon uralt. Skonis ir Kvapas (S. 317) in Vilnius lädt zum Probieren ein.

Gira ist ein trübes, alkoholfreies Getränk, das aus Brot hergestellt wird und überall in Litauen erhältlich ist.

Wohin zum Essen?

Wer in Litauen essen geht, zahlt von 20 Lt für ein Dreigängemenü in einem Selbstbedienungscafé in einer Provinzstadt abseits der Touristenpfade und bis zu 100 Lt oder mehr in einem schicken Restaurant in der Hauptstadt.

In Vilnius ist die gesamte Palette an Preis- und Qualitätsklassen vertreten, oft gibt es sogar eine Speisekarte mit englischer – auf der Nehrung auch deutscher – Übersetzung; an anderen Orten ist die Auswahl begrenzt und die Karten sind fast immer in litauischer Sprache verfasst. Am besten ist der

SPRACHFÜHRER ESSEN

Ohne Sprachführer im Restaurant gelandet? Hier sind ein paar hilfreiche Sätze. Weitere Wörter und Sätze s. S. 435.

Was heißt...?

Ein Tisch für , bitte.	*Stalą ..., prašau.*
Kann ich die Karte haben, bitte?	*Ar galėčiau gauti meniu prašau?*
Haben Sie eine englischsprachige Karte?	*Ar jūs turite meniu angliškai?*
Ich probiere das hier.	*Aš norėčau išbandyti to.*
Ich esse kein ...	*Aš nevalgau ...*
Fleisch	*mėsiško*

Kulinarisches Glossar

Rindfleisch	*jautiena*
Bier	*alus*
Kartoffelklöße mit Fleisch gefüllt	*cepelinai*
Paniertes Schweinskotelett	*karbonadas*
Butter	*sviestas*
Käse	*sūris*
Huhn	*vištiena*
Kaffee	*kava*
Kalte Rote-Bete-Suppe	*šaltibarščiai*
Eier	*kiaušiniai*
Litauische Klöße	*koldūnai*
Milch	*pienas*
Pilze	*grybai*
Pfannkuchen	*blyneliai*
Schweinefleisch	*kiauliena*
Tee	*arbata*

DIE ZWÖLF WEIHNACHTSGERICHTE

Weihnachten ist in kulinarischer Hinsicht das wichtigste Fest des Landes. Am 24. Dezember nimmt die ganze Familie bei Kerzenschein rund um einen mit Heu bestreuten Tisch mit weißem Tischtuch Platz. Das Heu soll an Jesu Geburt erinnern und zugleich den Seelen verstorbener Familienmitglieder als Ruhestatt dienen. Ein Platz am Tisch wird denn auch immer für die Verstorbenen des vergangenen Jahres gedeckt.

Zu einem traditionellen Essen an Heiligabend gehören zwölf Gänge – einer für jeden Monat des kommenden Jahres, damit jeder von ihnen Glück und Zufriedenheit bringt. Die Gerichte bestehen aus Fisch und Gemüse, oft auch *kūčiukai* – ein kleines würfelförmiges Mohngebäck, das in einer Schale mit Mohnblütensaft serviert wird. Andere Zutaten wie Hering, Hecht, Pilze und verschiedene Suppen sind nicht unbedingt weihnachtspezifisch.

Šakotis– „Eierkuchen" – ist ein großer Baumkuchen mit langen Stacheln, der aus ziemlich trockenem Teig aus Mehl, Margarine, Zucker, saurer Sahne und einer Unmenge von Eiern besteht. Er wird vor allem zu Hochzeiten und anderen Festlichkeiten serviert.

Service in der Hauptstadt, außerhalb meist mittelmäßig bis schlecht.

Esskultur

Wer den litauischen Regeln der Gastfreundschaft genügen will, sollte seinen Gürtel lockern und das Frühstück auslassen. Festmäler dauern lang, sind üppig und von vielen Trinksprüchen wie *Išgeriam!* (Zum Wohl!) oder *Iki dugno!* (Hoch die Tassen!) unterbrochen. Oft sind schon die Vorspeisen so reichlich bemessen, dass unerfahrene Gäste sie für das Hauptgericht halten. Eine weitere Portion abzulehnen, gilt als unhöflich und könnte so aufgefasst werden, dass das Essen oder die Gastfreundschaft nicht geschätzt werden.

Familienessen sind besondere Zeremonien und werden sehr ernst genommen; allerdings wird heute vor allem in den Städten meist nur noch an Festtagen, Geburtstagen und zu anderen offiziellen Anlässen im alten Stil gefeiert. Jedes Familienmitglied hat einen festen Platz am Tisch, der Vater sitzt am Kopfende, die Mutter ihm gegenüber. Wer eine Familie besucht, während diese gerade isst, sollte unbedingt *skanaus* (guten Appetit) wünschen.

ALLGEMEINE INFORMATIONEN

Praktische Informationen

Allgemeine Informationen zu allen drei baltischen Staaten stehen im Kapitel „Allgemeine Informationen" S. 416.

Aktivitäten

Litauer lieben die Natur. Vor nur 600 Jahren haben die Menschen noch uralte Eichen verehrt, heutzutage fahren sie in ihrer Freizeit regelmäßig zu den wunderschönen Seen und Wäldern oder an die langen Sandstrände. Bootfahren, Beeren- und Pilzesammeln, Vogelbeobachtung und Ballonfahrten sind nur einige der vielen Freizeitaktivitäten. Reisende können durch die Wildnis wandern oder radeln, in einer traditionellen Sauna am Seeufer schwitzen und sich im Winter beim Eisangeln vergnügen. Weitere Infos stehen auf S. 28 und unter den einzelnen Reisezielen.

Botschaften & Konsulate

Die Website http://embassy-finder.com hat ein aktuelles Verzeichnis von Konsulaten und Botschaften auf der ganzen Welt. Alle Botschaften befinden sich in Vilnius. Litauische Botschaften im Ausland sind auf der Website des **Litauischen Außenministeriums** (www.urm.lt) aufgeführt.

Deutschland (Karte S. 296; ☎5-210 6400; www.wilna.diplo.de; Sierakausko gatvė 24/8)

Österreich; (Karte S. 301; ☎5-266 0580; www.bmeia.gv.at/botschaft/wilna.html; Gaono 6)

Schweiz (Karte S. 206; in Lettland, zuständig auch für Litauen; ☎371-733 83 52 /733 83 53; www.eda.admin.ch/riga; Elisabetes iela 2, 1340 Rīga)

Geld

Der litauische Litas (Lt) bleibt mindestens bis 2015 gültig. In Zukunft wird Litauen seine Währung aber wahrscheinlich gegen den Euro eintauschen. Einige Hotels und Restaurants geben ihre Preise bereits in Euro und Litas an, aber gezahlt wird vorerst nur in Litas.

Der Litas (pl.: litų oder litai) ist 100 Centai (sg.: centas) wert. Banknoten gibt es zu 10 Lt, 20 Lt, 50 Lt, 100 Lt, 200 Lt und 500 Lt und Münzen zu 1 Lt, 2 Lt und 5 Lt neben den praktisch wertlosen Centas-Münzen. Seit 2002 ist der Litas mit einem festen Wechselkurs von 3,45 Lt = 1 € an den Euro gebunden.

Für kleine Einkäufe und Ticketautomaten sollten stets ein paar Münzen von 1, 2 und 5 Lt bereitgehalten werden.

Geldautomaten sind überall in den Städten zu finden, selbst im kleinsten Dorf gibt es oft zumindest einen. Die Mehrheit akzeptiert Visa und MasterCard. Geld kann in den Banken gewechselt werden, aber am einfachsten ist eine Debitkarte, mit der nach Bedarf Bares aus dem Geldautomaten gezogen wird.

Visa und MasterCard werden beim Einkauf oder in der Dienstleistung weitgehend akzeptiert. Schwierig wird es allenfalls in sehr kleinen Geschäften oder bei sehr kleinen Einkäufen. American Express wird in der Regel in größeren Hotels und Restaurants angenommen, ist aber nicht so umfassend akzeptiert wie andere Kreditkarten.

Gesetzliche Feiertage

Neujahr 1. Januar

Unabhängigkeitstag (Nepriklausomybės diena) 16. Februar; Jahrestag der Unabhängigkeitserklärung von 1918

Wiedererlangung der Unabhängigkeit 11. März

Ostersonntag März/April

Ostermontag März/April

Internationaler Tag der Arbeit 1. Mai

Muttertag 1. Sonntag im Mai

Johannisfest (Mittsommer) 24. Juni

Nationalfeiertag 6. Juli; Krönung des Großfürsten Mindaugas im 13. Jh.

Mariä Himmelfahrt 15. August

Allerheiligen 1. November

Weihnachten (Kalėdos) 25./26. Dezember

Litauen feiert auch Feste wie den Tag der litauischen Fahne (1. Januar), den Kasimirstag (4. März), den Tag der Erde (20. März), den Partisanentag (4. Sonntag im Mai), den Tag des schwarzen Bandes (23. August) und den Gedenktag des Genozids an den litauischen Juden (23. September). An diesen Tagen wird gearbeitet, aber an den meisten öffentlichen Gebäuden und Privathäusern weht die Nationalflagge.

Internetzugang

Das Internet hat sich in Litauen rasend schnell durchgesetzt (zumindest in den größeren Städten). Litauen hat in dieser Hinsicht viele andere Länder Westeuropas bereits überholt. Dazu haben der Ausbau drahtloser Netze und fallende Preise bei PCs und Notebooks beigetragen. Für Reisende bedeutet dies, dass die Zahl der Internetcafés abnimmt und dafür die WLAN-Zonen zunehmen. Die meisten größeren Städte haben auch heute noch mindestens ein Café mit Internetzugang (durchschnittlich 5 Lt pro Std.), auf dem Lande hingegen sind solche Zugänge eine Seltenheit. Manchmal stellen Touristeninformationen einen Computer für ein paar Minuten kostenloses Surfen zur Verfügung. Große Caféketten, wie **Coffee Inn** oder **Vero Cafe** (www.verocafe.lt), in großen Städten bieten ihren Gästen kostenloses und stabiles WLAN. Ein Verzeichnis anderer WLAN-Zonen in Litauen steht auf www.wifi.lt.

Fast alle Hotels, selbst die meisten Budgetunterkünfte, haben Internetzugang in den Zimmern. Meist ist es WLAN (oft kostenlos, aber nicht immer), aber es gibt noch immer einige Hotels, die LAN-Verbindungen benutzen und an der Rezeption Ethernetkabel verleihen. Ein eigener Laptop oder ein Smartphone mit WLAN-Aktivierung ist dafür natürlich nötig. Die Qualität der WLAN-Verbindung kann erheblich schwanken, je nachdem, wie weit das Zimmer vom Router entfernt ist. Ist eine Internetverbindung wichtig, sollte das an der Rezeption erwähnt und um ein Zimmer mit starkem Signal gebeten werden.

Ein paar Spitzenklassehotels in Vilnius und Kaunas haben mit Computern ausgestattete Businesscenter, die Gäste gegen eine recht teure Gebühr nutzen können. Viele Budget- und Mittelklasseunterkünfte haben inzwischen einen Computerterminal in der Halle stehen, von dem aus die Gäste kostenlos im Internet surfen können. Auf Anfrage ist es gelegentlich auch möglich, den Computer des Hotels zu nutzen, um E-Mails abzurufen – aber nicht immer.

Karten

Informationen zu Regionalkarten s. S. 418. Für Litauen sind die interaktiven, mit Suchfunktion ausgestatteten Karten unter **Maps.lt** (www.maps.lt) unschlagbar. Sie decken das ganze Land ab.

Die beste verfügbare Straßenkarte ist *Lietuva* (1:400 000), die von **Briedis** (www.briedis.lt; Parodu gatvė 4) in Vilnius herausgegeben und vom Verlag auch online verkauft wird. Buchläden, Touristeninformationen und Supermärkte in Litauen verkaufen sie für 12 Lt. Ebenfalls zu empfehlen ist die Straßenkarte *Lietuva* (1:500 000) von Jāņa sēta etwa zum gleichen Preis.

Jāņa sēta verkauft für das stressfreie Navigieren *Miesto planas* (Stadtpläne) für die Städte Vilnius, Kaunas und Klaipėda (1:25 000) mit jeweils einem Detailplan des Zentrums (1:10 000) sowie Stadtpläne von Palanga (1:15 000), Šiauliai und Panevėžys (1:20 000). Sie kosten pro Stück 6 bis 12 Lt und sind in Buchläden und einigen Touristeninformationen erhältlich.

Die meisten internationalen Navis (wie TomTom und Garmin) haben auch Litauen auf ihrem Europa-Download. Wer mit dem Leihwagen unterwegs ist, kann sein eigenes Navi mitbringen und es hier wie daheim benutzen.

Post

Die litauische **Post** (www.post.lt) ist flott und billig. Briefe/Postkarten kosten 2,80/2,45 Lt innerhalb der EU bzw. 2,90/2,60 Lt außerhalb der EU und 1,55/1,45 Lt im Inland. Innerhalb Europas braucht die Post etwa eine Woche. Der staatliche EMS ist der billigste Kurierdienst, er hat einen Schalter in der Hauptpost in Vilnius (S. 321).

Telefon

Das digitalisierte Telefonnetz des Betreibers **TEO** (www.teo.lt) ist schnell und effizient. Allerdings ist es etwas verwirrend herauszufinden, welcher Code gewählt werden muss.

Für Städte in Litauen im Festnetz die ☎8 wählen, den Rufton abwarten, dann die Ortsvorwahl und die Telefonnummer wählen.

Für Anrufe von Litauen ins Ausland die ☎00 und dann die nationale Vorwahl wählen.

Für Anrufe aus dem Ausland nach Litauen die litauische Landesvorwahl (☎00370), dann die Ortsvorwahl und die Rufnummer wählen.

Und dann gibt es natürlich die Handys. Kein Litauer, der etwas auf sich hält, würde sich ohne Handy sehen lassen, das geradezu am Ohr festgewachsen zu sein scheint. Viele Hotels und Restaurants – besonders auf dem Land – geben die Handynummer als Haupttelefonnummer an. Handynummern bestehen aus einem dreistelligen Code und einer fünfstelligen Nummer.

Für Anrufe auf ein Handy innerhalb Litauens die ☎8, dann die achtstellige Handynummer wählen. Aus dem Ausland die ☎00370 wählen, dann die achtstellige Handynummer eintippen. Im Buch sind die kompletten Handynummern angegeben, also ☎8-xxx xxxxx.

Die Telefongesellschaften **Bitė** (www.bite.lt), **Omnitel** (www.omnitel.lt) und **Tele 2** (www.tele2.lt) verkaufen Prepaid-SIM-Karten; Tele2 bietet mit ihrer Prepaid-Karte kostenloses Roaming, ist also bei Reisen in Estland, Lettland und Polen die beste Wahl und zudem am billigsten.

Öffentliche Telefonzellen – von denen es angesichts der weiten Verbreitung von Handys immer weniger gibt – sind blau und nur mit Telefonkarten zu benutzen. Die Karten mit 50/200 Einheiten werden für 9/30 Lt an Zeitungsständen verkauft.

Touristeninformation

In den meisten Orten gibt es eine Touristeninformation, deren Personal normalerweise wenigstens etwas Englisch spricht. Die Einrichtungen reichen von überaus hilfreich, nützlich und engagiert bis zu schlicht unbrauchbar und werden vom **Staatlichen Fremdenverkehrsbüro** (www.tourism.lt) mit Sitz in Vilnius koordiniert. Touristeninformationen sind oft bei der Zimmersuche behilflich, manchmal gegen eine Gebühr von 5 oder 6 Lt pro Buchung. Die besten Touristeninformationen befinden sich in Vilnius, Kaunas, Klaipėda und Trakai, die alle zahlreiche, sehr informative Broschüren führen. Genaue Angaben zu Touristeninformationen in einzelnen Ortschaften stehen unter dem jeweiligen Abschnitt „Praktische Informationen".

Infos über die vier litauischen Stätten des Unesco-Weltkulturerbes – Altstadt von Vilnius, Kurische Nehrung, Archäologische Stätte Kernavė und Geodätische Vermessungspunkte des Struve-Bogens – erteilt die **Litauische Unesco-Kommission** (☎5-210 7340; www.unesco.lt; Šv. Jono gatvė 11, Vilnius) in Vilnius.

Unterkunft

Litauen bietet eine breite Auswahl an Unterkünften für jeden Geldbeutel, wie Hotels, Pensionen, Privatzimmer, Hostels und

PREISKATEGORIEN SCHLAFEN

- » **€** bis zu 150 Lt pro Nacht für das günstigste Doppelzimmer
- » **€€** günstigstes Doppelzimmer 150–350 Lt
- » **€€€** günstigstes Doppelzimmer über 350 Lt

Campingplätze. Die Preise sind in den vergangenen Jahren in allen Kategorien gestiegen, aber im Allgemeinen immer noch günstiger als in vergleichbaren Unterkünften in Westeuropa. Weitere Infos zu Unterkünften s. S. 421.

Hier im Buch sind die Unterkünfte in drei Preiskategorien unterteilt: Budgetunterkünfte, Mittelklasse- und Spitzenklassehotels. Zur Budgetkategorie gehören Hostels, billigere Pensionen, Privatzimmer und Campingplätze. Die Mittelklassekategorie umfasst die meisten Hotels und besseren Pensionen. Spitzenklasse bedeutet Hotelketten, Luxushotels und Edelboutiquehotels.

» Vilnius ist in Sachen Unterkunft am teuersten, gefolgt von Kaunas und im Sommer von den Badeorten an der Ostsee.

Die Preise schwanken oft je nach Saison. Ferienorte, besonders an der Ostsee, haben in der Hochsaison (Juni–Aug.) weit höhere Preise. In der „kalten Saison" (Okt.–Mai) fallen sie bis um die Hälfte. Viele Unterkünfte schließen dann auch ganz.

Frühstück ist im Preis nicht immer enthalten, besonders in Pensionen, die oft 10 bis 20 Lt extra für ein Frühstück berechnen.

Parkgebühren gehören ebenfalls nicht immer zum Zimmerpreis und können 10 bis 20 Lt extra pro Nacht betragen.

Hotels

Ein *viešbutis* (Hotel) ist die gängigste Unterkunftsart. Davon gibt es zahlreiche alte und neue Häuser, die von sehr schlicht bis sehr luxuriös reichen.

Zur Spitzenkategorie gehören die internationalen Hotelketten, die überwiegend Geschäftsleuten hochklassige Unterkunft bieten, meist zu Preisen, die für Spesenkonten gedacht sind. Darunter gibt es reichlich kleinere Hotels in Privatbesitz, die zur Mittelklassekategorie gehören. Die Preise sind zwar unterschiedlich, aber für ein Einzelzimmer ist mit etwa 150 Lt und für ein Doppelzimmer ab 180 Lt zu rechnen.

Pensionen

Svečių namai (Pensionen) gibt es in ganz Litauen, mehr noch in den größeren Städten. Sie umfassen ein breites Spektrum, von schlichten Zimmern in Privathäusern bis zu nahezu luxuriösen Schmuckstückchen, sind aber meist preiswerter als Hotels und haben oft sehr viel mehr Charakter. Die Preise hängen zwar vom Standort und gebotenen Komfort ab, liegen aber bei etwa 120/160 Lt für ein Einzel-/Doppelzimmer meist ohne Frühstück.

Privatunterkünfte

Übernachtungen auf einem Bauernhof oder in einem Privathaus sind eine beliebte und höchst empfehlenswerte Art, das Land zu erleben. Privatzimmer sind weitaus häufiger in ländlichen Gebieten und kleinen Orten zu finden. Im zentralen und östlichen Litauen, besonders in Kleinstädten wie Utena oder Anykščiai oder um die Nationalparks, sind sie oft die einzigen Unterkünfte.

Die jeweiligen Touristeninformationen haben meist ein Verzeichnis mit Privatzimmern und empfehlen eine Auswahl je nach Ansprüchen. Die hilfreiche Website des **Verbands des Litauischen Landtourismus** (www.countryside.lt) listet Unterkünfte nach Region auf und bietet gute Informationen zu den Angeboten.

Die Preise sind je nach Komfort und Saison höchst unterschiedlich, liegen aber bei etwa 120 Lt pro Zimmer in der Hochsaison (Juni–Aug.). Außerhalb der Saison sind sie um die Hälfte günstiger. Frühstück ist üblicherweise nicht im Preis enthalten.

Hostels

Jugendherbergen sind in Litauen nicht gerade weit verbreitet und die vorhandenen sind meist eher altbacken, also Schulschlafsäle oder sehr schlichte Sporthotels. Die meisten Hostels sind in Großstädten zu finden. Ansonsten ist man mit Pensionen oder Privatzimmern besser bedient.

Der **Litauische Jugendherbergsverband** (www.lha.lt) hat ein Hostelverzeichnis mit Links zu den jeweiligen Häusern.

Je nach individuellem Haus, dem Standort und der Jahreszeit kostet ein Bett im Schlafsaal zwischen 30 und 35 Lt.

Campingplätze

Campingplätze gibt es in Litauen reichlich, manche in traumhaften Gegenden wie an der Ostseeküste oder in gefragter Lage in den Nationalparks. Auf den meisten Campingplätzen können sowohl Zelte als auch Caravans aufgestellt werden. Manche vermieten auch einfache Bungalows oder dergleichen.

Die hilfreiche Website des **Campingverbands Litauen** (www.camping.lt) führt ein Verzeichnis von Campingplätzen samt Infos und Fotos. Der Verband gibt auch die sehr nützliche Broschüre *Kempingai Lietuvoje (Campingplätze in Litauen)* heraus, die in Touristeninformationen oder als Download von der Verbandswebsite erhältlich ist.

Die Preise sind unterschiedlich, liegen aber bei etwa 15 Lt pro Person und zusätzlichen 15 Lt für einen Stellplatz. In der Regel muss für einen Parkplatz und für Stromanschluss extra bezahlt werden. Einige Campingplätze sind nur in der Sommersaison geöffnet (Mai–Sept.). Außerhalb dieser Zeit ist es ratsam, beim Campingplatz vorher zu anzufragen, ob er geöffnet ist.

Zoll

Hinweise zu den Zollbestimmungen s. S. 423. Die **Litauische Zollbehörde** (www.cust.lt) in Vilnius informiert online über aktuelle Änderungen.

Für EU-Bürger gibt es für Waren des persönlichen Bedarfs bei der Ein- und Ausfuhr keine Beschränkungen.

Litauen beschränkt den Export von Bernstein, doch ein paar Souvenirs sind natürlich erlaubt, wenn ihr Wert 3500 Lt nicht übersteigt. Für den Export von Kunstwerken, die über 50 Jahre alt sind, ist eine Genehmigung des Kulturministeriums erforderlich, außerdem werden 10 % bis 20 % Zoll fällig. Auskünfte erteilt das **Kulturerbe-Komitee** (www.kpd.lt).

An- & Weiterreise

Dieser Abschnitt beschäftigt sich ausschließlich mit Reisen nach Litauen von Lettland und Estland. Infos zur Anreise von außerhalb des Baltikums stehen auf S. 424.

Auto & Motorrad

Die drei baltischen Staaten sind Teil des Schengener Abkommens, es gibt also zwischen Litauen und Lettland keine Grenzkontrollen. Mietwagen können normalerweise problemlos über die Grenze mitgenommen werden, doch ist es sinnvoll, das dem Autoverleih bei Vertragsabschluss mitzuteilen.

Bus

Busfahrpläne und Preise stehen im Abschnitt „An- & Weiterreise" jeder Stadt.

Lux Express (☎5-233 6666; www.luxexpress.lt) Täglich drei Busverbindungen zwischen Rīga und Vilnius via Panevėžys. Einige halten auch am Flughafen von Rīga.

Simple Express (☎5-233 6666; www.simpleexpress.eu) Billigbuslinie mit den niedrigsten Preisen nach Litauen aus den anderen baltischen Ländern, darunter tägliche Busverbindungen nach Vilnius von Rīga (38 Lt) und Tallinn (69 Lt) und nach Kaunas von Rīga (35 Lt).

Flugzeug

airBaltic (BT; ☎1825; www.airbaltic.com) Fliegt mehrmals täglich von Rīga und an den meisten Tagen von Tallinn nach Vilnius. Hinzu kommen gelegentliche Linienflüge von Rīga nach Kaunas und Palanga, meistens jedoch nur im Sommer (Mai–Sept.).

Estonian Air (OV; ☎00372-640 1162; www.estonian-air.ee) Zwei Flüge pro Werktag zwischen Tallinn und Vilnius.

Zug

Zur Zeit der Recherche gab es keine direkte Zugverbindung mehr zwischen Vilnius und Rīga. Nur ein Zug fährt täglich nach Rīga (um 18.18 Uhr), aber mit Umsteigen und sechsstündigem Aufenthalt im Bahnhof Rēzekne 2 in Lettland. Der Bus ist somit eine weitaus bessere Alternative.

Zugverbindungen von Vilnius nach Tallinn sind schlichtweg unpraktisch. Auf der umständlichen Strecke muss zweimal umgestiegen werden und die Fahrt dauert 36 Stunden. Auch hier ist der Bus besser.

Unterwegs vor Ort

Bus

Das landesweite Busnetz ist gut ausgebaut und verbindet alle größeren Städte miteinander und kleinere Orte mit ihren regionalen Zentren. Die meisten Verbindungen sind auf der äußerst praktischen Website **Bus Tickets** (www.autobusubilietai.lt) zusammengefasst.

Fahrrad, Auto & Motorrad

Litauische Straßen sind im Allgmeinen sehr gut und einfach zu befahren. Vierspurige

Autobahnen verbinden die großen Städte Vilnius, Kaunas und Klaipėda; die Fahrt von Vilnius zur Ostseeküste (330 km) dauert um die drei bis vier Stunden.

Das flache Gelände Litauens ist für Fahrradfahrer ein Segen. In ländlichen Gebieten sind einige Straßen unbefestigt, aber meist gut gepflegt. Im Winter können Eis und Schnee das Fahren für Reisende, die nicht daran gewöhnt sind, schwierig gestalten. In allen größeren Städten gibt es Auto- und Fahrradverleihe.

Zug

Die **Litauische Bahn** (www.litrail.lt) betreibt alle Regionalzüge; Knotenpunkte sind Vilnius, Kaunas und Klaipėda. Die Website der Bahn ist ein Vorbild für Benutzerfreundlichkeit und zeigt Strecken, Fahrpläne und Preise auch auf Englisch an. Ob Bus oder Bahn günstiger sind, hängt von der Strecke ab. Für einfache Strecken, wie von Vilnius nach Kaunas oder Klaipėda, ist der Zug oft komfortabler und preisgünstiger als der Bus. Für andere Strecken ist es oft umgekehrt.

Ausflug nach Kaliningrad

Inhalt »

Sehenswertes 407
Schlafen 410
Essen 411
Unterhaltung 412
Kaliningrad verstehen 413
Allgemeine Informationen 413

Schön übernachten

» Tschaika (S. 410)
» Radisson Hotel Kaliningrad (S. 410)
» Amigos Hostel (S. 410)

Gut essen

» Dolce Vita (S. 411)
» Little Buddha (S. 411)
» Sarja (S. 411)

Auf nach Kaliningrad

Das kleinste Gebiet Russlands bietet alle Traditionen des großen Mutterlands, viele gute Hotels und Restaurants, gastfreundliche Menschen, schöne Landschaften, tolle Strände und faszinierende, geschichtsträchtige Sehenswürdigkeiten.

Im Mittelalter herrschte der Deutsche Orden im preußischen Königsberg (dem heutigen Kaliningrad) und von dort über das ganze Baltikum. Heute erinnert zwar nur noch wenig daran, dass Königsberg einst zusammen mit Prag oder Krakau zu den architektonischen Juwelen Europas zählte, doch es gibt rund um Kaliningrad durchaus attraktive Wohngegenden und die Reste der alten Stadtbefestigung zeugen noch immer von der preußischen Vergangenheit. Außerdem lassen interessante Museen, schicke Einkaufszentren und eine Menge grüner Parks die allgegenwärtigen sowjetischen Bausünden nicht ganz so brutal erscheinen.

Durch die gute Anbindung mit öffentlichen Verkehrsmitteln ist Kaliningrad ein perfekter Ausgangspunkt zur Erkundung der gesamten Region. Alles ist in ein paar Stunden zu erreichen. Ziele außerhalb der Stadt Kaliningrad sind im Lonely Planet *Russland* beschrieben.

Reisezeit

Zur Nacht der Museen (Mitte Mai) ist der Eintritt in die Museen der Stadt frei, auf dem Programm stehen Musik, Tanz, Feuerwerk und Happenings. Der Tag der Russischen Flotte zu Beginn der vierten Woche im Juli ist eine der seltenen Gelegenheiten, den nahen Marinehafen Baltisk zu besichtigen, der ansonsten für Touristen tabu ist (Ausnahme: geführte Touren). Im August findet das alljährliche Don Cento Jazz-Festival statt. Die wichtigsten Gigs steigen dabei im Zentralpark.

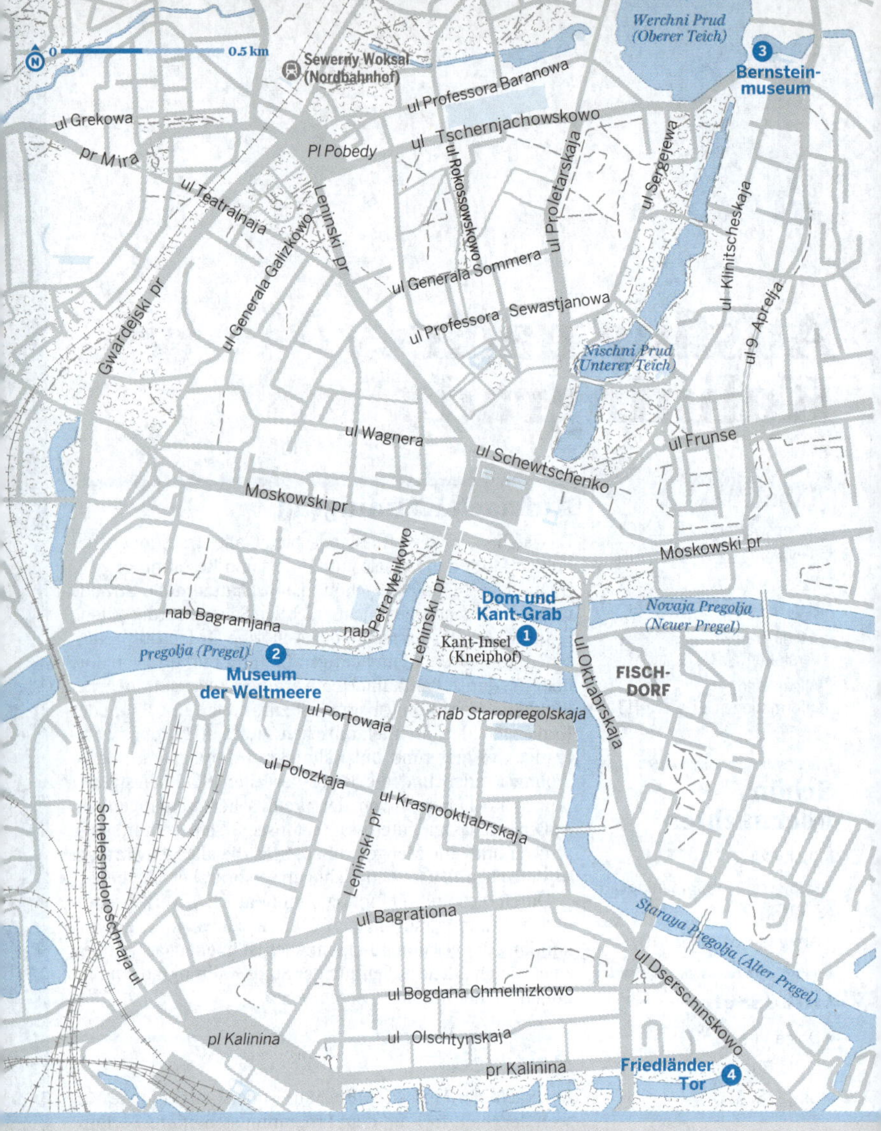

Highlights

1 Das Grab des Philosophen Immanuel Kant besuchen und einem Orgelkonzert im **Königsberger Dom** (S. 407) lauschen

2 Sich im faszinierenden **Museum der Weltmeere** (S. 407) über die Geschichte der russischen Seefahrt schlau machen

3 Im **Bernsteinmuseum** (S. 407) wunderschöne Schmuckstücke und Kunstwerke aus fossilem Kieferharz bewundern

4 Am **Friedländer Tor** (S. 407) einen Hauch vom alten Königsberg spüren

Sehenswertes

KANTINSEL & UMGEBUNG

Früher war diese Insel eng bebaut, heute ist sie eine Park- und Skulpturenlandschaft. Dominiert wird sie vom wiedererrichteten gotischen Dom. Ein paar Gebäude in der Nähe – die **alte Börse** aus den 1870er-Jahren (heute sind darin verschiedene soziale Einrichtungen untergebracht) und die auf alt getrimmten Fassaden der Läden, Restaurants und Hotels im sogenannten **Fischdorf** – lassen zumindest erahnen, wie dieses Viertel am Fluss vor dem 2. Weltkrieg ausgesehen hat.

Königsberger Dom BAUDENKMAL
(☎631 705; www.sobor-kaliningrad.ru; Erw./Stud. 150/75 R; ⌚9–17 Uhr) Die Fotos im alten Königsberger Dom – einem Unesco-Welterbe – zeigen, wie stark seine Zerstörungen waren, bevor er Anfang der 1990er-Jahre mit Spenden aus Deutschland wieder aufgebaut werden konnte. Der ursprüngliche Bau stammt aus dem Jahr 1333. Den hohen Innenraum dominiert die reich verzierte Orgel, die regelmäßig bei den wirklich lohnenswerten **Konzerten** zum Einsatz kommt (Termine siehe Website). Im Turm sind die Wallenrodtsche Bibliothek mit dem kunstvollen Schnitzwerk, interessante Ausstellungen zum alten Königsberg und Exponate aus archäologischen Grabungen zu sehen. Die Ausstellung in der obersten Etage ist Immanuel Kant gewidmet und zeigt unter anderem die Totenmaske des Philosophen. Sein **Grabmal** aus rosa Marmor befindet sich an der Nordfassade des Doms.

Museum der Weltmeere OZEANMUSEUM
(http://world-ocean.ru/en/; nab Petra Welikowo 1; Erw./Stud. 250/170 R, einzelne Schiffe 120/80 R; ⌚Mi–So 10–18 Uhr) Mehrere Schiffe, ein U-Boot, Meeresgeräte und ein paar Ausstellungsräume direkt am Ufer des Pregel – all das ergibt ein prima Museum. Hier ist das stattliche ehemalige Forschungsschiff *Witjas* zu besichtigen, das in seinen besten Tagen viele wissenschaftliche Studien auf der ganzen Welt begleitet hat. Gleich daneben hat die *Wiktor Pazajew* festgemacht (benannt nach dem berühmten Kaliningrader Kosmonauten) und zeigt Exponate aus der Raumforschung. Im U-Boot B-413 können die Besucher erahnen, wie die 300 Mann an Bord früher lebten und arbeiteten.

Ein restauriertes altes Lagerhaus birgt neben einer interessanten Ausstellung zur Fischerei und zur Seefahrtsgeschichte Königsbergs auch einen seltenen archäologischen Fund: die Überreste eines hölzernen Fischerboots aus dem 19. Jh. Ein Pavillon mit dem Skelett eines 16,8 m langen Pottwals, Säle mit kleinen Aquarien und allgemeine Informationen zu den Ozeanen runden das Museum ab.

STADTMAUERN & STADTTORE

Überall in der Stadt sind Reste der Königsberger Stadtbefestigung, Basteien und Stadttore zu finden. Der Wall aus rotem Backstein entstand in mehreren Stufen zwischen dem 17. und 19. Jh. Einzelne Abschnitte wurden vor dem Verfall bewahrt und in Museen umfunktioniert.

Bernsteinmuseum MUSEUM
(www.ambermuseum.ru; pl Marschala Wasilewskowo 1; Erw./Stud. 120/90 R; ⌚Di–So 10–18 Uhr) Dieses Museum im **Dohnaturm** zeigt rund 6000 Beispiele von Bernsteinkunstwerken; die beeindruckendsten Stücke stammen aus der Sowjetzeit. Es gibt riesige Schmuckstücke mit eingeschlossenen Urzeitinsekten zu sehen, aber auch faszinierende Arbeiten wie einen Kelch aus Bernstein und Elfenbein, dessen vier Bildplatten Kolumbus und seine Schiffe *Niña*, *Pinta* und *Santa Maria* darstellen. Souvenirjäger können im Museum selbst und rund ums Haus Bernsteinschmuck kaufen. Im **Rossgärter Tor** gleich nebenan ist heute ein Restaurant untergebracht.

Friedländer Tor MUSEUM
(www.fvmuseum.ru; ul Dserschinskowo 30; Museum, Erw./Stud. 50/20 R; ⌚Di–So 10–18 Uhr) Das Friedländer Tor, eines der 13 alten Stadttore,

KALININGRAD AUF EINEN BLICK

» **Fläche** 15 100 km² (Region)

» **Vorwahl** ☎2 aus der Region; aus dem Ausland +74012

» **Währung** Rubel, 1 € = 38,80 R, 1 sfr = 32,35 R

» **Einwohner** 423 000

» **Amtssprache** Russisch

» **Visa** Zur Einreise nach Kaliningrad ist ein russisches Visum nötig (s. S. 423). Wer aus einem Schengen-Land kommt, kann über ein Reisebüro im Baltikum ein 72-stündiges Touristenvisum beantragen.

Kaliningrad

beherbergt heute ein gut durchdachtes Museum. Wer wissen will, wie das alte Königsberg vor dem 2. Weltkrieg ausgesehen hat, ist in der beeindruckenden 40-minütigen **Multimediashow** (30 R; ⏲12–17 Uhr, zur vollen Stunde) richtig. Es werden Fotos aus der Zeit zwischen 1908 und 1913 gezeigt und ein etwas unscharfer Film über das Schloss aus dem Jahr 1937 an die Wand geworfen.

Königstor MUSEUM

(ul Frunse 112; Erw./Stud. 50/30 R; ⏲Mi–So 11–19 Uhr) Dieses aufgemotzte Stadttor hat sich der Großen Gesandtschaft Peters des Großen verschrieben, die 1697 zu Gast in der Stadt war. Außerdem zu sehen sind gut gemachte Modelle des alten Königsberg und Ausstellungen über Persönlichkeiten, die die regionale Geschichte geprägt haben. Etwas weiter südlich (Ecke Moskowski Prospekt/Litowski-Wall) steht das **Sackheimer Tor** mit den zwei Türmen.

NOCH MEHR SEHENSWERTES

Amalienau & Maraunenhof STADTVIERTEL

Ein gemütlicher Spaziergang unter den Lindenbäumen von Amalienau (im Westen, entlang dem Prospekt Mira) und Maraunen-

Kaliningrad

Sehenswertes

1 Bernsteinmuseum D2
2 Bunkermuseum C3
3 Christ-Erlöser-Kathedrale C2
Dohnaturm (siehe 1)
4 Ehemalige Börse C4
5 Friedländer Tor D5
6 Museum für Geschichte und Kunst D3
7 Kunstgalerie D3
8 Dom D4
9 Zoo B2
Kantgrab (siehe 8)
10 Museum der Weltmeere C4
Rossgärter Tor (siehe 1)

Schlafen

11 Amigos Hostel D4
12 Tschaika A1
13 Heliopark Kaiserhof D4
14 Hotel Kaliningrad C3
15 Komnaty Otdycha C5
16 Radisson Hotel Kaliningrad C2
17 Villa Severin D1

Essen

18 Zentralmarkt C2
19 Croissant Café B2
20 Croissant Café C2
21 Croissant Café D2
22 Dolce Vita D2
23 Don Cento C2
24 La Plas Cafe C2
25 Little Buddha C2
26 Wiktorija C5
27 Wiktorija C3
28 Wiktorija D4
29 Sarja B2

Ausgehen

30 Bar Werf D4
31 Kapuzin C1
Kmel (siehe 25)
32 Unzija C3

Unterhaltung

33 Kwartira B2
34 Philharmonie C5
35 Reporter C1
Universal (siehe 29)
36 Wagonka A3

Praktisches

37 Baltma Tours A2
King's Castle (siehe 14)
38 Touristisches Informations- u. Bildungszentrum Region Kaliningrad B2

Transport

39 Busse nach Swetlogorsk und Selenogradsk C2
40 Busbahnhof Juschny C5

hof (am Nordufer des Oberteichs – Werchni Prud) erlaubt ebenfalls einen Blick auf das gediegene frühere Königsberg. Besonders hübsch ist die Amalienau mit den vielen unterschiedlichen Villen, von denen nicht wenige aufs Konto des Architekten Friedrich Heitmann gehen – vor allem an der Uliza Kutusowa und zwischen Prospekt Pobedy und Prospekt Mira. Maraunenhof hat ein paar nette kleine Hotels zu bieten.

Geschichts- & Kunstmuseum MUSEUM
(☎453 844; ul Klinitscheskaja 21; Erw./Stud. 80/70 R; ⏲Di–So 10–18 Uhr) Dieses Museum am hübschen Unterteich (Nischni Prud) ist in einer restaurierten Konzerthalle aus dem Jahr 1912 untergebracht und hat seinen Schwerpunkt auf den Ereignissen seit der Eroberung der Region durch die Rote Armee; die vielen interessanten Exponate sparen aber auch die deutsche Vergangenheit nicht aus.

Bunkermuseum MUSEUM
(Universitetskaja ul 3; Erw./Stud. 80/70 R; ⏲Di–So 10–18 Uhr) In diesem unterirdischen Kommandoposten hat der letzte deutsche Kommandant von Königsberg, Otto Lasch, vor den Sowjets kapituliert. Heute ist dort eine interessante Ausstellung zum Zweiten Weltkrieg in Ostpreußen untergebracht.

Kaliningrader Kunstgalerie GALERIE
(Moskowsky pr 60–62; Erw./Stud. 120/60 R; ⏲Di–So 10–18 Uhr) Zeitgenössische Künstler aus der Gegend, ein paar bemerkenswerte Werke aus Sowjetzeiten und verschiedene Wechselausstellungen sind in dieser großen städtischen Galerie zu sehen.

Ploschtschad Pobedy PLATZ
Der Platz im Stadtzentrum ist umringt von Einkaufszentren und der **Christ-Erlöser-Kathedrale** (Kafedralni Sobor Christa Spasitelja) mit den weithin sichtbaren Goldkuppeln,

ABSTECHER

NATIONALPARK KURISCHE NEHRUNG

Mehr als die Hälfte der 98 km langen Kurischen Nehrung (s. S. 367) liegt auf russischem Gebiet. Dieser Teil ist als **Nationalpark Kurschskaja Kosa** (www.kurshskayakosa.ru; Eintritt Pers./Auto 30/200 R) besonders geschützt. Ein Ausflug von Kaliningrad zur Nehrung ist locker an einem Tag drin. Die Gegend ist faszinierend; man kann Wildtiere und Vögel bestaunen oder einfach an einem der traumhaften Strände relaxen. Zu den Highlights gehört der spektakuläre Blick über die Dünen von der Aussichtsplattform bei **Wistota Efa** (Kilometer 42; Eintritt frei) und der **Tanzende Wald** (Tanzujuschtschi Les; Kilometer 37; Eintritt frei), wo der Wind die Nadelbäume so gebogen hat, dass sie tatsächlich aussehen, als wären sie mitten beim Tanzen eingefroren.

Von Kaliningrad aus fahren Busse zur Nehrung (101 R; 2 Std.; 4-mal tägl.), sie halten in beiden Richtungen auch im Seebad Selenogradsk. Das regionale Touristeninformationszentrum in Kaliningrad kennt die Abfahrtszeiten. Andere Möglichkeiten hinzukommen, sind ein Mietauto (ab etwa 1500 R) oder eine Bustour (etwa 700 R) von Kaliningrad oder Selenogradsk aus.

die 2006 im russisch-byzantinischen Stil erbaut wurde.

Kaliningrader Zoo ZOO
(http://kldzoo.ru; pr Mira 26; Erw./Kind 100/50 R; ⌚9–19 Uhr) Bären, Nilpferde, Seelöwen, Flamingos und viele andere Tiere sind in diesem zentral gelegenen Zoo zu Hause.

Zentralpark PARK
(Haupteingang pr Mira 1) Skulpturen, ein paar Karussells und viele Bäume; ein schöner Flecken für einen Spaziergang.

Schlafen

Mit Hotels der oberen und mittleren Preisklasse ist Kaliningrad gut bestückt; Budgetunterkünfte sind dagegen rar gesät. Wenn nicht anders angegeben, ist das Frühstück inbegriffen.

LP TIPP **Tschaika** HOTEL €€€
(☎210 729; www.hotelchaika.ru; ul Pugatschowa 13; EZ/DZ ab 3500/4450 R; @📶) Die „Möwe" hat ihr Domizil in einer Allee in der Nähe der malerischen Amalienau. Die 28 herrlichen Zimmer sind mit eleganten alten Stilelementen verziert. Auch ein Restaurant, eine gemütliche Lounge und ein Fitnessraum gehören dazu.

Radisson Hotel Kaliningrad HOTEL €€€
(☎593 344; www.radisson.ru/hotel-kaliningrad; pl Pobedy 10; EZ/DZ ab 5900/6350 R; @📶) Dieser Ableger der internationalen Kette bewegt sich auf hohem Niveau. Die großen Zimmer sind modern eingerichtet, manche haben Blick auf den nahegelegenen Dom. Von Freitag bis Sonntag wird's um 2000 R pro Nacht billiger.

Amigos Hostel HOSTEL €
(☎911 485 2157; http://amigoshostel.ru; Epronowskaja ul 20-102; B 500–600 R; 📶) Ein freundliches Hostel im 13. Stock eines modernen Wohnblocks mit Blick auf den Dom und das Fischdorf. Von den drei gemischten Schlafsälen hat eines sechs Betten, die beiden anderen haben acht. Die Gäste teilen sich das Gemeinschaftsbad und eine gut ausgestattete Küche

Heliopark Kaiserhof HOTEL €€€
(☎592 222; www.heliopark.ru; ul Oktjabrskaja 6a; EZ/DZ ab 4500/4950 R; @📶🏊) Dieses nette Hotel ist ein Ruhepunkt im neu aufgebauten Fischdorf. Die hübschen Zimmer sind angenehm hell; dazu kommt ein kompletter Wellnessbereich mit Sauna. Von Freitag bis Sonntag fallen die Preise fast auf die Hälfte.

Hotel Kaliningrad HOTEL €€
(☎350 500; www.hotel.kaliningrad.ru; Leninski pr 81; EZ/DZ ab 1900/2100 R; 📶) Dieses Hotel wurde kürzlich renoviert – und das war auch gut so. Die Lage ist prima, viele der

PREISKATEGORIEN SCHLAFEN

» € bis 1500 R/Nacht für das günstigste Doppelzimmer

» €€ günstigstes Doppelzimmer 1500–4000 R

» €€€ günstigstes Doppelzimmer über 4000 R

zweckmäßig eingerichteten Zimmer haben Blick auf den Dom.

Villa Severin PENSION €€
(☎365 373; www.villa-severin.ru; ul Leningradskaja 9a; EZ/DZ ab 1600/1850 R; @) Gemütlich geht's zu in der hübschen Villa nicht weit vom Oberteich mit zehn bequem eingerichteten Zimmern, darunter auch ein einfaches Studentenzimmer (1000 R ohne Frühstück). Eine kleine Sauna und ein Café gehören ebenfalls dazu.

Komnaty Otdycha HOSTEL €
(☎586 447; pl Kalinina; s R500, Zi. ohne Frühstück 1500 R) Die „Ruheräume" im Südbahnhof sind saubere, ruhige Einzelzimmer. Jeweils zwei oder drei teilen sich ein Bad. Hinter der Schalterhalle den Gang entlang und in den 3. Stock hinauf.

Essen

Dolce Vita RUSSISCH, INTERNATIONAL €€€
(☎351 612; http://dolcevita.kaliningrad.ru; pl Marschala Wasilewskowo 2; Hauptgericht 1000–1500 R; ⏲12–24 Uhr;) Was auf der Karte ziemlich übertrieben klingt, ist auf dem Teller dann doch ein normales Gericht. Die Auswahl für Vegetarier ist ausgezeichnet, und alte russische Klassiker wie Pelmeni und Borschtsch kommen in luxuriösem Gewand daher. Außer dem vornehmen Speisesaal gibt's auch einen hübschen Innenhof.

Little Buddha ASIATISCH €€€
(☎593 395; www.littlebuddhakaliningrad.com; Clover City Centre, pl Pobedy 10; Hauptgericht 800–1500 R; ⏲Di–Do 12–1, Sa & So 12–4 Uhr;) Quer durch die asiatische Küche führt die Reise in diesem Lokal, einer Mischung aus Restaurant, Sushibar und Nachtclub. Der Buddha, der die spektakuläre Einrichtung dominiert, ist alles andere als klein. Das Essen schmeckt und die Cocktails sind innovativ. Am Wochenende legen oben in der Clubarea bekannte DJs auf. Wer dann nichts isst, zahlt gegebenenfalls Eintritt.

Sarja RUSSISCH, INTERNATIONAL €
(☎213 929; pr Mira 43; Hauptgericht 300–400 R; ⏲10–3 Uhr;) Die modische Brasserie in der Lobby des Scala-Kinos ist hübsch eingerichtet und hat eine attraktive Terrasse. Das Essen ist zuverlässig gut und kostet nicht die Welt. Tipp: Kartoffelpuffer mit Lachskaviar oder die ausgezeichneten Steaks von Rindern aus der Umgebung.

KALININGRAD IN ...

... einem Tag

Wer nur einen Tag in Kaliningrad verbringt, sollte sich Zeit für den **Dom**, das **Museum der Weltmeere** und das **Bernsteinmuseum** nehmen und durch die schattigen **Stadtparks** schlendern. Der Tag klingt bei einem Essen im **Don Cento** aus.

... zwei Tagen

Mit etwas mehr Zeit lohnt sich ein Ausflug zum **Nationalpark Kurische Nehrung** und vielleicht auch in die Seebäder **Swetlagorsk** und **Jantarny** – mehr zu diesen Orten steht im Lonely Planet Band *Russland*. In Kaliningrad selbst sollte noch ein Besuch der künstlerisch angehauchten Café-Bar **Kwartira** drin sein.

La Plas Café RUSSISCH, INTERNATIONAL €
(pl Pobedy 1; Hauptgericht 300–400 R; ⏲0–24 Uhr) Das leckere Essen sieht tatsächlich genauso gut aus wie auf der bebilderten Speisekarte. Das Café hat rund um die Uhr geöffnet und lässt keine Wünsche offen, egal ob Snack oder komplette Mahlzeit. Nebenbei können die Gäste durch die großen Fenster das Treiben auf dem Ploschtschad Pobedy betrachten.

Croissant Café BÄCKEREI, CAFÉ €
(pr Lenina 63; Hauptgericht 100–300 R; ⏲8–23 Uhr;) Ein schickes Paradies für Backwaren mit mittlerweile mehreren Filialen, z. B. in der Uliza Mira 23, der Uliza Proletarskaja 79 und im Evropa-Einkaufszentrum. Gäste haben die Qual der Wahl: Blätterteiggebäck, Quiches, Muffins, Plätzchen oder Kuchen? Auch Frühstück mit Omelettes und Blini steht auf der Karte. Von 12–16 Uhr gibt's für 190 R ein Mittagsgericht.

PREISKATEGORIEN ESSEN

Für dieses Kapitel gilt die folgende Einteilung (jeweils für das günstigste Hauptgericht):

- » **€** unter 500 R
- » **€€** 500–1000 R
- » **€€€** über 1000 R

NICHT VERSÄUMEN

KWARTIRA

200 m südlich vom Croissant Café liegt die **Kvartira** (☎216 736; ul Serschanta Koloskowa 13; 📶) im Erdgeschoss eines Wohnhauses. Das Lokal passt in keine Schublade, ist aber ohne Frage einer der angesagtesten Läden von Kaliningrad. Die faszinierende Auswahl an Büchern zur Popkultur, an CDs, Schallplatten und DVDs, die dort die Wandregale bevölkern, sind zu kaufen (wie alles hier, auch die schicken Möbel). In der Kwartira (russisch für „Wohnung") gibt's Getränke und Kleinigkeiten zu essen, aber keine Speisekarte. Mehrmals die Woche laufen kostenlos Filme, an den anderen Abenden steigt vielleicht eine Party oder ein Kunstevent. Egal was gerade läuft, eins ist sicher: hier kommt jeder mit den Einheimischen ins Gespräch. Die Öffnungszeiten sind völlig willkürlich, also besser vorher anrufen.

Don Cento PIZZA €
(Sowjetski pr 9–11; Hauptgericht 200–300 R) Bloß keine Hemmungen an der Salatbar! Es gibt aber auch Pizza in diesem schicken Lokal mit mehreren Ablegern in der Stadt.

Selbstverpfleger bekommen alles im quirligen **Zentralmarkt** (ul Tschernjachowskowo; ⌚8–18 Uhr) oder im Supermarkt **Wiktorija** (Kaliningrad Plaza, Leninski pr 30; ⌚10–22 Uhr), der auch gegenüber dem Südbahnhof und in der Nähe des Fischdorfs Filialen hat.

Ausgehen

In den folgenden Lokalen gibt's auch etwas zu essen; sie sind oft eine gute Alternative zu den oben besprochenen Restaurants und Cafés.

Unzija TEEHAUS €€
(ul Schitomirskaja 22) In diesem eleganten, altmodischen Teeladen werden alle möglichen Teesorten kredenzt: schwarz, grün, weiß, parfümiert und Kräutertees. Dazu gibt's leckere Snacks, z. B. Quiches, Salate und Torten.

Kmel KNEIPE €€
(Clover Citycenter, pl Pobedy 10; Hauptgericht 350–500 R; ⌚10–14 Uhr) In dieser ansprechenden mehrstöckigen Gastrokneipe mit Blick auf den Ploschtschad Pobedy werden vier Biersorten gebraut. Auf der Karte stehen interessante russische und sibirische Gerichte, teils mit ungewöhnlichen Zutaten wie Rentier oder Omul (einem Fisch aus dem Baikalsee).

Bar Werf CAFÉ-BAR €
(Fischdorf, ul Oktyabrskaya 4A; ⌚11–24 Uhr; 📶) In dieser relaxten Weinbar herrscht eine angenehme Atmosphäre. Von der Terrasse aus sieht man den Dom, drinnen werden Filme gezeigt. Wer will, bekommt Buntstifte und Papier zum Kritzeln.

Kapuzin CAFÉ €
(ul Kirowa 3/5; ⌚Mo–Sa 9–22, So 10–17 Uhr) Hier sieht's aus wie in der Bude eines Kunststudenten: lauter Bücher, Landkarten und sonstiger Krimskrams (manches davon ist käuflich). Zu trinken gibt's in diesem entspannten Lokal frisch gebrühten Kaffee, zu essen Nudel- und Reisgerichte im Bausatz – einfach Sauce und sonstige Zutaten auswählen, fertig. Ein Teller kostet etwa 150 R.

☆ Unterhaltung

Im Dom finden manchmal klassische Konzerte statt. Namhafte DJs aus Russland und Westeuropa fliegen nach Kaliningrad, um dort aufzulegen. Die Clubs der Stadt machen gegen 21 Uhr auf, kommen aber meist erst weit nach Mitternacht in Fahrt.

Reporter LIVEMUSIK
(☎571 601; www.reporter-club.ru; ul Oserowa 18; ⌚11–1 Uhr) Fast jeden Abend um 21 Uhr gibt's in diesem coolen, fabrikartigen Club Livemusik in allen möglichen Facetten: von spanischen Klängen über Jazz bis hin zu Afrobeat. Hin und wieder laufen auch Filme und es wird Essen serviert, das Mittagsmenü kostet 130 R.

Philharmonie KLASSIK
(☎643 451; www.kenigfil.ru; ul Bogdana Chmelnizkowo 61a) Die schön restaurierte neugotische Kirche hat eine prima Akustik. Orgelkonzerte, Kammermusik und hin und wieder eine Symphonie stehen auf dem Programm.

Universal CLUB
(☎952 996; pr Mira 43) So viel Klasse hat kein anderer Club in Kaliningrad. Das Scala-Kino ist ebenfalls hier untergebracht.

Wagonka CLUB
(☎956 677; www.vagonka.net; Stanotschnaja ul 12) Die Palette reicht von Livemu-

sik über Mottopartys bis zu Top-DJs und entsprechend bunt ist das Publikum.

ℹ Praktische Informationen

Baltma Tours (☎931 931; www.baltma.ru; pr Mira 94, 4. OG) Die mehrsprachigen Mitarbeiter arrangieren Visa, Unterkünfte, maßgeschneiderte Stadtrundfahrten und Ausflüge in die Umgebung.

Krankenhaus Notaufnahme (☎534 556; ul A. Newskowo 90; ⌚0–24 Uhr)

Koroljewski Samok (☎350 782; www.kaliningradinfo.ru; Hotel Kaliningrad, Leninski pr 81; ⌚Mo–Fr 8–20; Sa 9–16 Uhr) Die Touristeninformation „Königsschloss" bietet Internetzugang und organisiert Ausflüge, z. B. zur Kurischen Nehrung.

Königsberg (www.konigsberg.ru) Das Internetreisebüro arrangiert auch Visa und Hotelzimmer.

Post (ul Tschernjachowskowo 32; 50 R/Std.; ⌚Postamt Mo–Fr 10–14 & 15–19 Uhr, Sa 10–14 & 15–18 Uhr, Internetraum Mo–Sa 10–14 & 15–22 Uhr) Internetzugang und Postdienste.

Regionales Touristeninformationszentrum (☎555 200; www.visit-kaliningrad.ru; pr Mira 4; ⌚Juni–Sept. Mo–Fr 9–20, Sa 11–18 Uhr, Okt.–Mai Mo–Fr 9–18, Sa 11–16 Uhr) Die hilfsbereiten Mitarbeiter sprechen Englisch und haben jede Menge Informationen über die Region auf Lager.

Telekom (ul Teatralnaja 13; Internet 50 R/Std.; ⌚9–19 Uhr) Ferngespräche, Fax und Internetzugang.

KALININGRAD VERSTEHEN

Kaliningrad aktuell

Wie Russland insgesamt hatte auch Kaliningrad Anfang der 1990er-Jahre mit extremen wirtschaftlichen Problemen zu kämpfen. Zwei Ereignisse haben den Umschwung gebracht: Vor der Küste wurde Öl gefunden und die Region Kaliningrad wurde zur Sonderwirtschaftszone erklärt. Die Stadt ist einer der Austragungsorte bei der Fußball-WM 2018. Die Region gehört zu den wenigen in Russland, die Spielcasinos eröffnen dürfen. Momentan ist eines nahe Jantarny geplant.

Geschichte

Das 1255 gegründete Königsberg wurde 1340 Mitglied des Hansebundes und war von 1457 bis 1618 Sitz der Hochmeister des Deutschen Ordens und deren Nachfolger, der Herzoge von Preußen. Friedrich I., der erste Preußenkönig, ließ sich 1701 im Stadtschloss krönen. Die beiden folgenden Jahrhunderte waren die Blütezeit der Stadt, die Größen wie den Philosophen Immanuel Kant hervorbrachte.

Die britischen Luftschläge im August 1944 und der Angriff der Roten Armee (6.–9. April 1945) machten das Stadtzentrum dem Erdboden gleich. Am 4. Juli 1946 bekam die Stadt den neuen Namen Kaliningrad verpasst, anschließend wurde sie als sowjetische Betonwüste wieder aufgebaut, wobei Parks, Teiche, Kanäle und die Lage am Frischen Haff das Schlimmste verhinderten.

Was vom Schloss übrig war, wurde abgetragen, und an seiner Stelle in den 1960er-Jahren das ausnehmend hässliche Dom Sowjetow (Haus der Räte) errichtet. Noch während der Bauzeit stellte man fest, dass der Boden unter dem Schandfleck hohl war und ein (inzwischen gefluteter) unterirdischer Gang auf vier Ebenen zum Königsberger Dom führte. Heute zerfällt das halb fertiggestellte Gebäude, das nie in Betrieb genommen wurde.

ALLGEMEINE INFORMATIONEN

An- & Weiterreise

Flugzeug

Der **Flughafen Chrabrowo** (☎610 358; http://kgd-airport.org/en) liegt 24 km nördlich der Stadt. Täglich fliegen Maschinen nach Rīga, Moskau und St. Petersburg; weitere Verbindungen siehe Website.

Bus

Am **Südlichen Busbahnhof** (ul Schelesnodoroschnaja 7) fahren vor allem Regionalbusse los, aber auch Busse von **Ecolines** (☎656 501; www.ecolines.ru) nach Warschau und Deutschland. Die Busse von **König Avto** (☎999 199; www.kenigavto.ru) fahren vom **internationalen Busbahnhof** (Moskowski pr 184) in die baltischen Staaten.

Zug

Alle Fern- und die meisten Regionalzüge starten am **Juschny Woksal** (Südbahnhof; pl Kalinina), manche (aber nicht alle) halten auch am **Sewerny Woksal** (Nordbahnhof; pl Pobedy).

Fernzüge fahren u. a. nach Moskau, St. Petersburg und Minsk, Regionalbahnen nach Swetlogorsk und Selenogradsk.

Unterwegs vor Ort

Mit Straßenbahnen (10 R), Obussen (10 R), Bussen (12 R) und Minibussen (12–17 R) kommt man fast überall hin.

Zum Flughafen fährt die Buslinie 144, die am Busbahnhof startet (30 R, 30 Min.). Taxis von **Taxi Kaliningrad** (☎585 858; www.taxi-kaliningrad.ru) verlangen 450 R zum Flughafen.

Autos vermietet **City-Rent** (☎509 191; http://city-rent39.com; Moskowski pr 182a; ab 26 €/Tag), auch am Flughafen gibt's eine Filiale.

Praktische Informationen

ALLGEMEINE INFORMATIONEN . . . 416
Arbeiten im Baltikum 416
Botschaften & Konsulalte 416
Ermäßigungen 416
Frauen unterwegs 417
Freiwilligenarbeit 417
Geld 417
Gesundheit 418
Internetzugang 418
Karten & Stadtpläne 418
Klima 418
Öffnungszeiten 418
Post 419
Rechtsfragen 416
Reisen mit Behinderung 419
Schwule & Lesben 419
Strom 420
Telefon 420
Toiletten 420
Touristeninformation 420
Unterkunft 421
Versicherungen 422
Visa 423
Zeit 423
Zollbestimmungen 423

VERKEHRSMITTEL & -WEGE 424
AN- & WEITERREISE 424
Einreise 424
Auf dem Landweg 424
Mit dem Flugzeug 427
Mit Reiseveranstaltern 427
Übers Meer 427
UNTERWEGS VOR ORT 429
Auto & Motorrad 429
Bus 430
Fahrrad 431
Flugzeug 431
Nahverkehr 431
Organisierte Touren 432
Schiff 432
Trampen 432
Zug 432

SPRACHE 434
GLOSSAR 440

Allgemeine Informationen

Dieses Kapitel enthält die wichtigsten Infos für Reisen ins Baltikum. Länderspezifisches zu den einzelnen Staaten ist in den allgemeinen Informationen zu Estland (S. 177), Lettland (S. 285) und Litauen (S. 399) zu finden.

Arbeiten im Baltikum

Die baltischen Staaten haben genug damit zu kämpfen, den Einheimischen einen Job zu verschaffen. Für Besucher bleibt somit wenig übrig. Die meisten Westeuropäer, die hier arbeiten, tun dies im Dienste ihrer heimatlichen Arbeitgeber. Allerdings ist noch immer viel im Umbruch und wer eine Weile bleiben möchte, findet vielleicht eine Nische. Reich wird man davon allerdings wohl kaum. Gefragt ist sicherlich die englische Sprache, sodass Englisch sprechende Leute sich ihren Aufenthalt (oder einen Teil davon) mit Sprachunterricht in einer der größeren Städte verdienen können. Solche und andere Angebote finden sich auf www.goabroad.com.

Botschaften & Konsulate

Estland, Lettland und Litauen haben Vertretungen in Berlin und Wien. Umgekehrt sind Deutschland und Österreich mit Botschaften in allen drei baltischen Hauptstädten vertreten; die Schweizer Botschaft in Rīga ist auch für Estland und Litauen zuständig. Details s. Estland (S. 177), Lettland (S. 285) und Litauen (S. 399).

Eine Botschaft kann ihren Staatsbürger nicht aus jedem Schlamassel heraushelfen. Die Gesetze des Gastlandes gelten auch für Besucher und für Verstöße haben Botschaften meist auch dann kein Verständnis, wenn dieselbe Tat zu Hause legal ist.

Ermäßigungen

Jugendherbergsausweise

Mit einem Ausweis des Internationalen Jugendherbergsverbands (Hostelling International) gibt's bis zu 20 % Ermäßigung in dessen Jugendherbergen (viele Hostels im Baltikum sind allerdings unabhängig). Die Ausweise gibt's direkt bei den Jugendherbergen oder schon vor der Reise bei den nationalen **Jugendherbergsverbänden** (YHA; www.iyhf.org, auch auf Deutsch; Deutschland: DJH, www.jugendherberge.de, Österreich: ÖJHV, www.oejhv.or.at; Schweiz: www.youthhostel.ch).

Seniorenkarten

Älteren Menschen stehen oft gewisse Vergünstigungen zu, z. B. beim Eintritt in Museen oder bei Konzerten und Theateraufführungen. Nachfragen lohnt sich. Viele Fähren und Fernbusse bieten einen Seniorentarif an (rund 10 % billiger). Wer in den Genuss dieser Ermäßigungen kommen möchte, sollte seinen Ausweis einstecken.

Städtische Ermäßigungskarten

Tallinn (S. 79) und Rīga (S. 205) bieten ihren Gästen spezielle Touristenkarten an. Details stehen in den jeweiligen Ortskapiteln.

Studentenausweise & Youth Cards

Überall im Baltikum winken mit einem Studentenausweis Ermäßigungen. Der geläufigste Ausweis ist die **International Student Identity Card** (ISIC; www.isic.org), der an Schüler und Studenten ab zwölf Jahren ausgegeben wird. Ermäßigungen gibt's auf Übernachtungen, Bahn- und Bustickets sowie bei Eintrittspreisen zu verschiedenen Attraktionen. Der Ausweis ist bei Studentenvertretungen, Jugendherbergsverbänden und in einigen Reisebüros erhältlich. Details hat die Website der **International Student Travel Confederation** (ISTC; www.istc.org).

Für alle bis 26, die keine Vollzeitstudenten sind, gibt die ISTC die **International Youth Travel Card** (IYTC bzw. Go25) aus, die ähnliche Ermäßigungen wie die ISIC bietet. Ebenfalls eine Erfindung der ISTC ist die **International Teacher Identity Card** (ITIC) für Lehrer.

Frauen unterwegs

Die Balten haben zum Teil noch recht traditionelle Vorstellungen über die Rollen der Geschlechter, andererseits sind sie ziemlich zurückhaltend und werden nur selten aufdringlich. Für Frauen ist die Gefahr im Baltikum zwar gering, von Männern belästigt zu werden, trotzdem sollten sie nicht unbedingt allein in die heruntergekommensten Bars und Bierkeller gehen. Viele Frauen reisen solo in Nachtbussen und -zügen. Dann sollten vorsichtshalber die Eisenbahnabteile verriegelt werden.

Freiwilligenarbeit

Estland hat einen eigenen WWOOF-Verband (World Wide Opportunities on Organic Farms; S. 146), der Freiwillige gegen Kost und Logis an ökologische Bauernhöfe vermittelt. Der litauische Ableger wird gerade aufgezogen (www.wwoof.lt), während es in Lettland bislang nur ein paar Höfe auf die Liste von WWOOF Independents (www.wwoofindependents.org) geschafft haben. Hin und wieder stehen Kleinanzeigen für Englisch sprechende freiwillige Helfer in der *Baltic Times* (www.baltictimes.com).

Geld

Geldautomaten

In allen größeren Städten kommt man mit Cirrus, Visa und MasterCard rund um die Uhr zu Bargeld. Die meisten Automaten sind mehrsprachig.

Geldwechsel

Wer Geld wechseln muss, findet in jeder Stadt Banken, Wechselstuben und Wechselkioske. Letztere sind an allen möglichen Orten aufgestellt, vor allem an Bahnhöfen, Busbahnhöfen und Flughäfen. Die Kurse schwanken von Anbieter zu Anbieter stark. Die Geschäftszeiten entsprechen meist den normalen Ladenöffnungszeiten.

Kreditkarten

Viele Hotels, Restaurants und Läden nehmen Kreditkarten, vor allem im gehobenen Preissegment. Am geläufigsten sind Visa und MasterCard, aber auch Diners Club und Amex werden immer häufiger akzeptiert. Bei Autovermietern geht ohne Kreditkarte nichts. Am Automaten gibt's mit Visa oder MasterCard unkompliziert Bargeld.

Reiseschecks

Durch die explosionsartige Zunahme von Geldautomaten gehören Reiseschecks zu den aussterbenden Arten. Die Banken in den größeren Städten lösen sie zwar noch ein, schlagen aber meist eine saftige Provision drauf.

Trinkgeld & Feilschen

Die Restaurantrechnung um 5 bis 10 % aufzurunden, ist ziemlich verbreitet, aber keine Pflicht. Feilschen ist auf Flohmärkten möglich, aber nicht an der Tagesordnung und es lassen sich höchstens 10 bis 20 % raushandeln.

Gesundheit

Das Baltikum birgt zwar insgesamt keine besonderen Gesundheitsrisiken, aber außerhalb der Hauptstädte entsprechen nicht alle medizinischen Einrichtungen westlichem Standard. So ziemlich alle Apotheken in den größeren Städten führen auch Importware. Die Privatkliniken in den Hauptstädten sind auf westeuropäischem Niveau und das Personal spricht Englisch, allerdings ist die Versorgung dort oft teuer. Im Notfall ist das eigene Hotel die erste Anlaufstelle; in einigen größeren Häusern gibt es sogar einen diensthabenden Arzt. Die Notfallversorgung ist in allen drei baltischen Staaten kostenlos.

EU-Bürger sollten die Europäische Krankenversicherungskarte (EHIC) einstecken. Sie ist bei den gesetzlichen Krankenversicherungen erhältlich und deckt in etwa die Leistungen ab, die im Notfall auch zu Hause von den Krankenkassen übernommen werden. Ein eventuell nötiger Rücktransport ins Heimatland gehört allerdings nicht dazu. Vor Reiseantritt erkundigen.

Insektenbisse & -stiche

Das Baltikum ist FSME-Gebiet. Diese Form der Hirnhautentzündung wird von Zecken übertragen. Wer viel Zeit in Wäldern verbringen will (das gilt auch für die Küste mit den vielen Tannenwäldern), sollte sich impfen lassen. Zwei Impfungen schützen ein Jahr, drei Dosen bis zu drei Jahren. Nach dem Aufenthalt in einem zeckengefährdeten Gebiet sollte man seinen Körper immer gründlich absuchen. An der litauischen Küste weisen Schilder Wanderer und Badegäste auf besonders befallene Bereiche hin. Wer sich eine Zecke eingefangen hat, umfasst deren Kopf mit einer Pinzette und zieht sie vorsichtig heraus. Nie am Rumpf ziehen, da sonst Sekrete aus dem Inneren des Tiers in die Haut gedrückt werden können und so die Infektionsgefahr noch steigt.

Mücken sind eine wahre Plage in der Region. Ihre Stiche können zu Hautreizungen und Infektionen führen. Am besten hilft ein Mückenmittel auf DEET-Basis.

Wasser

Einige offizielle Reiseratgeber empfehlen, baltisches

Leitungswasser zu meiden und nur abgekochtes Wasser oder Mineralwasser aus der Flasche zu trinken. Die Menschen vor Ort bestehen allerdings darauf, dass ihr Leitungswasser absolut sicher ist (wenn auch nicht besonders schmackhaft). Auf keinen Fall das Wasser aus Bächen, Flüssen und Seen trinken. Es ist manchmal mit Bakterien und Viren verseucht, die Durchfall und Erbrechen verursachen.

Internetzugang

Das Internet hat sich im Baltikum mit atemberaubender Geschwindigkeit ausgebreitet und Westeuropa damit überflügelt. Drahtlose Technik, bezahlbare Laptops und günstige Smartphones haben dazu geführt, dass immer mehr Balten das Internet nutzen. Für Besucher heißt das: weniger Internetcafés und mehr Hotspots – vor allem Estland ist praktisch flächendeckend mit WLAN überzogen. Die meisten größeren Städte haben noch ein, zwei Internetcafés, aber auf dem Land: Fehlanzeige. Die größten Chancen, dort online zu gehen, gibt es noch bei den Touristeninformationen und in Bibliotheken.

So gut wie alle Spitzenhotels, immer mehr Häuser im mittleren Preissegment und sogar eine Reihe von Billigunterkünften werben mit Internet auf den Zimmern. Das kann jedoch alles Mögliche heißen. Manchmal gibt es nur eine Telefonbuchse oder ein Kabel, oft aber bedeutet es WLAN auf dem Zimmer (in vielen Fällen kostenlos). In einigen wenigen Häusern können die Gäste Laptops mieten oder es steht sogar ein Rechner im Zimmer. Gästecomputer in der Lobby sind verbreitet.

Listen mit Hotspots in den einzelnen Ländern stehen auf den folgenden Seiten:

Estland www.wifi.ee
Lettland http://wifi.inbox.lv
Litauen www.wifi.lt

Karten & Stadtpläne

Auch außerhalb des Baltikums gibt es überall anständige Karten der Region zu kaufen; vor Ort bekommt man gute Stadtpläne. Für die Planung ist eine Übersichtskarte nützlich: *Estonia, Latvia, Lithuania* (Cartographia; www.cartographia.hu) zeigt die drei Staaten im Maßstab 1:700 000; ähnliche Karten gibt's von vielen anderen Verlagen. *Baltic States* von Insight Travel Maps im Maßstab 1:800 000 enthält auch Stadtpläne von Tallinn und Rīga.

Gute Karten vor Ort sind z. B. *Eesti Latvija Lietuva* (1:700 000) von Briedis (www.briedis.eu) in Vilnius. Ebenfalls zu empfehlen ist die Karte *Baltimaad* (Baltische Staaten, 1:800 000) des estnischen Verlags EO Map (www.eomap.ee), die es in vielen Buchläden des Landes gibt.

Der lettische Marktführer ist Jāņa sēta (www.kartes.lv) mit *Baltic Countries & Kaliningrad Region* (1:500 000). Der 152-seitige spiralgebundene Straßenatlas im Taschenbuchformat enthält außerdem 72 Stadtpläne. Die Straßenkarte *Baltic Countries* (1:700 000) vom selben Verlag ist genauso gut.

Eine brauchbare Onlineadresse ist www.maps.com. Näheres zu Estland S. 178, zu Lettland S. 286 und zu Litauen S. 401.

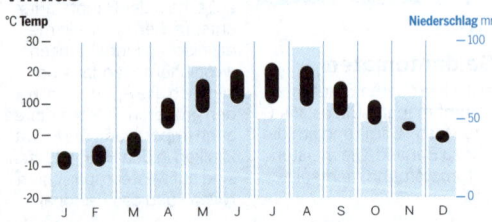

Klima

Rīga

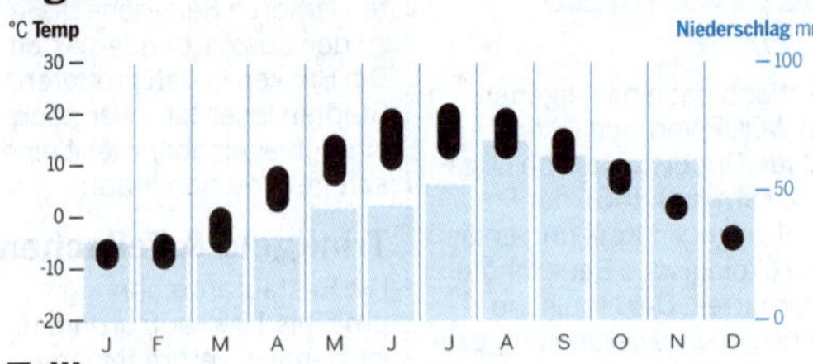

Tallinn

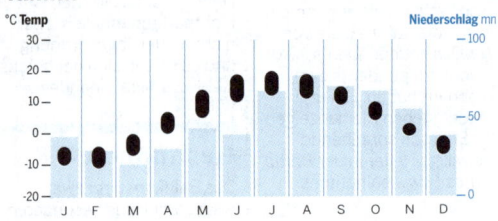

°C Temp
Niederschlag mm
30 – 20 – 10 – 0 – -10 – -20
100 – 50 – 0
J F M A M J J A S O N D

Vilnius

°C Temp
Niederschlag mm
30 – 20 – 100 – 0 – -10 – -20
100 – 50 – 0
J F M A M J J A S O N D

Öffnungszeiten

In diesem Buch sind die Öffnungszeiten von Geschäften nur dann angegeben, wenn sie stark von den folgenden Standardzeiten abweichen:

Banken Mo–Fr 9 bis 16 oder 17 Uhr.

Bars So–Do 11 oder 12 bis 24 Uhr, Fr & Sa bis 2 oder 3 Uhr.

Cafés tgl. 8 oder 9 bis 22 oder 23 Uhr.

Clubs Do–Sa 22 bis 4 oder 5 Uhr. In Lettland mittwochs bis samstags ab 23 Uhr bis gegen 6 Uhr; in den wärmeren Monaten ist oft auch sonntags bis dienstags geöffnet.

Läden Mo–Fr 10 bis 18 oder 19, Sa 10 bis 15 oder 16 Uhr.

Post Mo–Fr 8 bis 18 oder 19, Sa 8 oder 9 bis 14 oder 15 Uhr.

Restaurants tgl. 12 bis 23 oder 24 Uhr.

Supermärkte tgl. 8 bis 21 oder 22 Uhr

Post

Briefe und Ansichtskarten aus dem Baltikum brauchen zwei bis vier Tage nach Mitteleuropa. Hin und wieder kann es wie überall sonst passieren, dass mal eine Sendung für ein paar Wochen verschwunden ist, aber normalerweise kommt alles an.

Briefmarken gibt's bei der Post (Estnisch: *postkontor;* Lettisch: *pasts;* Litauisch: *paštas*), in Estland auch in anderen Läden.

Weitere Informationen (z. B. zum Porto) stehen auf den Internetseiten der Postunternehmen:

Eesti Post (www.post.ee) Estland.

Latvijas Pasts (www.pasts.lv/en/) Lettland.

Lietuvos Paštas (www.post.lt) Litauen.

Internationale Kurierdienste haben Niederlassungen in den Hauptstädten, sind aber teuer.

Adressen sind wie in Mitteleuropa aufgebaut:

Kazimiera Jones
Veidenbauma iela 35-17
LV-5432 Ventspils
Lettland

Die Angabe 35-17 bedeutet: Hausnummer 35, Wohnung 17. Estnische und litauische Postleitzahlen sind fünfstellig, lettische vierstellig. Vor der Postleitzahl steht EE (ohne Bindestrich) für Estland, LV- (mit Bindestrich) für Lettland und (nicht verpflichtend) LT für Litauen.

Wer unterwegs Sendungen empfangen möchte, kann sie sich postlagernd an die Hauptpostämter von Tallinn und Vilnius oder ans Postamt neben dem Hauptbahnhof von Rīga schicken lassen. Die Post wird dort jeweils ein Monat lang aufbewahrt. Als Adresse kommt dabei Folgendes hinter den Namen des Empfängers:

Estland Postlagernd/Poste Restante, Narva maantee 1, EE10101 Tallinn, Eesti

Lettland Postlagernd/Poste Restante, Rīga, LV-1050, Latvija

Litauen Postlagernd/Poste Restante, Vilnius ACP, Gedimino prospektas 7, LT-01001 Vilnius, Lietuvos Respublika

Rechtsfragen

Wer im Baltikum verhaftet wird, hat dieselben Rechte wie überall in Europa. Dazu gehört, dass man den Grund der Verhaftung erfährt, bevor es ab auf die Polizeiwache geht, dass man ein Familienmitglied über sein Missgeschick informieren kann (spätestens auf der Wache) und dass man beim Verhör Anspruch auf einen Anwalt hat. Ohne richterlichen Beschluss darf niemand länger als 72 Stunden festgehalten werden.

Wer in den Stadtparks von Rīga die öffentlichen Fußwege verlässt und den schön gemähten Rasen betritt, riskiert ein Bußgeld. In Vilnius darf zwar jeder auf dem Rasen sitzen, liegen und sich sonnen, aber auf keinen Fall schlafen. Berittene Polizisten kontrollieren, ob auch wirklich alle Augen offen sind.

In allen drei Staaten ist das Rauchen in Restaurants, Bars, Nachtclubs und Cafés verboten. Ausnahme: abgetrennte, zu belüftende Raucherzimmer und Freiflächen.

Verkehrsregeln s. S. 429.

Reisen mit Behinderung

Kopfsteinpflaster, heruntergekommene Bürgersteige und Altbauten (oft ohne Aufzug) machen das Reisen im Baltikum für Rollstuhlfahrer zu einer echten Herausforderung. Andererseits haben viele Hotels in den Städten barrierefreie Zimmer. Erste Anlaufstelle für entsprechende Infos sind die Touristeninformationen in den Hauptstädten. An ein paar Stränden in Nida und Palanga im Westen Litauens gibt es Rollstuhlrampen zum Sand.

Gute Internetadressen:

Able Travel (www.able-travel.com) Hat Infos zu Estland, leider aber nichts zu Lettland und Litauen.

Apeirons (☎6729 9277; www.apeirons.lv) Diese Organisation für Menschen mit Behinderung und deren Freunde ist eine gute Adresse in Lettland.

Liikumisvabadus („Bewegungsfreiheit"; http://liikumisvabadus.invainfo.ee) Dieses geniale Portal bietet Menschen mit Mobilitätseinschränkungen detaillierte Informationen (auf Englisch) zur Barrierefreiheit in Estland, sortiert nach Region, Stadt und Sehenswürdigkeit.

Schwule und Lesben

Nach der Unabhängigkeit wurden gleichgeschlechtliche Handlungen in allen drei baltischen Staaten legalisiert und heute gilt für Schwule, Lesben und Heteros jeweils dasselbe Mindestalter beim Sex (14 in Estland, 16 in Lettland und Litauen).

Und doch ist nicht alles eitel Sonnenschein. Das säkulare Estland ist noch am tolerantesten (s. S. 178), im katholisch geprägten Litauen wird Schwulen und Lesben das Leben bedeutend schwerer gemacht und in Lettland dürfte die Lage noch schlimmer sein. Sich zu outen, kommt kaum infrage; schon kleine Zärtlichkeiten in der Öffentlichkeit können üble Reaktionen auslösen. Der schwul-lesbische Verband ILGA Europe hat auf seiner *Rainbow Europe Map* von 2011 den rechtlichen Status von Schwulen, Lesben, Bisexuellen und Transgendern dargestellt. Wenn der Wert 17 die völlige rechtliche Gleichstellung bedeutet, kommt Estland auf 2, Litauen auf 1 und Lettland auf 0 (immerhin noch besser als Russland mit -2 und die Ukraine mit -4).

Nur in Tallinn, Rīga und Vilnius gibt's eine kleine Schwulenszene, ansonsten tut sich fast nichts. 2011 ging Baltic Pride, der alljährliche baltische CSD, in Tallinn erfolgreich und reibungslos über die Bühne, was von den Jahren davor nicht behauptet werden kann, als die Veranstaltung in den beiden anderen Hauptstädten lief. Da man sich aber nicht ins Bockshorn jagen lassen will, ist 2012 wieder Rīga und 2013 Vilnius dran.

Wer zum Verdauen dieser Informationen einen Drink braucht, findet schwule und lesbische Adressen im Abschnitt Ausgehen der Kapitel für Tallinn (S. 75), Rīga (S. 222) und Vilnius (S. 317).

Websites

Estnisches LGBT-Portal (www.gay.ee)

ILGA Europe (www.ilga-europe.org) Ausgezeichnete Infos für Schwule und Lesben für alle Staaten Europas.

Lettisches LGBT-Portal (www.gay.lv)

Litauisches LGBT-Portal (www.gay.lt)

Strom

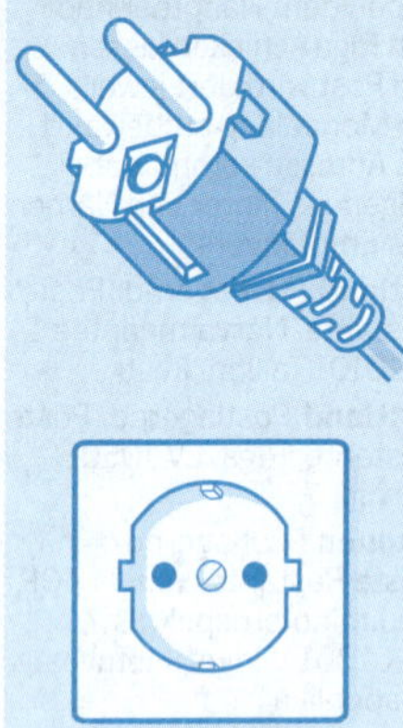

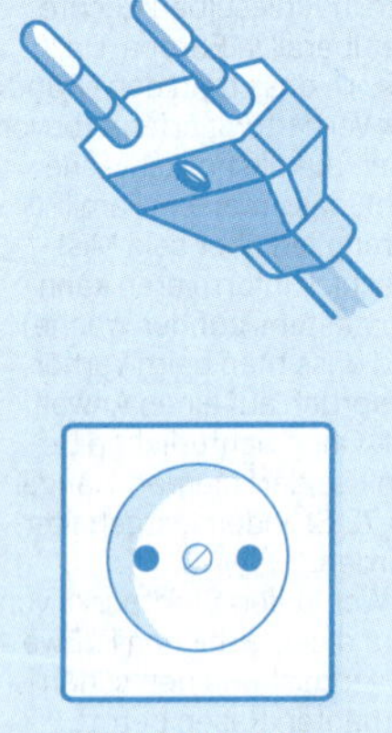

Telefon

Vorwahlen gibt es in Estland und Lettland nicht mehr. Wer also aus dem Ausland dort anruft, wählt nach der Ländervorwahl gleich die Anschlussnummer. In Litauen ist es etwas komplizierter. Infos und alles Wissenswerte zum Telefonieren in den einzelnen Staaten steht im Abschnitt Telefon der jeweiligen Kapitel Estland (S. 178), Lettland (S. 286) und Litauen (S. 401). Handys sind überall Trumpf. Mobiltelefone funktionieren im Baltikum mit dem in Europa üblichen GSM 900/1800-System. Die Handys werden vor Ort mit einer der günstigen SIM-Karten bestückt, die in allen drei Ländern von verschiedenen Providern angeboten werden. Alles Nähere auch hierzu in den jeweiligen Länderkapiteln.

Toiletten

Die öffentlichen Toiletten im Baltikum haben eine erstaunliche Wandlung durchgemacht: Waren es früher stinkende, dunkle Löcher mit einem siffigen Eimer in der Ecke, so gibt es dort heute meist saubere, moderne Anlagen mit funktionierender Spülung. Natürlich laden die öffentlichen Bedürfnisanstalten auf Bahnhöfen und Busbahnhöfen nicht unbedingt zum Verweilen ein – aber sie sind kein Vergleich zu denen von vor 15 Jahren! Auch wenn öffentliche Toiletten leicht zu finden sind, regt sich das Personal in den größeren Hotels nicht allzu sehr auf, wenn ein Fremder dort aufs Klo geht. Ansonsten bleibt natürlich noch die allseits beliebte Alternative, den nächsten McDonald's aufzusuchen.

Touristeninformation

Die meisten Städte und Seebäder haben eine gut funktionierende Touristeninformation. Unterkunftslisten und Infobroschüren sind oft auch auf Englisch vorhanden – und ein Lächeln gibt's meist gratis dazu. Die Touristeninformationen unterstehen dem jeweiligen Dachverband des Landes. Details hierzu sind in den Länderkapiteln zu finden (Estland: S. 178; Lettland: S. 286; Litauen: S. 401).

HÜTTE ZU MIETEN

Das estnische Unternehmen **Baltcott** (www.baltcott.com) hat Dutzende von Hütten und Ferienwohnungen in ganz Estland (☎648 5788) und Lettland (☎6756 9435) im Programm. Soll's eine Blockhütte im Nationalpark Lahemaa sein oder ein Gehöft auf Saaremaa? Eine Ferienwohnung am Strand von Pärnu oder Jūrmala? Eine Stadtwohnung in Tallinn oder Rīga? Einfach die Website durchkämmen.

Unterkunft

Das triste Einerlei der Sowjetzeit in Sachen Unterkunft ist im Baltikum inzwischen weitgehend passé. Zwar findet sich vor allem in Lettland noch das eine oder andere Betonmoster aus dem Kalten Krieg, doch viele von ihnen sind renoviert und Alternativen gibt's auch genügend. In den Hauptstädten ist die Auswahl tendenziell am größten – von Hostels bis zu internationalen Hotelketten –, allerdings ist es dort an Sommerwochenenden oft schwierig, ein Bett zu finden.

Die Reihenfolge der Unterkünfte in diesem Buch spiegelt die Einschätzung der Autoren wider: Die empfehlenswertesten Häuser stehen in der jeweiligen Ortsrubrik (bzw. unter dem entsprechenden Stadtviertel) als Erstes. Neben dem Namen zeigt die Angabe € (Budget), €€ (Mittelklasse) und €€€ (Spitzenklasse) an, zu welcher Preiskategorie das Haus gehört. Die Preisspannen unterscheiden sich etwas zwischen den einzelnen Ländern (Estland ist insgesamt am teuersten); Details hierzu finden sich in den jeweiligen Länderkapiteln. Allgemein lässt sich sagen, dass Hostels, Campingplätze und billigere Pensionen in die günstigste Kategorie fallen, der Großteil der Pensionen zählt zusammen mit den günstigeren Hotels zur Mittelklasse, während man für Nobelschuppen und Boutiquehotels entsprechend tief in die Tasche greifen muss.

Die Hauptsaison für Touristen läuft von Juni bis August (Skigebiete haben eine zweite Hauptsaison im Winter). Wer in dieser Zeit kommt, sollte weit im Voraus buchen. In Tallinn, Vilnius und Rīga ist das ebenso unerlässlich wie in den beliebten Sommerfrischen überall an der Küste und auf den estnischen Inseln.

Die Preise in diesem Reiseführer gelten für die Hauptsaison. Von Oktober bis April (in geringerem Umfang auch im September und Mai) fallen die Zimmerpreise meist um etwa 30 %. Wer gut im Verhandeln ist, kann auch noch deutlich höhere Nachlässe rausschlagen. Wichtig zu wissen: Wo es vor allem Wochenendausflügler hinzieht (z. B. in Tallinn und in den angesagten Orten an der Küste), ist es am Freitag und Samstag teurer als unter der Woche.

EIN DRINGENDES BEDÜRFNIS

Um auch im dringendsten Notfall schnell die richtige Tür zu finden, sollte man sich rechtzeitig mit den verwirrenden Bezeichnungen der baltischen Toiletten vertraut machen. Ein „M" bezeichnet die Herrentoilette in Estland, in Lettland und Litauen steht dafür ein „V". Damentoiletten sind in Estland mit „N" gekennzeichnet, in Lettland mit „S" und in Litauen mit „M". Manchmal sind stattdessen Dreiecke aufgemalt: Mit der Spitze nach oben (ein Rock) sind Frauen gemeint, mit der Spitze nach unten (breite Schultern) prangt es am Männerklo. Und dann gibt es in Litauen (wie im benachbarten Polen) noch ein weiteres System: Dort haben dann Herrentoiletten ein Dreieck und Damentoiletten einen Kreis. Alles klar?

Camping

Viele Campingplätze im Baltikum liegen zwar wunderbar am See oder im Wald, sind aber in den meisten Fällen ohne eigenes Gefährt nur schwer zu erreichen. Auf manchen stehen Holzhütten, gelegentlich auch gemauerte Bungalows. Die Hütten sind unterschiedlich groß und unterschiedlich geschnitten, meist bestehen sie aus einem einzigen Raum mit drei oder vier Betten. Die Gemeinschaftsduschen und -toiletten (andere gibt's nicht) sind von höchst unterschiedlicher hygienischer Qualität.

Campingplätze haben meist von Mai oder Juni bis Mitte/Ende September geöffnet. Die Übernachtung in einer Holzhütte kommt auf 7 bis 30 € pro Person, im Zelt sind 2 bis 10 € fällig.

Estland hat einen richtig gut organisierten Campingverband. **RMK** (☎676 7500; www.rmk.ee) unterhält Dutzende kostenloser Waldzeltplätze im ganzen Land.

Hostels

Überall in den baltischen Staaten öffnen neue Hostels,

ONLINE-RESERVIERUNG

Die Internetseite www.lonelyplanet.com/hotels bietet weitere Infos zu den Unterkünften und Tipps von Lonely Planet Autoren. Hier gibt es Insiderinfos, ausführliche Berichte und unabhängige Beurteilungen zu den besten Unterkünften. Und sie können auch gleich online gebucht werden.

vor allem in den größeren Städten. In den Hauptstädten kommt das Bett im Schlafsaal auf 10 bis 15 €. Im Sommer sollte man weit im Voraus buchen.

HI-Jugendherbergen (www.hihostels.com) gibt es in allen drei baltischen Staaten. Empfehlungen für Backpacker gibt's bei **Hostelworld** (www.hostelworld.com). Listen mit Hostels (allerdings unvollständig) bieten folgende Seiten:

Estland www.hostels.ee
Lettland www.hostelling latvia.com
Litauen www.lha.lt

Hotels

Im Baltikum gibt es Hotels für jeden Geldbeutel, auch wenn in den immer schicker daherkommenden Hauptstädten inzwischen frustrierend wenige Budgetunterkünfte zu haben sind. In dem Maße, in dem billige Hotels ihr Image aufpolieren, schrauben sie auch die Preise nach oben.

Es gibt auch noch schaurig-schöne Überbleibsel aus der Sowjetzeit, die von außen noch immer klotzig und schäbig wirken, innen jedoch – zumindest meistens – aufgepeppt wurden.

Im mittleren Preissegment finden sich überall auch kleine Familienbetriebe. Einziger Haken: Sie sind meist so klein, dass sie ruck, zuck ausgebucht sind.

Spitzenhotels gibt's wie Sand am Meer. Bei vielen kommt das Management aus dem Westen oder sie gehören zu einer renommierten internationalen Kette, wieder andere (z. B. das Europa Royale in Rīga, das Radisson SAS Astorija in Vilnius und das Three Sisters in Tallinn) liegen in tipptopp restaurierten historischen Gebäuden aus dem 13. bis 19. Jh.

WELCHES STOCKWERK?

Halt, nicht gleich die Treppen stürmen: Im Baltikum gilt das Erdgeschoss als 1. Stock!

Kurhotels

Kurhotels sind genau das Richtige für alle, die sich mal so richtig verwöhnen lassen wollen. Wenn dann noch ein Aquapark dazugehört, ist auch für die Kleinen gesorgt. Die Anwendungen wie Schlammbäder, Massagen, Kräuterbäder und vieles mehr stehen nicht nur den Hotelgästen offen. Die meisten Häuser gibt's in Estland und Lettland, wobei das lettische Jūrmala als baltisches Kurzentrum schlechthin gilt. Die beliebtesten Kurorte in Litauen sind Druskininkai und Birštonas.

Pensionen

Für bezahlbare Reisen sind baltische Privatpensionen eine gute Wahl. Hier geht's oft ungezwungen und gemütlich zu. Abgesehen davon, dass die meisten nur eine Handvoll Zimmer haben, unterscheiden sie sich stark: die einen haben WC am Zimmer, die anderen nur Etagenklos; hier wird Frühstück angeboten, dort wieder nicht. Kostenloses WLAN setzt sich immer mehr durch. Der Hygienestandard schwankt zwar, ist aber insgesamt auf hohem Niveau. Pro Zimmer darf man mit 20 bis 90 € rechnen.

Urlaub auf dem Bauernhof

Dieser Begriff kann im Baltikum alles Mögliche bedeuten. Einmal ist damit eine kleine Pension auf dem Land gemeint, dann wieder eine Ferienwohnung oder eine Selbstversorgerhütte. Wie auch immer, ein solcher Urlaub kann unvergesslich werden. Oft kochen die Gastfamilien gegen Aufpreis für ihre Gäste, arrangieren Angelausflüge, Bootstouren oder Ausritte, geben Tipps zur Pilz- und Beerensuche und Ähnliches mehr.

Urlaub auf dem Land (Lauku Ceļotājs; ☎6761 7600; www.traveller.lv) Diese lettische Agentur vermittelt Unterkünfte auf dem Land in allen drei baltischen Staaten. Im Programm sind B&Bs, Pensionen, Hütten und Campingplätze.

Verband des litauischen Landtourismus (☎37-400 354; www.countryside.lt) Der Verband bietet Unterkünfte auf Gehöften und Hütten in ganz Litauen an.

Estnischer Landtourismus (☎600 9999; www.maaturism.ee) Dieser Dachverband vermittelt die ganze Bandbreite von Campingplätzen über B&B auf dem Bauernhof bis hin zu Burggemächern.

Versicherungen

Oft lohnt sich eine Auslandsreiseversicherung gegen Diebstahl und Verlust von Wertgegenständen und für medizinische Zusatzleistungen, die von der Krankenversicherungskarte nicht abgedeckt sind. Der Versicherungsrahmen (z. B. die Selbstbeteiligung bei Krankenzusatzversicherungen) unterscheidet sich manchmal deutlich, also immer das Kleingedruckte lesen. So

DIE DINGE ÄNDERN SICH ...

Die in diesem Buch angegebenen Preise galten zur Zeit unserer Recherche. Sie können sich aufgrund der schwierigen weltweiten und nationalen Wirtschaftssituation aber jederzeit ändern. Auch die jeweilige Saison, Nachfrage, Konkurrenz oder größere Veranstaltungen können die Preise beeinflussen. Einige der hier gelisteten Adressen werden wahrscheinlich der Krise erliegen und schließen. Unser Rat in Sachen Unterkunft: Aktuelle Preise auf den Hotelwebsites nachschauen, direkt nach günstigen Angeboten fragen und im Internet auf Schnäppchenjagd gehen.

greifen manche Versicherungen nicht bei „gefährlichen Aktivitäten", worunter auch schon Wandern fallen kann.

Oft müssen Patienten die fälligen Kosten vor Ort vorstrecken; das Geld wird dann später von der Krankenzusatzversicherung rückerstattet. In diesem Fall unbedingt alle Dokumente aufheben! Gelegentlich fordern die Versicherungen einen Rückruf in ihrer Zentrale, wo sich die Mitarbeiter dann um alles Weitere kümmern. Auf jeden Fall sollte darauf geachtet werden, ob und inwieweit Kranken- und eventuell notwendige Rücktransporte abgedeckt sind.

Unter www.lonelyplanet.com/bookings/insurance.do werden weltweit Reiseversicherungen angeboten. Auch wer schon unterwegs ist, kann dort eine Versicherung abschließen, erweitern oder in Anspruch nehmen.

Visa

Für EU-Bürger und Schweizer ist nur der Personalausweis nötig. Alle anderen sollten sich am besten vor der Reise auf den Seiten der Außenministerien der baltischen Staaten schlau machen:

Estland www.vm.ee
Lettland www.pmlp.gov.lv
Litauen www.migracija.lt

Russisches Visum

Ausländer dürfen nur mit Visum russisches Territorium betreten. Ein solches Dokument zu bekommen kann eine zeitaufwendige Angelegenheit sein, deshalb ist am besten beraten, wer sich schon vor der Reise darum kümmert. Touristenvisa gibt's nur mit einer Einladung, die z. B. von einem Hotel kommen kann. Auch manche Hostels und spezialisierte Internetagenturen (z. B. www.visitrussia.com) geben Einladungen aus. Der Visumsantrag geht mitsamt der Einladung ans russische Konsulat und ein paar Wochen später gibt's das Einreisedokument. Wer sich den bürokratischen Aufwand ersparen will, kann sich auch an eine entsprechende Agentur vor Ort wenden.

Wen erst im Baltikum die Lust auf Russland überkommt, der kann sein Glück in den russischen Botschaften in Tallinn, Rīga und Vilnius versuchen. Hier gibt's Bürokratie vom Feinsten und eventuell auch ein Visum, allerdings ohne Garantie. Unter Umständen kann ein Reisebüro vor Ort helfen.

Für Bürger aus dem Schengenraum (also z. B. Deutsche, Österreicher und Schweizer) wird ein spezielles Expressvisum für Kaliningrad angeboten. Es gilt 72 Stunden, muss ebenfalls im Voraus beantragt werden und gilt nur für die Einreise per Flugzeug oder über Polen. In vielen Fällen dürfte ein im Vorfeld organisiertes, reguläres russisches Visum besser sein.

Weißrussisches Visum

Wer weißrussisches Gebiet auch nur durchquert, braucht ein Visum. Es wird nicht an der Grenze ausgestellt, sondern muss im Voraus bei einer weißrussischen Botschaft (z. B. in den baltischen Hauptstädten) beantragt werden. Für Kontaktadressen s. www.belembassy.org. Die wichtigsten Infos stehen auf den Seiten des **Außenministeriums der Republik Belarus** (www.mfa.gov.by).

Zeit

Estland, Lettland und Litauen liegen in der osteuropäischen Zeitzone, sind Mitteleuropa also eine Stunde voraus. Da die drei Länder gleichzeitig mit dem Rest Europas von Winter- auf Sommerzeit und zurück umstellen, gilt der Zeitunterschied von einer Stunde das ganze Jahr.

Uhrzeiten werden in Fahrplänen oder bei Öffnungszeiten im 24-Stunden-System angegeben, Wochentage entweder mit Buchstaben (Anfangsbuchstabe des jeweiligen Tages) oder Ziffern (1 oder I = Montag, 7 oder VII = Sonntag). Das Datum steht manchmal in der amerikanischen Reihenfolge (erst Monat, dann Tag); 01/06/74 ist dann der 6. Januar 1974 – und nicht der 1. Juni. Im Zweifel besser fragen.

Zollbestimmungen

Wer fürchtet, dass ein Gemälde oder ein Kunstgegenstand für den Zoll interessant sein könnte, sollte das vor dem Kauf mit dem Händler abklären. Manchmal ist für die Ausfuhr eine behördliche Genehmigung nötig. Länderspezifische Zollbestimmungen stehen in den entsprechenden Kapiteln zu Estland (S. 179), Lettland (S. 287) und Litauen (S. 403).

Verkehrsmittel und -wege

AN- & WEITERREISE

Viele Wege führen in die baltischen Staaten – direkt oder über eines der Nachbarländer. So ist es durchaus möglich, über Warschau mit dem Zug nach Litauen zu reisen oder erst nach Helsinki zu fliegen und von dort nach Estland überzusetzen. Innerhalb der einzelnen baltischen Staaten sind die Entfernungen überschaubar.

Dieser Abschnitt konzentriert sich auf die Anreise nach Estland, Lettland und Litauen. Infos zu Reisen vor Ort folgen ab S. 429. Tickets für Flüge, Züge und Touren gibt's auch online auf www.lonelyplanet.com/bookings.

Einreise

Egal, ob per Bus, Schiff, Flugzeug oder Zug: Die Einreise geht kurz und schmerzlos vonstatten. Wer aus dem Schengen-Raum anreist (also z. B. aus Deutschland, Österreich, der Schweiz, Polen oder Finnland), bekommt überhaupt keine Grenzformalitäten mit.

Reisepass

Wer aus einem Staat außerhalb des Schengen-Raums kommt, braucht einen Reisepass, der nach dem Aufenthalt noch mindestens drei Monate gültig ist. Für alle anderen genügt ein Personalausweis. Visumspflicht besteht in Estland, Lettland und Litauen nur für wenige Länder (siehe auch S. 423).

Auf dem Landweg

Auto & Motorrad

Wer mit dem eigenen Gefährt ins Baltikum reist, sollte es zuvor gründlich durchchecken.

Bei den Verkehrsclubs gibt's Infos zu Verkehrsregeln usw. Vor Ort leisten die baltischen Verkehrsclubs Pannenhilfe.

ADAC (www.adac.de)
AvD (www.avd.de)
ÖAMTC (www.oeamtc.at)
TCS (www.tcs.ch)
Eesti Autoklubi (www.autoclub.ee; Pannenhilfe ☎1888) Estland
LAMB (www.lamb.lv; Pannenhilfe ☎1888) Lettland
LAS (www.las.lt; Pannenhilfe ☎1888) Litauen

PAPIERE

Wer noch keinen der seit 1999 eingeführten EU-Führerscheine hat, sollte sich bei den Zulassungsbehörden einen internationalen Führerschein holen. Auch die grüne Versicherungskarte ist Pflicht.

An den Grenzübergängen können Teilkaskoversicherungen abgeschlossen werden. Wichtig: Die Transferländer haben teils eigene Regelungen in puncto Fahrzeugpapiere und Versicherungen. Hier helfen die Automobilclubs weiter.

DIE DINGE ÄNDERN SICH ...

Die Infos in diesem Kapitel haben eine besonders kurze Halbwertszeit: Preise werden angepasst, Verbindungen neu eingerichtet oder aufgegeben, Fahrpläne überarbeitet, Sonderangebote kommen und gehen und auch Visabestimmungen können sich ändern.

Fluglinien und Regierungen scheinen manchmal eine diebische Freude daran zu haben, Preisstrukturen und Gesetze möglichst kompliziert zu gestalten. Ein weiteres Problem: Im heiß umkämpften Reisemarkt sind versteckte Zusatzkosten an der Tagesordnung. Das Beste ist, direkt bei der Airline oder im Reisebüro nachzufragen, um Missverständnisse bei Preisen und beim Geltungsumfang von Tickets zu vermeiden.

Die Angaben in diesem Kapitel sollten daher nur als grobe Richtschnur aufgefasst werden; die eigene gründliche, tagesaktuelle Recherche vor der Reise können sie nicht ersetzen.

AUS DEUTSCHLAND
Aus Deutschland fahren Fähren von Kiel, Saßnitz und Lübeck nach Klaipėda (Litauen), Ventspils und Liepāja (beide Lettland). Details hierzu siehe S. 427.

ÜBER FINNLAND
Die schnellste und häufigste Fährverbindung führt von Helsinki nach Tallinn. Eine Alternative ist der Landweg durch Russland. Von der finnisch-russischen Grenze bei Vaalimaa–Torfjanowka sind es 360 km bis ins estnische Narva. Diese Strecke ist an einem Tag zu schaffen, sie ist aber nur dann wirklich sinnvoll, wenn man sich unterwegs St. Petersburg anschauen will. Zwischen der Grenze und St. Petersburg sollen Banditen ihr Unwesen treiben; hier besser nur stehen bleiben, wenn es unbedingt nötig ist.

ÜBER POLEN
Völlig problemlos geht's bei Ogrodniki–Lazdijai über die polnisch-litauische Grenze; genau wie an den Übergängen von Suwałki, Szypliszki und Budzisko nach Kalvarija und Marijampolė. Sowohl Litauen als auch Polen gehören dem Schengen-Raum an. Grenzkontrollen sind dadurch praktisch weggefallen.

ÜBER RUSSLAND
Von St. Petersburg bis zur estnischen Grenze bei Iwangorod–Narva sind es nur 140 km.

ÜBER SCHWEDEN
Autofähren fahren von Stockholm nach Tallinn und Rīga, von Nynäshamn nach Venstpils (Lettland) und von Karlshamn nach Klaipėda.

ÜBER WEISSRUSSLAND
Wer darauf abfährt, die geballte Staatsmacht näher kennenzulernen, wählt den höllengleichen (wenn auch faszinierenden) Weg durch Weißrussland. Es sollte nur niemand versuchen, ohne Transitvisum einen Fuß auf weißrussisches Territorium zu setzen. Ein solches Visum gibt es nur bei den weißrussischen Botschaften – nicht aber bei den Grenzstationen. Selbst mit Visum dürfen sich Reisende auf Wartezeiten von mehreren Stunden einstellen. Eine mögliche Route führt vom polnischen Białystok nach Hrodna im nordwestlichen Weißrussland. Von dort geht's weiter ins litauische Merkinė. Andere Strecken wären z. B. Brest–Lida–Vilnius oder Brest–Minsk–Vilnius.

Bus

Mit wenigen Ausnahmen sind Busse die günstigste, aber auch unbequemste Art, ins Baltikum zu kommen. Aus allen Himmelsrichtungen und aus ganz Europa fahren Busse hierher, dabei muss man meist höchstens einmal in Warschau umsteigen.

Die **Deutsche Touring** (www.touring.de) und **Ecolines** (www.ecolines.net) haben ihre Routen, Preise,

KLIMAWANDEL & REISEN

Der Klimawandel stellt eine ernste Bedrohung für unsere Ökosysteme dar. Zu diesem Problem tragen Flugreisen immer stärker bei. Lonely Planet sieht im Reisen grundsätzlich einen Gewinn, ist sich aber der Tatsache bewusst, dass jeder seinen Teil dazu beitragen muss, um die globale Erwärmung zu verringern.

Fliegen & Klimawandel

Fast jede Art der motorisierten Fortbewegung erzeugt CO_2 (die Hauptursache für die globale Erwärmung), doch Flugzeuge sind mit Abstand die schlimmsten Klimakiller – nicht nur wegen der großen Entfernungen und der entsprechend großen CO_2-Mengen, sondern auch weil sie diese Treibhausgase direkt in hohen Schichten der Atmosphäre freisetzen. Die Zahlen sind erschreckend: Zwei Personen, die von Europa in die USA und wieder zurück fliegen, erhöhen den Treibhauseffekt in demselben Maße wie ein durchschnittlicher Haushalt in einem ganzen Jahr.

Kompensationsprogramme für Treibhausgase

Die englische Website www.climatecare.org und die deutsche Internetseite www.atmosfair.de bieten sogenannte CO_2-Rechner. Damit kann jeder ermitteln, wie viel Treibhausgase seine Reise produziert. Das Programm errechnet den zum Ausgleich erforderlichen Betrag, mit dem der Reisende nachhaltige Projekte zur Reduzierung der globalen Erwärmung unterstützen kann, beispielsweise Projekte in Indien, Honduras, Kasachstan und Uganda.

Lonely Planet unterstützt gemeinsam mit Rough Guides und anderen Partnern aus der Reisebranche das CO_2-Ausgleichs-Programm von climatecare.org. Alle Reisen von Mitarbeitern und Autoren von Lonely Planet werden ausgeglichen.

Weitere Informationen gibt's auf www.lonelyplanet.com.

Fahrpläne, Verkaufsstellen und weitere Informationen ins Internet gestellt. Auch Tickets gibt's online. Wer unter 26 oder über 60 Jahre alt ist, bekommt 10 % Rabatt. Rückfahrkarten sind etwa 20 % günstiger als zwei Einzeltickets.

WICHTIGE BUSROUTEN

Ecolines betreibt unter anderem die folgenden Linien:

Rīga-Vilnius-Warschau-Berlin (2-mal/Woche)

Rīga-Vilnius-Warschau-Krakau-Bratislava-Wien-Budapest-Sofia (wöchentlich)

Rīga-Vilnius-Warschau-Dresden-München-Zürich (wöchentlich)

Die **Deutsche Touring** verbindet für gut 100 € viele deutsche Städte mit dem Baltikum.

Fahrrad

Fahrräder kommen auf den Fähren zwischen Deutschland, Skandinavien und dem Baltikum für wenig Geld (oder ganz kostenlos) mit; Fährrouten s. S. 427. Wer von Polen aus nach Litauen radeln will, hat dieselben Strecken zur Auswahl wie Autofahrer; weitere Infos hierzu S. 424.

Grenzübergänge

Estland grenzt an Russland und Lettland; Lettland grenzt an Estland, Russland, Weißrussland und Litauen; Litauen wiederum grenzt an Lettland, Weißrussland, Polen und die Region Kaliningrad (zu Russland).

Seit die baltischen Staaten zum Schengen-Raum gehören, sind die Grenzkontrollen zwischen Estland, Lettland, Litauen und Polen verschwunden.

Die Einreise nach Weißrussland und Russland ist eine ganz andere Geschichte. Die Schengen-Außengrenzen werden nach wie vor sehr streng geschützt, und sowohl für Russland als auch für Weißrussland ist ein Visum erforderlich. Unabhängig davon darf man sich auf bis zu eine Stunde Wartezeit einstellen. Neben dem Visum müssen Einreisende schriftlich angeben, wie viel Bargeld und welche Wertgegenstände sie einführen.

Am Übergang Narva–Ivangorod an der estnisch-russischen Grenze sind die Schlangen besonders lang. Zwei Grenzübergänge zwischen Litauen und der Region Kaliningrad sind ruhiger: die Grenzstation Panemunė–Sovjetsk zwischen Kybartai (Litauen) und Nesterow und der Übergang auf der Straße von Klaipėda nach Selenogradsk auf der Kurischen Nehrung. Wer als Westler nach Weißrussland will, muss dazu die Übergänge bei Salčininkai, Medininkai oder Lavoriskės benutzen.

Zug

Mit dem Zug ins Baltikum zu reisen, kann eine interessante Erfahrung sein. Meist (aber nicht immer) ist es billiger als fliegen und nicht so langweilig wie im Bus. In den letzten Jahren wurden die Verbindungen ins Baltikum, aber auch innerhalb der baltischen Staaten ziemlich zusammengestrichen. Allerdings gibt es mit **Rail Baltica** (www.rail-baltica.com) ein Projekt, das Tallinn mit Rīga, Kaunas und Warschau per Bahn verbinden will. Die erste Projektphase wird frühestens 2013 abgeschlossen, das Gesamtprojekt soll sich bis 2020 hinziehen.

Die Eisenbahnbibel *Thomas Cook European Timetable* enthält sämtliche Fahrpläne Europas und Infos zu Aufschlägen und Reservierungen. Das Buch wird monatlich aktualisiert und ist in den Thomas-Cook-Filialen und online unter www.thomascookpublishing.com zu bekommen. Jede Menge topaktueller Tipps für Bahnreisende bietet die geniale, unabhängige Website **The Man in Seat Sixty-One** (www.seat61.com).

Details zu Bahnreisen innerhalb von Estland, Lettland und Litauen siehe S. 431.

POLEN

Merkwürdigerweise gibt es keine Direktverbindung mehr zwischen Warschau und Vilnius. Es gibt jedoch die Möglichkeit, mit Regionalzügen innerhalb eines Tages von Warschau nach Kaunas und Vilnius zu kommen. Dabei müssen alle Reisende in Šeštokai (kurz hinter der polnisch-litauischen Grenze) umsteigen. Laut Fahrplan sind dafür 15 Minuten Zeit eingeplant. Insgesamt dauert die Fahrt ca. 9½ Std. Gut zu wissen: Diese Route führt nicht über Weißrussland.

RUSSLAND & WEISSRUSSLAND

In den meisten Nachfolgestaaten der UdSSR ist noch das sowjetische Bahnnetz in Betrieb. Von den größten Städten Estlands, Lettlands und Litauens kommt man deshalb mit der Bahn nach Moskau und kann so das Baltikum mit einer Fahrt auf der Transsibirischen Eisenbahn oder zu anderen Zielen in Russland und Zentralasien verbinden. Wer darauf Lust hat, kann online unter www.poezda.net die Zugfahrpläne in der ehemaligen Sowjetunion durchforsten. Einfacher geht das auf den Seiten der Deutschen Bahn (www.bahn.de), allerdings werden dort keine Preise angezeigt.

Die einzige Bahnverbindung von Estland nach Russland ist der Nachtzug **Go Rail** (☎ in Estland 631 0044; www.gorail.ee) zwischen Tallinn und Moskau (64–247 €, 964 km, 16 Std., tägl.), über Rakvere, Narva und Iwangorod.

Zwischen Rīga und Moskau zuckelt täglich ein Nachtzug (16 Std.); der *Baltija* verbindet ebenfalls in den Nachtstunden die lettische Hauptstadt mit St. Petersburg (12½ Std.). Keiner der beiden Züge passiert dabei Weißrussland.

Von Vilnius fahren täglich zwei Züge zum Weißrussischen Bahnhof in Moskau (ca. 15 Std.). Da die Strecke durch weißrussisches Gebiet führt, ist dazu ein entsprechendes Transitvisum nötig (s. S. 423). Außerdem gibt es einen Nachtzug von Vilnius nach St. Petersburg, der nicht über Weißrussland fährt (ca. 14 Std.). Richtung Westen gehen meist drei Züge täglich von Vilnius nach Kaliningrad (ca. 7 Std.).

Mit dem Flugzeug

Flughäfen & Fluglinien

Die staatliche Fluggesellschaft von Estland heißt Estonian Air, die lettische nennt sich airBaltic. Litauen hat keine eigene Fluglinie mehr. Im Baltikum liegen die folgenden internationalen Flughäfen:

Kaunas (KUN; ☎37-399 396; www.kaunasair.lt) Litauen.

Palanga (PLQ; ☎3460-52 020; www.palanga-airport.lt) Litauen.

Rīga (RIX; ☎2931 1187; www.riga-airport.com) Lettland.

Tallinn (TLL; ☎605 8888; www.tallinn-airport.ee) Estland.

Tartu (TAY; ☎605 8888; www.tartu-airport.ee) Estland.

Vilnius (VNO; ☎5-230 6666; www.vilnius-airport.lt) Litauen.

FLÜGE NACH ESTLAND, LETTLAND & LITAUEN

airBaltic (BT; ☎Estland 17107, Lettland 6700 6006, Litauen 1825; www.airbaltic.com) Aus Berlin (Tegel), Düsseldorf, Hamburg, München, Wien, Zürich und vielen anderen europäischen Städten nach Rīga, Tallinn und Vilnius. Von Rīga gehen Flüge nach Kaliningrad, Moskau und St. Petersburg.

Austrian Airlines (OS; ☎Österreich 05 1766 1001, Litauen 5-210 5030; www.aua.com) Fliegt von Wien nach Vilnius.

Estonian Air (OV; ☎Estland 640 1160; www.estonian-air.ee) Fliegt von Berlin und mehreren anderen europäischen Hauptstädten nach Tallinn.

Lufthansa (LO; ☎Deutschland 01805 805 805, Lettland 6728 5901, Litauen 5-212 0220; www.lufthansa.com) Fliegt von Frankfurt nach Rīga, Tallinn und Vilnius, außerdem von München nach Tallinn.

Ryanair (FR; www.ryanair.com) Fliegt u. a. von Frankfurt-Hahn nach Kaunas, von Bremen, Frankfurt-Hahn und Düsseldorf Weeze nach Rīga, von Bremen und Weeze nach Tallinn und von Bremen nach Vilnius.

Skyways Express (JZ; ☎Schweden 771-95 95 00; www.skyways.se) Fliegt u. a. von Berlin nach Vilnius.

Wizz Air (W6; ☎Lettland 9020 0905; www.wizzair.com) Fliegt u. a. von Dortmund nach Vilnius.

Tickets

Flugtickets übers Internet zu kaufen ist eine feine Sache, wenn es nur um die An- und Abreise an zuvor festgelegten Tagen geht. Für kompliziertere Arrangements ist nach wie vor das Reisebüro erste Wahl. Dort kennt man sich in Sachen Ermäßigungen, Umsteigezeiten und anderen hilfreichen Dingen bestens aus.

Mit Reiseveranstaltern

Mehrere Reiseanbieter haben sich auf Reisen durch das Baltikum spezialisiert, siehe auch regionale Anbieter S. 432.

Baltic Travel (☎Deutschland 040 227 39 333; www.baltictravel.de) Service für Individualreisende, Visabeschaffung für Russland, Fahrradtouren und Städtereisen.

Baltikum exklusiv (☎Deutschland 0421 577 358 76; www.baltikum-exklusiv.com) Hat sich auf Städte- und Studienreisen, Aktivreisen und Familienurlaub spezialisiert.

RadelReisen Wilke Touristik (☎Deutschland 040 601 3738; www.radelreisen.de) Hamburger Anbieter für individuelle und geführte Radtouren durchs Baltikum.

Schnieder Reisen (☎Deutschland 040 380 2060; www.baltikum24.de) Organisiert Gruppenreisen, Autoreisen, Motorradreisen und Wanderreisen.

Übers Meer

Unzählige Schiffsverbindungen erlauben eine langsamere, aber auch entspanntere Anreise: Schiffe aus Deutschland steuern Lettland und Litauen an; von Dänemark geht's nach Litauen, von Schweden in alle drei baltischen Staaten, und Finnland ist von Estland nur 85 km entfernt. Auf der Route Tallinn–Helsinki konkurrieren so viele Anbieter, dass es zu keiner Zeit ein Problem sein sollte, einen Platz zu bekommen. Einige andere Strecken – vor allem Tallinn–Stockholm und die Frachtfähren nach Dänemark – können dagegen weit im Voraus ausgebucht sein.

Fahrpläne und Preise ändern sich schnell, also besser vor Fahrtantritt nochmal auf den Websites der Anbieter den aktuellen Stand checken.

Dänemark

DFDS Seaways (☎in Dänemark 7620 6700, in Litauen 4639 5088; http://freight.dfdsseaways.com) betreibt zweimal wöchentlich Frachtfähren zwischen Fredericia (Dänemark) und Klaipėda (Litauen) über Aarhus und Kopenhagen. Für Passagiere gibt's eine begrenzte Zahl an Kabinen. Ohne Vorbestellung wird's schwierig.

Deutschland

VON/NACH LETTLAND

Scandlines (☎in Deutschland 01802 116699, in Lettland 4631

Schienennetz & Fährverbindungen

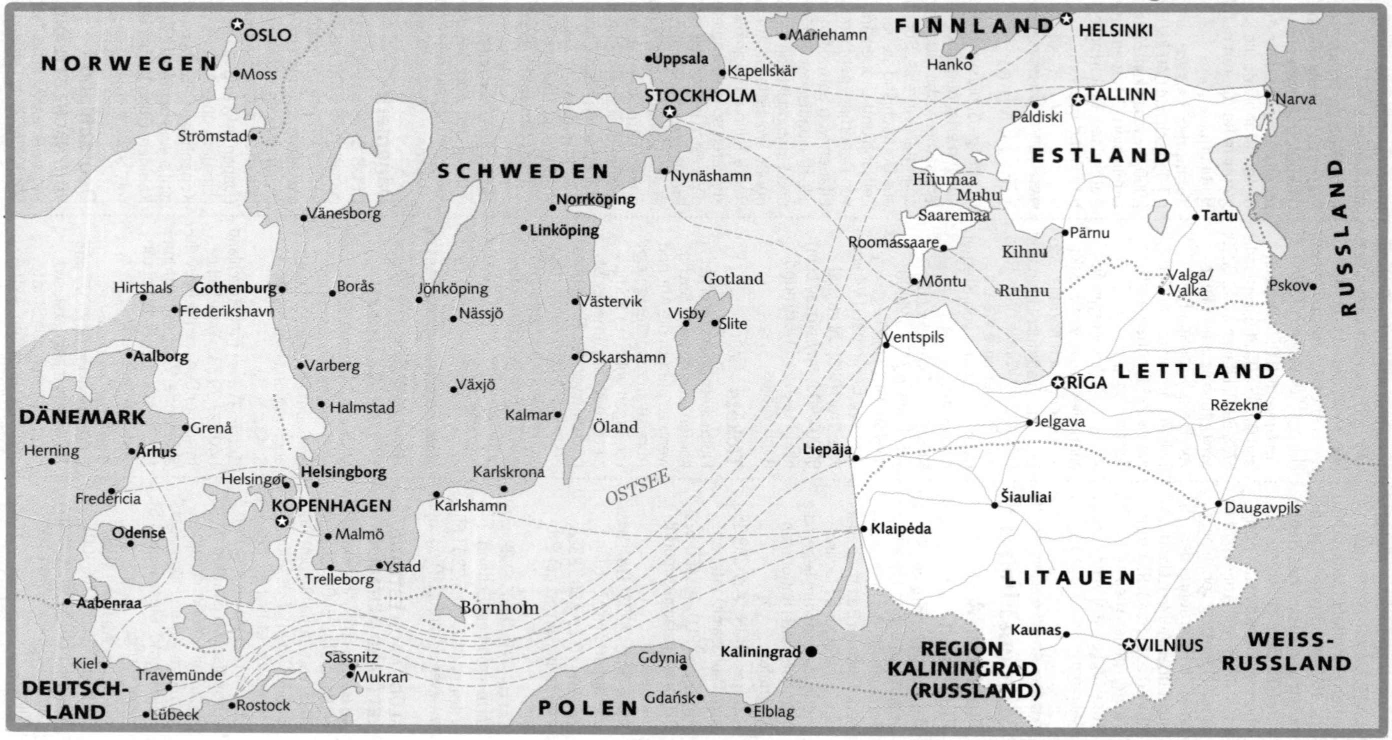

0561; www.scandlines.de) Zwei Fähren sind jede Woche von Travemünde (Lübeck) nach Ventspils (Auto/Motorrad/Fahrrad/Sitz/Koje ab 60/20/5/40/55 €, 27½ Std.) und Liepāja (Auto/Motorrad/Fahrrad/Koje ab 60/20/5/70 €, 32½ Std.) unterwegs.

VON/NACH LITAUEN

DFDS Seaways (☎in Deutschland 01805 8901051, in Litauen 4632 3232; www.dfdsseaways.de) fährt von Kiel (22 Std., 6-mal/Woche) und Saßnitz (18 Std., 3-mal/Woche) nach Klaipėda (Auto/Motorrad/Fahrrad/Sitz/Koje ab 64/32/10/60/125 €).

Finnland

Eine ganze Armada von Schiffen transportiert jedes Jahr weit über 2 Millionen Passagiere über den Finnischen Meerbusen zwischen Helsinki und Tallinn. Jeden Tag sind Dutzende Schiffe in beiden Richtungen unterwegs (Fähren Jan.–Dez. 2–3½ Std.; Tragflügelboote rund 1½ Std.). Wichtig: Bei Sturm und schlechtem Wetter bleiben Tragflächenboote oft im Hafen. Außerdem fahren sie nur, wenn das Meer eisfrei ist (meist Ende März/April bis Ende Dez.); die größeren Fähren fahren das ganze Jahr über.

Ein Preisvergleich lohnt sich: Oft sind online im Voraus gekaufte Tickets am günstigsten. Die Preise variieren enorm und hängen unter anderem von der Jahreszeit, dem Wochentag und der Uhrzeit ab. Wichtig: Manche Unternehmen verlangen einen Treibstoffzuschlag und nicht bei allen ist dieser Aufpreis im beworbenen Fahrpreis enthalten! Insgesamt gilt, dass die Fahrpreise zu Stoßzeiten (z. B. Freitagabend, Samstagmorgen und Sonntagnachmittag) höher sind. Auf den meisten Fähren gibt's für Schüler, Studenten und Senioren einen Rabatt von 10–15 %, Kinder zwischen 6 und 17 zahlen die Hälfte, noch jüngere kommen umsonst mit. Fast alle Betreiber haben Sonderangebote für Familien und Mehrfachtickets für Vielfahrer im Angebot.

Details siehe Kasten S. 192.

Yachten

Das Baltikum – vor allem Estland mit seinen Inseln und den vielen Buchten – zieht jedes Jahr Hunderte von Yachten an, vor allem aus Finnland und Skandinavien. Hilfreiche Infos gibt's auf den folgenden Websites:

http://marinas.nautilus.ee Infos zu Einreisebestimmungen, eine Yachthafendatenbank und Details zur Bestellung des *Estonian Cruising Guide*.

www.balticyachting.com Für Südfinnland und den Westen Estlands.

Überall in der Region kann man Yachten auch mieten. Infos s. S. 432

UNTERWEGS VOR ORT

Auto & Motorrad

In puncto Flexibilität und Erreichbarkeit von entlegenen Gegenden ist der eigene fahrbare Untersatz unschlagbar. Infos zu Fahrzeugpapieren und Führerschein siehe S. 424, weitere Tipps S. 36.

Tanken & Ersatzteile

Die Tankstellen der Multis an den Hauptstraßen haben rund um die Uhr geöffnet. Viele haben Selbstbedienung, die Kunden zahlen bar oder mit Karte plus PIN am Automaten. Das Benzin genügt westlichen Standards, auch bleifrei ist im Angebot.

Verkehrsregeln

Im Baltikum gilt Rechtsverkehr. Die Promillegrenze schwankt von Land zu Land (Lettland 0,5‰; Litauen 0,4‰; Estland 0,2‰). Alle Insassen müssen sich anschnallen und auch tagsüber heißt es Licht an. Die Höchstgeschwindigkeit in geschlossenen Ortschaften liegt bei 50km/h, außerhalb der Ortschaften zwischen 70 und 110 km/h – die entsprechenden Schilder stehen nicht zum Spaß da; strenge Tempokontrollen sind häufig. Bei Sofortkasse sollte man eine Quittung verlangen, damit die Beamten kein persönliches Zusatzhonorar draufschlagen können.

Beim Fahren ist das Handy tabu, Freisprechanlagen sind aber erlaubt. Zumindest von Dezember bis März sind Winterreifen Pflicht. Sollte das Wetter auch außerhalb dieser Monate Winterbereifung erfordern (was in den meisten Jahren der Fall ist), kann diese Frist entsprechend ausgedehnt werden; zwischen Oktober und April also immer die Straßenverhältnisse im Auge behalten.

In einigen Gegenden sind immer noch altmodische Parkuhren zu finden; in Tallinn und Vilnius wurde allerdings inzwischen auf ein elektronisches Parksystem umgestellt. Die Fahrer zahlen per SMS, indem sie ihr Kennzeichen und die Ortskennung auf den Parkschildern an eine bestimmte Nummer senden.

Wer mit dem Auto in die Altstadt von Rīga will, braucht eine *aviedkarte* (eine wiederaufladbare Zutrittskarte), von der stundenweise die fällige Maut abgebucht wird. Die Einfahrt in die Altstädte von Tallinn, Vilnius und Kaunas ist kostenlos, dafür sind die Parkgebühren gesalzen und die Parkregelungen ziemlich verwirrend. Am besten im Hotel oder bei der Touristeninformation um Rat fragen, um ein Knöllchen zu vermeiden. Jūrmala, das wichtigste Seebad Lettlands, und der Nationalpark Kurische Nehrung verlangen von motorisierten Gästen eine Gebühr.

In den Städten heißt es Vorsicht bei Straßenbahnen, O-Bussen und Bussen. Hin

ENTFERNUNGSTABELLE (KM)

	Tallinn	Tartu	Pärnu	Narva	Valka/Valga	Rīga	Liepāja	Daugavpils	Ventspils	Vilnius	Kaunas	Klaipėda	Panevėžys
Tartu	190												
Pärnu	130	205											
Narva	210	194	304										
Valka/Valga	276	86	140	268									
Rīga	310	253	180	435	167								
Liepāja	530	473	400	655	387	220							
Daugavpils	540	377	410	559	291	230	450						
Ventspils	510	453	380	635	367	200	119	430					
Vilnius	600	543	470	725	457	290	465	167	584				
Kaunas	575	523	460	715	447	280	230	267	349	100			
Klaipėda	620	538	490	745	477	310	155	477	274	310	210		
Panevėžys	460	403	330	585	317	150	270	168	350	140	110	235	
Šiauliai	465	383	310	565	297	130	192	387	330	220	140	155	80

und wieder laufen Passanten über die Straße, um eine schon fahrende Straßenbahn noch zu erwischen. An der Haltestelle müssen alle anderen Fahrzeuge hinter der haltenden Straßenbahn warten. O-Busse scheren oft weit aus, wenn sie von der Haltestelle wieder losfahren.

Bus

Das Busnetz in den baltischen Staaten ist insgesamt recht gut, allerdings werden abgelegenere Orte nicht besonders oft angefahren. Zwischen den drei Hauptstädten sind Schnellbusse unterwegs und auch andere größere Orte werden von grenzüberschreitenden Linien bedient.

Insgesamt sind Busse schneller und häufig etwas billiger als Züge. Fahrzeuge im Regionalverkehr (also mit Fahrtzeiten von bis zu zwei Stunden) kommen ohne jeden Luxus aus. Wenn es regnet, schneit oder sehr kalt ist, sind Fensterplätze nicht der Brüller; wer eine Reisebegleitung dabei hat, ist fein raus und kann sich notfalls gegen die Kälte aneinander kuscheln. Die Platzreservierung ist ernst gemeint; wer auf dem falschen Platz sitzt, riskiert Zoff mit einer unbarmherzigen *babuschka*, die auf ihrem Platz besteht.

Auf ein paar kürzeren Routen sind flottere, modernere Minibusse für etwa 15 Passagiere unterwegs. Sie halten offiziell nicht so oft wie die großen Busse.

Im Gegensatz dazu haben die grenzüberschreitenden Busse einen Standard, den man auch sonst von europäischen Fernbussen kennt. Sie sind meist sauber und beheizt, haben eine Toilette, einen Kaffeeautomaten und Bordfernsehen. Linienbusse zwischen Tallinn, Rīga und Vilnius fahren oft nachts; auch für alleinreisende Frauen eine bequeme und sichere Variante.

Busse innerhalb der baltischen Staaten

BussiReisid (www.bussireisid.ee) Dachorganisation der estnischen Busunternehmen.

Ecolines (www.ecolines.net) Zu den wichtigsten Routen zählen: Rīga–Salacgrīva–Pärnu–Tallinn; Rīga–Valmiera–Valga–Tartu–Narva; Rīga–Panevėžys–Vilnius–Kaunas; Liepāja–Palanga–Klaipėda; Rēzekne–Daugavpils–Utena–Vilnius–Kaunas.

Hansabuss Business Line (www.businessline.ee) Vier Busse täglich zwischen Rīga und Tallinn, davon drei mit Halt in Pärnu.

Lux Express (☎680 0909; www.luxexpress.eu) mit der Billigtochter **Simple Express** (www.simpleexpress.eu) Zu den wichtigsten Routen zählen: Tallinn–Pärnu–Rīga–Vilnius; Narva–Tartu–Valga–Rīga; Rīga–Vilnius; Rīga–Kaunas; Rīga–Šiauliai; Vilnius–Kaunas.

Fahrpläne & Preise

Bevor's losgeht, lohnt sich ein Blick auf die Fahrpläne, die die Busunternehmen online gestellt haben. Vor Ort kennen auch die Touristeninformationen die Abfahrtszeiten; vor allem die Büros in Tallinn, Rīga und Vilnius haben immer die aktuellen Pläne da. In den Stadtführern der Reihe **In Your Pocket** (www.inyourpocket.com) sind recht umfangreiche Fahrpläne abgedruckt, sowohl für das entsprechende Land als auch für das gesamte Baltikum. Aktualisiert wird das Ganze alle zwei Monate.

In den Schalterhallen der Busbahnhöfe sind die Fahrpläne ausgehängt. Einige wenige sind so kompliziert, dass sie erst sorgfältig entschlüsselt werden müssen; auf den meisten ist einfach die Uhrzeit und der Wochentag (in römischen oder arabischen Ziffern; 1=Montag) aufgelistet, an dem der Bus fährt.

Die Fahrpreise unterscheiden sich etwas von Land zu Land und von Unternehmen zu Unternehmen und variieren auch nach Schnelligkeit, Komfort und Wochentag.

Tickets & Information

Ticketschalter für Reisen im Land und für internationale Fahrten sind deutlich in der Landessprache gekennzeichnet, hin und wieder auch auf Englisch. Die Fahrkarten selbst werden ausschließlich in der Landessprache ausgestellt. Das ist aber kein Problem, wenn man die Wörter für „Sitz", „Haltestelle" usw. kennt (s. S. 434).

Tickets für Fernbusse gibt's im Voraus beim Startbusbahnhof. Im Regionalverkehr und auf Mittelstrecken zahlen die Fahrgäste meist im Bus. Wenn viele Leute mitwollen, gibt's manchmal einen Run auf die Sitzplätze.

In den meisten Städten haben die Bahnhöfe und Busbahnhöfe Informationsschalter, an denen im Allgemeinen jemand etwas Englisch spricht.

Fahrrad

Estland, Lettland und Litauen sind ideal zum Radeln: Die drei Länder sind klein, flach und auf den meisten Straßen ist kaum was los. Vor allem auf den estnischen Inseln sind im Sommer Horden von Pedalrittern zu sehen. Die meisten haben ihren eigenen Drahtesel dabei, aber es gibt auch genügend Fahrradverleihe, selbst in den Hauptstädten und in den meisten größeren Städten.

Weitere Infos siehe S. 29.

Wichtig für Radler ist wasserdichte Kleidung – und vielleicht ein Zelt: In den abgelegeneren Gegenden ist es nicht immer einfach, eine Unterkunft zu finden. Radtouren werden von Reisebüros und Organisationen vor Ort organisiert, aber auch internationale Anbieter haben Touren im Programm.

Flugzeug

Zwischen den drei Hauptstädten gibt's regen Flugverkehr, aber für Inlandsflüge hebt kaum eine Maschine ab.

Flüge innerhalb der baltischen Staaten

airBaltic (BT; ☎17107; www.airbaltic.com) fliegt von **Rīga** nach Kaunas (fast tägl.), Palanga (tägl.), Tallinn (7-mal tägl.) und Vilnius (6-mal tägl.); außerdem von **Vilnius** nach Tallinn (fast tägl.).

Avies (U3; ☎680 3501; www.avies.ee) fliegt mindestens einmal tägl. von Tallinn nach Kärdla (Hiiumaa) und zurück.

Estonian Air (OV; ☎640 1160; www.estonian-air.ee) fliegt von Tallinn nach Kuressaare (fast tägl.), Tartu (fast tägl.) und Vilnius (Mo–Fr 2-mal tägl.)

LFH (☎512 4013; www.lendame.ee) fliegt im Winter von Pärnu auf die Inseln Kihnu und Ruhnu sowie von Kuressaare auf Ruhnu.

Nahverkehr

Bus, Straßenbahn & O-Bus

In den Städten der drei baltischen Staaten ist ein Mix aus Straßenbahnen, Bussen und O-Bussen (Oberleitungsbussen) unterwegs. In allen kann es voll werden, vor allem zu den Stoßzeiten am Morgen und am frühen Abend.

Die Betriebszeit ist etwa von 5.30 bis 0.30 Uhr, Außenbezirke werden ab 19 Uhr oft nur sporadisch bedient. In Tallinn und Vilnius gilt eine einzige Karte für alle Verkehrsmittel (außer für Minibusse). In Rīga haben Busse eigene Fahrkarten (im Wagen zu bekommen); für O-Bus und Straßenbahn gibt's dagegen gemeinsame Tickets. Alle Karten müssen an Bord entwertet werden. Zu kaufen gibt's die Tickets an bestimmten Zeitungskiosks (dort, wo sie im Fenster ausgestellt sind) und manchmal beim Fahrer. Der ist zwar leichter zu finden, dafür sind die Karten dort etwas teurer. Es gibt Mehrfahrtenkarten, Wochen- und Monatstickets. Dass man einsteigen kann, ohne dem Fahrer sein Ticket zu zeigen, verführt zwar zum Schwarzfahren, aber es gibt regelmäßige Kontrollen. Wer ohne gültig entwertetes Ticket erwischt wird, riskiert eine Strafe, die sofort fällig wird.

Für Straßenbahn, Bus und O-Bus gilt der Knigge, dass junge, fitte Menschen, die während der Fahrt stehen können, nicht auf den vorderen Sitzen Platz nehmen – die sind für *babuschkas* und kleine Kinder reserviert. Außerdem will das Aussteigen gut vorbereitet sein. Am besten ist es, sich zum Ausgang zu bewegen, sobald der Bus oder die Straßenbahn die letzte Haltestelle vor dem Ziel verlässt. Drängeln, Stoßen, anderen auf die Zehen Steigen und gezielter Ellbogeneinsatz sind natürlich erlaubt.

Zu allen Flughäfen kommt man per Taxi wie auch mit den Öffentlichen.

Taxi

An Taxis herrscht kein Mangel. Die Fahrt kostet meistens nicht besonders viel; zwischen 22 und 6 Uhr gilt allgemein der höhere Nachttarif. Um sich nicht übers Ohr hauen zu lassen, sollte man darauf bestehen, dass das Taxameter läuft. In den größeren Städten ist es immer günstiger und sicherer, das Taxi telefonisch zu bestellen.

Zug

In den großen Städten fahren Vorortzüge in die Außenbezirke und in umliegende Orte. Für Besucher sind sie von geringem Nutzen; sie bedienen hauptsächlich Wohn- und Industriegebiete, in denen es nicht viel zu sehen gibt. Ein paar Linien taugen trotzdem für den einen oder anderen Ausflug.

GeführteTouren

Unzählige Anbieter vor Ort haben sich auf Reisen im Baltikum spezialisiert und organisieren Ausflüge. Hilfreiche Adressen stehen in den jeweiligen Regionalkapiteln, internationale Anbieter sind auf S. 427 aufgeführt.

City Bike (☎Estland 511 1819; www.citybike.ee) Dieser alteingesessene, seriöse Anbieter aus Tallinn organisiert mehrtägige Radtouren durch Estland, Lettland und Litauen.

Scanbalt Experience (☎Estland 5301 9139; www.scanbaltexperience.com) Das Unternehmen mit Schwerpunkt Backpacker hat Abenteuerbusreisen durch Skandinavien und das Baltikum im Angebot.

TrekBaltics (☎Estland 56233255; www.trekbaltics.com) Dieser estnische Anbieter hat eine tolle Auswahl für alle drei baltischen Staaten im Programm: Campingwanderungen, Abenteuer- und Sportarrangements (z. B. Radtouren) und Wellness. Wer beim umfassenden 19-tägigen Grand Baltics Trek nicht campen will, kann sich auch mehr Komfort gönnen und in Hütten, auf Bauernhöfen und in Hostels übernachten.

Schiff

Fähren

Bei Redaktionsschluss gab es keine Fährverbindungen zwischen den baltischen Staaten. Viele estnische Inseln sind per Fähre zu erreichen, allerdings bleiben die kleineren Schiffe im Hafen, wenn im Winter das Meer zufriert. Nähere Informationen zu den estnischen Fähren stehen im Landeskapitel. In Lettland sind nur wenige Fähren unterwegs; zwischen Rīga und Jūrmala tuckert allerdings ein Boot.

Yachten

Mit der eigenen Yacht die baltische Küste abzuschippern, ist groß in Mode. Vor allem Estland mit seinen vielen Inseln und Buchten bietet sich an. **Sailing.ee** (☎Estonia 5333 1117; www.sailing.ee; Regati puiestee 1, Tallinn) vermietet Yachten mit und ohne Kapitän.

http://marinas.nautilus.ee Website mit Informationen zu zig estnischen Yachthäfen.

www.marinaslatvia.lv Details zu lettischen Yachthäfen.

Trampen

Trampen ist zweifellos nicht die sicherste Art zu reisen, und wir empfehlen es nicht. Wer sich dennoch dazu entschließt, sollte sich darüber im Klaren sein, ein potenzielles Risiko einzugehen. Wenn es denn sein muss, sollte man wenigstens zu zweit losziehen und vorab jemanden darüber informieren, wohin die Reise geht.

Die Balten selbst trampen gern. Beim **Vilnius Hitchhiking Club** (VHHC; www.autostop.lt) gibt's praktische Infos und Adressen für Tramper in allen drei baltischen Staaten. Auf den Schwarzen Brettern in den Hostels der Hauptstädte sind oft Angebote und Gesuche für Fahrgemeinschaften zu finden. Eine hilfreiche Adresse ist www.digihitch.com.

Zug

Alle drei baltischen Staaten haben zwar ein Schienennetz, aber das Angebot wurde in den letzten Jahren ziemlich zusammengestrichen; größere Entfernungen legt man meist im Bus oder Flieger zurück. Ein ländergreifendes Bahnnetz ist in der Pipeline (siehe Rail Baltica Project, S. 426), dauert aber noch mehrere Jahre.

Bis es soweit ist, sind die Züge im Baltikum langsam, billig und nicht gerade komfortabel. Die Fenster lassen sich fast nie öffnen, es kann also stickig werden (je nach Mitreisenden auch geruchsintensiv). Die Chancen stehen fifty-fifty, dass das Abteil einem Backofen oder einem Eisschrank gleicht; das hängt davon ab, ob die Heizung läuft oder nicht. Nahverkehrszüge sind deutlich langsamer als Fernzüge, und sie halten auch häufiger.

Fahrpläne

Die lettische (www.ldz.lv) und die litauische Bahn (www.litrail.lt) stellen die aktuellen Fahrpläne online. Das gilt zwar auch für Estland (www.edel.ee), allerdings gibt's deren Website nur auf Estnisch (*Sõiduplannid ja hinnad* heißt „Fahrpläne und Preise"). In den Bahnhöfen hängen ebenfalls Pläne aus. Dort sind die Zugnummern, Ankunfts- und Abfahrtszeiten und der Bahnsteig vermerkt. Auf manchen stehen auch Hin- und Rückfahrtzeiten, die Aufenthaltsdauer der Züge oder die Abfahrtszeit am Ursprungsbahnhof. Auch das Kleingedruckte kann entscheidend sein, da viele Züge nur an bestimmten Wochentagen oder saisonal fahren.

Strecken

Zwischen den Hauptstädten gibt es keine Direktverbindungen. Um mit dem Zug von Tallinn nach Rīga zu kommen, heißt es an der estnisch-lettischen Grenze in Valga umsteigen. Von Rīga fahren Züge nach Daugavpils, von wo aus wiederum Züge nach Vilnius gehen (manchmal bedeutet das eine Übernachtung in Daugavpils).

Informationen zum Streckennetz der einzelnen Länder stehen im jeweiligen Länderkapitel im Abschnitt „Unterwegs vor Ort".

Tickets & Information

In Lettland und Litauen bekommt man Tickets im Voraus und bis unmittelbar vor der Abfahrt am Bahnhof. In den größeren Bahnhöfen, z. B. in Rīga gibt's eigene Schalter für verschiedene Zugtypen und Ziele.

Bis auf Tallinn sind estnische Bahnhöfe verwaist. Ticketschalter sind wie jeder andere Service Fehlanzeige. Die Passagiere kaufen ihre Tickets im Zug. Da die Bahnhöfe oft ziemlich weit vom Stadtzentrum entfernt liegen, bringt es nichts, aufs Geratewohl hinzumarschieren, wenn man die genaue Abfahrtszeit nicht weiß.

In Fernzügen zwischen dem Baltikum und anderen Ländern sammelt der Schaffner die Tickets ein. 15 Minuten vor dem Aussteigen bekommen die Fahrgäste ihre Fahrkarte dann wieder zurück – im Nachtzug ein praktischer Weckdienst.

NOCH MEHR ESTNISCH, LETTISCH UND LITAUISCH

Zusätzliche Informationen zu den drei Sprachen und nützliche Wendungen für diejenigen, die fit in Englisch sind, gibt es im *Baltic Phrasebook* von Lonely Planet. Es kann online auf **shop.lonelyplanet.com** oder als Lonely Planet iPhone Phrasebook im Apple App Store erworben werden.

ESTNISCH

Das Estnische gehört zum baltofinnischen Zweig der finno-ugrischen Sprachfamilie. Es ist eng mit dem Finnischen und entfernt mit dem Ungarischen verwandt. Zwar verstehen die meisten Esten, vor allem die jüngeren Semester, Englisch und Finnisch, aber wenn Gäste versuchen, estnisch zu sprechen, kommt das immer gut an.

Die estnischen Konsonanten werden meist wie im Deutschen ausgesprochen. Ausnahme: *p, t* und *k* kommen ohne die typisch deutsche Behauchung aus und das *h* wird immer ausgesprochen (ist also kein Dehnungszeichen). Auch die Vokale dürften kein Problem darstellen: Das *a* ist dumpfer als im Deutschen und tendiert zum o (in der Lautschrift å), das *ä* ist dagegen ein sehr helles „a" wie im südenglischen „cat". Eine Spezialität des Estnischen ist das *õ*. Es klingt wie eine Mischung aus „o" und „ö" – etwa so wie das „o" im sächsischen Dialekt.

In der Lautschrift wird die betonte Silbe kursiv dargestellt. Im Allgemeinen wird die erste Silbe betont.

Wichtige Redewendungen

Hallo.	*Tere.*	*te*·re
Tschüs.	*Head aega.*	he·ad *ai*·gå
Ja.	*Jah.*	jåch
Nein.	*Ei.*	ej
Danke.	*Tänan.*	*ta*·nån
Bitte. auch: **Gern geschehen.**	*Palun.*	*på*·lun
Entschuldigung	*Vabandage.*	wå·bån·då·ge
Wie geht's?	*Kuidas läheb?*	*kui*·dås *la*·heb
Gut.	*Hästi.*	*has*·ti

Wie heißen Sie?
Mis te nimi on? — mis te *ni*·mi on

Ich heiße ...
Mu nimi on ... — mu *ni*·mi on ...

Sprechen Sie Deutsch/English?
Kas te räägite saksa/inglise keelt? — kas te *rah*·gi·te ßåxå/*ing*·li·se kehlt

Ich verstehe nicht.
Ma ei saa aru. — må ej ßåh å·rru

Unterkunft

Wo gibt's ein(e/n) ...?	*Kus asub ...?*	kus å·ßub ...
Campingplatz	*kämping*	*kam*·ping
Hotel	*hotell*	ho·*tell*
Pension	*võõrastemaja*	*võh*·rås·te·må·jå

Ich möchte ein Einzel-/Doppelzimmer.
Ma tahaksin ühe/kahe voodiga tuba. — må *tå*·håk·sin *ü*·he/*kå*·he *wo*·di·gå *tu*·bå

Was kostet eine Person/Nacht?
Kui palju maksab voodikoht/ööpäev? — kuj *pål*·ju *må*·xåb *wo*·di·kocht/*öh*·pa·ew

Richtungsangaben

Wo ist ...?
Kus on ...? — kus on ...

Wie weit ist es?
Kui kaugel see on? — kuj *kau*·gel ßeh on

Schilder – Estnisch

Sissepääs	Eingang
Väljapääs	Ausgang
Avatud/Lahti	Offen
Suletud/Kinni	Geschlossen
WC	Toiletten
Meestele	Herren
Naistele	Damen

Können Sie es mir auf der Karte zeigen?
Palun näidake mulle seda kaardil. — på·lun *nei*·då·ke *mul*·le ẞe·då *kahr*·dil

Essen & Trinken

Kann ich die Speisekarte haben?
Kas ma saaksin menüü? — kås må *såh*·xin me·*nüü*

Ich möchte ...
Ma sooviksin ... — må so·vi·xin ...

Ich bin Vegetarier(in).
Ma olen taimetoitlane. — må o·len *tei*·me·teut·lå·ne

Guten Appetit!
Head isu! — herd *i*·ẞu

Prost!
Terviseks! — *ter*·wi·ẞex

Die Rechnung bitte.
Palun arve. — på·lun *år*·we

Im Notfall

Hilfe! *Appi!* — *åp*·pi

Verschwinde! *Minge ära!* — *min*·ge a·rå

Rufen Sie einen Arzt!
Kutsuge arst! — *kut*·zu·ge årst

Ich bin krank.
Ma olen haige. — må o·len *hai*·ge

Ich habe mich verlaufen.
Ma olen eksinud. — må o·len exi·nud

Einkaufen & Dienstleistungen

Wann ist geöffnet/geschlossen?
Mis kell see avatakse/ suletakse? — mis kell seh å·vå·tåxe/ *su*·le·tåk·se

Was kostet das?
Kui palju see maksab? — kui *pål*·ju ẞeh *måx*åb

Bank	*pank*	pånk
Apotheke	*apteek*	*åp*·tehk
Markt	*turg*	turrg
Polizei	*politsei*	po·li·*zej*
Post	*postkontor*	*post*·kon·torr
Toilette	*tualett*	tua·*lett*
Touristen-information	*turismi-büroo*	tu·*ris*·mi·bü·*roo*

Zeitangaben & Zahlen

Wie spät ist es?	*Mis kell on?*	mis kell on
Es ist (ein) Uhr.	*Kell on (üks).*	kell on (üx)
morgens	*hommikul*	*hom*·mi·kul
abends	*õhtul*	*õch*·tul

1	*üks*	üx
2	*kaks*	kåx
3	*kolm*	kolm
4	*neli*	*ne*·li
5	*viis*	wies
6	*kuus*	kuhs
7	*seitse*	*ẞejt*·se
8	*kaheksa*	*kå*·hexå
9	*üheksa*	*ü*·hexå
10	*kümme*	*küm*·me

Verkehrsmittel & -wege

Wo ist der ...?	*Kus on ...?*	kus on ...
Flughafen	*lennujaam*	*len*·nu·jåhm
Busbahnhof	*bussijaam*	*bus*·si·jåhm
Fährhafen	*sadam*	*ẞå*·dåm
Bahnhof	*rongijaam*	*ron*·gi·jåhm

Welche(r) ... fährt hin?	*Mis ... ma sinna saan?*	mis ... må *ẞin*·nå såhn
Bus	*bussiga*	*bus*·si·gå
Straßenbahn	*trammiga*	*tråm*·mi·gå
O-Bus	*trolliga*	*trol*·li·gå

Wann fährt der nächste Bus/Zug?
Mis kell on järgmine buss/rong ? — mis kell on *jarg*·mi·ne bus/rong

Eine Einzel-/Rückfahrkarte, bitte.
Palun üks/ edasi-tagasi pilet. — på·lun üx/ e·då·ẞi·*tå*·gå·ẞi *pi*·let

LETTISCH

Das Lettische gehört zu den baltischen Sprachen. Nur rund 55% der Bevölkerung Lettlands und gerade mal 45% der Einwohner von Rīga sprechen es als Muttersprache. Auch wenn Lettisch und Litauisch einen großen gemeinsamen Wortschatz haben, sind die beiden Sprachen gegenseitig nicht verständlich.

Die lettischen Vokale werden meist wie die deutschen ausgesprochen, nur das „o" tanzt aus der Reihe: Es klingt wie das „Ur" in der lässigen Aussprache von „Urwald". Ein Strich über einem Vokal heißt, dass er lang gesprochen wird. Die Konsonanten werden wie im Deutschen ausgesprochen, mit Ausnahme der folgenden:

c	ts	wie in „Katze"
č	tsch	wie in „Matsch"
dz	ds	das „s" weich und stimmhaft wie imenglischen „beds"
dž	dsch	wie das „j" in „Jenny"
ģ	dj	wie der Anfang der englischen Wörter „duty" und „during"
ķ	kj	wie in „Kyoto"
ļ	lj	wie das „lli" in „Million"
ņ	nj	wie in „Anja"
r	r	leicht mit der Zungenspitze gerollt
s	ss	wie in „Riss"
š	sch	wie in „Schiff"
v	w	wie in „Wald"
z	s	stimmhaftes „s" wie in „Hase"
ž	zh	wie das „j" in „Journalist" oder das zweite „g" in „Garage"

Wichtige Redewendungen

Hallo.	*Sveiks.* (m) *Sveika.* (w)	swäix *swäi*·ka
Tschüs.	*Uz redzēšanos.*	uss *redd*·säh·scha·nurs
Ja.	*Jā.*	jah
Nein.	*Nē.*	näh
Bitte. auch: **Gern geschehen.**	*Lūdzu.*	*luh*·dsu
Danke.	*Paldies.*	pall·*diäss*

Entschuldigung (vor einer Frage)
Atvainojiet. — *att*·wei·nur·ji·ett

(beim Anrempeln)
Piedodiet. — *piä*·dur·di·ett

Wie geht's?
Kā jums klājas? — kah jumms *klah*·jas

Gut, danke.
Labi, paldies. — *lab*·bi pall·*diäss*

Wie heißen Sie?
Kā jūs sauc? — kah juhs sauz

Ich heiße ...
Mani sauc ... — *man*·ni sauz ...

Sprechen Sie Deutsch/Englisch?
Vai jūs runājat vāciski/angliski? — wei juhs *run*·nah·jatt *wah*·ziss·ki/*ann*·gliss·ki

Ich verstehe nicht.
Es nesaprotu. — ess *ness*·sap·prur·tu

Unterkunft

Ich suche ... — *Es meklēju ...* — ess *meck*·läh·ju

ein Hotel	*viesnīcu*	*wjäss*·nie·zu
eine Jugendherberge	*jauniešu mītni*	*jau*·niä·schu *miet*·ni

Ich möchte ein Einzel-/Doppelzimmer.
Es vēlos vienvietīgu/ divvietīgu istabu
ess *wäh*·lurs *wiänn*·wjätt·tie·gu/ *di*·wjät·tie·gu *is*·tab·bu

Wie viel kostet eine Nacht?
Cik maksā diennaktī?
Zick *max*·sah *djänn*·nack·tie

Richtungsangaben

Wie komme ich nach ...?
Kā es tieku līdz ...? — kah ess *tjäck*·ku lieds ...

Ist es weit von hier?
Vai tas atrodas tālu? — wei tass *att*·rur·dass *tah*·lu

Können Sie es mir bitte (auf der Karte) zeigen?
Lūdzu parādiet man (uz kartes)? — *luh*·dsu *par*·rah·djät mann (us *karr*·tes)

Essen & Trinken

Einen Tisch für ... Personen, bitte.
Lūdzu galdu ... personām. — *luh*·dsu *gall*·du ... *per*·so·nahm

Haben Sie eine Speisekarte?
Vai jums ir ēdienkarte? — wei jumms irr *äh*·djenn·karr tä

Was empfehlen Sie?
Ko jūs iesakat? — kur juhs *jess*·sack·kat

Ich bin Vegetarier(in).
Es esmu veģetārietis/te. (m/f) — ess *ess*·mu ved·dje·tah·*rjet*·tis/te

Ich möchte ...
Es vēlos ... — ess *wäh*·lurs ...

Die Rechnung, bitte.
Lūdzu rēķinu. — *luh*·dsu *räh*·kji·nu

Im Notfall

Hilfe!	*Palīgā!*	*pal*·lie·ga
Verschwinde!	*Ejiet projām!*	*Äj*·jett *prur*·jam

Rufen Sie einen Arzt!
Izsauciet ārstu! — is·sauz·jett *ahrs*·tu

Ich bin krank.
Es esmu slims/slima. (m/w) — ess ess·mu slims/slim·ma

Ich habe mich verlaufen.
Es esmu apmaldījies/apmaldījusies. (m/w) — ess ess·mu app·mall·die·jess/app·mall·die·jussi·jess

Einkaufen & Dienstleistungen

Wann ist geöffnet?
No cikiem ir atvērts? — nur *zick*·jemm irr *att*·wehrts

Wann schließen Sie?
Cikos slēdz? — *zick*·koss slähds

Wie viel kostet das?
Cik tas maksā? — zick tass *mack*·sah

Wo sind die Toiletten?
Kur ir tualetes? — kurr irr *tu*·a·let·tes

Bank	*banka*	*bang*·ka
Apotheke	*aptieka*	*app*·tjeck·ka
Wechselstube	*valūtas maiņa*	*wall*·luh·tass *mein*·ja
Markt	*tirgus*	*tirr*·guss
Post	*pasts*	passts

Zeitangaben & Zahlen

Wie spät (ist es)?
Cik (ir) pulkstenis? — zick (irr) *pulks*·tennis

Es ist (fünf) Uhr.
Ir (pieci). — irr *pjätt*·zi

morgens	*rīts*	riez
abends	*pēcpusdiena*	*pähz*·puss·djänn·na
nachts	*nakts*	nackts
1	*viens*	viäns
2	*divi*	*div*·vi
3	*trīs*	tries
4	*četri*	*tschätt*·ri
5	*pieci*	*piätt*·zi
6	*seši*	*säsch*·schi
7	*septiņi*	*sepp*·tin·ji
8	*astoņi*	*ass*·turn·ji
9	*deviņi*	*dew*·win·nji
10	*desmit*	*dess*·mit

Schilder – Lettisch

Ieeja	Eingang
Izeja	Ausgang
Atvērts	Offen
Slēgts	Geschlossen
Tualetes	Toiletten
Vīriešu	Herren
Sieviešu	Damen

Verkehrsmittel & -wege

Wo ist der/die ...?
Kur atrodas ...? — kurr *att*·rur·dass ...

Flughafen	*lidosta*	*lid*·durs·ta
Busbahnhof	*autoosta*	*au*·to·urs·ta
Fährhafen	*pasažieru osta*	*pass*·sa·schiä·ru *urs*·ta
Bahnhof	*dzelzceļa stacija*	*dsels*·zel·ja *s*·*tatt*·zi·ja
Straßenbahnhaltestelle	*tramvaja pietura*	*tramm*·wei·ja *piä*·tur·ra

Ich möchte ein(e) ... .
Es vēlos nopirkt ... biļeti. — äss *wäh*·lurs *nur*·pirrkt ... *bill*·jett·ti

Einzelticket	*vienvirziena*	*viän*·wirr siänn na
Rückfahrkarte	*turpatpakaļ*	*turrp*·*att*·pack·kall

LITAUISCH

Das Litauische gehört zusammen mit dem Lettischen zu den baltischen Sprachen. Der niederlitauische Dialekt *(Žemaičiai)* im Westen unterscheidet sich vom Oberlitauischen *(Aukštaičiai)*, das im Rest des Landes gesprochen wird und als Standard gilt.

Die richtige Aussprache hinzubekommen, ist relativ schwer. Als Faustregel gilt aber: Wenn ein Vokal von irgendeinem Sonderzeichen (Haken, Strich, Punkt) begleitet wird, ist er lang, sonst meist kurz. Allerdings lässt die Schreibung nicht erkennen, wo ein Wort betont wird. Hier ist die betonte Silbe in der Lautschrift kursiv gesetzt. Die Konsonanten werden ungefähr wie im Deutschen ausgesprochen, mit Ausnahme der folgenden:

c	ts	wie in „Katze“
č	tsch	wie in „Matsch“
ch	h	wie in „Helm“
dz	ds	das „s“ weich und stimmhaft wie im englischen „beds“
dž	d	sch wie das „j“ in „Jenny“
r	rr	das „r“ wird immer gerollt, also mit der Zunge am Gaumen gebildet
š	sch	wie in „Schiff“
v	w	wie in „Wald“
z	s	stimmhaftes „s“ wie in „Hase“
ž	zh	wie das „j“ in „Journalist“ oder das zweite „g“ in „Garage“

Wichtige Redewendungen

Hallo.	*Sveiki.*	swäi·ki
Tschüs.	*Sudie.*	sud·*djä*
Ja./Nein.	*Taip./Ne.*	taip/nä
Bitte.	*Prašau.*	pra·*schau*
Danke.	*Dėkoju.*	deh·*ko*·yu
Gern geschehen.	*Prašau.*	pra·*schau*

Entschuldigung.
(Vor einer Frage)
Atsiprašau. atzi·pra·*schau*
(Beim Anrempeln)
Atleiskite. att·*läis*·kit·tä

Wie geht's?
Kaip gyvuojate? kaip gie·*wuo*·ja·tä

Wie heißen Sie?
Kaip jūsų vardas? kaip *juh*·ßuh *varr*·dass

Ich heiße ...
Mano vardas yra ... man·no *warr*·dass ih·*ra* ...

Sprechen Sie Deutsch/English?
Ar kalbate vokiškai/angliškai?
arr *kall*·ba·tä *wock*·kisch·kai/*ang*·glisch·kai

Ich verstehe nicht.
Aš jūsų nesuprantu.
asch *juh*·ßuh ness·ßu·prann·*tu*

Unterkunft

Ich suche ein Hotel.
Aš ieškau viešbučio. asch *jäsch*·kau *wjäsch*·butt·scho

Ich möchte ein Einzel-/Doppelzimmer.
Aš noriu vienviečio/dviviečio kambario. asch *norr*·ju wjänn·*wjätt*·scho/dwi·*wjätt*·scho *kamm*·barr·jo

Wie viel kostet es pro Nacht und Person?
Kiek kainuoja apsistoti nakčiai asmeniui? kjäck kai·*nuo*·ja app·siss·tot·ti nack·tschai ass·män·jui

Richtungsangaben

Wie komme ich nach ...?
Prašom pasakyti, kaip patekti į ...? *pra*·schom pass·sa·*kih*·ti kaip pa·*teck*·ti ih ...

Ist es weit?
Ar toli? arr tol·*li*

Können Sie es mir (auf der Karte) zeigen?
Galėtumėt man parodyti (žemėlapyje)? gal·*leh*·tu·meht mann pa·*ro*·dih·ti (schämm·*meh*·lapp·pih·jä)

Essen & Trinken

Ein Tisch für ... Personen, bitte.
Stalą ..., prašau. s·*tal*·lah ... pra·*schau*

Kann ich bitte die Speisekarte sehen?
Ar galėčiau gauti meniu prašau? arr gal·*leh*·tschau gau·ti männ·*ju* pra·*schau*

Haben Sie die Speisekarte auf Deutsch/Englisch?
Ar jūs turite meniu vokiškai/angliškai? arr juhs *tur*·rit·tä männ·*ju* *wock*·kisch·kai/*ang*·glisch·kai

Ich möchte das probieren.
Aš norėčau išbandyti to. asch no·*reh*·tschau isch·bann·*dih*·ti to

Ich esse kein (Fleisch).
Aš nevalgau (mėsiško). asch nä·*wall*·gau (*meh*·sisch·ko)

Im Notfall

Hilfe!	*Gelbėkite!*	*gäll*·beh·ki·tä
Verschwinde!	*Eik šalin!*	äik schall·*lin*
Ich bin krank.	*Aš sergu.*	asch särr·*gu*

Rufen Sie einen Arzt!
Iššaukite gydytoją! isch·*schau*·ki·tä *gie*·die·to·jah

Ich habe mich verlaufen.
Aš paklydusi/paklydęs. (m/w) asch pack·*lie*·duss·si/pack·*lie*·däss

Einkaufen & Dienstleistungen

Wann ist geöffnet/geschlossen?
Kelintą valandą atsidaro/užsidaro? käll·*linn*·tah *wall*·lann·dah att·zi·*da*·ro usch·ßi·*da*·ro

Wie viel kostet das?
Kiek kainuoja? kjäck kai·*nuo*·ja

Ich suche ...	*Aš ieškau ...*	asch *jäsch*·kau ...
eine Bank	*bankas*	*bang*·kass
eine Apotheke	*vaistinė*	*wais*·tin·neh
eine Wechselstube	*valiutos*	wall·*ju*·toss
den Markt	*turgus*	*tur*·guss
die Polizei	*policijos*	poll·*litt*·zi·joss
die Post	*pašto*	*pasch*·to
eine Toilette	*tualeto*	tual·*lätt*·to

Schilder – Litauisch

Įėjimas	Eingang
Išėjimas	Ausgang
Atidara	Offen
Uždara	Geschlossen
Dėmesio	Vorsicht
Patogumai	Öffentliches WC

Zeitangaben & Zahlen

Wie spät ist es?
Kiek dabar laiko? — kjäck da·barr *lai*·ko

Es ist zwei Uhr.
Dabar antra valanda. — da·*barr* ann·*tra* wall·lann·*da*

morgens	*rytas*	*rie*·tass
abends	*popietė*	*pop*·jä·teh
nachts	*naktis*	nack·*tis*

1	*vienas*	*wjänn*·nass
2	*du*	du
3	*trys*	tries
4	*keturi*	kätt·tu·*ri*
5	*penki*	päng·*ki*
6	*šeši*	schä·*schi*
7	*septyni*	säp·tie·*ni*
8	*aštuoni*	asch·tuo·*ni*
9	*devyni*	dä wie·*ni*
10	*dešimt*	*dä*·schimt

Verkehrsmittel & -wege

Wo ist...?	*Kur yra ...?*	kurr ie·*ra* ...
der Flughafen	*oro uostas*	or·ro *uoss*·tass
die Bushaltestelle	*autobuso stotelė*	au·*tobb*·bus·so s-tott·*täll*·leh
der Fährhafen	*kelto stotis*	*käll*·to s-tott·*tiss*
der Bahnhof	*geležinkelio stotis*	gäll·lä·*schinn*·käll·jo s-tott·*tiss*

Ich möchte eine ...	*Aš norėčiau bilietą į ...*	asch no·*reh*·tschau *bill*·jätt·tah ie ...
einfache Fahrkarte	*vieną galą*	*wjänn* ·nah *gal*·lah
Rückfahrkarte	*abu galus*	ab·*bu* gal·*luss*

GLOSSAR

Viele nützliche Vokabeln und Redewendungen, die mit Essen und Trinken zu tun haben, sind in speziellen Kästen in den Länderkapiteln zu finden. Im Kapitel „Sprache" (S. 434) stehen Vokabeln und Redewendungen aus anderen Bereichen. Dieses Glossar enthält estnische (Est), finnische (Fin), deutsche (Deu), lettische (Let), litauische (Lit) und russische (Rus) Ausdrücke, die häufig in den baltischen Staaten zu hören sind.

aikštė (Lit) – Platz
aludė (Lit) – Bierkeller
alus (Let, Lit) – Bier
apteek (Est) – Apotheke
aptieka (Let) – Apotheke
Aukštaitija (Lit) – Oberlitauen
autobusų stotis (Lit) – Bushaltestelle
autoosta (Let) – Bushaltestelle
autostrāde (Let) – Schnellstraße

baar (Est) – Kneipe, Bar
babushka (Rus) – Oma, alte Frau mit Kopftuch
bagāžas glabātava (Let) – Gepäckaufbewahrung
bagažinė (Lit) – Gepäckaufbewahrung
bāka (Let) – Leuchtturm
Baltischer/Estnischer Glint – Kalksteinbank, die sich von Schweden aus entlang der Nordküste Estlands bis nach Russland erstreckt.
baras (Lit) – Kneipe, Bar
baznīca (Let) – Kirche
bažnyčia (Lit) – Kirche
brokastis (Let) – Frühstück
bulvāris (Let) – Boulevard
bussijaam (Est) – Bushaltestelle

ceļš (Let) – Eisenbahngleis, Straße
centras (Lit) – Stadtzentrum
centrs (Let) – Stadtzentrum

daina (Let) – kurzer, mündlich vorgetragener poetischer Vers oder Gesang
datorsalons (Let) – Internetcafé
dzintars (Let) – Bernstein

ebreji (Let) – Juden
Eesti (Est) – Estland
ežeras (Lit) – See
ezerpils (Let) – Seefestung
ezers (Let) – See

gatvė (Lit) – Straße
geležinkelio stotis (Lit) – Bahnhof
gintarinė/gintarinis (Lit) – Bernstein

hinnakiri (Est) – Preisliste
hommikusöök (Est) – Frühstück

iela (Let) – Straße
iezis (Let) – Fels
informacija (Lit) – Informationszentrum
internetas kavinė (Lit) – Internetcafé
interneti kohvik (Est) – Internetcafé

järv (Est) – See

kafejnīca (Let) – Café
kalnas (Lit) – Berg, Hügel
kalns (Let) – Berg, Hügel
kämping (Est) – Campingplatz
katedra (Lit) – Kathedrale
kauplus (Est) – Laden
kavinė (Lit) – Café
kelias (Lit) – Straße
kempingas (Lit) – Campingplatz
kempings (Let) – Campingplatz
kesklinn (Est) – Stadtzentrum
kirik (Est) – Kirche
kohvik (Est) – Café
kõrts (Est) – Wirtshaus, Taverne
krogs (Let) – Kneipe, Bar
Kurschskaja Kossa (Rus) – Kurische Nehrung
Kursių marios (Lit) – Kurisches Haff
Kursių Nerija (Lit) – Kurische Nehrung
Kurzeme (Let) –Kurland

laht (Est) – Bucht
Latvija (Let) – Lettland
laukums (Let) – Platz
lennujaam (Est) – Flughafen
lidosta (Let) – Flughafen
Lietuva (Lit) – Litauen
looduskaitseala (Est) – Natur-/Landschaftsschutzgebiet
loss (Est) – Burg, Schloss

maantee (Est) – Schnellstraße
mägi (Est) – Berg, Hügel
Metsavennad (Est) – Waldbrüder (Widerstandsbewegung gegen die Sowjetregierung nach dem Zweiten Weltkrieg)
midus (Lit) – Met
mõis (Est) – Gutshaus
muzejs (Let) – Museum
muziejus (Lit) – Museum

nacionālais parks (Let) – Nationalpark

õlu (Est) – Bier
oro uostas (Lit) – Flughafen
osta (Let) – (Flug-)Hafen

pakihoid (Est) – Gepäckaufbewahrung
parkas (Lit) – Park
parks (Let) – Park
paštas (Lit) – Post
pasts (Let) – Post
Peko (Est) – Fruchtbarkeitsgott in der heidnischen Mythologie der Seto
perkėla (Lit) – Hafen
piletid (Est) – Tickets

pilies (Lit) – Burg
pils (Let) – Burg, Schoss
pilsdrupas (Let) – Ritterburg
pilskalns (Let) – Burgberg
plats (Est) – Platz
plentas (Lit) – Autobahn
pliažas (Lit) – Strand
pludmale (Let) – Strand
pood (Est) – Laden
postkontor (Est) – Post
prospektas (Lit) – Boulevard
prospekts (Let) – Boulevard
pubi (Est) – Kneipe
puhketalu (Est) – Urlaub auf dem Bauernhof
puiestee (Est) – Boulevard
pusryčiai (Lit) – Frühstück

raekoda (Est) – Rathaus
rahvuspark (Est) – Nationalpark
rand (Est) – Strand
rātsnams (Let) – Rathaus
raudteejaam (Est) – Bahnhof
Reval (Deu) – alter deutscher Name für Tallinn
rezervāts (Let) – Reservat
Riigikogu (Est) – Parlament
rotušė (Lit)- Rathaus
rūmai (Lit) – Schloss

saar (Est) – Insel
sadam (Est) – Hafen
Saeima (Let) – Parlament
Seimas (Lit) – Parlament
Seto (Est) – Volksgruppe mit estnischen und orthodoxen Traditionen
Setomaa (Est) – Siedlungsgebiet der Seto in Südost-Estland und Russland
sild (Est) – Brücke
smuklė (Lit) – Taverne
stacija (Let) – Bahnhof
švyturys (Lit) – Leuchtturm
Tallinna (Fin) – Tallinn
talu (Est) – Bauernhof
tänav (Est) – Straße
tee (Est) – Straße
tiltas (Lit) – Brücke
tilts (Let) – Brücke
tirgus (Let) – Markt
toomkirik (Est) – Kathedrale, Dom
trahter (Est) – Taverne
Tschudskoje Osero (Rus) – Peipussee
tuletorn (Est) – Leuchtturm
turg (Est) – Markt
turgus (Lit) – Markt
turismitalu (Est) – Urlaub auf dem Bauernhof

vanalinn (Est) – Altstadt
vaistinė (Lit) – Apotheke
väljak (Est) – Platz
Vecrīga (Let) – Altstadt von Rīga
via Baltica – Internationale Fernstraße (E67) von Estland nach Polen

žydų (Lit) – Juden

Hinter den Kulissen

WIR FREUEN UNS ÜBER EIN FEEDBACK

Post von Travellern zu bekommen, ist für uns ungemein hilfreich – Kritik und Anregungen halten uns auf dem Laufenden und helfen, unsere Bücher zu verbessern. Unser reiseerfahrenes Team liest alle Zuschriften genau durch, um zu erfahren, was an unseren Reiseführern gut und was schlecht ist. Wir können solche Post zwar nicht individuell beantworten, aber jedes Feedback wird garantiert schnurstracks an die jeweiligen Autoren weitergeleitet, rechtzeitig vor der nächsten Nachauflage.

Wer uns schreiben will, erreicht uns über **www.lonelyplanet.de/kontakt.**

Hinweis: Da wir Beiträge möglicherweise in Lonely Planet Produkten (Reiseführer, Websites, digitale Medien) veröffentlichen, ggf. auch in gekürzter Form, bitten wir um Mitteilung, falls ein Kommentar nicht veröffentlicht oder ein Name nicht genannt werden soll. Wer Näheres über unsere Datenschutzpolitik wissen will, erfährt das unter www.lonelyplanet.com/privacy.

DANK VON LONELY PLANET

Vielen Dank an alle Reisenden, die mit der letzten Auflage unterwegs waren und uns wertvolle Hinweise, nützliche Tipps und interessante Anekdoten zugesandt haben:
Hamish John Appleby, Liz Bissett, Richard Bristow, Itaru Dekio, Erica Enwall, Pierre Gaspart, Bettina Gilbert, Gina Green, Mieke Haveman, Jānis, Eric Kol, Richard Lemon, Robin Little, Mark McConnell, Lynn Miller, Gustavo Orlando-Zon, Julia Ossena, Leo Paton, Sue Pon, Paul Ravensbergen, Karlis Rozenkrons, Andreas Stueckjuergen, Dionisia Tzovandaropoulou, Claire Venema, Wing Ling Lai

DANK DER AUTOREN

Brandon Presser

Ein riesengroßes Dankeschön geht zuallererst an Aleksis Karlsons – dieses Buch wäre ohne deine freundliche Aufnahme nicht möglich gewesen. Danke auch an Rihards Kalnins, Jānis Jenzis, Iveta Sprudža, Agnese Kleina, Elīna Dobele, Richard Baerug, Agrita Tipane, an das Lettische Institut, Live Rīga, Karlis, Ieva, Aggie und an alle anderen, die mitgeholfen haben, damit diese Auflage so gut wird. Bei Lonely Planet danke ich Katie, Tasmin, meinen tüchtigen Mitautoren Mark und Peter – und einen Sonderapplaus gibt's für Carolyn.

Mark Baker

Einen besonderen Dank an die Leute in den litauischen Touristeninformationen, vor allem an Natalia Tatarchuk vom Nationalpark Žemaitija. Meine Freundin Letitia Rydjeski, eine Amerikanerin mit polnischen Wurzeln und einer Vorliebe für Litauen, hat Teile meines Manuskripts gecheckt und mir viele wichtige Hinweise gegeben. Simona Dambauskas aus Vilnius weiß alles über ihre Stadt und war eine große Hilfe beim Zusammenstellen von Informationen. Ich danke meinen Freundinnen Eva und Kristina für die freundliche Aufnahme in Kaunas und meinen Mitautoren Brandon Presser und Peter Dragicevich für die reibungslose Zusammenarbeit bei dieser Auflage.

Peter Dragicevich

Besonderen Dank an Vanessa Irvine, Mark Elliott, Tracy Moyes und Kaspars Zalitis – ich habe die Zeit mit euch in Tallinn so richtig genossen – und an Mika Keränen für die Bewirtung in Tartu.

Simon Richmond

Für ihre Hilfe und ihre Gesellschaft in Kaliningrad möchte ich mich bei Ksenia, Irina und Artjom Ryskow bedanken.

Andy Symington

Die Recherchearbeit in Helsinki haben mir meine Eltern verschönt, die mich ein paar Tage besucht haben. Danke dafür! Wie immer ein großes *kiitos* an Gustav, Marja, Mirjam und zum ersten Mal auch an Meri Schulman, auf deren großzügige Gastfreundschaft ich mich in Helsinki einfach immer verlassen kann. Danke auch an Fran Parnell für den tollen Autorenabend in der Hauptstadt. Zu guter Letzt schulde ich Elena Vázquez Rodríguez ein großes *igracias amor!* für ihre Hilfe, ihre Liebe und ihr Verständnis.

QUELLENNACHWEIS

Die Daten für die Klimakarte stammen von Peel MC, Finlayson BL & McMahon TA (2007), „Updated World Map of the Köppen-Geiger Climate Classification", *Hydrology and Earth System Sciences*, 11, 163344.

Umschlagfoto: Inselburg Trakai, Litauen, Stefano Cellai/Corbis

Viele der Fotos in diesem Reiseführer können unter www.lonelyplanetimages.com lizenziert werden.

ÜBER DIESES BUCH

Dies ist die 3. deutsche Auflage von *Estland, Lettland & Litauen*, basierend auf der mittlerweile 6. englischen Auflage von *Estonia, Latvia & Lithuania* von Brandon Presser, Peter Dragicevich und Mark Baker. Das Kapitel Kaliningrad stammt von Simon Richmond, das Kapitel Helsinki von Andy Symington. Die vorige Auflage wurde von Carolyn Bain, Neal Bedford, Brandon Presser und George Dunford verfasst. In Auftrag gegeben wurde dieser Reiseführer im Londoner Büro von Lonely Planet. Für das Layout zeichnet Cambridge Publishing Management in Großbritannien verantwortlich. An der Produktion waren folgende Personen beteiligt:

Verantwortliche Redakteure Jo Cooke, Katie O'Connell, Glenn van der Knijff
Leitende Redakteurinnen Karen Beaulah, Kate James
Leitender Kartograf Marc Milincovic
Leitender Layoutdesigner Paul Queripel
Redaktion Kirsten Rawlings, Angela Tinson, Tasmin Waby
Kartografie Adrian Persoglia, Shahara Ahmed
Layout Chris Girdler
Redaktionsassistenz Janice Bird, Kathryn Glendenning, Michala Green, Emma Sangster, Ceinwen Sinclair, Fionnuala Twomey
Layout-Assistenz Julie Crane
Bildredaktion Umschlag Naomi Parker
Bildredaktion Jessica Boland
Redaktion Sprachführer Branislava Vladisavljevic

Dank an Imogen Bannister, Catherine Craddock, Ryan Evans, Yvonne Kirk, Korina Miller, Susan Paterson, Trent Paton, Martine Power, Gerard Walker

Register

IX. Fort 345

A

Abava-Tal 224, 239
Adamkus, Valdas 391
Aerodium 259
Āgenskalns 210
Aglona 277
Ainaži 257
Aizkalne 278
Akademie der Wissenschaft 208
Aktivitäten 28, *siehe auch einzelne Aktivitäten, Orte*
  für Kinder 35
Alajõe 95
Alexander-Newski-Kathedrale 56
Altgläubige 95, 97
Altja 85
Altstadt (Rīga) 195, **200**
Altstadt (Tallinn) 6, 18, 47, 62, **62**, **6**
Altstadt (Vilnius) 9, 18, 297, **9**
Alūksne 271
Angeln & Fischen 31
  Biosphärenreservat Nord-Vidzeme 257
  Eisangeln 325, 363, 370, 376
  Ethnografisches Fischergehöft 363
  Kurisches Haff 376
  Pidula-Forellen 147
  Roja 238
  Trakai 325
  Usma-See 237
  Utena 332
Angla 147
Antakalnis-Friedhof 306
An- & Weiterreise Baltikum 15, 424
Anykščiai 356
Āraiši 269
Āraiši, Wasserfestung 269
Arbeiten 416
Architektur 18, *siehe auch* Jugendstil
  Architekturmuseum Rīga 203
  Architekturmuseum Tallinn 57
  Klaipėda 362
  Sowjetära 56, 90, 230
Architekturmuseum Rīga 203
Architekturmuseum Tallinn 57
Artilleriebastion 305
Aufklärung 166
Aukštaitija, Nationalpark 328, 329
Autofahren 15
Automobilclubs 424
Autoreisen 15, 36
  Gefahren 15, 37
  Innerhalb des Baltikums 429
  Ins/Vom Baltikum 424
  Mietwagen 15, 37, 287, 288
  Tagestouren 36
  Verkehrsregeln 37, 429
  Versicherung 424
Ažvinčiai, Waldschutzgebiet 328

B

Bahnreisen
  Estland 179
  Helsinki 191
  Innerhalb des Baltikums 179, 288, 403, 432
  Ins/Vom Baltikum 426
  Lettland 288
  Litauen 404
  Schmalspurbahnen 244, 271, 357
  Strecken **428**
Ballonfahrten 309, 325
  Birštonas 350
Baltā Nakts 22
Baltic Pride 420
Banken 418
Bars 418, *siehe auch einzelne Orte*
Bartas, Šarūnas 394
Basanavičiaus gatvė 379
Basketball 76, 393
Bauska 251
Beauvoir, Simone de 371
Beerensammeln 31, 283, 328, 339
Behinderung, Reisen mit 419
Benjamiņa, Emilija 218
Berg der Kreuze (Estland) 158
Berg der Kreuze (Litauen) 11, 351, **11**
Bernstein 388
  Bernsteinmuseum Kaliningrad 407
  Bernsteinmuseum Nida 372
  Bernsteinmuseum Palanga 379
  Bernsteinmuseum Vilnius 299
  Bernstein-Werkstattgalerie 379
  Haus der Kunsthandwerker 248
Bevölkerung
  Estland 169
  Lettland 281
  Litauen 392
Biber 64, 85, 128, 265
Bier *siehe auch* Brauereiführungen
  Biermuseum A. Le Coq 104
  Estland 147, 176
  Festivals 357
  Lettland 194, 269, 283
  Litauen 333, 357, 397
  Õllesummer 20, 64
  Õlletoober 20, 143
Biermuseum A. Le Coq 104
Biobauernhöfe 146
Birgittenkloster 59
Bīriņi, Schloss 266
Biron, Ernst Johann von (Herzog von Kurland) 251, 254
Birštonas 349
Bischofsburg Kuressaare 141
Bischofsburg Vastseliina 113
Bischofsburg von Kuressaare 17
Blaue Kühe 240
Blaumanis, Rūdolfs 272
Blumenmärkte 226, 308
Bobfahren 33, 259
Bootfahren *siehe auch* Kanufahren, Segeln
  Bikėnai 333
  Birštonas 350
  Druskininkai 335
  Haapsalu 152
  Klaipėda 363
  Kuressaare 142
  Nationalpark Aukštaitija 328, 330
  Otepää 120
  Peipus-See 95
  Plateliai-See 385
  Saaremaa 149
  Sigulda 261
  Tallinn 61
  Trakai 325
  Usma-See 237
  Vilsandi 148
Bootstouren
  Birštonas 350
  Druskininkai 335
  Helsinki 186
  Klaipėda 363
  Kurische Nehrung 371
  Nationalpark Matsalu 150
  Nida 371
  Tartu 104
  Ventspils 244
  Vilnius 309
Botanischer Garten Kaunas 345
Botanischer Garten Tallinn 59
Botschaften 416
  Estland 177
  Lettland 285
  Litauen 399

000 Verweise auf Karten
000 Verweise auf Fotos

Bowling 153
Braki 272
Brauereiführungen 269, 357
Braunbären 82, 85, 115
Briefmarken 419
Bücher *siehe auch* Literatur
  Geschichte 387
  Kochen 397
Budget 14, 194, *siehe auch einzelne Regionen*
Bungeespringen 260
Burgen & Schlösser (Estland)
  Bischofsburg Haapsalu 151
  Bischofsburg Kuressaare 17, 141
  Bischofsburg Vastseliina 113
  Hermannsfeste 92
  Maasilinnus 146
  Ordensburg 122
  Ordensburg Rakvere 88
  Schloss Alatskivi 95
  Schloss Maarjamäe 58
  Schloss Sangaste 117
Burgen & Schlösser (Lettland) 8
  Bischofsburg Turaida 258
  Burg des Livländischen Ordens (Kuldīga) 241
  Burg des Livländischen Ordens (Ventspils) 245
  Burg Krimulda 259
  Burgruine des Livländischen Ordens (Dobele) 254
  Burg Sigulda 258, 264
  Daugavpils, Festung 273
  Ordensburg Cēsis 267
  Ordensburg Valmiera 269
  Ordensschloss Rīga 203
  Ruine der Ordensburg Bauska 251
  Schloss Bīriņi 266
  Schloss Dikli 266
  Schloss Ludza 276
  Schlosspark Cēsis 267
  Schloss Rundāle 251
  Schloss Stāmeriena 271
  Steinburg Āraiši 269
  Wasserfestung Āraiši 269
Burgen & Schlösser (Litauen)
  Burg Kaunas 341
  Burg Klaipėda 360
  Halbinselburg Trakai 324
  Inselburg Trakai 324
  Trakai 17
Busreisen
  Estland 179
  Helsinki 191
  Innerhalb des Baltikums 37, 179, 287, 403, 430
  Ins/Vom Baltikum 425
  Litauen 403
  Nahverkehr 431

C

Cafés 418, *siehe auch einzelne Orte*
Camping 402, 421
  Dobele 255
  Druskininkai 335
  Jūrmala 232
  Kap Kolka 238
  Kassari 161
  Kihnu 135
  Klaipėda 364
  Kurische Nehrung 374
  Küste von Vidzeme 255
  Landschaftsschutzgebiet Ontika 90
  Nationalpark Lahemaa 86, 87
  Nationalpark Soomaa 128
  Nemunas-Delta 378
  Pärnu 132
  Peipus-See 97
  Rīga 219
  Saaremaa 148, 149
  Sabile 240
  Sigulda 262
  Trakai 325
cepelinai 291
Čepkeliai, Naturschutzgebiet 337
Cēsis 267, **268**
Choral-Synagoge 306
Christentum 279, 388
Cinevilla 237
Čiurlionis, Mikalojus Konstantinas 299, 334, 338, 345, 395
Clubs 418, *siehe auch einzelne Orte*
CO_2-Ausgleich 425

D

Dach, Simon 360
Daina-Hügel-Gesangsgarten 258
Darius, Steponas 341
Daugava-Tal 272
Daugavpils 273
Daugavpils, Festung 273
Delphinarium 362
Dikli, Schloss 266
Dobele 254
Dobele, Elīna 227
Dominikanerkloster, Liškiava 337
Domšaitis, Pranas 362
Drahtseilklettern 270
Drei Kreuze 307
Dridži 277
Druskininkai 328, 333, **334**
Druskininkai-Varėna-Wälder 327
Dudajew, Dschochar 169
Dundaga 237
Durchfall 418
Dusetos 333
Dzūkija, Nationalpark 327, 337

E

Eisangeln 325, 363, 370, 376
Elektrizität 420
Engure-See, Naturpark 238
Engure-See, Vogelschutzgebiet 33
Entfernungstabelle 430
Ermäßigungen 416
Erratische Blöcke 82
Erster Weltkrieg 166, 195, 253, 359, 389
Essen
  Estland 43
  Kochkurse 138
  Lettland 193, 194, 283
  Litauen 290, 291, 396
  Restaurant-Öffnungszeiten 419
  Sprache 175, 284, 398
  Weihnachten 399
Estland 38, 42, **44**, **82**, **96**, **122**, **137**
  An- & Weiterreise 43, 179
  Bevölkerung 169
  Bildung 163
  Botschaften 177
  Budget 43
  Essen 42, 43, 174
  Estnisch-russische Beziehungen 92, 164
  Ethnische Minderheiten 92, 110, 164, 170
  EU-Mitgliedschaft 163, 169
  Feiertage 177
  Geld 43, 177
  Geschichte 164
  Getränke 43
  Highlights 44
  Infos im Internet 15
  Internetzugang 177
  Karten 178
  Kinder 34, 35
  Klima 42
  Konsulate 177
  Kunst & Kultur 170
  Musik 170
  Notfälle 178
  Politik 163, 169
  Reiseplanung 42, 46
  Reisezeit 42
  Religion 134
  Schwule & Lesben 178
  Sprache 43, 434
  Staatsbürgerschaftsgesetze 92, 171
  Telefon 178
  Touristeninformation 178
  Unterkunft 42, 178
  Unterwegs vor Ort 179
  Visa 423
  Visum 46

Vogelbeobachtung 33
Wechselkurse 43
Wirtschaft 163, 169
Zollbestimmungen 179
Estnische Flagge 99
Estnische Inseln 134
Estnische Nationalbibliothek 56
Estnisches Freilichtmuseum 60
Estnisches Nationalmuseum 103
Estnisches Punkliedfestival 88
Estnisches Seefahrtsmuseum 51
Estnisches Sportmuseum 102
Estonia, Fährunglück 114, 159
Ethnische Minderheiten
Estland 92, 110, 164, 170
Lettland 239
Litauen 324, 386, 392
Ethnografisches Freilichtmuseum Lettland 210
Etikette
Estland 176
Litauen 392, 399
EU-Mitgliedschaft
Estland 163
Lettland 281
Litauen 330, 391
Europäische Krankenversicherungskarte (EHIC) 417
Europaturm 309
Europos centras 326
Europos parkas 326
Events *siehe* Festivals & Events

F

Fahrrad *siehe* Radfahren
Fährreisen *siehe auch* Bootstouren
Fährverbindungen **428**
Innerhalb des Baltikums 432
Ins/Vom Baltikum 427
von/nach Helsinki 191
Feiertage
Estland 177
Lettland 285
Litauen 400
Feilschen 417
Felsküste von Vidzeme 257
Ferienwohnungen 421
Fernsehen, litauisches 394
Fernsehturm (Estland) 59
Fernsehturm (Litauen) 309
Fernseh- und Rundfunkzentrum 308
Festivals & Events (Estland) 19, *siehe auch* Tanzfestivals, Filmfestivals, Folklorefestivals, Musikfestivals, Sängerfeste
Altstadttage 64
Altstadttage Tallinn 20
Fest der Weißen Dame 21, 154
Hansetage 21
Hansetage (Tartu) 105
Hansetage (Viljandi) 125
Internationales Filmfest Pärnu 20
Meeresfest 22
Mittelalterfest 64
Mittsommernacht 6, 20, 32
Õllesummer 20, 64
Õlletoober 20, 143
Operntage 143
Seefahrtfestival 143
Skimarathon Tartu 19, 105
Studententage Tartu 105
Festivals & Events (Lettland) 19, *siehe auch* Tanzfestivals, Filmfestivals, Folklorefestivals, Musikfestivals, Sängerfeste
Baltā Nakts 22, 214
International Baltic Ballet Festival 20
Joma-Straßenfest 231
„Leuchtendes Rīga" 214
Mākslas Festivāls 267
Mittsommernacht 6, 20, 32, 214, **6**
Piens Fest 22
Weihnachtsbaumweg 215
Weinfest Sabile 21
Festivals & Events (Litauen) 19, *siehe auch* Tanzfestivals, Filmfestivals, Folklorefestivals, Musikfestivals, Sängerfeste
Birtonas Jazz 350
Faschingsdienstag 385
Festival des Meeres 20
Internationales Festival der experimentellen Archäologie 327
Internationales Theaterfestival Sirenos 310
Kaziukas-Kunsthandwerksmesse 310
Lygiadienis 310
Meeresfest Klaipėda 363
Mittsommernacht 6, 20, 32
Pažaislis Musikfestival 346
Palanga-Sommerfest 380
Theaterfestival Sirenos 22
Trakai-Festival 324
Užgavėnės 310
Festung Muhu 137
Filmfestivals
Arsenāls International Film Forum 22, 214
Filmfestival der Schwarzen Nächte 65
Future Shorts 22
Horror- & Fantasy-Filmfestival von Haapsalu 19, 152
Internationales Filmfestival Pärnu 20, 130
Schwarze Nächte 22
tARTuFF 21, 105
Findlinge 82, 83, 162
Fischen *siehe* Angeln & Fischen
Fledermäuse 112
Flugreisen 15, 427
Fluglinien 427, 431
Innerhalb des Baltikums 15, 179, 287, 403, 431
Ins/Vom Baltikum 427
Klimawandel 425
Tickets 427
Von/Nach Helsinki 191
Von/Nach Kaliningrad 413
Folkfestival Viljandi 20, 125
Folklorefestivals
Baltica International Folklore Festival 64
Folkfestival Viljandi 20, 125
Internationales Folklorefestival 20, 367
Litauische Volkskunst 19
Livisches Fest 239
Volksmusikfest Võru 21
Võru-Folklorefestival 113
Frank-Zappa-Denkmal 306
Frauen
Lettland 281
Litauen 392
Frauentragen 102
Frauen unterwegs 417
Freiheitsdenkmal 204
Freilichtmuseum Klebonikiai 355
Freiwilligenarbeit 146, 417
Frenkelis-Villa 353
Friedhöfe
Jüdische Friedhöfe 306
Rīga 210
Valga 116
Vilnius 306
Führerschein 424
Fußball 76

G

Gaiziņkalns 271
Galerien *siehe* Museen & Galerien
Gärten *siehe* Parks & Gärten
Gästehäuser 402, 422, *siehe auch einzelne Orte*
Gauja Nationalpark 11, 33, 34, 257, **258**, **11**
Gauja-Tal 17
Gavelis, Ričardas 394
Gedenkstätte Maarjamäe 59
Gediminas-Berg 295

000 Verweise auf Karten
000 Verweise auf Fotos

Gefahren
- Autoreisen 37
- Insektenbisse & -stiche 417
- Pilzesammeln 328

Geidānmuiža 266
Geld 15, 417
- Ermäßigungen 416
- Estland 43, 177
- Lettland 194, 195, 286
- Litauen 294, 399
- Währungen 14

Geldautomaten 15, 417
Geldwechsel 417
Geschichte *siehe auch* Sowjetära, Erster Weltkrieg, Zweiter Weltkrieg, *einzelne Orte*
- Bücher 387
- Estland 164
- Helsinki 190
- Lettland 278
- Litauen 387

Gesundheit 417
Getränke *siehe auch* Bier, Wein
- Cocktails 283
- Estland 43, 176
- Lettland 283
- Litauen 291, 397
- Met 397
- Schwarzer Balzām 194, 283, 285
- Wasser 418
- Wodka 176

Girėnas, Stanislovas 341
Girios Aidas 334
Glossar 440
Golf 143
Golfküstenstraße 237
Golfspielen 231, 326
Gorbatschow, Michail 168, 391
Graureiher 370
Grenzübergänge 112, 116, 426
Großer Nordischer Krieg 166
Grūtas-Park 336
Gulbene 271
Gurkenfelder 276
Gūtmaņa-Höhle 259
Gutshaus Palmse 83
Gutshaus Sagadi & Forstmuseum 85
Gutshof Pädaste 136

H

haabja 126
Haapsalu 150, **152**
Halbinselburg Trakai 324
Handeln 417
Handys 15, 420
- Estland 178
- Lettland 286
- Litauen 401

Hanse 121, 279
Hara, Insel 83
Helsinki 180, 184, **181**
- Aktivitäten 185
- An- & Weiterreise 191
- Ausflüge 186
- Ausgehen 188
- Essen 180, 187
- Festivals & Events 186
- Geschichte 190
- Helsinki Card 189
- Highlights 181
- Informationen 190
- Klima 180
- Reiserouten 183
- Reisezeit 180
- Schlafen 186
- Sehenswertes 182
- Shoppen 189
- Unterhaltung 189
- Unterkunft 180
- Unterwegs vor Ort 191

Hermannsfeste 92
Herrenhäuser 8
- Geidānmuiža 266
- Gutshaus Palmse 83
- Gutshaus Sagadi 85
- Gutshof Marciena 272
- Gutshof Pädaste 136
- Gutsschloss Krimulda 259
- Herrenhaus Rumene (Ruhmen) 16, 239
- Schloss Maarjamäe 58
- Schloss Rundāle 251
- Ungurmuiža 266

Hexenberg 368
Hiiumaa 154, **156**
Historischer Nationalpark Trakai 323
Hochland von Vidzeme 271
Höhlen
- Estland 111
- Lettland 242, 259, 261

Holocaustmahnmal 209
Hostels 402, 416, 421, *siehe auch einzelne Orte*
Hotels 402, 422, *siehe auch einzelne Orte*
Hütten 421

I

Ignalina 328
Ignalina, Atomkraftwerk 330
Ilons Wunderland 151
Impfungen 417
Infos im Internet 15
- Behinderung, Reisen mit 419
- Estland 15, 43
- Lettland 15, 194, 286
- Litauen 15, 291
- Reiseplanung 15
- Schwule & Lesben 420
- Unterkunft 422
- Visa 423

Insektenbisse & -stiche 417
Inselburg Trakai 324
Internationales Radioastronomiezentrum Ventspils 245
Internationales Festival der experimentellen Archäologie 327
Internationales Filmfestival Pärnu 20
Internetzugang 418, *siehe auch einzelne Orte*
- Estland 177
- Lettland 286
- Litauen 400

Ivanauskaitė, Jurga 394

J

Jagd 85, 176
Jakobskaserne 203
Jazz 395
Jazzfestivals
- Birštonas Jazz 350
- Jazzkaar 19, 64
- Jazz-Marathon Nida 21
- Kaunas Jazz 20, 346
- Mama Jazz 22
- Nida Jazz Marathon 367

Jēkabpils 272
Jelgava 254
Jetski 159
Jiddisches Institut, Vilnius 304
Johannes Paul II., Papst 277, 352
Juden *siehe auch* Synagogen
- Estland 170
- Friedhöfe 306
- Gettos 304
- Jüdisches Staatsmuseum Vilna Gaon 306
- Jüdisches Viertel 304
- Lettland 209, 235
- Litauen 304, 306, 323, 345, 389, 390

Jüdische Friedhöfe 306
Jugendstil
- Jūrmala 230
- Rīga 9, 18, 200, 209, 212, 283, **9**
- Šiauliai 353

Juminda, Halbinsel 83
Juodkrantė 368
Jūrmala 12, 17, 224, 230, **232**, **12**

K

Kaali-Krater 146
Kadriorg 57, **58**

Käina 160
Kalanta, Romas 341, 344
Kaliningrad 405, **406**
  An- & Weiterreise 413
  Ausgehen 412
  Essen 405, 411
  Geschichte 413
  Highlights 406
  Informationen 413
  Klima 405
  Reiseplanung 405
  Reiserouten 411
  Reisezeit 405
  Schlafen 410
  Sehenswertes 407
  Unterhaltung 412
  Unterkunft 405
  Unterwegs vor Ort 414
  Visa 407
Kallaste 95
Kalnciemiela 210
Kandava 239
Kant, Immanuel 407
Kanufahren 31
  Abava-Tal 239
  Bikėnai 333
  Biosphärenreservat Nord-Vidzeme 257
  Birštonas 350
  Cēsis 267
  Hiiumaa 159
  Litauen 333
  Nationalpark Aukštaitija 328
  Nationalpark Matsalu 150
  Nationalpark Soomaa 128
  Naturpark Haanja 115
  Otepää 119
  Regionalpark Labanoras 331
  Saaremaa 150
  Sigulda 261
  Tallinn 61, 64
Kap Kolka 237
Kaplinski, Jaan 172
Karäer 308, 324, 392
Kärdla 155
Karņička-Hügel 276
Karosta 18, 248
Karten 418
  Estland 178
  Lettland 286
  Litauen 400
Käsmu 83
Kassari 160

000 Verweise auf Karten
000 Verweise auf Fotos

Katharina die Große 57, 113, 158, 166, 252
Kathedralen *siehe* Kirchen & Kathedralen
Katholizismus 388
Kauksi 95
Kaunas Jazz 20, 346
Kaunas 338, **342**
Ķemeri, Nationalpark 33, 234
Keränen, Mika 104
Kernavė 326
KGB-Hauptquartier, ehemaliges 63
KGB-Museum des Hotel Viru 16
Kihnu 134
Kihnu Jõnn 135
Kiiking 173
Kiipsaare, Leuchtturm von 148
Kinder 34, *siehe auch* Wasserparks, Zoos, *einzelne Orte*
  Ilons Wunderland 151
  Märchenzug 356
  Puppentheater 60, 348, 356
  Rīga 209
  Spielzeugmuseum 102
  Tallinn 60
  Vilnius 311
Kino *siehe auch* Filmfestivals
  Estland 172
  Lettland 282
  Litauen 394
Ķīpsala 210
Kirche der Romanows, Vilnius 308
Kirchen & Kathedralen (Estland)
  Alexander-Newski-Kathedrale (Tallinn) 56
  Auferstehungskirche (Narva) 92
  Domkirche (Haapsalu) 151
  Domkirche (Tallinn) 56
  Dom (Tartu) 102
  Dreifaltigkeitskirche (Rakvere) 89
  Elisabethkirche (Pärnu) 129
  Heiliggeistkirche (Tallinn) 51
  Holzkirche von Ruhnu 135
  Johanneskirche (Tartu) 102
  Johanneskirche (Valga) 116
  Johanneskirche (Viljandi) 123
  Kapelle (Kassari) 161
  Katharinenkirche & -kloster (Tallinn) 51
  Katharinenkirchen (Võru) 113
  Katharinenkirche (Pärnu) 129
  Kirche von Karja 147
  Kirche von Pühalepa 155
  Lutherische Marienkirche (Otepää) 118
  Marienkirche (Saaremaa) 146
  Michaelskirche (Kikelkonna) 148
  Olaikirche (Tallinn) 51
  Olaikirche (Vormsi) 162
  Orthodoxe Nikolauskirche (Tallinn) 55
  Peter-und-Paul-Kirche (Tallinn) 54
Kirchen & Kathedralen (Helsinki)
  Temppeliaukion Kirkko 183
  Tuomiokirkko 182
  Uspenskin Katedraali 182
Kirchen & Kathedralen (Lettland)
  Basilika von Aglona 277
  Dom zu Riga 201
  Evangelische Kirche Sabile 241
  Evangelisch-lutherische Nikolauskirche (Ventspils) 245
  Johanneskirche (Rīga) 199
  Katharinenkirche (Kuldīga) 241
  Kirche von Sigulda 259
  Orthodoxe Kirche St. Peter und Paul (Kemeri) 235
  Petrikirche (Rīga) 199
  Russisch-orthodoxe Kirche (Rīga) 205
  Russisch-Orthodoxe Nikolauskirche (Ventspils) 245
  Simonskirche (Cēsis) 269
  St.-Nikolaus-Marinekirche (Liepāja) 248
Kirchen & Kathedralen (Litauen)
  Annenkirche (Vilnius) 298
  Auferstehungsbasilika (Kaunas) 345
  Evangelisch-lutherische Kirche (Vilnius) 305
  Gertrudenkirche (Kaunas) 344
  Heiliggeistkirche (Vilnius) 305
  Johanneskirche (Vilnius) 298
  Kapelle der hl. Madonna (Vilnius) 303
  Kapelle des hl. Kasimir (Vilnius) 295
  Kasimirkirche (Vilnius) 302
  Katharinenkirche (Vilnius) 305
  Kathedrale Vilnius 295
  Kirche der Heiligen Maria Friedenskönigin (Klaipėda) 361
  Kirche der Romanows (Vilnius) 308
  Kirche Mariä Himmelfahrt (Vilnius) 305
  Kirche St. Peter & Paul (Vilnius) 307
  Michaeliskirche (Kaunas) 344
  Nikolaikirche (Vilnius) 305
  Orthodoxe Heiliggeistkirche (Vilnius) 305
  Peter-und-Paul-Kathedrale (Kaunas) 344
  Peter-und-Paul-Kathedrale (Šiauliai) 353
  Raphaelskirche (Vilnius) 309

Theresienkirche (Vilnius) 305
Vytautas-Kirche (Kaunas) 340
Kitesurfen 31, 159, 244
Klaipėda 358, 360
Kleboniškiai 355
Kletterwand 119
Klima 14, *siehe auch einzelne Regionen*
Klimawandel 425
Klöster
Birgittenkloster (Estland) 59
Katharinenkloster (Estland) 51
Kloster Pažaislis (Litauen) 345
Kloster Pühtitsa (Estland) 94
Šiauliai (Litauen) 352
Klosterhügel 255
Koguva 18, 136
Koidula, Lydia 129, 171, 173
Koknese 272
Kolka 238
Kolkasrags 237
Kolkja 96
Königsberger Dom 407
Konsulate 416
Estland 177
Lettland 285
Litauen 399
Konzentrationslager Kurtenhof 235, 272
Kormorane 370
Košrags 238
Kosten 14
Camping 421
Essen 174, 283, 396, 411
Unterkunft 179, 186, 287, 402, 410
Krāslava 276
Kreditkarten 15, 417
Kretinga 383
Kreutzwald, Friedrich Reinhold 113, 171
Kreuzherstellung 352
Kross, Jaan 172
Krustkalni, Naturschutzgebiet 271
Krustpils 272
Kuhplastiken 245
Kuldīga 18, 241, **242**
Kulinarische Feste
Fisch & Meer 19
Palanga-Robben 380
Pilzfest von Varėna 339
Kulturhistorisches Museum und Reservat Daugyvenė 355
Kumu 57
Kunčius, Herkus 394
Kunsthandwerk
Haus der Kunsthandwerker Liepāja 248
Haus des Kunsthandwerks Ventspils 245
Kaziukas-Kunsthandwerksmesse 310
Kreuzherstellung 352
Kulturzentrumsstiftung Kihnu 135
Kunstgewerbehaus Heltermaa 157
Kunsthandwerkszentrum Ludza 276
Orvydas-Garten 384
Wollfabrik 157
Vilnius 319
Kunst & Kultur
Estland 170
Lettland 282
Litauen 392
Kunstmuseum Kadriorg 57
Kunstmuseum Tartu 101
Kuren 278
Kuressaare 141, **142**
Kuressaare, Bischofsburg von 17
Kurhotels 422
Kurische Nehrung 8, **8**
Kurische Nehrung, Nationalpark 8, 33, 34, 358, 367, **368**, **8**
Kurschskaja Kosa, Nationalpark (Russland) 410
Kurse
Kochen 138
Seifenherstellung 146
Sprache 61
Kurtenhof, Konzentrationslager 272
Kurzeme 12, 235, **236**, **12**
Kutavičius, Bronius 395

L

Labanoras 18, 331
Labanoras, Regionalpark 331
Lahemaa Nationalpark 13, 81, **84**, **13**
Landschaftsschutzgebiet Ontika 90
Lapmežciems 235
Latgale 272, **274**
Leisi 147
Lesben 419
Estland 178
Tallinn 75
Vilnius 317
Websites 420
Lettische Nationaloper 205
Lettisches Volksfrontmuseum 201
Lettisch-russische Beziehungen 278
Lettland 39, 193, **196**, **236**, **252**, **256**, **274**
Aktivitäten 285
An- & Weiterreise 194, 287
Bevölkerung 281
Botschaften 285
Budget 194
Essen 193, 194, 283
Ethnische Minderheiten 239
EU-Mitgliedschaft 281
Feiertage 285
Geld 194, 195, 286
Geschichte 278
Getränke 283
Highlights 196
Informationen 285
Infos im Internet 194, 286
Internetzugang 286
Karten 286
Kinder 35
Klima 193
Konsulate 285
Kunst & Kultur 282
Politik 280
Post 286
Reiseplanung 193
Reisezeit 193
Sprache 194, 436
Telefon 286
Touristeninformation 286
Umweltschutz 281
Unterkunft 193, 287
Unterwegs vor Ort 288
Visa 195, 423
Vogelbeobachtung 33
Wechselkurse 194
Wirtschaft 278, 281
Zollbestimmungen 287
Leuchttürme
Estland 83, 148, 149, 158, 159, 162
Lettland 238, 239
Litauen 373
Lielvārde 272
Liepāja 247, **249**
Līgatne 18, 265, 265
Liškiava 337
Litauen 39, 290, **292**, **327**, **332**, **340**, **359**
Aktivitäten 399
An- & Weiterreise 291, 403
Bevölkerung 392
Bildung 392
Botschaften 399
Budget 291
Essen 290, 396
Ethnische Minderheiten 324, 386, 392
EU-Mitgliedschaft 330, 391
Feiertage 400
Fotografie 396
Geld 294, 399
Geschichte 387
Getränke 291, 397
Highlights 292
Internetzugang 400
Karten 400
Kinder 35
Konsulate 399
Kunst & Kultur 392

Litauisch-polnische Beziehungen 386
Migration 392
Multikulturelles 392
Musik 395
Politik 391
Post 401
Reiseplanung 290, 294
Reisezeit 290
Religion 388
Sprache 291, 437
Telefon 401
Theater 396
Touristeninformation 401
Unterkunft 290, 401
Unterwegs vor Ort 403
Visa 294, 423
Vogelbeobachtung 33
Wechselkurse 291
Wirtschaft 391
Zollbestimmungen 403
Litauisches Meeresmuseum 362
Litauisches Museum für Energie und Technologie 309
Litauisches Museum für Ethnokosmologie 332
Litauisches Nationalmuseum 296
Literatur *siehe auch* Bücher
Estland 171
Litauen 387, 394
Liven 239
Livisches Zentrum 239
Livländischer Krieg 165
Lubāns-See 275
Luchse 82, 85, 115, 265
Ludza 276

M

Mačiulis, Jonas 393
Madona 271
Maija Roze 263
Maironis 340, 344, 393
Mann, Thomas 371
Märchenwald 255
Märchenzug 356
Marcinkonys 337
Märkte
Blumenmarkt Rīga 226
Blumenmarkt Vilnius 308
Helsinki 187
Petersmarkt 248
Tallin 77
Weihnachtsmärkte 23
Zentralmarkt Rīga 205
Matelis, Arūnas 395
Matsalu Nationalpark 33, 150
Mazirbe 238
Mažvydas, Martynas 362, 393
Medizinische Versorgung 417, *siehe auch* Gesundheit, *einzelne Orte*
Mentzendorffhaus 198
Merkinė 337
Met 397
Meteoritenkrater 146, 155
Mežaparks 210
Mežotne Palace 254
Mickiewicz, Adam 299, 389, 393
Migration 392
Militärfriedhof 307
Miłosz, Czesław 393
Mingė 376
Minigolf 112
Mittelpunkt Europas 326
Mittsommernacht 6, 7, 32, 214
Mode 16, 227
Molėtai 331
Moore 126
Moorwanderungen
Nationalpark Lahemaa 86
Nationalpark Soomaa 128
Tallinn 64
Motormuseum Rīga 211
Motorradreisen 424
Mountainbiken
Otepää 120
Sigulda 261
Valmiera 270
Mücken 328, 417
Muhu 136, **140**
muižas 17, 266
Münchhausen, Karl Friedrich Hieronymus von 255
Museen & Galerien (Estland)
Aavik-Museum 143
Architekturmuseum 57
Bauernhausmuseum Pearsgarden 162
Bauernhofmuseum Mihkli (Hiiumaa) 158
Bauernhofmuseum Mihkli (Saaremaa) 148
Besatzungsmuseum 17, 50
Biermuseum A. Le Coq 104
Bürgerhaus-Museum (Rakvere) 89
Bürgerhaus-Museum (Tartu) 102
Draakoni-Galerie 55
Estnisches Druckereimuseum 104
Estnisches Eisenbahnmuseum Haapsalu 152
Estnisches Freilichtmuseum 60
Estnisches Kunstmuseum 50
Estnisches Literaturmuseum 169
Estnisches Nationalmuseum 103
Estnisches Seefahrtsmuseum 51
Estnisches Sportmuseum 102
Fotomuseum 55
Freilichtmuseum Koguva 136
Gutshaus Sagadi & Forstmuseum 85
Hiiumaa-Museum 161
Historischen Museums der Universität 102
Ilons Wunderland 151
KGB-Museum 103
KGB-Museum Hotel Viru 16, 57
Kihnu-Museum 135
Kolga Museum 82
Kondas-Zentrum 122
Kreutzwald-Gedenkmuseum 114
Kumu 18, 57
Kunstigalerii 92
Kunstmuseum der Universität 100
Kunstmuseum Kadriorg 57
Kunstmuseum Tartu 101
Kunstmuseum Viinistu 83
Läänemaa-Museum 151
Liiv-Museum 95
Lydia-Koidula-Gedenkmuseum 129
Mikkel-Museum 57
Militärmuseum 158
Minenmuseum 51
Museum der Altgläubigen 96
Museum der Estnischen Schweden 151
Museum für Estnische Geschichte 50, 58
Museum für Neue Kunst 128
Nikolaikirche 50
Papiermuseum 104
Pikk Maja 155
Postmuseum 102
Rudolf-Tobias-Museum 160
Saaremaa-Museum 142
Seefahrtsmuseum 83
Seto-Bauernhofmuseum 111
Seto-Hausmuseum 112
Spielzeugmuseum 102
Stadtmuseum Narva 92
Stadtmuseum Pärnu 129
Stadtmuseum Rakvere 89
Stadtmuseum Sillamäe 91
Stadtmuseum Tallinn 17, 49
Stadtmuseum Valga 117
Stadtmuseum Viljandi 123
Võrumaa-Regionalmuseum 114
Wintersportmuseum 118
Museen & Galerien (Helsinki)
Ateneum 183
Helsinki City Museum 183
Kansallismuseo 183
Kiasma 182
Seurasaaren ulkomuseo 185

000 Verweise auf Karten
000 Verweise auf Fotos

Museen & Galerien (Kaliningrad)
- Bernsteinmuseum 407
- Bunkermuseum 409
- Friedländer Tor 407
- Geschichts- & Kunstmuseum 409
- Kaliningrader Kunstgalerie 409
- Königstor 408
- Museum der Weltmeere 407

Museen & Galerien (Lettland)
- Andrejs-Pumpurs-Museum 272
- Architekturmuseum Rīga 203
- Besatzungsmuseum 198
- Besatzungsmuseum Liepāja 249
- Brotmuseum 277
- Burgmuseum Bauska 251
- Ernst-Glück-Bibelmuseum 271
- Ethnografisches Freilichtmuseum 210
- Freilicht-Kunstmuseum Pedvāle 17, 240
- Freilichtmuseum Jūrmala 230
- Freilichtmuseum Meņģeļi 272
- Freilicht-Strandmuseum 244
- Geschichts- & Kunstmuseum Cēsis 267
- Geschichts- & Kunstmuseum Liepāja 248
- Geschichtsmuseum 203
- Historisches Museum Kuldīga 241
- Hörner- & Geweihmuseum 238
- Jugendstilzentrum Rīga 209
- Kriegsmuseum 204
- Kunstgewerbemuseum 199
- Kunst- & Heimatmuseum 273
- Kunstmuseum Arsenāls 203
- Kunstmuseum Riga Bourse 203
- Kunststudio „Inner Light" 230
- Lettisches Museum für Fotografie 199
- Lettisches Volksfrontmuseum 201
- Motormuseum Rīga 211
- Münchausen-Museum 255
- Museum der Barrikaden von 1991 203
- Museum Janis Rozentāls & Rūdolfs Blaumanis 209
- Museum „Juden in Lettland" 209
- Museumsparks Āraiši 269
- Museumsreservat Turaida 257
- Naturkundemuseum 205
- Porzellanmmuseum Rīga 199
- Rainis-Museum 278
- Regionalmuseum Valmiera 269
- Rīgaer Museum für Stadtgeschichte und Schifffahrt 203
- Ritterburg Koknese 272
- Rundāli Museum 238
- Seefahrerschulmuseum 257
- Staatliches Kunstmuseum 205
- Stadtmuseum Jūrmala 230

Museen & Galerien (Litauen)
- Altes Imkereimuseum 328
- Antanas-Mončys-Museum 379
- Archäologisches & Historisches Museum 327
- Ausstellung des Nationalparks Kurische Nehrung 363
- Ausstellung sakraler Kunst, Trakai 324
- Bauernhausmuseum, Rusnė 377
- Bernsteinmuseum Vilnius 299
- Bernsteinmuseum Nida 372
- Bernsteinmuseum Palanga 379
- Burgmuseum Klaipėda 360
- Dr.-Jono-Šliūpas-Gedenkstätte 379
- Erscheinungskirche 307
- Ethnografisches Fischergehöft 363
- Ethnografisches Fischereimuseum, Nida 373
- Ethnografisches Museum, Marcinkonys 337
- Europos parkas 326
- Fahrradmuseum 353
- Fotografiemuseum 351
- Freilichtmuseum Kleboniškiai 355
- Galerie Baroti 361
- Gemäldegalerie Kaunas 345
- Gemäldegalerie Vilnius 299
- Heimatmuseum Neringa 372
- Historisches Museum der Medizin & Pharmazie 340
- Historisches Museum, Trakai 324
- Holocaust-Museum 306
- Jüdisches Staatsmuseum Vilna Gaon 306
- Karäermuseum, Trakai 324
- Katzenmuseum 353
- Kazys Varnelis Museum 299
- Keramikmuseum Kaunas 341
- Kretinga Museum 383
- Kulturhistorisches Museum und Reservat Daugyvenė 355
- Kunstgalerie Mykolas Žilinskas 344
- Kunstmuseum Žemaitija 384
- Litauisches Freiluftmuseum 346
- Litauisches Meeresmuseum 362
- Litauisches Museum für Energie und Technologie 309
- Litauisches Museum für Ethnokosmologie 332
- Litauisches Nationalmuseum 296
- Maironis-Museum für litauische Literatur 340
- Mickiewicz-Gedenkstätte & Museum 299
- M.-K.-Čiurlionis-Gedächtnismuseum 334
- M.-K.-Čiurlionis-Haus 299
- Museen im Gutshof Plateliai 384
- Museum der Genozidopfer 307
- Museum der Geschichte Kleinlitauens 361
- Museum des bewaffneten Widerstands 334
- Museum des Kalten Krieges 16, 384, 385
- Museum für Angewandte Kunst 297
- Museum für Deportation und Widerstand 341
- Museum für Telekommunikation 341
- Museum für Theater, Musik & Film 305
- Museum Obere Burg 295
- Nationales Čiurlionis-Kunstmuseum 345
- Paneriai-Museum 323
- Pferdemuseum 357
- Polder-Museum 377
- Pranas-Domšaitis-Galerie 362
- Radio- & Fernsehmuseum 353
- Schmalspurbahnmuseum 357
- Schmiedemuseum 361
- Teufelsmuseum 17, 345
- Thomas-Mann-Museum 372
- Uhrenmuseum 362
- Volksmusik- & Instrumentenmuseum 344
- Vytautas-Magnus-Militärmuseum 345
- Widerstandsmuseum 379
- Zentrum für Toleranz 306
- Zentrum für zeitgenössische Kunst 305
- Zoologisches Museum Tadas Ivanauskas 344

Musik *siehe auch* Jazz, Musikfestivals
- Lettland 282
- Litauen 395
- Oper 20, 21, 143, 205, 214, 282
- Seto-Gesänge 111
- Zentrum für estnische Volksmusik 124

Musikfestivals *siehe auch* Jazzfestivals, Sängerfeste
- Arēna New Music Festival 22, 214
- August-Blues 153
- Christopher-Sommerfestival 21, 310
- Festival Alter Musik 125, 153
- Folkfestival Viljandi 121, 125
- Gaida 310
- Hauptstadttage 310
- Internationales Tallinner Orgelfest 65
- Kaunas Jazz 346

MJR-Festival 21
Musikfestival Gaida 22
Operette in der Burg Kaunas 346
Pažaislis Musikfestival 346
Positivus-Festival 21, 257
Rīgaer Opernfestival 214
Rīgas Ritmi 21, 214
Sommer-Sound 21
Vilnius-Festival 310
Visagino Country 331
Mustvee 95
Mythen & Legenden
Estland 111, 126, 149, 154
Lettland 254, 276
Litauen 294, 339, 385

N

Nachhaltig reisen
Klimawandel 425
Kurische Nehrung 372
Nachtigallen 115
Naglių, Naturschutzgebiet 370
Narva 91
Narva-Jõesuu 93
Nationalbewegungen 99, 166, 279
National- & Regionalparks & Schutzgebiete (Estland)
Landschaftsschutzgebiet Vormsi 162
Nationalpark Karula 116
Nationalpark Lahemaa 13, 81, **84**, 13
Nationalpark Matsalu 33, 150
Nationalpark Soomaa 33, 126
Nationalpark Vilsandi 33, 148
Naturpark Haanja 115
Naturreservat Luhasoo 115
Naturschutzgebiet Viidumäe 148
National- & Regionalparks & Schutzgebiete (Lettland)
Biosphärenreservat Nord-Vidzeme 257
Nationalpark Gauja 11, 33, 34, 257, **258**, 11
Nationalpark Gauja
Nationalpark Ķemeri 33, 234
Nationalpark Razna 276
Nationalpark Slītere 237
Naturpark Engure-See 238
Naturpark Līgatne 265
Naturpark Tērvete 255
Naturschutzgebiet Krustkalni 271
Naturschutzgebiet Teiči 33, 271
Vogelschutzgebiet Engure-See 33
Waldschutzgebiet Pokaiņi 255
National- & Regionalparks & Schutzgebiete (Litauen)
Historischer Nationalpark Trakai 323
Nationalpark Aukštaitija 33, 327, 328, **329**
Nationalpark Dzūkija 327, 337
Nationalpark Kurische Nehrung 8, 33, 34, 358, 367, 8
Nationalpark Kurische Nehrung
Nationalpark Žemaitija 18, 383
Naturschutzgebiet Čepkeliai 337
Naturschutzgebiet Naglių 370
Regionalpark Labanoras 331
Regionalpark Nemunas-Delta 376
Regionalpark Nemunas-Schleifen 350
Tier- & Pflanzenschutzgebiet Varnikai 325
Wildschutzgebiet Trainiškis 328
Naturlehrpfad Majakivi 83
Naturpark Haanja 115
Naturreservat Luhasoo 115
Naturschutzgebiet Viidumäe 148
Nemirseta 383
Nemunas-Delta 33, 376
Nemunas-Schleifen, Regionalpark 350
Neujahr 19
Nida 17, 371, **374**
Nordischer Krieg 98, 150
Nordostestland 81, **82**
Nordostlettland 255, **256**
Nord-Vidzeme, Biosphärenreservat 257
Notfälle 178
Medizinische Versorgung 417

O

Obinitsa 112
O-Bus 431
Öffnungszeiten 418
Oksanen, Sofi 172
Oper 20, 21, 143, 205, 214, 282
Opfersteine 103
Ordensschloss Rīga 203
Organisierte Touren 427, 432
Orvydas-Garten 384
Ostlitauen 327, **327**
Ostseeküstenstraße 238
Otepää 33, 35, 117, **118**

P

Pažaislis-Musikfestival 346
Paksas, Rolandas 391
Palanga 378, **380**
Paläste *siehe auch* Burgen & Schlösser, Herrenhäuser
Großfürstenpalast 307
Großfürstenschloss 295, 386
Litauischer Präsidentenpalast (Kaunas) 343
Mežotne Palace 254
Neues Schloss Sigulda 259, 264
Präsidentenpalast (Vilnius) 298
Radziwill-Palast 305
Schloss Jelgava 254
Schloss Kadriorg 57
Schloss Rundāle 17, 224, 251, 8
Paneriai 18, 323
Panevėžys 355, **356**
Panga pank 147
Papīrfabrika 265
Pärispea, Halbinsel 83
Parks & Gärten (Estland)
Botanischer Garten Tartu 102
Botanischer Garten Tallinn 59
Burgpark Viljandi 122
Gutspark Raadi 103
Waldpark Paralepa 152
Parks & Gärten (Lettland)
Daina-Hügel-Gesangsgarten 258
Museumsparks Āraiši 269
Reņka-Garten 246
Vērmanes-Garten 205
Vienkoču Parks 267
Parks & Gärten (Litauen)
Botanischer Garten Kaunas 345
Botanischer Garten Palanga 379
Europos parkas 326
Grūtas-Park 336
Orvydas-Garten 384
Skulpturenpark Martynas Mavydas 362
Tier- & Pflanzenschutzgebiet Varnikai 325
Vingis-Park, Vilnius 308
Parlament (Lettland) 203
Parlament (Litauen) 308
Parnidis-Düne 373
Parnidis-Dünenpfad 373
Pärnu 13, 17, 35, 128, **130**, 13
Pärnu-Filmfestival 130
Pärt, Arvo 88, 170
Pāvilosta 247
Pažaislis, Kloster 346
Peipus-See 94
Peko 111
Pension, Die 35, 265
Pensionen 402, 422
Perkūnas-Haus 339
Peter der Große 57, 98
Petersmarkt 248
Peterson, Kristjan Jaak 171
Pferderennen 333
Pferdeschlittenfahrten 325
Piłsudki, Jósef 307

000 Verweise auf Karten
000 Verweise auf Fotos

Pilzesammeln 10, 31, 328, 339, **10**
Pilzexkursionen 128
Pirita 59
pirts 211, 262
Plateliai 383
Plateliai-See 385
Podmotsa 111
Pokaiņi, Waldschutzgebiet 255
Polder 377
Polnisch-litauische Beziehungen 386
Porzellanmmuseum Rīga 199
Positivus-Festival (Lettland) 21, 257
Post 419
  Lettland 286
  Litauen 401
  Öffnungszeiten 419
Preiļi 278
Preise *siehe auch* Geld
  Essen 283, 411
  Unterkunft 179, 186, 287, 402, 410
Privatunterkünfte 402
Protestantismus 170
Pühajärv 118
Pühtitsa, Kloster 94
Puipa, Algimantas 395
Pumpurs, Andrejs 272
Puntukas-Stein 357
Puppentheater 60, 348, 356

R

Radfahren 16, 29, 426, 431
  Altja 85
  Biosphärenreservat Nord-Vidzeme 257
  Druskininkai 334
  Fahrradmuseum 353
  Helsinki 191
  Infos im Internet 29
  Kuldīga 242
  Kurische Nehrung 371, 372
  Mingė 376
  Nationalpark Dzūkija 338
  Nationalpark Lahemaa 86
  Nationalpark Matsalu 150
  Naturpark Haanja 115
  Nemunas-Delta 376
  Otepää 119
  Palanga 379
  Reiseveranstalter 29
  Saaremaa 149
  Sigulda 261
  Tallinn 61
  Trakai 325
  Valmiera 269
Radviliškis 355
Rafting 31
  Naturpark Haanja 115
  Otepää 119
  Tallinn 64
  Valmiera 270
Rainis, Jānis 210, 278
Raketenabschussbasis 385
Rakvere 88
Raphaelskirche, Vilnius 309
Rasos-Friedhof 307
Rastrelli, Bartolomeo 253
Rathaus (Tallinn) 51
Rauchen 419
Razna, Nationalpark 276
Rechtsfragen 419
Regionalparks *siehe* National- & Regionalparks & Schutzgebiete
Reiher 370
Reisen innerhalb des Baltikums 429
Reisepass 424
Reiseplanung 14, *siehe auch einzelne Regionen*
  Aktivitäten 28
  Autotouren 36
  Highlights 6
  Infos im Internet 15
  Kinder 34
  Reiserouten 24
  Reisezeit 14
  Tagesbudget 14
  Überblick 38
  Veranstaltungskalender 19
  Wiederholungstäter 16
Reiserouten 24, **24**, **25**, **26**, **27**, *siehe auch einzelne Orte*
Reiseschecks 417
Reiseveranstalter 427
Reiseversicherung 422
Reisezeit 14, *siehe auch einzelne Orte*
Reiten 33
  Abava-Tal 239
  Hiiumaa 161
  Kassari 161
  Krāslava 277
  Nationalpark Lahemaa 86
  Pferdemuseum 357
  Rēzekne 275
  Saaremaa 146
  Seenlandschaft Latgale 275
Religion, *siehe auch* Christentum, Katholizismus, Russisch-orthodoxe Kirche
  Altgläubige 95, 97
  Estland 134, 170
  Litauen 388
Rēzekne 275
Riežupe, Sandhöhlen von 242
Rīga 9, 16, 195, **200**, **206**, **212**, **9**
  Aktivitäten 211
  Altstadt 195, **200**
  An- & Weiterreise 228
  Ausgehen 222
  Essen 219
  Festivals & Events 214
  Geführte Touren 211
  Geschichte 195
  Informationen 227
  Internetzugang 227
  Kinder 209
  Medizinische Versorgung 228
  Örtliche Reiseführer 228
  Reiserouten 198
  Rīga Card 205
  Schlafen 215
  Sehenswertes 195
  Shoppen 226
  Stadtspaziergang 212, **212**
  Tagesausflüge 224
  Touristeninformation 228
  Unterhaltung 223
  Unterwegs vor Ort 229
Robben 148
Rodeln 260
Roja 238
Rollschuhfahren 330
Roma 392
Rose von Turaida 263
Rotermann-Viertel 16, 56
Rothko, Mark 273, 283
Rõuge 18, 115
Rozentāls, Janis 209, 283
Rubikiai-See 356
Rumene (Ruhmen), Herrenhaus 16, 239
Ruhnu 135
Rummo, Paul-Eerik 172, 174
Rundāle 224
Rundāle, Schloss 17, 251
Rusnė 376
Russische Grenze 112
Russisch-orthodoxe Kirche 97, 134, 170
Russisch-estnische Beziehungen 92, 164
Russische Visa *siehe* Visa
Russland, Bahnverbindungen mit 426

S

Saaremaa 139, **140**
Sääre Tirp 161
Saarmaa 9, **9**
Saar, Mart 170
Sabile 240
Salacgrīva 257
Salaspils 235, 272
Samogitischer Kalvarienberg 383
Sandsteinhöhlen von Piusa 111
Sangaste-Roggenhaus 117

REGISTER P-S

Sängerfeste
Birgitta-Festival 22, 65
Estnisches Lieder- & Tanzfest 65
Estnisches Punkliedfestival 88
Lettisches Sängerfest 282
New Wave Song Festival 21, 231
Sänger- und Tanzfeste 21
Sängerfestgelände (Tallinn) 58
Sartai-See 333
Sartre, Jean Paul 371
Sauleskalns 277
Saulkrasti 224, 255
Sauna & Wellness 10, 29, 10, *siehe auch einzelne Orte*
Birštonas 350
Druskininkai 30, 333, 334, 337
Helsinki 185
Kuressaare 141
pirts 29, 211, 262
Rauchsaunas 30, 112, 158
Schengener Abkommen 179, 426
Schlammbäder 129, 152, 234
Schlittenfahren 120
Schlittschuhlaufen
Kuressaare 142
Otepää 119
Rīga 201
Tallinn 61
Vilnius 311
Schlösser *siehe* Burgen & Schlösser
Schmalspurbahnen 244, 271, 357
Schneemobilfahren 120
Schneeschuhwandern
Nationalpark Soomaa 128
Tallinn 64
Schutzgebiete *siehe* National- & Regionalparks & Schutzgebiete
Schwarzer Balzām 194, 283, 285
Schwarzhäupterhaus 63, 195, 199
Schwedenhügel 255
Schwierigkeiten
Wirtschaft 278
Schwimmen 31, 61, 94, 112, 124, 186, 242, 276, 377, 383, *siehe auch* Strände
Schwule 419
Estland 178
Tallinn 75
Vilnius 317
Websites 420
Šeduva 355
Seenlandschaft Latgale 275
Segeln 31, 59, 94, 247, 325, 333, 363, 429, 432
Seifenherstellungskurse 146

000 Verweise auf Karten
000 Verweise auf Fotos

Seilbahn 257
Seilgarten 260
Selen 278
Semgaller 251, 278
Seniorenkarten 416
Setomaa 110
Setos 110, 111, 170
Shoppen, *siehe* Kunsthandwerk, Märkte, *einzelne Orte*
Šiauliai 350, **351**
Sicherheit
Straße 15, 37, 429
Trampen 432
Signatarenhaus 297
Sigulda 11, 35, 224, 257, **260**, 11
Spaziergang **264**
Sillamäe 90
Šilutė 376
Silvester 23
SIM-Karten 15, 178
Singende Revolution 58, 168
Skateboarden 62
Škėma, Antanas 394
Skifahren 33
Anykščiai 357
Cēsis 267
Hochland von Vidzeme 271
Nationalpark Aukštaitija 330
Nationalpark Soomaa 128
Naturpark Haanja 115
Otepää 119
Sauleskalns 277
Skimarathon Tartu 19, 105
Trakai 325
Valmiera 270
Skulpturen
Daina-Hügel-Gesangsgarten 258
Europos parkas 326
Freilicht-Kunstmuseum Pedvāle 17, 240
Klaipėda 362
Kuhplastiken 245
Orvydas-Garten 384
Skulpturenpark Martynas Mažvydas 362
Tartu 103
Slītere, Nationalpark 237
Smiltynė 362
Šnipiškės 309
Snowboarden 33
Cēsis 267
Hochland von Vidzeme 271
Otepää 119
Sommerhaus Peters des Großen 57
Soomaa Nationalpark 126
Sõrve, Halbinsel 149
Sowjetära
Besatzungsmuseum Liepāja 249
Estland 82, 90, 99, 127, 168
KGB-Museum 103
KGB-Museum Hotel Viru 16, 57
Lettisches Besatzungsmuseum 198
Lettland 205, 245, 248, 265, 280
Litauen 295, 307, 330, 341, 385, 390
Museum der Genozidopfer 307
Museum des Kalten Krieges 384, 385
Museum für Deportation und Widerstand 341
Sowjetische Raketenabschussbasis 385
Sowjetisches Spionageteleskop 245
Sowjet-Relikte 13
Spaziergänge
Rīga 212, **212**
Sigulda 264, **264**
Tallinn 62, **62**
Vilnius 312, **312**
Sport *siehe auch* Aktivitäten
Basketball 76, 393
Estnisches Sportmuseum 102
Extremsport 259
Fussball 76
Wintersportmuseum 118
Sprache 434
Estnisch 172, 434
Glossar 440
Kurse 61
Lettisch 194, 436
Litauisch 291, 437
Livisch 239
Russisch 81
Sprachführer Essen (Estland) 175
Sprachführer Essen (Lettland) 284
Sprachführer Essen (Litauen) 398
Võro-Seto 110
Staatliches Kunstmuseum Lettland 205
Staatlicher Zoo Rīga 210
Staatsbürgerschaft 92, 171
Stāmeriena, Schloss 271
Standseilbahn 35, 295
Sternwarten 245, 298, 332
Stonys, Audrius 394
Störche 32, 85, 275, 331
Strände (Estland)
Kärdla 155
Käsmu 83
Kassari 161
Kuressaare 143
Loksa 83
Narva-Jõesuu 93
Pärnu 17, 129
Peipus-See 94
Pirita 59
Pühajärv 118
Stroomi 61

Tahkuna 17, 147
Tartu 104
Viljandi 124
Võru 113
Võsu 83
Strände (Lettland)
Blaue Flagge 281
Jūrmala 17, 224
Liepāja 248
Mazirbe 238
Pāvilosta 247
Saulkrasti 224, 255
Ventspils 243
Strände (Litauen)
Giruliai 363
Karklė 363
Nida 17, 371
Palanga 379
Smiltynė 363
Straßenbahn 431
Straußenfarm Muhu 137
Streičs, Jānis 237, 282
Strom 420
Stroomi 61
Studentenausweise 416
Studententage Tartu 19, 105
Südlettland 251, **252**
Südlitauen 327, **332**
Südostestland 94, **96**
Südostlettland 272, **274**
Südwestestland 121, **122**
Sugihara, Chiune 341
Sugihara-Haus, Kaunas 341
Suomenlinna 182
Surfen
Hiiumaa 158, 159
Pāvilosta 247
Surf Paradiis 159
Sutkus, Antanas 371
Suuremõisa 155
Suurjärv 115
Suur Munamägi 115
Šventoji 383
Synagogen
Kaunas 344
Rīga 200
Vilnius 306

T

Tacitus 165
Tagamõisa, Halbinsel 148
Tagesbudget 14
Tahkuna 17, 147
Tallinn 16, 34, 46, **48**, **52**, **58**
Aktivitäten 61
Altstadt 6, 18, 47, 62, **62**, **6**
An- & Weiterreise 78
Ausgehen 73
Essen 69
Festivals & Events 64
Geführte Touren 61
Geschichte 46
Kinder 60
Lesben 75
Märkte 77
Medizinische Versorgung 78
Praktische Informationen 78
Reiserouten 47
Schlafen 65
Schwule 75
Sehenswertes 47
Shoppen 76
Spaziergang 62
Sprachkurse 61
Tallinn Card 79
Touristeninformation 78
Unterhaltung 74
Unterwegs vor Ort 80
Tallinner Zoo 60
Talsi 237
Tammsaare, Anton Hansen 171
Tankstellen 37, 429
Tanzfestivals 20, 21, 65, 310
Tartu 10, 16, 98, **100**, **10**
Tartu, Studententage 19
Tauchen 148, 159
Tauragnas-See 328
Taxis 431
Teiči, Naturschutzgebiet 33, 271
Telefon 15, 420
Estland 178
Lettland 286
Litauen 401
Tērvete 255
Tērvete, Naturpark 255
Teufelssee 277
Theater *siehe auch* Puppentheater, *einzelne Orte*
Estland 173
Internationales Theaterfestival Sirenos 310
Litauen 396
Theaterfestival Sirenos 22
Tiere 85, 126, *siehe auch* Vögel, Vogelbeobachtung, Zoos, *einzelne Arten*
Tobias, Rudolf 160, 170
Toila 90
Toiletten 420
Tonja 111
Töpfereien 276, 319, 337
Tor der Morgenröte 303
Touren 432, *siehe auch* Bootstouren, Spaziergänge, *einzelne Orte*
Touristenbahn 362
Touristeninformation 420, *siehe auch einzelne Orte*
Estland 178
Lettland 286
Litauen 401
Trainiškis, Wildschutzgebiet 328
Trakai 17, 323, **324**
Trampen 432
Tretschlittenfahren 33, 128
Trinkgeld 177, 397, 417
Trinkwasser 418
Tubin, Eduard 95, 170
Tubing 148, 159
Tukums 237
Tüür, Erkki-Sven 170

U

Umweltthemen
Estland 91
Klimawandel 425
Lettland 281
Litauen 330, 369
Unabhängigkeit 169
Estland 167
Lettland 279, 280
Litauen 389, 391
Unesco-Welterbestätten
Altstadt (Vilnius) 9, 18, 297, **9**
Altstadt (Vilnius)
Kernavė 326
Königsberger Dom 407
Nationalpark Kurische Nehrung 8, 33, 34, 358, 367, **8**
Suomenlinna 182
Ungurmuiža 266
Universität Tartu 100
Universität Vilnius 297
Unterkunft 421, *siehe auch* Camping, *einzelne Orte*
Apartments & Zimmer 215
Ferienwohnungen 421
Gästehäuser 402, 422
Hostels 402, 416, 421
Hotels 402, 422
Infos im Internet 422
Pensionen 402, 422
Privatunterkünfte 402
Privatwohnungen & -zimmer 68
Urlaub auf dem Bauernhof 402, 422
Unterwegs im Baltikum 15, 429
Unt, Mati 172
Urlaub auf dem Bauernhof 402, 422
Usma-See 237
Utena 332
Užupio Republika 308

V

Vabarna, Anne 111, 112
Vaide 238

Vaivari-Sanatorium 230
Valaste 90
Valga 116
Valmiera 269
Varėna 338
Varnelis, Kazys 299
Varnikai, Tier- & Pflanzenschutzgebiet 325
Värska 111
Vasknarva 95
Vecekrugas-Düne 370
Vecrīga 195
Veczemju, Rote Klippen von 257
Ventas Rumba 242
Ventės Ragas 377
Ventspils 243, **244**
Veranstaltungskalender 19
Verkehrsclubs 424
Verkehrsregeln 37, 429
Versicherungen 422
  Auto 424
  Krankenversicherungen 417
Vidzeme 255, **256**
Vidzeme, Felsküste von 257
Vidzeme, Hochland von 271
Vīķe-Freiberga, Vaira 280, 281
Vilde, Eduard 172
Viljandi 121, **124**
Vilnius 9, 294, **300**, **312**, **296**, 9
  Aktivitäten 309
  Altstadt 9, 18, 297, 9
  Altstadt
  An- & Weiterreise 321
  Ausgehen 316, 317
  Essen 314
  Festivals & Events 310
  Kinder 311
  Geführte Touren 309
  Geschichte 294, 390
  Informationen 320
  Internetzugang 320
  Medizinische Versorgung 321
  Reiserouten 299
  Schlafen 310
  Schwule & Lesben 317
  Sehenswertes 294
  Shoppen 318
  Spaziergang 312, **312**
  Touristeninformation 321
  Unterhaltung 317
  Unterwegs vor Ort 322
Vilsandi 148
Vilsandi Nationalpark 33, 148
Vīnakalns 240

000 Verweise auf Karten
000 Verweise auf Fotos

Vingis-Park 308
Virve 83
Visa 15, 423
  Estland 423
  Kaliningrad 407
  Lettland 195, 423
  Litauen 294, 423
  Russland 423
  Weißrussland 423, 425
Visaginas 330
Vögel 85
  Graureiher 370
  Kormorane 370
  Rauchschwalben 85
  Störche 32, 85, 275, 331
Vogelbeobachtung 32
  Führungen 150
  Haapsalu 151
  Kap Kolka 238
  Kassari 161
  Litauen 377
  Nationalpark Aukštaitija 328
  Nationalpark Gauja 33
  Nationalpark Ķemeri 33
  Nationalpark Kurische Nehrung 33, 370
  Nationalpark Lahemaa 82
  Nationalpark Matsalu 33, 150
  Nationalpark Soomaa 126
  Nationalpark Vilsandi 33, 148
  Naturschutzgebiet Teiči 33
  Nemunas-Delta 33, 377
  Vogelschutzgebiet Engure-See 33
Vogelstation Ventės Ragas 377
Volkskultur *siehe auch* Handwerk, Folklorefestivals
  Estland 111
  Lettland 282
  Litauen 395
  Volksmusik- & Instrumentenmuseum 344
  Zentrum für estnische Volksmusik 124
Volksmusikfest Võru 21
Võpolsova 111
Vormsi 162, **156**
Võro-Seto 110
Võru 113
Vorwahlen 15
Võsu 83

W

Währungen 14
Waldbrüder 127, 168, 341, 390
Wandern 30
  Nationalpark Aukštaitija 328
  Nationalpark Lahemaa 86
  Nationalpark Soomaa 127
  Naturpark Haanja 115
  Naturreservat Luhasoo 115
  Otepää 119
  Parnidis-Dünenpfad 373
  Saaremaa 149
  Sigulda 261
  Valmiera 269
Wasserfälle
  Estland 90
  Lettland 242
Wasserparks
  Jūrmala 231
  Kuressaare 143
  Pärnu 129
  Rīga 209
  Tartu 104
  Ventspils 244
  Vilnius 311
Wasserski 148, 159
Wassersport 31, *siehe auch einzelne Aktivitäten*
Websites 15
Wechselkurse 15
  Estland 43
  Lettland 194
  Litauen 291
Weihnachten 23, 399
  Weihnachtsbaum 199, 215
  Weihnachtsmärkte 23
Wein
  Estland 176
  Feste 21, 240
  Lettland 240, 284
  Litauen 316, 398
Weißrussland 425, 427
  Visa 423, 425
Wellness *siehe* Sauna & Wellness
Westestland & die Inseln 136, **137**
West-Hiiumaa 158
Westlettland 235, **236**
Westlitauen 358, **359**
Wetter 14, *siehe auch einzelne Regionen*
Wetterfahnen 370
Wikingerschiffstouren 350
Wildschweine 265, 328
Wildtiere *siehe Tiere*
Windmühlen
  Estland 137, 147
  Lettland 269
  Litauen 355
Windmühlenhügel von Angla 147
Windsurfen 31, 159, 247
WLAN 418
  Estland 177
  Lettland 286
  Litauen 400
Wölfe 82, 85, 115
Wollfabrik 157

Y

Youth Cards 416

Z

Zappa, Frank 306
Zecken 417
Zeit 423
Žemaitija, Nationalpark 18, 383
Zemaitischer Kalvarienberg 383
Zemgale 251, **252**
Zentrallitauen 338, **340**
Zentralmarkt Rīga 205
Zentrum für estnische Volksmusik 124
Zervynos 337
Zollbestimmungen 423
  Estland 179
  Lettland 287
  Litauen 403
Zoos
  Kaliningrader Zoo 410
  Mini-Zoo Pärnu 129
  Staatlicher Zoo Rīga 210
  Tallinner Zoo 60
Zweiter Weltkrieg
  IX. Fort 345
  Estland 149, 158, 167
  Lettland 218, 279
  Litauen 304, 323, 345, 390

Auf einen Blick

Mit diesen Symbole sind wichtige Kategorien leicht zu finden:

- Sehenswertes
- Strände
- Aktivitäten
- Kurse
- Geführte Touren
- Festivals & Events
- Schlafen
- Essen
- Ausgehen
- Unterhaltung
- Shoppen
- Praktische Informationen/ Transport

Diese Symbole bieten wertvolle Zusatzinformationen:

- Telefons
- Öffnungszeiten
- Parkplatz
- Nichtraucher
- Klimaanlage
- Internet verfügbar
- WLAN verfügbar
- Swimmingpool
- Vegetarische Auswahl
- englischsprachige Karte
- Kinder willkommen
- Haustiere willkommen
- Bus
- Fähre
- Metro
- Subway / U-Bahn
- Straßenbahn
- Bahn

Die Reihenfolge spiegelt die Bewertung durch die Autoren wider.

Empfehlungen von Lonely Planet:

- LP TIPP – Das empfiehlt unser Autor
- GRATIS – Hier bezahlt man nichts
- Nachhaltig und umweltverträglich

Diesen Einrichtungen bescheinigen unsere Autoren ein starkes Engagement für die Nachhaltigkeit – zum Beispiel indem sie regionale Erzeuger unterstützen, ökologisch wirtschaften oder Umweltprojekte unterstützen.

Kartenlegende

Sehenswertes
- Strand
- buddhistisch
- Burg
- christlich
- hinduistisch
- islamisch
- jüdisch
- Denkmal
- Museum/Galerie
- Ruine
- Weingut/Weinberg
- Zoo
- Sehenswürdigkeit

Aktivitäten, Kurse & Touren
- tauchen/schnorcheln
- Kanu/Kajak fahren
- Ski fahren
- surfen
- Swimmingpool
- wandern
- windsurfen
- sonstige Aktivitäten/ Kurse/Touren

Schlafen
- Hotel/Hostel
- Camping

Essen
- Restaurant

Ausgehen
- Bar/Kneipe
- Café

Unterhaltung
- Unterhaltung

Shoppen
- Shoppen

Praktisches
- Bank/Geldautomat
- Botschaft/ Konsulat
- Krankenhaus/Arzt
- Internet
- Polizei
- Post
- Telefon
- Toilette
- Touristeninformation
- sonstige Information

Transport
- Flughafen/Flugplatz
- Grenzübergang
- Busbahnhof
- Seilbahn/ Standseilbahn
- Klettern
- Fähre
- Metro
- Schwebebahn
- Parkplatz
- Tankstelle
- Taxistand
- Eisenbahn
- Straßenbahn
- sonstiger Transport

Verkehrswege
- Autobahn
- Fernverkehrsstraße
- Hauptstraße
- Landstraße
- Nebenstraße
- Feldweg
- unbefestigte Straße
- Platz/Promenade
- Treppe
- Tunnel
- Fußgänger- überführung
- Wanderweg
- Wanderpfad
- Pfad

Geografie
- Hütte/Unterstand
- Leuchtturm
- Aussichtspunkt
- Berg/Vulkan
- Oase
- Park
- Pass
- Rastplatz
- Wasserfall

Städte
- Hauptstadt (Staat)
- Hauptstadt (Bundesland/Provinz)
- Großstadt
- Stadt/Ort

Grenzen
- Staatsgrenze
- Provinzgrenze
- umstrittene Grenze
- Bezirksgrenze
- Meeresschutzgebiet
- Klippen
- Mauer

Gewässer
- Fluss/Bach
- periodischer Fluss
- Sumpf/Mangroven
- Riff
- Kanal
- Gewässer
- Salzsee/trockener periodischer See
- Gletscher

Gebietsform
- Strand/Wüste
- christlicher Friedhof
- sonstiger Friedhof
- Park/Wald
- Sportplatz
- Sehenswertes (Gebäude)
- Highlight (Gebäude)

DIE LONELY PLANET STORY

Ein uraltes Auto, ein paar Dollar in den Hosentaschen und Abenteuerlust, mehr brauchten Tony und Maureen Wheeler nicht, als sie 1972 zu der Reise ihres Lebens aufbrachen. Diese führte sie quer durch Europa und Asien bis nach Australien. Nach mehreren Monaten kehrten sie zurück – pleite, aber glücklich –, setzten sich an ihren Küchentisch und verfassten ihren ersten Reiseführer Across Asia on the Cheap. Binnen einer Woche verkauften sie 1500 Bücher und Lonely Planet war geboren. Seit 2011 ist BBC Worldwide der alleinige Inhaber von Lonely Planet. Der Verlag unterhält Büros in Melbourne (Australien), London und Oakland (USA) mit über 600 Mitarbeitern und Autoren. Sie alle teilen Tonys Überzeugung, dass ein guter Reiseführer drei Dinge tun sollte: informieren, bilden und unterhalten.

DIE AUTOREN

Brandon Presser

Hauptautor, Lettland Brandons Fernweh war schon immer größer als seine Brieftasche. Die ersten Erfahrungen als Backpacker machte er auf einer legendären Abenteuerreise – von Marokko nach Finnland auf dem Landweg. Später tauchte er in die faszinierende Welt des ewigen Nomadentums ein; als hauptberuflicher Reiseautor hat er bis heute an über 40 Reiseführern mitgewirkt. Schon an der letzten Auflage von *Estland, Lettland & Litauen* war er beteiligt und ist jetzt mit Begeisterung ins Baltikum zurückgekehrt, wo sich auch sein Kunstgeschichtsstudium an der Harvard Univesity ausgezahlt haben dürfte: Rīga strotzt nur so von faszinierenden Jugendstilbauten.

Mehr über Brandon Presser auf:
lonelyplanet.com/members/brandonpresser

Mark Baker

Litauen Zwar war Mark jetzt zum ersten Mal in Litauen, doch schon seit Mitte der 1980er Jahre fasziniert ihn das Land. Damals studierte er an der New Yorker Columbia University mit Schwerpunkt Osteuropa. Mark ist Mitautor des Reiseführers *Polen* von Lonely Planet und wollte unbedingt herausfinden, wie viel polnischer Einfluss in Litauen aus der langen Zeit als gemeinsamer Staat noch übrig ist. Auch an den Bänden *Prag* und *Rumänien* hat er mitgewirkt. Wenn Mark nicht gerade unterwegs ist, lehrt er mitteleuropäische Geschichte an der Anglo-American University in seiner Wahlheimat Prag.

Mehr über Mark Baker auf:
lonelyplanet.com/members/markbaker

Peter Dragicevich

Estland Seit 20 Jahren schreibt Peter Reiseberichte für verschiedene Publikationen; darunter auch für Lonely Planet, wo er an gut 20 Bänden mitgearbeitet hat, z. B. an den letzten drei Auflagen von *Eastern Europe*. Tallinn ist eine seiner Lieblingsstädte in Europa. Sein Rat: Unbedingt genügend Zeit für die vielen Restaurants einplanen, die sich in den unbekannteren Winkeln der Altstadt verstecken.

Mehr über Peter Dragicevich auf:
lonelyplanet.com/members/peterdragicevich

Simon Richmond

Kaliningrad 1994 war Simon zum ersten Mal in Russland; damals spazierte er mit großen Augen durch das traumhafte St. Petersburg und riskierte einen Blick auf Lenins mumifizierten Leichnam auf dem Roten Platz. In den letzten Jahren war er dreimal in Kaliningrad. Der preisgekrönte Autor und Fotograf hat an den Lonely Planet Bänden *Trans-Siberian Railway* (Auflage 1–3) und *Russia* (Auflage 3–6) mitgewirkt. Mehr zu seinen Reisen ist auf www.simonrichmond.com zu lesen.

Mehr über Simon Richmond auf:
lonelyplanet.com/members/simonrichmond

Andy Symington

Helsinki Andy hat schon mehrfach für Lonely Planet über Finnland geschrieben; dabei war sein erster Besuch in Helsinki vor vielen Jahren mehr oder weniger Zufall. Als er damals in der tief stehenden Mittagssonne auf zugefrorenen Seen spazieren ging, hat ihn das sofort in den Bann gezogen, auch wenn ihm bei -30°C die Finger einfroren. Seither kommt er immer wieder zurück zu den Finnen und ihrem wunderschönen Land.

Mehr über Andy Symington auf:
lonelyplanet.com/members/andysymington

Lonely Planet Publications,
Locked Bag 1, Footscray,
Melbourne, Victoria 3011,
Australia

Verlag der deutschen Ausgabe:
MAIRDUMONT, Marco-Polo-Str. 1, 73760 Ostfildern,
www.mairdumont.com, lonelyplanet@mairdumont.com

Chefredakteurin deutsche Ausgabe: Birgit Borowski

Redaktion: Bintang Buchservice GmbH,
www.bintang-berlin.de
Übersetzung: Petra Dubilski, Gunter Mühl, Robert Suske, Katja Weber
Lektorat: Kirsten Gleinig, Katja Rasmus
Satz: Gritta Deutschmann

Obwohl die Autoren und Lonely Planet alle Anstrengungen bei der Recherche und bei der Produktion dieses Reiseführers unternommen haben, können wir keine Garantie für die Richtigkeit und Vollständigkeit dieses Inhalts geben. Deswegen können wir auch keine Haftung für eventuell entstandenen Schaden nehmen.

Estland, Lettland & Litauen
3. deutsche Auflage November 2012, übersetzt von
Estonia, Latvia & Lithuania, 6th edition, Juni 2012 Lonely Planet Publications Pty

Printed in China